Großkommentare der Praxis

Strafgesetzbuch
Leipziger Kommentar

Großkommentar

13., neu bearbeitete Auflage

herausgegeben von
Gabriele Cirener, Henning Radtke, Ruth Rissing-van Saan,
Thomas Rönnau, Wilhelm Schluckebier

Neunzehnter Band
§§ 331 bis 358

Bearbeiter:
§§ 331–338: Christoph Sowada
§ 339: Eric Hilgendorf
§§ 340–342: Anette Grünewald
§§ 343–348, §§ 357, 358: Frank Zieschang
§§ 352–353d, § 355: Thomas Vormbaum
§ 356: Ferdinand Gillmeister
Sachregister: Christian Klie

DE GRUYTER

ISBN 978-3-11-048898-2
e-ISBN (PDF) 978-3-11-049032-9
e-ISBN (EPUB) 978-3-11-048918-7

Library of Congress Control Number: 2023935780

Bibliografische Information der Deutschen Nationalbibliothek
Die Deutsche Nationalbibliothek verzeichnet diese Publikation in der Deutschen Nationalbibliografie; detaillierte bibliografische Daten sind im Internet über http://dnb.dnb.de abrufbar.

Satz: Meta Systems Publishing & Printservices GmbH, Wustermark
Druck und Bindung: CPI books GmbH, Leck

www.degruyter.com

Verzeichnis der Bearbeiter der 13. Auflage

Dr. **Philipp Ambach**, Chief, Victim Participation and Reparations, Section Registry, International Criminal Court
Gerhard Altvater, Bundesanwalt beim Bundesgerichtshof (Abteilungsleiter) a.D., Karlsruhe
Elisabeth Baier, LL.M., Rechtsanwältin, Berlin
Dr. **Christoph Barthe**, Oberstaatsanwalt beim Bundesgerichtshof, Richter am Sondergerichtshof für den Kosovo (Kosovo Specialist Chambers), Karlsruhe/Den Haag
Dr. **Alexander Baur**, Rechtsanwalt, Postdoc an der Universität Augsburg
Dr. **Gloria Berghäuser**, Akademische Rätin a.Z., Habilitandin an der Friedrich-Alexander-Universität Erlangen-Nürnberg
Dr. **René Börner**, Professor an der BSP Business & Law School, Berlin, apl. Professor an der Universität Potsdam, Rechtsanwalt, Potsdam
Dr. **Christian Brand**, Universität Konstanz
Dr. **Dominik Brodowski**, LL.M. (UPenn), Universitätsprofessor an der Universität des Saarlandes
Dr. **Christoph Burchard**, LL.M. (NYU), Universitätsprofessor an der Goethe-Universität Frankfurt am Main
Dr. **Jens Bülte**, Universitätsprofessor an der Universität Mannheim
Dr. **Tobias Ceffinato**, PD, Richter am Amtsgericht Bayreuth
Gabriele Cirener, Vorsitzende Richterin am Bundesgerichtshof, Leipzig
Dr. **Christoph Coen**, Oberstaatsanwalt beim Bundesgerichtshof, Karlsruhe
Dr. Dr. h.c. **Gerhard Dannecker**, Seniorprofessor an der Ruprecht-Karls-Universität Heidelberg
Dr. **Tobias Engelstätter**, Oberstaatsanwalt beim Bundesgerichtshof, Karlsruhe
Dr. **Robert Esser**, Universitätsprofessor an der Universität Passau
Dr. **Julia Gebhard**, Deputy Head, Democratization Department, OSZE Büro für Demokratische Institutionen und Menschenrechte (OSZE/ODIHR)
Dr. **Oliver Harry Gerson**, Habilitand an der Universität Passau
Dr. **Ferdinand Gillmeister**, Rechtsanwalt, Freiburg, Honorarprofessor an der Universität Bayreuth
Dr. **Ingke Goeckenjan**, Universitätsprofessorin an der Ruhr-Universität Bochum
Dr. **Luís Greco**, LL.M., Universitätsprofessor an der Humboldt-Universität zu Berlin
Anette Greger, Richterin am Bayerischen Obersten Landesgericht
Dr. **Andreas Grube**, Richter am Bundesgerichtshof, Karlsruhe
Dr. **Anette Grünewald**, Universitätsprofessorin an der Friedrich-Schiller-Universität Jena
Dr. **Georg-Friedrich Güntge**, Leitender Oberstaatsanwalt bei der Generalstaatsanwaltschaft in Schleswig, Honorarprofessor an der Christian-Albrechts-Universität zu Kiel
Dr. **Michael Heghmanns**, Universitätsprofessor an der Westfälischen Wilhelms-Universität Münster, Vorsitzender Richter am Landgericht Münster
Dr. **Manfred Heinrich**, Universitätsprofessor an der Christian-Albrechts-Universität zu Kiel
Gregor Herb, Vorsitzender Richter am Landgericht Berlin
Dr. **Mayeul Hiéramente**, Rechtsanwalt, Hamburg
Dr. Dr. **Eric Hilgendorf**, Universitätsprofessor an der Julius-Maximilians-Universität Würzburg
Dr. **Tatjana Hörnle**, Direktorin am Max-Planck-Institut zur Erforschung von Kriminalität, Sicherheit und Recht, Freiburg, Honorarprofessorin an der Humboldt-Universität zu Berlin
Dr. **Kristian Hohn**, Privatdozent an der Bucerius Law School Hamburg
Dr. **Jutta Hubrach**, Vorsitzende Richterin am Oberlandesgericht Düsseldorf
Dr. **Florian Jeßberger**, Universitätsprofessor an der Humboldt-Universität zu Berlin
Dr. **Johannes Koranyi**, Richter am Landgericht Bonn
Dr. **Peter König**, Richter am Bundesgerichtshof a.D., Honorarprofessor an der Ludwig-Maximilians-Universität München
Thomas Körner, Associate Legal Officer, Chambers, International Criminal Court; Senior International Crimes Investigation Analyst (a.i.), EUAM Ukraine

https://doi.org/10.1515/9783110490329-202

Dr. **Ralf Krack**, Universitätsprofessor an der Universität Osnabrück
Juliane Krause, Richterin am Bayerischen Obersten Landesgericht, Bamberg
Dr. **Matthias Krauß**, Bundesanwalt beim Bundesgerichtshof, Karlsruhe
Dr. **Christoph Krehl**, Richter am Bundesgerichtshof, Karlsruhe, Honorarprofessor an der Goethe-Universität Frankfurt am Main
Dr. **Helena Krüger**, Legal Expert, Sondergerichtshof für den Kosovo (Kosovo Specialist Chambers), Den Haag
Dr. **Matthias Krüger**, Universitätsprofessor an der Universität München
Dr. Dr. h.c. **Michael Kubiciel**, Universitätsprofessor an der Universität Augsburg
Dr. **Hans Kudlich**, Universitätsprofessor an der Friedrich-Alexander-Universität Erlangen-Nürnberg
Dr. **Michael Lindemann**, Universitätsprofessor an der Universität Bielefeld
Dr. **Alexander Linke**, Richter am Landgericht Köln
Kai Lohse, Bundesanwalt beim Bundesgerichtshof, Karlsruhe
Dr. **Manfred Möhrenschlager**, Ministerialrat a.D., Bonn
Dr. **Andreas Mosbacher**, Richter am Bundesgerichtshof, Leipzig, Honorarprofessor an der Universität Leipzig
Dr. **Svenja Münzner**, Staatsanwältin beim Bundesgerichtshof, Karlsruhe, Lehrbeauftragte an der Justus-Liebig-Universität Gießen
Dr. **Uwe Murmann**, Universitätsprofessor an der Georg-August-Universität Göttingen
Dr. **Nina Nestler**, Universitätsprofessorin an der Universität Bayreuth
Dr. **Jens Peglau**, Vorsitzender Richter am Oberlandesgericht Hamm
Dr. **Andreas Popp**, M.A., Universitätsprofessor an der Universität Konstanz
Dr. **Henning Radtke**, Richter des Bundesverfassungsgerichts, Karlsruhe, Honorarprofessor an der Leibniz Universität Hannover
Dr. **Ruth Rissing-van Saan**, Vorsitzende Richterin am Bundesgerichtshof a.D., Bochum, Honorarprofessorin an der Ruhr-Universität Bochum
Dr. **Thomas Rönnau**, Universitätsprofessor an der Bucerius Law School Hamburg
Dr. **Henning Rosenau**, Universitätsprofessor an der Martin-Luther-Universität Halle-Wittenberg
Dr. h.c. **Wilhelm Schluckebier**, Richter des Bundesverfassungsgerichts a.D., Karlsruhe
Dr. **Wilhelm Schmidt** (†), Bundesanwalt beim Bundesgerichtshof a.D., Karlsruhe
Dr. **Ursula Schneider**, Richterin am Bundesgerichtshof a.D., Leipzig
Daniel Scholze, Vorsitzender Richter am Landgericht Ravensburg
Dr. Dres. h.c. **Friedrich-Christian Schroeder**, em. Universitätsprofessor an der Universität Regensburg
Dr. Dr. h.c. mult. **Bernd Schünemann**, em. Universitätsprofessor an der Ludwig-Maximilians-Universität München
Dr. **Jan C. Schuhr**, Universitätsprofessor an der Ruprecht-Karls-Universität Heidelberg
Dr. **Christoph Sowada**, em. Universitätsprofessor an der Universität Greifswald
Dr. **Mark Steinsiek**, Ministerialrat, Niedersächsisches Ministerium für Wirtschaft, Arbeit, Verkehr und Digitalisierung
Dr. **Brian Valerius**, Universitätsprofessor an der Universität Passau
Dr. **Torsten Verrel**, Universitätsprofessor an der Universität Bonn
Dr. Dr. Dr. h.c. **Thomas Vormbaum**, Universitätsprofessor i.R. an der Fern-Universität in Hagen
Dr. **Tonio Walter**, Universitätsprofessor an der Universität Regensburg, Richter am Bayerischen Obersten Landesgericht
Dr. **Thomas Weigend**, em. Universitätsprofessor an der Universität zu Köln
Jochen Weingarten, Bundesanwalt beim Bundesgerichtshof, Karlsruhe
Lienhard Weiß, Bundesanwalt beim Bundesgerichtshof, Karlsruhe
Dr. **Gerhard Werle**, Universitätsprofessor an der Humboldt-Universität zu Berlin
Stefan Wiedner, Richter am Oberlandesgericht Koblenz
Dr. **Kilian Wegner**, Universitätsprofessor an der Europa-Universität Viadrina Frankfurt (Oder)

Dr. **Gereon Wolters**, Universitätsprofessor an der Ruhr-Universität Bochum, Mitglied des Verfassungsgerichtshofes für das Land Nordrhein-Westfalen
Dr. **Frank Zieschang**, Universitätsprofessor an der Julius-Maximilians-Universität Würzburg
Dr. **Georg Zimmermann**, Vorsitzender Richter am Landgericht Bielefeld
Kathrin Zitzelsberger, Universität Passau

Vorwort

Die 13. Auflage des Leipziger Kommentars steht kurz vor ihrem Abschluss. Vorgelegt wird jetzt der 19. Band des Großkommentars. Er umfasst mit Erläuterungen der §§ 331–358 StGB sämtliche Delikte des 30. Abschnitts des StGB. Inhaltlich behandelt der 19. Band laut amtlicher Überschrift die „Straftaten im Amt" (wenngleich die Zuordnung der §§ 353d, 356 StGB zu den Amtsdelikten hier offensichtlich verfehlt ist). Reformiert worden ist seit dem Erscheinen der letzten Auflage 2009 das Korruptionsstrafrecht. Es erfuhr im Hinblick auf Taten mit Auslandsbezug durch das (Zweite) Gesetz zur Bekämpfung der Korruption vom 20.11.2015 (BGBl. I 2025; in Kraft getreten am 26.11.2015) einen weiteren Ausbau, der sich insbesondere in der Einführung des Begriffs des Europäischen Amtsträgers (vgl. § 11 Abs. 1 Nr. 2a StGB) sowie der Neuschaffung des § 335a StGB niederschlägt. Letzterer sieht abgestuft – und in hochproblematischer Weise – für bestimmte Tatbestände und Personengruppen Gleichstellungen mit den in den §§ 331 ff. StGB genannten Personen vor. All das und viele weitere Entscheidungen in Rechtsprechung und Literatur war(en) aufzuarbeiten und zu bewerten.

Für seine bisherige Mitarbeit aufrichtig zu danken haben Verlag und Herausgeber Hans Lilie, der in der 13. Auflage nicht mehr mitwirkt. Sein Part wird fortgeführt von Anette Grünewald, die wir im Kreise der Autoren des Leipziger Kommentars herzlich begrüßen möchten.

Unbeschadet des bandübergreifenden Ziels des Leipziger Kommentars, den gegenwärtigen Stand der rechtlichen Probleme des Strafrechts erschöpfend darzustellen, gilt für den vorliegenden 19. Band wie für den Gesamtkommentar, dass jede Autorin und jeder Autor die wissenschaftliche Verantwortung für die von ihr bzw. ihm bearbeiteten Erläuterungen trägt. Angesichts der zunehmenden Flut von Veröffentlichungen, Gesetzesinitiativen und Reformvorhaben ist es allerdings kaum noch möglich, in allen Bereichen und für alle Verästelungen den Grundsatz der vollständigen Dokumentation des Materials uneingeschränkt zu erfüllen. Es steht daher in der individuellen Verantwortung der Autorin oder des Autors, ob sie bzw. er eine Auswahl vornimmt und nach welchen Kriterien diese getroffen wird. Der Tendenz nach werden insbesondere bei Kommentaren und Lehrbüchern nicht sämtliche, sondern nur die prägenden und/oder repräsentativen Werke und Äußerungen angeführt. Eine gewisse Vollständigkeit strebt nur das Literaturverzeichnis an.

Der hiermit vorgelegte Band hat durchweg den Bearbeitungsstand von Januar 2023. Teilweise konnte auch noch später erschienene Rechtsprechung und Literatur berücksichtigt werden.

Hamburg, im September 2023 Thomas Rönnau

https://doi.org/10.1515/9783110490329-203

Inhaltsverzeichnis

Abkürzungsverzeichnis

AA	Auswärtiges Amt
aA	anderer Ansicht
a.a.O.	am angegebenen Ort
Abb.	Abbildung
AbfG	Gesetz über die Vermeidung und Entsorgung von Abfällen (Abfallgesetz)
AbfVerbrG	Gesetz über die Überwachung und Kontrolle der grenzüberschreitenden Verbringung von Abfällen (Abfallverbringungsgesetz)
Abg.	Abgeordneter
AbgO	Reichsabgabenordnung
abgedr.	abgedruckt
Abk.	Abkommen
abl.	ablehnend
ABl.	Amtsblatt
ABl.EU	Amtsblatt der Europäischen Union (ab 2003); Ausgabe C: Mitteilungen und Bekanntmachungen; Ausgabe L: Rechtsvorschriften
ABl.KR	Amtsblatt des Kontrollrats
Abs.	Absatz
Abschn.	Abschnitt
abw.	abweichend
AbwAG	Abwasserabgabengesetz
AcP	Archiv für civilistische Praxis (zit. nach Band u. Seite)
AdVermiG	Gesetz über die Vermittlung der Annahme als Kind und über das Verbot der Vermittlung von Ersatzmüttern (Adoptionsvermittlungsgesetz)
AE	Alternativ-Entwurf eines StGB, 1966 ff.
a.E.	am Ende
AEUV	Vertrag über die Arbeitsweise der Europäischen Union
AfP	Zeitschrift für das gesamte Medienrecht/Archiv für Presserecht
ÄndG	Änderungsgesetz
ÄndVO	Änderungsverordnung
a.F.	alte Fassung
AFG	Arbeitsförderungsgesetz
AfP	Archiv für Presserecht
AG	Amtsgericht; in Verbindung mit einem Gesetz: Ausführungsgesetz
AGBG/AGB-Gesetz	Gesetz zur Regelung des Rechts der Allgemeinen Geschäftsbedingungen
AHK	Alliierte Hohe Kommission
AIDP	Association Internationale de Droit Pénal
AJICJ	African Journal on International Criminal Justice
AJIL	American Journal of International Law
AktG	Gesetz über Aktiengesellschaften und Kommanditgesellschaften auf Aktien (Aktiengesetz)
AktO	Anweisung für die Verwaltung des Schriftguts bei den Geschäftsstellen der Gerichte und der Staatsanwaltschaften (Aktenordnung)
Akt Urol	Aktuelle Urologie
allg.	allgemein
allg.M.	allgemeine Meinung
Alt.	Alternative
a.M.	anderer Meinung
A&R	Arzneimittel und Recht (Zeitschrift für Arzneimittel und Arzneimittelpolitik)
AMG	Arzneimittelgesetz
amtl. Begr.	amtliche Begründung
and.	anders
Angekl.	Angeklagte(r)
Anh.	Anhang
AnhRügG	Gesetz über die Rechtsbehelfe bei Verletzung des Anspruchs auf rechtliches Gehör (Anhörungsrügengesetz)

https://doi.org/10.1515/9783110490329-205

Anl.	Anlage
Anm.	Anmerkung
Annalen	Annalen des Reichsgerichts
AnwBl.	Anwaltsblatt
ao	außerordentlich
AO 1977	Abgabenordnung
AöR	Archiv des öffentlichen Rechts
AOStrÄndG	Gesetz zur Änderung strafrechtlicher Vorschriften der Reichsabgabenordnung und anderer Gesetze
AP	Arbeitsrechtliche Praxis (Nachschlagewerk des Bundesarbeitsgerichts)
APuZ	Aus Politik und Zeitgeschichte
AR	Arztrecht
ArchKrim.	Archiv für Kriminologie
ArchPF	Archiv für das Post- und Fernmeldewesen
ArchPR	Archiv für Presserecht
ArchPT	Archiv für Post und Telekommunikation
ARSP	Archiv für Rechts- und Sozialphilosophie
Art.	Artikel
ASR	Anwalt/Anwältin im Sozialrecht
AT	Allgemeiner Teil des Strafgesetzbuches
AtG/AtomG	Gesetz über die friedliche Verwendung der Kernenergie und den Schutz gegen ihre Gefahren (Atomgesetz)
AÜG	Arbeitnehmerüberlassungsgesetz
Auff.	Auffassung
aufgehob.	aufgehoben
Aufl.	Auflage
Aufs.	Aufsatz
AUILR	American University International Law Review
AuR	Arbeit und Recht
ausdrückl.	ausdrücklich
ausführl.	ausführlich
AusfVO	Ausführungsverordnung
ausl.	ausländisch
AuslG	Ausländergesetz
AusnVO	Ausnahmeverordnung
ausschl.	ausschließlich
AV	Allgemeine Verfügung
AVG	Angestelltenversicherungsgesetz
AWG	Außenwirtschaftsgesetz
AWG/StÄG	Gesetz zur Änderung des Außenwirtschaftsgesetzes, des Strafgesetzbuches und anderer Gesetze
Az.	Aktenzeichen
BA/Blutalkohol	Blutalkohol, wissenschaftliche Zeitschrift für die medizinische und die juristische Praxis
BAG	Bundesarbeitsgericht
BAGE	Entscheidungen des Bundesarbeitsgerichts (zit. nach Band u. Seite)
BAK	Blutalkoholkonzentration
BÄK	Bundesärztekammer
BÄO	Bundesärzteordnung
BAnz.	Bundesanzeiger
BauFordSiG	Bauforderungssicherungsgesetz
BauGB	Baugesetzbuch
BauR	Zeitschrift für das gesamte öffentliche und private Baurecht
Bay., bay.	Bayern, bayerisch
BayBS	Bereinigte Sammlung des Bayerischen Landesrechts (1802–1956)
BayJagdG	Bayerisches Jagdgesetz
BayLSG	Bayerisches Landessozialgericht
BayObLG	Bayerisches Oberstes Landesgericht

BayObLGSt	Sammlung von Entscheidungen des Bayerischen Obersten Landesgerichts in Strafsachen
BayPAG	Bayerisches Polizeiaufgabengesetz
BayVBl.	Bayerische Verwaltungsblätter
BayVerf	Verfassung des Freistaates Bayern
BayVerfGHE	s. BayVGHE
BayVerwBl.	Bayerische Verwaltungsblätter
BayVGH	Bayerischer Verwaltungsgerichtshof
BayVGHE	Sammlung von Entscheidungen des Bayerischen Verwaltungsgerichtshofs mit Entscheidungen des Bayerischen Verfassungsgerichtshofs, des Bayerischen Dienststrafhofs und des Bayerischen Gerichtshofs für Kompetenzkonflikte
BayZ	Zeitschrift für Rechtspflege in Bayern (1905–1934)
BB	Betriebs-Berater
BBG	Bundesbeamtengesetz
Bbg	Brandenburg
BBodSchG	Gesetz zum Schutz vor schädlichen Bodenveränderungen und zur Sanierung von Altlasten (Bundes-Bodenschutzgesetz)
B.C. Third World L.J.	Boston College Third World Law Journal
Bd., Bde.	Band, Bände
BDH	Bundesdisziplinarhof
BDO	Bundesdisziplinarordnung
BDSG	Bundesdatenschutzgesetz
Bearb.	Bearbeitung
BeckRS	Beck-Rechtsprechung
begl.	beglaubigt
BegleitG zum TKG	Begleitgesetz zum Telekommunikationsgesetz
Begr., begr.	Begründung, begründet
Bek.	Bekanntmachung
Bekl., bekl.	Beklagter, beklagt
Bem.	Bemerkung
ber.	berichtigt
Berliner AnwBl.	Berliner Anwaltsblatt
bes.	besonders, besondere(r, s)
Beschl.	Beschluss
Beschw.	Beschwerde
Bespr.	Besprechung
Best.	Bestimmung
BestechungsVO	Bestechungsverordnung
bestr.	bestritten
betr.	betreffend
BeurkG	Beurkundungsgesetz
BewH	Bewährungshilfe
BezG	Bezirksgericht
BFH	Bundesfinanzhof
BFHE	Entscheidungen des Bundesfinanzhofs (zit. nach Band u. Seite)
BfJG	Gesetz über die Errichtung des Bundesamtes für Justiz = Art. 1 des Gesetzes zur Errichtung und zur Regelung der Aufgaben des Bundesamtes für Justiz
BG	Bundesgericht (Schweiz)
BGB	Bürgerliches Gesetzbuch
BGBl. I, II, III	Bundesgesetzblatt Teil I, II und III
BGE	Entscheidungen des Schweizerischen Bundesgerichts (amtliche Sammlung)
BGH	Bundesgerichtshof
BGHGrS	Bundesgerichtshof, Großer Senat
BGHR	BGH-Rechtsprechung
BGHSt	Entscheidungen des Bundesgerichtshofes in Strafsachen
BGHZ	Entscheidungen des Bundesgerichtshofes in Zivilsachen
BG Pr.	Die Praxis des Bundesgerichts (Entscheidungen des schweizerischen Bundesgerichts)

BilMoG	Gesetz zur Modernisierung des Bilanzrechts
BImSchG	Bundes-Immissionsschutzgesetz
BImSchVO	Bundes-Immissionsschutzverordnung
BinSchG/ BinnSchiffG	Gesetz betr. die privatrechtlichen Verhältnisse der Binnenschiffahrt (Binnenschiffahrtsgesetz)
BiRiLiG	Bilanzrichtlinien-Gesetz
BJagdG	Bundesjagdgesetz
BJIL	Berkeley Journal of International Law
BJM	Basler Juristische Mitteilungen
BK	Basler Kommentar zum Strafgesetzbuch; auch: Bonner Kommentar zum Grundgesetz
BKA	Bundeskriminalamt
BKAG/BKrimAG	Gesetz über die Einrichtung eines Bundeskriminalpolizeiamtes (Bundeskriminalamtes)
BLJ	Bucerius Law Journal, juristisches Online Journal
Bln.	Berlin
Bln.GVBl.Sb.	Sammlung des bereinigten Berliner Landesrechts, Sonderband I (1806–1945) und II (1945–1967)
BlStSozArbR	Blätter für Steuern, Sozialversicherung und Arbeitsrecht
BMI	Bundesminister(ium) des Inneren
BMJ	Bundesminister(ium) der Justiz
BMJV	Bundesministerium der Justiz und für Verbraucherschutz
BNatSchG	Gesetz über Naturschutz und Landschaftspflege (Bundesnaturschutzgesetz)
BNotÄndG	Drittes Gesetz zur Änderung der Bundesnotarordnung und anderer Gesetze
BNotO	Bundesnotarordnung
BPolG	Bundespolizeigesetz
BR	Bundesrat
BRAGO	Bundesgebührenordnung für Rechtsanwälte
BRAK	Bundesrechtsanwaltskammer
BranntwMG/ BranntwMonG	Branntweinmonopolgesetz
BRAO	Bundesrechtsanwaltsordnung
BRAOÄndG	Gesetz zur Änderung der Bundesrechtsanwaltsordnung, der Patentrechtsanwaltsordnung und anderer Gesetze
BRD	Bundesrepublik Deutschland
BR-Drs./BRDrucks.	Bundesrats-Drucksache
BReg	Bundesregierung
Brem.	Bremen
BremPolG	Bremisches Polizeigesetz
BRJ	Bonner Rechtsjournal
BRProt.	Protokolle des Bundesrates
BRRG	Beamtenrechtsrahmengesetz
BRStenBer.	Verhandlungen des Bundesrates, Stenographische Berichte (zit. nach Sitzung u. Seite)
BS	Sammlung des bereinigten Landesrechts
BSeuchG	Bundes-Seuchengesetz
BSG	Bundessozialgericht
BSGE	Entscheidungen des Bundessozialgerichts (zit. nach Band u. Seite)
BSHG	Bundessozialhilfegesetz
Bsp.	Beispiel
bspw.	beispielsweise
BStBl.	Bundessteuerblatt
BT	Besonderer Teil des StGB; auch: Bundestag
BT-Drs./BTDrucks.	Bundestags-Drucksache
BtMG	Gesetz über den Verkehr mit Betäubungsmitteln (Betäubungsmittelgesetz)
BTProt.	s. BTVerh.
BTRAussch.	Rechtsausschuss des Deutschen Bundestags
BTStenBer.	Verhandlungen des deutschen Bundestages, Stenographische Berichte (zit. nach Wahlperiode u. Seite)
BTVerh.	Verhandlungen des Deutschen Bundestages
Buchst.	Buchstabe

BVerfG	Bundesverfassungsgericht
BVerfGE	Entscheidungen des Bundesverfassungsgerichts
BVerfGG	Gesetz über das Bundesverfassungsgericht
BVerwG	Bundesverwaltungsgericht
BVerwGE	Entscheidungen des Bundesverwaltungsgerichts
BVV	Beitragsverfahrensverordnung
BVwVfG	(Bundes-)Verwaltungsverfahrensgesetz
BW	Baden-Württemberg
bzgl.	bezüglich
BZR	Bundeszentralregister
BZRG	Gesetz über das Bundeszentralregister und das Erziehungsregister (Bundeszentralregistergesetz)
bzw.	beziehungsweise
ca.	circa
CCZ	Corporate Compliance Zeitschrift
ChemG	Gesetz zum Schutz vor gefährlichen Stoffen (Chemikaliengesetz)
Chinese J. Int. Law	Chinese Journal of International Law
CHRLR	Columbia Human Rights Law Review
CILJ	Cambridge International Law Journal
CJB	Criminal Justice and Behavior
CJTL	Columbia Journal of Transnational Law
CLF	Criminal Law Forum
CR	Computer und Recht
CWRJIL	Case Western Reserve Journal of International Law
CWÜAG	AusführungsG zum Chemiewaffenübereinkommen
DA	Deutschland Archiv
DÄBl.	Deutsches Ärzteblatt
dagg.	dagegen
DAR	Deutsches Autorecht
DAV	Deutscher Anwaltsverein
DB	Der Betrieb
DDevR	Deutsche Devisen-Rundschau (1951–1959)
DDR	Deutsche Demokratische Republik
DDT-G	Gesetz über den Verkehr mit DDT (DDT-Gesetz)
Def.	Definition
DepotG	Gesetz über die Verwahrung und Anschaffung von Wertpapieren (Depotgesetz)
ders./dies.	derselbe/dieselbe(n)
dgl.	dergleichen
DGVZ	Deutsche Gerichtsvollzieher-Zeitung
d.h.	das heißt
Dickinson J. Int. Law	Dickinson Journal of International Law
Diff., diff.	Differenzierung, differenzierend
Diss.	Dissertation
DJ	Deutsche Justiz, Rechtspflege und Rechtspolitik
DJCIL	Duke Journal of Comparative and International Law
djb	Deutscher Juristinnenbund
DJT	Deutscher Juristentag
DJZ	Deutsche Juristenzeitung (1896–1936)
DLJ	Duke Law Journal
DMW	Deutsche Medizinische Wochenschrift
DNA-AnalysG	Gesetz zur Novellierung der forensischen DNA-Analyse
DNutzG	Gesetz zur effektiven Nutzung von Dateien im Bereich der Staatsanwaltschaften
DÖV	Die Öffentliche Verwaltung
DOGE	Entscheidungen des Deutschen Obergerichts für das Vereinigte Wirtschaftsgebiet
DR	Deutsches Recht, Wochenausgabe (vereinigt mit Juristische Wochenschrift) (1931–1945)

DRechtsw.	Deutsche Rechtswissenschaft (1936–1943)
DRiB	Deutscher Richterbund
DRiG	Deutsches Richtergesetz
DRiZ	Deutsche Richterzeitung
DRM	Deutsches Recht, Monatsausgabe (vereinigt mit Deutsche Rechtspflege)
DRpfl.	Deutsche Rechtspflege (1936–1939)
Drs./Drucks.	Drucksache
DRsp.	Deutsche Rechtsprechung, hrsg. von Feuerhake (Loseblattsammlung)
DRZ	Deutsche Rechts-Zeitschrift (1946–1950)
DSB	Datenschutzberater
DStR	ehemals Deutsches Strafrecht (1934–1944); jetzt: Deutsches Steuerrecht
DStrZ	Deutsche Strafrechts-Zeitung (1914–1922)
DStZ A	Deutsche Steuerzeitung, bis Jg. 67 (1979): Ausgabe A
dt.	deutsch
DtZ	Deutsch-Deutsche Rechts-Zeitschrift
DuD	Datenschutz und Datensicherheit
DuR	Demokratie und Recht
DV	Datenverarbeitung
DVBl.	Deutsches Verwaltungsblatt
DVJJ	Deutsche Vereinigung für Jugendgerichte und Jugendgerichtshilfen e.V.
DVO	Durchführungsverordnung
DVollzO	Dienst- und Vollzugsordnung
DVP	Deutsche Verwaltungspraxis
DVR	Datenverarbeitung im Recht (bis 1985, danach vereinigt mit IuR)
DWW	Deutsche Wohnungswirtschaft
DZWIR	Deutsche Zeitschrift für Wirtschafts- und Insolvenzrecht
E	Entwurf; auch: Entscheidung
E 1927	Entwurf eines Allgemeinen Deutschen Strafgesetzbuches nebst Begründung (Reichstagsvorlage) 1927
E 62	Entwurf eines Strafgesetzbuches mit Begründung 1962
EAO	Entwurf einer Abgabenordnung
ec	electronic cash
ebd.	ebenda
EBM	Einheitlicher Bewertungsmaßstab
ebso.	ebenso
ed(s)	editor(s)
EDV	Elektronische Datenverarbeitung
EEGOWiG	Entwurf eines Einführungsgesetzes zum Gesetz über Ordnungswidrigkeiten
EEGStGB	Entwurf eines Einführungsgesetzes zum Strafgesetzbuch (EGStGB)
EFG	Entscheidungen der Finanzgerichte
EG	Einführungsgesetz bzw. Europäische Gemeinschaft(en) bzw. Erinnerungsgabe
EGBGB	Einführungsgesetz zum Bürgerlichen Gesetzbuch
EG-FinanzschutzG/ EGFinSchG	Gesetz zum Übereinkommen v. 26.8.1995 über den Schutz der finanziellen Interessen der Europäischen Gemeinschaften
EGGVG	Einführungsgesetz zum Gerichtsverfassungsgesetz
EGH/EhrenGHE	Ehrengerichtliche Entscheidungen der Ehrengerichtshöfe der Rechtsanwaltschaft des Bundesgebiets und des Landes Berlin
EGInsO	Einführungsgesetz zur Insolvenzordnung
EGInsOÄndG	Gesetz zur Änderung des Einführungsgesetzes zur Insolvenzordnung und anderer Gesetze
EGKS	Europäische Gemeinschaft für Kohle und Stahl
EGMR	Europäischer Gerichtshof für Menschenrechte
EGOWiG	Einführungsgesetz zum Gesetz über Ordnungswidrigkeiten
EGStGB	Einführungsgesetz zum Strafgesetzbuch
EGStPO	Einführungsgesetz zur Strafprozeßordnung
EGV	Vertrag zur Gründung der Europäischen Gemeinschaft

EheG	Ehegesetz
ehem.	ehemalig
Einf.	Einführung
eingeh.	eingehend
einschl.	einschließlich
einschr.	einschränkend
Einl.	Einleitung
EJF	Entscheidungen aus dem Jugend- und Familienrecht (1951–1969)
EJIL	European Journal of International Law
EKMR	Europäische Kommission für Menschenrechte
EmmingerVO	Verordnung über Gerichtsverfassung und Strafrechtspflege
EMRK	Europäische Menschenrechtskonvention
entgg.	entgegen
Entsch.	Entscheidung
entspr.	entsprechend
Entw.	Entwurf
Erg.	Ergebnis bzw. Ergänzung
ErgBd.	Ergänzungsband
ErgThG	Ergotherapeutengesetz
Erl.	Erläuterung
Erw.	Erwiderung
ESchG	Embryonenschutzgesetz
EssGespr.	Essener Gespräche zum Thema Staat und Kirche
EStG	Einkommensteuergesetz
etc.	et cetera
Ethik Med.	Ethik in der Medizin
ETS	European Treaty Series
EU	Europäische Union
EU-ABl.	Amtsblatt der Europäischen Union
EUBestG	Gesetz zum Protokoll v. 27.9.1996 zum Übereinkommen über den Schutz der finanziellen Interessen der Europäischen Gemeinschaften (EU-Bestechungsgesetz)
EuCLR	European Criminal Law Review
eucrim	The European Criminal Law Associations' Forum
EuGH	Gerichtshof der Europäischen Gemeinschaft
EuGHE	Entscheidungen des Gerichtshofs der Europäischen Gemeinschaften – Amtliche Sammlung
EuGRZ	Europäische Grundrechte-Zeitschrift
EuHbG	Gesetz zur Umsetzung des Rahmenbeschlusses über den Europäischen Haftbefehl und die Übergabeverfahren zwischen den Mitgliedstaaten der Europäischen Union (Europäisches Haftbefehlsgesetz – EuHbG)
EuR	Europarecht
EurGHMR	Europäischer Gerichtshof für Menschenrechte
EurKomMR	Europäische Kommission für Menschenrechte
europ.	europäisch
EuropolG	Europol-Gesetz
EUV	Vertrag über die Europäische Union
EuZW	Europäische Zeitschrift für Wirtschaftsrecht
EV	Vertrag zwischen der Bundesrepublik Deutschland und der Deutschen Demokratischen Republik über die Herstellung der Einheit Deutschlands – Einigungsvertrag
EV I bzw. II	Anlage I bzw. II zum EV
evtl.	eventuell
EWG	Europäische Wirtschaftsgemeinschaft
EWGV	Vertrag zur Gründung der Europäischen Wirtschaftsgemeinschaft
EWIR	Entscheidungen zum Wirtschaftsrecht
EWiV	Europäische wirtschaftliche Interessenvereinigung
EWR	Schriftenreihe zum europäischen Weinrecht; auch: Europäischer Wirtschafts-Raum
EzSt	Entscheidungssammlung zum Straf- u. Ordnungswidrigkeitenrecht, hrsg. von Lemke

f., ff.	folgende, fortfolgende
FA	Fachanwalt für Arbeitsrecht
FAG	Gesetz über Fernmeldeanlagen
FamRB	Familien-Rechtsberater
FamRZ	Ehe und Familie im privaten und öffentlichen Recht, Zeitschrift für das gesamte Familienrecht
FAO	Fachanwaltsordnung
FAZ	Frankfurter Allgemeine Zeitung
FD-StrafR	Fachdienst Strafrecht
Festschr.	Festschrift
FG	Finanzgericht; auch: Festgabe
FGG	Gesetz über die Angelegenheiten der freiwilligen Gerichtsbarkeit
FGO	Finanzgerichtsordnung
FILJ	Fordham International Law Journal
fin.	finanziell
FinDAG	Finanzdienstleistungsaufsichtsgesetz
FinVerwG/FVG	Gesetz über die Finanzverwaltung
FlaggRG/FlRG	Gesetz über das Flaggenrecht der Seeschiffe und die Flaggenführung der Binnenschiffe (Flaggenrechtsgesetz)
FLF	Finanzierung, Leasing, Factoring
FlRV	Flaggenrechtsverordnung
FMStG	Finanzmarktstabilisierungsgesetz
Fn.	Fußnote
Forens Psychiatr Psychol Kriminol	Forensische Psychiatrie, Psychologie, Kriminologie
Fortschr Neurol Psychiat	Fortschritte der Neurolog. Psychiatrie
FPR	Familie Partnerschaft Recht
fragl.	fraglich
FS	Festschrift
G bzw. Ges.	Gesetz
G 10	Gesetz zur Beschränkung des Brief-, Post- und Fernmeldegeheimnisses (Gesetz zu Artikel 10 Grundgesetz)
GA	Goltdammer's Archiv für Strafrecht, zit. nach Jahr u. Seite (bis 1933: Archiv für Strafrecht und Strafprozeß, zit. nach Band u. Seite)
GAA	Geldausgabeautomat
GBA	Generalbundesanwalt
GBG	Gesetz über die Beförderung gefährlicher Güter
GBl.	Gesetzblatt
GbR	Gesellschaft bürgerlichen Rechts
geänd.	geändert
GebFra	Geburtshilfe und Frauenheilkunde
GedS	Gedächtnisschrift
gem.	gemäß
Gemeinsame-Dateien-Gesetz	Gesetz zur Errichtung gemeinsamer Dateien von Polizeibehörden und Nachrichtendiensten des Bundes und der Länder
GenG	Gesetz betreffend die Erwerbs- und Wirtschaftsgenossenschaften
GenStA	Generalstaatsanwalt
GerS	Der Gerichtssaal
GeschlKG/GeschlkrG	Gesetz zur Bekämpfung der Geschlechtskrankheiten
GeschO	Geschäftsordnung
gesetzl.	gesetzlich
GesO	Gesamtvollstreckungsordnung
GesR	Gesundheitsrecht (Zeitschrift für Arztrecht, Krankenrecht, Apotheken- und Arzneimittelrecht)
GesRZ	Der Gesellschafter
GewArch	Gewerbearchiv, Zeitschrift für Gewerbe- und Wirtschaftsverwaltungsrecht

GewO	Gewerbeordnung
GewVerbrG	Gesetz gegen gefährliche Gewohnheitsverbrecher und über Maßregeln der Sicherung und Besserung
gg.	gegen
GG	Grundgesetz für die Bundesrepublik Deutschland
ggf.	gegebenenfalls
GjS/GjSM	Gesetz über die Verbreitung jugendgefährdender Schriften und Medieninhalte
GKG	Gerichtskostengesetz
GKÖD	Gesamtkommentar Öffentliches Dienstrecht
gl.	gleich
GLJ	German Law Journal
GmbHG	Gesetz betreffend die Gesellschaften mit beschränkter Haftung
GmbHR/GmbH-Rdsch	GmbH-Rundschau (vorher: Rundschau für GmbH)
GMBl.	Gemeinsames Ministerialblatt
GnO	Gnadenordnung (Landesrecht)
GOÄ	Gebührenordnung für Ärzte
GoB	Grundsätze ordnungsmäßiger Buchführung
GoBi	Grundsätze ordnungsmäßiger Bilanzierung
GP	Global Policy
grdl.	grundlegend
grds.	grundsätzlich
GrS	Großer Senat
GrSSt	Großer Senat in Strafsachen
GRUR	Gewerblicher Rechtsschutz und Urheberrecht
GS	Der Gerichtssaal (zit. nach Band u. Seite); auch: Gedächtnisschrift
GSNW	Sammlung des bereinigten Landesrechts Nordrhein-Westfalen (1945–1956)
GSSchlH	Sammlung des schleswig-holsteinischen Landesrechts, 2 Bde. (1963)
GÜG	Gesetz zur Überwachung des Verkehrs mit Grundstoffen, die für die unerlaubte Herstellung von Betäubungsmitteln mißbraucht werden können (Grundstoffüberwachungsgesetz)
GV	Gemeinsame Verfügung (mehrerer Ministerien) (auch: Grundlagenvertrag)
GVBl.	Gesetz- und Verordnungsblatt
GVBl. I–III	Sammlung des bereinigten Hessischen Landesrechts
GVG	Gerichtsverfassungsgesetz
GWB	Gesetz gegen Wettbewerbsbeschränkungen
GwG	Gesetz über das Aufspüren von Gewinnen aus schweren Straftaten (Geldwäschegesetz)
h.A.	herrschende Ansicht
HaagLKO/HLKO	Haager Abkommen betr. die Gesetze und Gebräuche des Landkriegs
HAG	Heimarbeitsgesetz
Hamb.	Hamburg
HambJVBl.	Hamburgisches Justizverwaltungsblatt
HambSOG	Hamburger Sicherheits- und Ordnungsgesetz
HaMiPla	Handchirurgie Mikrochirurgie Plastische Chirurgie
HannRpfl	Hannoversche Rechtspflege
Hans.	Hanseatisch
HansGZ bzw. HGZ	Hanseatische Gerichtszeitung (1889–1927)
HansJVBl.	Hanseatisches Justizverwaltungsblatt (bis 1946/47)
HansOLGSt	Entscheidungen des Hanseatischen Oberlandesgerichts in Strafsachen (1879–1932/33)
HansRGZ	Hanseatische Rechts- und Gerichtszeitschrift (1928–43), vorher: HansRZ Hanseatische Rechtszeitschrift für Handel, Schiffahrt und Versicherung, Kolonial- und Auslandsbeziehungen sowie für Hansestädtisches Recht (1918–1927)
Hdb.	Handbuch
HdbStR	Isensee/Kirchhof (Hrsg.), Handbuch des Staatsrechts der Bundesrepublik Deutschland
HeilPrG	Gesetz über die berufsmäßige Ausübung der Heilkunde ohne Bestallung (Heilpraktikergesetz)
Hess.	Hessen

HessSOG	Hessisches Sicherheits- und Ordnungsgesetz
HESt	Höchstrichterliche Entscheidungen, Sammlung von Entscheidungen der Oberlandesgerichte und der Obersten Gerichte in Strafsachen (1948–49)
HFR	Höchstrichterliche Finanzrechtsprechung
HGB	Handelsgesetzbuch
HILJ	Harvard International Law Journal
hins.	hinsichtlich
Hinw.	Hinweis
HJGL	Hastings Journal on Gender and the Law
h.L.	herrschende Lehre
h.M.	herrschende Meinung
HöchstRR	Höchstrichterliche Rechtsprechung auf dem Gebiete des Strafrechts, Beilage zur Zeitschrift für die gesamte Strafrechtswissenschaft (1 zu Bd. 46, 2 zu Bd. 47, 3 zu Bd. 48)
HRQ	Human Rights Quarterly
HRR	Höchstrichterliche Rechtsprechung (1928–1942), bis 1927: Die Rechtsprechung, Beilage zur Zeitschrift Juristische Rundschau
HRRS	Höchstrichterliche Rechtsprechung im Strafrecht
Hrsg., hrsg.	Herausgeber, herausgegeben
h.Rspr.	herrschende Rechtsprechung
Hs./Hbs.	Halbsatz
HWiStR	Krekeler/Tiedemann/Ulsenheimer/Weinmann (Hrsg.) Handwörterbuch des Wirtschafts- und Steuerstrafrechts
i.Allg.	im Allgemeinen
i.allg.S.	im allgemeinen Sinne
ICLR	International Criminal Law Review
ICTR	s. RStGH
ICTY	s. JStGH
i.d.F.	in der Fassung
i.d.R.	in der Regel
i.d.S.	in diesem Sinne
i.E./i.Erg.	im Ergebnis
i.e.S.	im engeren Sinne
IGH	Internationaler Gerichtshof
i.gl.S.	im gleichen Sinne
i.Grds.	im Grundsatz
IHK	Industrie- und Handelskammer
i.H.v.	in Höhe von
i.B.	in Bezug
IJHR	The International Journal of Human Rights
ILC	International Law Commission
ILM	International Legal Materials
IM	Innenminister(ium)
IMT	International Military Tribunal (Nürnberg)
inl.	inländisch
insb./insbes.	insbesondere
insges.	insgesamt
InsO	Insolvenzordnung
IntBestG	Gesetz zur Bekämpfung internationaler Bestechung
inzw.	inzwischen
IPBPR	Internationaler Pakt über bürgerliche und politische Rechte
IPRB	IP-Rechts-Berater, Der Informationsdienst für das Recht des geistigen Eigentums
i.R.d.	im Rahmen der/des
i.R.v.	im Rahmen von
i.S.	im Sinne
i.S.d.	im Sinne der/des

i.S.e.	im Sinne einer(s)
IsrLR	Israel Law Review
IStGH (ständiger)	Internationaler Strafgerichtshof (Den Haag)
IStGH-Statut	Internationaler Strafgerichtshof – Statut
IStR	Internationales Strafrecht
i.S.v.	im Sinne von
i.techn.S.	im technischen Sinne
ITRB	IT-Rechtsberater
i.U.	im Unterschied
i.Üb.	im Übrigen
IuKDG	Gesetz zur Regelung der Rahmenbedingungen für Informations- und Kommunikationsdienste (Informations- und Kommunikationsdienstegesetz)
IuR	Informatik und Recht
iuris	Rechtsportal der iuris-GmbH
iurisPR	iuris-Praxis-Report (Anmerkungen)
i.V.m.	in Verbindung mit
i.W.	im Wesentlichen
i.w.S.	im weiteren Sinne
i.Z.m.	im Zusammenhang mit
JA	Juristische Arbeitsblätter für Ausbildung und Examen
JahrbÖR	Jahrbuch des öffentlichen Rechts der Gegenwart
JahrbPostw.	Jahrbuch des Postwesens (1937–1941/42)
JA-R	Juristische Arbeitsblätter – Rechtsprechung
JArbSchG	Gesetz zum Schutze der arbeitenden Jugend (Jugendarbeitsschutzgesetz)
J Ästhet Chir	Journal für Ästhetische Chirurgie
JAVollzO	Jugendarrestvollzugsordnung
JBeitrO	Justizbeitreibungsordnung
JBl.	Justizblatt; auch: Juristische Blätter (Österreich)
JBlRhPf.	Justizblatt Rheinland-Pfalz
JBl. Saar	Justizblatt des Saarlandes
JbVerkR	Jahrbuch Verkehrsrecht
JCLC	Journal of Criminal Law & Criminology
jew.	jeweils
JFGErg.	Entscheidungen des Kammergerichts und des Oberlandesgerichts München in Kosten-, Straf-, Miet- und Pachtschutzsachen (Jahrbuch für Entscheidungen in Angelegenheiten der freiwilligen Gerichtsbarkeit und des Grundbuchrechts, ErgBd.)
JGG	Jugendgerichtsgesetz
JICJ	Journal of International Criminal Justice
JICL	Journal of International Criminal Law
JILPAC	Journal of International Law of Peace and Armed Conflict (JILPAC)
JK	Jura-Kartei
JKomG	Gesetz über die Verwendung elektronischer Kommunikationsformen in der Justiz (Justizkommunikationsgesetz)
JM	Justizminister(ium)
jM	Juristische Monatszeitschrift; juris – Die Monatszeitschrift
JMBlNRW/JMBlNW	Justizministerialblatt für das Land Nordrhein-Westfalen
JMS	Jugend Medien Schutz-Report
JMStV	Jugendmedienschutz-Staatsvertrag
JÖSchG	Gesetz zum Schutze der Jugend in der Öffentlichkeit
JOR	Jahrbuch für Ostrecht
JöR	Jahrbuch des öffentlichen Rechts der Gegenwart
JR	Juristische Rundschau
JRE	Jahrbuch für Recht und Ethik
JSt	Journal für Strafrecht
JStGH	Internationaler Strafgerichtshof für das ehemalige Jugoslawien

JStGH-Statut	Internationaler Strafgerichtshof für das ehemalige Jugoslawien – Statut
JTHE	Journal of Trafficking and Human Exploitation
JuMoG	Erstes Gesetz zur Modernisierung der Justiz (1. Justizmodernisierungsgesetz)
JuMoG2	Zweites Gesetz zur Modernisierung der Justiz (2. Justizmodernisierungsgesetz)
JurA	Juristische Analysen
Jura	Juristische Ausbildung
JurBl./JBl.	Juristische Blätter
jurisPR-StrafR	juris PraxisReport Strafrecht
JurJahrb.	Juristen-Jahrbuch
JurPC	Internet-Zeitschrift für Rechtsinformatik und Informationsrecht
JuS	Juristische Schulung, Zeitschrift für Studium und Ausbildung
Justiz	Die Justiz, Amtsblatt des Justizministeriums von Baden-Württemberg
JuV	Justiz und Verwaltung
JVA	Justizvollzugsanstalt
JVBl.	Justizverwaltungsblatt
JVKostO	Gesetz über Kosten im Bereich der Justizverwaltung
JVollz.	Jugendstrafvollzugsordnung; s. auch JAVollzO
JW	Juristische Wochenschrift
JWG	Jugendwohlfahrtsgesetz
JZ	Juristenzeitung
JZ-GD	Juristenzeitung – Gesetzgebungsdienst
Kap.	Kapitel
KastG/KastrG	Gesetz über die freiwillige Kastration
KE	Kommissionsentwurf
KFG	Gesetz über den Verkehr mit Kraftfahrzeugen
Kfz.	Kraftfahrzeug
KG	Kammergericht bzw. Kommanditgesellschaft
KGJ	Jahrbuch für Entscheidungen des Kammergerichts in Sachen der freiwilligen Gerichtsbarkeit, in Kosten-, Stempel- und Strafsachen (1881–1922)
KindRG	Gesetz zur Reform des Kindschaftsrechts
KJ	Kritische Justiz
KKZ	Kommunal-Kassen-Zeitschrift
KO	Konkursordnung
KOM	(EU-)Kommission
KorBekG/KorrBekG/KorrBG	Gesetz zur Bekämpfung der Korruption
K&R	Kommunikation und Recht
KRABl.	s. ABlKR
KreditwesenG/KWG	Gesetz über das Kreditwesen
KRG	Kontrollratsgesetz
KriegswaffKG/KWKG	Gesetz über die Kontrolle von Kriegswaffen
KrimAbh.	Kriminalistische Abhandlungen, hrsg. von Exner
KrimGwFr	Kriminologische Gegenwartsfragen (zit. nach Band u. Seite)
Kriminalistik	Kriminalistik, Zeitschrift für die gesamte kriminalistische Wissenschaft und Praxis
KrimJournal	Kriminologisches Journal
KriPoZ	Kriminalpolitische Zeitschrift
KriPoZ JuP	Kriminalpolitische Zeitschrift Junges Publizieren
krit.	kritisch
KritJ/Krit. Justiz	Kritische Justiz
KritV/KritVj	Kritische Vierteljahresschrift für Gesetzgebung und Rechtsprechung
KrW-/AbfG	Gesetz zur Förderung der Kreislaufwirtschaft und Sicherung der umweltverträglichen Beseitigung von Abfällen (Kreislaufwirtschafts- und Abfallgesetz)
KTS	Konkurs-, Treuhand- und Schiedsgerichtswesen (jetzt: Zeitschrift für Insolvenzrecht)
KunstUrhG/KUrhG	Kunsturhebergesetz

KuT	Konkurs-, Treuhand- und Schiedsgerichtswesen
KuV/k+v/K+V	Kraftfahrt und Verkehrsrecht, Zeitschrift der Akademie für Verkehrswissenschaft, Hamburg
KWG	s. KreditwesenG
LegPer.	Legislaturperiode
Lfg.	Lieferung
LFGB	Lebens- und Futtermittelgesetzbuch
LG	Landgericht
lit.	littera (Buchstabe)
Lit.	Literatur
LJIL	Leiden Journal of International Law
LKRZ	Zeitschrift für Landes- und Kommunalrecht Hessen/Rheinland-Pfalz/Saarland
LM	Nachschlagewerk des Bundesgerichtshofs, hrsg. v. Lindenmaier/Möhring u.a. (zit. nach Paragraph und Nummer)
LMBG	Gesetz über den Verkehr mit Lebensmitteln, Tabakerzeugnissen, kosmetischen Mitteln und sonstigen Bedarfsgegenständen (Lebensmittel- und Bedarfsgegenständegesetz)
LPG	Landespressegesetz
LPK	Lehr- und Praxiskommentar
LRA	Landratsamt
LRE	Sammlung lebensmittelrechtlicher Entscheidungen
LRO	Laryngo-Rhino-Otologie
LS	Leitsatz
lt.	laut
LT	Landtag
Ltd.	Limited (Private company limited by shares)
LuftSiG	Gesetz zur Neuregelung von Luftsicherheitsaufgaben (Luftsicherheitsgesetz)
LuftVG	Luftverkehrsgesetz
LuftVO/LuftVVO	Verordnung über den Luftverkehr
LuftVZO	Luftverkehrs-Zulassungs-Ordnung
LVerf.	Landesverfassung
LVwG SH	Landesverwaltungsgesetz Schleswig-Holstein
LZ	Leipziger Zeitschrift für Deutsches Recht (1907–1933)
m.	mit
m. Anm.	mit Anmerkung
Mat.	Materialien zur Strafrechtsreform (1954). Band I: Gutachten der Strafrechtslehrer. Band II: Rechtsvergleichende Arbeiten
m.a.W.	mit anderen Worten
m. Bespr.	mit Besprechung
MdB	Mitglied des Bundestages
MdL	Mitglied des Landtages
MDR	Monatsschrift für Deutsches Recht
MDStV	Staatsvertrag über Mediendienste
MedR	Medizinrecht
MedSach	Der Medizinische Sachverständige
medstra	Zeitschrift für Medizinstrafrecht
Melb. J. Int. Law	Melbourne Journal of International Law
MEPolG	Musterentwurf eines einheitlichen Polizeigesetzes
MfS	Ministerium für Staatssicherheit
Mich. J. Int. Law	Michigan Journal of International Law
min.	mindestens
mit Nachw.	mit Nachweisen
MiStra	Anordnung über Mitteilungen in Strafsachen
missverst.	missverständlich
Mitt.	Mitteilung

MittIKV	Mitteilungen der Internationalen Kriminalistischen Vereinigung (1889–1914; 1926–1933)
MK	Münchener Kommentar zum Strafgesetzbuch
m. krit. Anm.	mit kritischer Anmerkung (von)
MLR	Marburg Law Review
MLR	Minnesota Law Review
MMR	MultiMedia und Recht
MMW	Münchner Medizinische Wochenschrift
MoMiG	Gesetz zur Modernisierung des GmbH-Rechts und zur Bekämpfung von Missbräuchen
MRG	Militärregierungsgesetz
MschrKrim./ MonKrim.	Monatsschrift für Kriminologie und Strafrechtsreform
MschrKrimBiol/ MonKrimBiol.	Monatsschrift für Kriminalbiologie und Strafrechtsreform
MschrKrimPsych/ MonKrimPsych.	Monatsschrift für Kriminalpsychologie und Strafrechtsreform (1904/05–1936)
MStGO	Militärstrafgerichtsordnung
m.w.N.	mit weiteren Nachweisen
m.W.v.	mit Wirkung vom
m. zust./abl. Anm.	mit zustimmender/ablehnender Anmerkung
Nachtr.	Nachtrag
Nachw.	Nachweis
NATO-Truppen-statut/NTS	Abkommen zwischen den Parteien des Nordatlantikvertrags v. 19.6.1951 über die Rechtsstellung ihrer Truppen (NATO-Truppenstatut)
Nds.	Niedersachsen
NdsRpfl./Nds.Rpfl	Niedersächsische Rechtspflege
NdsSOG	Niedersächsisches Sicherheits- und Ordnungsgesetz
NEhelG	Gesetz über die Rechtsstellung der nichtehelichen Kinder
NetzDG	Gesetz zur Verbesserung der Rechtsdurchsetzung in sozialen Netzwerken (Netzwerkdurchsetzungsgesetz)
n.F.	neue Fassung
Niederschr./ Niederschriften	Niederschriften über die Sitzungen der Großen Strafrechtskommission
Nieders.GVBl. (Sb. I, II)	Niedersächsisches Gesetz- und Verordnungsblatt, Sonderband I und II, Sammlung des bereinigten niedersächsischen Rechts
NJ	Neue Justiz
NJOZ	Neue Juristische Online-Zeitschrift
NJW	Neue Juristische Wochenschrift
NJW-CoR	Computerreport der Neuen Juristischen Wochenschrift
NJW-RR	NJW-Rechtsprechungs-Report Zivilrecht
NK	Nomos-Kommentar zum Strafgesetzbuch
NKrimP	Neue Kriminalpolitik
NPA	Neues Polizei-Archiv
Nr./Nrn.	Nummer(n)
NRW	Nordrhein-Westfalen
NStE	Neue Entscheidungssammlung für Strafrecht, hrsg. von Rebmann, Dahs und Miebach
NStZ	Neue Zeitschrift für Strafrecht
NStZ-RR	NStZ-Rechtsprechungs-Report Strafrecht
NuR	Natur und Recht
NVwZ	Neue Zeitschrift für Verwaltungsrecht
NWB	Neue Wirtschaftsbriefe für Steuer- und Wirtschaftsrecht
NWVBl	Nordrhein-Westfälische Verwaltungsblätter
NZA	Neue Zeitschrift für Arbeits- und Sozialrecht
NZA-RR	NZA-Rechtsprechungsreport Arbeitsrecht
NZBau	Neue Zeitschrift für Baurecht und Vergaberecht
NZG	Neue Zeitschrift für Gesellschaftsrecht

NZI	Neue Zeitschrift für das Recht der Insolvenz und Sanierung
NZM	Neue Zeitschrift für Miet- und Wohnungsrecht
NZS	Neue Zeitschrift für Sozialrecht
NZV	Neue Zeitschrift für Verkehrsrecht
NZWehrr/NZWehrR	Neue Zeitschrift für Wehrrecht
NZWiSt	Neue Zeitschrift für Wirtschafts-, Steuer- und Unternehmensstrafrecht
o.	oben
o.ä.	oder ähnlich
ob.dict.	obiter dictum
OBGer	Obergericht (Schweizer Kantone)
öffentl.	öffentlich
OECD	Organisation for Economic Cooperation and Development
ÖJZ/ÖstJZ	Österreichische Juristenzeitung
Öst OGH	Österreichischer Oberster Gerichtshof; ohne Zusatz: Entscheidung des Öst OGH in Strafsachen (zit. nach Band u. Seite)
o.g.	oben genannt
OG	Oberstes Gericht der DDR
OGDDR	Entscheidungen des Obersten Gerichts der DDR
OGH	Oberster Gerichtshof (Österreich)
OGHBrZ	Oberster Gerichtshof für die Britische Zone
OGHSt	Entscheidungen des Obersten Gerichtshofes für die Britische Zone in Strafsachen (1949/50)
OHG	Offene Handelsgesellschaft
OLG	Oberlandesgericht
OLGSt	Entscheidungen der Oberlandesgerichte zum Straf- u. Strafverfahrensrecht (zit. nach Paragraph u. Seite, n.F. nach Paragraph u. Nummer)
OR	Obligationenrecht (Schweiz)
o.R.	ohne Rechnung
OrgK	Organisierte Kriminalität
OrgKG	Gesetz zur Bekämpfung des illegalen Rauschgifthandels und anderer Erscheinungsformen der Organisierten Kriminalität
OrgKVerbG	Gesetz zur Verbesserung der Bekämpfung der Organisierten Kriminalität
OVG	Oberverwaltungsgericht
OWiG	Gesetz über Ordnungswidrigkeiten
Pacific Rev.	The Pacific Review
PartG	Gesetz über die politischen Parteien (Parteiengesetz)
PartGG	Partnerschaftsgesellschaftsgesetz
PatG	Patentgesetz
PAuswG	Gesetz über Personalausweise
PersV	Die Personalverwaltung
PflanzenSchG/ PflSchG	Gesetz zum Schutz der Kulturpflanzen (Pflanzenschutzgesetz)
PharmR	PharmaRecht
PHI	Produkthaftpflicht International
PIF	Protection des Intérêts Financiers (EU)
PIN	Personal Identification Number
PKS	Polizeiliche Kriminalstatistik
PlProt.	Plenarprotokoll
PolG	Polizeigesetz
polit.	politisch
Polizei	Die Polizei (seit 1955: Die Polizei – Polizeipraxis)
PolV/PolVO	Polizeiverordnung
PostG	Gesetz über das Postwesen (Postgesetz)
PostO	Postordnung
Pr., pr.	Preußen, preußisch

PrG	Pressegesetz
PrGS	Preußische Gesetzessammlung (1810–1945)
ProdSG	Produktsicherheitsgesetz
Prot.	Protokolle über die Sitzungen des Sonderausschusses für die Strafrechtsreform
Prot. BT-RA	Protokolle des Rechtsausschusses des Deutschen Bundestages (zit. nach Nummern)
Pr. OT	Preußisches Obertribunal
PrOVG	Preußisches Oberverwaltungsgericht
PrPVG	Preußisches Polizeiverwaltungsgesetz
PrZeugnVerwG	Gesetz über das Zeugnisverweigerungsrecht der Mitarbeiter von Presse und Rundfunk
PStG	Personenstandsgesetz
PStR	Praxis Steuerstrafrecht
psych.	psychisch
PsychThG	Gesetz über die Berufe des psychologischen Psychotherapeuten und des Kinder- und Jugendlichenpsychotherapeuten (Psychotherapeutengesetz)
PTV	Polizei, Technik, Verkehr
PVT	Polizei, Verkehr und Technik
qualif.	qualifizierend
R	Rechtsprechung des Reichsgerichts in Strafsachen (zit. nach Band u. Seite)
RabgO/RAO	Reichsabgabenordnung
RAussch.	Rechtsausschuss
RBerG	Gesetz zur Verhütung von Mißbrauch auf dem Gebiet der Rechtsberatung
RdA	Recht der Arbeit
RdErl.	Runderlass
RdJB	Recht der Jugend und des Bildungswesens
RdK	Das Recht des Kraftfahrers, Unabhängige Monatsschrift des Kraftverkehrsrechts (1926–43, 1949–55)
Rdn.	Randnummer
Rdschr./RdSchr.	Rundschreiben
RDStH	Entscheidungen des Reichsdienststrafhofs (1939–41)
RDStO	Reichsdienststrafordnung
RDV	Recht der Datenverarbeitung
Recht	Das Recht, begründet von Soergel (1897–1944)
RechtsM	Rechtsmedizin
rechtspol.	rechtspolitisch
RechtsTh	Rechtstheorie
rechtsvergl.	rechtsvergleichend
RefE	Referentenentwurf
Reg.	Regierung
RegBl.	Regierungsblatt
RegE	Regierungsentwurf
rel.	relativ
RfStV	Rundfunkstaatsvertrag
RG	Reichsgericht
RGBl., RGBl. I, II	Reichsgesetzblatt, von 1922–1945 Teil I und Teil II
RGRspr.	Rechtsprechung des Reichsgerichts in Strafsachen (1879–1888)
RGSt	Entscheidungen des Reichsgerichts in Strafsachen
RGZ	Entscheidungen des Reichsgerichts in Zivilsachen
RHG	Rechnungshofgesetz
RHilfeG/RHG	Gesetz über die innerdeutsche Rechts- und Amtshilfe in Strafsachen
RhPf.	Rheinland-Pfalz
RiAA	Grundsätze des anwaltlichen Standesrechts – Richtlinien gem. § 177 Abs. 2 Satz 2 BRAO
RIDP	Revue internationale de droit pénal
RiJGG	Richtlinien der Landesjustizverwaltungen zum Jugendgerichtsgesetz
RiOWiG	Gemeinsame Anordnung über die Zuständigkeit der Staatsanwaltschaft zur Verfolgung von Ordnungswidrigkeiten und über die Zusammenarbeit mit den Verwaltungsbehörden

RiStBV	Richtlinien für das Strafverfahren und das Bußgeldverfahren
RiVASt	Richtlinien für den Rechtshilfeverkehr mit dem Ausland in strafrechtlichen Angelegenheiten
RIW	Recht der Internationalen Wirtschaft
RJagdG	Reichsjagdgesetz
RKG/RKnappschG	Reichsknappschaftsgesetz
RKGE	Entscheidungen des Reichskriegsgerichts
RMBl.	Reichsministerialblatt, Zentralblatt für das Deutsche Reich (1923–45)
RMG/RMilGE	Entscheidungen des Reichsmilitärgerichts (zit. nach Band u. Seite)
RöntgVO/RöV	Röntgenverordnung
ROW	Recht in Ost und West. Zeitschrift für Rechtsvergleichung und interzonale Rechtsprobleme
R&P	Recht und Psychiatrie
Rpfleger	Der Deutsche Rechtspfleger
RpflG	Rechtspflegergesetz
RPostG	Reichspostgesetz
RPsych	Rechtspsychologie, Zeitschrift für Familienrecht, Strafrecht, Kriminologie und Soziale Arbeit
Rspr.	Rechtsprechung
RStGB	Reichsstrafgesetzbuch
RStGH	Internationaler Strafgerichtshof für Ruanda
RStGH-Statut	Internationaler Strafgerichtshof für Ruanda – Statut
RT	Reichstag
RTDrucks.	Drucksachen des Reichstages
RTVerh.	Verhandlungen des Reichstages
RuP	Recht und Politik. Vierteljahreshefte für Rechts- und Verwaltungspolitik
RVG	Rechtsanwaltsvergütungsgesetz
RVO	Reichsversicherungsordnung
s.	siehe
S.	Seite oder Satz
s.a.	siehe auch
SA	Sonderausschuss für die Strafrechtsreform
SaarPolG	Saarländisches Polizeigesetz
SaarRZ	Saarländische Rechts- und Steuerzeitschrift
SaBremR	Sammlung des bremischen Rechts (1964)
SächsArch.	Sächsisches Archiv für Rechtspflege, seit 1924 (bis 1941/42), Archiv für Rechtspflege in Sachsen, Thüringen und Anhalt
SächsOLG	Annalen des Sächsischen Oberlandesgerichts zu Dresden (1880–1920)
SächsPolG	Sächsisches Polizeigesetz
Sarl	Société à responsabilité limitée
SchAZtg	Schiedsamts-Zeitung
ScheckG/SchG	Scheckgesetz
SchiedsmZ	Schiedsmannszeitung (1926–1945), seit 1950 Der Schiedsmann
SchKG	Gesetz zur Vermeidung und Bewältigung von Schwangerschaftskonflikten (Schwangerschaftskonfliktgesetz)
SchlH	Schleswig-Holstein
SchlHA	Schleswig-Holsteinische Anzeigen
Schriften der MGH	Schriften der Monumenta Germanicae Historica
SchwangUG	(DDR-)Gesetz über die Unterbrechung der Schwangerschaft
SchwarzArbG	Schwarzarbeitsbekämpfungsgesetz
schweiz.	schweizerisch
SchwJZ	Schweizerische Juristen-Zeitung
SchwZStr.	Schweizer Zeitschrift für Strafrecht
SDILJ	San Diego International Law Journal
SeeArbG	Seearbeitsgesetz
SeemannsG	Seemannsgesetz
SeeRÜbk./SRÜ	Seerechtsübereinkommen der Vereinten Nationen; Vertragsgesetz
Sen.	Senat

SeuffBl.	Seufferts Blätter für Rechtsanwendung (1836–1913)
SexualdelikteBekG	Gesetz zur Bekämpfung von Sexualdelikten und anderen gefährlichen Straftaten (Sexualdeliktebekämpfungsgesetz)
SFHÄndG	Schwangeren- und Familienhilfeänderungsgesetz
SFHG	Gesetz zum Schutz des vorgeburtlichen/werdenden Lebens, zur Förderung einer kinderfreundlicheren Gesellschaft, für Hilfen im Schwangerschaftskonflikt und zur Regelung des Schwangerschaftsabbruchs (Schwangeren- und Familienhilfegesetz)
SG/SoldatG	Gesetz über die Rechtsstellung der Soldaten
SGB I, III, IV, V, VIII, X, XI	I: Sozialgesetzbuch, Allgemeiner Teil III: Sozialgesetzbuch, Arbeitsförderung IV: Sozialgesetzbuch, Gemeinsame Vorschriften für die Sozialversicherung V: Sozialgesetzbuch, Gesetzliche Krankenversicherung VIII: Sozialgesetzbuch, Kinder- und Jugendhilfe X: Sozialgesetzbuch, Verwaltungsverfahren, Zusammenarbeit der Leistungsträger und ihre Beziehung zu Dritten XI: Soziale Pflegeversicherung
SGb.	Sozialgerichtsbarkeit
SGG	Sozialgerichtsgesetz
SGV.NW	Sammlung des bereinigten Gesetz- und Verordnungsblatts für das Land Nordrhein-Westfalen (Loseblattsammlung)
SichVG	Gesetz zur Rechtsvereinheitlichung der Sicherungsverwahrung
SJZ	Süddeutsche Juristen-Zeitung (1946–50), dann Juristenzeitung
SK	Systematischer Kommentar zum Strafgesetzbuch
Slg.	Sammlung der Rechtsprechung des EuGH
s.o.	siehe oben
sog.	sogenannt(e)
Sonderausschuss	Sonderausschuss des Bundestages für die Strafrechtsreform, Niederschriften zitiert nach Wahlperiode und Sitzung
SortenSchG	Gesetz über den Schutz von Pflanzensorten (Sortenschutzgesetz)
SozVers	Die Sozialversicherung
spez.	speziell
SprengG/SprengstoffG	Gesetz über explosionsgefährliche Stoffe (Sprengstoffgesetz)
SpuRT	Zeitschrift für Sport und Recht
SSt	Entscheidungen des österreichischen Obersten Gerichtshofes in Strafsachen und Disziplinarangelegenheiten
StA	Staatsanwalt(schaft)
StaatsGH	Staatsgerichtshof
StaatsschStrafsG	Gesetz zur allgemeinen Einführung eines zweiten Rechtszuges in Staatsschutz-Strafsachen
StÄG	s. StRÄndG
StAZ	Das Standesamt, Zeitschrift für Standesamtswesen, Personenstandsrecht, Ehe- u. Kindschaftsrecht, Staatsangehörigkeitsrecht
StB	Der Steuerberater
Stbg	Die Steuerberatung, Zeitschrift
StenB/StenBer	Stenographischer Bericht
StGB	Strafgesetzbuch
StPO	Strafprozeßordnung
str.	streitig, strittig
StrAbh.	Strafrechtliche Abhandlungen
StRÄndG	Strafrechtsänderungsgesetz (1. vom 30.8.1951)
StraffreiheitsG/StrFG	Gesetz über Straffreiheit
StraFo	Strafverteidigerforum
strafr.	strafrechtlich
StrafrAbh.	Strafrechtliche Abhandlungen, hrsg. von Bennecke, dann von Beling, v. Lilienthal und Schoetensack
StraßVerkSichG	1. Gesetz zur Sicherung des Straßenverkehrs (Straßenverkehrssicherungsgesetz – StraßenVSichG)

StrEG	Gesetz über die Entschädigung für Strafverfolgungsmaßnahmen
StREG	Gesetz über ergänzende Maßnahmen zum 5. StrRG (Strafrechtsreformergänzungsgesetz)
StrlSchuV/StrlSchVO	Strahlenschutzverordnung
StRR	Strafrechtsreport
StrRG	Gesetz zur Reform des Strafrechts (1. ~, 2. ~, ... 6. ~)
st.Rspr.	ständige Rechtsprechung
StS	Strafsenat
StudZR	Studentische Zeitschrift für Rechtswissenschaft
StuR	Staat und Recht
StV/StrVert.	Strafverteidiger
StVE	Straßenverkehrsentscheidungen, hrsg. von Cramer, Berz, Gontard, Loseblattsammlung (zit. nach Paragraph u. Nummer)
StVG	Straßenverkehrsgesetz
StVGÄndG	Gesetz zur Änderung des Straßenverkehrsgesetzes und anderer Gesetze
StVj/StVJ	Steuerliche Vierteljahresschrift
StVK	Strafvollstreckungskammer
StVO	Straßenverkehrsordnung
StVollstrO	Strafvollstreckungsordnung
StVollzÄndG	Gesetz zur Änderung des Strafvollzugsgesetzes
StVollzG	Gesetz über den Vollzug der Freiheitsstrafe und der freiheitsentziehenden Maßregeln der Besserung und Sicherung (Strafvollzugsgesetz)
StVollzK	Blätter für Strafvollzugskunde (Beilage zur Zeitschrift „Der Vollzugsdienst“)
StVRG	Erstes Gesetz zur Reform des Strafverfahrensrechts
StVRErgG	Erstes Gesetz zur Ergänzung des 1. StVRG
StVZO	Straßenverkehrs-Zulassungs-Ordnung
s.u.	siehe unten
SubvG	Subventionsgesetz
SV	Sachverhalt
Tab.	Tabelle
TDG	Gesetz über die Nutzung von Telediensten
TerrorBekG	Gesetz zur Bekämpfung des internationalen Terrorismus (Terrorismusbekämpfungsgesetz)
TerrorBekErgG	Gesetz zur Ergänzung des Terrorismusbekämpfungsgesetzes (Terrorismusbekämpfungsergänzungsgesetz)
ThürPAG	Thüringisches Polizeiaufgabengesetz
TierschG/ TierschutzG	Tierschutzgesetz
Tit.	Titel
TKG	Telekommunikationsgesetz
TPG	Gesetz über die Spende, Entnahme und Übertragung von Organen (Transplantationsgesetz)
TV	Truppenvertrag
Tz.	Textziffer, -zahl
u.	unten (auch: und)
u.a.	unter anderem (auch: andere)
u.ä.	und ähnliche
u.a.m.	und anderes mehr
UdG	Urkundsbeamter der Geschäftsstelle
Üb.	Überblick; Übersicht
Übereink./Übk.	Übereinkommen
ÜbergangsAO	Übergangsanordnung
ü.M.	überwiegende Meinung
UFITA	Archiv für Urheber-, Film-, Funk- und Theaterrecht
UG	Unternehmergesellschaft
U-Haft	Untersuchungshaft
UMAG	Gesetz zur Unternehmensintegrität und Modernisierung des Anfechtungsrechts

umf.	umfassend
umstr.	umstritten
UmwRG	Umweltrahmengesetz der DDR
UNO	United Nations Organization (Vereinte Nationen)
UNTS	United Nations Treaty Series
unv.	unveröffentlicht
UPR	Umwelt- und Planungsrecht
UrhG	Gesetz über Urheberrecht und verwandte Schutzrechte (Urheberrechtsgesetz)
UStG	Umsatzsteuergesetz
usw.	und so weiter
UTR	Umwelt- und Technikrecht, Schriftenreihe des Instituts für Umwelt- und Technikrecht der Universität Trier, hrsg. von Rüdiger Breuer u.a.
u.U.	unter Umständen
UVNVAG	Ausführungsgesetz v. 23.7.1998 (BGBl. I S. 1882) zu dem Vertrag v. 24.9.1996 über das umfassende Verbot von Nuklearversuchen – Zustimmungsgesetz
UWG	Gesetz gegen den unlauteren Wettbewerb
UZwG	Gesetz über den unmittelbaren Zwang bei Ausübung öffentlicher Gewalt durch Vollzugsbeamte des Bundes
UZwGBw	Gesetz über die Anwendung unmittelbaren Zwanges und die Ausübung besonderer Befugnisse durch Soldaten der Bundeswehr und zivile Wachpersonen
v.	von, vom
VAE	Verkehrsrechtliche Abhandlungen und Entscheidungen
VAG	Versicherungsaufsichtsgesetz
Var.	Variante
v.A.w.	von Amts wegen
VBlBW	Verwaltungsblätter für Baden-Württemberg
VD	Verkehrsdienst
VDA bzw. VDB	Vergleichende Darstellung des deutschen und ausländischen Strafrechts, Allgemeiner bzw. Besonderer Teil
VE	Vorentwurf
VerbrBekG	Gesetz zur Änderung des Strafgesetzbuches, der Strafprozeßordnung und anderer Gesetze (Verbrechensbekämpfungsgesetz)
VerbringungsG/ VerbG	Gesetz zur Überwachung strafrechtlicher und anderer Verbringungsverbote
VereinfVO	Vereinfachungsverordnung
	~ –, VO über Maßnahmen auf dem Gebiet der Gerichtsverfassung und Rechtspflege
	~ –, VO zur weiteren Vereinfachung der Strafrechtspflege
	~ –, Dritte VO zur Vereinfachung der Strafrechtspflege
	~ –, Vierte VO zur Vereinfachung der Strafrechtspflege
VereinhG	Gesetz zur Wiederherstellung der Rechtseinheit auf dem Gebiete der Gerichtsverfassung, der bürgerlichen Rechtspflege, des Strafverfahrens und des Kostenrechts
VereinsG	Gesetz zur Regelung des öffentlichen Vereinsrechts (Vereinsgesetz)
VerfGH	Verfassungsgerichtshof
VerglO	Vergleichsordnung
Verh.	Verhandlungen des Deutschen Bundestages (BT), des Deutschen Juristentages (DJT) usw.
VerjährG	Gesetz über das Ruhen der Verjährung bei SED-Unrechtstaten
VerjährG,	Gesetz zur Verlängerung strafrechtlicher Verjährungsfristen vom 27.9.1993
VerjährG,	Gesetz zur weiteren Verlängerung strafrechtlicher Verjährungsfristen vom 22.12.1997
VerkMitt./VM	Verkehrsrechtliche Mitteilungen
VerkProspektG	Wertpapiere-Verkaufsprospektgesetz
vermitt.	vermittelnd
VerpflG	Gesetz über die förmliche Verpflichtung nichtbeamteter Personen (Verpflichtungsgesetz) d.F.v. Art. 42 EGStGB
VerschG	Verschollenheitsgesetz
VersG	Gesetz über Versammlungen und Aufzüge (Versammlungsgesetz)

VersR	Versicherungsrecht, Juristische Rundschau für die Individualversicherung
VerwArch.	Verwaltungsarchiv
VG	Verwaltungsgericht
VGH	Verwaltungsgerichtshof
vgl.	vergleiche
Vhdlgen	s. Verh.
VJIL	Virginia Journal of International Law
VJTL	Vanderbilt Journal of Transnational Law
VJZ	Zeitschrift für Vermögens- und Immobilienrecht
VN	Vereinte Nationen
VN-Satzung	Satzung der Vereinten Nationen
VO	Verordnung
VOBl.	Verordnungsblatt
VOR	Zeitschrift für Verkehrs- und Ordnungswidrigkeitenrecht
Voraufl.	Vorauflage
Vorbem.	Vorbemerkung
VorE	Vorentwurf
vorgen.	vorgenannt
VRS	Verkehrsrechts-Sammlung, Entscheidungen aus allen Gebieten des Verkehrsrechts
VStGB	Völkerstrafgesetzbuch
VVDStRL	Veröffentlichungen der Vereinigung deutscher Staatsrechtslehrer (zit. nach Heft u. Seite)
VVG	Gesetz über den Versicherungsvertrag
VwGO	Verwaltungsgerichtsordnung
VwVfG	Verwaltungsverfahrensgesetz
VwVG	Verwaltungsvollstreckungsgesetz
VwZG	Verwaltungszustellungsgesetz
WaffG/WaffenG	Waffengesetz
Warn./WarnRspr.	Sammlung zivilrechtlicher Entscheidungen des RG, hrsg. von Warneyer (zit. nach Jahr und Nummer)
WBl.	Wirtschaftsrechtliche Blätter (Österreich)
WD	Wissenschaftliche Dienste des Bundestags
WDO	Wehrdisziplinarordnung
WehrpflG	Wehrpflichtgesetz
WeimVerf./WV	Verfassung des Deutschen Reichs (sog. „Weimarer Verfassung“)
WeinG	Weingesetz
weitergeh.	weitergehend
WHG	Gesetz zur Ordnung des Wasserhaushalts (Wasserhaushaltsgesetz)
WiB	Wirtschaftsrechtliche Beratung
WiKG	1. Gesetz zur Bekämpfung der Wirtschaftskriminalität
WiKG	2. Gesetz zur Bekämpfung der Wirtschaftskriminalität
WissR	Wissenschaftsrecht
WiStG	Gesetz zur weiteren Vereinfachung des Wirtschaftsstrafrechts (Wirtschaftsstrafgesetz 1954)
wistra	Zeitschrift für Wirtschaft, Steuer, Strafrecht, dann: Zeitschrift für Wirtschafts- und Steuerstrafrecht
WiVerw	Wirtschaft und Verwaltung
WK	Wiener Kommentar zum Strafgesetzbuch
WM	Wertpapier-Mitteilungen
w.N.b.	weitere Nachweise bei
WoÜbG	Gesetz zur Umsetzung des Urteils des Bundesverfassungsgerichts vom 3. März 2004 (akustische Wohnraumüberwachung) v. 24.6.2005
WuM	Wohnungswirtschaft und Mietrecht
WPg	Die Wirtschaftsprüfung
WpHG	Gesetz über Wertpapierhandel
WRP	Wettbewerb in Recht und Praxis
WStG	Wehrstrafgesetz
WZG	Warenzeichengesetz

YJIL	Yale Journal of International Law
YJLF	Yale Journal of Law and Feminism
YLJ	Yale Law Journal
z.	zur, zum
(Z)	Entscheidung in Zivilsachen
ZAG	Zahlungsdiensteaufsichtsgesetz
ZahlVGJG	Gesetz über den Zahlungsverkehr mit Gerichten und Justizbehörden
ZAkDR	Zeitschrift der Akademie für Deutsches Recht (1934–1944)
ZaöRV	Zeitschrift für ausländisches öffentliches Recht und Völkerrecht
z.B.	zum Beispiel
ZBB	Zeitschrift für Bankrecht und Bankwirtschaft
ZbernJV/ZBJV	Zeitschrift des Bernischen Juristenvereins
ZBl. f. Verk. Med.	Zentralblatt für Verkehrsmedizin, Verkehrspsychologie, Luft- und Raumfahrtmedizin
ZDG	Gesetz über den Zivildienst der Kriegsdienstverweigerer (Zivildienstgesetz)
ZfB	Zeitschrift für Binnenschifffahrt und Wasserstraßen
ZfBR	Zeitschrift für deutsches und internationales Baurecht
Z.f.d. ges. Sachverst.wesen	Zeitschrift für das gesamte Sachverständigenwesen
ZFIS	Zeitschrift für innere Sicherheit
ZfISt/ZfIStw	Zeitschrift für Internationale Strafrechtswissenschaft (ehem. ZIS Zeitschrift für Internationale Strafrechtsdogmatik)
ZfJ	Zentralblatt für Jugendrecht
ZfL	Zeitschrift für Lebensrecht
zfm	Zeitschrift für Medienwissenschaft
ZfmE	Zeitschrift für medizinische Ethik
ZfRSoz	Zeitschrift für Rechtssoziologie, The German Journal of Law and Society
ZfRV	Zeitschrift für Rechtsvergleichung, Internationales Privatrecht und Europarecht
ZfS/ZfSch	Zeitschrift für Schadensrecht
ZfStrVo	Zeitschrift für Strafvollzug und Straffälligenhilfe
ZfW	Zeitschrift für Wasserrecht
ZfWG	Zeitschrift für Wett- und Glücksspielrecht
ZfZ	Zeitschrift für Zölle und Verbrauchssteuern
ZG	Zeitschrift für Gesetzgebung
ZGR	Zeitschrift für Unternehmens- und Gesellschaftsrecht
ZHR	Zeitschrift für das gesamte Handelsrecht und Wirtschaftsrecht, begr. v. Goldschmidt
Zif./Ziff.	Ziffer(n)
ZInsO	Zeitschrift für das gesamte Insolvenzrecht
ZIP	Zeitschrift für Wirtschaftsrecht
ZIS	Zeitschrift für Internationale Strafrechtsdogmatik; s. auch ZfISt
zit.	zitiert
ZJS	Zeitschrift für das Juristische Studium
ZMR	Zeitschrift für Miet- und Raumrecht
ZNER	Zeitschrift für Neues Energierecht
ZollG	Zollgesetz
ZParl	Zeitschrift für Parlamentsfragen
ZPO	Zivilprozessordnung
ZRP	Zeitschrift für Rechtspolitik
ZSchwR	Zeitschrift für Schweizerisches Recht
ZStW	Zeitschrift für die gesamte Strafrechtswissenschaft
z.T.	zum Teil
ZUM	Zeitschrift für Urheber- und Medienrecht/Film und Recht
zusf.	zusammenfassend
zust.	zustimmend
ZustErgG	Gesetz zur Ergänzung von Zuständigkeiten auf den Gebieten des Bürgerlichen Rechts, des Handelsrechts und des Strafrechts (Zuständigkeitsergänzungsgesetz)

ZustG	Zustimmungsgesetz
ZustVO	Verordnung über die Zuständigkeit der Strafgerichte, die Sondergerichte und sonstige strafverfahrensrechtliche Vorschriften
zutr.	zutreffend
z.V.b.	zur Veröffentlichung bestimmt
ZVG	Gesetz über die Zwangsversteigerung und die Zwangsverwaltung (Zwangsversteigerungsgesetz)
ZVS	Zeitschrift für Verkehrssicherheit
zw.	zweifelhaft (auch: zweifelnd)
ZWehrR	Zeitschrift für Wehrrecht (1936/37–1944)
ZWH	Zeitschrift für Wirtschaftsstrafrecht und Haftung im Unternehmen
z.Z.	zur Zeit
ZZP	Zeitschrift für Zivilprozess

Schrifttum und abgekürzt zitierte Literatur

Das Schrifttum zum Kernstrafrecht sowie sämtliche strafrechtlich relevanten Festschriften und vergleichbare Werke finden sich unter 1. Es folgt in alphabetischer Reihenfolge das Schrifttum zum Nebenstrafrecht und zu nichtstrafrechtlichen Gebieten: 2. Betäubungsmittelstrafrecht, 3. Bürgerliches Recht einschließlich Versicherungsrecht, 4. DDR-Strafrecht, 5. Europäisches Recht, 6. Handelsrecht einschließlich Bilanz- und Gesellschaftsrecht, 7. Jugendstrafrecht, 8. Kriminologie, 9. Ordnungswidrigkeitenrecht, 10. Presserecht, 11. Rechtshilfe, 12. Rechtsmedizin und Medizinstrafrecht, 13. Strafprozess- und Strafvollzugsrecht, 14. Straßenverkehrsrecht, 15. Verfassungsrecht und Verwaltungsrecht, 16. Wettbewerbs- und Kartellrecht, 17. Wirtschafts- und Steuerstrafrecht, 18. Zivilprozess- und Insolvenzrecht, 19. Sonstiges (einschließlich Arbeits- und Sozialrecht, Völkerrecht und Waffenrecht).

1. Strafrecht (StGB) und Festschriften

Zitier-Abk.	Werk
AK	Kommentar zum Strafgesetzbuch – Reihe Alternativkommentare, hrsg. v. Wassermann, Bd. 1 (1990), Bd. 3 (1986)
Ambos	Internationales Strafrecht, 5. Aufl. (2018)
AnwK	AnwaltKommentar StGB, hrsg. v. Leipold/Tsambikakis/Zöller, 3. Aufl. (2020)
Appel	Verfassung und Strafe (1998)
Arzt/Weber/Heinrich/ Hilgendorf BT	Strafrecht, Besonderer Teil, Lehrbuch, 4. Aufl. (2021)
v. Bar	Gesetz und Schuld im Strafrecht, Bd. 1 (1906), Bd. 2 (1907), Bd. 3 (1909)
Baumann	Strafrecht, Allgemeiner Teil, 7. Aufl. (1975)
Baumann/Weber/Mitsch/Eisele	Strafrecht, Allgemeiner Teil, Lehrbuch, 13. Aufl. (2021)
BeckOK	Beck'scher Online-Kommentar StGB, hrsg. v. Heintschel-Heinegg, 54. Edition (2022)
Beling	Die Lehre vom Verbrechen (1906)
Beulke-Symposion	Strafverteidigung – Grundlagen und Stolpersteine, Symposion für Werner Beulke, hrsg. v. Engländer/Fahl/Satzger/Swoboda (2012)
Binding, Grundriß	Grundriß des Deutschen Strafrechts, Allgemeiner Teil, 8. Aufl. (1913)
Binding, Handbuch	Handbuch des Strafrechts (1885)
Binding, Lehrbuch I, II	Lehrbuch des gemeinen Deutschen Strafrechts, Besonderer Teil, 2. Aufl., Bd. 1 (1902), Bd. 2 (1904/05)
Binding, Normen	Die Normen und ihre Übertretung, 2. Aufl., 4 Bände (1890–1919)
BK	Basler Kommentar Strafrecht I und II, hrsg. v. Niggli/Wiprächtiger, 4. Aufl. (2019) (s. aber auch 15. Verfassungsrecht)
Blei I, II	Strafrecht I, Allgemeiner Teil, 18. Aufl. (1983); Strafrecht II, Besonderer Teil, 12. Aufl. (1983)
Bochumer Erläuterungen	Bochumer Erläuterungen zum 6. Strafrechtsreformgesetz, hrsg. v. Schlüchter (1998)
Bock BT 1, 2	Strafrecht, Besonderer Teil 1: Nichtvermögensdelikte (2018), Besonderer Teil 2: Vermögensdelikte (2018)
Bockelmann BT 1, 2, 3	Strafrecht, Besonderer Teil, Bd. 1: Vermögensdelikte, 2. Aufl. (1982); Bd. 2: Delikte gegen die Person (1977); Bd. 3: Ausgewählte Delikte gegen Rechtsgüter der Allgemeinheit (1980)
Bockelmann/Volk	Strafrecht, Allgemeiner Teil, 4. Aufl. (1987)
Bringewat	Grundbegriffe des Strafrechts, 3. Aufl. (2018)
Bruns, Reflexionen	Neues Strafzumessungsrecht? „Reflexionen" über eine geforderte Umgestaltung (1988)
Bruns, Strafzumessungsrecht	Strafzumessungsrecht: Gesamtdarstellung, 2. Aufl. (1974)
Bruns/Güntge	Das Recht der Strafzumessung, 3. Aufl. (2018)
Burgstaller	Das Fahrlässigkeitsdelikt im Strafrecht (1974)

https://doi.org/10.1515/9783110490329-206

Coimbra-Symposium	s. Schünemann/de Figueiredo Dias
Dahs	Handbuch des Strafverteidigers, 8. Aufl. (2015)
Dalcke/Fuhrmann/Schäfer	Strafrecht und Strafverfahren, 37. Aufl. (1961)
Dölling/Duttge/König/Rössner	s. HK-GS
Ebert	Aktuelle Probleme der Strafrechtspflege: Beiträge anläßlich eines Symposiums zum 60. Geburtstag von E.W. Hanack, hrsg. v. Ebert (1991)
Ebert AT	Strafrecht, Allgemeiner Teil, 4. Aufl. (2001)
Einführung 6. StrRG	Einführung in das 6. Strafrechtsreformgesetz (1998) (bearb. v. Dencker u.a.)
Eisele BT 1, BT 2	Strafrecht – Besonderer Teil I: Straftaten gegen die Person und die Allgemeinheit, 6. Aufl. (2021); Strafrecht – Besonderer Teil II: Eigentumsdelikte und Vermögensdelikte, 6. Aufl. (2021)
Erbs/Kohlhaas	Strafrechtliche Nebengesetze, Loseblattausgabe, 241. EL (2022)
Erinnerungsgabe Grünhut	Erinnerungsgabe für Max Grünhut (1965)
Eser et al., Rechtfertigung und Entschuldigung I–IV	Rechtfertigung und Entschuldigung: rechtsvergleichende Perspektiven. Beiträge aus dem Max-Planck-Institut für ausländisches und internationales Strafrecht, Bd. 1, hrsg. v. Eser/Fletcher (1987); Bd. 2, hrsg. v. Eser/Fletcher (1988); Bd. 3: Deutsch-Italienisch-Portugiesisch-Spanisches Strafrechtskolloquium 1990 in Freiburg, hrsg. v. Eser/Perron (1991); Bd. 4: Ostasiatisch-Deutsches Strafrechtskolloquium 1993 in Tokio, hrsg. v. Eser/Nishihara (1995)
Festgabe BGH 25	25 Jahre Bundesgerichtshof
Festgabe BGH 50	50 Jahre Bundesgerichtshof, Festgabe aus der Wissenschaft, Bd. 4: Straf- und Strafprozeßrecht (2000)
Festgabe Frank	Festgabe für Reinhard von Frank zum 70. Geburtstag, 2 Bde. (1930)
Festgabe Graßhof	Der verfasste Rechtsstaat, Festgabe für Karin Graßhof (1998)
Festgabe Kern	Festgabe für Eduard Kern zum 70. Geburtstag (1957)
Festgabe Paulus	Festgabe für Rainer Paulus zum 70. Geburtstag (2009)
Festgabe Peters	Wahrheit und Gerechtigkeit im Strafverfahren: Festgabe für Karl Peters aus Anlaß seines 80. Geburtstages (1984)
Festgabe RG I–VI	Die Reichsgerichtspraxis im deutschen Rechtsleben: Festgabe der juristischen Fakultäten zum 50-jährigen Bestehen des Reichsgerichts (1929)
Festgabe Schultz	Lebendiges Strafrecht: Festgabe zum 65. Geburtstag von Hans Schultz (1977)
Festgabe Schweizer JT	Festgabe zum Schweizerischen Juristentag (1963)
Festschrift Achenbach	Festschrift für Hans Achenbach zum 70. Geburtstag (2011)
Festschrift Amelung	Grundlagen des Straf- und Strafverfahrensrechts: Festschrift für Knut Amelung zum 70. Geburtstag (2009)
Festschrift Androulakis	Festschrift für Nikolaos Androulakis zum 70. Geburtstag (2003)
Festschrift Augsburg	Recht in Europa: Festgabe zum 30-jährigen Bestehen der Juristischen Fakultät Augsburg (2002)
Festschrift Baumann	Festschrift für Jürgen Baumann zum 70. Geburtstag (1992)
Festschrift Bemmann	Festschrift für Günter Bemmann zum 70. Geburtstag (1997)
Festschrift Beulke	Ein menschengerechtes Strafrecht als Lebensaufgabe: Festschrift für Werner Beulke zum 70. Geburtstag (2015)
Festschrift BGH 50	Festschrift aus Anlaß des fünfzigjährigen Bestehens von Bundesgerichtshof, Bundesanwaltschaft und Rechtsanwaltschaft beim Bundesgerichtshof (2000)
Festschrift Blau	Festschrift für Günter Blau zum 70. Geburtstag (1985)
Festschrift Bockelmann	Festschrift für Paul Bockelmann zum 70. Geburtstag (1979)
Festschrift Böhm	Festschrift für Alexander Böhm zum 70. Geburtstag (1999)
Festschrift Böttcher	Festschrift für Reinhard Böttcher zum. 70 Geburtstag (2007)
Festschrift Boujong	Verantwortung und Gestaltung: Festschrift für Karlheinz Boujong zum 65. Geburtstag (1996)
Festschrift Brauneck	Ehrengabe für Anne-Eva Brauneck (1999)
Festschrift Bruns	Festschrift für Hans-Jürgen Bruns zum 70. Geburtstag (1978)
Festschrift Burgstaller	Festschrift für Manfred Burgstaller zum 65. Geburtstag (2004)
Festschrift v. Caemmerer	Festschrift für Ernst von Caemmerer zum 70. Geburtstag (1978)

Festschrift Celle I	Göttinger Festschrift für das Oberlandesgericht Celle: zum 250-jährigen Bestehen des Oberlandesgerichts Celle (1961)
Festschrift Celle II	Festschrift zum 275-jährigen Bestehen des Oberlandesgerichts Celle (1986)
Festschrift Dahs	Festschrift für Hans Dahs zum 70. Geburtstag (2005)
Festschrift Dencker	Festschrift für Friedrich Dencker zum 70. Geburtstag (2012)
Festschrift Diestelkamp	Geschichte der Zentraljustiz in Mitteleuropa: Festschrift für Bernhard Diestelkamp zum 65. Geburtstag (1994)
Festschrift DJT	Hundert Jahre deutsches Rechtsleben: Festschrift zum hundertjährigen Bestehen des Deutschen Juristentages 1860–1960, 2 Bde. (1960)
Festschrift Dreher	Festschrift für Eduard Dreher zum 70. Geburtstag (1977)
Festschrift Dünnebier	Festschrift für Hans Dünnebier zum 75. Geburtstag (1982, Nachdruck 2014)
Festschrift Eisenberg (2009)	Festschrift für Ulrich Eisenberg zum 70. Geburtstag (2009)
Festschrift Eisenberg (2019)	Festschrift für Ulrich Eisenberg zum 80. Geburtstag (2019)
Festschrift Engisch	Festschrift für Karl Engisch zum 70. Geburtstag (1969)
Festschrift Ermacora	Fortschritt im Bewußtsein der Grund- und Menschenrechte: Festschrift für Felix Ermacora zum 65. Geburtstag (1988)
Festschrift Eser	Menschengerechtes Strafrecht: Festschrift für Albin Eser zum 70. Geburtstag (2005)
Festschrift Europa-Institut	Europäische Integration und Globalisierung: Festschrift zum 60-jährigen Bestehen des Europa-Instituts (2011)
Festschrift Fezer	Festschrift für Gerhard Fezer zum 70. Geburtstag (2008)
Festschrift Fiedler	Verfassung – Völkerrecht – Kulturgüterschutz: Festschrift für Wilfried Fiedler zum 70. Geburtstag (2011)
Festschrift Fischer	Festschrift für Thomas Fischer (2018)
Festschrift Friebertshäuser	Festgabe für den Strafverteidiger Dr. Heino Friebertshäuser (1997)
Festschrift Frisch	Grundlagen und Dogmatik des gesamten Strafrechtssystems: Festschrift für Wolfgang Frisch zum 70. Geburtstag (2013)
Festschrift Fuchs	Festschrift für Helmut Fuchs zum 65. Geburtstag (2014)
Festschrift GA	140 Jahre Goltdammer's Archiv für Strafrecht: eine Würdigung zum 70. Geburtstag von Paul-Günter Pötz (1993)
Festschrift Gallas	Festschrift für Wilhelm Gallas zum 70. Geburtstag (1973)
Festschrift von Gamm	Festschrift für Otto-Friedrich Frhr. von Gamm (1990)
Festschrift Gauweiler	Recht und Politik: Festschrift für Peter Gauweiler zum 60. Geburtstag (2009)
Festschrift Geerds	Kriminalistik und Strafrecht: Festschrift für Friedrich Geerds zum 70. Geburtstag (1995)
Festschrift Geilen	Bochumer Beiträge zu aktuellen Strafrechtsthemen: Festschrift für Gerd Geilen zum 70. Geburtstag (2003)
Festschrift Geiß	Festschrift für Karlmann Geiß zum 65. Geburtstag (2000)
Festschrift Geppert	Festschrift für Klaus Geppert zum 70. Geburtstag (2011)
Festschrift Germann	Rechtsfindung – Beiträge zur juristischen Methodenlehre: Festschrift für Oscar Adolf Germann zum 80. Geburtstag (1969)
Festschrift Gleispach	Gegenwartsfragen der Strafrechtswissenschaft: Festschrift zum 60. Geburtstag von Graf W. Gleispach (1936, Nachdruck 1995)
Festschrift Gollwitzer	Weltpolitik, Europagedanke, Regionalismus: Festschrift für Heinz Gollwitzer zum 65. Geburtstag (1982)
Festschrift Göppinger	Kriminalität, Persönlichkeit, Lebensgeschichte und Verhalten: Festschrift für Hans Göppinger zum 70. Geburtstag (1990)
Festschrift Gössel	Festschrift für Karl Heinz Gössel zum 70. Geburtstag (2002)
Festschrift Grünwald	Festschrift für Gerald Grünwald zum 70. Geburtstag (1999)
Festschrift Grützner	Aktuelle Probleme des internationalen Strafrechts – Beiträge zur Gestaltung des internationalen und supranationalen Strafrechts: Heinrich Grützner zum 65. Geburtstag (1970)
Festschrift Hamm	Festschrift für Rainer Hamm zum 65. Geburtstag (2008)
Festschrift Hanack	Festschrift für Ernst-Walter Hanack zum 70. Geburtstag (1999)
Festschrift Hanauer	Festschrift für Rudolf Hanauer aus Anlass seines 70. Geburtstages (1978)
Festschrift Hassemer	Festschrift für Winfried Hassemer zum 70. Geburtstag (2010)
Festschrift Heidelberg	Richterliche Rechtsfortbildung: Festschrift der Juristischen Fakultät zur 600-Jahr-Feier der Universität Heidelberg (1986)

Festschrift Heinitz	Festschrift für Ernst Heinitz zum 70. Geburtstag (1972)
Festschrift Heintschel-Heinegg	Festschrift für Bernd von Heintschel-Heinegg zum 70. Geburtstag (2015)
Festschrift Heinz	Festschrift für Wolfgang Heinz zum 70. Geburtstag (2012)
Festschrift Henkel	Grundfragen der gesamten Strafrechtswissenschaft: Festschrift für Heinrich Henkel zum 70. Geburtstag (1974)
Festschrift v. Hentig	Kriminologische Wegzeichen: Festschrift für Hans v. Hentig zum 80. Geburtstag (1967)
Festschrift Herzberg	Strafrecht zwischen System und Telos: Festschrift für Rolf Dietrich Herzberg zum 70. Geburtstag (2008)
Festschrift Herzog	Staatsrecht und Politik: Festschrift für Roman Herzog zum 75. Geburtstag (2009)
Festschrift Heusinger	Ehrengabe für Bruno Heusinger (1968)
Festschrift Hilger	Datenübermittlungen und Vorermittlungen: Festgabe für Hans Hilger (2003)
Festschrift Hirsch	Festschrift für Hans Joachim Hirsch zum 70. Geburtstag (1999)
Festschrift Honig	Festschrift für Richard M. Honig zum 80. Geburtstag (1970)
Festschrift Hruschka	Jahrbuch für Recht und Ethik: Festschrift für Joachim Hruschka zum 70. Geburtstag (2006)
Festschrift Hubmann	Beiträge zum Schutz der Persönlichkeit und ihrer schöpferischen Leistung: Festschrift für Heinrich Hubmann zum 70. Geburtstag (1985)
Festschrift Hübner	Festschrift für Heinz Hübner zum 70. Geburtstag (1984)
Festschrift Jakobs	Festschrift für Günther Jakobs zum 70. Geburtstag (2007)
Festschrift Jauch	Wie würden Sie entscheiden? Festschrift für Gerd Jauch zum 65. Geburtstag (1990)
Festschrift Jescheck	Festschrift für Hans-Heinrich Jescheck zum 70. Geburtstag, 2 Bde. (1985)
Festschrift Jung	Festschrift für Heike Jung zum 65. Geburtstag (2007)
Festschrift JurGes. Berlin	Festschrift zum 125-jährigen Bestehen der Juristischen Gesellschaft zu Berlin (1984)
Festschrift Kaiser	Internationale Perspektiven in Kriminologie und Strafrecht: Festschrift für Günther Kaiser zum 70. Geburtstag, 2 Bde. (1998)
Festschrift Kargl	Festschrift für Walter Kargl zum 70. Geburtstag (2015)
Festschrift Arthur Kaufmann (1989)	Jenseits des Funktionalismus: Arthur Kaufmann zum 65. Geburtstag (1989)
Festschrift Arthur Kaufmann (1993)	Strafgerechtigkeit: Festschrift für Arthur Kaufmann zum 70. Geburtstag (1993)
Festschrift Kern	Tübinger Festschrift für Eduard Kern (1968)
Festschrift Kerner	Kriminologie – Kriminalpolitik – Strafrecht: Festschrift für Hans-Jürgen Kerner zum 70. Geburtstag (2013)
Festschrift Kirchberg	Festschrift für Christian Kirchberg zum 70. Geburtstag (2017)
Festschrift Kleinknecht	Strafverfahren im Rechtsstaat: Festschrift für Theodor Kleinknecht zum 75. Geburtstag (1985)
Festschrift Klug	Festschrift für Ulrich Klug zum 70. Geburtstag, 2 Bde. (1983)
Festschrift Koch	Strafverteidigung und Strafprozeß: Festgabe für Ludwig Koch (1989)
Festschrift Kohlmann	Festschrift für Günter Kohlmann zum 70. Geburtstag (2003)
Festschrift Kohlrausch	Probleme der Strafrechtserneuerung: Eduard Kohlrausch zum 70. Geburtstage dargebracht (1944, Nachdruck 1978)
Festschrift Köln	Festschrift der Rechtswissenschaftlichen Fakultät zur 600-Jahr-Feier der Universität zu Köln (1988)
Festschrift Krause	Recht und Kriminalität: Festschrift für Friedrich-Wilhelm Krause zum 70. Geburtstag (1990)
Festschrift Krey	Festschrift für Volker Krey zum 70. Geburtstag (2010)
Festschrift Küper	Festschrift für Wilfried Küper zum 70. Geburtstag (2007)
Festschrift Kühne	Festschrift für Hans-Heiner Kühne zum 70. Geburtstag (2013)
Festschrift Lackner	Festschrift für Karl Lackner zum 70. Geburtstag (1987)
Festschrift Lampe	Jus humanum – Grundlagen des Rechts und Strafrecht: Festschrift für Ernst-Joachim Lampe zum 70. Geburtstag (2003)
Festschrift Lange	Festschrift für Richard Lange zum 70. Geburtstag (1976, Nachdruck 2017)
Festschrift Laufs	Humaniora, Medizin – Recht – Geschichte: Festschrift für Adolf Laufs zum 70. Geburtstag (2006)
Festschrift Leferenz	Kriminologie – Psychiatrie – Strafrecht: Festschrift für Heinz Leferenz zum 70. Geburtstag (1983)

Festschrift Lenckner	Festschrift für Theodor Lenckner zum 70. Geburtstag (1998)
Festschrift Lüderssen	Festschrift für Klaus Lüderssen zum 70. Geburtstag (2002)
Festschrift Maihofer	Rechtsstaat und Menschenwürde: Festschrift für Werner Maihofer zum 70. Geburtstag (1988)
Festschrift Maiwald	Festschrift für Manfred Maiwald zum 75. Geburtstag (2010)
Festschrift Mangakis	Strafrecht – Freiheit – Rechtsstaat: Festschrift für Georgios Mangakis (1999)
Festschrift Maurach	Festschrift für Reinhart Maurach zum 70. Geburtstag (1972)
Festschrift H. Mayer	Beiträge zur gesamten Strafrechtswissenschaft: Festschrift für Hellmuth Mayer zum 70. Geburtstag (1966)
Festschrift Mehle	Festschrift für Volkmar Mehle zum 65. Geburtstag (2009)
Festschrift Merkel	Festschrift für Reinhard Merkel zum 70. Geburtstag (2020)
Festschrift Meyer-Goßner	Festschrift für Lutz Meyer-Goßner zum 65. Geburtstag (2001)
Festschrift Mezger	Festschrift für Edmund Mezger zum 70. Geburtstag (1954)
Festschrift Middendorff	Festschrift für Wolf Middendorff zum 70. Geburtstag (1986)
Festschrift Miyazawa	Festschrift für Koichi Miyazawa: dem Wegbereiter des japanisch-deutschen Strafrechtsdiskurses (1995)
Festschrift E. Müller (2003)	Opuscula Honoraria: Egon Müller zum 65. Geburtstag (2003)
Festschrift E. Müller (2008)	Festschrift für Egon Müller zum 70. Geburtstag (2008)
Festschrift Müller-Dietz (1998)	Das Recht und die schönen Künste: Heinz Müller-Dietz zum 65. Geburtstag (1998)
Festschrift Müller-Dietz (2001)	Grundlagen staatlichen Strafens: Festschrift für Heinz-Müller-Dietz zum 70. Geburtstag (2001)
Festschrift Nehm	Strafrecht und Justizgewährung: Festschrift für Kay Nehm zum 65. Geburtstag (2006)
Festschrift Neumann	Rechtsstaatliches Strafrecht: Festschrift für Ulfrid Neumann zum 70. Geburtstag (2017)
Festschrift Nishihara	Festschrift für Haruo Nishihara zum 70. Geburtstag (1998)
Festschrift Nobbe	Entwicklungslinien im Bank- und Kapitalmarktrecht: Festschrift für Gerd Nobbe zum 65. Geburtstag (2009)
Festschrift Odersky	Festschrift für Walter Odersky zum 65. Geburtstag (1996, Nachdruck 2018)
Festschrift Oehler	Festschrift für Dietrich Oehler zum 70. Geburtstag (1985)
Festschrift Otto	Festschrift für Harro Otto zum 70. Geburtstag (2007)
Festschrift Paarhammer	In mandatis meditari: Festschrift für Hans Paarhammer zum 65. Geburtstag (2012)
Festschrift Paeffgen	Strafe und Prozess im freiheitlichen Rechtsstaat: Festschrift für Hans-Ullrich Paeffgen zum 70. Geburtstag (2015)
Festschrift Pallin	Strafrecht, Strafprozeßrecht und Kriminologie: Festschrift für Franz Pallin zum 80. Geburtstag (1989)
Festschrift Partsch	Des Menschen Recht zwischen Freiheit und Verantwortung: Festschrift für Karl Josef Partsch zum 75. Geburtstag (1989)
Festschrift Peters	Einheit und Vielfalt des Strafrechts: Festschrift für Karl Peters zum 70. Geburtstag (1974)
Festschrift Ch. Pfeiffer	Kriminologie ist Gesellschaftswissenschaft: Festschrift für Christian Pfeiffer zum 70. Geburtstag (2014)
Festschrift Pfeiffer	Strafrecht, Unternehmensrecht, Anwaltsrecht: Festschrift für Gerd Pfeiffer zum Abschied aus dem Amt als Präsident des Bundesgerichtshofes (1988)
Festschrift Pfenniger	Strafprozeß und Rechtsstaat: Festschrift zum 70. Geburtstag von H. F. Pfenniger (1976)
Festschrift Platzgummer	Festschrift für Winfried Platzgummer zum 65. Geburtstag (1995)
Festschrift Pötz	s. Festschrift GA
Festschrift Puppe	Strafrechtswissenschaft als Analyse und Konstruktion: Festschrift für Ingeborg Puppe zum 70. Geburtstag (2011)
Festschrift Rasch	Die Sprache des Verbrechens – Wege zu einer klinischen Kriminologie: Festschrift für Wilfried Rasch (1993)
Festschrift Rebmann	Festschrift für Kurt Rebmann zum 65. Geburtstag (1989)
Festschrift Reichsgericht	Die Reichsgerichtspraxis im deutschen Rechtsleben: Festgabe der juristischen Fakultäten zum 50-jährigen Bestehen des Reichsgerichts, Bd. 5: Strafrecht und Strafprozeß (1929)
Festschrift Reichsjustizamt	Vom Reichsjustizamt zum Bundesministerium der Justiz: Festschrift zum 100-jährigen Gründungstag des Reichsjustizamtes am 1.1.1877 (1977)
Festschrift Rengier	Festschrift für Rudolf Rengier zum 70. Geburtstag (2018)
Festschrift Richterakademie	Justiz und Recht: Festschrift aus Anlaß des 10-jährigen Bestehens der Deutschen Richterakademie in Trier (1983)

Festschrift Rieß	Festschrift für Peter Rieß zum 70. Geburtstag (2002)
Festschrift Richter	Verstehen und Widerstehen: Festschrift für Christian Richter II zum 65. Geburtstag (2006)
Festschrift Rissing-van Saan	Festschrift für Ruth Rissing-van Saan zum 65. Geburtstag (2011)
Festschrift Rittler	Festschrift für Theodor Rittler zu seinem 80. Geburtstag (1957)
Festschrift Rogall	Systematik in Strafrechtswissenschaft und Gesetzgebung: Festschrift für Klaus Rogall zum 70. Geburtstag am 10. August 2018 – Reihe Schriften zum Strafrecht (2018)
Festschrift Rolinski	Festschrift für Klaus Rolinski zum 70. Geburtstag (2002)
Festschrift Rosenfeld	Festschrift für Ernst Heinrich Rosenfeld zu seinem 80. Geburtstag (1949)
Festschrift Rössner	Über allem: Menschlichkeit: Festschrift für Dieter Rössner zum 70. Geburtstag (2015)
Festschrift Roxin (2001)	Festschrift für Claus Roxin zum 70. Geburtstag (2001)
Festschrift Roxin (2011)	Strafrecht als Scientia Universalis: Festschrift für Claus Roxin zum 80. Geburtstag (2011)
Festschrift Imme Roxin	Festschrift für Imme Roxin zum 75. Geburtstag (2012)
Festschrift Rudolphi	Festschrift für Hans-Joachim Rudolphi zum 70. Geburtstag (2004)
Festschrift Salger	Straf- und Strafverfahrensrecht, Recht und Verkehr, Recht und Medizin: Festschrift für Hannskarl Salger zum Abschied aus dem Amt als Vizepräsident des Bundesgerichtshofes (1995)
Festschrift Samson	Recht – Wirtschaft – Strafe: Festschrift für Erich Samson zum 70. Geburtstag (2010)
Festschrift Sarstedt	Festschrift für Werner Sarstedt zum 70. Geburtstag (1981, Nachdruck 2014)
Festschrift Sauer	Festschrift für Wilhelm Sauer zu seinem 70. Geburtstag (1949)
Festschrift G. Schäfer	NJW-Sonderheft für Gerhard Schäfer zum 65. Geburtstag (2002)
Festschrift K. Schäfer	Festschrift für Karl Schäfer zum 80. Geburtstag (1980, Nachdruck 2019)
Festschrift Schaffstein	Festschrift für Friedrich Schaffstein zum 70. Geburtstag (1975)
Festschrift Schewe	Medizinrecht – Psychopathologie – Rechtsmedizin: diesseits und jenseits der Grenzen von Recht und Medizin: Festschrift für Günter Schewe zum 60. Geburtstag (1991)
Festschrift W. Schiller	Festschrift für Wolf Schiller zum 65. Geburtstag (2014)
Festschrift Schleswig-Holstein	Strafverfolgung und Strafverzicht: Festschrift zum 125-jährigen Bestehen der Staatsanwaltschaft Schleswig-Holstein (1992)
Festschrift Schlothauer	Festschrift für Reinhold Schlothauer zum 70. Geburtstag (2018)
Festschrift Schlüchter	Freiheit und Verantwortung in schwieriger Zeit: kritische Studien aus vorwiegend straf(prozeß-)rechtlicher Sicht zum 60. Geburtstag von Ellen Schlüchter (1998)
Festschrift N. Schmid	Wirtschaft und Strafrecht: Festschrift für Niklaus Schmid zum 65. Geburtstag (2001)
Festschrift R. Schmid	Recht, Justiz, Kritik: Festschrift für Richard Schmid zum 85. Geburtstag (1985)
Festschrift Eb. Schmidt	Festschrift für Eberhard Schmidt zum 70. Geburtstag (1961)
Festschrift Schmidt-Leichner	Festschrift für Erich Schmidt-Leichner zum 65. Geburtstag (1977)
Festschrift Schmitt	Festschrift für Rudolf Schmitt zum 70. Geburtstag (1992)
Festschrift Schneider	Kriminologie an der Schwelle zum 21. Jahrhundert: Festschrift für Hans Joachim Schneider zum 70. Geburtstag (1998, Nachdruck 2011)
Festschrift Schöch	Festschrift für Heinz Schöch zum 70. Geburtstag (2010)
Festschrift Schreiber	Strafrecht, Biorecht, Rechtsphilosophie: Festschrift für Hans-Ludwig Schreiber zum 70. Geburtstag (2003)
Festschrift Schroeder	Festschrift für Friedrich-Christian Schroeder zum 70. Geburtstag (2006)
Festschrift Schünemann	Streitbare Strafrechtswissenschaft: Festschrift für Bernd Schünemann zum 70. Geburtstag (2014)
Festschrift Schüler-Springorum	Festschrift für Horst Schüler-Springorum zum 65. Geburtstag (1993)
Festschrift Schwind	Kriminalpolitik und ihre wissenschaftlichen Grundlagen: Festschrift für Hans-Dieter Schwind zum 70. Geburtstag (2006)
Festschrift Schwinge	Persönlichkeit in der Demokratie: Festschrift für Erich Schwinge zum 70. Geburtstag (1973)
Festschrift Seebode	Festschrift für Manfred Seebode zum 70. Geburtstag (2008)
Festschrift Sendler	Bürger – Richter – Staat: Festschrift für Horst Sendler zum Abschied aus seinem Amt (1991)
Festschrift Spendel	Festschrift für Günter Spendel zum 70. Geburtstag (1992)
Festschrift Spinellis	Die Strafrechtswissenschaft im 21. Jahrhundert: Festschrift für Dionysios Spinellis, 2 Bde. (2001)
Festschrift Steinhilper	Kriminologie und Medizinrecht: Festschrift für Gernot Steinhilper zum 70. Geburtstag (2013)

Festschrift Stock	Studien zur Strafrechtswissenschaft: Festschrift für Ulrich Stock zum 70. Geburtstag (1966)
Festschrift Stöckel	Strafrechtspraxis und Reform: Festschrift für Heinz Stöckel zum 70. Geburtstag (2010)
Festschrift Stree/Wessels	Beiträge zur Rechtswissenschaft: Festschrift für Walter Stree und Johannes Wessels zum 70. Geburtstag (1993)
Festschrift Stutte	Jugendpsychiatrie und Recht: Festschrift für Hermann Stutte zum 70. Geburtstag (1979)
Festschrift Tiedemann	Strafrecht und Wirtschaftsstrafrecht: Dogmatik, Rechtsvergleich, Rechtstatsachen; Festschrift für Klaus Tiedemann zum 70. Geburtstag (2008)
Festschrift Trechsel	Strafrecht, Strafprozessrecht und Menschenrechte: Festschrift für Stefan Trechsel zum 65. Geburtstag (2002)
Festschrift Triffterer	Festschrift für Otto Triffterer zum 65. Geburtstag (1996)
Festschrift Tröndle	Festschrift für Herbert Tröndle zum 70. Geburtstag (1989, Nachdruck 2020)
Festschrift Tübingen	Tradition und Fortschritt im Recht: Festschrift gewidmet der Tübinger Juristenfakultät zu ihrem 500-jährigen Bestehen 1977 von ihren gegenwärtigen Mitgliedern (1977)
Festschrift Venzlaff	Forensische Psychiatrie – Entwicklungen und Perspektiven: Festschrift für Ulrich Venzlaff zum 85. Geburtstag (2006)
Festschrift Volk	In dubio pro libertate: Festschrift für Klaus Volk zum 65. Geburtstag (2009)
Festschrift Vormbaum	Strafrecht und Juristische Zeitgeschichte: Symposium anlässlich des 70. Geburtstages von Thomas Vormbaum (2014)
Festschrift Waseda	Recht in Ost und West: Festschrift zum 30-jährigen Jubiläum des Instituts für Rechtsvergleichung der Waseda-Universität (1988)
Festschrift Wassermann	Festschrift für Rudolf Wassermann zum 60. Geburtstag (1985)
Festschrift v. Weber	Festschrift für Hellmuth von Weber zum 70. Geburtstag (1963)
Festschrift Weber	Festschrift für Ulrich Weber zum 70. Geburtstag (2004)
Festschrift Welzel	Festschrift für Hans Welzel zum 70. Geburtstag (1974)
Festschrift Widmaier	Strafverteidigung, Revision und die gesamten Strafrechtswissenschaften: Festschrift für Gunter Widmaier zum 70. Geburtstag (2008)
Festschrift Wolf	Mensch und Recht: Festschrift für Erik Wolf zum 70. Geburtstag (1972)
Festschrift Wolff	Festschrift für E. A. Wolff zum 70. Geburtstag (1998)
Festschrift Wolter	Festschrift für Jürgen Wolter zum 70. Geburtstag (2013)
Festschrift Würtenberger	Kultur, Kriminalität, Strafrecht: Festschrift für Thomas Würtenberger zum 70. Geburtstag (1977)
Festschrift Würtenberger II	Verfassungsstaatlichkeit im Wandel: Festschrift für Thomas Würtenberger zum 70. Geburtstag (2013)
Festschrift Würzburger Juristenfakultät	Raum und Recht: Festschrift 600 Jahre Würzburger Juristenfakultät (2002)
Festschrift Yamanaka	Rechtsstaatliches Strafen. Festschrift für Keiichi Yamanaka zum 70. Geburtstag (2017)
Festschrift Zeidler	Festschrift für Wolfgang Zeidler (1987)
Festschrift Zoll	Rechtsstaat und Strafrecht: Festschrift für Andrzej Zoll zum 70. Geburtstag (2012)
Festschrift Zweibrücken	175 Jahre Pfälzisches Oberlandesgericht: 1815 Appellationshof, Oberlandesgericht 1990 (1990)
Fischer	Strafgesetzbuch mit Nebengesetzen, Kurzkommentar, 70. Aufl. (2023)
Forster/Joachim	Alkohol und Schuldfähigkeit (1997)
Frank	Das Strafgesetzbuch für das Deutsche Reich nebst dem Einführungsgesetz, 18. Aufl. (1931)
Freiburg-Symposium	s. Tiedemann
Freund/Rostalski AT	Strafrecht, Allgemeiner Teil, 3. Aufl. (2019) (vormals Freund)
Frisch, Vorsatz und Risiko	Vorsatz und Risiko: Grundfragen des tatbestandsmäßigen Verhaltens und des Vorsatzes (1983)
Frisch, Tatbestandsmäßiges Verhalten	Tatbestandsmäßiges Verhalten und Zurechnung des Erfolgs (1988)
Frister	Strafrecht, Allgemeiner Teil, 10. Aufl. (2023)
Gallas, Beiträge	Beiträge zur Verbrechenslehre (1968)
Gedächtnisschrift Delitala	Gedächtnisschrift für (Studi in memoria di) Giacomo Delitala, 3 Bde. (1984)
Gedächtnisschrift Joecks	Strafrecht – Wirtschaftsstrafrecht – Steuerrecht: Gedächtnisschrift für Wolfgang Joecks (2018)

Gedächtnisschrift Armin Kaufmann	Gedächtnisschrift für Armin Kaufmann (1989)
Gedächtnisschrift H. Kaufmann	Gedächtnisschrift für Hilde Kaufmann (1986)
Gedächtnisschrift Keller	Gedächtnisschrift für Rolf Keller (2003)
Gedächtnisschrift Meurer	Gedächtnisschrift für Dieter Meurer (2002, Nachdruch 2014)
Gedächtnisschrift K. Meyer	Gedächtnisschrift für Karlheinz Meyer (1990, Nachdruck 2019)
Gedächtnisschrift Noll	Gedächtnisschrift für Peter Noll (1984)
Gedächtnisschrift H. Peters	Gedächtnisschrift für Hans Peters (1967)
Gedächtnisschrift Radbruch	Gedächtnisschrift für Gustav Radbruch (1968)
Gedächtnisschrift Schlüchter	Gedächtnisschrift für Ellen Schlüchter (2002)
Gedächtnisschrift Schröder	Gedächtnisschrift für Horst Schröder (1978)
Gedächtnisschrift Seebode	Im Zweifel für die Freiheit: Gedächtnisschrift für Manfred Seebode (2015)
Gedächtnisschrift Tjong	Gedächtnisschrift für Zong Uk Tjong (1985)
Gedächtnisschrift Vogler	Gedächtnisschrift für Theo Vogler (2004)
Gedächtnisschrift E. Weßlau	Gedächtnisschrift für Edda Weßlau (2016)
Gedächtnisschrift Zipf	Gedächtnisschrift für Heinz Zipf (1999)
Gimbernat et al.	Internationale Dogmatik der objektiven Zurechnung und der Unterlassungsdelikte: Spanisch-Deutsches Symposium zu Ehren von Claus Roxin, hrsg. v. Gimbernat et al. (1995)
Gössel I, II	Strafrecht, Besonderer Teil, Bd. 1: Delikte gegen immaterielle Rechtsgüter des Individuums, 2. Aufl. (1999); Bd. 2: Straftaten gegen materielle Rechtsgüter des Individuums (1996)
Gössel/Dölling	Strafrecht, Besonderer Teil, Bd. 1: Straftaten gegen Persönlichkeits- und Gemeinschaftswerte, 2. Aufl. (2004)
Gropp/Sinn AT	Strafrecht, Allgemeiner Teil, 5. Aufl. (2020) (vormals Gropp)
Gropp Sonderbeteiligungen	Deliktstypen mit Sonderbeteiligung (1992)
Grützner/Jakob	Compliance von A-Z, 2. Aufl. (2015)
Grundfragen	Grundfragen des modernen Strafrechtssystems, hrsg. v. Schünemann (1984)
Haft AT, BT II	Strafrecht, Allgemeiner Teil, 9. Aufl. (2004); Besonderer Teil II, 8. Aufl. (2005)
Hanack-Symposium	s. Ebert
Hefendehl	Empirische Erkenntnisse, dogmatische Fundamente und kriminalpolitischer Impetus: Symposium für Bernd Schünemann zum 60. Geburtstag, hrsg. v. Hefendehl (2005)
Hefendehl Kollektive Rechtsgüter	Kollektive Rechtsgüter im Strafrecht (2002)
Heghmanns BT	Strafrecht Besonderer Teil, Strafrecht für alle Semester, 2. Aufl. (2021)
Heinrich	Strafrecht, Allgemeiner Teil, 7. Aufl. (2022)
vHH	Strafgesetzbuch, Kommentar, hrsg. v. von Heintschel-Heinegg, 4. Aufl. (2021)
v. Heintschel-Heinegg	s. vHH
Hilgendorf/Kudlich/Valerius BT I, II	Handbuch des Strafrechts, Bd. 4: Strafrecht Besonderer Teil I (2019); Bd. 5: Strafrecht, Besonderer Teil II (2020)
Hilgendorf/Valerius	Strafrecht, Besonderer Teil II, 2. Aufl. (2021) (vormals Haft/Hilgendorf)
v. Hippel I, II	Deutsches Strafrecht, Bd. 1 (1925); Bd. 2 (1930)
HK-GS	Dölling/Duttge/König/Rössner, Gesamtes Strafrecht, Handkommentar, 5. Aufl. (2022)
Hoffmann-Holland	Strafrecht, Besonderer Teil (2015)
Hohmann/Sander	Strafrecht, Besonderer Teil, 4. Aufl. (2021)
Hoyer	Strafrecht, Allgemeiner Teil I (1996)
Hruschka	Strafrecht nach logisch-analytischer Methode, 2. Aufl. (1988, Nachdruck 2011)
Jäger AT	Examens-Repetitorium Strafrecht Allgemeiner Teil, 10. Aufl. (2021)
Jäger BT	Examens-Repetitorium Strafrecht Besonderer Teil, 9. Aufl. (2021)
Jakobs AT	Strafrecht, Allgemeiner Teil, 2. Aufl. (1993, Nachdruck 2011)
Jescheck, Beiträge I, II	Strafrecht im Dienste der Gemeinschaft: ausgewählte Beiträge zur Strafrechtsreform, zur Strafrechtsvergleichung, zum internationalen Strafrecht, 1953–1979 (1980) (I); Beiträge zum Strafrecht, 1980–1998 (1998) (II), jew. hrsg. v. Vogler
Jescheck/Weigend	Lehrbuch des Strafrechts, Allgemeiner Teil, 5. Aufl. (1996)
Joecks/Jäger	Strafgesetzbuch, Studienkommentar, 13. Aufl. (2021) (vormals Joecks)

Kaspar	Strafrecht, Allgemeiner Teil, 3. Aufl. (2020)
Kienapfel/Höpfel/Kert	Strafrecht, Allgemeiner Teil, 16. Aufl. (2020) (vormals Kienapfel)
Kienapfel, Urkunden	Urkunden und andere Gewährschaftsträger im Strafrecht (1967)
Kindhäuser/Zimmermann	Strafrecht, Allgemeiner Teil, 10. Aufl. (2021)
Kindhäuser/Schramm	Strafrecht, Besonderer Teil I: Straftaten gegen Persönlichkeitsrechte, Staat und Gesellschaft, 10. Aufl. (2021)
Kindhäuser/Böse	Strafrecht, Besonderer Teil II: Straftaten gegen Vermögensrechte, 12. Aufl. (2022)
Kindhäuser/Hilgendorf	Strafgesetzbuch, Lehr- und Praxiskommentar, 9. Aufl. (2022)
Kindhäuser, Gefährdung	Gefährdung als Straftat (1989)
Kindhäuser/Neumann/Paeffgen	s. NK
Klesczewski AT, BT I/II/III	Strafrecht, Allgemeiner Teil, 3. Aufl. (2017); Besonderer Teil I: Straftaten gegen die Person (2010); Besonderer Teil II: Vermögensdelikte (2011); Besonderer Teil III: Straftaten gegen Kollektivrechtsgüter (2012)
Klesczewski BT	Strafrecht Besonderer Teil – Lehrbuch zum Strafrecht der Bundesrepublik Deutschland (2016)
Köhler AT	Deutsches Strafrecht, Allgemeiner Teil (1997)
Kohlrausch/Lange	Strafgesetzbuch mit Erläuterungen und Nebengesetzen, 43. Aufl. (1961, Nachdruck 2019)
Krey/Esser	Deutsches Strafrecht, Allgemeiner Teil, 7. Aufl. (2022)
Krey/Hellmann/Heinrich BT 1, 2	Strafrecht, Besonderer Teil, Bd. 1: Besonderer Teil ohne Vermögensdelikte, 17. Aufl. (2021); Bd. 2: Vermögensdelikte, 18. Aufl. (2021)
Kudlich	Strafrecht Besonderer Teil II, 5. Aufl. (2021)
Kühl AT	Strafrecht, Allgemeiner Teil, 8. Aufl. (2017)
Küper/Zopfs BT	Strafrecht, Besonderer Teil, 11. Aufl. (2022)
Küpper/Börner	Strafrecht, Besonderer Teil, Bd. 1: Delikte gegen Rechtsgüter der Person und Gemeinschaft, 4. Aufl. (2017) (vormals Küpper)
Lackner/Kühl/Heger	Strafgesetzbuch, Kommentar, 30. Aufl. (2023)
Leipold/Tsambikakis/Zöller	s. AnwK
Leitner/Rosenau	s. NK-WSS
v. Liszt, Aufsätze	Strafrechtliche Aufsätze und Vorträge, 2 Bde. (1925)
v. Liszt/Schmidt AT, BT	Lehrbuch des deutschen Strafrechts, Allgemeiner Teil, 26. Aufl. (1932); Besonderer Teil, 25. Aufl. (1925)
LK	Strafgesetzbuch, Leipziger Kommentar, 12. Aufl. hrsg. v. Laufhütte/Rissing-van Saan/Tiedemann (2006 ff.); 13. Aufl. hrsg. v. Cirener/Radtke/Rissing-van Saan/Rönnau/Schluckebier (2018 ff.)
Lutz	Strafrecht AT, 16. Aufl. (2021)
Madrid-Symposium	s. Schünemann/Suárez
Manoledakis/Prittwitz	Strafrechtsprobleme an der Jahrtausendwende: Deutsch-Griechisches Symposium in Rostock 1999, hrsg. v. Manoledakis/Prittwitz (2000)
Matheus	Strafrecht BT 2, Nichtvermögensdelikte, 13. Aufl. (2021)
Matt/Renzikowski	Strafgesetzbuch, Kommentar, 2. Aufl. (2020)
Maurach AT, BT	Strafrecht, Allgemeiner Teil, 4. Aufl. (1971); Besonderer Teil, 5. Aufl. (1969) mit Nachträgen von 1970/71
Maurach/Zipf/Jäger	Strafrecht, Allgemeiner Teil, Teilbd. 1: Grundlehren des Strafrechts und Aufbau der Straftat, 9. Aufl. (2022)
Maurach/Gössel/Zipf	Strafrecht, Allgemeiner Teil, Teilbd. 2: Erscheinungsformen des Verbrechens und Rechtsfolgen der Tat, 8. Aufl. (2014)
Maurach/Schroeder/Maiwald	Strafrecht, Besonderer Teil, Teilbd. 2: Straftaten gegen Gemeinschaftswerte, 10. Aufl. (2012)
Maurach/Schroeder/Maiwald/Hoyer/Momsen	Strafrecht, Besonderer Teil, Teilbd. 1: Straftaten gegen Persönlichkeits- und Vermögenswerte, 11. Aufl. (2019)
H. Mayer AT	Strafrecht, Allgemeiner Teil (1953)
H. Mayer, Strafrecht	Das Strafrecht des deutschen Volkes (1936)
H. Mayer, Studienbuch	Strafrecht, Allgemeiner Teil, Studienbuch (1967)

Mezger, Strafrecht	Strafrecht, Lehrbuch, 3. Aufl. (1949) (ergänzt durch: Moderne Wege der Strafrechtsdogmatik [1950])
Mitsch BT	Strafrecht, Besonderer Teil 2: Vermögensdelikte, 3. Aufl. (2015)
MK	Münchener Kommentar zum Strafgesetzbuch, hrsg. von Joecks/Miebach, 3. Aufl. (2017), 4. Aufl. (2020 ff.)
MK-StPO	Münchener Kommentar zur Strafprozessordnung, hrsg. v. Knauer/Kudlich/Schneider, 1. Aufl. (2014 ff.); 2. Aufl. (2023 ff.)
Murmann	Grundkurs Strafrecht, 7. Aufl. (2022)
Naucke	Strafrecht, Eine Einführung, 10. Aufl. (2002)
Niederschriften I–XIV	Niederschriften über die Sitzungen der Großen Strafrechtskommission, 14 Bde. (1956–1960)
Niethammer	Lehrbuch des Besonderen Teils des Strafrechts (1950)
Niggli/Queloz	Strafjustiz und Rechtsstaat: Symposium zum 60. Geburtstag von Franz Riklin und José Hurtado Pozo, hrsg. v. Niggli/Queloz (2003)
NK	Nomos-Kommentar zum Strafgesetzbuch, hrsg. von Kindhäuser/Neumann/Paeffgen, 5. Aufl. (2017)
NK-WSS	Nomos-Kommentar zum Wirtschafts- und Steuerstrafrecht, hrsg. v. Leitner/Rosenau, 2. Aufl. (2022)
Oehler	Internationales Strafrecht, 2. Aufl. (1983)
v. Olshausen	Kommentar zum Strafgesetzbuch für das Deutsche Reich, 12. Aufl. (§§ 1–246), bearb. v. Freiesleben u.a. (1942 ff.); sonst 11. Aufl. bearb. v. Lorenz u.a. (1927)
Otto AT, BT	Grundkurs Strafrecht: Allgemeine Strafrechtslehre/Die einzelnen Delikte, jew. 7. Aufl. (2005)
Pfeiffer/Maul/Schulte	Strafgesetzbuch, Kommentar an Hand der Rechtsprechung des Bundesgerichtshofes (1969)
Preisendanz	Strafgesetzbuch, Lehrkommentar, 30. Aufl. (1978)
Puppe	Strafrecht, Allgemeiner Teil, im Spiegel der Rechtsprechung, 5. Aufl. (2023)
Rengier AT, BT 1, 2	Strafrecht, Allgemeiner Teil, 14. Aufl. (2022); Besonderer Teil, Bd. 1: Vermögensdelikte, 24. Aufl. (2022); Bd. 2: Delikte gegen die Person und die Allgemeinheit, 23. Aufl. (2022)
Riklin-Hurtado-Symposium	s. Niggli/Queloz
Rostock-Symposium	s. Manoledakis/Prittwitz
Roxin/Greco AT I	Strafrecht, Allgemeiner Teil, Bd. 1: Grundlagen – Der Aufbau der Verbrechenslehre, 5. Aufl. (2020) (vormals Roxin)
Roxin AT II	Strafrecht, Allgemeiner Teil, Bd. 2: Besondere Erscheinungsformen der Straftat (2003)
Roxin TuT	Täterschaft und Tatherrschaft, 11. Aufl. (2022)
Roxin/Arzt/Tiedemann	Einführung in das Strafrecht und Strafprozessrecht, 6. Aufl. (2014)
Roxin-Symposium	s. Gimbernat
Sack	Umweltschutz-Strafrecht, Erläuterung der Straf- und Bußgeldvorschriften, Loseblattausgabe, 47. Aktualisierung (April 2022)
Safferling	Internationales Strafrecht (2011)
Satzger/Schluckebier/Widmaier	s. SSW
Sauer AT, BT	Allgemeine Strafrechtslehre, 3. Aufl. (1955); System des Strafrechts, Besonderer Teil (1954)
Schäfer/v. Dohnanyi	Die Strafgesetzgebung der Jahre 1931 bis 1935 (1936) (Nachtrag zur 18. Aufl. v. Frank: das Strafgesetzbuch für das Deutsche Reich [1931])
Schmidt AT, BT I, BT II	Strafrecht, Allgemeiner Teil, Besonderer Teil I und II, jew. 22. Aufl. (2021)
Schmidt-Salzer	Produkthaftung, Bd. 1: Strafrecht, 2. Aufl. (1988)
Schmidhäuser	Einführung in das Strafrecht, 2. Aufl. (1984)
Schmidhäuser AT, BT, StuB	Strafrecht, Allgemeiner Teil, 2. Aufl. (1975); Besonderer Teil, 2. Aufl. (1983); Studienbuch: Allgemeiner Teil, 2. Aufl. (1984)
Schöch	Wiedergutmachung und Strafrecht: Symposium aus Anlaß des 80. Geburtstages von Friedrich Schaffstein, hrsg. v. Schöch (1987)

Schönke/Schröder	Strafgesetzbuch, Kommentar, 30. Aufl. (2019)
Schramm	Internationales Strafrecht, 2. Aufl. (2018)
Schramm II	Strafrecht, Besonderer Teil II, 2. Aufl. (2020)
Schroth BT	Strafrecht, Besonderer Teil, 5. Aufl. (2010)
Schünemann	Leipziger Praxiskommentar Untreue – § 266 StGB (2017)
Schünemann/de Figueiredo Dias	Bausteine des Europäischen Strafrechts: Coimbra-Symposium für Claus Roxin, hrsg. v. Schünemann/de Figueiredo Dias (1995)
Schünemann/Suárez	Bausteine des europäischen Wirtschaftsstrafrechts: Madrid-Symposium für Klaus Tiedemann, hrsg. v. Schünemann/Suárez (1994)
Sieber	Verantwortlichkeit im Internet (1999)
Sieber/Cornils	Nationales Strafrecht in rechtsvergleichender Darstellung, hrsg. v. Sieber/Cornils (2008 ff.)
SK	Systematischer Kommentar zum Strafgesetzbuch, 10. Aufl. (2023 ff.)
sLSK	Systematischer Leitsatzkommentar zum Sanktionenrecht, hrsg. v. Horn, Loseblattausgabe (1983 ff.)
Sonnen	Strafrecht, Besonderer Teil (2005)
SSW	Strafgesetzbuch, Kommentar, hrsg. v. Satzger/Schluckebier/Widmaier, 5. Aufl. (2020)
Stratenwerth/Kuhlen AT	Strafrecht, Allgemeiner Teil – Die Straftat, 6. Aufl. (2011)
Tendenzen der Kriminalpolitik	Neuere Tendenzen der Kriminalpolitik, Beiträge zu einem deutsch-skandinavischen Strafrechtskolloquium, hrsg. v. Cornils/Eser (1987)
Tiedemann	Wirtschaftsstrafrecht in der Europäischen Union, Rechtsdogmatik – Rechtsvergleich – Rechtspolitik (Freiburg-Symposium), hrsg. v. Tiedemann (2002)
Tiedemann, Anfängerübung	Die Anfängerübung im Strafrecht, 4. Aufl. (1999)
Tiedemann, Tatbestandsfunktionen	Tatbestandsfunktionen im Nebenstrafrecht (1969)
Tiedemann-Symposium	s. Schünemann/Suárez
Walter	Der Kern des Strafrechts (2006)
v. Weber	Grundriß des deutschen Strafrechts, 2. Aufl. (1948)
Welzel, Strafrecht	Das Deutsche Strafrecht, 11. Aufl. (1969)
Welzel, Strafrechtssystem	Das neue Bild des Strafrechtssystems, 4. Aufl. (1961)
Wessels/Beulke/Satzger	Strafrecht, Allgemeiner Teil, 52. Aufl. (2022)
Wessels/Hettinger/Engländer	Strafrecht, Besonderer Teil 1: Straftaten gegen Persönlichkeits- und Gemeinschaftswerte, 46. Aufl. (2022)
Wessels/Hillenkamp/Schuhr	Strafrecht, Besonderer Teil 2: Straftaten gegen Vermögenswerte, 45. Aufl. (2022)
WK	Wiener Kommentar zum Strafgesetzbuch – StGB, hrsg. v. Höpfel/Ratz, Loseblattausgabe, 2. Aufl. (2022)
Wohlers Deliktstypen	Deliktstypen des Präventionsstrafrechts – zur Dogmatik „moderner" Gefährdungsdelikte (2000)
Wolters	Das Unternehmensdelikt (2001)
Zieschang AT	Strafrecht, Allgemeiner Teil, 6. Aufl. (2020), 7. Aufl. (2023)
Zieschang BT 1	Strafrecht, Besonderer Teil 1, 1. Aufl. (2022)
Zieschang BT 2	Strafrecht, Besonderer Teil 2, 1. Aufl. (2021)
Zieschang, Gefährdungsdelikte	Die Gefährdungsdelikte (1998)
Zöller BT 1	Strafrecht Besonderer Teil 1: Vermögensdelikte, 2. Aufl. (2015)

2. Betäubungsmittelstrafrecht

BeckOK-BtMG	Beck'scher Online-Kommentar BtMG, hrsg. v. Bohnen/Schmidt, 15. Edition (2022)
Franke/Wienroeder	Betäubungsmittelgesetz, Kommentar, 3. Aufl. (2008)
Joachimski/Haumer	Betäubungsmittelgesetz (mit ergänzenden Bestimmungen), Kommentar, 7. Aufl. (2002)
Patzak/Volkmer/Fabricius	Betäubungsmittelgesetz, Kurzkommentar, 10. Aufl. (2022)
Webel	Betäubungsmittelstrafrecht (2003)
Weber/Kornprobst/Maier	Betäubungsmittelgesetz, Kommentar, 6. Aufl. (2021)

3. Bürgerliches Recht einschließlich Versicherungsrecht

Bamberger/Roth/Hau/Poseck	Bürgerliches Gesetzbuch Gesamtwerk, 5. Aufl. (2022)
Bruck/Möller	Großkommentar zum Versicherungsvertragsgesetz, 9. Aufl. (2008 ff.), 10. Aufl. (2021 ff.)
Erman	Handkommentar zum Bürgerlichen Gesetzbuch, 16. Aufl. (2020)
Jauernig	Bürgerliches Gesetzbuch – BGB, 18. Aufl. (2021)
juris	PraxisKommentar BGB, 10 Aufl. (2023)
Larenz/Wolf	s. Wolf/Neuner
MK-BGB	Münchener Kommentar zum Bürgerlichen Gesetzbuch, 8. Aufl. (2019 ff.), 9. Aufl. (2021 ff.), jew. hrsg. v. Säcker/Rixecker/Oetker/Limperg
MK-VVG	Münchener Kommentar zum Versicherungsvertragsgesetz, hrsg. v. Langheid/Wandt, 2. Aufl. (2016 ff.), 3. Aufl. (2022 ff.)
Neuner	Allgemeiner Teil des Bürgerlichen Rechts, 12. Aufl. (2020)
Nomos	Der große BGB-Kommentar, 3. Edition (2022)
Grüneberg	Bürgerliches Gesetzbuch mit Einführungsgesetz (Auszug), 81. Aufl. (2022) (vormals Palandt)
Prütting/Wegen/Weinreich	BGB-Kommentar, 17. Aufl. (2022)
RGRK	Das Bürgerliche Gesetzbuch, Kommentar, mit besonderer Berücksichtigung der Rechtsprechung des Reichsgerichts und des Bundesgerichtshofes (Reichsgerichtsrätekommentar), hrsg. v. Mitgliedern des Bundesgerichtshofes, 12. Aufl. (1975–1999)
HK-BGB	Schulze/Dörner/Ebert/Hoeren/Kemper/Saenger/Scheuch/Schreiber/Schulte-Nölke/Staudinger/Wiese, Bürgerliches Gesetzbuch, Handkommentar, 11. Aufl. (2022)
Soergel	Bürgerliches Gesetzbuch mit Einführungsgesetz und Nebengesetzen, 13. Aufl. (1999 ff.), 14. Aufl. (2021 ff.)
Staudinger	J. von Staudingers Kommentar zum Bürgerlichen Gesetzbuch mit Einführungsgesetz und Nebengesetzen, 13. Aufl. Bearbeitungen (1993 ff.)

4. DDR-Strafrecht

StGB-Komm.-DDR	Strafrecht der Deutschen Demokratischen Republik, Kommentar, 5. Aufl. (1987)
StGB-Lehrb.-DDR AT, BT	Strafrecht der DDR, Lehrbuch: Allgemeiner Teil, 2. Aufl. (1976); Besonderer Teil (1981)
StGB-Lehrb.-DDR 1988	Strafrecht der DDR, Lehrbuch, Allgemeiner Teil (1988)
StPO-Komm.-DDR	Strafprozeßrecht der Deutschen Demokratischen Republik, Kommentar, 3. Aufl. (1989)
StPO-Lehrb.-DDR	Strafverfahrensrecht, Lehrbuch, 3. Aufl. (1987)

5. Europäisches Recht

Bleckmann	Europarecht, 6. Aufl. (1997)
Geiger/Khan/Kotzur	s. GKK
GKK	EUV/AEUV, Kommentar, hrsg. v. Geiger/Khan/Kotzur/Kirchmair, 7. Aufl. (2023)
GKN	Das Recht der Europäischen Union, Kommentar, Loseblattausgabe, hrsg. v. Grabitz/Hilf/Nettesheim, 76. Lfg. (September 2022)
Grabitz/Hilf/Nettesheim	s. GKN
Hailbronner/Klein/Magiera/Müller-Graff	s. HKMM
HKMM	Handkommentar zum Vertrag über die Europäische Union (EUV/EGV), hrsg. v. Hailbronner/Klein/Magiera/Müller-Graff, Loseblattausgabe (1991 ff.)
HdEuropR	Handbuch des Europäischen Rechts, Loseblattausgabe, hrsg. v. Ehlermann/Bieber/Haag, 714. Lfg. (2020)
Hecker	Europäisches Strafrecht, 6. Aufl. (2021)
Hobe/Fremuth	Europarecht, 10. Aufl. (2020) (vormals Fremuth)
IM EG	Wettbewerbsrecht, Bd. 1: EU, 2 Teilbände, hrsg. v. Immenga/Mestmäcker, 6. Aufl. (2019 ff.)

Immenga/Mestmäcker EG	s. IM EG
Satzger	Internationales und Europäisches Strafrecht, 10. Aufl. (2022)
Schwarze	EU-Kommentar, hrsg. v. Schwarze/Becker/Hatje/Schoo, 4. Aufl. (2019)
Schweitzer/Hummer	Europarecht, 6. Aufl. (2008)
Sieber/Satzger/v. Heintschel-Heinegg	s. SSvHH
SSvHH	Europäisches Strafrecht, hrsg. v. Sieber/Satzger/v. Heintschel-Heinegg, 2. Aufl. (2014)
Streinz	Europarecht, 11. Aufl. (2019)

6. Handelsrecht einschließlich Bilanz- und Gesellschaftsrecht

Hopt	Handelsgesetzbuch: HGB mit GmbH & Co., Handelsklauseln, Bank- und Börsenrecht, Transportrecht, 41. Aufl. (2022) (vormals Baumbach/Hopt)
Ebenroth/Boujong/Joost/Strohn	Handelsgesetzbuch, 4. Aufl. (2020)
Großfeld/Luttermann	Bilanzrecht, 4. Aufl. (2005)
Habersack/Casper/Löbbe	GmbHG, Großkommentar in 3 Bänden, hrsg. v. Habersack/Casper/Löbbe, Bd. 1: Einleitung, §§ 1–28, Bd. 2: §§ 29–523. Aufl. (2019 f.)
Hachenburg	GmbHG, Kommentar, 8. Aufl. (1993 bis 1997)
Heymann	HGB, Kommentar, 2. Aufl. (2004), 3. Aufl. (2019 ff.)
GK-AktG	Großkommentar zum Aktiengesetz, 4. Aufl. hrsg. v. Hopt/Wiedemann (1992 ff.); 5. Aufl. hrsg. v. Hirte/Mülbert/Roth (2015 ff.)
Koch	Aktiengesetz – AktG, Kommentar, 16. Aufl. (2022)
MK-HGB	Münchener Kommentar zum Handelsgesetzbuch, hrsg. v. K. Schmidt, 4. Aufl. (2016 ff.), 5. Aufl. (2021 ff.)
Schmidt/Lutter	AktG, Kommentar in 2 Bänden, 4. Aufl. (2020)
Scholz	Kommentar zum GmbH-Gesetz in 3 Bänden, 13. Aufl. (2022 ff.)
Staub	Großkommentar zum HGB, 5. Aufl. (2008 ff.), 6. Aufl. (2021 ff.)
Ulmer/Habersack/Löbbe	s. UHL
UHL	GmbHG, Großkommentar in 2 Bänden, hrsg. v. Ulmer/Habersack/Löbbe, 2. Aufl. (2016)

7. Jugendstrafrecht

AK JGG	Kommentar zum Jugendgerichtsgesetz – Reihe Alternativkommentare, hrsg. v. Wassermann (1987)
Beulke/Swoboda	Jugendstrafrecht, 16. Aufl. (2020) (vormals Schaffstein/Beulke/Swoboda)
Brunner	Jugendgerichtsgesetz, Kommentar, 9. Aufl. (1991)
Brunner/Dölling	Jugendgerichtsgesetz, Kommentar, 13. Aufl. (2017)
Böhm/Feuerhelm	Einführung in das Jugendstrafrecht, 4. Aufl. (2004)
Diemer/Schatz/Sonnen	Jugendgerichtsgesetz mit Jugendstrafvollzugsgesetzen, Kommentar, 8. Aufl. (2020)
Eisenberg/Kölbel JGG	Jugendgerichtsgesetz, Kommentar, 23. Aufl. (2022)
Laubenthal/Baier/Nestler	Jugendstrafrecht, 3. Aufl. (2015)
Ostendorf JGG	Jugendgerichtsgesetz, Kommentar, 11. Aufl. (2021)
Streng	Jugendstrafrecht, 5. Aufl. (2020)
Walter/Neubacher	Jugendkriminalität: eine systematische Darstellung, 4. Aufl. (2011)

8. Kriminologie

Albrecht	Kriminologie, 4. Aufl. (2010)
Dittmann/Jehle	Kriminologie zwischen Grundlagenwissenschaften und Praxis, hrsg. v. Dittmann/Jehle (2003)
Eisenberg/Kölbel	Kriminologie, 7. Aufl. (2017) (vormals Eisenberg)

Göppinger/Bock	Kriminologie, hrsg. v. Göppinger/Bock, 6. Aufl. (2008)
HwbKrim	Handwörterbuch der Kriminologie, hrsg. v. Sieverts/Schneider, Bd. 1–3, Ergänzungsband (Bd. 4), Nachtrags- und Registerband (Bd. 5), 2. Aufl. (1966–1998)
IntHdbKrim	Internationales Handbuch der Kriminologie, hrsg. v.H.-J. Schneider, Bd. 1 (2007); Bd. 2 (2009)
Kaiser/Schöch/Kinzig	Kriminologie, Jugendstrafrecht, Strafvollzug, hrsg. v. Schöch/Kinzig, 8. Aufl. (2015)
Kaiser, Einführung	Kriminologie: eine Einführung in die Grundlagen, 10. Aufl. (1997)
Kunz/Singelstein	Kriminologie, 8. Aufl. (2021)
Meier	Kriminologie, 6. Aufl. (2021)
Mezger, Kriminologie	Kriminologie, Studienbuch (1951)
Schneider	Kriminologie, Lehrbuch, 3. Aufl. (1992)
Schneider, Kriminologie	Kriminologie: Ein internationales Handbuch (2014)
Schwind	Kriminologie und Kriminalpolitik, 24. Aufl. (2021)

9. Ordnungswidrigkeitenrecht

Bülte	Ordnungswidrigkeitenrecht, 6. Aufl. (2020) (vormals Bohnert/Bülte)
Göhler	Gesetz über Ordnungswidrigkeiten, Kurzkommentar, 18. Aufl. (2021)
HK-OWiG	Heidelberger Kommentar zum Ordnungswidrigkeitengesetz, hrsg. v. Lemke u.a., 2. Aufl. (2005)
KK-OWiG	Karlsruher Kommentar zum Gesetz über Ordnungswidrigkeiten: OWiG, hrsg. v. Mitsch, 5. Aufl. (2018)
Krenberger/Krumm	OWiG Ordnungswidrigkeitengesetz, Kommentar, 7. Aufl. (2022) (vormals Bohnert/Krenberger/Krumm)
Mitsch, OWiG	Recht der Ordnungswidrigkeiten, 2. Aufl. (2005)
Rebmann/Roth/Hermann	Gesetz über Ordnungswidrigkeiten, Kommentar, Loseblattausgabe, 32. Aktualisierung (Juni 2022)

10. Presserecht

Groß	Presserecht, 3. Aufl. (1999)
Löffler	Presserecht, Kommentar, 6. Aufl. (2015)
Löffler HdB	s. Ricker/Weberling
Ricker/Weberling	Handbuch des Presserechts, begr. v. Löffler, hrsg. v. Ricker/Weberling, 7. Aufl. (2021)
Soehring/Hoene	Presserecht, 6. Aufl. (2019) (vormals Soehring)

11. Rechtshilfe

Grützner/Pötz/Kreß/Gazeas	Internationaler Rechtshilfeverkehr in Strafsachen, Loseblattausgabe, 53. Aktualisierung (Juli 2022)
Schomburg/Lagodny	Internationale Rechtshilfe in Strafsachen = International Cooperation in Criminal Matters, 6. Aufl. (2020)
Vogler/Wilkitzki	Gesetz über die Internationale Rechtshilfe in Strafsachen (IRG), Kommentar, Loseblattausgabe (1992 ff.) als Sonderausgabe aus Grützner/Pötz, Internationaler Rechtshilfeverkehr in Strafsachen, 2. Aufl. (1980 ff.)

12. Rechtsmedizin und Medizinstrafrecht

Forster	Praxis der Rechtsmedizin (1986)
Forster/Ropohl	Rechtsmedizin, 5. Aufl. (1989)

Frister/Lindemann/Peters	Arztstrafrecht (2011)
HfPsych Bd. 1–5	Handbuch der forensischen Psychiatrie, hrsg. v. Kröber/Dölling/Leygraf/Saß, Bd. 1: Strafrechtliche Grundlagen der Gutachtenerstellung im Strafverfahren (2007); Bd. 2: Psychopathologische Grundlagen und Praxis der forensischen Psychiatrie im Strafrecht (2011); Bd. 3: Psychiatrische Kriminalprognose und Kriminaltherapie (2006); Bd. 4: Kriminologie und forensische Psychiatrie (2009); Bd. 5: Forensische Psychiatrie im Privatrecht und Öffentlichen Recht (2009)
Hilgendorf	Einführung in das Medizinstrafrecht, 2. Aufl. (2019)
HK-AKM	Heidelberger Kommentar Arztrecht Krankenhausrecht Medizinrecht, hrsg. v. Dahm/Katzenmeier/Stellpflug/Ziegler, Loseblattausgabe, 88. Aktualisierung (Dezember 2021) (vormals Rieger)
Laufs	Fortpflanzungsmedizin und Arztrecht (1992)
Laufs/Katzenmeier/Lipp	Arztrecht, hrsg. v. Katzenmeier/Lipp, 8. Aufl. (2021)
Laufs/Kern/Rehborn	Handbuch des Arztrechts, hrsg. v. Kern/Rehborn, 5. Aufl. (2019)
Prütting	Medizinrecht, Kommentar, hrsg. v. Prütting, 6. Aufl. (2022)
Roxin/Schroth	Handbuch des Medizinstrafrechts, hrsg. v. Roxin/Schroth, 4. Aufl. (2010)
Saliger/Tsambikakis	Strafrecht der Medizin, hrsg. v. Saliger/Tsambikakis (2022)
Schroth/König/Gutmann/Oduncu	Transplantationsgesetz, Kommentar (2005)
Spickhoff	Medizinrecht, hrsg. v. Spickhoff, 4. Aufl. (2022)
Tsambikakis/Rostalski	Medizinstrafrecht, hrsg. v. Tsambikakis/Rostalki (2023)
Ulsenheimer/Gaede	Arztstrafrecht in der Praxis, 6. Aufl. (2020) (vormals Ulsenheimer)
Venzlaff/Foerster/Dreßing/Habermeyer	Psychiatrische Begutachtung, hrsg. v. Dreßing/Habermeyer, 7. Aufl. (2020)
Wenzel	Medizinrecht, hrsg. v. Wenzel, 4. Aufl. (2019)

13. Strafprozess und Strafvollzugsrecht

AK-StPO	Kommentar zur Strafprozeßordnung – Reihe Alternativkommentare, hrsg. v. Wassermann, Bd. 1 (1988), Bd. 2 Teilbd. 1 (1992), Bd. 2 Teilbd. 2 (1993), Bd. 3 (1996)
AK-StVollzG	Kommentar zum Strafvollzugsgesetz – Reihe Alternativkommentare, hrsg. v. Wassermann, 3. Aufl. (1990)
Arloth/Krä	Strafvollzugsgesetze, Kommentar, 5. Aufl. (2021)
BeckOK-StPO	Beck'scher Online-Kommentar StPO, hrsg. v. Graf, 45. Edition (2022)
Beulke	Strafprozessrecht, 13. Aufl. (2016)
Beulke/Swoboda	Strafprozessrecht, 16. Aufl. (2022)
Bringewat	Strafvollstreckungsrecht: Kommentar zu den §§ 449–463d StPO (1993)
Calliess/Müller-Dietz	s. Laubenthal/Nestler/Neubacher/Verrel
Eisenberg	Beweisrecht der StPO, Spezialkommentar, 10. Aufl. (2017)
Hamm/Pauly	Die Revision in Strafsachen, 8. Aufl. (2020)
HK-StPO	Heidelberger Kommentar zur Strafprozessordnung, hrsg. v. Gercke/Julius/Temming/Zöller, 6. Aufl. (2019)
Isak/Wagner	s. Röttle/Wagner
Joecks/Jäger	Studienkommentar StPO, 5. Aufl. (2022) (vormals Jäger)
Kamann	Handbuch für die Strafvollstreckung und den Strafvollzug, 2. Aufl. (2008)
Kammeier/Pollähne	Maßregelvollzugsrecht, Kommentar, 4. Aufl. (2018)
Kissel/Mayer	Gerichtsverfassungsgesetz, 10. Aufl. (2021)
KK	Karlsruher Kommentar, Strafprozessordnung – GVG, EGGVG, EMRK, hrsg. v. Hannich, 9. Aufl. (2023)
Kleinknecht/Meyer-Goßner	s. Meyer-Goßner/Schmitt
KMR	Kleinknecht/Müller/Reitberger (Begr.), Kommentar zur Strafprozeßordnung, Loseblattausgabe, 8. Aufl. (1990 ff.), ab 81. Lfg. hrsg. von v. Heintschel-Heinegg/Bockemühl
Kramer	Grundlagen des Strafverfahrensrechts: Ermittlung und Verfahren, 9. Aufl. (2021)
Kühne	Strafprozessrecht (ehem. Strafprozeßlehre), 9. Aufl. (2015)

Laubenthal/Nestler/Neubacher/Verrel	s. LNNV
LNNV	Strafvollzugsgesetz, Kurzkommentar, hrsg. v. Laubenthal/Nestler/Neubacher/Verrel, 12. Aufl. (2015) (begr. und bis zur 11. Aufl. fortgeführt von Callies/Müller-Dietz)
LR	Löwe-Rosenberg, Die Strafprozeßordnung und das Gerichtsverfassungsgesetz mit Nebengesetzen, Großkommentar, 26. Aufl. (2006 ff.), 27. Aufl. (2016 ff.)
Marschner/Lesting/Stahmann	Freiheitsentziehung und Unterbringung, 6. Aufl. (2019) (vormals Marschner/Volckart/Lesting; Saage/Göppinger)
Meyer-Goßner/Schmitt	Strafprozessordnung mit GVG und Nebengesetzen, Kurzkommentar, 65. Aufl. (2022) (vormals Kleinknecht/Meyer-Goßner)
Müller	Beiträge zum Strafprozessrecht (2003)
Peters	Strafprozeß, Ein Lehrbuch, 4. Aufl. (1985)
Pfeiffer	Strafprozeßordnung und Gerichtsverfassungsgesetz, 5. Aufl. (2005)
Pohlmann/Jabel/Wolf	Strafvollstreckungsordnung, Kommentar, 9. Aufl. (2015)
Putzke/Scheinfeld/Putzke	Strafprozessrecht, 9. Aufl. (2012) (vormals Putzke/Scheinfeld)
Röttle/Wagner	Strafvollstreckung, 8. Aufl. (2009); (vormals Wetterich/Hamann; Isak/Wagner)
Roxin/Schünemann	Strafverfahrensrecht, 30. Aufl. (2022)
Roxin/Arzt/Tiedemann	Einführung in das Strafrecht und Strafprozessrecht, 6. Aufl. (2014)
Saage/Göppinger	s. Marschner/Volckart
Sarstedt/Hamm	s. Hamm
Satzger/Schluckebier/Widmaier	s. SSW-StPO
Schäfer, Strafverfahren	Die Praxis des Strafverfahrens, 6. Aufl. (2000)
Schäfer/Sander/van Gemmeren	Die Praxis der Strafzumessung, 6. Aufl. (2017)
Schätzler	Handbuch des Gnadenrechts, 2. Aufl. (1992)
Eb. Schmidt, Lehrkommentar I–III	Strafprozeßordnung, Lehrkommentar, Bd. 1: Die rechtstheoretischen und die rechtspolitischen Grundlagen des Strafverfahrensrechts, 2. Aufl. (1964); Bd. 2: Erläuterungen zur Strafprozeßordnung und zum Einführungsgesetz zur Strafprozeßordnung (1957) (mit Nachtragsband 1 [1967] und 2 [1970]); Bd. 3: Erläuterungen zum Gerichtsverfassungsgesetz und zum Einführungsgesetz zum Gerichtsverfassungsgesetz (1960)
Schwind/Böhm/Jehle/Laubenthal	Strafvollzugsgesetze, Kommentar, 7. Auflage (2020)
SK-StPO	Systematischer Kommentar zur Strafprozessordnung mit GVG und EMRK, hrsg. v. Wolter (1986 ff., 5. Aufl. 2016 ff.)
SSW-StPO	Strafprozessordnung, Kommentar, hrsg. v. Satzger/Schluckebier/Widmaier, 5. Aufl. (2022)
Ulrich	Der gerichtliche Sachverständige, 12. Aufl. (2007) (vormals Jessnitzer/Ulrich)
Volckart/Grünebaum	Maßregelvollzug, 8. Aufl. (2015)
Volk/Engländer	Grundkurs StPO, 10. Aufl. (2021)
Walter, Strafvollzug	Strafvollzug, 2. Aufl. (1999)

14. Straßenverkehrsrecht

Bär/Hauser/Lehmpuhl	Unfallflucht, Kommentar, Loseblattausgabe (1978 ff.)
Beck/Berr/Schäpe	OWi-Sachen im Straßenverkehrsrecht, 8. Aufl. (2022) (vormals Beck/Berr)
Berz/Burmann	Handbuch des Straßenverkehrsrechts, hrsg. von Burmann/Heß, Loseblattausgabe, 45. Lfg. (Juni 2022)
Burmann/Heß/Hühnermann/Jahnke	Straßenverkehrsrecht, Kommentar, 27. Aufl. (2022), hrsg. v. Burmann/Heß/Hühnermann/Jahnke (vormals Jagow/Burmann/Heß)
Cramer	Straßenverkehrsrecht, Bd. 1: StVO, StGB, 2. Aufl. (1977)
Full/Möhl/Rüth	Straßenverkehrsrecht, Kommentar (1980) mit Nachtrag (1980/81)
Haus/Krumm/Quarch	Gesamtes Verkehrsrecht, hrsg. von Haus/Krumm/Quarch, 3. Aufl. (2021)
Hentschel	Trunkenheit, Fahrerlaubnisentziehung, Fahrverbot im Straf- und Ordnungswidrigkeitenrecht, 10. Aufl. (2006)
Hentschel/Born	Trunkenheit im Straßenverkehr, 7. Aufl. (1996)

Hentschel/Krumm	Fahrerlaubnis – Alkohol – Drogen im Straf- und Ordnungswidrigkeitenrecht, 7. Aufl. (2018)
Himmelreich/Hentschel	Fahrverbot, Führerscheinentzug, Bd. 1: Straf- und Ordnungswidrigkeitenrecht, 8. Aufl. (1995)
Himmelreich/Staub/Krumm/Nissen	Verkehrsunfallflucht: Verteidigerstrategien im Rahmen des § 142 StGB – mit Auslandsteil, 7. Aufl. (2019) (vormals Himmelreich/Bücken/Krumm)
HKD	Straßenverkehrsrecht, hrsg. v. Hentschel/König/Dauer, 47. Aufl. (2023) (vormals Jagusch/Hentschel)
HK-StVR	Heidelberger Kommentar zum Straßenverkehrsrecht, hrsg. v. Griesbaum u.a. (1993)
Hentschel/König/Dauer	s. HKD
Janker	Straßenverkehrsdelikte: Ansatzpunkte für die Verteidigung (2002)
Jagow/Burmann/Heß	s. Burmann/Heß/Hühnermann/Jahnke
Jagusch/Hentschel	s. HKD
Janiszewski	Verkehrsstrafrecht, 5. Aufl. (2004)
Janiszewski/Jagow/Burmann	s. Burmann/Heß/Hühnermann/Jahnke
JBH	s. Burmann/Heß/Hühnermann/Jahnke
MK-StVR	Münchener Kommentar zum Straßenverkehrsrecht, hrsg. von Bender/König (2016 ff.)
Müller I–III	Straßenverkehrsrecht, Großkommentar, 22. Aufl., Bd. 1 (1969) mit Nachtrag 1969; Bd. 2 (1969); Bd. 3 (1973)
Rüth/Berr/Berz	Straßenverkehrsrecht, Kommentar, 2. Aufl. (1988)

15. Verfassungsrecht und Verwaltungsrecht

AK-GG	Grundgesetz – Reihe Alternativkommentare, hrsg. v. Wassermann, 3. Aufl. (2001)
Battis	Bundesbeamtengesetz, Kommentar, 6. Aufl. (2022)
BK	Bonner Kommentar zum Grundgesetz (Bonner Kommentar), Loseblattausgabe, hrsg. v. Kahl/Waldhoff/Walter, 216. Lfg. (September 2022)
Clemens/Scheuring/Steingen/Wiese	s. TVöD
Dreier I–III	Grundgesetz, Kommentar, 3. Aufl. (Bd. 1: 2013; Bd. 2: 2015; Bd. 3: 2018)
Dürig/Herzog/Scholz	Grundgesetz, Kommentar, Loseblattausgabe, 7. Aufl. (1991 ff.) (bearb. v. Badura u.a.), 98. Lfg. (März 2022) (vormals Maunz/Dürig)
Friauf	Kommentar zur Gewerbeordnung – GewO, Gewerberechtlicher Teil, Loseblattausgabe (1991 ff.), hrsg. v. Friauf
Fuhr/Stahlhacke	s. Friauf
HdStR I–XIII	Handbuch des Staatsrechts der Bundesrepublik Deutschland, hrsg. v. Isensee/Kirchhof, 3. Aufl (Bd. 1: 2003; Bd. 2: 2004; Bd. 3: 2005; Bd. 4: 2006; Bd. 5: 2007; Bd. 6: 2009; Bd. 7: 2009; Bd. 8: 2010; Bd. 9: 2011; Bd. 10: 2012; Bd. 11: 2013; Bd. 12: 2014; Bd. 13: 2015)
Jarass/Pieroth	Grundgesetz für die Bundesrepublik Deutschland, Kommentar, 17. Aufl. (2022)
Kopp/Ramsauer	Verwaltungsverfahrensgesetz, 23. Aufl. (2022)
Landmann/Rohmer I, II	Gewerbeordnung und ergänzende Vorschriften, Kommentar, Loseblattausgabe, Bd. 1: Gewerbeordnung; Bd. 2: Ergänzende Vorschriften, jew. 87. Aufl. (2021)
v. Mangoldt/Klein/Starck	Kommentar zum Grundgesetz, Bd. 1 (Art. 1–19), Bd. 2 (Art. 20–82), Bd. 3 (Art. 83–146), 7. Aufl. (2018); früherer Titel: Das Bonner Grundgesetz
v. Münch/Kunig	Grundgesetz, Kommentar, Gesamtwerk in 2 Bänden, 7. Aufl. (2021)
Plog/Wiedow	Kommentar zum Bundesbeamtengesetz, mit Beamtenversorgungsgesetz. Loseblattausgabe (1991 ff.)
Sachs	Grundgesetz-Kommentar, 9. Auflage (2021)
Schmidt-Bleibtreu	Kommentar zum Grundgesetz, 15. Aufl. (2021) (vormals Schmidt-Bleibtreu/Hofmann/Henneke)
Schmidt-Bleibtreu/Klein/Bethge	s. SBKB (vormals MSBKB)
SBKB	Bundesverfassungsgerichtsgesetz, Kommentar, Loseblattausgabe, hrsg. v. Schmidt-Bleibtreu/Klein/Bethge, 61. Lfg. (Juli 2021) (vormals Maunz/Schmidt-Bleibtreu/Klein/Bethge)
Klein/Ulsamer	nunmehr: Schmidt-Bleibtreu/Klein/Bethge

Schoch	Besonderes Verwaltungsrecht (2018)
Schoch[15]	Besonderes Verwaltungsrecht, 15. Aufl. (2013) (vormals Schmid-Aßmann/Schoch)
Stern/Sodan/Möstl I–IV	Das Staatsrecht der Bundesrepublik Deutschland im europäischen Staatenverbund, Bd. I–IV, 2. Aufl. (2022) (vormals Stern)
TVöD	Kommentar zum Tarifvertrag öffentlicher Dienst (TVöD), hrsg. v. Clemens/Scheuring/Steingen/Wiese, Loseblattausgabe, 136. Lfg. (August 2022)
Wolff/Bachof/Stober/Kluth	Verwaltungsrecht, Bd. 1, 13. Aufl. (2017)

16. Wettbewerbs- und Kartellrecht

Baumbach/Hefermehl	s. Köhler/Bornkamm
Dreher/Kulka	Wettbewerbs- und Kartellrecht, 11. Aufl. (2021) (vormals Rittner/Dreher/Kulka)
Emmerich/Lange, Kartellrecht	Kartellrecht, Studienbuch, 15. Aufl. (2021) (vormals Emmerich)
Emmerich/Lange, Lauterkeitsrecht	Lauterkeitsrecht, Studienbuch, 12. Aufl. (2022), bis zur 11. Aufl. unter dem Titel: Unlauterer Wettbewerb
FK Kartellrecht GWB	Frankfurter Kommentar zum Kartellrecht, mit Kommentierung des GWB, des EG-Kartellrechts und einer Darstellung ausländischer Kartellrechtsordnungen, hrsg. v. Glassen u.a., Loseblattausgabe, 103. Lfg. (September 2022), bis zur 44. Lfg. unter dem Titel: Frankfurter Kommentar zum Gesetz gegen Wettbewerbsbeschränkungen
Fezer/Büscher/Obergfell	Lauterkeitsrecht, Kommentar zum UWG, 2 Bände, 3. Aufl. (2016)
Immenga/Mestmäcker GWB	Wettbewerbsrecht, Kommentar, hrsg. v. Immenga/Mestmäcker, 6. Aufl. (2020 f.)
Köhler/Bornkamm/Feddersen	Gesetz gegen den unlauteren Wettbewerb UWG, mit GeschGehG, PAngV, UKlaG, DL-InfoV, P2B-VO, 40. Aufl. (2022) (vormals Köhler/Bornkamm)
Köhler/Piper	s. Ohly/Sosnitza
Ohly/Sosnitza	UWG – Gesetz gegen den unlauteren Wettbewerb, Kommentar, 8. Aufl. (2023)
Rittner/Dreher	Europäisches und deutsches Wirtschaftsrecht, 3. Aufl. (2008)

17. Wirtschafts- und Steuerstrafrecht

Achenbach/Ransiek/Rönnau	s. ARR
ARR	Handbuch Wirtschaftsstrafrecht, hrsg. v. Achenbach/Ransiek/Rönnau, 5. Aufl. (2019)
Belke/Oehmichen	Wirtschaftskriminalität – aktuelle Fragen des Wirtschaftsstrafrechts in Theorie und Praxis (1983)
Bender/Möller/Retemeyer	Steuerstrafrecht – Mit Schwerpunkt Zoll- und Verbrauchssteuerstrafrecht, Loseblattausgabe, 56. Lfg. (Oktober 2022)
Bittmann	Insolvenzstrafrecht, hrsg. v. Bittmann, 2. Aufl. (2017)
Bockemühl	Handbuch des Fachanwalts Strafrecht, 8. Aufl. (2021)
Böttger	Wirtschaftsstrafrecht, 3. Aufl. (2023)
Dannecker/Knierim/Smok	Insolvenzstrafrecht, 3. Aufl. (2018) (vormals Dannecker/Knierim/Hagemeier)
Eidam	Unternehmen und Strafe, 5. Aufl. (2018)
ERST	Wirtschaftsstrafrecht, Kommentar mit Steuerstrafrecht und Verfahrensrecht, hrsg. v. Esser/Rübenstahl/Saliger/Tsambikakis (2017)
Esser/Rübenstahl/Saliger/Tsambikakis	s. ERST
Franzen/Gast/Joecks	s. JJR
Geilen, Aktienstrafrecht	Erläuterungen zu §§ 399–405 AktG von Gerd Geilen, Erläuterungen zu § 408 AktG von Wolfgang Zöllner (1984) (Sonderausgabe aus der 1. Aufl. des Kölner Kommentars zum Aktiengesetz)
G/J/W	Wirtschafts- und Steuerstrafrecht, hrsg. v. Graf/Jäger/Wittig, 2. Aufl. (2017)
Graf/Jäger/Wittig	s. G/J/W
Graf-Schlicker	InsO, hrsg. v. Graf-Schlicker, 6. Aufl. (2022)
Greeve/Leipold	Handbuch des Baustrafrechts (2004)
HambK	Hamburger Kommentar zum Insolvenzrecht, hrsg. v. A. Schmidt, 9. Aufl. (2021)

Hellmann	Wirtschaftsstrafrecht, 5. Aufl. (2021) (vormals Hellmann/Beckemper)
Hübschmann/Hepp/Spitaler	s. HHS
HHS	Abgabenordnung, Finanzgerichtsordnung, Kommentar, Loseblattausgabe, bearb. v. Söhn u.a., 263. Lfg. (Juli 2021)
HWiStR	Handwörterbuch des Wirtschafts- und Steuerstrafrechts, Loseblattausgabe (1985–1990), hrsg. v. Krekeler/Tiedemann/Ulsenheimer/Weinmann
Ignor/Mosbacher	Handbuch Arbeitsstrafrecht, 3. Aufl. (2016)
Joecks/Jäger/Randt	Steuerstrafrecht – mit Zoll- und Verbrauchssteuerstrafrecht, Kommentar zu §§ 369–412 AO; § 32 ZollVG, 9. Aufl. (2023)
JJR	s. Joecks/Jäger/Randt
Kempf/Lüderssen/Volk	Die Handlungsfreiheit des Unternehmers, hrsg. v. Kempf/Lüderssen/Volk (2009)
Klein	AO – Abgabenordnung, Kommentar, 16. Aufl. (2022)
Kohlmann	Steuerstrafrecht, Kommentar zu den §§ 369–412 AO, Loseblattausgabe, 76. Lfg. (Oktober 2022)
Kohlmann GmbH	Die strafrechtliche Verantwortlichkeit des GmbH-Geschäftsführers, 1. Aufl. (1990)
Krekeler/Tiedemann/ Ulsenheimer/ Weinmann	s. HWiStR
Kudlich/Oğlakcıoğlu	Wirtschaftsstrafrecht, 3. Aufl. (2020)
Kühn/von Wedelstädt	s. KvW
KvW	Abgabenordnung und Finanzgerichtsordnung, hrsg. v. Kühn/v. Wedelstädt, 22. Aufl. (2018)
MAH	Münchener Anwaltshandbuch: Verteidigung in Wirtschafts- und Steuerstrafsachen, hrsg. v. Volk/Beukelmann, 3. Aufl. (2020)
MG	Wirtschaftsstrafrecht, hrsg. v. Müller-Gugenberger, 7. Aufl. (2020)
M/G	s. Momsen/Grützner
Minkoff/Sahan/Wittig	Konzernstrafrecht (2020)
Momsen/Grützner	Wirtschafts- und Steuerstrafrecht, 2. Aufl. (2020)
Müller-Gugenberger	s. MG
Otto, Aktienstrafrecht	Erläuterungen zu den §§ 399–410 AktG (1997, Nachdruck 2012) (Sonderausgabe aus der 4. Aufl. des Großkommentars zum Aktiengesetz)
Park	Kapitalmarktstrafrecht, Handkommentar, 5. Aufl. (2019)
Petri	Arbeitsstrafrecht, 3. Aufl. (2021)
Ransiek	Unternehmensstrafrecht (1996)
Rolletschke	Steuerstrafrecht, 5. Aufl. (2021)
C. Schröder	Handbuch Kapitalmarktstrafrecht, 4. Aufl. (2020)
Tiedemann, GmbH-Strafrecht	GmbH-Strafrecht (§§ 82–85 GmbHG und ergänzende Vorschriften), 5. Aufl. (2010) (Sonderausgabe aus der 10. Aufl. des Kommentars zum GmbHG von Scholz, Bd. 3, 2010)
Tiedemann, Wirtschaftsstrafrecht	Wirtschaftsstrafrecht, 5. Aufl. (2017)
Tiedemann, Wirtschaftsstrafrecht EU	Wirtschaftsstrafrecht in der Europäischen Union. Rechtsdogmatik – Rechtsvergleich – Rechtspolitik (Freiburg-Symposium), hrsg. v. Tiedemann (2002)
Tipke/Kruse	Abgabenordnung, Finanzgerichtsordnung. Kommentar zur AO und FGO inkl. Steuerstrafrecht, Loseblattausgabe, 172. Lfg. (Dezember 2022)
Tipke/Lang	Steuerrecht, 24. Aufl. (2021)
Volk/Beukelmann	s. MAH
Wabnitz/Janovsky/Schmitt	Handbuch des Wirtschafts und Steuerstrafrechts, 5. Aufl. (2020) (vormals Wabnitz/Janovsky)
Weyand/Diversy	Insolvenzdelikte, 10. Aufl. (2016)
Wittig	Wirtschaftsstrafrecht, 5. Aufl. (2020)
W/J/S	s. Wabnitz/Janovsky/Schmitt
Ziouvas	Das neue Kapitalmarktstrafrecht (2006)

18. Zivilprozessrecht und Insolvenzrecht

Anders/Gehle	s. AG (vormals BLHAG)
AG	Zivilprozessordnung, 80. Aufl. (2022) (vormals Anders/Gehle/Baumbach/Lauterbach/Hartmann)
FK-InsO	Frankfurter Kommentar zur Insolvenzordnung, hrsg. v. Bornemann, 10. Aufl. (2023)
HK-InsO	Heidelberger Kommentar zur Insolvenzordnung, hrsg. v. Kayser/Thole, 11. Aufl. (2023)
Jaeger	Insolvenzordnung, Großkommentar, hrsg. v. Henckel/Gerhardt, 1. Aufl. (2004 ff.); 2. Aufl. (2021 f.)
KPB	InsO – Kommentar zur Insolvenzordnung, hrsg. v. Kübler/Prütting/Bork, Loseblattausgabe, 93. Aktualisierung (September 2022)
Kübler/Prütting/Bork	s. KPB
Leonhardt/Smid/Zeuner	Insolvenzordnung (InsO) mit Insolvenzrechtlicher Vergütungsverordnung (InsVV), Kommentar, hrsg. v. Leonhardt/Smid/Zeuner, 3. Aufl. (2010)
MK-InsO	Münchener Kommentar zur Insolvenzordnung, 4. Aufl. (2019 ff.)
MK-ZPO	Münchener Kommentar zur ZPO, 6. Aufl. (2020 f.)
Musielak/Voit	ZPO – Zivilprozessordnung, Kommentar, 19. Aufl. (2022)
Rattunde/Smid/Zeuner	Insolvenzordnung (InsO), Kommentar, hrsg. v. Rattunde/Smid/Zeuner, 4. Aufl. (2018) (vormals Leonhard/Smid/Zeuner)
Rosenberg/Schwab/Gottwald	Zivilprozessrecht, 18. Aufl. (2018)
Stein/Jonas	Kommentar zur Zivilprozeßordnung, 23. Aufl. (2014 ff.)
Thomas/Putzo	ZPO – Zivilprozessordnung, 43. Aufl. (2022)
Zöller	Zivilprozessordnung, Kommentar, 34. Aufl. (2022)

19. Sonstiges (einschließlich Arbeits- und Sozialrecht, Völkerrecht und Waffenrecht)

Aronson/Wilson/Sommers	Social Psychology, 10. Aufl. (2021)
Bieneck	Handbuch des Außenwirtschaftsrechts mit Kriegswaffenkontrollgesetz, hrsg. v. Bieneck, 2. Aufl. (2005)
Bierhoff	Sozialpsychologie, 6. Aufl. (2006)
Brownlie	Principles of Public International Law, 9. Aufl. (2019)
Corpus Juris	The implementation of the Corpus Juris in the Member States/La mise en œuvre du Corpus Juris dans les Etats Membres, hrsg. v. Delmas-Marty/Vervaele (2000); Deutsche Version der Entwurfsfassung von 1997: Delmas-Marty (Hrsg.), Corpus Juris der strafrechtlichen Regelungen zum Schutz der finanziellen Interessen der Europäischen Union, Deutsche Übersetzung von Kleinke und Tully, Einführung von Sieber (1998)
Dahm/Delbrück/Wolfrum	Völkerrecht, 2. Aufl., Band I/1 (1989), Band I/2 (2002, Nachdruck 2012), Band I/3 (2002, Nachdruck 2012)
Dreier/Schulze	Urheberrechtsgesetz, Kommentar, hrsg. v. Dreier/Schulze, 7. Aufl. (2022)
Duden Dt. Universalwörterbuch	Duden, Deutsches Universalwörterbuch: Das umfassende Bedeutungswörterbuch der deutschen Gegenwartssprache, hrsg. v. Dudenredaktion, 9. Aufl. (2019)
ErfK	Erfurter Kommentar zum Arbeitsrecht, 22. Aufl. (2022)
Fuchs/Preis/Brose	Sozialversicherungsrecht und SGB II, 3. Aufl. (2020) (vormals Fuchs/Preise)
Gerold/Schmidt	Rechtsanwaltsvergütungsgesetz, 25. Aufl. (2021)
Götz/Tolzmann	Bundeszentralregistergesetz, Kommentar, 4. Aufl. (2000); Nachtrag (2003)
Günther/Taupitz/Kaiser	Embryonenschutzgesetz, Juristischer Kommentar mit medizinisch-naturwissenschaftlichen Grundlagen, 2. Aufl. (2014)
Hanau/Adomeit	Arbeitsrecht, 14. Aufl. (2007)
Hauck/Noftz	Sozialgesetzbuch – Gesamtkommentar, hrsg. v. Hauck/Noftz, Loseblattausgabe, (2020)
Herdegen	Völkerrecht, 21. Aufl. (2022)
Hoeren/Sieber/Holznagel	s. Multimedia-Recht
HwbRW I–VIII	Handwörterbuch der Rechtswissenschaft, hrsg. v. Stier-Somlo u.a., Bd. 1 (1926), Bd. 2 (1927), Bd. 3 (1928), Bd. 4 (1927), Bd. 5 (1928), Bd. 6 (1929), Bd. 7 (1931), Bd. 8 (1937) (unter dem Titel: Die Rechtsentwicklung der Jahre 1933 bis 1935/36)

Ipsen	Völkerrecht, 7. Aufl. (2018)
KassKomm	Kasseler Kommentar Sozialversicherungsrecht, Loseblattausgabe, 117. Lfg. (Dezember 2021)
Keller/Günther/Kaiser	Embryonenschutzgesetz, Kommentar (1992)
Kröger/Gimmy	Handbuch zum Internetrecht, 2. Aufl. (2013)
Lingens/Korte	Wehrstrafgesetz, Kommentar, 5. Aufl. (2012) (vormals Schölz/Lingens)
Lüder/Vormbaum	Materialien zum Völkerstrafgesetzbuch: Dokumentation des Gesetzgebungsverfahrens (2002)
Multimedia-Recht	Handbuch Multimedia-Recht, hrsg. v. Hoeren/Sieber/Holznagel, Loseblattausgabe, 58. Lfg. (März 2022)
Pschyrembel Online	Pschyrembel Online. Medizinisches Fachinformationsangebot des Verlags Walter de Gruyter, hrsg. v. Pschyrembel-Redaktion, verfügbar unter: https://www.pschyrembel.de
Rebmann/Uhlig	Bundeszentralregister, Gewerbezentralregister, Verkehrszentralregister und ergänzende Bestimmungen, Kommentar (1985)
Schricker/Loewenheim	Urheberrecht, 6. Aufl. (2020)
Seidl-Hohenveldern	Lexikon des Rechts – Völkerrecht, 3. Aufl (2001)
Shaw	International Law, 9. Aufl. (2021)
Steindorf	Waffenrecht, Kurzkommentar, 11. Aufl. (2022)
Stein/von Buttlar/Kotzur	Völkerrecht, 14. Aufl. (2017) (vormals Seidl-Hohenveldern/Stein)
Strupp/Schlochauer	Wörterbuch des Völkerrechts, 2. Aufl., Bd. 1 (1960), Bd. 2 (1961), Bd. 3 (1962)
Thüsing	AÜG – Arbeitnehmerüberlassungsgesetz, Kommentar, hrsg. v. Thüsing, 4. Aufl. (2018)
Tolzmann	Bundeszentralregistergesetz, 5. Aufl. (2015)
Ulsamer LdR	Lexikon des Rechts: Strafrecht, Strafverfahrensrecht, hrsg. v. Ulsamer, 2. Aufl. (1996)
Verdross/Simma	Universelles Völkerrecht, 3. Auflage (2010)
Vitzthum/Proelß	Völkerrecht, 8. Aufl. (2019)
Waltermann/Schmidt/Chandna-Hoppe	Sozialrecht, 15. Aufl. (2022) (vormals Waltermann)
Wannagat	Sozialgesetzbuch I, hrsg. v. v.Koppenfels-Spies/Wenner, 2. Aufl. (2018); Sozialgesetzbuch IV, hrsg. v. v.Koppenfels-Spies/Wenner, 3. Aufl. (2022); Sozialgesetzbuch X, hrsg. v. v.Koppenfeld-Spies/Wenner, 3. Aufl. (2020)
Weber	Rechtswörterbuch, hrsg. v. Weber, 24. Aufl. (2022) (vormals Creifelds)
Werle/Jeßberger	Völkerstrafrecht, 5. Aufl. (2020)

Strafgesetzbuch

vom 15.5.1871 (RGBl. S. 127)
neugefasst durch Bek. v. 13.11.1998 (BGBl. I S. 3322);
zuletzt geändert durch Gesetz v. 4.12.2022 (BGBl. I S. 2146)

BESONDERER TEIL

DREISSIGSTER ABSCHNITT **Straftaten im Amt**

Vorbemerkungen zu den §§ 331 ff.

Schrifttum

Amelung Die Einwilligung in die Beeinträchtigung eines Grundrechtsgutes (1981); *ders.* Die Zulässigkeit der Einwilligung bei den Amtsdelikten, Festschrift Dünnebier (1982) 487; *ders./Weidemann* Bestechlichkeit und Förderung einer Selbstschädigung im Maßregelvollzug – BGH, NJW 1983, 462, JuS **1984** 595; *Bernsmann* Öffentliche Rundfunkanstalten – ohne „Amtsträger"?! Festschrift Herzberg (2008) 167; *Bohne* Amtsdelikte, in: Stier-Somlo/Elster (Hrsg.) Handwörterbuch der Rechtswissenschaften Bd. I (1926) 126; *Brüning* Das Verhältnis des Strafrechts zum Disziplinarrecht (2017); *Cortes Rosa* Teilnahme an unechten Sonderverbrechen, ZStW **90** (1978) 413; *Dedes* Probleme der Amtsdelikte, Festschrift Lackner (1987) 787; *Frister* Gibt es keine unechten oder keine reinen Amtsdelikte? Festschrift Puppe (2011) 451; *Geppert* Amtsdelikte (§ 331 ff. StGB), Jura **1981** 42, 78; *B. Heinrich* Der Amtsträgerbegriff im Strafrecht (2001); *ders.* Die Entwicklung des Begriffs des Amtsträgers, wistra **2016** 471; *ders.* Amtsträgerbegriff, in: Hilgendorf/Kudlich/Valerius (Hrsg.) Handbuch des Strafrechts Bd. 5 (2020) § 49 (S. 1199); *ders.* Sonstige Amtsdelikte, in: Hilgendorf/Kudlich/Valerius (Hrsg.) Handbuch des Strafrechts Bd. 5 (2020) § 51 (S. 1299); *Hoffmann/Mildeberger* Korruption – ohne Ende? StV **2006** 665; *Kleinfeller* Verletzung der Amtspflicht, GS 92 (1926) 336; *Langer* Das Sonderverbrechen (1972); *Leimbrock* Strafrechtliche Amtsträger (2009); *Lenckner* Privatisierung der Verwaltung und „Abwahl des Strafrechts"? ZStW **106** (1994) 502; *Maiwald* Die Amtsdelikte, JuS **1977** 353; *Munzinger* Die sog. eigentlichen und uneigentlichen Amtsdelikte, Diss. München (1934); *Nagler* Die Teilnahme am Sonderverbrechen (1903); *Nestler/Lehner* Was ist so besonders an Sonderdelikten? Jura **2017** 403; *Pohlmann* Strafrechtliche Gleichstellungsklauseln für ausländische und Europäische Amtsträger (2021); *Rausch* Die Bestellung zum Amtsträger (2007); *Rohlff* Die Täter der „Amtsdelikte" (1995); *Singelnstein* Strafbare Strafverfolgung (2019); *Stock* Entwicklung und Wesen der Amtsverbrechen (1932); *Traumann* Die Anwendung der Bestechungsdelikte auf die Inhaber privater Ingenieur- und Planungsbüros (1997); *Wachinger* u.a. Die Verbrechen im Amt, VDB Bd. IX (1906) 193; *Wagner* Amtsverbrechen (1975); *ders.* Die Rechtsprechung zu den Straftaten im Amt seit 1975, JZ **1987** 594, 658 und 705; *Walther* Grundfragen zum Begriff des Amtsträgers und dem des für den öffentlichen Dienst besonders Verpflichteten i.S.v. § 11 I Nrn. 2–4 StGB, Jura **2009** 421; *Welp* Der Amtsträgerbegriff, Festschrift Lackner (1987) 761; *Welzel* Der Irrtum über die Amtspflicht, JZ **1952** 208.

Entstehungsgeschichte

Die „Straftaten im Amt" haben durch das EGStGB[1] 1974 eine tiefgreifende **Umgestaltung** erfahren.[2] Weitere Änderungen haben das 17. StrÄndG 1979 (Neufassung des § 353b) und das 18. StrÄndG 1980 gebracht, ferner das 2. WiKG 1986 (zu § 348), das PoststrukturG 1989 sowie das BegleitG 1997 (jeweils zu § 354 a.F., der als § 206 neu gefasst worden ist), das VerbrBekG 1994 und das 6. StrRG (jeweils bezüglich § 340). Der Bereich der Bestechungsdelikte (§§ 331–338) ist durch das KorrBekG 1997 reformiert worden. Die **Nummerierung** als 30. Abschnitt geht auf das KorrBekG vom 13.8.1997 zurück, durch das die „Straftaten gegen die Wirtschaft" (§§ 298 ff.) als neuer 26. Abschnitt in das StGB eingefügt wurden. Bereits zuvor hatte sich eine Verschiebung der Nummerierung des Abschnitts ergeben, als die „Straftaten gegen die Umwelt" (§§ 324 ff.) durch das 18. StrÄndG vom 18.3.1980 in das StGB aufgenommen wurden.

Eine einzeldeliktsübergreifende **Neugestaltung der Amtsdelikte** erfolgte durch das **EGStGB 1974**.[3] Es ersetzte (unter Streichung des § 359 a.F., aber ohne wesentliche inhaltliche Änderung)[4] den „strafrechtlichen Beamtenbegriff"

---

1 Einführungsgesetz zum StGB vom 2.3.1974 (BGBl. I S. 469).
2 BTDrucks. 7/550 S. 269 ff.; BTDrucks. 7/1261 S. 21 ff.; *Göhler* NJW **1974** 825, 831; *Sturm* JZ **1975** 6, 12 ff.
3 Hierzu *Maiwald* JuS **1977** 353 ff.; s. auch *Blei* JA **1974** 309 ff., 377 ff.
4 BTDrucks. 7/550 S. 208; BGHSt **38** 199, 201; *Sch/Schröder/Hecker* § 11 Rdn. 13; *Lenckner* ZStW **106** (1994) 502, 517 f.; *Traumann* S. 43 ff., 47 f.

https://doi.org/10.1515/9783110490329-001

durch die zwischen „Amtsträgern", „Richtern" und „für den öffentlichen Dienst besonders Verpflichteten" differenzierende Regelung in § 11 Abs. 1 Nr. 1 bis 4.[5] Die Bestechungsdelikte (§§ 331–334) wurden völlig neu gestaltet (s. Rdn. 20 ff.). Gleiches gilt für die §§ 343 bis 345 (Aussageerpressung, Verfolgung Unschuldiger, Vollstreckung gegen Unschuldige), wobei in § 345 Abs. 2 nur noch leichtfertiges Handeln mit Strafe bedroht wurde. Im Hinblick auf Strafrahmenveränderungen bei den entsprechenden Allgemeindelikten wurden die bisherigen § 341 (Freiheitsberaubung im Amt), § 342 (Hausfriedensbruch im Amt) sowie die §§ 350, 351 (Amtsunterschlagung, schwere Amtsunterschlagung) ersatzlos gestrichen. Andere Vorschriften wurden als selbständige Tatbestände aufgehoben und als Qualifikationen den jeweils einschlägigen Allgemeindelikten zugeordnet. So entfielen § 346 (Begünstigung im Amt) mit Rücksicht auf § 258a, § 347 (Entweichenlassen von Gefangenen) im Hinblick auf § 120 Abs. 2; § 353d a.F. (Verletzung der Vertraulichkeit des Wortes) wurde als Qualifikation in § 201 Abs. 3 aufgenommen und der frühere § 348 Abs. 2 (Urkundenvernichtung im Amt) ist in § 133 Abs. 3 aufgegangen (auf die in § 348 Abs. 4 enthaltene Strafdrohung für besonders schwere Fälle wurde verzichtet). Der neue § 353d regelt zusammenfassend die Strafbarkeit verbotener Mitteilungen über Gerichtsverhandlungen. In § 354 (Verletzung des Post- und Fernmeldegeheimnisses) wurden die bisherigen §§ 354, 355 völlig neu gestaltet (vgl. heute § 206), ferner wurde § 355 (Verletzung des Steuergeheimnisses) in das StGB eingefügt. Im Übrigen wurde der Text des gesamten Abschnitts redaktionell überarbeitet und dem neuen Sprachgebrauch des § 11 Abs. 1 Nr. 2 und 4 angepasst. Zur Neuregelung der Bestechungsdelikte durch das **(1.) KorrBekG 1997** und zum **(2.) KorrBekG 2015** s. unten Rdn. 23 f.

Übersicht

I. Vorbemerkungen zum 30. Abschnitt

1. Regelungsgegenstand

1 Die Abschnittsüberschrift bezeichnet den Regelungsgegenstand insofern missverständlich, als der 30. Abschnitt die „Straftaten im Amt" weder abschließend noch ausschließlich regelt.[6] So sind einer-

5 *B. Heinrich* S. 138 ff. Allgemein zur historischen Entwicklung des Beamtenbegriffs auch *Rausch* S. 11 ff.
6 *B. Heinrich* S. 172 ff.; *Stein/Deiters* SK Rdn. 3. Überblicksartig zu den Delikten dieses Abschnitts (mit Ausnahme der Amtsträgerbestechung [§§ 331–338]) *Hilgendorf/Kudlich/Valerius/Heinrich* BT II § 51 Rdn. 23 ff.

seits ausschließlich von Amtsträgern begehbare (qualifizierte) Straftaten auch außerhalb dieses Abschnitts normiert (§§ 120 Abs. 2, 133 Abs. 3, 174b, 201 Abs. 3, 203 Abs. 2 Nr. 1 und 2, 206 Abs. 4, 258a).[7] Andererseits enthält der Abschnitt Strafnormen, die (zumindest auch) von Angehörigen anderer besonders umschriebenen Personengruppen – z.B. durch Rechtsanwälte oder andere Rechtsbeistände (§§ 352, 356) – oder sogar von jedermann (z.B. §§ 333, 334, 353d) verwirklicht werden können.[8] Die systematische Anbindung an allgemeine Grunddelikte ist nicht durchgängig erfolgt (vgl. § 340);[9] auch der Bezug auf staatliches Handeln führt – wie z.B. die §§ 113 ff., 145d, 153 ff., 164, 258 zeigen – nur ausnahmsweise zur Einordnung eines Tatbestands in den 30. Abschnitt.

2. Sonderdelikte

Ungeachtet der systematischen Unstimmigkeiten richten sich die Tatbestände dieses Abschnitts 2
zumeist gegen Handlungen eines beschränkten Täterkreises. Insoweit handelt es sich um **Sonderdelikte**. Hierbei bilden die Amtsdelikte[10] das Hauptkontingent dieses Deliktstypus.[11]

a) Grundfragen zum Amtsträgerbegriff

aa) Allgemeine Reichweite. Die zur Kennzeichnung der Sonderstellung des Täters verwandten 3
Begriffe **„Amtsträger"**, **„Europäischer Amtsträger"**, **„Richter"** und **„für den öffentlichen Dienst besonders Verpflichteter"** sind in § 11 Abs. 1 Nr. 2–4 definiert.[12] Die hiermit bezweckte Vereinheitlichung schließt die Berücksichtigung tatbestandsspezifischer Besonderheiten (insbesondere bezüglich des jeweils geschützten Rechtsguts) auch innerhalb des StGB (erst recht im Nebenstrafrecht)[13] nicht aus.[14] Da die meisten Vorschriften des 30. Abschnitts bestimmte Funktionen oder Handlungsmodalitäten voraussetzen, ist der Begriff des Amtsträgers nicht isoliert zu sehen;[15] andererseits eröffnen sich hierdurch vielfach auch alternative Restriktionsansätze, die die praktische Bedeutung des methodischen Grundproblems entschärfen.[16] Für **Soldaten** der Bundeswehr bestimmt § 48 WStG die Anwendbarkeit einzelner Delikte auf Offiziere und Unteroffiziere (Absatz 1) sowie auf Mannschaften (Absatz 2). **Kirchenbeamte** sind grundsätzlich (d.h. abgesehen von einer Aufgabenwahrnehmung

---

7 Zu Normen, in denen die Amtsträgereigenschaft ein Regelbeispiel für einen besonders schweren Fall bildet, *B. Heinrich* S. 175; *Saliger* NK § 11 Rdn. 16.

8 *Sch/Schröder/Heine/Eisele* Rdn. 1; *Geppert* Jura **1981** 42 f.; zu den unterschiedlichen Tätergruppen *Rohlff* S. 9 f.

9 Zur eher pragmatisch orientierten Vorgehensweise des Gesetzgebers BTDrucks. 7/550 S. 277; **krit.** hierzu *Hirsch* GS H. Kaufmann 133, 150; s.a. *Maurach/Schroeder/Maiwald* II § 69 Rdn. 5; *Schroeder* FS Roxin (2001) 33, 39 f.

10 Historisch zur Entwicklung der Amtsdelikte *Hilgendorf/Kudlich/Valerius/Heinrich* BT II § 51 Rdn. 4 ff.

11 *B. Heinrich* S. 183 f.; *Langer* S. 185 f., 405 f. Allgemein zu dieser Deliktskategorie *Nestler/Lehner* Jura **2017** 403 ff.

12 *Hilgendorf* LK § 11 Rdn. 19–73; *Radtke* MK § 11 Rdn. 16–127; *Stein/Deiters* SK § 11 Rdn. 13–77; *Walther* Jura **2009** 421 ff. sowie monographisch *B. Heinrich* S. 313 ff.; *Pohlmann* S. 45 ff., 173 ff. und *Rohlff* S. 69 ff., 159 ff. Zur historischen Entwicklung des Amtsträgerbegriffs *Hilgendorf/Kudlich/Valerius/Heinrich* BT II § 49 Rdn. 4–27; rechtsvergleichend a.a.O. Rdn. 71 ff.; zur neueren Entwicklung *B. Heinrich* wistra **2016**, 471 ff.

13 *Hilgendorf* LK § 11 Rdn. 1; *Lackner/Kühl/Heger* § 11 Rdn. 1; *Radtke* MK § 11 Rdn. 2; *Saliger* NK § 11 Rdn. 3; *Sch/Schröder/Hecker* § 11 Rdn. 2. Eingehend hierzu *B. Heinrich* S. 193 ff.

14 *Knauer/Kaspar* GA **2005** 385, 387; *Lenckner* ZStW **106** (1994) 502, 507 ff.; *Radtke* MK § 11 Rdn. 16; *Sch/Schröder/Hecker* Vor § 11 Rdn. 1; vgl. auch (mit einem typologischen Ansatz) *Haft* FS Lenckner 81, 91 f. Vgl. aus der Rspr. OLG Düsseldorf NJW **1997** 2124, 2125; OLG Karlsruhe NJW **1989** 238 f. Ausführlich zum Problem der „innerstrafrechtlichen Relativität" des Amtsträgerbegriffs *B. Heinrich* S. 163 ff., 430 f.; *Traumann* S. 86 ff. Für eine einheitliche Interpretation des Amtsträgerbegriffs hingegen *Bernsmann* StV **2005** 685, 690; *Lackner/Kühl/Heger* § 11 Rdn. 1; *Stein/Deiters* SK § 11 Rdn. 17; *Rausch* S. 107 ff.; *Welp* FS Lackner 771 f. S. aber auch § 331 Rdn. 14.

15 *Wagner* JZ **1987** 594; *Weiser* NJW **1994** 968 f.

16 Ebenso *B. Heinrich* S. 170 f.; s. auch unten Rdn. 11.

i.S.v. § 11 Abs. 1 Nr. 2 Buchst. c) ebenso wenig Amtsträger[17] wie die **Abgeordneten** des Bundestages und der Länderparlamente.[18] Auch **Mitglieder kommunaler Selbstverwaltungsorgane** (Gemeinde- oder Stadträte, Mitglieder von Kreistagen) sind – soweit sie nicht weitergehend mit konkreten Verwaltungsaufgaben auf Gemeindeebene betraut sind (z.B. Entsendung in den Aufsichtsrat eines kommunalen Versorgungsunternehmens) – keine Amtsträger (näher § 331 Rdn. 16 f.).[19] Bejaht wird die Amtsträgereigenschaft hingegen für Redakteure von öffentlich-rechtlichen **Rundfunkanstalten**.[20] Täter eines Amtsdelikts kann grundsätzlich nur der Inhaber eines auf deutschem Recht beruhenden Amtes sein; dies allerdings auch dann, wenn er selbst Ausländer ist.[21] Daneben brachte das (2.) Gesetz zur Bekämpfung der Korruption vom 20.11.2015 (BGBl. I S. 2025) mit der Einführung der Legaldefinition des Europäischen Amtsträgers (§ 11 Abs. 1 Nr. 2a; hiermit sind nicht Amtsträger der EU-Mitgliedstaaten gemeint) und der neuen Vorschrift des § 335a (unter Auflösung zuvor bestehender Gleichstellungsregelungen) eine mit unterschiedlicher Reichweite ausgestaltete Einbeziehung von **ausländischen** Amtsträgern und Bediensteten zwischenstaatlicher, supranationaler oder völkerrechtlicher Einrichtungen (vor allem auf dem Gebiet der Korruptionsbekämpfung, dazu unten Rdn. 24).[22]

4 **bb) Nichtige und vernichtbare Ernennung.** Nach teilweise vertretener Auffassung[23] steht die Nichtigkeit oder Vernichtbarkeit der Ernennung (im Gegensatz zur sog. Nichternennung) der Annahme der Amtsträgereigenschaft im Strafrecht bis zum Verbot der Dienstgeschäfte oder bis zur Zustellung der Rücknahmeerklärung (vgl. § 13 BBG) nicht entgegen, da die bis zu diesem Zeitpunkt vorgenommenen Amtshandlungen gültig sind (§ 14 BBG). Die inzwischen überwiegende Gegenansicht[24] verweist auf die ex-tunc-Wirkung der Nichtigkeitsfeststellung bzw. der Rücknahme der Ernennung und nimmt eine Amtsträgerstellung allein unter den Voraussetzungen des § 11 Abs. 1 Nr. 2 Buchst. c (Bestellung zur Wahrnehmung öffentlicher Aufgaben) an.

5 Vorzugswürdig erscheint folgende **Differenzierung**: Das formale, auf die ex-tunc-Wirkung gegründete Argument vermag jedenfalls in Fällen einer „Kann-Rücknahme" der Ernennung (vgl. §§ 9 Abs. 2 BRRG, 12 Abs. 2 BBG) nicht zu überzeugen (vgl. auch die Unbeachtlichkeit der Rückwirkungsfiktion von Anfechtungsrechten bezüglich der „Fremdheit" von Sachen)[25]. Umgekehrt hat die Feststellung der Nichtigkeit nur deklaratorischen Charakter. Diese Konstellation ist dadurch gekennzeichnet, dass es einerseits im Innenverhältnis an einer beamtenrechtlichen Pflichtenbindung fehlt, der Handelnde aber andererseits im Außenverhältnis (aus Gründen der Rechtsklar-

---

17 BGHSt **37** 191, 194 f.; OLG Düsseldorf NJW **2001** 85; *B. Heinrich* NStZ **2005** 197, 201; *Radtke* MK § 11 Rdn. 23, 65 m.w.N.

18 BTDrucks. 7/550 S. 209; BGHSt **5** 100, 105 f.; *Lackner/Kühl/Heger* § 11 Rdn. 11; *Sch/Schröder/Hecker* § 11 Rdn. 21; *Stein/Deiters* SK § 11 Rdn. 44; **aA** bei der Ausübung spezifischer Hoheitsrechte in besonderer Funktion *Radtke* MK § 11 Rdn. 81 m.w.N.

19 BGHSt **51** 44, 52 ff.; BGH NStZ **2015** 451, 452 m. Anm. *Becker*; *Rengier* BT 2 § 59 Rdn. 39; *Saliger* NK § 11 Rdn. 37; *Sch/Schröder/Hecker* § 11 Rdn. 21; ähnlich auch *Radtke* MK § 11 Rdn. 82. Stärker nach der Art der Tätigkeit differenzierend *Fischer* § 11 Rdn. 23a, 23b; *Lackner/Kühl/Heger* § 11 Rdn. 11; *Leimbrock* S. 243–279.

20 BGHSt **54** 202, 208 ff. = JZ **2010** 525 m. Anm. *B. Heinrich* = NJW **2010** 784 m. krit. Anm. *Stoffers* = JR **2010** 122 m. abl. Anm. *J. Kretschmer*; *Radtke* MK § 11 Rdn. 70; *Sch/Schröder/Hecker* § 11 Rdn. 23; **aA** *Bernsmann* FS Herzberg 169 ff.; **krit.** *v.Coelln* FS Imme Roxin 209, 217 f. sowie in Bezug auf Konsequenzen für den investigativen Journalismus *Libertus* ZUM **2012** 101 ff. Verneinend für Mitarbeiter privater Rundfunk- und Fernsehsender *Fischer* § 11 Rdn. 22a; *Saliger* NK § 11 Rdn. 42. Vgl. auch BGHSt **47** 22 ff. (Amtsträgereigenschaft eines GEZ-Mitarbeiters ohne Begründung bejaht).

21 *v.Heintschel-Heinegg* BeckOK § 11 Rdn. 13; *Hilgendorf/Kudlich/Valerius/Heinrich* § 49 Rdn. 52; *Lackner/Kühl/Heger* § 11 Rdn. 10; *Saliger* NK § 11 Rdn. 17; *Sch/Schröder/Hecker* § 11 Rdn. 14; *Stein/Deiters* SK § 11 Rdn. 19 f.

22 *Hilgendorf* LK § 11 Rdn. 22 f.; *Lackner/Kühl/Heger* § 11 Rdn. 11a; *Radtke* MK § 11 Rdn. 104; *Saliger* NK § 11 Rdn. 17; *Sch/Schröder/Hecker* § 11 Rdn. 35 ff.; *Stein/Deiters* SK § 11 Rdn. 21 ff.; s. allg. auch *B. Heinrich* S. 554 ff.; *Pohlmann* S. 78 ff.

23 *Radtke* MK § 11 Rdn. 27; *B. Heinrich* S. 340 ff.; *Sch/Schröder/Cramer*[26] Rdn. 5; *Jescheck* LK[11] Rdn. 6; *Maurach/Schroeder/Maiwald* II § 69 Rdn. 13; *Dedes* FS Lackner 787, 792; s.a. RGSt **50** 18, 19; OLG Braunschweig NdsRpfl. **1950** 127.

24 *Fischer* § 11 Rdn. 14, 17 ff.; *Korte* MK § 331 Rdn. 44; *Leimbrock* S. 23 f.; *Saliger* NK § 11 Rdn. 22; *SSW/Satzger* § 11 Rdn. 19; *Stein/Deiters* SK § 11 Rdn. 28; wohl auch *Hilgendorf* LK § 11 Rdn. 26, 33.

25 *Sch/Schröder/Bosch* § 246 Rdn. 4a; *Mitsch* BT 2.1.3.2.6.

heit) rechtswirksam agiert, insoweit als Amtswalter wahrgenommen wird und auch das Vertrauen der Bevölkerung in die Reinheit der Amtsausübung faktisch enttäuschen kann. Ob man dies für die Bejahung der Amtsträgerstellung gemäß § 11 Abs. 1 Nr. 2 Buchst. a ausreichen lässt, hängt auch davon ab, wie man das Wesen der Amtsdelikte bestimmt, konkret: welchen Stellenwert man dem Aspekt der Pflichtverletzung einräumt und wie man die möglichen Rechtsgutsaspekte zueinander gewichtet (dazu Rdn. 12 ff.; s.a. Rdn. 25 ff., 30 ff.). Doch auch bei einer starken Betonung der Außenwirkung kann diesem Umstand durch § 11 Abs. 1 Nr. 2 Buchst. c Rechnung getragen werden;[26] im Übrigen kommt eine Versuchsstrafbarkeit in Betracht.[27] Blendet man daher die Fälle der nichtigen Ernennung aus dem Anwendungsbereich des § 11 Abs. 1 Nr. 2 Buchst. a aus, indem man für diese Regelungsalternative die Begründung eines (sei es auch ex tunc aufhebbaren) Beamtenrechtsverhältnisses verlangt, so mag man darüber streiten, wie die Konstellation der „Ist-Rücknahme" (vgl. §§ 9 Abs. 1 BRRG, 12 Abs. 1 BBG) zu beurteilen ist. Obwohl es (insoweit im Gegensatz zur Ausübung privatrechtlicher Gestaltungsrechte, s.o.) hier nicht im Belieben oder auch nur Ermessen der Behörde steht, die Ernennung zurückzunehmen, sprechen die besseren Gründe dafür, auch insoweit das formale Kriterium der Vornahme dieses Rechtsaktes für maßgeblich zu erachten und mithin bis zum Verbot der Dienstgeschäfte oder bis zur Zustellung der Rücknahmeerklärung eine Amtsträgereigenschaft gemäß § 11 Abs. 1 Nr. 2 Buchst. a zu bejahen.[28]

cc) Zeitpunkt. Eine vom Tatbestand geforderte besondere Stellung als Amtsträger, Richter oder für den öffentlichen Dienst besonders Verpflichteter muss der Täter grundsätzlich **zur Zeit der Tat** innegehabt haben.[29] Der Status des Täters zum Zeitpunkt der Aburteilung der Tat ist also für die Strafbarkeit ohne Einfluss; insbesondere führt späteres Ausscheiden aus dem Amt weder zur Straflosigkeit noch zur Anwendung eines milderen Grundtatbestandes.[30] Eine Besonderheit gilt bezüglich der Verletzung von Dienst- oder Steuergeheimnissen (§§ 353b, 355; Entsprechendes ferner für §§ 203 Abs. 2, 206 Abs. 4): Hier muss der Täter dem betreffenden Personenkreis im Zeitpunkt der Kenntniserlangung (nicht notwendigerweise auch im Augenblick der Tathandlung) angehören. Hiervon abgesehen begründen Handlungen nach dem Ausscheiden aus dem Amt (z.B. durch Versetzung in den nicht nur einstweiligen Ruhestand)[31] auch dann kein Amtsdelikt, wenn eine Beziehung zu dem früheren Amt besteht (dazu näher § 331 Rdn. 4).[32] 6

dd) Vorsatz. Der Vorsatz muss auch die im Tatbestand vorausgesetzte Tätereigenschaft umfassen.[33] Hierfür lässt die Rechtsprechung[34] die Kenntnis der die Amtsträgereigenschaft sachlich begründenden Umstände genügen; der Täter muss sich hiernach nicht selbst als Amtsträger qualifi- 7

---

26 Für eine Heranziehung des § 11 Abs. 1 Nr. 2 Buchst. b *Hardtung* S. 48 ff., 52.

27 Zur umstrittenen Frage der Versuchsstrafbarkeit des untauglichen Subjekts (insbesondere bei den echten Sonderdelikten) vgl. *Jäger* SK § 22 Rdn. 47 ff.; *Jescheck/Weigend* § 50 III (= S. 534 ff.); *Lackner/Kühl/Heger* § 22 Rdn. 13; *Murmann* LK § 22 Rdn. 305 ff.; *Sch/Schröder/Eser/Bosch* § 22 Rdn. 75 f. sowie *Bruns* GA **1979** 161, 165 f., 172 ff.; **aA** (strafloses Wahndelikt) u.a. *Schmitz* Jura **2003** 593, 601; *Stratenwerth* FS Bruns 59 ff., 68; *Zaczyk* NK § 22 Rdn. 39; im Ergebnis ebenso (differenzierend) *Roxin* AT II § 29 Rdn. 354 ff., 356; s. aber auch (zur Möglichkeit einer Vollendungsstrafbarkeit) *Schlüchter* Irrtum über normative Tatbestandsmerkmale im Strafrecht (1983) 164 ff., 166 f.

28 Ebenso *Walther* Jura **2009** 421, 422 f.

29 BGH NStZ **2004** 564 f.; **2007** 211, 212; BGHSt **49** 275, 291 f.; *Fischer* § 331 Rdn. 24a; *Hoffmann/Mildeberger* StV **2006** 665 ff.; *Korte* MK § 331 Rdn. 57; *Sch/Schröder/Heine/Eisele* Rdn. 3; *Stein/Deiters* SK Rdn. 27; *dies.* § 11 Rdn. 30.

30 RGSt **41** 4, 6 f.; s.a. RGSt **35** 75 ff.

31 *Fischer* § 11 Rdn. 14; *Saliger* NK § 11 Rdn. 22; *B. Heinrich* S. 333, 340 (m.w.N.).

32 RGRspr. **2** 181; RGSt. **35** 75; vgl. auch BGHSt **11** 345 sowie BGH NStZ **2012** 511, 513.

33 *Jescheck/Weigend* AT § 29 II 3a (S. 295); *Sch/Schröder/Sternberg-Lieben/Schuster* § 15 Rdn. 42; *Stratenwerth/Kuhlen* AT § 8 Rdn. 76 f.; **aA** *Frisch* GS A. Kaufmann 311, 326 ff.

34 BGHSt **2** 119, 120; **8** 321, 323 f.; s.a. BGH NStZ-RR **2013** 168; weitere Nachweise bei *Hilgendorf* LK § 11 Rdn. 59, 74. Zur Rechtsprechung des RG vgl. *Welzel* JZ **1952** 208 f.

zieren. Dem ist insoweit zuzustimmen, als Vorsatzgegenstand das im Gesetz Beschriebene, nicht jedoch die gesetzliche Beschreibung ist,[35] sodass ein bloßer Subsumtionsirrtum den Vorsatz nicht entfallen lässt.[36] Bezüglich der Kenntnis genügt ein sog. „sachgedankliches Mitbewusstsein", doch darf dieses „dauernde Begleitwissen" nicht einfach unterstellt werden.[37] Verkennt der Täter (in Kenntnis seiner Amtsstellung) lediglich den Inhalt seiner Amtspflicht, so liegt (sofern die Amtsträgereigenschaft strafbegründender Natur ist) ein Verbotsirrtum vor; die irrige Annahme einer nicht bestehenden Amtspflicht bei zutreffender Tatsachenkenntnis führt hingegen (als Fall des umgekehrten Subsumtionsirrtums) zum Wahndelikt.[38]

8 **b) Unterscheidungen innerhalb der Sonderdelikte.** Innerhalb der Gruppe der Sonderdelikte werden weitere Unterscheidungen vorgenommen.

9 **aa) Echte und unechte Amtsdelikte.** Hierbei wird zunächst ganz überwiegend differenziert zwischen den echten (bzw. „eigentlichen"[39]) und den unechten („uneigentlichen") Amtsdelikten.[40] **Echte** Amtsdelikte (wie z.B. die §§ 331, 332, 343[41]–345, 348) können täterschaftlich (also auch als mittelbarer Täter oder Mittäter[42]) nur von einem Amtsträger bzw. einer sonstigen im Tatbestand genannten amtsnahen Person (nicht notwendigerweise eigenhändig)[43] verwirklicht werden. Die Täterqualifikation stellt hierbei ein strafbegründendes besonderes persönliches Merkmal i.S.d. § 28 Abs. 1 dar.[44] Bei der Teilnahme eines Extraneus ist dessen Strafe daher gemäß § 49 Abs. 1 zu mildern.[45] Bezüglich des Intraneus ist allgemein umstritten, ob bereits die Verletzung der aus der Sonderstellung resultierenden Pflicht täterschaftsbegründend wirkt oder ob hierfür zusätzlich die allgemeinen Täterschaftskriterien (insbesondere die Tatherrschaft) gegeben sein müssen.[46]

---

35 *Warda* Jura **1979** 71, 72.

36 *Kuhlen* NK § 331 Rdn. 117; *Lackner/Kühl/Heger* § 15 Rdn. 15; *Maurach/Zipf*[8] § 22 Rdn. 49; *Roxin/Greco* AT I § 12 Rdn. 113; s.a. *Schlüchter* Irrtum über normative Tatbestandsmerkmale im Strafrecht (1983) 137 ff.

37 *Kühl* AT § 5 Rdn. 100; *Stratenwerth/Kuhlen* AT § 8 Rdn. 76; s.a. *Warda* Jura **1979** 71, 74.

38 *Jescheck* LK[11] Rdn. 7; *Radtke* MK § 11 Rdn. 128; *Welzel* § 78 4.; vgl. auch BGH(GrS)St **16** 155, 160 (zum unechten Unterlassungsdelikt). Zur Abgrenzung zwischen untauglichem Versuch und Wahndelikt bei irriger Annahme der Subjektstellung *Hillenkamp* LK[12] § 22 Rdn. 236 f.; aber auch *Murmann* LK § 22 Rdn. 314 ff.; ferner *Heinrich* Rdn. 672; *ders.* Jura **1998** 393, 394; *Kühl* AT § 15 Rdn. 104 f.; *Mitsch* Jura **2014** 585, 587 ff.; s.a. oben Fn. 27.

39 So z.B. *B. Heinrich* S. 179 ff.; *Lackner/Kühl/Heger* Rdn. 2; s.a. *Munzinger* S. 25.

40 *Arzt/Weber/Heinrich/Hilgendorf/Heinrich* BT II § 49 Rdn. 4 ff.; *Eisele* BT 1 § 91 Rdn. 1600; *Fischer* Rdn. 2; *Hilgendorf/Kudlich/Valerius/Heinrich* BT II § 51 Rdn. 2; *Rengier* BT 2 § 59 Rdn. 1 ff.; *Stein/Deiters* Rdn. 4, 31 ff.; systematisch weiter ausgreifend *Pohlmann* S. 58 ff. Ausführlich hierzu *Munzinger*, insbesondere S. 6, 21 ff., 99 ff.; *B. Heinrich* S. 179 ff. Nach Ansicht von *Puppe* (NK §§ 28, 29 Rdn. 39 f.; *dies.* ZStW **120** [2008] 504, 517 ff.; ebenso *Sánchez-Vera* Pflichtdelikt und Beteiligung [1999] 195 ff.) wirkt die Amtsträgereigenschaft stets strafbegründend, sodass eine Kategorie der „unechten" Amtsdelikte nicht anzuerkennen sei; hiergegen *Frister* FS Puppe 451, 454 ff.

41 Für die Einordnung als uneigentliches Amtsdelikt hingegen *B. Heinrich* S. 181.

42 **Kritisch** hierzu de lege ferenda *Arzt/Weber/Heinrich/Hilgendorf/Heinrich* BT § 49 Rdn. 7 f.

43 *B. Heinrich* S. 180.

44 BGHSt **5** 75, 80; **22** 375, 377; *Fischer* § 28 Rdn. 5; *Hoyer* SK § 28 Rdn. 38; *Lackner/Kühl/Heger* Rdn. 2; *Sch/Schröder/Heine/Eisele* Rdn. 7; *Schünemann/Greco* LK § 28 Rdn. 26, 57.

45 Zur Frage einer Doppelmilderung gemäß § 28 Abs. 1 und § 27 Abs. 2 vgl. differenzierend BGHSt **26** 53, 54 f.; BGH NStZ **1981** 299; **2012** 630; *Sch/Schröder/Heine/Weißer* § 28 Rdn. 24; **aA** für durchgängige Doppelmilderung *Joecks/Scheinfeld* MK § 28 Rdn. 54; *Puppe* NK § 28 Rdn. 77 ff.; *Roxin* AT II § 27 Rdn. 82 f.

46 Vgl. zur Problematik *Joecks/Scheinfeld* MK § 25 Rdn. 53 f.; *Sch/Schröder/Heine/Weißer* Vor § 25 Rdn. 82 f.; *Stein/Deiters* SK Rdn. 29; *Stratenwerth/Kuhlen* AT § 12 Rdn. 38 ff.; s. auch *M. Heinrich* Rechtsgutszugriff und Entscheidungsträgerschaft (2002) 9 ff., 262 ff., 312 ff. und *Sánchez-Vera* Pflichtdelikt und Beteiligung (1999) 161 ff. Im Sinne der Pflichtdeliktslehre für eine Abkopplung vom Herrschaftskriterium u.a. *Roxin* AT II § 25 Rdn. 275 ff.; für eine Kumulation von Tatherrschaft und Pflichtverletzung hingegen *Hoyer* SK § 25 Rdn. 21 ff. (jeweils m.w.N.); *Krey/Esser* § 25 Rdn. 869 f.

Im Gegensatz hierzu können **unechte** Amtsdelikte (z.B. § 340, aber auch §§ 120 Abs. 2, 133 Abs. 3, 258a) in ihrer Grundform (z.B. § 223) auch von anderen Personen begangen werden; die Amtseigenschaft wirkt insoweit als Strafschärfungsgrund.[47] Daher ist insoweit § 28 Abs. 2 einschlägig. Mit der überwiegend vertretenen Auffassung[48] hat dies eine Tatbestandsverschiebung dergestalt zur Folge, dass der Nicht-Amtsträger nur aus dem jeweiligen Grunddelikt zu bestrafen ist. Die Gegenansicht[49] plädiert hingegen für eine bloße Strafrahmenverschiebung, bei der dem Schuldspruch den Amtsdeliktstatbestand zugrunde gelegt und lediglich bezüglich des Strafrahmens auf das Grunddelikt zurückgegriffen wird. Dieser Meinungsstreit betrifft die dogmatische Funktion des § 28; er kann sich in Fragen des Strafantrags, der Verjährung und der Konkurrenzen auswirken.[50] 10

bb) Allgemeine und besondere Amtsdelikte. Des Weiteren wird teilweise zwischen **allgemeinen** und **besonderen** Amtsdelikten dahingehend unterschieden, ob die betreffenden Delikte (wie z.B §§ 340 und 133 Abs. 3) pauschal auf den Kreis der Amtsträger und amtsnahen Personen abstellen oder eine Beschränkung auf bestimmte Amtsträger vornehmen (so z.B. bei den §§ 339, 343, 348, 352).[51] Freilich sind auch die allgemeinen Amtsdelikte nicht (mehr) als reine Standesdelikte zu begreifen;[52] sie verzichten zwar auf eine zusätzliche Beschränkung des Täterkreises, verlangen aber regelmäßig doch, dass die Tathandlung einen gewissen Bezug zur dienstlichen Tätigkeit aufweisen muss.[53] Sowohl dieser dienstliche Bezug als auch die besondere Verengung des Täterkreises kommen als Anknüpfungspunkte für teleologische Auslegungsaspekte in Betracht. Darüber hinaus verdeutlicht die dogmatische Unterscheidung, dass bei den besonderen Amtsdelikten die Vorschrift des § 28 auch bezüglich allgemeiner Amtsträger zur Anwendung gelangt, sofern nicht der insoweit vorrangige § 357 eingreift.[54] Schließlich ist auch eine Unterscheidung zwischen **äußeren** und **inneren** Rechtspflegedelikten denkbar.[55] *Singelnstein* hat die Gruppe der Strafverfolgungsdelikte zum Gegenstand seiner Untersuchung gemacht.[56] 11

3. Wesen der Amtsdelikte und Rechtsgutsstruktur

Fraglich ist, ob die Amtsdelikte eine übereinstimmende Unrechtsstruktur aufweisen und worin dieser gemeinsame Nenner gegebenenfalls besteht.[57] Allgemein lässt sich die Schutzrichtung der Amtsdelikte dahingehend charakterisieren, dass durch den Missbrauch der mit dem Amt verbundenen Befugnisse sowohl der Staat als auch die Allgemeinheit und (zumindest möglicherweise) der einzelne Bürger nachteilig getroffen werden, wobei die Akzentuierung dieser Aspekte jeweils variieren kann.[58] Für eine dogmatische Durchdringung dieser Annäherung ist zunächst zu klären, 12

---

47 Zu der die Kategorie der unechten Amtsdelikte ablehnenden Ansicht s. Fn. 40.

48 BGHSt **6** 308, 310; BGH StV **1994** 17; BGH NStZ-RR **2015** 113, 114; *Joecks/Scheinfeld* MK § 28 Rdn. 9 f.; *Lackner/Kühl/Heger* § 28 Rdn. 1; *Sch/Schröder/Heine/Weißer* § 28 Rdn. 27; *Stein/Deiters* SK Rdn. 36; *Grünwald* GS A. Kaufmann 555, 563 ff.; *Küper* ZStW **104** (1992) 559, 577 ff., 581.

49 *Cortes Rosa* ZStW **90** (1978) 413 ff., 433; *Hirsch* FS Schreiber 153 ff., 170; *Hoyer* SK § 28 Rdn. 5, 45; *Roxin* LK[11] § 28 Rdn. 3 ff.; *ders.* AT II 27/19 ff.; s.a. *Wagner* S. 386 ff.

50 Hoyer SK § 28 Rdn. 46.

51 *B. Heinrich* S. 185 ff.; *Sch/Schröder/Heine/Eisele* Rdn. 7.

52 *B. Heinrich* S. 186, 188; *Rohlff* S. 56.

53 *B. Heinrich* S. 186; s.a. *Stein/Deiters* SK Rdn. 27.

54 *Sch/Schröder/Heine/Weißer* § 357 Rdn. 2; *Stein/Deiters* SK Rdn. 31.

55 *Hilgendorf/Kudlich/Valerius/Heinrich* BT II § 51 Rdn. 3.

56 *Singelnstein* S. 85 ff., 111 ff.

57 Ausführlich zur (heutigen) Diskussion *B. Heinrich* S. 209 ff., 234 ff.; s.a. *Pohlmann* S. 77 ff.; *Rohlff* S. 37 ff., 127 ff.; *Stein/Deiters* SK Rdn. 5 ff.; *Traumann* S. 97 ff.

58 *Arzt/Weber/Heinrich/Hilgendorf/Heinrich* BT § 49 Rdn. 2 f.; *Bauchrowitz* (s. vor Rdn. 20) S. 91 f.; *Hilgendorf/Kudlich/Valerius/Heinrich* BT II § 51 Rdn. 22; *Kuhlen* NK § 331 Rdn. 11.

ob die Besonderheit der Amtsdelikte bei der Pflichtverletzung oder auf der Rechtsgutsebene zu suchen ist.[59]

13 **a) Amtspflichtverletzung.** Zu Recht sieht die heute ganz überwiegend vertretene Ansicht **nicht** die Verletzung einer Dienst- oder **Amtspflicht** als (vorrangiges) Wesensmerkmal der Amtsdelikte an.[60] Denn erstens setzen nicht alle im 30. Abschnitt normierten Tatbestände ein (fortbestehendes) Pflichtenverhältnis voraus (z.B. §§ 333, 334). Zweitens bleibt auf dieser Grundlage eine Abgrenzung zwischen dem Kriminalstrafrecht und dem Disziplinarrecht[61] in der Schwebe. Drittens schließlich sind in einem dem Rechtsgüterschutzgedanken verpflichteten Strafrecht Inhalt und Richtung einer Pflicht stets von dem Rechtsgut bestimmt, auf das sie bezogen ist.[62]

14 **b) Rechtsgutsbetrachtung.** Auf der **Rechtsgutsebene** ist umstritten, ob für alle Amtsdelikte ein übereinstimmendes Schutzgut festgestellt werden kann[63] und wie dessen materielles Substrat ggf. zu bestimmen ist.[64] Diesbezüglich werden u.a. die Reinheit der Amtsführung, das diesbezügliche Vertrauen der Allgemeinheit (auch hinzutretend), das „Amt" als solches sowie die Funktionsfähigkeit der Verwaltung diskutiert.

15 Die Annahme eines einheitlichen Rechtsguts kann nicht bedeuten, dass alle Amtsdelikte einen vollkommen kongruenten Schutzgegenstand aufweisen. Das folgt bereits aus der Existenz der unechten Amtsdelikte (s. Rdn. 9 f.), bei denen das jeweils durch das Grunddelikt geschützte Rechtsgut auch für die Qualifikationsnorm bedeutsam ist. Diesen Schwierigkeiten kann jedoch mit dem Modell einer **Kopplung verschiedener Rechtsgüter**[65] Rechnung getragen werden. Dieser Konzeption liegt die Vorstellung eines „konstanten", für alle (oder nahezu alle)[66] Amtsdelikte einheitlichen Rechtsguts zugrunde, zu dem (stets[67] oder nur möglicherweise[68]) ein weiteres „variables" bzw. „spezielles" Rechtsgut hinzutritt, das seinerseits entweder Individual- oder spezielle Allgemeininteressen schützt.[69]

16 Als einheitliches (Teil-)Rechtsgut aller Amtsdelikte ist das Interesse (der einzelnen Staatsbürger) an einem ordnungsgemäßen **Funktionieren der staatlichen Verwaltung und** der staatlichen **Rechtsprechung**[70] anzusehen. Angesichts der mit dem staatlichen Gewalt- und Macht- (aber auch

---

59 *Amelung* FS Dünnebier 487, 505 f.; *Wagner* S. 28 ff.

60 Ausführlich *B. Heinrich* S. 210 ff., 222 f., 234 f.; überblicksartig *Hilgendorf/Kudlich/Valerius/Heinrich* BT II § 51 Rdn. 17 ff.; s.a. *Dedes* FS Lackner 787, 790 ff.; *Rohlff* S. 127 f. sowie bereits *Stock* S. 242 ff.

61 Vgl. hierzu *Stein/Deiters* SK Rdn. 13 ff. sowie unter historischen Aspekten *Brüning* S. 51 ff.

62 *Amelung* FS Dünnebier 487, 506; zust. *Duttge* Jura **2006** 15, 17; s.a. *Traumann* S. 106 ff.

63 Verneinend *Jescheck* LK[11] Rdn. 8; tendenziell ebenso *Sch/Schröder/Heine/Eisele* Rdn. 1; *Rohlff* S. 132 f.; kritisch auch *Traumann* S. 98 f. Für ein gemeinsames Rechtsgut (Funktionsfähigkeit der staatlichen Verwaltung) bei unterschiedlichen Schutzrichtungen *v. Treskow* (vor Rdn. 20) S. 84 ff., 92 f.

64 S. oben Fn. 57.

65 Ausführlich hierzu *B. Heinrich* S. 222 ff., 269 ff., 287 ff., 308 ff.; s.a. *Langer* S. 191 ff. sowie bereits *Munzinger* S. 10 ff.

66 Seit dem 6. StrRG wird § 340 vielfach als ein ausschließlich individualschützendes Delikt angesehen; vgl. *Fischer* § 340 Rdn. 1; *Kuhlen* NK § 340 Rdn. 4; *SSW/Kudlich* § 340 Rdn. 1; **aA** *Jäger* JuS **2000** 31, 38; *Grünewald* LK § 340 Rdn. 2; *Voßen-MacCormaic* MK § 340 Rdn. 1; s.a. *Duttge* Jura **2006** 15, 19.

67 In diesem Sinne *B. Heinrich* S. 273 ff., 309; s.a. *Langer* a.a.O.

68 So *Stein/Deiters* SK Rdn. 6.

69 Nach *Singelnstein* (S. 134 ff., 139) wird das konstante Teilrechtsgut entweder durch eine besondere, weitergehende Schutzdimension oder durch ein weiteres spezielles Rechtsgut ergänzt. Nach Ansicht von *Frister* (S. 461 ff., 463) handelt es sich auch beim Unwert der echten Amtsdelikte lediglich um durch die höchstpersönliche Amtspflichtverletzung qualifiziertes Allgemeinunrecht. Historisch zum Verhältnis zwischen Staats- und Individualschutz *Amelung* FS Dünnebier 498 ff.

70 So *B. Heinrich* S. 275 ff., 310, 692 (s. auch a.a.O. S. 287 ff. bezüglich der Delikte des 30. Abschnitts); *Leimbrock* S. 18; *Pohlmann* S. 75 ff.; *Stein/Deiters* SK Rdn. 7 ff.

„Genehmigungs"-) Monopol verbundenen Einflussmöglichkeiten ist der Bürger zur Entfaltung seiner Freiheitsräume auf das Funktionieren von Verwaltung und Rechtsprechung, insbesondere auf einen Schutz vor Machtmissbrauch durch die den Staat repräsentierenden Amtswalter angewiesen. Die Amtsdelikte sollen Beeinträchtigungen dieses Interesses abwehren, die von Amtsträgern ausgehen oder (wie bei den §§ 333, 334) unter Einschaltung von Amtsträgern vorgenommen werden.[71] Zur weitergehenden Auffächerung dieses Schutzgut(segment)s in „innere" Funktionsbedingungen (effektive und gesetzmäßige Verwaltungs- bzw. Rechtspflegetätigkeit) und „äußere" Funktionsbedingungen, verstanden als das „Vertrauen der Allgemeinheit in die Reinheit der Amtsführung",[72] vgl. (bezüglich der §§ 331 ff.) Rdn. 27 ff.

c) Weitere Konzeptionen. Einen eigenständigen Systematisierungsvorschlag hat *Wagner* in seiner Habilitationsschrift „Amtsverbrechen" (1975) unterbreitet. Die von ihm befürwortete Unterteilung in „Staatszurechnungsdelikte" und („individualrechtsgutsverletzende" bzw. reine) „Nichtstaatszurechnungsdelikte"[73] hat sich nicht durchzusetzen vermocht. Dieser Konzeption wird (zu Recht) entgegengehalten, dass die „Rechtsstaatlichkeit des Staates" als Schutzgut der Staatszurechnungsdelikte ein allzu vages und unbestimmtes Rechtsgut darstellt und dass der als Charakteristikum der Nichtstaatszurechnungsdelikte angesehene „besondere Geltungsschaden" auch bei den Staatszurechnungsdelikten eintritt.[74] Nach der unlängst von *Singelnstein* vorgestellten Konzeption ist für die Unrechtsstruktur der Strafverfolgungsdelikte neben der Rechtsgüter- und der Pflichtverletzung als weitere Dimension die besondere amtsbedingte Angriffsintensität von Bedeutung, die sich aus der Machtposition der Amtsträgerstellung und einer korrespondierenden Unterlegenheit des Betroffenen ergibt.[75] 17

4. Einwilligung

Die Rechtsgutsstruktur ist auch für die Frage einer rechtfertigenden Einwilligung von Bedeutung. 18
Probleme ergeben sich bezüglich der Dispositionsbefugnis insbesondere hinsichtlich jener Delikte, die den kumulativen Schutz von Individual- und Allgemeininteressen bezwecken. Insoweit lassen sich theoretisch zwei Extrempositionen formulieren: Zum einen könnte wegen des für den Einzelnen unverfügbaren Allgemeinaspekts eine Einwilligung schlechthin ausscheiden, zum anderen wäre denkbar, unter Hinweis auf die zumindest partiell mögliche Rechtfertigung das verbleibende Unrecht als für eine Strafbarkeit nicht hinreichend anzusehen. Der früher überwiegend angenommene generelle Ausschluss der Einwilligungsfähigkeit[76] ist – insbesondere im Anschluss an *Amelung* (FS Dünnebier 487, 507 ff.)[77] – einer differenzierenden Beurteilung gewichen.[78] Hierbei ist grundsätzlich davon auszugehen, dass eine wirksame (insbesondere frei von Willensmängeln erklärte) Einwilligung in die Beeinträchtigung des mitgeschützten Individualrechtsguts das Strafun-

---

71 *B. Heinrich* S. 285 f., 310, der insoweit von Beeinträchtigungen der Funktionsfähigkeit „von innen" spricht; ähnlich insoweit *Dedes* FS Lackner 787, 791.

72 *Stein/Deiters* SK Rdn. 7 ff.; *Jescheck* LK[11] Rdn. 8; *Sch/Schröder/Heine/Eisele* Rdn. 1.

73 *Wagner* S. 85 ff., 235 f., 302 f.

74 *Jescheck* LK[11] Rdn. 9; *Sch/Schröder/Cramer*[26] Rdn. 10; *B. Heinrich* S. 238 f.; *Hirsch* ZStW **88** (1976) 772, 777 ff.; s. auch *Rohlff* S. 134 ff., 153 ff.

75 *Singelnstein* S. 141 ff., 578 ff. S. auch (allg. zum Amtsträgerbegriff) *B. Heinrich* S. 694 f.; *Leimbrock* S. 18 f.

76 So u.a. *Maurach* BT S. 741; *Geppert* ZStW **83** (1971) 947, 985 (Fn. 181); s.a. BGH NJW **1983** 462, 463 (zu § 340 a.F.); weitere Nachweise bei *Amelung* FS Dünnebier 487 (in Fn. 1).

77 S. auch *Amelung* S. 63 ff.; *Amelung/Weidemann* JuS **1984** 595, 600 f.

78 *Stein/Deiters* SK Rdn. 22 ff.; *Baumann/Weber/Mitsch/Eisele* § 15 Rdn. 127; *Maurach/Zipf* § 17 Rdn. 44 f.; *Roxin/Greco* AT I § 13 Rdn. 36; s.a. *Duttge* Jura **2006** 15, 19 ff.; *Gropp* Deliktstypen mit Sonderbeteiligung (1992) S. 161 ff.; *ders.* AT § 6 Rdn. 39; *Sternberg-Lieben* Die objektiven Schranken der Einwilligung im Strafrecht (1997) S. 98 ff.; ferner *Sowada* Die „notwendige Teilnahme" als funktionales Privilegierungsmodell im Strafrecht (1992) 96 ff.

recht bezüglich des Amtsdelikts entfallen lässt. Allerdings kann sich für einzelne Delikte (insbesondere §§ 343–345) ergeben, dass sie die Rechtsstaatlichkeit des Strafverfahrens auch unabhängig vom Individualwillen des Betroffenen schützen wollen (vgl. auch § 136a Abs. 3 Satz 1 StPO). Dann scheidet eine wirksame Einwilligung aus; allerdings wird teilweise (für Ausnahmefälle) eine Verwirklichung des tatbestandlichen Unrechts (bezüglich der Tatbestandsmerkmale „Misshandeln" „Gewaltanwenden" „Verfolgen" u.ä.) verneint.[79] Allgemein zum tatbestandsausschließenden Einverständnis bei den Amtsdelikten *Wagner* S. 367 ff., zur Genehmigung bei den Bestechungsdelikten § 331 Rdn. 103 ff., zu den im öffentlichen Recht normierten Eingriffsbefugnissen und zur Anwendbarkeit der allgemeinen Notrechte *Stein/Deiters* SK Rdn. 16 ff.

5. Kriminalstatistik

19 Die Polizeiliche Kriminalstatistik (PKS) weist unter der Rubrik „Wettbewerbs-, Korruptions- und Amtsdelikte"[80] für das Jahr 2020 4.170 erfasste Fälle (mit einer deutlichen Abflachung seit 2014 [= 6.571 Fälle]) aus.[81] Das entspricht einem Anteil von 0,1 % an allen Straftaten. Für eine allein nach der Strafbarkeit von Amtsträgern fragende Betrachtung kann ein Anteil von ca. 20 bis 25 % herausgerechnet werden, der auf die §§ 298 ff. und 333 f. entfällt. Von den unter dem Schlüssel zusammengezogenen Delikten entfallen 35 bis 40 % auf § 340 (2020: 1.708; 2019: 1.500; von 2013 [1.913] bis 2017 [1.466] fallende Tendenz).[82] Zu **kriminologischen** Aspekten der Amtsdelikte vgl. *Hilgendorf/Kudlich/Valerius/Heinrich* BT II § 51 Rdn. 16; *Eisenberg/Kölbel* § 46 Rdn. 18 ff.; *Singelnstein* S. 31 ff., 593 ff.; speziell zu den Bestechungsdelikten unten Rdn. 38.

II. Vorbemerkungen zu den §§ 331 bis 338

Schrifttum

Acker/Ehling Einladung in die Business-Lounge? Strafbarkeitsrisiko bei Vergabe oder Annahme von Einladungen im geschäftlichen Verkehr, BB **2012** 2517; *Ahlf* Zum Korruptionsbegriff, Kriminalistik **1996** 154; *ders.* Korruption. Lehr- und Studienbriefe Kriminologie, Nr. 13 (1998); *ders.* Klassische und neuere ethische Strategien zur Korruptionsbekämpfung, Kriminalistik **2003** 481; *Albus* Die Zusammenarbeit zwischen Industrie und Ärzten an medizinischen Hochschuleinrichtungen – unter dem Verdacht der Vorteilsannahme und Bestechlichkeit gem. §§ 331, 332 StGB? (2007); *v. Alemann/Kleinfeld* Begriff und Bedeutung der politischen Korruption aus politikwissenschaftlicher Sicht, in: Benz/Seibel (Hrsg.) Zwischen Kooperation und Korruption (1992) 259; *Ambos* Zur Strafbarkeit der Drittmittelakquisition, JZ **2003** 345; *Ambos/Ziehn* Zur Strafbarkeit von Schulfotografen wegen Bestechung und Vorteilsgewährung gemäß §§ 333, 334 StGB, NStZ **2008** 498; *Androulakis* Die Globalisierung der Korruptionsbekämpfung (2007); *Angermund* Korruption im Nationalsozialismus, Festschrift Hans Mommsen (1995) 371; *v. Arnim* (Hrsg.) Korruption und Korruptionsbekämpfung (2007); *ders.* Vorteilsannahme des früheren niedersächsischen Ministerpräsidenten Christian Wulff? NVwZ-Extra 3/**2012** 1; *Arzt* Beweisnot als Motor materiell-rechtlicher Innovation, Festgabe BGH 50 (2000) 755; *Ax/Schneider* (Hrsg.) Rechtshandbuch Korruptionsbekämpfung (2006); *Backes/Lindemann* Staatlich organisierte Anonymität als Ermittlungsmethode bei Korruptions- und Wirtschaftsdelikten (2006); *Badle* Betrug und Korruption im Gesundheitswesen – Ein Erfahrungsbericht aus der staatsanwaltschaftlichen Praxis, NJW **2008** 1028; *Bank* Zustimmung der Dienstbehörde zur Geschenkannahme im Rahmen der Bestechungstatbestände, NJW **1962** 85; *Bannenberg* Korruption in Deutschland und ihre strafrechtliche Kontrolle (2002); *dies.* Korruption in Deutschland und ihre strafrechtliche Kontrolle, Kriminalistik **2005** 468; *dies.* Korruption, in: Wabnitz/Janovsky/Schmitt (Hrsg.) 815; *Bannenberg/Schaupensteiner* Korruption in Deutschland, 2. Aufl. (2004); *Barton* Der Tatbestand der Abgeordnetenbestechung

---

79 *Stein/Deiters* SK Rdn. 25.

80 Unter diesem Schlüssel (650000) werden die §§ 258a, 298 bis 300, 331 bis 353d, 355 und 357 zusammengefasst.

81 Die Fallzahlen und Zeitreihen (seit 1987) sind über die Internetseite des BKA (www.bka.de/DE/AktuelleInformationen/StatistikenLagebilder/PolizeilicheKriminalstatistik/pks_node.html) abrufbar. Zum Zeitraum von 1980 bis 1997 vgl. *Arzt/Weber* BT[1] (2000) § 49 Rdn. 10; zu 1994 bis 2019 *Arzt/Weber/Heinrich/Hilgendorf/Heinrich* BT § 49 Rdn. 10a.

82 Zur Strafverfolgungspraxis in diesem Bereich *Singelnstein* MSchrKrim **2003** 1 ff.

(§ 108e StGB) NJW **1994** 1098; *Bauchrowitz* Der „immaterielle“ Vorteilsbegriff der Bestechungsdelikte im StGB (1988); *M. Bauer* Korruptionsbekämpfung durch Rechtsetzung (2002); *S. Bauer* Public Private Partnership und Amtsträgerbegriff, HRRS **2011** 410; *Baumann* Zur Problematik der Bestechungstatbestände (1961) (= BB **1961** 1057); *F. Becker* Die Organe kommunaler Versorgungsunternehmen: Amtsträger oder Wettbewerber? StV **2006** 263; *ders.* Die Wahrnehmung von Aufgaben der öffentlichen Verwaltung und der Wettbewerb im Binnenmarkt am Beispiel kommunaler Energieversorgungsunternehmen, NStZ **2009** 306; *Belkemann* Korruptionsprävention in einer Kommune (am Beispiel der Stadt Bielefeld), in: Einmahl/Erdmann/Kraatz (Hrsg.) Handbuch Korruptionsprävention für die öffentliche Hand (2021) 366; *Bell* Die Teilnahme Außenstehender an Bestechungsdelikten, MDR **1979** 719; *Bellers* (Hrsg.) Politische Korruption (1989); *Benz/Seibel* (Hrsg.) Zwischen Kooperation und Korruption (1992); *Bernsmann* Anti-Korruptionsregeln – Problemdarstellung an Hand von Fallbeispielen, WissR **2002** 1; *ders.* Die Korruptionsdelikte (§§ 331 ff. StGB) – Eine Zwischenbilanz, StV **2003** 521; *ders.* Public Private Partnership („PPP“) – ein Thema für das Strafrecht?! StV **2005** 685; *ders.* Beteiligung des Staates am Wirtschaftsverkehr durch privat organisierte Gesellschaften und Amtsträger, StV **2009** 308; *ders.* Untreue und Korruption – der BGH auf Abwegen, GA **2009** 296; *ders.* Ermessensamtsträger oder Ermessensbeamter – Überlegungen zu § 332 Abs. 3 Nr. 2 StGB, Festschrift Rissing-van Saan (2011) 75; *Bernsmann/Gatzweiler* Verteidigung bei Korruptionsfällen, 2. Aufl. (2014); *Birkmeyer* Bestechung, VDB Bd. IX (1906) 309; *Beulke* Verwaltungssponsoring als legitime Form der Vertragsgestaltung oder als Bestechung? Festschrift Frisch (2013) 965; *Bittmann* Zum Konkurrenzverhältnis von Bestechlichkeit und Untreue, wistra **2002** 405; *ders.* „Landschaftspflege“ – Untreuenachteil, aber keine Korruption? wistra **2018** 495; *Blei* Die Neufassung der Bestechungstatbestände, JA **1974** 309, 377; *Bock* Einführung in die „Korruptionsdelikte“ bei Amtsträgern, JA **2008** 199; *Bock/Borrmann* Vorteilsannahme (§ 331 StGB) und Vorteilsgewährung durch Kultursponsoring? ZJS **2009** 625; *Böse* Das Rechtsgut der Auslandsbestechung, ZIS **2018** 119; *Böttger* Die Zeitraumvergrößerung bei der Verfolgungsverjährung von Bestechungsdelikten – Kollateralschäden bei der Korruptionsbekämpfung, Festschrift Mehle (2009) 77; *Borkenstein/Stadler* Neuere Entwicklungen bei der Korruptionsbekämpfung in der öffentlichen Verwaltung, DVBl. **2018** 206; *Bott/Hiéramente* Ausschluss einer Korruptionsstrafbarkeit durch institutionalisierte Vorabbewilligungen? NStZ **2015** 121; *Bottke* Korruption und Kriminalrecht in der Bundesrepublik Deutschland, ZRP **1998** 215; *Brand* Der Insolvenzverwalter als Amtsträger und Täter der §§ 331, 332 StGB, DZWIR **2008** 318; *Braum* Korruption im demokratischen Rechtsstaat, NJ **1996** 450; *Brauneck* Fairplay sponsoring? Die selbstgenehmigte Minister-Einladung, CB (= Compliance Berater) **2015** 206; *Brockhaus/Haak* Praxistaugliche Änderungen zur Bekämpfung der Auslandskorruption? HRRS **2015** 218; *Brodowski* Strafrechtliche Bekämpfung politischer Korruption und das Erfordernis einer verwerflichen Mittelzweck-Relation, HRRS **2009** 277; *ders.* Bestechung und Bestechlichkeit europäisch-ausländischer Amtsträger *de lege praevia* und *de lege nova*, HRRS **2016** 14; *Brünner* (Hrsg.) Korruption und Kontrolle (1981); *Bruns* Sponsoring im Krankenhaus, AR **2003** 260; *Bultmann* Korruptionsregister: Datenschutzrechtliche Anforderungen, DuD **2003** 333; *Burkhart* Mehr Rechtssicherheit für kommunale Amtsträger, Die Gemeinde (BWGZ) **2006** 367; *Burkhart/Busch* Die Umsetzung der OECD-Empfehlungen zur Bekämpfung der Auslandsbestechung in Deutschland, wistra **2022** 189; *Burkhart/Fratzky* Die Empfehlungen der OECD zur Bekämpfung der Auslandsbestechung in Deutschland, wistra **2019** 41; *Burmeister* Strafrechtliche Risiken städtebaulicher Verträge, BauR **2003** 1129; *R. Busch* Kostenloser Computer für eine Schulfotoaktion – Erlaubtes „Schulsponsoring“ oder strafbare Korruption? NJW **2006** 1100; *U. Busch* Korruption im Wirtschaftsleben – Erscheinungsformen, Umfang und Bekämpfungsstrategien, StV **2009** 291; *Bussmann* Wirtschaftskriminologie I (2016); *Cantzler* Strafrechtliche Auswirkungen der Privatisierung von Verwaltungsaufgaben (2002); *Caspar/Neubauer* Korruptionsprävention in kommunalen Verwaltungen, LKV **2011** 200; *Caspari* Die neuere Rechtsprechung des BGH zu den Korruptionsdelikten des StGb, DRiZ **2008** 284; *Ceffinato* Aktuelle Entwicklungen der Amtsträgerstrafbarkeit, ZWH **2003** 1; *Claussen/Ostendorf* Korruption im öffentlichen Dienst, 2. Aufl. (2002); *v.Coelln* Zur Bestimmtheit des strafrechtlichen Amtsträgerbegriffs, Festschrift Imme Roxin (2012) 209; *Corsten* Erfüllt die Zahlung von Bestechungsgeldern den Tatbestand der Untreue? HRRS **2011** 247; *Cramer* Zum Vorteilsbegriff bei den Bestechungsdelikten, Festschrift Roxin (2001) 945; *St. Cramer* Erfüllt die Einstellung des Verfahrens aus Gründen der Opportunität gemäß § 153a StPO den Tatbestand der Vorteilsannahme gemäß § 331 StGB? wistra **1999** 414; *Creifelds* Beamte und Werbegeschenke, GA **1962** 33; *Dahs* Die Bestechungstatbestände in der höchstrichterlichen Rechtsprechung von 1879–1959, NJW **1960** 846; *Dahs/Müssig* Strafbarkeit kommunaler Mandatsträger als Amtsträger? NStZ **2006** 191; *Dann* Erleichterungs- und Beschleunigungszahlungen im Ausland – kein Fall des IntBestG? wistra **2008** 41; *ders.* „Korruptionsregister“ – keine Prävention zum Sparpreis, Festschrift Mehle (2009) 127; *ders.* Korruption im Notstand – Zur Rechtfertigung von Schmiergeld- und Bestechungszahlungen, wistra **2011** 127; *ders.* Und immer ein Stück weiter – Die Reform des deutschen Korruptionsstrafrechts, NJW **2016** 203; *Dannecker* Straflosigkeit gemeinnütziger Zuwendungen an öffentlich-rechtliche Körperschaften, in: Winkelbauer/Felsinger/Dannecker, Gemeinnützig oder strafbar? (2003) 39; *ders.* Die Dynamik des materiellen Strafrechts unter dem Einfluss europäischer und internationaler Entwicklungen, ZStW **117** (2005) 697; *ders./Bülte* Die Entwicklung des Wirtschaftsstrafrechts in der Bundesrepublik Deutschland, in: Wabnitz/Janovsky/*Schmitt* (Hrsg.) 1; *Dauster* Private Spenden zur Förderung von Forschung und Lehre: Teleologische

Entschärfung des strafrechtlichen Vorteilsbegriffs nach § 331 StGB und Rechtfertigungsfragen, NStZ **1999** 63; *Deinert* Dienstrechtlicher Rahmen der Korruptionsprävention und –bekämpfung, in: Einmahl/Erdmann/Kraatz (Hrsg.) Handbuch Korruptionsprävention für die öffentliche Hand (2021) 83; *Deiters* Zur Frage der Strafbarkeit von Gemeinderäten wegen Vorteilsannahme und Bestechlichkeit, NStZ **2003** 453; *ders.* Ermöglichung der Dienstausübung als strafbare Korruption? ZJS **2008** 465; *ders.* Voraussetzungen einer Vorteilsgewährung im Fall der Einladung hochrangiger Amtsträger, ZJS **2009** 578; *ders.* Zu den Voraussetzungen der Strafbarkeit wegen Vorteilsannahme (§ 331 StGB) bei der unmittelbaren Zuwendung eines Vorteils an Dritte, ZJS **2012** 255; *ders.* Das neue grenzüberschreitende Korruptionsstrafrecht und die Notwendigkeit seiner prozessualen Begrenzung, Gedächtnisschrift E. Weßlau (2016) 51; *ders.* Die dogmatische Struktur der sogenannten Unrechtsvereinbarung, Festschrift Rengier (2018) 209; *Dieners* Selbstkontrolle der Wirtschaft zur Verhinderung der Korruption, JZ **1998** 181; *ders.* Vermeidung von Korruptionsrisiken aus Unternehmenssicht – Rechtliche Gestaltung von Geschäftsbeziehungen, Behördenkontakten und Lobbying, in: Dölling (Hrsg.) Handbuch der Korruptionsprävention (2007) 183; *ders.* (Hrsg.) Zusammenarbeit der Pharmaindustrie mit Ärzten, 2. Aufl. (2007); *Dieners/Lembeck/Taschke* Der „Herzklappenskandal" – Zwischenbilanz und erste Schlußfolgerungen für die weitere Zusammenarbeit der Industrie mit Ärzten und Krankenhäusern, PharmR **1999** 156; *Dießner* Bestechungsdelikte und städtebauliche Verträge – Hat der 3. Strafsenat im Schulfotografen-Fall die Büchse der Pandora geöffnet? Festschrift Beulke (2015) 379; *Diettrich/Jungeblodt* Drittmittelforschung – staatlich geförderte Korruption? Festschrift Schreiber (2003) 1015; *Diettrich/Schatz* Drittmittelforschung: Überlegungen zur Minimierung des strafrechtlichen Risikos, MedR **2001** 614; *dies.* Sicherung der privaten Drittmittelförderung, ZRP **2001** 521; *Dölling* Betrug und Bestechlichkeit durch Entgeltannahme für eine vorgetäuschte Dienstpflichtverletzung? – BGH, NJW 1980, 2203, JuS **1981** 570; *ders.* Empfehlen sich Änderungen des Straf- und Strafprozeßrechts, um der Gefahr von Korruption in Staat, Wirtschaft und Gesellschaft wirksam zu begegnen? Gutachten C für den 61. Deutschen Juristentag (1996); *ders.* Die Neuregelung der Strafvorschriften gegen Korruption, ZStW **112** (2000) 334; *ders.* (Hrsg.) Handbuch der Korruptionsprävention (2007); *ders.* Grundlagen der Korruptionsprävention, in: ders. (Hrsg.) Handbuch der Korruptionsprävention (2007) 1; *Dolata* Gesetzliche Regelungen zur Korruptionsbekämpfung, Kriminalistik **2007** 217; *Dornseifer* Die Vorteilsgewährung (einfache aktive Bestechung) nach dem Entwurf eines Einführungsgesetzes zum StGB, JZ **1973** 267; *Durynek* Korruptionsdelikte (§§ 331 ff. StGB) (2008); *Duttge* „Diu rehte mâz" – auch bei der Bekämpfung der Korruption, ZRP **1997** 72; *Ebert* Verletzung der amtlichen Schweigepflicht als Bezugshandlung der Bestechungstatbestände? GA **1979** 361; *Eidam* Bestechungsdelikte, in: Hilgendorf/Kudlich/Valerius (Hrsg.) Handbuch des Strafrechts Bd. 5 (2020) § 50 (= S. 1259); *Einmahl* Dienstanweisung zur Annahme von Vorteilen, in: Einmahl/Erdmann/Kraatz (Hrsg.) 269; *Einmahl/Erdmann/Kraatz* (Hrsg.) Handbuch Korruptionsprävention für die öffentliche Hand (2021); *Ellbogen* Die Anzeigepflicht der Kassenärztlichen Vereinigungen nach § 81a IV SGB V und die Voraussetzungen der Strafvereitelung gemäß § 258 I StGB, MedR **2006** 457; *Erlebach/Veljovic* Das Stigma der Denunziation bei anonymen Hinweismeldungen am Beispiel des HinSchG-E – ein Trugschluss! KriPoZ **2021** 165; *Erlinger* Drittmittelforschung unter Korruptionsverdacht? MedR **2002** 60; *Eser* „Sozialadäquanz": eine überflüssige oder unverzichtbare Rechtsfigur? Festschrift Roxin (2001) 199; *Esser* Strafrechtliche Relevanz der Drittmitteleinwerbung (2007); *Eser/Überhofen/Huber* (Hrsg.) Korruptionsbekämpfung durch Strafrecht (1997); *Fätkinhäuer* Strafdrohung und Strafrechtslage in Deutschland, in: Friedrich-Ebert-Stiftung (Hrsg.) 71; *Feinendegen* Vorteilsannahme ohne Folgen – Freibrief für kommunale Mandatsträger durch den BGH? NJW **2006** 2014; *Feldmann* Die Bestechungsdelikte, Diss. Freiburg/Schweiz 1967; *Fenger/Göben* Sponsoring im Gesundheitswesen (2004); *Feuerbach* Ueber die Bestechung der Staatsbeamten, in: *ders.* Themis, oder Beiträge zur Gesetzgebung (1812) 185; *Fiebig/Junker* Korruption und Untreue im öffentlichen Dienst (2000); *Fleck/Kuzmics* (Hrsg.) Korruption: zur Soziologie nicht immer abweichenden Verhaltens (1985); *Forstenhäusler* Korruption – Fakten und Quanten, Kriminalistik **1996** 548; *Francuski* Formelle Vorgaben im materiellen Strafrecht, JuS **2017** 217; *Friedhoff* Die straflose Vorteilsannahme (2012); *ders.* Zur Reformbedürftigkeit des Tatbestandes der Vorteilsannahme, ZWH **2013** 51; *Friedrich-Ebert-Stiftung* (Hrsg.) Korruption in Deutschland (1995); *Fürsen* Drittmitteleinwerbung und -forschung im Spiegel des Strafrechts (2005); *Fuhrmann* Die Annahme von sogenannten Aufmerksamkeiten durch Beamte, GA **1959** 97; *ders.* Berechtigung der Rechtsprechung des Reichsgerichts und des Bundesgerichtshofs zu § 332 StGB über den Ermessensbeamten, ZStW **72** (1960) 534; *Gänßle* Das Antikorruptionsstrafrecht, NStZ **1999** 543; *Gaßner* Korruption im Gesundheitswesen, in: v. Arnim (Hrsg.) 59; *Gatzweiler* Zuwendungen und Korruption, WissR **2002** 327; *D. Geerds* Strafbarkeitsrisiken kommunaler Amts- und Mandatsträger im Zusammenhang mit der Errichtung von Windparks, wistra **2017** 381; *Geerds* Über den Unrechtsgehalt der Bestechungsdelikte und seine Konsequenzen für Rechtsprechung und Gesetzgebung (1961); *ders.* Über Änderungen der Bekämpfung krimineller Korruption, JR **1996** 309; *Geis* Ist jeder Kassenarzt ein Amtsarzt? wistra **2007** 361; *Geisler* Korruptionsstrafrecht und Beteiligungslehre (2013); *Gericke* Die neuen Regelungen zur Einziehung – erste Erfahrungen, StraFo **2021** 274; *Giring* Zur Notwendigkeit rechtsstaatlicher Begrenzungen der Unterrichtungspflicht Kassenärzlicher Vereinigungen und Krankenkassen nach §§ 81a, 197 SGB V, Festschrift E. Müller (2008) 199; *Glauben* Gesetzliche Neuregelung von Spenden sowie Sponsorleistungen an Kommunen und strafrechtliche Auswirkungen, LKRZ **2008** 81; *Gneuß*

Strafmildernde Selbstanzeige und Korruptionsbekämpfung (2002); *Graeff/Schröder/Wolf* (Hrsg.) Der Korruptionsfall Siemens (2009); *Graupe* Die Systematik und das Rechtsgut der Bestechungsdelikte, Diss. München 1988; *Greeve* Korruptionsdelikte in der Praxis (2005); *Greco* Annäherungen an eine Theorie der Korruption, GA **2016** 249; *Greve* Korruptionsbekämpfung und Whistleblowing – Überlegungen zur Auflösung des Konflikts zwischen Transparenz und Datenschutz, ZD (= Zeitschrift für Datenschutz) **2014** 336; *Gribl* Der Vorteilsbegriff bei den Bestechungsdelikten (1993); *Grunst* Strafrechtlich relevante Pflicht von Amtsträgern außerhalb der Strafverfolgungsorgane zur Anzeige bzw. Verhinderung von Straftaten innerhalb der Behörde? StV **2005** 453; *Grziwotz* Zur Strafbarkeit von Amtsträgern beim Abschluß städtebaulicher Verträge, BauR **2000** 1437; *Gropp* Korruption – „empirisch und dogmatisch" – Eine Skizze, Festschrift für Arthur Kreuzer, Band I, 2. Aufl. (2009) 230; *ders.* Rettet die Höflichkeit! Festschrift Wolter (2013) 575; *Grützner* Das Gesetz zur Bekämpfung der Korruption 2015 – Wesentliche Inhalte und Änderungen der Rechtslage, ZIP **2016** 253; *Gülzow* Die vorgetäuschte Diensthandlung. Ein Beispiel für die Auslegung von Straftatbeständen, MDR **1982** 802; *Günter* Unbegründete Ängste der Klinikärzte und der pharmazeutischen Industrie vor den Änderungen des Antikorruptionsgesetzes, MedR **2001** 457; *Gumnior* Zum Begriff des Bestellens bei Subdelegationen im Rahmen von § 11 Abs. 2 Nr. 1 lit. c StGB, HRRS **2019** 296; *Haffke* Politik und Korruption/Strafrechtliche Notizen zu den jüngsten Bestechungsskandalen, in: Tondorf (Hrsg.) Staatsdienst und Ethik (1995) 11; *Haft* Freiberufler sind keine Amtsträger, NJW **1995** 1113; *Hamacher/Robak* Strafbarkeit von „Hospitality"-Einladungen zu großen Sportevents gem. §§ 331, 333 und § 299 StGB? DB **2008** 2747; *Harriehausen* Einwerbung und Annahme von Drittmitteln – immer mit einem Fuß im Gefängnis? NStZ **2013** 256; *Hardtung* Erlaubte Vorteilsnahme – §§ 331 StGB, 70 BBG, 10 BAT – (1994); *Hefendehl* Kollektive Rechtsgüter im Strafrecht (2002); *S. Heine* Zum Verfall bei Austauschverträgen: Wider die Aushöhlung des Bruttoprinzips, NStZ **2015** 127; *B. Heinrich* Die Problematik der Modifikation von Vorschriften des Strafgesetzbuches von Vorschriften des Strafgesetzbuches durch Nebengesetze, Gedächtnisschrift Keller (2003) 103; *ders.* Rechtsprechungsüberblick zu den Bestechungsdelikten (§§ 331–335 StGB), NStZ **2005** 197, 256; *ders.* Zur Notwendigkeit der Unterscheidung zwischen Amtsträgern und Mandatsträgern bei der Gestaltung der strafrechtlichen Korruptionstatbestände, ZIS **2016** 382; *B. Heinrich/Stauß* Sponsoring durch Wirtschaftsunternehmen – (strafrechtliche) Zulässigkeit und Grenzen, in: Rotsch (Hrsg.) Criminal Compliance – Status quo und Status futurus (2021) 111; *Helmrich* Zum Beginn der Verfolgungsverjährung bei Bestechungsdelikten (§§ 299, 331 ff. StGB), wistra **2009** 10; *Henkel* Die Bestechlichkeit von Ermessensbeamten, JZ **1960** 507; *Herold* Die beamtenrechtliche Zulässigkeit des Whistleblowing, ZBR **2013** 8; *Herzog* Gewinnabschöpfung unter der Flagge der positiven Generalprävention, JR **2004** 494; *Hettinger* Das Strafrecht als Büttel? NJW **1996** 2263; *Hetzer* Korruptionsbekämpfung in Europa, NJW **2004** 3746; *ders.* Abschaffung der Korruptionsstrafbarkeit? StraFo **2008** 489; *ders.* Korruption als Betriebsmodus? Kriminalistik **2008** 284; *Hild* Die Gesetze zur Bekämpfung internationaler Bestechung (IntBestG) sowie das EU-Bestechungsgesetz (EU-BestG), StraFo **2000** 221; *Hingst* Der Vollendungszeitpunkt der Kommunikationsdelikte (2021); *Höffling* Korruption als soziale Beziehung (2002); *Höll* Die Mitteilungspflichten bei Korruptionssachverhalten im Regelungsgefüge des Steuergeheimnisses, ZIS **2010** 309; *Höltkemeier* Sponsoring als Straftat (2005); *Hoffmann/Mildeberger* Korruption – ohne Ende? StV **2006** 665; *Hohn* Abschöpfung der Steigerung des Firmenwerts als Bruttowertersatzverfall? wistra **2006** 321; *Hoven* Der Wechsel von Amtsträgern in die Privatwirtschaft – Gedanken zur Vorteilsannahme nach § 331 StGB am Beispiel Eckart von Klaedens, NStZ **2013** 617; *dies.* Aktuelle rechtspolitische Entwicklungen im Korruptionsstrafrecht – Bemerkungen zu den neuen Strafvorschriften über Mandatsträgerbestechung und Bestechung im geschäftlichen Verkehr, NStZ **2015** 553; *dies.* Auslandsbestechung (2016); *dies.* Nötigung durch Bestechlichkeit – Ein Beitrag zum Verständnis der Nötigung durch Drohung mit einem rechtmäßigen Unterlassen, ZStW **128** (2016) 173; *dies.* Gebührenunterschreitung als strafbare Bestechlichkeit? StV **2019** 64; *dies.* Die Kritik an der Entgrenzung des Strafrechts durch das Verbot der Auslandsbestechung, GA **2022** 241; *dies.* Nachweis und Ahndung von Auslandsbestechungen – Empirische Erkenntnisse zu den Verschleierungen von Zahlungswegen und ihrer strafrechtlichen Verfolgung, NZWiSt **2022** 385; *Hoven/Kubiciel* (Hrsg.) Das Verbot der Auslandsbestechung (2016); *Hugger* S 20-Leitfaden „Hospitality und Strafrecht", CCZ **2012** 65; *Husberg* Verfall bei Bestechungsdelikten (1999); *Isfen* Anwendung der §§ 332, 334 StGB auf Auslandssachverhalte durch das EUBestG, Festschrift Imme Roxin (2012) 227; *ders.* Zwischen Hybris und Symbolik – die neuen regelungen zur Auslandskorruption, JZ **2016** 228; *Jahn* Strafrecht BT: „Bestechende Untreue", JuS **2015** 850; *Jaques* Die Bestechungstatbestände unter besonderer Berücksichtigung des Verhältnisses der §§ 331 ff. zu § 12 UWG (1996); *Joecks* Steuerrechtliche Behandlung der Bestechung, in: *Pieth/Eigen* (Hrsg.) Korruption im internationalen Geschäftsverkehr (1999) 373; *Jositsch* Das Schweizerische Korruptionsstrafrecht (2004); *Jutzi* Genehmigung der Vorteilsannahme bei nicht in einem öffentlich-rechtlichen Amtsverhältnis stehenden Amtsträgern, NStZ **1991** 105; *Eb. Kaiser* Spenden an politische Parteien und strafbare Vorteilsannahme, NJW **1981** 321; *G. Kaiser* Korruption – Eine Herausforderung für Recht und Gesellschaft, Festschrift Jhong-Won Kim (1991) 967; *ders.* Brennpunkte der Wirtschaftskriminologie, Festschrift Tiedemann (2008) 1583; *Kappel/Junkers* Die Strafbarkeit der „Auslandsbestechung" nach der Einführung des Gesetzes zur Bekämpfung der Korruption vom 26.11.2015 – ein Überblick, NZWiSt **2016** 382; *Kargl* Über die Bekämpfung des Anscheins der Kriminalität bei der Vorteilsannahme (§ 331 StGB), ZStW **114**

(2002) 763; *ders.* Parteispendenakquisition und Vorteilsannahme, JZ **2005** 503; *Katholnigg* Die Neuregelungen beim Verfall, JR **1994** 353; *Kerbel* Korruption in der öffentlichen Verwaltung am Beispiel einer Großstadtverwaltung, Diss. Speyer 1995; *Kerner/Rixen* Ist Korruption ein Strafrechtsproblem? GA **1996** 355; *Kilian* Korruption im Bauwesen, Kriminalistik **1994** 249; *Killias* Korruption: Vive La Repression! – Oder was sonst? Festschrift Schneider (1998) 239; *Kindhäuser* Voraussetzungen strafbarer Korruption in Staat, Wirtschaft und Gesellschaft, ZIS **2011** 461; *Kindhäuser/Goy* Zur Strafbarkeit ungenehmigter Drittmitteleinwerbung, NStZ **2003** 291; *Kirschbaum/Schmitz* Grenzen der Bestechungstatbestände, GA **1960** 321; *Klötzer* Ist der niedergelassene Vertragsarzt tatsächlich tauglicher Täter der §§ 299, 331 StGB? NStZ **2008** 12; *Klug* Psychologische Vereinfachungen und strafrechtliche Folgerungen bei der Auslegung der Bestechungstatbestände, JZ **1960** 724; *Knauer/Kaspar* Restriktives Normverständnis nach dem Korruptionsbekämpfungsgesetz, GA **2005** 385; *Knierim* Das Verhältnis von strafrechtlichen und internen Ermittlungen, StV **2009** 324; *Koch* Korruptionsbekämpfung durch Geheimnisverrat? – Strafrechtliche Aspekte des Whistleblowing, ZIS **2008** 500; *Köhler* Die Reform der Bestechungsdelikte (2005); *König* Empfehlen sich Änderungen des Straf- und Strafprozeßrechts, um der Gefahr von Korruption in Staat, Wirtschaft und Gesellschaft wirksam zu begegnen? DRiZ **1996** 357; *ders.* Neues Strafrecht gegen die Korruption, JR **1997** 397; *Korte* Bekämpfung der Korruption und Schutz des freien Wettbewerbs mit den Mitteln des Strafrechts, NStZ **1997** 513; *ders.* Kampfansage an die Korruption, NJW **1997** 2556; *ders.* Der Einsatz des Strafrechts zur Bekämpfung der internationalen Korruption, wistra **1999** 81; *ders.* Korruptionsprävention im öffentlichen Bereich, in: Dölling (Hrsg.) Handbuch der Korruptionsprävention (2007) 289; *ders.* Kumulativ, alternativ, selektiv? Autonom! Festschrift Fischer (2018) 401; *Krause/Vogel* Bestechungsbekämpfung im internationalen Geschäftsverkehr, RIW **1999** 488; *J. Kretschmer* Auslandsbestechung: Strafrechtliche, steuerrechtliche und andere Gedanken zu einem aktuellen Thema, StraFo **2008** 496; *Krug/Pannenborg* „Kleine Geschenke erhalten die Freundschaft" – oder: Wann sind Weihnachtsgeschenke ein Thema für die Compliance? ArbR **2019** 599; *Krug/Rathgeber* Projekte der erneuerbaren Energien und ihre strafrechtlichen Risiken für Unternehmen, BB **2014** 2371; *Kubiciel* Korruptionsbekämpfung – Internationale Rechtsentwicklung und Rechtswandel in Transitionsstaaten, ZStW **120** (2008) 429; *ders.* Auslandsbestechung und Institutionenschutz: Schutz inländischer Ordnungssysteme durch § 335a, in: Hoven/Kubiciel (Hrsg.) Das Verbot der Auslandsbestechung (2016) 45; *ders.* Mandatsträgerbestechung neu regeln? ZRP **2023** 47; *Kubiciel/Spörl* Gesetz zur Bekämpfung der Korruption. Stellungnahme zum Referentenentwurf des Bundesministeriums der Justiz und und für Verbraucherschutz, Kölner Papiere zur Kriminalpolitik (KPKp) (4) **2014** 2; *Kudlich* Korruption und Strafprozess, in: Kuhlen/Kudlich/Gómez Martin/Ortiz de Urbina Gimeno (Hrsg.) Korruption und Strafrecht (2018) 123; *Kühnbach* Dienstrechtliche Maßnahmen bei Korruptionsverdacht gegen einen Mitarbeiter, in: Louis/Glinder/Waßmer (Hrsg.) Korruptionsprävention in der öffentlichen Verwaltung (2020) 369; *Kuhlen* Zu den Tathandlungen bei Vorteilsannahme und Bestechlichkeit, NStZ **1988** 433; *ders.* Untreue, Vorteilsannahme und Bestechlichkeit bei Einwerbung universitärer Drittmittel, JR **2003** 231; *ders.* Sollten §§ 331 Abs. 1, 333 Abs. 1 StGB neuerlich geändert werden? Festschrift Schroeder (2006) 535; *ders.* Verjährungsbeginn bei Bestechung und Bestechlichkeit, JR **2009** 53; *ders.* Sponsoring und Korruptionsstrafrecht, JR **2010** 148; *ders.* Strafrecht und freiwillige Selbstkontrolle der Wirtschaft: das Beispiel der Pharmaindustrie, Festschrift Hassemer (2010) 875; *ders.* Die Bestechungsdelikte der §§ 331–334 StGB, JuS **2011** 673; *ders.* Ausdehnung und Einschränkung der Bestechungstatbestände: Das Beispiel der Schulfotografie, Festschrift Frisch (2013) 949; *ders.* Drohungen und Versprechungen, Festschrift Schünemann (2014) 611; *ders.* Drohen mit einem Übel und Versprechen eines Vorteils (2018); *ders.* Die „Nötigung" zur Bestechung und die „Nötigung zur Bestechlichkeit", JR **2021** 295; *Kuhlen/Kudlich/Gómez Martin/Ortiz de Urbina Gimeno* (Hrsg.) Korruption und Strafrecht (2018); *Kuhli* Grenzüberschreitende Korruption (2001); *Kumarasingham* Dienstanweisung zum Umgang mit Sponsoring und Spenden, in: Einmahl/Erdmann/Kraatz (Hrsg.) Handbuch Korruptionsprävention für die öffentliche Hand (2021) 284; *Kury* Korruption – wird geschmiert wie eh und je? Kriminalistik **2012** 99 und 170; *Kury/Würger* Was denken die Deutschen über Korruption, Kriminalistik **2004** 300; *Lantermann* Das Korruptionsbekämpfungsgesetz – Erfolgreich oder überflüssig? ZRP **2009** 6; *Leipold* Strafbarkeitsrisiken bei Hospitality-Maßnahmen im Sport – Ein Problem der Sozialadäquanz? Festschrift Imme Roxin (2012) 279; *Lembeck* Steuerrecht und Korruptionseindämmung – Inhalt, Grenzen, Spannungsfelder, in: Dölling (Hrsg.) Handbuch der Korruptionsprävention (2007) 237; *Lesch* Anwaltliche Akquisition zwischen Sozialadäquanz, Vorteilsgewährung und Bestechung im geschäftlichen Verkehr, AnwBl. **2003** 261; *ders.* Zur Amtsträgereigenschaft der Aufsichtsräte von kommunalen Gasversorgungsbetrieben, Festschrift Puppe (2011) 687; *Letzgus* Der Begriff der Diensthandlung und des Vorteils bei der Bestechlichkeit sowie die Konkurrenz zwischen Bestechlichkeit und „strafbarer" Diensthandlung, NStZ **1987** 309; *Liebl* Das Ausmaß der Korruption in der öffentlichen Verwaltung, in: Benz/Seibel (Hrsg.) Zwischen Kooperation und Korruption (1992) 283; *ders.* Korruption: Skandal oder Skandalisierung? Kriminalistik **2005** 478; *Lindemann* Staatlich organisierte Anonymität als Ermittlungsmethode bei Korruptions- und Wirtschaftsdelikten, ZRP **2006** 127; *Lisken* „Korruptionsbekämpfung", NJW **1995** 1873; *Littwin* Maßnahmen zur Bekämpfung der nationalen und internationalen Korruption, ZRP **1996** 308; *Louis/Glinder/Waßmer* (Hrsg.) Korruptionsprävention in der öffentlichen Verwaltung (2020); *Löw* Korruptionsdelikte im Lichte der Compliance-Funktion – „Aber Sie wissen doch, wie es läuft", JA **2013**

88; *Loos* Zum „Rechtsgut" der Bestechungsdelikte, Festschrift Welzel (1974) 879; *Lüderssen* Antikorruptions-Gesetze und Drittmittelforschung, JZ **1997** 112; *ders.* Die Symbiose von Markt und Staat – auseinanderdividiert durch Strafrecht? StV **1997** 318; *ders.* Die Zusammenarbeit von Medizinprodukte-Industrie, Krankenhäusern und Ärzten – Strafbare Kollusion oder sinnvolle Kooperation? (1998); *Lung* Staatsnützige Pro-bono-Leistungen und Verwaltungssponsoring als Korruption? Eine tatbestandliche Auflösung von Zielkonflikten bei der strafbaren Vorteilsannahme, NZWiSt **2017** 100; *Maas* Wann darf der Staat strafen? NStZ **2015** 305; *Maennig* Korruption und Korruptionsbekämpfung im Sport, in: v. Arnim (Hrsg.) Korruption und Korruptionsbekämpfung (2007) 81; *Magnus* Aktuelle Probleme der grenzüberschreitenden Korruption, NZWiSt **2022** 51; *Maier* Das Spannungsfeld zwischen Fürsorge- und Anzeigenpflicht bei Korruptionsdelikten, Die Gemeinde (BWGZ) **2004** 890; *Maiwald* Belohnung für eine vorgetäuschte pflichtwidrige Diensthandlung – Zur Problematik von Bestechlichkeit und Betrug, NJW **1981** 2777; *Mansdörfer* Strafrechtliche Haftung für Drittmitteleinwerbung an staatlichen Hochschulen, wistra **2003** 211; *ders.* Strafrechtliche Grenzen für Spenden und ähnliche Zuwendungen an Kommunen, VBlBW **2007** 406; *Marel* Die Strafbarkeit kommunaler Mandatsträger gem. §§ 331, 332 StGB, StraFo **2003** 259; *Maschmann* Vermeidung von Korruptionsrisiken aus Unternehmenssicht – Arbeit- und Zivilrecht, Corporate Governance, in: Dölling (Hrsg.) Handbuch der Korruptionsprävention (2007) 93; *de la Mata Barranco* Korruptionsbekämpfung durch Strafrecht: Überlegungen, Festschrift Tiedemann (2008) 869; *Matkey* Korruption – Rechtssicherheit durch das Verpflichtungsgesetz, Kriminalistik **2001** 742; *ders.* Grauzonen der Korruptionsbekämpfung, Kriminalistik **2008** 92; *Meininger* Sponsoring der öffentlichen Verwaltung: Eine neue Form der Kooperation zwischen Staat und Unternehmen bei der Wahrnehmung öffentlicher Aufgaben, ZG **1999** 353; *Meißner* Der „ausländische Bedienstete" i.S.d. § 335a Abs. 1 Nr. 2a StGB, StV **2017** 128; *Mellert/Frey* Korruption auf kommunaler Ebene – Erscheinungsformen, Ursachen und Präventionsmöglichkeiten, KommJur (= Kommunaljurist) **2016** 281; *Merges* Die Strafausschließungsgründe der Bestechungsdelikte (1996); *Michalke* Drittmittel und Strafrecht – Licht am Ende des Tunnels? NJW **2002** 3381; *dies.* Konfusion als System, Festschrift Rieß (2002) 771; *dies.* Die Genehmigung i.S. der Korruptionsdelikte bei den „privaten" Amtsträgern nach § 11 Abs. 1 Nr. 2c StGB, Festschrift E. Müller (2008) 447; *dies.* Die Korruptionsdelikte – Aktuelle Entwickungen der obergerichtlichen Rechtsprechung, StV **2011** 492; *Mischkowitz/Bruhn/Desch/Hübner/Beese* Einschätzungen zur Korruption in Polizei, Justiz und Zoll (2000); *Mitsch* Verjährung von Bestechungsdelikten und Beendigung der Tat, Jura **2009** 534; *Möhrenschlager* Strafrechtliche Vorhaben zur Bekämpfung der Korruption auf nationaler und internationaler Ebene, JZ **1996** 822; *ders.* Die Struktur des Straftatbestandes der Abgeordnetenbestechung auf dem Prüfstand – Historisches und Künftiges, Festschrift Weber (2004) 217; *ders.* Der strafrechtliche Schutz gegen Korruption, in: Dölling (Hrsg.) Handbuch der Korruptionsprävention (2007) 387; *Möllering* Prävention oder Strafe – Eine kritische Würdigung aktueller Gesetzentwürfe zur Bekämpfung der Korruption, WRP **1997** 933; *Montiel* Grenzen von Verjährung und Rechtskraft bei Korruptionsdelikten, in: Kuhlen/Kudlich/Gómez Martin/Ortiz de Urbina Gimeno (Hrsg.) Korruption und Strafrecht (2018) 137; *Müller* Korruption in der öffentlichen Verwaltung, Kriminalistik **1993** 509; *ders.* Administrative Möglichkeiten einer wirksameren Korruptionsbekämpfung, in: Friedrich-Ebert-Stiftung (Hrsg.) Korruption in Deutschland (1995) 105; *Münkel* Bestechung und Bestechlichkeit ausländischer Amtsträger (2013); *Nagel* Entwicklung und Effektivität internationaler Maßnahmen zur Korruptionsbekämpfung (2007); *Nell* Korruptionsbekämpfung ja – aber richtig! – Reformüberlegungen zur Unternehmenshaftung nach OWiG, ZRP **2008** 149; *Nell/Schlüter* Die strafbefreiende Selbstanzeige als Instrument der Korruptionsbekämpfung? NJW **2008** 1996; *v. Nell/Schwitzgebel/Vollet* (Hrsg.) Korruption – Interdisziplinäre Zugänge zu einem komplexen Phänomen (2003); *Nestler* Amtsträgerkorruption gemäß § 335a (Entwurf) StGB, StV **2009** 313; *Neupert* Risiken und Nebenwirkungen: Sind niedergelassene Vertragsärzte Amtsträger im strafrechtlichen Sinne? NJW **2006** 2811; *Niehaus* Zur Korruptionsstrafbarkeit kommunaler Mandatsträger, ZIS **2008** 49; *Noack* Korruption – die andere Seite der Macht (1985); *Nolte* Das freie Mandat der Gemeindevertretungsmitglieder, DVBl. **2005** 870; *Nötzel* Strafverfolgung in Korruptionssachen, in: Dölling (Hrsg.) Handbuch der Korruptionsprävention (2007) 595; *Noltensmeier* Public Private Partnership und Korruption (2009); *dies.* Die Verbindung des Angenehmen mit dem Nützlichen – Ein neues Anwendungsgebiet für die Gesamtbetrachtungslehre des BGH, HRRS **2009** 151; *Oğlakcıoğlu* Die direkte Zuwendung eines Vorteils an Dritte als „Problemfall" der Bestechungsdelikte, §§ 331 ff. StGB, HRRS **2011** 275; *Ohlemacher/Pfeiffer* In Konfrontation mit Schutzgelderpressung und Korruption? Kriminalistik **1997** 470; *Ostendorf* Bekämpfung der Korruption als rechtliches Problem oder zunächst moralisches Problem? NJW **1999** 615; *C.-W. Otto* Unzulässige Klauseln in städtebaulichen Verträgen und Fragen zu ihrer strafrechtlichen Relevanz, ZfBR **2006** 320; *Otto* Amtsträgerbegriff innerhalb zivilrechtlich organisierter Daseinsvorsorge, Jura **1997** 47; *Palazzo* Kriminologische und juristische Aspekte der öffentlichen Korruption, Festschrift Volk (2009) 525; *Papathanasiou* Amtsträgerkorruption unter Beteiligung ausländischer und internationaler Bedienstete – die neue Gleichstellungsklausel des § 335a StGB, wistra **2016** 175; *dies.* Auslandsbestechung und Auslegung der Amtsträgereigenschaft nach § 335a Abs. 1 Nr. 2 lit a StGB, ZWH **2019** 112; *Partsch/Scheffner* Die Genehmigung der Vorteilsnahme gem. § 331 Abs. 3 StGB, GesR **2007** 102; *Paster/Sättele* Alles, was das Leben verschönern kann, NStZ **2008** 366; *Peek* Strafrecht als Mittel der Bekämpfung politischer Korruption: Zur Reform des Tatbestandes der Abgeordnetenbestechung (§ 108e StGB), ZStW **120** (2008)

785; *Pelke* Die strafrechtliche Bedeutung der Merkmale „Übel" und „Vorteil" (1990); *Pelz* Die Bekämpfung der Korruption im Auslandsgeschäft, StraFo **2000** 300; *Peters* Hospitality und Strafrecht oder „Bitte nicht (an)füttern", ZWH **2012** 262; *Pfeiffer* Von der Freiheit der klinischen Forschung zum strafrechtlichen Unrecht? NJW **1997** 782; *Pieth* Internationale Harmonisierung von Strafrecht als Antwort auf transnationale Wirtschaftskriminalität, ZStW **109** (1997) 756; *ders.* Internationale Vorstöße – Einleitung, in: Pieth/Eigen (Hrsg.) Korruption im internationalen Geschäftsverkehr (1999) 207; *ders.* Die Strafbarkeit der aktiven Bestechung ausländischer Beamter, in: Pieth/Eigen (Hrsg.) Korruption im internationalen Geschäftsverkehr (1999) 341; *ders.* Das OECD-Übereinkommen über die Bekämpfung der Bestechung ausländischer Amtsträger im internationalen Geschäftsverkehr, in: Dölling (Hrsg.) Handbuch der Korruptionsprävention (2007) 563; *ders.* Strafzweck – Warum bestrafen wir Auslandsbestechung? Auslandsbestechung, internationaler Wettberwerb und universale Menschenrechte, in: Hoven/Kubiciel (Hrsg.) Das Verbot der Auslandsbestechung (2016) 19; *Pieth/Eigen* (Hrsg.) Korruption im internationalen Geschäftsverkehr (1999); *Pietzcker* Korruptionsregister, Unternehmenshaftung, Transparenzgesetze – geeignete Mittel zur Korruptionsbekämpfung? in: v. Arnim (Hrsg.) 159; *Portz* Korruptionsprävention bei der öffentlichen Auftragsvergabe, in: Dölling (Hrsg.) Handbuch der Korruptionsprävention (2007) 351; *Pragal/Apfel* Bestechlichkeit und Bestechung von Leistungserbringern im Gesundheitswesen, A&R (= Arzneimittel und Recht) **2007** 10; *Quambusch* Spenden als Gegenleistung für Beamtenhandeln, PersV **2008** 56; *ders.* Korruption als „Notwehr", Kriminalistik **2008** 612; *Queling* Hinweisgebersysteme – Gestaltung und Implementierung, in: Einmahl/Erdmann/Kraatz (Hrsg.) Handbuch Korruptionsprävention für die öffentliche Hand (2021) 252; *Queralt* Randbetrachtungen über die Korruption in Spanien, Festschrift Imme Roxin (2012) 57; *Radtke* Der strafrechtliche Amtsträgerbegriff und neue Kooperationsformen zwischen der öffentlichen Hand und Privaten (Public Private Partnership) im Bereich der Daseinsvorsorge, NStZ **2007** 57; *Randt* Schmiergeldzahlungen bei Auslandssachverhalten, BB **2000** 1006; *Ransiek* Strafrecht und Korruption, StV **1996** 446; *ders.* Zur Amtsträgereigenschaft nach § 11 I Nr. 2c StGB, NStZ **1997** 519; *Reichling/Winsel* Die neuere (höchstrichterliche) Rechsprechung zum Verjährungsbeginn bei ausgewählten Wirtschaftsstraftaten, JR **2014** 331; *Reiff* Von kleinen Aufmerksamkeiten und großen Geschenken – Was ist erlaubt? „Eine Tasse Kaffee? – Nein danke!" – Wo fängt Korruption an? CCZ **2018** 194; *ders.* Dienst- und strafrechtliche Risiken bei Einladungen oder der Überlassung von Freikarten für hochrangige Amtsträger, CCZ **2020** 142; *Reinhart* Prolegomena zu einer rechtsstaatlichen Theorie des Korruptionsstrafrechts, Festschrift Imme Roxin (2012) 69; *Reinhold* Zur Strafbarkeit der „Klimapflege" nach §§ 331, 333 StGB, HRRS **2010** 213; *Rengier* Die öffentlich-rechtliche Genehmigung im Strafrecht, ZStW **101** (1989) 874; *Reyhn/Rübenstahl* Der 3. Evaluierungsbericht zur OECD-Anti-Korruptionskonvention – Gesetzgeberischer Handlungsbedarf und strengere Compliane-Anforderungen? CCZ **2011** 161; *Rönnau* Untreue und Vorteilsannahme durch Einwerbung von Drittmitteln? – BGH, NJW 2002, 2801, JuS **2003** 232; *ders.* Alte und neue Probleme bei § 299 StGB, StV **2009** 302; *Rönnau/Begemeier* Unsicherheiten bei der Bestimmung des erlangten Etwas nach neuem Recht, NStZ **2020** 1; *Rosenau/Lorenz/Wendrich* Korruption im Gesundheitswesen, in: Kuhlen/Kudlich/Gómez Martin/Ortiz de Urbina Gimeno (Hrsg.) Korruption und Strafrecht (2018) 53; *Rotsch* Korruption und Compliance, in: Kuhlen/Kudlich/Gómez Martin/Ortiz de Urbina Gimeno (Hrsg.) Korruption und Strafrecht (2018) 159; *Roxin* Vorteilsannahme, Festschrift Kargl (2015) 459; *I. Roxin* Drittmitteleinwerbung und Korruption, in: Roxin/Schroth (Hrsg.) Handbuch des Medizinstrafrechts, 3. Aufl (2007) 613; *Roxin/Stree/Zipf/Jung* Einführung in das neue Strafrecht, 2. Aufl. (1975); *Rudolphi* Spenden an politische Parteien als Bestechungsstraftaten, NJW **1982** 1417; *Rübenstahl* Die Angehörigen kommunaler „Parlamente" als Amtsträger (§ 11 Abs. 1 Nr. 2b StGB) und ihre Strafbarkeit nach den Bestechungsdelikten (§§ 331 ff. StGB), HRRS **2006** 23; *Rübenstahl/Dust* Der ausländische Amtsträger (insbesondere anderer EU-Mitgliedsstaaten) – gestern, heute morgen, JR **2016** 106; *Rüdiger* Schutzinteresse und Deliktsstruktur der „Bestechungsdelikte" (§§ 331 ff. StGB) (2007); *dies.* Zum „Ausverkauf" der personalen Rechtsgutslehre am Beispiel der §§ 331, 333 StGB, in: Institut für Kriminalwissenschaften und Rechtsphilosophie Frankfurt a.M. (Hrsg.) Jenseits des rechtsstaatlichen Strafrechts (2007) 429 (zit. *Rüdiger* Rechtsgutlehre); *Ruppert* Die Sozialadäquanz im Strafrecht (2020); *Rust/Wostry* Die Tätertauglichkeit des Vorstandes einer gesetzlichen Krankenkasse nach §§ 331 ff. StGB, MedR **2009** 319; *Sacerdoti* Das OECD-Übereinkommen 1997 über die Bekämpfung der Bestechung ausländischer Amtsträger im internationalen Geschäftsverkehr, in: Pieth/Eigen (Hrsg.) Korruption im internationalen Geschäftsverkehr (1999) 212; *Sahan* Der Begriff der Diensthandlung bei Bestechung und Bestechlichkeit, Festschrift Ostendorf (2015) 765; *Saliger* Kick-Back, „PPP", Verfall – Korruptionsbekämpfung im „Kölner Müllfall", NJW **2006** 3377; *ders.* Public Private Partnership und Amtsträgerstrafbarkeit, Festschrift Puppe (2011) 933; *ders.* Hospitality und Korruption, Festschrift Kühne (2013) 443; *ders.* Das Unrecht der Korruption, Festschrift Kargl (2015) 493; *Saliger/Gaede* Rückwirkende Ächtung der Auslandskorruption und Untreue als Korruptionsdelikt – Der Fall Siemens als Startschuss in ein entgrenztes internationales Wirtschaftsstrafrecht? HRRS **2008** 57; *Saliger/Sinner* Korruption und Betrug durch Parteispenden, NJW **2005** 1073; *Sanchez-Hermosilla* Korruptionsstrafrecht und Drittmittelforschung, Kriminalistik **2002** 506; *ders.* Rechtspolitik zur Korruptionsbekämpfung, Kriminalistik **2003** 74; *Satzger* Bestechungsdelikte und Sponsoring, ZStW **115** (2003) 469; *ders.* „Schwarze Kassen" zwischen Untreue und Korruption, NStZ **2009** 297; *Schäfer/Liesching* Überlegungen zu Vorteilsannahme und Vorteilsgewährung, ZRP **2008** 173; *Schäuble/Pananis* Subjektive Beschränkungen des Bruttoprinzips nach neuem Einziehungsrecht (§ 73d Abs. 1 StGB), NStZ **2019** 65; *Schaupensteiner* Bekämpfung von Korruptionsdelinquenz, Kriminalistik **1994** 514; *ders.* Das Korruptionsbekämpfungsgesetz, Kriminalistik **1996** 237, 306; *ders.* Gesamtkonzept zur Eindämmung der Korruption, NStZ **1996** 409; *ders.* Wachstumsbranche Korruption, Kriminalistik **2003** 9; *Schemmel/Hacker* Korruptionsamnestie – Eine neue Vokabel im nachhaltigen Kampf gegen Korruption, ZRP **2009** 4; *Scheu* Parteispenden und Vorteilsannahme, NJW **1981** 1195; *Scheuch* Korruption als Teil einer freiheitlichen Gesellschaftsordnung, Kriminalistik **2002** 79; *Schiemann* Hinweisgeberschutz reloaded, KriPoZ **2023** 282; *Schiemann/Schnabel* Hinweisgeberschutz in der Warteschleife, KriPoZ **2023** 62; *Schlösser* Die Bestimmung des erlangten Etwas i.S.v. § 73 I 1 StGB bei infolge von Straftaten abgeschlossenen gegenseitigen Verträgen – Zum Streit des 5. Senats und des 1. Senats des BGH über den Umfang der Verfallserklärung, NStZ **2011** 121; *ders.* Bestechung durch „Public Fundraising“? StV **2011** 300; *ders.* Zur Strafbarkeit des Public Fundraising nach den §§ 331 ff. StGB am Beispiel des Schulfotografen-Falles (BGH, Urt. v. 26.5.2011 – 3 StR 492/2010), NZWiSt **2013** 11; *Schlösser/Nagel* Werbung oder Korruption? wistra **2007** 211; *Schloßer* Vorteilsannahme und rechtfertigende Genehmigung nach § 331 StGB in der Praxis der Klinikverwaltung, MedR **2011** 623; *Schlüchter* Zur (Un-)Lauterkeit in den Volksvertretungen, Festschrift Geerds (1995) 713; *Schlund* Beteiligung an Bestechungsdelikten – Grenzen der Sozialadäquanz, NJW-Spezial **2014** 568; *A. Schmidt/Güntner* Drittmitteleinwerbung und Korruptionsstrafbarkeit – Rechtliche Prämissen und rechtspolitische Konsequenzen, NJW **2004** 471; *Eb. Schmidt* Die Bestechungstatbestände in der höchstrichterlichen Rechtsprechung von 1879 bis 1959 (1960); *ders.* Die Grenze zwischen schwerer und leichter passiver Bestechung eines Ermessensbeamten, NJW **1960** 802; *R. Schmitt* Die Bestechungstatbestände im Entwurf 1960, ZStW **73** (1961) 414; *A. Schmitz* Auslandsgeschäfte unter Berücksichtigung des Korruptionsstrafrechts, RIW **2003** 189; *H. J. Schneider* Politische Kriminalität – Dimensionen, Typologien, Verhaltenssysteme, in: ders. (Hrsg.) Internationales Handbuch der Kriminologie Band 1 (2007) 739; *Hendrik Schneider* Unberechenbares Strafrecht: Vermeidbare Bestimmtheitsdefizite im Tatbestand der Vorteilsannahme und ihre Auswirkungen auf die Praxis des Gesundheitswesens, Festschrift Seebode (2008) 331; *Schönherr* Vorteilsgewährung und Bestechung als Wirtschaftsstraftaten (1985); *Schramm* Die Amtsträgereigenschaft eines freiberuflichen Planungsingenieurs – BGHSt 43, 96, JuS **1999** 333; *Schreiber/Rosenau/Combé/Wrackmeyer* Zur Strafbarkeit der Annahme von geldwerten Zuwendungen durch Städte und Gemeinden nach § 331 StGB, GA **2005** 265; *Schreier* Drittvorteil und Unrechtsvereinbarung (2002); *Schröder* Das Rechtsgut der Bestechungsdelikte und die Bestechlichkeit des Ermessensbeamten, GA **1961** 289; *M. Schröder* Sponsoring in der Bundesverwaltung, NJW **2004** 1353; *Schubert* Korruption, in: Wabnitz/Janowsky (Hrsg.) Handbuch des Wirtschafts- und Steuerstrafrechts, 2. Aufl. (2004) Kap. 10 (= S. 691); *Schünemann* Die Unrechtsvereinbarung als Kern der Bestechungsdelikte nach dem KorrBekG, Festschrift Otto (2007) 777; *ders.* Der Gesetzentwurf zur Bekämpfung der Korruption – überflüssige Etappe auf dem Niedergang der Strafrechtskultur, ZRP **2015** 68; *ders.* Die Bestrafung der Auslandsbestechung – eine strafrechtsimperialistische Torheit? in: Hoven/Kubiciel (Hrsg.) Das Verbot der Auslandsbestechung (2016) 25; *Schuller* (Hrsg.) Korruption im Altertum (1982); *Schunck* Die Legitimation des Verbotes der Amtsträgerkorruption im Ausland gemäß § 335a StGB (2020); *Schuster/Rübenstahl* Praxisrelevante Probleme des internationalen Korruptionsstrafrechts, wistra **2008** 201; *Schweiger* Prozedurales Strafrecht (2018); *Schwieger* Der Vorteilsbegriff in den Bestechungsdelikten des StGB (1996); *Sedemund* Der Verfall von Unternehmensvermögen bei Schmiergeldzahlungen durch die Geschäftsleitung von Organgesellschaften, DB **2003** 323; *Selle* Der Vorteil im Sinne der Bestechungsdelikte bei Abschluss eines Vertrages (2012); *Sellert* Richterbestechung am Reichskammergericht und am Reichshofrat, Festschrift Diestelkamp (1994) 329; *Sinner* Aufgabenprivatisierung und Amtsträgerbegriff, HRRS **2008** 327; *Sixt* Whistleblowing im Spannungsfeld von Macht, Geheimnis und Information (2020); *Sorgatz* Korruptionsprävention in der Bundesverwaltung, in: Einmahl/Erdmann/Kraatz (Hrsg.) Handbuch Korruptionsprävention für die öffentliche Hand (2021) 305; *Sowada* Kettenregeln versus Lagertheorie, Festschrift Tiedemann (2008) 273; *ders.* Die hypothetische Einwilligung im Strafrecht, NStZ **2012** 1; *Spatscheck* Die Rolle des Steuer(straf)rechts bei der Korruptionsbekämpfung, NJW **2006** 641; *Spörl* Das Verbot der Auslandsbestechung (2019); *Stächelin* Strafgesetzgebung im Verfassungsstaat (1998); *Stadler* Das Antikorruptionsprogramm „Gemeinsam gegen Korruption“ des Bundesministeriums für Bau, Verkehr und Stadtentwicklung, CCZ **2013** 41; *Stark/Balzer* Kommunale Korruptionsprävention, in: Trunk/Frevel (Hrsg.) Korruptionsprävention in Unternehmen und Kommunen (2017) 121; *Stellhorn/Weßling* Schulsponsoringverträge im Lichte des Schul- und Verwaltungsvertragsrechts, NVwZ **2014** 1488; *Stemmler/Augustin* Manipulationen am Bau, Kriminalistik **1996** 35; *Stolpe* Internationale Vorgaben zur Korruptionsbekämpfung, Kriminalistik **2004** 292; *Strehlow* Einschränkungsmodelle zum Anwendungsbereich der Vorteilsannahme gemäß § 331 StGB (2015); *Stühler* Präventionsmaßnahmen aus kommunaler Sicht, Die Gemeinde (BWGZ) **2004** 879; *Szesny/Brockhaus* Die Pflichtenstellung kommunaler Mandatsträger in Aufsichtsräten öffentlicher Versorgungsunternehmen, NStZ **2007** 624; *Szwarc* Strafbarkeit der Korruption im Sport im Lichte des polnischen Strafrechts, Festschrift Tiedemann (2008) 939; *Tag/Tröger/Taupitz* (Hrsg.) Drittmitteleinwerbung – strafbare Dienstpflicht? (2004); *Taschke* Die Bekämpfung der Korruption in Europa auf Grundlage der OECD-Konvention, StV **2001** 78; *ders.* Drittmittelforschung und Strafrecht – zugleich eine Besprechung der Urteile des Bundesgerichtshofs vom 23. Mai 2002 (1 StR 372/01) und vom 23. Oktober 2002 (1 StR 541/01), PharmR **2002** 417; *ders.* Verteidigung in Korruptionsstrafsachen, in: *Dölling* (Hrsg.) Handbuch der Korruptionsprävention (2007) 643; *Thomas* Soziale Adäquanz und Bestechungsdelikte, Festschrift Jung (2007) 973; *Tinkl* Strafbarkeit von Bestechung nach dem EUBestG und dem IntBestG, wistra **2006** 126; *v. Treskow* Die Anwendung der Bestechungsdelikte auf die Funktionsträger der Kommunen, Diss. Bonn 2007; *Trüg* Vorteilsgewährung durch Übersendung von WM-Gutscheinen – Schützt Sponsoring vor Strafe? NJW **2009** 196; *Trunk/Frevel* (Hrsg.) Korruptionsprävention in Unternehmen und Kommunen (2017); *Trunk/Hiller* Korruptionsprävention in deutschen Unternehmen und Kommunen, in: Trunk/Frevel (Hrsg.) Korruptionsprävention in Unternehmen und Kommunen (2017) 43; *Trunk/Schneider/Golka/Vatter/Hiller* Korruption und Korruptionsprävention in der Wahrnehmung der deutschen Bevölkerung, in: Trunk/Frevel (Hrsg.) Korruptionspravention in deutschen Unternehmen und Kommunen (2017) 19; *Überhofen* Rechtsvergleichender Querschnitt, in: Eser/Überhofen/Huber (Hrsg.) Korruptionsbekämpfung durch Strafrecht (1997) 705; *ders.* Korruption und Bestechungsdelikte im staatlichen Bereich (1999); *Ulsenheimer* Drittmitteleinwerbung und Vorteilsannahme/Bestechlichkeit – zum Vorteilsbegriff der Bestechungstatbestände, Festschrift Geilen (2003) 185; *ders.* Zur Genehmigung der Vorteilsannahme im Klinikbereich gem. § 331 Abs. 3 StGB, Festschrift Beulke (2015) 567; *Usinger/Jung* Die Gebührenunterhebung – ein strafbarer Tatbestand? wistra **2011** 452; *Vahlenkamp/Knauß* Korruption – hinnehmen oder handeln? (1995); *Vogel* Wirtschaftskorruption und Strafrecht – Ein Beitrag zu Regelungsmodellen im Wirtschaftsstrafrecht, Festschrift Weber (2004) 395; *Verrel* Überkriminalisierung oder Übertreibung? MedR **2003** 319; *Vogelsang/Nahrstedt/Fuhrmann* Compliance-Systeme auf Bundes- und Kommunalebene – ein Vergleich, CCZ **2014** 181; *Volk* Kronzeugen praeter legem? – Vernehmungspraxis, Vorteilsversprechen, Verdunkelungsgefahr, NJW **1996** 879; *ders.* Die Merkmale der Korruption und die Fehler bei ihrer Bekämpfung, Gedächtnisschrift Zipf (1999) 419; *Wabnitz/Janovsky* (Hrsg.) Handbuch des Wirtschafts- und Steuerstrafrechts, 2. Aufl. (2004), 3. Aufl. (2007); *Wachter* Das unerlaubte Verhalten bei den Korruptionsdelikten, GA **2019** 735; *Wackernagel/Cordes* Gemeinnützige Spenden zur Einstellung eines Ermittlungsverfahrens – Strafbare Korruption oder zulässige Gestaltungsmöglichkeit? NJW **2018** 3414; *Wahle/Hohmann* Strafbarkeitsrisiken für Mitarbeiter von öffentlich-rechtlichen Körperschaften bei Verhandlung und Abschluss von Verträgen, Festschrift H.-J. Birk (2013) 259; *St. Walter* Medizinische Forschung mit Drittmitteln – lebenswichtig oder kriminell? ZRP **1999** 292; *Walther* Das Korruptionsstrafrecht des StGB, Jura **2010** 511; *ders.* Auf ein Neues: Der Entwurf eines Gesetzes zur Bekämpfung der Korruption, WiJ **2015** 152; *ders.* Das Gesetz zur Bekämpfung der Korruption, DB **2016** 95; *Wasserburg* Rechtsprechungsübersicht zum Arztstrafrecht – Juni 2002 bis Juni 2006, NStZ **2007** 198; *Wehnert* Das Korruptionsbekämpfungsgesetz NRW, Festschrift Richter (2006) 563; *Wehnert/Mosiek* Untiefen der Vermögensabschöpfung in Wirtschaftsstrafsachen aus Sicht des Strafverteidigers, StV **2005** 568; *Weigend* Internationale Korruptionsbekämpfung – Lösung ohne Problem? Festschrift Jakobs (2007) 747; *ders.* Strafanwendungsrecht bei Auslandskorruption, in: Hoven/Kubiciel (Hrsg.) Das Verbot der Auslandsbestechung (2016) 109; *Weinreich* (Hrsg.) Korruption im Sport (2006); *Wentzell* Zur Tatbestandsproblematik der §§ 331, 332 StGB (2004); *Westhoff* Korruptionsbekämpfung auf europäischer Ebene, RIW **1999** 950; *Wewer* Prolegomena zu einer Untersuchung der Korruption in der Verwaltung, in: Benz/Seibel (Hrsg.) Zwischen Kooperation und Korruption (1992) 295; *Widmaier* Der mißverständliche Bestechungsversuch, JuS **1970** 241; *Wiehen* Transparency International, in: Pieth/Eigen (Hrsg.) Korruption im internationalen Geschäftsverkehr (1999) 297; *Winkelbauer* Die behördliche Genehmigung im Strafrecht, NStZ **1988** 201; *Winkelbauer/Felsinger* Die Annahme von Spenden für Städte und Gemeinden – zulässiges Verwaltungshandeln oder strafbare Korruption? in: Winkelbauer/Felsinger/Dannecker, Gemeinnützig oder strafbar? (2003) 9; *Wolf* Die Modernisierung des deutschen Antikorruptionsstrafrechts durch internationale Vorgaben, NJW **2006** 2735; *ders.* Internationalisierung des Antikorruptionsstafrechts: Kritische Analyse zum Zweiten Korruptionsbekämpfungsgesetz, ZRP **2007** 44; *Wolters* Die Änderungen des StGB durch das Gesetz zur Bekämpfung der Korruption, JuS **1998** 1100; *Würtenberger/Wolf-Marinova* Eckpunkte der Landesregierung Baden-Württemberg zur Korruptionsprävention in der öffentlichen Verwaltung, in: Louis/Glinder/Waßmer (Hrsg.) Korruptionsprävention in der öffentlichen Verwaltung (2020) 81; *Wulff* Empfehlungen zum Umgang mit Sponsoring und Grenzen des Sponsoring, Die Gemeinde (BWGZ) **2004** 885; *Zander* Gemeinnützige Zuwendungen, städtebauliche Verträge und Sponsoring im Spannungsverhältnis zur Vorteilsnahme nach § 331 StGB, ZG **2002** 191; *Zapf* Zur Entwicklung der Verfolgungsverjährung bei Korruptionsdelikten in der Rechtsprechung, NZWiSt **2018** 54; *Zeiler* Einige Gedanken zum Begriff des Amtsträgers im Sinne des § 11 I Nr. 2c StGB, MDR **1996** 439; *Zieschang* Das EU-Bestechungsgesetz und das Gesetz zur Bekämpfung internationaler Bestechung, NJW **1999** 105; *ders.* Die Auswirkungen des Gesetzes zur Bekämpfung der Korruption auf den Forschungsbereich, WissR **1999** 111; *Zimmer/Stetter* Korruption und Arbeitsrecht, BB **2006** 1445; *F. Zimmermann/Linder* Die Unterlassungskausalität im Fall Jalloh: Ein Schritt zur Anerkennung der hypothetischen Genehmigung? ZStW **128** (2016) 713; *T. Zimmermann* Korruption und Gubernation, ZStW **124** (2012) 1023; *ders.* Das Unrecht der Korruption (2018); *ders.* Die Strafbarkeit der Kandidaten-Bestechung, ZfIStw **2022** 89; *Zöller* Korruptionsstrafbarkeit durch Wahlkampfspenden – Zugleich Besprechung von BGH, Urteil vom 28.8.2007 [= NStZ **2008** 33], GA **2008** 151; *ders.* Strafbarkeit eines Fotografen wegen Vorteilsgewährung bzw. Bestechung im Rahmen der Schulfotografie, ZJS **2011** 550; *Zwiehoff* Amtsträger in privatrechtlich verfassten Unternehmen? Festschrift Herzberg (2008) 155.

Vgl. auch die Angaben vor Rdn. 1 sowie ergänzend (zum älteren Schrifttum) *Jescheck* LK[11] zu § 331.

Rechtsvergleichendes Schrifttum bei *Fischer* § 331 Rdn. 1a (a.E.); ferner *Friedhoff* Rdn. 224 bis 366 (Österreich, Schweiz); *Queralt* Festschrift Imme Roxin (2012) 57 (Spanien).

1. Entstehungsgeschichte und Systematik

a) Bis zum EGStGB 1974. In den strafrechtlichen Bestimmungen zu den Bestechungsdelikten 20 verbindet sich der römisch-rechtliche Leitgedanke der Untersagung jeder außerplanmäßigen Entlohnung des Amtsträgers durch Dritte mit dem deutsch-rechtlichen Ansatz, der den Unrechtsgehalt in der Käuflichkeit einer Amtshandlung sieht.[83] Das **RStGB**[84] unterschied zwischen der einfachen, auf eine „an sich nicht pflichtwidrige Handlung"[85] bezogenen (§ 331) und der schweren, auf die Verletzung einer Amts- oder Dienstpflicht gerichteten passiven Bestechung (§ 332). Hierbei wurde § 332 überwiegend nicht als Qualifikation des § 331, sondern als in einem Exklusivitätsverhältnis stehende eigenständige Strafnorm angesehen.[86] Als aktive Bestechung war (in § 333 RStGB) nur das Gegenstück zu § 332 RStGB unter Strafe gestellt. In § 334 RStGB war die passive und aktive Richterbestechung normiert, die allein künftige richterliche Handlungen erfasste. Nachdem diese Regelungen (ergänzt durch die Verordnung gegen Bestechung und Geheimnisverrat nichtbeamteter Personen[87]) über 100 Jahre nahezu unverändert geblieben waren,[88] schuf das **EGStGB 1974**[89] nach dem Vorbild der §§ 460 bis 463 E 1962[90] (und unter Einarbeitung der §§ 2 bis 4 der sodann aufgehobenen „Bestechungsverordnung") die bis heute beibehaltene systematische Grundstruktur.

Hiernach wird das System der Bestechungsdelikte durch **vier Tatbestände** gebildet, die in 21 zweifacher Hinsicht **spiegelbildlich** angeordnet sind.[91] Zum einen unterscheidet das Gesetz zwischen dem Nehmenden (§§ 331 und 332: Vorteilsannahme bzw. Bestechlichkeit) und dem Gebenden (§§ 333 und 334: Vorteilsgewährung bzw. Bestechung), zum anderen wird innerhalb dieser Einteilung danach differenziert, ob der Vorteil sich auf ein rechtmäßiges (§§ 331 und 333) oder rechtswidriges Amtswalterhandeln (§§ 332 und 334) bezieht. Die Richterbestechung wurde nunmehr innerhalb dieser Delikte (jeweils als Qualifikation in Absatz 2) mitgeregelt. Allerdings bedeutete die Spiegelbildlichkeit zwischen Nehmer- und Geberseite keine Kongruenz bezüglich der Reichweite der Strafbarkeit. Vielmehr war die nachträgliche Belohnung einer an sich nicht pflichtwidrigen Dienst- oder richterlichen Handlung (noch) nicht von § 333 umfasst und somit für den Geber straflos, für den Nehmer hingegen gemäß § 331 strafbar (s. Rdn. 23).

Zu den **inhaltlichen Änderungen** gehörten (neben Modifizierungen der Strafdrohungen)[92] 22 die ausdrückliche Einbeziehung der Ermessensbeamten, die Einführung einer behördlichen Ge-

83 *Maurach/Schroeder/Maiwald* II § 79 Rdn. 1, 8; *Überhofen* S. 73 f. (m.w.N.). Zur historischen Entwicklung bis zum RStGB vgl. *Geerds* S. 6 ff.; *Hardtung* S. 17 ff. und *Stock* S. 46 ff., 63, 69 ff. Eingehend zur Reformdiskussion und Gesetzgebung seit dem 19. Jahrhundert die Monographie von *Durynek* Korruptionsdelikte (§§ 331 ff. StGB) aus dem Jahr 2008.

84 Zum Folgenden *Dölling* C 36; *Kuhlen* NK § 331 Rdn. 1.

85 Vgl. hierzu *Eb. Schmidt* Rdn. 255 sowie *Geerds* S. 53 (Fn. 287 m.w.N.).

86 RG DR **1943** 757 f.; BGHSt **12** 146, 147 f. mit Anm. *A. Kaufmann* JZ **1959** 375 ff.; s.a. *Baumann* S. 8 ff.; *Graupe* S. 120 ff.

87 Vom 3.5.1917, neu gefasst durch Bekanntmachung vom 22.5.1943 (RGBl. I S. 351).

88 *Kuhlen* NK § 331 Rdn. 2.

89 BGBl. I S. 645. Zu den Änderungen BTDrucks. 7/550 S. 269 ff.; *Blei* JA **1974** 309 ff., 377 ff.; *Jung* in: Roxin/Stree/Zipf/Jung S. 128 ff.; *Sturm* JZ **1975** 6, 13 f.; kritisch zum RegE *Dornseifer* JZ **1973** 267 ff. Angaben zu weiteren Materialien bei *Jescheck* LK[11] § 331 vor Rdn. 1.

90 BTDrucks. 7/550 S. 269 f.; *Stein/Deiters* SK § 331 Rdn. 1 f. Zu den Regelungen im E 1962 *Feldmann* S. 71 ff.; zur systematisch abweichenden Konzeption im E 1960 vgl. *R. Schmitt* ZStW **73** (1961) 414 ff.; *Überhofen* S. 74 (Fn. 7).

91 *Geppert* Jura **1981** 42, 45 f.; *Maurach/Schroeder/Maiwald* II § 79 Rdn. 2 und 4 f.

92 Vgl. *Dölling* C 37.

nehmigung (§§ 331 Abs. 3, 333 Abs. 3) und die ausdrückliche Gleichstellung des Unterlassens mit der Vornahme einer Diensthandlung bzw. einer richterlichen Handlung (§ 335 a.F., jetzt § 336).[93] Ferner erfolgte eine Klarstellung zum Vorteilsbegriff bei der Schiedsrichtervergütung (§ 335a a.F., entsprechend § 337 n.F.). Mit der durchgängig verwandten Formulierung „als Gegenleistung für" sollte das Erfordernis eines Beziehungsverhältnisses zwischen der Diensthandlung und dem Vorteil (zur sog. „Unrechtsvereinbarung" s. § 331 Rdn. 64 ff.) zum Ausdruck gebracht werden.[94] Überdies wurde die Strafbarkeit des Vorteilsgebers in zweifacher Hinsicht ausgeweitet:[95] Zum einen erfasste die einfache aktive Bestechung gemäß § 333 Abs. 1 nunmehr (insoweit § 331 entsprechend) auch die Vorteilsgewährung für künftige nicht pflichtwidrige Diensthandlungen eines Ermessensbeamten (zuvor nur bezüglich richterlicher Handlungen strafbedroht). Zum anderen wurde auch die nachträgliche Belohnung einer pflichtwidrigen Diensthandlung (über die frühere Regelung in § 4 „BestechungsVO"[96] hinausgehend)[97] in § 334 einbezogen.

23 **b) Korruptionsbekämpfungsgesetz 1997.** Grundlegende Veränderungen brachte, nachdem die Korruption Gegenstand des 61. DJT (1996)[98] gewesen war, das Gesetz zur Bekämpfung der Korruption vom 13.8.1997 (**[1.] KorrBekG**).[99] In dem neu geschaffenen (26.) Abschnitt „Straftaten gegen den Wettbewerb" (§§ 298–302) wurden wettbewerbsbeschränkende Absprachen bei Ausschreibungen (§ 298) zur Straftat hochgestuft und die zuvor in § 12 UWG normierte Angestelltenbestechung (unter Einbeziehung von Drittvorteilen, Anhebung der Strafrahmen und Lockerung des Antragserfordernisses) als „Bestechlichkeit und Bestechung im geschäftlichen Verkehr" (§ 299, mit Regelbeispielen für besonders schwere Fälle in § 300) in das StGB übernommen (hierzu *Lindemann* LK Vor § 298 vor Rdn. 1; § 299 Rdn. 2).[100] Auch bezüglich der Korruption im öffentlichen Bereich ist (neben einer Ergänzung des Amtsträgerbegriffs in § 11 Abs. 1 Nr. 2 Buchst. c) sowohl eine Ausweitung[101] als auch eine Verschärfung der Strafbarkeit zu verzeichnen. So wurden in die Tatbestände der §§ 331 bis 334 die Drittzuwendungen einbezogen und bezüglich der §§ 331 und 333 das Merkmal der Unrechtsvereinbarung in der Weise gelockert, dass der Vorteil nur „für die Dienst*ausübung*" (und nicht mehr als Gegenleistung für eine hinreichend bestimmte „Diensthandlung") angenommen oder gewährt werden muss. Ferner wurde § 333 spiegelbildlich zu § 331 ausgestaltet, sodass nunmehr auch die Vorteilsgewährung für eine bereits vorgenommene sowie für eine künftige gebundene rechtmäßige Dienstausübung dem Tatbestand unterfällt. Auf der Rechtsfolgenseite wurden die Strafdrohungen der §§ 331 ff. fast durchgängig angehoben; zu den Taten gemäß §§ 332 und 334 wurden in § 335 Regelbeispiele für besonders schwere Fälle normiert. Durch § 338 wurde in Fällen der gewerbs- oder bandenmäßigen Begehung der §§ 332 oder 334 die Anordnung des Erweiterten Verfalls (§ 73d) vorgeschrieben. Darüber

---

93 Zu diesen Änderungen *Maiwald* JuS **1977** 353 ff.

94 BTDrucks. 7/550 S. 271; vgl. auch zur Bedeutung eines „Äquivalenzverhältnisses" auf der Grundlage des früheren Rechts *Eb. Schmidt* Rdn. 125 ff. sowie zum neu aufgenommenen Begriff der „Diensthandlung" *Ebert* GA **1979** 361 ff.

95 BTDrucks. 7/550 S. 270, 274, 275.

96 S. oben (zu) Fn. 87.

97 Vgl. *Baumann* S. 46 f.

98 Vgl. hierzu das Gutachten C von *Dölling* sowie die Verhandlungen des 61. DJT Bd. II (1996) L 8 ff., 186 ff.; Tagungsberichte: NJW **1996** 2989 f., 2995 ff. (Beschlüsse); *König* JZ **1997** 135 f. Zur damaligen Diskussion vgl. u.a. *Braum* NJ **1996** 450 ff.; *Duttge* ZRP **1997** 72 ff.; *Geerds* JR **1996** 309 ff.; *Hettinger* NJW **1996** 2263 ff.; *Kerner/Rixen* GA **1996** 355 ff.; *König* DRiZ **1996** 357 ff.; *Littwin* ZRP **1996** 308 ff.; *Lüderssen* StV **1997** 318 ff.; *Ransiek* StV **1996** 446 ff.; *Schaupensteiner* NStZ **1996** 409 ff.; *ders.* Kriminalistik **1996** 237 ff., 306 ff.; weitere Nachweise bei *Stein/Deiters* SK § 331 Rdn. 6.

99 BGBl. I S. 2038. Zu den Gesetzesmaterialien vgl. § 331 vor Rdn. 1; s. ferner *Bauer/Gmel* LK[11] Nachtrag zu §§ 331–338 Rdn. 1 ff.; *Dölling* ZStW **112** (2000) 334 ff.; *Fiebig/Junker* Rdn. 19 ff.; *König* JR **1997** 397 ff.; *Korte* NStZ **1997** 513 ff.; *ders.* NJW **1997** 2556 ff.; *Schünemann* FS Otto 777, 779 ff.; *Wolters* JuS **1998** 1100 ff. Ausführlich zur Entstehungsgeschichte *Durynek* S. 319 ff.

100 Vgl. ferner *Dölling* ZStW **112** (2000) 334, 347 ff.; *Greeve* Rdn. 38 ff., 336 ff.; *König* JR **1997** 397, 401 ff.; *Korte* NStZ **1997** 513, 516 ff.; *Wolters* JuS **1998** 1100, 1101 ff.

101 Kritisch hierzu *Hendrik Schneider* FS Seebode 331 ff.

hinaus eröffnete § 338 Abs. 2 bei bandenmäßig begangener Bestechung die Möglichkeit der Verhängung der (inzwischen durch das BVerfG allerdings für nichtig erklärten)[102] Vermögensstrafe (§ 43a). Zu Einzelfragen des Rückwirkungsverbots (§ 2 Abs. 2 und 3) vgl. BGH NJW **2004** 693, 696 (zur Verjährung); OLG Karlsruhe NStZ **2001** 654 f. (zur Unrechtsvereinbarung); OLG Stuttgart NJW **2003** 228 f. (zum Drittvorteil). Einen Überblick über die Rechtsprechung zur Neufassung der §§ 331 ff. geben *Caspari* DRiZ **2008** 284 ff.; *B. Heinrich* NStZ **2005** 197 ff., 256 ff. und *Michalke* StV **2011** 492 ff. Zu Vorschlägen de lege ferenda vgl. Rdn. 44.

c) Korruptionsbekämpfungsgesetz 2015. Einen weiteren Ausbau erfuhr das Korruptionsstrafrecht im Hinblick auf **Taten mit Auslandsbezug**[103] durch das Gesetz zur Bekämpfung der Korruption vom 20.11.2015 (**[2.] KorrBekG**).[104] Da angesichts des eindeutigen Wortlauts von § 11 Abs. 1 Nr. 2 und 3 Amtsträger oder Richter im Sinne des StGB nur solche Personen sind, die ihre Stellung „nach deutschem Recht" übertragen bekommen haben, war die Bestechung ausländischer Amtsträger in Deutschland grundsätzlich[105] nicht von den §§ 331 ff. erfasst.[106] Nachdem entsprechende Bemühungen der UNO in den 1970er Jahren noch gescheitert waren, führten seit Anfang der 1990er Jahre auf unterschiedlichen Ebenen unternommene Vorstöße zur Erarbeitung einzelstaatsübergreifender Instrumente zur Bekämpfung der internationalen Korruption,[107] die insbesondere in zwei Gesetzen vom 10.9.1998 Eingang in das deutsche Strafrecht fanden (näher zu beiden Gesetzen [mit Abdruck der einschlägigen Vorschriften] *Sowada* LK[12] Rdn. 25 ff.)[108]: das EU-Bestechungsgesetz (EUBestG)[109] und das Gesetz zur Bekämpfung internationaler Bestechung (IntBestG).[110] Die in diesen Gesetzen (mit unterschiedlicher Reichweite) ausgestalteten Gleichstel- 24

102 BVerfG, Urt. v. 20.3.2002 (= BVerfGE **105** 135), BGBl. I S. 1340.

103 Darstellung der Gesetzesentwicklung im Bereich der internationalen Bestechung bei *Korte* MK § 331 Rdn. 27–40; *Wabnitz/Janovsky/Schmitt/Möhrenschlager* 3. Kap. Rdn. 23 f. S. auch *Kuhlen* § 331 Rdn. 5.

104 BGBl. I S. 2025. Zu den Gesetzesmaterialien s. § 331 vor Rdn. 1. Die Zahlenangabe „Zweites" fehlt in der Gesetzesbezeichnung; der Gesetzestitel lautet – in wörtlicher Übereinstimmung mit dem Gesetz vom 13.8.1997 (s. Fn. 99) – „Gesetz zur Bekämpfung der Korruption".

105 Eine Ausnahme galt gemäß Art. 7 Abs. 2 Nr. 11 des 4. StrÄndG (BGBl. 1957 I S. 597, 601 f.; später als Neufassung unter der Überschrift „NATO-Truppen-Schutzgesetz" [NTSG] vom 27.3.2008 [BGBl. I S. 490] bekannt gemacht [§ 1 Abs. 2 Nr. 10]) bezüglich der Vorteilsgewährung an und der Bestechung von in der BRD stationierten Soldaten, Beamten und bestimmten sonstigen Bediensteten der NATO-Truppen. Vgl. hierzu BGH NStZ **1994** 277; *B. Heinrich* S. 556; *Stein/Deiters* SK § 11 Rdn. 23.

106 *Dölling* C 102; *Korte* wistra **1999** 81; *Pelz* StraFo **2000** 300.

107 *Bannenberg* S. 28 ff.; *Dölling* C 103 f.; *Hetzer* NJW **2004** 3746 ff.; *Korte* wistra **1999** 81, 82 ff.; *Kubiciel* ZStW **120** (2008) 429 ff.; *Möhrenschlager* JZ **1996** 822, 830 f.; *Pieth* ZStW **109** (1997) 756, 759 f.; *ders.* in: Pieth/Eigen S. 207 ff. und 341 ff.; *Stolpe* Kriminalistik **2004** 292 ff.; s.a. den umfangreichen Dokumentarteil bei *Pieth/Eigen* S. 559–715. Kritisch zu den erarbeiteten Vorschlägen *Volk* GS Zipf 419, 421, 428 ff. Ausführlich zur Entwicklung des internationalen Korruptionsstrafrecht *Androulakis* Die Globalisierung der Korruptionsbekämpfung (2007), insbesondere S. 117 ff., und *Nagel* Entwicklung und Effektivität internationaler Maßnahmen zur Korruptionsbekämpfung (2007); s.a. *Durynek* S. 349 ff.

108 Vgl. ferner *Korte* wistra **1999** 81 ff.; *Möhrenschlager* in: Dölling 8. Kap. Rdn. 271 ff. sowie ausführlich *Pohlmann* S. 116–129.

109 Gesetz zu dem Protokoll vom 27.9.1996 zum Übereinkommen über den Schutz der finanziellen Interessen der *Europäischen* Gemeinschaften (EU-Bestechungsgesetz – EUBestG), BGBl. 1998 II S. 2340; in Kraft getreten am 22.9.1998. Das Gesetz ist abgedruckt bei *Pieth/Eigen* S. 683 ff. Gesetzesmaterialien: Gesetzentwurf der BReg. BTDrucks. 13/10424; Beschlussempfehlung und Bericht des Rechtsausschusses BTDrucks. 13/10970. Vgl. zu diesem Gesetz *Sch/Schröder/Heine* § 331 Rdn. 1c; *Gänßle* NStZ **1999** 543, 546 f.; *Korte* wistra **1999** 81, 83 ff.; *Pelz* StraFo **2000** 300, 301 f.; *Westhoff* RIW **1999** 950 f.; *Zieschang* NJW **1999** 105 f.

110 Gesetz zu dem Übereinkommen vom 17.12.1997 über die Bekämpfung der Bestechung ausländischer Amtsträger im internationalen Geschäftsverkehr (Gesetz zur Bekämpfung internationaler Bestechung – IntBestG), BGBl. 1998 II S. 2327; in Kraft getreten am 15.2.1999. Das Gesetz ist abgedruckt bei *Pieth/Eigen* S. 672 ff. Gesetzesmaterialien: Gesetzentwurf der BReg. BTDrucks. 13/10428; Stellungnahme des BR und Gegenäußerung der BReg. BTDrucks. 13/10768; Beschlussempfehlung und Bericht des Rechtsausschusses BTDrucks. 13/10973. Vgl. zu diesem Gesetz *Bernsmann/Gatz-*

lungsregelungen wurden – nachdem ein diesbezüglicher Gesetzentwurf[111] 2007 noch gescheitert war – unter gleichzeitiger Umsetzung weiterer von der Bundesrepublik Deutschland gezeichneter internationaler Abkommen[112] durch das (2.) KorrBekG in das StGB eingegliedert. Diesbezüglich sind zwei Formen zu unterscheiden. Zum einen wurde der Begriff des **Europäischen Amtsträgers** neu geschaffen und in § 11 Abs. 1 Nr. 2a installiert. Indem dieser Personenkreis in die Tatbestände der §§ 331 bis 334 (sowohl als tauglicher Täter als auch als geeigneter Vorteilsempfänger) eingefügt wurde, besteht insoweit eine vollständige Gleichstellung mit inländischen Amtsträgern (einschließlich der Strafbarkeit von Vorteilen für die allgemeine Dienstausübung [§§ 331, 333] sowie Zuwendungen für vorangegangene Diensthandlungen). Im Unterschied hierzu normiert der zeitgleich neu geschaffene **§ 335a** in abgestufter Weise für bestimmte Tatbestände und Personengruppen Gleichstellungen mit den in den §§ 331 ff. genannten Personen.

2. Rechtsgut

25 Im Ausgangspunkt besteht weitgehend Einigkeit darüber, dass den Bestechungsdelikten (§§ 331 ff.) ein **einheitliches** Rechtsgut[113] zugrunde liegt,[114] dessen Inhalt allerdings noch nicht abschließend geklärt ist.[115] Die Schwierigkeiten resultieren zum einen aus einer zum Teil uneinheitlichen Terminologie, zum anderen aus der Tatsache, dass manche Aspekte teils als eigenständiges Schutzgut, teils aber auch als Bestandteil eines komplexer gestalteten Rechtsgutsgebildes angesehen werden.[116] Allgemein verliert die Rechtsgutsbestimmung mit zunehmender Vagheit und Weite an Leistungsfähigkeit (s. auch Rdn. 30).[117] Umgekehrt würde ein offener Verzicht auf den Rechtsgutsbezug die Situation nicht verbessern. In jüngster Zeit gibt es vermehrt Versuche, das Unrecht der Korruption aus den Strukturelementen des Korruptionsbegriffs herauszuarbeiten und die Beiträge zur Rechtsgutsdiskussion in dieses Modell zu integrieren[118] (s. auch Rdn. 37). Eine eingehende Kritik der einzelnen „Theoriefamilien" bietet *T. Zimmermann* S. 131–288, 714 ff.

---

weiler Rdn. 805 ff.; *Krause/Vogel* RIW **1999** 488 ff.; *Nagel* S. 142 ff.; *Gänßle* NStZ **1999** 543 ff.; *Greeve* Rdn. 472 ff.; *B. Heinrich* GS Keller 103, 111 ff.; *Korte* wistra **1999** 81, 85 ff.; *Kuhli* S. 146 ff.; *Pelz* StraFo **2000** 300, 302 ff.; *Taschke* StV **2001** 78 ff.; *Zieschang* NJW **1999** 105, 106 f.

111 BRDrucks. 548/07; BTDrucks. 16/6558 (Abdruck der einschlägigen Normentwürfe bei *Sowada* LK[12] Rdn. 24 [Fn. 108]). Näher hierzu (krit.) *Matkey* Kriminalistik **2008** 92 ff.; *Walther* Jura **2009** 421, 427; *Wolf* NJW **2006** 2735 ff.; *ders.* ZRP **2007** 44 ff. sowie speziell zum Entwurf des § 335a *Nestler* StV **2009** 313 ff. (sowie und *Rönnau* StV **2009** 302, 305 ff. zu § 299). Kritisch zum erneuten Anknüpfen *Brockhaus/Haak* HRRS **2015** 218; *Walther* WiJ **2015** 152 f.

112 Vgl. BTDrucks. 18/4350 S. 12.

113 Vgl. zur Problematik *Dölling* C 48 ff.; *Korte* MK § 331 Rdn. 2 ff.; *Kuhlen* NK § 331 Rdn. 9 ff.; *Roxin* FS Kargl 459, 461 ff.; *Stein/Deiters* SK § 331 Rdn. 17 f.; ausführlich auch *Loos* FS Welzel 879 ff.; *de la Mata Barranco* FS Tiedemann 869, 871 ff.; *Rüdiger* S. 51 ff., 74 ff., 86 f., 239 ff. sowie *Bauchrowitz* S. 92 ff.; *Graupe* S. 76 ff.; *Gribl* S. 69 ff.; *B. Heinrich* S. 239 ff., 287 f.; *Höltkemeier* S. 52 ff.; *Jaques* S. 36 ff., 63 ff.; *Köhler* S. 13 ff., 47 ff.; *v. Treskow* S. 93 ff.; *Überhofen* S. 75 ff.; *Wentzell* S. 79 ff. Überblicksartig *Hilgendorf/Kudlich/Valerius/Eidam* BT II § 50 Rdn. 6; *SSW/Rosenau* § 331 Rdn. 6.

114 *Korte* MK § 331 Rdn. 2; vgl. jedoch auch *Geerds* S. 49 ff. (hierzu *Graupe* S. 96 f.) und *Wagner* S. 233 ff. (gegen ihn *Sch/Schröder/Cramer*[26] § 331 Rdn. 2; s. aber auch *Maurach/Schroeder/Maiwald* II § 79 Rdn. 9; *Hardtung* S. 45 ff.). Vgl. ferner kritisch *Böse* ZIS **2018** 119, 120 ff., 128; *Wachter* GA **2019** 735 ff.

115 Zur historischen Entwicklung des Streitstands vgl. *Höltkemeier* S. 52 ff.; *Überhofen* S. 75 ff. Rechtsvergleichend *Überhofen* in: Eser/Überhofen/Huber S. 705, 729 ff.; s.a. *Köhler* S. 97 ff. sowie (zur Schweiz) *Jositsch* S. 299 ff.

116 *B. Heinrich* S. 239 f., 248 f.; s.a. *Gribl* S. 70; *Korte* MK § 331 Rdn. 7.

117 *Sommer* AnwK § 331 Rdn. 2 f.; *Wachter* GA **2019** 735 ff.; *T. Zimmermann* S. 131 ff.

118 So vor allem *T. Zimmermann* in seiner Habilitationsschrift (Das Unrecht der Korruption, 2018), insb. S. 286 ff., 714 ff.; s.a. *Greco* GA **2016** 249, 250 f.

a) Meinungsstand. Mehrere **ältere Ansätze** zur Schutzgutbestimmung sind zwar nicht falsch,[119] können heute aber als überholt gelten.[120] So kommen weder die „Verletzung der Dienstpflicht"[121] noch die „Reinheit der Amtsausübung"[122] als umfassendes Rechtsgut in Betracht, da diese Aspekte zu allgemein und unbestimmt sind, um den spezifischen Unrechtsgehalt der Bestechungsdelikte (auch in Abgrenzung zum Disziplinarrecht)[123] zu bezeichnen, und die §§ 331 und 333 überdies gerade keine pflichtwidrige Diensthandlung verlangen. Auch die „Unentgeltlichkeit der Amtsführung"[124] stellt angesichts der weitgehenden Gebührenpflichtigkeit staatlichen Handelns sowie der Schiedsrichtervergütung (vgl. § 337) kein tragfähiges Schutzgut dar. Die „Ordnung des staatlichen Gebühren- und Abgabenwesens"[125] umschreibt lediglich das unmittelbare Regelungsziel, ohne die zugrunde liegende Wertung zu benennen, die der Annahme (im Übrigen auch immaterieller) Vorteile entgegensteht. 26

Für die **heutige Diskussion** haben insbesondere zwei Gesichtspunkte Bedeutung behalten. Nach einer Ansicht geht es um den Schutz vor der **Verfälschung des Staatswillens**,[126] während eine andere Auffassung auf den Schutz des **Vertrauens der Allgemeinheit**[127] in die Sachlichkeit staatlicher Entscheidungen abstellt. Zunehmend gewinnt im Schrifttum eine beide Aspekte vereinigende Betrachtungsweise an Boden, die die Funktionsfähigkeit der staatlichen Verwaltung und Rechtspflege als ein **komplexes Rechtsgut**[128] begreift, das als innere und äußere Funktionsbedingungen sowohl die Lauterkeit des öffentlichen Dienstes bzw. die Sachlichkeit der Amtsausübung als auch das diesbezügliche Vertrauen der Bevölkerung umschließt[129] (näher dazu Rdn. 14 ff.). 27

Zwischen diesen Polen bewegen sich auch die einschlägigen Äußerungen in den **Gesetzgebungsmaterialien.**[130] Der RegE zum **EGStGB**[131] bezeichnet die „Lauterkeit des öffentlichen Dienstes" als geschütztes Rechtsgut. Die Vorschriften sollen hiernach die Käuflichkeit von Diensthandlungen und die Befangenheit der Bediensteten und damit auch eine Verfälschung des Staatswillens verhindern. Ob schon das diesbezügliche Vertrauen der Allgemeinheit schutzwürdig ist (so die 28

119 *Kuhlen* NK § 331 Rdn. 12; s.a. *Blei* II S. 455 f.

120 Vgl. zum Folgenden *Korte* MK § 331 Rdn. 3; *Sch/Schröder/Heine/Eisele* § 331 Rdn. 8 sowie *Geerds* S. 43 ff.; *Geppert* Jura **1981** 42, 46; *Graupe* S. 76 ff.; *B. Heinrich* S. 240 ff.; *Traumann* S. 109 f.

121 *Heffter* NArchiv KrimR **13** (1833) 48 ff.; weitere Nachweise bei *Geerds* S. 43 (Fn. 247).

122 RGSt **72** 174, 175 f.; BGHSt **10** 237, 241; *Kohlrausch/Lange* § 331 Bem. 1.

123 Gegen eine Abgrenzung mittels des Rechtsgutsaspekts *Brüning* S. 515 ff.

124 *Birkmeyer* S. 309, 311; *Bohne* SJZ **1948** 693, 697; s.a. *Baumann* S. 7 f.; *Henkel* JZ **1960** 507, 508; weitere Nachweise bei *B. Heinrich* S. 242 (Fn. 487).

125 *Wagner* S. 233 f., 271 (s. aber auch *ders.* JZ **1987** 594, 599 [Fn. 101]).

126 So insbesondere *Eb. Schmidt* Rdn. 143 ff. (mit Fn. 216a), 267; *ders.* NJW **1960** 802, 804; ferner u.a. *Bockelmann* ZStW 72 (1960) 251, 257; *A. Kaufmann* JZ **1959** 375, 377; *Klug* JZ **1960** 724, 725; *Maurach* BT S. 749 f. Vgl. auch *Arzt/Weber/Heinrich/Hilgendorf/Heinrich* BT § 49 Rdn. 18 und *Lüderssen* StV **1997** 318, 322 sowie *B. Heinrich* S. 244 (Fn. 505).

127 So insbesondere *Friedhoff* Rdn. 39 ff., 50; *Schröder* GA **1961** 289 ff.; ferner *Geppert* Jura **1981** 42, 46; *Schmidhäuser* BT 24. Kap. Rdn. 4; s.a. zur Rechtsprechung Rdn. 29. Empirisch zur Korruptionswahrnehmung in der Bevölkerung *Trunk/Schneider* et al. S. 19 ff.

128 *Graupe* S. 116 f.; *Kuhlen* NK § 331 Rdn. 10, 12; *Lackner/Kühl/Heger* § 331 Rdn. 1; *Letzgus* NStZ **1987** 309, 310; *Maurach/Schroeder/Maiwald* II § 79 Rdn. 9.

129 *Hingst* S. 345 ff.; *SSW/Rosenau* § 331 Rdn. 7; *Selle* S. 20 f.; *Stein/Deiters* Rdn. 10 und § 331 Rdn. 17 f.; *Strehlow* S. 46 ff., 57. Hierbei auf die „Lauterkeit" abstellend *Haft* BT II S. 288; *Krey/Hellmann/Heinrich* BT 1 Rdn. 907; *Satzger* ZStW **115** (2003) 469, 473; *Schlüchter* FS Geerds 713, 715; *Traumann* S. 113 f.; auf die „Sachlichkeit" rekurrierend *Bauchrowitz* S. 100 ff.; *Fürsen* S. 78 f.; *Jescheck* LK[11] Rdn. 17; *Kuhlen* NK § 331 Rdn. 12 f.; *Maurach/Schroeder/Maiwald* II § 79 Rdn. 9; *Schwieger* S. 90 f. In ähnlicher Weise wird die Funktionsfähigkeit der Verwaltung (i.w.S.) unter Einbeziehung des Vertrauensschutzaspekts als Rechtsgut angesehen von *Fischer* § 331 Rdn. 2; *Graupe* S. 116 f.; *Gribl* S. 77; *Hardtung* S. 47; *B. Heinrich* S. 287 f.; *Korte* MK § 331 Rdn. 8; *Schreier* S. 8; *Überhofen* S. 81 f. Allein auf die (schon durch den Anschein der Käuflichkeit beeinträchtigte) Lauterkeit des öffentlichen Dienstes abstellend *Küpper/Börner* § 9 Rdn. 5.

130 *Korte* MK § 331 Rdn. 4; *Höltkemeier* S. 54 f.; *Überhofen* S. 78 f., 80 f.

131 BTDrucks. 7/550 S. 269 f.

Begründung Vor § 460 E 1962),[132] bleibt dahingestellt, da die gezeigte Bereitschaft zu einer pflichtwidrigen Handlung die Gefahr einer Verfälschung des Staatswillens bedeute. Die Gesetzesmaterialien zum **1. KorrBekG** geben insoweit kein eindeutiges Bild,[133] als (wiederum) die Lauterkeit des öffentlichen Dienstes als „Rechtsgut" bezeichnet wird,[134] andere Formulierungen aber auf das Vertrauen der Bevölkerung abzielen. Hierauf Bezug nehmend nennt die Entwurfsbegründung zum **2. KorrBekG** „die Lauterkeit des öffentlichen Dienstes und das Vertrauen der Öffentlichkeit in diese Lauterkeit" als „Normzweck der Bestechungsdelikte".[135]

29 Der **BGH** hat zunächst die „Reinheit der Amtsausübung" als geschütztes Rechtsgut der §§ 331 ff. bezeichnet.[136] In BGHSt **15** 88, 96 f.[137] wird auf die Sicherung der „Makellosigkeit des Amtes nach außen" abgestellt, die als „Grundlage für das Vertrauen der Bevölkerung" erhalten werden soll, „dessen die Staatsverwaltung für eine gedeihliche Wirksamkeit bedarf". Neuere Entscheidungen nennen (teilweise neben dieser Lauterkeit)[138] das „Vertrauen der Allgemeinheit in die Lauterkeit des öffentlichen Dienstes",[139] das „Vertrauen in die Sachgerechtigkeit und ‚Nicht-Käuflichkeit' dienstlichen Handelns"[140] oder das „Vertrauen der Allgemeinheit in die Integrität von Trägern staatlicher Funktionen und damit zugleich in die Sachlichkeit staatlicher Entscheidungen"[141] als Schutzgut. Ausdrücklich als Rechtsgüter der §§ 331 ff. verneint werden die Vermögensinteressen der Anstellungskörperschaft[142] sowie der Schutz vor einer Verfälschung des Staatswillens.[143] Insgesamt liegt der Akzent der Rechtsprechung deutlich auf dem Gedanken des Vertrauensschutzes.[144]

30 **b) Stellungnahme.** Durch den **Aspekt des Vertrauensschutzes**[145] erfährt die Rechtsgutskonzeption eine Erweiterung, mittels derer das gesamte von den §§ 331 ff. abgedeckte Spektrum der Strafbarkeit erklärt werden kann. Dass sich die Strafbarkeit gemäß §§ 331 und 333 auch auf nachträglich für rechtmäßige Diensthandlungen gewährte Vorteile erstreckt, erscheint unter dem Blickwinkel einer Verfälschung des Staatswillens wenig einleuchtend.[146] Eher begründbar ist eine solche Strafbarkeit auf dem Boden der Prämisse, dass das Vertrauen der Öffentlichkeit schon dann erschüttert wird, wenn auch nur der Anschein der Käuflichkeit für pflichtwidrige Handlungen erzeugt wird,[147] und dass dieser Argwohn auch schon durch die Verknüpfung der Dienstausübung mit gesetzlich nicht vorgesehenen Vorteilen (der sog. Unrechtsvereinbarung) ausgelöst wird.[148] Die (relativen) Stärken einer den Vertrauensschutzaspekt einbeziehenden Rechtsgutskonzeption

---

132 BTDrucks. IV/650 S. 648 f.
133 Ebenso *Höltkemeier* S. 54 f.; vgl. ferner (auch zum Folgenden) *B. Heinrich* S. 249 (Fn. 535).
134 BTDrucks. 13/5584 S. 16.
135 BTDrucks. 18/4350 S. 24.
136 BGHSt **10** 237, 241. So auch schon RGSt **72** 174, 175 f.
137 Bestätigt in BGH NStZ **1985** 497, 499. Ähnlich auch schon RGSt **39** 193, 201.
138 BGHSt **49** 275, 284, 287, 292 f.; BGH NJW **1985** 2654, 2656 (= NStZ **1985** 497, 499). S. auch OLG Hamm NStZ **2002** 38, 39.
139 BGHSt **30** 46, 48; **47** 22, 31; s.a. BGHSt **15** 352, 354; BGH NJW **1987** 1340, 1342 (= NStZ **1987** 326, 327); **2000** 589, 590; BGH StV **1997** 129 (LS); **2002** 604, 605; BGH wistra **2001** 295, 297; BGH NStZ-RR **2005** 266, 267.
140 BGHSt **47** 295, 303, 309; BGH NJW **2001** 2558, 2559 (= NStZ **2001** 425, 426); BGH StV **2019** 42, 46.
141 BGHSt **43** 370, 377; **49** 214, 227; BGH JR **2005** 27, 29; ähnlich auch OLG Karlsruhe NJW **1989** 238 f.
142 BGHSt **30** 46, 48; **33** 37, 38; BGH NStZ **2001** 589, 590.
143 BGHSt **47** 22, 25.
144 *Korte* MK § 331 Rdn. 7. Im Schrifttum mit ähnlicher Betonung wohl *Sch/Schröder/Heine/Eisele* § 331 Rdn. 7; s.a. die Nachweise in Fn. 127.
145 Ausführlich hierzu *T. Zimmermann* S. 207–269 (insb. S. 209 ff., 265 ff.), 715.
146 Vgl. *Kuhlen* NK § 331 Rdn. 11 (Fn. 39); *Sch/Schröder/Heine/Eisele* § 331 Rdn. 8; ferner *Dölling* JuS **1981** 570, 573; *Geppert* Jura **1981** 42, 46; *Gribl* S. 70 f.; s. aber auch *Graupe* S. 105 f.; *Jaques* S. 42 ff.
147 BGHSt **15** 88, 97.
148 Vgl. hierzu *Korte* MK § 331 Rdn. 8; *B. Heinrich* S. 249 ff. (m.w.N.).

liegen im systematisierenden und methodischen, d.h. die teleologische Auslegung anleitenden Bereich.[149] Im Hinblick auf einen – freilich seinerseits umstrittenen –[150] „systemkritischen", die Legitimation des Gesetzgebers zum Einsatz von Kriminalstrafe tendenziell begrenzenden Rechtsgutsbegriff[151] erscheint der Schutz des Vertrauens der Allgemeinheit hingegen **problematisch**.[152]

Ein prinzipielles Bedenken besteht darin, dass das Vertrauen gerade die Kehrseite der fakti- 31
schen Normgeltung darstellt und überdies keine positiv vorhandene Bewusstseinslage, sondern das Fehlen eines bestimmten Bewusstseinsinhalts (eben des Misstrauens) zum Gegenstand hat.[153] Deshalb erscheint fraglich, ob hier ein Nullum zu etwas positiv Vorhandenem stilisiert und als (Schein-)„Rechtsgut" ausgegeben wird[154] und ob es dieser Projektion auf den Empfängerhorizont der Bürger überhaupt bedarf, da die beste Garantie für öffentliches Vertrauen in die Verwaltung doch die korrekte Amtsführung selbst ist.[155] Auf der anderen Seite bedarf die staatliche Verwaltung und Rechtspflege der „Abnahmebereitschaft des Publikums", die damit zu den Funktionsbedingungen staatlichen Handelns zählt.[156] Dieser spezifische Bezug zu der besonders misstrauensgefährdeten Institution des öffentlichen Dienstes eröffnet die Möglichkeit, der Außenwirkung korruptiven Verhaltens Rechtsgutsrelevanz beizulegen.[157]

Dennoch wäre es verfehlt, das Vertrauen der Bevölkerung als primäres oder gar alleiniges 32
Rechtsgut(selement) der §§ 331 ff. anzusehen.[158] Ausgangs- und Bezugspunkt der Rechtsgutsbestimmung sollte vielmehr die **Sachlichkeit staatlicher Entscheidungen** sein.[159] Es bedeutet in der Sache wohl keinen nennenswerten Unterschied, diese Komponente mit dem (moralisierenden) Begriff des „Amtsethos"[160] oder der „Lauterkeit" des öffentlichen Dienstes als innere Funktionsbe-

---

149 Vgl. *Lackner/Kühl/Heger* § 331 Rdn. 1; *Loos* FS Welzel 879, 884; s.a. *Kuhlen* NK § 331 Rdn. 11.

150 Ablehnend u.a. BVerfGE **120** 224, 241 f. (zum Inzest-Verbot); krit. hierzu das Sondervotum von *Hassemer* BVerfGE **120** 255, 257; *Jäger* SK Vor § 1 Rdn. 11 f.

151 Zu diesem Grundproblem des Rechtsgutsbegriffs vgl. allgemein nur *Jäger* SK Vor § 1 Rdn. 8 ff.; *Roxin/Greco* AT I § 2 Rdn. 2 ff.; *Sch/Schröder/Eisele* Vor § 13 Rdn. 10; *Weigend* LK Einl. Rdn. 4 ff.; *Hassemer* NStZ **1989** 553, 557; grdl. *ders.* Theorie und Soziologie des Verbrechens (1973), S. 19 ff.; ausführlich ferner *M. Krüger* Die Entmaterialisierungstendenz beim Rechtsgutsbegriff (2000), insbesondere S. 16 ff., 170 ff.; *Stächelin* S. 30 ff. und die Beiträge in *Hefendehl/v.Hirsch/Wohlers* (Hrsg.) Die Rechtsgutstheorie (2003); speziell zu den §§ 331 ff. *Höltkemeier* S. 62 ff.; *Jacques* S. 23 ff., 60 ff.; *Schwieger* S. 37 ff., 74 ff.

152 Kritisch insbesondere *Höltkemeier* S. 57 ff., *Jaques* S. 46 ff.; *Köhler* S. 54 f.; *Roxin/Greco* AT I § 2 Rdn. 84 f.; *Rüdiger* Rechtsgutlehre, S. 429 ff. (die Legitimität der §§ 331, 333 verneinend a.a.O. S. 444 f.); *Walther* Jura **2010** 511, 513; *Wessels/Hettinger/Engländer* Rdn. 1082; s.a. bereits *Baumann* S. 10 ff. (hierzu *Graupe* S. 101 ff.); ferner *B. Heinrich* S. 248 ff. und *Kargl* ZStW **114** (2002) 763, 792 f.; ebenso (zum schweizerischen Recht) *Jositsch* S. 302 ff., 308.

153 *Hilgendorf/Kudlich/Valerius/Eidam* § 50 Rdn. 6; *Matt/Renzikowski/Sinner* § 331 Rdn. 5; *Sommer* AnwK § 331 Rdn. 2; *Walther* Jura **2010** 511, 513; *T. Zimmermann* S. 265 f., 715. Empirisch zur Beurteilung der Korruption in der Bevölkerung *Kury/Würger* Kriminalistik **2004** 300 ff.

154 Vgl. zum Vorstehenden *Amelung* in: Hefendehl/v. Hirsch/Wohlers (Hrsg.) Die Rechtsgutstheorie (2003) 155, 172. Kritisch zum empirischen Substrat auch *Köhler* S. 54; s.a. *Ahlf* in Vahlenkamp/Knauß S. 401, 435 f.; *Hettinger* NJW **1996** 2263, 2265.

155 *Dölling* JuS **1981** 570, 573.

156 *Loos* FS Welzel 879, 889 f.; *Hardtung* S. 44; *Wentzell* S. 82 f. Zur Akzeptanz von Verwaltungsentscheidungen (auch zu ihrer präventiven Bedeutung) *M. Bauer* S. 127 ff. Vgl. auch *Palazzo* FS Volk 525, 526 (Gefährdung von Legalität und Legitimität staatlichen Handelns).

157 *Amelung* in: Hefendehl/v. Hirsch/Wohlers (Hrsg.) Die Rechtsgutstheorie (2003) 155, 174 ff.; *Hefendehl* S. 124 ff., 321 ff.

158 Zu stark akzentuiert wird die Außenperspektive auch, wenn auf das Vertrauen in die Lauterkeit und *in* (!) die Sachlichkeit abgestellt wird. In dieser Richtung die Rechtsprechung (s. Rdn. 29) sowie *Joecks/Jäger* Rdn. 1; *Otto* BT § 99 Rdn. 1; *Rengier* BT 2 § 60 Rdn. 6; *Sch/Schröder/Heine/Eisele* § 331 Rdn. 7; ähnlich wohl *Lackner/Kühl/Heger* § 331 Rdn. 1. Wie hier *Bannenberg* HK-GS § 331 Rdn. 1; *Hilgendorf/Kudlich/Valerius/Eidam* § 50 Rdn. 6.

159 In diesem Sinne auch *Dölling* C 48 ff.; *ders.* ZStW **112** (2000) 334, 335; *ders.* JR **2008** 171, 173; *Gössel/Dölling* § 75 Rdn. 1; *Kindhäuser/Schramm* BT I § 71 Rdn. 1 f.; *Ransiek* StV **1996** 446, 450; *Höltkemeier* S. 82 ff.; *Köhler* S. 53 ff., 162 f.; s.a. *Blei* II S. 455 f.; *Hefendehl* S. 321; *Jacques* S. 90 f. und *Stächelin* S. 311 f. Ausführlich zur Sachlichkeit (bzw. „Korrektheit") von Entscheidungen *T. Zimmermann* S. 153–207, 715 f.

160 OLG Frankfurt NJW **1989** 847, 848 (m.w.N.); *Loos* FS Welzel 879, 889 f.; *Schlüchter* FS Geerds 713, 714 f.

dingung staatlichen Handelns zu umschreiben.[161] Das hiervon deutlich zu trennende Vertrauen der Bürger ist kein Selbstzweck, sondern es kann rechtliche Bedeutung erst wegen seiner potenziellen Wirkungen auf die Funktionsfähigkeit der staatlichen Institutionen erlangen. Diese Sichtweise vermeidet auch die (vermeintliche) Ungereimtheit, bei erfolgreicher Vertuschung von Korruption eine Rechtsgutsbeeinträchtigung eigentlich verneinen zu müssen.[162] Auch der Umstand, dass der Staat und seine Funktionseinheiten nicht um ihrer selbst willen, sondern nur insoweit zu schützen sind, als sie dem Schutz und den Interessen der einzelnen Staatsbürger dienen,[163] macht den Vertrauensschutz nicht automatisch zum (Teil-)Rechtsgut. Ob man dem Vertrauensaspekt den Stellenwert eines (höchstens) gleichrangigen Rechtsgutsbestandteils einräumt,[164] ob man hierin immerhin ein nachgeordnetes Element eines komplexen Schutzgutes[165] oder nur einen für die Rechtsgutsbestimmung irrelevanten Schutzreflex sieht, hängt (u.a.) davon ab, ob man den Vertrauensverlust als eine unmittelbare[166] oder lediglich mittelbare, abgeleitete Gefährdung[167] der Funktionsfähigkeit des öffentlichen Dienstes begreift.

33 Die (euphemistische) Redeweise von der Kumulation mehrerer Rechtsgutselemente mag ein besonders starkes Fundament für eine Strafnorm suggerieren. In Wahrheit sind komplexe „Patchwork-Rechtsgüter" strukturell schwache Gebilde, wenn ihnen eine **alternative Verknüpfung** zugrunde liegt.[168] So bewirkt die Hinzunahme des Vertrauensschutzaspekts eine Erstreckung der Strafbarkeit weit in das Vorfeld der eigentlichen Gefahren für die Sachlichkeit der Entscheidungen, indem schon der (selbst falsche) böse Anschein der Käuflichkeit mit Kriminalstrafe belegt wird.[169] Ob eine so weit gehende Kriminalisierung überzeugt, ist eine vorrangig vom Gesetzgeber zu beantwortende kriminalpolitische Frage.[170] Ist die Einbeziehung des Vertrauensschutzes einerseits verfassungsrechtlich nicht zu beanstanden (s.a. Rdn. 32), so sollte andererseits für die kriminalpolitische Diskussion nicht aus dem Blick geraten, dass die materielle Berechtigung einer Strafnorm um so problematischer ist, je weiter sie sich vom Zentrum des Unrechtsgehalts – nach hier vertretener Ansicht die Gefährdung der Sachlichkeit der staatlichen Entscheidungen – entfernt.[171] Zur Charakterisierung des geltenden Bestechungsstrafrechts ist auf die Funktionsfähigkeit des öffentlichen Dienstes und der Rechtspflege als komplexes Rechtsgut abzustellen, das (insoweit in grundsätzlicher Übereinstimmung mit der h.L.; s.o. Rdn. 27) als Teilelemente sowohl die Sachlichkeit staatlicher Entscheidungen als auch (nachgeordnet; s. insoweit Rdn. 32) das diesbezügliche Vertrauen der Allgemeinheit umfasst.[172]

---

161 Vgl. auch die in Fn. 138 angegebenen Nachweise.

162 *Höltkemeier* S. 59; *Jaques* S. 50; *Ransiek* StV **1996** 446, 450; s. aber auch *Loos* FS Welzel 879, 890 f.

163 *B. Heinrich* S. 310, 692; *Kargl* ZStW **114** (2002) 763, 788 ff.

164 *Graupe* S. 116 f.

165 So *Gribl* S. 74 ff., 77; *Köhler* S. 54 f., 162 f.; ähnlich wohl *Hardtung* S. 44 f., 47.

166 *Loos* FS Welzel 879, 890; s.a. *Hefendehl* S. 321 f.; *Wolter* Objektive und personale Zurechnung von Verhalten, Gefahr und Verletzung in einem funktionellen Straftatsystem (1981) 329.

167 *Dölling* C 49; *Höltkemeier* S. 82; *Köhler* S. 162 f.; *Ransiek* StV **1996** 446, 450; *Wentzell* S. 83 ff.

168 *Traumann* S. 114; *Köhler* S. 53; *Sommer* AnwK § 331 Rdn. 3; ausführlich *T. Zimmermann* S. 274 ff., 716. Vgl. auch allgemein (im Hinblick auf Einwilligungsfragen) *Sowada* Die „notwendige Teilnahme" als funktionales Privilegierungsmodell im Strafrecht (1992) 91 ff.; *Sternberg-Lieben* Die objektiven Schranken der Einwilligung im Strafrecht (1997) 93 ff.

169 Vgl. OLG Frankfurt NJW **1989** 847, 848 (m.w.N.). Kritisch hierzu *Arzt* FG BGH 50, 755, 766 ff. („Verdachtserregungsverbote"); *Haffke* S. 33; *Kargl* ZStW **114** (2002) 763, 782 ff., 790; *Ransiek* StV **1996** 446, 450.

170 Vgl. *Hassemer/Neumann* NK Vor § 1 Rdn. 114 f.; *Höltkemeier* S. 82; *Roxin/Greco* AT I § 2 Rdn. 12 u. 86 f. Skeptisch gegenüber der Leistungsfähigkeit des Rechtsgutsbegriffs als Strafbarkeitsbegrenzung (u.a.) *Frisch* FS Stree/Wessels 69, 71 ff., 74 f. Speziell zu §§ 331 ff. *Stächelin* S. 311 f.; gegen ihn *Hefendehl* S. 322 f.

171 Ebenso *Dölling* C 50 f.; *Köhler* S. 54.

172 Vgl. auch *Möhrenschlager* JZ **1996** 822, 823 f. Zur Entbehrlichkeit des Vertrauensschutzaspekts bei einer Verlängerung der Ableitungskette vgl. *Höltkemeier* S. 82 ff.; *Wentzell* S. 84 f.

c) Auslandskorruption. Die bereits durch das EUBestG und IntBestG und die in ihnen normierten Gleichstellungsregelungen aufgeworfene Frage, inwieweit sich die auf internationalen Vereinbarungen beruhenden Strafbestimmungen auf das Rechtsgut der §§ 331 ff. auswirken,[173] stellt sich im Hinblick auf die Eingliederung in das StGB und die hiermit einhergehende (nochmalige) Erweiterung durch das (2.) KorrBekG 2015 in noch stärkerem Maße.[174] Nach der Vorstellung des Gesetzgebers gilt der allgemeine Normzweck der Bestechungsdelikte (Lauterkeit und Vertrauen) „– wenn auch eingeschränkt –" auch für internationale Korruptionstaten.[175] Die allgemeine Einbeziehung der Europäischen Amtsträger lässt sich im Ausgangspunkt als grundsätzlich systemwahrende Fortschreibung innerstaatlicher Strafkonzepte verstehen;[176] darüber hinaus wird weitergehend die strafrechtliche Bekämpfung der **Auslandskorruption** teilweise als generalpräventiver Beitrag zum Schutz der Lauterkeit und Integrität der inländischen Verwaltung gedeutet.[177] Dennoch lässt sich der auslandsbezogene Überhang nicht vollständig auf die räumliche Erstreckung des für das Inland entwickelten Schutzkonzepts reduzieren. Nachdem der zuvor durch Art. 2 § 1 IntBestG vermittelte Bezug zum internationalen Geschäftsverkehr im Normtext des neuen § 335a Abs. 1 nicht mehr enthalten ist, erscheint der freie und lautere internationale Wettbewerb als Schutzgut der ausländischen Amtsträgerbestechung fraglich.[178] Umgekehrt werden (nicht zuletzt angesichts der strafrechtlichen Erfassung auch der Nehmerseite) Beeinträchtigungen der Integrität ausländischer Staaten sowie ausländischer und internationaler Institutionen in den Schutzkontext einbezogen, was zu verstärkten Legitimationsproblemen führt (s. auch § 335a Rdn. 3).[179] Soweit man auch die Vermögensinteressen der EU als mitgeschützt ansieht,[180] führt dies umgekehrt nicht zu einer entsprechenden Erweiterung des Schutzbereichs bezüglich der innerstaatlichen Amtsträgerbestechung.[181] 34

3. Deliktsnatur

Ihrer Deliktsnatur nach sind die §§ 331 ff. **abstrakte Gefährdungsdelikte.**[182] Das gilt für die §§ 331 und 333 unabhängig von der Rechtsgutsbestimmung.[183] Denn für rechtmäßiges dienstliches Han- 35

---

173 Hierzu *Sowada* LK[12] Rdn. 38.
174 Vgl. *Korte* MK § 331 Rdn. 9 ff.; *Matt/Renzikowski/Sinner* § 331 Rdn. 2 f. sowie eingehend *Pohlmann* S. 153 ff., 172; *Schunck* S. 124 ff., 137 ff.
175 BTDrucks. 18/4350 S. 24. Näher zum Ansatz der Internationalisierung des Schutzguts der §§ 331–334 *Schunck* S. 159 ff.; s.a. *Hoven* S. 510 ff., 524 ff.; *T. Zimmermann* S. 690 ff., 707 ff.
176 Vgl. *Deiters* GS Weßlau 51, 58 f.; *Korte* MK § 331 Rdn. 9; **krit.** *Isfen* JZ **2016** 228, 323 f.
177 Für einen inländischen Institutionenschutz *Kubiciel* in: Hoven/Kubiciel S. 45 ff. (56 f.); *Spörl* S. 258 ff., 266; hierzu auch *Hoven* S. 519 ff., *Schunck* S. 149 ff., zust. *Korte* MK § 331 Rdn. 11, **abl.** *Deiters* GS Weßlau 51, 60; *Kuhlen* NK § 331 Rdn. 11 (Fn. 25); *T. Zimmermann* S. 705 ff.
178 Bejahend *Korte* MK § 331 Rdn. 11; *Sch/Schröder/Heine/Eisele* § 331 Rdn. 7; für einen lediglich mittelbaren Schutz *Schunck* S. 154 ff., 159, 194; verneinend *Kuhlen* NK § 331 Rdn. 14, § 334 Rdn. 3i. Vgl. auch *Hoven* S. 512 ff.
179 Generell krit. *Schünemann* ZRP **2015** 68, 71; *SSW/Rosenau* § 331 Rdn. 4 („Rechtsimperialismus"); mit Einschränkungen *Deiters* GS Weßlau 51, 60 ff. (nur bei rechtlicher Missbilligung am Tatort) sowie *Isfen* JZ **2016** 228, 234 und *Kuhlen* NK § 335a Rdn. 11, 13 f. (nur bei Schutzwürdigkeit des anderen Staates). Ausführlich *T. Zimmermann* S. 698 ff.
180 BTDrucks. 18/4350 S. 23; *Korte* MK § 331 Rdn. 10; *Sch/Schröder/Heine/Eisele* § 331 Rdn. 7; s.a. *Kuhlen* NK § 331 Rdn. 14 (Fn. 45: „allenfalls zusätzlich").
181 Vgl. *Fischer* § 331 Rdn. 2; *Leitner/Rosenau/Gaede* § 331 Rdn. 3.
182 *Dölling* JuS **1981** 570, 574 (Fn. 76); *Fischer* § 331 Rdn. 2; *Hilgendorf/Kudlich/Valerius/Eidam* § 50 Rdn. 7; *Korte* MK § 331 Rdn. 12; *Matt/Renzikowski/Sinner* § 331 Rdn. 8; *SSW/Rosenau* § 331 Rdn. 8. Vgl. auch zur Einordnung der §§ 331 ff. als Tätigkeitsdelikte OLG Stuttgart NJ **1997** 503; *Sch/Schröder/Heine/Eisele* § 332 Rdn. 1; nach den Tathandlungen differenzierend demgegenüber (nur „Fordern" und „Anbieten" als Tätigkeitsdelikte, im Übrigen Erfolgsdelikte) *Helmrich* wistra **2009** 10, 12. **AA** für die Einordnung als Verletzungsdelikte *Kargl* ZStW **114** (2002) 763, 785 f. (bezüglich §§ 332, 334 ebenso *Kindhäuser* ZIS **2011** 461, 465) sowie (unter Heranziehung von BGHSt **52** 300, 304 [zum Verjährungsbeginn]) auf das Erfolgsunrecht „als pönometrisches Urmeter" abstellend *T. Zimmermann* S. 325 ff., 718, 726.
183 *Wentzell* S. 84, 87.

deln geforderte oder erbrachte Gegenleistungen gefährden den Staatswillen bzw. die Sachlichkeit staatlicher Entscheidungen nur mittelbar in der Weise, dass sich hieraus die Bereitschaft ergeben kann, künftig auch rechtswidriges Amtswalterhandeln käuflich zu stellen.[184] Das normative Prinzip der gesetzmäßigen Verwaltung ist als solches kausal nicht verletzbar.[185] Ähnliches gilt, wenn man den Vertrauensschutz mit der Enttäuschung nicht real vorhandener, sondern normativ vorausgesetzter Erwartungen verbindet.[186] Doch auch wenn man auf das Vertrauen des Publikums als kausal verletzbares Objekt abstellt, ergibt sich eine Vertrauensbeeinträchtigung erst aufgrund eines (empirisch ohnehin nicht nachgeprüften)[187] Kumulationseffekts, sodass auch insoweit bezüglich des Einzelgeschehens von einem abstrakten Gefährdungsdelikt auszugehen ist.[188]

36 Die Überlegungen zum Vertrauensaspekt gelten für die §§ 332, 334 in gleicher Weise. Auf dem Boden der (vorzugswürdigen, s. Rdn. 32) auf die Sachlichkeit der Amtsführung als (maßgeblichem) Schutzzweck abstellenden Ansicht werden die §§ 332 und 334 teilweise als konkrete Gefährdungsdelikte aufgefasst.[189] Dem ist nicht zu folgen; denn erstens ist (formell) hier der Gefahrerfolg nicht im Gesetz normiert und zweitens hängt der Eintritt der Gefahr (materiell) nicht allein vom Zufall ab, sondern er steht bei künftigen Diensthandlungen weiterhin im Machtbereich des Amtsträgers.[190] Auch die Annahme, es handele sich bezüglich der auf zurückliegende Diensthandlungen bezogenen Tatalternativen um Verletzungsdelikte,[191] überzeugt nicht: Auch wenn man davon ausgeht, dass jene Diensthandlungen tatsächlich begangen worden sein müssen, kann die nachträgliche Belohnung insoweit nicht kausal geworden sein, sodass auch hier wiederum nur die Bedeutung für eine entsprechende künftige (noch nicht konkrete) Gefährdung bleibt. Richtig ist freilich, dass die den §§ 332 und 334 unterfallenden Taten wegen des Bezugs auf eine konkrete pflichtwidrige Diensthandlung einen gegenüber den §§ 331, 333 erhöhten Gefährlichkeitsgrad aufweisen[192] und deshalb als Qualifikation der letztgenannten Delikte angesehen werden können.[193] Dennoch macht die größere Intensität der Gefährlichkeit der Handlung aus abstrakten Gefährdungsdelikten keine konkrete.[194]

4. Rechtspolitischer, kriminologischer und kriminalistischer Hintergrund

37 **a) Begriff der Korruption.** Die §§ 331 ff. regeln die Amtsträgerbestechung und bilden damit einen Ausschnitt aus dem Bereich der Korruption. Der in der öffentlichen Diskussion vorrangig verwandte **Begriff** der **Korruption** (von lat. *corrumpere* = verderben, entkräften, entstellen, bestechen) bezeichnet – freilich ohne randscharfe Konturen – ein wie es scheint zeitlos und kulturkreisübergreifend anzutreffendes globales Phänomen[195] in Staat, Wirtschaft und Gesellschaft

---

184 *Dölling* C 49 f.; *Hettinger* NJW **1996** 2263, 2268 f.; *A. Kaufmann* JZ **1959** 375, 377; *Ransiek* StV **1996** 446, 450.

185 *Loos* FS Welzel 879, 886 f.

186 Vgl. *Hoyer* Die Eignungsdelikte (1987) 44 (Fn. 102).

187 *Jaques* S. 53. Deshalb vermag es nicht zu überzeugen, dass *Kargl* (ZStW **114** [2002] 763, 785 f.) die §§ 331, 333 im Hinblick auf die Erschütterung des Vertrauens der Bevölkerung als Verletzungsdelikte ansieht.

188 *Loos* FS Welzel 879, 891 f.; s.a. *Hefendehl* S. 196 f., 321 ff.; *Kuhlen* NK § 331 Rdn. 12 (Fn. 43); *Wolter* Objektive und personale Zurechnung von Verhalten, Gefahr und Verletzung in einem funktionellen Straftatsystem (1981) 328 f.

189 *Geerds* JR **1981** 301, 302 f.; *Hardtung* S. 44.

190 *Wentzell* S. 87 f.; s.a. *Zieschang* Die Gefährdungsdelikte (1998) 339 sowie allgemein *Küper* BT^6 S. 151 f.

191 So *Wentzell* S. 88.

192 *Wentzell* S. 84 f.

193 Bejaht von der ganz h.M.; vgl. BGH NStZ **1984** 24; *Dölling* JuS **1981** 570, 574; *Fischer* § 332 Rdn. 1; *Hilgendorf/Kudlich/Valerius/Eidam* § 50 Rdn. 3; *Kuhlen* § 331 Rdn. 2; *Sch/Schröder/Heine/Eisele* § 331 Rdn. 7; vgl. auch ausführlich *Wentzell* S. 162 ff. **AA** *Greco* GA **2016** 249, 255 f.

194 Vgl. *Zieschang* Die Gefährdungsdelikte (1998) 339 (s. auch a.a.O. S. 28 ff., 50 f.).

195 Vgl. z.B. *Schuller* (Hrsg.) Korruption im Altertum (1982); *Brauneder* in: Brünner S. 75 ff.; *Jositsch* S. 26 ff.; *Reinhart* FS Imme Roxin 69, 71 ff.; s.a. die Beiträge bei *Fleck/Kuzmics* (Hrsg.) Korruption: zur Soziologie nicht immer abweichenden Verhaltens (1985) 70–199. Zur Korruption in der deutschen Geschichte ab 1870 vgl. die Beiträge bei *Bellers* (Hrsg.) Politische Korruption (1989) 15–104.

(das „zweitälteste Gewerbe der Welt“[196]).[197] Neben der „klassischen“ Amtsträgerkorruption bestehen strafrechliche Regelungen für die politische und Mandatsträgerkorruption (§§ 108b, 108e), die Wirtschaftskorruption (§§ 299, 300–301), die Korruption im Gesundheitswesen (§§ 299a–301) und im Sport[198] (§§ 265c–265e).[199] Dennoch erfasst das (deutsche) Strafrecht die Korruption fragmentarisch, indem die Regelungsdichte divergiert und flächendeckende Strafbestimmungen bezüglich der Korruption im sozialen Leben (z.B. in den Medien oder zu NGOs) fehlen.[200] Doch auch innerhalb des strafrechtlich abgedeckten Bereichs ist die „Korruption“ kein Rechtsbegriff, sondern ein aus kriminalpolitischer, kriminalistischer und kriminologischer Perspektive entwickelter Terminus zur Charakterisierung eines regelmäßig (aber nicht denknotwendig)[201] negativ besetzten Verhaltens.[202] Auch aus dieser Blickrichtung ist die Erarbeitung eines allgemein konsentierten Korruptionsbegriffs bislang nicht gelungen.[203] Das vom BKA erstellte „Bundeslagebild Korruption“ umschreibt Korruption in kriminologischer Hinsicht als (1) Missbrauch eines öffentlichen Amtes, einer Funktion in der Wirtschaft oder eines politischen Mandats (2) zugunsten eines anderen, (3) auf dessen Veranlassung oder aus Eigeninitiative (4) zur Erlangung eines Vorteils für sich oder einen Dritten, (5) mit Eintritt oder in Erwartung des Eintritts eines Schadens oder Nachteils (6) für die Allgemeinheit (in amtlicher oder politischer Funktion) oder (7) für ein Unternehmen (betreffend Täter als Funktionsträger in der Wirtschaft).[204] Allerdings haben die bereits in der Vergangenheit unternommenen Bemühungen, eine auch strafrechtsdogmatisch relevante Unrechtsstruktur des Korruptionsbegriffs herauszuarbeiten, in neuerer Zeit eine deutli-

196 *Kerner/Rixen* GA **1996** 355, 395; *Reinhart* FS Imme Roxin 69.

197 Vgl. zu den unterschiedlichen Ansatzpunkten für eine Inhaltsbestimmung *Überhofen* S. 30 ff.; *Bannenberg* S. 11 ff.; *M. Bauer* S. 15 ff.; *U. Busch* StV **2009** 291; *Dölling* C 9 ff.; *ders.* in: ders. 1/1 f.; *Geisler* S. 39 ff., 57; *Jositsch* S. 14 ff.; *Kerner/Rixen* GA **1996** 355, 359 ff.; ausführlich z.B. die Beiträge in *Brünner* (Hrsg.) Korruption und Kontrolle (1981); *v. Nell/Schwitzgebel/Vollet* (Hrsg.) Korruption – Interdisziplinäre Zugänge zu einem komplexen Phänomen (2003) sowie in *Fleck/Kuzmics* (Hrsg.) Korruption: zur Soziologie nicht immer abweichenden Verhaltens (1985); ferner *Höffling* S. 14 ff., 23 ff.; *Scheuch* Kriminalistik **2002** 79 ff.; aus politikwissenschaftlicher Sicht *v. Alemann/Kleinfeld* S. 259 ff.; die Beiträge in *Bellers* (Hrsg.) Politische Korruption (1989); *Noack* S. 13 ff., 23 ff.; vgl. ferner zum internationalen Vergleich die Beiträge zu I. und II. in *Pieth/Eigen* (Hrsg.) sowie rechtsvergleichend *Eser/Überhofen/Huber* (Hrsg.) Korruptionsbekämpfung durch Strafrecht (1997); *Jositsch* S. 497 ff.; s.a. *Bannenberg* S. 39 ff.; *Killias* FS Schneider 239, 240 ff.; *Nagel* S. 29 ff. sowie den von Trancparency International (zu dieser 1993 gegründeten Nicht-Regierungsorganisation vgl. *Wiehen* in: Pieth/Eigen S. 297 ff.) erstellten Corruption Perceptions Index (www.transparency.de/cpi/). Fallschilderungen zu deutschen Korruptionsskandalen bieten die Bücher von *Leyendecker* Die Korruptionsfalle (2003) und Die große Gier (2007); vgl. auch *Graeff/Schröder/Wolf* (Hrsg.) Der Korruptionsfall Siemens (2009).

198 Vgl. hierzu *Wabnitz/Janovsky/Schmitt/Bannenberg* 13. Kap. Rdn. 102 ff.; speziell zur Schiedsrichter-Korruption (§ 265d Abs. 3 und 4) *T. Zimmermann* S. 574 ff. Vgl. zur früheren Diskussion *König* JR **1997** 397, 398; *Maennig* in: v. Arnim S. 81 ff.; *Saliger* FS Kargl 493, 503 f. und die Beiträge bei *Weinreich* (Hrsg.) Korruption im Sport (2006); vgl. ferner (zu Polen) *Szwarc* FS Tiedemann 939 ff.

199 Ausführlich zu den Korruptionsstrukturen in den genannten Bereichen *T. Zimmermann* S. 581–690.

200 *Dölling* C 24 f., 92 f.; *ders.* ZStW **112** (2000) 334, 336; *Kerner/Rixen* GA **1996** 355, 377 f.; *König* JR **1997** 397, 398; *Saliger* FS Kargl 493, 498; *Volk* GS Zipf 419, 427 f.

201 Vgl. zur bisweilen lebensrettenden Funktion von Korruption in totalitären Systemen *Angermund* FS Hans Mommsen, 371, 373, 383; zum möglichen funktionalen Wert *M. Bauer* S. 117 ff.; *Dölling* C 35. Zur moralischen Beurteilung s.a. *Braum* NJ **1996** 450 ff.; *Liebl* Kriminalistik **2005** 478, 481 ff.; *Ostendorf* NJW **1999** 615 ff.

202 *Kaiser* FS Jhong-Won Kim 967, 970 f.; *Kerner/Rixen* GA **1996** 355, 359 ff.; *Überhofen* S. 51; *Vogel* FS Weber 395. Zur moralischen Dimension auch *Höffling* S. 15, 70 ff.

203 Vgl. *Ahlf* Kriminalistik **1996** 154 ff.; *Bannenberg* S. 15 f. („Korruption ist Machtmissbrauch von Angehörigen besonderer Macht.“); *Bottke* ZRP **1998** 215; *H. J. Schneider* in: ders. S. 739, 759 („Korruption ist jeder illegale oder unethische Gebrauch offizieller Autorität für persönlichen oder politischen Nutzen.“); *Vahlenkamp* in: ders./Knauß S. 17, 20; *Volk* GS Zipf 419, 421 ff. (Korruption als „regelwidriger Tausch von Vorteilen“). Ausführlich zu unterschiedlichen Korruptionsdefinitionen *T. Zimmermann* S. 80–128. Zur Frage eines allgemeinen Korruptionstatbestandes vgl. *Bannenberg* a.a.O. S. 14 f.; *Dölling* C 52 f.; *König* JR **1997** 397, 398; *Matkey* Kriminalistik **2008** 92, 96; *Saliger* FS Kargl 493, 498; *Volk* a.a.O. S. 424 ff. sowie (mit einem ausformulierten Modelltatbestand) *T. Zimmermann* S. 420–466. Gegen die Anerkennung eines allgemeinen Korruptionsdelikts jedoch *Matt/Renzikowski/Sinner* § 331 Rdn. 4.

204 Bundeslagebild Korruption 2019 S. 4.

che Verstärkung erfahren.[205] Dies gilt insbesondere im Hinblick auf die Untersuchung von *T. Zimmermann*, der Korruption als „(Ver-)Kauf einer unfair benachteiligenden Fehlentscheidung“ definiert.[206]

38 **b) Kriminologische Befunde. Kriminologisch**[207] lassen sich die korruptiven Praktiken grob in situative (= spontane) und strukturelle (= geplante) **Tatformen** unterteilen.[208] Bei etwas stärkerer Differenzierung ergibt sich eine Untergliederung zwischen den Fällen der Bagatell- oder Gelegenheitskorruption, der durch gewachsene Beziehungen geprägten Taten und der (meist der organisierten Wirtschaftskriminalität zuzuordnenden) Fälle mit Netzwerkstruktur; diesen Gruppen wird als denkbare vierte Struktur die Korruption als Teil der (sog.) „Organisierten Nicht-Wirtschaftskriminalität“ zur Seite gestellt.[209] Das im Bereich der strukturellen Korruption zu beobachtende **Täterprofil** (hierzu *Dölling* in: ders. 1. Kap. Rdn. 40 ff.) unterscheidet sich von dem für die allgemeine Kriminalität feststellbaren Täterbild und entspricht weitgehend den für die Wirtschaftskriminalität geltenden Befunden.[210] Als besonders **korruptionsanfällige Bereiche** (hierzu *Dölling* in: ders. 1. Kap. Rdn. 18 ff.) gelten das staatliche Auftrags- und Vergabewesen (vor allem in der Baubranche),[211] insbesondere soweit der öffentlichen Hand eine monopolartige Stellung zukommt, aber auch der Bereich staatlicher Genehmigungen oder Kontrollen.[212] Als eigenständiger Teilbereich lässt sich ferner die Regierungsamtsträgerbestechung (sog. Gubernativkorruption) in den Blick nehmen.[213]

39 **c) Kriminalitätsumfang.** Eine gesicherte Beurteilung des **Kriminalitätsumfangs** ist kaum möglich.[214]

---

205 *Greco* GA **2016** 249, 253, 257 („Korruption ist vorteilsbedingter Machtmisssbrauch.“); *Kindhäuser* ZIS **2011** 461 ff. (Korruption als spezifische Angriffsform); *Rotsch* S. 159, 160 ff., 166 (Korruption als Versuch einer Unrechtsabrede); *Saliger* FS Kargl 493, 496 ff. („Korruption als vorteilsbedingte und interessenwidrige Dienerschaft zweier Herren“). S. auch *Reinhart* FS Imme Roxin 69, 80 ff.

206 *T. Zimmermann* S. 322, 717.

207 Zur Kriminologie der Korruption vgl. *Eisenberg/Kölbel* § 46 Rdn. 24 ff.; *Kaiser* FS Tiedemann 1583, 1588 ff.; *Palazzo* FS Volk 525, 526 ff.; *H. J. Schneider* in: ders.S. 739, 759 ff.; *Wabnitz/Janovsky/Schmitt/Bannenberg* 13. Kap. Rdn. 6 ff.; zur Auslandsbestechung eingehend *Hoven* S. 145 ff., 281 ff.

208 Bundeslagebild Korruption 2004 (2005) S. 82. Einen Überblick über weitere Strukturierungsansätze gibt *Dölling* C 18 ff. Eine Dreiteilung (situative, strukturelle und systematische Korruption) nimmt *Geisler* S. 66 ff. vor. Der Anteil der Verfahren mit situativer Korruption beträgt durchschnittlich ca. 10–25 % (vgl. Bundeslagebild a.a.O. S. 12 f.).

209 *Bannenberg* S. 89 ff., 97 ff., 325 ff.; *dies.* Kriminalistik **2005** 468, 469 f.; s.a. *Gropp* FS Kreuzer 230, 232 ff.; *Höffling* S. 32 ff., 77 ff.; *Liebl* Kriminalistik **2005** 478, 480.

210 *Bannenberg* S. 209 ff., 340 ff.; *dies.* Kriminalistik **2005** 468, 471 f.; *Dölling* C 22 f.; s.a. Bundeslagebild Korruption 2004 (2005) S. 33 ff.; *Schönherr* S. 115 ff.; *Wabnitz/Janovsky/Schmitt/Dannecker/Bülte* 1. Kap. Rdn. 19 ff. Vgl. auch ausführlich *Höffling* S. 87 ff. (zu „Korruptions-Karrieren“) und S. 193 ff. (zum mangelnden Unrechtsbewusstsein).

211 Hierzu *Kilian* Kriminalistik **1994** 249 ff.; *Müller* Kriminalistik **1993** 509 ff.; *Stemmler/Augustin* Kriminalistik **1996** 35 ff.

212 *Ahlf* S. 19 ff.; *Bannenberg/Schaupensteiner* S. 52 ff.; Bundeslagebild Korruption 2004 (2005) S. 29 ff.; *Fiebig/Junker* Rdn. 37 ff.; *Vahlenkamp* in: ders./Knauß S. 137 ff. Zur Korruption in staatlichen Kontroll- und Strafverfolgungsorganen vgl. *Mischkowitz/Bruhn/Desch/Hübner/Beese* Einschätzungen zur Korruption in Polizei, Justiz und Zoll (2000); speziell zum Gastronomiegewerbe *Ohlemacher/Pfeiffer* Kriminalistik **1997** 470 ff. Vgl. auch die Fallstudien von *Claussen/Ostendorf* A 11 ff., C II 1 ff.; *Kerbel* S. 35 ff. (zu Frankfurt/M.) und *Höffling* S. 87 ff., 219 ff. Zur Korruption im Gesundheitswesen vgl. *Badle* NJW **2008** 1028 ff.; *Gaßner* S. 59 ff.; *Martiny/Schönhöfer/Bojunga* in: Transparency International (Hrsg.) Jahrbuch Korruption 2006 (2006) 31 ff.; *Rosenau/Lorenz/Wendrich* S. 53 ff.; *Hendrik Schneider* FS Seebode 331 ff.

213 Hierzu *T. Zimmermann* ZStW **124** (2012) 1023 ff.; *ders.* S. 120 f., 625 ff.

214 Näher hierzu *Wabnitz/Janovsky/Schmitt/Bannenberg* 13. Kap. Rdn. 6 ff., 16 ff.

aa) Hellfeld. Bezüglich des **Hellfeldes** der amtlich bekannt gewordenen Taten ergibt sich aus 40
der Polizeilichen Kriminalstatistik (PKS), dem vom BKA erstellten Bundeslagebild Korruption und aus der Strafverfolgungsstatistik (StVSt) folgendes Bild:[215]

PKS §§ 331–335[216]	**2008**	**2009**	**2010**	**2011**	**2012**	**2013**	**2014**	**2015**	**2016**	**2017**	**2018**	**2019**	**2020**
Fälle	1762	1493	1349	1110	1268	1128	2124	1076	1126	961	942	913	738
Tatverdächtige	1636	1541	1398	1134	1348	1227	1872	1107	919	1012	969	1094	868

Bundeslagebild[217]	**2008**	**2009**	**2010**	**2011**	**2012**	**2013**	**2014**	**2015**	**2016**	**2017**	**2018**	**2019**	**2020**
Verfahren	1808	1904	1813	1528	1373	1403							
Korruptionstaten	8569	6354	15746	46795	8175	7030	20263	8644	6502	4894	3804	5428	5510
Tatverdächtige	3020	2953	9071	3432	2805	3230	13738	2507	2545	2939	2458	2539	2171

StVSt[218]		**2008**	**2009**	**2010**	**2011**	**2012**	**2013**	**2014**	**2015**	**2016**	**2017**	**2018**	**2019**	**2020**
§ 331	abgeurteilt	62	80	65	48	23	22	24	20	9	12	18	26	11
	verurteilt	29	33	33	22	16	16	14	10	5	6	4	7	9
§ 332	abgeurteilt	67	56	53	59	54	32	40	23	33	45	32	39	37
	verurteilt	43	38	33	32	33	22	26	15	19	28	19	19	26
§ 333	abgeurteilt	54	41	52	38	29	28	25	14	15	28	28	13	17
	verurteilt	37	26	27	27	24	20	15	11	13	18	15	10	12
§ 334	abgeurteilt	185	162	204	167	140	137	122	140	128	161	161	184	219
	verurteilt	157	129	171	134	107	116	96	119	86	126	116	160	167
§ 335	abgeurteilt	33	36	28	30	24	22	24	24	26	32	13	18	20
	verurteilt	23	22	21	23	21	20	19	16	18	22	12	14	18
Gesamt	**abgeurteilt**	**401**	**375**	**402**	**342**	**270**	**241**	**235**	**221**	**211**	**278**	**252**	**280**	**305**
	verurteilt	**289**	**248**	**285**	**238**	**201**	**194**	**170**	**171**	**141**	**200**	**166**	**210**	**236**

Beim Vergleich dieser Zahlen ist zu beachten, dass es sich bei der PKS und beim Bundeslagebild 41
um Angaben zu Ermittlungsverfahren handelt, die sich sowohl hinsichtlich des Erhebungszeitpunkts (Bundeslagebild als stärker verdachtsabhängige Eingangs-, PKS als Ausgangsstatistik) als auch bezüglich der Zählweisen (insbesondere bei nur vom Lagebild erfassten gleichartigen Folgehandlungen) voneinander unterscheiden.[219] Komplexe Großverfahren können erhebliche Schwankungen bedingen. Die Strafverfolgungsstatistik weist (aus der Perspektive des Gerichts) Abgeurteilte und Verurteil-

215 Ausführliche statistische Daten bei *Wabnitz/Janovsky/Schmitt/Bannenberg* 13. Kap. Rdn. 16 ff.; zu den Jahren 1998 bis 2006/2007 auch *Sowada* LK[12] Rdn. 44 (m.w.N.).

216 Addition der Angaben zu den Schlüsselzahlen 651000 und 652000, PKS 2020, abrufbar unter www.bka.de/DE/Aktuelle Informationen/StatistikenLagebilder/PolizeilicheKriminalstatistik/PKS 2020/PKSTabellen/BundFalltabellen/bundfalltabellen .html?nn=145506 (T01-Grundtabelle-Fälle), Seit 2014 ohne Verfahrenszählung.

217 Für das Jahr 2020 vgl. Bundeslagebild 2020, abrufbar unter www.bka.de/SharedDocs/Downloads/DE/Publikationen/JahresberichteUndLagebilder/Korruption/korruptionBundeslagebild2020.html?nn=28078 (für weitere Jahre vgl. die entsprechenden Lageberichte).

218 Für das Jahr 2020 vgl. Statistisches Bundesamt, Fachserie 10 Reihe 3, 2020, abrufbar unter www.destatis.de/DE/Themen/Staat/Justiz-Rechtspflege/_inhalt.html (für die vorangegangenen Jahre vgl. die entsprechenden Fachserien).

219 Vgl. (auch zum Folgenden) *Ahlf* S. 14 f.; *BMI/BMJ* (Hrsg.) Erster Periodischer Sicherheitsbericht (2001) Langfassung (abrufbar unter www.bmj.de/DE/Service/Fachpublikationen/Fachpublikationen_node.html) S. 163 ff.; Bundeslagebild Korruption 2004 (2005) S. 8, 84 f.; *Grützner/Behr* in: Momsen/Grützner, Wirtschafts- und Steuerstrafrecht[2] (2020) § 30 Rdn. 14 ff. Zu Fehlerquellen bei der statistischen Erfassung *Bannenberg* S. 58 ff.

te nur insoweit aus, als das Bestechungsdelikt das schwerste Delikt war. Ungeachtet dieser Vorbehalte ist der im Hellfeld abgebildete quantitative Anteil der §§ 331 ff. an der registrierten Kriminalität mit ca. 0,05 % (ohne Taten im Straßenverkehr) gering.[220]

42 **bb) Dunkelfeld und Schäden.** Schwer einzuschätzen ist die Größe des Dunkelfeldes (hierzu *Dölling* in: ders. 1. Kap. Rdn. 5 ff.). Für ein beträchtliches Dunkelfeld[221] wird geltend gemacht, dass mangels eines personalen Opfers das Entdeckungsrisiko der kollusiv zusammenwirkenden Tatbeteiligten relativ gering ist.[222] Umgekehrt ist unklar, inwieweit eine stärkere Sensibilisierung der Gesellschaft, die Erhöhung der Kontrollintensität (z.B. durch die Einrichtung von Schwerpunktstellen bzw. Schwerpunktstaatsanwaltschaften)[223] und die durch das KorrBekG bewirkten Strafbarkeitsausdehnungen das Hellfeld beeinflussen. Als sehr unsicher (bzw. „rein spekulativ")[224] müssen die Schätzungen zu den (ohne Zweifel erheblichen) finanziellen Schäden der öffentlichen Hand (hierzu *Dölling* in: ders. 1 Kap. Rdn. 33 ff.; *Wabnitz/Janovsky/Schmitt/Bannenberg* 13. Kap. Rdn. 24 ff.) angesehen werden, da hier die jeweils geschätzte Anfälligkeits- und Schadensquote auf das gesamte Auftragsvolumen hochgerechnet werden.[225] Nicht quantifizierbar, aber rechtspolitisch in Rechnung zu stellen sind auch die Folgeschäden[226] sowie als immaterieller Schaden die Beeinträchtigung des Vertrauens der Bürger in den Rechtsstaat[227] (s.a. Rdn. 27 ff.). Die empirischen Befunde bieten keinen Beleg für die vielfach vermutete[228] enge Verbindung zur **Organisierten Kriminalität**.[229]

43 **d) Strategien zur Korruptionsbekämpfung.** Es ist allgemein anerkannt, dass es zur Bekämpfung der Korruption unterschiedlicher Maßnahmen präventiver und repressiver Art bedarf.[230] In

---

220 *Bannenberg* S. 53.

221 *Bannenberg* S. 58, 447 f. (aber auch a.a.O. S. 68); *Bannenberg/Schaupensteiner* S. 37 ff.; *Bussmann* Rdn. 590 ff.; *Claussen/Ostendorf* A 26 ff.; *Dölling* C 16 ff. (m.w.N.); *Eisenberg/Kölbel* § 24 Rdn. 27; zurückhaltend *Arzt/Weber/Heinrich/Hilgendorf/Heinrich* BT § 49 Rdn. 10; *Hettinger* NJW **1996** 2263, 2266; *Kerner/Rixen* GA **1996** 355, 365 f.; s.a. *BMI/BMJ* (Hrsg.) Zweiter Periodischer Sicherheitsbericht (2006) Langfassung (abrufbar unter www.bmj.de/DE/Service/Fachpublikationen/Fachpublikationen_node.html) S. 249 f.; *Korte* MK § 331 Rdn. 14 f.; *Ohlemacher/Pfeiffer* Kriminalistik **1997** 470, 474; kritisch *Braum* Europäische Strafgesetzlichkeit (2003) S. 520 f.; *Stächelin* S. 313 f.

222 *Bannenberg* Kriminalistik **2005** 468, 471 f.; *Kaiser* Einführung, S. 212.

223 *Greeve* Rdn. 21 ff.

224 So *BMI/BMJ* (Hrsg.) Erster Periodischer Sicherheitsbericht (s. Fn. 219) S. 161, 172 f.; *Korte* MK § 331 Rdn. 14; s.a. *Hettinger* NJW **1996** 2263, 2266 f.; *Kerner/Rixen* GA **1996** 355, 366.

225 *BMI/BMJ* (Hrsg.) Zweiter Periodischer Sicherheitsbericht (2006) (s. Fn. 221) S. 257 f.; *Bannenberg* S. 366 ff.; *Dölling* C 25 ff.; *Gneuß* S. 19 ff.; *Müller* Kriminalistik **1993** 509, 515 f. So belaufen sich die Schätzungen der materiellen Schäden auf bis zu umgerechnet 10 Mrd. Euro jährlich (vgl. *Kilian* Kriminalistik **1994** 654) bzw. mehr als 5 Mrd. Euro allein für die Baubranche (*Schaupensteiner* Kriminalistik **1994** 514, 516). Der festgestellte Schaden wird für 1996 mit 52 Mio. DM angegeben (*Ahlf* S. 24). Zur Schadensfeststellung im Einzelfall vgl. *Greeve* Rdn. 594 ff.

226 Vgl. *Bannenberg* S. 240 ff.; *Bussmann* Rdn. 597 ff.

227 *Bannenberg/Schaupensteiner* S. 42; *Dölling* C 27 f., 109; *ders.* in: ders. 1/37 ff.; *Grützner/Behr* in: Momsen/Grützner, Wirtschafts- und Steuerstrafrecht[2] (2020) § 30 Rdn. 39; *Kury* Kriminalistik **2012** 170.

228 *Bauer/Gmel* LK[11] Nachtrag zu §§ 331–338 Rdn. 2; *Dölling* C 29 f.; *Schaupensteiner* Kriminalistik **1994** 514, 517; vgl. auch *Bannenberg* S. 335 f.

229 *Bannenberg* S. 331 ff.; Bundeslagebild Korruption 2004 (2005) 57 ff.; *Korte* MK § 331 Rdn. 14.

230 Vgl. hierzu eingehend *Dölling* (Hrsg.) Handbuch der Korruptionsprävention (2007), insbesondere die dort enthaltenen Beiträge von *Korte* (S. 289 ff., zum öffentlichen Bereich) und von *Portz* (S. 351 ff., zur öffentlichen Auftragsvergabe); ferner *Ax/Schneider* (Hrsg.) Rechtshandbuch Korruptionsbekämpfung (2006); *Bannenberg* S. 375 ff., 446 ff.; *Borkenstein/Stadler* DVBl. **2018** 206; *U. Busch* StV **2009** 291, 297 ff.; *Caspar/Neubauer* LKV **2011** 200, 202 ff.; *Claussen/Ostendorf* A 42 ff.; *Dieners* JZ **1998** 181 ff.; *Dölling* C 42 ff., 110 ff.; *Jositsch* S. 72 ff., 519 ff., 554 ff.; *Kerner/Rixen* GA **1996** 355, 367 ff., 378 ff.; *Korte* MK § 331 Rdn. 1; *Möllering* WRP **1997** 933 ff.; *Sanchez-Hermosilla* Kriminalistik **2003** 74 ff.; *Schaupensteiner* NStZ **1996** 409, 412 ff.; *ders.* Kriminalistik **2003** 9, 10 ff.; *Stadler* CCZ **2013** 41 ff. Zur „Korruptionsbekämpfung durch Rechtsetzung" vgl. die gleichnamige Monografie von *M. Bauer* (2002). Vgl. ferner zur „Korruptionsprävention in der Bundesverwaltung"

präventiver Hinsicht gilt es, die korruptionsfördernden Strukturen aufzubrechen. Hierzu sind die behördlichen Entscheidungsprozesse möglichst transparent zu gestalten und durch Kontrollmechanismen abzusichern.[231] Des Weiteren sind sowohl ethische Ansätze[232] als auch die Möglichkeiten des Dienst- und Arbeitsrechts[233] sowie Konzepte zur Compliance[234] und zur Selbstregulierung von Unternehmen[235] zu nutzen. Zu den rechtspolitisch geforderten Maßnahmen gehört auch die (in einigen Bundesländern bereits erfolgte)[236] Einrichtung eines Korruptionsregisters[237] (in § 2 WRegG sind Verurteilungen gemäß §§ 331 ff. StGB nicht als eintragungspflichtig aufgeführt). Auf der Ebene des Strafrechts[238] geht es vor allem um die Steigerung der Effizienz der Strafverfolgung.[239] Hierbei wird de lege ferenda in prozessualer Hinsicht über die Ausweitung der Telefonüberwachung (§ 100a StPO)[240] und die Aufnahme einer gesetzlichen Vermutung der Verdunkelungsgefahr in § 112 Abs. 2 Nr. 3 StPO[241] diskutiert. Weitere Aspekte betreffen den Informantenschutz,[242] die Einführung einer „klei-

---

den Jahresbericht 2019 (abrufbar unter www.bmi.bund.de/SharedDocs/downloads/DE/veroeffentlichungen/2021/03/korruptionspraevention-bundesverwaltung-2019.pdf;jsessionid=C75562EEBB817A636FC49A1FE8DF6DD6.1_cid287?__blob=publicationFile&v=4); *Sorgatz* S. 305 ff.; exemplarisch zur Landesebene (zu BW) *Würtenberger/Wolf-Marinova* Rdn. 69 ff. (mit Rdn. 965); zur kommunalen Ebene *Belkemann* S. 336 ff. (zu Bielefeld); *Mellert/Frey* KommJur **2016** 281 ff.; *Stark/Balzer* S. 121 ff.; *Trunk/Hiller* S. 43, 54 ff.

231 *Greeve* Rdn. 59 ff.; *Fiebig/Junker* Rdn. 119 ff. S. auch die (nebst weiterer landesrechtlicher Vorschriften bei *Louis/Glinder/Waßmer* [Hrsg.] Rdn. 960 ff. abgedruckte) Richtlinie der Bundesregierung zur Korruptionsprävention in der Bundesverwaltung vom 30.7.2004 sowie *Deinert* S. 83, 113 ff.; *Wabnitz/Janovsky/Schmitt/Bannenberg* 13. Kap. Rdn. 33 ff. Vgl. ferner zum Verhältnis von strafrechtlichen und internen Ermittlungen *Knierim* StV **2009** 324 ff.

232 *Ahlf* Kriminalistik **2003** 481 ff.; *ders.* in: Vahlenkamp/Knauß S. 401 ff.

233 Ausführlich *Ax/Schneider* S. 99 ff.; *Deinert* S. 83, 93 ff.; *Kühnbach* Rdn. 793 ff.; *Maschmann* in: Dölling S. 93 ff.; ferner *Claussen/Ostendorf* B 13–60; *Greeve* Rdn. 97 ff.; *Korte* in: Dölling 6. Kap. Rdn. 75 ff.; *Wabnitz/Janovsky/Schmitt/Bannenberg* 13. Kap. Rdn. 29 ff.; *Zimmer/Stetter* BB **2006** 1445 ff. S. auch empirisch *Wewer* in: Benz/Seibel S. 295, 299 ff.

234 Hierzu *Löw* JA **2013** 88, 93 f.; *Rotsch* S. 159 ff.

235 Hierzu *Acker/Ehling* BB **2012** 2517 ff.; *Hugger* CCZ **2012** 65 ff.; *Kuhlen* FS Hassemer 875, 888 f.

236 Zusammenstellung bei *Dannecker* NK Vor § 298 Rdn. 61.

237 *Ax/Schneider* S. 283 ff.; *Greeve* Rdn. 622 ff.; *Kerner/Rixen* GA **1996** 355, 369 f.; *Pietzcker* in: v. Arnim S. 159 ff.; **krit.** *Bernsmann/Gatzweiler* Rdn. 1135 ff.; *Dann* FS Mehle 127 ff. (zur Eintragung von Einstellungen gemäß § 153a StPO); s.a. *Bultmann* DuD **2003** 333 ff. sowie (auch allgemein zur Korruptionsprävention in den Bundesländern) *Wabnitz/Janovsky/Schmitt/Bannenberg* 13. Kap. Rdn. 33 ff. Zum Korruptionsbekämpfungsgesetz NRW vom 16.12.2004 (GV.NRW **2005** 1 ff.) *Lantermann* ZRP **2009** 6 ff.; *Wehnert* FS Richter 563 ff. Vgl. zu Vergabesperren auch LG Berlin WuW **2006** 700 ff.

238 Zu materiell-rechtlichen Überlegungen vgl. *de la Mata Barranco* FS Tiedemann 869 ff.

239 Hierzu *Nötzel* in: Dölling S. 595 ff., s.a. *Jositsch* S. 534 ff., 542 ff. Aus der Sicht des Strafverteidigers *Bernsmann/Gatzweiler* Rdn. 901 ff.; *Greeve* Rdn. 658 ff.; *Taschke* in: Dölling S. 643 ff. Zum Wandel der Strafverfolgungspraxis *Mansdörfer* VBlBW **2007** 406. Zum Verhältnis von strafrechtlichen und internen Ermittlungen *Knierim* StV **2009** 324 ff. Näher zu Aspekten der Strafverfolgung *Kudlich* S. 123, 127 ff. sowie eingehend zum Bereich der Auslandsbestechung *Hoven* S. 371–500.

240 *Bannenberg/Schaupensteiner* S. 213; *Dölling* C 100 f., 114; *Dolata* Kriminalistik **2007** 217, 220; kritisch *Kerner/Rixen* GA **1996** 355, 392 f.; *Möllering* WRP **1997** 933, 935 f.; *Überhofen* S. 165 ff.

241 *Schaupensteiner* Kriminalistik **2003** 9, 13; s.a. OLG Frankfurt/M. NStZ **1997** 200, 201 f. mit Anm. *Otto*; *Bannenberg* S. 266 ff.; *Greeve* Rdn. 682 ff.; *Volk* NJW **1996** 879, 882 f.; *Wabnitz/Janovsky/Bannenberg*³ 10. Kap. Rdn. 154.

242 Vgl. zum sog. „Whistleblowing" *Bannenberg* S. 375 ff.; *Greve* ZD **2014** 366; *Herold* ZBR **2013** 8, 12 ff.; *Hoven* Auslandsbestechung S. 394 ff.; *Koch* ZIS **2008** 500 ff.; *Korte* in: Dölling 6. Kap. Rdn. 150 ff.; *Magnus* NZWiSt **2022** 51, 58; *Maschmann* in: Dölling 3. Kap. Rdn. 125 ff.; *Queling* S. 252 ff.; *Sixt* S. 253 ff.; *Wabnitz/Janovsky/Schmitt/Bannenberg* 13. Kap. Rdn. 114. Vgl. ferner sehr kritisch zum vom LKA Niedersachsen seit Oktober 2003 eingesetzten, unter Nutzung des Internets anonymisierten Meldeverfahren („Business Keeper Monitoring System") die Untersuchung von *Backes/Lindemann* Staatlich organisierte Anonymität als Ermittlungsmethode bei Korruptions- und Wirtschaftsdelikten (2006); hierzu auch *Lindemann* ZRP **2006** 127 ff. Zum Hinweisgeberschutzgesetz vom 31.5.2023 (BGBl. I 2023 Nr. 140) *Schiemann* KriPoZ **2023** 282 ff. sowie zum Gesetzgebungsverfahren *Erlebach/Veljovic* KriPoZ **2021** 165 ff.; *Schiemann/Schnabel* KriPoZ **2023** 62 ff.

nen" Kronzeugenregelung[243] bzw. einer Selbstanzeige nach dem Vorbild des § 371 AO[244] sowie die Einführung einer Unternehmensstrafbarkeit.[245]

44 **e) Gesetzesvorschläge de lege ferenda.** Jenseits der Auslegung der geltenden Strafnormen gibt es mehrere Vorschläge, den Strafbarkeitsbereich durch gesetzliche Änderungen einzuschränken.[246] Inbesondere zu den §§ 331 und 333 wurden ausformulierte Gesetzesvorschläge unterbreitet.[247] Zum Teilbereich der Drittmittelforschung vgl. § 331 Rdn. 85.

---

243 *Überhofen* S. 156 ff.; *Bauer/Gmel* LK[11] Nachtrag zu §§ 331–338 Rdn. 5; *Dölling* C 73 ff.; kritisch *Lisken* NJW **1995** 1873, 1875 s.a. *Greeve* Rdn. 411 ff. (zur Bonusregelung des Bundeskartellamts) und *Volk* NJW **1996** 879 ff. Kritisch zur „großen" (d.h. nicht auf spezielle Delikte beschränkten) Kronzeugenregelung (§ 46b) *St. König* NJW **2009** 2481 ff.

244 Hierzu eingehend *Gneuß*, insb. S. 39 ff., 154 ff.; ferner *Nell/Schlüter* NJW **2008** 1996 ff. Für eine Korruptionsamnestie *Schemmel/Hacker* ZRP **2009** 4 ff.

245 *Hetzer* Kriminalistik **2008** 284 ff.; *Nell* ZRP **2008** 149 ff.

246 Vgl. hierzu *Strehlow* S. 118–143.

247 *Friedhoff* Rdn. 375 ff., 421 ff.; *ders.* ZWH **2013** 51, 54 f.; *Schäfer/Liesching* ZRP **2008** 173, 176. Hierzu *Strehlow* S. 121 ff., 133 ff.

§ 331 Vorteilsannahme

(1) **Ein Amtsträger, ein Europäischer Amtsträger oder ein für den öffentlichen Dienst besonders Verpflichteter, der für die Dienstausübung einen Vorteil als Gegenleistung für sich oder einen Dritten fordert, sich versprechen lässt oder annimmt, wird mit Freiheitsstrafe bis zu drei Jahren oder mit Geldstrafe bestraft.**

(2) **Ein Richter, Mitglied eines Gerichts der Europäischen Union oder Schiedsrichter, der einen Vorteil für sich oder einen Dritten als Gegenleistung dafür fordert, sich versprechen lässt oder annimmt, dass er eine richterliche Handlung vorgenommen hat oder künftig vornehme, wird mit Freiheitsstrafe bis zu fünf Jahren oder mit Geldstrafe bestraft. Der Versuch ist strafbar.**

(3) **Die Tat ist nicht nach Absatz 1 strafbar, wenn der Täter einen nicht von ihm geforderten Vorteil sich versprechen lässt oder annimmt und die zuständige Behörde im Rahmen ihrer Befugnisse entweder die Annahme vorher genehmigt hat oder der Täter unverzüglich bei ihr Anzeige erstattet und sie die Annahme genehmigt.**

Schrifttum

Vgl. die Schrifttumsangaben zu den Vorbemerkungen (insbesondere vor Rdn. 20).

Entstehungsgeschichte

Die Vorschrift steht an der Spitze der in den §§ 331 bis 338 geregelten Bestechungsdelikte, die durch das Gesetz zur Bekämpfung der Korruption vom 13.8.1997 (**[1.] KorrBekG**, BGBl. I S. 2038) neu gestaltet worden sind (vgl. Vor § 331 Rdn. 23). Vgl. zu den **Gesetzesmaterialien** den Gesetzentwurf der BReg BTDrucks. 13/6424 (identisch mit dem Entwurf der Fraktionen der Koalitionsparteien CDU/CSU und F.D.P. [BTDrucks. 13/5584]); Beschlussempfehlung und Bericht des Rechtsausschusses BTDrucks. 13/8079; s.a. Gesetzentwürfe des BRats (BTDrucks. 13/3353), des Landes Berlin (BRDrucks. 298/95) und des Freistaates Bayern (BRDrucks. 571/95).[1] Durch das Gesetz zur Bekämpfung der Korruption vom 20.11.2015 (**[2.] KorrBekG**, BGBl. I S. 2025)[2] wurde der Täterkreis in Absatz 1 um Europäische Amtsträger sowie in Absatz 2 um Mitglieder eines Gerichts der Europäischen Union erweitert. Vgl. zu den Gesetzesmaterialien BTDrucks. 18/4350 (Gesetzentwurf der BReg) und 18/6389 (Beschlussempfehlung und Bericht des Ausschusses für Recht und Verbraucherschutz).

Bis zum (1.) KorrBekG hatte § 331 folgenden Wortlaut:

(1) Ein Amtsträger oder ein für den öffentlichen Dienst besonders Verpflichteter, der einen Vorteil als Gegenleistung dafür fordert, sich versprechen läßt oder annimmt, daß er eine Diensthandlung vorgenommen hat oder künftig vornehme, wird mit Freiheitsstrafe bis zu zwei Jahren oder mit Geldstrafe bestraft.
(2) Ein Richter oder Schiedsrichter, der einen Vorteil als Gegenleistung dafür fordert, sich versprechen läßt oder annimmt, daß er eine richterliche Handlung vorgenommen hat oder künftig vornehme, wird mit Freiheitsstrafe bis zu drei Jahren oder mit Geldstrafe bestraft. Der Versuch ist strafbar.
(3) Die Tat ist nicht nach Absatz 1 strafbar, wenn der Täter einen nicht von ihm geforderten Vorteil sich versprechen läßt oder annimmt und die zuständige Behörde im Rahmen ihrer Befugnisse entweder die Annahme vorher genehmigt hat oder der Täter unverzüglich bei ihr Anzeige erstattet und sie die Annahme genehmigt.

---

1 Weitere Angaben bei *Bauer/Gmel* LK[11] Nachtrag zu §§ 331–338; *König* JR **1997** 397; *Lindemann* LK Vor § 298 vor Rdn. 1. S. auch die Dokumentation von Gesetzesmaterialien bei *Dahs* Kriminelle Kartelle? (1998) S. 107–222 sowie die Verhandlungen des 61. Deutschen Juristentages Karlsruhe 1996.

2 Hierzu *Dann* NJW **2016** 203 ff.; *Grützner* ZIP **2016** 253 ff.; *Walther* DB **2016** 95 ff.

https://doi.org/10.1515/9783110490329-002

Übersicht

I. Allgemeines

Die Vorteilsannahme stellt das Grunddelikt auf der Nehmerseite dar. Die Vorschrift enthält in den ersten beiden Absätzen zwei Tatbestände (mit unterschiedlichem Täterkreis) sowie in Absatz 3 den (allein für Absatz 1 geltenden) besonderen Rechtfertigungsgrund (h.M.) der behördlichen Genehmigung. Zur Entstehungsgeschichte s. Vor § 331 Rdn. 20 ff., zum Rechtsgut s. Vor § 331 Rdn. 25 ff. sowie zum rechtspolitischen, kriminologischen und kriminalistischen Hintergrund s. Vor § 331 Rdn. 37 ff. 1

II. Objektiver Tatbestand des § 331 Abs. 1

Der objektive Tatbestand des § 331 Abs. 1 setzt voraus, dass ein Amtsträger, ein Europäischer Amtsträger oder ein für den öffentlichen Dienst besonders Verpflichteter (zum Täterkreis s. Rdn. 3 ff.) für die Dienstausübung (zur sog. „Unrechtsvereinbarung“ s. Rdn. 64 ff.) einen Vorteil für sich oder einen Dritten (zum Vorteilsmerkmal s. Rdn. 31 ff.) fordert, sich versprechen lässt oder annimmt (zu den Tathandlungen s. Rdn. 21 ff.). 2

1. Täterkreis

a) Allgemeines. Als taugliche Täter des § 331 Abs. 1 nennt das Gesetz die **Amtsträger, Europäischen Amtsträger** und die **für den öffentlichen Dienst besonders Verpflichteten**. Bezüglich dieser Personengruppen enthält § 11 Abs. 1 (in Nr. 2, 2a bzw. Nr. 4) eine Legaldefinition (vgl. ergänzend Vor § 331 Rdn. 3 ff.). Hinsichtlich der **Soldaten** der Bundeswehr stehen gemäß § 48 WStG sowohl Offiziere und Unteroffiziere als auch (seit 2014)[3] die Mannschaften für die Anwendung der §§ 331, 332, 335 Abs. 1 Nr. 1 Buchst. a, Abs. 2, § 336 den Amtsträgern gleich. **Keine** Amtsträger sind die **Abgeordneten** des Bundestages und der Länderparlamente (vgl. § 108e);[4] zur Amtsträgereigenschaft von Mitgliedern kommunaler Selbstverwaltungsorgane (Gemeinderäte, Stadträte u.Ä.) s. Rdn. 16 f. 3

Die Täterqualifikation muss **zur Zeit der Tathandlung** bestehen (näher – auch zu Verjährungsfragen – *Hoffmann/Mildeberger* StV **2006** 665 ff.; s. auch Vor § 331 Rdn. 6). Auf die Erlangung von Vorteilen gerichtete Handlungen, die *nach* dem Ausscheiden aus dem Amt vorgenommen werden, unterfallen auch bei einem inhaltlichen Bezug zur früheren Diensttätigkeit nicht den §§ 331 ff.;[5] in Betracht kommt jedoch eine disziplinarrechtliche Ahndung (z.B. gemäß § 2 Abs. 1 Nr. 2 Buchst. b BDG i.V.m. §§ 70, 77 Abs. 3 BBG) wegen Verletzung des auch nach Beendigung des Beamtenverhältnisses (z.B. durch Eintritt in den Ruhestand; zur Beurlaubung s. Rdn. 5) geltenden Verbots der Geschenkannahme.[6] Im Hinblick auf Art. 103 Abs. 2 GG ist auch das (durchaus strafwürdige) Fordern, Sich-versprechen-Lassen oder Annehmen *vor* Erlangung der Amtsträgerstellung (ggf. mit vereinbarter „Entlohnung“ nach dem Ausscheiden aus dem [befristeten] Amt)[7] straflos; 4

---

3 *Korte* MK Rdn. 22.

4 *Dölling* C 82 ff.; *Korte* MK Rdn. 54; de lege ferenda für die Einbeziehung *Fätkinhäuer* S. 71, 77. Zur Neufassung der Norm durch das 48. StRÄndG vom 23.4.2014 (BGBl. I S. 410) *Müller* MK § 108e Rdn. 6 ff.; *Weiß* LK § 108e vor Rdn. 1 sowie *B. Heinrich* ZIS **2016** 382 ff.; *Hoven* NStZ **2015** 553 ff.; *Satzger* Jura **2014** 1022 ff.; zur vorherigen Reformdiskussion *Möhrenschlager* FS Weber 217 ff.; *Peek* ZStW **120** (2008) 785 ff. Einen an den §§ 331, 333 angelehnten Reformvorschlag unterbreitet (an die Entscheidung BGH NJW **2022** 2856 = JR **2022** 648 mit Anm. *Kuhlen* anknüpfend) *Kubiciel* ZRP **2023** 47 ff.

5 BGHSt **11** 345, 347; BGH NStZ **2004** 564 f.; *Fischer* Rdn. 7; *Korte* MK Rdn. 57; *Kuhlen* NK Rdn. 15; *Matt/Renzikowski/Sinner* Rdn. 11; *Sch/Schröder/Heine/Eisele* Rdn. 70; *Stein/Deiters* SK Rdn. 22.

6 *Claussen/Ostendorf* S. 44 Rdn. 34 f.; *Stein/Deiters* SK Rdn. 22.

7 *Fischer* Rdn. 24a.

hieran ändert auch die (tatbestandslose) Vornahme der betreffenden Diensthandlung nichts.[8] Zur Problematik der Wahlkampfspenden s. Rdn. 86 f.

b) Amtsträger

5 **aa) Begriff.** Der Begriff des Amtsträgers ist in § 11 Abs. 1 Nr. 2 gesetzlich definiert.[9] Der dort (zu Buchstabe a) aufgeführte Begriff des **Beamten** ist im staatsrechtlichen Sinne zu verstehen. Hiernach ist (unabhängig von der Art der Tätigkeit und der Dauer der Anstellung) die Berufung in das Beamtenverhältnis aufgrund der einschlägigen Rechtsnormen durch Aushändigung einer Ernennungsurkunde maßgeblich.[10] Auch kommunale Wahlbeamte (z.B. Beigeordnete, Bürgermeister)[11] sind Amtsträger. Bei einer **Beurlaubung** unter Wegfall der Bezüge hat der BGH (St **49** 214, 215 ff. [218])[12] trotz fortbestehenden Beamtenstatus eine immanente Einschränkung des Beamtenbegriffs in § 11 Abs. 1 Nr. 2 Buchst. a für den Fall angenommen, dass der Beamte (anders als bei einer Zuweisung durch den Dienstherrn) keine Dienste im Sinne des Beamtenrechts, sondern aufgrund eines privatrechtlichen Anstellungsvertrages mit der Deutsche Bahn AG erbringt.

6 **bb) Sonstiges öffentlich-rechtliches Amtsverhältnis.** Für das **sonstige öffentlich-rechtliche Amtsverhältnis** i.S.v. § 11 Abs. 1 Nr. 2 Buchst. b ist ein beamtenähnliches Dienst- und Treueverhältnis im Bereich der vollziehenden Gewalt erforderlich.[13] Erfasst sind z.B. der Bundespräsident, die Mitglieder der Bundesregierung und der Landesregierungen, der Wehrbeauftragte des Bundestages, die Datenschutzbeauftragten des Bundes und der Länder, ferner (nicht beamtete) Notare und Notarassessoren, nicht jedoch Abgeordnete, Rechtsanwälte, Vormünder, Insolvenzverwalter und Soldaten (s.a. Rdn. 3). Vgl. zur Regierungsamtsträgerkorruption Rdn. 75.

7 **cc) Amtsträgerstellung gemäß § 11 Abs. 1 Nr. 2 Buchst. c.** Für die Reichweite der §§ 331 ff. besonders bedeutsam, teilweise ungeklärt und umstritten ist die Auslegung der **Amtsträgerstellung gemäß § 11 Abs. 1 Nr. 2 Buchst. c.**[14] Hiernach ist Amtsträger, wer „dazu bestellt ist, bei einer Behörde oder bei einer sonstigen Stelle oder in deren Auftrag Aufgaben der öffentlichen Verwaltung unbeschadet der zur Aufgabenerfüllung gewählten Organisationsform wahrzunehmen“. Angesichts der vermehrten Tätigkeit des Staates in den Formen des Privatrechts droht eine Ausweitung der Amtsträgereigenschaft auf Personengruppen, die im Vergleich zu den in Nr. 2 Buchst. a und b Genannten in einem schwach ausgeprägten Verhältnis zum Staat und der Erfüllung seiner Aufgaben stehen (zur Rechtsprechung in diesem Bereich *Leimbrock* S. 76 ff.; *Noltensmeier* S. 59 ff.;

---

8 BGHSt **49** 275, 291 f. sowie die in Fn. 5 angegebenen Schrifttumsnachweise; **aA** *Jescheck* LK[11] Rdn. 27; *Sch/Schröder/Cramer*[26] Rdn. 34.

9 Vgl. *Bernsmann/Gatzweiler* Rdn. 3–165; *Greeve* Rdn. 155–225; *B. Heinrich* wistra **2016** 471 ff.; *Rausch* S. 30 ff. jeweils mit ausführlicher Kasuistik sowie eingehend *Leimbrock* S. 20 ff.; s. ferner *v. Treskow* S. 31 ff.

10 BGHSt **37** 191, 192; *Fischer* § 11 Rdn. 13 f.; *B. Heinrich* S. 319 f. m.w.N.; *Lackner/Kühl/Heger* § 11 Rdn. 4; *Radtke* MK § 11 Rdn. 20 f.; *Sch/Schröder/Hecker* § 11 Rdn. 18 f.

11 BGHSt **35** 128, 132; **49** 275, 282; BGH NStZ **2006** 628, 629; *Radtke* MK § 11 Rdn. 21; *Stein/Deiters* SK § 11 Rdn. 26; *v. Treskow* S. 180 f. Zur Korruptions- und Untreuestrafbakeit von (Ober-)Bürgermeistern *Ceffinato* ZWH **2023** 1 ff.

12 Vgl. auch *Greeve* Rdn. 202; *B. Heinrich* NStZ **2005** 197, 200 f.; *Leimbrock* S. 31 ff., 91 ff.; ferner zur Post- und Bahnreform *Cantzler* S. 35 ff., 109 ff.; *Stein/Deiters* § 11 Rdn. 15; s.a. OLG Stuttgart StV **2009** 77, 80.

13 Vgl. (jeweils auch zum Folgenden) *Fischer* § 11 Rdn. 16; *Hilgendorf* LK § 11 Rdn. 31 f.; *Lackner/Kühl/Heger* § 11 Rdn. 5; *Radtke* MK § 11 Rdn. 34 ff.; *Sch/Schröder/Hecker* § 11 Rdn. 18; *Stein/Deiters* SK § 11 Rdn. 43 ff.

14 *v.Coelln* FS Imme Roxin 209, 212 ff.; *Greeve* Rdn. 162 ff.; *Hilgendorf* LK § 11 Rdn. 33 ff.; *Korte* MK Rdn. 45 ff.; *Radtke* MK § 11 Rdn. 44 ff.; *Sch/Schröder/Hecker* § 11 Rdn. 19 ff.; *Stein/Deiters* SK § 11 Rdn. 47 ff. Vgl. ferner eingehend *Leimbrock* S. 50–420 sowie die Monographie von *Noltensmeier* Public Private Partnership und Korruption (2009).

Rausch S. 36–64).[15] Zur Eingrenzung kommen allgemein funktionale und organisationsrechtliche Aspekte in Betracht. Im Normtext des § 11 Abs. 1 Nr. 2 Buchst. c können diese Überlegungen an die „Aufgaben der öffentlichen Verwaltung", das Merkmal der „sonstigen Stelle" und das Erfordernis der „Bestellung" anknüpfen.[16]

(1) Aufgaben der öffentlichen Verwaltung. Zu den (von Gesetzgebung und Rechtsprechung abzugrenzenden)[17] **Aufgaben der öffentlichen Verwaltung** gehört unstreitig der Bereich der **Eingriffsverwaltung**;[18] dies gilt auch bei einer Aufgabenerfüllung durch Private, denen als Beliehene Hoheitsbefugnisse übertragen worden sind.[19] 8

Weitgehend anerkannt als Aufgabe der öffentlichen Verwaltung ist grundsätzlich auch die **Leistungsverwaltung** unter Einschluss der **Daseinsvorsorge** als unmittelbare Gewährleistung der Daseinsvoraussetzungen der Allgemeinheit oder ihrer Glieder.[20] Dem steht – wie durch die mit dem (1.) KorrBekG vorgenommene Ergänzung des § 11 Abs. 1 Nr. 2 Buchst. c („unbeschadet der zur Aufgabenerfüllung gewählten Organisationsform") klargestellt ist –[21] die Wahrnehmung in privatrechtlicher Form ebenso wenig entgegen[22] wie eine zu den Zwecken des Allgemeinwohls hinzutretende Gewinnerzielungsabsicht.[23] Neben einer solchen „formellen" Organisationsprivatisierung kommt allerdings auch eine „materielle" Aufgabenprivatisierung in Betracht, bei der der Staat einen bestimmten Bereich der (bisherigen) Daseinsvorsorge bewusst aus der Hand gibt mit der Folge, dass es sich (auch bei einer fortbestehenden staatlichen Aufsicht) nicht mehr um Aufgaben der öffentlichen Verwaltung handelt.[24] Soweit der Staat sich ggf. in privatrechtlicher Form und in Konkurrenz zu anderen Anbietern im Bereich der Daseinsvorsorge betätigt, nimmt er eine Aufgabe der öffentlichen Verwaltung wahr (vgl. jedoch zur Auslegung der „sonstigen Stelle" 9

---

15 *Hilgendorf* LK § 11 Rdn. 33 f.; *Radtke* MK § 11 Rdn. 45; *Knauer/Kaspar* GA **2005** 385 f.; *Sinner* HRRS **2008** 327 ff.; *Zwiehoff* FS Herzberg 155, 156 ff. Zu Inkonsistenzen der Rechtsprechung vgl. auch *Matkey* Kriminalistik **2008** 92, 93 f.

16 Zu unterschiedlichen Zuordnungsmöglichkeiten *B. Heinrich* S. 448; *Lackner/Kühl/Heger* § 11 Rdn. 6; *Radtke* MK § 11 Rdn. 45.

17 *B. Heinrich* S. 500 ff.; *Sch/Schröder/Hecker* § 11 Rdn. 21; *Stein/Deiters* SK § 11 Rdn. 47.

18 BTDrucks. 7/550 S. 209; BGHSt **38** 199, 201; *Dölling* C 57; *B. Heinrich* S. 431 f. (mit zahlreichen w.N.); *Radtke* MK § 11 Rdn. 50 ff.; *Welp* FS Lackner 761, 775 ff.

19 BGHSt **38** 199, 201 f.; BGH NStZ **2019** 652, 653; OLG Stuttgart StV **2009** 77, 78; *B. Heinrich* S. 432 f.; *Lackner/Kühl/Heger* § 11 Rdn. 9; *Lenckner* ZStW **106** (1994) 502, 523 f., 534; *Radtke* MK § 11 Rdn. 53 (m.w.N.).

20 BGHSt **12** 89, 90; **31** 264, 268; **50** 299, 303; **61** 135, 138; BGH NJW **2004** 693 = JR **2005** 27 mit Anm. *Dölling* a.a.O. S. 30 f. = StV **2005** 322 mit Anm. *Krehl* a.a.O. S 325, 326 f.; BGH StV **2019** 42, 43 (Definitionsmacht des Staates bei Gestaltung des öffentlichen Personennahverkehrs; hierzu auch KG NJW **2008** 2132 ff.); BGH NStZ **2020** 271 mit Anm. *Hoven*; *Jutzi* NStZ **1991** 105 f.; *Korte* MK Rdn. 46; *Lackner/Kühl/Heger* § 11 Rdn. 9; *Stein/Deiters* SK § 11 Rdn. 48 ff.; *Welp* FS Lackner 762, 784 f.

21 Vgl. BTDrucks. 13/5584 S. 12; *König* JR **1997** 397, 398.

22 Soweit in BGHSt **38** 199, 203 f. (= JR **1992** 471 mit abl. Anm. *Ossenbühl*) aus der Wahl der privatrechtlichen Organisationsform für den Regelfall eine Verneinung der Amtsträgereigenschaft gefolgert wird, ist die Entscheidung überholt; *Gössel/Dölling* § 75 Rdn. 5; *Bernsmann* StV **2005** 685, 689 (Fn. 54 m.w.N.); s. aber auch *Bernsmann/Gatzweiler* Rdn. 68 ff., 91. Für die Verneinung der Amtsträgerstellung bei Erbringung ehemals staatlicher Aufgaben in der Organisationsform einer Kapitalgesellschaft (de lege ferenda) jedoch *Zwiehoff* FS Herzberg 155, 165 f.

23 BGHSt **49** 214, 221; BGH NJW **2001** 3062, 3064; **2004** 693, 694 = JR **2005** 27, 28 mit Anm. *Dölling* a.a.O. S. 30, 31; BGH StV **2019** 42, 44; *Fischer* § 11 Rdn. 22; *Lackner/Kühl/Heger* § 11 Rdn. 9. Einschränkend im Sinne einer Relativierung der sozialen Zweckbindung BGH NStZ **2007** 461, 463 mit krit. Anm. *Dölling* JR **2008** 171, 172 f. und Aufs. *Sinner* HRRS **2008** 327, 329 ff. Umgekehrt die Abhängigkeit von staatlichen Zuschüssen als Indiz für eine „sonstige Stelle" i.S.d. § 11 Abs. 1 Nr. 2 Buchst. c ansehend OLG Düsseldorf NStZ **2008** 459, 460 = StV **2008** 358 f. mit abl. Anm. *Becker* = StraFo **2008** 165, 166 mit abl. Anm. *Grube* (S. 167, 168).

24 BGHSt **49** 214, 221; **50** 299, 307; *Knauer/Kaspar* GA **2005** 385, 387; *Krehl* StV **2005** 325, 326 f.; *Radtke* MK § 11 Rdn. 57 f.; *ders.* NStZ **2007** 57, 59 ff.; *Ransiek* NStZ **1997** 519, 521. Vgl. ferner *S. Bauer* HRRS **2011** 410, 412 ff.; *Cantzler* S. 6 ff., 182 ff., 206 ff.; *B. Heinrich* S. 27 ff.; *Saliger* FS Puppe 933, 934 ff.; *v. Treskow* S. 122 ff.

Rdn. 12 ff.);[25] in systematisch teilweise unklarer Zuordnung[26] wird bisweilen aber auch (schon) eine Aufgabe der öffentlichen Verwaltung verneint, wenn eine Gesellschaft (sei es auch in alleiniger städtischer Inhaberschaft) letztlich nur einen weiteren Wettbewerber auf einem vom Staat eröffneten Markt darstellt, der sich um die Erfüllung öffentlicher Aufgaben gebildet hat.[27] Zur Einschränkung des abgedeckten Bereichs wird im Schrifttum ferner teilweise eine Restriktion des Begriffs der (strafrechtlich erfassten) Daseinsvorsorge (z.B. auf nicht nur „nützliche“, sondern „notwendige“ Leistungen[28] bzw. auf im Vordergrund stehende Allgemeininteressen[29]) vorgenommen, auf eine Monopolstellung des Staates oder darauf abgestellt, ob die Bürger in besonderer Weise auf das Funktionieren der staatlichen Leistung angewiesen sind.[30]

10 Die Aufgabe einer Begrenzung des Bereichs der Daseinsvorsorge stellt sich insbesondere dann, wenn man – was sehr umstritten ist – die rein **erwerbswirtschaftlich-fiskalische Tätigkeit**[31] (z.B. das Betreiben staatlicher Brauereien etc.) mit der im Schrifttum wohl überwiegend vertretenen (und vorzugswürdigen) Auffassung aus dem Kreis der öffentlichen Verwaltungsaufgaben herausnimmt (und damit dem § 299 zuweist).[32] Der BGH hat diese Frage, zu der die Gesetzesmaterialien widersprüchlich sind,[33] explizit offengelassen.[34] Zu den öffentlichen Aufgaben ist hingegen die (besonders korruptionsanfällige) **Beschaffungs- und Bedarfsverwaltung** zu zählen; hier tritt der Staat als Nachfrager von Leistungen auf, die als unabdingbare Voraussetzung der Eingriffs- und Leistungsverwaltung mit dieser untrennbar verbunden ist.[35] Von einigen Autoren wird der Begriff der Aufgaben der öffentlichen Verwaltung in den beiden Alternativen des § 11 Abs. 1 Nr. 2 Buchst. c (Handeln bei einer Behörde bzw. in deren Auftrag) unterschiedlich weit ausgelegt.[36]

11 Das Erfordernis, dass die Person die Aufgaben der öffentlichen Verwaltung (selbst) **„wahrzunehmen“** hat, kann auch von jemandem erfüllt werden, der mit gewissen Machtbefugnissen und Einflussmöglichkeiten zumindest vorbereitend oder unterstützend an der Entscheidung eines an-

---

25 *Dölling* JR **2005** 30, 31; *Greeve* Rdn. 190 f.; *Lackner/Kühl/Heger* § 11 Rdn. 9, 9a; *Ossenbühl* JR **1992** 473, 474; *Radtke* NStZ **2007** 57, 61. Tendenziell restriktiv BGHSt **46** 310, 313 (dazu *Erlinger* MedR **2002** 60 f.); **50** 299, 307.

26 *B. Heinrich* NStZ **2005** 197, 201; *Möhrenschlager* in: Dölling 8. Kap. Rdn. 17; *Noltensmeier* StV **2006** 132, 133 f.; *Saliger* NJW **2006** 3377, 3379. S. auch BGHSt **46** 310, 313; **50** 299, 304.

27 BGH NStZ **2007** 461, 462 f. (kommunale Wohnungsbaugesellschaft); s.a. BGH NStZ **2007** 211, 212; OLG Düsseldorf NStZ **2008** 459, 460 = StV **2008** 358, 359 mit abl. Anm. *Becker* = StraFo **2008** 165, 166 f. mit abl. Anm. *Grube* (regionaler Verkehrsverbund als Partner, nicht als Konkurrent eines kommunalen Verkehrsbetriebes). In diesem Sinne restriktiv ferner *Becker* StV **2006** 263 ff. (s.a. *ders.* NStZ **2009** 306 ff. zu Energieversorgungsunternehmen); *Noltensmeier* StV **2006** 132, 134 f.; s. aber auch *Krehl* StV **2005** 325, 326 (Definitionsmacht des Staates).

28 *B. Heinrich* S. 457 ff.; s.a. *Stein/Deiters* SK § 11 Rdn. 53 (Ausschluss von Luxusgütern).

29 *Radtke* MK § 11 Rdn. 58; *Ransiek* NStZ **1997** 519, 521 f.; s.a. *Otto* JR **1998** 73, 74; tendenziell **aA** KG NStZ **1994** 242; *Sch/Schröder/Hecker* § 11 Rdn. 20.

30 *Arzt/Weber/Heinrich/Hilgendorf/Heinrich* BT § 49 Rdn. 21a; *B. Heinrich* S. 477 f., 696 f.; s.a. *Knauer/Kaspar* GA **2005** 385, 388; **aA** *Dölling* JR **2008** 171, 173; *Radtke* MK § 11 Rdn. 58; *Stein/Deiters* SK § 11 Rdn. 53. Ausführlich zur Diskussion auch *Leimbrock* S. 215 ff., 226 f.; *Rausch* S. 91 ff., 128 f.

31 Vgl. zur Zulässigkeit einer erwerbswirtschaftlichen Tätigkeit der öffentlichen Hand *Ehlers* Jura **1999** 212 ff.

32 Ausführlich *Bauer* HRRS **2011** 410, 413 ff.; *B. Heinrich* S. 493 ff., 499, 697 f. (m.w.N.). Ebenfalls wie hier *Dölling* JR **2005** 30; *Eisele* BT 1 § 91 Rdn. 1613; *Geppert* Jura **1981** 41, 44; *Hilgendorf* LK § 11 Rdn. 46; *Knauer/Kaspar* GA **2005** 385, 390; *Lackner/Kühl/Heger* § 11 Rdn. 9a; *Radtke* MK § 11 Rdn. 77 ff.; *ders.* NStZ **2007** 57, 61; *Rengier* BT 2 § 59 Rdn. 9a; *Saliger* NK § 11 Rdn. 35; *Sch/Schröder/Hecker* § 11 Rdn. 20; *SSW/Satzger* § 11 Rdn. 30; *Stein/Deiters* SK § 11 Rdn. 54; *Welp* FS Lackner 762, 785 f.; **aA** *Fischer* § 11 Rdn. 22; *Maurach/Schroeder/Maiwald* II § 69 Rdn. 16.

33 *Lenckner* ZStW **106** (1994) 502, 525 f.; *Welp* FS Lackner 762, 782 f.

34 BGHSt **31** 264, 269; **38** 199, 202; BGH NJW **2004** 693, 694.

35 BGHSt **61** 135, 138 f.; *Hilgendorf* LK § 11 Rdn. 45; *Radtke* MK § 11 Rdn. 42 ff.; *Lenckner* ZStW **106** (1994) 502, 527 ff.; *Ransiek* NStZ 1997 519, 522; *Saliger* NK § 11 Rdn. 35; *Stein/Deiters* SK § 11 Rdn. 49; s.a. *Knauer/Kaspar* GA **2005** 385, 390. Ausführlich (und nur bezüglich verwaltungsinterner Personen eine öffentliche Aufgabe bejahend) *B. Heinrich* S. 479 ff., 491 f., 698 f.

36 *Lenckner* ZStW **106** (1994) 502, 530 ff., 534; *Haft* NJW **1995** 1113, 1114 f.; *Schramm* JuS **1999** 333, 336; **aA** *B. Heinrich* S. 423 ff., 429, 697; *Radtke* MK § 11 Rdn. 51; *Ransiek* NStZ **1997** 519, 522 f.

deren mitwirkt; dies ist insbesondere dann anzunehmen, wenn seine Tätigkeit als unentbehrliches Glied in einer zu einer bestimmten Verwaltungsentscheidung führenden Kette erscheint und er durch inhaltliche Befassung das Ergebnis der Aufgabenerfüllung zumindest beeinflussen kann (BGHSt **61** 135, 140 f.).[37] Nicht ausreichend sind demgegenüber rein untergeordnete und mechanische Hilfstätigkeiten (z.B. Reinigungs- oder Schreibarbeiten).[38]

(2) „sonstige Stelle“. Nach ständiger Rechtsprechung (u.a. BGHSt **49** 214, 219; **50** 299, 303; **56** 97, 12
102)[39] sind **„sonstige Stellen“** im Sinne des § 11 Abs. 1 Nr. 2 Buchst. c StGB – unabhängig von ihrer Organisationsform – behördenähnliche Institutionen, die zwar keine Behörden, aber gleichwohl rechtlich zur Mitwirkung bei der Ausführung von Gesetzen und bei der Erfüllung öffentlicher Aufgaben befugt sind. Auch als juristische Personen des Privatrechts organisierte Einrichtungen und Unternehmen der öffentlichen Hand sind bei Vorliegen von die Gleichstellung rechtfertigenden Merkmalen als „sonstige Stellen“ anzusehen. Dies ist insbesondere dann gegeben, wenn sie bei ihrer Tätigkeit öffentliche Aufgaben wahrnehmen und daher derart staatlicher – gegebenenfalls auch kommunaler – Steuerung unterliegen, dass sie bei einer **Gesamtbetrachtung** der sie kennzeichnenden Merkmale als **„verlängerter Arm“** des Staates erscheinen.[40] Nach dieser Maßgabe hat der BGH[41] die Amtsträgereigenschaft bezüglich der Vorstandsmitglieder der Westdeutschen Landesbank,[42] eines Geschäftsführers einer sich in städtischem Alleinbesitz befindenden GmbH (Fernwärme[43] bzw. Müllentsorgung[44]), für Angestellte der Deutschen Gesellschaft für Technische Zusammenarbeit (GTZ),[45] für einen Mitarbeiter der „Treuhand Liegenschaftsgesellschaft mbH“,[46] ein Mitglied eines Leitungsorgans eines Rechtsanwaltsversorgungswerks,[47] einen Redakteur einer öffentlich-rechtlichen Rundfunkanstalt[48] und einen Mitarbeiter der DB-Netz AG[49] bejaht, hinsichtlich eines Angestellten der (früheren) Frankfurt Flughafen AG,[50] des Landesgeschäftsführers des Bayerischen Roten Kreuzes, der zugleich Hauptgeschäftsführer eines in der Form einer GmbH betriebenen Blutspendedienstes war,[51] sowie bezüglich der Mitarbeiter der Deutschen Bahn AG[52] (anders aber bezüglich des bei einer 100-prozentigen Tochtergesellschaft beim Um- und

37 *Radtke* MK § 11 Rdn. 86 f.; *Saliger* NK § 11 Rdn. 38; *SSW/Satzger* § 11 Rdn. 30; *Stein/Deiters* SK § 11 Rdn. 56 f.

38 BGHSt **61** 135, 139 f.; *Fischer* § 11 Rdn. 23c; *Hilgendorf* LK § 11 Rdn. 52; *Lackner/Kühl/Heger* § 11 Rdn. 9a; wohl weiter *Sch/Schröder/Hecker* § 11 Rdn. 22.

39 Ferner BGHSt **43** 370, 376; **52** 290, 293 f.; **54** 39, 41; BGH NStZ **2007** 461, 462.

40 BGHSt **43** 370, 376 f.; **45** 16, 19; **46** 310, 312 f.; **49** 214, 219; **50** 299, 303; **56** 97, 102, BGH NJW **2001** 3062, 3063; **2004** 693; BGH NStZ **2006** 628, 630; **2007** 211, 212; 461, 462; **2019** 652, 653; BGH StV **2019** 42, 44.

41 Zur Kasuistik vgl. *Greeve* Rdn. 195 ff.; *B. Heinrich* NStZ **2005** 197, 198 ff.; *Leimbrock* S. 72–103. Zusammenstellung einzelner Merkmale bei *Bannenberg* in: Dölling 10/56; s.a. *Bauer* HRRS **2011** 410, 416 ff.; *Möhrenschlager* in: Dölling 8. Kap. Rdn. 15 ff., 19 f. Ausführlich zu den Kontroll- und Steuerungsmöglichkeiten der Kommune auch *v. Treskow* S. 195 ff., 204 ff. (s. auch a.a.O. S. 150 ff. zur Gesamtbetrachtungslehre).

42 BGHSt **31** 264, 269 ff. = NStZ **1984** 501 mit Anm. *Dingeldey.*

43 BGH NJW **2004** 693, 694 = JR **2005** 27, 28 mit Anm. *Dölling* = StV **2005** 322 mit Anm. *Krehl;* s.a. *Rautenkranz* JA **2004** 274 ff. Vgl. ferner BGH NStZ **2006** 628, 629 f. Ausführlich zu kommunalen Energieversorgungsunternehmen *Becker* NStZ **2009** 306 ff.; *Lesch* FS Puppe 687 ff.

44 BGH NStZ **2007** 211 f.

45 BGHSt **43** 370, 375 ff.; hierzu *Ransiek* NStZ **1998** 564, 565.

46 BGH NJW **2001** 3061; s.a. KG NStZ **1994** 242.

47 BGHSt **54** 39, 41 f. = NJW **2009** 3248, 3249 mit Anm. *Mehle* = JR **2011** 124, 126 f. mit Anm. *Radtke.*

48 BGHSt **54** 202, 208 ff.; s. hierzu die Nachweise Vor § 331 Rdn. 3 (Fn. 20); s. auch BGHSt **47** 22 ff. (GEZ-Mitarbeiter).

49 BGHSt **56** 97, 102 ff. mit Anm. *Radtke* NStZ **2011** 510 ff.

50 BGHSt **45** 16, 19 ff.; zust. *Geppert* JK 00, StGB § 11 I/6; *Knauer/Kaspar* GA **2005** 385, 388.

51 BGHSt **46** 310, 312 ff.

52 BGHSt **49** 214, 219 ff.; zust. *Krehl* StV **2005** 325, 326 f.; *Rengier* BT 2 § 59 Rdn. 13; **aA** *B. Heinrich* NStZ **2005** 197, 200 f.; *Radtke* MK § 11 Rdn. 60. Bezüglich des kaufmännischen Vorstands der Rheinbahn (AG) die Amtsträgereigenschaft bejahend OLG Düsseldorf NStZ **2008** 459, 460 = StV **2008** 358 f. mit abl. Anm. *Becker* = StraFo **2008** 165 mit abl. Anm. *Grube.* Vgl. auch zur Deutschen Post AG einerseits *Stein/Deiters* SK § 11 Rdn. 53; andererseits *Radtke* a.a.O.

Ausbau des Streckennetzes tätigen selbständigen Ingenieurs)[53] sowie einer kommunalen Wohnungsbaugesellschaft[54] verneint. Für Insolvenzverwalter[55] und für angestellte Krankenhausärzte wird eine Amtsträgerstellung gemäß § 11 Abs. 1 Nr. 2 Buchst. c bejaht;[56] für freiberuflich tätige Vertragsärzte hingegen verneint (BGH[GrS]St **57** 202, 204 ff.; nunmehr erfasst von §§ 299a und 299b).[57] In seinem Urteil zum „Kölner Müllskandal" (BGHSt **50** 299, 303 ff.)[58] hat der BGH diese Kriterien auch auf **gemischt-wirtschaftliche Unternehmen**, an denen im Rahmen einer **„Public Private Partnership"**[59] sowohl die öffentliche Hand als auch Private als Anteilseigner beteiligt sind, angewandt und hierbei eine hinreichende staatliche Steuerung jedenfalls dann verneint, wenn ein Privater durch eine Sperrminorität wesentliche unternehmerische Entscheidungen mitbestimmen kann (einschränkend zum Kriterium des gesellschaftsrechtlich vermittelten Einflusses auf konkrete Einzelentscheidungen jedoch BGHSt **52** 290, 298 f. [Rdn. 24] = StV **2009** 71, 73 mit krit. Anm. *Zieschang* 74, 75 f.).

13 Gegen die „Gesamtbetrachtungslehre" des BGH wird im **Schrifttum** teilweise **Kritik** erhoben, die in unterschiedliche Richtung weist.[60] Insbesondere wird geltend gemacht, durch das Erfordernis der staatlichen oder kommunalen Steuerung komme der rechtlichen Organisationsform weiterhin eine erhebliche Bedeutung für den Kreis der Amtsträger zu, obwohl der Gesetzgeber durch die Ergänzung des § 11 Abs. 1 Nr. 2 Buchst. c StGB („unbeschadet der zur Aufgabenerfüllung gewählten Organisationsform") gerade auf eine funktionale Betrachtungsweise abgestellt habe.[61] Ein Verzicht auf das Steuerungskriterium[62] würde die Abgrenzung auf die Frage konzentrieren, ob es sich noch um die Wahrnehmung von Aufgaben der öffentlichen Verwaltung handelt; hier wird erst die Aufgabenprivatisierung im Sinne eines vollständigen Rückzugs des Staates als Grenze angenommen.[63] Wird dem BGH aus dieser Richtung vorgehalten, er verfahre zu restriktiv, indem er mittelbar an formellen Anforderungen festhalte, fordern andere Kritiker umgekehrt einen engeren Zuschnitt des Amtsträgerbegriffs, indem bei Beteiligung Privater entweder generell[64] oder doch für den Regelfall (mit einer stillen privaten Beteiligung als Ausnahme)[65] eine Amtsträgereigenschaft abgelehnt wird, ohne dass es auf die konkrete gesellschaftsrechtliche Ausgestaltung des Unternehmens ankomme. Im Ergebnis weitgehend anerkannt dürfte hingegen sein, dass bei einer

53 BGHSt **52** 290 ff. = NStZ **2008** 560 ff. = NJW **2008** 3724 ff. mit krit. Anm. *Rübenstahl* = StV **2009** 71 ff. mit krit. Anm. *Zieschang* 74 ff.
54 BGH NStZ **2007** 461, 462 f.; s.a. BGHSt **38** 199, 203 f.; aber auch *Krey/Hellmann/Heinrich* BT 1 Rdn. 923.
55 Eingehend hierzu *Brand* DZWIR **2008** 318, 321 ff.
56 OLG Hamburg StV **2001** 277, 278; OLG Karlsruhe NJW **1983** 352 f.; s.a. *Lüderssen* S. 31 ff.; *Ulsenheimer/Gaede/Gaede* Arztstrafrecht Rdn. 1226 ff.
57 BGHSt **57** 202, 204 ff. = NZWiSt **2012** 268 ff. mit Anm. *Kraatz* = StV **2012** 595 (LS) mit Anm. *Kölbel*; vgl. auch *Fischer* § 11 Rdn. 22b ff. Bereits vor dem BGH ebenso *Geis* wistra **2007** 361 ff.; *Klötzer* NStZ **2008** 12, 16; *Taschke* StV **2005** 406, 409 f.; **aA** *Neupert* NJW **2006** 2811 2812 f.; *Pragal/Apfel* A&R **2007** 10, 16 ff. Vgl. auch *Zeiler* MDR **1996** 439 f. (zum Blutentnahmearzt) sowie KG medstra **2015** 240, 245 (Amtsträgerstellung des Vorstands einer gesetzlichen Krankenkasse; s.a. BGH NStZ **2005** 214; **aA** *Rust/Wostry* MedR **2009** 319 ff.).
58 Dieser Entscheidung grundsätzlich zustimmend *Noltensmeier* StV **2006** 132 ff.; *Saliger* NJW **2006** 3377, 3380; *v. Treskow* S. 212; **abl.** hingegen *Radtke* NStZ **2007** 57 ff. Vgl. auch LG Köln NJW **2004** 2173 ff.
59 Vgl. hierzu (außer den in der vorigen Fn. angegebenen Nachweisen) *Bernsmann* StV **2005** 685 ff.; *ders.* StV **2009** 308 ff. sowie die Monographie von *Noltensmeier* Public Private Partnership und Korruption (2009).
60 *Bauer* HRRS **2011** 410, 418 ff. sowie ausführlich *Leimbrock* S. 102 ff., 115 ff., 153 ff.
61 *Radtke* NStZ **2007** 57, 59 ff.; *ders.* MK § 11 Rdn. 55 ff., 90 ff.; s.a. *Dölling* ZStW **112** (2000) 334, 339 f.; *B. Heinrich* NStZ **2005** 197, 199, 201.
62 S. auch *Stein/Deiters* SK § 11 Rdn. 59.
63 *Radtke* NStZ **2007** 57, 60, 61.
64 In diesem Sinne *Bernsmann* StV **2005** 685, 690 ff. Noch enger gegen die Anerkennung privatrechtlich organisierter Unternehmen als „sonstige Stelle" *Rausch* S. 84 ff., 129 ff., 169 (s. auch a.a.O. S. 116 ff., 119 f.).
65 So *Noltensmeier* StV **2006** 132, 134 f.; s.a. LG Köln NJW **2004** 2173.

staatlichen Beteiligung in der Form eines Minderheitsgesellschafters eine „sonstige Stelle" zu verneinen ist.[66]

14 Dogmatisch zwingende Argumente wird man in diesem Streit nicht ausmachen können. So sieht der BGH in der Reform des § 11 Abs. 2 Buchst. c StGB lediglich eine gesetzgeberische Klarstellung[67] und keinen grundlegenden Kurswechsel; dem reinen Wortlaut der Ergänzung ist auch dann genügt, wenn es überhaupt Amtsträger in privatrechtlich organisierten Stellen gibt. Umgekehrt wird man die Rechtsprechung des EuGH[68] zum Vergaberecht, wonach jegliche Beteiligung eines Privaten an einem mehrheitlich von der öffentlichen Hand gehaltenen Unternehmen ein ausschreibungsfreies sog. In-house-Geschäft ausschließt, nicht als zwingende Vorgabe für die strafrechtliche Beurteilung ansehen können.[69] Mit dem Rechtsgüterschutzgedanken argumentieren schließlich sowohl der BGH[70] als auch seine (gegenläufigen!) Kritiker.[71] Im Ergebnis erscheint die vom BGH mit der flexiblen Gesamtbetrachtungslehre verfolgte mittlere Linie zumindest vertretbar. Die Etablierung von „härteren" Leitlinien würde zwar ein höheres Maß an Vorhersehbarkeit bieten, doch bewirkt auch der von der Rechtsprechung eingeschlagene Weg mit jeder weiteren Entscheidung eine zunehmende Konkretisierung.[72] Es kommt hinzu, dass sich allein aus dem schillernden Begriff der Daseinsvorsorge treffsichere rechtliche Zuordnungen kaum ableiten lassen,[73] sodass dem auf unterschiedlichen Faktoren basierende Gleichstellungsansatz ein gewisser Wert nicht abgesprochen werden kann. Problematisch ist es jedoch, die Amtsträgereigenschaft maßgeblich an die Wahrnehmung des Unternehmens durch die Bevölkerung zu knüpfen.[74]

15 Des Weiteren bedarf es zur Begründung einer Amtsträgerstellung gemäß § 11 Abs. 1 Nr. 2 Buchst. c StGB einer **Bestellung** zur Aufgabenwahrnehmung.[75] Der Ableitung vom Staatswillen wird neben dem Ausschluss angemaßter oder lediglich zugelassener[76] Tätigkeit teilweise auch eine besondere Warnfunktion[77] beigelegt. Die Übertragung der Tätigkeit bedarf (nach sog. organisatorischer Betrachtungsweise) eines besonderen öffentlich-rechtlichen Aktes,[78] der allerdings

66 *B. Heinrich* S. 383 f.; *Jutzi* NStZ **1991** 105, 106 (Fn. 10); *Radtke* MK § 11 Rdn. 90; *Saliger* NJW **2006** 3377, 3380; *Stein/Deiters* SK § 11 Rdn. 59 m.w.N.

67 BGHSt **43** 370, 377 f.; **50** 299, 304; *König* JR **1997** 397, 398; **aA** *Bernsmann* StV **2005** 685, 689.

68 NVwZ **2005** 187 ff. („Stadt Halle").

69 Für eine Übertragung ins Strafrecht *Bernsmann* StV **2005** 685, 691; s.a. *S. Bauer* HRRS **2011** 410, 421 f.; *Bernsmann/Gatzweiler* Rdn. 81 ff., 86 ff.; eingeschränkt auch *Noltensmeier* StV **2006** 132, 134; *Saliger* FS Puppe 933, 947 ff.; **aA** *Radtke* NStZ **2007** 57, 61 f.

70 Vgl. zum Zusammenhang zwischen staatlicher Steuerung und öffentlicher Wahrnehmung BGHSt **43** 370, 377; ferner BGHSt **49** 214, 227; BGH NStZ **2007** 461, 463.

71 Vgl. *Noltensmeier* StV **2006** 132, 135; *Radtke* NStZ **2007** 57, 61; *Saliger* NJW **2006** 3377, 3380.

72 *Krehl* StV **2005** 325, 326; *Saliger* NJW **2006** 3377, 3380 (mit Fn. 39).

73 Vgl. *Becker* StV **2006** 263, 264 f.

74 In diesem Sinne jedoch (eine Amtsträgerstellung verneinend) BGH NStZ **2007** 461 ff. = JR **2008** 169 mit krit. Anm. *Dölling* und Aufs. *Sinner* HRRS **2008** 327, 329 ff. sowie (eine Amtsträgerstellung bejahend) OLG Düsseldorf NStZ **2008** 459, 460 = StV **2008** 358 f. mit abl. Anm. *Becker* = StraFo **2008** 165 mit abl. Anm. *Grube*. S. auch BGHSt **61** 135, 141.

75 Hierzu OLG Stuttgart StV **2009** 77, 79; *B. Heinrich* S. 520 ff.; *Radtke* MK § 11 Rdn. 94 ff.; *Stein/Deiters* SK § 11 Rdn. 61 ff.; Eingehend zu diesem Merkmal *Leimbrock* S. 344 ff., 379 ff., 416 ff.; *Rausch* Die Bestellung zum Amtsträger (2007); s.a. *Noltensmeier* S. 99 ff.

76 BGHSt **42** 230, 232 (zur Tätigkeit eines Dolmetschers und Übersetzers bei Fahrerlaubnisbewerbern).

77 So BGHSt **43** 96, 105 und 370, 380; BayObLG NJW **1996** 268, 270; **aA** *Radtke* MK § 11 Rdn. 101; *Stein/Deiters* SK § 11 Rdn. 61, 31b; s.a. *B. Heinrich* S. 528 ff.

78 BGHSt **43** 96, 101 ff.; BayObLG NJW **1996** 268, 270; *B. Heinrich* S. 523 ff.; *Hilgendorf* LK § 11 Rdn. 35; *Krey/Hellmann/Heinrich* BT 1 Rdn. 1045; *Lackner/Kühl/Heger* § 11 Rdn. 6; *Otto* Jura **1997** 47, 49; *Radtke* MK § 11 Rdn. 99 (aber auch a.a.O. Rdn. 31); *Ransiek* NStZ **1997** 519 ff.; *Rengier* BT 2 § 59 Rdn. 12, 14; **aA** (i.S. einer „funktionalen" Betrachtungsweise) bezüglich der 2. Alt. von § 11 Abs. 1 Nr. 2 Buchst. c *Haft* NStZ **1998** 29 f.; *Lenckner* ZStW **106** (1994) 502, 533 f.; *Sch/Schröder/Hecker* § 11 Rdn. 19, 24; *Schramm* JuS **1999** 333, 334 ff.; *Traumann* S. 66 f. Ausführlich zu diesem Meinungsstreit *Rausch* S. 65 ff.

formlos,[79] nach überwiegend vertretener Ansicht[80] auch stillschweigend erfolgen und mit dem Abschluss eines privatrechtlichen Vertrages verbunden sein kann. Um trotz dieser Weite zu einer angemessenen Begrenzung des Amtsträgerbegriffs zu gelangen, fordert der BGH[81] in neuerer Rechtsprechung, dass die Bestellung entweder zu einer **organisatorischen Eingliederung** in die Behördenstruktur oder zu einer den Einzelauftrag überschreitenden **längerfristigen Tätigkeit** führen müsse. Hierbei zielt die organisatorische Eingliederung erkennbar auf die erste Alternative des § 11 Abs. 1 Nr. 2 Buchst. c (Aufgabenwahrnehmung „bei einer Behörde oder bei einer sonstigen Stelle"), die längerfristige Tätigkeit hingegen auf die zweite Alternative der Norm (Aufgabenwahrnehmung „in deren Auftrag")[82] und damit auf das Problem, inwieweit von staatlichen Stellen aufgrund eines privatrechtlichen Vertrages mit Aufgaben der öffentlichen (vor allem Bau-)Verwaltung betraute **freiberufliche Mitarbeiter**[83] als Amtsträger anzusehen sind. Zwar findet das Restriktionsbemühen der Rechtsprechung grundsätzlich weitgehend Zustimmung,[84] doch erscheint insbesondere die Eignung des Merkmals der längerfristigen Tätigkeit zweifelhaft. Neben prinzipiellen Vorbehalten[85] ist zum einen unklar, welche Dauer für die Erfüllung dieses Kriteriums erforderlich ist und zu welchem Zeitpunkt die Amtsträgereigenschaft entstehen soll,[86] zum anderen wird der Ausschluss nur einmaliger, aber eindeutig hoheitliche Tätigkeiten betreffender Beauftragungen kritisiert.[87] Als alternativer Ansatz für eine Einschränkung wird (jedoch zumeist bezüglich des Merkmals der „Wahrnehmung von Aufgaben der öffentlichen Verwaltung") vorgeschlagen, dass die Tätigkeit des Privaten schon ihrer Art nach Verwaltungstätigkeit des Staates sein müsse,[88] oder darauf abgestellt, dass bei Handlungen verwaltungsexterner Personen die Funktionsfähigkeit der staatlichen Verwaltung nur „von außen" beeinträchtigt werde.[89]

16 **dd) Kommunale Mandatsträger** sind nach höchstrichterlicher Rechtsprechung (BGHSt **51** 44 ff.)[90] – ebenso wie Parlamentsabgeordnete (insoweit unstreitig) –[91] grundsätzlich **keine** Amtsträger. In der früheren Judikatur[92] wurde die Amtsträgereigenschaft von Gemeinde- und Stadträ-

79 BGHSt **43** 96, 102 f.; **43** 370, 379 f.; **54** 39, 42; **61** 135, 137 f.; BGH NJW **1998** 2373; BGH NStZ **2008** 87, 88; **2019** 652, 654 (hierzu *Gumnior* HRRS **2019** 296 ff.).

80 *Fischer* § 11 Rdn. 20; *B. Heinrich* S. 527 ff., 532 f.; *Saliger* NK § 11 Rdn. 28; *Radtke* MK § 11 Rdn. 101; **aA** *Dingeldey* NStZ **1984** 503, 504; s.a. *Knauer/Kaspar* GA **2005** 385, 386. Eine persönliche Aufgabenübertragung fordern *Otto* JR **1998** 73, 74; *Ransiek* NStZ **1997** 519, 524; *Rausch* S. 133 ff., 145.

81 BGHSt **43** 96, 105 (hierzu *Haft* NStZ **1998** 29 f.; *Schramm* JuS **1999** 333 ff.); BGH NJW **1998** 2373, 2374 (hierzu *Ransiek* NStZ **1998** 564 f.); **2004** 693, 695. Vgl. auch (die beiden nachfolgenden Gesichtspunkte kumulativ verknüpfend) BGH NStZ **2008** 87, 88.

82 *Lackner/Kühl/Heger* § 11 Rdn. 6; *Möhrenschlager* in: Dölling 8. Kap. Rdn. 14; s.a. BGH NJW **2004** 693, 695; ablehnend *Stein/Deiters* SK § 11 Rdn. 63.

83 Vgl. hierzu *Haft* NJW **1995** 1113 ff.; *B. Heinrich* S. 645 ff.; *Lenckner* ZStW **106** (1994) 502 ff.; *Schramm* JuS **1999** 333 ff.; *Traumann* Die Anwendung der Bestechungsdelikte auf die Inhaber privater Ingenieur- und Planungsbüros (1997). S. auch zur Subdelegation *Stein/Deiters* SK § 11 Rdn. 64.

84 *Greeve* Rdn. 174; *Korte* MK Rdn. 51; *Lackner/Kühl/Heger* § 11 Rdn. 6.

85 *B. Heinrich* S. 540 ff. (auch zum Folgenden); *Radtke* MK § 11 Rdn. 103; *Stein/Deiters* SK § 11 Rdn. 63.

86 *Dölling* ZStW **112** (2000) 334, 341; *Knauer/Kaspar* GA **2005** 385, 386. Zweifelnd auch BGH NStZ **2019** 652, 655; zust. *Gumnior* HRRS **2019** 296, 297.

87 *Hilgendorf* LK § 11 Rdn. 37; *Lackner/Kühl/Heger* § 11 Rdn. 6; *Möhrenschlager* in: Dölling 8. Kap. Rdn. 14; *Sch/Schröder/Hecker* § 11 Rdn. 24; *Schramm* JuS **1999** 333, 336.

88 *Lackner/Kühl/Heger* § 11 Rdn. 6.

89 *B. Heinrich* S. 698 f.

90 Zustimmend *Feinendegen* NJW **2006** 2014 f.; *Hilgendorf* LK § 11 Rdn. 48; *Möhrenschlager* in: Dölling 8. Kap. Rdn. 10; *Satzger* JK 1/07, StGB §§ 331/11; ablehnend *Niehaus* ZIS **2008** 49 ff. Ebenso BGH NStZ **2007** 36.

91 BGHSt **5** 100, 105 f.; *B. Heinrich* S. 669 ff.; *Korte* MK Rdn. 54; *Leimbrock* S. 242 f.; str. bezüglich besonderer Funktionsträger; vgl. *Lackner/Kühl/Heger* § 11 Rdn. 11; *Radtke* MK § 11 Rdn. 82; *Sch/Schröder/Hecker* § 11 Rdn. 21.

92 Vgl. z.B. LG Köln NStZ-RR **2003** 364 ff. = StV **2003** 507 ff. (hierzu **abl.** *Marel* StraFo **2003** 259 ff.); LG Krefeld NJW **1994** 2036 f.; i.Erg. auch OLG Stuttgart NJW **2003** 228 f.; w.N. bei *Fischer* § 11 Rdn. 23a.

ten überwiegend bejaht, während im Schrifttum eine differenzierende Ansicht verbreitet war, nach der eine Amtsträgerstellung kommunaler Mandatsträger (zumindest)[93] bezüglich der legislativen Satzungstätigkeit verneint, bezüglich der Wahrnehmung von Aufgaben der Exekutive hingegen bejaht wurde.[94] Der BGH begründet seine weiter gehende[95] (überzeugende) Position wie folgt: Der vom Wortlaut her denkbaren Subsumtion unter § 11 Abs. 1 Nr. 2 Buchst. b stehen der Wille des Gesetzgebers, systematisch die in § 108e normierte Sonderstrafnorm für Abgeordnete und teleologisch der (auf kommunaler Ebene weniger den Inhalt als die Art und Weise ihres Zustandekommens betreffende) Unterschied zwischen politischer Willensbildung aufgrund eines freien Mandats[96] und der zumeist weisungsgebundenen Amtsausübung entgegen. Bezüglich des § 11 Abs. 1 Nr. 2 Buchst. c sind kommunale Volksvertretungen zwar eher der Exekutive als der Legislative zuzuordnen, doch fehlt es aufgrund des freien politischen Mandats an der notwendigen Ein- oder Unterordnung in ein Dienst- oder Auftragsverhältnis zur öffentlichen Hand; denn kommunale Volksvertreter werden nicht in behördlich-hierarchischen, sondern in eigenbestimmt-politischen Strukturen tätig. Weder das europäische Gemeinschaftsrecht noch völkerrechtliche Vereinbarungen enthalten bindende Vorgaben zur Amtsträgerstellung kommunaler Mandatsträger. Dem Willen des historischen Gesetzgebers entsprechend[97] stellt **§ 108e** eine **abschließende Sonderregelung** für sämtliche Vorteilszuwendungen im Zusammenhang mit Wahlen und Abstimmungen in den Volksvertretungen der Gemeinden und Gemeindeverbände (einschließlich ihrer Teile wie z.B. Fraktionen und Ausschüsse) dar; dies gilt auch für die Tätigkeit im Vorfeld von Wahlen und Abstimmungen. Diese „Spezialität" vermeidet die bei einem Nebeneinander von § 108e und §§ 331 ff. kaum lösbaren Wertungswidersprüche[98] und trägt dem Unterschied Rechnung, dass die politische Willensbildung auf Gemeindeebene zulässigerweise auch von Partikularinteressen beeinflusst werden darf, während die Rechtsanwendung der öffentlichen Verwaltung vorhandene gesetzliche Wertentscheidungen frei von parteipolitischen Gesichtspunkten nachzuvollziehen hat.

Bei einer weiter gehenden Betrauung mit **konkreten Verwaltungsfunktionen** auf Gemeindeebene kommt hingegen auch nach Ansicht des BGH[99] grundsätzlich eine Amtsträgerstellung des Mandatsträgers in Betracht. Das kann etwa bei Entsendung oder Wahl in ein anderes Gremium (z.B. den Aufsichtsrat eines kommunalen Versorgungsunternehmens)[100] der Fall sein. Für die Abgrenzung gegenüber der bloßen Mitwirkung an der politischen Willensbildung fragt der BGH in Zweifelsfällen danach, ob (1) der Mandatsträger in der konkreten Entscheidungssituation ersetzbar und (2) die Entscheidung inhaltlich eher dem politischen oder dem verwaltenden Bereich zuzuordnen ist.[101] 17

---

93 Für eine weiter gehende Verneinung i.S.d. BGH *Dahs/Müssig* NStZ **2006** 191 ff.; *Nolte* DVBl. **2005** 870 ff., 880; *Stein/Deiters* SK § 11 Rdn. 44; *v. Treskow* S. 181 ff.; s.a. *Bernsmann* StV **2003** 521, 525; *Deiters* NStZ **2003** 453, 455 ff.

94 *Eisele* BT 1 § 91 Rdn. 1609; *Geppert* Jura **1981** 42, 45 (Fn. 13); *Gössel/Dölling* § 75 Rdn. 7; *B. Heinrich* S. 676 f.; *Lackner/Kühl/Heger* § 11 Rdn. 11; *Radtke* MK § 11 Rdn. 82; *Sch/Schröder/Hecker* § 11 Rdn. 21; *SSW/Rosenau* Rdn. 10; s.a. *Gribbohm* LK[11] § 11 Rdn. 37; *Marel* StraFo **2003** 259, 262. **AA** (kommunale Mandatsträger sind stets Amtsträger gemäß § 11 Abs. 1 Nr. 2 Buchst. b) *Niehaus* ZIS **2008** 49 ff.; *Rübenstahl* HRRS **2006** 23 ff., 33.

95 *Rengier* BT 2 § 59 Rdn. 39; hingegen wird die Position des BGH für die differenzierende Ansicht in Anspruch genommen von *Fischer* § 11 Rdn. 23b; s.a. *Lackner/Kühl/Heger* § 11 Rdn. 11.

96 Zur rechtlichen Stellung der Gemeindevertretungsmitglieder ausführlich *Nolte* DVBl. **2005** 870, 874 ff.

97 Vgl. *Dahs/Müssig* NStZ **2006** 191, 195 f.; **aA** *Rübenstahl* HRRS **2006** 23, 33 ff.

98 Vgl. *Deiters* NStZ **2003** 453, 454. Zu einer Harmonisierung de lege ferenda vgl. *Kubiciel* ZRP **2023** 47 ff.

99 BGHSt **51** 44, 58; BGH NStZ **2015** 451, 452 mit Anm. *C. Becker*. Ebenso *Fischer* Rdn. 4d; *Matt/Renzikowski/Sinner* Rdn. 9; *SSW/Rosenau* Rdn. 10; *v. Treskow* S. 191 ff.; **aA** (de lege lata) *Leimbrock* S. 271 ff., 279.

100 Vgl. BGH NStZ **2006** 628, 629 f. Einschränkend (die Gesellschaft muss „sonstige Stelle" i.S.d. § 11 Abs. 1 Nr. 2 Buchst. c sein) *Szesny/Brockhaus* NStZ **2007** 624 ff. Eine Amtsträgerstellung verneinend *Lesch* FS Puppe 687, 693 (keine Aufgabe öffentlicher Verwaltung). S. auch *Becker* NStZ **2009** 306 ff. (Pflicht zur Vorlage an EuGH).

101 BGHSt **51** 44, 58 f.

17a **c) Europäischer Amtsträger, § 335a.** Anknüpfend an die zuvor in Art. 2 § 1 EUBestG a.F. geregelte, allerdings die §§ 331 und 333 ausklammernde Gleichstellung schuf der Gesetzgeber durch das (2.) KorrBekG 2015 in § 11 Abs. 1 Nr. 2a die Legaldefinition zur Rechtsfigur des Europäischen Amtsträgers.[102] Zu diesem Personenkreis gehören gemäß § 11 Abs. 1 Nr. 2a Buchst. a die Mitglieder der Europäischen Zentralbank, des Rechnungshofs oder eines Gerichts der Europäischen Union (EuGH, Gericht der EU, Gericht für den öffentlichen Dienst der EU sowie etwaige weitere für bestimmte Sonderbereiche noch einzurichtende Fachgerichte,[103] nicht jedoch der EGMR[104]) einschließlich der am EuGH tätigen Generalanwälte.[105] § 11 Abs. 1 Nr. 2a Buchst. b erfasst (unter terminologischer Ablösung vom in Art. 2 § 1 Nr. 2 Buchst. b EuBestG a.F. verwendeten Begriff des Gemeinschaftsbeamten) die Beamten oder sonstigen Bediensteten der EU oder einer auf der Grundlage des EU-Rechts geschaffenen Einrichtung. Hierzu zählen neben der Europäischen Investitionsbank und dem Europäischen Investitionsfonds z.B. EUROJUST und OLAF sowie die Europäische Staatsanwaltschaft, nicht jedoch das Europäische Patentamt.[106] Bei § 11 Abs. 1 Nr. 2a Buchst. c handelt es sich um eine § 11 Abs. 1 Nr. 2 Buchst. c vergleichbare Auffangvorschrift für Personen, die mit der Wahrnehmung von Aufgaben der EU oder einer auf der Grundlage des EU-Rechts geschaffenen Einrichtung beauftragt sind und als z.B. im Rahmen von Werkverträgen Beschäftigte Bediensteten funktionell gleichstehen.[107] Von § 11 Abs. 1 Nr. 2a zu trennen ist die auf künftige richterliche Handlungen und künftige Diensthandlungen beschränkte Gleichstellungsvorschrift des **§ 335a.** Mit dieser zukunftsgerichteten Verengung sind in Bezug auf § 331 Abs. 1 und 3 (sowie auf § 333 Abs. 1 und 3) die Mitglieder des Internationalen Strafgerichtshofes „Richtern" und Bedienstete des Internationalen Strafgerichtshofes sonstigen „Amtsträgern" gleichgestellt (§ 335a Abs. 2), ebenso im Hinblick auf § 331 Abs. 2 die Mitglieder eines ausländischen und eines internationalen Gerichts einem „Richter" (§ 335a Abs. 1 Nr. 1).

18 **d) Für den öffentlichen Dienst besonders Verpflichteter.** Zum Täterkreis des § 331 Abs. 1 gehören auch die **für den öffentlichen Dienst besonders Verpflichteten.**[108] Hierzu zählt nach der in § 11 Abs. 1 Nr. 4 enthaltenen Legaldefinition, wer bei einer Behörde oder bei einer sonstigen Stelle, die Aufgaben der öffentlichen Verwaltung wahrnimmt (Buchst. a), oder bei einem Verband oder sonstigen Zusammenschluss, Betrieb oder Unternehmen, die für eine Behörde oder für eine sonstige Stelle Aufgaben der öffentlichen Verwaltung ausführen (Buchst. b), beschäftigt oder für sie tätig und auf die gewissenhafte Erfüllung seiner Obliegenheiten aufgrund eines Gesetzes förmlich verpflichtet ist. Als negatives Abgrenzungsmerkmal kommt hinzu, dass die besonders Verpflichteten nicht bereits Amtsträger nach § 11 Abs. 1 Nr. 2 sein dürfen.[109] Angesichts der Unsicherheiten bezüglich der Reichweite des Amtsträgerbegriffs ist die zusätzliche besondere Verpflichtung nicht nur unschädlich, sondern in Zweifelsfällen möglicherweise sogar zweckmäßig.[110]

19 Die Erweiterung des Täterkreises auf Amtsträgern gleichgestellte Personen trägt dem Umstand Rechnung, dass der Staat bei der Erfüllung seiner Aufgaben zunehmend auf die Einschaltung nichtstaatlicher Organisationen und die Dienste von Angestellten und Arbeitern angewiesen ist, die selbst nach Stellung und Funktion keine Amtsträger sind, aber unter Umständen in gleicher Weise Einblick

102 *Radtke* MK § 11 Rdn. 104, 110; *Stein/Deiters* SK § 11 Rdn. 66 sowie ausführlich *Pohlmann* S. 173–220. Zur Auslegung auch *Brockhaus/Haak* HRRS **2015** 218, 219 f.

103 BTDrucks. 18/4350 S. 18; *Korte* MK Rdn. 59.

104 *Lackner/Kühl/Heger* § 11 Rdn. 11b.

105 *SSW/Satzger* § 11 Rdn. 34; *Stein/Deiters* SK § 11 Rdn. 67.

106 *Korte* MK Rdn. 60; *Radtke* MK § 11 Rdn. 107; *Saliger* NK § 11 Rdn. 43d.

107 *Hilgendorf* LK § 11 Rdn. 60; *Korte* MK Rdn. 61; *Saliger* NK § 11 Rdn. 43e.

108 Näher hierzu *B. Heinrich* S. 561 ff.; *Hilgendorf* LK § 11 Rdn. 65 ff.; *Radtke* MK § 11 Rdn. 117 ff.; *Stein/Deiters* SK § 11 Rdn. 13 ff.; *Sch/Schröder/Hecker* § 11 Rdn. 30 ff.

109 BGH NStZ **1994** 277. Zu möglichen Ausnahmen (Abordnung, neben- oder ehrenamtliche Tätigkeit) *Hilgendorf* LK § 11 Rdn. 66; *Radtke* MK § 11 Rdn. 127; *Sch/Schröder/Hecker* § 11 Rdn. 31.

110 *Korte* MK Rdn. 69; *Stein/Deiters* SK § 11 Rdn. 17.

in und Einfluss auf das Verwaltungshandeln haben wie jene.[111] Die **personelle Reichweite** entspricht inhaltlich weitgehend dem Kreis der durch die frühere BestechungsVO erfassten Bediensteten,[112] erfasst aber über den wirtschaftlichen Bereich hinaus alle Arten von Verwaltung (z.B. auch soziale und kulturelle Aufgaben oder die Verbrechensbekämpfung).[113] Im Unterschied zu § 11 Abs. 1 Nr. 2 nehmen nicht die Personen selbst, sondern die Behörde oder Stelle, bei der oder für die sie tätig sind, (unmittelbar [Nr. 4 Buchst. a] oder mittelbar [Nr. 4 Buchst. b]) öffentliche Aufgaben wahr.[114] Die Beschäftigung **„bei"** einer der genannten Stellen setzt die (regelmäßig)[115] aufgrund eines Dauerbeschäftigungsverhältnisses ausgeübte, im Hinblick auf die öffentliche Aufgabenerfüllung untergeordnete Tätigkeit z.B. als Schreibkraft, Bote, Hausmeister, Kraftfahrer oder Raumpfleger voraus.[116] Die Tätigkeit **„für"** eine Behörde oder Stelle meint demgegenüber die vorübergehende Heranziehung aufgrund eines Sonderauftrages z.B. als Gutachter oder als Mitglied eines beratenden Ausschusses, aber auch als freiberuflich tätiger Planungsingenieur.[117] Ob auch die Mitarbeiter der beauftragten Unternehmen zu dem von § 11 Abs. 1 Nr. 4 erfassten Personenkreis gehören, ist umstritten.[118] Die Beauftragung durch den Vorteilsgeber begründet hingegen keine Verpflichtung i.S.d. § 11 Abs. 1 Nr. 4.[119]

Eine amtsträgergleiche Stellung erlangt der Betreffende erst durch eine förmliche Verpflich- 20
tung nach dem **Verpflichtungsgesetz** vom 2.3.1974.[120] Der Betroffene wird hierbei unter Hinweis auf die strafrechtlichen Folgen einer Pflichtverletzung auf die gewissenhafte Erfüllung seiner Obliegenheiten verpflichtet. In § 2 VerpflG ist die Gleichstellung bestimmter Personen (u.a. der nach der BestechungsVO Verpflichteten) vorgesehen.

2. Tathandlungen

a) Allgemeines zur Deliktsstruktur. Der Tatbestand des § 331 Abs. 1 (wie auch der übrigen 21
Bestechungsdelikte) weist eine komplexe Deliktsstruktur (hierzu *Kuhlen* NStZ **1988** 433 ff.) insofern auf, als die Handlungsmodalitäten (Fordern, Sich-versprechen-Lassen und Annehmen) als kommunikative Akte auf mehrere weitere in der Norm genannte Kriterien bezogen sind, die aber nicht (durchgängig) als „Tatbestandsmerkmale" im eigentlichen Sinne zu verstehen sind. So muss es dem Täter um die Erlangung von „Vorteilen" (hierzu Rdn. 31 ff.) gehen, die er aber nur in der Variante des Annehmens tatsächlich erhalten muss. Des Weiteren muss der Vorteil einen Bezug zur „Dienstausübung" (hierzu Rdn. 50 ff.) aufweisen, ohne dass freilich eine bestimmte Diensthandlung erbracht werden muss. Schließlich kommt in der Formulierung, dass der Vorteil „für" die Dienstausübung (noch deutlicher in §§ 332, 334: „als Gegenleistung" für eine „Diensthandlung")

---

111 *Sch/Schröder/Hecker* § 11 Rdn. 30 (m.w.N.).
112 *Korte* MK Rdn. 67; *Sch/Schröder/Hecker* § 11 Rdn. 30.
113 *Radtke* MK § 11 Rdn. 120 ff.; *Sch/Schröder/Hecker* § 11 Rdn. 32. Zur Verpflichtung von V-Personen BGHSt **40** 210, 213; BGH NJW **1980** 846 f.; *B. Heinrich* S. 571, 689 f.; für Amtsträgerstellung gemäß § 11 Abs. 1 Nr. 2 Buchst. c *Wagner* JZ **1987** 594, 595.
114 *Kindhäuser/Hilgendorf* § 11 Rdn. 29; *Saliger* NK § 11 Rdn. 40 f.; *Möhrenschlager* in: Dölling 8. Kap. Rdn. 22.
115 Vgl. *Kindhäuser/Hilgendorf* § 11 Rdn. 30; *Stein/Deiters* SK § 11 Rdn. 60; wohl enger *Lackner/Kühl/Heger* § 11 Rdn. 16; *Radtke* MK § 11 Rdn. 121; das Dauerbeschäftigungsverhältnis nicht als unbedingt erforderlich ansehend *Sch/Schröder/Hecker* § 11 Rdn. 33.
116 BTDrucks. 7/550 S. 210.
117 *Radtke* MK § 11 Rdn. 123; *Sch/Schröder/Hecker* § 11 Rdn. 32.
118 Hierfür *Stein/Deiters* SK § 11 Rdn. 72; **aA** *B. Heinrich* S. 570. Die Richtlinie der Bundesregierung zur Korruptionsprävention in der Bundesverwaltung vom 7. Juli 2004 (s. Vor § 331 Rdn. 43 [Fn. 231]) sieht in Nr. 12.2 vor, dass die einzelnen Beschäftigten privater Unternehmen – soweit erforderlich – besonders zu verpflichten sind.
119 BGHSt **42** 230, 233 f.; *Korte* MK Rdn. 68.
120 Ges. v. 2.3.1974 (EGStGB), BGBl. I S. 469, 547; geänd. durch Ges. v. 15.8.1974, BGBl. I S. 1942; auszugsweise abgedruckt bei *Hilgendorf* LK § 11 Rdn. 65 und *Tröndle/Fischer*[54] Anh. 19. Hierzu *Hilgendorf* LK § 11 Rdn. 71; *Korte* in: Dölling 6. Kap. Rdn. 47 ff.; *Matkey* Kriminalistik **2001** 742, 743 f.; s.a. BGH NJW **1980** 846 f.

bestimmt ist, das Erfordernis einer synallagmatischen Verknüpfung von Vorteil und dienstlicher Tätigkeit in Gestalt einer Unrechtsvereinbarung (hierzu Rdn. 64 ff.) zum Ausdruck, die freilich beim Fordern nur intendiert sein, nicht aber wirklich zustande kommen muss.[121] Diese „unselbständigen Elemente" sind für die Bestimmung der Reichweite des Tatbestandes von entscheidender Bedeutung; das gilt ungeachtet der Tatsache, dass sie objektiv nur insoweit verwirklicht sein müssen, als die jeweiligen übergeordneten Tathandlungen dies festlegen. Die Verknüpfung der einzelnen Bezugselemente kann auch mithilfe des **Modells eines Vertragsschlusses** (= der Unrechtsvereinbarung) erklärt werden.[122] Hiernach korrespondiert auf der „Verhandlungsstufe"[123] das Fordern (§§ 331, 332) bzw. das Anbieten (§§ 333, 334) mit dem Angebot, das Sich-versprechen-Lassen bzw. das Versprechen entspricht auf der „Vereinbarungsstufe" der Annahme des Angebots und das Annehmen bzw. Gewähren des Vorteils erscheint auf der „Leistungsstufe" als Vornahme des auf der (gegebenenfalls gleichzeitig getroffenen) Abrede beruhenden Verfügungsgeschäfts.

22 **b) Fordern** ist das einseitige Verlangen eines Vorteils für die Dienstausübung, das auch in konkludenter (versteckter oder verschleierter) Form geäußert werden kann.[124] Es handelt sich hierbei um eine auf den Abschluss einer Unrechtsvereinbarung gerichtete Willenserklärung, ohne dass es freilich zu einer solchen Willensübereinstimmung kommen muss.[125] Teilweise wird für ein Fordern zusätzlich das Moment einer eigennützigen Bedrückung des (potenziellen) Vorteilsgebers verlangt;[126] mit der h.M. ist es jedoch als ausreichend anzusehen, dass der Amtsträger von sich aus die Initiative ergreift und seine Bereitschaft zur Käuflichkeit zu erkennen gibt.[127] Der bloße Gesprächsanstoß muss nicht vom Amtsträger ausgehen;[128] umgekehrt genügt die Erstinitiative zum Gespräch als solche noch nicht; vielmehr muss (sei es auch konkludent) die Initiative zur sachwidrigen Koppelung von Vorteil und Dienstausübung (Unrechtsvereinbarung) vom Amtsträger ausgehen.[129] Hieran fehlt es bei der schlichten Bitte um eine Spende für einen sozialen Zweck (oder die Benennung eines potenziellen Spendenempfängers),[130] sofern nicht ein in verschleierter Form erklärter Bezug zur Dienstausübung hergestellt wird.[131] Zumindest missverständlich formuliert ist die (zirkuläre) Aussage, dass ein unter dem Vorbehalt der Genehmigung i.S.d. Abs. 3 erklär-

---

121 BGH NStZ **2006** 628, 629. Vgl. auch (zu § 333) BGHSt **53** 6, 18 (Rdn. 36) = NJW **2008** 3580, 3583; BGH NStZ **2000** 439 f.; **2008** 33, 34; *Sch/Schröder/Heine/Eisele* Rdn. 36.

122 *Geisler* S. 147 ff.; *Hingst* S. 340 ff.; *Kuhlen* JuS **2011** 673, 674 f.; *Stein/Deiters* SK Rdn. 51; s.a. *Rengier* BT 2 § 60 Rdn. 41 f. und (zur strukturellen Parallele zu § 30) *T. Zimmermann* S. 394 f. **Kritisch** zur Ausrichtung am zivilrechtlichen Vertragsmodell *Deiters* FS Rengier 209, 213.

123 Vgl. zu den Tatstufen *Fischer* § 333 Rdn. 4; s.a. *Kuhlen* NK Rdn. 82.

124 RGRspr. 7 285, 287; RG HRR **1940** Nr. 195; BGH NStZ **2006** 628, 629; OLG Celle SJZ **1948** Sp. 685, 686; *Fischer* Rdn. 18; *Gössel/Dölling* § 75 Rdn. 11; *Kargl* ZStW **114** (2002) 763, 773; *Kindhäuser/Hilgendorf* Rdn. 14; *Korte* MK Rdn. 72; *Küper* BT^7 S. 433; *Kuhlen* NK Rdn. 20; *Lackner/Kühl/Heger* Rdn. 7; *Matt/Renzikowski/Sinner* Rdn. 27; *Sch/Schröder/Heine/Eisele* Rdn. 25, 36; *Stein/Deiters* SK Rdn. 48, 28b; *Wessels/Hettinger/Engländer* Rdn. 1084.

125 RGSt **70** 166, 171; RG HRR **1940** Nr. 195; BGHSt **15** 88, 98; BGH NStZ **2006** 628, 629; *Lackner/Kühl/*Heger Rdn. 7; *Möhrenschlager* in: Dölling 8. Kap. Rdn. 44; *Sch/Schröder/Heine/Eisele* Rdn. 25.

126 *Bernsmann/Gatzweiler* Rdn. 214; *Korte* MK Rdn. 72; *Wagner* S. 231 ff.; vgl. auch *Kargl* ZStW **114** (2002) 763, 791 f. und *Möhrenschlager* in: Dölling 8. Kap. Rdn. 44 (mit Fn. 133).

127 BTDrucks. 7/550 S. 271; BGHSt **10** 237, 241 f.; **15** 88, 98; *Hardtung* S. 45 ff.; *Kuhlen* NK Rdn. 20 (Fn. 71) sowie (zu BGHSt **64** 301, wo das „Fordern" nicht näher thematisiert wurde) *Kuhlen* JR **2020** 630, 631 und *Sowada* StraFo **2020** 389, 390. Auf die Entsprechung zum (druckfreien) Anbieten verweist *Jositsch* S. 344 (zum schweizerischen Recht); die Parallele zum Sich-Erbieten (§ 30 Abs. 2) zieht *T. Zimmermann* S. 113 f., 394. Kritisch zum Aspekt der Initiative jedoch *Eb. Schmidt* Rdn. 187.

128 *Korte* MK Rdn. 72; *Kuhlen* NK Rdn. 20; *Oğlakcıoğlu* HRRS **2011** 275, 277.

129 *Höltkemeier* S. 109 f.; *Korte* MK Rdn. 73; *ders.* NStZ **2003** 156, 157 f.; *Möhrenschlager* in: Dölling 8. Kap. Rdn. 44; *Satzger* ZStW **115** (2003) 469, 484.

130 Hierzu OLG Karlsruhe NStZ **2011** 164; *Deiters* ZJS **2012** 255, 256 f.; *Kuhlen* NK Rdn. 20; *Oğlakcıoğlu* HRRS **2011** 275, 277.

131 *Korte* MK Rdn. 73; *Kuhlen* NK Rdn. 20.

tes Verlangen kein „Fordern" sei;[132] denn für Fälle des Fordern ist eine Genehmigung gemäß § 331 Abs. 3 gerade ausgeschlossen (vgl. aber auch zur Tatbestandsreduktion bei der Einwerbung von Drittmitteln unten Rdn. 77 ff.; ferner zum Genehmigungsvorbehalt Rdn. 30, 119 f.). Von den (tatbestandsmäßigen) Fällen einer abgenötigten Unrechtsvereinbarung[133] zu unterscheiden ist die (nicht auf die Herbeiführung einer Unrechtsvereinbarung abzielende) „aufgedrängte" Diensthandlung, bei der – wie der Erklärende weiß – der Empfänger nicht zur Erbringung des Vorteils als Gegenleistung bereit ist.[134] Auch das Verlangen einer Leistung unter Vorspiegeln eines angeblichen Rechtsgrunds mit dem Ziel, dass dem Aufgeforderten die Verknüpfung zwischen Vorteil und Dienstausübung gerade verborgen bleiben soll, ist nicht auf den Abschluss einer Unrechtsvereinbarung gerichtet und daher nicht gemäß § 331 (möglicherweise aber nach § 263) strafbar.[135] Der innere Vorbehalt, die zugesagte Diensthandlung gar nicht vornehmen zu wollen, steht § 331 StGB aber nach h.A. ebenso wenig entgegen wie die Täuschung, die fragliche Handlung vorgenommen zu haben (vgl. unten Rdn. 61 ff.).[136]

Da es einer positiven Reaktion des Adressaten nicht bedarf, reicht es für die Tatvollendung **23**
aus, dass die Forderung zur **Kenntnis** des Erklärungsempfängers[137] oder seines Mittelsmannes[138] gelangt ist; teilweise wird insoweit weitergehend (und vorzugswürdig; vgl. § 333 Rdn. 6 f.) auf den Zugang in der Sphäre des Empfängers abgestellt.[139] Umstritten ist die weitere (hiermit mittelbar zusammenhängende; s. Rdn. 25) Frage, welche Anforderungen in Bezug auf das **Verstehen** des Erklärungsinhalts zu stellen sind.[140] Nach heute ganz herrschender Ansicht ist es nicht erforderlich, dass der Adressat den Sinn der Erklärung verstanden hat oder dass er für ihn auch nur erkennbar war.[141] Schließlich soll selbst die objektiv fehlende Erkennbarkeit des Sinngehalts der Strafbarkeit nicht entgegenstehen.[142] Ausreichend, allerdings auch notwendig sei vielmehr der zumindest bedingte Vorsatz des Amtsträgers, dass der andere Teil auch den Sinn der Erklärung versteht.[143]

Für die Verlagerung ins Subjektive wird insbesondere angeführt, das Rechtsgut der Reinheit **24**
der Amtsführung oder auch des Vertrauens in die Lauterkeit der Amtsführung werde schon dadurch verletzt, dass der Fordernde den Vorteil für eine Diensthandlung verlangt. Hierbei sei die

---

132 So *Korte* MK Rdn. 73; *Stein/Deiters* SK Rdn. 48.

133 BGHSt **9**, 245 ff.; **33** 37; *Jescheck* LK[11] Rdn. 10; *Möhrenschlager* in: Dölling 8. Kap. Rdn. 44 (Fn. 130); *Rengier* BT 2 § 60 Rdn. 49; *Sch/Schröder/Heine/Eisele* Rdn. 64; *SSW/Rosenau* Rdn. 21. Näher zum Spannungsverhältnis zwischen Bestechungsdelikten und Nötigung *Hoven* ZStW **128** (2018) 173 ff.; *Kuhlen* Drohen mit einem Übel und Versprechen eines Vorteils (2018); *ders.* JR **2020** 630, 632 ff. und JR **2021** 295 ff.; *T. Zimmermann* S. 111 ff., 403 ff.

134 OLG Hamm NStZ **2002** 38, 39; *Fischer* Rdn. 18; *Sommer* AnwK Rdn. 46. Kritisch hierzu aber *Kargl* ZStW **114** (2002) 763, 777 f. Vgl. auch *Kuhlen* NK Rdn. 93 f.

135 So – bezüglich BGHSt **8** 214 – *Fischer* Rdn. 18; *Kuhlen* NK Rdn. 21; *Matt/Renzikowski/Sinner* Rdn. 27; s.a. *Baumann* S. 22 („Erforderlich ist ... stets der Wille des Beamten, verstanden zu werden.").

136 *Kuhlen* NK Rdn. 37 f. (m.w.N.).

137 RGSt **39** 193, 198; BGHSt **10** 237, 243; **47** 22, 29; BGH NStZ **2006** 628, 629; *Geerds* S. 64 (Fn. 329); *Lackner/Kühl/Heger* Rdn. 7; *SSW/Rosenau* Rdn. 23.

138 Einbezogen von *Gössel/Dölling* § 75 Rdn. 11; *Jescheck* LK[11] Rdn. 4; *Korte* MK Rdn. 74; *Küper* BT[7] S. 433; *Kuhlen* NK Rdn. 21; *Sch/Schröder/Heine/Eisele* Rdn. 25; *Stein/Deiters* SK Rdn. 48.

139 *Bernsmann/Gatzweiler* Rdn. 402; *Fischer* Rdn. 18 (sowie § 333 Rdn. 4); *Hingst* S. 348 ff. (i.V.m. S. 18 ff.); s.a. BGHSt **10** 237, 241 (Zugehen) und 243 (Kenntnisnahme). Vgl. auch (zu § 333) *Böse* JR **2003** 523, 525; *Rengier* BT 2 § 60 Rdn. 45; noch weiter hingegen (Verlassen der Tätersphäre) OLG Düsseldorf JR **2003** 521, 522. Zu den in Betracht kommenden Zeitpunkten auch *Baumann* S. 19 ff.

140 Vgl. hierzu *Kargl* ZStW **114** (2002) 763, 773 ff.; *Köhler* S. 19 ff., 33 ff.

141 BGHSt **10** 237, 241 f.; BGH wistra **1986** 218, 219; BGH NStZ **2006** 628, 629; *Gössel/Dölling* § 75 Rdn. 11; *Küper* BT[7] S. 433; *Kuhlen* NK Rdn. 21 f.; *Lackner/Kühl/Heger* Rdn. 7; *Sch/Schröder/Heine/Eisele* Rdn. 25; *Stein/Deiters* SK Rdn. 48. **AA** aber noch BGHSt **8** 214, 215 f. sowie ausführlich (i.S. einer Wissensgemeinschaft zwischen beiden Parteien) *Eb. Schmidt* Rdn. 175 ff., 187 ff.

142 *Höltkemeier* S. 107.

143 BGHSt **15** 88, 98; BGH wistra **1986** 218, 219; BGH NStZ **2006** 628, 629; *Fischer* Rdn. 18; *Höltkemeier* S. 107; *Kargl* ZStW **114** (2002) 763, 777; *Sch/Schröder/Heine/Eisele* Rdn. 25.

Frage, ob der andere Teil die Absicht durchschaue, ebenso unerheblich wie jene, ob er sie wenigstens erkennen könne. Dem mag man zustimmen, soweit das Verstehen an individuellen Gegebenheiten scheitert.[144] Aus einem objektiv nicht zu verstehenden Forderungsinhalt kann aber nicht der vorwerfbare Eindruck der Käuflichkeit von Diensthandlungen entstehen. Deshalb ist zumindest die **objektive Erkennbarkeit** des Verlangens des Vorteils für die Dienstausübung erforderlich.[145]

25 Stützt die im Vertrauensaspekt angelegte stärkere Akzentuierung der Außenwirkung[146] die Überlegung, dass der Normadressat (hier also der Fordernde) Vorteil und Dienstausübung in einer nach außen erkennbaren Weise zueinander in eine innere Beziehung setzen müsse,[147] so bleibt fraglich, wie sich vor diesem Hintergrund das Erfordernis einer Kenntnisnahme bzw. eines Zugangs beim Erklärungsempfänger begründen lässt und ob es dann nicht konsequent wäre, sich mit der Manifestation des Forderungswillens zu begnügen.[148] Die besseren Argumente sprechen gegen eine solche weitere Vorverlagerung der Strafbarkeit. Werden durch das Merkmal der objektiven Erkennbarkeit die zur Beeinträchtigung des Vertrauens der Bevölkerung von vornherein ungeeigneten Fallgestaltungen aus dem Anwendungsbereich der Norm eliminiert, so ist zusätzlich für die Vollendungsstrafbarkeit zu fordern, dass das Vorhaben des Täters so weit gediehen sein muss, dass dem Abschluss einer Unrechtsvereinbarung keine (zeitlichen) Hindernisse mehr entgegenstehen.[149] Hierzu genügt nicht die bloße Erkennbarkeit des Täterwillens, sondern die Forderung muss (insoweit der Situation bei § 111 vergleichbar)[150] zumindest in die **Sphäre des Empfängers** gelangen bzw. von ihm wahrgenommen werden. Auf diese Weise wird auch der Anschluss an die (wenngleich abstrakte) Gefährdung der Sachlichkeit behördlicher Entscheidungen (vgl. Vor § 331 Rdn. 30 ff.) (besser) gewahrt.[151] Wollte man jede nach außen erkennbare Betätigung des Täterwillens ausreichen lassen, würde hierdurch zudem die Grenze zum (bezüglich § 331 Abs. 1 straflosen!) Versuch verwischt.[152]

26 **c) Sich-versprechen-Lassen** ist die Annahme eines Angebots, das auf die Zuwendung eines künftigen Vorteils für die Dienstausübung gerichtet ist.[153] Diese Annahme kann auch konkludent oder unter einer Bedingung[154] erklärt werden. Mangels einer Rechtspflicht zur Ablehnung von Angeboten erfüllt das bloße Schweigen den Tatbestand nur, sofern es nach den Umständen des Einzelfalles als schlüssig erklärte Zustimmung zu werten ist.[155] Ob der Vorteil später tatsächlich

---

144 *Kuhlen* NStZ **1988** 433, 434 (Fn. 14); *ders.* JuS **2011** 673, 675.

145 *Baumann* S. 21 f.; *Bernsmann/Gatzweiler* Rdn. 217 ff., 402; *Jescheck* LK[11] Rdn. 4; *Korte* MK Rdn. 74; *Köhler* S. 19; *Kuhlen* NK Rdn. 22; *ders.* NStZ **1988** 433, 434 (Fn. 14); *Möhrenschlager* in: Dölling 8. Kap. Rdn. 44; *Stein/Deiters* SK Rdn. 48; auf einen „verständigen Betrachter in der Situation des Angesprochenen" abstellend auch BGH NStZ **2006** 628, 629; s.a. RGSt 77 75, 76 und hierzu *Bohne* JZ **1957** 718 f.; *Eb. Schmidt* Rdn. 181.

146 *Kargl* ZStW **114** (2002) 763, 782 f.

147 *Hardtung* S. 65 f., 67.

148 Vgl. *Köhler* S. 35 f.; s.a. *Kargl* ZStW **114** (2002) 763, 773 (zu Fn. 50), 776.

149 *Sommer* AnwK Rdn. 69.

150 Vgl. *v. Bubnoff* LK[11] § 111 Rdn. 8; *Paeffgen* NK § 111 Rdn. 28, 39; *Rosenau* LK § 111 Rdn. 18; *Sch/Schröder/Eser* § 111 Rdn. 6.

151 Kritisch zur „unrechtsbegründenden Qualität des ‚bösen Scheins'" auch *Maiwald* JuS **1977** 353, 354 f.

152 Vgl. *Arzt/Weber/Heinrich/Hilgendorf/Heinrich* BT § 49 Rdn. 34; *Korte* MK Rdn. 215 f.; *Rengier* BT 2 § 60 Rdn. 47.

153 RGSt **39** 193, 199; BGH NJW **1989** 914, 915 f.; BGH NStZ-RR **2002** 272, 274 = StV **2002** 604, 606; *Fischer* Rdn. 19; *Gössel/Dölling* § 75 Rdn. 11; *Kargl* ZStW **114** (2002) 763, 773; *Kindhäuser/Hilgendorf* Rdn. 15; *Korte* MK Rdn. 75; *Küper* BT[7] S. 433; *Kuhlen* NK Rdn. 24; *Möhrenschlager* in: Dölling 8. Kap. Rdn. 43; *Sch/Schröder/Heine/Eisele* Rdn. 26; *Stein/Deiters* SK Rdn. 49; *Wessels/Hettinger/Engländer* Rdn. 1084.

154 RGSt **57** 28 (Mitwirkung eines anderen Amtsträgers); *Baumann* S. 22.

155 *Fischer* Rdn. 19; *Jescheck* LK[11] Rdn. 5; *Korte* MK Rdn. 75.

erlangt wird, ist unerheblich. Erforderlich ist jedoch nach nahezu einhelliger Ansicht der Wille des Täters, den Vorteil entgegenzunehmen oder an einen Dritten gelangen zu lassen.[156]

Indem der Amtsträger sich einen Vorteil versprechen lässt, bringt er nach h.M. die Unrechtsvereinbarung zum Abschluss. Es bedarf hiernach also der „vertragsmäßigen" **Willensübereinstimmung** beider Seiten darüber, dass ein Vorteil für die Dienstausübung gewährt werden soll.[157] Das bedeutet, dass beiden Parteien der objektiv übereinstimmende Inhalt ihrer Erklärungen bewusst sein muss. Gegenstimmen im Schrifttum erachten demgegenüber das Bewusstsein des Vorteilsgebers, einen Vorteil für die Dienstausübung zu gewähren,[158] oder – noch weiter gehend – sogar einen entsprechenden objektiven Erklärungswert des „Angebots" für entbehrlich.[159] Soweit hierfür auf die Parallele zum „Fordern" verwiesen wird, vermag die Argumentation nicht zu überzeugen, da diese Tatvariante eine einseitige Erklärung erfasst und eine sich in ihrer Intensität verstärkende Stufenfolge der tatbestandlichen Handlungsformen vom einseitigen Sich-käuflich-Zeigen über die „quasivertragliche" gegenseitige Bindung zum Leistungsvollzug anzunehmen ist.[160] Im aufeinander bezogenen Wortpaar „Versprechen" (vgl. §§ 333, 334) und „Sich-versprechen-Lassen" kommt das Erfordernis einer von beiderseitigem Willen getragenen Unrechtsvereinbarung als „Kern" der Bestechungsdelikte (BGHSt **39** 45, 46)[161] auch hinreichend deutlich zum Ausdruck. Bei irriger Annahme einer Willensübereinstimmung kommt jedoch das Fordern eines Vorteils in Betracht.[162] Zum Sich-versprechen-Lassen unter Genehmigungsvorbehalt s. unten Rdn. 30 a.E. 27

d) Annehmen ist die auf einer Unrechtsvereinbarung beruhende[163] tatsächliche Entgegennahme eines Vorteils mit dem Willen, ihn im eigenen Interesse zu verwenden oder ihn an einen Dritten weiterzuleiten.[164] „Annehmen" ist mehr als bloßes „Hinnehmen".[165] Bei unverlangt oder gutgläubig, d.h. in Unkenntnis des Bezuges zur Dienstausübung erhaltenen Vorteilen liegt ein Annehmen erst vor, wenn der Empfänger nach Kenntniserlangung den noch vorhandenen[166] Vorteil (durch aktives Tun) bewusst behält;[167] das bloße Unterlassen der Rückgabe genügt hierfür 28

---

156 BGH NJW **1989** 914, 916; BGH NStZ-RR **2002** 272, 274 = StV **2002** 604, 606; OLG Hamm MDR **1973** 68; *Fischer* Rdn. 19; *Gössel/Dölling* § 75 Rdn. 11; *Korte* MK Rdn. 75; *Küper* BT[7] S. 433; *Lackner/Kühl/Heger* Rdn. 7; *Maiwald* JuS **1977** 353, 354 f.; *Sch/Schröder/Heine/Eisele* Rdn. 26; *SSW/Rosenau* Rdn. 24; **krit.** *Kuhlen* NK Rdn. 24; **aA** *Stein/Deiters* SK Rdn. 49.

157 RGSt **65** 52, 53; 77 75, 76; RG HRR **1940** Nr. 195; BGHSt **10** 237, 241; **39** 45, 48; *Korte* MK Rdn. 76; *Kuhlen* NK Rdn. 25 ff.; *Möhrenschlager* in: Dölling 8. Kap. Rdn. 43; *Sch/Schröder/Heine/Eisele* Rdn. 36 (m.w.N.).

158 *Stein/Deiters* SK Rdn. 49; wohl auch (weil auf den objektiven Erklärungsinhalt abstellend) *Küper* BT[7] S. 433.

159 *Geerds* JR **1993** 211, 212 (Fn. 8); *Hardtung* S. 63 ff.; *Höltkemeier* S. 108; *Kargl* ZStW **114** (2002) 763, 774 f.; *Sch/Schröder/Cramer*[26] Rdn. 29d.

160 *Kuhlen* NK Rdn. 27; *ders.* JuS **2011** 763, 765; *Maurach/Schroeder/Maiwald* II § 79 Rdn. 15 f.; *Stein/Deiters* SK Rdn. 49; s.a. Rdn. 21.

161 S. auch *Korte* MK Rdn. 76; *Rengier* BT 2 § 60 Rdn. 40.

162 *Fischer* Rdn. 19; *Jescheck* LK[11] Rdn. 5; *Korte* MK Rdn. 76.; *Matt/Renzikowski/Sinner* Rdn. 28.

163 BGH NStZ **1984**, 24; BGH NJW **1985** 391 (ausführlicher als in BGHSt **32** 290); *Fischer* Rdn. 20; *Korte* MK Rdn. 77; *Kuhlen* NK Rdn. 28; *Sch/Schröder/Heine/Eisele* Rdn. 27, 36. Wie beim Sich-versprechen-Lassen auf den objektiven Erklärungswert abstellend *Stein/Deiters* SK Rdn. 50; ebenso wie dort auf die subjektive Sicht des Nehmers abstellend die oben in Fn. 159 genannten Autoren.

164 RGSt **58** 263, 266; BGHSt **14** 123, 127; **15** 286 f.; OLG Karlsruhe NStZ **2001** 654; *Korte* MK Rdn. 77; *Küper* BT[7] S. 434; *Lackner/Kühl/Heger* Rdn. 7; *Sch/Schröder/Heine/Eisele* Rdn. 27; *Stein/Deiters* SK Rdn. 50; *Wessels/Hettinger/Engländer* Rdn. 1084.

165 *Eb. Schmidt* Rdn. 121 unter Hinweis auf *v. Olshausen* Anm. 4a.

166 BGH NStZ **2008** 33, 34 (krit. hierzu *Zöller* GA **2008** 151, 167 f.); OLG Köln MDR 1960 156 f.; *Korte* NStZ **2008** 341, 342; *Sch/Schröder/Heine/Eisele* Rdn. 28.

167 BGHSt **15** 88, 102 f.; BGH NStZ **2008** 33, 34; OLG Düsseldorf StraFo **2001** 354, 355; *Fischer* Rdn. 20; *Gössel/Dölling* § 75 Rdn. 11; *Korte* MK Rdn. 78; *Kuhlen* NK Rdn. 28; *Lackner/Kühl/Heger* Rdn. 7; *Möhrenschlager* in: Dölling 8. Kap. Rdn. 42; *Sch/Schröder/Heine/Eisele* Rdn. 28.

nicht.[168] Umgekehrt steht der Vorbehalt, das Empfangene unter bestimmten Bedingungen wieder zurückgeben zu wollen, einer „Annahme" nicht entgegen.[169] Mangels Verwendungswillens nicht ausreichend ist hingegen die Entgegennahme als Beweismittel zur Überführung des Vorteilsgebers;[170] nach der Gegenansicht[171] richtet sich die Straflosigkeit nach § 34.

29 Bei der **Einbeziehung Dritter** in die Vorteilsgewährung ist zu unterscheiden: Nimmt ein im Lager des Vorteilsnehmers stehender Empfangsbote[172] die Leistung für diesen entgegen, um sie abredegemäß an ihn weiterzuleiten, so ist ein „Annehmen" durch den Amtsträger gegeben.[173] Die Annahme kann auch mittäterschaftlich durch Entgegennahme von Geldbeträgen erfolgen, die zum Zwecke späterer gleichmäßiger Verteilung in eine gemeinsame Kasse gelegt werden.[174] Umstritten ist hingegen die Konstellation, dass die Leistung direkt an einen Dritten erfolgt, dem der Vorteil nach der Unrechtsvereinbarung zufließen soll. Hier wird ein „Annehmen" durch den Amtsträger überwiegend verneint[175] und auf eine Strafbarkeit wegen des Sich-versprechen-Lassens zurückgegriffen.[176] Der Meinungsstreit ist vor dem Hintergrund der Frage zu sehen, ob durch die Einbeziehung von Drittvorteilen die früher angenommene Rechtskonstruktion der mittelbaren Eigenvorteile[177] (vgl. hierzu Rdn. 41 ff.) obsolet geworden ist.[178] Hält man auch bezüglich der Neufassung innerhalb des § 331 an der mittelbaren Vorteilsannahme fest, dann erscheint es konsequent, die im Einverständnis des Amtsträgers an den unmittelbar Begünstigten erbrachte Leistung (weiterhin)[179] zugleich als „Annahme" des mittelbaren Vorteils durch den Amtsträger anzusehen.[180] Wird die Zuwendung ohne aktuelles Wissen des Amtsträgers vollzogen, so bedarf es hiernach für die Annahme seiner nachträglichen Kenntnisnahme und Billigung.[181] Schließlich ist es nicht erforderlich, dass der Vorteil aus dem Vermögen des Partners der Unrechtsvereinbarung stammt; eine von diesem veranlasste Leistung durch Dritte ist ebenfalls tatbestandsmäßig.[182]

---

168 *Korte* MK Rdn. 78; *Fischer* Rdn. 20; *Kuhlen* NK Rdn. 28; *Stein/Deiters* SK Rdn. 50; s.a. RGSt **58** 263, 267; *Maurach/Schroeder/Maiwald* II § 79 Rdn. 16.

169 BGH GA **1963** 147, 148; *Fischer* Rdn. 20; *Korte* MK Rdn. 77; *Kuhlen* NK Rdn. 30 f.; *Matt/Renzikowski/Sinner* Rdn. 29; *Möhrenschlager* in: Dölling 8. Kap. Rdn. 42; *Sch/Schröder/Heine/Eisele* Rdn. 28; *Stein/Deiters* SK Rdn. 50.

170 RGSt **58** 263, 266 f.; BGHSt **15** 88, 97; *Gössel/Dölling* § 75 Rdn. 11; *Höltkemeier* S. 108 f.; *Küper* BT⁷ S. 433; *Lackner/Kühl/Heger* Rdn. 7; *Maiwald* JuS **1977** 353, 354 f.; *Korte* MK Rdn. 81; *Sch/Schröder/Heine/Eisele* Rdn. 29; *Stein/Deiters* SK Rdn. 50.; *Sommer* AnwK Rdn. 64; *SSW/Rosenau* Rdn. 25.

171 *Kuhlen* NK Rdn. 32.

172 Vgl. auch *Wentzell* S. 120 f.

173 RGSt **42** 382, 384 f.; BGHSt **14** 123, 127 f.; **47** 295, 304 ff. (Förderverein als „Durchlaufstation"); *Korte* MK Rdn. 79; *Möhrenschlager* in: Dölling 8. Kap. Rdn. 42; *Oğlakcıoğlu* HRRS **2011** 275, 277; s.a. zum komplementären „Gewähren" in § 333 BGHSt **43** 270, 275; *Lackner/Kühl/Heger* § 333 Rdn. 3a.

174 BGH MDR/H **1983** 985 f.

175 *Deiters* ZJS **2012** 255, 258; *Fischer* Rdn. 20; *Korte* MK Rdn. 79; *Kuhlen* NK Rdn. 29; *Möhrenschlager* in: Dölling 8. Kap. Rdn. 42; *Sch/Schröder/Heine/Eisele* Rdn. 27; *Stein/Deiters* SK Rdn. 50; offengelassen von OLG Karlsruhe NStZ **2011** 164; **aA** LG Wuppertal NJW **2003** 1405; *Kargl* JZ **2005** 503, 506 (Fn. 21); zweifelnd *Maurach/Schroeder/Maiwald* II § 79 Rdn. 14.

176 *Korte* MK Rdn. 79; *Kuhlen* NK Rdn. 29; *Stein/Deiters* SK Rdn. 50.

177 Eingehende Analyse der Rechtsprechung bei *Gribl* S. 19 ff.

178 In diesem Sinne *Korte* MK Rdn. 99; *Kuhlen* NK Rdn. 47 ff.; *Rengier* BT 2 § 60 Rdn. 15; *Stein/Deiters* SK Rdn. 47.

179 Zu § 331 a.F. vgl. RGSt **13** 396, 398; *Jescheck* LK¹¹ Rdn. 6 f.

180 *Kuhlen* Rdn. 29 (Fn. 100); *Sch/Schröder/Heine/Eisele* Rdn. 23; einschränkend (allenfalls bei Ablehnungsbefugnis) *Deiters* ZJS **2012** 255, 258 f.: krit. *Oğlakcıoğlu* HRRS **2011** 275, 278 f., der seinerseits auf die faktische Verfügungsmöglichkeit abstellt. Auf den Eigenvorteil bei einer Wahlkampfspende rekurrierend auch BGHSt **49** 275, 282 (krit. hierzu *Korte* NStZ **2005** 512, 513); BGH NStZ **2023** 416, 417 (zu § 332) mit Anm. *Bittmann* (S. 418). Zum Vorteil mit Doppelcharakter vgl. *Cramer* FS Roxin 945, 947 f.; *Wentzell* S. 122 ff.; vgl. aber auch *Höltkemeier* S. 105 ff.

181 BGHSt **49** 275, 298; BGH NStZ **2023** 416, 417 (zu § 332 [obiter dictum]) mit Anm. *Bittmann* (S. 418); *Bauer/Gmel* LK¹¹ Nachtrag zu §§ 331–338 Rdn. 16; *Fischer* Rdn. 16, 20; *Sch/Schröder/Heine/Eisele* Rdn. 29. **Krit.** zur Annahme durch Billigung *Deiters* ZJS **2012** 255, 258 f.; *Winkelbauer/Felsinger* in: Winkelbauer/Felsinger/Dannecker S. 9, 32 f.

182 BGH NJW **1987** 1340, 1341; BGH wistra **1990** 306; *Hassemer* JuS **1987** 662; *Kuhlen* NK Rdn. 92; *Lackner/Kühl/Heger* Rdn. 5; *Letzgus* NStZ **1987** 309, 311; *Stein/Deiters* SK Rdn. 42.

Nach inzwischen überwiegender Ansicht[183] ist ein „Annehmen“ zu verneinen, wenn der Amtsträger den Vorteil unter dem **Vorbehalt einer Genehmigung** gemäß § 331 Abs. 3 entgegennimmt, da dann die Erklärung, der Behörde die Disposition über den Verbleib des Vorteils beim Amtsträger einräumen zu wollen, der Bereitschaft zum Abschluss einer „Unrechts“-Vereinbarung entgegenstehe. Die Gesetzesmaterialien[184] eröffnen die Möglichkeit der nachträglichen Genehmigung nur für Fälle „der vorläufigen Entgegennahme des Vorteils unter der ausdrücklichen oder stillschweigenden aufschiebenden Bedingung der Genehmigung“; bei deren Versagung müsse der Vorteilsnehmer den Vorteil zurückgeben, da andernfalls in dem Behalten des Vorteils „nunmehr die strafbare endgültige Annahme“ läge. Dessen ungeachtet (und im Unterschied zu gutgläubig erlangten Vorteilen; s. Rdn. 28) ist hier (im Anschluss an *Hardtung* S. 167 ff.) eine „Annahme“ des Vorteils zu bejahen.[185] Dem systematischen Zusammenspiel mit § 331 Abs. 3 ist nicht durch eine Latenzphase beim Handlungsmerkmal, sondern durch die Konstruktion eines (strukturell dem § 142 vergleichbaren) kombinierten Handlungs-Unterlassungs-Tatbestandes[186] Rechnung zu tragen. Wollte man demgegenüber schon das Merkmal der „Annahme“ verneinen, so bliebe fraglich, woraus sich die Folgepflichten (unverzügliche Anzeige und gegebenenfalls Rückgabe) ergeben sollen; ferner müssten zur Vermeidung unannehmbarer Ergebnisse die Voraussetzungen einer „Annahme“ in § 331 Abs. 2 und § 332 StGB abweichend bestimmt werden.[187] Für die hinsichtlich der Angriffsintensität mildere Handlungsvariante des Sich-versprechen-Lassens ist der Weg zur Straflosigkeit an geringere Anforderungen geknüpft; doch ist auch insoweit an der zweiphasigen Deliktsstruktur festzuhalten und das Handlungsmerkmal zu bejahen (näher Rdn. 120).[188] 30

3. Vorteil

a) Allgemeines. Vorteil ist nach h.M. jede Leistung, auf die der Amtsträger oder der Dritte keinen durchsetzbaren Rechtsanspruch hat und die seine wirtschaftliche, rechtliche oder auch nur persönliche Lage (zumindest vorübergehend)[189] objektiv messbar verbessert.[190] Durch (die Aussicht auf) eine dienstrechtlich nicht vorgesehene Besserstellung wird die Gefahr begründet, dass der Amtsträger seine Unbefangenheit und Unvoreingenommenheit (tatsächlich und in den Augen Außenstehender) einbüßt und hierdurch eine rein sachliche Behandlung der dienstlichen Angelegenheiten nicht mehr gewährleistet erscheint.[191] Um dieser psychologischen Wirkung möglichst effektiv entgegenzutreten, erfasst das Gesetz in typisierender Beurteilung auch die der Diensthandlung nachfolgende Vorteilsannahme (s. Rdn. 67; s.a. Vor § 331 Rdn. 30 ff., 35). Als Vor- 31

---

183 *Dölling* C 71; *v.Heintschel-Heinegg* BeckOK Rdn. 24.1; *Jescheck* LK[11] Rdn. 6; *Leitner/Rosenau/Gaede* Rdn. 30; *Matt/Renzikowski/Sinner* Rdn. 29; *SSW/Rosenau* Rdn. 25, *Stein/Deiters* SK Rdn. 50; s.a. *Sch/Schröder/Heine/Eisele* Rdn. 28, 60 f.; eingeschränkt auch *Sommer* AnwK Rdn. 63.

184 BTDrucks. 7/550 S. 272.

185 Ebenso *Korte* MK Rdn. 80; *Lackner/Kühl/Heger* Rdn. 7 (aber auch a.a.O. Rdn. 16); grds. auch *Kuhlen* NK Rdn. 35.

186 Hierzu *Hardtung* S. 171 ff.

187 Vgl. *Hardtung* S. 170; *Kuhlen* NK Rdn. 33.

188 Vgl. auch insoweit *Hardtung* S. 182 f., 225; vgl. auch *Sch/Schröder/Heine/Eisele* Rdn. 60; *Merges* S. 68; aber auch *Stein/Deiters* SK Rdn. 49 (kein Sich-versprechen-Lassen).

189 BGH GA **1959** 176, 177; *Küper* BT[7] S. 430 f.

190 BGHSt **31** 264, 279; **33** 336, 339; **35** 128, 133; **47** 295, 304; **53** 6, 11; **63** 107, 111; **64** 301, 306; BGH NJW **2001** 2558, 2559 = NStZ **2001** 425, 426 = JR **2001** 514, 515 mit Anm. *Kudlich*; NJW **2003** 763, 764 (insoweit in BGHSt **48**, 44 nicht abgedruckt); **2005** 3011, 3012 = NStZ **2005** 692, 693; BGH NStZ-RR **2007** 309, 310; BGH StV **2012** 19, 21; OLG Hamburg StV **2001** 277, 278 f. mit Anm. *Zieschang* S. 290 f.; *Eidam* § 50 Rdn. 20 (m.w.N.); *Fischer* Rdn. 11; *Gössel/Dölling* § 75 Rdn. 10; *Kindhäuser/Hilgendorf* Rdn. 6; *Korte* MK Rdn. 82; *Küper* BT[7] S. 430 f.; *Küpper/Börner* § 9 Rdn. 10; *Lackner/Kühl/Heger* Rdn. 4; *Leitner/Rosenau/Gaede* Rdn. 15; *Otto* BT § 99 Rdn. 15; *Rengier* BT 2 § 60 Rdn. 11; *Schlüchter* FS Geerds 713, 716 ff.; *Sch/Schröder/Heine/Eisele* Rdn. 13; *SSW/Rosenau* Rdn. 15; *Stein/Deiters* SK Rdn. 41. Allgemein zum Vorteilsbegriff *T. Zimmermann* S. 442 ff.

191 OLG Celle SJZ **1948** Sp. 685, 687; *Hardtung* S. 41 ff.; *Kuhlen* NK Rdn. 40; vgl. auch *König* DRiZ **1996** 357, 362.

teilsgeber kommt jedermann, insbesondere auch ein anderer Amtsträger in Betracht.[192] Die Zuwendung, die abgesehen von der Tatvariante „Annehmen" kein wirkliches Tatbestandsmerkmal, sondern nur Bezugsobjekt der Unrechtsvereinbarung ist (s. oben Rdn. 21), kann materieller oder immaterieller Art sein; teilweise werden bestimmte Vorteile unter dem Gesichtspunkt der Sozialadäquanz ausgeschieden (s. Rdn. 34). Eine Bereicherung des Täters ist ebenso wenig erforderlich[193] wie eine Vermögensminderung beim Vorteilsgeber.[194] Auch der erst auf Druck des Täters geleistete (oder versprochene) Vorteil unterfällt dem Tatbestand;[195] inwieweit umgekehrt die Beibehaltung des Status quo einen Vorteil darstellt, ist umstritten (vgl. Rdn. 35). Soweit der Leistung ein vertraglicher Anspruch zugrunde liegt, kommt nach überwiegend vertretener Ansicht auch der Vertragsschluss selbst als Vorteil in Betracht, da andernfalls die Strafbarkeit wegen eines Bestechungsdelikts durch eine vertragliche Abrede (z.B. in Gestalt eines Beratervertrages) ausgehebelt werden könnte (näher Rdn. 45 ff.).

32 Über diese Lockerung des „normativen" Vorteilsbegriffs hinaus befürworten mehrere Autoren im neueren Schrifttum im Anschluss an *Ambos* (JZ **2003** 345, 351)[196] einen **„naturalistischen"** Vorteilsbegriff, der auf das Definitionselement des Fehlens eines rechtlichen Anspruchs generell verzichtet und allein auf die objektive Besserstellung des Leistungsempfängers abstellt. Die normative Frage, ob es für die Zuwendung einen legitimierenden Sachgrund gibt, wird hiernach im Rahmen der Unrechtsvereinbarung erörtert. Eine solche Verortung erscheint ungeachtet des Verlusts an Konturenschärfe für die Einzelmerkmale **vorzugswürdig**, da das Bestehen eines rechtlichen Anspruchs lediglich ein Indiz für die Straflosigkeit der Zuwendung bildet. Der umgekehrte Weg, den eine Unrechtsvereinbarung umsetzenden Vertrag als gemäß §§ 134, 138 BGB nichtig anzusehen[197] und ihm deshalb seine Funktion als Rechtsgrundlage abzusprechen, ist – weil über das Zivilrecht führend – länger, letztlich aber ebenfalls von der Beurteilung des Beziehungsverhältnisses (z.B. in Gestalt einer „Unangemessenheit" des Vorteils)[198] abhängig.[199]

33 **aa) Materielle Vorteile.** In der Rechtswirklichkeit dominieren die **materiellen Vorteile.**[200] Hierzu gehören vor allem Geld[201] und Sachwerte,[202] aber auch die Nutzungsmöglichkeit von Ge-

---

192 OLG Frankfurt NJW **1989** 847, 848; OLG Hamm NStZ **2002** 38, 39; *Lackner/Kühl/Heger* Rdn. 2.

193 *Bannenberg* HK-GS Rdn. 16; *Fischer* Rdn. 11a; *Matt/Renzikowski/Sinner* Rdn. 19.

194 BGH NJW **1987** 1340, 1341; NStZ **2005** 334, 335; NStZ-RR **2005** 266, 267 (zur Unrechtsvereinbarung in Form eines Dreiecksverhältnisses); OLG Düsseldorf JR **1987** 168, 169 mit Anm. *Geerds*; *Fischer* Rdn. 11a; *Stein/Deiters* SK Rdn. 42. Weitere Nw. in Fn. 168.

195 BGHSt **9** 245, 246 f.; *Jescheck* LK[11] Rdn. 10; *Korte* MK Rdn. 82; *Matt/Renzikowski/Sinner* Rdn. 18; *Sch/Schröder/Heine/Eisele* Rdn. 16.

196 S. auch *Ambos/Ziehn* NStZ **2008** 498, 499 f. Ihm folgend insbesondere *Satzger* ZStW **115** (2003) 469, 475 f.; *ders.* JK 3/06, StGB § 331/10. Ebenso *Bannenberg* HK-GS Rdn. 12; *Höltkemeier* S. 101 ff.; *Knauer/Kaspar* GA **2005** 385, 391 ff.; *Kuhlen* NK Rdn. 60 ff.; *Rönnau* JuS **2003** 232, 235; *Roxin* FS Kargl 459, 460; *Schlösser* StV **2011** 300, 303 ff.; *Stein/Deiters* SK Rdn. 44 f.; *Wasserburg* NStZ **2007** 198, 204; s.a. BGHSt **47** 295, 311 (Vorteil als tatsächliches, nicht normatives Merkmal); BGH StV **2012** 19, 22 (offengelassen, ob Zuordnung zum Vorteil oder zur Unrechtsvereinbarung; s.a. *Korte* MK Rdn. 96). Ähnlich – rechtsgutsbezogen auf den Eindruck eines nicht mehr objektiven Handelns abstellend – *Schwieger* S. 183 ff., 214; s.a. *Maurach/Schroeder/Maiwald* II § 79 Rdn. 12 f. sowie grundlegend *T. Zimmermann* S. 457–465, 593 f.

197 Ausführlich in diesem Sinne *Lüderssen* S. 35 ff., 42 ff.; s.a. *Braum* Europäische Strafgesetzlichkeit (2003), S. 527 f.; *Zieschang* StV **2001** 290, 291; *ders.* JZ **2000** 95. Hierbei kann die Unwirksamkeit nicht direkt aus § 331 gefolgert werden; vgl. *Lüderssen* S. 44 (Fn. 80); *Wentzell* S. 126 f. Zur Nichtigkeit eines auf die Vergütung einer Doktorandenbetreuung gerichteten Vertrags vgl. OLG Stuttgart Urt. vom 22.2.2022 – 10 U 120/21 (juris).

198 Vgl. *Verrel* MedR **2003** 319, 322; s.a. *Dingeldey* NStZ **1984** 503, 505; *Lüderssen* JZ **1997** 112, 116, 120; *St. Walter* ZRP **1999** 292, 296 f.; *Zieschang* StV **2008** 253, 255.

199 Vgl. auch *Knauer/Kaspar* GA **2005** 385, 393; *Kuhlen* NK Rdn. 55; *Rönnau* JuS **2003** 232, 235.

200 Umfangreiche Kasuistik bei *Möhrenschlager* in: Dölling 8. Kap. Rdn. 26.

201 Vgl. z.B. BGHSt **49** 275, 282; BGH NStZ **2007** 211 f.; BGH StV **2007** 358 f.

202 BGHSt **39** 45, 46; **47** 22, 23; *Kuhlen* NK 40 (m.w.N.); *Sch/Schröder/Heine/Eisele* Rdn. 14.

genständen,[203] die Erbringung von Dienst- und Werkleistungen,[204] die Einräumung von Rabatten,[205] die Gewährung eines (zinslosen) Darlehens,[206] die Erweiterung der Liquidität durch (vorübergehende) Umleitung dienstlicher Mittel auf ein Privatkonto,[207] die Stundung oder der Erlass einer Schuld,[208] die Übernahme von Kosten für Kongress-[209] oder Urlaubsreisen,[210] Feiern,[211] Veranstaltungen,[212] die Bezahlung sexueller Leistungen von Prostituierten[213] sowie die Einladung in Gourmet-Restaurants.[214] Ferner kommen als Vorteil die Honorarzahlung für ein wertloses Gutachten[215] oder die Vermittlung einer (sei es auch nur angemessen entlohnten) Nebentätigkeit[216] (ggf. auch für einen Angehörigen),[217] ein mit einer wissenschaftlichen Ehrung verbundenes Preisgeld[218] oder auch erbrechtliche Begünstigungen[219] in Betracht. Keinen Vorteil stellen Zuwendungen dar, die der Amtsträger nur als **Mittel zur Durchführung** der Diensthandlung erhält[220] oder die er sich selbst unmittelbar durch eine Straftat verschafft bzw. verschaffen soll.[221] Trotz des wirtschaftlichen Werts des Zuwendungsobjekts kann im Einzelfall der „Vorteil" mit Blick auf die Interessenlage des Empfängers zu verneinen sein (z.B. bei Anlieferung einer nicht bestellten Fuhre Stallmist);[222] freilich wird sich die Beurteilung regelmäßig aus der Reaktion des Adressaten ablesen lassen. Die Wahrnehmung von Repräsentationsaufgaben nimmt den von privater Seite offerierten Eintrittskarten nicht den Vorteilscharakter.[223]

---

203 RGSt **64** 328, 335 (Leihwagen); BGHSt **15** 239 f.; BGH NJW **1985** 391 (in BGHSt **32** 290 nicht abgedruckt); OLG Karlsruhe NJW **2001** 907, 908; *Geerds* S. 77 f.; *Joecks/Jäger* Rdn. 5; *Maurach/Schroeder/Maiwald* II § 79 Rdn. 12; *Stein/Deiters* SK Rdn. 42.

204 *Korte* MK Rdn. 83; s.a. BGHSt **15** 88, 102 f.; BGH NStZ **1991** 550 f.; **1994** 191; **2004** 565 f.; s.a. OLG Düsseldorf StraFo **2001** 354 f.

205 BGH NJW **2001** 2558, 2259 (auch bei zuvor überhöhtem Preis; insoweit abl. *Kudlich* JR **2001** 516 f.); *Wabnitz/Janovsky/Schmitt/Bannenberg* 10. Kap. Rdn. 58.

206 BGHSt **13** 328; BGH GA **1959** 176 f.; BGH NStZ **2005** 334, 335; *Fischer* Rdn. 11d; *Sch/Schröder/Heine/Eisele* Rdn. 15.

207 BGH NStZ-RR **1998** 269.

208 Vgl. BGHSt **16** 40 ff.; BGH NStZ **1991** 550 f.; *Korte* MK Rdn. 83.

209 BGH NJW **2003** 763, 764 (in BGHSt **48** 44 nicht abgedruckt); OLG Hamburg StV **2001** 274, 278 f. und 284, 285.

210 BGH NStZ **2000** 90 f.; **2005** 334, 335.

211 BGHSt **47** 22, 23; BGH NJW **2003** 763, 764 (in BGHSt **48** 44 nicht abgedruckt); OLG Köln NStZ **2002** 35, 36.

212 BGHSt **53** 6, 11 ff. (Rdn. 17 ff.; Eintrittskarten zur Fußball-WM) = NJW **2008** 3580, 3581; *Fischer* Rdn. 11c; *Korte* MK Rdn. 83; s.a. *Thomas* FS Jung 973, 977 f.

213 BGH NJW **1989** 914, 915 (hiernach soll die bloße Gelegenheit zu unentgeltlichen Sexualkontakten aber noch nicht ausreichen) = JR **1989** 430 mit (insoweit abl.) Anm. *Bottke*; BGH NStZ-RR **2002** 272, 273 = StV **2002** 604, 605; *Lackner/Kühl/Heger* Rdn. 5.

214 BGH NStZ **2000** 90 f.; *Stein/Deiters* SK Rdn. 42. Vgl. auch BGHSt **47** 22, 23 und BGH GA **1967** 154 f.

215 BGH NStZ **1999** 561; s.a. BGH NJW **2001** 3062, 3063 (Schein-Beratervertrag).

216 RG HRR **1939** Nr. 1492; RG DR **1943** 77; BGHSt **31** 264, 280 (m.w.N.), BGH NStZ-RR **2007** 309, 310; OLG Hamburg StV **2001** 274, 279 mit abl. Anm. *Zieschang* 290, 291; *Korte* MK Rdn. 83; *Möhrenschlager* in: Dölling 8. Kap. Rdn. 26. Kritisch *Hendrik Schneider* FS Seebode 331, 347 ff.

217 RG HRR **1940** Nr. 872; *Korte* MK Rdn. 83; s.a. *Bauchrowitz* S. 148 f.

218 *Fischer* Rdn. 11c; s.a. BVerwG NVwZ **2000** 820 f.

219 Vgl. das Rundschreiben zum Verbot der Annahme von Belohnungen und Geschenken in der Bundesverwaltung vom 8.11.2004, GMBl. **2004** 1074; BVerwG NJW **1996** 2319 f. = JZ **1996** 854 f. mit Anm. *Battis*.

220 OLG Zweibrücken JR **1982** 381, 382 mit Anm. *Geerds* 384, 385 (Benzin für Ermittlungsfahrten); *Fischer* Rdn. 12; *Kindhäuser* ZIS **2011** 461, 463; *Kuhlen* NK Rdn. 90; *Lackner/Kühl/Heger* Rdn. 5; *Schlüchter* FS Geerds 713, 717; *SSW/Rosenau* Rdn. 17; *Zieschang* WissR **1999** 111, 117 f. Für eine Berücksichtigung bei der Unrechtsvereinbarung *v.Heintschel-Heinegg* BeckOK Rdn. 17; *Korte* MK Rdn. 117; *Matt/Renzikowski/Sinner* Rdn. 20; *Sch/Schröder/Heine/Eisele* Rdn. 37a; allgemein offengelassen (und für Eintrittskarten zur Fußball-WM als Mittel zur Wahrnehmung von Repräsentationsaufgaben verneint) BGHSt **53** 6, 12 f. (Rdn. 20 f.) = NJW **2008** 3580, 3581 f. Für Strafbarkeit im Fall des OLG Zweibrücken hingegen *Deiters* ZJS **2008** 465 f., 467 ff.

221 BGHSt **1** 182 f.; **20** 1, 2; BGH wistra **1990** 306; *Kindhäuser/Hilgendorf* Rdn. 7; *Rengier* BT 2 § 60 Rdn. 12.

222 So unter Hinweis auf die umgekehrte Situation beim subjektiven Schadenseinschlag (§ 263) *Arzt/Weber/Heinrich/Hilgendorf/Heinrich* BT § 49 Rdn. 24 (Fn. 147) im Anschluss an *Baumann* S. 13 ff.; s.a. *T. Zimmermann* S. 436 f., 479.

223 BGHSt **53** 6, 12 f. (Rdn. 21 [zu § 333]) = NJW **2008** 3580, 3582.

34 Auf den **Wert der Zuwendung** kommt es nach h.M. nicht an, sodass auch geringwertige Vorteile (wie z.B. Werbegeschenke)[224] den §§ 331 ff. unterfallen.[225] Wenn demgegenüber teilweise (insbesondere von der Rechtsprechung)[226] bezüglich **sozialadäquater Zuwendungen**[227] (z.B. in Anlehnung an die im Rahmen des § 248a geltende Wertgrenze) das Merkmal des „Vorteils" verneint wird,[228] so verdient zwar das Restriktionsbemühen Zustimmung, doch erscheint die Anknüpfung an das Vorteilsmerkmal verfehlt. Denn abgesehen vom Fehlen einer gesetzlichen Grundlage im Vorteilsbegriff würde eine hier vorgenommene Einschränkung einerseits ebenso für §§ 332, 334 (also bei pflichtwidriger Diensthandlung) gelten, andererseits aber würde eine starre Wertgrenze[229] (z.B. bei der Überlassung teurer Eintrittskarten im Rahmen des Sponsorings) keineswegs alle Fälle erfassen, in denen die Strafbarkeit der Zuwendung zweifelhaft erscheint.[230] Deshalb ist es vorzugswürdig, den mit der „Sozialadäquanz" bezeichneten Aspekt bei der Unrechtsvereinbarung zu verorten (s. Rdn. 72 ff.).[231] Diese Lozierung entspricht zudem dem hier für vorzugswürdig erachteten naturalistischen Vorteilsbegriff (s. Rdn. 32). Dass der Täter sich den fraglichen Vorteil auch von anderer Seite hätte verschaffen können, ist grundsätzlich unbeachtlich.[232] Allerdings wird man es als ein gegen eine Unrechtsvereinbarung sprechendes Indiz bewerten müssen, wenn der Vorteil (bei identischem Umfang) dem Amtsträger regulär gerade über seinen Dienstherrn zugeflossen wäre.[233]

35 Ob auch die **Beibehaltung des Status quo** einen Vorteil darstellen kann, ist umstritten.[234] Die Rechtsprechung hat die als Kehrseite einer Drohung in Aussicht gestellte Aufrechterhaltung einer günstigen Situation (Fortsetzung eines Wohnraummietverhältnisses bzw. ungestörte Erhaltung der dienstlichen Stellung und der Karrierechancen durch Nichtaufdeckung früheren Fehlverhaltens)[235] als (immateriellen) Vorteil beurteilt und hierfür teils Zustimmung,[236] teils Kritik[237] ge-

---

224 Hierzu *Creifelds* GA **1962** 33, 37; *Fuhrmann* GA **1959** 97, 98 f.

225 BGH NStZ **1998** 194; **2000** 596, 599 (mindestens 5 DM pro Datenauskunft); *R. Busch* NJW **2006** 1100, 1101; *Fischer* Rdn. 11b; *Hardtung* S. 54; *Jescheck* LK[11] Rdn. 8; *Kargl* ZStW **114** (2002) 763, 772; *Korte* MK Rdn. 84; *Kuhlen* NK Rdn. 41; *Matt/Renzikowski/Sinner* Rdn. 20; *Merges* S. 147 ff.; *Otto* BT § 99 Rdn. 16; *Sch/Schröder/Heine/Eisele* Rdn. 14; *Schünemann* FS Otto 777, 778 (Fn. 4).

226 Als sozialadäquate Vorteile werden „allenfalls gewohnheitsmäßig anerkannte, relativ geringwertige Aufmerksamkeiten aus gegebenen Anlässen vom Tatbestand ausgenommen"; so BGH NJW **2003** 763, 765 (in BGHSt **48** 44 nicht abgedruckt); BGH NStZ **2005** 334, 335; vgl. ferner BGHSt **15** 239, 251 f.; **33** 336, 339.

227 *Geerds* S. 74 ff., 77 ff.; *Gribl* S. 134 ff., 146; *Eb. Kaiser* NJW **1981** 321, 322; *Küper* BT[7] S. 430; *Schroth* BT S. 393; *Stein/Deiters* SK Rdn. 46. Vgl. ferner *Rengier* BT 2 § 60 Rdn. 17 ff. sowie (auch zum österreichischen Recht) *Eser* FS Roxin 199, 201 f.; *Überhofen* in Eser/Überhofen/Huber S. 394 f.

228 Kritisch insoweit *Höltkemeier* S. 128 („Schlagwort der Sozialadäquanz ... als Geringwertigkeitsklausel missbraucht").

229 Als die Sozialadäquanz in der Regel ausschließende Wertgrenze werden vielfach € 50 genannt; vgl. OLG Hamburg StV **2001** 277, 282 und 284, 287 (m.w.N.); *Lesch* AnwBl. **2003** 261, 262; *SSW/Rosenau* Rdn. 16; s.a. *Fischer* Rdn. 26a (€ 30 bei Werbegeschenken); *Reiff* CCZ **2018** 194, 195 f. (bis € 10 Anzeigepflicht); *Stadler* CCZ **2013** 41, 44 f. (bis € 25 Anzeigepflicht); restriktiver *Korte* MK Rdn. 138.

230 Vgl. BGHSt **31** 264, 279; *Eser* FS Roxin 199, 205; *Knauer/Kaspar* GA **2005** 385, 396 f., 401; *Kuhlen* NK Rdn. 98; *Roxin* FS Kargl 459, 476 f.

231 Ebenso *Eidam* § 50 Rdn. 25; *Kuhlen* NK Rdn. 63.; *Valerius* JA **2014** 561, 563 f.; *Walther* Jura **2011** 511, 515. Gegen eine Restriktion im Rahmen des Vorteilsbegriffs auch *Friedhoff* Rdn. 123 ff.; *Strehlow* S. 106 ff.

232 BGHSt **53** 6, 11 f. (Rdn. 18 f.) = NJW **2008** 3580, 3581; *v.Heintschel-Heinegg* BeckOK Rdn. 17; *Kuhlen* NK Rdn. 40; *Noltensmeier* HRRS **2009** 151, 152.

233 Vgl. auch *Paster* jurisPR-StrafR 1/**2009** Anm. 2.

234 Vgl. zum Verhältnis von „Vorteil" und „Übel" *Kuhlen* S. 57 ff.; *ders.* FS Schünemann 611, 614 ff.; *Pelke* S. 83 ff. sowie die oben in Fn. 127 angegebenen Nachweise.

235 RGSt **64** 374, 375 f.; BGH NJW **1985** 2654, 2656 (in BGHSt **33** 190 nicht abgedruckt) mit abl. Anm. *Marcelli* NStZ **1985** 500 f.; abl. auch *Wagner* JZ **1987** 594, 603 f.

236 *Fischer* Rdn. 11g; *Rengier* BT 2 § 60 Rdn. 14; wohl auch *Kargl* ZStW **114** (2002) 763, 768.

237 *Marcelli* NStZ **1985** 500 f.; *Wagner* JZ **1987** 594, 604 f.; s.a. *Lackner/Kühl/Heger* Rdn. 5; *Sch/Schröder/Heine/Eisele* Rdn. 18.

funden. Mit einer differenzierenden Betrachtung (*Kuhlen* NK Rdn. 42 f.)[238] kann man in jenen Fällen, in denen der Amtsträger unabhängig von seiner Dienstausübung mit der für ihn nachteiligen Veränderung ohnehin rechnen musste, die erwartungswidrige Beibehaltung des günstigen Zustands (z.B. Verzicht auf zulässige Mieterhöhung) als „Vorteil" ansehen. Wird hingegen die angedrohte Übelszufügung erst im Zusammenhang mit der Dienstausübung ins Spiel gebracht, so dominiert der (ggf. auch immaterielle)[239] Aspekt der Nachteilsvermeidung. Wer die ihm angesonnene dienstliche Tätigkeit vornimmt, um einem ihm für den Weigerungsfall angedrohten Übel (z.B. Schläge[240] oder Anzeige von Straftaten) zu entgehen, zeigt sich damit vielleicht als wenig tapfer, aber nicht als käuflich.[241] Dieser Gedanke, der systematisch auch bei der Unrechtsvereinbarung eingeordnet werden könnte, findet eine Entsprechung in der zu § 259 vertretenen Ansicht, dass es bei der Sacherlangung durch Nötigung an einem einverständlichen Zusammenwirken mit dem Vortäter fehle.[242] Die Möglichkeit einer durch den Amtsträger abgenötigten Unrechtsvereinbarung (vgl. Rdn. 22) steht dem mit Blick auf das geschützte Rechtsgut nicht entgegen, da dort durchaus der Eindruck der Käuflichkeit (besonders massiv) geschaffen wird.

bb) Immaterielle Vorteile. Nach ganz h.M. unterfallen den §§ 331 ff. auch **immaterielle Vortei- 36
le.**[243] Diese Erweiterung wird durch den Gegenschluss zum Begriff des „Vermögensvorteils" (vgl. § 263) nahegelegt; sie entspricht überdies sowohl dem Willen des Gesetzgebers des EGStGB 1974,[244] der unter Streichung des Begriffs „Geschenke" an dem weiteren Begriff des „Vorteils" bewusst festgehalten hat, als auch den inzwischen durch internationale Vereinbarungen eingegangenen Verpflichtungen.[245] Mit der prinzipiellen Anerkennung immaterieller Vorteile stellt sich das Problem einer angemessenen Begrenzung des hierdurch eröffneten Strafbarkeitsbereichs.[246] Angesichts der Weitläufigkeit möglicher immaterieller Vorteile ist die Funktion der Zuwendung als Tauschmittel im Rahmen einer Unrechtsvereinbarung im Blick zu behalten. Erforderlich ist hiernach eine „greifbare Zuwendung" mit einem objektiv messbaren Inhalt, durch die der Amtsträger oder der Dritte in irgendeiner Weise tatsächlich besser gestellt werden muss.[247] Dies setzt u.a. eine gewisse Erheblichkeit voraus.

---

238 Ebenso *Korte* MK Rdn. 85; *Pelke* S. 123 ff. (S. 128: „Vorteil" als Lock- im Gegensatz zum Nachteil als Druckmittel); *Stein/Deiters* SK Rdn. 41; *Walther* Jura **2011** 511, 515.

239 Vgl. *Korte* MK Rdn. 85 (gegen *Gribl* S. 12 f.); s.a. *Sch/Schröder/Heine/Eisele* Rdn. 19.

240 So auch schon RGSt **64** 374, 375.

241 *Kuhlen* Rdn. 42; *ders.* JR **2021** 295, 301; *Stein/Deiters* SK Rdn. 41.

242 Vgl. BGHSt **42** 196 ff.; *Hoyer* SK § 259 Rdn. 32; *Sch/Schröder/Hecker* § 259 Rdn. 37.

243 RGSt **9** 166 f.; **77** 75, 77 f.; BGHSt **14** 123, 128; **33** 336, 339; **35** 128, 134 mit Anm. *Tenckhoff* JR **1989** 33, 34 f. (dazu auch *Kuhlen* NStZ **1988** 433, 437 f.); **47** 295, 304; BGH NJW **1985** 2654, 2656 = NStZ **1985** 497, 499; BGH StV **1994** 527; OLG Hamburg HESt **2** 341, 342 ff.; StV **2001** 274, 278 f.; *Arzt/Weber/Heinrich/Hilgendorf/Heinrich* BT § 49 Rdn. 24; *Baumann* S. 13 ff.; *Fischer* Rdn. 11e; *Gössel/Dölling* § 75 Rdn. 10; *Höltkemeier* S. 99 f.; *Joecks/Jäger* Rdn. 5; *Kargl* ZStW **114** (2002) 763, 770 f.; *Kindhäuser/Hilgendorf* Rdn. 6; *Kirschbaum/Schmitz* GA **1960** 321, 322 ff.; *Korte* MK Rdn. 86; *Küper* BT[7] S. 430; *Küpper/Börner* § 9 Rdn. 10; *Kuhlen* NK 44 f.; *Lackner/Kühl/Heger* Rdn. 5; *Maurach/Schroeder/Maiwald* II § 79 Rdn. 12; *Möhrenschlager* in: Dölling 8. Kap. Rdn. 25, 27; *Rengier* BT 2 § 60 Rdn. 11, 13; *Selle* S. 33 ff., 137 ff., 154; *Schlüchter* FS Geerds 713, 716 ff.; *Sch/Schröder/Heine/Eisele* Rdn. 13, 18 f.; *Stein/Deiters* SK Rdn. 43; *Wentzell* S. 112 f. **AA** LG Bonn StV **2001** 292, 294; *Braum* Europäische Strafgesetzlichkeit (2003) 529; s.a. *Geerds* JR **1996** 309, 311. Für einen an der Kommerzialisierbarkeit ausgerichteten „rein ökonomischen Vorteilsbegriff" *T. Zimmermann* S. 442, 450 f. Vor 1974 für einen auf materielle Zuwendungen beschränkten Vorteilsbegriff *Geerds* S. 65 ff.; *Klug* JZ **1960** 724, 725 f.; *Eb. Schmidt* Rdn. 6 ff., 37. Ausführlich zum Streitstand *Bauchrowitz* S. 77 ff.

244 BTDrucks. 7/550 S. 271. S. auch die Diskussion in der Großen Strafrechtskommission (Niederschriften, 10. Band [1959], S. 344 ff.) sowie *Bauchrowitz* S. 86 ff.

245 *Höltkemeier* S. 99 f.; *Korte* MK Rdn. 86.

246 Vgl. *Fischer* Rdn. 11e.

247 BGHSt **47** 295, 304; *Kuhlen* NK 44; *Rengier* BT 2 § 60 Rdn. 13; *Sch/Schröder/Heine/Eisele* Rdn. 18 (m.w.N.).

37 Den praktisch bedeutsamsten, in Rechtsprechung[248] und Schrifttum weitgehend anerkannten Teilbereich bildet die unentgeltliche Gewährung des Geschlechtsverkehrs und sonstiger **sexueller Handlungen** von einiger Erheblichkeit.[249] Mangels hinreichender Erheblichkeit reicht eine einmalige flüchtige Zärtlichkeit mit Umarmung und Kuss nicht aus.[250] Auch die bloße Gelegenheit zu unentgeltlichem sexuellen Kontakt mit einer Prostituierten genügt nach Ansicht des BGH[251] noch nicht. Das erscheint insofern zweifelhaft, als angesichts der faktischen und inzwischen teilweise auch rechtlichen Kommerzialisierung der Prostitution die betreffenden Leistungen, möglicherweise aber auch schon der Zugang zu ihnen einen materiellen Vorteil darstellen (können).[252] Durchaus in diesem Sinne hat der BGH[253] schon in der Inanspruchnahme eines „Begleitservices" auch ohne Gewährung weiterer sexueller Dienstleistungen einen (unklar, ob materiellen oder immateriellen) Vorteil gesehen. Allerdings geht es zu weit, im Sinne einer „Kommerzialisierbarkeit" auch sexuelle Gunsterweise außerhalb des Prostitutionsgewerbes als wirtschaftliche Vorteile anzusehen.[254] Obwohl es um den Vorteil für den Empfänger geht, bietet es sich an, die Einordnung an der Unrechtsvereinbarung und deshalb mit Blick auf die Person des Vorteilsgebers auszurichten: Bezahlt er die von dritter Seite geleisteten sexuellen Dienste, so dominiert der Aspekt der Kommerzialisierung und es handelt sich um einen materiellen Vorteil. Erbringt der Geber die Leistungen selbst, so steht der immaterielle Lustgewinn im Vordergrund und es ist ein immaterieller Vorteil gegeben. Das ist konsequenterweise auch anzunehmen, wenn der Vorteilsgeber der Prostitution nachgeht und vergleichbare Leistungen auch entgeltlich anbietet; denn auch hier ist der monetäre Aspekt ersparter Aufwendungen nachrangig.[255]

38 Größere Probleme stellen sich bezüglich der Anerkennung **sonstiger** immaterieller Vorteile. Das oft aufgegriffene und unterschiedlich beurteilte Lehrbuchbeispiel vom Riechenlassen an einer Blume[256] veranschaulicht die Gefahr der Uferlosigkeit. Nach extrem weiter Definition ist Vorteil „alles, was geeignet ist, den materiellen oder ideellen Güterstand einer Person (wobei unter ‚Güter' nicht nur die allgemein anerkannten Interessen, sondern auch die rein persönlichen Liebhaberinteressen zu verstehen sind), wenn auch nur vorübergehend, zu wahren oder zu steigern".[257] Die ältere Rechtsprechung hat mit gewissen Modifikationen – allerdings jeweils ohne Entscheidungsrelevanz –[258] die auf *Feuerbach*[259] zurückgehende Formel von der Befriedigung des Ehrgeizes, der Eitelkeit und des Geltungsbedürfnisses aufgegriffen.[260]

---

248 Eingehende Rechtsprechungsanalysen zu den immateriellen Vorteilen bieten *Bauchrowitz* S. 24 ff. und *Eb. Schmidt* Rdn. 11 ff.; zur aktuellen Judikatur vgl. auch *Wentzell* S. 115 ff.

249 BGHSt **64** 301, 306 f. (m.w.N.) = NStZ **2020** 669, 671 mit Anm. *Bock* = JR **2020** 628, 630 mit Anm. *Kuhlen* = StraFo **2020** 338, 389 mit Anm. *Sowada* sowie bereits RGSt **64** 291 f.; BGH NJW **1989** 914, 915; BGH StV **1994** 527; *Gribl* S. 7 f.; *Korte* MK Rdn. 87; *Stein/Deiters* SK Rdn. 43.

250 BGH JZ **1960** 30; *Rengier* BT 2 § 60 Rdn. 13.

251 BGH NJW **1989** 914, 915 = JR **1989** 430 mit insoweit **abl.** Anm. *Bottke*; abl. auch *Geppert* JK 89, StGB § 332/4.

252 Vgl. *Bauchrowitz* S. 140 ff.; *Stein/Deiters* SK Rdn. 43; s.a. *Höltkemeier* S. 99 (Fn. 218). Gegen die Annahme eines materiellen Vorteils jedoch *Schwieger* S. 161 ff., 167.

253 BGH NStZ-RR **2002** 272, 273 = StV **2002** 604, 605.

254 So aber *Bauchrowitz* S. 143 f.; *T. Zimmermann* S. 449. Wie hier *Friedhoff* Rdn. 64; *Selle* S. 34. Einen „Vorteil" (jenseits der Prostitution) verneinend *Sommer* AnwK Rdn. 25.

255 So (allerdings durchgängig) *Schwieger* S. 166 f.; *Wentzell* S. 114 (Fn. 51); für Vermögensvorteil jedoch *Binding* Lehrbuch II, S. 720 (Fn. 7). Streiten lässt sich freilich über die Zuordnung der sexuellen Dienstleistung zu einem „Vorzugspreis" (vgl. RGSt **64** 291 f.), doch dürfte hier der kommerzielle Aspekt überwiegen.

256 Vgl. im Anschluss an *Binding* Lehrbuch II S. 720 (bei der zumeist angegebenen Quelle – *Feuerbach* Themis [1812] – handelt es sich um ein Fehlzitat) *Baumann* S. 15; *Geerds* S. 66 (Fn. 343); *Kirschbaum/Schmitz* GA **1960** 321, 325 f.; *Wentzell* S. 113.

257 *Katzenstein* ZStW **23** (1903) S. 172.

258 Vgl. OLG Hamburg HESt **2** 341, 344; *Jescheck* LK[11] Rdn. 9 (m.w.N.).

259 Themis S. 210; s.a. *Eb. Schmidt* Rdn. 7.

260 RGSt 77 75, 78; RG HRR **1940** Nr. 872; RG DR **1943** 76, 77; BGHSt **14** 123, 128; OLG Hamburg HESt **2** 341, 342 ff.; OLG Karlsruhe NStZ **2001** 654, 655 und 907, 908; OLG Zweibrücken JR **1982** 381, 383 mit Anm. *Geerds; Wagner* JZ **1987** 594, 602 f. S. auch *Bauchrowitz* S. 31 ff., 147 ff.

Insbesondere im Schrifttum wird zu Recht betont, dass der immaterielle Vorteil einen **objektiv messbaren Inhalt** aufweisen muss.[261] Deshalb reichen allgemeine Schmeicheleien auch dann nicht aus, wenn der Amtsträger hierdurch die Gunst seines Vorgesetzten erringt.[262] Obwohl auch die Rechtsprechung das Kriterium der objektiv messbaren Besserstellung übernommen und der BGH es in einer neueren Entscheidung (BGHSt **47** 295, 304)[263] als „eher fernliegend" bezeichnet hat, schon die bloße Befriedigung des Ehrgeizes oder die Erhaltung oder Verbesserung von Karrierechancen[264] genügen zu lassen, besteht weiterhin eine erhebliche Unsicherheit bei der Konturierung der immateriellen Vorteile.[265] Einerseits wird eine gewisse Beruhigung der Diskussion aus dem Umstand abgeleitet, dass es angesichts der Strafbarkeitserweiterungen durch das (1.) KorrBekG 1997 (Einbeziehung von Drittvorteilen bei Verknüpfung mit der Dienstausübung) in vielen Fällen nicht mehr auf den Nachweis eines (zumeist immateriellen) Eigenvorteils des Amtsträgers ankommt.[266] Andererseits wird bei den Gerichten unterhalb des BGH im Zuge des sog. „Herzklappenskandals"[267] eine deutliche Ausdehnung der immateriellen Vorteile (unter Einbeziehung der Verbesserung der wissenschaftlichen Arbeits- und Entfaltungsmöglichkeiten,[268] des Fortbildungsgewinns[269] und der prognostizierten Steigerung des wissenschaftlichen Renommees[270]) konstatiert.[271] Diese (größtenteils nur ergänzenden und zudem Altfälle betreffenden) Beurteilungen stehen in einem Kontrast zu der (zeitlich nachfolgenden) Äußerung des BGH, dass die Bewertung der Ansehensmehrung und Steigerung der wissenschaftlichen Reputation als Vorteil dem Angeklagten letztlich anlasten würde, dass er seine forschungs- und klinikbezogenen Aufgaben möglichst gut zu erfüllen versuchte; hierdurch würde der Bereich der objektiven Messbarkeit oder Darstellbarkeit eines Vorteils verlassen und ins Unbestimmte abgleiten.[272] Vor diesem Hintergrund bleibt die nähere Konturierung der immateriellen Vorteile durch die Rechtsprechung abzuwarten.[273] 39

Einen weiteren Ansatzpunkt für die Begrenzung bildet die von *Fischer*[274] vorgeschlagene Unterscheidung, ob der „Vorteil" sich quasi als ein emotionales Internum (z.B. Freude, Dankbarkeit oder zwischenmenschliche Bedeutung) darstellt oder ob er in einer **sozialen Besserstellung** (z.B. Macht, berufliches Ansehen oder Zugang zu Kommunikationschancen) besteht. Eine völlige Ausblendung des Privatbereichs erscheint mit Blick auf die dann ebenfalls ausgeschiedenen sexuellen Handlungen unangebracht. Immerhin verdeutlicht der Terminus der sozialen Besserstellung, dass im Kontext der Befriedigung von Ehrgeiz, Eitelkeit und Geltungsbedürfnis die rein inneren Gewinne nicht ausreichen. Unter diesem Blickwinkel der sozialen Relevanz lassen sich Ehrungen 40

261 Kritisch zur Messbarkeit *Walther* Jura **2011** 511, 514.

262 *Stein/Deiters* SK Rdn. 43 (gegen RG DR **1943** 76, 77); s.a. *Kuhlen* NK Rdn. 47 (mit dem a.a.O. in Fn. 88 enthaltenen Hinweis auf die Nähe zu etwaigen konkreten Karrierechancen); aber auch OLG Zweibrücken JR **1982** 381, 383 mit Anm. *Geerds* 384, 385 f.

263 Zustimmend *Bernsmann* StV **2003** 521, 525 f.; *Knauer/Kaspar* GA **2005** 385, 391; *Korte* NStZ **2003** 157; *Lackner/Kühl/Heger* Rdn. 5; *Möhrenschlager* in: Dölling 8. Kap. Rdn. 27; *Rengier* BT 2 § 60 Rdn. 13; *SSW/Rosenau* Rdn. 18; *Wessels/Hettinger/Engländer* Rdn. 1083.

264 Hierauf abstellend aber noch BGH NJW **1985** 2654, 2656 (in BGHSt **33** 190 nicht abgedruckt); s. hierzu auch oben Rdn. 38.

265 *Greeve* Rdn. 235; *Möhrenschlager* in: Dölling 8. Kap. Rdn. 27; prinzipielle Schwächen aufdeckend *Fischer* Rdn. 11e. Zur Kommerzialisierbarkeit von Zuwendungen *T. Zimmermann* S. 449 f.

266 So *Höltkemeier* S. 100 f.; s.a. *Korte* MK Rdn. 91.

267 Hierzu BGHSt **47** 295 ff.; **48** 44 ff. (zu beiden Entscheidungen *B. Heinrich* NStZ **2005** 256 ff.); ferner *Albus* S. 21 f.; *Bannenberg* S. 152 ff.; *Dieners/Lembeck/Taschke* PharmR **1999** 156 ff.; *Tondorf/Waider* MedR **1997** 102 ff.; *Ulsenheimer* FS Geilen 185 ff.; *Wentzell* S. 19 ff. Eine ausführliche Zusammenstellung der einschlägigen Judikatur bietet *Fürsen* S. 57 ff.

268 OLG Karlsruhe NJW **2001** 907, 908; vgl. auch (als wirtschaftliche Vorteile angesehen) OLG Köln NStZ **2002** 35, 36.

269 OLG Hamburg StV **2001** 277, 279.

270 OLG Hamburg StV **2001** 284, 285.

271 *Wentzell* S. 115 ff.; s.a. *Korte* MK Rdn. 88.

272 BGHSt **47** 295, 304 f.

273 S. auch *Bernsmann* StV **2003** 521, 525 f.

274 *Fischer* Rdn. 11 f.; gegen die Einbeziehung mittelbarer Besserstellungen *Matt/Renzikowski/Sinner* Rdn. 21.

durch Verleihung von Orden, Titeln oder Ehrenämtern[275] ebenso als immaterieller Vorteil ansehen wie die Vermittlung der Aufnahme in sozial besonders angesehene Vereine und Organisationen mit beschränktem Mitgliederkreis[276] oder die Unterstützung eines Politikers im Wahlkampf (z.B. durch eine positive Medienberichterstattung).[277] Bei Betonung der sozialen Wirkung wird man hingegen die Umarmung (nebst Foto) mit dem Lieblingsschauspieler oder Rockstar (z.B. im Rahmen eines sog. „meet and greet") dem privaten Bereich zuordnen müssen.[278] Überdies bleibt die Grenzziehung im Einzelfall schwierig (z.B. Einladung zum Jagdausflug oder Golfturnier als gesellschaftliches Ereignis oder als privates Erlebnis?).[279] Ferner bleibt jenseits des Bereichs der (relativ) erhöhten Bewertungssicherheit unklar, ob und in welchem Ausmaß auch rein private Besserstellungen als „Vorteil" anzusehen sind.

41 **b) Drittvorteile.** Nach der **bis 1997** geltenden Gesetzesfassung musste der Täter den Vorteil fordern, sich versprechen lassen oder annehmen. Bedurfte es hiernach eines **eigennützigen Handelns** des Täters, so unterfielen Zuwendungen an Dritte nach h.M. nur (aber immerhin auch) dann den §§ 331 ff., wenn sie zugleich einen **mittelbaren** eigenen **Vorteil** des Amtsträgers darstellten.[280] Dies wurde von der Rechtsprechung[281] u.a. bei Leistungen an einen Angehörigen oder eine dem Amtsträger nahestehende Personen angenommen.[282] Angesichts der schwächeren Intensität des Näheverhältnisses problematischer waren Zuwendungen an die Behörde, bei der der Amtsträger beschäftigt oder an Personenvereinigungen (z.B. Sportvereine,[283] politische Parteien[284]), deren Mitglied er ist. Hier sollte das Vorliegen eines mittelbaren Vorteils nach Ansicht des BGH eine Frage des Einzelfalls sein.[285] Die Aushändigung von Geld an den Amtsträger zur Weiterleitung an die betreffende Organisation wurde vom BGH wegen der faktischen Dispositionsmöglichkeit als unmittelbarer wirtschaftlicher Vorteil beurteilt;[286] ferner kam ein mittelbarer Vorteil durch die erfolgte Weiterleitung in Betracht.[287] Ganz allgemein führte das Erfordernis eines mittelbaren Eigenvorteils zu einer sehr weit gehenden Interpretation gerade im Bereich der immateriellen Vorteile.[288] Ließ sich aus dieser Perspektive monieren, dass die objektive Messbarkeit verloren zu gehen drohe,[289] so wurde umgekehrt die Beschränkung auf eigennützige Vorteile mit dem Argument kritisiert, dass es für die Beeinträchtigung des Rechtsguts der Bestechungsdelikte keinen Unterschied mache, ob sich der Amtsträger bei der Vornahme seiner

275 *Fischer* Rdn. 11f; *Korte* MK Rdn. 92; *Kuhlen* NK Rdn. 46.
276 *Bernsmann* WissR **2002** 1, 14; *Korte* MK Rdn. 92.
277 Zur Medienberichterstattung vgl. *Arzt/Weber/Heinrich/Hilgendorf/Heinrich* BT § 49 Rdn. 24; *Bauchrowitz* S. 107 ff.; *Fischer* Rdn. 11f; *Jaques* S. 143; *Korte* MK Rdn. 92; *Kuhlen* NK Rdn. 46; aber auch OLG Karlsruhe NStZ **2001** 654, 655. **AA** *Matt/Renzikowski/Sinner* Rdn. 21.
278 Für immateriellen Vorteil *Höltkemeier* S. 100.
279 Für immateriellen Vorteil *Korte* MK Rdn. 92; *Graupe* S. 11.
280 Historisch zu den Drittvorteilen *Wentzell* S. 48 ff.
281 Eine ausführliche Analyse der Rechtsprechung zu den Drittvorteilen im Rahmen der §§ 331 ff. a.F. erfolgt bei *Gribl* S. 19 ff.; s.a. die Systematisierung unterschiedlicher Fallkonstellationen a.a.O. S. 15 ff.
282 Vgl. RGSt **13** 396; BGH NJW **1959** 345, 346; OLG Düsseldorf NJW **1987** 1213, 1214.
283 BGHSt **33** 336 ff. (zu § 108b) mit Anm. *Dölling* NStZ **1987** 69 f. und *Geerds* JR **1986** 253 ff.
284 BGHSt **35** 128 ff.; hierzu *Kuhlen* NStZ **1988** 433 ff.; *Geppert* JK 88, StGB § 332/3; *Tenckhoff* JR **1989** 33 ff.; zur Vorteilsproblematik bei Parteispenden bezüglich §§ 331 ff. a.F. auch *Bauchrowitz* S. 121 ff.; *Graupe* S. 18 ff.; *Eb. Kaiser* NJW **1981** 321 f.; *Rudolphi* NJW **1982** 1417 ff. und *Scheu* NJW **1981** 1195 f.; zu Parteispenden nach gegenwärtiger Rechtslage vgl. BGHSt **49** 275 ff. (Kremendahl) und näher Rdn. 86 f.
285 BGHSt **33** 336, 339 f.; **35** 128, 135. S. auch *Dannecker* in: Winkelbauer/Felsinger/Dannecker S. 39, 67 f.
286 BGHSt **15** 286, 287; **35** 128, 134; krit. hierzu *Kuhlen* NStZ **1988** 433, 436 f.; *Tenckhoff* JR **1989** 33 f.
287 BGHSt **35** 128, 135 f. mit Anm. *Tenckhoff* JR **1989** 33, 34 f.; s. hierzu auch (einen Vorteil stets bejahend) *Scheu* NJW **1981** 1195 f.; **aA** *Eb. Kaiser* NJW **1981** 321 322.
288 *Korte* MK Rdn. 97; krit. *Bauchrowitz* S. 41 f., 62 f., 103 ff.; *Wagner* JZ **1987** 594, 603 f.
289 *Gribl* S. 56 ff.; s.a. *Ambos* JZ **2003** 345, 348.

Diensthandlungen von eigen- oder von fremdnützig motivierten Vorteilen beeinflussen lässt.[290] Schließlich wurde auf die Beweisprobleme hingewiesen, die sich aus dem Erfordernis der Eigennützigkeit bezüglich der zur Verschleierung vorgenommenen „Umgehungszahlungen" für die Strafverfolgung ergeben.[291]

Als Reaktion auf diese Schwierigkeiten und im Einklang mit internationalen Rechtsinstrumenten zur Korruptionsbekämpfung[292] hat der Gesetzgeber im **(1.) KorrBekG 1997** die **Drittvorteile** in die §§ 331 ff. **einbezogen.**[293] Hierdurch wurden die teilweise schwierige Konstruktion und der Nachweis mittelbarer Eigenvorteile entbehrlich,[294] sodass z.B. auch die Vermittlung von Arbeitsplätzen oder des Zugangs zu Eliteschulen für Angehörige und Bekannte des Amtsträgers als Vorteile anzusehen sind.[295] Umgekehrt ergab sich aus dieser Ausdehnung der Tatbestände in der Kombination mit der gleichzeitigen Lockerung der Unrechtsvereinbarung jedoch das Problem einer unangemessenen Weite der Straftatbestände (vor allem der §§ 331, 333)[296] insbesondere in Bezug auf die Drittmittelforschung (näher Rdn. 77 ff.). Einige der mit dieser Blickrichtung vorgenommenen Restriktionsbemühungen setzen beim Merkmal des Drittvorteils an. 42

Teilweise wird im Wege der restriktiven Auslegung oder der teleologischen Reduktion verlangt, dass auch der Drittvorteil für den Amtsträger selbst einen materiellen oder immateriellen Nutzen oder Vorteil im weitesten Sinne (sei es auch nur mittelbar) bedeutet.[297] Hierfür wird angeführt, dass die schlechthin fremdnützige, rein **altruistische Tat** die (weiterhin) eigennützige Struktur der Bestechungsdelikte sprenge; ferner wird die (nicht eindeutige)[298] Gesetzgebungsgeschichte dahingehend interpretiert, der Gesetzgeber habe gegenüber dem früheren Rechtszustand lediglich eine Klarstellung bzw. eine vorsichtige Erweiterung, aber keinen grundlegenden Strukturwechsel vornehmen wollen.[299] Die h.M. sieht demgegenüber auch rein fremdnützig motivierte Drittvorteile als grundsätzlich tatbestandsmäßig an.[300] Das verdient Zustimmung, weil die diskutierte Beschränkung im Gesetzeswortlaut keinen Anknüpfungspunkt hat, jedenfalls bezüglich der §§ 332, 334 (bei Zuwendungen für rechtswidrige Diensthandlungen) das Rechtsgut der Bestechungsdelikte beeinträchtigt wird und eine divergierende Auslegung des Vorteilsbegriffs in den einzelnen Tatbeständen nach Möglichkeit vermieden werden sollte. Deshalb erscheint es (auf dem Boden eines naturalistischen Vorteilsbegriffs, s. oben Rdn. 32) vorzugswürdig, die sachlich gebotenen Restriktionen bei der „Unrechtsvereinbarung" anzusiedeln (s. Rdn. 68 ff., 76 ff.). 43

---

290 Für die Einbeziehung von Drittvorteilen schon für §§ 331 ff. a.F. *Gribl* S. 61 ff., 93; *Jaques* S. 144 f.; *Rudolphi* NJW **1982** 1417, 1419 ff.; wohl auch *Sonnen* JA **1988** 232, 233; s.a. *Dölling* C 67 (m.w.N.).

291 *Bannenberg* in: Wabnitz/Janovsky³ 10. Kap. Rdn. 66; *Lackner/Kühl/Heger* Rdn. 6; *Möhrenschlager* JZ **1996** 822, 826; *Schaupensteiner* Kriminalistik **1996** 237, 243.

292 *Korte* MK Rdn. 98; s.a. rechtsvergleichend *Überhofen* in: Eser/Überhofen/Huber S. 705, 737 f.

293 BTDrucks. 13/3353 S. 11; *Bauer/Gmel* LK¹¹ Nachtrag zu §§ 331–338 Rdn. 15; *König* JR **1997** 397, 399 f.; *Wolters* JuS **1998** 1100, 1105. Näher zur Problematik *T. Zimmermann* S. 453 ff.

294 *Kuhlen* NK Rdn. 48; *Rengier* BT 2 § 60 Rdn. 15; *Sch/Schröder/Heine/Eisele* Rdn. 20 (für eine Relevanz bezüglich der Strafzumessung aber a.a.O. Rdn. 23).

295 *Korte* MK Rdn. 83, 92.

296 *Schreier* S. 57 ff.; *Wentzell* S. 92 f.; 106 f.

297 *Krey/Hellmann/Heinrich* BT 1 Rdn. 1071; s.a. *Otto* BT § 99 Rdn. 17. Bezüglich § 331 ebenso *Wentzell* S. 170; vgl. auch *Ostendorf* NJW **1999** 615, 617; *Schreier* S. 56 ff., 77. Allgemein für eine teleologische Reduktion des Vorteilsbegriffs *Maurach/Schroeder/Maiwald* II § 79 Rdn. 13.

298 Vgl. BTDrucks. 13/5584 S. 9, 16; *Dannecker* in: Winkelbauer/Felsinger/Dannecker S. 39, 68 ff.; *Wentzell* S. 16 f., 42; s.a. *Kuhlen* NK Rdn. 45.

299 *Korte* MK Rdn. 98 ff.; s.a. *ders.* NStZ **1997** 513, 515.

300 *Arzt/Weber/Heinrich/Hilgendorf/Heinrich* BT § 49 Rdn. 24; *Fischer* Rdn. 14; *Gössel/Dölling* § 75 Rdn. 10; *Kargl* ZStW **114** (2002) 763, 769; *Kindhäuser/Hilgendorf* Rdn. 6; *Knauer/Kaspar* GA **2005** 385, 391 f.; *Korte* MK Rdn. 101; *Küper* BT⁷ S. 432; *Kuhlen* NK Rdn. 49 ff.; *Lackner/Kühl/Heger* Rdn. 6; *Matt/Renzikowski/Sinner* Rdn. 24; *Möhrenschlager* in: Dölling 8. Kap. Rdn. 28; *Rengier* BT 2 § 60 Rdn. 15; *Rönnau* JuS **2003** 232, 235; *Satzger* ZStW **115** (2003) 469, 477; *Sch/Schröder/Heine/Eisele* Rdn. 21; *SSW/Rosenau* Rdn. 20; *Stein/Deiters* SK Rdn. 47. Kritisch *Sommer* AnwK Rdn. 27 f.

44 Die gleichen Einwände sprechen dagegen, den Tatbestand auf **privatnützige Zuwendungen** zu verengen und bei staatsnützigen (bloßen Amts-)Vorteilen das Merkmal des „Dritten" zu verneinen.[301] Vielmehr ist „Dritter" jeder mit Ausnahme der beiden Parteien der Unrechtsvereinbarung, insbesondere also auch die Anstellungskörperschaft des Amtsträgers.[302] Allerdings soll nach Ansicht des BGH (NStZ **2006** 628, 630) die Stadt als alleinige Trägerin einer Stadtwerke-AG im Verhältnis zu dieser nicht „Dritter" sein (und zugleich ein Eigenvorteil des Amtsträgers entfallen, da das Geld dem Haushalt der Stadt zugute kommen sollte).[303]

45 **c) Rechtsanspruch auf die Zuwendung.** Die h.M. verneint einen Vorteil, sofern der Amtsträger oder der Dritte[304] auf die Leistung einen durchsetzbaren Rechtsanspruch hat (s. Rdn. 31 m.N.); sie schränkt diese Position allerdings dadurch ein, dass bereits im **Abschluss des Vertrages** ein tatbestandsmäßiger Vorteil liegen könne.[305] Die hierdurch charakterisierte mittlere Linie hat aus beiden Richtungen Kritik erfahren (ausführlich *Kuhlen* NK Rdn. 48 ff.): Zum einen wird der Grundsatz (kein „Vorteil" bei Anspruch) zugunsten eines naturalistischen Vorteilsbegriffs abgelehnt (vgl. hierzu grds. zustimmend Rdn. 32); zum anderen wird – gerade auch im Hinblick auf die Drittmittelforschung (hierzu Rdn. 77 ff.) – der Rückgriff auf den Vertragsschluss angegriffen. Dass der bloße Abschluss eines schuldrechtlichen Vertrages der Annahme eines Vorteils nicht per se entgegenstehen kann, ist zumindest bei nichtgegenseitigen Verträgen (Schenkungsversprechen, Leihverträge und zinslose Darlehen) evident, da andernfalls in der Tat die Strafbarkeit gemäß §§ 331 ff. mühelos umgangen werden könnte.[306] Ein Vorteil wird auch dann allgemein bejaht, wenn die Zuwendung den Wert der vom Amtsträger zu erbringenden Gegenleistung übersteigt (z.B. die Vereinbarung eines Honorars für wertlose Gutachten).[307] Aus der Wirksamkeit des Vertrages kann die Verneinung des Vorteils nicht geschlossen werden, wenn man (zutreffend) zusätzlich die Angemessenheit der Vergütung verlangt.[308] Insoweit greift auch der Einwand nicht, es sei inkonse-

301 So aber LG Bonn StV **2001** 292, 293 f.; *Braum* Europäische Strafgesetzlichkeit (2003) 529; *Michalke* FS Rieß 771, 779; ähnlich (einen „Vorteil" verneinend) *Dauster* NStZ **1999** 63, 66 f.; *Ostendorf* NJW **1999** 615, 617; *Schroth* BT S. 394 f. sowie *Greco* GA **2016** 249, 254 (keine Kopplung von Privatem und Öffentlichem). Bei Zuwendungen an den Dienstherrn des Amtsträgers mittelbare Eigenvorteile fordernd *Winkelbauer/Felsinger* in: Winkelbauer/Felsinger/Dannecker S. 9, 34 ff.

302 BGH StV **2012** 19, 22; OLG Karlsruhe NJW **2001** 907, 908 = StV **2001** 288 mit krit. Anm. *Zieschang* 290, 291 f.; OLG Köln NStZ **2002** 35, 36 (mit krit. Anm. *Erlinger* MedR **2002** 419 f.); *Ambos* JZ **2003** 345, 351; *Fischer* Rdn. 14a; *Gössel/Dölling* § 75 Rdn. 10; *B. Heinrich* NStZ **2005** 256, 258; *Höltkemeier* S. 214 ff.; *Knauer/Kaspar* GA **2005** 385, 392; *Korte* MK Rdn. 102; *Kuhlen* NK Rdn. 49 ff.; *Lung* NZWiSt **2017** 100, 101 f.; *Möhrenschlager* in: Dölling 8. Kap. Rdn. 28; *Rönnau* JuS **2003** 232, 235; *Satzger* ZStW **115** (2003) 469, 477; *Sch/Schröder/Heine/Eisele* Rdn. 21; *Stein/Deiters* SK Rdn. 47; *Verrel* MedR **2003** 319, 323 f.; *Wentzell* S. 112.

303 Vgl. aber auch *Dannecker* in: Winkelbauer/Felsinger/Dannecker S. 39, 72 f.; *Schreiber/Rosenau/Combé/Wrackmeyer* GA **2005** 265, 268; *Zander* ZG **2002** 191, 193; differenzierend *Winkelbauer/Felsinger* in: Winkelbauer/Felsinger/Dannecker S. 9, 34 ff., 38.

304 *Leitner/Rosenau/Gaede* Rdn. 26. Zum Anspruchsinhaber auch *Wentzell* S. 124 ff. (gegen *Fischer* Rdn. 15).

305 BGHSt **31** 264, 280; **63** 107, 111; BGH NStZ-RR **2003** 171; **2007** 309, 310; BGH NStZ **2008** 216, 217 (zu § 333); BGH StV **2012** 19, 21 (Schulfotograf); hierzu *Hecker* JuS **2012** 655, 656 f.; *Kuhlen* FS Frisch 949, 959 ff.; *Schlösser* NZWiSt **2013** 11, 12 ff.; *T. Zimmermann* S. 592 ff.; *Zöller* ZJS **2012** 550, 553 ff.; OLG Hamburg StV **2001** 277, 279 und 284 f.; OLG Celle NJW **2008** 164 f. = StV **2008** 251, 252 mit abl. Anm. *Zieschang*; *Ambos* JZ **2003** 348, 351; *Arzt/Weber/Heinrich/Hilgendorf/Heinrich* BT § 49 Rdn. 24; *Fischer* Rdn. 12; *Gössel/Dölling* § 75 Rdn. 10; *Kindhäuser/Hilgendorf* Rdn. 6; *Knauer/Kaspar* GA **2005** 385, 392 f.; *Korte* MK Rdn. 93 ff.; *Kuhlen* NK Rdn. 52, 55; *Lackner/Kühl/Heger* Rdn. 4; *Möhrenschlager* in: Dölling 8. Kap. Rdn. 25; *Rengier* BT 2 § 60 Rdn. 12; *Rönnau* JuS **2003** 232, 235; *Sch/Schröder/Heine/Eisele* Rdn. 16; *SSW/Rosenau* Rdn. 17; *Stein/Deiters* SK Rdn. 45; einschränkend (nicht bei entsprechender dienstlicher Aufgabe des Amtsträgers) *Matt/Renzikowski/Sinner* Rdn. 22.

306 BGHSt **31** 264, 280; OLG Hamburg StV **2001** 277, 279; *Korte* MK Rdn. 93; *Kuhlen* NK Rdn. 55.

307 BGH NStZ **1999** 561; *Fischer* Rdn. 11c; *Wentzell* S. 127 f.

308 So *Wrackmeyer* S. 95 ff.; *Zieschang* WissR **1999** 111, 119; *ders.* StV **2001** 290, 291. **AA** wohl *Lüderssen* S. 36 ff.; *ders.* JZ **1997** 112, 114 f.

quent, den Abschluss des Vertrages anders zu beurteilen als seine Abwicklung;[309] denn bei nicht hinreichend kompensierten Zuwendungen könnte die Einheitlichkeit allein im Sinne der naturalistischen Betrachtungsweise (mit einer Bejahung des Vorteils) hergestellt werden.

Damit verengt sich der Streit auf die Beurteilung **wirtschaftlich ausgeglichener Verträge**. 46
Die teilweise befürwortete generelle Herausnahme ausgeglichener Leistungsbeziehungen aus dem Vorteilsbegriff[310] geht zu weit. Zwar fehlt es an einer Besserstellung (und damit an einem „Vorteil"), wenn jeder andere einen (z.B. Kauf-, Miet- oder Werk-)Vertrag gleichen Inhalts hätte schließen können oder wenn dem Amtsträger lediglich eine Aufwandsentschädigung oder ein im Vergleich zur Arbeitsleistung geringes Entgelt zugesagt wird.[311] Selbst insoweit ist freilich in Ausnahmefällen ein Vorteil denkbar, wenn z.B. das Aufgeben einer (sei es auch unberechtigten) Rechtsposition (z.B. Nichtgeltendmachung einer tatsächlich oder vermeintlich bestehenden Einrede) gefordert oder angeboten wird.[312] Entscheidend ist die Verknüpfung der (intendierten) Leistungserlangung mit dem dienstlichen Handeln. Ob man deshalb die Konstellationen, in denen der Amtsträger eine Leistung erlangt (bzw. erlangen soll), in toto erst im Rahmen der Unrechtsvereinbarung beurteilt[313] oder die Fälle einer fehlenden Besserstellung[314] bereits beim Vorteilsbegriff herausfiltert,[315] erscheint zweitrangig. Wichtig ist hingegen, dass der Abschluss eines Vertrages durchaus eine Besserstellung bedeuten kann, auf deren Erlangung kein Anspruch besteht. Insbesondere die Aussicht auf eine gut (wenngleich angemessen) dotierte Nebenbeschäftigung (Honorare für Vorträge bzw. Gutachten oder Beraterverträge) kann eine Anreizfunktion enthalten. Denn die Arbeitskraft als unveräußerliche Fähigkeit eines Menschen erlangt erst durch eine entsprechende Nachfrage wirtschaftlichen Wert.[316]

Allein der Umstand, dass für bestimmte Bereiche der Abschluss von Rechtsgeschäften **gesetzlich vorgeschrieben** und/oder die Höhe des Entgelts z.B. durch **Gebührenordnungen** festgelegt ist, steht der Annahme eines „Vorteils" nicht notwendigerweise entgegen.[317] So kann bei sehr hohen Gebührenstreitwerten schon die Mandatserteilung (oder auch die Zusage weiterer lukrativer Mandate) auf den Notar durchaus eine Anreizfunktion unabhängig davon ausüben, dass der fragliche Vorgang für den Klienten beurkundungspflichtig und die Höhe des Entgelts festgelegt ist. Deshalb kann selbst im Fall der Gebührenunterschreitung ein Vorteil gegeben sein (BGHSt **63** 107, 111).[318] Entsprechendes gilt bezüglich der gesetzlich vorgeschriebenen klinischen Prüfung von Medizinprodukten und Arzneimitteln (§§ 19 ff. MPG, §§ 40 ff. AMG).[319] Weil es bezüglich des Vor- 47

309 So aber *Verrel* MedR **2003** 319, 322; *Zieschang* WissR **1999** 111, 119; *ders.* StV **2001** 290, 291. Vgl. hiergegen aber *Höltkemeier* S. 104.

310 *Dieterich/Schatz* MedR **2001** 614, 616; *Dingeldey* NStZ **1984** 503, 505; *Greeve* Rdn. 230 f.; *Günter* MedR **2001** 457, 458; *Taschke* PharmR **2002** 417, 425; *Verrel* MedR **2003** 319, 322; *Zieschang* WissR **1999** 111, 119; *ders.* StV **2001** 290, 291. So wohl auch BGH (ZS) NJW **2006** 225, 228 (vgl. *Kuhlen* NK Rdn. 54, 85).

311 *Korte* MK Rdn. 95; *Kuhlen* NK Rdn. 56; *Sch/Schröder/Heine/Eisele* Rdn. 16; *Stein/Deiters* SK Rdn. 45.

312 RG DR **1943** 77; *Höltkemeier* S. 101 ff.; *Kuhlen* NK Rdn. 61 f.; *Schwieger* S. 186 ff.; **aA** *Sch/Schröder/Heine/Eisele* Rdn. 16; *Stein/Deiters* SK Rdn. 44 f.

313 So *Höltkemeier* S. 102 f.; *Satzger* ZStW **115** (2003) 469, 475 f.

314 Für die Berücksichtigung individueller Umstände *Korte* MK Rdn. 95.; *Sommer* AnwK Rdn. 20.

315 So *Korte* MK Rdn. 95; *Kuhlen* NK Rdn. 56; *Sch/Schröder/Heine/Eisele* Rdn. 16; *Stein/Deiters* SK Rdn. 45. S. auch oben Fn. 196.

316 Vgl. näher hierzu *Wentzell* S. 130 ff.; s.a. (jedoch deutlich restriktiver) *Ulsenheimer* FS Geilen 185, 194 f. Kritisch *Sommer* AnwK Rdn. 19 f.

317 *Kuhlen* NK Rdn. 58; **aA** *Stein/Deiters* SK Rdn. 44; wohl auch *Fischer* Rdn. 12, 15.

318 BGHSt **63** 107, 111 = NJW **2018** 1767 mit Anm. *Hoven* = JR **2018** 641, 642 mit (nur insoweit zust.) Anm. *Kuhlen*. Zustimmend *SSW/Rosenau* Rdn. 17. Ebenso *Usinger/Jung* wistra **2011** 452, 454 f.; vertiefend *Hoven* StV **2019** 64, 67 f.

319 Für die grundsätzliche Bejahung eines Vorteils OLG Hamburg StV **2001** 277, 279; *Ambos* JZ **2003** 348, 350 f.; *Kuhlen* NK Rdn. 58; *Sch/Schröder/Heine/Eisele* Rdn. 14 ff.; **aA** *Dieners/Lembeck/Taschke* PharmR **1999** 156, 163; *Verrel* MedR **2003** 319, 322.

teils auf die Seite des Amtsträgers ankommt, fehlt es an einer vorteilsbegründenden Besserstellung erst, wenn der Zuwendungsempfänger einen **Kontrahierungsanspruch** hat.[320]

48 Keinen Vorteil im Sinne der Bestechungsdelikte stellt die „einvernehmliche" Verhängung bzw. Zahlung eines **Bußgeldes** dar (BGH NJW **2005** 3011, 3012).[321] Denn hierbei handelt es sich um die gesetzliche Folge der Verwirklichung eines Ordnungswidrigkeitentatbestands, die als repressive Maßnahme der Ahndung von Verwaltungsunrecht dient. Wegen dieser besonderen staatlichen Funktion sind derartige repressive Maßnahmen (gerade auch im Rahmen des § 263) nicht vermögensrechtlicher Natur[322] und damit zur Begründung eines materiellen Drittvorteils zugunsten des Staates ungeeignet (selbstverständlich scheidet auch ein immaterieller Vorteil aus); zudem kann hierdurch von vornherein nicht der Eindruck der Käuflichkeit entstehen. Ausnahmsweise kommt jedoch die Begehung der die Zahlungspflicht auslösenden Ordnungswidrigkeit als vorteilsgewährende Handlung in Betracht, sofern sie (z.B. bei der Verschleierung einer „Spende") Teil einer das Geschehen überwölbenden Unrechtsvereinbarung ist; regelmäßig fehlt es aber am Erfordernis der Gegenseitigkeit, da die Gesetzesübertretung zur Verwirklichung eigener Ziele und nicht um der Dienstausübung des Amtsträgers willen erfolgt.

49 In ähnlicher Weise könnte man daran denken, auch bezüglich der **Verfahrenseinstellung** gemäß **§ 153a StPO**[323] einen „Vorteil" zu verneinen, soweit es um die Zahlung eines Geldbetrages an die Staatskasse geht. Da aber jedenfalls bei Zuwendungen an gemeinnützige Einrichtungen oder an Privatpersonen eine Besserstellung und damit ein Drittvorteil gegeben ist und die Verfahrenseinstellung aus Opportunitätsgründen mehr Verhandlungsspielräume eröffnet als die einseitige Festsetzung einer Sanktion, erscheint es vorzugswürdig, diese Fallgruppe generell im Rahmen der Unrechtsvereinbarung zu verorten (s. Rdn. 90).

4. Dienstausübung und Diensthandlung

50 **a) Systematik und Entwicklung.** Nach der Struktur der Bestechungsdelikte (s. Rdn. 21) korrespondiert mit dem Vorteil ein **Verhalten des Amtsträgers**, das freilich nicht tatsächlich vorgenommen werden, sondern lediglich als Bezugspunkt der Unrechtsvereinbarung in Erscheinung treten muss. In seiner ursprünglichen Fassung umschrieb § 331 a.F. diese Beziehungskomponente als eine „in sein (= des Beamten) Amt einschlagende, an sich nicht pflichtwidrige Handlung", während in den §§ 332, 333 a.F. die Rede war von einer „Handlung, die eine Verletzung einer Amts- oder Dienstpflicht enthält". Allgemein wurde angenommen, dass auch in den Fällen des § 332 a.F. die Handlung in das Amt einschlagen, d.h. den Charakter einer Amtshandlung haben müsse, wobei allerdings auch eine durch Dienstvorschriften verbotene Handlung einbezogen wurde.[324] Zumindest bezüglich der Ausblendung reiner Privathandlungen stimmten beide Formulierungen überein.[325] Das EGStGB 1974 verwendete bezüglich aller Bestechungsdelikte durchgängig den Terminus **„Diensthandlung"** und trug damit der personellen Erstreckung auf die für den öffentlichen Dienst besonders Verpflichteten Rechnung. Dieser Begriff umfasst – wiederum in Abgrenzung zu den Privathandlungen – die „Amtshandlungen" und bezieht alle Handlungen ein, durch die ein Amtsträger, ein für den öffentlichen Dienst besonders Verpflichteter oder (bezüglich §§ 333, 334 a.F.) ein Soldat der Bundeswehr die ihm übertragenen Aufgaben wahrnimmt.[326]

---

320 *Ambos* JZ **2003** 348, 351; *Sch/Schröder/Heine/Eisele* Rdn. 16; s.a. OLG Hamburg StV **2001** 277, 279.
321 Zustimmend *Bosch* JA **2006** 251 f.; *Kuhlen* NK Rdn. 59; *Lackner/Kühl/Heger* Rdn. 5; *Satzger* JK 3/06, StGB § 331/10.
322 *Tiedemann* LK[11] § 263 Rdn. 145.
323 Vgl. hierzu *St. Cramer* wistra **1999** 414 ff.
324 RGSt **68** 70, 71; **70** 166, 172; BGHSt **4** 293, 294; *Baldus* LK[9] § 332 Rdn. 4; *Baumann* S. 22 ff.; *Wagner* S. 274 ff.; eingehend *Eb. Schmidt* Rdn. 40 ff.
325 *Baldus* LK[9] § 332 Rdn. 5; *Geerds* S. 68 f.
326 BTDrucks. 7/550 S. 271; *Amelung/Weidemann* JuS **1984** 595, 596 f. S. auch *Ebert* GA **1979** 361 ff., 372 f.

Während der Gesetzentwurf der Bundesregierung für das **(1.) KorrBekG**[327] zwar die Einbeziehung von Drittvorteilen vorsah, das Merkmal der Gegenleistung für eine Diensthandlung aber unverändert beibehielt,[328] plädierte der Bundesrat unter Hinweis auf die erheblichen praktischen Schwierigkeiten bei der Feststellung der Elemente der Unrechtsvereinbarung dafür, es für die Strafbarkeit gemäß §§ 331, 333 ausreichen zu lassen, dass der Vorteil „im Zusammenhang mit dem Amt" gefordert bzw. angeboten (usw.) wird.[329] Dieser Vorschlag wurde jedoch (in Übereinstimmung mit den Beschlüssen des DJT)[330] als zu weit gehend abgelehnt.[331] Stattdessen wurde mit einer vom Rechtsausschuss (im Anschluss an *Dölling* C 64 f., 111 f.) vorgeschlagenen Formulierung das Fordern etc. **„für die Dienstausübung"** unter Strafe gestellt, um einerseits klarzustellen, dass weiterhin eine Beziehung zwischen dem Vorteil und der dienstlichen Tätigkeit bestehen muss, andererseits aber bezüglich der §§ 331 Abs. 1, 333 Abs. 1 auf den Nachweis einer hinreichend bestimmten Diensthandlung als Gegenleistung für den Vorteil zu verzichten.[332] Es kam also mit diesem Kompromiss nicht zum Wegfall, sondern zu einer **Lockerung der Unrechtsvereinbarung** (s.a. Rdn. 64) dergestalt, dass geringere Anforderungen an die Bestimmtheit des Amtsträgerhandelns gestellt werden.[333] In diesem Sinne kann man die Dienstausübung eines Amtsträgers als seine Diensthandlungen (bzw. seine dienstliche Tätigkeit) im Allgemeinen bezeichnen.[334] Die „Dienstausübung" ist mithin der allgemeinere Begriff, der die (für die §§ 332, 334 weiterhin bedeutsame) „Diensthandlung" mit umschließt.[335] Anders formuliert ist „Dienstausübung" die Vornahme einer, mehrerer oder aller (vergangenen, gegenwärtigen oder künftigen)[336] Diensthandlungen eines Amtsträgers.[337] Angesichts dieser Parallelität gelten die nachfolgenden Ausführungen (bis einschließlich Rdn. 63) – ebenso wie die in § 336 normierte Gleichstellung des **Unterlassens** (näher § 336 Rdn. 1 f.) –[338] für die Bezugskomponenten „Diensthandlung" und „Dienstausübung" gleichermaßen.[339] 51

b) Grundlagen. Diensthandlungen (und damit zugleich Akte der Dienstausübung) sind alle Handlungen, die zu den der Amtsperson **übertragenen Dienstaufgaben** gehören und von ihr **in dienstlicher Eigenschaft** vorgenommen werden.[340] Gleichbedeutend wird ein „funktionaler Zusammenhang" zwischen der Tätigkeit des Amtsträgers und den ihm übertragenen Aufgaben 52

---

327 Ausführlich zum Folgenden *Bauer/Gmel* LK[11] Nachtrag zu §§ 331–338 Rdn. 7 ff.; *König* JR **1997** 397, 399; *Schünemann* FS Otto 777, 787 ff.; *Wentzell* S. 133 ff.

328 BTDrucks. 13/6424 S. 4 unter Übernahme von BTDrucks. 13/5584 S. 6.

329 BRDrucks. 298/95 Anlage S. 1 f., 9 f.; BTDrucks. 13/6424 S. 8.

330 Vgl. NJW **1996** 2994, 2996 (zu 2).

331 BTDrucks. 13/6424 S. 13.

332 BTDrucks. 13/8079 S. 6, 15; *Höltkemeier* S. 114 ff.; *Zieschang* WissR **1999** 111, 123 ff.

333 *Korte* MK Rdn. 105; *Kuhlen* NK Rdn. 65.

334 So BGH wistra **2021** 290, 292; BGH NJW **2021** 2522, 2523; *Korte* MK Rdn. 106; *Lackner/Kühl/Heger* Rdn. 8; *Rengier* BT 2 § 60 Rdn. 35; s.a. BGH NStZ **1999** 561.

335 *Küper* BT[7] S. 437; *Schreier* S. 81; *Wentzell* S. 143 (Dienstausübung als „Summe aller möglichen Diensthandlungen eines Amtsträgers").

336 *Bauer/Gmel* LK[11] Nachtrag zu §§ 331–338 Rdn. 12; *Korte* NStZ **1997** 513, 514; *Maurach/Schroeder/Maiwald* II § 79 Rdn. 18; *Rengier* BT 2 § 60 Rdn. 36; *Sch/Schröder/Heine/Eisele* Rdn. 31.

337 *Stein/Deiters* SK Rdn. 23.

338 S. auch *Lackner/Kühl/Heger* § 336 Rdn. 1; *Sch/Schröder/Heine/Eisele* § 336 Rdn. 1.

339 Vgl. auch OLG Köln NJW **2000** 3727; *Korte* MK Rdn. 106; *Kuhlen* NK Rdn. 65; *Stein/Deiters* SK Rdn. 23.

340 BGHSt **31** 264, 280; **35** 128, 132; **63** 107, 110; BGH wistra **2021** 290, 292; KG NJW **1998** 1877; OLG Hamburg StV **2001** 277, 278; *Fischer* Rdn. 6; *Jescheck* LK[11] Rdn. 11; *Kindhäuser/Hilgendorf* Rdn. 10; *Korte* MK Rdn. 107; *Kuhlen* NK Rdn. 66; *Lackner/Kühl/Heger* Rdn. 8; *Sch/Schröder/Heine/Eisele* Rdn. 31; *Stein/Deiters* SK Rdn. 23. Vgl. auch BGHSt **48** 213, 219 ff. mit Anm. *B. Heinrich* NStZ **2004** 459 ff. zum Begriff der „dienstlichen Tätigkeit" eines Soldaten im Sinne waffenrechtlicher Bestimmungen.

gefordert,[341] während die frühere Rechtsprechung (insbesondere vor 1974 bezüglich einer „in das Amt einschlagenden Handlung“) mit einer wegen ihrer extensiven Tendenz teilweise kritisierten[342] negativen Abgrenzung darauf abstellte, dass die Handlung ihrer Natur nach mit dem Amt in einer inneren (nicht nur äußerlich losen) Beziehung steht und nicht völlig außerhalb des Aufgabenbereichs der Amtsperson liegt.[343] Nach überwiegend vertretener Ansicht kann sich der dienstliche Charakter einer Handlung auch daraus ergeben, dass sie gerade erst durch die amtliche Stellung des Täters ermöglicht wird (näher Rdn. 57).[344]

53 Der Begriffsbestandteil **„Dienst“** bezieht sich auf die Verwaltungstätigkeit (bzw. auf die richterlichen Aufgaben) und greift damit die zu § 11 anzustellenden Überlegungen auf. Bezüglich der (nicht „bei“, sondern) für eine Behörde tätigen **besonders Verpflichteten** (s. Rdn. 18 ff.) umfasst der Begriff der Dienstausübung nur den Bereich der Verpflichtung, für den Sachverständigen mithin alles, was Bestandteil seiner gutachterlichen Tätigkeit ist.[345] Soweit man die Anwendbarkeit der §§ 331 ff. in Bezug auf kommunale Amtsträger von der Art der konkret wahrgenommenen Aufgabe abhängig macht (vgl. Rdn. 16), bietet sich das „Dienst“-Merkmal als dogmatischer Anknüpfungspunkt für die Differenzierung zwischen legislativer und exekutiver Tätigkeit an.[346] Im Übrigen geht es um die Abschichtung der nicht den §§ 331 ff. unterfallenden Privathandlungen.

54 Bezüglich dieser Grenzziehung lassen sich die beiden Fixpunkte klar bezeichnen: Eine ihrer Art nach zu dem übertragenen Amt gehörende Handlung ist jedenfalls dann gegeben, wenn sie den dem Amtsträger durch Gesetz oder Dienstanweisung[347] gemachten Vorgaben genau entspricht und er sie dienstrechtlich in der durchgeführten Weise vornehmen darf oder sogar muss.[348] Hierbei ist der **Schwierigkeitsgrad** der Aufgabe ebenso unerheblich wie die Frage, ob der Amtsträger selbst eine Entscheidung mit Außenwirkung trifft oder lediglich intern **vorbereitend** oder **unterstützend** (etwa durch Entwürfe, Gutachten, Vermerke oder Entscheidungsvorschläge z.B. bei der Auftragsvergabe) tätig wird und ob sein Handeln hoheitlichen oder **fiskalischen** Charakter hat.[349] Auch das Sponsoring zählt als Annextätigkeit zur Wahrnehmung öffentlicher Aufgaben und damit zur Dienstausübung des betreffenden Amtsträgers.[350]

55 Umgekehrt handelt es sich eindeutig um reine **Privathandlungen**, wenn die Tätigkeit völlig außerhalb des Aufgabenbereichs des Amtsträgers liegt.[351] Das gilt z.B. für private Einkäufe während der Dienstzeit, ebenso für die Zeugenaussage eines Polizeibeamten über (vermeintliche) Wahrnehmungen im außerdienstlichen Bereich.[352] Ein nicht zum Aufgabenkreis des Amtsträgers

---

341 OLG Hamburg StV **2001** 277, 278; *Kuhlen* NK Rdn. 67 f.; *Sch/Schröder/Heine/Eisele* Rdn. 32; *Stein/Deiters* SK Rdn. 26; s.a. *Eb. Schmidt* Rdn. 67.

342 *Jescheck* LK[11] Rdn. 11; *Lackner/Kühl/Heger* Rdn. 8; *Sch/Schröder/Heine/Eisele* Rdn. 32; für ein vergleichbares Konkretisierungsbedürfnis hingegen *Korte* MK Rdn. 109; *Möhrenschlager* in: Dölling 8. Kap. Rdn. 32.

343 BGHSt **14** 123, 125; s.a. RGSt **68** 251, 255; **77** 75, 76 f.; BGHSt **3** 143, 145; **16** 37, 38; offengelassen von BGHSt **31** 264, 280; s.a. BGHSt **53** 6, 16 (Rdn. 30) = NJW **2008** 3580, 3583; KG NJW **1998** 1877; OLG Köln NJW **2000** 3727; aber auch OLG Frankfurt NJW **1989** 847.

344 Vgl. (jeweils zur Diensthandlung) BGHSt **4** 293, 294; **64** 301, 303; BGH NStZ **2000** 596, 598 f.; *Fischer* Rdn. 6; **aA** *Stein/Deiters* SK Rdn. 30.

345 *Fischer* Rdn. 7; *Korte* MK Rdn. 113.; *Matt/Renzikowski/Sinner* Rdn. 14.

346 *Stein/Deiters* SK Rdn. 24.

347 *Korte* MK Rdn. 106; *Satzger* ZStW **115** (2003) 469, 480; *Schlüchter* FS Geerds 713, 719.

348 RGSt **16** 301, 302; **56** 401, 402; BGHSt **3** 143, 145 f.; *Stein/Deiters* SK Rdn. 27.

349 RGSt **68** 251, 255 f.; BGHSt **3** 143, 148; **47** 260, 263; BGH NJW **1957** 1078, 1079; OLG Hamburg StV **2001** 277, 278; *Korte* MK Rdn. 85; *Kuhlen* NK Rdn. 66, 71; *Lackner/Kühl/Heger* Rdn. 8; *Satzger* ZStW **115** (2003) 469, 480; *Sch/Schröder/Heine/Eisele* Rdn. 31; *Stein/Deiters* SK Rdn. 38.

350 *Fischer* Rdn. 4c; *Höltkemeier* S. 111 f.; *Satzger* ZStW **115** (2003) 469, 480 f. S. auch die Allgemeine Verwaltungsvorschrift zur Förderung von Tätigkeiten des Bundes durch Leistungen Privater (Sponsoring, Spenden und sonstige Schenkungen) vom 7.7.2003 (abgedruckt in NJW **2004**, 1367 f.) sowie hierzu *M. Schröder* NJW **2004** 1353 ff.

351 *Korte* MK Rdn. 110; *Möhrenschlager* in: Dölling 8. Kap. Rdn. 33; *Sch/Schröder/Heine/Eisele* Rdn. 33; *Stein/Deiters* SK Rdn. 27.

352 OLG Köln NJW **2000** 3727 f. Anders bezüglich einer Zeugenaussage über dienstliche Vorgänge OLG Celle NdsRpfl **1949** 159 f.; abl. *Eb. Schmidt* Rdn. 53.

gehörendes Verhalten ist auch dann keine Diensthandlung, wenn es unter Einsatz des amtlichen Einflusses oder Ansehens erfolgt (z.B. wenn sich ein Staatsanwalt als Privatperson im Namen des Betroffenen bei einem Polizeibeamten nach dem Ergebnis einer Blutprobe erkundigt)[353] oder wenn der Amtsträger hierbei (z.B. bei der Erteilung von Privatunterricht, auch während der Dienstzeit,[354] ferner bei der Formulierung von Eingaben[355] oder der Anfertigung von Bauzeichnungen für Bauanträge etc.[356] durch Bedienstete der jeweiligen Behörde) seine im Amt erworbenen Kenntnisse verwendet. Derartige **Nebentätigkeiten** sind auch bei fehlender Genehmigung oder dienstrechtlichem Verbot privater Natur.[357] Auch der Umstand, dass der Amtsträger später (möglicherweise) dienstlich mit dem betreffenden Vorgang befasst sein wird, macht die Nebentätigkeit nicht zur Diensthandlung.[358] Eine Strafbarkeit gemäß §§ 331 ff. kommt jedoch in Betracht, sofern der Vorteil (auch) für die künftige Diensthandlung oder -ausübung angeboten (etc.) wird.[359] Dem privaten Bereich zuzuordnen sind ferner die lediglich aus Anlass oder **bei Gelegenheit** seiner Amtsführung vorgenommenen Handlungen.[360] Deshalb fehlt es an einer Diensthandlung etwa beim Besorgen von Getränken für Reisende durch einen Bahnschaffner,[361] bei der Vereinbarung einer Gebührenteilung zwischen einem Notar und einem Mandanten bei unterschriftsreifer Zuarbeit durch letzteren[362] sowie (entgegen BGH StV **1994** 527) bei der Begleichung einer Verbindlichkeit durch einen Gerichtsvollzieher, der hierdurch sexuelle Gegenleistungen der Vollstreckungsschuldnerin erlangen will.[363] Vgl. ferner unten Rdn. 59.

c) Fehlende Zuständigkeit. Nach heute einhelliger Ansicht schließt das Fehlen der sachlichen oder örtlichen Zuständigkeit[364] das Vorliegen einer Diensthandlung ebenso wenig aus wie die Verletzung interner Geschäftsverteilungsregelungen.[365] Eine konkrete (individuelle) Zuständigkeit ist mithin entbehrlich;[366] ausreichend, aber auch erforderlich ist eine „abstrakte" Zuständigkeit[367] 56

353 BGHSt **29** 300, 302 mit Anm. *Maiwald* NJW **1981** 2777 f.; *Kuhlen* NK Rdn. 69; *Sch/Schröder/Heine/Eisele* Rdn. 33. S. auch *Möhrenschlager* in: Dölling 8. Kap. Rdn. 3 m.w.N. zur Rechtsprechung des RG.

354 RGSt **28** 424, 427; BGH GA **1966** 377; BGH wistra **2000** 426 ff.; *Gössel/Dölling* § 75 Rdn. 12; *Kindhäuser/Hilgendorf* Rdn. 10; *Kuhlen* NK Rdn. 70; *Rengier* BT 2 § 60 Rdn. 32. Umgekehrt können natürlich auch außerhalb der Dienstzeit und der Diensträume Diensthandlungen vorgenommen werden; BGHSt **15** 350, 352; *Jescheck* LK[11] Rdn. 11; *Korte* MK Rdn. 114.

355 OLG Karlsruhe HRR **1928** Nr. 1953; s.a. BGH GA **1962** 214 zur Hilfe bei Steuererklärungen.

356 BGHSt **11** 125, 128; **18** 59 ff. und 263, 265 ff.; BGH NStZ-RR **2007** 309, 310 und BGH NStZ **2008** 216, 217 f. (Hilfe bei der Erstellung von Ausschreibungsunterlagen).

357 RGSt **50**, 257 f.; BGHSt **18** 59, 62; BGH wistra **2001** 388, 389; *Fischer* Rdn. 7, 25b; *Korte* MK Rdn. 112; *Kuhlen* NK Rdn. 72; *Matt/Renzikowski/Sinner* Rdn. 13; *Sch/Schröder/Heine/Eisele* Rdn. 33; *SSW/Rosenau* Rdn. 34; **aA** (bezüglich eines Betriebsprüfers beim Finanzamt) RGSt **72** 70, 71 f.

358 BGH wistra **2001** 388, 389; *Lackner/Kühl/Heger* Rdn. 9; *Schlüchter* FS Geerds 713, 720.

359 BGHSt **11** 125, 128 f.; **18** 265, 267; **31** 264, 281; BGH NStZ-RR **2007** 309, 310 f.; BGH wistra **2001** 388, 389 (hierzu *Otto* JK 5/02, StGB § 332/7); *Korte* MK Rdn. 112; *Lackner/Kühl/Heger* Rdn. 9; *Rengier* BT 2 § 60 Rdn. 32.

360 BGHSt **48** 213, 219 f. (zum Waffenrecht); OLG Hamm NJW **1973** 716, 717; *Kindhäuser/Hilgendorf* Rdn. 10; *Möhrenschlager* in: Dölling 8. Kap. Rdn. 33; *Otto* BT § 99 Rdn. 18.

361 *Blei* II S. 459; *Lackner/Kühl/Heger* Rdn. 9; *Maurach/Schroeder/Maiwald* II § 79 Rdn. 23. Vgl. auch RGSt **50** 257 f. (Geldwechsel durch Kasernenwärter).

362 OLG Stuttgart NJW **1969** 943.

363 Wie hier auch *Korte* MK Rdn. 110; *Kuhlen* NK Rdn. 69; *Stein/Deiters* SK Rdn. 27. Im Ergebnis wie der BGH hingegen *Rengier* BT 2 § 60 Rdn. 65.

364 *Blei* II S. 459; *Jescheck* LK[11] Rdn. 11; *Korte* MK Rdn. 109; *Kuhlen* NK Rdn. 67; *Möhrenschlager* in: Dölling 8. Kap. Rdn. 32; *Sch/Schröder/Heine/Eisele* Rdn. 32; *Stein/Deiters* SK Rdn. 29; bezüglich der örtlichen Unzuständigkeit ebenso *Fischer* Rdn. 6; s.a. BGH NStZ **1998** 194; OLG Hamm NJW **1973** 716, 717.

365 RG HRR **1940** Nr. 195; BGHSt **3** 143, 145 f.; **16** 37, 38; BGH NStZ **2000** 596, 598 f.; *Lackner/Kühl/Heger* Rdn. 8.

366 OLG Hamm NJW **1973** 716, 717; *Maurach/Schroeder/Maiwald* II § 79 Rdn. 23; *Wessels/Hettinger/Engländer* Rdn. 1087; **aA** *Eb. Schmidt* Rdn. 43 ff., 67 (krit. hierzu *Kirschbaum/Schmitz* GA **1960** 321, 327 ff.).

367 *Fischer* Rdn. 6.

im Sinne eines funktionalen Zusammenhangs.[368] Auf diese Weise werden einerseits Kompetenzüberschreitungen erfasst, andererseits Fallgestaltungen ausgeschieden, bei denen der Bezug zur dienstlichen Tätigkeit (und damit der Eindruck der Käuflichkeit dienstlichen Handelns) evident fehlt (z.B. Steuerbescheid durch Amtsarzt oder Baugenehmigung durch Finanzbeamten).[369] Für diese mittlere Linie spricht neben der Einbeziehung vorbereitender Tätigkeiten (s. Rdn. 54), dass nach modernem Amtsverständnis das Tätigkeitsfeld nicht strikt auf eine förmliche Aufgabenzuweisung beschränkt ist, sondern vielfach die Miterledigung benachbarter Aufgabenbereiche erwartet oder zumindest gestattet wird.[370]

57 **d) Strafbares Verhalten.** Wie sich aus den §§ 332, 334 ergibt, die auf eine pflichtwidrige Diensthandlung abstellen, beseitigt die Rechtswidrigkeit eines Verhaltens als solche nicht seinen Dienstcharakter.[371] Nach überwiegender Ansicht gilt dies auch für den Missbrauch der amtlichen Stellung insbesondere durch strafbares Verhalten, sofern die betreffende Handlung gerade erst durch die amtliche Stellung des Täters ermöglicht wird.[372] So hat der BGH im Anschluss an die reichsgerichtliche Rechtsprechung[373] z.B. die unter Verletzung der Pflicht zur Amtsverschwiegenheit erfolgte Mitteilung von Prüfungsaufgaben[374] sowie die Veräußerung von Fotos inhaftierter Kriegsverbrecher, die der Amtsträger aufgrund seiner Tätigkeit im Strafvollzug gemacht hatte,[375] ebenso als Bestechlichkeit (§ 332 a.F.) angesehen wie die verbotswidrige Belieferung eines in einem psychiatrischen Krankenhaus untergebrachten Straftäters mit Schnaps durch einen dort tätigen Krankenpfleger[376] bzw. das Einschmuggeln von Handys und anderen Gegenständen durch einen in einer JVA tätigen Ausbilder[377] und die Einschleusung von zuvor unter Mitwirkung des Amtsträgers manipulierten Urkunden in den amtlichen Geschäftsgang der Gemeinde nebst anschließender treuwidriger Anordnung der Auszahlung gemeindlicher Gelder an Komplizen.[378] Fälle aus neuerer Zeit (jeweils zur Diensthandlung) betreffen die Weitergabe von Wohnanschriften durch einen Polizeibeamten,[379] die pflichtwidrige Gebührenunterschreitung eines Notars[380] sowie die Einflussnahme eines Bürgermeisters auf die Veräußerung eines ursprünglich im Eigentum der Stadt stehenden Grundstücks[381] bzw. eines hochrangigen Polizeibeamten bei der Karriereförderung.[382] Nach der im Schrifttum teilweise (insbesondere von *Ebert* GA **1979** 361 ff.) vertretenen **Gegenan-**

368 BGH NStZ **2015** 451, 453; OLG Hamburg StV **2001** 277, 278; *Kuhlen* NK Rdn. 67; *Matt/Renzikowski/Sinner* Rdn. 15; *Rengier* BT 2 § 60 Rdn. 30; *Sch/Schröder/Heine/Eisele* Rdn. 32; *SSW/Rosenau* Rdn. 34.

369 So unter Hinweis auf die Lehre vom nichtigen Verwaltungsakt *Baumann* S. 24 f.; ferner *Kuhlen* NK Rdn. 67; *Sch/Schröder/Heine/Eisele* Rdn. 32.

370 *Stein/Deiters* SK Rdn. 28; s.a. *Korte* MK Rdn. 109; *Kuhlen* NK Rdn. 68, 71.

371 *Stein/Deiters* SK Rdn. 29.

372 BGH NJW **1987** 1340, 1341 (m.w.N.); BGH NStZ **2000** 596, 598 f.; BGH wistra **2021** 290, 292; *Eisele* BT 1 Rdn. 1647; *Fischer* Rdn. 6; *Gössel/Dölling* § 75 Rdn. 12; *Kindhäuser/Hilgendorf* Rdn. 10; *Korte* MK Rdn. 111; *Kuhlen* NK Rdn. 73 f.; *Matt/Renzikowski/Sinner* Rdn. 15; *Maurach/Schroeder/Maiwald* II § 79 Rdn. 22; *Möhrenschlager* in: Dölling 8. Kap. Rdn. 32; *Rengier* BT 2 § 60 Rdn. 30; *Sch/Schröder/Heine/Eisele* Rdn. 34.

373 BGHSt **4** 293, 294 f.; *Korte* MK § 332 Rdn. 11. Vgl. insbesondere RGSt **69** 393, 394 (Verwendung eines Poststempels); **70** 166, 172; zur Rechtsprechung des RG auch *Eb. Schmidt* Rdn. 52, 66.

374 BGHSt **14** 123 ff.

375 BGHSt **4** 293 ff.

376 BGH NJW **1983** 462; zust. *Geilen* JK 81, StGB § 332/1 (mit dem Argument, dass das Nichteinschreiten gegen die Lieferung durch Dritte ein dienstliches Unterlassen wäre; vgl. insoweit auch *B. Heinrich* NStZ **2004** 459, 460); *Jaques* S. 169 ff.; *Wessels/Hettinger/Engländer* Rdn. 1087; ablehnend *Amelung/Weidemann* JuS **1984** 595, 596 f.; *Wagner* JZ **1987** 594, 598.

377 BGH wistra **2021** 290, 292.

378 BGH NJW **1987** 1340, 1341; zust. *Letzgus* NStZ **1987** 309 f.

379 BGH NStZ **2000** 596, 598 f.

380 BGHSt **63** 107, 110 f. = JR **2018** 641, 642 mit abl. Anm. *Kuhlen* 642, 646 f.

381 BGH Beschl. v. 3.4.2019 – 5 StR 20/19 (juris) Rdn. 14.

382 BGHSt **64** 301, 303.

sicht ist der Kreis der Diensthandlungen enger zu ziehen. Hierzu wird eine Beschränkung auf die „eigentlichen“ Amts-(Dienst-)Handlungen unter Ausschluss aller Art von Privathandlungen befürwortet und ein pflichtgemäßes Korrelat in dem Sinne gefordert, dass die betreffende Handlung im Fall ihrer Erlaubtheit zum amtlichen Aufgabenkreis des Amtsträgers gehören würde.[383] In ähnlicher Weise wird zwischen „absolut“ und „relativ“ verbotenen Handlungen unterschieden und bezüglich der zuerst genannten die Klassifizierung als „Diensthandlung“ verneint.[384]

Den kritischen Stimmen im Schrifttum ist zuzugestehen, dass sich das umgangssprachliche Sprachgefühl dagegen sträubt, das Einschmuggeln von Alkohol oder Drogen in eine Straf- oder Maßregelanstalt, die Vernichtung von Akten oder Beweisstücken in laufenden Ermittlungsverfahren oder die Vornahme sexueller Handlungen unter Ausnutzung einer Amtsstellung (§ 174b) als „Diensthandlung“ eines Amtsträgers zu bezeichnen.[385] Auch der Hinweis auf eine „funktionale Beziehung“ zur übertragenen Aufgabe[386] bietet keine zufriedenstellende Lösung, denn die strafbare Handlung ist nicht auf dienstliche Zwecke hin ausgerichtet, sondern umgekehrt ermöglicht die amtliche Stellung lediglich die Vornahme der strafbaren Handlung. Schließlich verbleibt auch nach dieser Auffassung ein (wenngleich geringerer) Anwendungsbereich für die §§ 332, 334 bezüglich jener Verhaltensweisen, die ihrer Art nach (z.B. Ausstellen von Urkunden, Beförderung von Gefangenenpost)[387] zu den Dienstaufgaben gehören.[388] Andererseits vermag die restriktive Position unter teleologischen Aspekten nicht zu überzeugen. Die Bereitschaft, für Geld oder sonstige Vorteile sogar strafbare Handlungen vorzunehmen, die keine pflichtgemäße Entsprechung haben und mit der Dienstausübung nur (aber auch immerhin) mittelbar zusammenhängen, gefährdet sowohl die Sachlichkeit staatlichen Handelns als auch das Vertrauen der Bevölkerung in die Lauterkeit der Amtsführung in besonders hohem Maße.[389] Deshalb bliebe es auch unbefriedigend, die hier diskutierten Verhaltensweisen zwar nicht als „Diensthandlung“ i.S.d. §§ 332, 334 anzusehen, aber dem (weiteren) Begriff der „Dienstausübung“ zuzuweisen.[390] Überdies bereitet die Abgrenzung zwischen „absolut“ und „relativ“ verbotenen Handlungen Schwierigkeiten.[391] Dass zwar die Preisgabe dienstlicher Geheimnisse durch einen behördlichen Pressesprecher, mangels pflichtgemäßen Korrelats aber nicht die Offenbarung durch einen sonstigen Amtsträger den Bestechungsdelikten unterfallen soll,[392] erscheint wenig sachgerecht. Immerhin verringern sich die Divergenzen im Meinungsstreit, wenn man auf vorangehende Akten- oder Datenbankrecherchen als dienstlichen Anknüpfungspunkt abstellt.[393] Die kontrovers beurteilten Sachverhalte stellen weder reine Privathandlungen noch Diensthandlungen im engeren, dem Alltagssprachgebrauch entsprechenden Sinne dar. Die teleologisch sinnvolle Einbeziehung dieses teilweise als **„amtsbezogene Privathandlungen“**[394] bezeichneten Zwischenbereichs ist trotz einiger Bedenken im Hinblick auf das Analogieverbot (Art. 103 Abs. 2 GG) akzeptabel.[395] 58

383 *Ebert* GA **1979** 361, 368, 375, 389 f.; *Sahan* FS Ostendorf 765, 775 ff.; *Eb. Schmidt* Rdn. 52; vgl. auch *v. Heintschel-Heinegg* BeckOK Rdn. 14.1; *Stein/Deiters* SK Rdn. 29.
384 *Amelung/Weidemann* JuS **1984** 595, 596 f.; s.a. *Wagner* JZ **1987** 594, 598.
385 *Wagner* JZ **1987** 594, 598.
386 *Letzgus* NStZ **1987** 309, 310.
387 Vgl. RGSt **36** 66 ff.; **69** 393 ff.; zu beiden Urteilen *Ebert* GA **1979** 361, 380 f.
388 *Stein/Deiters* SK Rdn. 29.
389 BGH NJW **1987** 1340, 1341; *Amelung/Weidemann* JuS **1984** 595, 597; *Kuhlen* NK Rdn. 74; **aA** *Ebert* GA **1979** 361, 371.
390 Vgl. *Amelung/Weidemann* JuS **1984** 595, 596 f.
391 Vgl. *Miehe* JuS **1996** 1000, 1001 f. (zum Entweichenlassen eines Strafgefangenen durch einen JVA-Bediensteten); *Stein/Deiters* SK Rdn. 29 (bezüglich des Verbrennens von Akten durch einen Staatsanwalt).
392 *Stein/Deiters* SK Rdn. 29; s.a. *Ebert* GA **1979** 361, 378.
393 *Stein/Deiters* SK Rdn. 29 unter Hinweis auf BGH NJW **1985** 391 (ausführlicher als in BGHSt **32** 290 ff. abgedruckt) und BGH NStZ **2000** 596 ff. S. auch *Eb. Schmidt* Rdn. 59.
394 *Ebert* GA **1979** 361, 364; *Letzgus* NStZ **1987** 309, 310.
395 Ebenso *Letzgus* NStZ **1987** 309, 310; s.a. *Lackner/Kühl/Heger* Rdn. 8; **aA** *Amelung/Weidemann* JuS **1984** 595, 596 f. S. auch die oben in Fn. 370 angegebenen Nachweise.

59 **e) Grenzfälle.** Ebenso wenig, wie Pflichtwidrigkeit oder Strafbarkeit eines Verhaltens die Annahme einer Diensthandlung (bzw. Dienstausübung) ausschließen, genügen sie bereits zu deren Bejahung.[396] Vielmehr bleibt die insbesondere in Grenzfällen schwierige Aufgabe zu bewältigen, die von den §§ 331 ff. erfassten „amtsbezogenen Privathandlungen" im o.g. Sinne (Rdn. 58) von den lediglich „bei Gelegenheit" der Amtsführung vorgenommenen Handlungen (s. oben Rdn. 55, auch zum privaten Charakter nicht genehmigter oder verbotener Nebentätigkeiten) abzuschichten, die kein geeignetes Bezugsobjekt für eine Unrechtsvereinbarung bilden.[397] Während die Nutzung dienstlich erworbener allgemeiner Kenntnisse und Fertigkeiten der Zuordnung zum Privatbereich nicht entgegensteht (s. auch dazu Rdn. 55), wird die entgeltliche Weitergabe von konkreten Informationen, die zum behördlichen Aufgabenkreis gehören (Mitteilung der Adressen mängelbeseitigungspflichtiger Personen an eine Tankschutzfirma), überwiegend als Diensthandlung angesehen.[398] Auch die von einem Polizeibeamten an seinem Dienstcomputer zur entgeltlichen Weitergabe an einen Rechtsanwalt durchgeführte Recherche von Wohnanschriften und Aufenthaltsorten ist als Diensthandlung beurteilt worden.[399] Eine sei es auch in der Freizeit aus privaten Motiven vorgenommene Ermittlungstätigkeit ist jedenfalls dann als Diensthandlung zu beurteilen, wenn der Polizeibeamte hierbei explizit oder nach den Umständen dienstlich auftritt.[400] Entsprechendes gilt für interne Erkundigungen, wenn der Anschein dienstlichen Charakters erweckt wird,[401] und für die Beratungstätigkeit eines Vorstandsmitglieds einer Landesbank.[402] Als (nicht zwingende) **Indizien** können für die Abgrenzung von dienstlicher und privater Sphäre von Bedeutung sein, ob die Handlung innerhalb oder außerhalb der Dienstzeit und/oder der Diensträume, in Dienst- oder Zivilkleidung, mit dem Privat- oder Dienstfahrzeug sowie auf Veranlassung eines Vorgesetzten oder eines Außenstehenden vorgenommen wurde.[403]

60 Ferner kann fraglich sein, inwieweit das **Unterlassen einer Anzeige** (vgl. § 336) in den Dienstbereich fällt. Der BGH hat dies für die Nichtanzeige einer häufig vorgekommenen Sperrstundenüberschreitung durch einen im Verkehrsunfalldienst tätigen Polizeibeamten ebenso bejaht[404] wie hinsichtlich eines Sachgebietsleiters, der davon abgesehen hatte, seinem Vorgesetzten Manipulationen bei der Auftragsvergabe (außerhalb des ihm zugewiesenen Arbeitsbereichs) zu melden.[405]

61 **f) Innerer Vorbehalt und vorgetäuschte Diensthandlung.** Da die Diensthandlung (bzw. die Dienstausübung) kein objektives Tatbestandsmerkmal, sondern lediglich Bezugsobjekt der Unrechtsvereinbarung ist (vgl. oben Rdn. 21), ist der innere Vorbehalt, die als Gegenleistung für den Vorteil verabredete **künftige** Tätigkeit nicht vornehmen zu wollen, im Anschluss an den BGH (St

---

396 OLG Hamm NJW **1973** 716, 717; OLG Stuttgart NJW **1969** 943; *Eser* Strafrecht III² (1981), 18/43 f.; *Kuhlen* JR **2018** 642, 647; *Sch/Schröder/Heine/Eisele* Rdn. 33.

397 Vgl. auch BGHSt **48** 213, 220 f. mit Anm. *B. Heinrich* NStZ **2004** 459 ff. Eingehend (mit Darstellung einschlägiger Rechtsprechung) *Sahan* FS Ostendorf 765, 766 ff.

398 OLG Hamm NJW **1973** 716, 717; hierzu *Eser* Strafrecht III² (1981), Fall 18 (insbesondere Rdn. 44 f.); zust. auch *Geppert* Jura **1981** 42, 47 f. („Grenzfall"); **krit.** *Stein/Deiters* SK Rdn. 30 („zumindest zweifelhaft"); wohl auch *H. Hohmann* JuS **1987** 473, 474 (bezüglich der Veräußerung von in der Freizeit durch Beamte des Studentensekretariats abgeschriebenen Studentenadressen zur Ermöglichung gezielter Werbemaßnahmen).

399 BGH NStZ **2000**, 596, 598 f. (zur Strafzumessung s. BGH DuD **2003** 243 f.); zust. *Stein/Deiters* SK Rdn. 30.

400 Ebenso *Kuhlen* NK Rdn. 38; *Stein/Deiters* SK Rdn. 33; ohne diese ausdrückliche Einschränkung OLG Zweibrücken JR **1982** 381 ff. (abl. *Geerds* JR **1982** 384, 387); *Fischer* Rdn. 7; *Korte* MK Rdn. 114. **AA** (Privathandlung trotz dienstlichen Auftretens) RGSt **16** 42, 44.

401 In Abgrenzung zu BGHSt **29** 300, 302 (s.o. Rdn. 55 zu Fn. 353).

402 BGHSt **31** 264, 280 ff.

403 *Stein/Deiters* SK Rdn. 33.

404 BGH NStZ **1998** 194; hierzu *Böse* JA **1998** 629 ff.

405 BGH NStZ **2004** 565 f.; zust. *Rengier* BT 2 § 60 Rdn. 31; **aA** *Grunst* StV **2005** 453, 458 f.; *Lackner/Kühl/Heger* Rdn. 8.

15 88, 93 ff., 98)[406] nach heute nahezu einhelliger Ansicht unbeachtlich.[407] Die (überdies mit erheblichen Beweisproblemen behaftete)[408] Mentalreservation lässt die Unrechtsvereinbarung keineswegs zur bloßen Schimäre werden;[409] vielmehr wird das Vertrauen der Bevölkerung bereits durch den Eindruck der Käuflichkeit erschüttert;[410] überdies ist offen, ob der Amtsträger dem Druck der geschlossenen Vereinbarung doch noch nachgibt.[411] Erst recht ohne Bedeutung ist der Entschluss, sich bei der Dienstausübung oder der betreffenden Handlung nicht von der Zuwendung beeinflussen zu lassen.[412] Vgl. auch § 332 Abs. 3.

Umstritten ist hingegen die Beurteilung des Vortäuschens einer angeblich **bereits vorgenommenen** Handlung. Diesbezüglich hatte der BGH (St **29** 300 ff.)[413] eine Strafbarkeit gemäß §§ 331, 62
332 a.F. verneint (und § 263 angenommen)[414] und hierfür (auch bezüglich der heutigen Gesetzesfassung) vielfach Zustimmung gefunden.[415] Die Gegenmeinung im Schrifttum bejaht demgegenüber eine Strafbarkeit nach den Bestechungsdelikten.[416] Teilweise wird auch bei einer vorgetäuschten pflichtwidrigen Handlung nur eine Strafbarkeit gemäß § 331 angenommen.[417] Das vom BGH angeführte **Wortlautargument** (vgl. § 332 Abs. 1: „eine Diensthandlung vorgenommen *hat* ... und dadurch seine Dienstpflichten verletzt *hat*")[418] vermag nicht zu überzeugen, da sich die Formulierung zwanglos als eine im Indikativ ausgedrückte Umschreibung der Unrechtsvereinbarung verstehen lässt, für die das tatsächliche Vorliegen der Diensthandlung unerheblich ist, und auch die hiervon abweichende Verwendung des Konjunktivs bezüglich der künftigen Diensthandlung („künftig vornehme und dadurch seine Dienstpflichten ... verletzen würde") im Unterschied zwischen der Behauptung einer Tatsache und der Ankündigung eines zukünftigen Verhaltens eine hinreichende Erklärung findet.[419] Überdies ist das Wortlautargument bezüglich des § 331 Abs. 1

406 Ebenso bereits RGSt **39** 193, 200 ff.; BGH NJW **1953** 1401 f.; vgl. ferner BGHSt **15** 239, 242 und 352 ff.; **35** 128, 136; **48** 44, 46; **49** 275, 283. Auch die Vorspiegelung einer vom Amtsträger nicht realisierbaren Zusage steht § 332 nicht entgegen; vgl. BGH wistra **1985** 21, 22 (insoweit weder in BGHSt **33** 37 f. noch in NJW **1985** 752 f. abgedruckt).

407 BGHSt **49** 275, 283: BGH StV **2007** 358, 359; *Fischer* Rdn. 10; *Geppert* Jura **1981** 42, 48; *Gössel/Dölling* § 75 Rdn. 14; *Kindhäuser/Schramm* 71/22; *Korte* MK § 332 Rdn. 14; *Küper* BT[7] S. 435; *Küpper/Börner* § 9 Rdn. 14; *Kuhlen* NK Rdn. 36; *Lackner/Kühl/Heger* Rdn. 11; *Maurach/Schroeder/Maiwald* II § 79 Rdn. 19; *Otto* BT § 99 Rdn. 19; *Rengier* BT 2 § 60 Rdn. 37; *Sch/Schröder/Heine/Eisele* Rdn. 36; *Stein/Deiters* SK Rdn. 38; *Wessels/Hettinger/Engländer* Rdn. 1097. **AA** *Baumann* S. 29 ff., 34; *Höltkemeier* S. 108 f.; *Eb. Schmidt* Rdn. 139 ff.

408 Vgl. BGHSt **15** 88, 99 f.

409 Vgl. aber *Arzt/Weber/Heinrich/Hilgendorf/Heinrich* BT § 49 Rdn. 28 („Schein der Korruption").

410 BGHSt **15** 88, 96 f.; **49** 275, 283; *Schröder* GA **1961** 289, 297 f.

411 *Stein/Deiters* SK Rdn. 38.

412 BGHSt **48** 44, 46; **49** 275, 283; BGH wistra **2007** 222, 223; *Geppert* Jura **1981** 42, 50 (auch zur Beachtlichkeit eines glaubhaft erklärten Vorbehalts); *Sch/Schröder/Heine/Eisele* Rdn. 36.; *Sowada* StraFo **2020** 389, 391.

413 Vgl. hierzu zust. *Dölling* JuS **1981** 570 ff.; *Gülzow* MDR **1982** 802 ff.; *Maiwald* NJW **1981** 2777 ff.; im Ergebnis ebenso *Jaques* S. 165 ff.; **abl.** *Geppert* JK 81, StGB § 331/1; für Strafbarkeit nur gemäß § 331 *Geerds* JR **1981** 301 ff. (neben § 263); *Wagner* JZ **1987** 594, 598 ff.

414 Insoweit **aA** *Maiwald* NJW **1981** 2777, 2780 f.; § 263 hingegen bejahend *Dölling* JuS **1981** 570 ff.

415 *Arzt/Weber/Heinrich/Hilgendorf/Heinrich* BT § 49 Rdn. 29 (Argument: Gleichbehandlung mit dem täuschenden Vorteilsgeber); *Gössel/Dölling* § 75 Rdn. 14; *Joecks/Jäger* § 332 Rdn. 7; *Leitner/Rosenau/Gaede* § 332 Rdn. 14; *Matt/Renzikowski/Sinner* § 332 Rdn. 5; *Maurach/Schroeder/Maiwald* II § 79 Rdn. 21; *SSW/Rosenau* § 332 Rdn. 7; *Stein/Deiters* SK Rdn. 39; s.a. *Fischer* Rdn. 10; vgl. auch die in Fn. 413 angegebenen Nachweise.

416 *Geppert* Jura **1981** 42, 48; *Graupe* S. 88 ff., 94; *Jescheck* LK[11] Rdn. 14; *Kindhäuser/Schramm* 77/22 f.; *Küpper/Börner* § 9 Rdn. 14; *Kuhlen* NK Rdn. 37 f.; *ders.* NStZ **1988** 433, 435; *Lackner/Kühl/Heger* Rdn. 11; *Otto* BT § 99 Rdn. 19; *Rengier* BT 2 § 60 Rdn. 38; *Sch/Schröder/Heine/Eisele* Rdn. 54; *Schwieger* S. 91 (Fn. 201).

417 *Geerds* JR **1981** 301 ff.; *Korte* MK Rdn. 115, § 332 Rdn. 16; *Küper* BT[6] S. 422; s.a. *Fischer* Rdn. 10.

418 BGHSt **29** 300, 303 ff.

419 *Dölling* JuS **1981** 570, 572; *Geerds* JR **1981** 301; *Kuhlen* NK Rdn. 38; *ders.* NStZ **1988** 433, 435; *Lackner/Kühl/Heger* Rdn. 11; *Rengier* BT 2 § 60 Rdn. 38; *Wagner* JZ **1987** 594, 598 f. Weiterhin mit dem Wortlaut argumentierend jedoch *Fischer* Rdn. 10; *Korte* MK § 332 Rdn. 16; *Matt/Renzikowski/Sinner* § 332 Rdn. 5; *SSW/Rosenau* § 332 Rdn. 7; *Stein/Deiters* SK Rdn. 39.

durch die Neufassung inzwischen entfallen.[420] Teilweise wird für die engere Sichtweise geltend gemacht, dass der Gesetzgeber in Kenntnis des Meinungsstreits von einer Änderung der Formulierung in §§ 331 Abs. 2, 332 abgesehen hat.[421] Es ist jedoch zweifelhaft, dieses legislatorische Unterlassen (ohne konkreten Anhaltspunkt in den Gesetzesmaterialien) als ein beredtes Schweigen des Gesetzgebers zu interpretieren, mit dem er sich die Position des BGH zu eigen gemacht habe. Soweit § 332 Abs. 3 Nr. 1 (nur) bezüglich einer künftigen Diensthandlung das bloße Sich-bereit-Zeigen für ausreichend erklärt, lässt sich hieraus kein zwingender Gegenschluss dahingehend ableiten, dass eine zurückliegende pflichtwidrige Handlung tatsächlich vorgenommen worden sein müsse.[422] Vielmehr wollte der Gesetzgeber mit § 332 Abs. 3 den Abschluss der Unrechtsvereinbarung als Vollendungszeitpunkt feststellen und die Rechtsprechung des BGH bestätigen, dass der geheime Vorbehalt des Amtsträgers, die Pflichtwidrigkeit nicht begehen zu wollen, unerheblich ist (vgl. Rdn. 61).[423]

63 Die Beurteilung des Vortäuschens einer angeblich vorgenommenen (pflichtwidrigen) Diensthandlung hängt maßgeblich von **rechtsgutsbezogenen Überlegungen** ab. Jene Autoren, die eine Strafbarkeit gemäß §§ 331, 332 bejahen, treten für eine Gleichbehandlung der Vorspiegelung vergangener mit jener künftiger Diensthandlungen ein und führen hierfür den in beiden Fallkonstellationen gleichermaßen entstehenden rechtserschütternden Eindruck der Käuflichkeit von Amtshandlungen ins Feld.[424] Diese das Vertrauen unterminierende Wirkung kann jedoch nur eintreten, wenn man dem Betrachter eine Vorstellung zuweist, die (derjenigen des Vorteilsgebers entsprechend) zwar die Unrechtsvereinbarung, nicht jedoch das Fehlen der betreffenden Bezugshandlung kennt. Bei Kenntnis des gesamten Sachverhalts kann ein solcher Eindruck einer „verkauften" pflichtwidrigen Diensthandlung nicht entstehen.[425] Vor allem erscheint fraglich, ob die Gleichsetzung beider Konstellationen den Vertrauensschutzaspekt zu stark in den Vordergrund rückt. Denn auch der Vertrauensaspekt ist auf den Gedanken der Sachbezogenheit staatlicher Entscheidungen hin auszurichten (vgl. Vor § 331 Rdn. 30 ff., s.a. § 331 Rdn. 25). Bei der Vorspiegelung einer vergangenen dienstlichen Tätigkeit steht objektiv fest, dass eine sachwidrige Verknüpfung zwischen der fraglichen (pflichtwidrigen) Diensthandlung und dem zugewendeten Vorteil nicht erfolgt ist und (anders als bei der vorgetäuschten Bereitschaft zu einer künftigen Dienstausübung) auch nicht mehr in der Schwebe ist.[426] Die Vortäuschung einer künftigen Diensthandlung impliziert eine potenzielle Verknüpfung, jene einer zurückliegenden Diensthandlung hingegen eine **nur scheinbare Verbindung zur** (pflichtwidrigen) **Diensthandlung**. Zwar zeigen die §§ 331 ff. durch die Einbeziehung auch nachträglicher Zuwendungen, dass eine zumindest potenzielle Auswirkung des Vorteils auf die hierdurch abgegoltene Dienstausübung bzw. Diensthandlung nicht erforderlich ist, sondern die Gefahr des Anreizes für einen späteren „Verkauf" weiterer dienstlicher Tätigkeiten vom Gesetzgeber als hinreichender Grund für eine insoweit „vorbeugende" Strafbarkeit angesehen wurde. Obwohl auch die Vereinbarung einer Zuwendung für eine nur vorgetäuschte zurückliegende Diensthandlung als Stimulanz wirken kann, bei nächster Gelegenheit zur Erlangung des Vorteils die vom Gegenüber begehrte Gegenleistung tatsächlich zu erbringen, erscheint es vorzugswürdig, bezüglich der Anreizwirkung zu unterscheiden. Wer sich für tatsächlich vorgenommene oder für die Zusage künftiger (rechtmäßiger oder rechtswidriger) Diensthandlungen entlohnen

420 *Kuhlen* NK Rdn. 38; *Küper* BT[7] S. 437; *Rengier* BT 2 § 60 Rdn. 38.

421 *Fischer* Rdn. 10; *Korte* MK § 332 Rdn. 16.

422 In diesem Sinne jedoch *Gülzow* MDR **1982** 802, 803 f.; *Maurach/Schroeder/Maiwald* II § 79 Rdn. 21; *Maiwald* NJW **1981** 2777, 2778.

423 BTDrucks. 7/550 S. 273 f.; *Geppert* Jura **1981** 42, 50; *Jescheck* LK[11] § 332 Rdn. 8.

424 *Graupe* S. 94; *Jescheck* LK[11] Rdn. 14; *Kindhäuser/Schramm* 76/22 f.; *Küpper/Börner* § 9 Rdn. 14; *Kuhlen* NK Rdn. 37 f.; *ders.* NStZ **1988** 433, 435; *Lackner/Kühl/Heger* Rdn. 11; *Otto* BT § 99 Rdn. 19; *Rengier* BT 2 § 60 Rdn. 38.

425 *Stein/Deiters* SK Rdn. 39; *Wagner* JZ **1987** 594, 599.

426 *Gössel/Dölling* § 75 Rdn. 14; *Gülzow* MDR **1982** 802, 804; *Wagner* JZ **1987** 594, 599; **aA** (Differenzierung vom Rechtsgut her „nicht plausibel") *Arzt/Weber/Heinrich/Hilgendorf/Heinrich* BT § 49 Rdn. 29 (s. aber auch *Arzt* FG BGH 50, 755, 767 ff.). Nimmt der Amtsträger die zunächst vorgespiegelte Diensthandlung unter dem Eindruck der Abrede doch noch vor, so liegt (erst) hierin die Komplettierung der Unrechtsvereinbarung und eine Vollendung gemäß § 331 bzw. § 332.

lässt, „lernt“ hierdurch in einer die Sachbezogenheit staatlicher Entscheidungsfindung gefährdenden Weise, dass es persönlich „profitabel“ erscheint, sein dienstliches Verhalten an fremden Wünschen auszurichten. Wer hingegen einen anderen veranlasst, für eine nur vorgespiegelte vorangegangene Diensthandlung einen Vorteil zuzuwenden, erfährt den Erfolg seiner Täuschung gerade ohne den realen Bezug zu seiner dienstlichen Tätigkeit. Eine solche Verbindung zur dienstlichen Tätigkeit – als realer Bezug (retrospektiv) für zurückliegende, als potenzieller Bezug (prospektiv) für künftige Diensthandlungen – zu verlangen, ist jedenfalls dann angezeigt, wenn man die Entgegennahme des Vorteils zu Überführungszwecken als tatbestandslos ansieht (vgl. Rdn. 28).[427] Hieraus folgt: Hat der Täter, der die Vornahme einer pflichtwidrigen Diensthandlung vortäuscht, tatsächlich eine pflichtgemäße dienstliche Tätigkeit entfaltet, die durch den Vorteil entlohnt wird, ist eine Strafbarkeit gemäß § 331 gegeben. Fehlt dem zurückliegenden Verhalten hingegen jeglicher realer Dienstbezug, so kommt (von einer etwaigen disziplinarrechtlichen Ahndung abgesehen) allein eine Betrugsstrafbarkeit in Betracht.[428] Für den konkreten Fall ist der Entscheidung BGHSt **29** 300 zuzustimmen, da das an den Tag gelegte Verhalten ausschließlich privaten Charakter trug.[429]

5. Beziehungsverhältnis (Unrechtsvereinbarung)

a) Bedeutung der Unrechtsvereinbarung. Das „Wesen“[430] oder „Kernstück“ der Bestechungs- 64
delikte[431] besteht (nach wie vor)[432] in der sog. Unrechtsvereinbarung.[433] Hiermit ist ein Beziehungs-[434] oder Äquivalenzverhältnis[435] in dem Sinne gemeint, dass nach der ausdrücklichen oder stillschweigenden Übereinkunft zwischen dem Amtsträger und dem Zuwendenden der Vorteil seinen Grund gerade in der Dienstausübung oder Diensthandlung haben,[436] die Zuwendung mithin als „Äquivalent“[437] oder „Entgelt“[438] der dienstlichen Tätigkeit fungieren soll.[439] Diese Verknüpfung fand bis 1997 durchgängig in der gesetzlichen Formulierung ihren Niederschlag, dass der Vorteil „als Gegenleistung dafür“ gefordert bzw. angeboten usw. werden muss, dass der Amtsträger eine (ggf. pflichtwidrige) Diensthandlung vorgenommen hat oder vornehmen werde. Dieser

---

427 Freilich könnte man angesichts des zukunftsgerichteten Vorbehalts und des Schwebezustands dort die Tatbestandsmäßigkeit bejahen und gleichwohl hier die befürwortete Restriktion vornehmen.

428 *Fischer* Rdn. 10; *Gülzow* MDR **1982** 802, 804; *Korte* MK Rdn. 115 (mit der Parallele zu einem sich als Amtsträger ausgebenden Bürger). **AA** jedoch (für § 331) *Geerds* JR **1981** 301, 303; für § 331 n.F. wohl auch *Küper* BT^7 S. 437.

429 Vgl. Rdn. 55 (zu Fn. 338) und 59 (zu Fn. 381). Wie hier auch *Jaques* S. 167; *Maurach/Schroeder/Maiwald* II § 79 Rdn. 21.

430 *Rengier* BT 2 § 60 Rdn. 39.

431 BGHSt **33** 336, 339; **53** 6, 14 (Rdn. 25) = BGH NJW **2008** 3580, 3582; s.a. BGHSt **39** 45, 46 = JZ **1993** 472 mit Anm. *Wagner*; BGH NStZ **1984** 24 („Kern des in den Bestechungstatbeständen umschriebenen Schuldvorwurfs“); *Fischer* Rdn. 21; *Korte* MK Rdn. 116; *Sch/Schröder/Heine/Eisele* Rdn. 7; vgl. ferner *Dölling* ZStW **112** (2000) 334, 343 und *Höltkemeier* S. 114 jeweils m.w.N.

432 *Sch/Schröder/Heine/Eisele* Rdn. 35; vgl. zu §§ 331 f. n.F. auch BGH NJW **2005** 3011, 3012.

433 Grdl. BGHSt **15** 88, 97; 239, 241 f. und 352, 355; ferner BGH NStZ **1994** 488, 489; **1999** 561 m.w.N. („ständige Rechtsprechung“); OLG Hamburg StV **2001** 277, 279. Ausführlich (und von der h.M. teilweise abweichend) zur dogmatischen Struktur der Unrechtsvereinbarung *Deiters* FS Rengier 209, 214 ff. (Unrechtsvereinbarung als einseitig überschießende Innentendenz) und *T. Zimmermann* S. 378 ff., 388 f.; *ders.* ZStW **124** (2012) 1023, 1032 ff. (Bestechung als vorteilsgestützte Anstiftung); hiergegen *SSW/Rosenau* Rdn. 28. Zur sozialpsychologischen Bedeutung *Wachter* GA **2019** 735, 739 ff.

434 Von einem „Beziehungverhältnis“ ist in BTDrucks. 5/770 S. 271 sowie in BTDrucks. 13/8079 S. 15 die Rede.

435 Die Bezeichnung „Äquivalenzverhältnis“ verwenden (u.a.) BGH NJW **1987** 1340, 1341; BGH NStZ **1994** 191; **1999** 560; *Korte* MK Rdn. 116; *Stein/Deiters* SK Rdn. 51; *Eb. Schmidt* Rdn. 119, 128 ff.

436 *Maurach/Schroeder/Maiwald* II § 79 Rdn. 17; s.a. *Küper* BT^7 S. 434 f.

437 *Geppert* Jura **1981** 42, 47; *Stein/Deiters* SK Rdn. 51.

438 Vgl. BGH NJW **1987** 1340, 1341; BGH NStZ **1994** 488, 489; BGH wistra **2021** 290, 292.

439 Vgl. näher hierzu *Höltkemeier* S. 114 ff.; *Kuhlen* NStZ **1988** 433, 438 ff.

Gesetzeswortlaut gilt weiterhin bezüglich §§ 331 Abs. 2, 332, 333 Abs. 2 und 334.[440] Demgegenüber umschreiben die §§ 331 Abs. 1, 333 Abs. 1 n.F. das tatbestandliche Unrecht dahingehend, dass der Vorteil „für die Dienstausübung" gefordert usw. werden muss. Hierdurch ist zwar eine **Lockerung der Unrechtsvereinbarung** (vgl. Rdn. 51) dergestalt eingetreten, dass es keiner Äquivalenzbeziehung hinsichtlich einer (mehr oder weniger bestimmten)[441] konkreten Diensthandlung mehr bedarf. Dies erklärt auch den Wegfall der Wendung „als Gegenleistung", die in Verbindung mit der allgemeinen „Dienstausübung" als sprachlich nicht passend erschien.[442] Andererseits sollte aber – wie das Wort „für" hinreichend deutlich zum Ausdruck bringt –[443] auch im Bereich der §§ 331 Abs. 1, 333 Abs. 1 n.F. das Erfordernis einer Verknüpfung des Vorteils mit der dienstlichen Tätigkeit beibehalten werden.[444] Damit erhielt die Norm zugleich **Auffangcharakter** für jene Fälle, in denen ein Beziehungsverhältnis zwischen dem Vorteil und einer hinreichend konkreten Diensthandlung nicht nachweisbar oder die Zuordnung des Vorteils zu einer bestimmten Diensthandlung nicht möglich ist.[445] Eine vor Inkrafttreten des (1.) KorrBekG geschlossene, auf die Dienstausübung (also keine konkrete Diensthandlung) bezogene Unrechtsvereinbarung unterfällt (von Fällen mit „open-end"-Charakter abgesehen)[446] dem § 331 n.F. auch dann nicht, wenn die Vorteilserlangung erst nach Wirksamwerden der Gesetzesänderung erfolgt.[447]

65 Allerdings bedarf der Begriff der „Unrechtsvereinbarung"[448] einiger **Präzisierungen**.[449] Zunächst ist der Begriff im Kontext der (auf eine als solche nicht pflichtwidrige Diensthandlung oder Dienstausübung bezogenen) §§ 331, 333 insofern missverständlich, als das **Unrecht** hier **nicht Gegenstand der Vereinbarung** ist, sondern die Konnexität zwischen Amtshandeln und Zuwendung selbst zum Unrecht werden kann, sofern keine Tatbestandseinschränkung (s. hierzu Rdn. 76 ff.) eingreift und keine Genehmigung (Abs. 3) vorliegt.[450] Immerhin bringt die „Unrechts-"Komponente zum Ausdruck, dass es sich um einen **regelwidrigen Tausch** von Vorteil gegen Dienstausübung handeln muss.[451] Soweit es um die Tathandlung(en) des Forderns (oder Anbietens) geht, ist die Unrechtsvereinbarung kein Tatbestandsmerkmal, sondern ein bloßer Bezugsbegriff (vgl. oben Rdn. 21 f.).

66 Die Kennzeichnung der Äquivalenzbeziehung als synallagmatisches Austauschverhältnis („do ut des")[452] nimmt den Aspekt der rechtsgutsgefährdenden „Käuflichkeit" amtlichen Handelns auf, bedarf jedoch des klarstellenden Hinweises auf die **asymmetrische Struktur** der Tauschbeziehung:[453] Entscheidend ist allein, dass (in Kenntnis beider Parteien) der Vorteil als Gegenwert

---

440 *Bauer/Gmel* LK[11] Nachtrag zu §§ 331–338 Rdn. 14.

441 Auch nach der alten Rechtslage mussten die Diensthandlungen nach Ansicht des BGH (St **32** 290 ff.; **47** 295, 307; BGH NStZ **1989** 74) „nur in groben Umrissen erkennbar und festgelegt" sein; vgl. näher § 332 Rdn. 5 ff.

442 *Stein/Deiters* SK Rdn. 51.

443 *Fischer* Rdn. 22; *König* JR **1997** 397, 399; *Korte* MK Rdn. 117; *Kuhlen* NK Rdn. 83; *Rengier* BT 2 § 60 Rdn. 39; *Wessels/Hettinger/Engländer* Rdn. 1085; *Zieschang* WissR **1999** 111, 125.

444 BTDrucks. 13/8079 S. 15; BGHSt **53** 6, 14 ff. (Rdn. 25 ff.) = NJW **2008** 3580, 3582; *Gössel/Dölling* § 75 Rdn. 13; *Knauer/Kaspar* GA **2005** 385, 393 f.; *Küper* BT[7] S. 436 f.; *Sch/Schröder/Heine/Eisele* Rdn. 7; *Stein/Deiters* SK Rdn. 51.

445 BTDrucks. 13/8079 S. 15; *Korte* MK Rdn. 119 f.; *Wessels/Hettinger/Engländer* Rdn. 1085.

446 Vgl. hierzu OLG Stuttgart NJW **2003** 228 f.; s.a. unten Rdn. 142.

447 OLG Karlsruhe NStZ **2001** 654 f. (in Bezug auf Drittvorteile); *Fischer* Rdn. 6; *Sch/Schröder/Heine/Eisele* Rdn. 35.

448 Bereits *Binding* (Lehrbuch II, S. 715) sprach von einem „Unrechtsgeschäft". Kritisch zum Begriff „Unrechtsvereinbarung" (und für die wertneutrale Bezeichnung „Zuwendungsübereinkunft") *Schreier* S. 79. Weitere Kontraktmetaphern bei *T. Zimmermann* S. 379.

449 Vgl. auch näher *Wentzell* S. 138 ff.

450 *Korte* MK Rdn. 116.

451 So insbesondere *Volk* GS Zipf 419, 421 ff.; vgl. ferner *Ambos* JZ **2003** 345, 349 f.; *Dölling* ZStW **112** (2000) 334, 345; *Höltkemeier* S. 117 ff., 120 ff.; *Kindhäuser/Schramm* 71/28 ff.; *Knauer/Kaspar* GA **2005** 385, 393; *Korte* MK Rdn. 157; *Kuhlen* NK Rdn. 96 ff.; *Matt/Renzikowski/Sinner* Rdn. 30; *Stein/Deiters* SK Rdn. 57; *Sch/Schröder/Heine/Eisele* Rdn. 39.

452 *Schünemann* FS Otto 777, 782, 786 f., 791; vgl. ferner zu §§ 331 ff. a.F. BTDrucks. 5/770 S. 271; *Bauer/Gmel* LK[11] Nachtrag zu §§ 331–338 Rdn. 7; *Geppert* Jura **1981** 42, 47; *Gribl* S. 133; aber auch BGH NStZ **1994** 488, 489 (m.w.N.). Die Umschreibung als „do ut des" für das neue Recht abl. *Dannecker* in: Winkelbauer/Felsinger/Dannecker S. 39, 75, 79; s.a. *Fischer* Rdn. 21.

453 *Kindhäuser/Schramm* 71/29; *Kuhlen* NStZ **1988** 433, 438 f.; *ders.* NK Rdn. 93; s.a. *Schlüchter* FS Geerds 713, 721.

für die Dienstausübung (oder Diensthandlung) gewährt (usw.) wird. Dass umgekehrt (auch) die dienstliche Tätigkeit als Gegenleistung für den Vorteil erbracht wird, ist weder erforderlich[454] noch (ohne die entsprechende gegenläufige Abrede) ausreichend. Es muss sich jedoch um eine (ggf. nur vorbereitende oder unterstützende; vgl. Rdn. 54) eigene dienstliche Tätigkeit des Amtsträgers handeln,[455] die objektiv im Interesse des Vorteilsgebers liegt.[456] Nicht gemäß § 331 strafbar ist der Amtsträger, der einen ohne jeglichen Dienstbezug gewährten Vorteil nachträglich mit einer Diensthandlung „belohnt".[457]

Auch die in der Hoffnung auf eine spätere Entlohnung vom Amtsträger einseitig vorgenommene Amtstätigkeit erfüllt für sich allein noch nicht den Tatbestand. Allerdings wird die Grenze zur Strafbarkeit überschritten, wenn der Amtsträger später mit Bezug auf sein früheres Handeln einen Vorteil fordert, sich versprechen lässt oder annimmt.[458] Denn § 331 erfasst weiterhin **auch** die Vereinbarung von Vorteilen **für vergangene** dienstliche **Tätigkeiten**. Der Verzicht auf die in der alten Gesetzesfassung enthaltene Formulierung, wonach der Vorteil für eine Diensthandlung gefordert (usw.) wird, die der Amtsträger „vorgenommen hat oder künftig vornehmen werde", erklärt sich aus der sprachlichen Weite des jetzt verwandten Begriffs der „Dienstausübung" und bedeutet keine sachliche Einschränkung gegenüber der früheren Rechtslage.[459] Insbesondere hat sich hierdurch nichts daran geändert, dass die Bestechungsdelikte ihrem Wesen nach keine „Bestimmungsdelikte" sind.[460] Angesichts der Weite der „Dienstausübung" liegt eine Unrechtsvereinbarung auch dann vor, wenn der Amtsträger den Vorteil im Hinblick auf eine zurückliegende Diensthandlung annimmt, während der Vorteilsgeber mit der Zuwendung auf künftige Diensthandlungen abzielt.[461] 67

b) Tatbestandsbegrenzung. Die Einbeziehung auch unspezifischer, d.h. keiner konkreten Diensthandlung zuzuordnender Zuwendungen hat den Anwendungsbereich zwar erweitert, eine Abgrenzung zu straflosen Verhaltensweisen aber nicht entbehrlich, sondern schwieriger gemacht.[462] Weil die „Diensthandlung" den Kern der „Dienstausübung" bildet (s. Rdn. 51), lassen sich die Überlegungen zur alten Rechtslage in zweifacher Weise fruchtbar machen: Jene Fälle, in denen eine auf eine konkrete (pflichtgemäße) Diensthandlung bezogene Unrechtsvereinbarung feststellbar ist, erfüllen auch (erst recht) nach neuem Recht grundsätzlich den Tatbestand des § 331. Zielt umgekehrt der Vorteil auf ein Verhalten, das dem Privatbereich des Amtsträgers zuzuordnen ist, fehlt es am dienstlichen Bezug und mithin auch an einer „Dienstausübung" als Bezugselement der Unrechtsvereinbarung. Auch der Umstand, dass eine als bloßes Mittel zur Dienstausübung erfolgende Zuwendung nicht als „Vorteil" anzusehen ist (s. Rdn. 33), stellt eine weiterhin gültige Begrenzung der Unrechtsvereinbarung dar.[463] Für den verbleibenden Zwischenbereich besteht die Schwierigkeit, die Reichweite der auf die Dienstausübung bezogenen Unrechtsvereinbarung zu bestimmen (und hierbei auch zu berücksichtigen, dass eine Vorteilsgewährung „im Zusammenhang mit dem Amt" nach dem Willen des Gesetzgebers nicht ausreichen sollte; vgl. auch hierzu Rdn. 51). 68

---

454 *Fischer* Rdn. 22; *Korte* MK Rdn. 118.
455 *Stein/Deiters* SK Rdn. 56.
456 *Korte* MK Rdn. 125; *Kuhlen* NK Rdn. 94 f.; vgl. auch BGH wistra **1990** 306; BGH NStZ **1994** 191 und 488, 489 mit Anm. *Maiwald.* S. auch oben Rdn. 22.
457 BGH NJW **1985** 391 (in BGHSt **32** 290 nicht abgedruckt); *Korte* MK Rdn. 118; *Lackner/Kühl/Heger* Rdn. 10; *Sch/Schröder/Heine/Eisele* Rdn. 39.
458 Vgl. OLG Hamm JR **2000** 35 mit Anm. *Kuhlen.*
459 *Korte* MK Rdn. 121; *Lackner/Kühl/Heger* Rdn. 10a.
460 Vgl. zu § 332 a.F. *Eb. Schmidt* Rdn. 120 („einhellige Auffassung"; gegen *Binding* Lehrbuch II S. 727). **AA** (Bestechung/Korruption als Anstiftung) *T. Zimmermann* S. 385 ff., 719 (s.a. Fn. 433).
461 *Korte* MK Rdn. 121. Nach altem Recht § 331 verneinend OLG Düsseldorf StraFo **2001** 354, 355.
462 LG Karlsruhe NStZ **2008** 407, 408; *Fischer* Rdn. 24. Vgl. auch *Hettinger* JZ **2009** 370, 372; *Kuhlen* NK Rdn. 81 ff., 96.
463 *Stein/Deiters* SK Rdn. 52; *Wentzell* S. 141 f.

69 Eine exakte **systematische Zuordnung** der für die Reichweitenbestimmung maßgeblichen Gesichtspunkte ist bislang nicht erreicht. Nachfolgend sollen zunächst unter dem Stichwort der allgemeinen „Begrenzung" des Tatbestandes die insoweit diskutierten Kriterien in Bezug auf „typische Zuwendungsmuster"[464] betrachtet werden, bevor als „Tatbestandseinschränkung" konkrete Fallgruppen zu erörtern sind, in denen die höchstrichterliche Rechtsprechung anhand bestimmter Kriterien eine gezielte Tatbestandsrestriktion vorgenommen hat (s. Rdn. 76 ff.). Obwohl die Grenzen fließend sind, geht es bei der Tatbestandsbegrenzung methodisch eher um die Auslegung der §§ 331 ff. unter dem Aspekt der fehlenden Gefahrschaffung, bei der Tatbestandseinschränkung hingegen eher um die teleologische Reduktion unter dem Gesichtspunkt des erlaubten Risikos trotz grundsätzlich bestehender Gefahren für die Sachgerechtigkeit staatlicher Entscheidungen und das hierauf gerichtete Vertrauen der Bevölkerung.[465] Die Fälle der Tatbestandseinschränkung verbindet zudem, dass ihnen ein spezifischer Themenbezug zugrunde liegt und dass hier zur Lockerung der Unrechtsvereinbarung die Einbeziehung von Drittvorteilen als zusätzliche Tatbestandsausdehnung hinzutritt.

70 **aa) Allgemeine Überlegungen.** Zur Begrenzung (und zur Einschränkung) der Vorteilsnahme in Betracht kommen (mit *Knauer/Kaspar* GA **2005** 385, 395 ff.)[466] die **Geringfügigkeit**, die **Transparenz**, die **Sozialadäquanz** und die **Einhaltung außerstrafrechtlicher Regeln** in Betracht.[467] Diese Aspekte sind nicht randscharf voneinander zu trennen, sodass beispielsweise die Sozialadäquanz einer Zuwendung auch von ihrem Wert abhängen kann. Überhaupt könnte man die Sozialadäquanz angesichts ihrer Weite als Oberbegriff ansehen, der durch weitere Subkriterien konkretisiert wird. Für den Ausschluss einer Unrechtsvereinbarung müssen nicht alle Merkmale kumulativ vorliegen.[468] Entscheidend ist vielmehr, dass diese Topoi bei einer wertenden Gesamtschau zur Verneinung einer Beeinträchtigung des geschützten Rechtsguts führen. Wegen dieses Rechtsgutsbezuges erscheint die Einbettung dieser Überlegungen in das komplexe und stark normativ geprägte Merkmal der Unrechtsvereinbarung gegenüber anderen Alternativen (z.B. beim Vorteilsbegriff) dogmatisch vorzugswürdig.[469] Von besonderer Bedeutung für die gebotene Prüfung im Einzelfall ist insbesondere die **Interessenlage der Beteiligten**, wie sie im Wert, in der Art und Zweckbestimmung der Zuwendung und in der Vorgehensweise bei der Annahme des Vorteils ihren Niederschlag findet.[470]

71 Vielfach wird die Interessenlage einen Bezug zur Dienstausübung auch dann erkennen lassen, wenn sich eine konkrete Diensthandlung als (intendierte) Gegenleistung nicht benennen lässt.[471] Beispielhaft wurde etwa der Fall gebildet, dass ein Bauunternehmer einem Bürgermeister 100.000 DM übergibt, ohne auf ein bestimmtes Projekt anzuspielen.[472] Angesichts ihrer weit gefä-

---

464 Vgl. *Schreier* S. 82 ff.

465 Vgl. *Knauer/Kaspar* GA **2005** 385, 394 f.

466 Vgl. auch *Sch/Schröder/Heine/Eisele* Rdn. 38a. De lege ferenda für die Einfügung der Transparenz als einem zum Wegfall der Strafbarkeit führenden zusätzlichen Tatbestandsmerkmal (sofern die Genehmigung der unverzüglich angezeigten Zuwendung nicht von vornherein offensichtlich ausscheidet) *Schäfer/Liesching* ZRP **2008** 173, 175 f. Kritisch zum Wert des Transparenzkriteriums hingegen *Hettinger* JZ **2009** 370, 372; *Trüg* NJW **2009** 196, 198; s.a. *Strehlow* S. 123 ff.

467 In der Sache ähnlich, allerdings in (dogmatisch weniger überzeugender) negativer Formulierung als Grenze der Sozialadäquanz bei unabweisbarem Anschein der Käuflichkeit *Thomas* FS Jung 973, 984.

468 So auch *Knauer/Kaspar* GA **2005** 385, 399.

469 S. oben Rdn. 34.

470 *Korte* MK Rdn. 123; s.a. *Kuhlen* NK Rdn. 85.

471 Vgl. bereits BGHSt **32** 290, 292 (zu § 331 a.F.); *Kuhlen* NK Rdn. 85. S. ferner die „Lebensweisheiten" „Niemand schmiert ein Rad, an dessen Umdrehungen ihm nichts mehr liegt!" (*Arzt/Weber/Heinrich/Hilgendorf/Heinrich* BT § 49 Rdn. 27) bzw. „Kein Huhn scharrt umsonst." (*Fätkinhäuer* S. 76).

472 *Dölling* C 65; *ders.* ZStW **112** (2000) 334, 343 f.; s.a. BTDrucks. 13/8079 S. 15 („hohe Zuwendungen, die keinen Diensthandlungen zugerechnet werden können"); vgl. *Wessels/Hettinger/Engländer* Rdn. 1085.

cherten Entscheidungskompetenz werden durch die Neuregelung vor allem höherrangige Amtsträger leichter als früher in den Anwendungsbereich des § 331 fallen.[473] Unter Berücksichtigung des gesetzgeberischen Willens zur Strafbarkeitsausweitung wird man (im Gegensatz zur alten Rechtslage)[474] Zuwendungen zur Schaffung allgemeinen Wohlwollens im Rahmen der Dienstausübung (**„Klimapflege“**) ebenso als von §§ 331, 333 grundsätzlich erfasst ansehen müssen wie Zuwendungen als **„Dankeschön“** für (bzw. auf) gute Zusammenarbeit und Anbahnungszuwendungen, die ein Nähe- und Abhängigkeitsverhältnis schaffen und den Amtsträger zu eventuellen späteren Gegenleistungen geneigt machen sollen (**„Anfüttern“**).[475] Allerdings ist zu beachten, dass diese Begriffe keine subsumierbaren Rechtsbegriffe, sondern schlagwortartige Bezeichnungen für (teilweise unscharf umrissene) Erscheinungsformen des Soziallebens darstellen;[476] sie befreien daher nicht von der Notwendigkeit, nach ihrem Bezug zu (irgend)einer dienstlichen Tätigkeit[477] und dem Rechtsgutsbezug des jeweiligen Verhaltens zu fragen. Das gilt nicht zuletzt deshalb, weil diese plakativen Begriffe vor allem in der rechtspolitischen Kontroverse im Vorfeld des (1.) KorrBekG eine Rolle gespielt haben. Die hiermit einhergehende Stoßrichtung, die als zu eng empfundene alte Gesetzesfassung (insbesondere in Verschleierungsfällen mit einer Nähe zur Organisierten Kriminalität)[478] zu erweitern, rechtfertigt keine unbesehene Erstreckung der Strafbarkeit auf alle Konstellationen, die sich sprachlich unter diese Termini bringen lassen. So bleibt die „Sozialadäquanz“ (oder vergleichbare Begrenzungsinstrumente) auch nach der Auflockerung der Unrechtsvereinbarung weiterhin ein notwendiges Korrektiv gegenüber einer zu weiten Strafbarkeit,[479] auch wenn die Grenzen der (strafrechtlichen) Toleranz durch die Neuregelung der Korruptionsdelikte enger geworden sind.[480] Ob (z.B. bei Vereinbarung einer privaten entgeltlichen Nebentätigkeit) eine strafbare Form der „Klimapflege“ vorliegt, ist anhand einer **Gesamtschau aller Indizien** zu beurteilen.[481] Das gilt ungeachtet der mit der geringen Konturenschärfe einhergehenden Beweisschwierigkeiten und der hierdurch dem Tatrichter vom BGH zugestandenen beträchtlichen Entscheidungsmacht.[482] Als in die Beurteilung einfließende Umstände werden neben der Plausibilität einer anderen Zielsetzung die Stellung des Amtsträgers und die Beziehung des Vorteilsgebers zu dessen dienstlichen Aufgaben sowie die Vorgehensweise und Art, Wert und Zahl der Vorteile genannt.[483] Insbesondere können das auf einer Vielzahl dienstlicher Berührungspunkte beruhen-

---

473 *Korte* MK Rdn. 99; s.a. BGHSt **49** 275, 282 f.

474 BGHSt **15** 217, 222 f. und 239, 250 f.; **32** 290, 292; BGH NStZ **1999** 561; *Küper* BT[7] S. 436; *Schlüchter* FS Geerds 713, 721 f.

475 BGHSt **49** 275, 281; BGH NStZ **2005** 334, 335; **2008** 216, 217 f.; BGH NStZ-RR **2007** 309, 311; *Bannenberg* in: Wabnitz/Janovsky[3] 10. Kap. Rdn. 67 ff.; *Bauer/Gmel* LK[11] Nachtrag zu §§ 331–338 Rdn. 12; *Fischer* Rdn. 24; *Krey/Hellmann/Heinrich* BT 1 Rdn. 1068; *Lackner/Kühl/Heger* Rdn. 10a; *Lesch* AnwBl. **2003** 261; *Maurach/Schroeder/Maiwald* II § 79 Rdn. 18; *Rengier* BT 2 § 60 Rdn. 53 ff.; *Schreier* S. 82 ff.; *Wessels/Hettinger/Engländer* Rdn. 1085. **AA** bezüglich des „Anfütterns“ *König* JR **1997** 397, 399 (s.a. *ders.* DRiZ **1996** 357, 360); *Wolters* JuS **1998** 1100, 1105; s.a. *Wentzell* S. 137. Kritisch *Friedhoff* Rdn. 81–87 (Klimapflege korreliert eher mit dem Amt als mit der Dienstausübung).

476 S. auch *Jahn* JuS **2015** 850, 851; *Kuhlen* NK Rdn. 81; *Trüg* NJW **2009** 196, 197; ferner zu unterschiedlichen Interpretationsmöglichkeiten des „Anfütterns“ *Schreier* S. 84 ff.; zur kriminologischen Beschreibung vgl. *Vahlenkamp/Knauß* S. 298 ff.

477 *Gössel/Dölling* § 75 Rdn. 13; *Möhrenschlager* in: Dölling 8. Kap. Rdn. 64.

478 *Dölling* C 63 ff.; *König* DRiZ **1996** 357; 360; *Schaupensteiner* Kriminalistik **1994** 514, 522.

479 *Bannenberg* S. 20; *Bauer/Gmel* LK[11] Nachtrag zu §§ 331–338 Rdn. 13; *Dölling* ZStW **112** (2000) 334, 344; *Schaupensteiner* Kriminalistik **1996** 237, 241 f.; s.a. *Kerner/Rixen* GA **1996** 355, 381 f. Zur „gezielten Begrenzung“ der Tatbestandsausdehnung ausführlich *Schünemann* FS Otto 777, 787.

480 Vgl. BGH NStZ-RR **2003** 171, 172.

481 Vgl. auch *Knauer/Kaspar* GA **2005** 385, 395; *Sch/Schröder/Heine/Eisele* Rdn. 38a.

482 BGHSt **53** 6, 17, 20 f. (Rdn. 34, 43) = NJW **2008** 3580, 3583 f. Vgl. auch *Schäfer/Liesching* ZRP **2008** 173, 174 f.; *Schlösser* wistra **2009** 155, 156 sowie krit. *Noltensmeier* HRRS **2009** 151, 153 f.

483 BGHSt **53** 6, 16 f., 20 f. (Rdn. 32, 39 f. [zu § 333]) = NJW **2008** 3580, 3583 f.

de sachliche Näheverhältnis sowie ein gewisses Maß an Heimlichkeit und Verdeckung der Vorteilsvereinbarung gewichtige Anzeichen für das Vorliegen einer Unrechtsvereinbarung bilden.[484]

72 **bb) Sozialadäquanz.** Damit bleibt das (als „klassisches" Beispiel dienende) Neujahrsgeschenk an den Postboten oder Müllwerker (wobei die Amtsträgereigenschaft der Empfänger heute fraglich ist) weiterhin straflos,[485] auch wenn es sich hierbei um ein „Dankeschön" für die zurückliegende Diensttätigkeit handelt. Anders wird man wohl entscheiden, wenn jemand nach seinem Umzug dem nun für ihn zuständigen Finanzbeamten eine Flasche Champagner „auf gute Zusammenarbeit" als Präsent übergibt.[486] Als Gradmesser der Beurteilung dient nicht allein der Wert der Zuwendung, sondern auch die Frage der **sozialen Üblichkeit**, die freilich nicht an etwa eingerissenen Missständen, sondern an den Regeln der Höflichkeit und des sozialen Verkehrs[487] (auch vor dem Hintergrund einer möglichen Beeinträchtigung des Vertrauens in die Lauterkeit des Amtsträgers) zu bestimmen ist. Diese Überlegungen knüpfen an die auf *Welzel* zurückgehende **Lehre von der Sozialadäquanz**,[488] nach der Handlungen, die sich völlig im Rahmen der normalen, geschichtlich gewordenen sozialen Ordnung bewegen, einem Tatbestand auch dann nicht unterfallen, wenn man sie unter seinen Wortlaut subsumieren könnte. Ungeachtet der prinzipiellen dogmatischen Bedenken, die sich gegen diese Rechtsfigur insbesondere wegen ihrer Unbestimmtheit richten,[489] wird man (jedenfalls) bei den §§ 331, 333[490] eine auf wertender Betrachtung beruhende Beschränkung des tatbestandlichen Unrechts als unverzichtbar ansehen müssen. Unter den denkbaren Ausgrenzungsstrategien[491] erscheint die an das Rechtsgut rückgekoppelte einschränkende Interpretation des Merkmals der „Unrechtsvereinbarung" als dogmatisch vorzugswürdiger Weg,[492] gleichgültig, ob man hierfür explizit die „Sozialadäquanz" bemüht oder nicht.[493]

---

484 BGH NStZ-RR **2003** 171, 172; **2007** 309, 311; BGH NStZ **2008** 216, 217 f.; *Korte* MK Rdn. 131; *Paster/Sättele* NStZ **2008** 366, 373.

485 So z.B. *Eser* FS Roxin 199 (m.w.N.), 205; *Hirsch* ZStW **74** (1962) 78, 126; *Matt/Renzikowski/Sinner* Rdn. 34; *Maurach/Schroeder/Maiwald* II § 79Rdn. 26; *Eb. Schmidt* Rdn. 262.

486 Beispiel von *Schreier* S. 83.

487 Vgl. BGHSt **15** 239, 251 f.; BGH StV **2002** 604, 605 = NStZ-RR **2002** 272, 273; BGH NStZ **2005** 334, 335; BGH StV **2012** 19, 22; *Knauer/Kaspar* GA **2005** 385, 396 f.; *Korte* MK Rdn. 137 f.; *Wessels/Hettinger/Engländer* Rdn. 1088. Zum universitären Bereich *Gropp* FS Wolter 575, 578 ff.

488 *Welzel* ZStW **58** (1938) 491, 516 ff., 527; *ders.* Strafrecht, S. 55 ff.; ferner allgemein zur Sozialadäquanz *Rönnau* LK Vor § 32 Rdn. 48 ff.; *Roxin/Greco* AT I § 10 Rdn. 33 ff. jeweils m.w.N. sowie monografisch *Ruppert* Die Sozialadäquanz im Strafrecht (2020). Speziell zur Sozialadäquanz bei den Bestechungsdelikten *Bernsmann/Gatzweiler* Rdn. 273 ff.; *Eser* FS Roxin 199 ff.; *Greeve* Rdn. 267 ff.; *Höltkemeier* S. 124 ff.; *Korte* MK Rdn. 134 ff.; *Ruppert* S. 70 f., 277 ff.; *Schünemann* FS Otto 777 ff., 785 f.; *Strehlow* S. 76–101; *Thomas* FS Jung 973 ff.; *Wentzell* S. 39 ff., 88 ff.; zu §§ 331 ff. a.F. auch *Gribl* S. 97 ff. und *Merges* S. 129 ff. Aus der Rechtsprechung vgl. BGHSt **31** 264, 279; BGH StV **2002** 604, 605 = NStZ-RR **2002** 272, 273; OLG Hamburg StV **2001** 284, 287; OLG Köln NStZ **2002** 35, 37; s.a. BGH NStZ-RR **2003** 171, 172 sowie die oben in Fn. 226 f. angegebenen Nachweise.

489 Zur Kritik vgl. nur *Otto* FS Lenckner 193, 201; *Rönnau* LK Vor § 32 Rdn. 51; *Valerius* JA **2014** 561, 562.

490 Zum Ausschluss der Sozialadäquanz bei §§ 332, 334 *Eser* FS Roxin 199, 201; *Kuhlen* NK Rdn. 98; *Wentzell* S. 89 ff. **AA** bei geringwertigem Vorteil *Geerds* JR **1987** 169, 170 f. (zu OLG Düsseldorf JR **1986** 168); bei „ganz und gar unbedeutenden Pflichtverstößen" *Merges* S. 176.

491 Vgl. *Eser* FS Roxin 199 ff.

492 Vgl. näher *Bernsmann/Gatzweiler* Rdn. 273 ff.; *Eser* FS Roxin 199, 211; *Friedhoff* Rdn. 147 ff.; *Höltkemeier* S. 128; *Knauer/Kaspar* GA **2005** 385, 396 f.; *Lüderssen* S. 70 f.; *Möhrenschlager* in: Dölling 8. Kap. Rdn. 65; *Rönnau* LK Vor § 32 Rdn. 51; *Roxin* FS Kargl 459, 461; *Roxin/Greco* AT I § 10 Rdn. 40 ff.; *Schünemann* FS Otto 777, 786 ff., 795 ff. („Typuskonkretisierung"); *Thomas* FS Jung 973, 985; *Valerius* JA **2014** 561, 563 f.

493 Zur Unzulässigkeit der Sozialadäquanz (Art. 103 Abs. 2 GG) *Friedhoff* Rdn. 188 ff., 215 ff.; sehr krit. auch *Bannenberg* HK-GS Rdn. 28; *Korte* MK Rdn. 135 ff.; *Schünemann* FS Otto 777, 785 f. Umgekehrt stärker auf das sozial Übliche und von der Allgemeinheit Gebilligte als auf das Rechtsgut abstellend *Kuhlen* NK Rdn. 98.; vgl. auch *Gropp* FS Wolter 575, 583, 587 ff.; *Leipold* FS Imme Roxin 279, 289 f. Für eine von der Üblichkeit zu trennende gesamtgesellschaftliche Akzeptanz *Ruppert* S. 283 f.

Beispiele:[494] Werden nach längerem Krankenhausaufenthalt € 50 in die **„Kaffeekasse"** getan, ist dies unverfänglicher, als wenn € 20 als Dank für die freundliche Abfertigung bei Polizei- oder Zollbehörden für die dortige Kaffeekasse „gespendet" werden.[495] Nimmt ein Professor die am Ende des Semesters von allen Vorlesungsteilnehmern als „Dankeschön" geschenkte Krawatte an, hat dies eine andere (auch rechtliche) Bedeutung, als wenn er dieselbe Krawatte am Tag vor (oder nach) der Prüfung von einem einzelnen Kandidaten erhält. Problematisch und nach neuer Gesetzeslage umstritten ist der Fall, dass ein Justizvollzugsbeamter von einem Gefangenen als Dank für dessen freundliche Art (der Dienstausübung!?) ein Paket mit Lebensmitteln und Getränken im Wert von € 35 erhält.[496] Bei **Bewirtungen** sind (neben der Höhe der Rechnung) der Lebenskreis der Beteiligten, der Anlass und die Art des gegenseitigen Umgangs (z.B. Gegeneinladungen)[497] zu berücksichtigen.[498] Je nach den Umständen kann hiernach auch bei geringem Wert die Strafbarkeit zu bejahen sein.[499] Die Finanzierung einer behördlichen Weihnachtsfeier überschreitet die Grenze deutlich.[500] Bei den **Trinkgeldern** an Postboten und Müllwerker zu Weihnachten oder Neujahr wird sich eine entsprechende Verkehrssitte wohl feststellen lassen;[501] für eine Übertragung auf andere Berufsgruppen dürfte der ständige Kontakt des Bürgers (und das Fehlen maßgeblicher Entscheidungsmacht des Zuwendungsempfängers) von Bedeutung sein.[502] Als tatbestandslos (und somit keiner Genehmigung bedürfend) wird auch die Annahme von **Geschenken** z.B. aus dem Kreis der Kollegen im üblichen Rahmen (z.B. zum Geburtstag oder anlässlich eines Dienstjubiläums) angesehen;[503] für die diesbezüglichen Grenzen ist wiederum auf die Umstände des Einzelfalls abzustellen (z.B. Gegenseitigkeit infolge kollegialer Übung, „runder" Geburtstag, Verabschiedung, Zahl der an einem Gemeinschaftsgeschenk Beteiligten[504] etc.). Bei der Verteilung von **Werbeartikeln**[505] und der Einräumung von **Rabatten** und Vergünstigungen[506] 73

494 Vgl. zu den Fällen der von ihnen sog. „Kleinen Korruption" *Knauer/Kaspar* GA **2005** 385, 396, 400 f.; vgl. ferner *Bock* JA **2008** 199, 201; *Peters* ZWH **2012** 262, 263 f. sowie mit zahlreichen Beispielen *Merges* S. 158 ff. und *Reiff* CCZ **2018** 194 ff.

495 Vgl. *Fischer* Rdn. 25; *Knauer/Kaspar* GA **2005** 385, 396. S. auch BGH NStZ **1984** 24 f.; OLG Düsseldorf JR **1987** 168, 169 mit Anm. *Geerds* (10 DM für Getränkekasse der Polizei).

496 Eine Strafbarkeit gemäß § 331 a.F. verneinend BGHSt **39** 45 ff. mit (zust.) Anm. *Geerds* JR **1993** 211 ff. und *Wagner* JZ **1993** 473 f. („seltener Ausnahmefall"); ebenso auch für § 331 n.F. *Korte* MK Rdn. 126 (Fn. 445); *Kuhlen* NK Rdn. 81; *Möhrenschlager* in: Dölling 8. Kap. Rdn. 64; **aA** *Deiters* FS Rengier 209, 210 f., 217; *Fischer* Rdn. 25a; *Rengier* BT 2 § 60 Rdn. 53 ff.; s.a. *Arzt/Weber/Heinrich/Hilgendorf/Heinrich* BT § 49 Rdn. 26; *Stein/Deiters* SK Rdn. 52.

497 Vgl. BGH StV **2002** 604, 605 = NStZ-RR **2002** 272, 273; BGH NStZ **2005** 334, 335; *Thomas* FS Jung 973, 980 f.

498 Vgl. z.B. RGSt **19** 19, 21 ff.; BGHSt **31** 264, 279; *Fischer* Rdn. 26; *Knauer/Kaspar* GA **2005** 385, 395 f.; *Korte* MK Rdn. 127; *Stadler* CCZ **2013** 41, 45; *Stein/Deiters* SK Rdn. 46. S. auch BGH NStZ-RR **2003** 171, 172.

499 So wurde bezüglich eines Polizeibeamten § 332 a.F. in 90 Fällen bei Verzehr von jeweils (mindestens) zwei Gläsern Bier bejaht von BGH NStZ **1998** 194; hierzu *Böse* JA **1998** 629 ff. Die Annahme von Tatmehrheit deutet darauf hin, dass nicht erst der Kumulationseffekt (hierzu allgemein *Bott/Hiéramente* NStZ **2015** 121, 122, 126; *Strehlow* S. 107) die Tatbestandsmäßigkeit begründet.

500 Vgl. BGH NJW **2003** 763 f. (in BGHSt **48** 44 nicht abgedruckt); LG Potsdam LKV **2014** 335 mit Anm. *Neubauer*; *Leitner/Rosenau/Gaede* Rdn. 16, 40 (Fn. 134).

501 Dennoch wegen des Verbots der Annahme von Bargeld ohne Genehmigung gegen die Anerkennung als sozialadäquat *Korte* MK Rdn. 137; **aA** *Ruppert* S. 284. Vgl. auch OLG Düsseldorf wistra **2015** 482 ff. (zu § 333). Zu Weihnachtsgeschenken aus der Compliance-Perspektive *Krug/Pannenborg* ArbR **2019** 599 ff.

502 *Merges* S. 167, 172; s.a. *Maurach/Schroeder/Maiwald* II § 79 Rdn. 25 f.; *Möhrenschlager* in: Dölling 8. Kap. Rdn. 65 und oben (zu) Fn. 485 f.

503 Vgl. das Rundschreiben zum Verbot der Annahme von Belohnungen und Geschenken in der Bundesverwaltung vom 8.11.2004, GMBl. **2004** 1074; ferner *Dahs* NJW **1960** 846, 850 sowie zu den verwaltungsrechtlichen Ausführungsvorschriften zum Verbot der Geschenkannahme *Strehlow* S. 218 ff.

504 Vgl. hierzu *Reiff* CCZ **2018** 194, 196; *Schlund* NJW-Spezial **2014** 568.

505 *Fischer* Rdn. 26; *Korte* MK Rdn. 138; *Reiff* CCZ **2018** 194, 197; *Sch/Schröder/Heine/Eisele* Rdn. 40; *Stein/Deiters* SK Rdn. 46.

506 Vgl. hierzu *Claussen/Ostendorf* S. 38 Rdn. 17; *Korte* MK Rdn. 124; *Schaupensteiner* Kriminalistik **1996** 237, 242 und 309, 312 (Fn. 37).

spielt der Aspekt der Höflichkeit keine Rolle; hier kommt als Indiz dafür, ob es sich um den Bestandteil einer kundenorientierten Geschäftsstrategie oder um ein unlauteres Anbahnungsverhältnis handelt, neben der Höhe der Zuwendung vor allem die Streubreite des betreffenden Vorteils in Betracht. Zur im Einzelfall schwierigen Beurteilung von Nebentätigkeiten vgl. Rdn. 55, 59.[507]

74 Vielfach wird (z.B. im Rahmen von institutionalisierten Vorabbewilligungen)[508] der Wert des Vorteils von maßgeblicher Bedeutung für die Beurteilung einer Zuwendung als sozialadäquates Verhalten sein. Trotz dieses inhaltlichen Zusammenhanges erscheint (auch mit Blick auf die „sonstigen Amtsträger" im Sinne von § 11 Abs. 1 Nr. 2 Buchst. c)[509] eine **Entkoppelung von Geringfügigkeit und Sozialadäquanz** in dem Sinne angebracht, dass auch die Annahme oder Gewährung eines die materielle Geringwertigkeitsgrenze überschreitenden Vorteils als gemeinschaftskonform und im Hinblick auf das durch die §§ 331 ff. geschützte Rechtsgut unverfänglich anzusehen sein kann.[510] Hierbei mag man (auch insoweit) darüber streiten, ob in derartigen Fallkonstellationen (ebenfalls) der Topos der Sozialadäquanz als einschlägig angesehen oder eine eigenständige teleologische Begrenzung des Merkmals der Unrechtsvereinbarung angenommen werden sollte (s. Rdn. 71 f.).[511] Immerhin gelten die Annahme von (höherwertigen) Zuwendungen im diplomatischen Verkehr oder im Zusammenhang mit einer Lebensrettung oder Geiselbefreiung als Beispielsfälle der Sozialadäquanz, weil das Geschenk aus Gründen der Höflichkeit oder mit Rücksicht auf die Gefühle der Dankbarkeit nicht gut zurückgewiesen werden könne.[512] Zumindest in den Rettungsfällen ist fraglich, ob angesichts ihres Ausnahmecharakters eine entsprechende Übung tatsächlich feststellbar ist. In der Sache erscheint eine gewisse Flexibilität als Folge der rechtsgutsbezogenen Gesamtbetrachtung aber dennoch sinnvoll. Wenn die Eltern eines aus den Flammen geretteten Kindes dem Feuerwehrmann eine zufällig griffbereite Flasche Champagner in die Hand drücken oder sich wenige Tage später mit einem Präsentkorb bedanken, sollte man vom Empfänger nicht die Nachfrage erwarten, was das Geschenk denn gekostet habe; vielmehr wird niemand auf den Gedanken kommen, dass sich ein Amtsträger durch die Entgegennahme des Präsents in seiner dienstlichen Tätigkeit als „käuflich" gezeigt habe.[513] Ebenso wird man selbst bei noch deutlich höherem Wert bezüglich der Vereinbarung entscheiden, zum Dank für die Rettung eine Spende an eine humanitären oder sozialen Zwecken dienende Organisation zu leisten.[514] Abstrakt sind also der (nicht wiederholbare) Anlass und der fehlende (mittelbare) Eigenvorteil Aspekte, die ein Hinausschieben der Wertgrenzen legitimieren können. Wenn sich hingegen ein Unternehmer für eine zu seinen Gunsten getroffene Verwaltungsentscheidung z.B. durch eine großzügige Spende an die Gemeinde bedankt, mit der er noch zahlreiche weitere Projekte durchzuführen beabsichtigt, wird man diese Zuwendung nicht als „sozialadäquat" ansehen können (vgl. unten Rdn. 88 f.). Vielmehr sollte diese Kategorie auf Fallgestaltungen beschränkt werden, in denen das Fehlen eines Rechtsgutsbezuges (Vertrauen in die Nichtkäuflichkeit) evident ist. Teilweise wird auf die Bestimmungstauglichkeit des Vorteils abgestellt und ein Tagessatz i.S.d. § 40 Abs. 2 als grundsätzliche Richtgröße für die Sozialadäquanz (mit einer Bestimmungseignung jedenfalls ab € 1.000) vorgeschlagen.[515]

---

507 S. auch *Korte* MK Rdn. 112, 131; *Schreier* S. 90 ff.

508 Hierzu *Bott/Hiéramente* NStZ **2015** 121, 124 ff.; *Stadler* CCZ **2013** 41, 44 f.

509 Vgl. *Bernsmann/Gatzweiler* Rdn. 290 ff.

510 *Knauer/Kaspar* GA **2005** 385, 396 f., 400 f.; *Kuhlen* NK Rdn. 98; *Leipold* FS Imme Roxin 279, 291 f.; *Ruppert* S. 284; *Thomas* FS Jung 973, 981 f. S. auch bereits *Eb. Schmidt* Rdn. 262.

511 Vgl. *Dannecker* in: Winkelbauer/Felsinger/Dannecker S. 39, 81 f., 83 ff.

512 *Eser* FS Roxin 199, 205; *Maiwald* JuS **1977** 353, 355.

513 *Roxin* FS Kargl 459, 476.

514 Vgl. *Schreier* S. 62 ff., 72, 82 f.; s.a. *Korte* MK Rdn. 129.

515 *T. Zimmermann* S. 479 ff., 724.

cc) Einladungssponsoring, Regierungsamtsträgerkorruption. Als schwierig erweist sich 75 die Festlegung der Strafbarkeitsgrenzen in den Fällen des (auch als „freies" Sponsoring[516] oder als **Hospitality**[517] bezeichneten) Einladungssponsorings, in denen ein (hochrangiger) Amtsträger von einem Sponsor zu einem sportlichen oder kulturellen Ereignis eingeladen wird und die Teilnahme an der Veranstaltung nicht zu den Dienstpflichten des Eingeladenen gehört.[518] Den Ausgangspunkt der intensiven Diskussion bildet die (zu § 333 ergangene) Entscheidung des BGH (St **53** 6 ff. = NJW **2008** 3580 ff.; s. auch zu Erhalt und behördeninterner Weitergabe von Konzertkarten [Rolling Stones] durch in der Genehmigungsbehörde tätige Amtsträger BGH Urt. v. 31.8.2023 – 5 StR 447/22 [juris] sowie AG Hamburg Urt. v. 26.8.2021 – 248a Ds 28/19 [juris]),[519] dass die Einladung hochrangiger Amtsträger als Repräsentanten des Staates zu öffentlichkeitswirksamen Veranstaltungen (Fußball-WM 2006) grundsätzlich keine strafbare Vorteilsannahme oder -gewährung sei, sofern es keine über das Bestehen dienstlicher Berührungspunkte hinausgehende Anhaltspunkte (vgl. auch § 333 Rdn. 12, 14 ff.) dafür gebe, dass der Amtsträger unter dem „Deckmantel" von Sponsoring/Repräsentation zu einem Handeln zugunsten des Einladenden geneigt gemacht werden solle. Zur Eindämmung der hierduch ausgelösten Rechtsunsicherheit (der BGH hatte zu erkennen gegeben, dass möglicherweise auch eine zur Strafbarkeit führende Beurteilung zu billigen gewesen wäre)[520] werden vielfach Kriterien zusammengestellt, die zur Verneinung einer Unrechtsvereinbarung (bzw. zur Annahme eines als Gegenbegriff zu dieser konzipierten „Repräsentationsakts")[521] führen. Die Schnittstelle für ein solches Vorgehen ist darin zu sehen, dass das (1.) KorrbekG nicht nur die Abkoppelung des § 331 von einer bestimmten Diensthandlung gebracht hat, sondern mit dem dynamischen und auf Aktivität gerichteten Erfordernis der Zuwendung „für" die „Dienstausübung"[522] bewusst mehr verlangt als einen bloßen „Zusammenhang mit dem Amt" (s. Rdn. 51). Die hiernach erforderliche Abgrenzung zwischen Amtsstellung und Amtstätigkeit erfolgt überwiegend anhand einer Gesamtbeurteilung, die aus Bestimmtheitsgründen (zumindest) anhand eines Kriterienkatalogs vorgenommen wird.[523] Als mögliche **Indizien** zur Beurteilung einer ggf. bezweckten Einflussnahme nennt der BGH[524] die Plausibilität einer anderen Zielsetzung, die Stellung des Amtsträgers und die Beziehung des Vorteilsgebers, seine Vorgehensweise sowie Art, Wert und Zahl der Vorteile. Diese Kriterien bilden auch den wesentlichen Kern der im Schrifttum aufgelisteten Merkmale.[525] Andere Autoren bestimmen den straffreien Raum deutlich enger, indem sie für die Konturierung der zulässigen Repräsentations-

---

516 Vgl. *Thomas* FS Jung 973, 982.

517 Vgl. *Leipold* FS Imme Roxin 279, 280 f.; *Saliger* FS Kühne 443 f.

518 Ausführlich *Brauneck* CB 2015 206 ff.; *Hamacher/Rabak* DB **2008** 2747 ff.; *Kuhlen* JR **2010** 148 ff.; *Paster/Sättele* NStZ **2008** 366, 372 ff.; *Peters* ZWH **2012** 262 ff.; *Reiff* CCZ **2020** 142 ff.; *Saliger* FS Kühne 443 ff.; *Schünemann* FS Otto 777, 792 ff.; *Thomas* FS Jung 973 ff.; s.a. *Korte* MK Rdn. 127 f.

519 BGHSt **53** 6 ff. = JZ **2009** 366 ff. mit. Anm. *Hettinger* 370 ff.; vgl. zu diesem Urteil auch *Deiters* ZJS **2009** 578 ff.; *Greeve* CCZ **2008** 117 ff.; *Hamacher/Rabak* DB **2008** 2747 ff.; *Kuhlen* JR **2010** 148 ff.; *Leipold* FS Imme Roxin 279, 283 ff., 291 f.; *Noltensmeier* HRRS **2009** 151 ff.; *Paster* jurisPR-StrafR 1/**2009** Anm. 2; *Reinhold* HRRS **2010** 213 ff.; *Roxin* FS Kargl 459, 467 ff.; *Saliger* FS Kühne 443, 445 ff.; *Satzger* JK 5/09 StGB § 333/2; *Schlösser* wistra **2009** 155 f.; *Trüg* NJW **2009** 196 ff.; *Valerius* GA **2010** 211 ff.; *T. Zimmermann* ZStW **124** (2012) 1023, 1053 ff.

520 BGHSt **53** 6, 22; hierzu *Hettinger* JZ **2009** 370, 371. Vgl. zur Vorinstanz (LG Karlsruhe NStZ **2008** 407, 408) ausführlich *Paster/Sättele* NStZ **2008** 366 ff.; zust. *SSW/Rosenau* Rdn. 39. Zur Einordnung der Restriktion als Tat- oder Rechtsfrage (auch im Kontrast zu BGHSt **49** 275 ff.) *Michalke* StV **2011** 492, 495.

521 Hierzu *Schünemann* FS Otto 777, 793 ff.

522 *Wentzell* S. 137.

523 *Matt/Renzikowski/Sinner* Rdn. 36, 42. Zu Bedenken bezüglich der Bestimmtheit vgl. BGHSt **53** 6, 17; *Deiters* ZJS **2009** 578, 580 f.; *Friedhoff* Rdn. 195; *Valerius* GA **2010** 211, 217 f.; *Wachter* GA **2019** 735, 745 f.; aber auch *Kuhlen* JR **2010** 148, 152 und *Schlösser* StV **2011** 300, 307 (Mittelweg zwischen freier richterlicher Beweiswürdigung und gesetzlichen Beweisregeln).

524 BGHSt **53** 6, 16 f. Zu diesen Merkmalen *Reiff* CCZ **2020** 142, 144 f.

525 Vgl. *Roxin* FS Kargl 459, 469 f.; *Saliger* FS Kühne 443, 457 f.; *Schünemann* FS Otto 777, 797 f. Vgl. auch den Indizienkatalog bei *Leitner/Rosenau/Gaede* Rdn. 37 f.

aufgaben auf einen Bezug zwischen dem Amt und der konkreten Veranstaltung (also nicht zwischen Amt und Sponsor) abstellen und die Kontrollüberlegung befürworten, ob der Amtsträger seine Teilnahme – wenn er keine Freikarten erhielte – seiner Körperschaft bzw. Institution in Rechnung stellen könnte.[526] In die gleiche Richtung dürfte die Forderung nach einer engen Anbindung an die verwaltungsrechtlichen Vorschriften zum Sponsoring[527] oder die Orientierung an der dienstrechtlichen Beurteilung[528] weisen (s.a. Rdn. 88). Umkehrt abstrahieren andere Ansätze stärker von den Umständen des Einzelfalles und wählen den Status oder die Rolle des (besonderen) Amtsträgers zum Bezugspunkt für eine tendenziell weitere Straffreistellung. So sollen insbesondere **Regierungsamtsträger**, die in deutlich geringerem Maße auf Neutralität und Unparteilichkeit verpflichtet seien und deshalb im gubernativen Bereich geltenden (milderen) Verhaltensregeln unterlägen, weitgehend aus dem Anwendungsbereich der §§ 331 ff. herausgenommen (und den Abgeordneten gleichgestellt) werden.[529] Über das Einladungssponsoring hinaus stellen sich in Bezug auf Regierungsamtsträger (von Einzelfällen abgesehen)[530] weitere strukturelle Korruptionsprobleme, zu denen insbesondere der Bereich der Parteispenden (hierzu Rdn. 86 f.) und der Wechsel hochrangiger Amtsträger in die Privatwirtschaft gehören.[531]

76 **c) Tatbestandseinschränkung.** Die Gefahr einer uferlosen Weite droht den Bestechungsdelikten vor allem aus der Kombination von gelockerter Unrechtsvereinbarung und der Einbeziehung von Drittvorteilen.[532] So erfasst der Wortlaut der §§ 331, 333 nun auch an sich höchst erwünschte Vorteilsgewährungen, insbesondere private Zuwendungen für die Erfüllung öffentlicher Aufgaben (z.B. im Rahmen der universitären Drittmittelforschung). Während einige Autoren die sachlich gebotene Zurückschneidung der Strafbarkeit auf der Ebene der Rechtswidrigkeit vornehmen wollen,[533] gehen die Rechtsprechung und die Mehrheit im Schrifttum (vorzugswürdig) den Weg über eine teleologische Reduktion[534] der einschlägigen Tatbestände. Hierbei erfolgte die Entwicklung fallgruppenbezogen anhand von Leitentscheidungen des BGH.

---

526 So *Trüg* NJW **2009** 196, 198; s.a. *Hettinger* JZ **2009** 370, 372; *Korte* MK Rdn. 128.

527 *Wachter* GA **2019** 735, 745 f. (m.w.N.); s.a. *Valerius* GA **2010** 211, 219 f.; *T. Zimmermann* ZStW **124** (2012) 1023, 1039 f. (Korruption als binnenregelwidrige Entscheidungsmanipulation). Kritisch hierzu sowie zum Rückgriff auf Akte der Selbstregulierung (vgl. zur Compliance *Acker/Ehling* BB **2012** 2517 ff.; zum Leitfaden „Hospitality und Strafrecht" der Sponsorenvereinigung „S 20 – The Sponsors' Voice" *Hugger* CCZ **2012** 65 ff.) *Saliger* FS Kühne 443, 454 f.; s.a. *Kuhlen* FS Hassemer 875, 888 f.; *Rotsch* S. 159, 171 f. Vgl. zu Genehmigungsvorbehalten *Korte* in: Dölling 6. Kap. Rdn. 96; aber auch *Schäfer/Liesching* ZRP **2008** 173, 175.

528 Hierzu *Reiff* CCZ **2020** 142 ff. Für eine Lösung über die Genehmigung (§§ 331 Abs. 3, 333 Abs. 3) *Fischer* § 333 Rdn. 11; ausführlich hierzu *Brauneck* CB **2015** 206, 207 ff.

529 So *T. Zimmermann* ZStW **124** (2012) 1023,1040 ff. (1048), 1053 ff.; *ders.* S. 625 ff., 634 ff. Für eine pauschale Unterscheidung danach, ob der Amtsträger als Entscheidungs- oder als Werbeträger angesprochen wird, *Schlösser/Nagel* wistra **2007** 211 ff.; ähnlich *Noltensmeier* HRRS **2009** 151, 153 (Fn. 17); allgemein auf die Repräsentationsfunktion abstellend *Greco* GA **2016** 249, 254 f.

530 Vgl. zum damaligen niedersächsichen Ministerpräsidenten und späteren Bundespräsidenten Wulff *v.Arnim* NVwZ-Extra 3/**2012** 1 ff., *T. Zimmermann* ZStW **124** (2012) 1023,1056 ff.

531 *Hoven* NStZ **2013** 617 ff.; *Korte* MK Rdn. 132; *Kury* Kriminalistik **2012** 99, 102.

532 *Knauer/Kaspar* GA **2005** 385, 391.

533 *Cramer* FS Roxin 945, 950; *Mansdörfer* wistra **2003** 211, 213; *Schreier* S. 112 ff. 116. Kritisch zu den Rechtfertigungslösungen *Albus* S. 188 ff.

534 *Rönnau* JuS **2003** 233, 236 f.; *Rengier* BT 2 § 60 Rdn. 16; *Sch/Schröder/Heine/Eisele* Rdn. 39; s.a. *Bernsmann* StV **2003** 521, 522; *Höltkemeier* S. 218; *Satzger* ZStW **115** (2003) 469, 498; *Hendrik Schneider* FS Seebode 331, 339 ff.; *Wentzell* S. 46 (Fn. 89); s.a. (auf den Gedanken der praktischen Konkordanz abstellend) *Kuhlen* NK 105 f. Aus der Rechtsprechung vgl. KG NStZ-RR **2008** 373, 374 f. (zu § 333) sowie BGHSt **47** 295, 308 f.; **49** 275, 284, 291.

aa) Drittmittelforschung.[535] Zu den umstrittensten Feldern des Korruptionsstrafrechts zählt(e) der Bereich der Drittmittelforschung. Die Schwierigkeiten resultieren aus dem Umstand, dass die Einwerbung von Drittmitteln im Hochschulbereich nicht nur angesichts beschränkter staatlicher Finanzmittel politisch erwünscht ist,[536] sondern über ein aus § 25 HRG folgendes und durch Art. 5 Abs. 3 GG abgesichertes Recht des Hochschullehrers[537] hinaus vielfach sogar zu seinen Dienstaufgaben zählt und diesbezügliche Erfolge sowohl für die Zuweisung universitärer Haushaltsmittel als auch für die Berufungschancen bei ausgeschriebenen Stellen von Bedeutung sind.[538] Die seit der Mitte der 1990er Jahre durch den sog. „Herzklappenskandal"[539] ausgelöste Verunsicherung, ob das Einwerben von Drittmitteln eine **„strafbare Dienstpflicht"** sei,[540] ist vor dem Hintergrund des 1997 verabschiedeten (1.) KorrBekG noch gewachsen, da nunmehr der Bezug zur „Dienstausübung" (anstelle zu einer konkreten „Diensthandlung") ausreichte und überdies Vorteile an einen „Dritten" ebenfalls dem Tatbestand unterfielen, sodass es keines mittelbaren Eigenvorteils des Amtsträgers mehr bedurfte (Rdn. 42 ff.).[541] 77

Für die rechtliche Beurteilung sind mehrere Fallkonstellationen[542] zu unterscheiden. Unproblematisch strafbar ist der Amtsträger, der im Hinblick auf seine dienstliche Tätigkeit finanzielle oder sonstige **persönliche Vorteile** fordert, sich versprechen lässt oder annimmt und hierbei den dienstlichen Bezug (z.B. in Gestalt von Honoraren) nur als Deckmantel zur Verschleierung der 78

535 Aus der kaum noch überschaubaren Literatur zu diesem Themenkomplex seien genannt: *Ambos* JZ **2003** 345 ff.; *Bernsmann* WissR **2002** 1 ff.; *Dauster* NStZ **1999** 63 ff.; *Diettrich/Jungeblodt* FS Schreiber 1015 ff.; *Diettrich/Schatz* MedR **2001** 614 ff.; *Göben* MedR **1999** 345 ff.; *Harriehausen* NStZ **2013** 256; *Höltkemeier* S. 190 ff.; *Kindhäuser/Goy* NStZ **2003** 291 ff.; *Korte* MK Rdn. 141 ff.; *Kuhlen* JR **2003** 231 ff.; *ders.* NK Rdn. 100 ff., 105 ff.; *Lüderssen* JZ **1997** 112 ff.; *ders.* Die Zusammenarbeit von Medizinprodukte-Industrie, Krankenhäusern und Ärzten – strafbare Kollusion oder sinnvolle Kooperation? (1998; hierzu *Zieschang* JZ **2000** 95); *Pfeiffer* NJW **1997** 782 ff.; *Roxin* FS Kargl 459, 464 ff.; *I. Roxin* in: Roxin/Schroth S. 613 ff.; *Satzger* ZStW **115** (2003) 469, 492 ff.; *Sanchez-Hermosilla* Kriminalistik **2002** 506 ff.; *Schmidt/Güntner* NJW **2004** 471 ff.; *Schreier* S. 97 ff.; *Tag* JR **2004** 50 ff.; *Taschke* PharmR **2002** 417 ff.; *Ulsenheimer* FS Geilen 185 ff.; *Verrel* MedR **2003** 319 ff.; *St. Walter* ZRP **1999** 292 ff.; *Zieschang* WissR **1999** 111 ff.; ferner die Monografien von *Albus* Die Zusammenarbeit zwischen Industrie und Ärzten an medizinischen Hochschuleinrichtungen – unter dem Verdacht der Vorteilsannahme und Bestechlichkeit gem. §§ 331, 332 StGB? (2007); *Esser* Strafrechtliche Relevanz der Drittmitteleinwerbung (2007); *Fürsen* Drittmitteleinwerbung und -forschung im Spiegel des Strafrechts (2005) und *Wrackmeyer* Drittmittelfinanzierung im Gesundheitswesen (2008). S. auch *Dieners* Zusammenarbeit der Pharmaindustrie mit Ärzten, 2. Aufl. (2007); *Fenger/Göben* Sponsoring im Gesundheitswesen (2004) sowie den von *Tag/Tröger/Taupitz* herausgegebenen Tagungsband „Drittmitteleinwerbung – strafbare Dienstpflicht?" (2004). Zur Rechtsprechung vgl. *Esser* S. 76 ff.; *Fürsen* S. 57 ff.; *I. Roxin* S. 267 ff. Rechtsvergleichend *Esser* S. 211 ff.

536 BTDrucks. 10/225 S. 2 ff.; 15/4144 S. 2; vgl. ferner (auch zu Begriff, Erscheinungsformen und Volumen der Drittmittel) *Esser* S. 11–38; *Fürsen* S. 28 f., 33 ff.; *Höltkemeier* S. 192 ff., 205 ff.; *Satzger* ZStW **115** (2003) 469, 490 ff.; s.a. *Haeser* MedR **2002** 55 f.

537 *Diettrich/Jungeblodt* FS Schreiber 1015, 1016.

538 *Ambos* JZ **2003** 345; *Diettrich/Schatz* MedR **2001** 614, 615; *Kindhäuser/Goy* NStZ **2003** 291; *Korte* MK Rdn. 143; *Laufs* NJW **2002** 1770; *Satzger* ZStW **115** (2003) 469, 491 f.; *Matt/Renzikowski/Sinner* Rdn. 38; *Schmidt/Güntner* NJW **2004** 471 f.; *SSW/Rosenau* Rdn. 40; *Ulsenheimer* FS Geilen 185, 187 f.; *Zieschang* StV **2001** 290, 292.

539 Vgl. die oben in Fn. 267 und unten in Fn. 563 angegebenen Nachweise.

540 Vgl. den von *Tag/Tröger/Taupitz* herausgegebenen Tagungsband „Drittmitteleinwerbung – Strafbare Dienstpflicht?" (2004); ferner zu diesem Symposium *Fürsen/Schmidt* JR **2004** 57 ff.; *Tag* JR **2004** 50 ff.; s. zur Verunsicherung auch *Fürsen* S. 27 f.; *Ulsenheimer* FS Geilen 185, 191 f.; kritisch gegenüber übertriebenen Befürchtungen *Fischer* Rdn. 26c.

541 *Sch/Schröder/Heine/Eisele* Rdn. 2 (m.w.N.); s. aber auch *Schmidt/Güntner* NJW **2004** 471, 472 f.

542 Vgl. *Harriehausen* NStZ **2013** 256, 258 ff. mit Modellfällen. Zu den unterschiedlichen Erscheinungsformen des Medizinsponsorings vgl. *Albus* S. 28 ff.; *Dieners* in: ders. 6. Kap. Rdn. 1 ff.; *Fenger/Göben* Rdn. 145 ff.; *Fürsen* S. 34 ff.; *Höltkemeier* S. 205 ff.; *Wrackmeyer* S. 108 ff., 121 ff. sowie Teil B des von mehreren Fach- und Industrieverbänden, dem Deutschen Hochschulverband (DHV) und der Deutschen Krankenhaus Gesellschaft getragenen „Gemeinsame(n) Standpunkt(s) zur strafrechtlichen Bewertung der Zusammenarbeit zwischen Industrie, Medizinischen Einrichtungen und deren Mitarbeitern" vom 4.10.2000 (abgedruckt bei *Dieners* S. 470 ff.; s. hierzu *Dieners* a.a.O. 4. Kap. Rdn. 10 ff.).

privaten Besserstellung verwendet.[543] Umgekehrt sind Zuwendungen nicht schon deshalb strafbar, weil sie für Forschungszwecke gewährt werden. Denn das Merkmal „*für* die Dienstausübung" meint keine Zweckbestimmung, sondern es umschreibt das deliktstypische Gegenseitigkeitsverhältnis, die sog. Unrechtsvereinbarung.[544] Werden einem Amtsträger lediglich Mittel zur Verfügung gestellt, die seine Dienstausübung ermöglichen sollen, so fehlt es wenn nicht schon an einem „Vorteil" (s. oben Rdn. 33), so doch grundsätzlich an einer Unrechtsvereinbarung. Die **altruistische Spende** (z.B. zur Finanzierung von Grundlagenforschung) ist ebenso straflos wie die Ausrichtung einer wissenschaftlichen Tagung oder die Stiftung eines Preises.[545] Auch die angemessene Honorierung der gesetzlich vorgeschriebenen **Zulassungsstudien** (vgl. §§ 40 ff. AMG, 19 ff. MPG) ist mangels sachwidriger Verknüpfung mit der Dienstausübung grundsätzlich unbedenklich und unter dem Aspekt der bloßen Ermöglichung der Diensttätigkeit aus den §§ 331, 333 auszuklammern.[546] Gleiches gilt für sonstige Anwendungs-, Produktsbeobachtungs- oder Vergleichsstudien, soweit die hierfür geleitsteten Zahlungen tatsächlich nur den hierdurch bedingten Arbeitsaufwand (zuzüglich eines angemessenen Honorars) entgelten.[547] Schließlich unterfällt auch die Vergütung einer **Nebentätigkeit** (z.B. Gutachtenerstattung oder Vortragstätigkeit) schon mangels einer Dienstausübung nicht den §§ 331 ff. (s. oben Rdn. 55).[548] Die Beurteilung der genannten Konstellationen ändert sich jedoch bei einer im Einzelfall nachzuweisenden sachwidrigen Verknüpfung mit weiteren Diensthandlungen (s. Rdn. 79).[549]

79 Die Reichweite des Gedankens, dass Zuwendungen zur Ermöglichung der Dienstausübung keine Unrechtsvereinbarung (oder schon keinen Vorteil) begründen, ist beschränkt. Denn die Leistung kann einen **mehrfachen Bezug zur Diensttätigkeit** aufweisen, indem sie als Entgelt für bestimmte (zurückliegende oder künftige) Diensthandlungen (z.B. Bestellentscheidungen) fungiert und zugleich mit der Maßgabe gewährt wird, diese Mittel zur Durchführung weiterer dienstlicher Tätigkeiten zu verwenden.[550] Eine solche Verwendungsabrede entkräftet aber nicht ohne weiteres den Eindruck der Käuflichkeit bezüglich der Bestellungen. Deshalb kann allein die Tatsache, dass mit den eingeworbenen Geldern die Forschung finanziert wird, den Tatbestand nicht entfallen lassen;[551] auch § 25 HRG stellt keinen Rechtfertigungsgrund dar.[552] Zu Recht hat sich daher eine „Pauschalabsolution"[553] in Gestalt einer Beschränkung der §§ 331 ff. auf privatnützige Drittvorteile nicht durchgesetzt (vgl. Rdn. 44).[554] Zu weit geht ferner die Ansicht, dass bezüglich aller im Rahmen der ärztlichen Therapiefreiheit zu Heilzwecken vorgenommenen Maßnahmen ein Eindruck der Käuflichkeit nicht entstehen könne.[555] Soweit es jedoch (wie beim reinen Mäzenatentum oder bei der angemessen honorier-

---

543 *Dannecker* in: Winkelbauer/Felsinger/Dannecker S. 39, 88 f.; *Günter* MedR **2001** 457, 458 f.; *Knauer/Kaspar* GA **2005** 385, 402; *Korte* MK Rdn. 141; *Kuhlen* NK² Rdn. 91 (Fn. 204); *Mansdörfer* wistra **2003** 211, 214; *Sanchez-Hermosilla* Kriminalistik **2002** 506, 510; *Sch/Schröder/Heine/Eisele* Rdn. 39; *Stein/Deiters* SK Rdn. 58; *Verrel* MedR **2003** 319, 321 f. Vgl. auch BGH NStZ **2000** 90 = MedR **2000** 193 mit Anm. *Göben*.

544 *Satzger* ZStW **115** (2003) 469, 481 f.

545 *Fürsen* S. 107 ff., 120 ff.; *Korte* MK Rdn. 142; *Kuhlen* FS Schroeder 535, 542; *ders.* JR **2003** 231, 234; *ders.* NK Rdn. 100; *Roxin* FS Kargl 459, 464 f.

546 *Fischer* Rdn. 27c (m.w.N.); *Fürsen* S. 38, 122; *Haeser* MedR **2002** 55, 56; *Pfeiffer* NJW **1997** 782, 783 f.; *Roxin* FS Kargl 459, 465; *Satzger* ZStW **115** (2003) 469, 492 ff. (auch zum Folgenden).

547 *Höltkemeier* S. 206 f.; s.a. *Fürsen* S. 39.

548 *Kuhlen* JR **2003** 231, 234.

549 *Satzger* ZStW **115** (2003) 469, 492 ff.

550 *Kindhäuser/Goy* NStZ **2003** 291, 293 f.; *Satzger* ZStW **115** (2003) 469, 481 f.

551 BGHSt **47** 295, 307.

552 *Fischer* Rdn. 27d; *Fürsen* S. 134; *Höltkemeier* S. 229 f.; *Zieschang* WissR **1999** 111, 116 f. Für eine Rechtfertigung aus Art. 5 Abs. 3 GG jedoch *Cramer* FS Roxin 945, 948 ff.; *Sch/Schröder/Cramer*²⁶ Rdn. 53c; *St. Cramer* wistra **1999** 414, 415; dagegen *Ambos* JZ **2003** 345, 353; *Höltkemeier* S. 230; *Verrel* MedR **2003** 319, 323.

553 Vgl. *Verrel* MedR **2003** 319, 325.

554 Zum (weiten) Begriff des „Dritten" *Diettrich/Schatz* MedR **2001** 614, 616; *Wentzell* S. 106 ff.

555 So aber *Ulsenheimer* FS Geilen 185, 193 f. (auch bei direkter Provision für Bestellentscheidungen auf das Privatkonto?). Vgl. demgegenüber *Tholl* wistra **2003** 464 f.

ten Auftragsfoschung) an einem Zusammenhang mit Umsatzgeschäften oder an individuellen Vorteilen fehlt, ist ein regelwidriges Äquivalenzverhältnis zu verneinen.[556]

Allerdings verfolgen die Geldgeber beim Medizinsponsoring regelmäßig (auch) kommerzielle Ziele.[557] Vor diesem Hintergrund besteht eine typische Fallkonstellation darin, einem für **Beschaffungsentscheidungen** (faktisch)[558] zuständigen Entscheidungsträger (oftmals umsatzabhängige) Vorteile zuzuwenden, durch die sich der Empfänger nicht persönlich bereichert, die aber seiner Forschungstätigkeit oder seiner Abteilung bzw. Einrichtung zugute kommen.[559] Wenn der Staat sich gegen eine vollständige Finanzierung der Forschung mit Haushaltsmitteln entscheidet, erscheint es unangemessen, die Drittmitteleinwerbung bei der Lieferindustrie unter einen Generalverdacht der Korruption zu stellen.[560] Andererseits ist diesen Kooperationsformen die Gefahr einer sachwidrigen Verknüpfung von Wirtschafts- und Forschungsinteressen immanent, sodass man von einer „Grauzone" der Drittmittelforschung sprechen kann,[561] bezüglich derer selbst bei einer eventuell feststellbaren verbreiteten Praxis der Gedanke der Sozialadäquanz nicht zum Zuge kommt.[562] 80

In diesem Bereich hat ein **Grundsatzurteil des BGH** (St **47** 295 ff.)[563] maßgeblich zur Klärung beigetragen. Zur Vermeidung von Wertungswidersprüchen gegenüber den hochschulrechtlichen Vorgaben verneint der BGH (zur alten Rechtslage, aber mit Geltung auch für die Neufassung)[564] den Tatbestand des § 331, soweit es sich um der Förderung von Forschung und Lehre dienende Drittmittel handelt und das für ihre Einwerbung hochschulrechtlich vorgesehene **Verfahren eingehalten**, insbesondere die Annahme der Mittel angezeigt und genehmigt wird; denn hierdurch werde dem Schutzgut der Bestechungsdelikte (Vertrauen in die Sachgerechtigkeit und Nichtkäuflichkeit staatlicher Entscheidungen) angemessen Rechnung getragen.[565] Dieser Lösungsweg[566] ist dogmatisch dadurch gekennzeichnet, dass er auf der Tatbestandsebene (und hier beim Merkmal der Unrechtsvereinbarung) ansetzt, auf dem Gedanken der Legitimation durch Verfahren beruht[567] und verwaltungs(rechts)akzessorisch[568] ausgestaltet ist. Für die Tatbestandslösung macht 81

---

556 *Ambos* JZ **2003** 345, 351 f.; *Verrel* MedR **2003** 319, 325.

557 *Fenger/Göben* Rdn. 31 f.; *Höltkemeier* S. 195 f.; *Korte* MK Rdn. 143; *Lüderssen* JZ **1997** 112; *Ulsenheimer* FS Geilen 185, 192; *Verrel* MedR **2003** 319, 321. Zur Interessenlage der Krankenhausträger vgl. *Bruns* ArztR **2003** 260, 264.

558 OLG Hamburg StV **2001** 277, 278; *Göben* MedR **2000** 194; *Verrel* MedR **2003** 319, 321.

559 *Ambos* JZ **2003** 345 f.; *Haeser* MedR **2002** 55, 57 *Kuhlen* JR **2003** 231, 234; *ders.* FS Schroeder 535, 539.

560 BTDrucks. 15/4144 S. 2; *Dauster* NStZ **1999** 63, 64; *Fischer* Rdn. 27c; *Korte* MK Rdn. 143.

561 *Fischer* Rdn. 27, 27d; *Korte* NStZ **2003** 156, 157; *Lippert* VersR **2000** 158, 159 f.; *Verrel* MedR **2003** 319, 325; *St. Walter* ZRP **1999** 292, 293.

562 *Fischer* Rdn. 27, 27e; s.a. OLG Hamburg StV **2001** 284, 287; OLG Köln NStZ **2002** 35, 37; *Diettrich/Schatz* MedR **2001** 614, 617.

563 Zu BGHSt **47** 295 (= „Heidelberger Fall" im sog. Herzklappenskandal, ausführlicherer Abdruck in NJW **2002** 2801 ff.) vgl. *Höltkemeier* S. 217 ff.; *Korte* NStZ **2003** 157 f.; *Mansdörfer* wistra **2003** 211 ff.; *Michalke* NJW **2002** 3381 f.; *Otto* JK 3/03 StGB § 331/7; *Rönnau* JuS **2003** 232 ff.; *Satzger* ZStW **115** (2003) 469, 497 ff.; *Tholl* wistra **2003** 181 f.; *Verrel* MedR **2003** 319, 324 f.; *Wentzell* S. 43 ff.; s.a. (ebenfalls 1. StS) BGHSt **48** 44 ff. (= „Ulmer Fall", ausführlicher in NJW **2003** 763 ff.) mit Anm. *Otto* JK 10/03 StGB § 332/8; zu beiden Entscheidungen *Ambos* JZ **2003** 345 ff.; *Fürsen* S. 171 ff.; *B. Heinrich* NStZ **2005** 256 ff.; *Kindhäuser/Goy* NStZ **2003** 291 ff.; *Kuhlen* JR **2003** 231 ff.; *Taschke* PharmR **2002** 417 ff.; vgl. ferner BGH (5. StS) NStZ-RR **2003** 171 f. mit Anm. *Tholl* wistra **2003**, 464 f.

564 *B. Heinrich* NStZ **2005** 256 f.; *Korte* NStZ **2003** 157; *Michalke* NJW **2002** 3381.

565 BGHSt **47** 295, 303, 306 ff.

566 Vgl. auch schon OLG Köln NStZ **2002** 35, 37; ferner ausführlich zu den de lege lata diskutierten Lösungsvorschlägen *Höltkemeier* S. 210 ff.

567 *Burmeister* BauR **2003** 1129, 1137; *Otto* JK 3/03 StGB § 331/7; *Sch/Schröder/Heine/Eisele* Rdn. 42. S. auch *Kuhlen* JR **2003** 231, 235 („prozedurale Lösung"); *SSW/Rosenau* Rdn. 41. Allgemein zur Einbindung formaler Aspekte in das materielle Strafrecht *Francuski* JuS **2017** 217 ff.; *Schweiger* S. 56 ff., 296 ff. Kritisch hingegen *Hendrik Schneider* FS Seebode 331, 340 f.

568 *Ambos* JZ **2003** 345, 353; *Bruns* ArztR **2003** 93, 94; *Kuhlen* NK Rdn. 105; *Michalke* NJW **2002** 3381, 3382; *Rönnau* JuS **2003** 232, 237; *Schreiber/Rosenau/Combé/Wrackmeyer* GA **2005** 265, 270 ff.

der BGH geltend, dass eine rechtfertigende Genehmigung gemäß § 331 Abs. 3 bezüglich des „Forderns“ der eingeworbenen Mittel nicht eingreife.[569]

82 Die Konzeption des BGH hat im **Schrifttum** vielfach weitgehende Zustimmung,[570] aber auch Kritik erfahren. Teilweise wird die Problematik auf der Rechtswidrigkeitsebene verortet.[571] Auch die Anbindung an die Einhaltung von Verfahrensvorschriften ist unter mehreren Aspekten umstritten. Einerseits wird angesichts des Bedenkens, einen bloßen Verfahrensverstoß (Nichtanzeige und Genehmigung) als strafbarkeitsbegründend anzusehen, das Abstellen auf die Genehmigungs*fähigkeit* erwogen;[572] andererseits wird die Einhaltung formaler Vorgaben als unzureichend angesehen und (zusätzlich) die Erfüllung bestimmter materieller Anforderungen verlangt (s. Rdn. 84).[573] Weitere Probleme betreffen die Frage, inwieweit – von der Gefahr einer Rechtszersplitterung divergierender Regelungen abgesehen –[574] untergesetzliches Landesrecht strafrechtliche Rechtfertigungs- oder Genehmigungswirkung entfalten kann[575] und wie beim Fehlen entsprechender Regelungen (insbesondere auch im außeruniversitären Bereich)[576] zu verfahren ist.[577] Ein weiterer prinzipieller Einwand richtet sich dagegen, dass gerade der begünstigte Dritte durch seine Normgebung die Strafbarkeitsgrenzen bestimmen können soll.[578]

83 Ungeachtet dieser Schwierigkeiten leistet der vom BGH eingeschlagene Lösungsweg einen wesentlichen Beitrag zur Rechtssicherheit, indem der Amtsträger bei Beachtung der hochschul- und beamtenrechtlichen Vorgaben vor der Gefahr strafrechtlicher Verfolgung weitgehend sicher ist.[579] Um in einem Gesamtkonzept eines effizienten Drittmittelmanagements die Strafbarkeitsrisiken möglichst zu minimieren, sind (anknüpfend an Drittmittelrichtlinien der Länder und Drittmittelsatzungen einzelner Hochschulen)[580] auch auf verbandsübergreifender Ebene Leitlinien für den Umgang mit Drittmitteln erarbeitet worden.[581] Als zentrale Grundsätze für die Kooperation

---

569 BGHSt **47** 295, 308 f. Zustimmend *Knauer/Kaspar* GA **2005** 385, 404; *Kuhlen* NK Rdn. 103 (m.w.N.).

570 *Ambos* JZ **2003** 345, 351 f., 353 f.; *Kuhlen* JR **2003** 231, 233 ff.; *Lackner/Kühl/Heger* Rdn. 6b; *Michalke* NJW **2002** 3381, 3382; *Rönnau* JuS **2003** 232, 237; *Sanchez-Hermosilla* Kriminalistik **2002** 506, 511 f.; *Verrel* MedR **2003** 319, 324; *Wessels/Hettinger/Engländer* Rdn. 1089.

571 *Mansdörfer* wistra **2003** 211, 213 f.; *Korte* NStZ **2003** 156, 157 f. (mit einschränkender Auslegung des Merkmals „Fordern“); *Satzger* ZStW **115** (2003) 469, 498 f.; s. auch *Bernsmann* StV **2003** 521, 522; *ders.* WissR **2002** 1, 15 ff. (auf § 331 Abs. 3 abstellend, diesen jedoch als Tatbestandsausschlussgrund deutend). Für Art. 5 Abs. 3 GG als Rechtfertigungsgrund *Cramer* FS Roxin 945, 948 ff.; *Sch/Schröder/Cramer*[26] Rdn. 53c (s. oben Fn. 533, 552).

572 *B. Heinrich* NStZ **2005** 256, 257; s.a. *Knauer/Kaspar* GA **2005** 385, 403; *Verrel* MedR **2003** 319, 325.

573 *Mansdörfer* wistra **2003** 211, 213 f.; *Satzger* ZStW **115** (2003) 469, 498 f.; s.a. *Kuhlen* NK Rdn. 103 (s. aber auch *dens.* JR **2003** 231, 234 f.); **aA** *Stein/Deiters* SK Rdn. 57.

574 *Korte* MK Rdn. 147; *Rönnau* JuS **2003** 232, 237. Für die Berücksichtigung einer auch andernorts bestehenden Zulässigkeit eines Verfahrens im Rahmen einer „Globalabwägung“ *Knauer/Kaspar* GA **2005** 385, 404.

575 Vgl. hierzu *Ambos* JZ **2003** 345, 353.

576 Zur Gefahr eines „Zwei-Klassen-Strafrechts“ *Michalke* NJW **2002** 3381, 3382; s.a. *Bruns* ArztR **2003** 93, 103 f.; *Dietrich/Schatz* ZRP **2001** 521, 525; *Korte* NStZ **2003** 156, 157 f.; s. aber auch Fn. 574 (zu Knauer/Kaspar).

577 Vgl. hierzu *Kindhäuser/Goy* NStZ **2003** 291, 294 f.; *Tag* JR **2004** 50, 53 f.

578 *Diettrich/Jungeblodt* FS Schreiber 1015, 1024. *Kargl* ZStW **114** (2002) 763, 792 f. Entsprechende Kritik zum Abstellen auf die Verhaltenskodizes der involvierten Fachverbände (s. hierzu Rdn. 83) übt *Höltkemeier* S. 221.

579 BGHSt **47** 295, 310; *Korte* MK Rdn. 148; *Kuhlen* NK Rdn. 103; *Wasserburg* NStZ **2003** 353, 358.

580 Vgl. zur gesetzlichen Regelung in Baden-Württemberg *Greeve* Rdn. 89 ff.; Die Verwaltungsvorschriften für Bayern und Rheinland/Pfalz sind abgedruckt bei *Fenger/Göben* S. 331 ff., 337 ff. Weitere Drittmittelerlasse der Länder sind nachgewiesen bei *Schubert* in: Wabnitz/Janovsky[2] 10. Kap. Rdn. 122. Zu Drittmittelvorschriften einzelner Klinika s. *Göben* MedR **1999** 345, 350 (Fn. 51).

581 *Albus* S. 62 ff.; *Esser* S. 69 ff.; *Fenger/Göben* Rdn. 762; *Kuhlen* FS Hassemer 875, 879 ff.; *Wrackmeyer* S. 165 ff. Vgl. insbesondere den „Gemeinsame(n) Standpunkt zur strafrechtlichen Bewertung der Zusammenarbeit zwischen Industrie, Medizinischen Einrichtungen und deren Mitarbeitern“ vom 4.10.2000 (s. Fn. 542); ferner den von der auf Initiative des DHV gegründeten Arbeitsgruppe Korruptionsbekämpfung vorgelegten „Entwurf einer Rechtsverordnung für die Einwerbung und Verwendung von Mitteln Dritter durch Universitätsmitglieder (abgedruckt bei *Fenger/Göben* S. 303 ff.), die „Einbecker Empfehlungen der DGMR“ vom 21./22.9.2001 (abgedruckt bei *Fenger/Göben* S. 290 ff.) sowie *Dieners* JZ haben sich insoweit das **Trennungs-**, das **Transparenz-** bzw. Genehmigungs-, das **Dokumentations-** und das **Äquivalenzprinzip** herausgebildet.[582] Auch der BGH orientiert sich in der Sache an diesen Kriterien, wobei die strikte Beachtung[583] des Transparenzprinzips (Offenlegung der Beziehungen zum Vorteilsgeber gegenüber der Verwaltung und damit einhergehend die Ermöglichung der Kontrolle) die als unvermeidbar hingenommene Lockerung des Trennungsprinzips (Entkoppelung der Zuwendung von Umsatzgeschäften)[584] kompensiert.[585]

Der Grundgedanke, die aus der engen Verflechtung von staatlichen Entscheidungen und wirt- 84
schaftlichen Interessen resultierenden Gefahren für das geschützte Rechtsgut auf ein tolerierbares Maß abzusenken, verdient prinzipiell Zustimmung. Bei der **Festlegung des erlaubten Risikos** kommt auch der Einhaltung von Verfahrensstandards (insbesondere dem Transparenzgebot) eine herausgehobene Bedeutung zu, die nicht mit dem Argument in Abrede gestellt werden kann, dass auch eine offen praktizierte Korruption strafbar sei.[586] Will der Staat auf (auch umsatzorientierte oder umsatzabhängig gewährte) Drittmittel nicht verzichten, so muss dieses Interesse im Wege „praktischer Konkordanz"[587] mit den Aspekten der Sachgerechtigkeit amtlichen Handelns und des Vertrauensschutzes der Bevölkerung in einen angemessenen Ausgleich gebracht werden. Das kann auch den Rückgriff auf Maßstäbe einschließen, die in anderen Bereichen unzulänglich wären (z.B. die getrennte Zuständigkeit für Einwerbung und Genehmigung von Drittmitteln sowie für abschließende Beschaffungsentscheidungen[588] bei faktischen Einflussmöglichkeiten). Denn die Einbindung in den Kontext der (prinzipiell erwünschten) Drittmittelforschung und das fehlende (oder doch nachrangige) individuelle Interesse des Amtsträgers[589] an der Zuwendung tragen partiell ebenfalls zur Legitimation dieser Vorgänge bei. Damit ist allerdings nicht entschieden, ob die prozedurale Komponente (allein) durch eine strikte Anbindung an konkrete Verfahrensrichtlinien oder (zumindest bei deren Fehlen) durch den Rückgriff auf allgemeine Grundsätze ausgefüllt werden soll und inwieweit auch weitere **materielle Gesichtspunkte** (z.B. das auf ein angemessenes Verhältnis zwischen Vorteil und Gegenleistung abstellende Äquivalenzprinzip) Berücksichtigung finden.[590] Teilweise wird eine ausschließlich an materielle Kriterien anknüpfende Beschränkung des Tatbestandes befürwortet. So schlägt *Kuhlen* (FS Schroeder 535, 541 ff.) vor, die Annahme

---

1998 181, 183 ff.; *ders.* a.a.O. 4/7 ff. (zum Kodex „Medizinprodukte" vom 12.5.1997 [zuletzt geändert am 19.6.2020]; abrufbar unter www.bvmed.de/de/recht/healthcare-compliance).

582 Vgl. hierzu *Dieners* in: ders. 5. Kap. Rdn. 1 ff.; *Fischer* Rdn. 27d; *Fürsen* S. 178 ff.; *Höltkemeier* S. 203 f.; *Korte* MK Rdn. 144; *Hendrik Schneider* FS Seebode 331, 344 ff., 349 f.; s.a. *Diettrich/Schatz* MedR **2001** 614, 618 f.; ferner *Gatzweiler* WissR **2002** 327, 339 f.

583 Nachdrücklich BGH NStZ-RR **2003** 171, 172; s.a. *Korte* MK Rdn. 148.

584 BGH NStZ-RR **2003** 171 f. bezeichnet die Umsatzabhängigkeit der Zuwendung (unter Hinweis auf OLG Hamburg StV **2001** 277, 280) als „Indiz"; so auch *Ambos* JZ **2003** 345, 352; *Höltkemeier* S. 208 f.; *Knauer/Kaspar* GA **2005** 385, 403; s.a. *Satzger* ZStW **115** (2003) 469, 499 f. Präventiv zur Vermeidung umsatzabhängiger Förderung ratend *Gatzweiler* WissR **2002** 327, 339 f. sowie der „Gemeinsame Standpunkt" (s. Fn. 542) zu B.I.1.3.; einen „unmittelbaren Zusammenhang mit den Umsatzgeschäften" verbietend der Gesetzesvorschlag der „Arbeitsgemeinschaft der Wissenschaftlichen Medizinischen Fachgesellschaften" (AWMF); hierzu (krit.) *Diettrich/Schatz* ZRP **2001** 521, 524; *Fürsen* S. 188. **Krit.** zum Trennungsprinzip *SSW/Rosenau* Rdn. 41; *Tag* JR **2004** 50, 54 f.

585 BGHSt **47** 295, 309 f.; *Korte* NStZ **2003** 157; *ders.* MK Rdn. 149; *Kuhlen* JR **2003** 231, 234 f.; s.a. *Fenger/Göben* Rdn. 769; *Fischer* Rdn. 27c; *Kuhlen* NK Rdn. 103; *Lung* NZWiSt **2017** 100, 105 f.; *Rönnau* JuS **2003** 232, 236; *Roxin* FS Kargl 459, 466 f.; *Verrel* MedR **2003** 319, 325; *Wentzell* S. 47. Zum tatbestandslosen Heraushandeln von Vorteilen für die Anstellungskörperschaft als Teil des vertraglichen Synallagmas BGHSt **48** 44, 51; *Kindhäuser/Goy* NStZ **2003** 291, 295.

586 So tendenziell aber *Dölling* JR **2005** 519 f.; *Kargl* JZ **2005** 503, 507 f.; *Satzger* ZStW **115** (2003) 469, 498; s.a. (zur Gefahr ergebnisbeeinflusster Forschung) *Bannenberg* HK-GS Rdn. 40; *Schlösser* StV **2011** 300, 308 (Fn. 91).

587 Vgl. *Kuhlen* FS Schroeder 535, 540 f.

588 *Korte* MK Rdn. 149; s. auch oben Rdn. 54, 80.

589 Vgl. einerseits *Wentzell* S. 46 f. (bei Verbesserung der Arbeitsbedingungen ist nur „das Amt" Nutznießer); andererseits BGHSt **47** 295, 305 f. (Bejahung eines Eigenvorteils bei im Kern ganz überwiegend fremdnütziger Vorteilsannahme); zu individuellen Vorteilsreflexen staatsnütziger Drittmittel auch *Verrel* MedR **2003** 319, 323. Vgl. ferner BGH NJW **2003** 763, 766 zu 6b (in BGHSt **48** 44 nicht abgedruckt).

590 Vgl. *Knauer/Kaspar* GA **2005** 385, 394 f., 402 ff. („Globalabwägung" zur Ermittlung des erlaubten Risikos).

bzw. Gewährung von Zuwendungen, die für rechtlich erwünschte Zwecke an Dritte erfolgen, nur dann als gemäß §§ 331, 333 strafbar anzusehen, wenn die Zuwendungen die Gegenleistung für bestimmte Diensthandlungen (im Gegensatz zur nicht näher konkretisierten Dienstausübung) bilden. Im Ergebnis unterscheidet sich diese Konzeption von der Lösung des BGH vor allem bezüglich der Strafbarkeit umsatzabhängiger Bonusleistungen.[591]

85 Sowohl von politischer Seite[592] als auch aus Wissenschaftskreisen sind unterschiedliche **Forderungen an den Gesetzgeber** zur rechtlichen Absicherung der Drittmitteleinwerbung erhoben worden, die teils im Hochschulrecht, teils im Strafrecht ansetzen.[593] Für eine bundesgesetzliche Regelung im **Hochschulrecht** (insbesondere durch die Schaffung eines eigenständigen Drittmittelgesetzes)[594] fehlt es spätestens seit der Föderalismusreform an einer Gesetzgebungskompetenz des Bundes für das Drittmittelrecht.[595] Ein abgestimmtes Vorgehen der einzelnen Bundesländer im Wege einheitlicher Landesgesetze[596] und/oder Verwaltungsrichtlinien[597] brächte (ungeachtet der auch insoweit bestehenden Kompetenzprobleme und der Beschränkung auf den Hochschulbereich)[598] immerhin eine abgeschwächte Vereinheitlichung, doch ist eine solche konzertierte Aktion derzeit nicht in Sicht. Im Bereich des **Strafrechts**[599] reichen die Vorschläge von der Abschaffung der §§ 331, 333 StGB[600] über die Einfügung der „Unlauterkeit" als zusätzliches Tatbestandsmerkmal,[601] die Aufnahme einer „Forschungsklausel"[602] bis zur Einführung eines weiteren Absatzes in § 331, wonach eine Vorteilsnahme nicht gegeben sei, „wenn der Vorteil dienst- bzw. hochschulrechtlich erlaubt" sei.[603] Generell sind die knappen und notgedrungen „groben" strafrechtlichen Regelungsmöglichkeiten für eine (noch ausstehende) angemessene Bewältigung der Drittmittelproblematik wenig geeignet. Da sie auch kein höheres Maß an Rechtssicherheit als der vom BGH eingeschlagene Kurs versprechen, erscheint ein Eingreifen des Gesetzgebers wenig wahrscheinlich und (zumindest vorerst) verzichtbar.[604]

591 Insoweit (bei rein materiell-rechtlicher Betrachtung) dem BGH folgend *Wentzell* S. 46 f. S. auch oben Fn. 584.

592 Vgl. die Beschlüsse der KMK v. 17.9.1999 und der Justizministerkonferenz v. 15.12. 1999 (beide abgedruckt bei *Fenger/Göben* S. 297 ff.) sowie die Anträge des BRats (BRDrucks. 541/01), der FDP-Fraktion (BTDrucks. 14/6323; s.a. BTDrucks. 14/8517) und der CDU/CSU-Fraktion (BTDrucks. 15/4144); s. ferner BTDrucks. 14/8994.

593 *Diettrich/Jungeblodt* FS Schreiber 1015, 1026 ff.; *Diettrich/Schatz* MedR **2001** 614, 619 ff.; *Fürsen/Schmidt* JR **2004** 57, 59 f.; *Korte* MK Rdn. 146, 150; *Tag* JR **2004** 50, 54 ff. Ausführliche Darstellungen zu den Vorschlägen de lege ferenda bei *Albus* S. 198 ff.; *Fürsen* S. 185 ff.; *Höltkemeier* S. 230 ff. und *Wrackmeyer* S. 175 ff., 209 ff.

594 Hierfür BRDrucks. 541/01; *Ambos* JZ **2003** 345, 354; *Diettrich/Schatz* MedR **2001** 614, 622 f.; *Esser* S. 224 ff.; *Knauer/Kaspar* GA **2005** 385, 404; **krit.** *Tag* JR **2004** 50, 55 f. Für die Aufnahme eines § 5a in das HRG *Fürsen* S. 199 ff., 206 f.

595 Vgl. zur Neuregelung der Gesetzgebungskompetenzen das Gesetz zur Änderung des Grundgesetzes vom 28.8.2006 (BGBl. I S. 2034); s.a. *Korte* in: Dölling 6. Kap. Rdn. 75. Zur früheren Verfassungslage war die Gesetzgebungskompetenz des Bundes (aus Art. 74 Abs. 1 Nr. 13 oder 75 GG a.F.) umstritten; grundsätzlich bejahend *Fürsen* S. 199 ff.; verneinend *Höltkemeier* S. 237 ff.; *Schmidt/Güntner* NJW **2004** 471, 473 f.; s.a. BTDrucks. 15/4144 S. 3. Vgl. auch zur geplanten Aufhebung des HRG BRDrucks. 352/07.

596 Vgl. zu § 101 HFG NRW *Esser* S. 224.

597 Hierfür *Höltkemeier* S. 238 f.; *Schmidt/Güntner* NJW **2004** 471, 474.

598 Vgl. *Ambos* JZ **2003** 345, 353; *Diettrich/Jungeblodt* FS Schreiber 1015, 1029 f.; *Höltkemeier* S. 238.

599 Zum Folgenden *Höltkemeier* S. 231 ff.; *Kuhlen* FS Schroeder 535, 537 f.

600 *Kargl* JZ **2005** 503, 512; s.a. *Rüdiger* S. 258 ff. sowie *dies.* Rechtsgutlehre, S. 444 f.

601 *Fürsen* S. 190 ff., 205 f.; *St. Walter* ZRP **1999** 292, 296; s.a. bereits *Lüderssen* JZ **1997** 112, 116; *Pfeiffer* NJW **1997** 782, 784. Vgl. auch oben Rdn. 32 (zu Fn. 198).

602 Vgl. zum entsprechenden Vorschlag der „Arbeitsgemeinschaft der Wissenschaftlichen Medizinischen Fachgesellschaften" (AWMF) (sowie zur Einschränkung des Amtsträgerbegriffs) **krit.** *Diettrich/Schatz* MedR **2001** 614, 621 f.; *Fürsen* S. 186 ff.

603 *Tag* JR **2004** 50, 56 f.; zust. *Strehlow* S. 141 f.; s.a. BTDrucks. 15/4144 S. 3. **Krit.** hierzu *Höltkemeier* S. 234 f.

604 In der Tendenz ebenso *Kuhlen* FS Schroeder 535, 543; *Lackner/Kühl/Heger* Rdn. 6b; *Sanchez-Hermosilla* Kriminalistik **2002** 506, 510, 512. **AA** *Satzger* ZStW **115** (2003) 469, 500.

bb) Wahlkampfspenden. Zu den höchstrichterlich grundsätzlich weitgehend geklärten Teilgebiete des Korruptionsstrafrechts zählt der Bereich der Wahlkampfspenden. Bei der insoweit maßgeblichen Grundsatzentscheidung (BGHSt **49** 275; s. auch BGH NStZ **2008** 33 – „Fall Kremendahl")[605] ging es um die Einwerbung von Wahlkampfspenden durch einen sich um seine Wiederwahl bewerbenden Amtsinhaber (zu einem sich für ein anderes Amt bei demselben Dienstherrn bewerbenden Amtsträger vgl. [zu § 334] BGHSt **66** 130 = BGH NJW **2021** 2522, 2523 f. mit krit. Anm. *Kubiciel* = NStZ **2022** 114 mit Anm. *Kudlich*; hierzu sowie allgemein zur Kandidaten-Bestechung *T. Zimmermann* ZfIStw **2022** 89 ff.). Der 3. Strafsenat des BGH gelangt auch hier zu einer Einschränkung der Tatbestände der §§ 331, 333, verneint aber (im Gegensatz zur Vorinstanz)[606] eine Übertragung der zur Drittmittelproblematik entwickelten Grundsätze. Zwar seien Parteispenden verfassungsrechtlich (sogar doppelt)[607] erwünscht, doch setze der lediglich faktische Erwartungsdruck auf den Amtsträger den Normbefehl des § 331 Abs. 1 nicht außer Kraft; auch genüge die mit der Publizierungspflicht (§ 25 Abs. 3 PartG) für Spenden ab einem bestimmten Umfang vorgesehene Transparenz (mangels Offenlegung der individuellen Beziehung zwischen dem Spender und dem die Spende einwerbenden Amtsträger) nicht dem Schutzzweck des § 331 und überdies ergäbe sich eine ungerechtfertigte Bevorzugung gegenüber parteilosen Amtsträgern, für die eine an das PartG gebundene Privilegierung keine Möglichkeit zur legalen Einwerbung von Wahlkampfmitteln eröffnen würde.[608] Den Ansatzpunkt für die Tatbestandseinschränkung sieht der BGH (a.a.O. S. 291 ff.) im Grundsatz der passiven **Wahlgleichheit**, genauer im Vergleich des Amtsinhabers mit einem Wahlkandidaten, der mangels Amtsträgerstellung unbeschränkt zur Einwerbung von Wahlkampfmitteln befugt ist. Mit Blick auf das Verfassungsprinzip der Wahlgleichheit sei eine Unrechtsvereinbarung (und damit eine Strafbarkeit gemäß §§ 331, 333) zu verneinen, wenn die Wahlkampfförderung allein dazu dienen soll bzw. dient, dass der Amtsträger nach erfolgreicher Wiederwahl das Amt in einer den allgemeinen wirtschaftlichen oder politischen Vorstellungen des Vorteilsgebers entsprechenden Weise ausübt.[609] Strafbar sei die Unterstützung hingegen, wenn der Vorteil auf eine konkrete – wenn auch nicht notwendig schon im Einzelnen bestimmte – Diensthandlung bezogen ist, die allein dem Zuwendenden nutzt oder nur bestimmten Individualinteressen förderlich ist.[610] Hier überwiege die aus seinem bisherigen Amt resultierende Pflichtenbindung des Amtsträgers ungeachtet der Tatsache, dass der nicht amtsgebundene Wahlbewerber ohne strafrechtliches Risiko entsprechend vorgehen kann (vgl. zur Strafbarkeit von – auch gem. § 25 Abs. 2 Nr. 7 PartG untersagten – sog. **Einflussspenden** auch BGH NStZ **2007** 36, 37).[611] Die Strafbarkeit komme (insbesondere bei Spenden von außergewöhnlicher Höhe) auch dann in Betracht, wenn der Gebende sich zu der Spende nicht durch ein konkretes, in seinen Umrissen schon vorgezeichnetes Objekt veranlasst sieht.[612] 86

Die Konzeption des BGH ist im **Schrifttum** auf ein geteiltes Echo gestoßen.[613] Dass die Straflosigkeit nicht blind an die Beachtung der Vorgaben des PartG geknüpft werden darf, entspricht 87

---

605 Zu BGHSt **49** 275 ff. (= ausführlicher in NJW **2004** 3569 ff.) *Dölling* JR **2005** 518 ff.; *Kargl* JZ **2005** 503 ff.; *Korte* NStZ **2005** 512 ff.; *Otto* JK 6/05 StGB § 331/9; *Saliger/Sinner* NJW **2005** 1073 ff. Zu demselben Fall auch BGH NStZ **2008** 33 ff. mit Anm. *Beckemper/Stage*; *Korte* NStZ **2008** 341 f.; *Satzger* JK 6/08, StGB § 331 Abs. 1/13 und Aufs. *Zöller* GA **2008** 151 ff. (a.a.O. S. 153 ff. zum Verfahrensgang).

606 LG Wuppertal NJW **2003** 1405 f. mit Anm. *Otto* JK 12/03 StGB § 331/8.

607 *Saliger/Sinner* NJW **2005** 1073, 1074 (Spendenrecht des Bürgers als Teilhabe an der politischen Willensbildung und Grundsatz der Staatsfreiheit der Parteien). Vgl. auch *Oebbecke* ZRP **2006** 227 ff.

608 BGHSt **49** 275, 284 ff.

609 BGHSt **49** 275, 294, 298 f.

610 BGHSt **49** 275, 294 f., 296.

611 S. auch *Zöller* GA **2008** 151, 160 f.

612 BGH NStZ **2008** 33 f.

613 Weitgehend zustimmend *Dölling* JR **2005** 519 f.; *Knauer/Kaspar* GA **2005** 385, 398 f.; *Saliger/Sinner* NJW **2005** 1073, 1074 ff.; *Sch/Schröder/Heine/Eisele* Rdn. 43 f.; eher **krit.** hingegen *Fischer* Rdn. 28b; *Korte* NStZ **2005** 512 f. (trotz „gut vertretbar[en]" Ergebnisses); *ders.* NStZ **2008** 341 f. und MK Rdn. 153 ff.; *Kuhlen* NK Rdn. 103; *ders.* FS Schroeder 535, 541 f.; trotz Zustimmung im Ergebnis auch *T. Zimmermann* ZStW **124** (2012) 1023, 1050 ff.; *ders.* S. 632 f.; **abl.** *Beckemper/*

nahezu einhelliger Ansicht,[614] wenngleich teilweise die verfassungsrechtliche Ableitung unter methodischen Aspekten kritisiert wird.[615] In der Sache **nimmt der BGH** durch das Erfordernis einer konkreten Diensthandlung die 1997 eingeführte **Lockerung der Unrechtsvereinbarung** (s. Rdn. 51, 64) für den Bereich der Wahlkampfspenden zugunsten von Wahlbeamten zumindest **partiell zurück.**[616] Während hierin teilweise sogar strengere Anforderungen als zur früheren Gesetzeslage gesehen wurden,[617] hat der BGH (NStZ **2008** 33 f.) nachträglich klargestellt, dass die Strafbarkeit nicht auf Wahlkampfspenden für eine konkrete, in der kommenden Amtszeit anstehende Entscheidung beschränkt sei. Demgegenüber wird selbst für eine solche konkrete Ausrichtung § 331 vereinzelt verneint, weil das Ende der Wahlperiode eine Zäsur in der Amtsträgerstellung bedeute.[618] Nach anderer Ansicht wird das Bedürfnis nach einer Entkriminalisierung in Frage gestellt und dem Amtsinhaber angesonnen, die Entgegennahme von Spenden nicht mit der Zusage einer „investorenfreundlichen Politik" zu verbinden.[619] Nach Ansicht des BGH begründen solche allgemeinen Äußerungen noch keine Unrechtsvereinbarung.[620] Freilich ist der Grat zwischen erlaubter und unerlaubter Spendeneinwerbung vor allem im kommunalen Bereich außerordentlich schmal, wie das vom BGH selbst gebildete Beispiel belegt, dass die Unterstützung eines Wahlbewerbers durch einen ortsansässigen Bauunternehmer ebenso mit dem (unverfänglichen) Ziel der Förderung einer familien- und kinderfreundlichen Politik als auch mit der (unlauteren) Erwartung eines Bauauftrags für den Bau oder die Erweiterung einer Kindertagesstätte verbunden sein kann.[621] Zur Lösung dieses **Abgrenzungsproblems**, das nach Ansicht des BGH „nicht zu ändern" ist,[622] werden (von *Saliger/Sinner* NJW **2005** 1073, 1076) als Indizien die Art und Höhe der Zuwendung,[623] der Grad der personellen Verflechtung (insbesondere hinsichtlich Art und Dauer der Beziehungen) sowie der Inhalt der Dienstleistung genannt; mögliche (nicht zwingende) Gegenindizien seien hingegen der zeitliche Abstand zwischen Zuwendung und Diensttätigkeit, die Regelmäßigkeit von Zuwendungen an die begünstigte Partei oder zeitnahe Spenden an konkurrierende Parteien.

88 **cc) Sponsoring von Verwaltungsaufgaben.** Ganz allgemein hat sich das Sponsoring der öffentlichen Verwaltung (bzw. das „Public Fundraising"[624]) als ein neues Finanzierungsinstrument der öffentlichen Haushalte herausgebildet.[625] Als Gesponserter tritt der Staat[626] insbesondere beim Sport-,

---

Stage NStZ **2008** 35 f.; *Zöller* GA **2008** 151, 165 ff. sowie ausführlich *Kargl* JZ **2005** 503 ff., 508, 512. Vgl. ferner zu den unterschiedlichen Restriktionsansätzen (und für eine an § 240 Abs. 2 angelehnte Verwerflichkeitsprüfung) *Brodowski* HRRS **2009** 277, 281 f.

614 Vgl. insbesondere *Matt/Renzikowski/Sinner* Rdn. 40; *Saliger/Sinner* NJW **2005** 1073, 1076; *Sch/Schröder/Heine/Eisele* Rdn. 43. **AA** *Beckemper/Stage* NStZ **2008** 35 f.; diff. *Wachter* GA **2019** 735, 744 f.; für § 25 Abs. 2 PartG als (negativ formulierten) Rechtfertigungsgrund *Zöller* GA **2008** 151, 161 ff.

615 Primär auf die Wertungen des PartG abstellend *Fischer* Rdn. 28a („Indizien"); *Knauer/Kaspar* GA **2005** 385, 398 f.; vgl. auch *Kuhlen* FS Schroeder 535, 540 (mit Fn. 45); für eine (hinreichende) restriktive Interpretation (allein) der Merkmale des § 331 *Korte* NStZ **2005** 512, 513; *ders.* MK Rdn. 154.

616 *Dölling* JR **2005** 519, 520; *Fischer* Rdn. 28b; *Saliger/Sinner* NJW **2005** 1073, 1076.

617 So *Kuhlen* NK² Rdn. 94; s.a. *ders.* FS Schroeder 535, 542 und NK Rdn. 104; ihm folgend *Lackner/Kühl/Heger* Rdn. 6c; vgl. auch *Korte* MK Rdn. 153 (Fn. 456) und *Sch/Schröder/Heine/Eisele* Rdn. 20 f.

618 *Beckemper/Stage* NStZ **2008** 35 f. Dem BGH zustimmend hingegen *Satzger* JK 6/08, StGB § 331 Abs. 1/13.

619 So *Kuhlen* NK Rdn. 104.

620 Vgl. BGH NJW **2004** 3569, 3576 (in BGHSt **49** 275 z.T. nicht abgedruckt); *Dölling* JR **2005** 519, 520.

621 BGHSt **49** 275, 295 f.

622 BGHSt **49** 275, 296; **krit.** zur „ungewöhnlichen Unschärfe" *Fischer* Rdn. 28b; s.a. *SSW/Rosenau* Rdn. 45.

623 Auf die Höhe der Zuwendung abstellend auch BGH NStZ **2008** 33, 34.

624 Zur Begrifflichkeit *Schlösser* StV **2011** 300 f.

625 *Meininger* ZG **1999** 353 f.; *Zander* ZG **2002** 191, 195.

626 Zu Fällen, in denen der einzelne Amtsträger durch eine Sponsoringmaßnahme begünstigt wird, vgl. oben Rdn. 75.

Kultur-,[627] Sozio- oder Ökosponsoring in Erscheinung, doch reichen die Themenfelder über diese „klassischen" Bereiche hinaus (z.B. Mitwirkung an Aufklärungskampagnen, Schulsponsoring[628]).[629] Ist Sponsoring einerseits als Unterstützung von Verwaltungszielen grundsätzlich sozial erwünscht (und steuerlich absetzbar),[630] so kann die Kooperation andererseits Gefahren für (das Vertrauen in) die Sachgerechtigkeit staatlicher Entscheidungen begründen, indem (zumindest) der Eindruck einer gelungenen „Klimapflege" entsteht, bei der der Sponsor über den wesenstypischen Imagegewinn hinaus die Erwartung des Entgegenkommens der Verwaltung an anderer Stelle hegt.[631] Wie bei der strukturell ähnlichen Drittmitteleinwerbung[632] soll auch beim allgemeinen Verwaltungssponsoring die korruptionsspezifische Spannungslage durch den Erlass von (Landes-[633])Gesetzen[634] oder Verwaltungsvorschriften[635] bewältigt werden. So fährt insbesondere die für die Bundesverwaltung einschlägige Richtlinie[636] einen **prinzipiell restriktiven Kurs** (nur ergänzend neben der Finanzierung durch öffentliche Haushaltsmittel, grundsätzlich unzulässig in der Eingriffsverwaltung, im Übrigen nur zulässig, wenn auch schon der böse Schein einer Beeinflussung staatlicher Tätigkeit ausgeschlossen ist), der zudem durch weitere (dem Drittmittelrecht vergleichbare) Verfahrenskautelen abgesichert ist. Auch für die strafrechtliche Beurteilung wird vielfach auf die Judikatur zum Drittmittelrecht verwiesen mit der Folge, dass bei Beachtung der einschlägigen Verwaltungsvorschriften eine Strafbarkeit ausscheiden soll.[637]

Im Fokus der Diskussion zur Strafbarkeit des Verwaltungssponsorings steht die vom BGH (StV **2012** 19 ff.) entschiedene Konstellation der **Schulfotografie**.[638] Diesbezüglich hat der BGH (in ei- **88a**

627 Zum Kultursponsoring *Bock/Borrmann* ZJS **2009** 625.

628 Zum Schulsponsoring aus öffentlich-rechtlicher Perspektive *Stellhorn/Weßling* NVwZ **2014** 1488 ff.

629 Zu Erscheinungsformen des Verwaltungssponsorings vgl. *Höltkemeier* S. 30 ff.; *Meininger* ZG **1999** 353, 354 f.; *Satzger* ZStW **115** (2003) 469, 471 f.; *Stühler* Die Gemeinde (BWGZ) **2004** 879 ff.; *Wulff* Die Gemeinde (BWGZ) **2004** 885 ff. sowie die „Allgemeine Verwaltungsvorschrift zur Förderung von Tätigkeiten des Bundes durch Leistungen Privater (Sponsoring, Spenden und sonstige Schenkungen)" vom 7.7.2003 (3.2.2 und Anlage), abgedruckt in NJW **2004** 1367 f. (hierzu *M. Schröder* NJW **2004** 1353 ff.). Vgl. auch den 8. Jahresbericht des BMI über die Sponsoringleistungen an die Bundesverwaltung (abrufbar unter www.bmi.bund.de [Stand: 2.7.2019]).

630 Zur Gemeinwohlförderung als Grundrechtsausübung vgl. *Dannecker* in: Winkelbauer/Felsinger/Dannecker S. 39, 58 ff.; zu steuerrechtlichen Aspekten vgl. *Dannecker* a.a.O. S. 53 ff.; *Höltkemeier* S. 37 ff.

631 *Zander* ZG **2002** 191, 194 f.; s.a. *Bernsmann/Gatzweiler* Rdn. 463 ff.; *Meininger* ZG **1999** 353, 358; *Höltkemeier* S. 46, 152 ff.; *Satzger* ZStW **115** (2003) 469, 472 f.; *Schlösser* StV **2011** 300, 310 f.; *Wentzell* S. 24 ff. Vgl. auch BTDrucks. 16/4333 (Antwort der BReg. zur strafrechtlichen Verfolgung bei der Entgegennahme von Zuwendungen für gemeinnützige Zwecke).

632 Zur strukturellen Nähe vgl. *Höltkemeier* S. 33 f.; *Knauer/Kaspar* GA **2005** 385, 402 f.; *Satzger* ZStW **115** (2003) 469, 490.

633 Gegen eine Änderung der §§ 331, 333 vgl. BTDrucks. 16/4333 S. 9 f.

634 Vgl. *Glauben* LKRZ **2008** 81, 83 ff.; *Mansdorfer* VBlBW **2007** 406, 407 ff., 411 (zu § 78 Abs. 4 GemO BW; s. hierzu auch *Burkhart* Die Gemeinde [BWGZ] **2006** 367 ff.).

635 Näher zu Sponsoring- und Spendenrichtlinien *Kumarasinghanm* S. 284, 290 ff.

636 Vgl. Fn. 629 sowie *M. Schröder* NJW **2004** 1353, 1355 f. (auch zum Folgenden). Zu Verwaltungsvorschriften der Bundesländer vgl. die „Grundsätze für Sponsoring, Werbung, Spenden und mäzenatische Schenkungen zur Finanzierung öffentlicher Aufgaben" v. 30.9.2004 der Innenministerkonferenz (Anlage zu Nr. 19 zur 175. Sitzung der Innenministerkonferenz am 19.11.2004) sowie z.B. die niedersächsische Antikorruptionsrichtlinie v. 1.4.2014 (Nds. MBl. Nr. 16/2014, S. 330 ff. [zu 8.]). Zu den Ländern *Wabnitz/Janowsky/Schmitt/Bannenberg* 13. Kap. Rdn. 35; s.a. *Meininger* ZG **1999** 353, 362 f. Weitere Nachweise in Vor § 331 Rdn. 43.

637 *R. Busch* NJW **2006** 1100, 1102 f.; *Knauer/Kaspar* GA **2005** 385, 402 f.; *Hendrik Schneider* FS Seebode 331, 349 f.; *Schreiber/Rosenau/Combé/Wrackmeyer* GA **2005** 265, 272 ff.; *M. Schröder* NJW **2004** 1353, 1356; *SSW/Rosenau* Rdn. 43. Gegen eine Vergleichbarkeit mit den Drittmittelfällen (keine Dienstpflicht) *Korte* MK Rdn. 155; *Lung* NZWiSt **2017** 100, 103; *Schlösser* StV **2011** 300, 308 f. Vgl. auch (Abschluss von Sponsoringverträgen als Annextätigkeit zur öffentlichen Aufgabe) *R. Busch* NJW **2006** 1100, 1103; *Höltkemeier* S. 45 f.; *Satzger* ZStW **115** (2003) 469, 475, 480 f.

638 Ausführlich zu diesem Urteil *Beulke* FS Frisch 965 ff.; *Kuhlen* FS Frisch 949, 953 ff.; *Roxin* FS Kargl 459, 472 ff.; *Schlösser* NZWiSt **2013** 11 ff.; *Selle* S. 65 ff., 145 ff.; *T. Zimmermann* S. 592 ff.; *Zöller* ZJS **2011** 550 ff. Vgl. zu diesem Fall bereits OLG Celle NJW **2008** 164 ff. (gegen BGH [ZS] NJW **2006** 225 ff.) = StV **2008** 251 mit krit. Anm. *Zieschang*; *Ambos/Ziehn* NStZ **2008** 498 ff.; *R. Busch* NJW **2006** 1100 ff.; *Höltkemeier* S. 49.

nem obiter dictum) auf die mögliche Strafbarkeit der damals üblichen Zuwendungen von Schulfotografen an die Schulen bzw. Klassen hingewiesen und es hierbei im Rahmen einer **streng verwaltungsrechtsakzessorischen Auslegung** als maßgeblich angesehen, dass es an einer (nach dem Grundsatz des Gesetzesvorbehalts und dem hieraus resultierenden „Gebührenfindungsverbot" erforderlichen) verwaltungsrechtlichen Grundlage für die Vereinbarung entgeltlicher Verwaltungstätigkeit fehle. Im Schrifttum wird eine Strafbarkeit zu Recht überwiegend verneint.[639] Allerdings gibt es zunehmend Stimmen, die (über den konkreten Fall hinaus) für eine streng verwaltungsakzessorische Lösung plädieren.[640] Zwar führt die Anbindung an das Verwaltungsrecht zu einer höheren Bestimmtheit und die aus dem Föderalismus herleitbaren Bedenken (divergierende Landesvorschriften bestimmen die Reichweite bundesrechtlicher Strafnormen)[641] werden im Rahmen der Drittmitteleinwerbung ebenfalls hingenommen. Maßgeblich ist jedoch, dass die §§ 331 ff. nicht den Gesetzesvorbehalt oder die Verwaltungsrechtskonformität, sondern das Vertrauen der Bevölkerung in die Sachgemäßheit staatlichen Handelns (diese flankierend [s. Vor § 331 Rdn. 30 ff.]) schützen. Dass die Einhaltung eines zur Korruptionsvermeidung installierten Verwaltungsverfahrens eine abstrakte Gefährdung dieses Vertrauens in einem hinreichenden Maße absenken kann, bedeutet nicht, dass umgekehrt eine Korruptionsstrafbarkeit bereits dann anzunehmen wäre, wenn es an aus weitergefassten Gründen ggf. gebotenen Regularien (noch) fehlt.[642] Auch im Drittmittelbereich führt das Fehlen einschlägiger Regularien nicht automatisch zur Strafbarkeit (s. Rdn. 84). Die Verwaltungsrechtskonformität ist somit kein absolutes Abgrenzungskriterium, sondern ein (wichtiges) Element zur rechtsgutsbezogenen Tatbestandsreduktion im Bereich des Verwaltungssponsoring (näher hierzu *Lung* NZWiSt **2017** 100, 103 ff.). Umgekehrt bilden weder die Tatsache, dass der Dienstherr Empfänger des Drittvorteils ist,[643] noch die in der steuerlichen Absetzbarkeit liegende Wertentscheidung für sich genommen (d.h. ohne Beachtung der einschlägigen Richtlinien oder Verfahrensgrundsätze) eine hinreichende Grundlage für die Straffreistellung von Zuwendungen im Rahmen des Sponsorings.[644] Vgl. auch zur **Schulbuchbeschaffung** BGH StV **2021** 701 ff. mit krit. Anm. *T. Zimmermann*[645] (zu § 17 in Bezug auf §§ 333, 334).

89 **dd) Städtebauliche Verträge.** Eine weitere im Schrifttum diskutierte, höchstrichterlich bislang nicht entschiedene Fallgruppe bilden Zuwendungen im Zusammenhang mit städtebaulichen Verträgen.[646] Für außerhalb dieses Vertrages geleistete Vorteile[647] gelten die zum Verwaltungssponso-

---

639 *Beulke* FS Frisch 965, 974 ff.; *Greco* GA **2016** 249, 255; *Kuhlen* FS Frisch 949, 956 ff.; *ders.* NK Rdn. 88a ff.; *ders.* JuS **2011** 673, 678; *Roxin* FS Kargl 459, 473 ff.; *Sch/Schröder/Heine/Eisele* Rdn. 46; *Sommer* AnwK Rdn. 48; *SSW/Rosenau* Rdn. 44; *Zöller* ZJS **2011** 550, 556. Kritisch auch *Leitner/Rosenau/Gaede* Rdn. 40; *Lung* NZWiSt **2017** 100, 104; *Schlösser* NZWiSt **2013** 11, 14 f.; *Selle* S. 145 ff. Vgl. zu diesem Fall bereits OLG Celle NJW **2008** 164 ff. (gegen BGH [ZS] NJW **2006** 225 ff.) = StV **2008** 251 mit krit. Anm. *Zieschang*; *Ambos/Ziehn* NStZ **2008** 498 ff.; *R. Busch* NJW **2006** 1100 ff.; *Höltkemeier* S. 49.

640 *Korte* MK Rdn. 162; *Matt/Renzikowski/Sinner* Rdn. 22; *Strehlow* S. 236 f.; *T. Zimmermann* S. 595 ff.; *ders.* ZStW **124** (2012) 1023, 1039 f. Hierfür bereits im Hinblick auf die Drittmittelproblematik *Wrackmeyer* S. 136 ff., 149 f.

641 Hierzu *Schlösser* NZWiSt **2013** 11, 15.

642 Zur Schutzgutsrelevanz der Unrechtsvereinbarung *Zöller* ZJS **2011** 550, 555; ihm folgend *Roxin* FS Kargl 459, 473 (Fn. 8). Vgl. auch *Dießner* FS Beulke 379, 388 f.

643 Hierfür aber *Winkelbauer/Felsinger* in: Winkelbauer/Felsinger/Dannecker S. 9, 34 ff. S. oben Rdn. 44.

644 Vgl. hierzu auch *Dannecker* in: Winkelbauer/Felsinger/Dannecker S. 39, 86 ff., 95 ff.; *Kuhlen* FS Schroeder 535, 540.

645 BGH StV **2021** 701 ff. = NZWiSt **2021** 325 mit krit. Anm. *Lamsfuß* = wistra **2021** 355 mit krit. Anm. *Borgel*.

646 Vgl. hierzu *Burmeister* BauR **2003** 1129 f., 1135 ff.; *Dießner* FS Beulke 379, 381 ff.; *Grziwotz* BauR **2000** 1437 ff.; *C.-W. Otto* ZfBR **2006** 320, 323 ff.; *Schreiber/Rosenau/Combé/Wrackmeyer* GA **2005** 265 ff.; *Wahle/Hohmann* FS H.-J. Birk 259, 270 ff.; *Winkelbauer/Felsinger* in: Winkelbauer/Felsinger/Dannecker S. 9, 38; *Zander* ZG **2002** 191, 192 ff. Zu Zuwendungen im Zusammenhang mit der Errichtung von Windkraftanlagen *D. Geerds* wistra **2017** 381 ff.; *Quambusch* PersV **2008** 56 ff.; allgemein zu erneuerbaren Energien *Krug/Rathgeber* BB **2014** 2371, 2372 ff., 2378 f. (zu §§ 333 f.).

647 *Schreiber/Rosenau/Combé/Wrackmeyer* GA **2005** 265, 267 ff.

ring angestellten Überlegungen entsprechend.[648] Ist die Zuwendung hingegen Bestandteil des zwischen der Gemeinde und dem Betreiber geschlossenen städtebaulichen Vertrages, so ergeben sich für die inhaltliche Gestaltung Grenzen aus § 11 BauGB. Aus dem mit dieser Vorschrift verfolgten Ziel, Handlungsmöglichkeiten jenseits des herkömmlichen Bauplanungsrechts zu eröffnen, wird jedoch teilweise eine Einschränkung der Strafbarkeit gefolgert.[649] So wird der in § 11 Abs. 2 BauGB genannte Begriff der „Angemessenheit" weit interpretiert[650] bzw. die Strafbarkeit auf Fälle begrenzt, in denen die Zuwendung auch nicht mit einer anderen rechtstechnischen Einkleidung zulässig gewesen wäre und die Rechtswidrigkeit der Vertragskonstruktion bereits vor Vertragsabschluss höchstrichterlich festgestellt worden ist.[651] Zur Strafbarkeit in Bezug auf Vergleichsverhandlungen s. einerseits KG NStZ-RR **2008** 373, 376 (zu § 333), andererseits *Wahle/Hohmann* FS H.-J. Birk 259, 278.

ee) Einstellung von Strafverfahren gemäß § 153a StPO. Grundsätzlich zu verneinen ist 90
eine Strafbarkeit gemäß § 331 in den Fällen einer Einstellung von Strafverfahren gemäß § 153a StPO, insbesondere durch Zahlung eines Geldbetrages an eine gemeinnützige Einrichtung oder an die Staatskasse (ausführlich hierzu *St. Cramer* wistra **1999** 414 ff.; *Wackernagel/Cordes* NJW **2018** 3414 ff.). Zwar ist hier (anders als bei der Verhängung eines Bußgeldes; vgl. oben Rdn. 48 f.) ein Drittvorteil zu bejahen, doch erscheint es evident, dass der Gesetzgeber mit der Erweiterung der §§ 331 ff. auf Drittvorteile nicht diese Erledigungsform für Strafverfahren zunichte machen wollte. Die dogmatisch überzeugendste Lösung dürfte darin bestehen, in diesen Fällen ungeachtet des mit diesem Rechtsinstitut verbundenen „Freikaufcharakters" eine Unrechtsvereinbarung zu verneinen, weil der Staatsanwalt oder Richter bei der gesetzlich vorgesehenen und die einschlägigen Verfahrensregeln beachtenden Opportunitätsentscheidung den Staat repräsentiert und die Ausübung dieser Funktion damit nicht den Anschein der unlauteren Käuflichkeit staatlichen Handelns erweckt.[652] Immerhin ist in Ausnahmefällen eine Strafbarkeit denkbar, so z.B., wenn die Auswahl des Zuwendungsempfängers mit dem sachwidrigen Motiv erfolgt, dem Amtsträger (z.B. als Mitglied der begünstigten Einrichtung) einen mittelbaren Vorteil zukommen zu lassen.[653]

ff) Ausblick. Die gesetzgeberische Intention, der Korruption bereits in Anfängen entschieden 91
entgegenzutreten („Klimapflege", „Anfüttern") und die hiermit einhergehenden Tatbestandserweiterungen (Lockerung der Unrechtsvereinbarung, Einbeziehung von Drittvorteilen) haben in Teilbereichen, in denen private Zuwendungen an staatliche bzw. gesellschaftliche Institutionen grundsätzlich erwünscht sind, zu Spannungslagen und dem Bedürfnis nach einer angemessenen Beschränkung des Strafbarkeitsbereichs geführt. Hierbei ist der Rückgriff auf **außerstrafrechtliche Wertungen** unverzichtbar. Das Merkmal der Unrechtsvereinbarung, verstanden als ein regelwidriges Beziehungsverhältnis, bietet einen dogmatischen Anknüpfungspunkt für die erforderlichen Restriktionen, deren Grundgedanke darin besteht, jene Beziehungsverhältnisse als generell erlaubt herauszufiltern, die solche materiellen und/oder prozessualen Regeln befolgen, welche

---

648 Näher zu den Wirkungen der Schulfoto-Entscheidung (BGH StV **2012** 19 ff.) auf städtebauliche Verträge *Dießner* FS Beulke 379, 389 ff.

649 Für eine Abwägungslösung *Zander* ZG **2002** 191, 195 ff.; strenger *Grziwotz* BauR **2000** 1437 f., 1440 f.; *C.-W. Otto* ZfBR **2006** 320, 323 f., 325 f.; *Wahle/Hohmann* FS H.-J. Birk 259, 275 ff.

650 *Schreiber/Rosenau/Combé/Wrackmeyer* GA **2005** 265, 274 ff.

651 *Burmeister* BauR **2003** 1129, 1136 ff.

652 *Bock/Borrmann* ZJS **2009** 625, 631 f.; *Kuhlen* NK Rdn. 107; *Lackner/Kühl/Heger* Rdn. 6a; *Roxin* FS Kargl 459, 465; *Sch/Schröder/Heine/Eisele* Rdn. 39; *Stein/Deiters* SK Rdn. 58; *Volk* GS Zipf 419, 420. Für § 153a StPO als Rechtfertigungsgrund *Cramer* FS Roxin 945, 950.

653 Ebenso *St. Cramer* wistra **1999** 414, 416.

(auch) der Vermeidung des Anscheins der Käuflichkeit dienen.[654] Die Umsetzung dieser Aufgabe wird nicht nur durch den stark abstrakten und modellhaften Charakter der Vertrauensschutzkonzeption, sondern vor allem auch dadurch erschwert, dass einschlägige Regelungen bislang nicht (flächendeckend) zur Verfügung stehen oder in hohem Maße interpretationsbedürftig sind. Vor diesem Hintergrund entwickelt sich die Grenzziehung durch die Rechtsprechung eher fallgruppenorientiert und tastend. Die Teilbereiche der Drittmitteleinwerbung und der Wahlkampfspenden können als durch höchstrichterliche Leitentscheidungen für die Praxis im Grundsätzlichen weitgehend geklärt angesehen werden. Für das Einladungssponsoring bietet die BGH-Entscheidung zu den WM-Tickets[655] lediglich einen Orientierungsansatz. Noch diffuser ist die Situation bezüglich des Verwaltungssponsorings, zumal bereits zweifelhaft ist, ob der BGH selbst sein Urteil im Schulfotografen-Fall als grundlegende Leitentscheidung für diesen Komplex aufgefasst hat.[656] Für die städtebaulichen Verträge steht eine höchstrichterliche Entscheidung noch aus. Über diese einzelnen Gebiete hinaus sind wichtige verbindende Fragen noch ungeklärt: Inwieweit sind Kriterien eines Komplexes auch für andere Teilbereiche von Bedeutung;[657] wo verläuft (mit Blick auf die Aufgabenverteilung zwischen Tatrichter und Revisionsgericht) die Grenze zwischen Tat- und Rechtsfrage,[658] und welcher Stellenwert ist dem Aspekt einer (strengen) Verwaltungsrechtsakzessorietät beizumessen?[659] Wegen der Komplexität der einzelnen Fallgruppen ist auch eine übergreifende strafgesetzliche Vorschrift, die eine handhabbare Richtschnur für die angemessene Begrenzung der Strafbarkeit bietet, derzeit noch nicht in Sicht.[660]

III. Objektiver Tatbestand des § 331 Abs. 2

92 Das Gesetz stellt die Vorteilsannahme durch einen **Richter**, ein **Mitglied eines Gerichts der Europäischen Union** oder einen **Schiedsrichter** in § 331 Abs. 2 unter eine eigenständige Strafdrohung. Bezüglich der Richter, die (anders als Schiedsrichter)[661] gemäß § 11 Abs. 1 Nr. 2 Buchst. a zugleich Amtsträger sind, stellt § 331 Abs. 2 eine Qualifikation des § 331 Abs. 1 dar.[662] Den Grund für die heute praktisch bedeutungslose **Strafschärfung**[663] bilden die Absicherung der richterlichen Unabhängigkeit und die hiermit korrespondierende besondere Schutzwürdigkeit des Vertrauens in die strikte Unparteilichkeit der rechtsprechenden Gewalt.[664] Die strengere Beurteilung dieser Personengruppe zeigt sich auch an der Versuchsstrafbarkeit (Abs. 2 Satz 2) und an der **Unanwendbarkeit** der in **Abs. 3** normierten Genehmigungsregelung. Andererseits ist die Lockerung der Unrechtsvereinbarung durch das (1.) KorrBekG bewusst nicht für die Fälle des § 331 Abs. 2 übernommen worden.[665] Der Vorteil darf sich deshalb nicht nur allgemein auf die richterliche Dienstausübung beziehen, sondern es bedarf weiterhin einer **konkretisierten Unrechtsvereinbarung** in dem Sinne, dass der Vor-

---

654 *Sch/Schröder/Heine/Eisele* Rdn. 39 (auch zum Folgenden).
655 BGHSt **53** 6 ff.
656 Die Entscheidung (BGH StV **2012** 19 ff.) ist nicht in der amtlichen Sammlung abgedruckt und die maßgeblichen Überlegungen werden in einem obiter dictum beim Vorteilsbegriff verortet. Vgl. *Dießner* FS Beulke 379, 380 f.
657 Hierzu *Lung* NZWiSt **2017** 100, 103; s.a. *Dießner* FS Beulke 379, 389 ff.
658 *Michalke* StV **2011** 492, 495. S. auch *Lung* NZWiSt **2017** 100, 105 („Je mehr eine Beurteilung Tatfrage werden muss, desto unbestimmter ist (und wird wiederum) der Tatbestand.").
659 Hierzu *Kuhlen* FS Frisch 949, 962 f.
660 Vgl. immerhin oben Rdn. 84 zum Vorschlag von *Kuhlen*.
661 *Fischer* § 11 Rdn. 24a; *B. Heinrich* S. 347 f.; *Hilgendorf* LK § 11 Rdn. 64.
662 *Joecks/Jäger* Rdn. 26; *Korte* MK Rdn. 165.
663 *Kerner/Rixen* GA **1996** 355, 374 f. S. auch historisch *Durynek* S. 197 ff.; 207 ff., 402 ff. u. passim; *Sellert* FS Diestelkamp 329 ff.
664 *Fischer* Rdn. 29a; *Hardtung* S. 59; *Jescheck* LK[11] Rdn. 20; *Korte* NStZ **1997** 513, 515; *Krey/Hellmann/Heinrich* BT 1 Rdn. 1022; *Kuhlen* NK Rdn. 120; *Lackner/Kühl/Heger* Rdn. 12; *Sch/Schröder/Heine/Eisele* Rdn. 49; *Stein/Deiters* SK Rdn. 34. S. auch BTDrucks. 7/550 S. 271. S. auch *Jaques* S. 117 f.
665 BTDrucks. 13/8079 S. 15; *Bauer/Gmel* LK[11] Nachtrag zu §§ 331–338 Rdn. 14.

teil Gegenleistung für ein bestimmtes richterliches Handeln sein muss.[666] Hinsichtlich der Tathandlungsalternativen (Fordern, Sich-versprechen-Lassen, Annehmen) und des (ggf. auch Dritt-)Vorteils gelten die Ausführungen zu Abs. 1 (s. Rdn. 21 ff., 31 ff.); jedoch enthält § 337 bezüglich der Schiedsrichtervergütung eine Sonderregelung für den Vorteilsbegriff.

1. Täterkreis

a) Richter. Richter sind (gemäß § 11 Abs. 1 Nr. 3) die nach deutschem Recht berufenen **Berufsrichter** (vgl. §§ 8 ff. DRiG) und ehrenamtlichen Richter (näher *Hilgendorf* LK § 11 Rdn. 61 ff.; *Radtke* MK § 11 Rdn. 111, 115).[667] Zu den Berufsrichtern (ggf. auch im Nebenamt)[668] gehören auch die Richter auf Zeit, zur Probe und kraft Auftrags.[669] Wegen der Maßgeblichkeit des formellen Status sind Rechtspfleger (ebenso wie Rechtsreferendare) nicht „Richter" (aber Amtsträger gemäß § 11 Abs. 1 Nr. 2 Buchst. a 1. Alt. bzw. Nr. 2 Buchst. c).[670] **Ehrenamtliche Richter** (vgl. §§ 44, 45, 45a DRiG) sind insbesondere die Schöffen in der Strafgerichtsbarkeit und die Handelsrichter bei den Kammern für Handelssachen, ferner die nicht-berufsrichterlichen Beisitzer in den sonstigen Gerichtszweigen und bei den Disziplinargerichten sowie die Mitglieder der Ehrengerichte.[671] Durch das (2.) KorrBekG 2015 wurde der Täterkreis um die Richter eines **Europäischen Gerichts** (s. Rdn. 17a) erweitert.[672] Bezüglich künftiger richterlicher Handlungen sind auch Mitglieder eines ausländischen und eines internationalen Gerichts in die Strafbarkeit gemäß Abs. 2 einbezogen (§ 335a Abs. 1 Nr. 1).[673] 93

b) Schiedsrichter. Für den auch in § 339 enthaltenen Begriff des „Schiedsrichters" enthält das StGB keine gesetzliche Begriffsbestimmung. Nach der im E 1962 (in § 10 Nr. 6) vorgeschlagenen Legaldefinition ist Schiedsrichter, „wer aufgrund eines Schiedsvertrages, durch Satzung, durch letztwillige Verfügung oder durch ein anderes Rechtsgeschäft damit beauftragt ist, einen Rechtsstreit zu entscheiden".[674] Maßgebliches Kriterium für die Stellung eines Schiedsrichters ist die Bestellung zur **verbindlichen Entscheidung eines Rechtsstreits.**[675] Hierbei üben Schiedsrichter keine hoheitliche Gerichtsbarkeit aus, sondern ihre Tätigkeit erfolgt auf einer ihnen von den Schiedsparteien anvertrauten rechtsgeschäftlichen Grundlage.[676] Deshalb sind Schiedsrichter (anders als Richter; vgl. § 11 Abs. 1 Nr. 2 Buchst. a) nicht zugleich Amtsträger.[677] Als Begründungsakte kommen neben zivilrechtlichen oder arbeitsgerichtlichen Schiedsvereinbarungen (§§ 1025 ff. ZPO, auch i.V.m. § 173 VwGO; §§ 101 ff. ArbGG) auch letztwillige oder andere nicht auf Vereinbarung beruhende Verfügungen (vgl. § 1066 ZPO) in Betracht. Ebenfalls werden die zur Entscheidung von sozialrechtlichen Streitigkeiten vorgesehenen Schiedsämter bzw. -stellen (vgl. § 89 SGB V, § 34 94

---

666 *Korte* MK Rdn. 165; *KreyHellmann//Heinrich* BT 1 Rdn. 900; *Kuhlen* NK Rdn. 98.
667 Vgl. ferner *B. Heinrich* S. 342 ff.; *Korte* MK Rdn. 166; *Stein/Deiters* SK § 11 Rdn. 38 ff.
668 *Radtke* MK § 11 Rdn. 112.
669 *Fischer* § 11 Rdn. 24a; *Hilgendorf* LK § 11 Rdn. 62; *Korte* MK Rdn. 166.
670 *B. Heinrich* S. 346 ff. (auch zum Gerichtsvollzieher); *Fischer* § 11 Rdn. 24a; *Korte* MK Rdn. 166; *Radtke* MK § 11 Rdn. 112 f.; *Stein/Deiters* SK § 11 Rdn. 41, 22; s.a. BTDrucks. 7/550 S. 210. Kritisch zur Herausnahme der Rechtspfleger *Rohlff* S. 162 ff., 185; *Sch/Schröder/Hecker* § 11 Rdn. 28.
671 *Fischer* § 11 Rdn. 24a; *Hilgendorf* LK § 11 Rdn. 63; *Korte* MK Rdn. 166; *Sch/Schröder/Hecker* § 11 Rdn. 28.
672 *Korte* MK Rdn. 167.
673 *Korte* MK Rdn. 169.
674 Gegen die Aufnahme dieser Definition vgl. die Begründung des AE zu § 10 Nr. 6 des E 1962 (BTDrucks. IV/650 S. 13, 117).
675 *Kindhäuser/Hilgendorf* Rdn. 3; *Korte* MK Rdn. 168; *Kuhlen* NK Rdn. 121; *Lackner/Kühl/Heger* Rdn. 2; *Sch/Schröder/Heine/Eisele* Rdn. 50.
676 *B. Heinrich* S. 347 f.; *Hilgendorf* LK § 11 Rdn. 64; *Joecks/Jäger* Rdn. 29; *Radtke* MK § 11 Rdn. 116.
677 *Fischer* § 11 Rdn. 24a; *B. Heinrich* S. 347 f.; *Hilgendorf* LK § 11 Rdn. 64.

SGB VII und § 76 SGB XI) hierher gerechnet.[678] Nach überwiegender Ansicht sind zwar nicht die Schiedsrichter (referees) im Sport (vgl. hierzu §§ 263c Abs. 3 und 4, 263d Abs. 3 und 4), aber die Mitglieder der Sportgerichte „Schiedsrichter" im Sinne des § 331 Abs. 2.[679] Die Parteigerichte der politischen Parteien sind (ungeachtet der Bezeichnung als „Parteischiedsgerichte" in § 14 PartG) zumeist keine Schiedsgerichte im Sinne der §§ 1025 ff. ZPO;[680] ihre Mitglieder sind dann auch nicht taugliche Täter des § 331 Abs. 2.[681] Gleiches gilt für die Schlichter in Tarifauseinandersetzungen, Schiedsgutachter und für Schiedsmänner nach den Schiedsordnungen des Landesrechts, weil diese Personen nicht Entscheidungen treffen, sondern nur einen unverbindlichen Schlichtungsvorschlag unterbreiten können.[682] Im Hinblick auf die aus europäischen Vereinbarungen[683] resultierenden Verpflichtungen ist der Täterkreis – anders als bei den Amtsträgern und Richtern (vgl. § 11 Abs. 1 Nr. 2 und 3) – nicht auf nach deutschem Recht beauftragte Schiedsrichter beschränkt.[684]

2. Bezugs- und Tathandlungen

95 In den Fällen des Abs. 2 muss sich die Handlung des Täters auf eine **richterliche Handlung** (oder Unterlassung, vgl. § 336) als Gegenleistung beziehen. Hierunter sind alle Handlungen zu verstehen, auf die sich die richterliche Unabhängigkeit bezieht.[685] In Erweiterung des § 334 Abs. 1 a.F. (bis 1974) zählt hierzu nicht nur die Entscheidung einer Rechtssache, sondern es werden auch die eine solche Entscheidung vorbereitenden oder begleitenden Handlungen (z.B. Terminsanordnungen und -verlegungen, Beschlüsse und Verfügungen im Ermittlungsverfahren,[686] aber auch noch Strafvollstreckungsentscheidungen gemäß § 453 StPO) erfasst.[687] Die richterliche Handlung wird vielfach, aber nicht notwendigerweise zugleich eine Rechtsbeugung (§ 339) darstellen;[688] insbesondere kommen neben Sachen unter Beteiligung mehrerer Personen mit widerstreitenden Interessen auch einseitige Rechtsangelegenheiten in Betracht.[689] Auch in den Kreis der richterlichen Handlungen eines **Schiedsrichters** sind die Begleithandlungen einbezogen.[690] Allerdings ist die Vergütung eines Schiedsrichters gemäß § 337 nur dann ein „Vorteil", wenn sie „hinter dem Rücken der anderen Partei" erfolgt.

96 Mangels eines Bezuges zur richterlichen Unabhängigkeit umfasst Abs. 2 **nicht** die reine **Justizverwaltungstätigkeit** eines Richters (z.B. die Zulassung als Prozessagent oder die Referendarausbildung).[691] Da der Richter stets auch Amtsträger im Sinne des § 11 Abs. 1 Nr. 2 Buchst. a ist, ergibt sich in diesem die allgemeinen dienstlichen Obliegenheiten betreffenden Bereich (auch z.B. bei

---

678 *Sch/Schröder/Heine/Eisele* Rdn. 50; ebenso zur Vorläuferregelung (§§ 368 ff. RVO) *Jescheck* LK[11] Rdn. 21; **aA** *Stein/Deiters* SK Rdn. 21.

679 *Korte* MK Rdn. 168; *Kuhlen* NK Rdn. 121; *Sch/Schröder/Heine/Eisele* Rdn. 50; *SSW/Rosenau* Rdn. 46; **aA** *Stein/Deiters* SK Rdn. 21.

680 *Buchwitz* Schiedsverfahrensrecht (2019) S. 319 f.; *Hilgendorf* LK § 339 Rdn. 33; s.a. OLG München SchiedsVZ **2016** 346, 347 f.

681 *Stein/Deiters* SK Rdn. 21.

682 *Jescheck* LK[11] Rdn. 21; *Kindhäuser/Hilgendorf* Rdn. 3; *Korte* MK Rdn. 168; *Kuhlen* NK Rdn. 121; *Lackner/Kühl/Heger* Rdn. 2; *Sch/Schröder/Heine/Eisele* Rdn. 50; *Stein/Deiters* SK Rdn. 21.

683 Art. 1 und 4 des Additional Protocol to the Criminal Law Convention on Corruption v. 15.5.2003; European Treaty Series No. 191 (vgl. http://www.conventions.coe.int); s. auch Vor § 331 Rdn. 24.

684 *Korte* MK Rdn. 168; **aA** *Stein/Deiters* SK Rdn. 21.

685 BTDrucks. 7/550 S. 271; *Fischer* Rdn. 29; *Korte* MK Rdn. 170; *Lackner/Kühl/Heger* Rdn. 12; *Sturm* JZ **1975** 6, 13.

686 Vgl. zur Erteilung sicheren Geleits BGHSt **12** 191 ff.

687 *Korte* MK Rdn. 170; *Kuhlen* NK Rdn. 100; *Sch/Schröder/Heine/Eisele* Rdn. 49; *Stein/Deiters* SK Rdn. 34.

688 *Kindhäuser/Hilgendorf* Rdn. 3; *Lackner/Kühl/Heger* Rdn. 12.

689 *Fischer* Rdn. 29; *Korte* MK Rdn. 170.

690 *Fischer* Rdn. 29; *Korte* MK Rdn. 171; *Kuhlen* NK Rdn. 122; *Sch/Schröder/Heine/Eisele* Rdn. 50.

691 *Krey/Hellmann/Heinrich* BT 1 Rdn. 1022; *Kuhlen* NK Rdn. 122. **AA** *Merges* S. 37 ff.; *Sch/Schröder/Cramer*[26] Rdn. 11.

der Abordnung an eine Verwaltungsbehörde) die Strafbarkeit aus **Absatz 1**,[692] dem eine **Auffangfunktion** auch insofern zukommt, als kein Bezug zu einer bestimmten richterlichen Tätigkeit nachgewiesen werden muss.[693]

Bezüglich der **Bestimmtheit** der (schieds-)richterlichen Handlung gelten die obigen Ausführungen zur Abgrenzung gegenüber Privathandlungen (vgl. Rdn. 52 ff.) entsprechend.[694] Die richterliche Handlung muss nicht bereits in ihrer konkreten Gestalt nach Zeitpunkt, Anlass und Ausführungsweise feststehen, aber doch nach ihrem sachlichen Gehalt zumindest in groben Umrissen erkennbar und festgelegt sein.[695] Die Zuwendung von Vorteilen zum sog. „Anfüttern" oder zur „Klimapflege" genügt für Absatz 2 (anders als für Absatz 1) nicht.[696] Ferner sind die strafbarkeitsbegrenzenden Wirkungen der Unrechtsvereinbarung (z.B. der Aspekt der Sozialadäquanz; vgl. Rdn. 68 ff.) auch im Rahmen des Absatzes 2 (vgl. hier: „als Gegenleistung") von Bedeutung; dies gilt sogar umso mehr, als hier eine Restriktion über eine Genehmigung gemäß Absatz 3 ausscheidet. Freilich werden in Anbetracht der verfassungsmäßigen Stellung und der Bedeutung des Richteramts die Grenzen tolerierter Zuwendungen eng zu stecken sein.[697] Als Grundtatbestand zu § 332 Abs. 2 erfasst § 331 Abs. 2 insbesondere jene Fälle, in denen die Vorteilsannahme sich auf eine richterliche Handlung bezieht, die **nicht pflichtwidrig** (bzw. deren Pflichtwidrigkeit nicht zu beweisen) ist.[698] Zum inneren Vorbehalt, die richterliche Handlung nicht vornehmen zu wollen, sowie zur vorgetäuschten richterlichen Handlung vgl. Rdn. 61 ff. Bezüglich der **Tathandlungen** (Fordern, Sich-versprechen-Lassen, Annehmen) gilt das oben zu Rdn. 21 ff. Gesagte. 97

IV. Subjektiver Tatbestand

In subjektiver Hinsicht ist zumindest **bedingter Vorsatz** bezüglich aller Merkmale des objektiven Tatbestandes erforderlich. Der Vorsatz muss sich insbesondere auch auf die **Tätereigenschaft** beziehen (hierzu *Bernsmann/Gatzweiler* Rdn. 293 ff.; *Korte* MK Rdn. 176 f.; s. auch oben Vor § 331 Rdn. 7). Insoweit wird vielfach allein auf die Kenntnis der die Täterqualifikation begründenden tatsächlichen Umstände abgestellt.[699] Richtigerweise stellt die Subjektsqualität ein normatives Tatbestandsmerkmal mit der Folge dar, dass der Täter – allerdings nur nach Parallelwertung in der Laiensphäre – auch über eine entsprechende Bedeutungskenntnis verfügen muss.[700] Ein bloßer Subsumtionsirrtum lässt hingegen den Vorsatz unberührt.[701] Deshalb wird bezüglich der Beamten und Richter die Kenntnis von der Ernennung regelmäßig den Vorsatz hinsichtlich der Amtsträgereigenschaft begründen.[702] Hinsichtlich der für den öffentlichen Dienst besonders Verpflichteten (§ 11 Abs. 1 Nr. 4) ist dem entsprechend auf die Kenntnis von der förmlichen Verpflichtung (s. Rdn. 20) abzustellen, für Schiedsrichter auf die Mit- 98

692 *Fischer* Rdn. 29; *Kindhäuser/Hilgendorf* Rdn. 12; *Korte* MK Rdn. 170; *Sch/Schröder/Heine/Eisele* Rdn. 49; *Stein/Deiters* SK Rdn. 34.

693 BTDrucks. 13/8079 S. 15; *Fischer* Rdn. 29a; *Korte* NStZ **1997** 513, 515; *Lackner/Kühl/Heger* Rdn. 12; *Sch/Schröder/Heine/Eisele* Rdn. 49.

694 *Kuhlen* NK Rdn. 122; *Sch/Schröder/Heine/Eisele* Rdn. 49, 50; *Stein/Deiters* SK Rdn. 34.

695 *Korte* MK Rdn. 174; *Gössel/Dölling* § 75 Rdn. 16; *Kindhäuser/Hilgendorf* Rdn. 19.

696 *Krey/Hellmann/Heinrich* BT 1 Rdn. 1063; *Rengier* BT 2 § 60 Rdn. 52 f.

697 *Fischer* Rdn. 29; *Korte* MK Rdn. 139; *Matt/Renzikowski/Sinner* Rdn. 44; *Merges* S. 173 f.; noch enger (Ausschluss der Sozialadäquanz) *Sommer* AnwK Rdn. 75. Vgl. auch (zu Schiedsrichtern) *Sch/Schröder/Heine/Eisele* Rdn. 50.

698 *Korte* MK Rdn. 173; *SSW/Rosenau* Rdn. 47.

699 BGHSt **2** 119, 120; **8** 321, 323 f.; *Fischer* Rdn. 31; *Sch/Schröder/Heine/Eisele* Rdn. 54.

700 BGHSt **54** 202, 213; BGH NJW **2009** 3248, 3250 (in BGHSt **54** 39 nicht abgedruckt); gegen eine Überspannung BGH StV **2019** 42; ferner OLG Stuttgart StV **2009** 77, 79 f.; *Haft* NJW **1995** 1113, 1117 f.; *Korte* MK Rdn. 177; *Kuhlen* NK Rdn. 95; *Lackner/Kühl/Heger* Rdn. 13; *Lenckner* ZStW **106** (1994) 503, 546; *Stein/Deiters* SK Rdn. 61; *Traumann* S. 132 f.; s.a. RGSt **23** 374 ff.

701 *Kuhlen* NK Rdn. 117. Vgl. auch BGHSt **31** 264, 287.

702 *Korte* MK Rdn. 176 (auch zum Folgenden); *Lackner/Kühl/Heger* § 15 Rdn. 15 (m.w.N.).

wirkung an der Schiedsvereinbarung oder der einseitigen Verfügung, in der seine Unparteilichkeit geregelt ist. Eine fehlerhafte Rubrizierung der normativen Grundlage der Tätereigenschaft ist (als Irrtum über gleichwertige Tatbestandsalternativen) unschädlich;[703] ferner bedarf es auch keiner ausdrücklichen Kenntnis von der besonderen Strafdrohung nach § 331 Abs. 2.[704]

99 Die an den Vorsatz bezüglich des **Vorteils** zu stellenden Anforderungen richten sich nach der Auslegung dieses Tatbestandsmerkmals (s. Rdn. 31 ff.). Verneint man einen „Vorteil", sofern der Zuwendungsempfänger einen rechtlich durchsetzbaren Anspruch auf die betreffende Leistung hat, so begründet die irrige Annahme eines derartigen Anspruchs einen Tatbestandsirrtum.[705] Auf dem Boden des (auch hier vertretenen; s. Rdn. 32) „naturalistischen" Vorteilsbegriffs genügt insoweit die Kenntnis von der (beabsichtigten) Besserstellung (ggf. auch eines Dritten),[706] doch kann die betreffende Fehlvorstellung den Vorsatz bezüglich der Unrechtsvereinbarung (vgl. hierzu Rdn. 45 f.) beseitigen.[707] Entsprechendes gilt hinsichtlich der sog. sozialadäquaten Zuwendungen (s. Rdn. 34).

100 Einen weiteren Vorsatzgegenstand bildet die (bezüglich Absatz 1 gegenüber der früheren Gesetzeslage gelockerte) **Unrechtsvereinbarung**. In diesem Zusammenhang muss der Täter wissen, dass der Vorteil für eine **Dienstausübung** (so bezüglich Absatz 1) oder als Gegenleistung für eine hinreichend konkretisierte (schieds-)richterliche Handlung (so hinsichtlich Absatz 2) gefordert, versprochen oder gewährt wird.[708] Bezieht der Täter den Vorteil allein auf eine Privathandlung (s. Rdn. 55), so fehlt ihm der Vorsatz (anders aber, wenn er lediglich aufgrund fehlerhafter Bewertung ein dienstliches Handeln als privat beurteilt: Subsumtionsirrtum). Umgekehrt reicht es (für Absatz 1) aus, dass dem Täter die Verknüpfung des Vorteils mit seiner Dienstausübung im Allgemeinen bewusst ist, ohne dass sich seine Vorstellung auf eine von ihm konkret zu erbringende Gegenleistung bezieht.[709] Als Beweisanzeichen für einen derartigen Vorsatz kommt z.B. in Betracht, dass die Höhe der Zuwendung umsatzabhängig ist oder die Vereinbarung unter Umgehung der zuständigen Verwaltungsstellen erfolgt.[710] Der innere Vorbehalt, sich bei der Dienstausübung nicht von dem Vorteil motivieren lassen[711] oder die erwartete Gegenleistung nicht erbringen zu wollen, ist unbeachtlich.[712] Zur Vortäuschung einer vermeintlich vorgenommenen Diensthandlung vgl. Rdn. 61 ff. Einer Strafbarkeit gemäß § 331 steht auch nicht entgegen, dass der Täter die Bezugshandlung irrig für pflichtgemäß hält (vgl. § 16 Abs. 2).[713]

101 Des Weiteren muss der Vorsatz auch die **Regelwidrigkeit des Beziehungsverhältnisses** umfassen.[714] Damit ist die subjektive Kehrseite der oben (Rdn. 68 ff., 76 ff.) erörterten Konstellationen der Tatbestandsbegrenzung und -beschränkung angesprochen. Auf der Irrtumsebene ist diesbezüglich (u.a. zur Sozialadäquanz) wie folgt zu unterscheiden:[715] Stellt sich der Täter tatsächliche Umstände vor, bei deren Vorliegen sein Handeln tatbestandslos wäre, so ist der Vorsatz zu vernei-

---

703 Vgl. BGH Urt. v. 29.8.2007 – 5 StR 103/07, S. 12 (insoweit in NStZ **2008** 87 ff. nicht abgedruckt); *Korte* MK Rdn. 177.

704 *Korte* MK Rdn. 177.

705 *Fischer* Rdn. 31; *Jescheck* LK[11] Rdn. 24; *Sch/Schröder/Heine/Eisele* Rdn. 54; *Stein/Deiters* SK Rdn. 61.

706 *Korte* MK Rdn. 178; *Wasserburg* NStZ **2007** 198, 204; im Ergebnis ebenso BGHSt **47** 295, 311; OLG Köln NStZ **2002** 35, 37; s.a. BGH NStZ-RR **2002** 272, 273 f.

707 *Korte* MK Rdn. 179.

708 BGHSt **49** 275, 296; *Fischer* Rdn. 31; *Jescheck* LK[11] Rdn. 24; *Korte* MK Rdn. 179; *Kuhlen* NK Rdn. 118; *Lackner/Kühl/Heger* Rdn. 13; *Sch/Schröder/Heine/Eisele* Rdn. 54.

709 BGH NStZ **2005** 334, 335; *Korte* MK Rdn. 179.

710 BGHSt **47** 295, 311; *Korte* MK Rdn. 179.

711 BGHSt **49** 275, 282 f.; BGH StV **2007** 358, 359.

712 *Joecks/Jäger* Rdn. 21; *Sch/Schröder/Heine/Eisele* Rdn. 54.

713 *Fischer* § 332 Rdn. 16; *Haffke* JuS **1973** 402, 406; *Stein/Deiters* SK Rdn. 61.

714 *Korte* MK Rdn. 179.

715 BGH NStZ **2005** 334, 335; OLG Köln NStZ **2002** 35, 37; *Arzt/Weber/Heinrich/Hilgendorf/Heinrich* BT § 49 Rdn. 37 f. (mit weiteren Beispielen); *Fischer* Rdn. 31; *Gössel/Dölling* § 75 Rdn. 17; *Korte* MK Rdn. 210; *Kuhlen* NK Rdn. 117 f.; *Lackner/Kühl/Heger* Rdn. 13; *Matt/Renzikowski/Sinner* Rdn. 45; *Pfister* NJW **1963** 2137 f.; *SSW/Rosenau* Rdn. 49; *Stein/Deiters* SK Rdn. 61.

nen. Hält der Täter hingegen sein Verhalten für straflos, weil er aufgrund fehlerhafter rechtlicher Beurteilung die Tatbestandsgrenzen zu eng steckt bzw. einen Fall teleologischer Reduktion annimmt, so handelt er vorsätzlich und sein Subsumtionsirrtum kann – insbesondere bei noch ungeklärter Rechtslage – allenfalls als Verbotsirrtum (§ 17) Beachtung finden.[716] Zu Irrtümern bezüglich einer behördlichen Genehmigung (§ 331 Abs. 3) vgl. Rdn. 127.

Bezüglich der **Tathandlungen** (Fordern, Sich-versprechen-Lassen, Annehmen; s. Rdn. 21 ff.) 102
muss der Täter beim Fordern mit zumindest bedingtem Vorsatz wollen, dass der Adressat seiner Erklärung deren Sinn versteht (s. Rdn. 23 f.). Das Sich-versprechen-Lassen erfordert den Willen, den Vorteil entgegenzunehmen oder an einen Dritten gelangen zu lassen. Bezüglich der „Annahme" (vgl. Rdn. 28) bedarf es eines Verwendungswillens, sodass die allein zum Zweck der Überführung des Vorteilsgebers erfolgende Entgegennahme eines Vorteils nicht strafbar ist. Umgekehrt schließt die Bereitschaft, das Erlangte unter einer bestimmten Bedingung zurückgeben zu wollen, ein „Annehmen" nicht aus.[717] Schließlich ist zu beachten, dass der Vorsatz bezüglich aller Deliktsmerkmale im Zeitpunkt der jeweiligen Tathandlung gegeben sein muss (sog. Koinzidenz- oder Simultaneitätsprinzip). Erkennt der Empfänger erst nach dem Erhalt der Leistung die auf den Abschluss einer Unrechtsvereinbarung gerichtete Absicht des Gebers, so kommt lediglich ein nachträgliches Annehmen des Vorteils durch bewusstes Behalten der Zuwendung in Betracht.[718]

V. Behördliche Genehmigung (§ 331 Abs. 3) und sonstige Rechtfertigungsgründe

1. Genehmigung gemäß § 331 Abs. 3

a) Grundlagen, Rechtsnatur und Anwendungsbereich. Gemäß § 331 Abs. 3 ist eine Tat nach 103
§ 331 Abs. 1 bei Vorliegen einer Genehmigung nicht strafbar. Diese Regelung ist (ebenso wie die Parallelvorschrift in § 333 Abs. 3) im Jahre 1974 in das StGB aufgenommen worden.[719] Allerdings waren auch schon zuvor Zuwendungen für eine nicht pflichtwidrige Diensthandlung bei einer vorherigen ausdrücklichen oder stillschweigenden Genehmigung der vorgesetzten Behörde als nicht rechtswidrig angesehen worden.[720] Die Bestimmung schafft keine selbständige Befugnis zur Erteilung von Genehmigungen, sondern es handelt sich um eine **„offene" Regelung**, die durch das Recht des öffentlichen Dienstes ausgefüllt wird (s. auch Rdn. 118).[721]

Die (vom Gesetzgeber bewusst offengelassene) Rechtsnatur der Genehmigung ist umstrit- 104
ten.[722] Nach überwiegend vertretener Auffassung handelt es sich bei der **vorherigen** Genehmigung (zur nachträglichen Genehmigung s. Rdn. 121) um einen **Rechtfertigungsgrund**;[723] die Ge-

716 Auch insoweit für Vorsatzausschluss OLG Neustadt NJW **1963** 1633 f. m. abl. Anm. *Pfister* NJW **1963** 2137 f.; bei noch nicht abschließend geklärter Rechtslage zur Verneinung des Vorsatzes tendierend auch *Korte* MK Rdn. 179. Zur Vermeidbarkeit des Verbotsirrtums vgl. OLG Köln NStZ **2002** 35, 37 f.

717 BGH GA **1963** 147, 148; *Lackner/Kühl* Rdn. 13. Weitere Nachweise oben zu Rdn. 28. (Fn. 169).

718 BGH NStZ **2008** 33, 34. Weitere Nachweise oben zu Rdn. 28 (Fn. 167).

719 Vgl. BTDrucks. 7/550 S. 271 f.

720 Vgl. RGSt **63** 367, 368; BGH JR **1961** 507; *Bank* NJW **1962** 85 ff.; *Gribl* S. 114 f.; *Hardtung* S. 36 f.; *Höltkemeier* S. 130.

721 BTDrucks. 7/550 S. 272. Für eine Streichung der §§ 331 Abs. 3, 333 Abs. 3 bei Einführung eines zur Verneinung der Strafbarkeit führenden Tatbestandsmerkmals der unverzüglichen Anzeige eines Vorteils, bezüglich dessen eine Genehmigung nicht von vornherein offensichtlich ausscheidet, *Schäfer/Liesching* ZRP **2008** 173, 175 f.

722 BTDrucks. 7/550 S. 272 (auch zum gesetzlichen Sprachgebrauch). Vgl. auch allgemein zur behördlichen Genehmigung im Strafrecht *Rönnau* LK Vor § 32 Rdn. 273 ff.

723 BGHSt **31** 264, 285; **47** 295, 309; OLG Hamburg StV **2001** 277, 282; *Arzt/Weber/Heinrich/Hilgendorf/Heinrich* BT § 49 Rdn. 35; *Eisele* BT 1 Rdn. 1637; *Fischer* Rdn. 32; *Gössel/Dölling* § 75 Rdn. 18; *Jescheck* LK[11] Rdn. 16; *Kindhäuser/Hilgendorf* Rdn. 28; *Korte* MK Rdn. 199; *Kuhlen* NK Rdn. 131; *Lackner/Kühl/Heger* Rdn. 13; *Merges* S. 43 ff., 59 f.; *Rengier* BT 2 § 60

genansicht nimmt einen Tatbestandsausschließungsgrund an.[724] Die dogmatischen Auswirkungen der Rubrizierung sind gering; bei entsprechender Weichenstellung im Bereich des Allgemeinen Teils können sich Unterschiede in Irrtums- und Teilnahmekonstellationen ergeben.[725] Für die Beurteilung als Rechtfertigungsgrund lassen sich die systematische Trennung von Absatz 1, der Wortlaut („Täter") und der gemeinhin auf der Rechtswidrigkeitsebene zu berücksichtigende Gedanke der Einheit der Rechtsordnung bzw. des ausnahmsweise überwiegenden Interesses an der Belassung des Vorteils anführen.[726]

105 Hingegen scheint die Behandlung (insbesondere) der Einwerbung universitärer Drittmittel für die Einordnung auf der Tatbestandsebene zu sprechen: Um auch das „Fordern" derartiger Zuwendungen straflos stellen zu können, wird die Beachtung der hochschulrechtlich geregelten Verfahrensabläufe und Genehmigungsvorbehalte nicht dem § 331 Abs. 3 zugewiesen, sondern es wird bereits das normative Tatbestandsmerkmal der Unrechtsvereinbarung (als regelwidrige Verknüpfung von Vorteil und Dienstausübung) verneint (s. Rdn. 77 ff., 81 ff.). Von daher könnte man argumentieren, dass die sich in einer Genehmigung manifestierende Transparenz ganz allgemein nicht erst einen Rechtfertigungsgrund darstelle, sondern die Regelwidrigkeit der Austauschbeziehung aufhebe. Obwohl die Unrechtsvereinbarung als ein alle Wertungen in sich aufnehmendes Tatbestandsmerkmal verstanden werden könnte, ist eine solche **Vereinheitlichung auf der Tatbestandsebene keineswegs geboten**. Denn die Fallgruppen, in denen heute überwiegend ein Tatbestandsausschluss angenommen wird, unterscheiden sich vom herkömmlichen Regelungsgehalt des § 331 Abs. 3. Diese Vorschrift dient der Harmonisierung des Strafrechts mit dem (allgemeinen) öffentlichen Dienstrecht. Betroffen ist hier die zweiseitige Beziehung zwischen dem Amtsträger und seinem Dienstherrn, mag dieser auch bei seiner Genehmigungsentscheidung zugleich Sachwalter der Interessen der Allgemeinheit an der Sachgerechtigkeit und Lauterkeit staatlicher Entscheidungsprozesse sein. Demgegenüber handelt es sich bei der Drittmittelforschung, ggf. aber auch beim kommunalen Sponsoring um speziell normierte Bereiche, in denen – über die allgemeine Erwünschtheit derartiger Finanzierungsmöglichkeiten hinaus – die Einwerbung zweckbestimmter Mittel gerade zu den Dienstpflichten des Amtsträgers gehört. Mit dieser Besonderheit, die bei der Schaffung des § 331 Abs. 3 noch keine Rolle spielte (damals waren Drittvorteile nicht erfasst und ein Bezug zu einer konkreten Diensthandlung erforderlich), verbindet sich nach Ansicht des BGH eine verminderte Schutzbedürftigkeit des Vertrauens in die Sachgerechtigkeit und Nicht-Käuflichkeit dienstlichen Handelns, wenn das in den einschlägigen Normen vorgesehene Verfahren (insbesondere Anzeige und Genehmigung) eingehalten wird.[727] In der Tat lässt sich hierin die dogmatische Grundlage einer gegenständlich beschränkten Tatbestandsrestriktion sehen, ohne dass in der Folge alle Genehmigungskonstellationen auf die Tatbestandsebene nachrücken müssten.[728] Hieran ändert es auch nichts, dass in beiden Zusammenhängen eine behördliche Genehmigung als „vertrauensbildende Maßnahme" fungiert.

Rdn. 73; *Satzger* ZStW **115** (2003) 469, 483; *Sch/Schröder/Heine/Eisele* Rdn. 59; *SSW/Rosenau* Rdn. 50; *Wessels/Hettinger/Engländer* Rdn. 1124. Weitere Nachweise bei *Hardtung* S. 127 (Fn. 105), der selbst eine differenzierende Ansicht vertritt (a.a.O. S. 127 ff.).

724 *Bernsmann* WissR **2002** 1, 19 f.; *Höltkemeier* S. 136 f.; *Jung* in: Roxin/Stree/Zipf/Jung S. 129; *Michalke* FS Rieß 771, 773 f.; *Roxin/Greco* AT I § 17 Rdn. 61; *Stein/Deiters* SK Rdn. 66; *Ulsenheimer* FS Beulke 567, 572 f.; *Wagner* S. 305 f.; *Wentzell* S. 147 ff., 150; *Winkelbauer* NStZ **1988** 201, 202 f.

725 *Merges* S. 47 f. (nicht überzeugend jedoch, soweit die irrige Annahme, keiner Genehmigung zu bedürfen, auf dem Boden des Tatbestandsmodells als Tatbestandsirrtum angesehen wird; vgl. oben Rdn. 101); *Michalke* FS Rieß 771, 773 f.; *Stein/Deiters* SK Rdn. 66.

726 *Kuhlen* NK Rdn. 131; *Sch/Schröder/Heine/Eisele* Rdn. 59; s. auch *Maiwald* JuS **1977** 353, 355 f.; *Merges* S. 45, 48 ff.

727 BGHSt **47** 295, 303. S. auch in Abgrenzung hierzu BGHSt **49** 275, 287 f.

728 Vgl. *Glauben* LKRZ **2008** 81, 84 f.; *Sch/Schröder/Heine/Eisele* Rdn. 6.

106 Als Rechtfertigungsgrund bedarf es der Genehmigung nur, sofern das Verhalten des Amtsträgers den Tatbestand des § 331 verwirklicht.[729] Damit hängt die Reichweite der Genehmigung von der **vorrangig** vorzunehmenden Festlegung der **Tatbestandsgrenzen** ab. Je weiter der Strafrichter insbesondere den Bereich sozialadäquaten Verhaltens absteckt (s. hierzu Rdn. 72 ff.), desto kleiner wird der Bereich, in dem eine Genehmigung erforderlich ist.[730] Eine auf eine sozialadäquate Zuwendung bezogene Genehmigung hat eine rein deklaratorische Bedeutung.[731] Angesichts der Möglichkeit einer divergierenden nachträglichen Beurteilung durch die Staatsanwaltschaft minimiert auch eine solche „Unbedenklichkeitsbescheinigung"[732] das Strafbarkeitsrisiko des Amtsträgers (Unvermeidbarkeit des Verbotsirrtums).[733]

107 Die Genehmigung kann nicht nur für den konkreten Einzelfall, sondern (z.B. bis zu einer bestimmten Wertgrenze) **auch generell** (z.B. als Bestandteil eines Dienstvertrages[734] oder einer universitären Drittmittelsatzung[735]) erteilt werden.[736] Freilich ist fraglich, ob es sich bei pauschalen Regelungen (insbesondere in Verwaltungsvorschriften) um die Erteilung genereller Genehmigungen oder um Hinweise auf die Nichtgenehmigungsbedürftigkeit sozialadäquater Vorteile handelt.[737] Für Zuwendungen oberhalb der allgemein genehmigten „Aufmerksamkeitsgrenze" kommt auch eine generelle Genehmigung unter Anzeigenauflage in Betracht.[738] Die Genehmigung kann sowohl ausdrücklich als **auch konkludent** erklärt werden;[739] allerdings ist nicht jede stillschweigende Duldung durch die oberste Dienstbehörde als Genehmigung anzusehen.[740] Da die Genehmigung sich gerade auf die Verknüpfung zwischen dem Vorteil und der Dienstausübung beziehen muss, enthalten **Dienstreise-, (Sonder-)Urlaubs- oder Nebentätigkeitsgenehmigungen** als solche angesichts ihrer abweichenden Funktion regelmäßig keine Genehmigungen i.S.d. § 331 Abs. 3; anders kann es sich verhalten, wenn der Amtsträger der für beide Entscheidungen zuständigen Behörde den Zusammenhang mit seiner dienstlichen Tätigkeit offengelegt hat.[741]

---

729 *Bott/Hiéramente* NStZ **2015** 121, 122 f.; *Kuhlen* NK Rdn. 125, 131; *Rengier* BT 2 § 60 Rdn. 73; *Schloßer* MedR **2011** 623, 627; *SSW/Rosenau* Rdn. 52. Zur gewachsenen Bedeutung des § 331 Abs. 3 durch die mit dem (1.) KorrBekG geschaffenen Tatbestandserweiterungen vgl. *Hendrik Schneider* FS Seebode 331, 342 ff.

730 Umgekehrt nur für einen geringen Bereich der Sozialadäquanz im Hinblick auf § 331 Abs. 3 OLG Hamburg StV **2001** 277, 282 und 284, 287.

731 *Maiwald* JuS **1977** 353, 355 f. (mit Fn. 20); *Maurach/Schroeder/Maiwald* II § 79 Rdn. 26 f. S. auch *Arzt/Weber/Heinrich/Hilgendorf/Heinrich* BT § 49 Rdn. 35; *Lackner/Kühl/Heger* Rdn. 14.

732 Vgl. *Wentzell* S. 149; *Winkelbauer* NStZ **1988** 201, 202. *Wasserburg* (NStZ **2007** 198, 204) spricht von einer „Transparenzabsicherung".

733 *Glauben* LKRZ **2008** 81, 85 f.; *Korte* MK Rdn. 181; s. auch *Ulsenheimer* FS Beulke 567, 569.

734 BGHSt **31** 264, 285.

735 OLG Hamburg StV **2001** 277, 282 und 284, 287.

736 BTDrucks. 7/550 S. 272; *Bott/Hiéramente* NStZ **2015** 121, 123 ff.; *Fischer* Rdn. 32; *Gössel/Dölling* § 75 Rdn. 18; *Höltkemeier* S. 136; *Jescheck* LK[11] Rdn. 18; *Korte* MK Rdn. 199; *Kuhlen* NK Rdn. 126; *Lackner/Kühl/Heger* Rdn. 16; *Sch/Schröder/Heine/Eisele* Rdn. 65; *Stein/Deiters* SK Rdn. 69. Restriktiver *Geerds* JR **1983** 465, 467; *Jutzi* NStZ **1991** 105, 108; *Michalke* FS Egon Müller 447, 455. Ausführlich *Einmahl* S. 269 ff.; *Korte* in: Dölling 6. Kap. Rdn. 92 ff.; *Reiff* CCZ **2018** 194, 195 ff.

737 Vgl. hierzu *Glauben* LKRZ **2008** 81, 85; *Hardtung* S. 70; *Jutzi* NStZ **1991** 105, 108; *Korte* MK Rdn. 201; *Kuhlen* NK Rdn. 131; *Möhrenschlager* in: Dölling 8. Kap. Rdn. 69.

738 BTDrucks. 13/5584 S. 10. Näher hierzu *Bott/Hiéramente* NStZ **2015** 121, 126 f.; *Korte* in: Dölling 6. Kap. Rdn. 102 f.; *Reiff* CCZ **2018** 194, 196 f.; *Stadler* CCZ **2013** 41, 44 f.

739 BGH LM Nr. 1 zu § 332 StGB; LG Bonn StV **2001** 290, 295; *Kuhlen* NK Rdn. 126; *Lackner/Kühl/Heger* Rdn. 16; *Sch/Schröder/Heine/Eisele* Rdn. 65; *Stein/Deiters* SK Rdn. 69. Kritisch hingegen *Höltkemeier* S. 136.

740 RGSt **63** 367, 368; BGH JR **1961** 507; OLG Hamburg StV **2001** 277, 282 und 284, 287; *Kuhlen* NK Rdn. 126; *Sch/Schröder/Heine/Eisele* Rdn. 65; *Stein/Deiters* SK Rdn. 69.

741 OLG Hamburg StV **2001** 277, 283 und 284, 287; *Fischer* Rdn. 34; *Korte* MK Rdn. 200; *Kuhlen* NK Rdn. 126; *Partsch/Scheffner* GesR **2007** 102, 104; *Sch/Schröder/Heine/Eisele* Rdn. 60; *SSW/Rosenau* Rdn. 56; *Stein/Deiters* SK Rdn. 69. S. auch zu Nebentätigkeiten BGH NStZ-RR **2007** 309, 311; BGH NStZ **2008** 216, 218 sowie ausführlich *Korte* in: Dölling 6. Kap. Rdn. 110 ff.; *Wentzell* S. 153 ff.

108 Durch die ausdrückliche Bezugnahme auf Absatz 1 sind **richterliche Handlungen** (Absatz 2) **nicht genehmigungsfähig**. Allerdings kommt (im Einklang mit § 46 DRiG)[742] eine Genehmigung für Vorteile in Betracht, die sich auf nichtrichterliche Handlungen eines Richters beziehen (z.B. bei Abordnung an eine Verwaltungsbehörde oder bei reiner Justizverwaltungstätigkeit, s. Rdn. 96).[743] Des Weiteren ist eine Genehmigung **ausgeschlossen bezüglich des Forderns** von Vorteilen, weil dieses Verhalten vom Gesetzgeber als mit der Stellung eines Amtsträgers und den Grundsätzen des öffentlichen Rechts unvereinbar angesehen wurde.[744] Die neu gestalteten §§ 71 BBG, 34 BeamtStG sind (anders als ihre Vorläufer) an den Wortlaut des § 331 StGB angepasst und umfassen alle Tathandlungen sowie (neben „Belohnungen" und „Geschenken") auch die „sonstigen Vorteile" (einschließlich der immateriellen Vorteile)[745] sowie die Drittzuwendungen.[746]

109 **b) Zuständige Behörde.** Die Genehmigung muss von der örtlich und sachlich zuständigen Behörde erteilt werden.[747] Für **Bundesbeamte** bestimmt § 71 BBG (vorbehaltlich der zulässigen Übertragung auf eine andere Behörde)[748] die (letzte) oberste Dienstbehörde als sachlich zuständig; aufgrund einer vergleichbaren Regelung (§ 19 SG) liegt die (ebenfalls übertragbare) Zuständigkeit für **Soldaten** beim Bundesministerium der Verteidigung.[749] Zur Zuständigkeit bei (Bundes- und Landes-)**Ministern** und Staatssekretären vgl. *Brauneck* CB **2015** 206, 209 ff.; *Korte* MK Rdn. 183; *Merges* S. 28 ff. Für **Landesbeamte** enthalten die Beamtengesetze der Länder dem § 71 BBG entsprechende Regelungen;[750] bezüglich der **Richter** (vgl. dazu Rdn. 108) verweist § 46 DRiG auf die beamtenrechtlichen Vorschriften. Innerhalb der Behörde ist die Geschäftsverteilung maßgeblich; beim Fehlen einer entsprechenden Regelung ist der Behördenleiter zuständig.[751]

110 Bezüglich der **Angestellten** und **Arbeiter** im öffentlichen Dienst stellen tarifvertragliche Regelungen (insbesondere § 10 BAT, § 3 Abs. 2 TVöD) auf die Zustimmung des Arbeitgebers ab.[752] Dies gilt unzweifelhaft bei einem öffentlich-rechtlich organisierten Arbeitgeber,[753] aber auch hinsichtlich der bei einem privatrechtlich organisierten Unternehmen Beschäftigten, soweit dieses (unbeschadet seiner Organisationsform) eine „sonstige Stelle" im Sinne des § 11 Abs. 1 Nr. 2 Buchst. c ist.[754] Bezüglich der **für den öffentlichen Dienst besonders Verpflichteten** (§ 11 Abs. 1 Nr. 4) ist, sofern sich die für die Verpflichtung gemäß § 1 Abs. 4 VerpflG[755] zuständige Behörde

---

742 Vgl. hierzu aber auch *Hardtung* S. 115 f.

743 *Korte* MK Rdn. 183; *Sch/Schröder/Heine/Eisele* Rdn. 57b. **AA** *Merges* S. 37 ff., 42.

744 BTDrucks. 7/550 S. 271; *Korte* MK Rdn. 193 ff. **AA** *v.Heintschel-Heinegg* BeckOK Rdn. 44.

745 Ebenso zu § 70 BBG a.F. *Claussen/Ostendorf* S. 38 Rdn. 16; *Hardtung* S. 54 ff. Vgl. auch das Rundschreiben des BMI zum Verbot der Annahme von Belohnungen und Geschenken in der Bundesverwaltung vom 8.11.2004, GMBl. **2004** 1074 (zu II.).

746 Ebenso zur früheren Rechtslage *Gribl* S. 91 f.; *Möhrenschlager* in: Dölling 8. Kap. Rdn. 69; auf mittelbare Vorteile abstellend BVerwG NVwZ **2002** 1515, 1516; **aA** *Höltkemeier* S. 133 f.

747 BTDrucks. 7/550 S. 272.

748 Vgl. *Hardtung* S. 111 (Fn. 10) zu § 70 BBG a.F.

749 Zur Genehmigungspflicht für Zivildienstleistende vgl. BVerwG NJW **1996** 2319 f. = JZ **1996** 854 f. mit Anm. *Battis*.

750 Vgl. § 42 BeamtStG sowie die bei *Reich* BeamtStG³ (2018) § 42 Rdn. 1 angegebenen landesrechtlichen Vorschriften. Zur Situation nach dem Wegfall der Rahmenkompetenz des Bundes durch das Gesetz zur Änderung des GG vom 28.8.2006 (BGBl. I S. 2034) vgl. *Korte* in: Dölling 6. Kap. Rdn. 75.

751 *Korte* MK Rdn. 186.

752 *Jutzi* NStZ **1991** 105, 106 f.; *Korte* in: Dölling 6. Kap. Rdn. 76; *Möhrenschlager* in: Dölling 8. Kap. Rdn. 69; *Partsch/Scheffner* GesR **2007** 102, 105.

753 Vgl. BGHSt **31** 264, 285 (zur als Anstalt des öffentlichen Rechts organisierten WestLB).

754 *Fischer* Rdn. 34; *Jutzi* NStZ **1991** 105, 107; *Korte* MK Rdn. 187; *Kuhlen* NK Rdn. 127; *Lackner/Kühl/Heger* Rdn. 17; *Michalke* FS Egon Müller 447, 451 ff.; *Stein/Deiters* SK Rdn. 67. Ausführlich und kritisch jedoch *Bernsmann/Gatzweiler* Rdn. 320 ff.

755 Abgedruckt bei *Hilgendorf* LK § 11 Rdn. 65.

nicht die Genehmigungszuständigkeit vorbehalten hat,[756] die Behörde oder sonstige Stelle (also nicht unbedingt der Arbeitgeber)[757] zuständig, bei der oder für die der Betreffende tätig wird.[758]

c) Vorherige Genehmigung

aa) Materielle Genehmigungsvoraussetzungen. § 331 Abs. 3 stellt auch insofern eine „offene“ Regelung dar, als die Behörde **„im Rahmen ihrer Befugnisse“** über die Genehmigung zu entscheiden hat. Da die Vorschrift diesbezüglich keine Vorgaben macht, ergeben sich die inhaltlichen Genehmigungskriterien aus dem öffentlichen Dienstrecht (näher zu den dienstrechtlichen Rechtsgrundlagen der Genehmigung Korte MK Rdn. 183).[759] Konkret sind insoweit die gesetzlichen und tarifvertraglichen Bestimmungen, die freilich regelmäßig keine expliziten Genehmigungsvoraussetzungen enthalten, sondern die Entscheidung in das Ermessen der zuständigen Behörde stellen, nebst den sie ergänzenden Verwaltungsvorschriften heranzuziehen.[760] Bezüglich der nicht in einem öffentlich-rechtlichen Amtsverhältnis stehenden Amtsträger (z.B. Angestellte bei einem privatrechtlich organisierten Unternehmen der Daseinsvorsorge) oder der für den öffentlichen Dienst besonders Verpflichteten bilden die im Zuge der Korruptionsbekämpfung zunehmend aufgestellten Verhaltenskodices die Beurteilungsgrundlage.[761] Beim Fehlen derartiger Leitlinien kann sich die Genehmigungsbehörde an den in vergleichbaren Unternehmen geltenden Standards orientieren oder auf die im öffentlichen Dienst geltenden Maßstäbe zurückgreifen, was aber Differenzierungen und Abweichungen unter Berücksichtigung der im jeweiligen Tätigkeitsgebiet bestehenden Usancen nicht ausschließt, zumal die Gefährdung der Objektivität des Verwaltungshandelns bei nicht in einem öffentlich Amtsverhältnis Stehenden geringer ist.[762] 111

Angesichts der grundsätzlichen Ausrichtung an den dienstrechtlichen Maßstäben kann man von einer verwaltungs(rechts)akzessorischen Beurteilung sprechen. Mit dieser schlagwortartigen Kennzeichnung ist jedoch das **Spannungsverhältnis zwischen** dem **Straf- und** dem öffentlichen **Dienstrecht** keineswegs behoben.[763] So ist umstritten, unter welchen Voraussetzungen eine erteilte Genehmigung zur Straflosigkeit führt. Einige Autoren stellen insoweit (im Sinne einer strengen Verwaltungs[rechts]akzessorietät) auf die formelle Rechtmäßigkeit ab.[764] Hiernach entfaltet mit Blick auf die Einheit der Rechtsordnung auch eine von einer unzuständigen Behörde und/oder materiell rechtswidrige Genehmigung eine tatbestandsausschließende bzw. rechtfertigende Wirkung, sofern sie nicht nichtig (§ 44 VwVfG), sondern gemäß § 43 Abs. 2 VwVfG formell wirksam ist.[765] Auch die nach Vornahme der Tathandlung erfolgende Aufhebung der Genehmigung ändere hieran nichts.[766] Demgegenüber verlangt die überwiegend vertretene Ansicht weitergehend auch 112

---

756 *Korte* MK Rdn. 188 f.

757 Dem zuneigend jedoch *Michalke* FS Rieß 771, 777.

758 *Korte* MK Rdn. 188 f.; *Kuhlen* NK Rdn. 127; *Stein/Deiters* SK Rdn. 67.

759 *Fischer* Rdn. 33; *Geerds* JR **1983** 465, 467 f.; *Gribl* S. 115 f.; *Höltkemeier* S. 131; *Jutzi* NStZ **1991** 105, 107 f.; *Lackner/Kühl/Heger* Rdn. 17; *SSW/Rosenau* Rdn. 53; *Sch/Schröder/Heine/Eisele* Rdn. 64; *Stein/Deiters* SK Rdn. 68.

760 *Bernsmann* WissR **2002** 1, 16; *Jutzi* NStZ **1991** 105, 107 f. Vgl. insbesondere § 71 BBG, § 42 BeamtStG sowie das Rundschreiben des BMI zum Verbot der Annahme von Belohnungen und Geschenken in der Bundesverwaltung vom 8.11.2004, GMBl. **2004** 1074. Vgl. ferner *Korte* in: Dölling 6. Kap. Rdn. 89 ff.; *Schloßer* MedR **2011** 623, 626 f.; *Strehlow* S. 218 ff., 240 ff.; *Vogelsang/Nahrstedt/Fuhrmann* CCZ **2014** 181, 183 ff.

761 *Korte* MK Rdn. 203. S. auch aus Unternehmenssicht *Dieners* in: Dölling 4. Kap. Rdn. 51 ff.

762 *Jutzi* NStZ **1991** 105, 108; *Korte* MK Rdn. 183, 203; *Kuhlen* NK Rdn. 129. Kritisch zur Übertragung beamtenrechtlicher Maßstäbe *Gribl* S. 116 f.; für eine analoge Anwendung hingegen *Höltkemeier* S. 133.

763 Vgl. allgemein zur „akzessorischen Natur des § 331“ *Wentzell* S. 52 ff.; aber auch *Korte* MK Rdn. 191 („strafrechtsakzessorisch“) und *Hardtung* S. 144 ff. („gegenseitige Akzessorietät“). S. auch allgemein zu den unterschiedlichen Modellen *Rengier* ZStW **101** (1989) 874, 890 ff.

764 *Brauneck* CB **2015** 206, 208; *Michalke* FS Rieß 771, 777 f.; *Mergen* S. 92 ff., 96; *Sch/Schröder/Heine/Eisele* Rdn. 64.

765 Zum Verwaltungsaktscharakter der Genehmigung vgl. *Hardtung* S. 111 (m.w.N.).

766 *Sch/Schröder/Heine/Eisele* Rdn. 64. Vgl. hierzu auch *Hardtung* S. 99 ff.

die **materielle Rechtmäßigkeit** der Genehmigung.[767] Kann die „formelle" Position auf die auch rechtswidrigen Genehmigungen zukommende Bestandskraft verweisen, so sprechen die besseren Gründe dennoch für die herrschende Meinung. Denn mit der Feststellung, dass die „zuständige" Behörde die Genehmigung „im Rahmen ihrer Befugnisse" erteilt haben muss, hat der Gesetzgeber eine im Vergleich zu § 43 VwVfG speziellere Regelung geschaffen und klargestellt, dass die behördliche Entscheidung einer vor Überschreiten der Nichtigkeitsgrenze einsetzenden strafrichterlichen Kontrolle unterliegt.[768]

113 Die praktischen Auswirkungen des Meinungsstreits sind jedoch vergleichsweise gering. Denn die Entscheidung über die Genehmigung steht im **Ermessen** der Behörde,[769] das seitens der Strafgerichte nur **eingeschränkt nachprüfbar** ist. Denn die „Befugnis-Klausel" eröffnet zwar die Nachprüfung darüber, ob die allgemeinen Grenzen der Genehmigungsbefugnis eingehalten (und die Zuständigkeitsregelungen beachtet)[770] wurden, nicht jedoch die Kontrolle, ob innerhalb dieser Grenzen das verwaltungsmäßige Ermessen pflichtgemäß ausgeübt worden sind.[771] In den Fällen schlechterdings unvertretbarer Ermessensausübung wird jedoch vielfach auch eine Nichtigkeit der Genehmigung naheliegen.[772] Im Übrigen kann das Vertrauen auf die Rechtmäßigkeit einer rechtswidrig erteilten Genehmigung unter Irrtumsaspekten zur Straflosigkeit führen (s. Rdn. 127). Geringe praktische Bedeutung dürfte auch der umgekehrten Konstellation zukommen, in der die Behörde die beantragte **Genehmigung** vor der Tat **ermessensfehlerhaft verweigert** hat.[773] Soweit es sich in Wahrheit um sozialadäquate Vorgänge handelt, sind diese bereits tatbestandslos und die Versagung der Genehmigung ist unbeachtlich (s. Rdn. 106). Die vertretbare Ablehnung der Genehmigung ist für den Amtsträger und für den Strafrichter bindend. Da die Verknüpfung der Dienstausübung mit irgendwelchen Vorteilen grundsätzlich unerwünscht ist,[774] wird eine ermessensfehlerhafte Versagung (z.B. aus Schikane) nur sehr selten vorkommen; gegebenenfalls ist eine Rechtfertigung kraft mutmaßlicher Genehmigung (vgl. Rdn. 122) oder ein Strafausschließungsgrund anzunehmen.[775]

114 Zu Recht wird nach ganz überwiegend vertretener Ansicht die durch Täuschung **erschlichene Genehmigung** als unwirksam angesehen.[776] Zur Begründung wird teils auf den Gedanken des Rechtsmissbrauchs,[777] teils auf die beschränkte Reichweite der Genehmigung verwiesen, die den betreffenden Vorgang bei unzutreffenden oder unvollständigen Angaben über Anlass und Umfang des Vorteils gar nicht erfasse.[778] Auf dem Boden des Rechtsmissbrauchsgedankens wird man auch die **durch Drohung oder Bestechung erlangte Genehmigung** für unwirksam erachten. Legt man hingegen die Reichweitenbeschränkung zugrunde, so wird bei materiell rechtmäßiger Genehmi-

---

767 *Gössel/Dölling* § 75 Rdn. 18; *Gribl* S. 119; *Hardtung* S. 155 f.; *Jescheck* LK[11] Rdn. 18; *Korte* MK Rdn. 190 f.; *Kuhlen* NK Rdn. 128 f.; *Lackner/Kühl/Heger* Rdn. 17; *Maiwald* JuS **1977** 353, 356; *Maurach/Schroeder/Maiwald* II § 79 Rdn. 29; *SSW/Rosenau* Rdn. 55; *Stein/Deiters* SK Rdn. 71.

768 BTDrucks. 7/550 S. 272; *Geerds* JR **1983** 465, 468; *Hardtung* S. 130 ff. (der a.a.O. S. 138 ff. die Konstruktion einer Nichtigkeit analog § 44 Abs. 2 Nr. 5 VwVfG wählt); *Kuhlen* NK Rdn. 129.

769 Näher hierzu *Hardtung* S. 120 ff.

770 Vgl. BTDrucks. 7/550 S. 272; *Hardtung* S. 154; *Lackner/Kühl/Heger* Rdn. 17.

771 BTDrucks. 7/550 S. 272; *Brauneck* CB **2015** 206, 207; *Fischer* Rdn. 34; *Jescheck* LK[11] Rdn. 18; *Lackner/Kühl/Heger* Rdn. 17; *Matt/Renzikowski/Sinner* Rdn. 48; *Merges* S. 81 f.; *Sturm* JZ **1975** 6, 13; s.a. *Stein/Deiters* SK Rdn. 72.

772 *Kuhlen* NK Rdn. 129.

773 Hierzu *Maiwald* JuS **1977** 353, 356 sowie ausführlich *Mergen* S. 83 ff.

774 *Gribl* S. 122; *Hardtung* S. 123; *Jutzi* NStZ **1991** 105, 108.

775 Ebenso *Mergen* S. 83 ff., 91 f.; für Straflosigkeit auch *Maurach/Schroeder/Maiwald* II § 79 Rdn. 29.

776 Ausführlich *Strehlow* S. 164 ff., 168 f.; ferner OLG Hamburg StV **2001** 277, 283; *Fischer* Rdn. 33; *Lackner/Kühl/Heger* Rdn. 17; *Reiff* CCZ **2020** 142, 146; *Ulsenheimer* FS Beulke 567, 577 f. **AA** *Michalke* FS Rieß 771, 778.

777 *Jescheck* LK[11] Rdn. 18; *Sch/Schröder/Heine/Eisele* Rdn. 64. S. auch allgemein *Kühl* AT § 9 Rdn. 132 ff. sowie **krit.** *Rengier* ZStW **101** (1989) 874, 885 ff.

778 *Korte* MK Rdn. 192; *Kuhlen* NK Rdn. 130; *Wentzell* S. 150 f.; s. auch *Hardtung* S. 150 (Nichtigkeit). Ausführlich (und zum Teil eine Lösung über die Annahme einer objektiven Strafbarkeitsbedingung in Form der Ex-tunc-Rücknahme der Genehmigung befürwortend) *Mergen* S. 98 ff., 109.

gung teilweise von deren Wirksamkeit ausgegangen (deren Erlangung freilich gemäß § 240 oder § 333 strafbar sein kann).[779]

bb) Harmonisierung mit dienstrechtlichen Vorschriften. Abgesehen von dem Streit um die materielle Rechtmäßigkeit der Genehmigung tritt das Spannungsverhältnis zwischen dem Straf- und dem Dienstrecht auch bei einem Vergleich der einschlägigen Normen zutage.[780] Zahlreiche Autoren beurteilen die diesbezüglich erhobenen Befunde als ungereimt bzw. (teilweise) widersprüchlich,[781] während andere die Probleme als weitgehend lösbar ansehen.[782] Eine Grundposition besteht darin, eine eigenständige strafrechtliche Interpretation zu befürworten, bei der den dienstrechtlichen Normen nur die Funktion einer Auslegungsregel zukommt.[783] Nach anderer Ansicht muss im Ergebnis jedenfalls die Bestrafung eines nach den Vorschriften des Dienstrechts ausdrücklich erlaubten Verhaltens ausscheiden.[784] 115

Zum einen ist die Beurteilung jener Konstellationen umstritten, in denen **§ 331 Abs. 3 eine Genehmigung ausschließt**, ohne dass die dienstrechtlichen Vorschriften (explizit) eine entsprechende Aussparung vorsehen. So wird die Auffassung vertreten, angesichts der in § 46 DRiG einschränkungslos für anwendbar erklärten beamtenrechtlichen Bestimmungen sei eine dienstrechtliche Genehmigung auch für Richter möglich, die zugleich auch die Strafbarkeit der Annahme eines genehmigten Vorteils ausschließe.[785] In Wahrheit dürfte es sich hierbei um einen nur scheinbaren Wertungswiderspruch handeln. Einerseits behält die in § 46 DRiG normierte Generalverweisung auch im vorliegenden Zusammenhang einen (wenngleich schmalen) Anwendungsbereich, da der strafrechtliche Genehmigungsausschluss nicht personen-, sondern tätigkeitsbezogen („richterliche Handlung") ausgestaltet ist (vgl. Rdn. 108). Andererseits wird man bezüglich richterlicher Handlungen auch die dienstrechtliche Genehmigungsfähigkeit verneinen müssen.[786] Gleiches gilt (auch insoweit ohne ausdrücklichen Vorbehalt in den Normen des öffentlichen Dienstrechts) in Bezug auf Bestechungshandlungen (§§ 332, 334).[787] Ferner wird auch das gegen die Pflicht zur uneigennützigen Amtsführung (§ 34 Abs. 1 S. 2 BeamtStG) verstoßende Fordern von Vorteilen überwiegend als dem Ansehen des Beamtentums so abträglich angesehen, dass insoweit auch eine dienstrechtliche Genehmigung nicht in Betracht kommt.[788] 116

Umgekehrt ist eine Spannungslage auch dergestalt denkbar, dass § 331 Abs. 3 eine vom Dienstrecht möglicherweise nicht vorgesehene Genehmigung zulässt. So eröffnet § 331 Abs. 3 ausdrücklich eine **nachträgliche Genehmigung**, während die dienstrechtlichen Vorschriften auf die „Zustimmung" zur Annahme abstellen. Dieser Terminus wird vielfach im Sinne einer vorherigen Erklärung gedeutet mit der Folge, dass die Behörde die strafrechtlich vorgesehene 117

---

779 Vgl. *Hardtung* S. 150 f.; *Kuhlen* NK Rdn. 130. Eine rechtfertigende Wirkung verneinend *Korte* MK Rdn. 192; umgekehrt selbst die Wirksamkeit einer durch Drohung oder Bestechung erlangten rechtswidrigen Genehmigung bis zu deren Aufhebung bejahend *Mergen* S. 110 ff.

780 Vgl. *Hardtung* S. 101 ff., 108 (keine Norm-, sondern allenfalls Wertungswidersprüche).

781 Kritisch insbesondere *Bernsmann* WissR **2002** 1, 15 ff.; *Fischer* Rdn. 33; *Geppert* Jura **1981** 41, 50; *Gribl* S. 115 ff., 123; *Mergen* S. 116 ff.; *Michalke* FS Rieß 771, 775 ff.; *Sch/Schröder/Heine/Eisele* Rdn. 57 f.; *Stein/Deiters* SK Rdn. 65, 68 ff.

782 *Dölling* C 71 f.; *Höltkemeier* S. 132 f.; *Korte* MK Rdn. 182.

783 *Joecks/Jäger* Rdn. 25. Für strikte Trennung *Ulsenheimer* FS Beulke 567, 574 f.

784 *Fischer* Rdn. 33; *Michalke* FS Rieß 771, 776 f.; *v. Heintschel-Heinegg* BeckOK Rdn. 45.

785 *Fischer* Rdn. 33; *Michalke* FS Rieß 771, 776 f.

786 *Gribl* S. 117; *Hardtung* S. 115 f.; *Höltkemeier* S. 133; *Jescheck* LK[11] Rdn. 17; Schmidt-Räntsch DRiG § 46 Rdn. 41; *Stein/Deiters* SK Rdn. 70.

787 *Hardtung* S. 114 f. (m.w.N.).

788 Vgl. (jeweils zu § 54 S. 2 BBG a.F.) *Gribl* S. 118 f.; *Hardtung* S. 117 f.; *Höltkemeier* S. 132 f.; *Jescheck* LK[11] Rdn. 17; *Korte* MK Rdn. 193 ff.; *Möhrenschlager* in: Dölling 8. Kap. Rdn. 69; *Stein/Deiters* SK Rdn. 70; s.a. BTDrucks. 16/2253 S. 15 (= BRDrucks. 354/06 S. 22). **AA** *Bernsmann/Gatzweiler* Rdn. 316 f.; *Fischer* Rdn. 33; *Michalke* FS Rieß 771, 776; *Sch/Schröder/Heine/Eisele* Rdn. 57.

nachträgliche Genehmigung niemals „im Rahmen ihrer Befugnisse“ erteilen könnte.[789] Allerdings ist die Interpretation der einschlägigen Verwaltungsrechtsnormen keineswegs eindeutig. Vielmehr wird als Ausnahme auch eine nachträgliche (ggf. auch stillschweigend erteilte) Genehmigung als beamtenrechtlich zulässig angesehen, sofern die rechtzeitige Einholung nicht möglich oder unzumutbar war.[790] Näher zur nachträglichen Genehmigung unten Rdn. 121 ff.

118 Abgesehen von diesen Reibungsflächen bezüglich des Anwendungsbereichs ergeben sich Berührungspunkte zwischen der strafrechtlichen und der dienstrechtlichen Beurteilung auch hinsichtlich der Frage nach den **inhaltlichen Entscheidungsmaßstäben**. Diese sind auszurichten am Zweck der dienstrechtlichen Ermächtigung, der freilich nicht einheitlich bestimmt wird. Nach vielfach vertretener Auffassung beschränkt sich die Genehmigungsbefugnis auf jene Fälle, in denen eine Beeinträchtigung des geschützten Rechtsguts zu verneinen ist.[791] Nach anderer Ansicht kommt eine Genehmigung auch in Betracht, wenn aufgrund bestimmter Umstände das staatliche Interesse an der Belassung des Vorteils das allgemeine Interesse an der Verhinderung der an sich unerwünschten Vorteilsannahme ausnahmsweise überwiegt.[792] Richtig ist zunächst, dass der Gesetzgeber nicht zuletzt durch die (klarstellende) Neufassung des § 70 BBG a.F. im Jahre 1997 den Ausnahmecharakter der Zustimmung hervorgehoben hat.[793] Es wird auch betont, die Zustimmung dürfe nur erteilt werden, wenn der Schutzzweck der Verbotsnorm nicht beeinträchtigt werde.[794] Dennoch wäre es zu eng, die Zustimmungsbefugnis auf jene Fälle zu reduzieren, in denen schon ganz allgemein eine Gefährdung des Vertrauens der Allgemeinheit in die Lauterkeit der amtlichen Tätigkeit insbesondere angesichts des geringen Werts des Vorteils von vornherein ausgeschlossen erscheint.[795] Dann wäre die Zustimmungsbefugnis auf Fälle der Sozialadäquanz beschränkt,[796] in denen es aber mangels Tatbestandsmäßigkeit des Geschehens gar keiner Genehmigung bedarf. Vielmehr ist ein (relativ schmaler) Bereich anzuerkennen, in dem trotz abstrakt durchaus bestehender Vertrauensgefährdung aufgrund besonderer Umstände (und verstärkt durch das Transparenz und Kontrollmöglichkeit verbürgende Genehmigungsverfahren)[797] derartige Besorgnisse für den konkreten Fall zerstreut werden können.[798] Solche besonderen Umstände können in einem achtenswerten Motiv für die Zuwendung (z.B. Dankbarkeit für die Lebensrettung) oder in der Anerkennung andersartiger Gebräuche im Ausland bei internationalen Verhandlungen oder im diplomatischen Verkehr liegen.[799] Für die im Ermessen der Behörde stehende Entscheidung werden auch der Wert der Zuwendung und die Frage von Bedeutung sein, ob der Vorteil dem Amtsträger selbst (unmittelbar oder mittelbar) oder einem Dritten (z.B. einer sozialen Einrichtung) zugute kommen soll; ggf. kann die Zustimmung auch mit der Auflage erteilt werden,

---

789 *Fischer* Rdn. 33; *Gribl* S. 118; *Joecks/Jäger* Rdn. 25; *Sch/Schröder/Heine/Eisele* Rdn. 57; *v. Heintschel-Heinegg* BeckOK Rdn. 42.1.

790 *Claussen/Ostendorf* S. 41 f. Rdn. 25 ff.; *Hardtung* S. 159 f., 175 ff.; *Höltkemeier* S. 132; *Merges* S. 116 ff.; *Stein/Deiters* SK Rdn. 75.

791 *Höltkemeier* S. 134 f.; *Satzger* ZStW **115** (2003) 469, 484 f.; ähnlich auch *Gribl* S. 120 f.; *Jutzi* NStZ **1991** 105, 108.

792 *Hardtung* S. 120 ff.; *Maiwald* JuS **1977** 353, 355 f.; *Sch/Schröder/Heine/Eisele* Rdn. 59.

793 Vgl. BTDrucks. 13/5584 S. 10; BRDrucks. 553/96 S. 22; *Höltkemeier* S. 135; s. auch schon *Blei* JA **1974** 377, 379 zur früheren Fassung.

794 BVerwG NVwZ **2000** 820, 821.

795 In diesem Sinne aber wohl *Korte* in: Dölling 6. Kap. Rdn. 101. Vgl. aber auch *Arzt/Weber/Heinrich/Hilgendorf/Heinrich* BT § 49 Rdn. 36.

796 So ausdrücklich *Wentzell* S. 148.

797 S. auch oben Rdn. 70, 83.

798 Zustimmend *Bott/Hiéramente* NStZ **2015** 121, 123; *Schloßer* MedR **2011** 623, 627.

799 *Blei* JA **1974** 377, 379; *Lackner/Kühl/Heger* Rdn. 14; *Maiwald* JuS **1977** 353, 355; *Sch/Schröder/Heine/Eisele* Rdn. 59. S. auch *Kuhlen* NK Rdn. 131.

das Erlangte zu spenden[800] oder an den Dienstherrn abzuliefern.[801] Zur **Genehmigung von Sponsoringleistungen** vgl. oben Rdn. 88, 105 und *Korte* MK Rdn. 196 ff.[802]

119 **cc) Genehmigung vor Tatbestandserfüllung.** Von einer vorherigen Genehmigung (als Rechtfertigungsgrund) ist nicht nur dann auszugehen, wenn sie dem Handlungsmerkmal der Annahme oder des Sich-versprechen-Lassens zeitlich vorausgeht, sondern auch dann, wenn sie – sei es auch nach diesem Zeitpunkt – vor der Erfüllung des Tatbestandes erteilt wird.[803] Dieser Umstand ist insofern dogmatisch bedeutsam, als die Annahme oder das Sich-Versprechen-Lassen eines Vorteils unter dem **Vorbehalt der Genehmigung** zwar nicht zur Verneinung des betreffenden Tatbestandsmerkmals (s.o. Rdn. 30), unter bestimmten Voraussetzungen aber zu einer Umstrukturierung des Tatbestandes im Sinne eines kombinierten **Handlungs-Unterlassungs-Tatbestandes** führt (ausführlich zu dieser u.a. dem § 142 Abs. 2 entsprechenden Konstruktion *Hardtung* S. 171 ff.). Eine solche „Verlängerung" des Tatbestandes um eine sich an das Handlungsmerkmal anschließende Unterlassungsphase (bezüglich der unverzüglichen Beantragung der Genehmigung und der unverzüglichen Rückgabe des Vorteils bei Versagung der Genehmigung) setzt hinsichtlich der **Annahme unter Vorbehalt** voraus, dass die Einholung der (das behördliche Kontrollinteresse besser wahrenden) Genehmigung vor der Annahme nicht möglich ist, bis zur Genehmigung eine Nutzung des Vorteils unterbleibt und der Vorbehalt gegenüber dem Geber (zur Minimierung der Gefahr eines Vertrauensverlusts bei den Bürgern) ausdrücklich erklärt worden ist.[804] Sind diese Merkmale erfüllt, so richtet sich die Tatbestandsverwirklichung nach der Verletzung der nachgeschalteten Handlungspflichten: Der Täter macht sich strafbar, wenn er entweder nicht unverzüglich, d.h. ohne schuldhaftes Zögern, die Genehmigung beantragt oder nach Versagung der Genehmigung den Vorteil nicht unverzüglich zurückgibt. Die Nutzung des Vorteils vor Erteilung der Genehmigung führt ebenfalls zur Strafbarkeit; eine später gleichwohl erteilte Genehmigung wäre nicht rechtmäßig und würde somit nicht als Strafaufhebungsgrund wirken.[805]

120 Das Sich-versprechen-Lassen eines Vorteils ist gemäß § 331 Abs. 3 ebenfalls genehmigungsfähig, doch stellt das Gesetz auch insoweit allein auf die Genehmigung der „Annahme" ab. Das Sich-Versprechen-Lassen ist der Annahme vorgelagert und weist insofern eine geringere Gefahrenintensität für das Ansehen des öffentlichen Dienstes auf, als hier die Erlangung des Vorteils durch den Amtsträger noch aussteht. Deshalb kann auch die Straflosigkeit des **Sich-versprechen-Lassens unter** dem **Vorbehalt** der Genehmigung an geringere Anforderungen geknüpft werden. Die Möglichkeit der Einholung einer Genehmigung schon vor der Abgabe des Versprechens ist unerheblich, und für den Verzicht auf eine Nutzung des Vorteils fehlt die tatsächliche Basis. Im Ergebnis ist der Amtsträger somit (infolge rechtfertigender Genehmigung) straflos, wenn er sich den genehmigungsfähigen Vorteil nur unter dem ausdrücklich erklärten Genehmigungsvorbehalt versprechen lässt, die Genehmigung beantragt und vor ihrer Erteilung eine Annahme des Vorteils ablehnt.[806]

---

800 BVerwG NVwZ **2000** 820 f.
801 *Korte* MK Rdn. 202; *ders.* in: Dölling 6. Kap. Rdn. 105.
802 Vgl. ferner *Fürsen* S. 131 ff.; *Höltkemeier* S. 138; *Sanchez-Hermosilla* Kriminalistik **2002** 506, 512; *Satzger* ZStW **115** (2003) 469, 483 ff.; *Wentzell* S. 151 ff. Gegen eine Anwendbarkeit beamtenrechtlicher Vorschriften auf gemeinnützige Zuwendungen an eine öffentlich-rechtliche Körperschaft *Dannecker* in: Winkelbauer/Felsinger/Dannecker S. 39, 82 f.
803 Vgl. *Hardtung* S. 173 f., 228; *Krey/Hellmann/Heinrich* BT 1 Rdn. 1081; s.a. *Gössel/Dölling* § 75 Rdn. 18.
804 Näher *Hardtung* S. 174 ff. Vgl. auch *Korte* MK Rdn. 206 (als Anwendungsfall der nachträglichen Genehmigung).
805 Vgl. *Hardtung* S. 173, 183 f. S. auch unten Rdn. 121 (zu Fn. 809) und Rdn. 124.
806 *Eisele* BT 1 § 92 Rdn. 1637; *Hardtung* S. 182 f. (unverzügliche Antragstellung fordernd); *Korte* MK Rdn. 202 (gegen Unverzüglichkeitserfordernis); *Merges* S. 68; *Sch/Schröder/Heine/Eisele* Rdn. 60.

121 **d) Nachträgliche, mutmaßliche und „hypothetische" Genehmigung.** Die soeben genannten Voraussetzungen für ein Sich-versprechen-Lassen oder eine Annahme unter Vorbehalt werden vielfach nicht gegeben sein, sei es, weil der Vorteil seiner Art nach (z.B. eine spontane Einladung zum Essen oder zu einem Theaterbesuch) nur sofort erbracht und angenommen werden soll bzw. kann, sei es, weil die Erklärung eines Vorbehalts zwar nicht ausgeschlossen, aber (insbesondere im diplomatischen Verkehr) untunlich ist.[807] In derartigen Konstellationen scheidet die Erweiterung zu einem Handlungs-Unterlassungs-Tatbestand und eine dadurch qua Verlegung der Vollendung des Verbotstatbestandes bewirkte „vorherige" Genehmigung i.S.d. § 331 Abs. 3 1. Alt. aus. In Betracht kommt bei **unverzüglicher** (d.h. ohne schuldhaftes Zögern vorgenommener)[808] Anzeige jedoch eine **nachträgliche Genehmigung**, die allerdings als der Tatbestandsverwirklichung nachfolgender Umstand keine rückwirkende Rechtfertigung bedeutet. Vielmehr handelt es sich bei der rechtmäßigen[809] nachträglichen Genehmigung um einen **sachlichen Strafaufhebungsgrund**,[810] der auch für den Vorteilsgeber (§ 333 Abs. 3) und etwaige Teilnehmer wirkt und ggf. auch einer Strafbarkeit gemäß § 357 entgegensteht. Allerdings steht der Amtsträger im Vergleich zu einer vorherigen Genehmigung insofern schlechter, als sein Handeln mit dem Makel der Rechtswidrigkeit behaftet bleibt und etwaige Irrtümer stets unbeachtlich sind (s. auch Rdn. 128).[811]

122 Zur Vermeidung dieser zum Teil unangemessenen Beurteilung ist eine **mutmaßliche Genehmigung** anzuerkennen, die **rechtfertigend** wirkt und deren Voraussetzungen anhand der mutmaßlichen Einwilligung zu bestimmen sind.[812] Hinsichtlich des Annehmens eines Vorteils (anders als beim weniger gefährlichen Sich-versprechen-Lassen; vgl. auch Rdn. 120)[813] ist – der Subsidiarität der mutmaßlichen Einwilligung entsprechend – zu verlangen, dass die Einholung einer vorherigen Entscheidung der Behörde nicht möglich oder zumindest untunlich war.[814] Ferner muss objektiv (insbesondere aufgrund der bisherigen Entscheidungspraxis) eine hinreichende Wahrscheinlichkeit dafür sprechen, dass die zuständige Behörde in Kenntnis der Umstände die Genehmigung erteilen würde.[815] Als subjektives Rechtfertigungselement ist erforderlich, aber auch ausreichend, dass der Amtsträger von einem entsprechenden mutmaßlichen Willen der Behörde ausgeht. Die vielfach erhobene Forderung, der Täter müsse zusätzlich beabsichtigen, die Genehmi-

---

807 Vgl. *Hardtung* S. 162.

808 *Fischer* Rdn. 36; *Hardtung* S. 178 f., *Korte* MK Rdn. 204.

809 Zur Unbeachtlichkeit einer rechtswidrigen nachträglichen Genehmigung *Hardtung* S. 225 ff.; *Korte* MK Rdn. 204; *Kuhlen* NK Rdn. 132 f. Auch bei fehlender Genehmigungsfähigkeit für eine die Strafbarkeit aufhebende Wirkung der gleichwohl erteilten Genehmigung *Merges* S. 71. S. auch Rdn. 112.

810 *Hardtung* S. 202 f.; *Korte* MK Rdn. 204; allgemein einen Strafaufhebungsgrund annehmend *Eisele* BT 1 § 92 Rdn. 1637; *Gössel/Dölling* § 75 Rdn. 18; *Höltkemeier* S. 137; *Lackner/Kühl/Heger* Rdn. 16; *Rengier* BT 2 § 60 Rdn. 75; *Sch/Schröder/Heine/Eisele* Rdn. 62; *Stein/Deiters* SK Rdn. 75; *Wessels/Hettinger/Engländer* Rdn. 1124. Für einen persönlichen Strafaufhebungsgrund *Fischer* Rdn. 36; *Haft* BT 2 S. 292 f.; für einen Rechtfertigungsgrund *Jescheck* LK[11] Rdn. 16; differenzierend *Kuhlen* NK Rdn. 135.

811 *Hardtung* S. 203; *Korte* MK Rdn. 205.

812 Ausführlich *Hardtung* S. 203 ff.; s. ferner *Korte* MK Rdn. 207 f.; *Kuhlen* NK Rdn. 134; *Sommer* AnwK Rdn. 80; *Stein/Deiters* SK Rdn. 73; *Strehlow* S. 157 ff.; in der Sache ebenso *Eisele* BT 1 § 92 Rdn. 1637; *Fischer* Rdn. 36; *Höltkemeier* S. 137; *Jescheck* LK[11] Rdn. 16; *Lackner/Kühl/Heger* Rdn. 16; *Rengier* BT 2 § 60 Rdn. 74; *Sch/Schröder/Heine/Eisele* Rdn. 61. **AA** *Küpper/Börner* § 9 Rdn. 15 (Strafaufhebungsgrund).

813 *Hardtung* S. 225.

814 *Fischer* Rdn. 36; *Hardtung* S. 207; *Korte* MK Rdn. 207; *Kuhlen* NK Rdn. 133 f.; *Lackner/Kühl/Heger* Rdn. 16; *Rengier* BT 2 § 60 Rdn. 74; *Sch/Schröder/Heine/Eisele* Rdn. 61; *Stein/Deiters* SK Rdn. 73. Vgl. auch (sehr restriktiv) *Merges* S. 69 f., 71 f.

815 *Eisele* BT 1 § 92 Rdn. 1637; *Fischer* Rdn. 36; *Jescheck* LK[11] Rdn. 16; *Korte* MK Rdn. 207; *Kuhlen* NK Rdn. 133 f.; *Lackner/Kühl/Heger* Rdn. 16; *Sch/Schröder/Heine/Eisele* Rdn. 61; *Stein/Deiters* SK Rdn. 73; vgl. auch ausführlich *Hardtung* S. 207 ff. Weitergehend allein auf die Genehmigungsfähigkeit abstellend *Michalke* FS Rieß 771, 774 f.; *Rengier* BT 2 § 60 Rdn. 74.

gung unverzüglich einzuholen,[816] vermag nicht zu überzeugen.[817] Jene Ansicht ist erkennbar von dem Bemühen getragen, die für die nachträgliche Genehmigung in Absatz 3 normierte Pflicht zur unverzüglichen Anzeige zumindest als subjektives Erfordernis fruchtbar zu machen und damit die Kontrollmöglichkeiten für die Behörde tendenziell zu erhöhen. Dem ist jedoch entgegenzuhalten, dass die mutmaßliche Genehmigung von der nachträglichen dogmatisch zu trennen ist, dass es im Gegenstück der mutmaßlichen Einwilligung weder in objektiver noch in subjektiver Hinsicht die Pflicht zur nachträglichen Einholung des Willens des Rechtsgutsinhabers gibt und dass eine rein subjektive Ausgestaltung des Merkmals (von den hiermit verbundenen Beweisproblemen abgesehen) keinen effektiven Beitrag zum Rechtsgüterschutz zu leisten vermag.

Liegen die genannten Voraussetzungen vor, so tritt die rechtfertigende Wirkung der mutmaßli- 123
chen Genehmigung **unabhängig davon** ein, **ob** die **Genehmigung später** tatsächlich **erteilt** oder versagt wird.[818] Denn die im Tatzeitpunkt bestehende Rechtfertigung gerät durch eine nachfolgende abweichende Ausübung der Dispositionsbefugnis ebenso wenig in Wegfall wie bei einer mutmaßlichen Einwilligung. Umgekehrt stellt die nachträgliche Erteilung der Genehmigung ein gewichtiges Indiz (nach anderer Ansicht sogar eine zwingende Beweisregel)[819] für einen entsprechenden mutmaßlichen Behördenwillen ex ante dar.[820] Wird die Genehmigung entgegen der objektiv zu erwartenden Behördenentscheidung dennoch (rechtmäßig) erteilt, so wirkt sie als Strafaufhebungsgrund (vgl. Rdn. 121).[821]

Zwischen den einzelnen Genehmigungs- und Rechtfertigungsformen besteht ein **dogmati-** 124
sches Stufenverhältnis. Die vorherige Genehmigung sichert sowohl die Dispositionsbefugnis der Behörde als auch das Vertrauen der Bevölkerung in bester Weise. Wo eine derartige präventive Kontrolle möglich ist, muss der Amtsträger vor der Annahme des Vorteils diesen Weg beschreiten.[822] Die Annahme unter Vorbehalt (anders als das Sich-versprechen-Lassen eines Vorteils unter Vorbehalt; s.o. Rdn. 120) und die mutmaßliche Genehmigung sind also gegenüber der prinzipiell erlangbaren vorherigen Zustimmung subsidiär. Zwischen diesen beiden Formen besteht jedoch auch keine Wahlfreiheit für den Amtsträger.[823] Vielmehr stellt die Annahme unter Vorbehalt den für den Amtsträger zumutbaren und zugleich das Rechtsgut des Vertrauens der Bevölkerung weniger stark belastenden Weg zur Erlangung des Vorteils dar, indem der Status quo gleichsam bis zur Ausübung der Dispositionsbefugnis durch die Behörde gesichert und die Bereitschaft, die Annahme vom Erhalt einer Genehmigung abhängig zu machen, kundgetan wird. Es kommt als dogmatisches Argument hinzu, dass die Annahme unter erklärtem Vorbehalt zu einer vorherigen Genehmigung führt. Dann muss aber die Nachrangigkeit der mutmaßlichen Genehmigung auch gegenüber dieser (wenn auch im Vergleich zur sofortigen Genehmigung „zweitklassigen") Ermittlung des wirklichen Behördenwillens gelten. Für eine (auf der dritten Stufe angesiedelte) mutmaßliche Genehmigung ist hiernach nur Raum, wenn eine Annahme unter Vorbehalt ausscheidet, weil entweder der Vorteil nicht konservierbar ist oder eine ausdrückliche Erklärung des Vorbehalts unmöglich, unzumutbar oder untunlich ist.[824] Man könnte sogar überlegen, ob selbst die Erklä-

---

816 Hierfür *Eisele* BT 1 Rdn. 1637; *Gössel/Dölling* § 75 Rdn. 18; *Lackner/Kühl/Heger* Rdn. 16; *Merges* S. 72 ff.; *Rengier* BT 2 § 60 Rdn. 74; *Sch/Schröder/Heine/Eisele* Rdn. 61; s.a. *Krey/Hellmann/Heinrich* BT 1 Rdn. 1082.

817 Wie hier *Hardtung* S. 212 f.; *Korte* MK Rdn. 208; *Kuhlen* NK Rdn. 133; *Maiwald* JuS **1977** 353, 357; *Stein/Deiters* SK Rdn. 74; wohl auch *Fischer* Rdn. 36; *Jescheck* LK[11] Rdn. 16.

818 *Eisele* BT 1 § 92 Rdn. 1637; *Fischer* Rdn. 36; *Korte* MK Rdn. 208; *Kuhlen* NK Rdn. 134; *Lackner/Kühl/Heger* Rdn. 16; *Maiwald* JuS **1977** 353, 357; *Michalke* FS Rieß S. 771, 775; *Rengier* BT 2 § 60 Rdn. 75; *Sch/Schröder/Heine/Eisele* Rdn. 61; *Stein/Deiters* SK Rdn. 73.

819 *Hardtung* S. 214 ff. **AA** *Stein/Deiters* SK Rdn. 73.

820 *Korte* MK Rdn. 208; *Kuhlen* NK Rdn. 134.

821 *Fischer* Rdn. 36; *Lackner/Kühl/Heger* Rdn. 16; *Sch/Schröder/Heine/Eisele* Rdn. 62; *Stein/Deiters* SK Rdn. 75. Differenzierend *Kuhlen* NK Rdn. 135.

822 *Hardtung* S. 177 f., 207; *Merges* S. 61 f.

823 So jedoch *Hardtung* S. 228 f.

824 In diesem Sinne BTDrucks. 7/550 S. 272; im Sinne einer solchen Nachrangigkeit wohl auch *Eisele* BT 1 § 92 Rdn. 1637; *Lackner/Kühl/Heger* Rdn. 16; *Sch/Schröder/Heine/Eisele* Rdn. 60.

rung der Bereitschaft des Amtsträgers, bei Versagung der Genehmigung den Wert des erlangten (und inzwischen verbrauchten) Vorteils zurückzuerstatten, als vorrangig zu wählende Handlungsoption anzusehen ist (soweit der Wert – wie z.B. bei einer Einladung zum Essen oder zu einer Veranstaltung – bestimmbar und eine derartige Erklärung nicht untunlich ist).[825] Auf der vierten Ebene sind schließlich die Fälle anzusiedeln, in denen die nachträgliche Genehmigung als Strafaufhebungsgrund fungiert (vgl. oben Rdn. 121, 123).

125 Die dogmatische Anlehnung der mutmaßlichen Genehmigung an die mutmaßliche Einwilligung führt zu der Frage, ob auch die seit einigen Jahren vehement diskutierte Rechtsfigur der hypothetischen Einwilligung[826] ein Gegenstück in Gestalt einer **„hypothetischen" Genehmigung** finden soll. Der dogmatische Grundansatz der hypothetischen Einwilligung, deren vorrangiger Anwendungsbereich (bislang) im Bereich ärztlicher Heileingriffe liegt, besteht darin, die für den Haftungsausschluss auf Tatbestandsebene geläufigen Regeln der Lehre von der objektiven Zurechnung auf der Rechtswidrigkeitsebene anzuwenden. Wenn sich hierbei anhand einer Beurteilung ex post herausstellt, dass der Rechtsgutsinhaber dem fraglichen Eingriff zugestimmt hätte, so soll es an einem zurechenbaren Erfolgsunrecht auch dann fehlen, wenn (mangels hinreichender Aufklärung) eine rechtfertigende Einwilligung oder (wegen der Möglichkeit, den konkreten Willen vor dem Eingriff in Erfahrung zu bringen) eine mutmaßliche Einwilligung ausscheiden. Die hypothetische Einwilligung bewirkt also keine Rechtfertigung, sondern sie steht lediglich einer Vollendungsstrafbarkeit entgegen. Wollte man das skizzierte Modell auf die Situation des § 331 Abs. 3 übertragen,[827] so wäre eine Strafbarkeit wegen Vorteilsannahme auch dann zu verneinen, wenn der Empfänger des Vorteils von einem möglichen Antrag auf Erteilung der Genehmigung (oder auch von der Annahme unter Genehmigungsvorbehalt) absieht, eine spätere Erforschung des Behördenwillens aber (zumindest in dubio pro reo) zu dem Ergebnis führt, dass die beantragte Genehmigung (möglicherweise) erteilt worden wäre.

126 Gegen die Rechtsfigur der hypothetischen Einwilligung sind **grundsätzliche** kriminalpolitische und dogmatische **Bedenken** zu erheben. Insbesondere droht der Vorrang der realen Entscheidung des Dispositionsbefugten zumindest dort schlichtweg ausgehebelt zu werden, wo es – wie bei § 331 Abs. 1 – an einer Versuchsstrafbarkeit fehlt, da dann für den Handelnden kein (strafrechtlicher) Anlass besteht, sich um eine Rechtfertigung seines Tuns zu bemühen. Zunächst kann der Täter hoffen, dass sein Verhalten unentdeckt bleibt; „schlimmstenfalls" würde die rückwirkende hypothetische Betrachtung (mit dem weiteren Vorteil des Zweifelsgrundsatzes) ihn immer noch der Strafbarkeit entziehen. Daneben führen weitere Argumente zur **Ablehnung** einer „hypothetischen" Genehmigung (jedenfalls) **im Rahmen des § 331**. Die zentrale Überlegung, es mangele in den Fällen der hypothetischen Einwilligung an einer Zurechenbarkeit des Erfolgsunrechts, geht hier ins Leere, da es sich bei § 331 um ein abstraktes Gefährdungsdelikt handelt, für dessen Verwirklichung es eines Erfolgsunrechts von vornherein nicht bedarf. Ähnlich findet der für ärztliche Heileingriffe vorgetragene Gesichtspunkt keine Entsprechung, eine Handlung, die sich (wenn auch erst im Nachhinein) als dem Willen des Rechtsgutsinhabers entsprechend erweist, könne keine Strafbarkeit wegen einer vollendeten Körperverletzung nach sich ziehen. Denn würde der Amtsträger auf die Annahme des Vorteils verzichten, so würde er hiermit ganz sicher nicht die Interessen des Rechtsgutsinhabers verfehlen, geht es hier doch um den Schutz des Vertrauens der Allgemeinheit.[828] Die Genehmigung ist somit materiell weniger ein Instrument zur Durchsetzung der Interessen des Rechtsgutsinhabers als vielmehr jener des Täters. Umgekehrt stellt die Beachtung des Genehmigungsverfahrens aus der Perspektive der Bürger einen maßgeblichen Eigenwert dar, weil gerade die hierdurch bewirkte Transparenz dem Vertrauensschutz dient. Selbst wenn man also bei ärztlichen Heilmaßnahmen der Übereinstimmung mit dem Patientenwil-

825 Kritisch hierzu *Hardtung* S. 173.

826 Vgl. allgemein zu dieser Rechtsfigur *Fischer* § 223 Rdn. 32; *Joecks/Jäger* Vor § 32 Rdn. 46 f.; *Kühl* AT § 9 Rdn. 47a; *Rönnau* LK Vor § 32 Rdn. 230 ff.; *Roxin/Greco* AT I § 13 Rdn. 119 ff.; *Sowada* NStZ **2012** 1 ff.

827 Hierfür offenbar *Kuhlen* NK Rdn. 135 (unter Hinweis auf *dens.* FS Müller-Dietz [2001] 431, 447 ff.).

828 S. auch oben Rdn. 118 zum Ausnahmecharakter der Genehmigung.

len den Vorrang einräumen wollte gegenüber Defiziten bezüglich der vorherigen Ermittlung dieses Willens, so verhält es sich bei der Vorteilsannahme gerade umgekehrt. Hier „ist der Weg gleichsam das Ziel“, weil gerade die heimliche Annahme des Vorteils den Vertrauensschaden auslöst.[829] Der besondere Stellenwert der Beachtung des Genehmigungsverfahrens kommt auch darin zum Ausdruck, dass im Fall der nachträglichen Genehmigung die Anzeige „unverzüglich“ erfolgen muss. Hiermit wollte der Gesetzgeber verhindern, dass die Genehmigung noch nach Einleitung strafrechtlicher Ermittlungen erteilt wird.[830] Mit dieser Zielsetzung wäre eine nur hypothetische Genehmigung erst recht nicht zu vereinbaren. Es ist somit festzuhalten, dass – von einer rechtfertigenden mutmaßlichen Genehmigung abgesehen – nur eine tatsächlich erteilte Genehmigung (als Rechtfertigungs- oder Strafaufhebungsgrund) zur Straflosigkeit des Vorteilsnehmers (und entsprechend gemäß § 333 des Vorteilsgebers) führen kann. Für die Anerkennung hypothetischer Erwägungen ex post ist im Rahmen der Bestechungsdelikte kein Raum.

e) Irrtumsfragen. Im Zusammenhang mit der (mutmaßlichen) Genehmigung ergeben sich unterschiedliche Irrtumskonstellationen, deren Einordnung als Erlaubnistatbestands- oder Verbotsirrtum Schwierigkeiten bereitet. Bemisst der Täter den Wert des Vorteils als zu gering und sieht er ihn deshalb als von einer generellen **vorherigen Genehmigung** umfasst an, so handelt es sich um einen Erlaubnistatbestandsirrtum,[831] der nach der ganz überwiegend vertretenen eingeschränkten Schuldtheorie[832] zur Straflosigkeit führt. Zum gleichen Ergebnis gelangte der BGH (St **31** 264, 286 f.)[833] in einem Fall, in dem der Täter aufgrund einer fehlerhaften Auslegung seines Dienstvertrages zu der Auffassung gelangt war, dass ihm die Annahme eines Entgelts für zu seiner Diensttätigkeit gehörende Beratungsleistungen gestattet sei. Dieser Beurteilung ist zu Recht entgegengehalten worden, dass der Täter hier bei vollständiger Tatsachenkenntnis die Grenzen der (vertraglichen) Erlaubnisnorm aufgrund fehlerhafter rechtlicher Bewertung zu seinen Gunsten überdehnt hat.[834] Eine solche Fehlvorstellung stellt – in Übereinstimmung mit der irrigen Bejahung der Sozialadäquanz (s. Rdn. 101) – einen Verbotsirrtum dar.[835] Ebenso verhält es sich, wenn der Täter eine „einfache“ Dienstreise-, (Sonder-)Urlaubs- oder Nebentätigkeitsgenehmigung (s. Rdn. 107) unzutreffend als Genehmigung im Sinne des § 331 Abs. 3 ansieht.[836] Insbesondere in Fällen, in denen der Täter auf die Rechtmäßigkeit einer (nachträglich von den Strafverfolgungsbehörden als rechtswidrig beurteilten) erteilten Einzelgenehmigung im Sinne des § 331 Abs. 3 vertraut, wird regelmäßig ein unvermeidbarer Verbotsirrtum anzunehmen sein (vgl. auch Rdn. 106 a.E.). 127

Das Vertrauen des Täters auf eine **nachträgliche Genehmigung** ist, da jene strafrechtsdogmatisch einen bloßen Strafaufhebungsgrund darstellt (vgl. Rdn. 121), als solches irrelevant.[837] Allerdings wird hiermit regelmäßig die Vorstellung einhergehen, die Behörde würde die Annahme (bzw. das Sich-versprechen-Lassen) des Vorteils im Tatzeitpunkt genehmigen, sofern sie bereits jetzt ihre Dispositionsbefugnis ausüben könnte. Deshalb kommt ein Irrtum über die **mutmaßliche** 128

829 Insoweit unterscheidet sich die Situation auch grundlegend von der Nichteinhaltung des betreuungsrechtlichen Verfahrens in Fällen des Behandlungsabbruchs bei entscheidungsunfähigen Patienten (vgl. hierzu *Schneider* MK Vor § 211 Rdn. 129). Wie hier F. *Zimmermann/Linder* ZStW **128** (2016) 713, 736.

830 BTDrucks. 7/550 S. 272.

831 Wohl für Tatbestandsirrtum (kein Vorsatz bezüglich einer „Unrechts“-Vereinbarung) *Stein/Deiters* SK Rdn. 74.

832 Vgl. nur *Roxin/Greco* AT I § 14 Rdn. 55 ff., 62 ff.; *Sch/Schröder/Cramer/Sternberg-Lieben/Schuster* § 16 Rdn. 14, 16 ff.; *Vogel/Bütte* LK § 16 Rdn. 110 ff., 114 ff. (alle m.w.N.).

833 Zustimmend *Kuhlen* NK Rdn. 136; *Lackner/Kühl/Heger* Rdn. 18. Unklar *Korte* MK Rdn. 210 (Irrtum über den Umfang einer Genehmigung: Erlaubnistatbestandsirrtum; Irrtum über ihre Grenzen: Verbotsirrtum).

834 *Dingeldey* NStZ **1984** 503, 505; *Geerds* JR **1983** 465, 468; s.a. *Otto* GS K. Meyer 583, 594 f.

835 Vgl. auch BGH LM Nr. 1 zu § 332.

836 *Ulsenheimer/Gaede/Gaede* Arztstrafrecht Rdn. 1289. Vgl. auch OLG Hamburg StV **2001** 277, 283 f. und 284, 288; OLG Köln NStZ **2002** 35, 37.

837 Vgl. *Blei* JA **1974** 377, 379; s. auch allg. *Sch/Schröder/Cramer/Sternberg-Lieben/Schuster* § 16 Rdn. 34.

Genehmigung in Betracht, für dessen Beurteilung die zur mutmaßlichen Einwilligung geltenden Grundsätze entsprechend heranzuziehen sind. In diesem Zusammenhang ist zunächst der subsidiäre Charakter der mutmaßlichen Genehmigung (s. Rdn. 122, 124) von Bedeutung. Nimmt der Täter irrig Umstände an, unter denen die Einholung einer vorherigen Zustimmung unmöglich oder untunlich wäre, so begründet diese Fehlvorstellung einen Erlaubnistatbestandsirrtum. Meint der Täter hingegen, die mögliche vorherige Genehmigung nicht abwarten (oder auch die Annahme bzw. das Sich-versprechen-Lassen nicht mit einem Genehmigungsvorbehalt versehen) zu müssen, so missachtet er das zur Wahrung der behördlichen Dispositionsbefugnis zwischen den einzelnen Genehmigungsformen bestehende Stufenverhältnis (vgl. Rdn. 124). Die hierin liegende Überdehnung des Anwendungsbereichs der mutmaßlichen Genehmigung ist (ebenso wie die Berufung auf eine mutmaßliche Einwilligung in den Fällen einer weder vital noch akut indizierten Operationserweiterung)[838] als (regelmäßig vermeidbarer) Verbotsirrtum zu klassifizieren. Des Weiteren kann sich der Irrtum auf den Inhalt der mutmaßlichen Entscheidung beziehen: Geht der Täter irrtümlich von Tatsachen aus, auf deren Grundlage eine Behördenentscheidung zu seinen Gunsten zu erwarten ist (z.B. indem er den Wert des Vorteils als zu gering veranschlagt), so befindet er sich im Erlaubnistatbestandsirrtum.[839] Rechnet er hingegen trotz zutreffender Sachverhaltskenntnis mit einer objektiv nicht zu erwartenden Genehmigung, so ist ein Verbotsirrtum anzunehmen. Nach Aufklärung des Irrtums durch Versagung der beantragten Genehmigung muss der Amtsträger den Vorteil zurückgeben.

2. Sonstige Rechtfertigungsgründe

129 Neben der Genehmigung ist für sonstige Rechtfertigungsgründe im Rahmen der §§ 331 ff. kaum Raum.[840] Vereinzelt wird die Entgegennahme eines Vorteils zum Zweck der Überführung des Vorteilsgebers als gemäß § 34 gerechtfertigt angesehen;[841] die überwiegend vertretene Ansicht verneint jedoch bereits das Merkmal des „Annehmens" (vgl. Rdn. 28). Auch im Bereich der universitären Drittmitteleinwerbung (s. Rdn. 79, 81 f. zu § 25 HRG), bei der Wahlkampfspendenproblematik (s. Rdn. 87 [mit Fn. 614] zu § 25 Abs. 2 PartG) und bezüglich der Einstellung von Strafverfahren gemäß § 153a StPO (s. Rdn. 90 mit Fn. 652) werden teilweise Rechtfertigungslösungen diskutiert, überwiegend jedoch Lösungen durch eine Restriktion auf Tatbestandsebene (beim Merkmal der Unrechtsvereinbarung) befürwortet.

VI. Vollendung, Beendigung und Versuch

1. Vollendung

130 Der Zeitpunkt der Vollendung der Tat richtet sich nach der jeweiligen Handlungsalternative (s. Rdn. 21 ff.). Hierbei stehen die einzelnen Tathandlungen selbständig nebeneinander (zum Konkurrenzverhältnis der Begehungsformen zueinander vgl. unten Rdn. 142).[842] Bezüglich des **Forderns** ist die Tat jedenfalls vollendet, wenn der Adressat die (objektiv erkennbar) auf den Abschluss

838 Vgl. hierzu BGHSt **45** 219 ff. = JR **2000** 470 ff. m. Anm. *Hoyer* und Anm. *Geppert* JK 5/00, StGB § 226 n.F./9; s. auch BGHSt **40** 257, 262 ff. (zum Behandlungsabbruch). **AA** (Erlaubnistatbestandsirrtum bei Operationserweiterung) noch BGHSt **35** 246, 250 mit berechtigter Kritik von *Geppert* JZ **1988** 1024, 1028 ff.; *Hoyer* StV **1989** 245 f. und *Müller-Dietz* JuS **1989** 280, 284 ff.; zust. hingegen *Kuhlen* FS Müller-Dietz (2001) 431, 447 (Fn. 57).
839 Ebenso *Korte* MK Rdn. 211 (auch zum Folgenden).
840 *Kuhlen* NK Rdn. 147.
841 *Kuhlen* NK Rdn. 147.
842 BGH **47** 22, 29; *Fischer* Rdn. 30.

einer Unrechtsvereinbarung gerichtete Erklärung zur Kenntnis nimmt.[843] Einer entsprechenden Reaktion des Adressaten bedarf es nicht. Teilweise wird (vorzugswürdig) auch die Kenntnisnahme durch einen Mittelsmann[844] oder der Zugang in der Sphäre des Adressaten als ausreichend angesehen. die bloße Manifestation des Verlangens genügt hingegen nicht (vgl. Rdn. 23 ff.). Das **Sich-versprechen-Lassen** meint die Annahme des auf den Abschluss einer Unrechtsvereinbarung gerichteten Angebots (s. Rdn. 26 f.).[845] Entsprechend der Grenzziehung zum Fordern ist hierfür entweder Zugang der (ggf. auch konkludenten) Annahmeerklärung oder deren tatsächliche Kenntnisnahme[846] zu verlangen.[847] Nach Ansicht des BGH steht es einem vollendeten Sich-versprechen-Lassen nicht entgegen, dass die dem Amtsträger zugesagte Zuwendung (Rabatt) im Ergebnis (wegen eines überhöhten Ausgangspreises) keinen wirtschaftlichen Vorteil bedeutet.[848] In der Variante des **Annehmens** liegt eine vollendete Tat vor, sobald der Täter (oder ein Dritter) den auf einer Unrechtsvereinbarung beruhenden Vorteil entgegengenommen (s. Rdn. 28 f.) oder nach Versagung der Genehmigung (§ 331 Abs. 3) den Vorteil behalten hat.[849] Die vom Vorteilsnehmer in Aussicht gestellte dienstliche Tätigkeit muss weder vorgenommen werden, noch muss ihre Vornahme seitens des Amtsträgers beabsichtigt sein.[850]

2. Beendigung

Die für den Verjährungsbeginn (§ 78a) und die Teilnahmestrafbarkeit maßgebliche Beendigung 131
der Tat tritt grundsätzlich erst mit der Annahme des letzten auf derselben Unrechtsvereinbarung beruhenden Vorteils ein.[851] Umstritten ist, welcher Stellenwert der Erbringung der Gegenleistung durch den Amtsträger zukommt. Einigkeit besteht insoweit darüber, dass jedenfalls die Verwertung dieser Gegenleistung (z.B. Nutzung der durch Bestechung erlangten Informationen in Ausschreibungsverfahren) nicht mehr zu den tatbestandsmäßigen Handlungen zählt.[852] Besteht der Vorteil in der Gewährung eines unbefristeten Darlehens, so ist die Tat mit der Auszahlung des Geldes beendet; allerdings kann die Stundung eines bereits gewährten Darlehens eine erneute Vorteilsannahme begründen.[853] Im Übrigen beginnt bei einer vollständig umgesetzten Unrechtsvereinbarung die Verjährung bezüglich der §§ 332 und 334[854] nach Ansicht des **BGH** (St **52** 300, 303 ff. [Rdn. 7 ff.])[855] für beide Parteien erst mit der **letzten** zur **Erfüllung der Unrechtsvereinba-**

---

843 RGSt **39** 193, 198; BGHSt **10** 237, 234; **47** 22, 29; BGH NStZ **2006** 628, 629; *Sch/Schröder/Heine/Eisele* Rdn. 68; *Stein/Deiters* SK Rdn. 77.

844 Kritisch *Hingst* S. 354 f.

845 *Kuhlen* NK Rdn. 24; *Sch/Schröder/Heine/Eisele* Rdn. 68.

846 *Stein/Deiters* SK § 331 Rdn. 77.

847 Vgl. auch BGHSt **47** 22, 29 (zu § 332): Der Amtsträger muss durch sein Verhalten gegenüber dem Versprechenden seine Bestechlichkeit nach außen zu erkennen geben.

848 So (zu § 332) BGH NJW **2001** 2558, 2559 mit insoweit abl. Anm. *Kudlich* JR **2001** 516 f. (nur §§ 332, 22).

849 *Korte* MK Rdn. 211.

850 *Jescheck* LK[11] Rdn. 25.

851 RGSt **64** 296 f.; BGHSt **11** 345, 347; **16** 207, 209; BGH NStZ **1995** 92; BGH NJW **1998** 2373; BayObLG StV **1997** 191, 192; *Fischer* Rdn. 30a; *Helmrich* wistra **2009** 10, 14; *Korte* MK Rdn. 226; *Kuhlen* NK Rdn. 152; *Sch/Schröder/Heine/Eisele* Rdn. 69.

852 Ebenso *Fischer* Rdn. 30a; *Wabnitz/Janovsky/Schmitt/Bannenberg* 10. Kap. Rdn. 78a f.

853 BGHSt **16** 207, 209 f. (zu § 333); *Jescheck* LK[11] Rdn. 32; *Korte* MK Rdn. 226; *Kuhlen* NK Rdn. 152; *Sch/Schröder/Heine/Eisele* Rdn. 69.

854 Bezüglich der §§ 331, 333 kann nach BGHSt **52** 300, 305 f. (Rdn. 10) etwas anderes gelten, soweit sich die Unrechtsvereinbarung nur allgemein auf die Dienstausübung des Amtsträgers bezieht.

855 BGHSt **52** 300 ff. = NJW **2008** 3076 ff. mit **abl.** Anm. *Dann* 3078 f. = StV **2009** 182 f. mit abl. Anm. *Gleß/Geth* 183 ff.; vgl. zu diesem Urteil auch (ebenfalls abl.) *Bernsmann* GA **2009** 296, 308 ff.; *Böttger* FS Mehle 77, 79 ff.; *Leipold* NJW-Spezial **2008** 538; *Mitsch* Jura **2009** 534 ff. sowie (differenzierend) *Helmrich* wistra **2009** 10 ff. und (im Wesentlichen zust.) *Kuhlen* JR **2009** 53 ff. Wie der BGH auch *Fischer* Rdn. 30a und § 78a Rdn. 8; offengelassen von BGH NJW **1998**

rung vorgenommenen Handlung. Das könne auch die letzte auf der Unrechtsabrede basierende Diensthandlung sein, da diese als zentraler Bezugspunkt den materiellen Unrechtskern bilde und der Angriff auf das Schutzgut des § 331 erst hierin seinen Abschluss finde. Nach der Gegenansicht ist der Zeitpunkt der Vornahme der dienstlichen Tätigkeit oder der Diensthandlung unerheblich, weil das Handeln des Amtsträgers nur als gedanklicher Bezugspunkt der Unrechtsvereinbarung fungiert, während die §§ 331 ff. durchgängig auf die Gewährung bzw. Erlangung des dem Amtsträger zufließenden Vorteils ausgerichtet sind.[856] Kommt es nicht zur Annahme des Vorteils, so ist die Tat jedenfalls beendet, wenn sich das Fordern oder Versprechen (z.B. bei der Aufdeckung der Tat oder einer Zurückweisung der Forderung) endgültig als „fehlgeschlagen" erwiesen hat und der Täter mit einer Erfüllung nicht mehr rechnet (s. aber Rdn. 133).[857] Nach Ansicht des BGH ist aber auch zu erwägen, die Tat mittels einer ex-post-Betrachtung als mit der Unrechtsvereinbarung beendet anzusehen, wenn innerhalb des der gesetzlichen Verjährungsfrist entsprechenden Zeitraums von fünf Jahren keine Erfüllungsbemühungen mehr entfaltet werden.[858] In jedem Fall ist – ungeachtet des diesbezüglich erkennbaren Abrückens des BGH –[859] die Tat spätestens mit dem Ausscheiden des Täters aus seinem Amt beendet.[860]

132 Abgesehen von den prinzipiellen Bedenken gegenüber der materiellen Beendigungslehre[861] zeigt die Diskussion um die Position des BGH Ansätze für eine differenzierte Beurteilung, wobei teilweise zwischen den einzelnen Bestechungsdelikten, teilweise zwischen Geber- und Nehmerseite unterschieden wird. Nach vorzugswürdiger Auffassung ist die Vornahme der **Diensthandlung** (jedenfalls) **bei** den **§§ 331 und 333** für die Beendigung **irrelevant.**[862] Soweit sich der Vorteil hier auf die allgemeine Dienstausübung bezieht, käme ein Anknüpfen an eine konkrete Diensthandlung ohnehin nicht in Betracht. Eine tatbestandsimmanente Aufspaltung der Beendigung danach, ob im konkreten Fall eine bestimmte Diensthandlung den Gegenstand der Unrechtsvereinbarung bildet, vermag aber nicht zu überzeugen, da hiermit einem Umstand Bedeutung beigemessen würde, den das Gesetz als unerheblich ansieht. Ferner muss das Erfüllungsverhalten des Amtsträgers bei diesen Tatbeständen als solches pflichtgemäß sein. Es stellt somit – anders als bei den §§ 332, 334 – für sich genommen kein Unrecht dar, sodass es an einer (erheblichen) Vertiefung des materiellen Unrechts fehlt.[863]

133 Bezüglich der **§§ 332 und 334** bestimmt sich die Beendigung beim **Ausbleiben der** vereinbarten **Diensthandlung** allein nach der jeweiligen tatbestandsmäßigen Handlung. Dies gilt unabhängig davon, ob die Bemühungen sich „endgültig als fehlgeschlagen" erweisen und ob der Täter mit einer Erfüllung der Unrechtsvereinbarung nicht mehr rechnet.[864] Der Zeitpunkt des „endgültigen" Fehlschlags ist vielfach kaum bestimmbar, und der bloße Glaube an eine Erfüllung der

---

2373; s.a. BGH NJW **2006** 925, 927 (in BGHSt **50** 299 insoweit nicht abgedruckt); BGH wistra **2011** 308, 309; aber auch BGHSt **11** 345, 347.

856 Ebenso *Bernsmann/Gatzweiler* Rdn. 491 ff., 497 ff.; *Dann* NJW **2008** 3078 f.; *Korte* MK Rdn. 226; *Otto* FS Lackner 715, 722; *Sch/Schröder/Bosch* § 78a Rdn. 4; wohl auch *Jescheck* LK[11] Rdn. 32.

857 BGHSt **52** 300, 305 (Rdn. 9); NStZ **2004** 41 f. (zu § 299); *Fischer* Rdn. 30a; *Korte* MK Rdn. 226; *Kuhlen* NK Rdn. 152.

858 BGHSt **52** 300, 305 (Rdn. 9).

859 Die Frage (bezüglich § 332) in einer Entscheidung zu § 334 (Fall Schreiber) offenlassend BGH NStZ **2012** 511, 513 = NZWiSt **2012** 229, 231 f. mit Anm. *Neiseke* 233, 235 f.; abl. Anm. *Rübenstahl* wistra **2012** 117 f. Für Gleichbehandlung von Geber- und Nehmerseite *Zapf* NZWiSt **2018** 54, 57; s.a. *Korte* MK Rdn. 227.

860 BGHSt **11** 345, 347; *Fischer* Rdn. 30a; *Greger/Weingarten* LK § 78a Rdn. 5; *Hoffmann/Mildeberger* StV **2006** 665, 667 f.; *Jescheck* LK[11] Rdn. 32; *Kuhlen* NK Rdn. 152; *Lackner/Kühl/Heger* Rdn. 21; *Reichling/Winsel* JR **2014** 331, 337 ff., 339; *Sch/Schröder/Heine/Eisele* Rdn. 69; *Stein/Deiters* SK Rdn. 79 f. **AA** *Matt/Renzikowski/Sinner* Rdn. 58; *Sommer* AnwK Rdn. 88.

861 Vgl. hierzu *Lackner/Kühl/Heger* Vor § 22 Rdn. 2. S. auch *Mitsch* Jura **2009** 534 ff.; *Murmann* LK Vor § 22 Rdn. 20 ff.; *Wessels/Beulke/Satzger* Rdn. 67 sowie grdl. *Jescheck* FS Welzel 683 ff.

862 Ebenso *Korte* MK Rdn. 229; *Kuhlen* JR **2009** 53, 56. Vgl. auch *Gleß/Geth* StV **2009** 183, 184 f.

863 *Kuhlen* JR **2009** 53, 56. Vgl. zum Verjährungsbeginn bei abstrakten Gefährdungsdelikten auch *Bernsmann* GA **2009** 296, 311; *Dann* NJW **2008** 3078.

864 Vgl. oben Rdn. 131. Wie hier *Helmrich* wistra **2009** 10, 12, 13, 14; *Kuhlen* JR **2009** 53, 55 f.; krit. zur Position des BGH auch *Gleß/Geth* StV **2009** 183, 186.

Unrechtsvereinbarung bewirkt keine (erhebliche) greifbare Steigerung des materiellen Tatunrechts. Kommt es hingegen (nach der Zuwendung des Vorteils) zur **Vornahme der** pflichtwidrigen **Diensthandlung**, so erscheint es erwägenswert, diesem Verhalten allein für den Amtsträger Beendigungsrelevanz beizumessen.[865] Zwar entfaltet das Versprechen oder die Zuwendung des Vorteilsgebers seine motivierende Kraft; auch scheinen der vertragsähnliche Charakter der Unrechtsvereinbarung und die spiegelbildliche Gestaltung der §§ 331 ff. eine einheitliche Beurteilung des Beendigungszeitpunktes nahezulegen. Andererseits ist aber das Verhalten der beiden Parteien des Korruptionsgeschehens eigenständig (und unter Abkoppelung vom Akzessorietätsgedanken; vgl. Rdn. 136) vertypt. Auch die Vollendung tritt (z.B. beim nachträglichen Annehmen)[866] keineswegs notwendigerweise gleichzeitig ein. Vor diesem Hintergrund erscheint es begründbar, die Beendigung personenbezogen zu bestimmen und hierbei zu berücksichtigen, dass allein der Amtsträger durch die Vornahme der pflichtwidrigen Diensthandlung seinen Worten auch Taten folgen lässt und die hierdurch mit dem Abschluss der Unrechtsvereinbarung eingetretene Rechtsgutsverletzung intensiviert.

3. Versuch

Der Versuch ist nur bezüglich der Vorteilsannahme für eine **richterliche** Handlung mit Strafe 134
bedroht (§ 331 Abs. 2 Satz 2). Für den Versuch des Forderns ist (ebenso wie bezüglich des Sich-versprechen-Lassens) zwar kein Zugang der Willensäußerung,[867] aber eine die Sphäre des Erklärenden überschreitende Kundgabehandlung zu verlangen.[868] Der Versuch des Annehmens beginnt mit Handlungen, die unmittelbar zur Entgegennahme des Vorteils führen sollen (z.B. Einreichung fingierter Rechnungen); nur langfristig vorbereitende Handlungen (z.B. die Einrichtung eines Kontos) genügen hierfür nicht.[869] Ein **untauglicher** Versuch kommt insbesondere dann in Betracht, wenn der Täter Erklärungen des Gewährenden unzutreffend auf eine Unrechtsvereinbarung über richterliche Handlungen bezieht oder sich irrig Umstände vorstellt, die seine Täterqualität im Sinne des § 331 Abs. 2 begründen würden.[870]

VII. Beteiligung und Konnivenz

1. Täterschaft

Täter einer Vorteilsannahme kann nur sein, wer zur Zeit der Tat (vgl. Vor § 331 Rdn. 6 sowie oben 135
Rdn. 4) die erforderliche Täterqualifikation als Amtsträger (bzw. besonders Verpflichteter) oder (Schieds-)Richter (Absatz 2) aufweist (vgl. Rdn. 3 ff., 93 f.). Unter dieser Voraussetzung kommt auch **Mittäterschaft** in Betracht.[871] Hierfür ist allerdings erforderlich, dass das dem Vorteil in der Unrechtsvereinbarung gegenübergestellte Verhalten für jeden Mittäter Teil seiner Dienstausübung

---

865 So *Gleß/Geth* StV **2009** 183, 185; *Helmrich* wistra **2009** 10, 13 ff.; s.a. *Bernsmann* GA **2009** 296, 312 f.; *Dann* NJW **2008** 3078, 3079; mit dem BGH für Zurechnung der Diensthandlung hingegen *Kuhlen* JR **2009** 53, 54.
866 Vgl. oben Rdn. 29.
867 So aber *Jescheck* LK[11] Rdn. 26.
868 *Fischer* Rdn. 30c; *Korte* MK Rdn. 216; s.a. *Kuhlen* NK Rdn. 124; *Matt/Renzikowski/Sinner* Rdn. 53; *Sch/Schröder/Heine/Eisele* Rdn. 67.
869 *Fischer* Rdn. 30c; *Korte* MK Rdn. 216. Anhaltspunkte für die Abgrenzung können auch dem versuchten Sich-Verschaffen in § 259 entnommen werden; vgl. hierzu *Maier* MK § 259 Rdn. 165 ff.
870 *Korte* MK Rdn. 217; *Kuhlen* NK Rdn. 123; vgl. auch allgemein zur Versuchsstrafbarkeit des untauglichen Subjekts *Hoffmann-Holland* MK § 22 Rdn. 62 ff.; *Sch/Schröder/Eser/Bosch* § 22 Rdn. 75 f.; **aA** (Wahndelikt) z.B. *Krey/Esser* AT Rdn. 1250; *Zaczyk* NK § 22 Rdn. 39; differenzierend *Murmann* LK § 22 Rdn. 305 ff., 314 ff.
871 BGHSt **14** 123, 129; s.a. RGSt **39** 193, 195. Näher zur Mittäterschaft *Geisler* S. 236 ff.

ist, weil nur dann jeder Mitwirkende seine dienstliche Tätigkeit käuflich stellt.[872] Die gemeinschaftliche Tatbegehung bezieht sich auf die Tathandlung des Forderns, Sich-versprechen-Lassens oder Annehmens eines Vorteils, während die komplementäre Diensttätigkeit nur als unselbständiges Bezugselement fungiert (s. Rdn. 21) und ihrerseits nicht in Mittäterschaft begangen werden muss.[873] Dass eine „erkaufte“ Diensthandlung von einem der beteiligten Amtsträger nicht (allein) vorgenommen werden kann, ist unerheblich, da auch unterstützende oder vorbereitende Tätigkeiten taugliche Bestandteile einer Unrechtsvereinbarung sind (s. Rdn. 54, 66); ebenso macht es keinen Unterschied, ob die beteiligten Beamten gleichrangig nebeneinander stehen oder sich als über- und untergeordnete Amtsträger zur Straftat verbinden.[874] Seit der Einbeziehung von Drittvorteilen ist es nicht mehr erforderlich, dass jeder Mittäter zur Erlangung eines (zumindest mittelbaren) Eigenvorteils handelt.[875] Unterschiedlich beurteilt wird die Konstellation, dass zwei Amtsträger einen einheitlichen Vorteil (z.B. einen Scheck) für zwei selbständige Dienstausübungen fordern etc.[876]

2. Mitwirkung des Vorteilsgebers

136 Modifikationen erfahren die allgemeinen Beteiligungsregeln aus der **spiegelbildlichen Gestaltung der §§ 331 ff.**, durch die das jeweils komplementäre Verhalten von Vorteilsgeber und Vorteilsnehmer in eigenständigen Strafnormen erfasst wird (näher zum Folgenden *Sowada* FS Tiedemann 273, 281 ff.). Hierdurch werden zum einen die funktional aufeinander bezogenen Verhaltensweisen vom Akzessorietätsprinzip abgekoppelt, sodass das Fordern oder (in § 333) Anbieten unabhängig von der Reaktion des Angesprochenen strafbar ist. Zum anderen erfuhr der Geber bei der Einführung des heutigen Systems der Bestechungsdelikte durch das EGStGB 1974 eine mildere Beurteilung insofern, als die nachträgliche Belohnung für eine nicht pflichtwidrige Diensthandlung für ihn straflos, für den Nehmer hingegen gemäß § 331 a.F. strafbar war.[877] Um die in der inkongruenten Reichweite zum Ausdruck kommende Privilegierung der Geberseite nicht durch einen Rückgriff auf die Teilnahmevorschriften zu unterlaufen, entsprach es zu allen Zeiten der herrschenden Auffassung, die täterschaftliche Vertypung beider Seiten als abschließende Regelung anzusehen.[878] Die §§ 331 ff. sind Ausdruck einer Lagertheorie in dem Sinne, dass die Parteien der Unrechtsvereinbarung ausschließlich nach den für sie geltenden Tatbeständen beurteilt werden und eine **Teilnahme an der Tat der je-**

872 *Korte* MK Rdn. 212; *Kuhlen* NK Rdn. 138; s.a. BGHSt **14** 123, 130 (ausreichend, wenn die durch das Zusammenwirken vorgenommene Amtshandlung zu einem Teil für jeden der beteiligten Beamten eine in sein Amt einschlagende Handlung ist).

873 BGHSt **14** 123, 129 f.; *Möhrenschlager* in: Dölling 8. Kap. Rdn. 72; *Schubert* in: Wabnitz/Janovsky^2 10. Kap. Rdn. 64. S. auch BGHSt **18** 263, 265 (zu § 332 a.F.).

874 BGHSt **14** 123, 132. Bei nur untergeordneter Mitwirkung wird eine Beihilfe in Betracht gezogen von *Arzt/Weber/Heinrich/Hilgendorf/Heinrich* BT § 49 Rdn. 44.

875 *Korte* MK Rdn. 212; *Kuhlen* NK Rdn. 138; *Möhrenschlager* in: Dölling 8. Kap. Rdn. 73; *Sch/Schröder/Heine/Eisele* Rdn. 71.

876 Für Mittäterschaft *Sch/Schröder/Heine/Eisele* Rdn. 71; für Nebentäterschaft *Möhrenschlager* in: Dölling 8. Kap. Rdn. 73; zu § 331 a.F. offengelassen von BGHSt **14** 123, 130 f.

877 Vgl. Vor § 331 Rdn. 21 f.

878 *Arzt/Weber/Heinrich/Hilgendorf/Heinrich* BT § 49 Rdn. 44; *Fischer* Rdn. 38; *Gössel/Dölling* § 75 Rdn. 19, 29; *Korte* MK Rdn. 213 und § 333 Rdn. 41; *Krey/Hellmann/Heinrich* BT 1 Rdn. 1084; *Kuhlen* NK Rdn. 139 f.; *Lackner/Kühl/Heger* Rdn. 19; *Möhrenschlager* in: Dölling 8. Kap. Rdn. 74; *Rengier* BT 2 § 60 Rdn. 76; *Sommer* AnwK Rdn. 81; *Sch/Schröder/Heine/Eisele* § 334 Rdn. 11; *Stein/Deiters* SK § 333 Rdn. 17; *Wessels/Hettinger/Engländer* Rdn. 1102. Vgl. zur früheren Rechtslage RGSt **42** 382, 383; BGHSt **37** 207, 212 f. Weitere Nachweise bei *Sowada* FS Tiedemann 273, 284 (Fn. 62 f.). Demgegenüber will *Geisler* (S. 246 ff., 262 f.) den Teilnahmeausschluss auf die wechselseitige „automatische“ Teilnahme an der Spiegeltat beschränken, während eine von der Täterschaft „unabhängige“ Teilnahme am spiegelbildlichen Delikt als grundsätzlich denkbar angesehen wird.

weiligen Gegenseite gesperrt ist. Diese Beurteilung als „Sondertatbestände“[879] oder „Teilnahmedelikte“[880] gilt ungeachtet der Tatsache, dass früher bestehende Sperrwirkungen durch gesetzgeberische Angleichungen weggefallen sind.

3. Teilnahme außenstehender Dritter

Das in der **Lagertheorie** verkörperte Trennungsprinzip wird zu Recht im Grundsatz auch auf den Bereich der Mitwirkung außenstehender Dritter erstreckt (hierzu ausführlich *Geisler* S. 263–291; *Sowada* FS Tiedemann 273, 285 ff.). Hierbei werden – die Gegenüberstellung von Geber- und Nehmerseite auf der täterschaftlichen Ebene fortführend – Anstiftungs- oder Beihilfehandlungen jeweils ausschließlich auf das Lager bezogen, dem der Mitwirkende zuzuordnen ist; eine lagerübergreifende, den allgemeinen Kettenregeln[881] entsprechende Anwendung der Teilnahmevorschriften, nach der z.B. der Unterstützer auf Geberseite zugleich als (mittelbarer) Gehilfe des Vorteilsnehmers anzusehen wäre, unterbleibt. Auf diese Weise wird eine Verdoppelung der Teilnahmestrafbarkeit vermieden. Der weitere Gesichtspunkt, den auf Geberseite Mitwirkenden am engeren Zuschnitt des § 333 a.F. partizipieren zu lassen und zu vermeiden, dass er als Teilnehmer zu § 331 strafbar ist, während derjenige, der den Vorteil gewährt, straflos blieb, ist mit der Angleichung der tatbestandlichen Reichweite entfallen. Umgekehrt wird hierdurch das Spannungsverhältnis besonders augenfällig, dass dem auf Geberseite Mitwirkenden eine **Strafmilderung gemäß §§ 28 Abs. 1**, 49 Abs. 1 versagt wird, die dem auf der Seite des Vorteilsnehmers Mitwirkenden zuteil wird. Allerdings erscheint es weder angängig, dem extranen Teilnehmer an den §§ 331, 332 die Strafmilderung zu entziehen,[882] noch überzeugt es, sie dem auf Geberseite tätigen Extraneus dadurch zu verschaffen, dass sein Verhalten (unter Durchbrechung der Lagertheorie) auch als mittelbare Teilnahme an der Tat des Empfängers gedeutet und diese Beteiligung als vorrangig angesehen wird.[883] Denn die Spannungslage besteht bereits auf der Täterebene; sie resultiert aus dem Umstand, dass der Gesetzgeber für die §§ 331 und 333 denselben Strafrahmen festgelegt und damit den Aspekt der beim Geber (normalerweise) fehlenden Amtspflichtverletzung – insoweit im Widerspruch zu § 28 Abs. 1 – in den Bereich der konkreten Strafzumessung verwiesen hat. Diese legislatorische Wertung kann man kritisieren,[884] doch ist sie de lege lata auch mit den sich hieraus für die Teilnahme ergebenden Konsequenzen hinzunehmen.[885] Die Lagertheorie würde auch in Konstellationen gelten, in denen nur das Verhalten einer Seite (Geber oder Nehmer) und der hier mitwirkenden Teilnehmer strafbar wäre.[886] Diese Divergenzen sind inzwischen durch eine Angleichung der Strafbarkeitsbereiche weitestgehend behoben; immerhin liegt bei der versuchten Vorteilsannahme durch (Schieds-)Richter (**§ 331 Abs. 2 S. 2**) nur bezüglich der Nehmerseite eine anknüpfungstaugliche Haupttat vor. Zur Modifikation bezüglich der Teilnahme an der Richterbestechung vgl. § 332 Rdn. 34. 137

---

879 BGHSt **37** 207, 213.

880 *Bell* MDR **1979** 719. Nach *T. Zimmermann* (S. 383 ff., 719) handelt es sich bei der Bestechung strukturell um eine Anstiftung.

881 Vgl. hierzu BGHSt **7** 234, 237; **14** 156, 157; *Roxin* AT II § 26 Rdn. 176 ff.; *Schünemann/Greco* LK § 26 Rdn. 104 f.; *Schwind* MDR **1969** 13 ff.

882 So allerdings die ganz überwiegende Ansicht zu § 108e; vgl. *Fischer* § 108e Rdn. 54; *Sch/Schröder/Eser* § 108e Rdn. 24; *Sinn* SK § 108e Rdn. 16; *Weiß* LK § 108e Rdn. 24; *Wohlers* NK § 108e Rdn. 6.

883 In dieser Richtung jedoch *Bernsmann* StV **2003** 521, 526; s.a. *v.Heintschel-Heinegg* BeckOK Rdn. 56.1; *Sch/Schröder/Heine* § 334 Rdn. 12–14.

884 So insbesondere *Hettinger* NJW **1996** 2263, 2272 f.; *Wessels/Hettinger/Engländer* Rdn. 1103; *T. Zimmermann* S. 401; s.a. *Bernsmann* StV **2003** 521, 526; *Bernsmann/Gatzweiler* Rdn. 396; *Kuhlen* NK Rdn. 142; *v. Hentschel-Heinegg* BeckOK Rdn. 56.1.

885 Ebenso *Kuhlen* NK Rdn. 142; *Stein/Deiters* SK § 333 Rdn. 18; vgl. näher *Sowada* FS Tiedemann 273, 290 f.

886 Vgl. *Sowada* FS Tiedemann 273, 291 f.; *Lackner/Kühl/Heger* Rdn. 19.

138 Wenig geklärt sind hingegen die für die **Lagerzuordnung** maßgeblichen **Kriterien**.[887] Insbesondere die Rechtsprechung stellt auf die Willensrichtung des Handelnden ab,[888] während sich die im Schrifttum genannten Formulierungen stärker (auch) an objektiven Aspekten orientieren, indem nach der Art des Beitrags und des Interesses,[889] nach dem vorrangig Geförderten[890] oder danach gefragt wird, für wen der Betreffende (vorrangig) tätig geworden[891] oder auf welcher Seite er unmittelbar aufgetreten[892] ist. Vielfach werden diese Kriterien zu demselben Ergebnis führen; im Übrigen dürften für die Gerichtspraxis insbesondere die Bekanntheit und der vertrauensvolle Umgang mit (nur) einer Partei einen gewichtigen Anhaltspunkt bieten. Dem Grundgedanken der Lagertheorie entsprechend, eine doppelseitige Zuweisung nach Möglichkeit zu vermeiden, ist anhand einer wertenden Betrachtung zu ermitteln, auf welcher Seite der Dritte **vorrangig** mitgewirkt hat.[893] Deshalb steht der Kontakt zur jeweiligen Gegenseite der Einbindung in ein Lager nicht entgegen.[894] Die Zuordnung zur Geber- oder Nehmerseite bezeichnet die primäre Weichenstellung in diesem Deliktskomplex, die nicht von der Schwere der Beteiligungsform abhängt.[895]

139 Soweit es an der Zuordnung zu einem der beiden Lager fehlt, liegt eine **gleichrangige Doppelmitwirkung** vor, die (wenn auch nicht notwendigerweise) insbesondere bei einer Vermittlertätigkeit zwischen beiden Lagern (z.B. in eigens dafür geschaffenen Strohfirmen) in Betracht kommt.[896] Hier erfolgt die Bestrafung allein aus dem strengeren Strafrahmen; die mildere Beteiligung tritt demgegenüber zurück.[897] Hierin liegt keine Missachtung des § 28 Abs. 1, da schon bei bloßer Mitwirkung auf Geberseite eine solche Strafmilderung ausscheidet. Zur Besonderheit bei der gleichrangigen Beteiligung an der Richterbestechung vgl. § 332 Rdn. 34.

4. Vorgesetzte, Aufsichtsbeamte und Mitarbeiter

140 Soweit Vorgesetzte oder sonstige Amtsträger, denen die Aufsicht oder Kontrolle über die Dienstgeschäfte eines anderen Amtsträgers übertragen ist, gegen Vorteilsannahmen der Untergebenen oder Beaufsichtigten nicht einschreiten oder sie sogar (z.B. durch Erteilung einer rechtswidrigen Genehmigung) fördern, kommt eine Strafbarkeit gemäß § 357 (sog. **Konnivenz**) in Betracht.[898] Allerdings kommt § 357 nur zum Zuge, wenn der Vorgesetzte oder Aufsichtsbeamte nicht zugleich selbst Täter des vom Untergebenen begangenen Delikts ist.[899] Da Vorgesetzte aufgrund der ihnen

---

887 Vgl. zum Folgenden *Sowada* FS Tiedemann 273, 293 ff.
888 RGSt **42** 382, 384; BGHSt **37** 207, 212 f.; so auch *Küpper/Börner* § 9 Rdn. 28; *Schubert* in: Wabnitz/Janovsky^2 10. Kap. Rdn. 66. Vgl. auch *Wegscheider* Jura **1985** 327, 330 f.
889 *Kindhäuser/Schramm* 71/51.
890 *Möhrenschlager* in: Dölling 8. Kap. Rdn. 75.
891 *Kuhlen* NK Rdn. 142 ff.; *Stein/Deiters* SK § 333 Rdn. 18.
892 *Jäger* BT Rdn. 584.
893 *Korte* MK Rdn. 213; *Kuhlen* NK Rdn. 142 ff.; s.a. BGHSt **37** 207, 213.
894 *Sowada* FS Tiedemann 273, 294 f.; s.a. RGSt **42** 382, 384 f.
895 *Sowada* FS Tiedemann 273, 295.
896 Vgl. *Schubert* in: Wabnitz/Janovsky^2 10. Kap. Rdn. 64 ff.; ihm folgend *Greeve* Rdn. 306; s. ferner (zu § 299) *Wittig* wistra **1998** 7, 9 f. und *Bannenberg* HK-GS Rdn. 41.
897 *Fischer* Rdn. 38a; *Kindhäuser/Schramm* 71/51; *Korte* MK Rdn. 213; *Kuhlen* NK Rdn. 146; *Matt/Renzikowski/Sinner* Rdn. 50; *Rengier* BT 2 § 60 Rdn. 77; *SSW/Rosenau* Rdn. 64; *Schreier* S. 54; *Sowada* FS Tiedemann 273, 296 f.; *Stein/Deiters* SK § 333 Rdn. 18. **AA** *Bell* MDR **1979** 719, 720 f. (Tateinheit); wohl auch *Bernsmann* StV **2003** 521, 526 (für § 28 Abs. 1); s.a. *Bernsmann/Gatzweiler* Rdn. 516; offengelassen von BGHSt **37** 207, 213.
898 *Korte* MK Rdn. 214; *Matt/Renzikowski/Sinner* Rdn. 52; *Möhrenschlager* in: Dölling 8. Kap. Rdn. 76; s.a. *Creifelds* GA **1962** 33, 41.
899 RGSt **67** 175, 177; *Geisler* S. 244; *Möhrenschlager* in: Dölling 8. Kap. Rdn. 76; *Sch/Schröder/Heine/Weißer* § 357 Rdn. 1; s. aber auch *Fischer* § 357 Rdn. 7.

obliegenden Dienstaufsicht verpflichtet sind, gegen das von ihnen erkannte pflichtwidrige Verhalten der ihnen unterstellten Mitarbeiter einzuschreiten, machen sie sich selbst gemäß § 332 strafbar, wenn sie sich für ihr Untätigbleiben Vorteile versprechen oder gewähren lassen.[900] Unabhängig von einer Vorgesetzten- oder Aufsichtsposition können Beamte allgemein im Rahmen der ihnen obliegenden Unterstützungspflicht (vgl. §§ 60, 62 BBG) **zur Mitteilung** an den Vorgesetzten **verpflichtet** sein, wenn sie auch außerhalb ihres eigentlichen Aufgabenkreises von einem schwerwiegenden, die Erfüllung öffentlicher Aufgaben gefährdenden Fehlverhalten eines Kollegen erfahren. Hierher ist mit dem BGH auch die Kenntnis von einem Korruptionsgeflecht erheblichen Ausmaßes zu rechnen.[901] Dies gilt ungeachtet der Tatsache, dass Beamte außerhalb des Bereichs der Strafverfolgung keine allgemeine Pflicht trifft, ihnen bekannt gewordene Straftaten bei den Strafverfolgungsbehörden anzuzeigen; denn das Fehlen einer strafbewehrten Pflicht zur Mitwirkung an der Strafverfolgung lässt die beamtenrechtliche Pflicht zur innerbehördlichen Abwehr von gravierendem Fehlverhalten unberührt.[902] Die Verletzung dieser dienstrechtlichen Mitteilungspflicht kann ihrerseits Gegenstand einer Unrechtsvereinbarung sein (vgl. auch § 336) und somit eine Strafbarkeit gemäß § 332 begründen.

Von diesen Fällen des erkauften Schweigens deutlich zu trennen ist die bislang (soweit ersichtlich) noch nicht näher diskutierte Frage, ob bereits die Verletzung der Anzeige- oder Mitteilungspflicht als solche zur Strafbarkeit führt. Da die Untätigkeit weder als eigenes Fordern eines Drittvorteils anzusehen noch der Unterlassende selbst Partei der Unrechtsvereinbarung ist, scheidet eine Unterlassungstäterschaft aus. Eine **Beihilfe durch Unterlassen** setzt voraus, dass die Haupttat noch nicht beendet ist (vgl. Rdn. 131 ff.). Im Übrigen ist fraglich, ob und in welchem Umfang eine der dienstrechtlichen Mitteilungspflicht korrespondierende strafrechtliche Garantenpflicht im Sinne des § 13 anzunehmen ist. Hierbei ist einerseits davon auszugehen, dass der Schutzzweck der Mitteilungspflicht mit dem von den §§ 331 ff. intendierten Schutz des Vertrauens der Bevölkerung in die Lauterkeit der Amtsführung übereinstimmt und somit – der überwiegenden Ansicht zum Umweltstrafrecht entsprechend[903] und im Gegensatz zum staatlichen Strafverfolgungsinteresse bei den §§ 258, 258a[904] – eine Beschützergarantenstellung der Amtsträger hinsichtlich der Funktionsbedingungen des Verwaltungshandelns bejaht werden kann. Andererseits folgt aus dem Gleichklang der Schutzinteressen keine strafrechtsbewehrte Allzuständigkeit jedes Amtsträgers zur Korruptionsabwehr.[905] Im Hinblick auf den allgemein anerkannten Grundsatz, dass nicht jede öffentlich-rechtliche Handlungspflicht zu einer strafrechtlichen Garantenstellung im Sinne des § 13 führt,[906] ist zunächst zu fordern, dass der Beamte nach seiner konkreten Dienstpflicht örtlich und sachlich für das geschützte Rechtsgut verantwortlich sein muss.[907] Dies impliziert eine (wie auch immer zu bestimmende) hinreichende sachliche Nähe zwischen dem Korruptionsgeschehen und dem eigenen Tätigkeitsgebiet. Ferner bedarf es zur Vermeidung diffuser Denunziationspflichten gesicherter tatsächlicher Anhaltspunkte für das Vorliegen korruptiver Machenschaften. Eine **141**

900 BGH NStZ **1999** 560; *Grunst* StV **2005** 453, 458 f.
901 BGH NStZ **2004** 565, 566 (letztlich jedoch offenlassend). Zur Mitteilungs- und Anzeigepflicht vgl. *Korte* in: Dölling 6. Kap. Rdn. 106 ff.
902 BGH NStZ **2004** 565, 566 (in Abgrenzung zu BGHSt **43** 82, 85); **aA** *Grunst* StV **2005** 453, 458 f. Zum „Spannungsfeld zwischen Fürsorge- und Anzeigenpflicht" *Maier* Die Gemeinde (BWGZ) **2004** 890 ff.
903 Vgl. hierzu *Lackner/Kühl/Heger* Vor § 324 Rdn. 11 ff. (m.w.N.).
904 Vgl. BGHSt **43** 82, 84 ff.; BGH NJW **1989** 914, 916. Vgl. aber auch zur Anzeigepflicht der Kassenärztlichen Vereinigungen gemäß § 81a Abs. 4 SGB V *Ellbogen* MedR **2006** 457 ff.; *Giring* FS Egon Müller 199 ff.; ferner zur Mitteilungspflicht der Finanzbehörde an die Strafverfolgungsbehörden beim Verdacht einer Tat gemäß § 299 Abs. 2 BFHE **220** 348 = NJW **2008** 3517 f.
905 Wie hier *Sommer* AnwK Rdn. 82. Vgl. allgemein zur Gefahr einer uferlosen Ausdehnung der Garantenpflicht von Amtsträgern *Kühl* AT § 18 Rdn. 86.
906 BGHSt **38** 388, 391; vgl. ferner *Rudolphi* Die Gleichstellungsproblematik der unechten Unterlassungsdelikte und der Gedanke der Ingerenz (1966) S. 27 ff.; s.a. *Stein* SK § 13 Rdn. 75 ff.; *Roxin* AT II § 32 Rdn. 77 ff.; *Weigend* LK § 13 Rdn. 30 ff.
907 BGHSt **38** 388, 391.

zusätzliche Restriktion ergibt sich daraus, dass schon die dienstrechtliche Anzeigepflicht nur bei der Kenntnis von schweren Verfehlungen anzunehmen ist (s. Rdn. 140). Ungeachtet der schwierigen Grenzziehung im Einzelfall ist jedenfalls straflos, wer es hinnimmt, dass der Kollege den Bereich der Sozialadäquanz übersteigende Werbegeschenke etc. annimmt. Eine private Kenntniserlangung schließt eine strafbewehrte Anzeigepflicht dann nicht aus, wenn die Straftaten – wie bei Dauerdelikten oder den bei korruptiven Verflechtungen vielfach anzutreffenden auf Wiederholung angelegten Handlungen – während seiner Dienstausübung fortwirken; dann bedarf es der Abwägung im Einzelfall, ob das öffentliche Interesse den privaten Belangen vorgeht.[908] Eine **Begünstigung durch Unterlassen** (§§ 257, 13) wird vielfach am Erfordernis der Absicht zur Vorteilssicherung scheitern; im Übrigen erscheint insoweit aber auch die Schutzrichtung der betreffenden Dienstpflicht zweifelhaft.[909]

VIII. Konkurrenzen

142 Im **Verhältnis der einzelnen Begehungsformen zueinander** stehen das Fordern, Sich-versprechen-Lassen und das Annehmen in den §§ 331, 332 (nach Aufgabe der Rechtsfigur der fortgesetzten Handlung)[910] selbständig in **Tatmehrheit** nebeneinander. Das gilt grundsätzlich auch bei den auf derselben Unrechtsvereinbarung beruhenden Handlungen,[911] sofern die Entlohnung hiernach von der künftigen Entwicklung abhängt, wie dies insbesondere bei Rahmenvereinbarungen mit Rückvergütungen sowie bei Vereinbarungen mit open-end-Chrarakter der Fall ist.[912] Im Gegensatz hierzu verbindet die Unrechtsvereinbarung die einzelnen Handlungen zu einer **tatbestandlichen Handlungseinheit**, sofern hierin die (sei es auch in mehreren Teilleistungen zu erbringenden)[913] Vorteile bereits genau festgelegt sind.[914] Die bloße Annahme eines zum Zeitpunkt der Unrechtsvereinbarung straflosen Vorteils begründet nach Ansicht der Rechtsprechung keine Strafbarkeit gemäß §§ 331, 332.[915] Eine Verurteilung wegen eines Forderns unterbricht den Zusammenhang (kein Strafklageverbrauch) ebenso wie die Beendigung der Tat infolge eines vom Täter angenommenen endgültigen Scheiterns.[916] Erfolgt die Annahme desselben Vorteils für mehrere Dienstausübungen oder -handlungen, so ist ebenfalls nur eine Tat gemäß § 331 oder § 332 gegeben.[917] Bezieht sich der Vorteil sowohl auf eine rechtmäßige **richterliche Handlung** als auch auf die sonstige Dienstausübung, so tritt § 331 Abs. 1 hinter Absatz 2 zurück.[918]

---

908 BGH NStZ **2000** 147 m.w.N. (zu Polizeibeamten); s.a. *Fischer* § 13 Rdn. 17.

909 Anders als etwa in RGSt **53** 108 f. (Zugführer entdeckt Diebstahl durch Bahnbediensteten aus einem Güterwagen).

910 Zur Aufgabe der fortgesetzten Handlung vgl. BGH(GS)St **40** 138 ff.; *Rissing-van Saan* LK Vor § 52 Rdn. 73 ff. S. auch (bezüglich der §§ 331 ff.) BGHSt **41** 292, 302 f.; BGH NStZ **1995** 92 (zu § 12 Abs. 2 UWG a.F.); *Korte* MK Rdn. 218; *Kuhlen* NK Rdn. 148.

911 **AA** (Verdrängung aller mitverwirklichten Unrechtsvorformen aufgrund materieller Subsidiarität) *Maurach/Schroeder/Maiwald* II § 79 Rdn. 15; *T. Zimmermann* S. 546 ff.

912 BGHSt **41** 292, 302 f.; BGH NStZ **1995** 92; BGH NStZ-RR **1996** 354; **1998** 269; BGH wistra **1999** 271; *Greeve* Rdn. 323; *Korte* MK Rdn. 219; *Kuhlen* NK Rdn. 148 f.; *Lackner/Kühl/Heger* Rdn. 20; *Matt/Renzikowski/Sinner* Rdn. 54; *Rissing-van Saan* LK Vor § 52 Rdn. 37; *Sch/Schröder/Heine/Eisele* Rdn. 76; *SSW/Rosenau* Rdn. 57; *Stein/Deiters* SK Rdn. 85.

913 Vgl. hierzu OLG Stuttgart NJW **2003** 228, 229.

914 BGHSt **47** 22, 30; BGHR § 332 Abs. 1 Konkurrenzen 5; BGH wistra **2004** 29; **2011** 308; OLG Hamburg StV **2001** 277, 279; *Kuhlen* NK Rdn. 149; weiterführend *Fischer* Rdn. 39 sowie (restriktiv) *Bernsmann* StV **2003** 521, 526; *Bernsmann/Gatzweiler* Rdn. 521 f.; *Hoffmann/Mildeberger* StV **2006** 665, 667 f. S. auch die in Fn. 912 angegebenen Nachweise.

915 OLG Karlsruhe NStZ **2001** 654 f.; OLG Stuttgart NJW **2003** 228 f.; **aA** *Korte* MK Rdn. 220.

916 *Fischer* Rdn. 39; *Greeve* Rdn. 323.

917 BGHSt **47** 22, 29; OLG Hamm JR **2000** 35 mit Anm. *Kuhlen*; *Korte* MK Rdn. 219; *Stein/Deiters* SK Rdn. 85.

918 *Korte* MK Rdn. 221; *Kuhlen* NK Rdn. 150; *Stein/Deiters* SK Rdn. 86; **aA** (Tateinheit) *Fischer* Rdn. 40.

Gegenüber § 331 bildet **§ 332** einen **Qualifikationstatbestand,**[919] der auch dann allein zur Anwendung kommt, wenn der Täter denselben Vorteil teils für pflichtgemäße, teils für pflichtwidrige Diensthandlungen (bzw. richterliche Handlungen) erhält.[920] Zwischen dem Versuch der Bestechlichkeit und einer vollendeten Vorteilsannahme (z.B. wenn der Täter seine Diensthandlung irrig für pflichtwidrig hält) besteht Tateinheit,[921] ebenso zwischen § 331 Abs. 2 und § 332 Abs. 1.[922] Von den **korruptionstypischen Begleitdelikten**[923] ist neben dem Betrug (§ 263) vor allem die Untreue (§ 266)[924] von Bedeutung. Aus tatsächlichen Gründen betreffen die Konkurrenzkonstellationen vornehmlich § 332. Dennoch gelten die betreffenden Überlegungen auch für die Vorteilsannahme, zumal die Handlungen, die der Amtsträger zur Erfüllung der von ihm in der Unrechtsvereinbarung eingegangenen Verpflichtung vornimmt, für die Tatbestandsverwirklichung der Bestechungsdelikte unerheblich sind und somit grundsätzlich auch keine Tateinheit im Rahmen teilidentischer Ausführungshandlungen begründen können.[925] Tateinheit kommt insbesondere mit Betrug (§ 263)[926] und Erpressung (§ 253)[927] sowie mit Sexualdelikten (§§ 174 ff.)[928] oder (sonstigen) Formen der Nötigung[929] in Betracht. Nach überwiegend vertretener Ansicht kann auch Idealkonkurrenz zur Untreue (§ 266) gegeben sein, wenn die Unrechtsvereinbarung im Einzelfall (insbesondere bei einem „eingespielten System") zugleich den Beginn der Verletzung der Vermögensbetreuungspflicht darstellt.[930] Zum Konkurrenzverhältnis zu § 108e vgl. *Weiß* LK § 108e Rdn. 29 f. Umstritten ist das Verhältnis zur Angestelltenbestechung (§ 299 bzw. § 12 Abs. 2 UWG a.F.).[931] Eine bezüglich der Vorteile begangene Steuerhinterziehung steht zu § 331 in Tatmehrheit.[932] Nach Wegfall des Straftatenkatalogs (§ 261 Abs. 1 Satz 2 a.F.)[933] ist auch § 331 ein tauglicher Anknüpfungspunkt für eine Strafbarkeit wegen Geldwäsche (§ 261). Eine **Wahlfeststellung** zwischen Betrug und Vorteilsannahme wird wegen der Verschiedenartigkeit der Rechtsgüter abgelehnt.[934] 143

---

919 Kritisch wegen eines aliud-Verhältnisses zwischen pflichtgemäßer und pflichtwidriger Diensthandlung *Wentzell* S. 162 ff. (vgl. aber auch RGSt **56** 401, 403). Immerhin entsprechen sich die Ergebnisse, wenn man bei irriger Annahme einer pflichtgemäßen Diensthandlung über § 16 Abs. 2 eine Strafbarkeit gemäß § 331 für gegeben hält.

920 *Fischer* Rdn. 40; *Korte* MK Rdn. 221; *Kuhlen* NK Rdn. 150; *Matt/Renzikowski/Sinner* Rdn. 54; *Sch/Schröder/Heine/Eisele* Rdn. 75; *SSW/Rosenau* Rdn. 58; *Stein/Deiters* SK § 332 Rdn. 28. **AA** (Tateinheit) *Jescheck* LK[11] Rdn. 30; *Lackner/Kühl/Heger* Rdn. 20; offengelassen von BGH wistra **1985** 21, 22 = StV 1985 146, 147.

921 *Fischer* § 332 Rdn. 16; *Korte* MK Rdn. 221; *Stein/Deiters* SK Rdn. 61; **aA** *Puppe* GA **1990** 145, 165 (Wahndelikt).

922 *Korte* MK Rdn. 221.

923 Vgl. hierzu *Greeve* Rdn. 499 ff.; *Möhrenschlager* in: Dölling 8. Kap. Rdn. 110 ff.; zu § 266 auch *Bernsmann/Gatzweiler* Rdn. 651 ff.

924 BGH wistra **2011** 308. Näher zur Untreuestrafbarkeit im Korruptionskontext *Corsten* HRRS **2011** 247 ff.; *Geisler* S. 113 ff.; *Heinrich/Stauß* S. 111, 124 ff. (zum Sponsoring); s.a. (zu BGH wistra **2018** 514 f. = NStZ-RR **2018** 349 f.) *Bittmann* wistra **2018** 495, 498.

925 Vgl. *B. Heinrich* NStZ **2005** 256, 259. S. auch BGH NStZ **1987** 326, 327; BGH NStE Nr. 49 zu § 52 StGB.

926 RG Recht **1913** Nr. 2659; RG HRR **1937** Nr. 534; 1943 Nr. 534; BGHSt **9** 245; **15** 88, 99; *Fischer* Rdn. 40; *Jescheck* LK[11] Rdn. 30; *Kuhlen* NK Rdn. 151; *Lackner/Kühl/Heger* Rdn. 20; *Sch/Schröder/Heine/Eisele* Rdn. 75; *Stein/Deiters* SK Rdn. 87.

927 BGHSt **9** 245, 246 f. sowie alle in der vorigen Fn. genannten Schrifttumsangaben. Vgl. auch RG JW **1922** 296 f.

928 *Jescheck* LK[11] Rdn. 30.

929 *Kuhlen* NK Rdn. 151; *Stein/Deiters* SK Rdn. 87.

930 BGHSt **47** 22, 25 ff. (zust. *Geppert* JK 2/02 StGB § 332/6; **abl.** *Bittmann* wistra **2002** 405 ff. mit Hinweis auf die Gefahr des Strafklageverbrauchs für § 266; s.a. *B. Heinrich* NStZ **2005** 256, 259 f. mit Rechtsprechungsnachweisen zur Tatmehrheit); BGH wistra **2004** 29, 30; BGH NStZ **2009** 445, 446; BayObLG StV **1997** 191, 194; *Fischer* Rdn. 40; *Kuhlen* NK Rdn. 151; *Matt/Renzikowski/Sinner* Rdn. 56; *Sch/Schröder/Heine/Eisele* Rdn. 75.

931 Für Zurücktreten des § 299 hinter §§ 332, 334 BGHSt **2** 396, 403; BGH NStZ **1994** 277 (jeweils zu § 12 UWG a.F.); *Fischer* Rdn. 40; für Tateinheit *Brand* DZWIR **2008** 318 f.; *Kuhlen* NK Rdn. 151; *Pfeiffer* FS von Gamm 129, 143 f.; *Pragal/Apfel* A&R **2007** 10, 19. Zu einem tatbestandlichen Exklusivitätsverhältnis vgl. *Lindemann* LK § 299 Rdn. 19, 65 m.w.N. Eingehend zur Konkurrenzproblematik *Krick* MK § 299 Rdn. 531 ff.

932 BGH NStZ-RR **2004** 243 f.; *Fischer* Rdn. 40.

933 Gesetz zur Verbesserung der strafrechtlichen Bekämpfung der Geldwäsche vom 9.3.2021 (BGBl. I S. 327).

934 BGHSt **15** 88, 100; *Stein/Deiters* SK Rdn. 89.

IX. Rechtsfolgen

1. Strafe und Nebenfolgen

144 Durch das (1.) KorrBekG wurde der **Strafrahmen** für Absatz 1 von zwei auf drei, für Absatz 2 von drei auf fünf Jahre erhöht.[935] Die Strafzumessungsvorschrift für besonders schwere Fälle (§ 335) und die Möglichkeit, auf den Verlust der Befähigung zur Bekleidung öffentlicher Ämter als Nebenfolge (§ 45) zu erkennen (§ 358), gelten nicht für § 331. Im Rahmen der **Strafzumessung**[936] darf die Erschütterung des Vertrauens der Öffentlichkeit in die Lauterkeit der Verwaltung als geschütztes Rechtsgut nicht strafschärfend herangezogen werden (§ 46 Abs. 3).[937] Hingegen sind beamten- oder disziplinarrechtliche Konsequenzen[938] (insbesondere die mit einer mindestens einjährigen Freiheitsstrafe zwingend verbundene Entfernung aus dem Dienst; vgl. § 41 Abs. 1 Nr. 1 BBG) sowie der auf der Tat beruhende Verlust des Arbeitsplatzes bei der Strafzumessung zu berücksichtigen.[939] Des Weiteren sind für die Strafzumessung die Höhe des Vorteils sowie die Frage von Bedeutung, ob es sich um eine eigen- oder (milder zu beurteilende) fremdnützige Vorteilsannahme handelt.[940]

2. Einziehung von Taterträgen

145 Die erlangten Vorteile unterliegen der Vermögensabschöpfung im Wege der Einziehung von Taterträgen (§§ 73 ff.).[941] Seit 2017[942] erstreckt sich die Erweiterte Einziehung (§ 73a) im Gegensatz zu § 73d a.F. auf alle Delikte und gilt mithin auch für § 331.[943] Erfolgte die Zuwendung an einen Dritten, so richtet sich die Anordnung der Einziehung gegen diesen (§ 73b).[944] Der Dienstherr ist im Hinblick auf das geschützte Rechtsgut der §§ 331 ff. grundsätzlich nicht „Verletzter" im Sinne des § 73 Abs. 1 Satz 2 a.F.;[945] er hat nach strafrechtlicher Rechtsprechung auch keinen Anspruch auf Herausgabe des Erlangten gemäß §§ 687 Abs. 2, 681 Satz 2, 667 BGB, weil der korrumpierte Amtsträger insoweit kein Geschäft seines Dienstherrn führt.[946] Deshalb steht diesem grundsätzlich auch kein Anspruch gemäß § 459h StPO

---

935 Vgl. *König* JR **1997** 397, 400; zu abweichenden Vorschlägen im Gesetzgebungsverfahren BTDrucks. 13/3353; *Dölling* C 77.

936 Zur Sanktionspraxis und zu einschlägigen Strafzumessungsaspekten vgl. *Bannenberg* S. 304 ff.; *Dölling* in: ders. 1/53; *Schäfer/Sander/van Gemmeren* Praxis der Strafzumessung[6] (2017) Rdn. 1717 f.

937 BGH StV **1997** 129 (LS); *Korte* MK Rdn. 224; s.a. BGH StV **2003** 500 f. (zu § 332) und *Fischer* Rdn. 37.

938 Vgl. hierzu *Deinert* S. 161 ff., 167 ff.; *Korte* in: Dölling 6. Kap. Rdn. 132 ff. sowie (zum Arbeitsrecht) 140 ff.; ferner *Greeve* Rdn. 128 ff.; *v.Heintschel-Heinegg* BeckOK Rdn. 59, 73 ff. Allgemein zum Vergleich straf- und disziplinarrechtlicher Sanktionen *Brüning* S. 355 ff.

939 BGH wistra **1999** 417 f.; **2004** 264; OLG Frankfurt/M. StV **1994** 131 f.; OLG Hamm JR **2000** 35, 36 mit Anm. *Kuhlen* S. 36, 38 (zu § 332); *Korte* MK Rdn. 224; *Kuhlen* NK Rdn. 153. Vgl. auch BGH NStZ **2008** 421 sowie allgemein BGHSt **35** 148 ff.; *Schneider* LK § 46 Rdn. 19.

940 *Korte* MK Rdn. 224; *Kuhlen* JR **2003** 231, 233; *Rönnau* JuS **2003** 232, 234; *Sch/Schröder/Heine/Eisele* Rdn. 23; s.a. BGHSt **47** 295, 306 (zu § 331 a.F.).

941 *Korte* MK § 332 Rdn. 54 ff. Ausführlich zum Verfall (§§ 73 ff. a.F.) bei den Bestechungsdelikten *Husberg* Verfall bei Bestechungsdelikten (1999), insbesondere S. 119 ff., 158 ff.; *Möhrenschlager* in: Dölling 8. Kap. Rdn. 211 ff.; s.a. *Bernsmann/Gatzweiler* Rdn. 1143 ff.; *Greeve* Rdn. 610 ff. sowie zur praktischen Bedeutung Wabnitz/Janovsky/*Bannenberg*[3] 10. Kap. Rdn. 94; HK-GS/*Bannenberg* Rdn. 59.

942 Gesetz zur Reform der strafrechtlichen Vermögensabschöpfung vom 14.4.2017 (BGBl. I S. 872).

943 Vorher eröffnete der nunmehr gestrichene § 338 das Rechtsinstitut des Erweiterten Verfalls (§ 73d a.F.) für banden- oder gewerbsmäßig begangene Taten gemäß §§ 332 und 334.

944 Hierzu *Möhrenschlager* in: Dölling 8. Kap. Rdn. 230 (zu § 73 Abs. 3 a.F.).

945 BGHSt **30** 46, 47 f.; **33** 37 f.; **47** 22, 31; BGH NStZ **2000** 589, 590; BGH wistra **2001** 295, 297; *Stein/Deiters* SK Rdn. 90.

946 BGHSt **30** 46, 49; BGH NStZ **2003** 423; BGH StV **2001** 272, 273 f. Für einen (allerdings gegenüber der Einziehung nachrangigen) Herausgabeanspruch aus § 71 Abs. 2 Satz 1 BBG BVerwGE **115** 389, 392 = NJW **2002** 1968 (zu § 70 S. 1 BBG a.F.); zust. *Wächter* StraFo **2006** 221, 223 ff., 226; s.a. *Möhrenschlager* in: Dölling 8. Kap. Rdn. 216; *Zetzsche* wistra **2004** 428 f.

bezüglich des eingezogenen Vorteils zu.[947] Zur Ausnahme eines aus der Dienstpflichtverletzung resultierenden, dem Bestechungserlös spiegelbildlich in vollem Umfang entsprechenden Untreue- oder Betrugsschadens vgl. § 332 Rdn. 38.[948] Auf den Vorteil zu entrichtende (Einkommens-)Steuern sind auf steuerrechtlicher Ebene zu berücksichtigen und bei der Einziehung nicht abzugsfähig;[949] ggf. wird eine verfassungswidrige Doppelbelastung im Rahmen der Vollstreckung gemäß § 459g Abs. 5 StPO vermieden.[950] Die vom BGH in seiner teilweise uneinheitlichen Rechtsprechung zu § 73 a.F. vertretene Ansicht, bei einer korruptiven Auftragserlangung sei das „Erlangte" nicht nach dem vereinbarten Werklohn, sondern nach dem zu erwartenden Gewinn zu bestimmen (BGHSt **50** 299, 309 ff. [Kölner Müll]),[951] ist (auch) für die (zweistufig konzipierte) Neuregelung der §§ 73 ff. umstritten.[952] Zu weiteren Rechtsfolgen vgl. *v.Heintschel-Heinegg* BeckOK Rdn. 61 ff.

X. Prozessuales

1. Verjährung

Die Vorteilsannahme verjährt (bezüglich § 331 Abs. 1 ebenso wie hinsichtlich Abs. 2) in fünf Jahren **146**
(§ 78 Abs. 3 Nr. 4). Der Verjährungsbeginn bestimmt sich gemäß § 78a S. 1 nach der **Beendigung** der Tat (vgl. hierzu Rdn. 131 ff., 142). In jedem Fall tritt mit dem Ausscheiden aus dem Amtsverhältnis Tatbeendigung ein (str.).[953] Soweit die einzelnen Handlungen nicht zu einer tatbestandlichen Handlungseinheit verklammert werden (s. Rdn. 142), unterliegen sie jeweils selbständig der Verjährung.[954] Rechtspolitisch (und rechtsvergleichend) zur Frage einer (relativen) Unverjährbarkeit und einer Durchbrechung einer unlauter erlangten Rechtskraft *Montiel* in: Kuhlen/Kudlich u.a. S. 137 ff.

2. Strafprozessuale und gerichtsverfassungsrechtliche Aspekte

Der Bürger (sei es auch als ein von einer Baugenehmigung betroffener Nachbar) ist nicht zur **147**
Klageerzwingung berechtigter „Verletzter" im Sinne des § 172 Abs. 1 S. 1 StPO.[955] Bezüglich der strafprozessualen Zwangsmaßnahmen gehört die Vorteilsannahme weder zu den Katalogtaten zur Überwachung der Telekommunikation (§ 100a StPO) noch zum sog. „Großen Lauschangriff" (§ 100c StPO; vgl. § 332 Rdn. 40). Bei der Vorteilsannahme ist (seit 2012)[956] gemäß § 74c Abs. 1 Nr. 6 Buchst. a GVG eine Zuständigkeit der **Wirtschaftsstrafkammer** unter der Voraussetzung begründet, dass zur Beurteilung des Falles besondere Kenntnisse des Wirtschaftslebens erforderlich sind. Zu Mitteilungspflichten vgl. *Matt/Renzikowski/Sinner* Rdn. 61.

---

947 *Korte* MK § 332 Rdn. 54.

948 Vgl. hierzu (jeweils zu § 73 Abs. 1 S. 2 a.F.) BGHSt **47** 22, 31 f.; BGH wistra **2001** 295, 297; BGH NStZ **2003** 423.

949 BTDrucks. 18/11640 S. 78 f.; BGH Beschl. v. 11.12.2019 – 5 StR 486/19 (juris) Rdn. 18 (in NStZ **2020** 271 nicht abgedruckt); zust. *Hoven* NStZ **2020** 272 f.; *Korte* MK § 332 Rdn. 55; s.a. *Maciejewski/Schumacher* NZWiSt **2020** 158 f. Anders zur früheren Gesetzeslage (Abzug gemäß § 73 Abs. 1 S. 2 a.F.) BGH NStZ-RR **2004** 242, 244 = wistra **2004** 391, 393 mit Anm. *Odenthal* wistra **2004** 427 f. und *Zetzsche* wistra **2004** 428 f.

950 *Korte* MK § 332 Rdn. 55.

951 Kritisch hierzu *S. Heine* NStZ **2015** 127, 128 f., 130 ff.; *Hohn* wistra **2006** 321 ff.; s.a. *Möhrenschlager* in: Dölling 8. Kap. Rdn. 218 (mit Fn. 641); *Saliger* NJW **2006** 3377, 3380 f.; *Schlösser* NStZ **2011** 121 ff.

952 Im Ergebnis für Beschränkung auf den Gewinn (freilich ohne Absetzungsmöglichkeit des Bestechungsgeldes) BTDrucks 18/9525 S. 68 (zu § 73d); *Matt/Renzikowski/Altenhain/Fleckenstein* § 73 Rdn. 8; *Schäuble/Pananis* NStZ **2019** 65, 67 f.; **aA** (keine Abzugsfähigkeit) BGH StV **2019** 42, 46 (obiter dictum; abl. *Gericke* StraFo **2021** 274, 276 f.; *Rönnau/Begemeier* NStZ **2020** 1, 5 ff., 8); *Fischer* § 73 Rdn. 23; *Korte* MK § 332 Rdn. 56; *SSW/S. Heine* § 73 Rdn. 18, 21.

953 *Hoffmann/Mildeberger* StV **2006** 665, 666, 668 f. S. auch oben Rdn. 4, 131.

954 BGH NStZ-RR **1998** 269; *Bernsmann/Gatzweiler* Rdn. 519; *Hoffmann/Mildeberger* StV **2006** 665, 667 f.

955 OLG Koblenz wistra **1985** 83 f.; KG Beschl. v. 31.5.1999 – Zs 167/99 – 3 Ws 219/99 (juris).

956 Gesetz (u.a. zur Änderung gerichtsverfassungsrechtlicher Vorschriften) vom 6.12.2011 (BGBl. I S. 2554).

§ 332 Bestechlichkeit

(1) [1]Ein Amtsträger, ein Europäischer Amtsträger oder ein für den öffentlichen Dienst besonders Verpflichteter, der einen Vorteil für sich oder einen Dritten als Gegenleistung dafür fordert, sich versprechen läßt oder annimmt, daß er eine Diensthandlung vorgenommen hat oder künftig vornehme und dadurch seine Dienstpflichten verletzt hat oder verletzen würde, wird mit Freiheitsstrafe von sechs Monaten bis zu fünf Jahren bestraft. [2]In minder schweren Fällen ist die Strafe Freiheitsstrafe bis zu drei Jahren oder Geldstrafe. [3]Der Versuch ist strafbar.

(2) [1]Ein Richter, Mitglied eines Gerichts der Europäischen Union oder Schiedsrichter, der einen Vorteil für sich oder einen Dritten als Gegenleistung dafür fordert, sich versprechen läßt oder annimmt, daß er eine richterliche Handlung vorgenommen hat oder künftig vornehme und dadurch seine richterlichen Pflichten verletzt hat oder verletzen würde, wird mit Freiheitsstrafe von einem Jahr bis zu zehn Jahren bestraft. [2]In minder schweren Fällen ist die Strafe Freiheitsstrafe von sechs Monaten bis zu fünf Jahren.

(3) Falls der Täter den Vorteil als Gegenleistung für eine künftige Handlung fordert, sich versprechen läßt oder annimmt, so sind die Absätze 1 und 2 schon dann anzuwenden, wenn er sich dem anderen gegenüber bereit gezeigt hat,

1. bei der Handlung seine Pflichten zu verletzen oder,

2. soweit die Handlung in seinem Ermessen steht, sich bei Ausübung des Ermessens durch den Vorteil beeinflussen zu lassen.

Schrifttum

S. die Schrifttumsangaben Vor § 331 vor Rdn. 20.

Entstehungsgeschichte

Ihre dogmatische Struktur hat die Vorschrift durch das (insoweit auf § 461 E 1962 zurückgreifende) EGStGB 1974 erhalten.[1] Die heutige Textfassung[2] wurde im Wesentlichen durch das Gesetz zur Bekämpfung der Korruption vom 13.8.1997 (**[1.] KorrBekG**, BGBl. I S. 2038) geschaffen (vgl. Vor § 331 Rdn. 23 sowie zu den Gesetzesmaterialien § 331 vor Rdn. 1). Hierbei sind der Regelungsgehalt (abgesehen von der Einbeziehung der Drittvorteile und der Eröffnung des Erweiterten Verfalls gemäß dem inzwischen aufgehobenen § 338) und die Strafrahmen[3] gleich geblieben. Im Hinblick auf die neu eingeführte Strafzumessungsvorschrift des § 335 wurden die minder schweren Fälle aus redaktionellen Gründen jeweils in einem eigenständigen Satz erfasst. Der personelle Anwendungsbereich ist durch das **(2.) KorrBekG** 2015[4] um Europäische Amtsträger (Abs. 1) und um Mitglieder eines Gerichts der Europäischen Union (Abs. 2) erweitert worden. Diese Ausdehnung geht über die (zeitgleich aufgehobene) Gleichstellungsregelung in Art. 2 § 1 EUBestG[5] hinaus, die nur für künftige richterliche Handlungen oder Diensthandlungen gegolten hatte. Mit diesem engeren, zukunftsgerichteten Zuschnitt normiert § 335a Abs. 1 weitere Gleichstellungen (s. Rdn. 3).

---

1 *Korte* MK Rdn. 1.

2 Der Normtext des § 332 RStGB 1871 und die Fassung des EGStGB 1974 sind abgedruckt bei *Stein/Deiters* SK Rdn. 1 Fn. 1 und 2.

3 Näher dazu *Bauer/Gmel* LK[11] Nachtrag zu §§ 331–338 Rdn. 19 f.

4 Gesetz zur Bekämpfung der Korruption vom 20.11.2015 (BGBl. I S. 2025). Gesetzesmaterialien BTDrucks. 18/4350 (Gesetzentwurf der BReg) und 18/6389 (Beschlussempfehlung und Bericht des Ausschusses für Recht und Verbraucherschutz).

5 Gesetz zu dem Protokoll vom 27.9.1996 zum Übereinkommen über den Schutz der finanziellen Interessen der *Europäischen* Gemeinschaften (EU-Bestechungsgesetz – EUBestG), BGBl. 1998 II S. 2340. Die für die Bestechungsdelikte maßgeblichen Bestimmungen sind in der Vorauflage (Vor § 331 Rdn. 25 [Fn. 109]) abgedruckt. Zur Strafbarkeit gemäß § 332 bei Auslandstaten auf der Grundlage des EUBestG *Isfen* FS Imme Roxin 227, 228 ff.

https://doi.org/10.1515/9783110490329-003

Übersicht

I. Allgemeines

Die Norm stellt erschwerte Formen der passiven Bestechung unter Strafe; es handelt sich um **Qualifikationstatbestände** zu § 331 Abs. 1 bzw. Abs. 2.[6] Im Gegensatz zu § 331 Abs. 1 muss sich der Vorteil bei § 332 Abs. 1 (weiterhin) auf eine konkrete Diensthandlung (also nicht nur allgemein auf die Dienstausübung) beziehen, die überdies ihrerseits als solche (d.h. nicht nur wegen der Vorteilsannahme) pflichtwidrig sein muss. In entsprechender Weise ist § 332 Abs. 2 ein im Vorfeld des § 339 angesiedelter Qualifikationstatbestand zu § 331 Abs. 2, wobei der die Strafschärfung auslösende Umstand in der Pflichtwidrigkeit der richterlichen Handlung liegt. Darüber hinaus ist § 332 Abs. 2, soweit er Richter oder Mitglieder eines Gerichts der Europäischen Union betrifft (für Schiedsrichter fehlt es an einem Grunddelikt), zugleich eine Qualifikation zu § 332 Abs. 1.[7] Bleibt ungeklärt, ob die qualifizierenden Merkmale erfüllt sind, kommt (in dubio pro reo) eine Strafbarkeit aus dem betreffenden Grunddelikt in Betracht.[8] Zum geschützten **Rechtsgut** vgl. Vor § 331 Rdn. 25 ff.; zum rechtspolitischen, kriminologischen und kriminalstatistischen Hintergrund vgl. Vor § 331 Rdn. 37 ff. Seiner Deliktsnatur nach ist § 332 ein **abstraktes Gefährdungsdelikt** (vgl. näher Vor § 331 Rdn. 35 f.).[9] Der **Versuch** der Bestechlichkeit ist bezüglich aller Tatbestände mit Strafe bedroht (Absatz 2 ist Verbrechen i.S.d. § 12 Abs. 1). Durch die 1974 eingeführte Regelung in Absatz 3 wurde die frühere Rechtsprechung zur Unrechtsvereinbarung bei künftigen Diensthandlungen bzw. richterlichen Handlungen festgeschrieben.[10] Eine Straflosigkeit unter dem Aspekt der Sozialadäquanz oder eine Genehmigung des Vorteils sind bei der Bestechlichkeit angesichts der Pflichtwidrigkeit der dem Amtsträger oder (Schieds-)Richter angesonnenen Handlung grundsätzlich ausgeschlossen[11] (s. aber auch Rdn. 28). 1

6 BGH NStZ **1984** 24; *Lackner/Kühl/Heger* Rdn. 2; *Sch/Schröder/Heine/Eisele* Rdn. 1.
7 *Stein/Deiters* SK Rdn. 5.
8 *Jescheck* LK[11] Rdn. 4; *Kuhlen* NK Rdn. 1.
9 S. auch OLG Stuttgart NJ **1997** 503; *Sch/Schröder/Heine/Eisele* Rdn. 1 (Tätigkeitsdelikt).
10 BTDrucks. 7/550 S. 273; *Jescheck* LK[11] Rdn. 1; *Korte* MK Rdn. 2.
11 *Jescheck* LK[11] Rdn. 1; *Sommer* AnwK Rdn. 2.

II. Objektiver Tatbestand des § 332 Abs. 1

2 Den objektiven Tatbestand des § 332 Abs. 1 verwirklicht, wer als Amtsträger, Europäischer Amtsträger, für den öffentlichen Dienst besonders Verpflichteter oder als sonstiger tauglicher Täter (vgl. Rdn. 3) für eine schon vorgenommene, gleichzeitig stattfindende oder künftig vorzunehmende Diensthandlung (vgl. Rdn. 5 ff.), durch die er seine Dienstpflicht verletzt hat oder verletzen würde (vgl. Rdn. 9 ff.), einen (Eigen- oder Dritt-)Vorteil fordert, sich versprechen lässt oder annimmt (vgl. Rdn. 4).

1. Täterkreis

3 Tauglicher Täter gemäß § 332 Abs. 1 ist ein **Amtsträger** (§ 11 Abs. 1 Nr. 2), **Europäischer Amtsträger** (§ 11 Abs. 1 Nr. 2a) oder ein für den öffentlichen Dienst **besonders Verpflichteter** (§ 11 Abs. 1 Nr. 4). Diese Umschreibung stimmt (ebenso wie die Einbeziehung der **Soldaten** durch § 48 WStG) mit § 331 Abs. 1 überein, sodass die dortigen Ausführungen (vgl. § 331 Rdn. 3 ff.) auch für die Bestechlichkeit gelten; insbesondere muss die Täterqualifikation auch hier im Zeitpunkt der Tathandlung gegeben sein. Dennoch besteht keine vollständige Kongruenz zwischen §§ 331 und 332 bezüglich des Täterkreises. Denn die in § 335a – jeweils beschränkt auf künftige richterliche Handlungen und künftige Diensthandlungen – normierte Gleichstellung weist eine unterschiedliche Reichweite auf. Im Hinblick auf § 332 (sowie auf §§ 331 Abs. 2, 333 Abs. 3 und 334) ordnet § 335a Abs. 1 Nr. 1 die Gleichstellung von Mitgliedern eines ausländischen oder internationalen Gerichts mit einem „Richter" an; ferner bestimmt § 335a Abs. 1 Nr. 2 für Bedienstete eines ausländischen Staates sowie für zur Wahrnehmung öffentlicher Aufgaben für diesen beauftragte Personen (§ 335a Abs. 1 Nr. 2 Buchst. a), Bedienstete einer internationalen Organisation sowie zur Wahrnehmung von deren Aufgaben beauftragte Personen (§ 335a Abs. 1 Nr. 2 Buchst. b) und Soldaten ausländischer Staaten sowie mit der Wahrnehmung von Aufgaben einer internationalen Organisation beauftragte Soldaten (§ 335a Abs. 1 Nr. 2 Buchst. c) die Gleichstellung mit einem „Amtsträger". Demgegenüber gilt in Bezug auf § 331 Abs. 1 und 3 diese Gleichstellung gemäß § 335a Abs. 2 nur hinsichtlich der Mitglieder sowie der Bediensteten des Internationalen Strafgerichtshofes.[12]

2. Tathandlungen und Vorteil

4 Als **Tathandlungen** nennt § 332 das Fordern, Sich-versprechen-Lassen oder Annehmen eines Vorteils. Angesichts der insoweit bestehenden Übereinstimmung mit § 331 kann auf die die dort gemachten Ausführungen (§ 331 Rdn. 21 ff.) verwiesen werden. Gleiches gilt für den Begriff des **„Vorteils"** einschließlich der seit 1997 auch im Rahmen des § 332 einbezogenen Drittvorteile (vgl. § 331 Rdn. 31 ff.).[13] Weil der Täter den Vorteil **„als Gegenleistung"** für eine pflichtwidrige Diensthandlung fordern, versprochen bekommen oder erhalten muss, scheiden solche Vermögenszuwächse aus, die dem Amtsträger unmittelbar und ohne weiteres Zutun aus seiner pflichtwidrigen (und ggf. strafbaren) Diensthandlung zufließen oder die er sich selbst aus dieser Handlung verschaffen soll.[14] So verhält es sich, wenn der Amtsträger nach der getroffenen Abrede die aus einer als pflichtwidrige Diensthandlung zu beurteilenden Straftat herrührende Beute nur teilweise an seine

---

12 *Sch/Schröder/Heine/Eisele* § 331 Rdn. 11.

13 Für eine unterschiedliche Interpretation des „Dritten", weil § 331 im Gegensatz zu § 332 auf eigennütziges Handeln beschränkt sei, *Wentzell* S. 106 f.

14 BGHSt **1** 182 f.; **16** 37, 39; **20** 1, 2 f. (m.w.N.); **54** 202, 215; BGH NJW **1987** 1340, 1342 (mit Anm. *Letzgus* NStZ **1987** 309, 310); *Fischer* Rdn. 3a; *Jescheck* LK[11] Rdn. 9; *Korte* MK Rdn. 5; *Kuhlen* NK § 331 Rdn. 91; *Matt/Renzikowski/Sinner* Rdn. 4; *Sch/Schröder/Heine/Eisele* Rdn. 4; *Stein/Deiters* SK Rdn. 18; *Wagner* JZ **1987** 594, 603.

Komplizen abführen soll.[15] Erlangt der Täter den Vorteil hingegen erst mittelbar aus dem Gewinn einer Straftat, so ist die hierin liegende Belohnung eine Gegenleistung für die Pflichtwidrigkeit; dies gilt auch dann, wenn der Amtsträger durch seine pflichtwidrige Diensthandlung an der betreffenden Vermögensstraftat mitgewirkt hat, indem er z.B. Scheinrechnungen als richtig bestätigt hat und an dem durch die Auszahlung erzielten Erlös beteiligt wird.[16]

3. Bezugshandlung (pflichtwidrige Diensthandlung)

a) Diensthandlung. In Übereinstimmung mit der früheren Gesetzeslage muss sich die Unrechtsvereinbarung auf eine (pflichtwidrige) Diensthandlung beziehen. Die zu einer Lockerung der Unrechtsvereinbarung führende Ausweitung auf die „Dienstausübung" durch das (1.) KorrBekG 1997 betrifft ausschließlich die §§ 331 und 333 (vgl. § 331 Rdn. 50 f.). Damit sind die früheren Äußerungen in Rechtsprechung und Lehre zur Interpretation des Merkmals der „Diensthandlung" weiterhin von Bedeutung.[17] Kommen mehrere Verhaltensweisen des Amtsträgers in Betracht, ist die im Rahmen der Unrechtsvereinbarung maßgebliche Bezugshandlung durch Rückgriff auf die Vorstellungen der Beteiligten zu ermitteln.[18] 5

Zum einen bedarf es der Festlegung des Kreises der dienstlichen Tätigkeiten in Abgrenzung insbesondere zu reinen **Privathandlungen**. Diesbezüglich kann auf die Ausführungen zu § 331 (s. dort Rdn. 52 ff., 55, 59 f.) verwiesen werden.[19] Das Fehlen der konkreten sachlichen oder örtlichen **Zuständigkeit** sowie ein Verstoß gegen interne Geschäftsverteilungsregeln schließt den Dienstcharakter nicht aus, sofern nur eine abstrakte Zuständigkeit im Sinne eines funktionalen Zusammenhangs gegeben ist (§ 331 Rdn. 56). Auch die **Strafbarkeit** des Verhaltens steht der Annahme einer Diensthandlung nach h.M. nicht entgegen (vgl. § 331 Rdn. 57 f.).[20] Es kann sich um eine bereits zurückliegende oder um eine erst für die Zukunft zugesagte Diensthandlung handeln.[21] Ob die Handlung später tatsächlich vorgenommen wird, ist unerheblich. Auch der **innere Vorbehalt**, die pflichtwidrige Handlung nicht begehen zu wollen, ist unbeachtlich (vgl. Abs. 3 sowie § 331 Rdn. 61, 100).[22] Die **Täuschung**, eine pflichtwidrige **Diensthandlung vorgenommen zu haben**, begründet ggf. eine Strafbarkeit gemäß § 263, nicht jedoch eine solche gemäß § 332 (str.; BGHSt **29** 300 ff.; näher hierzu § 331 Rdn. 62 f.).[23] 6

Während die Abschichtung von reinen Privathandlungen die gemeinsamen Außengrenzen der Amtsträgerkorruption (also § 331 und § 332) markieren, bedarf es für § 332 in Abgrenzung zu § 331 einer hinreichend **bestimmten** Diensthandlung. Gegen eine dem § 331 entsprechende Ausweitung auf die bloße Dienstausübung spricht insbesondere das zusätzliche Erfordernis der Pflichtwidrigkeit, die nicht generell für die Dienstausübung festgestellt werden kann, sondern auf einen zumindest einigermaßen konkretisierten Bezugspunkt ausgerichtet sein muss.[24] Allerdings 7

---

15 BGHSt **1** 182, 183.

16 RGSt **4** 421, 425 f. (zu § 333 a.F.); BGHSt **20** 1, 3 ff.; BGH NJW **1987** 1340, 1342 (mit Anm. *Letzgus* NStZ **1987** 309, 310 f.); BGH NStZ **1994** 191 (Geltenlassen als Erfüllung einer Schuld des Amtsträgers); **2000** 318; *Fischer* Rdn. 3a; *Jescheck* LK[11] Rdn. 9; *Korte* MK Rdn. 5; *Kuhlen* NK § 331 Rdn. 91; *Sch/Schröder/Heine/Eisele* Rdn. 4; *Stein/Deiters* SK Rdn. 18.

17 *Möhrenschlager* in: Dölling 8. Kap. Rdn. 30.

18 *Kuhlen* NK Rdn. 4; s.a. *Eb. Schmidt* Rdn. 252.

19 Vgl. ferner *Eisele* BT 1 § 93 Rdn. 1646; *Sch/Schröder/Heine/Eisele* Rdn. 5 sowie ausführlich *Sahan* FS Ostendorf 765, 766 ff.

20 *Jescheck* LK[11] Rdn. 3; *Korte* MK Rdn. 11 ff.

21 *Sch/Schröder/Heine/Eisele* Rdn. 6.

22 BGHSt **48** 44, 46; BGH NStZ **1984** 24, 25 (m.w.N.); BGH NStZ-RR **2008** 13, 14 = wistra **2007** 222, 223; *Fischer* Rdn. 12 ff.; *Korte* MK Rdn. 20; *Kuhlen* NK Rdn. 6; *Lackner/Kühl/Heger* Rdn. 5 (m.w.N.); *SSW/Rosenau* Rdn. 6.

23 *Fischer* Rdn. 13; *Korte* MK Rdn. 15 f.; *SSW/Rosenau* Rdn. 7; *Stein/Deiters* SK Rdn. 17; **aA** *Kuhlen* NK Rdn. 18.

24 *Fischer* Rdn. 5; *Kindhäuser/Hilgendorf* Rdn. 2; *Möhrenschlager* in: Dölling 8. Kap. Rdn. 34; *Stein/Deiters* SK Rdn. 10. S. auch BGHSt **15** 217, 223.

stellt die Rechtsprechung insoweit seit jeher[25] nur geringe Bestimmtheitsanforderungen.[26] Ausreichend ist hiernach ein Einverständnis der Beteiligten darüber, dass der Amtsträger innerhalb eines bestimmten Aufgabenkreises oder Kreises von Lebensbeziehungen in eine gewisse Richtung tätig werden soll; daneben muss die Diensthandlung nach ihrem sachlichen Gehalt zumindest in groben Umrissen erkennbar und festgelegt sein.[27] Eine hinreichende Konkretisierung nimmt der BGH insbesondere bei der Zusage des Amtsträgers an, in einer bestimmten Angelegenheit (z.B. bei bei künftigen Auftragsvergaben oder bei der Karriereförderung ungeachtet einer noch unklaren Stellenlage[28]) für den Vorteilsgeber zur Erreichung eines zwischen den Beteiligten zumindest allgemein bestimmten Erfolges tätig zu werden.[29] Dies soll nach BGHSt **66** 130, 134 ff.[30] (zu § 334) auch bezüglich eines Amtsträgers gelten, der sich bei demselben Dienstherrn um ein höheres Wahlamt bewirbt. Umgekehrt wurde die Erklärung des Amtsträgers, aufgrund seiner Stellung „bei verschiedenen Behörden und Entscheidungsträgern“ eingreifen zu können und seinen Einfluss für den Zuwendenden geltend zu machen, als unzureichend angesehen.[31] Die Sicherung des allgemeinen Wohlwollens oder der Geneigtheit des Amtsträgers für künftige (pflichtwidrige) Diensthandlungen genügt für § 332 ebenso wenig wie die Erlangung nicht näher bestimmter „Gefälligkeiten“.[32] Freilich kommt bei Fehlen einer hinreichend bestimmten Diensthandlung (oder eines entsprechenden Nachweises) eine Strafbarkeit gemäß § 331 in Betracht.[33]

8 Zwar wird sich die Bestimmtheit zurückliegender Diensthandlungen regelmäßig leichter feststellen lassen, doch stimmen die rechtlich an die Bestimmtheit zu stellenden Anforderungen bezüglich der bereits vorgenommenen mit jenen hinsichtlich der künftigen Diensthandlungen überein.[34] **Anhaltspunkte** für die Beurteilung können sich daraus ergeben, ob der Amtsträger nur für einen bestimmten Aufgabenkreis zuständig ist, welcher Art die Beziehungen des Zuwendenden zur Dienststelle sind und ob seine Interessen sich dem Aufgabenbereich des Amtsträgers zuordnen lassen.[35] Der Umstand, dass eine Zuordnung zu einer hinreichend bestimmten Diensthandlung umso leichter möglich ist, je enger der Aufgabenbereich des Amtsträgers begrenzt ist,[36] begünstigt insbesondere die höher gestellten Amtsträger, die bei wenig konkretisierbaren Einzelaufgaben eine größere Richtlinienkompetenz ausüben.[37] Diese Folge ist kriminalpolitisch bedauerlich, sie entspricht aber der systematischen Grundentscheidung (Erkaufen allgemeinen Wohlwollens genügt nicht) und ist angesichts der verbleibenden Strafbarkeit aus § 331 auch hinnehmbar.

---

25 Vgl. bereits RGSt **11** 219, 221 f.; **64** 328, 335 f.; OGHSt **2** 103, 110.

26 BGHSt **64** 301, 304 = JR **2020** 628, 629 mit Anm. *Kuhlen* 630, 631; BGH NStZ **1999** 561; BGHSt **66** 130, 136 = BGH NJW **2021** 2522, 2524 mit krit. Anm. *Kubiciel* (zu § 334); *Eisele* BT 1 § 93 Rdn. 1643; *Greeve* Rdn. 256; *Höltkemeier* S. 144; *Korte* MK Rdn. 7; *Möhrenschlager* in: Dölling 8. Kap. Rdn. 34. **Kritisch** hierzu *Bernsmann/Gatzweiler* Rdn. 349 f.

27 BGHSt **32** 290 f.; **39** 45, 46 f.; BGH NJW **2003** 763, 765 (insoweit in BGHSt **48** 44 ff. nicht abgedruckt); BGH NStZ **2000** 319; **2001** 425 f.; **2005** 214 f.

28 BGHSt **64** 301, 304 f. = NStZ **2020** 670, 671 mit krit. Anm. *Bock* 671, 672 = StraFo **2020**, 388 f. mit Anm. *Sowada* 389, 390 f.

29 BGH NStZ **1989** 74; **1999** 561 f.; BGH wistra **1999** 271; OLG Hamburg StV **2001** 277, 279.

30 BGHSt **66** 130, 134 ff. = BGH NJW **2021** 2522, 2523 f. mit krit. Anm. *Kubiciel* NJW **2021** 2524 f.; s.a. *Ceffinato* ZWH **2023** 1, 2 ff.

31 BGH NStZ **2000** 319, 320.

32 BGHSt **15** 217, 223; **32** 290, 292; BGH NStZ **1984** 24 f.; BGH NJW **2003** 763, 765 (insoweit in BGHSt **48** 44 ff. nicht abgedruckt); *Fischer* Rdn. 6 (m.w.N.); *Greeve* Rdn. 257; *Korte* MK Rdn. 8.

33 *Korte* MK Rdn. 9 f.; *Matt/Renzikowski/Sinner* Rdn. 5.

34 *Korte* MK Rdn. 10; *Kuhlen* NK Rdn. 19. Eine gewisse Relativierung der Rechtsprechung bezüglich künftiger Diensthandlungen billigend *Matt/Renzikowski/Sinner* Rdn. 5.

35 *Möhrenschlager* in: Dölling 8. Kap. Rdn. 34. Vgl. auch zur Abschichtung bloßer „Begleitumstände“ von Diensthandlungen *Wentzell* S. 143 f.

36 BGHSt **39** 45 ff.; BGH wistra **1991** 220, 221; *Greeve* Rdn. 257.

37 *Arzt/Weber/Heinrich/Hilgendorf/Heinrich* BT § 49 Rdn. 26; *Fischer* Rdn. 6; *Korte* MK Rdn. 9; *Kuhlen* NK § 331 Rdn. 77; *Matt/Renzikowski/Sinner* Rdn. 5.

b) Pflichtwidrigkeit. Die in § 332 aufgefangene Unrechtssteigerung gegenüber § 331 besteht darin, dass über das bloße Unentgeltlichkeitsgebot des Amtshandelns hinaus der Amtsträger hier um der Erlangung eines Vorteils willen die Rechtmäßigkeit und Richtigkeit staatlichen Handelns verletzt oder gefährdet (oder sich zumindest hierzu bereit zeigt). Vor diesem Hintergrund ist das Kriterium der Pflichtwidrigkeit nicht auf die Erlangung oder das Erstreben des Vorteils zu beziehen, sondern die hierfür vom Amtsträger erbrachte oder versprochene **Gegenleistung als solche** muss pflichtwidrig sein.[38] Dies ist dann der Fall, wenn die Diensthandlung gegen ein Gesetz, eine Rechtsverordnung, eine Verwaltungsvorschrift oder eine allgemeine oder konkrete dienstliche Weisung verstößt.[39] Das Unterlassen einer gebotenen Diensthandlung (z.B. bei Kontroll- oder Mitteilungspflichten; vgl. § 331 Rdn. 140) steht der Vornahme einer pflichtwidrigen Diensthandlung gleich (§ 336).[40] Strafbare Diensthandlungen sind stets pflichtwidrig (str.; vgl. § 331 Rdn. 57 f.).[41] Die Pflichtwidrigkeit dienstlicher Handlungen von ausländischen und internationalen Amtsträgern beurteilt sich nach dem Recht der betreffenden Staaten bzw. der Europäischen Gemeinschaften.[42] 9

Die Diensthandlung muss **objektiv pflichtwidrig** sein. Wegen des Vorsatzerfordernisses muss der Amtsträger die Pflichtwidrigkeit seines Handelns kennen (zu Irrtumsfragen s. Rdn. 26); ob auch der Vorteilsgeber die Diensthandlung als pflichtwidrig ansieht, ist nur für dessen Strafbarkeit gemäß § 334, nicht hingegen für § 332 von Bedeutung.[43] Von der Beurteilung der Pflichtwidrigkeit als solcher ist die Frage nach der **Beurteilungsgrundlage** zu unterscheiden. Bei künftigen Diensthandlungen ist insoweit auf die zwischen den Parteien geschlossene Unrechtsvereinbarung abzustellen. Kommen die Parteien überein, der Amtsträger solle als Gegenleistung für den Vorteil Zahlungen auf Scheinrechnungen anweisen, denen kein berechtigter Anspruch des Vorteilsgebers zugrunde liegt, so ist § 332 auch dann gegeben, wenn sich später herausstellt, dass die eingereichten Rechnungen entgegen dieser Einschätzung objektiv berechtigt waren.[44] Ebenso ist die subjektive Vorstellung (für § 332: des Amtsträgers) maßgeblich, wenn bereits die Dienstpflicht als solche an das Vorstellungsbild des Beamten anknüpft. Sieht also ein Polizeibeamter um der Erlangung eines Vorteils willen von einer Anzeige gegen den vermeintlichen Täter ab, so verwirklicht er § 332 auch dann, wenn in Wirklichkeit eine strafbare Handlung nicht begangen worden ist.[45] Erfolgt hingegen die Zuwendung im Hinblick auf eine konkrete in der Vergangenheit liegende Diensthandlung, die entgegen der Annahme beider Parteien (oder auch nur des Amtsträgers) objektiv pflichtgemäß gewesen ist, so ist (neben § 331) nur eine versuchte Bestechlichkeit gegeben.[46] 10

aa) Gebundenes Verwaltungshandeln. Im Bereich des gebundenen Verwaltungshandelns folgt die Pflichtwidrigkeit aus dem Verstoß gegen die für die Diensthandlung maßgeblichen 11

---

38 BGHSt **15** 88, 91 und 239, 241 f.; **16** 37, 39; **48** 44, 46; BGH NJW **2002** 2801, 2806 (insoweit in BGHSt **47** 295 nicht abgedruckt); BGH NStZ-RR **2008** 13, 14 = wistra **2007** 222, 223; OLG Naumburg NJW **1997** 1593, 1594; *Fischer* Rdn. 7; *Korte* MK Rdn. 17; *Kuhlen* NK Rdn. 7; *Lackner/Kühl/Heger* Rdn. 3; *Stein/Deiters* SK Rdn. 11.

39 BTDrucks. 7/550 S. 273; BGHSt **15** 88, 92; **48** 44, 46; BGH NStZ-RR **2008** 13, 14 = wistra **2007** 222; *Fischer* Rdn. 8; *Korte* MK Rdn. 17; *Kuhlen* NK Rdn. 8; *Lackner/Kühl/Heger* Rdn. 3; *Sch/Schröder/Heine/Eisele* Rdn. 7; *Stein/Deiters* SK Rdn. 12.

40 *Fischer* Rdn. 7; *Korte* MK Rdn. 19.

41 *Fischer* Rdn. 10; *Korte* MK Rdn. 17; *Kuhlen* NK Rdn. 8; *Lackner/Kühl/Heger* Rdn. 3; *Sch/Schröder/Heine/Eisele* Rdn. 7.

42 *Korte* MK Rdn. 17; *Kuhlen* NK Rdn. 8a f.

43 RGSt **39** 193, 199; **77** 75, 77; BGHSt **15** 352, 355; *Fischer* Rdn. 11; *Korte* MK Rdn. 18; *Kuhlen* NK Rdn. 5; *Lackner/Kühl/Heger* Rdn. 5 f.; *Stein/Deiters* SK Rdn. 12.

44 Vgl. BGHSt **2** 169, 173; *Korte* MK Rdn. 18; *Kuhlen* NK Rdn. 4; *Stein/Deiters* SK Rdn. 17; **aA** *Bernsmann/Gatzweiler* Rdn. 361 ff.: wohl auch *Jescheck* LK[11] Rdn. 6; *Sch/Schröder/Heine/Eisele* Rdn. 10.

45 RGSt **10** 64, 67 f.; RG JW **1922** 296 mit Anm. *Kitzinger*; *Korte* MK Rdn. 18; *Kuhlen* NK Rdn. 4; *Sch/Schröder/Heine/Eisele* Rdn. 10.

46 *Stein/Deiters* SK Rdn. 17. Vgl. zu der hierin liegenden Unterscheidung zwischen künftigen und zurückliegenden Diensthandlungen auch *Gössel/Dölling* § 75 Rdn. 14, 22 und § 331 Rdn. 61 ff.

Rechts- oder Verwaltungsvorschriften.[47] Hierher gehören z.B. die verbotswidrige Beförderung eines Gefangenenbriefes durch einen Strafvollzugsbeamten,[48] die Abgabe alkoholischer Getränke an einen Untergebrachten,[49] fehlerhafte Abrechnungen öffentlicher Aufträge,[50] die datenschutzwidrige, wettbewerbsverzerrende oder unter Verletzung des Dienstgeheimnisses erfolgende Weitergabe von Informationen,[51] die rechtswidrige Erteilung von Genehmigungen, Erlaubnissen oder Konzessionen (z.B. Führerscheine, Baugenehmigungen, Visa),[52] die unrechtmäßige Zubilligung von staatlichen Leistungen (z.B. Subventionen),[53] die Gebührenunterschreitung durch einen Notar[54] oder das Nichteinschreiten eines Vorgesetzten gegen pflichtwidriges Handeln von Untergebenen.[55,56] Kaum diskutiert ist bislang die Frage, ob es eines Schutzzweckzusammenhanges zwischen der übertretenen Norm und dem Schutzgut der §§ 331 ff. bedarf.[57]

12 Die Diensthandlung muss „in sich selbst“ pflichtwidrig sein.[58] Damit geht es bei gebundenen Entscheidungen zwar vorrangig, aber nicht ausschließlich um deren inhaltliche Richtigkeit.[59] So begründet die **verfahrensfehlerhafte Bearbeitung** einer Angelegenheit durch einen nach der internen Geschäftsverteilung unzuständigen Amtsträger jedenfalls dann keine Pflichtwidrigkeit i.S.d. § 332, wenn die Aufgabenverteilung nur der gleichmäßigen Arbeitsbelastung, nicht aber dem Schutz von Drittinteressen (Spezialwissen) dient.[60] Entsprechendes gilt für ein Abweichen von der zeitlichen Reihenfolge, sofern sich hieraus keine Benachteiligung Dritter (eklatant z.B. bezüglich der Rangstellung bei im Grundbuch eingetragenen Rechten) ergibt.[61] Nicht zu überzeugen vermag es, über die aus einer verbotenen Geschenkannahme resultierende Besorgnis der Befangenheit zur Pflichtwidrigkeit nachfolgender Diensthandlungen zu gelangen.[62] Hierdurch würde die systematische Unterscheidung zwischen den §§ 331 und 332 weitgehend ausgehebelt, weil z.B. nach einer Phase des Anfütterns jeder Bezug zu einer konkreten Diensthandlung (auch bei für sich betrachtet rechtmäßigem Amtsträgerhandeln) automatisch zur Strafbarkeit gemäß § 332 führen würde. Der Verzicht auf in vergleichbaren Fällen beachtete Vorkehrungen (z.B. Auflagen)[63] oder Fehler bei der Ausschreibung und Vergabe öffentlicher Aufträge werden regelmäßig eine Pflichtwidrigkeit begründen.[64]

---

47 BGHSt **15** 88, 92; *Fischer* Rdn. 8; *Sch/Schröder/Heine/Eisele* Rdn. 8; *Stein/Deiters* SK Rdn. 13.

48 RGSt **36** 66, 67.

49 BGH NJW **1983** 462 mit abl. Besprechung *Amelung/Weidemann* JuS **1984** 595 ff.

50 Vgl. z.B. BGHSt **52** 290 ff.; BGH NStZ **2005** 214 f.; s.a. OLG Frankfurt/M. NJW **1990** 2074, 2075; *Korte* MK Rdn. 21; *Möhrenschlager* in: Dölling 8. Kap. Rdn. 36.

51 Vgl. RGSt **70 66,** 172 f.; BGHSt **4** 293 ff., **14** 123, 126 f.; BGH NStZ **2000** 596, 598 f.; OLG Hamm NJW **1973** 716, 718; **aA** *Ebert* GA **1979** 361, 375; s.a. § 331 Rdn. 57 f.

52 BGH NJW **2001** 2558 f.; BGH wistra **2003** 260, 261; OLG Hamm JR **2000** 35 mit Anm. *Kuhlen*; *Korte* MK Rdn. 20.

53 *Korte* MK Rdn. 20.

54 BGHSt **63** 107, 110 f. = JR **2018** 641, 642 mit abl. Anm. *Kuhlen* 642, 644 ff.; *Korte* MK Rdn. 20; *Matt/Renzikowski/Sinner* Rdn. 6; *Sch/Schröder/Heine/Eisele* Rdn. 9. S. auch zu Fn. 62.

55 BGH NStZ **1999** 560.

56 Weitere Kasuistik bei *Möhrenschlager* in: Dölling 8. Kap. Rdn. 31, 36; *Sch/Schröder/Heine/Eisele* Rdn. 9 (mit Gegenbeispielen in Rdn. 10).

57 Vgl. (zu BGHSt **63** 107 ff. [Gebührenunterschreitung durch einen Notar]) *Hoven* NJW **2018** 1768; *dies.* StV **2019** 64, 65 ff.; s. auch *v.Heintschel-Heinegg* BeckOK Rdn. 2.2; *Kuhlen* JR **2018** 642, 643 (Fn. 6); *SSW/Rosenau* Rdn. 5. Vgl. ferner § 331 Rdn. 88a.

58 BGHSt **16** 37, 39.

59 Vgl. aber *Kuhlen* NK Rdn. 7; *Möhrenschlager* in: Dölling 8. Kap. Rdn. 36.

60 Vgl. BGHSt **16** 37, 40; *Sch/Schröder/Heine/Eisele* Rdn. 10; *SSW/Rosenau* Rdn. 8; *Stein/Deiters* SK Rdn. 13; wohl weiter *Kuhlen* NK Rdn. 7; *Lackner/Kühl/Heger* Rdn. 3.

61 BGHSt **15** 350, 351 f.; OLG Naumburg NJW **1997** 1593, 1594; *Fischer* Rdn. 8; *Jescheck* LK[11] Rdn. 6; *Korte* MK Rdn. 22; *Leitner/Rosenau/Gaede* Rdn. 19; **krit.** *Stein/Deiters* SK Rdn. 13.

62 So *Korte* MK Rdn. 17.

63 BGHSt **15** 350, 351 f.; BGH wistra **1998** 108, 109; *Korte* MK Rdn. 22; *Kuhlen* NK Rdn. 7.

64 Näher hierzu *Korte* MK Rdn. 21. Vgl. auch BGH NStZ-RR **2008** 13, 14 = wistra **2007** 222, 223 (kein Vorsatz bezüglich Überschreitung der Vertretungsbefugnis).

bb) Ermessensentscheidungen. Steht dem Amtsträger ein Ermessens- oder Gestaltungsspielraum zu, so ist die Diensthandlung zum einen pflichtwidrig, wenn der Amtsträger unter Missachtung der Ermessensgrenzen eine im Ergebnis sachwidrige Entscheidung trifft.[65] Pflichtwidrig ist die Diensthandlung darüber hinaus aber auch dann, wenn der Amtsträger sich nicht ausschließlich von sachlichen Gesichtspunkten leiten, sondern sich durch den Vorteil beeinflussen lässt, indem er ihn mit in die Waagschale legt.[66] Dass die Entscheidung im Ergebnis nicht zu beanstanden ist, beseitigt die Pflichtwidrigkeit nicht.[67] Der Begriff des „Ermessens" ist im vorliegenden Zusammenhang nicht im strengen verwaltungsrechtlichen Sinne zu verstehen. Maßgeblich ist vielmehr, dass der Amtsträger in der konkreten Situation über mindestens **zwei rechtmäßige Entscheidungsalternativen** verfügt.[68] Deshalb gelten die Ermessensmaßstäbe zwar nicht bei der Anwendung rechtlich voll nachprüfbarer unbestimmter Rechtsbegriffe,[69] wohl aber, sofern dem Amtsträger ein gerichtlich nur eingeschränkt überprüfbarer Beurteilungsspielraum (z.B. bei Prüfungsentscheidungen) eingeräumt ist.[70] Ebenfalls hierher zu zählen sind planerische Entscheidungen (z.B. die Aufstellung eines Bebauungsplans)[71] oder sonstige Aufgaben, zu deren Erfüllung der Amtsträger einen Gestaltungsspielraum (z.B. bezüglich der Auswahl des Vertragspartners oder hinsichtlich der Ausgestaltung der Aufträge)[72] hat. Nach der Rechtsprechung des BGH sind die Grundsätze über Ermessenshandlungen auch auf die in privatrechtlich organisierten Unternehmen (als „sonstige Stelle" i.S.d. § 11 Abs. 1 Nr. 2 Buchst. c) tätigen Amtsträger anzuwenden.[73] Dies lässt sich als konsequente Umsetzung der Gleichstellung von behördlich und außerbehördlich tätigen Amtsträgern rechtfertigen, auch wenn hiermit nicht nur (wie in den Fällen des nur eingeschränkt überprüfbaren Beurteilungsspielraums) eine Lockerung des Ermessensbegriffs, sondern die weitergehende Abkopplung von dieser Grundkategorie des Verwaltungsrechts einhergeht.[74] Dass der Amtsträger über die Reihenfolge der Vornahme mehrerer Diensthandlungen disponieren kann, begründet noch keine Ermessensposition.[75] Hingegen finden die Ermessensgrundsätze Anwendung auf einen eine fremde Ermessensentscheidung vorbereitenden Amtsträger, sofern er bei seiner **Zuarbeit** Ermessen ausübt und eine hinreichende tatsächliche Einflussmöglichkeit auf die von dem Dritten zu treffende Entscheidung besteht.[76] 13

65 BGHSt **48** 44, 46 mit Anm. *Kuhlen* JR **2003** 231, 235; OLG Hamburg StV **2001** 277, 281; *Jescheck* LK[11] Rdn. 7; *Möhrenschlager* in: Dölling 8. Kap. Rdn. 37; *Sch/Schröder/Heine/Eisele* Rdn. 11; *Stein/Deiters* SK Rdn. 14.

66 BGHSt **15** 88, 92 und 239, 242, 247; BGH NStZ-RR **2008** 13, 14 = wistra **2007** 222 f.; *Fischer* Rdn. 9a; *Sommer* AnwK Rdn. 8 sowie die in Fn. 65 angegebenen Nachweise.

67 BGHSt **48** 44, 46; *Fischer* Rdn. 9a; *Kindhäuser/Goy* NStZ **2003** 291, 296; *Korte* MK Rdn. 24; *Kuhlen* NK Rdn. 9.

68 BGH NStZ **2007** 211, 212; BGH wistra **1998** 108 f.; OLG Frankfurt NJW **1990** 2074, 2075; OLG Naumburg NJW **1997** 1593; *Fischer* Rdn. 9, *Korte* MK Rdn. 25, *Kuhlen* NK Rdn. 9; *Lackner/Kühl/Heger* Rdn. 4; *Sch/Schröder/Heine/Eisele* Rdn. 11; *Stein/Deiters* SK Rdn. 14.

69 *Korte* MK Rdn. 25; *Sch/Schröder/Heine/Eisele* Rdn. 8; s. aber auch *Fischer* Rdn. 9.

70 *Eisele* BT 1 Rdn. 1649; *Kindhäuser/Hilgendorf* Rdn. 3; *Korte* MK Rdn. 25; *Krey/Hellmann/Heinrich* BT 1 Rdn. 1091; *Kuhlen* NK Rdn. 9; *Möhrenschlager* in: Dölling 8. Kap. Rdn. 37; *Rengier* BT 2 § 60 Rdn. 59; *Sch/Schröder/Heine/Eisele* Rdn. 11 und 18 (zu Ermessensbeamten); *Stein/Deiters* SK Rdn. 14.

71 BGHSt **47** 260, 263; *Sch/Schröder/Heine/Eisele* Rdn. 11.

72 BGH NStZ-RR **2008** 13, 14 = wistra **2007** 222, 223; BGH NStZ-RR **1998** 269; s.a. *Stein/Deiters* SK Rdn. 14 (m.w.N.); vgl. ferner BGH NStZ **1994** 488, 489 mit Anm. *Maiwald*.

73 Vgl. BGH NStZ **2005** 214, 215; **2007** 211, 212. Zustimmend *Korte* MK Rdn. 27; *Kuhlen* NK Rdn. 9; *Sch/Schröder/Heine/Eisele* Rdn. 11.

74 Gegen eine so weitgehende Ausdehnung des Ermessensbegriffs *Bernsmann* FS Rissing van Saan, 75, 79 f.; *Bernsmann/Gatzweiler* Rdn. 367 ff.; *Matt/Renzikowski/Sinner* Rdn. 12. S. auch *Sommer* AnwK Rdn. 6.

75 BGH wistra **1998** 108, 109; OLG Frankfurt NJW **1990** 2074, 2075; OLG Naumburg NJW **1997** 1593; *Korte* MK Rdn. 27; *Kuhlen* NK Rdn. 10.

76 BGHSt **47** 260, 263 mit Anm. *Wohlers* JR **2003** 160, 161; BGHSt **64** 301, 303 = NStZ **2020** 669, 670 mit krit. Anm. *Bock* 671, 672 f.; StraFo **2020** 388 mit Anm. *Sowada* 389, 391; BGH GA **1959** 374; BGH Beschl. v. 3.4.2019 – 5 StR 20/19 (juris) Rdn. 14; *Korte* MK Rdn. 26; *Kuhlen* NK Rdn. 9; *Sch/Schröder/Heine/Eisele* Rdn. 18; *SSW/Rosenau* Rdn. 9.

14 Die Käuflichmachung von Handlungen, deren Vornahme im **freien Belieben** der Amtsperson steht, unterfällt nur § 331.[77] Allerdings kommen solche Fälle angesichts der Bindung der Verwaltung an Recht und Gesetz (Art. 20 GG) und der Pflicht zur Beachtung der Grundsätze der Wirtschaftlichkeit und Sparsamkeit nur ausnahmsweise vor. Regelmäßig wird es sich um Ermessensentscheidungen handeln, so insbesondere bei Entscheidungen über das Outsourcing von Verwaltungsaufgaben sowie bei Arbeiten zur Vorbereitung von Gesetzen oder Rechtsvorschriften.[78]

15 **cc) Künftige Diensthandlungen (Absatz 3).** Soweit die Unrechtsvereinbarung eine künftige Diensthandlung (oder richterliche Handlung) zum Gegenstand hat, kommt es nach § 332 Abs. 3 für die Bestechlichkeit nur darauf an, ob sich der Täter (ausdrücklich oder stillschweigend)[79] bereit gezeigt hat, bei Vornahme der künftigen Handlung seine Pflichten zu verletzen (Nr. 1) oder, sofern es sich um eine Ermessensentscheidung handelt, sich bei der Ausübung des Ermessens durch den Vorteil beeinflussen zu lassen (Nr. 2). Mit dieser Regelung hat der Gesetzgeber die frühere Rechtsprechung des BGH bestätigt,[80] hierbei aber die (auch heute umstrittene) Frage offengelassen, ob es sich insoweit um eine **Tatbestandserweiterung**[81] oder lediglich um eine klarstellende **Auslegungsregel**[82] handelt.[83] Jedenfalls geht aus Absatz 3 eindeutig hervor, dass sich die Tatvollendung „schon" auf die Unrechtsvereinbarung, nicht hingegen (erst) auf die Vornahme der pflichtwidrigen Diensthandlung bezieht.[84] Die hiermit einhergehende Ausweitung liegt jedoch ebenso noch innerhalb der Auslegungsgrenzen wie die relativ geringen Anforderungen an die Bestimmtheit der Diensthandlung (s. Rdn. 7 f.). Eine eigenständige Extension ließe sich für Absatz 3 am ehesten dahingehend behaupten, dass durch die Unbeachtlichkeit geheimer Vorbehalte (s. Rdn. 16) die Rechtsgutsstruktur des § 332 in Bezug auf künftige Diensthandlungen über die Sicherung der Sachgerechtigkeit amtlicher Tätigkeit hinaus auf den Vertrauensschutzaspekt erweitert werde.[85] Dem lässt sich jedoch entgegenhalten, dass auch aus dem bloßen Sich-bereit-Zeigen abstrakte Gefahren für die Richtigkeit der künftigen Entscheidung resultieren[86] und § 332 Abs. 3 überdies als Anhaltspunkt für ein identisches Rechtsgut der §§ 331, 332 angesehen werden könnte.[87] Die Deutung des § 332 Abs. 3 als eine rein deklaratorische Vorschrift impliziert aber nicht die unbesehene Übertragung auf Fälle mit zurückliegender Diensthandlung.[88] Ob man die Fälle, bei denen der Täter seine Bereitschaft gerade durch die Vornahme der pflichtwidrigen Diensthandlung erklärt (z.B. wenn der Justizvollzugsbeamte dem die Geldscheine präsentierenden Gefangenen das Gefängnistor öffnet), dem Absatz 1 oder Absatz 3 zuordnet, ist ohne Belang.[89]

16 Durch das Merkmal des **Sich-bereit-Zeigens** rückt das Gesetz den vom Amtsträger nach außen erweckten Eindruck in den Mittelpunkt. Deshalb ist der geheime Vorbehalt, die in Aussicht gestellte pflichtwidrige Handlung nicht vorzunehmen bzw. später sachgerecht zu verfahren, uner-

---

77 BGHSt **3** 143, 146 f.; *Kuhlen* NK Rdn. 10; *Lackner/Kühl/Heger* Rdn. 3; *Stein/Deiters* SK Rdn. 15.

78 *Korte* MK Rdn. 27; *Matt/Renzikowski/Sinner* Rdn. 7.

79 BGH NStZ **1984** 24, 25; *Fischer* Rdn. 12; *Jescheck* LK[11] Rdn. 8; *Lackner/Kühl/Heger* Rdn. 4.

80 BTDrucks. 7/550 S. 273 f. unter Hinweis (u.a.) auf BGHSt **15** 239; *Geppert* Jura **1981** 42, 50.

81 So (allerdings in einem obiter dictum) BGHSt **48** 44, 46 f., 49 (mit krit. Anm. *Kuhlen* JR **2003** 231, 235 f.); *Bernsmann/Gatzweiler* Rdn. 379; *Kindhäuser/Goy* NStZ **2003** 291, 296; s.a. *Höltkemeier* S. 146 f. und *Sch/Schröder/Heine/Eisele* Rdn. 15 („notwendige Ergänzung").

82 *Geppert* Jura **1981** 42, 50; *Jescheck* LK[11] Rdn. 8; *Korte* MK Rdn. 30; *Kuhlen* NK Rdn. 14 ff.

83 Als „praktisch bedeutungslos" wird die Frage angesehen von *Lackner/Kühl/Heger* Rdn. 4.

84 BTDrucks. 7/550 S. 274. Vgl. auch zur Deliktsstruktur § 331 Rdn. 21. Kritisch *Arzt* FG BGH 50 S. 755, 769 f.; *Haffke* in: Tondorf S. 11, 32 f.

85 Vgl. in diese Richtung *Höltkemeier* S. 108 f., 147.

86 *Gössel/Dölling* § 75 Rdn. 22.

87 Vgl. zur Rechtsgutsdiskussion Vor § 331 Rdn. 25 ff.

88 So tendenziell jedoch *Kuhlen* NK Rdn. 14, 18.

89 Für Abs. 1 *Sch/Schröder/Heine/Eisele* Rdn. 15.

heblich.[90] Diese Interpretation entspricht (ungeachtet der abweichenden Auslegung des Sich-bereit-Erklärens in § 30 Abs. 2)[91] dem erklärten Willen des Gesetzgebers[92] und sie ist mit dem geschützten Rechtsgut vereinbar (s. Rdn. 15 sowie § 331 Rdn. 61).

Allerdings muss der Täter aufgrund objektiv feststellbarer Umstände nach außen wirkend („zeigen") bewusst seine Bereitschaft bekunden, seine Entscheidung auch an dem Vorteil auszurichten.[93] Hieran fehlt es, wenn der Amtsträger ernsthaft und unmissverständlich zum Ausdruck gebracht hat, sein Handeln ausschließlich an dienstlichen Interessen zu orientieren.[94] Im Übrigen bedarf es zum Nachweis des Sich-bereit-Zeigens auch im Hinblick auf die Abgrenzbarkeit zu § 331 über die reine Tathandlung (Fordern, Sich-versprechen-Lassen oder Annehmen des Vorteils) hinausreichender Umstände, aus denen sich die **Bekundung der Beeinflussbarkeit** ergibt.[95] Allerdings kann dem Fordern, Vereinbaren oder Annehmen des Vorteils bei hohen Zuwendungen für rein private Zwecke eine wesentliche indizielle Bedeutung ebenso zukommen wie den Umständen der Annahme (klassische „Schmiergelder").[96] Hat der Vorteil hingegen einen dienstlichen Bezug und kommen andere gegen die Bekundung der Beeinflussbarkeit sprechende Aspekte (z.B. freundschaftsbedingte Schenkungen)[97] in Betracht, so bedarf es einer ausdrücklichen Würdigung aller Umstände und der Feststellung, welche Vorstellungen die Beteiligten über den Zuwendungszweck hatten.[98] 17

4. Beziehungsverhältnis (Unrechtsvereinbarung)

Ein wesentliches Kernelement der Bestechlichkeit bildet die sog. Unrechtsvereinbarung (vgl. allgemein hierzu § 331 Rdn. 21 und 64 ff.). Hiermit wird zum Ausdruck gebracht, dass nach der Übereinkunft der Parteien der geforderte, vereinbarte oder geleistete Vorteil als **Äquivalent** für die dienstliche Tätigkeit gelten soll. Dieses Beziehungsverhältnis ist in § 332 dergestalt implementiert, dass der Vorteil „als Gegenleistung" für die (zurückliegende oder künftige) Vornahme einer Diensthandlung (oder – in Absatz 2 – einer richterlichen Handlung) dienen soll, durch die der Täter seine Dienstpflicht verletzt hat oder verletzen würde. Gegenüber der durch das (1.) KorrBekG bezüglich der §§ 331 Abs. 1, 333 Abs. 1 vorgenommenen Lockerung der Unrechtsvereinbarung sind die (unverändert gebliebenen) Voraussetzungen für § 332 in zweifacher Weise strenger: Erstens muss sich die Übereinkunft auf eine „Diensthandlung" (und nicht nur allgemein auf die Dienstausübung) beziehen, und zweitens muss diese Diensthandlung als solche (d.h. nicht allein wegen der Verknüpfung mit dem Vorteil) pflichtwidrig sein. 18

Damit der dem Amtsträger zugewendete Vorteil als „Gegenleistung" angesehen werden kann, muss auch die Diensthandlung im **Interesse des Vorteilsgebers** liegen. Hieran fehlt es bei „aufge- 19

---

90 BGHSt **15** 88, 93 ff., 97; **48** 44, 46; BGH NStZ **1984** 24, 25; BGH NStZ-RR **2008** 13, 14 = wistra **2007** 222, 223; *Fischer* Rdn. 18; *Kuhlen* NK Rdn. 6; *Lackner/Kühl/Heger* Rdn. 5; *Möhrenschlager* in: Dölling 8. Kap. Rdn. 39; *Sch/Schröder/Heine/Eisele* Rdn. 15, 17; *Stein/Deiters* SK Rdn. 21; s.a. *Schröder* GA **1961** 289, 297. **Kritisch** *Bernsmann/Gatzweiler* Rdn. 378; *Maiwald* JuS **1977** 353; **aA** *Geerds* JR **1981** 301, 302 f.

91 Dort bedarf es einer ernst gemeinten Kundgabe; vgl. BGHSt **6** 346, 347; *Schünemann/Greco* LK § 30 Rdn. 88 (m.w.N.). Zum inhaltlichen Unterschied vgl. *Schröder* GA **1961** 289, 297 f.

92 BTDrucks. 7/550 S. 273.

93 BGHSt **48** 44, 47; BGH NStZ-RR **2008** 13, 14 = wistra **2007** 222, 223.

94 *Möhrenschlager* in: Dölling 8. Kap. Rdn. 36 (unter Hinweis auf BGHSt **31** 264 ff.).

95 BGHSt **48** 44, 47 ff.; OLG Hamburg StV **2001** 277, 281; *Ambos* JZ **2003** 345, 347; *Bernsmann/Gatzweiler* Rdn. 377 ff.; *Fischer* Rdn. 15; *Kuhlen* NK Rdn. 13; *Satzger* ZStW **115** (2003) 469, 485 f.; *Sch/Schröder/Heine/Eisele* Rdn. 17; *Sommer* AnwK Rdn. 9 f.

96 BGHSt **48** 44, 47; BGH NStZ-RR **2008** 13, 14 = wistra **2007** 222, 223; *Korte* MK Rdn. 31; *Sch/Schröder/Heine/Eisele* Rdn. 17; s.a. BGH NStZ **2000** 90 f. Näher zur Problematik *Kuhlen* JR **2003** 231, 236 f.

97 BGH NStZ-RR **2008** 13, 14 = wistra **2007** 222, 223.

98 BGHSt **48** 44, 47 f.; *Fischer* Rdn. 15; *Fürsen* S. 143 f.; *Höltkemeier* S. 147. Vgl. auch zu Schulfotoaktionen (hierzu näher § 331 Rdn. 88a) einerseits *Ambos/Ziehn* NStZ **2008** 498, 499; andererseits *R. Busch* NJW **2006** 1100, 1102.

drängten" Diensthandlungen,[99] aber auch dann, wenn das Zusammenwirken (z.B. bei Scheinbestellungen) im Ergebnis ausschließlich den Amtsträger besser stellen soll.[100] Möglich (und eine Unrechtsvereinbarung begründend) ist hingegen, dass der Vorteilsgeber an den für ihn neutralen Transaktionen mitwirkt, um eine künftige Besserstellung (z.B. bei Auftragsvergaben) zu erreichen.[101] In diesem Zusammenhang ist von Bedeutung, dass der BGH an die **Bestimmtheit der Diensthandlung** nur geringe Anforderungen stellt (vgl. Rdn. 7 f.), keine genaue Zuordnung von Leistung und Gegenleistung verlangt[102] und überdies annimmt, dass gerade in Fällen des gestreckten korrumptiven Zusammenwirkens Vorteile nicht nur für bereits abgeschlossene pflichtwidrige Diensthandlungen, sondern zugleich auch mit dem Ziel gewährt werden, weitere gleichartige Pflichtwidrigkeiten des Amtsträgers zu befördern.[103]

20 Hingegen ist die **Pflichtwidrigkeit** der Diensthandlung nach ganz h.M. **nicht notwendiger Bestandteil der Unrechtsvereinbarung**. Gegenstand der Übereinkunft ist allein eine hinreichend konkretisierte Diensthandlung, nicht jedoch deren Eigenschaft, pflichtwidrig zu sein. Weil die erforderliche objektive (und vorsätzliche) Pflichtwidrigkeit der Diensthandlung außerhalb des Beziehungsverhältnisses steht, ist die Strafbarkeit des Amtsträgers nach § 332 von der Beurteilung der Pflichtwidrigkeit durch den Vorteilsgeber unabhängig[104] (entsprechend verhält es sich umgekehrt bezüglich des § 334). Die Auskoppelung der Pflichtwidrigkeit aus der Unrechtsvereinbarung verstößt nicht gegen den Wortlaut der Norm.[105] Denn es heißt nicht „als Gegenleistung dafür, dass er eine pflichtwidrige Diensthandlung vorgenommen hat oder künftig vornehme", sondern der Normtext trennt den Gegenstand der Abrede (vorgenommene oder künftige Diensthandlung) von der Pflichtwidrigkeit („und dadurch"). Teleologisch spricht für die h.M., dass es darauf ankommt, ob sich der Amtsträger der Allgemeinheit gegenüber bereit gezeigt hat, seine Dienstpflichten um der Erlangung eines Vorteils willen zu verletzen. Hierfür ist es ohne Bedeutung, ob auch der Partner der Abrede, der nicht Repräsentant der Allgemeinheit ist, dieses unrechtssteigernde Element erkannt hat.[106] Konsequenterweise steht der Bestechlichkeit auch nicht entgegen, dass der Amtsträger die für die Zukunft zugesagte Diensthandlung bewusst wahrheitswidrig als pflichtgemäß darstellt.[107] Zum Vortäuschen einer zurückliegenden pflichtwidrigen Handlung vgl. Rdn. 6.

21 Ungeachtet der Herausnahme der Pflichtwidrigkeit aus der Unrechtsvereinbarung behält diese Abrede ihre **Klammerfunktion** für die Tatbestandsverwirklichung. Dies ist insbesondere im Hinblick auf das **Koinzidenzprinzip** von Bedeutung. Hiernach muss sich das Fordern, Sich-versprechen-Lassen oder Annehmen des Vorteils auf eine Diensthandlung beziehen, die sowohl objektiv als auch im Bewusstsein des Amtsträgers pflichtwidrig ist. Verspricht der Amtsträger als Gegenleistung für die Zuwendung nur eine pflichtgemäße Diensthandlung und entschließt er sich (möglicherweise auch unter dem Eindruck der Besserstellung) erst nach der Annahme des Vorteils dazu, eine **andere**, pflichtwidrige Diensthandlung zugunsten des Vorteilsgebers vorzunehmen, so ist lediglich eine Strafbarkeit gemäß § 331 gegeben.[108] Hiervon zu unterscheiden ist die Konstellation, dass sich der Vorsatz des Täters erst nachträglich auf die Pflichtwidrigkeit der zuvor vereinbarten pflichtwidrigen Gegenleistung erstreckt. Auch hier kommt es nicht auf den Zeitpunkt der Diensthandlung als bloßem Bezugspunkt der Tatbestandsverwirklichung an. Maßgeblich ist viel-

---

99 OLG Hamm NStZ **2002** 38, 39; s.a. § 331 Rdn. 22.

100 BGH NStZ **1994** 488, 489 mit Anm. *Maiwald*; *Korte* MK Rdn. 6; *Kuhlen* NK § 331 Rdn. 94 f.

101 Eine Unrechtsvereinbarung bejahend BGH MDR **1990** 888; BGH NStZ **1994** 191; BGH NStZ-RR **2005** 266 f.

102 BGH NStZ **2005** 214, 215.

103 BGH NStZ **2000** 90 f.; BGH NStZ-RR **2008** 13, 14 = wistra **2007** 222, 223; *Fischer* Rdn. 11.

104 RGSt **36** 66, 68; **39** 193, 199; 77 75, 77; BGHSt **15** 352, 355; *Fischer* Rdn. 8; *Hardtung* S. 64 f.; *Jescheck* LK[11] Rdn. 11; *Kargl* ZStW **114** (2002) 769, 775 ff.; *Korte* MK Rdn. 18; *Kuhlen* NK Rdn. 5; *Lackner/Kühl/Heger* Rdn. 6; *Sch/Schröder/Heine/Eisele* Rdn. 16; *Stein/Deiters* SK Rdn. 22; **aA** *Bernsmann/Gatzweiler* Rdn. 361 ff.; s.a. RGSt **74** 251, 255 f.; RG DR **1943** 77.

105 So aber *Bernsmann/Gatzweiler* Rdn. 362.

106 Ebenso BGHSt **15** 352, 355; *Hardtung* S. 64 f.

107 *Fischer* Rdn. 16; **aA** BGH NStZ **1984** 24, 25 mit insoweit abl. Anm. *Geppert* JK 5/84 StGB § 331/2. Vgl. auch *Jescheck* LK[11] Rdn. 11; *Lackner/Kühl/Heger* Rdn. 4.

108 *Fischer* Rdn. 12; *Leitner/Rosenau/Gaede* Rdn. 18; *Matt/Renzikowski/Sinner* Rdn. 12; **aA** jedoch BTDrucks. 7/550 S. 274.

mehr die Tätervorstellung im Zeitpunkt der (letzten) Tathandlung. Ergibt sich die Bedeutungskenntnis in der Phase zwischen dem Fordern bzw. dem Verabreden und dem Empfang der Zuwendung, so führt dies zur Bestechlichkeit (mit dem Annehmen des Vorteils) unabhängig davon, ob die pflichtwidrige Diensthandlung tatsächlich zur Ausführung gelangt. Im Übrigen ist zu überlegen, ob die Konstruktion eines „nachträglichen" Annehmens eines (noch vorhandenen) Vorteils (vgl. hierzu § 331 Rdn. 28, 102) auch auf die Fälle der nachträglich erkannten Pflichtwidrigkeit der Diensthandlung Anwendung finden soll. Einerseits könnte man hierin ein bloßes Minus zu der Konstellation sehen, dass der Amtsträger erst nachträglich überhaupt den dienstlichen Bezug der Zuwendung erkennt. Andererseits (und wohl vorzugswürdig) ließe sich argumentieren, dass sich die Entscheidung zur „Kommerzialisierung" der Amtstätigkeit hier bereits manifestiert habe und mangels einer grundlegend neuen Entscheidungssituation die Konstruktion einer nochmaligen Annahme als Versuch erschiene, einen dolus subsequens für beachtlich zu erklären. Denkbar erscheint hingegen, dass im Rahmen einer eingespielten korruptiven Geschäftsbeziehung die nächste Zuwendung auch zur Mitabgeltung der vorherigen Pflichtwidrigkeit vereinbart worden sein kann.

III. Objektiver Tatbestand des § 332 Abs. 2

Für die Bestechlichkeit von Richtern oder Schiedsrichtern stellt der Verbrechenstatbestand des § 332 Abs. 2 im Wesentlichen (vgl. Rdn. 23) eine Qualifikation zu § 331 Abs. 2 dar; das Strafschärfungsmerkmal besteht in der Pflichtwidrigkeit der richterlichen Bezugshandlung. Zugleich beinhaltet die Vorschrift eine Qualifikation zu § 332 Abs. 1 (bezüglich des Täterkreises) sowie zu § 331 Abs. 1 (hinsichtlich der Bestimmtheit der Bezugshandlung).[109] Vgl. auch § 331 Rdn. 92. 22

1. Täterkreis

Taugliche Täter der Richterbestechlichkeit sind zunächst – ebenso wie in § 331 Abs. 2 – die (deutschen) Richter (§ 11 Abs. 1 Nr. 3), Mitglieder eines Europäischen Gerichts und Schiedsrichter (s. § 331 Rdn. 93 f.). Ferner ordnet § 335a Abs. 1 (seit dem [2.] KorrBekG 2015)[110] in Bezug auf künftige richterliche Handlungen die Gleichstellung der Mitglieder eines ausländischen Gerichts und eines internationalen Gerichts mit einem (deutschen) Richter an. Weil die entsprechende Gleichstellung (ebenfalls beschränkt auf künftige richterliche Handlungen) im Rahmen des § 331 Abs. 2 auf Mitglieder des Internationalen Strafgerichtshofes beschränkt ist (§ 335a Abs. 2 Nr. 1), stellt § 332 Abs. 2 nur bezüglich dieser Personengruppe eine Qualifikation zu § 331 Abs. 2 dar; hinsichtlich der weiteren einbezogenen Personen hat das Delikt eigenständigen Charakter. Zwar erfasst die Gleichstellungsregelung in § 335a nicht ausländische Schiedsrichter, doch unterfallen diese bereits unmittelbar dem Merkmal des „Schiedsrichters" i.S.d. §§ 331 Abs. 2, 332 Abs. 2.[111] 23

2. Bezugs- und Tathandlungen

Für die Tathandlungen (Fordern, Sich-versprechen-Lassen und Annehmen) sowie für die Auslegung des Merkmals der (schieds-)richterlichen Handlung gilt dasselbe wie zu § 331 (vgl. dort Rdn. 21 ff., 95 ff.). **Pflichtwidrig** ist eine richterliche Handlung, wenn durch sie das materielle oder formelle Recht verletzt wird; das kann geschehen, indem eine ungültige Norm angewendet oder 24

---

109 *Korte* MK Rdn. 34; *Kuhlen* NK Rdn. 26.
110 Zur früheren Rechtslage *Sowada* LK[12] Rdn. 23.
111 *Korte* MK Rdn. 35; *Möhrenschlager* in: Dölling 8. Kap. Rdn. 52; **aA** *Kuhlen* NK Rdn. § 331 Rdn. 121. S. auch § 331 Rdn. 94.

eine gültige Norm nicht bzw. nicht richtig angewendet wird.[112] Bei der Auslegung objektiv mehrdeutiger Rechtsnormen, die grundsätzlich vollständig nachprüfbar sind (und somit keine Ermessensentscheidung hervorbringen [vgl. oben Rdn. 13]), liegt eine Pflichtwidrigkeit nur vor, wenn sich das Ergebnis nicht mehr im Rahmen der zulässigen Interpretation hält und deshalb unvertretbar erscheint.[113] Obwohl jede Rechtsbeugung (§ 339) eine richterliche Pflichtverletzung darstellt, bedarf es für § 332 Abs. 2 nicht unbedingt einer Tat gemäß § 339, da der Begriff der richterlichen Handlung weiter ist als jener der „Leitung oder Entscheidung einer Rechtssache".[114] Weil § 332 Abs. 3 auch für die Fälle des Abs. 2 gilt, reicht es aus, wenn sich der Richter bereit zeigt, sich bei einer künftigen richterlichen **Ermessensentscheidung** (z.B. bei der Strafzumessung,[115] bei Verfahrenseinstellungen gemäß §§ 153 ff. StPO, bei Vergleichsvorschlägen oder Kostenentscheidungen gemäß § 91a ZPO)[116] durch den Vorteil beeinflussen zu lassen. Allerdings fehlt es an der auch für § 332 Abs. 2 erforderlichen **Unrechtsvereinbarung**[117] (bzw. an einem hierauf gerichteten „Fordern"), wenn die Einstellung des Verfahrens gemäß § 153a Abs. 2 StPO oder eine Strafmilderung gemäß § 46a von der Zahlung einer Geldbuße oder einer Entschädigung an das Opfer abhängig gemacht wird.[118] Die **Vergütung eines Schiedsrichters** ist gemäß § 337 nur dann ein Vorteil, wenn der Schiedsrichter sie von einer Partei hinter dem Rücken der anderen fordert, sich versprechen lässt oder annimmt.

IV. Subjektiver Tatbestand

25 Für den zumindest bedingten **Vorsatz**[119] gelten die Erläuterungen zu § 331 (s. dort Rdn. 98 ff.) auch hier. Zusätzlich muss sich der Vorsatz des Täters (nicht auch des Vorteilsgebers; vgl. Rdn. 20) auch auf die Pflichtwidrigkeit der Diensthandlung oder richterlichen Handlung bzw. (in den Fällen des Absatzes 3) auf ein entsprechendes Sich-bereit-Zeigen[120] erstrecken. Fehlt es hieran, so kommt nur eine Strafbarkeit gemäß § 331 in Betracht.[121] Der innere Vorbehalt, eine versprochene pflichtwidrige Diensthandlung (bzw. richterliche Handlung) künftig nicht vornehmen bzw. sich pflichtgemäß verhalten zu wollen, steht der Strafbarkeit gemäß § 332 nicht entgegen; anders verhält es sich bezüglich der Täuschung, in der Vergangenheit eine nunmehr zum Gegenstand der Unrechtsvereinbarung gemachte pflichtwidrige Handlung vorgenommen zu haben (zu beiden Konstellationen Rdn. 6; vgl. ferner Rdn. 10, 16). Vgl. auch zum Koinzidenzprinzip Rdn. 21. Stellt der Täter eine konkrete pflichtgemäße Diensthandlung wahrheitswidrig als pflichtwidrig dar (z.B. um einen höheren Bestechungslohn zu erlangen), kommt gleichfalls nur § 331 (ggf. neben § 263) in Betracht.[122]

26 Die **Pflichtwidrigkeit** der Diensthandlung (bzw. richterlichen Handlung) ist als normatives Tatbestandsmerkmal anzusehen bzw. wie ein solches zu behandeln (vgl. auch Rdn. 20 sowie § 331 Rdn. 21, 100 f.).[123] Deshalb genügt die bloße Kenntnis der die Pflichtwidrigkeit begründenden tat-

---

112 *Jescheck* LK[11] Rdn. 5; *Korte* MK Rdn. 36; *Kuhlen* NK Rdn. 26; *Möhrenschlager* in: Dölling 8. Kap. Rdn. 53; *Sch/Schröder/Heine/Eisele* Rdn. 13.

113 *Korte* MK Rdn. 36; *Kuhlen* NK Rdn. 26; *Sch/Schröder/Heine/Eisele* Rdn. 13; vgl. auch (auf eine Übertragung des Spruchrichterprivilegs in § 339 abstellend) *SSW/Rosenau* Rdn. 11; *Stein/Deiters* SK Rdn. 16.

114 *Jescheck* LK[11] Rdn. 5; *Korte* MK Rdn. 36; *Matt/Renzikowski/Sinner* Rdn. 11; *Sch/Schröder/Heine/Eisele* Rdn. 13.

115 *Korte* MK Rdn. 36; *Kuhlen* NK Rdn. 26; *Möhrenschlager* in: Dölling 8. Kap. Rdn. 53; *Rengier* BT 2 § 60 Rdn. 61.

116 *Korte* MK Rdn. 36.

117 Vgl. auch BGH ZInsO **2006** 377 f.

118 *Kuhlen* NK Rdn. 26; vgl. auch zu § 153a StPO § 331 Rdn. 90.

119 BGH NStZ **2001** 425, 426; *Kuhlen* NK Rdn. 21; *Lackner/Kühl/Heger* Rdn. 6; *Stein/Deiters* SK Rdn. 24.

120 BGHSt **48** 44, 49; s.a. oben Rdn. 17.

121 *Fischer* Rdn. 16; *Jescheck* LK[11] Rdn. 10; *Korte* MK Rdn. 37; *Letzgus* NStZ **1987** 309, 311; *Möhrenschlager* in: Dölling 8. Kap. Rdn. 50; *Sch/Schröder/Heine/Eisele* Rdn. 20. Vgl. auch RGSt **56** 401, 403; BGHSt **3** 143, 147 f.; BGH NStZ **1984** 24, 25.

122 Vgl. *Kindhäuser/Hilgendorf* Rdn. 8.

123 Vgl. auch *Letzgus* NStZ **1987** 309, 311.

sächlichen Umstände nicht, sondern der Täter muss (im Sinne einer „Parallelwertung in der Laiensphäre") vom Merkmal der Pflichtwidrigkeit **Bedeutungskenntnis** haben.[124] Problematisch ist hierbei die Abgrenzung zwischen Tatbestands- und Verbots- (bzw. Subsumtions-)irrtum.[125] Die irrige Annahme des Amtsträgers, das Einverständnis seines Vorgesetzten beseitige die Pflichtwidrigkeit der Diensthandlung, wird überwiegend als ein dem Strafrecht vorgelagerter, zum Vorsatzausschluss führender Tatbestandsirrtum angesehen.[126] Hält der Täter sein Handeln hingegen irrig für durch eine Genehmigung gerechtfertigt, so handelt es sich um einen bloßen Verbotsirrtum.[127] Es ist davon auszugehen, dass die Irrtumsprobleme tendenziell umso mehr zunehmen, je weiter und je häufiger Personen in privatrechtlich organisierten Unternehmen oder sonstige nicht in den Behördenbetrieb eingegliederte Personen als Amtsträger bzw. für den öffentlichen Dienst besonders Verpflichtete angesehen werden.[128] Geht der Täter aufgrund eines (vermeidbaren) Verbotsirrtums davon aus, er sei nicht Amtsträger, so steht einem (ggf. unvermeidbaren Verbots-)Irrtum über die Pflichtwidrigkeit gemäß § 332 nicht entgegen, dass ihm zumindest in Bezug auf den (ein anderes Rechtsgut schützenden) § 299 die Begehung strafbaren Unrechts grundsätzlich klar war.[129] Zur umgekehrten Fehlvorstellung, der irrigen Annahme der Pflichtwidrigkeit, vgl. Rdn. 31.

Hinsichtlich künftiger Bezugshandlungen reicht gemäß Absatz 3 ein auf das Sich-bereit-Zeigen 27 gerichteter Vorsatz aus. Der Ermessensbeamte muss sich daher nicht einer tatsächlichen, durch die Zuwendung bedingten inneren Unfreiheit bewusst sein, sondern es genügt das Bewusstsein, beim Gegenüber den Eindruck zu erwecken, sich bei der **Ermessenshandlung** durch den Vorteil beeinflussen zu lassen.[130] Ob hierfür die bloße Annahme des Vorteils in Kenntnis einer entsprechenden Erwartung des Zuwendenden ausreicht,[131] beurteilt sich nach den oben (in Rdn. 17) angesprochenen Kriterien. Teilweise wird auch bezüglich bereits vorgenommener Ermessenshandlungen das Bewusstsein der Käuflichstellung als hinreichend angesehen.[132] Dies ist konsequent, wenn man auch bei § 332 den Schutz des Vertrauens der Allgemeinheit in den Vordergrund rückt und auch bei nur vorgetäuschter pflichtwidriger Diensthandlung eine Strafbarkeit wegen Bestechlichkeit für gegeben erachtet.[133] Nach der hier vertretenen Position ist jedoch wegen der unterschiedlichen Gefährlichkeitsdimension für zurückliegende Bezugshandlungen zu verlangen, dass eine pflichtwidrige Diensthandlung tatsächlich vorliegt und der Täter (wenn auch nicht unbedingt der Partner der Unrechtsabrede; vgl. Rdn. 20) die Pflichtwidrigkeit kennt (vgl. Rdn. 6, 15, 21). Hat der Amtsträger zunächst unbeeinflusst von jeglicher Aussicht auf die spätere Erlangung eines Vorteils eine rechtmäßige Ermessensentscheidung getroffen und lässt er sich für diese pflichtgemäße Diensthandlung nachträglich entlohnen, so ist allein § 331 erfüllt; dies gilt auch dann, wenn er erkennt, dass der Vorteilsgeber die Ermessensausübung als von Anfang an vom Vorteilsstreben beeinflusst (und somit als pflichtwidrig) ansieht. Die Beweisschwierigkeiten bezüglich des Zeitpunkts, in dem das Vorteilsstreben auf das Amtswalterhandeln Einfluss gewonnen hat, vermögen an dieser Beurteilung nichts zu ändern.

---

124 BGHSt **15** 352, 356; BGH NStZ **1984** 24, 25; *Bernsmann/Gatzweiler* Rdn. 381; *Fischer* Rdn. 16; *Gössel/Dölling* § 75 Rdn. 24; *Jescheck* LK[11] Rdn. 13; *Joecks/Jäger* Rdn. 17; *Korte* MK Rdn. 38; *SSW/Rosenau* Rdn. 13; *Stein/Deiters* SK Rdn. 24. Vgl. aber auch *Eisele* BT 1 § 93 Rdn. 1653.

125 Ähnliche Probleme ergeben sich hinsichtlich des „pflichtwidrigen" Dienens in § 356; vgl. hierzu *Dahs* MK[3] § 356 Rdn. 50, 68; *Kretschmer* Der strafrechtliche Parteiverrat (§ 356 StGB) (2005) 296 ff.

126 *Bernsmann/Gatzweiler* Rdn. 382 f.; *Korte* MK Rdn. 39; *Kuhlen* NK Rdn. 21; *Leitner/Rosenau/Gaede* Rdn. 27; *Matt/Renzikowski/Sinner* Rdn. 14. **AA** (Verbotsirrtum) *Jescheck* LK[11] Rdn. 13; vgl. ferner (zum Parteiverrat) *Sch/Schröder/Heine/Weißer* § 356 Rdn. 25.

127 *Fischer* Rdn. 16; *Korte* MK Rdn. 39; *Kuhlen* NK Rdn. 29; *Sch/Schröder/Heine/Eisele* Rdn. 21.

128 *Bernsmann/Gatzweiler* Rdn. 384; *Möhrenschlager* in: Dölling 8. Kap. Rdn. 49.

129 *Bernsmann/Gatzweiler* Rdn. 385 ff.

130 BGHSt **15** 352, 356; *Fischer* Rdn. 16; *Korte* MK Rdn. 38; *Kuhlen* NK Rdn. 22; *Sch/Schröder/Heine/Eisele* Rdn. 20; *Stein/Deiters* SK Rdn. 24.

131 So für den Regelfall *Sch/Schröder/Heine/Eisele* Rdn. 20.

132 *Korte* MK Rdn. 38; *Kuhlen* NK Rdn. 22.

133 Vgl. *Kuhlen* NK Rdn. 18.

V. Unrechtsausschluss

28 Im Unterschied zur Vorteilsannahme (§ 331 Abs. 3) sind Vorteile für pflichtwidrige Diensthandlungen **nicht genehmigungsfähig.**[134] Auch der Gedanke der **Sozialadäquanz** kommt für die Bestechlichkeit grundsätzlich nicht zum Tragen.[135] Allerdings können die Regeln des sozialen Verkehrs und der Höflichkeit sowie die konkreten Umstände des Einzelfalles zur Verneinung einer Unrechtsvereinbarung oder eines Sich-bereit-Zeigens i.S.d. Absatzes 3 führen (vgl. auch Rdn. 17).[136] So begründet die Entgegennahme eines geringwertigen Werbegeschenks auch dann keine Strafbarkeit gemäß § 332, wenn der Empfänger Ermessensbeamter ist. Teilweise wird in den Fällen einer Entgegennahme des Vorteils zum Zwecke der Überführung des Vorteilsgebers eine Rechtfertigung gemäß § 34 angenommen;[137] mit der überwiegend vertretenen Auffassung ist jedoch mangels Verwendungswillens bereits ein „Annehmen" zu verneinen (vgl. § 331 Rdn. 28, 102).

VI. Vollendung, Beendigung und Versuch

29 Für **Vollendung** und **Beendigung** gelten die Ausführungen zu § 331 (s. dort Rdn. 130 ff.) auch bezüglich der Bestechlichkeit. Insbesondere bedarf es weder der Vornahme der zugesagten Pflichtwidrigkeit noch eines diesbezüglichen Willens des Amtsträgers (s. Rdn. 6).[138] Unabhängig davon, ob man im Sich-bereit-Zeigen eine Auslegungsregel oder eine Tatbestandserweiterung sieht (vgl. hierzu Rdn. 15), bestimmt sich der Vollendungszeitpunkt auch in den Fällen des Absatzes 3 nach den Tathandlungen des Forderns, Sich-versprechen-Lassens und Annehmen des Vorteils (§ 331 Rdn. 130 sowie oben Rdn. 17). Der Zeitpunkt der (ggf. stillschweigend getroffenen) Unrechtsvereinbarung bedarf der tatrichterlichen Feststellung.[139] Für die Beendigung kommt es nach Ansicht des BGH auf die Vornahme der letzten zur Erfüllung der Unrechtsvereinbarung erbrachten Leistung an; das kann auch die (tatbestandslose) pflichtwidrige Diensthandlung sein (vgl. hierzu § 331 Rdn. 131 ff.).

30 Der **Versuch** ist in allen Begehungsformen mit Strafe bedroht (Abs. 1 Satz 3; Absatz 2 ist Verbrechen i.S.d. §§ 12 Abs. 1, 23 Abs. 1). Der Versuch des Forderns setzt (ebenso wie jener des Sich-versprechen-Lassens) nur das Entlassen der jeweiligen Erklärung aus der Tätersphäre, nicht jedoch Zugang beim Adressaten voraus (vgl. § 331 Rdn. 23 ff., 134).[140] Verzichtet der Täter auf einen zunächst geforderten oder versprochenen Vorteil, so liegt hierin kein strafbefreiender Rücktritt vom Versuch; vielmehr ist mit dem Fordern oder dem Abschluss der Unrechtsvereinbarung bereits ein vollendetes Delikt gegeben.[141]

31 Angesichts dieser weiten zeitlichen Vorverlagerung der Vollendungsstrafbarkeit ist die Versuchsstrafbarkeit vor allem in **Irrtumsfällen** von Bedeutung. Hierbei bedarf es der im Einzelnen umstrittenen Abgrenzung zwischen dem untauglichen Versuch und dem straflosen Wahndelikt.[142] Ein Fall des untauglichen Subjekts[143] ist gegeben, wenn der Täter irrig seine Stellung als Amtsträger

---

134 BTDrucks. 7/550 S. 272; *Greeve* Rdn. 311; *Hardtung* S. 114 f.; *Kuhlen* NK Rdn. 29; *Lackner/Kühl/Heger* Rdn. 7; *Möhrenschlager* in: Dölling 8. Kap. Rdn. 48; *Sch/Schröder/Heine/Eisele* Rdn. 21; *Stein/Deiters* SK Rdn. 25.

135 *Jescheck* LK[11] Rdn. 1; *Merges* S. 176; *Wentzell* S. 89 f. (m.w.N.).

136 BGHSt **15** 239, 251 f.; BGH NStZ-RR **2002** 272, 273 = StV **2002** 604, 605 (Bewirtung; s.a. § 331 Rdn. 73); vgl. auch BGH wistra **1991** 220, 221. Vgl. aber auch *Wentzell* S. 165 f.

137 *Kuhlen* NK Rdn. 29.

138 *Sch/Schröder/Heine/Eisele* Rdn. 23 f. m.w.N.

139 BGH NStZ **1996** 278.

140 *Fischer* Rdn. 17a i.V.m. § 331 Rdn. 30c; *Korte* MK Rdn. 47; *SSW/Rosenau* Rdn. 19; **aA** *Jescheck* LK[11] § 331 Rdn. 26 (s. aber auch a.a.O. § 332 Rdn. 14).

141 BGH NStZ-RR **2002** 272, 273 = StV **2002** 604, 606; *Korte* MK Rdn. 47.

142 Hierzu allgemein *Murmann* LK § 22 Rdn. 227 ff.; *Puppe* NK § 16 Rdn. 140 ff.; *Roxin* AT II § 29 Rdn. 378 ff.; *Sch/Schröder/Eser/Bosch* § 22 Rdn. 82 ff.; *Zaczyk* NK § 22 Rdn. 40 ff.

143 Vgl. hierzu allgemein *Murmann* LK § 22 Rdn. 305 ff.; *Roxin* AT II § 29 Rdn. 350 ff.

oder (Schieds-)Richter annimmt. Hier ist ein untauglicher Versuch anzunehmen, sofern sich der Täter tatsächliche Umstände vorstellt, bei deren Vorliegen er wirklich tauglicher Täter des § 332 wäre;[144] gelangt er hingegen erst infolge einer Überdehnung des Amtsträgerbegriffs zu dieser Beurteilung, ist ein Wahndelikt gegeben. Ferner kann sich die Fehlvorstellung auf die Unrechtsvereinbarung beziehen. Glaubt der Täter irrig, ein Vorteil werde ihm um einer pflichtwidrigen Diensthandlung willen gewährt, während ein solcher Bezug (und damit eine Unrechtsvereinbarung) in Wirklichkeit fehlt, so liegt ebenfalls ein untauglicher Versuch vor.[145] Wird allerdings eine Privathandlung entlohnt, die der Amtsträger aufgrund einer fehlerhaften Wertung als eine pflichtwidrige Diensthandlung ansieht, handelt es sich um ein strafloses Wahndelikt.[146] Umstritten ist insbesondere die Beurteilung der irrig angenommenen Pflichtwidrigkeit der den Gegenstand der Unrechtsvereinbarung bildenden Diensthandlung. Hier ist (neben einer vollendeten Tat gemäß § 331) ein Versuch des § 332 jedenfalls dann anzunehmen, wenn die vom Täter zu Unrecht angenommenen tatsächlichen Umstände zur Pflichtwidrigkeit der Diensthandlung führen würden.[147] Ein Richter, der eine pflichtwidrige Diensthandlung im Bereich der Justizverwaltung irrig als richterliche Handlung i.S.v. Absatz 2 ansieht, verwirklicht ausschließlich § 332 Abs. 1 (s. hierzu § 331 Rdn. 96), nicht hingegen zusätzlich einen Versuch gemäß § 332 Abs. 2;[148] denn infolge der Überdehnung des Anwendungsbereichs der Qualifikationsnorm handelt es sich insoweit um ein Wahndelikt.

VII. Beteiligung und Konnivenz

Bezüglich der strafbaren Beteiligung und der Konnivenz gelten die Ausführungen zu § 331 (s. dort 32 Rdn. 135 ff.) für die Bestechlichkeit entsprechend. **Mittäter** gemäß § 332 kann nur derjenige sein, für den sich (bei im Tatzeitpunkt bestehender Täterqualifikation) die als Gegenleistung zu erbringende Diensthandlung selbst als pflichtwidrig darstellt.[149] Darüber hinaus wird teilweise verlangt, dass die von nur einem Amtsträger vorgenommene pflichtwidrige Diensthandlung auch von dem anderen Tatgenossen hätte vorgenommen werden können.[150] Dies erscheint zu eng, da die Mittäterschaft nicht auf eine einzige Diensthandlung (die ohnehin nur Bezugspunkt für die Tathandlung ist) hin ausgerichtet sein muss. Wirken mehrere Amtsträger in unterschiedlichen dienstlichen Funktionen (z.B. als Zuarbeiter und Entscheidungsträger) pflichtwidrig zusammen, um ein bestimmtes Projekt zu verwirklichen, genügt dies für eine quasi-mittäterschaftliche Arbeitsteilung ebenso wie die Tätigkeit eines Amtsträgers als Vermittler in einem Absprachenkartell zwischen Vorteilsgebern und -nehmern.[151] Der Eintritt in eine bereits bestehende Unrechtsvereinbarung führt regelmäßig nicht zur Zurechnung bereits vorgenommener Akte, sondern begründet eine Mittäterschaft für das künftige Zusammenwirken.[152] Angesichts der Einbeziehung von Drittvorteilen steht fremdnütziges Handeln einer Mittäterschaft nicht mehr entgegen.[153] Ferner ist Mittäter-

144 *Hillenkamp* LK[12] § 22 Rdn. 236 f.; *Kühl* AT § 15 Rdn. 105; *Kuhlen* NK Rdn. 25 (unter Hinweis auf § 331 Rdn. 117); *Sch/Schröder/Eser/Bosch* § 22 Rdn. 75 f.; **aA** (für Wahndelikt) *Murmann* LK § 22 Rdn. 314, 318; *Zaczyk* NK § 22 Rdn. 39 (m.w.N.).

145 RG Recht **1916** Nr. 2166; *Jescheck* LK[11] Rdn. 14; *Korte* MK Rdn. 48; *Kuhlen* NK Rdn. 23.

146 *Jescheck* LK[11] Rdn. 13; *Korte* MK Rdn. 48; *Kuhlen* NK Rdn. 25.

147 *Jescheck* LK[11] Rdn. 6, 13; *Sch/Schröder/Heine/Eisele* Rdn. 10. Ohne Beschränkung auf tatsächliche Fehlvorstellungen für Versuch *Korte* MK Rdn. 39, 48. **AA** (für Wahndelikt) *Puppe* GA **1990** 145, 165; differenzierend *Kuhlen* NK Rdn. 24 f.

148 Ebenso *Korte* MK Rdn. 48.

149 RGSt **69** 393, 395; *Jescheck* LK[11] Rdn. 15; *Korte* MK Rdn. 41; *Möhrenschlager* in: Dölling 8. Kap. Rdn. 72.

150 *Jescheck* LK[11] Rdn. 15; *Korte* MK Rdn. 41; *Matt/Renzikowski/Sinner* Rdn. 16; offengelassen von RGSt **69** 393, 395.

151 Wie hier auch *Möhrenschlager* in: Dölling 8. Kap. Rdn. 72; *Schubert* in: Wabnitz/Janovsky[2] 10. Kap. Rdn. 64; s.a. BGHSt **14** 123, 129 ff. sowie § 331 Rdn. 135.

152 *Fischer* Rdn. 17b.

153 *Möhrenschlager* in: Dölling 8. Kap. Rdn. 73.

schaft auch in der Weise möglich, dass der eine Amtsträger nach § 332, der andere hingegen nur nach § 331 bestraft wird, da er die Pflichtwidrigkeit der Diensthandlung nicht erkannt hat.[154]

33 Die §§ 331 ff. sind spiegelbildlich aufeinander bezogen mit der Folge, dass sich der **Vorteilsgeber** ausschließlich nach § 334 bzw. (bei fehlendem Vorsatz bezüglich der Pflichtwidrigkeit der Diensthandlung)[155] nach § 333 strafbar macht. Ein Rückgriff auf die Teilnahmevorschriften ist hinsichtlich der Parteien der Unrechtsvereinbarung gesperrt (vgl. näher § 331 Rdn. 136).[156] Das gilt ebenso für die Vorstufe der versuchten Beteiligung (§ 30).[157] In Fortschreibung dieser Lagertheorie sind außenstehende **Dritte** als Anstifter oder Gehilfen zu § 332 strafbar, wenn sie ausschließlich oder vorrangig auf Seiten des Vorteilsnehmers mitwirken (vgl. § 331 Rdn. 137 ff.). Allerdings muss sich der Teilnehmervorsatz auch auf die Pflichtwidrigkeit der Diensthandlung erstrecken (andernfalls ist Teilnahme zu § 331 anzunehmen).[158] Auch genügt die bloße Unterstützung des Täters bei der Vornahme der (nicht zum Tatbestand gehörenden) pflichtwidrigen Diensthandlung nicht; vielmehr muss zugleich die Bestechlichkeit gefördert werden.[159] Hierbei ist die Strafe des extranen Teilnehmers gemäß **§ 28 Abs. 1** i.V.m. § 49 Abs. 1 (ggf. doppelt neben § 27 Abs. 2 Satz 2)[160] zu mildern.[161] Dies gilt ungeachtet der Tatsache, dass der auf Nehmerseite mitwirkende Extraneus damit einem milderen Strafrahmen unterworfen wird als der auf Geberseite tätige Teilnehmer, während die Strafdrohungen der beiden Parteien der Unrechtsvereinbarung bezüglich §§ 331 Abs. 1 und 333 Abs. 1 identisch sind und hinsichtlich der §§ 332 Abs. 1 und 334 Abs. 1 weitgehend übereinstimmen. Der Gesetzgeber hat somit die durch § 28 Abs. 1 zum Ausdruck kommende Strafrahmenabstufung insoweit nicht für die täterschaftlich vertypten Mitwirkungsformen übernommen (vgl. § 331 Rdn. 137 sowie *Sowada* FS Tiedemann 273, 290 f.).

34 Anders verhält es sich demgegenüber bezüglich der Teilnahme an der **Richterbestechlichkeit** (§ 332 Abs. 2). Hier hat der Gesetzgeber schon auf der Täterschaftsebene den in § 28 Abs. 1 zum Ausdruck kommenden Privilegierungsgedanken nicht beiseite geschoben, sondern – wie der Vergleich von § 332 Abs. 2 (Freiheitsstrafe von einem Jahr bis zu zehn Jahren) mit § 334 Abs. 2 (Freiheitsstrafe von drei bzw. sechs Monaten bis zu fünf Jahren) zeigt – (auch mit Blick auf die Strafrahmenidentität zwischen § 331 Abs. 2 und § 333 Abs. 2 systemwidrig!?) erheblich überboten. Aus allgemeinen dogmatischen Gründen ist zwar an der Lagertheorie festzuhalten mit der Folge, dass der (vorrangig) auf der Seite des bestochenen Richters Mitwirkende als Teilnehmer zu § 332 (und nicht etwa zu § 334) angesehen wird. Es erscheint aber vorzugswürdig, die in § 334 Abs. 2 für die intensivsten Einwirkungsformen auf den Richter vorgesehene Höchststrafe auf diese Teilnahme zu übertragen und damit das gegenüber § 28 Abs. 1 speziellere Privilegierungskonzept zur Anwendung zu bringen.[162] Das gilt im Ergebnis auch für die (bei gleicher Teilnahmeform dogmatisch dem § 334 zuzuordnende) gleichrangige Doppelmitwirkung im Geber- und Nehmerlager.[163]

---

154 *Fischer* Rdn. 17b; *Jescheck* LK[11] Rdn. 15; *Korte* MK Rdn. 41; *Kuhlen* NK Rdn. 27; *Matt/Renzikowski/Sinner* Rdn. 16; *Sch/Schröder/Heine/Eisele* Rdn. 25. Zweifelnd *Leitner/Rosenau/Gaede* Rdn. 31.

155 *Joecks/Jäger* Rdn. 13; *Korte* MK Rdn. 42; *Kuhlen* NK Rdn. 28.

156 BGHSt **37** 207, 213; OLG Hamburg HESt **2** 339, 341; *Fischer* Rdn. 17b i.V.m. § 331 Rdn. 38; *Jescheck* LK[11] Rdn. 16; *Korte* MK Rdn. 46; *Kuhlen* NK Rdn. 28; *Lackner/Kühl/Heger* § 331 Rdn. 19; *Möhrenschlager* in: Dölling 8. Kap. Rdn. 74; *Stein/Deiters* SK § 334 Rdn. 13.

157 BGH NStZ **2016** 349, 350 (zu § 332 Abs. 2); *Korte* Rdn. 43.

158 Vgl. *Wegscheider* Jura **1985** 327, 331.

159 BGHSt **18** 263, 265; *Jescheck* LK[11] Rdn. 17; *Korte* MK Rdn. 45; *Lackner/Kühl/Heger* Rdn. 9; *Sch/Schröder/Heine/Eisele* Rdn. 25 i.V.m. § 331 Rdn. 73; *Stein/Deiters* SK Rdn. 27.

160 Vgl. hierzu BGHSt **26** 53, 54 f.; BGH StV **1994** 305; *Schneider* LK § 49 Rdn. 15, § 50 Rdn. 3.

161 *Korte* MK Rdn. 43; *Möhrenschlager* in: Dölling 8. Kap. Rdn. 75.

162 *Krey/Hellmann/Heinrich* BT 1 Rdn. 1088; *Kuhlen* NK § 331 Rdn. 145; *Sowada* FS Tiedemann 273, 292 f.; *Stein/Deiters* SK § 334 Rdn. 13; **aA** *Korte* MK Rdn. 43. Generell für eine Limitierung durch § 334 *Fischer* § 331 Rdn. 38a; *Lackner/Kühl/Heger* § 331 Rdn. 19.

163 *Sowada* FS Tiedemann 273, 296.

VIII. Konkurrenzen

Zum Verhältnis der einzelnen **Begehungsformen** zueinander sowie zum **Vorrang gegenüber** § 331 s. dort Rdn. 142 f.[164] Im Übrigen ist grundsätzlich **Tateinheit** anzunehmen, wenn die Tathandlung des § 332 (also das Fordern, Sich-versprechen-Lassen oder Annehmen des Vorteils) mit einer weiteren Straftat zusammentrifft. So ist Idealkonkurrenz möglich mit Betrug (z.B. bei Vortäuschen der Bereitschaft zur künftigen Vornahme einer pflichtwidrigen Diensthandlung),[165] Nötigung oder Erpressung[166] sowie mit den §§ 174 ff., 180 f.;[167] ebenso besteht Tateinheit mit § 30 Abs. 2, sofern die in Aussicht gestellte pflichtwidrige Diensthandlung als Verbrechen strafbar ist.[168] Darüber hinaus kommt Tateinheit (ausnahmsweise) auch dann in Betracht, wenn die strafbare Bezugshandlung zumindest teilweise mit der Tathandlung des § 332 zusammenfällt. Dies ist insbesondere für die Untreue (§ 266) angenommen worden, wenn im Abschluss der Unrechtsvereinbarung zugleich der Beginn des Treubruchs liegt;[169] die gleiche dogmatische Struktur ist auch hinsichtlich der Strafvereitelung im Amt (§ 258a)[170] oder bezüglich des § 353b bzw. des § 17 Abs. 2 Nr. 2 UWG denkbar.[171] Von solchen Fällen teilidentischer Ausführungshandlungen abgesehen besteht aber zwischen § 332 und der durch die Vornahme der pflichtwidrigen Diensthandlung begangenen Straftat grundsätzlich **Tatmehrheit**, da die Diensthandlung kein (selbständiges) Tatbestandsmerkmal des § 332 ist.[172] Bezüglich des § 332 Abs. 2 kommt insoweit insbesondere eine Rechtsbeugung (§ 339) in Betracht.[173] Ob die §§ 298, 299 in Tateinheit zu § 332 stehen oder als subsidiär verdrängt werden, ist umstritten (vgl. § 331 Rdn. 143).[174] Der durch § 332 erlangte Vorteil ist tauglicher Gegenstand einer strafbaren Geldwäsche (§ 261) oder einer Steuerhinterziehung (§ 370 AO).[175] 35

IX. Rechtsfolgen

1. Strafe und Nebenfolgen

Anders als bei den meisten übrigen Bestechungsdelikten hat der Gesetzgeber bei der Schaffung des (1.) KorrBekG (1997) bei § 332 von einer Anhebung der **Strafrahmen** abgesehen.[176] Die Bestech- 36

---

164 Zu Konstellationen im Zusammenhang mit § 335a vgl. *Korte* MK Rdn. 49.

165 RG Recht **1913** Nr. 2659; RG HRR **1940** Nr. 195; BGHSt **20** 1; *Fischer* Rdn. 19; *Jescheck* LK[11] Rdn. 18; *Korte* MK Rdn. 50; *Sch/Schröder/Heine/Eisele* Rdn. 26. Zur Täuschung, eine pflichtwidrige Diensthandlung in der Vergangenheit begangen zu haben, vgl. BGHSt **29** 300 und § 331 Rdn. 62 f.

166 BGHSt **9** 245, 246 f.; BGH NJW **1987** 509, 510; BGH NStZ **2008** 421; *Fischer* Rdn. 19; *Jescheck* LK[11] Rdn. 18; *Korte* MK Rdn. 50; *Kuhlen* NK Rdn. 30 i.V.m. § 331 Rdn. 127.

167 BGH NJW **1987** 199; *Fischer* Rdn. 19; *Jescheck* LK[11] Rdn. 18; *Korte* MK Rdn. 50; *Lackner/Kühl/Heger* Rdn. 11; *Sch/Schröder/Heine/Eisele* Rdn. 26.

168 *Jescheck* LK[11] Rdn. 18; *Korte* MK Rdn. 50; *Sch/Schröder/Heine/Eisele* Rdn. 26.

169 BGHSt **47** 22, 25 ff. (abl. *Bittmann* wistra **2002** 405, 406 ff.; s.a. § 331 Rdn. 143); BGH MDR b. Holtz **1985** 627 f.; BGH wistra **2004** 29, 30; BayObLG NJW **1996** 268, 271; *Fischer* Rdn. 19 f.; *Korte* MK Rdn. 50; *Lackner/Kühl/Heger* Rdn. 11; *Sch/Schröder/Heine/Eisele* Rdn. 26.

170 Beispiel (nach *Sch/Schröder/Heine/Eisele* Rdn. 15): Häftling zeigt Geldschein, Wärter öffnet daraufhin die Gefängnistür. Allgemein für Tateinheit mit § 258a OLG Köln JMBlNRW **1950** 254 f.; *Lackner/Kühl/Heger* § 258a Rdn. 6; **aA** (jedoch bei zeitlich gestreckten Verläufen) *Altenhain* NK § 258a Rdn. 16; *Sch/Schröder/Hecker* § 258a Rdn. 22.

171 Vgl. BGH NStZ **1994** 277; BayObLG NJW **1996** 268, 271; *Greeve* Rdn. 580; *Korte* MK Rdn. 50. Vgl. auch zu § 203 als pflichtwidriger Diensthandlung OLG Hamm Beschl. vom 20.11.2018 – 1 RvS 72/18 (juris) Rdn. 7.

172 BGHSt **47** 22, 25 f.; BGH GA **1959** 176, 177; BGH NJW **1987** 1340, 1341 f.; *Fischer* Rdn. 19a; *Jescheck* LK[11] Rdn. 18; *Korte* MK Rdn. 51; *Kuhlen* NK Rdn. 30; *Lackner/Kühl/Heger* Rdn. 11; *Sch/Schröder/Heine/Eisele* Rdn. 26; *Stein/Deiters* SK Rdn. 28. **AA** OLG Köln JMBlNRW **1950** 254 f.; *Letzgus* NStZ **1987** 309, 311.

173 *Korte* MK Rdn. 51. Tateinheit erwägend *Kudlich* S. 123, 126 f.

174 Vgl. ferner *Fischer* Rdn. 19a i.V.m. § 331 Rdn. 40; *Korte* MK Rdn. 50; *Krick* MK § 299 Rdn. 161.

175 *Greeve* Rdn. 543 f., 590; *Korte* MK Rdn. 60 f.

176 *Bauer/Gmel* LK[11] Nachtrag zu §§ 331–338 Rdn. 19 f.; *König* JR **1997** 397, 400.

lichkeit von Amtsträgern oder für den öffentlichen Dienst besonders Verpflichteten (Absatz 1) ist also weiterhin mit einer Freiheitsstrafe von sechs Monaten bis zu fünf Jahren bedroht; für minder schwere Fälle sieht das Gesetz Freiheitsstrafe bis zu drei Jahren oder Geldstrafe vor. Überlegungen, die auf eine generelle Verdoppelung der Höchststrafe auf zehn Jahre Freiheitsstrafe gerichtet waren, ist der Gesetzgeber unter Hinweis auf die grundsätzliche Gleichwertigkeit mit Diebstahl, Betrug, Untreue, Urkundenfälschung und Steuerhinterziehung nicht gefolgt.[177] Bezüglich der Bestechlichkeit von Richtern oder Schiedsrichtern reicht der in Absatz 2 festgelegte Strafrahmen unverändert von einem Jahr (Verbrechen i.S.d. § 12 Abs. 1) bis zu zehn Jahren Freiheitsstrafe, in minder schweren Fällen von sechs Monaten bis zu fünf Jahren Freiheitsstrafe. Allerdings ergibt sich eine Strafschärfung aus der 1997 neu eingeführten Strafzumessungsvorschrift des § 335, der (unter Verwendung von Regelbeispielen) für **besonders schwere Fälle** bei Taten gemäß § 332 Abs. 1 (auch in Verbindung mit Absatz 3) Freiheitsstrafe von einem Jahr bis zu zehn Jahren und bei Taten gemäß § 332 Abs. 2 (wiederum unter Einschluss des Absatzes 3) eine Mindeststrafe von zwei (bis zu fünfzehn) Jahren Freiheitsstrafe anordnet. Des Weiteren eröffnet § 358 als **Nebenfolge** neben einer mindestens sechsmonatigen Freiheitsstrafe die Möglichkeit zur Aberkennung der Fähigkeit, öffentliche Ämter zu bekleiden (§ 45 Abs. 2). Bei der Verurteilung gemäß Absatz 2 zu mindestens einjähriger Freiheitsstrafe ergibt sich der Verlust der Amtsfähigkeit für die Dauer von fünf Jahren aus § 45 Abs. 1. Die vorgenannten Erweiterungen gelten auch bezüglich der Europäischen Amtsträger und Mitgliedern von Gerichten der Europäischen Union, die inzwischen unmittelbar von § 332 erfasst sind. Ergibt sich die Strafbarkeit gemäß § 332 erst über die Gleichstellungsvorschrift des § 335a Abs. 1, so wird durch diese Norm explizit auch die Strafrahmenregelung des § 335 einbezogen. Mangels einer entsprechenden Verweisung auf § 358 ist diese Norm in Fällen des § 335a nicht anwendbar.[178]

37 Bei der **Strafzumessung** (zur Sanktionspraxis bei § 332 vgl. *Dölling* in: ders. 1. Kap Rdn. 53 und Tab. 21) ist u.a. von Bedeutung, ob der Täter die pflichtwidrige(n) Diensthandlung(en) tatsächlich begangen hat[179] oder ob er sie begehen wollte.[180] Auch erscheint die Käuflichstellung künftiger Diensthandlungen tendenziell unrechtsschwerer als die nachträgliche „Entlohnung" zurückliegender Pflichtwidrigkeiten (vgl. auch die Strafrahmenabstufung in § 334 Abs. 2).[181] Strafzumessungsrelevante Umstände sind ferner die Höhe des Vorteils (und auch ggf. des durch die Pflichtwidrigkeit verursachten oder drohenden Schadens)[182] sowie die Frage, ob der Vorteil dem Täter selbst oder einem Dritten (insbesondere der Anstellungskörperschaft oder einem gemeinnützigen Zweck) zugute kommen sollte.[183] Ferner sind die mit der Verurteilung verbundenen beamten- und arbeitsrechtlichen Konsequenzen ebenso im Rahmen der Strafzumessung zu berücksichtigen[184] wie eine Selbstanzeige[185] oder die Mitwirkung an der Aufdeckung eines Korruptionsgeflechts. Umgekehrt wirken die Tat begünstigende Unzulänglichkeiten der Dienstaufsicht regelmäßig nicht strafmildernd.[186] Andererseits darf dem Täter das Nichteinschreiten gegen Korruptionshandlungen von Kollegen nicht strafschärfend angelastet werden, wenn er durch dieses Vorgehen seine eigene Bestechlichkeit hätte

177 BTDrucks. 13/5584 S. 17 (zu § 335); *Möhrenschlager* JZ **1996** 822, 827; s.a. *Dölling* C 75 ff., 112.

178 *Korte* MK Rdn. 59. Ebenso zur früheren Rechtslage nach dem EUBestG *Korte* wistra **1999** 81, 85.

179 BGH GA **1959** 176; *Fuhrmann* ZStW **72** (1960) 534, 536. Zur Mehrzahl der Pflichtwidrigkeiten vgl. OLG Hamm JR **2000** 35, 36 mit Anm. *Kuhlen*; *Korte* MK Rdn. 53; vgl. auch BGH NJW **2004** 693, 695.

180 *Fischer* Rdn. 18; *Jescheck* LK[11] Rdn. 19; *Korte* MK Rdn. 53. Zum geheimen Vorbehalt, die Pflichtwidrigkeit nicht begehen zu wollen, vgl. BGHSt **15** 88, 97.

181 *Fischer* Rdn. 18; *Korte* MK Rdn. 53.

182 BGH wistra **2002** 420 f.; *Korte* MK Rdn. 53.

183 *Korte* MK Rdn. 53; s.a. oben § 331 Rdn. 144 (jeweils m.w.N.).

184 BGH NStZ **2008** 421; OLG Frankfurt StV **1994** 131 f.; OLG Hamm JR **2000** 35, 36 mit Anm. *Kuhlen* 36, 38; *Korte* MK Rdn. 53; *Kuhlen* NK Rdn. 32. Ebenso bezüglich des anwaltlichen Berufsrechts BGH Beschl. v. 10.1.2019 – 3 StR 635/17 (juris) Rdn. 37.

185 Vgl. *Greeve* Rdn. 675. Vgl. auch *Gneuß* S. 54 ff. und *Nell/Schlüter* NJW **2008** 1996 ff.

186 BGH NJW **1989** 1938 f. mit zust. Anm. *Molketin* wistra **1990** 356; *Fischer* Rdn. 18; *Korte* MK Rdn. 53; *Lackner/Kühl/Heger* Rdn. 10; *Schäfer/Sander/van Gemmeren* Rdn. 1718; zweifelnd *SSW/Rosenau* Rdn. 16.

aufdecken müssen.[187] Zum Verbot der Doppelverwertung von Tatbestandsmerkmalen (§ 46 Abs. 3) sowie zur Annahme eines minder schweren Falles vgl. OLG Hamm Beschl. v. 20.11.2018 – 1 RVs 72/18 (juris) Rdn. 10 f.; *Korte* MK Rdn. 53.

2. Einziehung von Taterträgen

38 Als Maßnahme der Vermögensabschöpfung ordnet das Gericht gemäß §§ 73 ff. die Einziehung des aus der Bestechungstat erlangten Vorteils an (vgl. näher § 331 Rdn. 145; *Korte* MK Rdn. 54 ff.). Weil der Dienstherr angesichts des durch die §§ 331 ff. geschützten Rechtsguts nicht als „Verletzter" i.S.d. § 73 Abs. 1 Satz 2 a.F. anzusehen ist und ihm nach strafgerichtlicher Rechtsprechung auch kein Anspruch auf Herausgabe des Erlangten gemäß §§ 687 Abs. 2, 681 Satz 2, 667 BGB zusteht,[188] kommt § 459h StPO nur ausnahmsweise zur Anwendung, sofern der Dienstherr den Bestechungslohn aufgrund einer mit der Bestechungstat einhergehenden Untreue- oder Betrugstat als Schadensersatz verlangen kann.[189] Bei lediglich teilweiser Identität von Bestechungserlös und Schaden können übermäßige Belastungen im Rahmen der Vollstreckung gemäß § 459g Abs. 5 StPO vermieden werden.[190]

X. Prozessuales

1. Verjährung

39 Taten gemäß § 332 Abs. 1 verjähren in fünf Jahren (§ 78 Abs. 3 Nr. 4), Taten gemäß § 332 Abs. 2 in zehn Jahren (§ 78 Abs. 3 Nr. 3). Dies gilt jeweils auch für besonders schwere Fälle i.S.d. § 335 (§ 78 Abs. 4). Für den Beginn der Verjährung ist gemäß § 78a S. 1 der (umstrittene) Zeitpunkt der Beendigung maßgeblich (vgl. hierzu § 331 Rdn. 133, 142, 146).

2. Strafprozessuale Aspekte

40 Weder der Dienstherr[191] noch ein betroffener Bürger (s. § 331 Rdn. 147) sind **„Verletzter"** i.S.d. § 172 StPO.[192] **Tatort** der Bestechlichkeit ist der Ort, an dem der Vorteil gefordert oder angenommen oder an dem die Unrechtsvereinbarung (beim Sich-versprechen-Lassen) geschlossen wurde, nicht hingegen der Ort, an dem die pflichtwidrige Diensthandlung vorgenommen wurde.[193] Zur **sachlichen Zuständigkeit** vgl. *Bernsmann/Gatzweiler* Rdn. 1022 ff. Fälle, zu deren Beurteilung besondere Kenntnisse des Wirtschaftslebens erforderlich sind, fallen (seit 2012)[194] in die Zuständigkeit der Wirtschaftsstrafkammer (§ 74c Abs. 1 Nr. 6 Buchst. a GVG). Bezüglich der strafprozessualen **Zwangsmaßnahmen**[195] kommt die Überwachung der Telekommunikation nur bei dem auf bestimmten Tatsachen beruhenden Verdacht einer auch im Einzelfall schweren Tat gemäß §§ 332

---

187 BGH NStZ **2003** 544, 545; *Korte* MK Rdn. 53.
188 S. auch hierzu § 331 Rdn. 145.
189 *Korte* MK Rdn. 54. Vgl. ferner (jeweils zu § 73 Abs. 1 Satz 2 a.F.) BGHSt **47** 22, 31 f.; BGH wistra **2001** 295, 297; BGH NStZ **2003** 423; s. aber auch BGH NStZ **1999** 560 f.
190 *Korte* MK Rdn. 54. Auf § 73c a.F. abstellend BGHSt **47** 22, 32.
191 OLG Nürnberg NJW **1997** 1320; *Korte* MK Rdn. 64.
192 *Korte* MK Rdn. 64.
193 OLG Stuttgart NJ **1997** 503; **aA** *Sch/Schröder/Heine/Eisele* Rdn. 1.
194 Gesetz (u.a. zur Änderung gerichtsverfassungsrechtlicher Vorschriften) vom 6.12.2011 (BGBl. I S. 2554).
195 Vgl. hierzu *Nötzel* in: Dölling 10. Kap. Rdn. 39 ff. sowie (aus Verteidigersicht) *Bernsmann/Gatzweiler* Rdn. 951 ff.

und 334 in Betracht (§ 100a Abs. 1, Abs. 2 Nr. 1 Buchst. v StPO).[196] Die Online-Durchsuchung sowie die akustische Wohnraumüberwachung sind auf besonders schwere Fälle i.S.d. § 335 Abs. 1 unter den in § 335 Abs. 2 Nr. 1 bis 3 genannten Voraussetzungen beschränkt (§ 100b Abs. 1, Abs. 2 Nr. 1 Buchst. o und § 100c Abs. 1 StPO). Zur Untersuchungshaft vgl. *Bernsmann/Gatzweiler* Rdn. 995 ff.; *Nötzel* in: Dölling 10. Kap. Rdn. 59 ff.[197]

---

196 Vgl. zur Gesetzgebungsgeschichte dieser Erweiterung des § 100a StPO *Korte* MK Rdn. 63 (Fn. 202).
197 Vgl. ferner *Greeve* Rdn. 682 ff.; *Korte* MK Rdn. 64.

§ 333 Vorteilsgewährung

(1) Wer einem Amtsträger, einem Europäischen Amtsträger, einem für den öffentlichen Dienst besonders Verpflichteten oder einem Soldaten der Bundeswehr für die Dienstausübung einen Vorteil für diesen oder einen Dritten anbietet, verspricht oder gewährt, wird mit Freiheitsstrafe bis zu drei Jahren oder mit Geldstrafe bestraft.

(2) Wer einem Richter, Mitglied eines Gerichts der Europäischen Union oder Schiedsrichter einen Vorteil für diesen oder einen Dritten als Gegenleistung dafür anbietet, verspricht oder gewährt, dass er eine richterliche Handlung vorgenommen hat oder künftig vornehme, wird mit Freiheitsstrafe bis zu fünf Jahren oder mit Geldstrafe bestraft.

(3) Die Tat ist nicht nach Absatz 1 strafbar, wenn die zuständige Behörde im Rahmen ihrer Befugnisse entweder die Annahme des Vorteils durch den Empfänger vorher genehmigt hat oder sie auf unverzügliche Anzeige des Empfängers genehmigt.

Schrifttum

S. die Schrifttumsangaben Vor § 331 (insbesondere vor Rdn. 20).

Entstehungsgeschichte

Die Vorschrift ist eingebettet in die Entwicklung des Korruptiosstrafrechts (vgl. hierzu Vor § 331 Rdn. 20 ff. sowie die Angaben zur Entstehungsgeschichte bei § 331).[1] Die einfache, d.h. auf eine als solche pflichtgemäße Diensthandlung gerichtete aktive Bestechung war (gemäß § 334 Abs. 2 a.F.) nur in Bezug auf richterliche Handlungen unter Strafe gestellt, bis mit der Neufassung der Bestechungsdelikte durch das **EGStGB 1974** der weitgehend auf § 461 E 1962 zurückgreifende § 333 (a.F.) als Gegenstück zu § 331 (a.F.) geschaffen wurde. Hierbei ging der Gesetzgeber allerdings davon aus, dass nach den Anschauungen der Allgemeinheit in der Gewährung eines Vorteils für eine ordnungsgemäße Handlung nichts Verfängliches, sondern nur ein Akt des Wohlwollens oder der Dankbarkeit zu sehen sei.[2] Deshalb beschränkte er die Reichweite dieser Vorschrift auf Vorteile für künftige Ermessenshandlungen eines Amtsträgers (oder Richters). Blieb der Anwendungsbereich dieses (auch als Auffangnorm zu § 334 a.F. verstandenen)[3] Tatbestandes somit deutlich hinter dem Pendant auf Nehmerseite (§ 331 a.F.) zurück, so brachte das **(1.) KorrBekG** 1997 (neben der Einbeziehung von Drittvorteilen und der Anhebung der Strafrahmen) die weitgehend spiegelbildliche Angleichung zur Vorteilsgewährung (einschließlich der Erweiterung auf für die bloße Dienstausübung angebotene, versprochene oder gewährte Vorteile).[4] Durch das Gesetz zur Bekämpfung der Korruption vom 20.11.2015 (**[2.] KorrBekG**, BGBl. I 2025)[5] wurde der Kreis tauglicher Adressaten in Absatz 1 um Europäische Amtsträger sowie in Absatz 2 um Mitglieder eines Gerichts der Europäischen Union erweitert (zu weiteren Ausdehnungen vgl. § 335a).

Bis zum KorrBekG (1997) hatte § 333 folgenden Wortlaut:

(1) Wer einem Amtsträger, einem für den öffentlichen Dienst besonders Verpflichteten oder einem Soldaten der Bundeswehr als Gegenleistung dafür, daß er eine in seinem Ermessen stehende Diensthandlung künftig vornehme, einen Vorteil anbietet, verspricht oder gewährt, wird mit Freiheitsstrafe bis zu zwei Jahren oder mit Geldstrafe bestraft.
(2) Wer einem Richter oder Schiedsrichter als Gegenleistung dafür, daß er eine richterliche Handlung künftig vornehme, einen Vorteil anbietet, verspricht oder gewährt, wird mit Freiheitsstrafe bis zu drei Jahren oder mit Geldstrafe bestraft.
(3) Die Tat ist nicht nach Absatz 1 strafbar, wenn die zuständige Behörde im Rahmen ihrer Befugnisse entweder die Annahme des Vorteils durch den Empfänger vorher genehmigt hat oder sie auf unverzügliche Anzeige des Empfängers genehmigt.

---

1 Vgl. zum Folgenden auch *Friedhoff* Rdn. 25 ff.; *Korte* MK Rdn. 2 ff.; *Möhrenschlager* in: Dölling 8. Kap. Rdn. 57 ff.; *Sch/Schröder/Heine/Eisele* Rdn. 1.
2 BTDrucks. 7/550 S. 274. Vgl. hierzu *Fischer* Rdn. 3 sowie *Dornseifer* JZ **1973** 267, 269 f. und *Hardtung* S. 231 f.
3 Hierzu *Jescheck* LK[11] Rdn. 1.
4 Näher zu den gesetzgeberischen Motiven *Bauer/Gmel* LK[11] Nachtrag zu §§ 331–338 Rdn. 17 f.; *Korte* MK Rdn. 3 f.
5 Hierzu BTDrucks. 18/4350 (Gesetzentwurf der BReg), S. 23; ferner *Dann* NJW **2016** 203 ff.; *Grützner* ZIP **2016** 253 ff.; *Walther* DB **2016** 95 ff.

https://doi.org/10.1515/9783110490329-004

Übersicht

I. Allgemeines

1 Die Vorteilsgewährung bildet das dem § 331 nahezu **spiegelbildlich** entsprechende **Grunddelikt auf** der **Geberseite** (vgl. Vor § 331 Rdn. 21).[6] Es handelt sich wie bei § 331 um ein die Sachlichkeit staatlicher Entscheidungen und das diesbezügliche Vertrauen der Allgemeinheit schützendes abstraktes Gefährdungsdelikt.[7] Das mit dem (1.) KorrBekG verfolgte Bemühen, die Korruption mit strafrechtlichen Mitteln einzudämmen, führte dazu, dass sich die Strafdrohungen grundsätzlich in gleichem Umfang und in gleicher Höhe gegen beide Parteien des korruptiven Geschehens richten (vgl. angesichts dieser einheitlichen Betrachtung auch zum rechtspolitischen, kriminologischen und kriminalistischen Hintergrund Vor § 331 Rdn. 37 ff.). Infolge dieser Angleichung hat der Vorteilsgeber nicht nur seine frühere partielle Besserstellung gegenüber dem Vorteilsnehmer eingebüßt, sondern ihm bleibt wegen der täterschaftlichen Vertypung materieller Teilnahmehandlungen (ggf. neben der Strafmilderung aus § 27 Abs. 2 Satz 2) auch die allgemeine Strafmilderung über § 28 Abs. 1 versagt, obwohl ihn das aus der Amtsträgerstellung resultierende Verbot, Geschenke für pflichtgemäße Diensthandlungen anzunehmen, an sich nicht trifft.[8] Angesichts dieser Systemwidrigkeit sind Zweifel an der Verfassungsmäßigkeit der Vorschrift geäußert worden.[9] Ferner wecken die im Gleichklang zu § 331 vorgenommenen Tatbestandserweiterungen in Bezug auf die Lockerung der Unrechtsvereinbarung und die Einbeziehung von Drittvorteilen Bedenken hinsichtlich einer durchgehend hinreichenden Strafwürdigkeit;[10] in diesem Zusammenhang lässt sich sowohl auf die steuerliche Abzugsfähigkeit gemeinnütziger Zuwendungen[11] als auch auf die fehlende Einflussnahmemöglichkeit des Gebers hinsichtlich einer Genehmigungserteilung (vgl. Absatz 3)[12] verweisen. Die Einschränkungen des Tatbestandes des § 331 gelten hiernach bezüglich der Vorteils-

---

6 *Stein/Deiters* SK Rdn. 1; s.a. *König* JR **1997** 397, 400; *Kuhlen* NK Rdn. 1; *Lackner/Kühl/Heger* Rdn. 1; *Sch/Schröder/Heine/Eisele* Rdn. 1.

7 Zum Rechtsgut vgl. Vor § 331 Rdn. 25 ff.; zum Gefährdungsdeliktscharakter s. Winkelbauer/Felsinger/Dannecker/*Dannecker* S. 39, 51 f.; *Wentzell* S. 86 f.

8 *Korte* MK Rdn. 3; s. aber auch *Sowada* FS Tiedemann 273, 287 ff.

9 *Hettinger* NJW **1996** 2263, 2272; *Wessels/Hettinger/Engländer* Rdn. 1135; s.a. *Bernsmann/Gatzweiler* Rdn. 392 ff.

10 Vgl. *Sch/Schröder/Heine/Eisele* Rdn. 1.

11 Vgl. hierzu Winkelbauer/Felsinger/Dannecker/*Dannecker* S. 39, 88 ff.

12 *Korte* MK Rdn. 4.

gewährung grundsätzlich in gleicher Weise;[13] ebenso überträgt Absatz 3 die rechtfertigende Wirkung der Genehmigung der Vorteilsannahme auf den Vorteilsgeber.[14] Dem § 331 entsprechend enthalten die ersten beiden Absätze zwei Tatbestände mit unterschiedlichem personalem Anknüpfungspunkt; der Versuch ist (insoweit anders als bei § 331 Abs. 2 Satz 2) stets straflos.

II. Objektiver Tatbestand des § 333 Abs. 1

1. Täter- und Begünstigtenkreis

Die Vorteilsgewährung ist – ebenso wie die Bestechung (§ 334) – als **Allgemeindelikt** ausgestaltet. 2
Täter kann daher jedermann, insbesondere auch ein anderer Amtsträger sein.[15] Als **Begünstigte** nennt § 333 zunächst Amtsträger, Europäische Amtsträger und für den öffentlichen Dienst besonders Verpflichtete, also jene Personen, die taugliche Täter der komplementären Vorteilsannahme (§ 331) sind (vgl. daher § 331 Rdn. 3 ff.). Daneben erfasst § 333 jedoch auch die Vorteilsgewährung an einen **Soldaten der Bundeswehr**. Einer eigenständigen Einbeziehung bedarf es deshalb, weil sich die in § 48 WStG enthaltene Gleichstellungsklausel nur auf Taten von Soldaten (das sind gemäß § 1 Abs. 1 Satz 1 SG Personen, die entweder aufgrund der Wehrpflicht oder aufgrund freiwilliger Verpflichtung in einem Wehrdienstverhältnis stehen)[16] bezieht. Bezüglich künftiger Diensthandlungen erweitert die Gleichstellungsregelung in **§ 335a** Abs. 2 und 3 den Kreis tauglicher Empfänger auf Mitglieder und Bedienstete des Internationalen Strafgerichtshofs sowie auf Soldaten, Bedienstete und Beschäftigte der in Deutschland stationierten nichtdeutschen NATO-Truppen.

2. Tathandlungen

a) Deliktsstruktur. In seiner Tatbestandsstruktur entspricht § 333 der Vorteilsannahme (§ 331). 3
Das bedeutet zum einen, dass sich die Handlungsmerkmale als kommunikative Akte auf Kriterien beziehen, die ihrerseits nicht (durchgängig) als echte „Tatbestandsmerkmale" anzusehen sind. Denn zu einer Hingabe des Vorteils muss es lediglich in der Tatbestandsvariante des Gewährens kommen. Bezüglich der übrigen Varianten ist es ausreichend, dass das Handeln des Täters auf die Zuwendung eines Vorteils für die Dienstausübung gerichtet ist. Zum anderen lassen sich auch bei § 333 die einzelnen Tathandlungen mit der überwiegend vertretenen Ansicht (vgl. aber auch Rdn. 8) in spiegelbildlicher Übereinstimmung zu § 331 mittels des Modells eines zeitlich in mehreren Etappen voranschreitenden Vertragsschlusses beschreiben, bei dem das Anbieten eines Vorteils (ebenso wie das Fordern in § 331) auf der „Verhandlungsstufe" der Abgabe eines Angebots, das Versprechen (wie das Sich-versprechen-Lassen) auf der „Vereinbarungsstufe" dem Annehmen des Antrags (= dem Abschluss der Unrechtsvereinbarung) und schließlich das Gewähren (bzw. Annehmen) des Vorteils auf der „Leistungsstufe" der Umsetzung des korrespondierenden Erfüllungsgeschäfts entspricht.[17] Vgl. zum Ganzen auch § 331 Rdn. 21.

---

13 *Sch/Schröder/Heine/Eisele* Rdn. 1.
14 Vgl. *Hardtung* S. 233 f.
15 *Fischer* Rdn. 2; *Jescheck* LK[11] Rdn. 2; *Korte* MK Rdn. 7; *Kuhlen* NK Rdn. 2; *Lackner/Kühl/Heger* Rdn. 2; *Sch/Schröder/Heine/Eisele* Rdn. 2; *Stein/Deiters* SK Rdn. 2; vgl. auch (freilich jeweils zu § 331) OLG Frankfurt/M. NStZ **1989** 76; OLG Hamm NStZ **2002** 38. Bezüglich anderer Amtsträger einschränkend *Bernsmann/Gatzweiler* Rdn. 399.
16 Näher hierzu *Sch/Schröder/Heine/Eisele* Rdn. 2; s.a. *Schölz/Lingens* Wehrstrafgesetz[4] (2000) § 1 Rdn. 2 ff.
17 *Fischer* Rdn. 4; s.a. *Arzt/Weber/Heinrich/Hilgendorf/Heinrich* § 49 Rdn. 42; *Eisele* § 94 Rdn. 1658 f.; *Gössel/Dölling* § 75 Rdn. 27; *Lackner/Kühl/Heger* Rdn. 3; *Kuhlen* NK Rdn. 3; *Sch/Schröder/Heine/Eisele* Rdn. 3; *Stein/Deiters* SK Rdn. 8. Zum Teil abw. *Korte* MK Rdn. 12.

4 **b) Anbieten.** Das Anbieten eines Vorteils ist das auf den Abschluss einer Unrechtsvereinbarung gerichtete Angebot seitens des Vorteilsgebers.[18] Es kann in schlüssiger Form unterbreitet werden und auch durch vorsichtig formulierte Fragen und Sondierungen erfolgen.[19] Einer entsprechenden Annahme bedarf es nicht. Unerheblich ist auch, ob der Adressat die Erklärung als auf eine Unrechtsvereinbarung abzielendes Angebot verstanden hat.[20] Jedoch muss der Vorsatz des Erklärenden darauf gerichtet sein, dass der Amtsträger diesen Zusammenhang erkennt.[21] Ferner ist zu verlangen, dass dieser Erklärungsinhalt zumindest **objektiv erkennbar** ist (vgl. näher zum „Fordern" § 331 Rdn. 23 f.).[22]

5 Problematisch erscheint, wie weit die Anbahnung der Unrechtsvereinbarung unter Abwesenden für ein **vollendetes Anbieten** vorangeschritten sein muss. Nach der am weitesten gehenden Auffassung reicht es insoweit aus, dass die Erklärung die Sphäre des Täters verlassen hat.[23] Diese Position geht zu weit. Sie kann sich insbesondere nicht auf das geschützte Rechtsgut (Vertrauen in die Lauterkeit der Amtsführung) stützen, da es sich insoweit um einen Aspekt handelt, der inhaltlich der das Versuchsunrecht allgemein kennzeichnenden Erschütterung des Normvertrauens („Eindruckstheorie")[24] weitgehend entspricht. Das Absenden einer Erklärung begründet bei Kundgabedelikten aber typischerweise lediglich einen (beendeten) Versuch. Diese Grenzziehung und die bewusste gesetzgeberische Entscheidung, den Versuch des § 333 nicht unter Strafe zu stellen, dürfen nicht dadurch unterlaufen werden, dass dieses Verhalten im Gewand paralleler Vertrauensschutzargumentationen als Vollendung gedeutet wird.[25]

6 Während einige Autoren auf den **Zugang** der Erklärung abstellen,[26] wird überwiegend für eine Vollendung des Anbietens die **Kenntnisnahme** durch den Erklärungsempfänger[27] oder eine Mittelsperson[28] verlangt. Der Meinungsstand ist mit jenem zum „Fordern" in § 331 (vgl. dort Rdn. 23) insofern nicht deckungsgleich, als dort mehr Autoren Mittelpersonen einbeziehen als beim Anbieten; eine Begründung für die Divergenz wird weder gegeben, noch ist sie ersichtlich.[29] Vor allem aber bedeutet die Alternativität einer Kenntnisnahme seitens des Adressaten oder einer Mittelsperson eine inkonsequente Vermengung einer personalen mit einer an Organisationssphären ausgerichteten Betrachtungsweise. Wenn man die sinnliche Wahrnehmung der Erklärung durch den Adressaten verlangt, kann die Kenntniserlangung durch Dritte nicht ausreichen. Nachrichtenmittler können hiernach nur Zwischenstationen sein, die den Weg zum Korruptionspartner umgestalten, aber nicht abkürzen. Lässt man hingegen die Kenntnisnahme durch Mittelspersonen genügen, so impliziert dies eine auf den Organisationskreis des Amtsträgers zugeschnittene Sichtweise. Auf dieser Grundlage ist aber nicht ersichtlich, warum es bei direkter Kommunikation

---

18 BGH NStZ **2008** 33, 34.

19 OLG Hamm JMBl NRW **1970** 190, 191; *Gössel/Dölling* § 75 Rdn. 27; *Jescheck* LK[11] Rdn. 4; *Korte* MK Rdn. 11; *Kuhlen* NK Rdn. 4; *Lackner/Kühl/Heger* Rdn. 3; *Sch/Schröder/Heine/Eisele* Rdn. 3; *Stein/Deiters* SK Rdn. 8. Vgl. auch *Widmaier* JuS **1970** 241 f.

20 RGSt **26** 424, 425 f.; BGHSt **15** 88, 102; BGH NStZ **2000** 439 f.; *Korte* MK Rdn. 11; *Kuhlen* NK Rdn. 4; *Lackner/Kühl/Heger* Rdn. 3; *Sch/Schröder/Heine/Eisele* Rdn. 5; *SSW/Rosenau* Rdn. 5.

21 *Matt/Renzikowski/Sinner* Rdn. 4; *Möhrenschlager* in: Dölling 8. Kap. Rdn. 47.

22 *Jescheck* LK[11] Rdn. 4; *Korte* MK Rdn. 11; *Kuhlen* NK Rdn. 4.

23 So OLG Düsseldorf JR **2003** 521, 522 mit **abl.** Anm. *Böse* S. 523, 525 f.; abl. auch *Korte* MK Rdn. 11.

24 Vgl. hierzu *Jescheck/Weigend* § 49 II 3 (= S. 514 f.); *Sch/Schröder/Eser/Bosch* Vor § 22 Rdn. 22 (m.w.N.); krit. *Murmann* LK Vor § 22 Rdn. 56 ff.

25 Vgl. auch *Deiters* FS Rengier 209, 214.

26 *Böse* JR **2003** 523, 525; *Fischer* Rdn. 4; möglicherweise auch *Bernsmann/Gatzweiler* Rdn. 402; *Eisele* § 94 Rdn. 1659; *Rengier* BT 2 § 60 Rdn. 47 (s. aber auch a.a.O. 60/45).

27 BGHSt **47** 22, 29 (zum „Fordern" gemäß § 331); *Gössel/Dölling* § 75 Rdn. 27; *Höltkemeier* S. 150; *Jescheck* LK[11] Rdn. 4; *Lackner/Kühl/Heger* Rdn. 3; *Möhrenschlager* in: Dölling 8. Kap. Rdn. 47; *Sch/Schröder/Heine/Eisele* Rdn. 4; *Sommer* AnwK Rdn. 8; *Stein/Deiters* SK Rdn. 9.

28 Mit dieser Erweiterung *Korte* MK Rdn. 11; *Kuhlen* NK Rdn. 4.

29 Zwar sieht *Korte* (MK Rdn. 12) im „Fordern" einen relativ höheren Unrechtsgehalt, doch ist nicht erkennbar, wie sich dieser Umstand in der Festlegung des Vollendungszeitpunkts niederschlagen sollte.

unter Abwesenden einer tatsächlichen Kenntniserlangung bedürfen soll. Will der präsumtive Vorteilsgeber den Amtsträger mittels eines Briefes oder einer auf den privaten Anrufbeantworter gesprochenen Nachricht zum Abschluss einer Unrechtsvereinbarung veranlassen, so kann man entweder die Strafbarkeit mit dem Argument bejahen, dass die Mitteilung bereits in den Herrschaftsbereich des Amtsträgers gelangt ist, oder einen straflosen Versuch annehmen, weil es an der konkreten Kenntnisnahme durch den Adressaten fehlt.[30] Ungereimt erschiene es aber, die Strafbarkeit davon abhängig zu machen, ob ein anderes Familienmitglied den Anrufbeantworter abgehört oder die Sekretärin den Brief gelesen hat, um den betreffenden Vorgang für ihren Chef herauszusuchen. Wenig überzeugend wäre auch der Versuch, eine Wissenszurechnung auf gerade in den Korruptionskontext eingebundene Nachrichtenmittler des Empfängers zu beschränken. Denn jede Wissenszurechnung gibt das Erfordernis unmittelbarer Kenntniserlangung auf, und die Unterscheidung zwischen gut- und bösgläubigen Empfangsboten ist schwierig und zweifelhaft, zumal beim Anbieten die Initiative vom Geber ausgeht.

Die engere, eine Kenntniserlangung durch den Partner der angestrebten Unrechtsvereinba- 7
rung verlangende Sichtweise bestimmt den Strafbarkeitsbereich mittels eines klaren Abgrenzungskriteriums; ferner wird diese Tatbestandsalternative in zeitlicher Hinsicht so nah wie möglich an den Abschluss der Unrechtsvereinbarung herangeführt. Schließlich muss sich das Angebot an die Gegenpartei der Unrechtsvereinbarung richten, sodass die bloße Beeinflussung einer Mittelsperson zu dem Zweck, dass diese ihrerseits unter Verschweigen der Zuwendung auf den Amtsträger einwirke, nicht dem § 333 unterfällt.[31] Dennoch verdient die auf das Erreichen der **Organisationssphäre des Korruptionspartners** abstellende Gegenansicht unter dogmatischen Vorzeichen wohl den Vorzug. Wie die Tatbestandsmäßigkeit auch der vom Adressaten nicht als solche erkannten Unrechtsofferte zeigt, ist die Strafbarkeit von der Reaktion des Erklärungsempfängers abgekoppelt. Dann erscheint eine eigene sinnliche Wahrnehmung nicht unbedingt geboten. Eine unmittelbare Äußerung im direkten Gespräch mag in tatsächlicher Hinsicht den Regelfall bilden, doch kommt ihr keine normative Leitbildfunktion im Sinne der sinnlichen Wahrnehmung des Erklärungsinhalts zu. Die vertragsähnliche Tatbestandsstruktur verlangt zwar keine strikte Zivilrechtsakzessorietät, legt aber doch eine Anlehnung an den Zugang von Willenserklärungen (§ 130 Abs. 1 BGB) nahe. Hiernach ist es für das Anbieten eines Vorteils somit erforderlich, aber auch ausreichend, dass die Erklärung des präsumtiven Gebers so in den Machtbereich des Adressaten gelangt ist, dass der Empfänger die Möglichkeit der Kenntnisnahme hat. Die im Zivilrecht überwiegend befürwortete Einschränkung auf eine „unter normalen Verhältnissen" zu erwartende Kenntnisnahme[32] erscheint für den strafrechtlichen Kontext grundsätzlich entbehrlich, da das Hauptaugenmerk auf den Aspekt der Organisationssphäre, nicht hingegen auf zeitliche Abläufe gerichtet ist. Erreicht das Angebot die Empfangsvorrichtungen des Empfängers (z.B. Mitteilung auf einem Anrufbeantworter, Übermittlung per Fax), so ist die Tat vollendet, ohne dass es darauf ankommt, ob irgendeine Person die Nachricht zur Kenntnis nimmt. Die Einschaltung von Mittelspersonen genügt, sofern die Erklärung hiermit den Organisationsbereich des Adressaten erreicht. Das ist nur dann anzunehmen, wenn die betreffende Person im Lager des Adressaten steht.[33]

c) Versprechen. Die Tatmodalität des Versprechens bildet nach überwiegend vertretener (und 8
überzeugender) Auffassung das spiegelbildliche Gegenstück zum Sich-versprechen-Lassen in § 331

30 In diesem Sinne *Jescheck* LK[11] Rdn. 4; *Sch/Schröder/Heine/Eisele* Rdn. 4.
31 RGSt **13** 396, 397; *Jescheck* LK[11] Rdn. 5; *Korte* MK Rdn. 14 (zum „Gewähren", mit Hinweis auf z.T. abweichende ausländische Regelungen); *Kuhlen* NK Rdn. 6 (Fn. 18); *Sch/Schröder/Heine/Eisele* Rdn. 4; *Stein/Deiters* SK Rdn. 8.
32 Vgl. hierzu *Einsele* MK/BGB § 130 Rdn. 16; *Grüneberg/Ellenberger* § 130 BGB Rdn. 5 jeweils m.w.N.
33 Ebenso *Kuhlen* NK Rdn. 4; s.a. *Jescheck* LK[11] Rdn. 5.

(s. dort Rdn. 26 f.) und verlangt wie dieses den Abschluss einer Unrechtsvereinbarung.[34] Nach anderer Ansicht stellt auch die einseitige Erklärung, einen künftigen Vorteil für die Dienstausübung gewähren zu wollen, ein Versprechen i.S.d. § 333 dar.[35] Vom Anbieten unterscheidet sich das Versprechen nach dieser Sichtweise allein durch die zeitliche Perspektive: Ein gegenwärtiger Vorteil wird angeboten, ein künftiger Vorteil wird versprochen.[36] Obwohl eine solche Auslegung sprachlich möglich ist, verdient die an der Systematik der §§ 331, 333 ausgerichtete Interpretation der Tathandlungen den Vorzug.[37] Praktische Konsequenzen sind mit der Streitfrage nicht verbunden, da das Inaussichtstellen einer künftigen Leistung beim Scheitern einer Unrechtsvereinbarung mit der h.M. als Anbieten eines Vorteils strafbar ist.[38]

9 **d) Gewähren.** Das Gewähren ist die – ggf. auch unter Einschaltung einer Mittelsperson erfolgende –[39] tatsächliche Zuwendung an den Vorteilsempfänger. Es handelt sich hierbei um die „Leistungsstufe" im quasi-vertraglichen Modell der Tathandlungen mit der Folge, dass die Zuwendung der Erfüllung einer zuvor oder zeitgleich getroffenen (gelockerten) Unrechtsvereinbarung dienen muss.[40] Dies erfordert das beiderseitige Bewusstsein, dass die Zuwendung für die Dienstausübung erfolgt. Im Gegensatz hierzu muss sich die Willensübereinstimmung nach Ansicht des BGH nur auf die Erlangung des Vorteils beziehen;[41] noch weitergehend wird vereinzelt auch die einseitige Zuwendung (an einen Dritten) als „Gewähren" angesehen, sofern der Leistende hiermit das Angebot einer Unrechtsvereinbarung verbinde.[42] Für die Verlagerung der Unrechtsvereinbarung in die subjektive Vorstellung des Leistenden wird angeführt, es sei widersinnig, für das Gewähren strengere Anforderungen aufzustellen als für das Anbieten. Umgekehrt liegt der Konzeption der h.L. gerade das quasi-vertragliche Modell einer voranschreitenden Austauschbeziehung zugrunde, sodass es nicht überzeugt, das Gewähren als bloßen Unterfall des Anbietens zu begreifen.[43] Praktische Konsequenzen ergeben sich aus dem unterschiedlichen Zuschnitt des Gewährens nicht, da in den Fällen, in denen der Amtsträger die Zuwendung im Gegensatz zur Vorstellung des Leistenden nicht auf die Dienstausübung bezieht, regelmäßig auf ein (konkludentes) Anbieten zurückgegriffen werden kann.[44]

10 Der Vorteil muss tatsächlich (wenn auch nicht notwendigerweise aus dem Vermögen des Täters)[45] erbracht worden sein; das **Vortäuschen**, eine Leistung gewährt zu haben, genügt mithin nicht (zur umgekehrten Konstellation – dem Vortäuschen einer Dienstausübung durch den Amtsträger – vgl. § 331 Rdn. 62 f.).[46] Diesbezüglich kann wegen des insoweit eindeutigen Gesetzeswortlauts auch nicht auf die vorgelagerten Tatbestandsvarianten zurückgegriffen werden, da das An-

---

34 *Arzt/Weber/Heinrich/Hilgendorf/Heinrich* § 49 Rdn. 42; *Fischer* Rdn. 4; *Gössel/Dölling* § 75 Rdn. 27; *Kuhlen* NK Rdn. 5; *Lackner/Kühl/Heger* Rdn. 3; *Möhrenschlager* in: Dölling 8. Kap. Rdn. 47; *Rengier* BT 2 § 60 Rdn. 45; *Sch/Schröder/Heine/Eisele* Rdn. 3; *Stein/Deiters* SK Rdn. 8.

35 *Jescheck* LK[11] Rdn. 4; *Korte* MK Rdn. 13; s.a. BGHSt **16** 40, 46.

36 *Hardtung* S. 230 f.; *Jescheck* LK[11] Rdn. 4; *Korte* MK Rdn. 12.

37 Ebenso *Kuhlen* NK Rdn. 5.

38 *Bernsmann/Gatzweiler* Rdn. 405; *Korte* MK Rdn. 13.

39 BGHSt **43** 270, 275; *Korte* MK Rdn. 14; *Kuhlen* NK Rdn. 6; *Lackner/Kühl/Heger* Rdn. 3; *Möhrenschlager* in: Dölling 8. Kap. Rdn. 47; *Stein/Deiters* SK Rdn. 8; *Sch/Schröder/Heine/Eisele* Rdn. 4.

40 *Bernsmann/Gatzweiler* Rdn. 407; *Fischer* Rdn. 4; *Kuhlen* NK Rdn. 6; *Rengier* BT 2 § 60 Rdn. 45; *Sch/Schröder/Heine/Eisele* Rdn. 5; *Stein/Deiters* SK Rdn. 8.

41 BGHSt **15** 184, 185; BGH NStZ **2000** 439 f.; s.a. *Deiters* FS Rengier 209, 214 f.

42 *Böse* JR **2003** 523, 525.

43 *Sch/Schröder/Heine/Eisele* Rdn. 5.

44 *Fischer* Rdn. 4; *Korte* MK Rdn. 15; *Matt/Renzikowski/Sinner* Rdn. 6; s.a. *Böse* JR **2003** 523, 525; **aA** *Bernsmann/Gatzweiler* Rdn. 408.

45 Vgl. § 331 Rdn. 29.

46 *Arzt/Weber/Heinrich/Hilgendorf/Heinrich* § 49 Rdn. 29; *Fischer* Rdn. 6; *Kuhlen* NK Rdn. 9; *Sommer* AnwK Rdn. 4; *Stein/Deiters* SK Rdn. 8.

bieten bzw. Versprechen auf künftiges (oder zeitgleiches) Verhalten abzielt und sich damit von der Vorspiegelung früheren Handelns unterscheidet.[47] Soweit hingegen in der Vergangenheit tatsächlich ein Vorteil (ohne eine zugrunde liegende Unrechtsvereinbarung) zugewendet wurde, bedeutet das bewusste Belassen zur Erfüllung einer nunmehr geschlossenen Unrechtsabrede ein **nachträgliches** Gewähren.[48] Freilich muss eine derartige Unrechtsvereinbarung nachgewiesen werden; sie kann mangels einer Rückforderungs- oder sogar Anzeigepflicht des (privaten) Vorteilsgebers nicht ihrerseits aus dem Belassen des Zugewendeten abgeleitet werden (vgl. auch § 331 Rdn. 28 zum nachträglichen Annehmen).[49] Wenn man die allein zu **Beweiszwecken** erfolgende Entgegennahme des Vorteils nicht als „Annehmen" im Sinne des § 331 ansieht (vgl. § 331 Rdn. 28), so liegt es nahe, bei entsprechender Motivation des Gebers ein Gewähren zu verneinen.[50] Dies könnte in der Weise geschehen, dass man (parallel zum Verwendungwillen des Empfängers) die subjektive Vorstellung des Gebers verlangt, den Vorteil dem Empfänger zur freien Verfügung zuzuwenden. Ferner ist (abgesehen von der prinzipiellen Alternative einer Rechtfertigung gemäß § 34)[51] daran zu denken, die Argumentation zur Straflosigkeit des agent provocateur bei fehlender materieller Rechtsgutsbeeinträchtigung[52] auf § 333 als Fall der verselbständigten Teilnahme zu übertragen.[53] Dass der Vorteil unter dem **Vorbehalt einer Genehmigung** zugewendet wird, lässt das Handlungsmerkmal „Gewähren" nicht entfallen (str.; vgl. § 331 Rdn. 30, 119 f. sowie unten Rdn. 17, 20).[54]

Bezüglich der **Einbeziehung Dritter** sind verschiedene Konstellationen zu unterscheiden. 11
Das Gewähren eines Vorteils erfordert keinen unmittelbaren (eigenhändigen) Leistungsaustausch zwischen Geber und Empfänger. Deshalb steht die Einschaltung von (ggf. als Teilnehmer strafbaren)[55] dritten Personen, die weisungsgemäß als Leistungsmittler auf Geber- oder Nehmerseite (z.B. als Lieferant oder Sekretärin) tätig werden, einem vollendeten Gewähren nicht entgegen (vgl. auch Rdn. 5 ff. zur Zugangsproblematik).[56] Allerdings ist in wertender Abgrenzung zu ermitteln, ob die Zwischenperson lediglich ein weisungsgemäß agierender Leistungsmittler oder ihrerseits Täter einer Vorteilsgewährung ist.[57] Denn spiegelbildlich zum Drittvorteil auf Empfängerseite kommt eine Strafbarkeit gemäß §§ 333, 334 auch durch Zuwendungen für Diensthandlungen in Betracht, die eine andere Person als den Vorteilsgeber begünstigen (sollen).[58] Auch die vom Nutznießer der Diensthandlung abgegebene Zusage der Erstattung des zugewendeten Vorteils schließt ein täterschaftliches „Gewähren" seitens der Mittelsperson nicht aus.[59] Umstritten ist hingegen die Beurteilung bezüglich der Drittvorteile. Hier wird teilweise angenommen, bei einer sei es auch in Absprache mit dem Amtsträger vorgenommenen Zuwendung liege kein Gewähren, sondern ein Versprechen vor; hieran habe auch die Einbeziehung der Drittvorteile in § 333 Abs. 1 nichts geändert, da diese Erweiterung allein den Vorteilsbegriff, nicht hingegen die Handlungsmodalitäten

47 *Kuhlen* NK Rdn. 9.
48 *Kuhlen* NK Rdn. 6.
49 *Korte* MK Rdn. 15; *Sommer* AnwK Rdn. 4.
50 *Bernsmann/Gatzweiler* Rdn. 409.
51 Hierfür *Kuhlen* NK Rdn. 8.
52 Vgl. hierzu *Fischer* Rdn. 8; *Sch/Schröder/Heine/Weißer* § 26 Rdn. 21 ff.; *Schünemann/Greco* LK § 26 Rdn. 62 ff. (alle m.w.N.).
53 Zur verselbständigten Teilnahme bei den §§ 331 ff. vgl. auch *Sowada* FS Tiedemann 273, 275 ff., 282 ff.
54 Wie hier *Kuhlen* NK Rdn. 8; s.a. *Hardtung* S. 233 f. Für Tatbestandsausschluss hingegen (bei Pflicht zur Rückforderung bzw. Rücknahme des Vorteils bei Versagung der Genehmigung) *Jescheck* LK[11] Rdn. 8; *Korte* MK Rdn. 16; *Stein/Deiters* SK Rdn. 14.
55 *Sch/Schröder/Heine/Eisele* Rdn. 4.
56 BGHSt **43** 270, 275; BGH NStZ **2022** 170; *Beckemper* wistra **1999** 169, 173; *Korte* MK Rdn. 14; *Lackner/Kühl/Heger* Rdn. 3; *Sch/Schröder/Heine/Eisele* Rdn. 4; *Stein/Deiters* SK Rdn. 8.
57 BGH NStZ **2022** 170 f.
58 BGH NStZ **2022** 170, 171 (unter Hinweis auf BGH **NStZ** 2001 425, 426).
59 BGH NStZ **2022** 170, 171.

betreffe.[60] Vorzugswürdig erscheint es hingegen, bezüglich der vereinbarungsgemäß erfolgenden Drittzuwendung ein Gewähren mit der überwiegenden Ansicht zu bejahen.[61] Hierfür spricht insbesondere die Parallele zum (wenngleich gemäß § 134 BGB unwirksamen) unechten Vertrag zugunsten Dritter (vgl. § 328 BGB), bei dem die Lieferung an den Dritten zugleich als Leistung gegenüber dem Gläubiger angesehen wird (vgl. auch zur „Annahme" bei Drittvorteilen § 331 Rdn. 29). Diskutabel erscheint es jedoch, für das Gewähren als Erfüllungsstufe der Unrechtsvereinbarung die Kenntnis des Amtsträgers von der Erbringung der Leistung an den Dritten zu verlangen. Dies liegt insbesondere dann nahe, wenn man sich bezüglich des Anbietens nicht mit dem bloßen Zugang der Offerte begnügt, sondern eine konkrete Kenntniserlangung seitens des Partners der Unrechtsvereinbarung verlangt (s. Rdn. 6 f.). Dann wäre (entsprechend dem nachträglichen Annehmen; s. hierzu § 331 Rdn. 29) bei einer zunächst ohne Wissen des Amtsträgers an den Dritten bewirkten Leistung die Tatvariante des „Gewährens" erst verwirklicht, wenn der Amtsträger von der Zuwendung des (noch vorhandenen) Vorteils erfährt und ihn als Erfüllung der Unrechtsvereinbarung gelten lässt. Immerhin ist eine solche Kenntniserlangung bei § 333 (anders als bei § 331) nicht erzwungen, da hier allein das Verhalten des Leistenden vertypt ist und dem Gewähren nicht unbedingt ein Annehmen durch den Amtsträger gegenüberstehen muss.[62]

3. Vorteil, Dienstausübung und Beziehungsverhältnis (Unrechtsvereinbarung)

12 **a) Vorteil.** Zum Tatbestandsmerkmal „Vorteil" gelten die Ausführungen zu § 331 entsprechend (s. dort Rdn. 31 ff.). Als Vorteil wird überwiegend und in ständiger Rechtsprechung jede Leistung angesehen, auf die der Amtsträger keinen Anspruch hat und die seine wirtschaftliche, rechtliche oder auch nur persönliche Lage objektiv verbessert.[63] Hierbei wird zur Vermeidung von Umgehungsmöglichkeiten überwiegend auch der Abschluss eines die Zuwendung vereinbarenden Vertrages seinerseits als Vorteil angesehen; zwischen einem derart gelockerten normativen und einem (vorzugswürdigen) „naturalistischen" Vorteilsbegriff bestehen kaum praktische Unterschiede (vgl. zum Ganzen § 331 Rdn. 32, 45 ff.). Als Vorteil sind auch **Eintrittskarten** zu regulären entgeltpflichtigen Veranstaltungen anzusehen; dies gilt unabhängig davon, ob der Begünstigte einen vergleichbaren Vorteil auch auf eine andere Weise hätte erlangen können.[64] Ferner entfällt der Vorteilscharakter nicht deshalb, weil die Eintrittskarten dem Empfänger lediglich die Wahrnehmung seiner dienstlichen **Repräsentationsaufgaben** ermöglichen sollten (vgl. auch § 331 Rdn. 75).[65] Dass dem Täter die Möglichkeit gegeben wird, sich den Vorteil durch sein Handeln selbst zu verschaffen, genügt für § 333 ebenso wenig wie für § 331.[66] Ebenfalls erfasst sind **Drittvorteile**, soweit sie Gegenstand der mit dem Amtsträger geschlossenen (oder angestrebten) Unrechtsvereinbarung sind.[67] Auch rein staatsnützige Zuwendungen, die ausschließlich staatlichen Einrichtungen zur Erfüllung der ihnen zugewiesenen Aufgaben zufließen, sind Drittvorteile im Sinne der §§ 331,

60 *Korte* MK Rdn. 14; im Ergebnis ebenso *Kuhlen* NK Rdn. 6.

61 BGHSt **49** 275, 298; *Fischer* Rdn. 4, 6; *Lackner/Kühl/Heger* Rdn. 3; noch weiter (auch Vorleistungen an Dritte in der Erwartung einer nachfolgenden Unrechtsvereinbarung mit dem Amtsträger einbeziehend) *Böse* JR **2003** 523, 525.

62 BGHSt **49** 275, 298; *Lackner/Kühl/Heger* Rdn. 3; **aA** *SSW/Rosenau* Rdn. 7.

63 BGHSt **31** 264, 279; **47** 295, 304; **53** 6, 11 (Rdn. 17) = BGH NJW **2008** 3580, 3581; BGH NStZ **2008** 216, 217; BGH NStZ-RR **2007** 309, 310; *Fischer* Rdn. 5 i.V.m. § 331 Rdn. 11; *Korte* Rdn. 18 i.V.m. § 331 Rdn. 82. Zu weiteren Nachweisen vgl. § 331 Rdn. 31.

64 BGHSt **53** 6, 11 f. (Rdn. 18 f.) = NJW **2008** 3580, 3581.

65 BGHSt **53** 6, 12 f. (Rdn. 20 f.) = NJW **2008** 3580, 3581 f.; *Deiters* ZJS **2008** 465, 467 ff.; *Hettinger* JZ **2009** 370, 371; *Satzger* JK 5/09 StGB § 333/2; *Trüg* NJW **2009** 196 f.; **aA** insoweit LG Karlsruhe NStZ **2008** 407 (Vorinstanz); Vgl. hierzu auch *Paster/Sättele* NStZ **2008** 366, 372 ff.

66 *Stein/Deiters* SK Rdn. 8; vgl. auch § 331 Rdn. 33.

67 *Bernsmann/Gatzweiler* Rdn. 410; *Fischer* Rdn. 6; *Korte* Rdn. 18; vgl. näher zu den Drittvorteilen § 331 Rdn. 41 ff.

333.[68] Die Probleme der Drittmittelforschung und des Sponsorings sind (vorzugswürdig) nicht mittels des Vorteilsbegriffs, sondern durch eine Restriktion des Merkmals der Unrechtsvereinbarung zu lösen (vgl. eingehend § 331 Rdn. 68 ff.). Vgl. ferner zu sog. sozialadäquaten Zuwendungen § 331 Rdn. 34, 72 ff.

b) Dienstausübung. Bis zum (1.) KorrBekG 1997 waren nur solche Vorteilsgewährungen strafbar, 13
die im Hinblick auf künftige, im Ermessen des Amtsträgers stehende Diensthandlungen erfolgten. Demgegenüber bedeutet die gegenwärtige Rechtslage eine erhebliche Ausweitung des Anwendungsbereichs. Nunmehr sind auch Belohnungen für bereits vorgenommene rechtmäßige Diensthandlungen unter Strafe gestellt. Zur Begründung verweist der Gesetzgeber auf einen allgemeinen Bewusstseinswandel dergestalt, dass derartige Zuwendungen nach heutiger Anschauung nicht mehr als unverfänglicher Akt des Wohlwollens bewertet werden.[69] Infolge der spiegelbildlichen Angleichung der Vorteilsgewährung an die Vorteilsannahme[70] ist der gesetzliche Bezugspunkt zudem auch bezüglich der Geberseite von (relativ) konkreten Diensthandlungen auf die allgemeine Dienstausübung erweitert worden.[71] Insoweit lässt der BGH grundsätzlich jede dienstliche Tätigkeit ausreichen, die nach den Vorstellungen der Beteiligten noch nicht einmal in groben Umrissen konkretisiert sein muss.[72] Zum Merkmal der Dienstausübung vgl. näher § 331 Rdn. 50 ff.

c) Beziehungsverhältnis (Unrechtsvereinbarung). Indem der Vorteil „für" die Dienstaus- 14
übung angeboten, versprochen oder gewährt werden muss, verlangt § 333 (ebenso wie die Vorteilsannahme gemäß § 331) weiterhin eine inhaltliche Verknüpfung beider Merkmale in Gestalt einer gegenüber der früheren Gesetzeslage gelockerten (abstrakten)[73] Unrechtsvereinbarung (vgl. näher § 331 Rdn. 51, 64 ff.).[74] Durch diese Lockerung sollten Beweisschwierigkeiten behoben und die Strafbarkeit auf Fälle ausgedehnt werden, in denen nur das generelle Wohlwollen und die Geneigtheit des Amtsträgers erkauft bzw. „allgemeine Klimapflege" betrieben wird.[75] Unter Hinweis auf die Einbeziehung von **Anbahnungszuwendungen** (sog. „Anfüttern") wird eine Strafbarkeit gemäß § 333 auch schon bezüglich der ersten kleinen (scheinbaren) Höflichkeitszuwendung bejaht, sofern der Geber von Anfang an vorhat, den „anbeißenden" Amtsträger durch spätere größere Zuwendungen ihm gegenüber in der Ausübung des Dienstes geneigt zu machen.[76] Zutreffend ist (freilich nur bezüglich der Tatbestandsvariante des Anbietens) der hiermit verbundene Ausgangspunkt, dass der Amtsträger seinerseits den Bezug zur Einflussnahme auf die Dienstausübung nicht erkennen und deshalb nicht gemäß § 331 strafbar sein muss. Zu weit geht jedoch die Annahme, auch ein äußerlich unverfängliches, weil den Geboten des höflichen Umgangs entsprechendes Verhalten führe allein wegen der vom Vorteilsgeber verfolgten Absicht zur Strafbarkeit. Wegen der Nähe zum bloßen Gesinnungsunrecht ist bezüglich solcher Subjektivierungen allgemein Zurückhaltung geboten. Das gilt ungeachtet der dogmatischen Beispiele, in denen sich trotz

---

68 OLG Köln NStZ **2002** 35, 36; *Ambos/Ziehn* NStZ **2008** 498, 499; **aA** u.a. LG Bonn StV **2001** 292, 293 f.; vgl. näher § 331 Rdn. 43 f. m.w.N.

69 BTDrucks. 13/5584 S. 16 f.; *Fischer* Rdn. 3.

70 BTDrucks. 13/5584 S. 9 f.

71 So (erst) durch die Beschlussempfehlung des Rechtsausschusses des Deutschen Bundestages (BTDrucks. 13/8079 S. 15). Vgl. auch KG NStZ-RR **2008** 373, 374; *Bauer/Gmel* LK[11] Nachtrag zu §§ 331–338 Rdn. 17 f.; *Lackner/Kühl/Heger* Rdn. 4; *Sch/Schröder/Heine/Eisele* Rdn. 6; *Stein/Deiters* SK Rdn. 5. Ausführlich zur Legitimierbarkeit einer solchen „Vorfeldkorruption" (*Friedhoff* Rdn. 20) *T. Zimmermann* S. 502–537 („Protokorruption").

72 BGHSt **53** 6, 16 (Rdn. 30) = NJW **2008** 3580, 3583.

73 *SSW/Rosenau* Rdn. 8.

74 Ausführlich ferner BGHSt **53** 6, 13 ff. (Rdn. 24 ff.) = NJW **2008** 3580, 3582 f.

75 BTDrucks. 13/8079 S. 15; BGHSt **49** 275, 281; **53** 6, 14 f. (Rdn. 27) = BGH NJW **2008** 3580, 3582; BGH NStZ **2008** 216, 217; BGH NStZ-RR **2007** 309, 310. Vgl. auch BGH NJW **2003** 763, 765 (insoweit in BGHSt **48** 44 nicht abgedruckt).

76 *Korte* MK Rdn. 20 f.

äußerlich ordnungsgemäßen Verhaltens die Bejahung des objektiven Tatbestandes erst aus der subjektiven Zielsetzung des Handelnden ergibt.[77] Im vorliegenden Kontext kommt hinzu, dass die bildhaften Umschreibungen des „Anfütterns" oder der „allgemeinen Klimapflege" keine subsumierbaren Rechtsbegriffe darstellen.[78] Die hiermit einhergehenden rechtspolitischen Vorstellungen hat der Gesetzgeber dadurch umgesetzt, dass eine Vorteilsgewährung nicht mehr auf eine konkretisierbare Diensthandlung bezogen sein muss. Eine darüber hinausgehende Subjektivierung bei objektiv den Rahmen der Höflichkeit wahrenden Verhaltensweisen käme einer Verselbständigung des „Anfütterns" gleich.[79] Dies ist auch deshalb abzulehnen, weil eine bloße innere „böse Absicht" weder das Vertrauen der Bevölkerung in die Lauterkeit noch die Sachlichkeit der Amtsführung gefährden kann. Für die Strafbarkeitsgrenze kommt es mithin entscheidend darauf an, ob das Verhalten des Zuwendenden bei der gebotenen Gesamtwürdigung aus der Perspektive eines objektiven Beobachters als Zuwendung eines Vorteils für die Dienstausübung (und nicht lediglich als zu tolerierender Akt der Höflichkeit) zu beurteilen ist.[80]

15 Als „Wesen" oder „Kernstück" der Bestechungsdelikte bringt das ungeschriebene Bezugsmerkmal der Unrechtsvereinbarung das Erfordernis einer **regelwidrigen Verknüpfung** des Vorteils mit der Dienstausübung zum Ausdruck (vgl. näher § 331 Rdn. 64 ff.). Die zur Begrenzung und Einschränkung des § 331 entwickelten normativen Restriktionen (s. § 331 Rdn. 68 ff., 76 ff.) gelten für § 333 in gleicher Weise.[81] Straflos sind hiernach insbesondere **sozialadäquate** Zuwendungen (vgl. § 331 Rdn. 70 ff.). Weil nur der Amtsträger, nicht hingegen der Geber durch die Vorschriften des Beamtenrechts und des öffentlichen Dienstrechts gebunden ist, wird dem Gedanken der Sozialadäquanz teilweise auf der Geberseite ein größerer Anwendungsbereich eingeräumt als bei § 331.[82] Bei abstrakter Betrachtung mag es zweifelhaft erscheinen, ob der Geber straflos einen Vorteil anbieten darf, den der Amtsträger zur Vermeidung von Kriminalstrafe ablehnen muss. Im Rechtsalltag wird man derartige Reichweitenunterschiede in einem schmalen Bereich hinnehmen können.[83] Steckt z.B. in einem Krankenhaus ein Patient bei seiner Entlassung aus Dankbarkeit für aufopferungsvolle Pflege einen Geldbetrag in die Kaffeekasse, so wird man dies auch dann als straflos ansehen können, wenn kein einzelner Bediensteter diesen Betrag ohne Verstoß gegen die Dienstvorschriften hätte entgegennehmen dürfen. Auf Geberseite wird es sich vielfach um Fallgestaltungen handeln, in denen die Privatperson in Unkenntnis der dienstrechtlichen Bestimmungen über die Reichweite der Sozialadäquanz irrt; zwar wäre ein solcher dem § 17 unterfallender Irrtum regelmäßig vermeidbar, doch erscheint das Ansinnen einer solchen Aufklärung in der konkreten Situation als unzumutbar. Insoweit überlappt sich die „Großzügigkeit" bei der Sozialadäquanz mit der prozessualen Lösung einer Verfahrenseinstellung gemäß § 153 StPO. Inwieweit sich hieraus eine Divergenz zu § 331 ergibt, hängt nicht zuletzt davon ab, ob man die Tatbestandslosigkeit auf die Sozialadäquanz (und nicht in einer etwas allgemeineren Weise auf die Unrechtsvereinbarung) stützt und diesen Bereich an enge Wertgrenzen bindet.[84] Schließlich erscheinen auch Beurteilungsunterschiede zwischen „staatlichen" und „privaten" Amtsträgern (im Sinne von § 11 Abs. 1 Nr. 2 Buchst. c) denkbar.[85]

---

77 Vgl. z.B. zur Annahme eines verkehrsfeindlichen (Innen-)Eingriffs in den Straßenverkehr (§ 315b) bei Unfallabsicht BGH NJW **1999** 3132 f. = StV **2000** 22 mit Anm. *Kudlich*; ferner zur (freilich umstrittenen) Restriktion des § 244 Abs. 1 Nr. 1 Buchst. a beim Beisichführen sog. dual-use-Gegenstände *Rengier* BT 1 § 4 Rdn. 19 ff., 38 ff.

78 BGHSt **53** 6, 16 (Rdn. 31) = NJW **2008** 3580, 3583; vgl. auch § 331 Rdn. 71 und *Korte* MK § 331 Rdn. 123, 130.

79 Im Ergebnis ebenso *Bernsmann/Gatzweiler* Rdn. 411; vgl. auch *Möhrenschlager* in: Dölling 8. Kap. Rdn. 64.

80 Wohl in diesem Sinne auch *Korte* MK § 331 Rdn. 130; vgl. im Übrigen auch unten Rdn. 19 (der Täter muss wollen, dass der andere Teil die Abrede als eine regelwidrige Verknüpfung von Vorteil und Dienstausübung erkennt).

81 KG NStZ-RR **2008** 373, 374 f.; *Kuhlen* NK Rdn. 7; *Schäfer/Liesching* ZRP **2008** 173 f.; *Sch/Schröder/Heine/Eisele* Rdn. 6.

82 *Korte* MK Rdn. 22.

83 Für ein Abstellen auf die Sichtweise des Vorteilsgebers *v. Heintschel-Heinegg* BeckOK Rdn. 3a.

84 Vgl. § 331 Rdn. 73 f.

85 Vgl. *Bernsmann/Gatzweiler* Rdn. 273 ff.; s.a. *Michalke* FS Egon Müller 447 ff. (zur Genehmigung).

Eine Unrechtsvereinbarung setzt zunächst ein Äquivalenzverhältnis im Sinne eines Gegenseitigkeitsverhältnisses voraus, nach welchem die Beteiligten den Vorteil als Gegenleistung für die Dienstausübung ansehen. Zum **normativen Korrektiv** der §§ 331, 333 wird die Unrechtsvereinbarung durch das hinzutretende Erfordernis einer Regelwidrigkeit oder Unlauterkeit der Austauschbeziehung bzw. durch die Rückbindung an das Rechtsgut, indem auf den bösen Anschein einer möglichen Käuflichkeit des Amtsträgers abgestellt wird.[86] Leitlinienartig können solche Beziehungsverhältnisse als generell erlaubt angesehen werden, die jene Regeln befolgen, welche zumindest auch der Vermeidung einer Beeinträchtigung des Vertrauens in die Objektivität der staatlichen Verwaltung dienen; umgekehrt erscheinen hiernach Zuwendungen als verboten, die eine Befolgung solcher Regeln vermeiden oder umgehen, intransparent sind oder ausschließlich dem Nutzen Privater dienen.[87] Die Feststellung der Unrechtsvereinbarung erfolgt nach Ansicht des BGH[88] im Rahmen einer alle Indizien einbeziehenden wertenden Gesamtschau durch das Tatgericht (s. § 331 Rdn. 70 f., 91).[89] Hierbei ist zunächst anhand der Interessen der Beteiligten der mit der Zuwendung verfolgte Zweck zu ermitteln.[90] Soll beispielsweise mit der Zusendung von Ehrenkarten für eine Veranstaltung allein die Repräsentationsaufgabe des Amtsträgers ermöglicht werden, so fehlt es an einer (angestrebten) Unrechtsvereinbarung; anders verhält es sich hingegen, wenn durch die Zuwendung (sei es auch nur allgemein) Einfluss auf die Fachentscheidungen der bedachten Amtsträger genommen werden soll.[91] Ist hiernach ein Bezug zu einer korruptionsgeeigneten dienstlichen Tätigkeit gegeben, so ist zu untersuchen, ob es sich um eine rechtlich (ausnahmsweise) **erlaubte Verknüpfung** von Vorteil und Diensthandlung (bzw. Dienstausübung) handelt; das ist insbesondere dann anzunehmen, wenn alle inhaltlichen und prozeduralen Anforderungen (vor allem Transparenz) einer Erlaubnisnorm erfüllt sind, die der Vermeidung des Anscheins der Käuflichkeit dient.[92] Solche Erlaubnisnormen bilden (abgesehen von § 153a StPO; vgl. § 331 Rdn. 90) insbesondere die Vorschriften über den öffentlichrechtlichen Vertrag (§§ 54 ff. VwVfG; vgl. [u.a. zu Schulfotoaktionen] § 331 Rdn. 88 ff.). An einem illegitimen, den Anschein der Käuflichkeit erweckenden Beeinflussungsversuch fehlt es sowohl beim offenen Aushandeln eines Rabattes für die Anstellungskörperschaft[93] als auch beim Unterbreiten eines der berechtigten Vertragsanpassung dienenden Vergleichsvorschlags (vgl. auch § 313 BGB).[94] Bei der Beurteilung vertraglicher Vereinbarungen sind auch die Angemessenheit der Gegenleistung und die Einhaltung des Koppelungsverbots zu beachten (vgl. § 56 VwVfG).[95] 16

Die von der Rechtsprechung entwickelten teleologischen Reduktionen in Fällen der **Drittmittelforschung** und der **Wahlkampfspenden** (vgl. § 331 Rdn. 77 ff., 86 f.) gelten auch für die jeweilige Geberseite, auch wenn der für die Restriktion maßgebliche Ansatzpunkt (Drittmitteleinwerbung als Dienstpflicht bzw. berufliches Qualifikationsmerkmal, Grundsatz der Wahlgleichheit für den Amtsinhaber) in der Sphäre des Empfängers wurzelt.[96] Deshalb fehlt es an einer (erstrebten) Unrechtsvereinbarung, wenn die einem Amtsträger angebotene, versprochene oder gewährte Wahlkampfspende ausschließlich dessen allgemeine zukünftige Dienstausübung nach einer erfolgreichen Wahl fördern soll.[97] Da die Durchführung des hochschulrechtlich vorgesehenen Anzeige- und/oder Genehmigungsverfahrens regelmäßig nicht in der Hand des Drittmittelgebers liegt, ge- 17

---

86 OLG Celle NJW **2008** 164, 165 (m.w.N.); KG NStZ-RR **2008** 373, 375.

87 KG NStZ-RR **2008** 373, 375.

88 BGHSt **53** 6, 16 f.; BGH Urt. vom 18.10.2017 – 2 StR 529/16 (juris) Rdn. 30.

89 S. auch *v.Heintschel-Heinegg* BeckOK Rdn. 3; *Korte* MK Rdn. 21; vgl. ferner OLG Düsseldorf wistra **2015** 482 ff.; hierzu *Jahn* JuS **2015** 850 f.

90 Vgl. auch § 331 Rdn. 70 f. (zur wertenden Gesamtschau).

91 BGHSt **53** 6, 18 (Rdn. 37) = NJW **2008** 3580, 3583; vgl. auch BGH NStZ-RR **2003** 171, 172.

92 *Ambos/Ziehn* NStZ **2008** 498, 500; *Stein/Deiters* SK § 331 Rdn. 57.

93 OLG Celle NJW **2008** 164, 165; KG NStZ-RR **2008** 373, 375; *Kindhäuser/Goy* NStZ **2003** 291, 295; *Korte* MK § 331 Rdn. 157 f.

94 KG NStZ-RR **2008** 373, 375 f. mit Anm. *Rettenmaier* CCZ **2009** 35 ff.; vgl. hierzu auch *Kuhlen* NK § 331 Rdn. 85 f.

95 *Korte* MK § 331 Rdn. 162.

96 *Korte* MK Rdn. 23 ff.; *Sch/Schröder/Heine/Eisele* Rdn. 6.

97 BGHSt **49** 275, 298 f.; **aA** noch die Vorinstanz LG Wuppertal NJW **2003** 1405, 1407.

nügt es für seine Straflosigkeit, dass er den Vorteil unter dem Vorbehalt der Einhaltung der einschlägigen Bestimmungen anbietet oder verspricht bzw. einen entsprechenden Vorbehalt des Amtsträgers akzeptiert. Ein konkludent erklärter Vorbehalt ist hierbei im Hinblick auf den Transparenzgedanken auch schon in der Zuleitung des Angebots an die zuständige Universitätsverwaltung zu sehen.[98]

III. Objektiver Tatbestand des § 333 Abs. 2

18 Die in Absatz 2 normierte Vorteilsgewährung an einen **Richter**, ein **Mitglied eines Gerichts der Europäischen Union** oder einen **Schiedsrichter** ist die spiegelbildliche Entsprechung zu § 331 Abs. 2, sodass die dort als Täter erfassten Personen (vgl. § 331 Rdn. 93 f.) hier den Kreis der tauglichen Vorteilsempfänger bilden. Als Täter kommt hingegen jedermann in Betracht; § 28 ist daher nicht anwendbar. Der Vorteil (s. hierzu auch § 337) muss sich auf eine bestimmte (zurückliegende[99] oder künftige) richterliche Handlung beziehen (vgl. § 331 Rdn. 95 ff.). Zu den Tathandlungen vgl. Rdn. 3 ff. Die in Absatz 3 normierte Genehmigungsregelung gilt (der Parallelvorschrift des § 331 Abs. 3 entsprechend) nicht für die Vorteilsgewährung an (Schieds-)Richter. Die Strafdrohung des § 333 Abs. 2 stimmt mit jener des § 331 Abs. 2 überein. Allerdings ist der Versuch des § 333 Abs. 2 – anders als bei § 331 Abs. 2 – nicht strafbar. Systematisch bildet Absatz 2 einerseits eine Qualifikation zu Abs. 1; andererseits handelt es sich um einen Grund- oder Auffangtatbestand zu § 334 Abs. 2.[100]

IV. Subjektiver Tatbestand

19 Die subjektive Tatseite verlangt (zumindest bedingten) **Vorsatz** bezüglich aller Merkmale des objektiven Tatbestandes. Der Täter muss insbesondere wissen (bzw. billigend in Kauf nehmen), dass der andere Beteiligte Amtsträger ist bzw. zum tauglichen Adressatenkreis gehört[101] und dass die Vorteilsgewährung sich auf die Dienstausübung bzw. auf eine (schieds-)richterliche Handlung bezieht. Der Irrtum darüber, dass eine in Wahrheit noch bevorstehende Handlung vermeintlich bereits vorgenommen worden ist (oder umgekehrt), ist unbeachtlich.[102] Hält der Täter eine als Gegenleistung vorgesehene, objektiv pflichtwidrige Diensthandlung **irrig** für pflichtgemäß, so steht dies einer Strafbarkeit gemäß § 333 ebenso wenig entgegen (vgl. § 16 Abs. 2) wie die umgekehrte Fehlvorstellung, eine objektiv pflichtgemäße Diensthandlung sei pflichtwidrig (der neben § 333 gegebene Versuch des § 334 ist – abgesehen von den Fällen des § 334 Abs. 2 – nicht mit Strafe bedroht).[103] Da zum Vorsatz Bedeutungskenntnis (zumindest in Gestalt der Parallelwertung in der Laiensphäre) gehört,[104] entfällt der Vorsatz, sofern sich der Täter Umstände vorstellt, deren Vorliegen zum Tatbestandsausschluss führen würde (z.B. beim Irrtum über den Wert des Vorteils bei der Sozialadäquanz[105] oder über die Einhaltung der §§ 54 ff. VwVfG bei öffentlich-rechtlichen Austauschverträgen[106]). Die irrige Annahme, das zutreffend erkannte Verhalten unterfalle (z.B. infolge einer Überdehnung der Sozialadäquanz) nicht dem Tatbestand, stellt hingegen einen (ggf. im Rahmen des § 17 beachtlichen) Subsumtionsirrtum dar. Für einen auf die Herbeiführung einer

---

98 *Korte* MK Rdn. 23 f.; s.a. *ders.* NStZ **2003** 156, 158; *Bernsmann/Gatzweiler* Rdn. 421.
99 Insoweit **krit.** *Sommer* AnwK Rdn. 10.
100 *Korte* MK Rdn. 28.
101 *Korte* MK Rdn. 29.
102 *Sch/Schröder/Heine/Eisele* Rdn. 7.
103 *Fischer* Rdn. 12; *Korte* MK Rdn. 30.
104 *Kuhlen* NK Rdn. 10; *Lackner/Kühl/Heger* Rdn. 6; *Sch/Schröder/Heine/Eisele* Rdn. 7.
105 *Ambos/Ziehn* NStZ **2008** 498, 502.
106 *Burmeister* BauR **2003** 1129, 1141; *Korte* MK Rdn. 29.

Unrechtsvereinbarung gerichteten Vorsatz muss der Täter ferner wollen, dass der Adressat seines Handelns die regelwidrige Verknüpfung zwischen dem Vorteil und der Dienstausübung (bzw. der richterlichen Handlung) erkennt.[107] Beim Angebot einer Wahlkampfspende muss der Wille des Vorteilsgebers darauf gerichtet sein, dass der Amtsträger auch den Bezug auf eine konkrete Diensthandlung erfasst.[108] Ob der andere Teil dies tatsächlich versteht, ist ebenso unerheblich wie der geheime Vorbehalt des Täters, den angebotenen oder versprochenen Vorteil in Wahrheit gar nicht zuwenden zu wollen.[109] Vgl. im Übrigen auch die ggf. mit spiegelbildlicher Umkehrung geltenden Ausführungen in § 331 Rdn. 98 ff.

V. Behördliche Genehmigung (§ 333 Abs. 3)

Die Genehmigung in Absatz 3 bildet im Wesentlichen (zum Unterschied vgl. Rdn. 21) das spiegel- 20
bildliche **Gegenstück zu § 331 Abs. 3**, sodass die Erörterungen zu § 331 Rdn. 103 ff. entsprechend gelten. Einer solchen Regelung bedurfte es, weil der Gesetzgeber einerseits den Vorteilsgeber nicht schlechter stellen wollte als den Amtsträger und weil andererseits dessen Rechtfertigung dem Zuwendenden (anders als bei einer reinen Teilnahmestrafbarkeit) wegen der tatbestandlichen Verselbständigung der Geberseite nicht zugute kommt.[110] Freilich sieht das Gesetz keine eigene Genehmigung für den Vorteilsgeber vor, sondern es erstreckt die Wirkung der dem Empfänger erteilten Genehmigung auf den Gewährenden.[111] Dessen ungeachtet wird dem Geber ein eigenständiger Weg zur Straflosigkeit eröffnet, indem er (ggf. auch konkludent) seine Leistung unter dem **Vorbehalt einer** behördlichen **Genehmigung** anbietet, verspricht oder gewährt.[112] Weil hier die bloße Erklärung im Binnenverhältnis zur Straflosigkeit führen soll, während das Gesetz hierfür auf eine Entscheidung der Behörde abstellt, kommt eine Straffreiheit nur in einem relativ engen Rahmen in Betracht (vgl. § 331 Rdn. 30, 119 f.; s.a. § 331 Rdn. 83 f. und § 333 Rdn. 17). Ebenso wie bei § 331 Abs. 3 ist eine Genehmigung von Vorteilen für (schieds-)richterliche Handlungen ausgeschlossen (vgl. auch § 331 Rdn. 108). Die praktische Bedeutung der Vorschrift wird unterschiedlich beurteilt.[113] Soweit für eine gesteigerte Relevanz seit der Neufassung der Bestechungsdelikte (1997) auf die Bereiche der Drittmittelforschung und des Sponsorings abgestellt wird, erscheint es vorzugswürdig, diese Konstellationen nicht dem Anwendungsbereich der §§ 331 Abs. 3, 333 Abs. 3 zuzuweisen, sondern insoweit einen dogmatisch vorrangigen Tatbestandsausschluss anzunehmen (vgl. § 331 Rdn. 105). Zur **zuständigen Behörde** vgl. § 331 Rdn. 109 f.[114] Weitgehend ungeklärt ist die Zuständigkeit für die Genehmigung von Drittvorteilen (insbesondere an Private).[115] Weil sich die Genehmigung nicht allein auf den Vorteil als solchen, sondern auf seine Verknüpfung mit der Dienstausübung beziehen muss (vgl. § 331 Rdn. 107), ist

---

107 BGHSt **15** 88, 102; BGH NJW **2007** 3446, 3449; *Fischer* Rdn. 12; *Gössel/Dölling* § 75 Rdn. 28; *Korte* MK Rdn. 30; *Stein/Deiters* SK Rdn. 12.

108 BGH NJW **2007** 3446, 3449.

109 *Sch/Schröder/Heine/Eisele* Rdn. 7.

110 BTDrucks. 7/550 S. 275; *Hardtung* S. 233; de lege ferenda für die Ersetzung der Genehmigungsvorschrift durch eine tatbestandsausschließende Anzeige, soweit eine Genehmigung des Vorteils nicht von vornherein offensichtlich ausscheidet, *Schäfer/Liesching* ZRP **2008** 173, 175 f.

111 Vgl. hierzu *Korte* MK Rdn. 32; **krit.** *Blei* JA **1974** 377, 382.

112 *Friedhoff* Rdn. 102 f.; *Korte* MK Rdn. 16, 33; *Matt/Renzikowski/Sinner* Rdn. 7; *Sommer* AnwK Rdn. 5; *Stein/Deiters* SK Rdn. 14; bezüglich des Anbietens ebenso *Bernsmann/Gatzweiler* Rdn. 417; *v.Heintschel-Heinegg* BeckOK Rdn. 5; *Rettenmaier* CCZ **2009** 35, 37; s.a. *Lesch* AnwBl. **2003** 261, 263.

113 Als „außerordentlich gering" wird der praktische Anwendungsbereich eingeschätzt von *Sch/Schröder/Heine/Eisele* Rdn. 9; eine zunehmende Bedeutung konstatieren hingegen *Bernsmann/Gatzweiler* Rdn. 413; *Korte* MK Rdn. 32; *Lackner/Kühl/Heger* Rdn. 7; *Matt/Renzikowski/Sinner* Rdn. 11.

114 Speziell zu den sog. „privaten" Amtsträgern (i.S.d. § 11 Abs. 1 Nr. 2 Buchst. c) vgl. *Michalke* FS Egon Müller 447, 451 ff.

115 Vgl. *Korte* NStZ **1997** 513, 516; *Lackner/Kühl/Heger* Rdn. 7; *Sch/Schröder/Heine/Eisele* Rdn. 8.

auf jene Behörde abzustellen, die bei einem Eigenvorteil des betreffenden Amtsträgers zuständig wäre.

1. Vorherige Genehmigung

21 Die vorherige Genehmigung ist (ebenso wie bei § 331; s. dort Rdn. 104) ein **Rechtfertigungsgrund** (str.). Weil Absatz 3 auf den Zeitpunkt der Annahme des Vorteils durch den Empfänger abstellt, kommt es nur darauf an, ob die Genehmigung vor der Tatbestandserfüllung erfolgt; sie kann damit – insbesondere bei einem Anbieten, Versprechen oder sogar Gewähren unter (ggf. konkludentem) **Vorbehalt** – auch der Verwirklichung des Handlungsmerkmals nachfolgen (vgl. näher § 331 Rdn. 119 f.). Im Unterschied zu § 331 Abs. 3 sind vom Amtsträger **geforderte Vorteile** bei § 333 von der Genehmigung nicht ausgeschlossen.[116] Diese Abweichung ist sachgerecht, da es dem Geber nicht angelastet werden kann, dass die Initiative von dem einen Vorteil fordernden Amtsträger ausgegangen ist. Allerdings kann zweifelhaft erscheinen, wie diese Divergenz soll umgesetzt werden können, da ein vom Amtsträger geforderter Vorteil von der Behörde nicht genehmigt werden wird oder eine solche Genehmigung von ihr zumindest nicht „im Rahmen ihrer Befugnisse" erteilt werden kann (str.; vgl. § 331 Rdn. 108, 116). Dogmatisch vorzugswürdig erscheint insoweit das Abstellen auf eine mutmaßliche Genehmigung, für deren Beurteilung der hypothetische Wille der Behörde bei Hinwegdenken des Forderns maßgeblich ist.[117] Hierbei ist ein entsprechender Wille der Behörde stets dann anzunehmen, wenn der Vorteil für sich betrachtet Gegenstand einer generell erteilten Genehmigung ist.[118]

2. Nachträgliche und mutmaßliche Genehmigung

22 Ebenso wie bei § 331 Abs. 3 bildet die **nachträglich** erteilte rechtmäßige Genehmigung als ein der Tatbestandsverwirklichung nachfolgender Umstand lediglich einen Strafaufhebungsgrund.[119] Einschlägig sind Fallgestaltungen, in denen der Vorteilsgeber nicht mit der Genehmigung rechnet, diese aber auf die Anzeige des Empfängers hin erteilt wird. Für die strafbefreiende Wirkung sollte es (jedenfalls) bezüglich des Vorteilsgebers nicht darauf ankommen, ob der Begünstigte den Vorteil „unverzüglich" angezeigt hat; denn auf diesen Umstand hat der Gewährende keinen Einfluss.[120] Größere praktische Bedeutung als die nachträgliche hat die (rechtfertigend wirkende) **mutmaßliche** Genehmigung. Hierfür ist erforderlich, dass im Zeitpunkt der Vorteilsannahme (bzw. der Vorteilsgewährung als Komplementärakt) die Einholung einer tatsächlichen Genehmigung unmöglich oder untunlich war (Subsidiarität der mutmaßlichen Genehmigung) und der Vorteilsgeber in der berechtigten Erwartung gehandelt hat, die zuständige Behörde würde die Annahme des Vorteils genehmigen (vgl. § 331 Rdn. 122 ff.). Die mutmaßliche Genehmigung ist nicht von einem weitergehenden Willen des Vorteilsgebers abhängig, dass der Empfänger den Vorteil unverzüglich anzeigt.[121] Sofern die genannten Voraussetzungen erfüllt sind, beseitigt auch die spätere Versagung der Genehmigung nicht die auf den Tatzeitpunkt bezogene Rechtfertigung.[122] Ebenso wie bei § 331 Abs. 3 ist eine **hypothetische** Genehmigung nicht anzuerkennen (vgl. näher § 331 Rdn. 125 f.).

---

116 *Gössel/Dölling* § 75 Rdn. 29; *Korte* MK Rdn. 39; *Kuhlen* NK Rdn. 12; *Stein/Deiters* SK Rdn. 13.
117 *Hardtung* S. 235 f.; *Korte* MK Rdn. 40; *Sch/Schröder/Heine/Eisele* Rdn. 10.
118 Vgl. hierzu § 331 Rdn. 107.
119 *Fischer* Rdn. 11; *Korte* MK Rdn. 36; *Sch/Schröder/Heine/Eisele* Rdn. 11; *Stein/Deiters* SK Rdn. 16.
120 *Korte* MK Rdn. 36.
121 *Hardtung* S. 234 f.; *Korte* MK Rdn. 38; vgl. auch oben § 331 Rdn. 122 f.
122 *Bernsmann/Gatzweiler* Rdn. 419 f.; *Fischer* Rdn. 11; *Jescheck* LK[11] Rdn. 8; *Sch/Schröder/Heine/Eisele* Rdn. 11.

3. Irrtumsfragen

Bezüglich möglicher Irrtümer gelten die Ausführungen zu § 331 Rdn. 127 f. entsprechend. Freilich kommt es insoweit stets auf die Vorstellungen des Vorteilsgebers, nicht auf jene des Empfängers an.[123] Der Irrtum über die tatsächlichen Voraussetzungen einer Genehmigungsfähigkeit (z.B. über den Wert der Zuwendung; beim Vorteilsgeber freilich kaum denkbar) oder über das Vorliegen einer vom Vorteilsnehmer vermeintlich eingeholten Genehmigung begründet einen (nach h.M. den Vorsatz ausschließenden) Erlaubnistatbestandsirrtum.[124] Die Überdehnung der normativen Grenzen der Genehmigungsfähigkeit oder der Genehmigungspraxis der Behörde stellen einen Verbotsirrtum dar;[125] hingegen lässt die bloße Hoffnung, ein nicht genehmigungsfähiger Vorteil werde dennoch genehmigt, das Unrechtsbewusstsein unberührt. Die im Rahmen der Unvermeidbarkeit eines Verbotsirrtums bedeutsame Erkundigungspflicht umfasst auch eine „Pflicht zur Aktualisierung" bezüglich strafrechtlich relevanter Rechtsänderungen.[126] 23

VI. Vollendung, Beendigung und Versuch

Auch insoweit gelten die Ausführungen zu § 331 (vgl. dort Rdn. 130 ff.) sinngemäß. Insbesondere bestimmt sich die **Vollendung** nach der jeweiligen Handlungsalternative. Das bedeutet, dass das Anbieten und Versprechen eines Vorteils jedenfalls dann vollendet ist, wenn der Adressat die jeweilige Erklärung zur Kenntnis nimmt; das Gewähren eines Vorteils ist mit der Erbringung der versprochenen Leistung gegeben. Nach hier vertretener Ansicht ist für die Vollendung auf den Zeitpunkt des Zugangs der Erklärung bzw. der Leistung abzustellen (vgl. oben Rdn. 5 ff.). Dass der Adressat die Erklärung nicht versteht oder nicht zur Vornahme der ihm angesonnenen (pflichtgemäßen) Diensthandlung bereit ist, steht der Vollendungsstrafbarkeit ebenso wenig entgegen[127] wie der geheime Vorbehalt des Anbietenden oder Versprechenden, den Vorteil in Wahrheit nicht gewähren zu wollen.[128] Für den Zeitpunkt der **Beendigung** hat der BGH (St **52** 300, 303 ff. [Rdn. 7 ff.]) im Rahmen der §§ 332, 334 auf die letzte zur Erfüllung der Unrechtsvereinbarung vorgenommene Handlung (ggf. also auch auf die an sich nicht zum Tatbestand gehörende Diensthandlung) abgestellt (vgl. näher und kritisch hierzu § 331 Rdn. 131 ff.). Von diesem Ausgangspunkt aus gilt das Gleiche auch für die §§ 331, 333, sofern sich die Unrechtsabrede auf eine konkrete (pflichtgemäße) Diensthandlung bezog.[129] Bei einem für die allgemeine Dienstausübung gewährten Vorteil wird der BGH entscheiden müssen, ob zumindest insoweit der Zuwendungszeitpunkt maßgeblich sein oder ob auf andere fallbezogene Kriterien (Ende des ins Auge gefassten Projekts oder der beruflichen Berührungspunkte) rekurriert werden soll. In jedem Fall beginnt die Beendigung spätestens mit dem Ausscheiden des Amtsträgers aus dem Dienst (**aA** wohl BGH NStZ **2012** 511, 513 [zu § 334]).[130] Der **Versuch** des § 333 ist (im Unterschied zu § 331 Abs. 2 Satz 2) durchgängig straflos. 24

---

123 *Lackner/Kühl/Heger* Rdn. 7; *Jescheck* LK[11] Rdn. 8; *Sch/Schröder/Heine/Eisele* Rdn. 12.
124 *Sch/Schröder/Heine/Eisele* Rdn. 12 (auch zum Folgenden).
125 Zur Vermeidbarkeit vgl. *Ambos/Ziehn* NStZ **2008** 498, 503.
126 BGH StV **2021** 701, 702 mit Anm. *T. Zimmermann* S. 703, 704 = NZWiSt **2021** 325, 326 mit krit. Anm. *Lamsfuß* = wistra **2021** 355 mit krit. Anm. *Borgel* (zur Schulbuchbeschaffung). Tendenziell für eine mildere Beurteilung bezüglich Extranei *Sommer* AnwK Rdn. 11.
127 Vgl. BGHSt **52** 300, 305 (Rdn. 9, zu § 334).
128 *Sch/Schröder/Heine/Eisele* Rdn. 13; *Stein/Deiters* SK Rdn. 9.
129 So auch BGHSt **52** 300, 305 f. (Rdn. 10); vorzugswürdige **aA** (Zeitpunkt der Vornahme der dienstlichen bzw. richterlichen Handlung ist irrelevant) *Bernsmann/Gatzweiler* Rdn. 497 ff.; *Korte* MK Rdn. 51; *Kuhlen* JR **2009** 53, 56; *Matt/Renzikowski/Sinner* Rdn. 17 (Fn. 22); krit. zum BGH auch *Gleß/Geth* StV **2009** 183, 184 f.
130 Vgl. auch insoweit § 331 Rdn. 131 (m.w.N.); dem BGH zust. *Matt/Renzikowski/Sinner* Rdn. 17; wie hier *Stein/Deiters* Rdn. 19.

VII. Beteiligung

25 Da es sich bei § 333 um ein Jedermannsdelikt handelt, sind Mittäterschaft und mittelbare Täterschaft nach den allgemeinen Regeln möglich.[131] Wegen der **spiegelbildlichen Gestaltung** der §§ 331 ff. (näher zum Folgenden *Geisler* S. 246 ff., 262 f.; *Sowada* FS Tiedemann 273, 281 ff.) sind die Handlungen des Vorteilsgebers und des Vorteilsnehmers in den sie betreffenden Strafnormen abschließend normiert. Deshalb ist weder der Vorteilsgeber als Teilnehmer an der Vorteilsannahme (§ 331) strafbar, noch macht sich der Vorteilsnehmer einer Teilnahme zu § 333 schuldig.[132] Aus dieser strikten systematischen Trennung resultiert zugleich eine **Sperrwirkung** bezüglich der Empfänger der Leistung, die nicht zum Kreis der tauglichen Täter gemäß § 331 gehören.[133] Dies gilt – nachdem sich die einfachen Soldaten der Bundeswehr (seit 2014) über § 48 Abs. 2 WStG gemäß § 331 strafbar machen können – noch für Soldaten und sonstige Bedienstete und Beschäftigte von in Deutschland stationierten nichtdeutschen NATO-Truppen. Diese Personen werden durch § 335a Abs. 3 im Hinblick auf künftige Diensthandlungen den tauglichen Empfängern gemäß § 333 Abs. 1 und 3 gleichgestellt, ohne dass es eine entsprechende Einbeziehung in den Täterkreis des § 331 gäbe.

26 Auch bezüglich der **Teilnahme Dritter** gilt die aus der systematischen Gegenüberstellung von Geber- und Nehmerseite abgeleitete **Lagertheorie** (ausführlich hierzu *Sowada* FS Tiedemann 273, 285 ff. sowie mit abweichender Konzeption *Geisler* S. 263 ff., 285 ff.; s. auch § 331 Rdn. 137 ff.). Soweit sich die Mitwirkung also einem der beiden Lager zuordnen lässt (zu den hierfür maßgeblichen Kriterien vgl. § 331 Rdn. 138), bestimmt sich hiernach zugleich die Teilnahmestrafbarkeit. Dass hiermit dem Teilnehmer auf der Geberseite eine Strafmilderung gemäß § 28 Abs. 1 versagt bleibt, die dem aufseiten des Nehmers mitwirkenden Extraneus zugute kommt, ist zwar rechtspolitisch zweifelhaft,[134] de lege lata aber als bloße Fortschreibung der schon auf der Täterebene zu konstatierenden Gleichstellung von Amtsträgern und Nichtamtsträgern hinzunehmen.[135] Bei gleichrangiger Unterstützung beider Seiten richtet sich die Bestrafung nach dem strengeren Delikt, also gemäß § 333 (s. § 331 Rdn. 139). Die Gegenansicht will jeweils § 28 Abs. 1 (analog oder durch die Konstruktion einer lagerübergreifenden mittelbaren Teilnahme zu § 331) zur Anwendung bringen.[136] Die (auch) auf Geberseite mitwirkenden Dritten sind auch dann wegen Teilnahme an der Vorteilsgewährung strafbar, wenn die Zuwendung an einen nicht von § 331 erfassten Empfänger gerichtet ist, sodass die in dessen Lager stehenden Hilfspersonen aus Akzessorietätsgründen straflos bleiben.[137] Für die Teilnahmestrafbarkeit ist auf die Rechtswidrigkeit der jeweiligen Haupttat abzustellen. Deshalb wirkt eine den Vorteilsgeber bei geforderten Vorteilen (vgl. oben Rdn. 21) rechtfertigende mutmaßliche Genehmigung zugunsten seiner Hilfspersonen; sie entlastet hingegen nicht die im Lager des Vorteilsnehmers stehenden Personen.[138] Bei gleichrangiger Doppelmitwirkung folgt hieraus eine Teilnahmestrafbarkeit gemäß § 331 (ggf. i.V.m. § 28 Abs. 1).

---

131 *Möhrenschlager* in: Dölling 8. Kap. Rdn. 71 f.

132 *Fischer* Rdn. 10; *Korte* MK Rdn. 38; *Kuhlen* NK Rdn. 13; *Lackner/Kühl/Heger* Rdn. 8; *Stein/Deiters* SK Rdn. 17. Weitere Nachweise oben zu § 331 Rdn. 136. Nach Ansicht von *Geisler* (S. 246 ff., 262 f.) gilt der Teilnahmeausschluss nur bezüglich der wechselseitigen „automatischen" Teilnahme, während eine darüber hinausgehende „unabhängige" Teilnahme denkbar sei.

133 *Korte* MK Rdn. 41; *Kuhlen* NK Rdn. 13; *Lackner/Kühl/Heger* Rdn. 8; *Matt/Renzikowski/Sinner* Rdn. 12; *Möhrenschlager* in: Dölling 8. Kap. Rdn. 74; *Sax* ZStW **90** (1978) 927, 953; *Sowada* FS Tiedemann 273, 284 f.; *SSW/Rosenau* Rdn. 15; *Stein/Deiters* SK Rdn. 17; s.a. *Sch/Schröder/Heine/Eisele* § 334 Rdn. 11; krit. zum Begriff der Sperrwirkung *Geisler* S. 250.

134 Scharfe Kritik insoweit bei *Hettinger* NJW **1996** 2263, 2272 f.; Wessels/Hettinger/Engländer Rdn. 1135; *T. Zimmermann* S. 401; s.a. *Bernsmann* StV **2003** 521, 526; *Bernsmann/Gatzweiler* Rdn. 396; *v. Heintschel-Heinegg* BeckOK § 331 Rdn. 56.1.

135 Vgl. näher *Sowada* FS Tiedemann 273, 290 f.; ebenso *Korte* MK Rdn. 42; *Kuhlen* NK § 331 Rdn. 143; *Sch/Schröder/Heine/Eisele* Rdn. 14; *SSW/Rosenau* Rdn. 14; *Stein/Deiters* SK Rdn. 18.

136 Ausführlich i.d.S. *Geisler* S. 281 ff., 285 ff.; ferner *Bernsmann* StV **2003** 521, 526; *Bernsmann/Gatzweiler* Rdn. 512 f., 516.

137 Näher hierzu *Sowada* FS Tiedemann 273, 291 f.

138 *Korte* MK Rdn. 42.

VIII. Konkurrenzen

Das **Verhältnis der einzelnen Begehungsformen zueinander** bestimmt sich (ebenso wie bei § 331, s. dort Rdn. 142) nach den einzelnen Tathandlungen. Daher stellen ein einheitliches Angebot[139] oder eine uno actu erfolgende Zuwendung an mehrere Amtsträger eine einzige Tat dar; Gleiches gilt für die Entlohnung mehrerer Diensthandlungen durch einen einzigen Vorteil.[140] Mehrere Handlungen werden nur dann zu einer tatbestandlichen Handlungseinheit verklammert, wenn die zugrunde liegende Unrechtsvereinbarung den (ggf. auch in mehreren Teilzahlungen geleisteten) Vorteil genau festlegt; anders verhält es sich hingegen bei von der künftigen Entwicklung abhängigen Entlohnungen (Rückvergütungen) oder Vereinbarungen mit open-end-Charakter.[141] Im Verhältnis zu **anderen Bestechungsdelikten** tritt § 333 gegenüber dem Qualifikationstatbestand des § 334 auch dann zurück, wenn der Vorteil teils für pflichtgemäße, teils für pflichtwidrige Diensthandlungen gewährt worden ist (str.).[142] Entsprechend hat die Vorteilsgewährung an einen Richter (Absatz 2) Vorrang gegenüber einer hiermit zusammentreffenden Tat gemäß Absatz 1 (bei gleichzeitiger Vereinbarung der Verwaltungstätigkeit eines Richters); zwischen § 333 Abs. 2 und § 334 Abs. 1 bzw. §§ 334 Abs. 2 Satz 2, 22 besteht hingegen Tateinheit.[143] Gegenüber weiteren Delikten, die dem Schutz anderer Rechtsgüter dienen, besteht Tateinheit.[144] In diesem Zusammenhang wird regelmäßig § 185 angeführt.[145] Es erscheint aber zweifelhaft, das im Anbieten eines Vorteils liegende Ansinnen, sich korrumpieren zu lassen, über § 331 hinaus zusätzlich als Ehrverletzung für strafbar zu erachten. Zum einen erscheint eine besondere „Beamtenehre" als wenig zeitgemäß, zum anderen wird eine Beleidigungsstrafbarkeit in der umgekehrten Konstellation des Forderns eines Vorteils (oder in sonstigen Fällen einer erfolglosen Anstiftung) soweit ersichtlich nicht thematisiert. 27

IX. Rechtsfolgen

Durch das (1.) KorrBekG wurde der **Strafrahmen** (mit § 331 übereinstimmend) von zwei auf drei (Absatz 1) bzw. von drei auf fünf Jahre Freiheitsstrafe (Absatz 2) angehoben.[146] Die Strafzumessungsvorschrift für besonders schwere Fälle (§ 335) ist auf Taten gemäß § 333 nicht anwendbar. Eine allenfalls sehr geringe praktische Bedeutung hat die Einziehung von Taterträgen (§§ 73 ff.). Das liegt zum einen daran, dass der Zuwendende durch die Dienstausübung keinen wirtschaftlich messbaren Vorteil erlangt haben muss; zum anderen ist die betreffende Diensthandlung in den Fällen des § 333 als solche rechtmäßig.[147] Rechtskräftige Verurteilungen gemäß § 333 (auch i.V.m. § 335a) werden in das Wettbewerbsregister eingetragen (§ 2 Abs. 1 Nr. 1 Buchst. a WRegG i.V.m. § 123 Abs. 1 Nr. 8 GWB).[148] 28

---

139 RGSt **70** 26 ff.; *Fischer* Rdn. 14; *Jescheck* LK[11] Rdn. 13.

140 *Korte* MK Rdn. 44; *Kuhlen* NK Rdn. 16.

141 BGH Beschl. v. 19.12.2018 – 4 StR 58/18 (juris) Rdn. 29 ff.; *Korte* MK Rdn. 44 i.V.m. § 331 Rdn. 218 f.; *Kuhlen* NK Rdn. 16. S. auch *Bernsmann/Gatzweiler* Rdn. 520 ff. sowie oben § 331 Rdn. 142 m.w.N.

142 *Korte* MK Rdn. 45; *Kuhlen* NK Rdn. 16; *Leitner/Rosenau/Gaede* Rdn. 21; *SSW/Rosenau* Rdn. 12; **aA** (Tateinheit) *Fischer* Rdn. 14; *v.Heintschel-Heinegg* BeckOK Rdn. 9; *Jescheck* LK[11] Rdn. 13; *Lackner/Kühl/Heger* Rdn. 9; *Matt/Renzikowski/Sinner* Rdn. 15; vgl. auch § 331 Rdn. 143.

143 *Korte* MK Rdn. 45; vgl. auch insoweit oben § 331 Rdn. 142 f.

144 *Korte* MK Rdn. 46; *Kuhlen* NK Rdn. 16.

145 RG LZ 1916 681; *Korte* MK Rdn. 46; *Kuhlen* NK Rdn. 16 (Fn. 40); *Fischer* Rdn. 14; s.a. *Jescheck* LK[11] § 334 Rdn. 9; *Sch/Schröder/Heine/Eisele* § 334 Rdn. 14.

146 Vgl. *König* JR **1997** 397, 400.

147 *Korte* MK Rdn. 48 f. (auch zu § 30 OWiG); *Kuhlen* NK Rdn. 18; vgl. auch *Husberg* S. 138 f., 145 ff., 169 ff. (insbesondere S. 170).

148 *Matt/Renzikowski/Sinner* Rdn. 16 (auch zu steuerrechtlichen Aspekten).

X. Prozessuales

29 Für die **Verjährung** bestimmt § 78 Abs. 3 Nr. 4 sowohl für Taten gemäß § 333 Abs. 1 als auch nach Abs. 2 eine Frist von fünf Jahren. Für den Beginn der Verjährungsfrist ist die Beendigung der Tat maßgeblich (§ 78b; vgl. hierzu Rdn. 24). Abgesehen von den Fällen der tatbestandlichen Handlungseinheit (vgl. Rdn. 27) unterliegen die einzelnen Tathandlungen selbständig der Verjährung.[149] Entgegen der Ansicht des BGH kommt es auf den Zeitpunkt der (nicht zum Tatbestand gehörenden) Diensthandlung bzw. Dienstausübung nicht an.[150] Ein von einer Diensthandlung betroffener Dritter ist im Hinblick auf die §§ 331 ff. kein zur **Klageerzwingung** berechtigter „Verletzter" i.S.d. § 172 Abs. 1 Satz 1 StPO.[151] Die Vorteilsgewährung ist keine Katalogtat i.S.d. §§ 100a bis 100c StPO.[152] In Fällen des § 333 ist bei landgerichtlicher Zuständigkeit (sowohl in erster Instanz als auch als Berufungsinstanz gegen Urteile des Schöffengerichts) die Zuständigkeit der **Wirtschaftsstrafkammer** unter der Voraussetzung gegeben, dass zur Beurteilung des Falles besondere Kenntnisse des Wirtschaftslebens erforderlich sind (§ 74c Abs. 1 Satz 1 Nr. 6 Buchst. a GVG). Zu **Mitteilungspflichten** vgl. *Matt/Renzikowski/Sinner* Rdn. 19.

---

149 Vgl. § 331 Rdn. 146.
150 *Korte* MK Rdn. 51; *Kuhlen* NK Rdn. 17 sowie oben Rdn. 24 und § 331 Rdn. 132.
151 OLG Koblenz wistra **1985** 83 f.; KG Beschl. v. 31.5.1999 – Zs 167/99 – 3 Ws 219/99.
152 Vgl. auch *Korte* MK Rdn. 52 zu §§ 100g und 100i StPO.

§ 334 Bestechung

(1) [1]Wer einem Amtsträger, einem Europäischen Amtsträger, einem für den öffentlichen Dienst besonders Verpflichteten oder einem Soldaten der Bundeswehr einen Vorteil für diesen oder einen Dritten als Gegenleistung dafür anbietet, verspricht oder gewährt, daß er eine Diensthandlung vorgenommen hat oder künftig vornehme und dadurch seine Dienstpflichten verletzt hat oder verletzen würde, wird mit Freiheitsstrafe von drei Monaten bis zu fünf Jahren bestraft. [2]In minder schweren Fällen ist die Strafe Freiheitsstrafe bis zu zwei Jahren oder Geldstrafe.

(2) [1]Wer einem Richter, Mitglied eines Gerichts der Europäischen Union oder Schiedsrichter einen Vorteil für diesen oder einen Dritten als Gegenleistung dafür anbietet, verspricht oder gewährt, daß er eine richterliche Handlung
1. vorgenommen und dadurch seine richterlichen Pflichten verletzt hat oder
2. künftig vornehme und dadurch seine richterlichen Pflichten verletzen würde,

wird in den Fällen der Nummer 1 mit Freiheitsstrafe von drei Monaten bis zu fünf Jahren, in den Fällen der Nummer 2 mit Freiheitsstrafe von sechs Monaten bis zu fünf Jahren bestraft. [2]Der Versuch ist strafbar.

(3) Falls der Täter den Vorteil als Gegenleistung für eine künftige Handlung anbietet, verspricht oder gewährt, so sind die Absätze 1 und 2 schon dann anzuwenden, wenn er den anderen zu bestimmen versucht, daß dieser
1. bei der Handlung seine Pflichten verletzt oder,
2. soweit die Handlung in seinem Ermessen steht, sich bei der Ausübung des Ermessens durch den Vorteil beeinflussen läßt.

Schrifttum

S. die Schrifttumsangaben Vor § 331 (insbesondere vor Rdn. 20).

Entstehungsgeschichte

Die bereits in § 463 E 1962 angelegte dogmatische Struktur erlangte die Vorschrift durch das EGStGB 1974.[1] Diese Textfassung erfuhr durch das Gesetz zur Bekämpfung der Korruption vom 13.8.1997 (**[1.] KorrBekG**, BGBl. I S. 2038; vgl. hierzu Vor § 331 Rdn. 20 ff. sowie zu den Gesetzesmaterialien § 331 vor Rdn. 1) nur geringe sprachliche Änderungen; hierbei wurden zum einen (wie bei den §§ 331 ff. durchgängig) die Drittvorteile einbezogen, zum anderen wurden die minder schweren Fälle aus redaktionellen Gründen jeweils in einem eigenständigen Satz erfasst. Im Übrigen blieben der Regelungsgehalt und die Strafrahmen des § 334 gleich, doch resultiert eine Strafverschärfung für besonders schwere Fälle aus der 1997 neu eingeführten Strafzumessungsvorschrift des § 335.[2] Das Gesetz zur Bekämpfung der Korruption vom 20.11.2015 (**[2.] KorrBekG**, BGBl. I S. 2025)[3] erweiterte den Empfängerkreis (durch Integration und partielle Ausdehnung der zuvor im EUBestG, IntBestG und dem IStGH-GleichstellungsG normierten Gleichstellungsregelungen in das StGB)[4] in § 334 Abs. 1 um Europäische Amtsträger sowie in Absatz 2 um Mitglieder eines Gerichts der Europäischen Union; zugleich ergaben sich für § 334 (auch in Verbindung mit § 335) bezüglich künftiger Diensthandlungen und künftiger richterlicher Handlungen weitere (der Reichweite des § 332 entsprechende) Extensionen durch § 335a Abs. 1 (vgl. auch Vor § 331 Rdn. 24).

---

1 BTDrucks. 7/550 S. 275; s.a. BTDrucks. IV/655 S. 88 (zu § 463); Vgl. ferner *Jescheck* LK[11] Rdn. 1.

2 Näher dazu *Bauer/Gmel* LK[11] Nachtrag zu §§ 331–338 Rdn. 19 f.

3 Hierzu BTDrucks. 18/4350 (Gesetzentwurf der BReg), S. 23; ferner *Dann* NJW **2016** 203 ff.; *Grützner* ZIP **2016** 253 ff.; *Walther* DB **2016** 95 ff.

4 Näher hierzu *Kuhlen* NK Rdn. 3a-3i; *Sowada* LK[12] Rdn. 2–5.

https://doi.org/10.1515/9783110490329-005

Übersicht

I. Allgemeines

1 Die Vorschrift stellt (mit zwei Tatbeständen in Absatz 1 und Absatz 2) als **Qualifikationsnorm zu § 333** erschwerte Formen der Geberseite unter Strafe. Das Delikt ist **spiegelbildlich zu § 332** konstruiert,[5] doch besteht keine vollständige Entsprechung, weil hier der Versuch im Bereich von Absatz 1 (im Gegensatz zu § 332 Abs. 1 Satz 3) nicht mit Strafe bedroht ist. Qualifizierend wirkt (ebenso wie bei § 332 im Verhältnis zu § 331) der Umstand, dass die Diensthandlung bzw. die richterliche Handlung, auf die sich die (angestrebte) Unrechtsvereinbarung bezieht, bereits als solche (d.h. unabhängig von der Gewährung des Vorteils) pflichtwidrig sein muss. Hieraus folgt, dass die Gewährung eines auf die allgemeine Dienstausübung bezogenen Vorteils anders als bei § 333 nicht ausreicht. Ferner kommt bei der Bestechung (in Übereinstimmung mit § 332) eine Straflosigkeit unter dem Aspekt der Sozialadäquanz oder eine Genehmigung des Vorteils angesichts der Pflichtwidrigkeit der als Gegenleistung ins Auge gefassten Handlung grundsätzlich nicht in Betracht[6] (s. aber auch Rdn. 13 sowie § 335a Rdn. 21f.). Zum geschützten **Rechtsgut** vgl. Vor § 331 Rdn. 25ff.; zur Deliktsnatur vgl. Vor § 331 Rdn. 35f.; zum rechtspolitischen, kriminologischen und kriminalstatistischen Hintergrund vgl. Vor § 331 Rdn. 37ff.

II. Objektiver Tatbestand des § 334 Abs. 1

1. Täter- und Begünstigtenkreis

2 Täter der (ebenso wie § 333) als **Allgemeindelikt** ausgestalteten Bestechung kann jedermann, mithin auch ein anderer Amtsträger sein.[7] Als mögliche **Bestechungsadressaten** nennt Absatz 1 (in Übereinstimmung mit § 333 Abs. 1) neben den Amtsträgern, Europäischen Amtsträgern und für den öffentlichen Dienst besonders Verpflichteten auch die Soldaten der Bundeswehr (vgl. § 331 Rdn. 3ff., § 333 Rdn. 2). Mit einer Beschränkung auf Bestechungen bezüglich künftiger Diensthandlungen gehören (den für § 332 getroffenen Festlegungen entsprechend) über § 335a Abs. 1 Nr. 1 zum Kreis tauglicher Begünstigter ferner die einem Richter gleichgestellten Mitglieder eines ausländischen und eines internationalen Gerichts sowie (über § 335a Abs. 1 Nr. 2) die einem sonstigen

5 Vgl. daher auch § 332 Rdn. 1.
6 *Kuhlen* NK Rdn. 1.
7 *Korte* MK Rdn. 3; *Kuhlen* NK Rdn. 2; *Sch/Schröder/Heine/Eisele* Rdn. 2; s.a. oben § 333 Rdn. 2 m.w.N.

Amtsträger gleichgestellten Bediensteten und mit der Wahrnehmung von Aufgaben eines ausländischen Staates oder einer internationalen Organisation beauftragten Personen sowie die Soldaten eines ausländischen Staates und die mit der Wahrnehmung von Aufgaben internationaler Organisationen beauftragten Soldaten.

2. Tathandlungen und Vorteil

Die in Absatz 1 genannten **Tathandlungen** des Anbietens, Versprechens oder Gewährens eines Vorteils stimmen mit jenen des § 333 überein (vgl. dort Rdn. 3 ff.); zum versuchten Bestimmen (Absatz 3) vgl. unten Rdn. 7 f. Bezüglich des Merkmals des (Dritt-)**Vorteils** gelten die in § 331 Rdn. 31 ff. gemachten Ausführungen. Der innere Vorbehalt, den angebotenen oder versprochenen Vorteil nicht leisten zu wollen, steht der Strafbarkeit nicht entgegen.[8] 3

3. Bezugshandlung und Beziehungsverhältnis

a) Bezugshandlung. Ebenso wie im Verhältnis von § 332 zu § 331 unterscheidet sich § 334 von 4 § 333 dadurch, dass hier der Vorteil als Gegenleistung für eine **pflichtwidrige Diensthandlung** gewährt oder in Aussicht gestellt werden muss (vgl. näher § 332 Rdn. 5 ff.). Bezüglich der Bestechung ausländischer und internationaler Bediensteter (etc.) bestimmt sich die Pflichtwidrigkeit (grundsätzlich) nach dem für den Bestechungsadressaten geltenden ausländischen Recht (vgl. § 335a Rdn. 20 f.).[9] Zuwendungen, die lediglich im Hinblick auf die allgemeine Dienstausübung erfolgen (sog. Anfüttern bzw. Klimapflege), unterfallen daher zwar dem § 333, nicht jedoch § 334. Die Vorschrift erfasst als Bezugshandlungen sowohl gebundene Diensthandlungen als auch Ermessenshandlungen;[10] ferner ist zwischen der Belohnung für eine bereits vorgenommene oder für eine künftige pflichtwidrige Diensthandlung zu unterscheiden.

aa) Vorherige Diensthandlung. Bezieht sich die Tathandlung auf eine zurückliegende Dienst- 5 handlung, so muss diese tatsächlich vorgenommen worden und überdies auch ihre Pflichtwidrigkeit objektiv gegeben sein.[11] Wurde die Vornahme der Diensthandlung oder ihr vermeintlich pflichtwidriger Charakter lediglich vorgetäuscht, so kommt allenfalls eine Strafbarkeit gemäß § 333 in Betracht; der daneben dogmatisch konstruierbare Versuch des § 334 ist (anders als bei Absatz 2) nicht mit Strafe bedroht.[12] Vorangegangene Ermessenshandlungen[13] sind nicht nur bei einer im Ergebnis fehlerhaften Sachentscheidung pflichtwidrig, sondern schon dann, wenn der Amtsträger sich bei der Entscheidung von sachwidrigen Gesichtspunkten hat leiten lassen. Daher ist die nachträgliche Belohnung für eine sachlich ungerechtfertigte Bevorzugung (z.B. als Parteifreund) als Bestechung strafbar.[14]

---

8 *Arzt/Weber/Heinrich/Hilgendorf* § 49 Rdn. 28a; *Kuhlen* NK Rdn. 4; s.a. *Bernsmann/Gatzweiler* Rdn. 425; *Korte* MK Rdn. 9.

9 *Korte* MK § 335a Rdn. 44; ausführlich *Hoven* S. 80 ff.; s.a. (zu Art. 2 § 1 IntBestG) BGH NStZ **2014** 469, 473; *Sowada* LK[12] Rdn. 5.

10 *Fischer* Rdn. 3; *Stein/Deiters* SK Rdn. 2.

11 *Jescheck* LK[11] Rdn. 5; *Korte* MK Rdn. 8; *Sch/Schröder/Heine/Eisele* Rdn. 5; *Stein/Deiters* SK Rdn. 10; **aA** *Kuhlen* NK Rdn. 4; vgl. auch zu § 332 BGHSt **29** 300 ff. (hierzu § 331 Rdn. 62 f.; § 332 Rdn. 6).

12 *Korte* MK Rdn. 8.

13 Vgl. zum Begriff des „Ermessens" § 332 Rdn. 13.

14 *Sch/Schröder/Heine/Eisele* Rdn. 5.

6 **bb) Künftige Diensthandlung (Absatz 3).** Soweit der Vorteil auf eine erst in der Zukunft zu erbringende Diensthandlung (oder richterliche Handlung i.S.d. Absatz 2) gerichtet ist, enthält Absatz 3 eine dem § 332 Abs. 3 entsprechende Klarstellung.[15] Hiernach ist eine Strafbarkeit gemäß § 334 bereits dann gegeben, wenn der Täter den anderen ausdrücklich oder durch schlüssiges Verhalten[16] zu bestimmen versucht, dass dieser entweder als sog. „gebundener Beamter" durch die Diensthandlung (bzw. richterliche Handlung) seine Pflichten verletzt (Nr. 1) oder als sog. „Ermessensbeamter" sich bei der Ermessensausübung durch den Vorteil beeinflussen lässt (Nr. 2).[17] Damit ist in negativer Hinsicht festgestellt, dass es auf die Reaktion des Amtsträgers auf die Offerte nicht ankommt. Es ist also nicht erforderlich, dass sich der Angesprochene zu der ihm angesonnenen Pflichtwidrigkeit bereit erklärt; erst recht muss die betreffende Diensthandlung nicht vorgenommen werden.[18] Einer Tat i.S.d. Absatz 3 Nr. 2 steht nicht zwingend entgegen, dass die Zuwendung ausschließlich oder in erster Linie auf Drängen eines Dritten erfolgt.[19]

7 Teilweise umstritten ist demgegenüber, welche positiven Anforderungen an den **Versuch des Bestimmens** zu stellen sind. Ganz überwiegend wird verlangt, dass die Diensthandlung, die als Gegenleistung für den Vorteil erbracht werden soll, auch **objektiv pflichtwidrig** wäre.[20] Die (inzwischen überholte) Gegenansicht erachtet es demgegenüber als ausreichend, dass der Gewährende die fragliche Diensthandlung – sei es auch nur aufgrund einer irrigen rechtlichen Bewertung – als pflichtwidrig ansieht.[21] Zustimmung verdient die h.M. Insbesondere wäre es verfehlt, aus dem Merkmal eines „versuchten" Bestimmens eine vollständige Subjektivierung der Beurteilungsgrundlage abzuleiten. So spricht bereits nach allgemeinen dogmatischen Lehren viel für die Annahme, dass die rechtsirrige Bewertung einer konkreten, objektiv pflichtgemäßen Diensthandlung als pflichtwidrig zu einem grundsätzlich straflosen (im vorliegenden Regelungskontext freilich ggf. von § 333 erfassten) Wahndelikt führt.[22] Auf dieser Grundlage ist freilich auch in den Fällen der **Richterbestechung** ein weithin angenommener Versuch[23] (vgl. Absatz 2 Satz 2) zu verneinen; auch insoweit kommt allein § 333 in Betracht. Ein weiterer Begründungsansatz für das Erfordernis der objektiven Pflichtwidrigkeit der präsumtiven Diensthandlung besteht darin, aus systematischen Gründen (Abgrenzung zu § 333 und Entsprechung zu § 332 Abs. 3) die Funktion des Absatz 3 darauf zu beschränken, die Strafbarkeit von den Reaktionen des Adressaten abzukoppeln,[24] im Übrigen aber für eine Vollendungsstrafbarkeit zumindest die dem Bestimmungsversuch anhaftende objektive Eignung zu verlangen, eine pflichtwidrige Diensthandlung hervorzubringen.[25] Von der rechtsirrigen Beurteilung einer konkreten Diensthandlung als pflichtwidrig ist allerdings die Konstellation zu unterscheiden, dass sich der (ggf. bedingt vorsätzliche) Bestimmungsversuch auf eine pflichtwidrige Bezugshandlung richtet, während das nachfolgende Amtswalterhandeln objektiv pflichtgemäß ist. In dieser Fallkonstellation ist eine vollendete Bestechung zu bejahen, ohne

---

15 BTDrucks. 7/550 S. 276; *Fischer* Rdn. 8; *Lackner/Kühl/Heger* Rdn. 3; *Stein/Deiters* SK Rdn. 11; einschränkend *Sch/Schröder/Heine/Eisele* Rdn. 8; vgl. auch oben § 332 Rdn. 15 ff.

16 *Jescheck* LK[11] Rdn. 6; *Lackner/Kühl/Heger* Rdn. 3; *Sch/Schröder/Heine/Eisele* Rdn. 7.

17 BTDrucks. 7/550 S. 276; *Fischer* Rdn. 8. Zu Absatz 3 Nr. 2 vgl. BGH StV **2012** 19 (Schulfoto) und BGH StV **2021** 701 (Schulbuch); hierzu auch § 331 Rdn. 88a.

18 BGH StV **2012** 19, 20; *Korte* MK Rdn. 9; *Lackner/Kühl/Heger* Rdn. 3; *Sch/Schröder/Heine/Eisele* Rdn. 6 f.; *Stein/Deiters* SK Rdn. 11.

19 BGHR StGB § 334 Unrechtsvereinbarung 1; *Korte* MK Rdn. 10; s. aber auch *Bernsmann/Gatzweiler* Rdn. 431.

20 *Bernsmann/Gatzweiler* Rdn. 427; *Jescheck* LK[11] Rdn. 7; *Korte* MK Rdn. 9; *Kuhlen* NK Rdn. 6; *Sch/Schröder/Heine/Eisele* Rdn. 6; *Sommer* AnwK Rdn. 5; *Stein/Deiters* SK Rdn. 11; s.a. *Eb. Schmidt* Rdn. 252 (zu § 333 a.F.).

21 *Sch/Schröder/Cramer*[26] Rdn. 10; s.a. BTDrucks. 7/550 S. 276.

22 Vgl. allgemein zur umstrittenen Abgrenzung zwischen untauglichem Versuch und Wahndelikt *Lackner/Kühl/Heger* § 22 Rdn. 15; *Murmann* LK § 22 Rdn. 258 ff.; *Sch/Schröder/Eser/Bosch* § 22 Rdn. 60 ff.

23 *Bernsmann/Gatzweiler* Rdn. 427; *Jescheck* LK[11] Rdn. 7; *Kuhlen* NK Rdn. 5; *Sch/Schröder/Heine/Eisele* Rdn. 10; *Stein/Deiters* SK Rdn. 12; vgl. auch *Fischer* Rdn. 7 f.

24 In diesem Sinne *Jescheck* LK[11] Rdn. 7; *Korte* MK Rdn. 9; *Stein/Deiters* SK Rdn. 11.

25 *Sch/Schröder/Heine/Eisele* Rdn. 10.

dass es insoweit überhaupt der Vornahme einer Diensthandlung bedürfte.[26] Will der Täter also z.B. eine besonders schnelle Bearbeitung seines Antrags erreichen und umfasst sein Vorsatz beim Bestimmungsversuch auch, dass der Amtsträger die Interessen anderer Antragsteller missachtet oder von an sich gebotenen Auflagen absieht, so ist § 334 auch dann verwirklicht, wenn der Amtsträger unter dem Eindruck des Vorteils lediglich eine zügige, aber pflichtgemäße Sachbearbeitung vornimmt.[27] Die Einbeziehung pflichtwidriger Diensthandlungselemente in die (bedingt vorsätzliche)[28] Tätervorstellung eröffnet somit die Strafbarkeit gemäß § 334; die rechtliche Fehlbeurteilung einer klar umrissenen pflichtgemäßen Diensthandlung als pflichtwidrig begründet eine solche Strafbarkeit hingegen nicht.

Auslegungsprobleme ergeben sich bezüglich des dritten Absatzes auch aus Bemühungen, die Reichweite des Bestimmungsversuchs anhand der Kategorien des Allgemeinen Teils festzulegen. So erscheint die Formulierung, der **untaugliche Bestimmungsversuch** werde nicht von Absatz 3 erfasst,[29] als zu weitgehend. Denn man wird die Aufforderung an einen (wie der Anbieter weiß) zur Vornahme der pflichtwidrigen Diensthandlung bereits entschlossenen Amtsträger (in der zu § 30 Abs. 1 entwickelten Terminologie wird diese Konstellation als untaugliche Anstiftung bezeichnet)[30] ebenso dem § 334 zuweisen können wie den Fall, dass der Empfänger der Erklärung deren Sinn (z.B. mangels entsprechender Sprachkenntnis) nicht verstehen kann. Zu fordern ist allerdings, dass der Erklärungsinhalt zumindest objektiv erkennbar ist.[31] Dass der angesprochene Amtsträger zur Vornahme der pflichtwidrigen Diensthandlung gar nicht imstande ist, soll der Strafbarkeit ebenfalls nicht entgegenstehen.[32] Auch die Regelung zur versuchten Anstiftung (**§ 30 Abs. 1**) liefert keine strikte Vorgabe für die Interpretation des § 334 Abs. 3.[33] Zwar stimmt die Gesetzesformulierung in beiden Vorschriften insofern überein, als jeweils die Rede davon ist, dass jemand einen anderen zu einem Verhalten „zu bestimmen versucht“. Doch abgesehen davon, dass § 334 Abs. 3 – anders als § 159 – nicht explizit auf § 30 Abs. 1 verweist, sind die Tatbestandsgrenzen unter Berücksichtigung der systematischen und teleologischen Gegebenheiten der §§ 331 ff. zu ermitteln (s. auch die folgende Rdn.). Hierbei ist wiederum die Funktion des § 334 Abs. 3 hervorzuheben, die Strafbarkeit von der Reaktion des Vorteilsnehmers abzukoppeln. Diese Blickrichtung rechtfertigt es aber nicht, parallel zur Auslegung des § 30 Abs. 1 die Strafbarkeit schon in dem Zeitpunkt einsetzen zu lassen, in dem die betreffende Erklärung den Herrschaftsbereich des Täters verlässt.[34] Vielmehr sind die diesbezüglichen Anforderungen in Übereinstimmung mit den Fällen des § 334 Abs. 1 zu bestimmen, sodass es der Kenntnisnahme durch den Adressaten oder (so die u.a. hier vertretene Ansicht; vgl. § 333 Rdn. 6 f.) des Zugangs bedarf. 8

b) Beziehungsverhältnis. Bezüglich der **Unrechtsvereinbarung** als wesentlichem Kernelement der Bestechungsdelikte gilt das zu § 332 (s. dort Rdn. 18 ff.) Ausgeführte für § 334 entsprechend. Gegenstand der Abrede muss hiernach auch auf der Geberseite eine als Äquivalent zum Vorteil angesehene konkrete (pflichtwidrige) Diensthandlung sein, doch ist die Pflichtwidrigkeit dieser Diensthandlung ihrerseits nicht notwendiger Bestandteil der Unrechtsvereinbarung (vgl. § 332 Rdn. 20 f.). Das bedeutet, dass die Pflichtwidrigkeit der Bezugshandlung zwar objektiv festgestellt werden und auch vom Vorsatz des Gebers umfasst sein muss; unerheblich ist jedoch, ob auch der 9

26 So auch *Fischer* Rdn. 8; *Sommer* AnwK Rdn. 5.
27 *Korte* MK Rdn. 9; vgl. auch BGH wistra **1998** 108, 109.
28 RGSt 77 75, 77; OLG Hamburg HESt **2** 342, 346; *Fischer* Rdn. 8; *Jescheck* LK[11] Rdn. 7; *Lackner/Kühl/Heger* Rdn. 4.
29 *Korte* MK Rdn. 9.
30 *Geppert* Jura **1997** 546, 547; *Sch/Schröder/Heine/Weißer* § 30 Rdn. 20; *Schünemann/Greco* LK § 30 Rdn. 14.
31 *Stein/Deiters* SK Rdn. 11; s.a. oben § 331 Rdn. 23 f.; § 333 Rdn. 4.
32 *Lackner/Kühl/Heger* Rdn. 3; *Sch/Schröder/Heine/Eisele* Rdn. 7.
33 Für eine gleiche Ausrichtung jedoch *Rengier* BT 2 § 60 Rdn. 61; *Sch/Schröder/Heine/Eisele* Rdn. 7.
34 Vgl. *Lackner/Kühl/Heger* § 30 Rdn. 4; *Sch/Schröder/Heine/Weißer* § 30 Rdn. 18; *Schünemann/Greco* LK § 30 Rdn. 16 ff. jeweils m.w.N.

Amtsträger das von ihm vorgenommene oder zu erbringende Verhalten als pflichtwidrig beurteilt. Steht die Pflichtwidrigkeit außerhalb des durch die Unrechtsabrede geschaffenen Beziehungsverhältnisses, so muss sich auch der Vorsatz des Gebers nicht darauf erstrecken, dass der Amtsträger die Pflichtwidrigkeit seiner Diensthandlung erkennt.[35] Auch für die Fälle des Absatzes 3 gilt nichts anderes. Hiergegen wird zwar eingewandt, dass der Versuch des Bestimmens als Anstiftungsversuch zu interpretieren sei und deshalb der Vorsatz des Gebers auch die vorsätzliche Pflichtwidrigkeit des Amtsträgers umfassen müsse.[36] Doch dies vermag nicht zu überzeugen; denn § 334 Abs. 3 stellt keine vollständige Adaption des § 30 Abs. 1 dar (vgl. auch Rdn. 8). Vielmehr ist die Vorschrift im Kontext der Bestechungsdelikte zu interpretieren. Insoweit wäre es ungereimt, die an die Unrechtsvereinbarung zu stellenden Anforderungen für künftige Diensthandlungen anders bestimmen zu wollen als für zurückliegende Diensthandlungen. Überhaupt ist der Rückgriff auf den Anstiftervorsatz Ausdruck des Akzessorietätsprinzips, während die Grundstruktur der spiegelbildlich gestalteten Bestechungsdelikte gerade auf die Abkoppelung der jeweiligen Strafbarkeit vom Akzessorietätsprinzip abzielt.[37] Damit schließt § 334 auch Verhaltensweisen ein, deren dogmatische Struktur dem „Verleiten" in § 160 entspricht.

III. Objektiver Tatbestand des § 334 Abs. 2

10 Als Pendant zu § 332 Abs. 2 (s. dort Rdn. 22 ff.) stellt § 334 Abs. 2 die Bestechung von **Richtern, Mitgliedern eines Gerichts der Europäischen Union** und **Schiedsrichtern** unter eine sowohl gegenüber § 333 Abs. 2 als auch gegenüber § 334 Abs. 1 verschärfte Strafdrohung. Den Qualifikationsgrund bildet hierbei (bezüglich § 333 Abs. 2) die Pflichtwidrigkeit der richterlichen Handlung[38] bzw. (hinsichtlich § 334 Abs. 1) die besondere Vertrauensstellung des unabhängigen Richters. Anders als für die Empfängerseite sieht das Gesetz für die Geberseite einen **abgestuften Strafrahmen** vor, nach welchem die auf eine künftige Pflichtverletzung des Richters abzielende Tat mit einer höheren Mindeststrafe bedroht ist als die Entlohnung einer zurückliegenden Pflichtverletzung (vgl. auch zum einheitlichen Strafrahmen in besonders schweren Fällen § 335 Abs. 1 Nr. 1 Buchst. b). Des Weiteren stellt Absatz 2 Satz 2 den **Versuch** der Richterbestechung (als einzige Tatvariante auf Geberseite) unter Strafe. Soweit sich die Bestechung auf eine künftige richterliche Handlung bezieht, erweitert **§ 335a Abs. 1 Nr. 1** den Kreis tauglicher Empfänger um Mitglieder eines ausländischen und eines internationalen Gerichts. Die **Tathandlungen** sind mit Absatz 1 identisch; die in Absatz 3 enthaltene Klarstellung gilt auch für Absatz 2 (s.a. Rdn. 7). Zur Schiedsrichtervergütung als Vorteil vgl. § 337.

IV. Subjektiver Tatbestand

11 Gegenstand des zumindest bedingten **Vorsatzes**[39] ist zunächst – ebenso wie bei § 333 (s. dort Rdn. 19) – die Vorstellung, dass der (ggf. für einen Dritten vorgesehene) Vorteil einem Amtsträger oder einer sonstigen zum Kreis der **tauglichen Adressaten** gehörenden Person angeboten, versprochen oder gewährt wird. Ein Irrtum über die Zugehörigkeit zum tauglichen Empfängerkreis kommt insbesondere im den Anwendungsbereich des § 334 erweiternden § 335a in Betracht. Soweit der Täter die normativen Voraussetzungen der Gleichstellungsmerkmale zumindest in der Art einer Parallelwertung in der Laiensphäre erfasst hat und die den Status eines tauglichen

35 *Fischer* Rdn. 7; *Korte* MK Rdn. 15; *Kuhlen* NK Rdn. 7; wohl **aA** *Möhrenschlager* in: Dölling 8. Kap. Rdn. 50.
36 In diesem Sinne *Bernsmann/Gatzweiler* Rdn. 428; *Sch/Schröder/Heine/Eisele* Rdn. 8.
37 Vgl. hierzu *Sowada* FS Tiedemann 273, 282 f.
38 Vgl. zur richterlichen Handlung § 331 Rdn. 95 ff.; zu ihrer Pflichtwidrigkeit § 332 Rdn. 24.
39 *Jescheck* LK[11] Rdn. 7; *Korte* MK Rdn. 14; *Kuhlen* NK Rdn. 7; *Lackner/Kühl/Heger* Rdn. 4; *Möhrenschlager* in: Dölling 8. Kap. Rdn. 49; *Sch/Schröder/Heine/Eisele* Rdn. 9; *Stein/Deiters* SK Rdn. 12.

Empfängers begründenden tatsächlichen Umstände kennt, ist ein (allenfalls zu einem Verbotsirrtum führender) Subsumtionsirrtum anzunehmen.[40] Fehlt dem Täter hingegen diese Bedeutungskenntnis, was insbesondere bei der Bestechung von Mitarbeitern ausländischer öffentlicher Unternehmen denkbar erscheint, so ist der Vorsatz ausgeschlossen (möglicherweise ist jedoch eine Strafbarkeit gemäß § 299 Abs. 2 gegeben).[41] Umgekehrt begründet (bei bestehender Bedeutungskenntnis) die irrige Annahme, der Partner der Unrechtsvereinbarung sei tauglicher Begünstigter, einen (untauglichen) Versuch, der allerdings nur im Fall des Absatzes 2 strafbar ist.[42]

Des Weiteren muss der Täter wissen und wollen, dass es sich bei dem Vorteil um eine Gegen- 12
leistung für eine konkrete Diensthandlung (bzw. richterliche Handlung) handelt. Im Hinblick auf die (angestrebte) **Unrechtsvereinbarung** muss ferner der Vorsatz des Täters darauf gerichtet sein, dass auch der andere Teil der Abrede diese Verknüpfung erkennt;[43] ob der andere diesen Zusammenhang tatsächlich erfasst, ist hingegen für die Tathandlung des Anbietens sowie für die Fälle des Absatz 3 bedeutungslos.[44] Die irrige Annahme, dass die Vornahme der vereinbarten Diensthandlung noch aussteht, während sie in Wahrheit bereits erbracht wurde, ist ebenso unbeachtlich wie die umgekehrte Fehlvorstellung, dass die tatsächlich erst noch zu leistende Diensthandlung bereits erfolgt sei.[45] Kein Bestandteil der Unrechtsvereinbarung ist demgegenüber die **Pflichtwidrigkeit** der Diensthandlung (vgl. Rdn. 9). Deshalb muss der Täter zwar bezüglich dieses Tatbestandsmerkmals zumindest bedingt vorsätzlich handeln,[46] doch muss sich sein Vorsatz (auch in den Fällen des Absatz 3) nicht darauf erstrecken, dass auch der Zuwendungsempfänger die Pflichtwidrigkeit seiner Diensthandlung erkennt. Hält der Täter die Diensthandlung (oder die richterliche Handlung) irrig für pflichtgemäß, kommt – sofern nicht lediglich ein Subsumtionsirrtum vorliegt –[47] eine Strafbarkeit gemäß § 333 in Betracht.[48] Umgekehrt bedarf es bei der nur irrig angenommenen Pflichtwidrigkeit der Abgrenzung zwischen einem straflosen Wahndelikt und einem (freilich nur bezüglich der Richterbestechung gemäß Absatz 2 Satz 2 unter Strafe gestellten) untauglichen Versuch (vgl. hierzu § 332 Rdn. 31).

V. Unrechtsausschluss

Hinsichtlich des Unrechtsausschlusses gelten die Ausführungen zu § 332 (s. dort Rdn. 28) entspre- 13
chend. Deshalb ist auch für die Geberseite (im Gegensatz zu § 333 Abs. 3) **weder** eine **Genehmigung** möglich, **noch** finden die von der Rechtsprechung entwickelten Ansätze einer **teleologischen Reduktion** bei der Zuwendung von Drittmitteln oder Wahlkampfspenden Anwendung.[49] Soweit im Rahmen des § 332 Abs. 3 der Sozialadäquanz ein marginaler Anwendungsbereich für die Entgegennahme geringwertiger, den Regeln des sozialen Verkehrs und der Höflichkeit entsprechender Vorteile durch einen Ermessensbeamten verbleibt (vgl. § 332 Rdn. 28), lassen sich diese Fälle für den Geber schon dadurch straflos stellen, dass er mit der Zuwendung die Vorstellung verbinden muss, hierdurch auf die Ermessensausübung Einfluss auszuüben (vgl. demgegenüber

40 *Hoven* S. 65 f.; *Korte* MK Rdn. 14; *Kuhlen* NK Rdn. 7; *Sch/Schröder/Heine/Eisele* Rdn. 9.
41 *Korte* MK Rdn. 14; *Möhrenschlager* in: Dölling 8. Kap. Rdn. 49; s.a. oben § 332 Rdn. 26.
42 *Sch/Schröder/Heine/Eisele* Rdn. 9.
43 Vgl. § 333 Rdn. 19.
44 Vgl. § 333 Rdn. 4 und oben Rdn. 8.
45 Vgl. § 333 Rdn. 19. Zu weiteren Konstellationen der Vorsatzinkongruenz beim Bestecher vgl. *T. Zimmermann* S. 398 ff.
46 RGSt **77** 75, 77; BGHSt **15** 352, 357; OLG Hamburg HESt **2** 342, 346; *Fischer* Rdn. 7; *Jescheck* LK[11] Rdn. 7; *Korte* MK Rdn. 14; *Kuhlen* NK Rdn. 7; *Lackner/Kühl/Heger* Rdn. 4; *Möhrenschlager* in: Dölling 8. Kap. Rdn. 50; *Sch/Schröder/Heine/Eisele* Rdn. 9; *Stein/Deiters* SK Rdn. 12; s.a. § 332 Rdn. 26.
47 *Kuhlen* NK Rdn. 7; *Sommer* AnwK Rdn. 6; s.a. *Fischer* Rdn. 8.
48 *Bernsmann/Gatzweiler* Rdn. 427; *Fischer* Rdn. 7; *Jescheck* LK[11] Rdn. 7; *Korte* MK Rdn. 14; *Möhrenschlager* in: Dölling 8. Kap. Rdn. 50; *Sch/Schröder/Heine/Eisele* Rdn. 10; *Stein/Deiters* SK Rdn. 11.
49 *Korte* MK Rdn. 16; *Sch/Schröder/Heine/Eisele* Rdn. 3; vgl. § 333 Rdn. 17.

zum Sich-bereit-Zeigen § 332 Rdn. 16). Teilweise wird für die Leistung von Vorteilen zum Zweck der Überführung des Amtsträgers als gemäß § 34 gerechtfertigt angesehen.[50] Wenn man mit der überwiegend vertretenen Auffassung im komplementären Verhalten des Vorteilsnehmers ein „Annehmen" i.S.d. §§ 331, 332 verneint, erscheint es konsequent, bezüglich der zu Beweiszwecken erfolgenden Hingabe des Vorteils ein „Gewähren" zu verneinen (vgl. § 333 Rdn. 10). Eine Rechtfertigung gemäß § 34 kann unter dem Gesichtspunkt des **Nötigungsnotstandes** erwogen werden, wenn der Geber (insbesondere in den Fällen der Auslandsbestechung; s.a. § 335a Rdn. 22) zugleich Opfer einer Erpressung ist, den Vorteil zur Vermeidung eines völligen Ausschlusses aus dem Wettbewerb leistet und die Inanspruchnahme staatlicher Hilfe keine Aussicht auf Erfolg bietet.[51]

VI. Vollendung, Beendigung und Versuch

14 Die **Vollendung** der Tat bestimmt sich nach der jeweiligen Tathandlung (vgl. insoweit § 333 Rdn. 24); auch der Bestimmungsversuch gemäß Absatz 3 bedeutet keine zeitliche Vorverlagerung des Vollendungszeitpunkts (s. Rdn. 11). Das Ausbleiben der vereinbarten Diensthandlung steht der Vollendung ebenso wenig entgegen wie der geheime Vorbehalt des Gebers, den versprochenen Vorteil nicht gewähren zu wollen. Für die **Beendigung** gelten die Ausführungen zu § 332 entsprechend (vgl. § 332 Rdn. 29 i.V.m. § 331 Rdn. 131 ff.). Nach Ansicht des BGH (St **52** 300, 302 ff. [Rdn. 6 ff.]) tritt bei vollzogener Unrechtsvereinbarung die Beendigung erst mit der letzten zur Erfüllung der Unrechtsabrede erbrachten Leistung (ggf. also auch der Bezugshandlung des Amtsträgers) ein. Immerhin bezeichnet es der BGH als erwägenswert, die Tat mittels einer ex-post-Betrachtung als mit dem Abschluss der Unrechtsvereinbarung beendet anzusehen, sofern innerhalb der gesetzlichen (fünfjährigen) Verjährungsfrist keine Erfüllungsbemühungen mehr entfaltet wurden.[52] Im Gegensatz zu § 332 ist der **Versuch** ausschließlich bezüglich der Bestechung von Richtern und Schiedsrichtern unter Strafe gestellt (Absatz 2 Satz 2). Der Versuch beginnt beim Anbieten und auch beim Versuch des Bestimmens (Absatz 3) mit dem Entlassen der betreffenden Erklärung aus dem eigenen Herrschaftsbereich.[53] Vgl. im Übrigen auch § 332 Rdn. 30 f. sowie zu Irrtumskonstellationen oben Rdn. 11 f.

VII. Beteiligung

15 Wegen des unbeschränkten Täterkreises (s. Rdn. 2) kommt grundsätzlich jedermann als tauglicher Täter in Betracht. Allerdings führt die spiegelbildliche Gestaltung der §§ 331 ff. (vgl. hierzu § 331 Rdn. 135 f.) dazu, dass sich die Strafbarkeit des **Vorteilsnehmers** allein nach den §§ 331, 332 richtet (umgekehrt wird der Geber nicht zusätzlich als Teilnehmer an §§ 331, 332 zur Verantwortung gezogen).[54] Der insoweit abschließende Charakter dieser Vorschriften entfaltet zugleich eine **Sperrwirkung** zugunsten derjenigen Personen, die zwar taugliche Begünstigte von Bestechungshandlungen, nicht jedoch taugliche Täter gemäß §§ 331, 332 sind.[55] Es wäre unter systematischen Aspekten sinnwidrig, ein vom Gesetzgeber als solches für straflos erachtetes Nehmerverhalten

---

50 *Kuhlen* NK § 333 Rdn. 15.

51 *Dann* wistra **2011** 127 ff.; *Korte* MK Rdn. 17; *Matt/Renzikowski/Sinner* Rdn. 8; s.a. *Arzt/Weber/Heinrich/Hilgendorf/Heinrich* § 49 Rdn. 48, 54 und 61; *T. Zimmermann* S. 405 ff.; vgl. aber auch *J. Kretschmer* StraFo **2008** 496 sowie (zu Erleichterungs- und Beschleunigungszahlungen im Ausland) *Dann* wistra **2008** 41 ff.; ferner allgemein zur „Korruption als ‚Notwehr'" *Quambusch* Kriminalistik **2008** 612 ff.; zu Rechtfertigungsstrategien der Geberseite in Fällen der Auslandsbestechung vgl. *Hoven* S. 256 ff.

52 BGHSt **53** 6, 10 (Rdn. 9) = NJW **2008** 3076, 3078.

53 *Fischer* Rdn. 5; *SSW/Rosenau* Rdn. 14.

54 *Fischer* Rdn. 6 i.V.m. § 333 Rdn. 10.

55 Vgl. insoweit oben Rdn. 2 einerseits, § 332 Rdn. 3 andererseits.

gleichwohl als Teilnahme an der Gebertat zu bestrafen.[56] Allerdings ist diese Überlegung gegenwärtig theoretischer Natur, da die in § 335a Abs. 1 normierten Gleichstellungsregelungen (anders als frühere Vorschriften in Art. 1 § 1 IntBestG und im 4. StrÄndG) eine kongruente Erweiterung der Personengruppen für §§ 332 und 334 vorsehen. Bezüglich der Mitwirkung außenstehender **Dritter** schlägt sich die spiegelbildliche Systematik der Bestechungsdelikte in einer **Lagertheorie** nieder (vgl. hierzu § 331 Rdn. 137 ff., § 333 Rdn. 26). Hierbei richtet sich die Strafbarkeit des Teilnehmers danach, auf welcher Seite des Korruptionsgeschehens sein Handeln (vorrangig) anzusiedeln ist. Bei gleichrangiger Doppelmitwirkung ist auf die strenger sanktionierte Alternative abzustellen; dies ist wegen des Fehlens einer Strafmilderung gemäß § 28 Abs. 1 i.V.m. § 49 Abs. 1 (str.) grundsätzlich die Teilnahme an der Gebertat (vgl. aber auch zur Teilnahme an der Richterbestechlichkeit § 332 Rdn. 34).

VIII. Konkurrenzen

Zum Verhältnis der einzelnen Begehungsformen zueinander und zum Vorrang gegenüber § 333 s. 16
dort Rdn. 27. Sofern die pflichtwidrige Diensthandlung oder richterliche Handlung zugleich einen Straftatbestand verwirklicht, kann eine Teilnahme hierzu (oder – soweit die Tat ein Verbrechen darstellt –[57] eine versuchte Anstiftung gemäß § 30 Abs. 1) gegeben sein, die zur Strafbarkeit gemäß § 334 in Tateinheit steht.[58] Besteht die Pflichtwidrigkeit gerade in der Teilnahme an einer Straftat des Vorteilsgebers, so ist zwischen dieser Straftat und § 334 Tatmehrheit anzunehmen.[59] Werden mehrere Amtsträger des gleichen Amtes durch unterschiedliche Handlungen bestochen, liegt gleichfalls Tatmehrheit vor.[60] Zu weiteren mit der Bestechung zusammentreffenden Straftaten mit anderer Schutzrichtung (z.B. §§ 263, 266) besteht Tateinheit;[61] zweifelhaft ist jedoch die Bejahung des § 185 (vgl. § 333 Rdn. 27). Zu § 334 als Vortat der Geldwäsche vgl. *Korte* MK Rdn. 35.

IX. Rechtsfolgen

1. Strafe

Das (1.) KorrBekG ließ die **Strafrahmen** des § 334 unverändert; es bewirkte jedoch eine Strafver- 17
schärfung durch die Einführung der Strafzumessungsvorschrift des § 335 Abs. 1 Nr. 1 Buchst. b, die für besonders schwere Fälle einen erhöhten Strafrahmen von einem Jahr bis zu zehn Jahren Freiheitsstrafe vorsieht. Die Strafrahmen des § 334 sind milder als die für den Bestochenen in § 332 angedrohten Sanktionen (im Gegensatz hierzu stimmen die Strafrahmen zwischen § 331 und § 333 überein). So beträgt (bei identischer Höchststrafe von fünf Jahren Freiheitsstrafe) die Mindeststrafe in den Fällen des § 334 **Abs. 1** Satz 1 drei Monate Freiheitsstrafe (§ 332 Abs. 1 S. 1: sechs Monate) und die Obergrenze des Strafrahmens für minder schwere Fälle (Absatz 1 Satz 2) liegt bei zwei Jahren Freiheitsstrafe (§ 332 Abs. 1 Satz 2: drei Jahre). Ein **minder schwerer Fall** ist nicht

56 *Korte* MK Rdn. 18 i.V.m § 333 Rdn. 41; *Kuhlen* NK Rdn. 9; *Sch/Schröder/Heine/Eisele* Rdn. 11; *Sowada* FS Tiedemann 273, 284 f.; s.a. § 333 Rdn. 25 m.w.N.

57 Diesbezüglich ist umstritten, ob die Tat (nur) für den Angestifteten (so BGHSt **6** 308, 309 ff.; BGHSt **53** 174, 177 [Rdn. 11 f. m.w.N.] = NJW **2009** 1221 f.) oder für den präsumtiven Anstifter Verbrechenscharakter haben muss (so u.a. *Lackner/Kühl/Heger* § 30 Rdn. 2; *Sch/Schröder/Heine/Weißer* § 30 Rdn. 13 jeweils m.w.N.).

58 RGSt **13** 181, 182; **55** 181, 182; **61** 269 f.; BGHSt **6** 308, 311 f.; *Jescheck* LK[11] Rdn. 9 (m.w.N.); *Kuhlen* NK Rdn. 11; *Lackner/Kühl/Heger* Rdn. 6; *Sch/Schröder/Heine/Eisele* Rdn. 14; *Stein/Deiters* SK Rdn. 15; für Tatmehrheit bezüglich sonstiger (selbständiger) Teilnahmehandlungen an der Straftat des Amtsträgers *Fischer* Rdn. 10; *Korte* MK Rdn. 23.

59 RGSt **56** 58 ff.; BGHSt **41** 385, 389; *Jescheck* LK[11] Rdn. 9; *Stein/Deiters* SK Rdn. 15.

60 *Sch/Schröder/Heine/Eisele* Rdn. 14.

61 Zum Verhältnis zu §§ 298, 299 Abs. 2 vgl. *Korte* MK Rdn. 22; s.a. oben § 331 Rdn. 143.

gegeben, wenn ein alkoholisierter Kraftfahrer nach fahrlässiger Verursachung eines Verkehrsunfalls einem Polizeibeamten € 1.500 anbietet, damit dieser von weiteren Maßnahmen absehe.[62] Noch gravierender ist die Strafrahmendivergenz bezüglich der Entlohnung pflichtwidriger richterlicher Handlungen. Hier differenziert das Gesetz hinsichtlich der Geberseite in § 334 **Abs. 2** in der Weise, dass die auf rückwirkende pflichtwidrige (schieds-)richterliche Handlungen bezogene Bestechung mit einer Freiheitsstrafe von drei Monaten bis zu fünf Jahren, die vom Gesetzgeber als unrechtsschwerer beurteilte Richterbestechung hinsichtlich künftiger richterlicher Pflichtverletzungen[63] mit einer Freiheitsstrafe zwischen sechs Monaten und fünf Jahren (unter Ausschluss von Geldstrafe gemäß § 47) bedroht wird. Eine Sonderregelung für minder schwere Fälle der Richterbestechung enthält das Gesetz nicht. Für den bestochenen (Schieds-)Richter hingegen beträgt der Regelstrafrahmen (§ 332 Abs. 2 S. 1) ein Jahr bis zehn Jahre Freiheitsstrafe; lediglich für minder schwere Fälle eröffnet § 332 Abs. 2 S. 2 einen (dem § 334 Abs. 2 Nr. 2 entsprechenden) Strafrahmen von sechs Monaten bis zu fünf Jahren Freiheitsstrafe. Allgemein ist bei der **Strafzumessung** (zur Sanktionspraxis vgl. *Dölling* in: ders. § 1 Rdn. 53 und Tab. 21) auch zu berücksichtigen, ob die Bestechung Erfolg hatte und zu einer pflichtwidrigen Diensthandlung geführt hat.[64]

2. Einziehung von Taterträgen

18 Das der Abschöpfung von Vermögensvorteilen dienende Rechtsinstitut der Einziehung von Taterträgen (§§ 73 ff.) kommt nicht nur bezüglich des Bestechungslohnes,[65] sondern grundsätzlich auch bei Taten gemäß § 334 zur Anwendung.[66] In diesem Zusammenhang können sich jedoch Schwierigkeiten bei der Bestimmung des vom Bestechenden unmittelbar für die Tat oder aus ihr Erlangten ergeben.[67] Erreicht der Vorteilsgeber durch die Bestechung das Inkrafttreten eines auch die zuvor von ihm erworbenen Grundstücke betreffenden Bebauungsplans, so besteht das Erlangte nicht in den letztendlich erzielten Veräußerungserlösen, sondern in der Erhöhung der Chancen zu einer gewinnbringenden Veräußerung; auch bei einer Realisierung dieses Spekulationsgewinns sind daher der Ankaufspreis und diesbezügliche Nebenkosten bei der Ermittlung der der Abschöpfung unterliegenden Summe vom Verkaufserlös abzuziehen.[68] Entsprechend sieht der BGH (St **50** 299, 310 f.) bei der durch eine Bestechung (im geschäftlichen Verkehr) bewirkten Auftragserteilung nicht den Werklohn, sondern lediglich den Vertragsschluss selbst (sowie etwaige konkrete Chancen für Wartungs- und Folgeaufträge) als unmittelbar durch die Tat erlangt an.[69] Wird der Amtsträger durch die Bestechung zur Verletzung von Dienstgeheimnissen bestimmt, so ist auf den Wert der erlangten Adressenlisten im Anschriftenhandel, nicht jedoch auf die durch die Verwertung der Daten erzielten Provisionen und Gewinne abzustellen.[70] Dient die Zuwendung ausschließlich der Belohnung für eine bereits zuvor begangene pflichtwidrige Diensthandlung, so kommt eine

---

62 Vgl. KG NZV **2001** 443 f.; *Fischer* Rdn. 9; vgl. aber auch die Annahme eines minder schweren Falles (bei einem Betrag von 100 DM) in dem bei *Bannenberg* S. 303 mitgeteilten Fall.

63 BTDrucks. 7/550 S. 276.

64 *Leitner/Rosenau/Gaede* Rdn. 19; *Sch/Schröder/Heine/Eisele* Rdn. 13; *SSW/Rosenau* Rdn. 12; vgl. auch BGH GA **1959** 176 f.

65 Vgl. § 332 Rdn. 38.

66 Vgl. allgemein zum Verfall bei den Bestechungsdelikten *Husberg* Verfall bei Bestechungsdelikten (1999), insb. S. 119 ff., und *Möhrenschlager* in: Dölling 8. Kap. Rdn. 211 ff.; s.a. *Sedemund* DB **2003** 323 ff. In den von *Bannenberg* (S. 297 ff.) untersuchten Fällen (zur Gesetzeslage vor dem KorrBekG (s. a.a.O. S. 69) wurde von den §§ 73 ff. nur in fünf von 80 Fällen (und zwar ausschließlich bei Bestechlichkeit) Gebrauch gemacht.

67 Ausführlich hierzu *Husberg* S. 138 ff.; s.a. *Korte* MK Rdn. 27 ff.; *Möhrenschlager* in: Dölling 8. Kap. Rdn. 218; *Sedemund* DB **2003** 323, 328.

68 *Korte* MK Rdn. 30 sowie (zu § 73 a.F.) BGHSt **47** 260, 268 ff. = JR **2003** 157, 160 mit Anm. *Wohlers* S. 160, 161 ff.; *Möhrenschlager* in: Dölling 8. Kap. Rdn. 218 (mit Fn. 640).

69 Vgl. auch *Möhrenschlager* in: Dölling 8. Kap. Rdn. 218 (Fn. 641 m.w.N.); *Wehnert/Mosiek* StV **2005** 568, 574 f.

70 BGH NStZ **2006** 334 f. (zu §§ 73, 73a a.F.); *Heuchemer* BeckOK § 73 Rdn. 9.5; *Sch/Schröder/Eser/Schuster* § 73 Rdn. 15.

Abschöpfung auf Seiten des Bestechenden nicht in Betracht, da es an der notwendigen unmittelbaren Kausalbeziehung zwischen der Tat und dem erlangten Vorteil fehlt.[71] Zur Vermeidung von Doppelbelastungen durch Vermögensabschöpfung und Besteuerung vgl. *Korte* MK Rdn. 31.[72] Die auf Gegenstände, die aus rechtswidrigen Taten herrühren, beschränkte Erweiterte Einziehung von Taterträgen (§ 73a) wird bezüglich § 334 regelmäßig nicht eingreifen.[73]

3. Sonstige Rechtsfolgen

Als weitere Rechtsfolge kommt die **Einziehung** der zur Tatbegehung gebrauchten oder durch sie 19
hervorgebrachten Gegenstände in Betracht (vgl. §§ 74 ff.).[74] Die Einziehung kann sich z.B. auf zur Bestechung angebotenes Geld oder auf sonstige den Vorteil i.S.d. § 334 bildende Rechtspositionen des Gebers beziehen.[75] Zu den Sanktionsmöglichkeiten im weiteren Sinne gehört auch die Verhängung von **Geldbußen** gegen juristische Personen und Personenvereinigungen (§ 30 OWiG) bzw. gegen den Inhaber eines Betriebes oder Unternehmens (§ 130 OWiG) als Folge einer die Adressaten treffenden Pflichtverletzung.[76]

X. Prozessuales

Alle Taten gemäß § 334 **verjähren** binnen fünf Jahren (§ 78 Abs. 3 Nr. 4); das Vorliegen eines 20
besonders schweren Falles (§ 335 Abs. 1 Nr. 1 Buchst. b) ist für die Verjährung ohne Bedeutung (§ 78 Abs. 4). Zu dem für den Beginn der Verjährung maßgeblichen Zeitpunkt der Beendigung der Tat vgl. § 331 Rdn. 131 ff. Zu den **strafprozessualen Zwangsmaßnahmen** vgl. § 332 Rdn. 40; zur Zuständigkeit der Wirtschaftsstrafkammer (§ 76c Abs. 1 Nr. 6 Buchst. a GVG) s. § 333 Rdn. 29. Zu **Mitteilungspflichten** im Verhältnis zwischen Finanz- und Strafbehörden vgl. § 4 Abs. 5 Satz 1 Nr. 10 EStG.[77] Die beamtenrechtliche **Verschwiegenheitspflicht** gilt bezüglich der Anzeige eines durch Tatsachen begründeten Verdachts einer Korruptionsstraftat i.S.d. §§ 331 bis 337 (u.a.) nicht gegenüber der zuständigen obersten Dienstbehörde und einer Strafverfolgungsbehörde (§ 67 Abs. 2 Nr. 3 BBG, § 37 Abs. 2 Nr. 3 BeamtStG).

---

71 *Korte* MK Rdn. 32.
72 Vgl. auch BGH NJW **2019** 3798 f. mit Anm. *Rettke* = NZWiSt **2020** 156 f. mit Anm. *Maciejewski/Schumacher* (zu § 299).
73 *Korte* MK Rdn. 33.
74 Vgl. *Korte* MK Rdn. 34; *Möhrenschlager* in: Dölling 8. Kap. Rdn. 236 ff.
75 OLG Frankfurt/M. NStZ-RR **2000** 45 f.; *Bannenberg* S. 300.
76 Vgl. näher *Greeve* Rdn. 604 ff.; *Korte* MK Rdn. 36; *Möhrenschlager* in: Dölling 8. Kap. Rdn. 252 ff.; s.a. zur Einbettung in den grundsätzlicheren Kontext einer Unternehmensstrafbarkeit *Bannenberg* S. 409 ff.; *Hetzer* Kriminalistik **2008** 284 ff.; ferner **krit.** *Nell* ZRP **2008** 149 ff.; *Wehnert* FS Rieß (2002) 811 ff.
77 Ausführlich hierzu *Höll* ZIS **2010** 309, 311 ff. sowie (zur Auslandsbestechung) *Hoven* S. 385 ff.

§ 335 Besonders schwere Fälle der Bestechlichkeit und Bestechung

(1) In besonders schweren Fällen wird
1. eine Tat nach
a) § 332 Abs. 1 Satz 1, auch in Verbindung mit Abs. 3, und
b) § 334 Abs. 1 Satz 1 und Abs. 2, jeweils auch in Verbindung mit Abs. 3,
mit Freiheitsstrafe von einem Jahr bis zu zehn Jahren und
2. eine Tat nach § 332 Abs. 2, auch in Verbindung mit Abs. 3, mit Freiheitsstrafe nicht unter zwei Jahren
bestraft.

(2) Ein besonders schwerer Fall im Sinne des Absatzes 1 liegt in der Regel vor, wenn
1. die Tat sich auf einen Vorteil großen Ausmaßes bezieht,
2. der Täter fortgesetzt Vorteile annimmt, die er als Gegenleistung dafür gefordert hat, daß er eine Diensthandlung künftig vornehme, oder
3. der Täter gewerbsmäßig oder als Mitglied einer Bande handelt, die sich zur fortgesetzten Begehung solcher Taten verbunden hat.

Schrifttum

S. die Schrifttumsangaben Vor § 331 (insbesondere vor Rdn. 20).

Entstehungsgeschichte

Die Vorschrift ist durch das das Gesetz zur Bekämpfung der Korruption vom 13.8.1997 (**[1.] KorrBekG**, BGBl. I S. 2038; vgl. hierzu Vor § 331 Rdn. 23 sowie zu den Gesetzesmaterialien § 331 vor Rdn. 1) neu in das StGB eingefügt worden. Dem liegt die (u.a. dem Votum des DJT folgende)[1] Konzeption zugrunde, die Strafrahmen der §§ 332 und 334 unverändert zu lassen (weil Bestechlichkeit und Bestechung grundsätzlich nicht stärker zu bewerten seien als Diebstahl, Betrug, Untreue, Urkundenfälschung und Steuerhinterziehung) und dem Bedürfnis nach möglichen Strafschärfungen durch eine Strafzumessungsregelung für besonders schwere Fälle Rechnung zu tragen.[2] Andere Gesetzesentwürfe hatten demgegenüber die Hochstufung auch der Bestechlichkeit und Bestechung von Amtsträgern (parallel zu den für Richter geltenden Straftatbeständen) zu Verbrechen und die Anhebung der Strafrahmen für die §§ 332, 334 auf zehn Jahre Freiheitsstrafe vorgesehen.[3] Die grundsätzlich gegen das hier (vor allem aber etwas später im Rahmen des 6. StrRG [1998]) vom Gesetzgeber gewählte Modell der Regelbeispielstechnik vorgebrachte Kritik[4] konnte im Laufe des Gesetzgebungsverfahrens zum (1.) KorrBekG noch nicht berücksichtigt werden.[5]

Übersicht

---

1 Vgl. *Dölling* C 75 ff., 112 sowie Verhandlungen des 61. DJT (1996) Bd. II/2 L 190 f. (Beschluss 7).

2 BRDrucks. 553/96 S. 19; s.a. BTDrucks. 13/6424 S. 13; vgl. ferner *Bauer/Gmel* LK[11] Nachtrag zu §§ 331–338 Rdn. 20; *König* JR **1997** 397, 400; *ders.* DRiZ **1996** 357, 362 f.; *Korte* MK Rdn. 1; *Möhrenschlager* JZ **1996** 822, 827; *SSW/Rosenau* Rdn. 2.

3 *Korte* MK Rdn. 1; *Kuhlen* NK Rdn. 1.

4 Vgl. z.B. *Bernsmann/Gatzweiler* Rdn. 435 f.; *Hirsch* FS Gössel 287 ff.; *Lackner/Kühl/Heger* § 46 Rdn. 11; *Zieschang* Jura **1999** 561 ff.

5 *König* JR **1997** 397, 400; *Kuhlen* NK Rdn. 2; *Lackner/Kühl/Heger* Rdn. 1.

https://doi.org/10.1515/9783110490329-006

I. Allgemeines

Der **Anwendungsbereich** der Vorschrift ist auf die §§ 332 und 334 beschränkt. Für Vorteilsannahme und Vorteilsgewährung bleiben die in §§ 331, 333 normierten Strafrahmen unverändert, sodass die Regelbeispiele dort lediglich als Anhaltspunkte im Rahmen der konkreten Strafzumessung wirken können.[6] Die Strafrahmenverschiebung gilt gemäß § 335a Abs. 1 auch für die Bestechlichkeit und Bestechung ausländischer und internationaler Bediensteter (beschränkt auf künftige Diensthandlungen und künftige richterliche Handlungen) sowie für Soldaten der Bundeswehr (§ 48 Abs. 1 und 2 WStG). Systematisch enthält Absatz 1 die modifizierten Strafrahmen, während Absatz 2 drei Regelbeispiele für das Vorliegen eines besonders schweren Falles aufführt. Da Absatz 1 Nr. 2 lediglich die Strafrahmenuntergrenze (zwei Jahre Freiheitsstrafe) angibt, kann ein besonders schwerer Fall der Bestechlichkeit eines Richters oder Schiedsrichters mit bis zu fünfzehn Jahren Freiheitsstrafe bestraft werden (§ 38 Abs. 2). In prozessualer Hinsicht markieren die in Absatz 2 genannten Voraussetzungen die Eingriffsgrenze für die **Online-Durchsuchung** (§ 100b Abs. 2 Nr. 1 Buchst. o StPO) und für die **akustische Wohnraumüberwachung** (§ 100c Abs. 1 Nr. 1 StPO); ein unbenannter besonders schwerer Fall stellt hingegen keine taugliche Anlasstat dar. 1

Obwohl die Mindeststrafdrohung bei einem Jahr (bzw. zwei Jahren) Freiheitsstrafe liegt, bleiben die §§ 332 und 334 auch bei Annahme eines besonders schweren Falles **Vergehen** im Sinne des § 12 Abs. 2, da es sich bei § 335 nicht um Qualifikationstatbestände, sondern um für die Klassifizierung unbeachtliche Regelbeispiele handelt (vgl. § 12 Abs. 3).[7] Daher folgt aus § 335 keine Strafbarkeit gemäß § 30; ferner ist die versuchte Amtsträgerbestechung (§ 334 Abs. 1) auch unter den Voraussetzungen des § 335 nicht mit Strafe bedroht.[8] Auch auf die Dauer der Verjährungsfrist hat die Bejahung des § 335 keinen Einfluss (§ 78 Abs. 4; vgl. aber auch zum Ruhen der Verjährung § 78b Abs. 4).[9] Die Annahme eines besonders schweren Falles steht einer Verfahrenseinstellung gemäß §§ 153 ff. StPO nicht entgegen.[10] Zu den allgemeinen dogmatischen Grundsätzen (Vorsatzerfordernis, Versuch und Teilnahme) bei strafschärfenden Regelbeispielen vgl. *Lackner/Kühl/Heger* § 46 Rdn. 11 ff.[11] 2

Bezüglich der **praktischen Bedeutung** des § 335 lassen sich der Polizeilichen Kriminalstatistik folgende Angaben über das Hellfeld entnehmen (vgl. auch Vor § 331 Rdn. 40): 3

Entwicklung der Zahl der Tatverdächtigen bei besonders schweren Fällen der Bestechlichkeit und Bestechung, 2010–2020 (Quelle: PKS)[12]

	2008	2009	2010	2011	2012	2013	2014	2015	2016	2017	2018	2019	2020
§ 335 insgesamt	49	44	109	85	136	62	166	45	37	32	19	27	56
§§ 335 i.V.m. 332	24	20	51	55	62	18	24	19	15	20	15	20	31
§ 332	259	304	302	234	282	268	793	220	172	198	170	179	146
§§ 335 i.V.m. 334	25	24	58	30	74	44	142	26	22	12	4	7	25
§ 334	475	492	497	365	461	475	475	507	324	498	289	584	381

6 *Leitner/Rosenau/Gaede* Rdn. 2.

7 Vgl. allgemein *Eisele* Die Regelbeispielsmethode im Strafrecht (2004) S. 168; *Hilgendorf* LK § 12 Rdn. 17; *Sch/Schröder/Hecker* § 12 Rdn. 10.

8 *Bernsmann/Gatzweiler* Rdn. 434; *Korte* MK Rdn. 4; *Wolters* JuS **1998** 1100, 1105 f.

9 *Korte* MK Rdn. 1; *Matt/Renzikowski/Sinner* Rdn. 10.

10 *Bannenberg* HK-GS Rdn. 2; *SSW/Rosenau* Rdn. 13; vgl. allgemein zur prozessualen Behandlung von Regelbeispielen *Rieß* GA **2007** 377 ff.

11 Vgl. auch *Eisele* Die Regelbeispielsmethode im Strafrecht (2004) S. 283 ff., 340 ff.; *Fischer* § 46 Rdn. 90 ff.; *Horn/Wolters* SK § 46 Rdn. 66 ff., 81 ff., 85 ff.; *Mitsch* 1.3.1.3. ff. (zu § 243).

12 Für das Jahr 2020 vgl. PKS 2020 abrufbar unter: www.bka.de/DE/AktuelleInformationen/StatistikenLagebilder/PolizeilicheKriminalstatistik/PKS 2020/PKSTabellen/BundTV/bundTV.html?nn=145506 (T20 Tatverdächtige insgesamt nach Alter und Geschlecht) (für andere Jahre vgl. die entsprechende PKS).

II. Erläuterungen zu den Regelbeispielen (Absatz 2)

1. Vorteil großen Ausmaßes (Nummer 1)

4 **a) Allgemeines.** Gemäß § 335 Abs. 2 Nr. 1 ist – übereinstimmend mit § 300 Satz 2 Nr. 1 bezüglich der Bestechlichkeit und Bestechung im geschäftlichen Verkehr – ein besonders schwerer Fall indiziert, sofern sich die Tat auf einen Vorteil großen Ausmaßes bezieht. Darüber hinaus ist das Merkmal des „großen Ausmaßes" auch in weiteren Strafzumessungsregelungen als Regelbeispiel zu finden. So nennen § 263 Abs. 3 Nr. 2 und § 267 Abs. 3 Nr. 2 die Herbeiführung eines Vermögensverlustes großen Ausmaßes als Erschwerungsgrund, während § 264 Abs. 2 Nr. 1 auf die Erlangung einer nicht gerechtfertigten Subvention großen Ausmaßes (also ebenfalls eines Vorteils auf Täterseite) abstellt.[13] Ungeachtet dieser terminologischen Parallelen und der allgemeinen Umschreibung, dass die Zuwendung ihrem Umfang nach deutlich aus dem Rahmen durchschnittlicher Fälle herausragen muss,[14] bedarf es einer an den §§ 331 ff. ausgerichteten **tatbestandsspezifischen Interpretation**; das gilt angesichts der unterschiedlichen Lebenssachverhalte auch im Verhältnis zum gleichlautenden § 300 Satz 2 Nr. 1.[15] Der Begriff des „Vorteils" nimmt auf das betreffende Tatbestandsmerkmal in den §§ 332, 334 Bezug (vgl. § 331 Rdn. 30 ff.). Im Hinblick auf die Messbarkeit kommen nur **materielle Zuwendungen** in Betracht.[16] Ferner muss es sich um Vorteile handeln, die dem **Amtsträger** oder einem von diesem bestimmten Dritten (s. hierzu auch Rdn. 6) zufließen (sollen). Die aus der pflichtwidrigen Diensthandlung resultierende Besserstellung des Vorteilsgebers ist für die Verwirklichung des Regelbeispiels ohne Bedeutung;[17] gegebenenfalls kann aber ein atypischer (unbenannter) besonders schwerer Fall anzunehmen sein.[18]

5 Der **Grundgedanke** dieses Regelbeispiels liegt darin, mit Nachdruck der besonderen Gefährlichkeit entgegenzutreten, die aus dem Eindruck erwächst, dass man durch den „Verkauf" von Diensthandlungen „viel verdienen" kann.[19] Die Annahme eines besonders wertvollen Vorteils bildet einen gesteigerten Anreiz zur Nachahmung, während vom Angebot oder von der Gewährung einer solchen Zuwendung eine erhöhte Korrumpierungswirkung ausgeht.[20] Beide Aspekte gefährden nachhaltig die Sachgerechtigkeit staatlicher Entscheidungen und untergraben damit zugleich das diesbezügliche Vertrauen der Allgemeinheit. Indem der BGH (5. StS)[21] im Hinblick auf das Bedürfnis nach Rechtssicherheit die Wertgrenzen zu § 263 Abs. 3 Nr. 2 und § 370 Abs. 3 Satz 2 Nr. 1 AO auf § 335 Abs. 2 Nr. 1 überträgt, gibt er dem Gedanken einer tatbestandsspezifischen Auslegung (s. Rdn. 4) zu wenig Raum. Zustimmung verdient der Grundansatz, die Grenze des großen Ausmaßes vorrangig **objektiv pauschalierend** zu bestimmen;[22] dies schließt eine nachrangige ergänzen-

---

13 Vgl. ferner § 370 Abs. 3 Satz 2 Nr. 1 AO und § 95 Abs. 3 Satz 2 Nr. 1 Buchst. c AMG.

14 *Fischer* Rdn. 5 (m.w.N. zu § 264); *Korte* MK Rdn. 8.

15 BTDrucks. 13/5584 S. 17 (s.a. a.a.O. S. 15 zu § 300); BRDrucks. 553/96, S. 38; *Bauer/Gmel* LK[11] Nachtrag zu §§ 331–338 Rdn. 21; *Korte* MK Rdn. 6; *Kuhlen* NK Rdn. 4 (mit Fn. 6); *Stein/Deiters* SK Rdn. 3; **aA** (parallel zu § 300) wohl *Lackner/Kühl/Heger* § 300 Rdn. 1; *Rengier* BT 2 § 60 Rdn. 79 (Hinweis auf § 263 Abs. 3 Satz 2 Nr. 2); vgl. auch BGH NJW **2006** 3290, 3298.

16 *Bernsmann/Gatzweiler* Rdn. 437; *Fischer* Rdn. 6; *Korte* MK Rdn. 8; *Kuhlen* NK Rdn. 3; *Sch/Schröder/Heine/Eisele* Rdn. 3; *Stein/Deiters* SK Rdn. 3.

17 *Bauer/Gmel* LK[11] Nachtrag zu §§ 331–338 Rdn. 21; *Bernsmann/Gatzweiler* Rdn. 437; *Fischer* Rdn. 5; *Kuhlen* NK Rdn. 3 (Fn. 3).

18 *Korte* MK Rdn. 7.

19 *Stein/Deiters* SK Rdn. 3; ähnlich auch *Kuhlen* NK Rdn. 3; *Sch/Schröder/Heine/Eisele* Rdn. 5.

20 *Korte* MK Rdn. 8; *Leitner/Rosenau/Gaede* Rdn. 4.

21 BGH NStZ **2016** 349, 351 = NZWiSt **2016** 359, 361 mit zust. Anm. *Houben*; BGH Beschluss v. 6.4.2016 – 5 StR 584/15 (juris).

22 Für eine rein pauschalierende Bestimmung *Kuhlen* NK Rdn. 3; *Stein/Deiters* SK Rdn. 3.

de Berücksichtigung der individuellen Lebensverhältnisse des konkreten Amtsträgers jedoch nicht aus.[23]

b) Wertgrenze. Die relative Unbestimmtheit dieses Merkmals[24] manifestiert sich in den beträchtlichen Unterschieden zu der Frage, von welchem Betrag an von einem Vorteil großen Ausmaßes auszugehen ist. Während einige Autoren die Wertgrenze bei 10.000 Euro ansetzen,[25] plädieren andere für einen Richtwert von mindestens 25.000 Euro;[26] nach wiederum anderer Ansicht ist die Grenze (mit dem BGH) bei 50.000 Euro zu ziehen.[27] Angesichts der erheblichen Strafschärfung erscheint die Grenze von 10.000 Euro als zu niedrig. Vor diesem Hintergrund sind deutlich aus dem Rahmen fallende Vorteile zu verlangen. In diesem Zusammenhang lässt sich für den Betrag von 25.000 Euro als Richtwert anführen, dass diese Summe dem Netto-Jahreseinkommen vieler Amtsträger entspricht.[28] Mit Blick auf die generelle Anreizwirkung ist freilich eine typisierende Betrachtung geboten. Deshalb ist nicht das konkrete Jahreseinkommen des Täters (beispielsweise eines Chefarztes oder eines Vorstandsvorsitzenden) als Richtwert zu nehmen (und erst recht nicht seine übrige Vermögenslage wie z.B. Verbindlichkeiten oder zusätzliches Vermögen zu berücksichtigen).[29] Da es auf den Vorteil für den Amtsträger ankommt, sind die Einkommens- und Vermögensverhältnisse des Vorteilsgebers ohne Belang.[30] Immerhin könnte man (als durchaus noch pauschalierende, nicht etwa als individualisierende Überlegung) berücksichtigen, dass das Gehaltsgefüge in privatisierten Unternehmen der öffentlichen Hand über jenem der Beamten liegt, sodass in diesem Bereich erst ein höherer Betrag eine gleiche Anreizwirkung auslöst.[31] Entsprechend können bei der Bestechung ausländischer Amtsträger auch die Einkommensverhältnisse im Staat des Zuwendungsempfängers von Bedeutung sein.[32] Bedenkt man, dass die in Absatz 1 festgesetzte Mindeststrafe (ein Jahr Freiheitsstrafe) die in §§ 263 Abs. 3, 264 Abs. 2 und § 267 Abs. 3 normierte (jeweils sechs Monate Freiheitsstrafe) übersteigt[33] (vgl. auch § 56 Abs. 1 und 2) und im Gegensatz zu jenen Normen die betreffende Leistung nicht erbracht werden muss (vgl. Rdn. 8), so erscheint es angemessen, die Summe von 25.000 Euro als Mindestgrenze anzusetzen und regelmäßig 50.000 Euro als Orientierungsgröße anzusehen.[34] In die Bestimmung des Vorteils großen Ausmaßes kann auch die Überlegung einfließen, ob der Amtsträger aus egoistischen oder **altruistischen** Motiven gehandelt hat.[35] Das bedeutet freilich nicht, dass jeglicher Drittvorteil die Wertgrenze nach oben verschiebt. Kommt hingegen die Tat (insbesondere in Sponsoring-Fällen) ausschließlich sozial anerkannten oder sogar erwünschten Zwecken zugute, so kann dies zu einer 6

23 *Bauer/Gmel* LK[11] Nachtrag zu §§ 331–338 Rdn. 21; *Fischer* Rdn. 5; *Korte* MK Rdn. 8; *Möhrenschlager* in: Dölling 8. Kap. Rdn. 55; *Sch/Schröder/Heine/Eisele* Rdn. 3; *SSW/Rosenau* Rdn. 4; vgl. auch *Bernsmann/Gatzweiler* Rdn. 437 ff. und *Sommer* AnwK Rdn. 3. Für eine generelle Orientierung an den individuellen Vermögensverhältnissen des Amtsträgers *Rudolphi* SK[5] Rdn. 3; *Sch/Schröder/Cramer*[26] Rdn. 3.

24 *Matt/Renzikowski/Sinner* Rdn. 3; s.a. *Houben* NStZ **2016** 362, 362 ff. sowie (jeweils zu § 300) *Sch/Schröder/Eisele* § 300 Rdn. 3 und *Lindemann* LK § 300 Rdn. 4.

25 *Fischer* Rdn. 6; *Kindhäuser/Hilgendorf* Rdn. 2; *Lackner/Kühl/Heger* Rdn. 2.

26 *Leitner/Rosenau/Gaede* Rdn. 7; *Sch/Schröder/Heine/Eisele* Rdn. 3; *Stein/Deiters* SK Rdn. 3; s.a. *Sommer* AnwK Rdn. 3 (30–50.000 Euro).

27 BGH NStZ **2016** 349, 351; BGH Beschluss v. 6.4.2016 – 5 StR 584/15 (juris); *v.Heintschel-Heinegg* BeckOK Rdn. 3; *Kuhlen* NK Rdn. 4; *Möhrenschlager* in: Dölling 8. Kap. Rdn. 55; *Rengier* BT 2 § 60 Rdn. 79; *SSW/Rosenau* Rdn. 5.

28 *Stein/Deiters* SK Rdn. 3; **aA** BGH NStZ **2016** 349, 351.

29 *Korte* MK Rdn. 8.

30 *Korte* MK Rdn. 8.

31 In diesem Sinne *Bernsmann/Gatzweiler* Rdn. 438.

32 *Korte* MK Rdn. 8; *Leitner/Rosenau/Gaede* Rdn. 7; *Sch/Schröder/Heine/Eisele* Rdn. 3.

33 Vgl. auch § 300 S. 1 (Freiheitsstrafe von drei Monaten bis zu fünf Jahren).

34 Ebenso *GJW/Papathanasiou* Rdn. 9; *Korte* MK Rdn. 9; ihm folgend *Bernsmann/Gatzweiler* Rdn. 439 (Fn. 6).

35 *Bernsmann/Gatzweiler* Rdn. 440; *Sch/Schröder/Heine/Eisele* Rdn. 3; ähnlich *Stein/Deiters* SK Rdn. 5; **aA** *Korte* MK Rdn. 10; *GJW/Papathanasiou* Rdn. 9.

deutlichen Minderung des für die Anreizwirkung bedeutsamen (sei es auch nur mittelbaren) Eigenvorteils führen mit der Folge, dass ein besonders schwerer Fall zu verneinen oder erst bei einer deutlich erhöhten Bestechungssumme anzunehmen ist. Zwar kann die Beurteilung, ob ein besonders schwerer Fall gemäß Absatz 1 Nr. 1 vorliegt, bezüglich des Vorteilsgebers und des Vorteilsnehmers divergieren, doch vermag es nicht zu überzeugen, unter Hinweis auf den milderen Strafrahmen und die fehlende Versuchsstrafbarkeit für den Geber generell eine höhere Wertgrenze zu veranschlagen.[36] Im Rahmen des § 335 sind § 332 und § 334 unterschiedslos nebeneinander gestellt. Im Hinblick auf den Grundgedanken des § 335 Abs. 2 Nr. 1 (s. Rdn. 5) ist zu konstatieren, dass der Anteil des Bestechenden an der Korrumpierungswirkung demjenigen des Amtsträgers entspricht; der für den Strafrahmenunterschied maßgebliche Aspekt des Fehlens einer besonderen Pflichtenbindung kommt im Kontext des § 335 nicht zum Tragen. Im Übrigen könnten etwaige Unterschiede zwischen den Parteien des Korruptionsgeschehens gegebenenfalls auf der Ebene der konkreten Strafzumessung berücksichtigt werden.

7 Erfolgt die Zuwendung in **mehreren Teilbeträgen**, so sind diese jedenfalls dann zusammenzurechnen, wenn die einzelnen Raten von vornherein in der Unrechtsvereinbarung verabredet wurden und somit eine tatbestandliche Handlungseinheit bilden.[37] Für diese enge Verknüpfung lässt sich anführen, dass die einzelnen Zuwendungen nur unter dieser konkurrenzrechtlichen Verklammerung „eine Tat“ nach § 332 bzw. § 334 (vgl. den Wortlaut von Absatz 1 Nr. 1) bilden (vgl. oben § 331 Rdn. 142). Demgegenüber erscheint die Addition unter teleologischen Gesichtspunkten aber schon dann sachgerecht, wenn die Teilleistungen auf derselben Unrechtsvereinbarung beruhen, mag diese auch als fortwährende Abrede mit open-end-Charakter gestaltet sein.[38] Denn auch hier schlagen die Anreiz- und die sich mit zunehmender „Vertragsdauer“ verstärkende Korrumpierungswirkung in gleicher Weise zu Buche wie bei der Vereinbarung einer Einmalleistung oder eines festen Zahlungsplans. Beide Aspekte lassen sich dadurch miteinander harmonisieren, dass man zum einen die feste Vereinbarung eines (wenn auch sukzessive zu leistenden) Mindestbetrages in Höhe von 25.000 Euro, zum anderen einen Gesamtvorteil in der Größenordnung von 50.000 Euro verlangt. Soweit sich das Gesamtvolumen erst aus der Addition von Zuwendungen ergibt, die unterschiedliche Unrechtsvereinbarungen zur Grundlage haben, scheidet ein Regelfall im Sinne der Nr. 1 aus.

8 **c) Das Merkmal des „Beziehens“.** Mit der Formulierung, dass sich die Tat auf einen Vorteil großen Ausmaßes „beziehen“ muss, gibt das Gesetz zu erkennen, dass es einer tatsächlichen Zuwendung des Vorteils nicht bedarf. Das Regelbeispiel ist vielmehr auch schon erfüllt, wenn ein entsprechender Vorteil gefordert, angeboten oder versprochen wurde.[39] Kommt es überhaupt nicht auf die Erbringung der Leistung an, so steht es der Verwirklichung des Regelbeispiels auch nicht entgegen, wenn anstelle des vereinbarten hochwertigen Vorteils nur ein Gegenstand von geringerem Wert zugewendet wird.[40] Allerdings erscheint fraglich, ob das Regelbeispiel auch bezüglich des Vorteilsgebers anzunehmen ist, der einen Vorteil großen Ausmaßes offeriert oder verspricht, hierbei aber von Anfang an entschlossen ist, nur einen Gegenstand von geringerem Wert (oder auch gar nichts) zu leisten.[41]

---

36 So aber *Bernsmann/Gatzweiler* Rdn. 443.

37 Hierauf abstellend *v.Heintschel-Heinegg* BeckOK Rdn. 4; *Kuhlen* NK Rdn. 4; *Matt/Renzikowski/Sinner* Rdn. 4; *Sch/Schröder/Heine/Eisele* Rdn. 3; *Stein/Deiters* SK Rdn. 4.

38 *Bauer/Gmel* LK[11] Nachtrag zu §§ 331–338 Rdn. 21; *GJW/Papathanasiou* Rdn. 11; *Korte* MK Rdn. 11; *SSW/Rosenau* Rdn. 5; **krit.** bezüglich einer Dauerbeziehung *Leitner/Rosenau/Gaede* Rdn. 4 (Fn. 8); s.a. *Fischer* Rdn. 6.

39 *Fischer* Rdn. 6; *Korte* MK Rdn. 12; *Kuhlen* NK Rdn. 4 (Fn 12); *Sch/Schröder/Heine/Eisele* Rdn. 3; *SSW/Rosenau* Rdn. 6; *Stein/Deiters* SK Rdn. 6.

40 *Fischer* Rdn. 6; *Korte* MK Rdn. 12; *Matt/Renzikowski/Sinner* Rdn. 4.

41 Vgl. *Bernsmann/Gatzweiler* Rdn. 444. S. auch (zu § 259) BGHSt **42** 196 ff.; mit Blick auf diese Entscheidung erscheint es diskutabel, für den Amtsträger ein Gegenindiz in dem Umstand zu sehen, dass er Opfer einer diesbezüglichen Täuschung wurde. Der Bejahung des Regelbeispiels zuneigend *Korte* MK Rdn. 12.

Von den Fällen der Änderung oder des Wegfalls des Zuwendungsgegenstandes ist der **Irrtum über den Wert** des (als solchen identischen) Vorteils zu unterscheiden. Diesbezüglich bietet sich der Rückgriff auf § 243 Abs. 2 an,[42] in dem gleichfalls davon die Rede ist, dass sich die Tat auf einen Gegenstand von besonderem (dort freilich: geringen) Wert bezieht. Einer ergebnisbezogenen Übertragung der zu § 243 Abs. 2 entwickelten Grundsätze dergestalt, dass die Regelvermutung nur dann ausscheidet, wenn es sich sowohl objektiv als auch subjektiv um ein insoweit untaugliches Tatobjekt handelt, steht jedoch entgegen, dass es sich bei § 243 Abs. 2 um eine Ausschlussklausel handelt, während es im Kontext des § 335 Abs. 2 Nr. 1 gerade um die Begründung der Regelvermutung geht.[43] Erkennt der Täter des Bestechungsdelikts nicht, dass der vereinbarte oder zugewendete Gegenstand (z.B. ein Gemälde) objektiv einen Vorteil großen Ausmaßes darstellt, entfällt die Regelwirkung. Denn nach allgemeinen Grundsätzen setzt die Annahme eines besonders schweren Falles voraus, dass die betreffende Person die Merkmale eines Regelbeispiels (quasi-)vorsätzlich verwirklicht.[44] Hält der Täter hingegen umgekehrt den Vorteil irrig für besonders wertvoll, so ist das (Quasi-)Vorsatzerfordernis erfüllt und es ließe sich sagen, dass sich die Tat subjektiv auf einen Vorteil großen Ausmaßes bezieht. Dennoch sprechen auch insoweit die besseren Gründe für die Verneinung der Regelvermutung. Denn strukturell handelt es sich um eine Versuchskonstellation und der „Versuch" eines Regelbeispiels genügt nach allgemeinen Grundsätzen für die Begründung der Indizwirkung nicht (str.).[45] Dieses Bedenken lässt sich auch nicht dadurch überspielen, dass man das Merkmal „bezieht" – was sprachlich immerhin möglich wäre – vollständig subjektiviert. Denn die Erweiterung, die in diesem Merkmal gegenüber der Alternative „gewährt" bzw. „annimmt" steckt, ist erkennbar auf die Struktur der Tathandlungen und auf die Tatsache bezogen, dass es für die Begehung der §§ 332, 334 nicht der Realisierung der Abrede auf der „Leistungsstufe" (vgl. § 331 Rdn. 21) bedarf. Dies geht aber nicht so weit, über das Handlungselement hinaus den § 335 in der Art eines unechten Unternehmensdelikts auszulegen und auch untaugliche Tatobjekte für straferschwerungsgeeignet zu halten. Dem entspricht es, dass auch im Rahmen des § 263 Abs. 3 Satz 2 Nr. 2 1. Alt. der bloße auf die Herbeiführung eines Vermögensverlustes großen Ausmaßes gerichtete Wille für die Bejahung der Regelwirkung nicht genügt.[46] Will man also die Beurteilung der Irrtumskonstellationen im Rahmen des § 335 Abs. 2 Nr. 1 durch eine Gegenüberstellung mit § 243 Abs. 2 zum Ausdruck bringen, so lässt sich mit Blick auf das Kumulationserfordernis feststellen: Ebenso, wie die Ausschlusswirkung des § 243 Abs. 2 nur dann eingreift, wenn sich die Tat objektiv und subjektiv auf eine geringwertige Sache bezieht, ist die Indizwirkung im Rahmen des § 335 Abs. 2 Nr. 1 nur dann begründet, wenn sich die Tat objektiv und subjektiv auf einen Vorteil großen Ausmaßes richtet.[47] Erfasst der Täter den Wert des Vorteils zutreffend und verneint er lediglich infolge einer fehlerhaften normativen Beurteilung das „große Ausmaß", so ist dieser „Quasi-Subsumtionsirrtum" unbeachtlich.[48] 9

Da es sich beim Vorteil großen Ausmaßes um ein die Schwere der Rechtsgutsbeeinträchtigung betreffendes „tatbezogenes" Merkmal handelt, ist für die „Quasi-Zurechnung" für **Teilnehmer** lediglich erforderlich, dass sich deren (Quasi-)Vorsatz auf die Verwirklichung des Regelbeispiels durch den Täter erstreckt; § 28 findet keine (analoge) Anwendung.[49] 10

---

42 Hierfür *Fischer* Rdn. 6; *v.Heintschel-Heinegg* BeckOK Rdn. 4.

43 Wie hier *Sch/Schröder/Heine/Eisele* Rdn. 3; s.a. *Stein/Deiters* SK Rdn. 6.

44 Vgl. BGHSt **33** 370, 374; *Sch/Schröder/Sternberg-Lieben/Schuster* § 15 Rdn. 27.

45 Vgl. näher *Krey/Hellmann/Heinrich* Rdn. 161 f.; *Murmann* LK § 22 Rdn. 155 f.; *Wessels/Hillenkamp/Schuhr* Rdn. 207 f.; s. aber auch *Fischer* § 46 Rdn. 97 ff.

46 BGH wistra **2007** 111; s.a. *Rengier* BT 1 § 3 Rdn. 53 und § 13 Rdn. 349.

47 Ebenso *Stein/Deiters* SK Rdn. 6; s.a. *Fischer* Rdn. 6.

48 Ein Verbotsirrtum (§ 17) scheidet insoweit aus, da der Täter mit der schuldhaften Verwirklichung des § 332 bzw. § 334 die notwendige (potenzielle) Unrechtseinsicht hat und ein allein auf das Regelbeispiel bezogenes Unrechtsbewusstsein nicht existiert.

49 *GJW/Papathanasiou* Rdn. 12; *Stein/Deiters* SK Rdn. 7.

2. Fortgesetzte Annahme geforderter Vorteile für künftige Diensthandlungen (Nummer 2)

11 Das zweite in Absatz 2 normierte Regelbeispiel hat die fortgesetzte Annahme zuvor geforderter Vorteile für eine künftige pflichtwidrige Diensthandlung zum Gegenstand. Es richtet sich ausschließlich gegen den Vorteilsnehmer.[50] Dieser muss fortgesetzt Vorteile angenommen haben, die er zuvor als Gegenleistung für künftige und – wie sich aus der Bezugnahme in Absatz 1 auf § 332 (und § 334) ergibt – pflichtwidrige Diensthandlungen[51] gefordert hatte. Anders als bei Nr. 1 muss hier der Vorteil (der bei Nr. 2 freilich kein „großes Ausmaß" haben muss)[52] tatsächlich zugewendet worden sein. Ferner bedeutet das aus dem „Fordern" und dem „Annehmen" resultierende Doppelerfordernis eine zusätzliche unrechts- und schulderhöhende Einschränkung insofern, als die Initiative vom Bestochenen ausgegangen sein muss und die bloße Entgegennahme der vom Vorteilsgeber angebotenen und versprochenen Vorteile nicht genügt.[53] Unter Einbindung der weiteren Merkmale, dass der Vorteil für eine „künftige" Diensthandlung verlangt worden und dass dies „fortgesetzt" geschehen sein muss, soll nach der **Intention des Gesetzgebers** der Fall als regelmäßig besonders strafwürdig gekennzeichnet werden, „dass ein Amtsträger sich aus eigenem Antrieb ständig für die Verletzung von Dienstpflichten bezahlen lässt und damit das Vertrauen der Öffentlichkeit in die Lauterkeit des öffentlichen Dienstes besonders nachhaltig schädigt".[54]

12 Ein **fortgesetztes Annehmen** setzt voraus, dass der Täter durch mehrere rechtlich selbständige Handlungen Vorteile erlangt hat.[55] Das Merkmal ist terminologisch wenig geglückt,[56] weil die Rechtsfigur des Fortsetzungszusammenhanges (schon vor Einführung des § 335) von der Rechtsprechung aufgegeben worden war,[57] eine natürliche oder rechtliche Handlungseinheit zwischen den einzelnen Akten im Übrigen aber auch zur Verwirklichung des Merkmals gerade nicht ausreicht.[58] So begründet insbesondere die Zuwendung eines konkret festgelegten Vorteils in mehreren Teilleistungen nicht die Regelwirkung.[59] Umgekehrt müssen die Vorteile jedoch nicht dergestalt völlig unverbunden nebeneinander stehen, dass sie von unterschiedlichen Vorteilsgebern stammen und/oder für unterschiedliche pflichtwidrige Diensthandlungen gewährt werden.[60] Vielmehr genügt die Annahme mehrerer Vorteile, die auf einer einzigen Unrechtsvereinbarung mit open-end-Charakter beruhen.[61] Die Annahme eines einzigen Vorteils für eine Mehrzahl pflichtwidriger Diensthandlungen erfüllt das Regelbeispiel hingegen nicht.[62]

---

50 *Bauer/Gmel* LK[11] Nachtrag zu §§ 331–338 Rdn. 22; *Korte* MK Rdn. 13; *Kuhlen* NK Rdn. 5; *Sch/Schröder/Heine/Eisele* Rdn. 4; *Stein/Deiters* SK Rdn. 8. **Kritisch** hierzu *König* JR **1997** 397, 400.

51 *Kuhlen* NK Rdn. 6; *Lackner/Kühl/Heger* Rdn. 2; *Sch/Schröder/Heine/Eisele* Rdn. 4; *Stein/Deiters* SK Rdn. 8.

52 *Kuhlen* NK Rdn. 5.

53 BGH NStZ-RR **2021** 109; *Bauer/Gmel* LK[11] Nachtrag zu §§ 331–338 Rdn. 22; *Fischer* Rdn. 7; *Korte* MK Rdn. 15; *Kuhlen* NK Rdn. 5 f.

54 BTDrucks. 13/5584 S. 17; BRDrucks. 553/96 S. 38. **Kritisch** zu diesem Regelbeispiel *Fischer* Rdn. 8 und 8a; *Matt/Renzikowski/Sinner* Rdn. 5.

55 *Fischer* Rdn. 7 f.; *Korte* MK Rdn. 14; *Kuhlen* NK Rdn. 5 f.; *Möhrenschlager* in: Dölling 8. Kap. Rdn. 55; *Stein/Deiters* SK Rdn. 8 f.

56 Ebenso *Kuhlen* NK Rdn. 5 (Fn. 15); *Sch/Schröder/Heine/Eisele* Rdn. 4.

57 Durch BGH(GrS)St **40** 138; vgl. auch *Lackner/Kühl/Heger* Vor § 52 Rdn. 13 ff.; *Rissing-van Saan* LK Vor § 52 Rdn. 69 ff.; *Roxin* AT II § 33 Rdn. 248 ff.; vgl. auch zum allgemeinen Bezug zu den Bandenvorschriften *Krings* Die strafrechtlichen Bandennormen unter besonderer Berücksichtigung des Phänomens der Organisierten Kriminalität (2000) S. 33 ff., 41.

58 *Bauer/Gmel* LK[11] Nachtrag zu §§ 331–338 Rdn. 22; *Bernsmann/Gatzweiler* Rdn. 448; *Fischer* Rdn. 8; *Korte* MK Rdn. 14; *Kuhlen* NK Rdn. 5; *Matt/Renzikowski/Sinner* Rdn. 5; *Stein/Deiters* SK Rdn. 9.

59 *Bernsmann/Gatzweiler* Rdn. 449; *Korte* MK Rdn. 15; *Stein/Deiters* SK Rdn. 9; vgl. auch *Fischer* Rdn. 9.

60 *Korte* MK Rdn. 15; *Kuhlen* NK Rdn. 5; *Stein/Deiters* SK Rdn. 9; *Sch/Schröder/Heine/Eisele* Rdn. 4; vgl. auch **krit.** *Fischer* Rdn. 9; **aA** *Joecks/Jäger* Rdn. 3 (zweimalige Begehung gegenüber unterschiedlichen Bestechungsadressaten).

61 *GJW/Papathanasiou* Rdn. 15; *Kuhlen* NK Rdn. 5; *Stein/Deiters* SK Rdn. 9.

62 *Bernsmann/Gatzweiler* Rdn. 449; *Korte* MK Rdn. 15; *SSW/Rosenau* Rdn. 8; **krit.** *Fischer* Rdn. 9.

Eine weitere Spannung weist der Begriff „fortgesetzt“ insofern auf, als er im StGB gemeinhin im Zusammenhang mit Bandentaten verwendet wird und dort die aus dem Personenzusammenschluss resultierende besondere Gefährlichkeit für die Zukunft beschreibt.[63] Im Gegensatz hierzu betrifft § 335 Abs. 2 Nr. 2 das auf die Vergangenheit und Gegenwart („annimmt“) bezogene Handeln eines Einzelnen; es geht mithin um die objektiv zu bestimmende Strafschärfung für **Wiederholungstäter**.[64] Wegen dieses systematischen Aspekts und angesichts des insoweit eindeutigen Wortlauts („fortgesetzt ... annimmt“) löst – anders als bei den Bandendelikten – die erstmalige Annahme eines Vorteils auch dann nicht die Regelwirkung aus, wenn der Täter hiermit die Absicht verbindet, in Zukunft auf ähnliche Weise weitere Zuwendungen zu erlangen (str.).[65] Stattdessen wird überwiegend eine zumindest **dreimalige Annahme** von Vorteilen verlangt.[66] Hat der Täter durch diese (mindestens) zwei vorangegangenen Taten seine besondere Gefährlichkeit unter Beweis gestellt, so ist ein weitergehender Vorsatz, mit diesem Verhalten künftig fortzufahren, nicht erforderlich.[67] Umstritten ist hingegen, ob der Täter beim Erhalt der früheren Vorteile mit dem Willen zur Fortsetzung gehandelt haben muss. Hierfür wird geltend gemacht, dass die objektiven Voraussetzungen der Regelbeispiele vom Vorsatz umfasst sein müssen.[68] Dieses Argument vermag jedoch nicht zu überzeugen. Denn es ist ohnehin ausgeschlossen, den früheren Annahmehandlungen rückwirkend das Prädikat der „Wiederholungstat“ zuzuweisen.[69] Versteht man aber das Merkmal „fortgesetzt“ im Sinne von „zum wiederholten, mindestens dritten Male“,[70] so genügt es auch zur Wahrung des Vorsatzerfordernisses, wenn der Täter zu diesem Zeitpunkt weiß, dass er bereits mindestens zweimal zuvor Vorteile für eine pflichtwidrige Diensthandlung gefordert und angenommen hat.[71] Es wäre auch nicht recht einsichtig, die Regelwirkung bezüglich eines Täters erst bei der Annahme des fünften Vorteils zu bejahen, wenn er beim ersten Mal von einer einmaligen Bestechlichkeit ausgegangen ist, es beim zweiten Mal immerhin in Erwägung gezogen hat, häufiger pflichtwidrige Diensthandlungen zu „verkaufen“, sich beim dritten Mal (unwiderlegbar) fest vorgenommen hat, nun müsse aber Schluss sein, und er sich beim vierten Mal immerhin die Fortsetzung seines Tuns hat vorstellen können. Ein schon bezüglich der ersten (beiden) Annahmehandlungen feststellbarer Wiederholungsvorsatz ist also weder eine hinreichende noch auch nur eine notwendige Bedingung für den Eintritt der Regelvermutung. Gewiss lassen sich umgekehrt auch Beispiele bilden, in denen der hohe Strafrahmen des § 335 als unangemessen erscheint. So kann es z.B. beim nur dreifachen Annehmen geringwertiger Vorteile für eine einzige, sachlich vertretbare, aber dennoch durch den Vorteil beeinflusste Ermessensausübung und/oder beim rein altruistischen Einsammeln von Sponsoringleistungen liegen.[72] Der im Einzelfall nur sehr schwachen Ausprägung der abstufbaren Merkmale kann durch die Verneinung der Regelwirkung Rechnung getragen werden. In diesem Zusammenhang ist auch der zeitliche Abstand zwischen den jeweiligen Wiederholungstaten zu berücksichtigen. Ist die zeitliche Distanz so groß, dass auch aus der Perspektive eines objektiven Beobachters kein Bezug zu einschlägigen früheren Handlungen 13

63 *Fischer* Rdn. 8 f. (auch zum Folgenden).
64 *Bernsmann/Gatzweiler* Rdn. 446; *Fischer* Rdn. 8a; *Kuhlen* NK Rdn. 5; vgl. auch *Korte* MK Rdn. 14 („in der Regel“ Bezug auf zurückliegende Taten).
65 *GJW/Papathanasiou* Rdn. 16; *Sch/Schröder/Heine/Eisele* Rdn. 4; *SSW/Rosenau* Rdn. 8; *Stein/Deiters* SK Rdn. 8; **aA** BGH wistra **2000** 426, 429; *Bauer/Gmel* LK[11] Nachtrag zu §§ 331–338 Rdn. 22; *Fischer* Rdn. 9; *Korte* MK Rdn. 14; *Matt/Renzikowski/Sinner* Rdn. 5.
66 *Fischer* Rdn. 9; *Korte* MK Rdn. 14; *Kuhlen* NK Rdn. 5; *Möhrenschlager* in: Dölling 8. Kap. Rdn. 55; *Sch/Schröder/Heine/Eisele* Rdn. 4; *Stein/Deiters* SK Rdn. 8; vgl. auch *Bernsmann/Gatzweiler* Rdn. 449 (allenfalls Anhaltspunkt); nach Ansicht von *Joecks/Jäger* (Rdn. 3) genügt zweimalige Begehung gegenüber verschiedenen Vorteilsgebern.
67 *Korte* MK Rdn. 14; *Kuhlen* NK Rdn. 5.
68 *Fischer* Rdn. 8a; *Greeve* Rdn. 319; s.a. *Bernsmann/Gatzweiler* Rdn. 451.
69 So jedoch *Fischer* Rdn. 9; *Greeve* Rdn. 319; wie hier *Stein/Deiters* SK Rdn. 8.
70 So *Stein/Deiters* SK Rdn. 8.
71 Wie hier *v.Heintschel-Heinegg* BeckOK Rdn. 5; *Kuhlen* NK Rdn. 5.
72 *Bernsmann/Gatzweiler* Rdn. 450; *Kuhlen* NK Rdn. 6 (mit Fn. 20).

erkennbar ist, erscheint auch die Verneinung des Fortsetzungsmerkmals diskutabel.[73] Ungeklärt ist, ob einer einschlägigen Verurteilung eine Zäsurwirkung zukommt.

14 Die fortgesetzte Annahme geforderter Vorteile ist als ein **„täterbezogener“** Strafschärfungsgrund nach § 28 Abs. 2 (analog) zu behandeln.[74] Die mit diesem Regelbeispiel intendierte Erfassung von Wiederholungstätern bedeutet – ungeachtet der allgemein gegen eine solche Wiederbelebung überkommen geglaubter Vorstellungen geübten kriminalpolitischen Kritik –[75] eine Anleihe beim Modell des Rückfalltäters. Insoweit war zu § 17 bzw. 48 StGB a.F. anerkannt, dass der Rückfall ein besonderes persönliches Merkmal im Sinne des § 28 Abs. 2 (bzw. § 50 Abs. 2 oder Abs. 3 StGB a.F.) darstellt.[76] Zwar sind Unterschiede zwischen § 335 Abs. 2 Nr. 2 und einer allgemeinen Rückfallvorschrift nicht zu bestreiten. So bedarf es keiner durch eine vorherige Verurteilung ausgelösten (gesteigerten) Warnfunktion; ferner kommt hier nur ein gleichartiger Rückfall in Betracht. Schließlich zielt die Schutzrichtung im Kontext der Bestechungsdelikte nicht auf individuelle Rechtsgüter, sondern auf das Allgemeinrechtsgut der Sachgerechtigkeit staatlichen Handelns und das Vertrauen der Allgemeinheit in die Lauterkeit der Amtsführung. Diese Gesichtspunkte ermöglichen es zwar, die Gewichte tendenziell stärker in Richtung einer Unrechtsrelevanz zu verschieben. Dennoch verdient es keinen Beifall, den Wiederholungscharakter als tatbezogenes Unrechtsmerkmal zu deuten.[77] Die Verbindung zum Rückfall ist lediglich vermindert, aber nicht gekappt. Auch das strafschärfende Wiederholungsmerkmal in § 176c Abs. 1 Nr. 1 wird als besonderes persönliches Merkmal angesehen,[78] obwohl auch dort unrechtsbezogene Gefährlichkeitsaspekte eine Rolle spielen.[79] Schließlich weist die tatsächliche Wiederholung des „Verkaufs“ pflichtwidriger Diensthandlungen auch eine Nähe zum Merkmal der Gewerbsmäßigkeit auf, das (bei vergleichbarer gesetzgeberischer Ratio)[80] ebenfalls den besonderen persönlichen Merkmalen zugerechnet wird.[81] Die bloße Kenntnis, dass der Haupttäter zum wiederholten Mal für pflichtwidrige Diensthandlungen Vorteile gefordert und erhalten hat, begründet für den Teilnehmer also nicht die Regelwirkung des § 335 Abs. 2 Nr. 2. Ein besonders schwerer Fall kommt für den Teilnehmer nur aufgrund sonstiger erschwerender Umstände in Betracht. Die fortgesetzt vorgenommene Anstiftung oder Beihilfe löst hingegen die Indizwirkung auch dann aus, wenn der Haupttäter seinerseits sich nicht zum wiederholten Mal der Bestechlichkeit schuldig macht.

3. Gewerbs- oder bandenmäßiges Handeln (Nummer 3)

15 Das gleichlautend zu § 300 Nr. 2 mit zwei Unterformen (gewerbsmäßige und bandenmäßige Begehung) normierte Regelbeispiel des § 335 Abs. 2 Nr. 3 wurde vom Gesetzgeber zwar mit primärem

---

73 Hierfür *Stein/Deiters* SK Rdn. 9; vgl. auch § 48 Abs. 4 a.F. (zum Rückfall): „Eine frühere Verurteilung bleibt außer Betracht, wenn zwischen ihr und der folgenden Tat mehr als fünf Jahre verstrichen sind. In die Frist wird die Zeit nicht eingerechnet, in welcher der Täter auf behördliche Anordnung in einer Anstalt verwahrt worden ist.“; s.a. § 176c Abs. 1 Nr. 1.

74 Allgemein zur „quasiakzessorischen“ Behandlung von Regelbeispielen *Arzt/Weber/Heinrich/Hilgendorf/Heinrich* § 14 Rdn. 34 f.; *Sch/Schröder/Heine/Weißer* § 28 Rdn. 9; *Sch/Schröder/Bosch* § 243 Rdn. 47; *Schmitz* MK § 243 Rdn. 82; s.a. *Horn/Wolters* SK § 46 Rdn. 94; für eine direkte Anwendung des § 28 *Eisele* Die Regelbeispielsmethode im Strafrecht (2004) S. 340 ff.; *ders.* Rdn. 140 f.; *Kindhäuser* NK § 243 Rdn. 7, 50 f.; *ders.* FS Triffterer (1996) 123, 128 ff.

75 Vgl. zu dem § 176c Abs. 1 Nr. 1 insoweit entsprechenden § 176a Abs. 1 a.F. *Lackner/Kühl/Heger* § 176a Rdn. 2; *Sch/Schröder/Eisele* § 176a Rdn. 3; *Wolters* SK § 176a Rdn. 4 f. (m.w.N.).

76 BGHSt **17** 215, 217; BGH b. Dallinger MDR **1952** 407 (zu § 50 a.F.); *G. Hirsch* LK[10] § 48 Rdn. 45.

77 So aber *Stein/Deiters* SK Rdn. 10.

78 *Fischer* § 176a Rdn. 3; *Wolters* SK § 176a Rdn. 12.

79 Vgl. *Frommel* NK § 176a Rdn. 9.

80 Hinter § 243 Abs. 1 S. 2 Nr. 3 steht die (general- und spezial-) präventive Überlegung, dem Eindruck vorzubeugen, dass sich Diebstahl „lohne“; vgl. *Mitsch* 1.3.2.3.; *Schmitz* MK § 243 Rdn. 39.

81 BGH StV **1994** 17; **1996** 87; *Mitsch* 1.3.1.4. und 1.3.2.3; *Schmitz* MK § 243 Rdn. 82; *Schünemann/Greco* LK § 28 Rdn. 70; *Vogel/Brodowski* LK § 243 Rdn. 78.

Blick auf die Bestechung konzipiert;[82] es ist aber auch bezüglich des Bestochenen anwendbar. **Gewerbsmäßiges** Handeln (Absatz 2 Nr. 3 1. Alt.) setzt die Absicht voraus, sich durch wiederholte Tatbegehung eine nicht nur vorübergehende Einnahmequelle von einigem Umfang[83] zu verschaffen.[84] Bei Vorliegen dieser Absicht erfolgt auch schon die erstmalige Tatbegehung (gegebenenfalls auch durch das Fordern oder Anbieten eines Vorteils) gewerbsmäßig.[85] Es reicht aus, dass die Tat eine mittelbare Einnahmequelle (insbesondere für den auf Einnahmen infolge der pflichtwidrigen Diensthandlung abzielenden Bestechenden) bildet.[86] Das Regelbeispiel ist „täterbezogen", sodass für Tatbeteiligte § 28 Abs. 2 (analog) gilt.[87]

Für die **bandenmäßige** Begehung (Absatz 2 Nr. 3 2. Alt.) bedarf es nach inzwischen auch vom BGH geteilter Ansicht des Zusammenschlusses von mindestens drei Personen, die sich mit dem Willen verbunden haben, künftig für eine gewisse Dauer mehrere selbständige, im Einzelnen noch ungewisse Straftaten des im Gesetz genannten Deliktstyps (hier also der §§ 332, 334) zu begehen.[88] Damit genügen korruptive Zweierbeziehungen zwischen Bestechendem und Bestochenem nicht zur Verwirklichung des Regelbeispiels.[89] Im Übrigen kommen aber sowohl personelle Zusammenschlüsse auf Geber- oder Nehmerseite als auch lagerübergreifende Verbindungen von Bestechenden und Amtsträgern in Betracht.[90] Es ist nicht erforderlich, dass alle Bandenmitglieder einander kennen, sofern sich der Bindungswille jedes Bandenmitglieds auf jeweils mindestens zwei weitere Personen erstreckt;[91] ferner kann die Bandenabrede auch durch schlüssiges Verhalten zustande kommen.[92] Mit der überwiegend vertretenen Auffassung gilt für die Bandenzugehörigkeit als „täterbezogenes" Strafschärfungsmerkmal § 28 Abs. 2 (analog).[93] 16

III. Ausnahmen von der Regelwirkung und Strafzumessung

Der Regelbeispielstechnik entsprechend entfaltet die Verwirklichung eines der in § 335 Abs. 2 normierten Merkmale lediglich eine indizielle Wirkung mit der Folge, dass Ausnahmen in zweierlei 17

---

82 BTDrucks. 13/5584 S. 17.

83 Unter Hinweis auf den geringen Wert (jeweils 5,– DM für unzulässige Datenauskunft) hat der BGH (wistra **2000** 426, 429) § 335 Abs. 2 Nr. 3 verneint; s.a. *Bauer/Gmel* LK[11] Nachtrag zu §§ 331–338 Rdn. 23; in dem einer anderen Entscheidung (Beschl. vom 29.1.2003 – 2 StR 509/02 = NStZ **2003** 544 f.) zugrunde liegenden Fall hatte das Landgericht bezüglich eines TÜV-Prüfers, der in 1.534 Fällen von gewerblichen Vorführern Einzel- und Sammelzahlungen zwischen 10 und 150 DM (insgesamt 19.848 Euro) als Entgelt für die pflichtwidrige Prüfungen angenommen hatte, besonders schwere Fälle gemäß § 335 Abs. 2 Nr. 2 und 3 „trotz möglichen Vorliegens dieser Regelbeispiele verneint" (insoweit in NStZ nicht abgedruckt); bei pflichtwidriger Erteilung der Prüfplakette auch für mängelbehaftete Fahrzeuge (840 Fälle) hatte das Landgericht den Regelstrafrahmen des § 332 Abs. 1 S. 1 zugrunde gelegt, im Übrigen minder schwere Fälle angenommen (s.a. Rdn. 17 a.E.).

84 *Bauer/Gmel* LK[11] Nachtrag zu §§ 331–338 Rdn. 23, *Korte* MK Rdn. 16; *Möhrenschlager* in: Dölling 8. Kap. Rdn. 55; *Rengier* BT 1 § 3 Rdn. 34 (zu § 243 Abs. 1 S. 2 Nr. 3); *Lindemann* LK § 300 Rdn. 5; *Sch/Schröder/Heine/Eisele* Rdn. 5 i.V.m. *Sch/Schröder/Hecker* § 260 Rdn. 2; vgl. ferner (ohne Angabe zum Umfang) *Fischer* Rdn. 10; *Kuhlen* NK Rdn. 7; s. allg. *Lackner/Kühl/Heger* Vor § 52 Rdn. 20; *Sch/Schröder/Sternberg-Lieben/Bosch* Vor § 52 Rdn. 95 f. (jeweils m.w.N.).

85 *Korte* MK Rdn. 16; *Kuhlen* NK Rdn. 7.

86 BGH wistra **1999** 465; **2003** 260, 261; *Bauer/Gmel* LK[11] Nachtrag zu §§ 331–338 Rdn. 23; *Fischer* Rdn. 10; *Korte* MK Rdn. 16; *Kuhlen* NK Rdn. 7; *Matt/Renzikowski/Sinner* Rdn. 8; *Sch/Schröder/Heine/Eisele* Rdn. 5.

87 *Leitner/Rosenau/Gaede* Rdn. 12; *Stein/Deiters* SK Rdn. 11; vgl. auch die weiteren Nachweise oben in Fn. 74 und 76.

88 BGH NStZ-RR **2017** 114, 115; BGH(GrS)St **46** 321, 325 ff. (zu § 244); **50** 160, 161 f. (zu §§ 30 Abs. 1 Nr. 1, 30a Abs. 1 BtMG); *Fischer* § 244 Rdn. 34 ff.; *Lackner/Kühl/Heger* § 244 Rdn. 6 (jeweils m.w.N.).

89 *Fischer* Rdn. 11; *Korte* MK Rdn. 17; *SSW/Rosenau* Rdn. 11.

90 BGH NStZ-RR **2013** 246; **2017** 114, 115; *Korte* MK Rdn. 17; *Möhrenschlager* in: Dölling 8. Kap. Rdn. 55; *Sch/Schröder/Heine/Eisele* Rdn. 5 (z.B. „Führerscheinmafia").

91 BGH NStZ-RR **2017** 114, 115; BGHSt **50** 160, 164 ff. (zu §§ 30, 30a BtMG); *Korte* MK Rdn. 17.

92 BGH NStZ-RR **2017** 114, 115; *GJW/Papathanasiou* Rdn. 20; *v.Heintschel-Heinegg* BeckOK Rdn. 7; *SSW/Rosenau* Rdn. 11.

93 *Kuhlen* NK Rdn. 8; *Leitner/Rosenau/Gaede* Rdn. 14; vgl. ferner *Stein/Deiters* SK Rdn. 12 sowie oben Fn. 74. S. auch zu § 244 Abs. 1 Nr. 2 BGHSt **46** 120, 128; **47** 214, 216; BGH NStZ **2007** 526; *Lackner/Kühl/Heger* § 244 Rdn. 7; *Schünemann/Greco* LK § 28 Rdn. 72; **aA** u.a. *Kindhäuser* NK § 244 Rdn. 48; *Sch/Schröder/Bosch* § 244 Rdn. 28/29 (jeweils m.w.N.).

Richtung denkbar sind: Einerseits kann trotz Vorliegens eines Regelbeispiels ein besonders schwerer Fall zu verneinen sein; andererseits ist eine Anwendung des strengeren Strafrahmens aufgrund eines atypischen (unbenannten) besonders schweren Falls auch ohne Verwirklichung eines Regelbeispiels möglich. Es bedarf mithin jeweils einer **Gesamtabwägung**, um zu beurteilen, ob die (positive oder negative) Indizwirkung im konkreten Fall entkräftet wird. Als Beispiele für eine Verneinung des § 335 werden das Vorliegen einer unverschuldeten Notlage oder der Umstand genannt, dass sich die Pflichtwidrigkeit der Diensthandlung nicht ausgewirkt hat (vgl. auch oben Rdn. 13).[94] Umgekehrt kommt ein unbenannter besonders schwerer Fall in Betracht, wenn besonders zahlreiche und/oder gravierende Pflichtverletzungen den Bezugspunkt der Tat(en) bilden oder wenn der Täter die Zwangslage des anderen ausgenutzt hat. Die Bejahung eines Regelbeispiels schließt – „allerdings nur in ganz ungewöhnlichen Ausnahmefällen" – die Annahme eines **minder schweren Falles** nicht aus.[95]

94 Vgl. (jeweils auch zum Folgenden) *Fischer* Rdn. 12; *Korte* MK Rdn. 18 f.; *Matt/Renzikowski/Sinner* Rdn. 9; restriktiv *Leitner/Rosenau/Gaede* Rdn. 13 f.

95 So BGH wistra **2000** 426, 429 f. sowie (in derselben Sache) Urt. vom 29.11.2001 – 5 StR 393/01 (= DuD **2003** 243 f.) zur Anwendung des § 332 Abs. 1 Satz 2 bei unbefugter Übermittlung von Wohnanschriften aus dem Melderegister; s.a. oben Fn. 83; vgl. ferner BGH NStZ **1999** 615 (zu § 177).

§ 335a Ausländische und internationale Bedienstete

(1) Für die Anwendung des § 331 Absatz 2 und des § 333 Absatz 2 sowie der §§ 332 und 334, diese jeweils auch in Verbindung mit § 335, auf eine Tat, die sich auf eine künftige richterliche Handlung oder eine künftige Diensthandlung bezieht, stehen gleich:

1. einem Richter:
ein Mitglied eines ausländischen und eines internationalen Gerichts;

2. einem sonstigen Amtsträger:

a) ein Bediensteter eines ausländischen Staates und eine Person, die beauftragt ist, öffentliche Aufgaben für einen ausländischen Staat wahrzunehmen;

b) ein Bediensteter einer internationalen Organisation und eine Person, die beauftragt ist, Aufgaben einer internationalen Organisation wahrzunehmen;

c) ein Soldat eines ausländischen Staates und ein Soldat, der beauftragt ist, Aufgaben einer internationalen Organisation wahrzunehmen.

(2) Für die Anwendung des § 331 Absatz 1 und 3 sowie des § 333 Absatz 1 und 3 auf eine Tat, die sich auf eine künftige Diensthandlung bezieht, stehen gleich:

1. einem Richter:
ein Mitglied des Internationalen Strafgerichtshofes;

2. einem sonstigen Amtsträger:
ein Bediensteter des Internationalen Strafgerichtshofes.

(3) Für die Anwendung des § 333 Absatz 1 und 3 auf eine Tat, die sich auf eine künftige Diensthandlung bezieht, stehen gleich:

1. einem Soldaten der Bundeswehr:
ein Soldat der in der Bundesrepublik Deutschland stationierten Truppen der nichtdeutschen Vertragsstaaten des Nordatlantikpaktes, die sich zur Zeit der Tat im Inland aufhalten;

2. einem sonstigen Amtsträger:
ein Bediensteter dieser Truppen;

3. einem für den öffentlichen Dienst besonders Verpflichteten:
eine Person, die bei den Truppen beschäftigt oder für sie tätig und aufgrund einer allgemeinen oder besonderen Anweisung einer höheren Dienststelle der Truppen zur gewissenhaften Erfüllung ihrer Obliegenheiten förmlich verpflichtet worden ist.

Schrifttum

S. die Schrifttumsangaben Vor § 331 (insbesondere vor Rdn. 20).

Entstehungsgeschichte

Die Vorschrift wurde (nach einem ersten Anlauf im Jahr 2007)[1] durch das das Gesetz zur Bekämpfung der Korruption vom 20.11.2015 (**[2.] KorrBekG**, BGBl. I 2025; vgl. hierzu Vor § 331 Rdn. 24 sowie zu den Gesetzesmaterialien § 331 vor Rdn. 1) neu in das StGB eingefügt. Sie setzt die Art. 5, 9 und 11 des Strafrechtsübereinkommens des Europarats über Korruption vom 27.1.1999 sowie die (nicht bindende) Vorgabe in Art. 16 Abs. 2 des VN-Abkommens gegen Korruption v. 31.10.2003 in nationales Recht um. Zugleich überführt sie (unter partieller Erweiterung) mehrere in zeitgleich aufgehobenen nebenstrafrechtlichen Bestimmungen (Art. 2 § 1 EUBestG, Art. 2 § 1 IntBestG, § 2 IStGH-GleichstellungsG, § 1 Abs. 2 Nr. 10 NATO-Truppen-Schutzgesetz a.F.) normierte Gleichstellungsregelungen in das Kernstrafrecht.[2] Ihre heutige

---

1 BRDrucks. 548/07; BTDrucks. 16/558; Teilabdruck der damals geplanten Vorschriften bei *Sowada* LK[12] Vor § 331 Rdn. 24 (Fn. 108).

2 BTDrucks. 18/4350, S. 13, 23 ff.; nähere Übersicht zur Zuordnung bei *Meißner* StV **2017** 128 f.; näher zur Gesetzgebungsgeschichte *ERST/Rübenstahl* Rdn. 1 f.; *Korte* MK Rdn. 1, 3; allgemein zu den internationalen Vorgaben und ihrer innerstaatlichen Umsetzung *Hoven* S. 37 ff., 47 ff.; *Korte* FS Fischer 401 ff.; *Schunck* S. 88–107; s.a. *Burkhart/Busch* wistra **2022** 189 ff. (zur Evaluierung der Umsetzung durch die OECD); *Fischer* Rdn. 2; *Sch/Schröder/Eisele* Rdn. 1 ff.

https://doi.org/10.1515/9783110490329-007

Fasssung erhielt die Norm durch das Gesetz zur Umsetzung der RL (EU) 2017/1371 des Europäischen Parlaments und des Rates vom 5.7.2017 über die strafrechtliche Bekämpfung von gegen die finanziellen Interessen der EU gerichteten Betrug vom 19.6.2019 (BGBl. 2019 I S. 844). Hierdurch wurde die für nationale Richter in §§ 331 Abs. 2 und 333 Abs. 2 geltende (und über § 335a Abs. 2 Nr. 1 a.F. auf Mitglieder des Internationalen Strafgerichtshofs übertragene) Strafbarkeit der Zuwendung von Vorteilen als Gegenleistung für (pflichtgemäße) richterliche Handlungen auf Richter anderer internationaler Gerichte und ausländische Richter ausgedehnt.[3]

Übersicht

I. Allgemeines

1 Die Norm beinhaltet keinen eigenständigen Straftatbestand der Auslandskorruption, sondern sie erweitert in abgestufter Weise den Anwendungsbereich der §§ 331 bis 335 auf weitere Personengruppen. Den gliederungstechnischen Anknüpfungspunkt für die drei Absätze bilden unterschiedliche Tatbestände der §§ 331 ff., bezüglich derer die dort genannten Personengruppen durch jeweilige **Gleichstellungsanordnungen** erweitert werden.[4] Die Gleichstellungsmerkmale müssen vom Vorsatz des Täters umfasst sein (vgl. hierzu – auch zum Merkmal der Pflichtwidrigkeit sowie zum Verbotsirrtum – § 334 Rdn. 11 f.).[5] Die weiteste Ausdehnung enthält Absatz 1 im Hinblick auf die §§ 332 und 334 sowie (bezüglich der Richter) auf die §§ 331 Abs. 2 und 333 Abs. 2. Bei den in den Absätzen 2 und 3 genannten Personengruppen handelt es sich um Teilgruppen des in Absatz 1 festgelegten Personenkreises, bezüglich derer sich die Gleichstellung auch auf die Vorteilsannahme und Vorteilsgewährung oder allein auf die Vorteilsgewährung (Abs. 3) erstreckt.[6] Zur Kennzeichnung der einbezogenen Personengruppen verwendet das Gesetz (in bewusster Abgrenzung gegenüber den rechtstechnischen Begriffen in § 11 Abs. 1)[7] anstelle des früheren ausländischen „Amtsträgers" die Begriffe des **„Bediensteten"** und der zur Wahrnehmung von Aufgaben „beauftragten Person"; an die Stelle des ausländischen oder internationalen „Richters" tritt das **„Mitglied"** eines ausländischen oder internationalen Gerichts.

3 BTDrucks. 19/7886, S. 31.

4 Zur Anordnung der unterschiedlichen Reichweite anhand von vier Personengruppen vgl. *Kuhlen* NK Rdn. 6. Eine ausführliche Analyse unterschiedlicher Gleichstellungsklauseln bietet *Pohlmann* S. 318 ff.

5 Vgl. *Papathanasiou* wistra **2016** 175, 177 f. sowie *ERST/Rübenstahl* Rdn. 13; *Korte* MK Rdn. 47.

6 *Korte* MK Rdn. 4.

7 BTDrucks. 13/4350, S. 24.

Vom **Anwendungsbereich** des § 335a zu unterscheiden ist die diesem vorgelagerte, ebenfalls durch das (2.) KorrBekG 2015 erfolgte Einbeziehung der Europäischen Amtsträger (vgl. § 11 Abs. 1 Nr. 2a) und der Mitglieder eines Europäischen Gerichts in die einzelnen Tatbestände. Hierdurch ergibt sich für diesen Personenkreis eine vollständige Angleichung des Strafbarkeitsbereichs einschließlich der Erfassung des „Anfütterns" und der „Klimapflege" bezüglich der Diensttätigkeit sowie nachträglicher „Dankeschön"-Zuwendungen.[8] Im Gegensatz hierzu verlangen alle durch § 335a bewirkten Gleichstellungen eine finale Ausrichtung des Vorteils auf **künftige Diensthandlungen** bzw. künftige richterliche Handlungen.[9] Der Strafbarkeit steht es nicht entgegen, dass diese Gegenleistung erst nach der Vornahme der Diensthandlung erbracht werden soll.[10] Ferner kann der nachträglichen Belohnung dienstlicher Tätigkeit zugleich die Bedeutung des Angebots eines Vorteils für eine künftig vorzunehmende pflichtwidrige Diensthandlung zukommen.[11] Während die Absätze 2 und 3 den Strafbarkeitsbereich (ungeachtet der Transformation nebenstrafrechtlicher Bestimmungen in das StGB) beibehalten,[12] führt die in Absatz 1 normierte Gleichstellung in mehrfacher Hinsicht zu **Erweiterungen** der Strafbarkeit gegenüber dem IntBestG.[13] So entfällt das Erfordernis eines Bezuges auf den internationalen Wettbewerb.[14] Ferner erstreckt sich die (vormals gemäß Art. 2 § 1 Nr. 2 EUBestG nur für Amtsträger anderer EU-Staaten vorgesehene) Strafbarkeit der Nehmerseite bezüglich § 332 nunmehr (eine internationale Pönalisierungspflicht überbietend) auf die Bediensteten jeglicher ausländischer Staaten.[15] Flankierend unterwirft der gleichfalls 2015 eingeführte § 5 Nr. 15 unter Mitwirkung Deutscher (auf Geber- oder Nehmerseite) begangene korruptive Auslandstaten (unabhängig von einer am Tatort bestehenden Strafbarkeit) dem Anwendungsbereich des deutschen Strafrechts.[16] 2

Auf diese Weise ergeben sich weitreichende Zugriffsmöglichkeiten des deutschen Strafrechts in Fällen mit ggf. lediglich lokaler Bedeutung (z.B. Bestechung eines ausländischen Bediensteten durch einen deutschen Touristen zur Beeinflussung einer Ermessensentscheidung).[17] Der angesichts dieser Weite (auch schon vor 2015 erhobene) Vorwurf des „Strafrechtsimperialismus"[18] (Verstoß gegen den völkerrechtlichen Nichteinmischungsgrundsatz) erscheint überzogen,[19] zumal mit dem inländischen Tatort (§ 3) oder der Einbeziehung eines Deutschen in das Tatgeschehen ein hinreichender Anknüpfungspunkt besteht.[20] Dennoch bereitet die Benennung eines tragfähigen 3

---

8 *Walther* DB **2016** 95, 99.

9 *ERST/Rübenstahl* Rdn. 3, 17 f.; *Grützner* ZIP **2016** 253, 254; *Kuhlen* NK Rdn. 5. **Kritisch** hierzu *Fischer* Rdn. 5a; *Papathanasiou* wistra **2016** 175; s.a. *Hoven* S. 69–71.

10 *Korte* MK Rdn. 43; *Krause/Vogel* RIW **1999** 488, 490; *Leitner/Rosenau/Gaede* Rdn. 16; *Möhrenschlager* in: Dölling 8. Kap. Rdn. 354; *Sch/Schröder/Eisele* Rdn. 9; *SSW/Rosenau* Rdn. 6.

11 *Greeve* Rdn. 476; *Korte* MK Rdn. 43; *Leitner/Rosenau/Gaede* Rdn. 16; *Krause/Vogel* RIW **1999** 488, 491; *Sch/Schröder/Eisele* Rdn. 9.

12 *Meißner* StV **2017** 128, 129.

13 *Korte* MK Rdn. 2; zur Gegenüberstellung von alter und neuer Rechtslage *Deiters* GS Weßlau, S. 51, 53 ff.; *Hoven* S. 87 ff.; *Sch/Schröder/Eisele* Rdn. 7 f. sowie bezüglich eines Günstigkeitsvergleichs im Hinblick auf § 2 Abs. 3 *Papathanasiou* ZWH **2019** 112 ff.

14 *ERST/Rübenstahl* Rdn. 10 ff.; vgl. zum Aspekt des Wettbewerbsschutzes *Hoven* S. 512 ff.; *Spörl* S. 219 ff.

15 BTDrucks. 13/4350, S. 24; *ERST/Rübenstahl* Rdn. 15.

16 Hierzu *Isfen* JZ **2016** 228, 230 ff.; *Werle/Jeßberger* LK § 5 Rdn. 206 ff.; allgemein zum Strafanwendungsrecht bei der Auslandskorruption *Hoven* S. 97–143; *Korte* MK Rdn. 56 ff.; *Magnus* NZWiSt **2022** 51, 53 ff.; *Weigend* in: Hoven/Kubiciel S. 119 ff.

17 *Dann* NJW **2016** 203, 206; *Kappel/Junkers* NZWiStR **2016** 382, 386; *Kudlich/Hoven* ZIS **2016** 345, 349 f.; *Kuhlen* NK Rdn. 10; *Schunck* S. 107 ff.; *Walther* DB **2016** 95, 99; für eine „Entdramatisierung" der Diskussion *Hoven* S. 92 f.

18 *Schünemann* GA **2003** 299, 309; *ders.* ZRP **2015** 68, 71; s.a. *Kubiciel* in: Hoven/Kubiciel, S. 25 ff., 43; in gleicher Richtung *Bernsmann/Gatzweiler* Rdn. 807; *Kudlich/Hoven* ZIS **2016** 345, 349; *SSW/Rosenau* § 331 Rdn. 4; *Walther* Jura **2010** 510, 520.

19 *Böse* ZIS **2018** 119, 122 ff.; *Hoven* S. 529 ff.; *dies.* GA **2022** 241, 249 ff., 254 f.; *Pieth* in: Hoven/Kubiciel, S. 19 ff.; *Schunck* S. 20 ff., 203 f.; *T. Zimmermann* S. 689 ff., 710 f.; s.a. *Münkel* S 296.

20 *Kuhlen* NK Rdn. 13 f.; ihm folgend *Korte* MK Rdn. 2 (Fn. 14).

Schutzkonzepts Probleme (s.a. Vor § 331 Rdn. 34).[21] Der Gesetzgeber sieht den **Normzweck** bezüglich der internationalen Korruptionstaten ebenfalls („wenn auch eingeschränkt")[22] im Schutz der Lauterkeit des öffentlichen Dienstes und des Vertrauens der Öffentlichkeit in diese Lauterkeit.[23] Eine nähere Eingrenzung unter dem Gesichtspunkt der Schutzwürdigkeit der ausländischen Rechtsordnung („Unrechtsstaaten") erfolgt nicht;[24] zur Bewältigung etwaiger „Extremsituationen" verweist die Gesetzesbegründung auf § 153c Abs. 1 Nr. 1 StPO.[25] Die Stoßrichtung der Neuregelung ist eher von außenpolitischen Überlegungen (Umsetzung internationaler Vereinbarungen) als von unmittelbaren inländischen Schutzinteressen geleitet.[26] Immerhin ist zu überlegen, ob Strafrechtsgüter unter dem Eindruck der Globalisierung einen Wandel erfahren, sodass eine effektive internationale Bekämpfung der Korruption auch im deutschen Interesse liegt.[27]

4 Bedeutet die Verortung im Kernstrafrecht eine Verstärkung des „ideellen" Anliegens, so erscheint eine **effektive Umsetzung** in der Strafrechtspraxis zweifelhaft. Wenig überzeugend ist es, die Bestimmung des Strafbarkeitsbereichs in die Hände des Prozessrechts (§ 153c Abs. 1 Nr. 1 StPO) zu legen.[28] Angesichts der Flut potenzieller Fälle bei gleichzeitig auftretenden strukturellen Ermittlungsschwierigkeiten (Beweisprobleme, Rechtshilfe)[29] droht leicht eine Überforderung der Strafverfolgungsbehörden mit der Folge einer unter Gleichheitsaspekten problematischen „selektive(n) Strafverfolgung in Abhängigkeit vom individuellen Verfolgungseifer" (bzw. von der jeweiligen personellen und technischen Ausstattung). Ein nennenswerter Anstieg der Ermittlungsverfahren[30] ist (bislang) nicht erkennbar.[31] Insgesamt dürfte es sich weitgehend um einen Fall „symbolischen" Strafrechts handeln.[32]

II. Gleichstellung gemäß Absatz 1

5 In sachlicher Hinsicht bezieht sich die in Absatz 1 angeordnete Gleichstellung – jeweils in Bezug auf künftige Diensthandlungen oder künftige richterliche Handlungen – zum einen auf die Vorteilsannahme durch und die Vorteilsgewährung an einen Richter (§§ 331 Abs. 2, 333 Abs. 2), zum

---

21 *Isfen* JZ **2016** 228, 233 f.; ausführlich zur Schutzgutsdiskussion bei der Auslandskorruption *Hoven* S. 510–547; *Schunck* S. 120 ff., 137 ff., 204; *T. Zimmermann* S. 690–711.

22 Kritisch hierzu *Hoven* S. 93 f.

23 BTDrucks. 13/4350, S. 24; **krit.** *Weigend* FS Jakobs 748, 762 ff.

24 Kritisch *GJW/Papathanasiou* Rdn. 7; *Kubiciel/Spörl* KPKp **2014** 2, 29 f.; *Kuhlen* NK Rdn. 11 f.; *Papathanasiou* wistra **2016** 175, 177.

25 BTDrucks. 13/4350, S. 24.

26 *Dann* NJW **2016** 203; *Matt/Renzikowski/Sinner* Rdn. 1.

27 Vgl. z.B. *Hoven* S. 535 ff., 539 (s.a. a.a.O. S. 214–244); *dies.* GA **2022** 241, 252 ff.; *T. Zimmermann* S. 711; s.a. *Böse* ZIS **2018** 119, 127 (Gebot eines wirksamen Menschenrechtsschutzes); *ERST/Rübenstahl* Rdn. 4 ff.; *Kubiciel* in: Hoven/Kubiciel, S. 45, 55 ff.; *Maas* NStZ **2015** 305, 308; *Pieth* in: Hoven/Kubiciel, S. 19, 22 f.

28 *Isfen* JZ **2016** 228, 235; *Matt/Renzikowski/Sinner* Rdn. 6 (m.w.N.); *Meißner* StV **2017** 128, 129; *SSW/Rosenau* Rdn. 2; s.a. *Deiters* GS Weßlau, S. 51, 52 f., 63 ff.; deutlich milder urteilt *Hoven* S. 95 f.; s.a. *Korte* MK Rdn. 46; *Magnus* NZWiSt **2022** 51, 54.

29 *Hoven* S. 397 ff.; s.a. *Brockhaus/Haak* HRRS **2015** 218, 223; *Pelz* StraFo **2000** 300, 306; *Taschke* StV **2001** 78, 80; *Weigend* FS Jakobs 747, 761 f.

30 Diesbezügliche Erwartungen bei *Korte* MK Rdn. 3; *Meißner* StV **2017** 128.

31 Eingehend zur Strafverfolgung in Fällen der Auslandskorruption *Hoven* S. 355–500, 550 ff.; *dies.* NZWiSt **2022** 385 ff.; ausweislich des Bundeslagebildes Korruption 2020 (https://www.bka.de/SharedDocs/Downloads/DE/Publikationen/JahresberichteUndLagebilder/Korruption/korruptionBundeslagebild2020.html?nn=28078; S. 11) lagen die Fallzahlen zu § 335a seit 2016 stets im einstelligen Bereich; vgl. ferner *Brockhaus/Haak* HRRS **2015** 218 (Fn. 9); *Isfen* JZ **2016** 228, 234 (Fn. 65); *Matt/Renzikowski/Sinner* Rdn. 4; s.a. *Burkhart/Fratzky* wistra **2019** 41, 45 f.; *Magnus* NZWiSt **2022** 51, 58 (Stärkung von „Whistleblowern").

32 *Brockhaus/Haak* HRRS **2015** 218 f., 223; *ERST/Rübenstahl* Rdn. 16; *Isfen* JZ **2016** 228, 234, 236; *Leitner/Rosenau/Gaede* Rdn. 2; *Matt/Renzikowski/Sinner* Rdn. 4; s.a. *Papathanasiou* wistra **2016** 175, 179; vgl. bereits zur früheren Gesetzeslage *Hild* StraFo **2000** 222; *Sowada* LK[12] Vor § 331 Rdn. 28 (m.w.N.).

anderen auf Bestechlichkeit und Bestechung (§§ 332, 334). In persönlicher Hinsicht knüpfen die Regelungen an das Merkmal des Richters (Nummer 1) bzw. des sonstigen Amtsträgers (Nummer 2) an.

1. Gleichstellung mit einem Richter (Nummer 1)

a) Sachliche Reichweite. In den in Nummer 1 genannten Tatbeständen bestimmt sich das Merkmal „Richter" nach Maßgabe der in § 11 Abs. 1 enthaltenen Legaldefinitionen. Gemäß § 11 Abs. 1 Nr. 3 ist Richter, wer nach deutschem Recht Berufsrichter oder ehrenamtlicher Richter ist. Für den Bereich **richterlicher** Handlungen sehen die §§ 331 bis 334 jeweils im zweiten Absatz Spezialtatbestände vor, die (beschränkt auf künftige richterliche Handlungen) auch auf die durch Nummer 1 gleichgestellten Personen Anwendung finden. Darüber hinaus bestimmt § 11 Abs. 1 Nr. 2 Buchst. a, dass die „Richter" zugleich „Amtsträger" sind. Über diese Verknüpfung ergibt sich aus § 335a Abs. 1 Nr. 1 auch hinsichtlich § 332 Abs. 1 und § 334 Abs. 1 (jeweils ggf. i.V.m. § 335) eine Gleichstellung bezüglich (künftiger) **nichtrichterlicher** Handlungen (z.B. bei einer reinen Justizverwaltungstätigkeit; vgl. § 331 Rdn. 96).[33] Bezieht sich die (intendierte) Zuwendung hingegen auf die allgemeine nichtrichterliche Diensttätigkeit oder auf rechtmäßige nichtrichterliche Diensthandlungen einer dem Richter gleichgestellten Person, so scheidet eine Strafbarkeit gemäß §§ 331 Abs. 1 und 333 Abs. 1 i.V.m. § 335a Abs. 1 Nr. 1 Buchst. a aus (Gegenschluss zur auf den zweiten Absatz der §§ 331, 333 beschränkten Gleichstellung); siehe aber auch Absatz 2 Nummer 1. 6

b) Personenkreis. Den gleichgestellten Personenkreis umschreibt das Gesetz mit den Mitgliedern eines ausländischen oder internationalen Gerichts. 7

aa) „Gericht". Mangels näherer Hinweise in den Gesetzesmaterialien[34] sollte das Merkmal (in Anlehnung an § 339) funktional interpretiert werden.[35] Hiernach ist maßgeblich, dass eine Person(engruppe) bei der Leitung oder Entscheidung einer Rechtssache in einem förmlich ausgestalteten Verfahren zur Verwirklichung des Rechts im Einzelfall tätig wird und hierbei den Beteiligten unparteilich gegenübersteht.[36] Die persönliche und sachliche Unabhängigkeit (vgl. Art. 97 GG) ist (ebenso wie bei § 339)[37] kein notwendiges Begriffsmerkmal.[38] Unerheblich ist auch, dass es aufgrund unterschiedlicher Rechtssysteme kein deutsches Pendant gibt (z.B. Geschworenengerichte).[39] **Ausländische** Gerichte müssen staatlicher Natur sein. Damit unterfallen die auf privatrechtlicher Grundlage tätigen ausländischen Schiedsgerichte zwar nicht § 335a Abs. 1 Nr. 1 Buchst. a,[40] doch gelten für sie die §§ 331 bis 335 unmittelbar, da der dort verwendete Begriff des „Schiedsrichters" keine Inlandsbeschränkung enthält.[41] Die Einordnung von bestimmten religiösen Würdenträgern oder von Funktionären einer Staatspartei ist umstritten.[42] Die **internationalen** Gerichte agieren auf einer supranationalen Grundlage. Hierzu gehören u.a. der Internationale Gerichtshof, der Europäische Gerichtshof für Menschenrechte und der Internationale Strafgerichtshof, ferner 8

33 *Kuhlen* NK Rdn. 34.
34 Vgl. BTDrucks. 13/4350, S. 24; krit. *ERST/Rübenstahl* Rdn. 19; *Leitner/Rosenau/Gaede* Rdn. 7.
35 *ERST/Rübenstahl* Rdn. 19.
36 *Kuhlen* NK Rdn. 35.
37 *Hilgendorf* LK § 339 Rdn. 16 (str.).
38 *Korte* MK Rdn. 10; *Kuhlen* NK Rdn. 36; **aA** *Münkel* S. 92, 94.
39 *Kuhlen* NK Rdn. 34; *Lackner/Kühl/Heger* Rdn. 4; s.a. *ERST/Rübenstahl* Rdn. 20; *Korte* MK Rdn. 9.
40 *Kuhlen* NK Rdn. 39; *Lackner/Kühl/Heger* Rdn. 4.
41 *Korte* MK § 331 Rdn. 168.
42 Vgl. *ERST/Rübenstahl* Rdn. 20; *Korte* MK Rdn. 10; *Kuhlen* NK Rdn. 39.

die ad-hoc-Strafgerichtshöfe der Vereinten Nationen.[43] Eine deutsche Beteiligung an dem internationalen Gericht ist nicht erforderlich.[44] Für die Gerichte der Europäischen Union ist § 335a angesichts der unmittelbaren Einbeziehung in die §§ 331 bis 335 ohne Bedeutung.[45]

9 **bb) „Mitglied".** Im Gegensatz zu Art. 2 § 1 Nr. 1 IntBestG bezeichnet § 335a Abs. 1 Nr. 1 die gleichgestellten Personen nicht als „Richter" eines ausländischen bzw. eines internationalen Gerichts, sondern als deren „Mitglieder". Ungeachtet dieser (auf die Vermeidung von Fehldeutungen im Hinblick auf § 11 Abs. 1 Nr. 3 gerichteten)[46] terminologischen Änderung muss es sich weiterhin um Richter, d.h. um Personen handeln, die bei der Wahrnehmung von Rechtsprechungsaufgaben als Berufsrichter oder als ehrenamtliche Richter (z.B. Geschworene) über einen gewissen Entscheidungsspielraum verfügen.[47] Die Mitwirkung in nichtrichterlicher Funktion (z.B. als Protokollführer, Dolmetscher, Wachtmeister, Rechtspfleger, Gerichtsvollzieher) genügt – wie auch die Unterscheidung zwischen Mitgliedern und Bediensteten des IStGH (vgl. Absatz 2 Nummern 1 und 2) zeigt –[48] ebenso wenig wie die Tätigkeit in reinen Verwaltungsverfahren.[49]

2. Gleichstellung mit einem sonstigen Amtsträger (Nummer 2)

a) Bedienstete und Beauftragte eines ausländischen Staates (Buchstabe a)

10 **aa) Ausgangspunkt.** Bei der Gestaltung dieser zentralen und praktisch bedeutsamsten Gleichstellungsregelung[50] des § 335a hat sich der Gesetzgeber bewusst gegen die Übernahme des im EUBestG und im IntBestG verwendeten Begriffs des ausländischen „Amtsträgers" entschieden, weil es sich beim Begriff des Amtsträgers um einen in § 11 Abs. 1 Nr. 2 definierten rechtstechnischen Begriff handele und eine Festlegung auf den dort genannten Maßstab des deutschen Rechts vermieden werden sollte. Stattdessen wurde der zuvor bereits in § 2 SAEG-Übermittlungsschutzgesetz und in Art. 2 § 8 EuropolG verwendete Begriff **„Bedienstete"** gewählt,[51] der die ausländischen und internationalen Beamten ohne gesonderte Hervorhebung einschließt.[52] Ferner entfiel die sich zuvor aus dem Nebeneinander von EUBestG und IntBestG ergebende Unterscheidung zwischen Amtsträgern anderer EU-Staaten und Drittstaaten.[53]

11 Für die Inhaltsbestimmung des Begriffs des „Bediensteten" kommen (ebenso wie bezüglich des früheren ausländischen Amtsträgers) unterschiedliche **Anknüpfungspunkte**[54] in Betracht: (1) das Recht des Anwendungsstaates (hier also deutsches Recht), (2) das Recht des Heimatstaates des Empfängers und (3) eine autonome Festlegung anhand völker- bzw. konventionsrechtlicher Maßstäbe. Die Komplexität erhöht sich dadurch, dass diese Ansätze nicht notwendigerweise isoliert nebeneinander stehen müssen, sondern mehrere von ihnen alternativ oder kumulativ miteinander verbunden werden können.[55]

---

43 *Korte* MK Rdn. 11.
44 *Korte* MK Rdn. 11.
45 *Korte* MK Rdn. 13.
46 *Korte* MK Rdn. 7.
47 *ERST/Rübenstahl* Rdn. 19; *Kuhlen* NK Rdn. 37 f.; *Lackner/Kühl/Heger* Rdn. 4; *Sch/Schröder/Eisele* Rdn. 11.
48 *Korte* MK Rdn. 7.
49 *Kuhlen* Rdn. 35, 38.
50 *Korte* MK Rdn. 15.
51 Zust. *Papathanasiou* wistra **2016** 175, 176.
52 BTDrucks. 18/4350, S. 24; *ERST/Rübenstahl* Rdn. 23.
53 *Korte* MK Rdn. 15; krit. hierzu *ERST/Rübenstahl* Rdn. 7; *Rübenstahl/Dust* JR **2016** 106, 109 ff., 112.
54 *Hoven* S. 53 f.
55 *Kuhlen* NK Rdn. 25 ff. listet sieben unterschiedliche Lösungen auf; vgl. ferner *Korte* FS Fischer 401, 405 ff.; *Sch/Schröder/Eisele* Rdn. 13 ff. sowie ausführlich *Hoven* S. 56–68.

bb) Auslegung zu EUBestG und IntBestG. Der Verzicht der Gesetzesbegründung auf eine klare inhaltliche Konturierung des „Bediensteten" (und erst recht auf eine eigenständige Legaldefinition in § 11 Abs. 1) wird unter Bestimmtheitsaspekten als bedenklich angesehen.[56] Dies gilt umso mehr, als der BGH den Begriff des ausländischen Amtsträgers in den beiden nunmehr zusammengeführten Normbereichen (EUBestG, IntBestG) in methodisch divergierender Weise bestimmt hatte und das Auslegungsproblem auch im Schrifttum eingehend diskutiert worden war.[57] 12

Für den Anwendungsbereich des Art. 2 § 1 Abs. 1 Nr. 2 **EUBestG** prüfte der BGH (St **60** 266, 270 ff. = NJW **2015** 2675 = JZ **2016** 262 mit Anm. *B. Heinrich* – portugiesischer Honorarkonsul)[58] die Amtsträgereigenschaft anhand eines zweistufigen Verfahrens, bei welchem der Betreffende zunächst nach Maßgabe der Rechtsordnung des EU-Mitgliedstaates, sodann aber auch (als Korrektiv) in Ansehung deutschen Rechts (§ 11 Abs. 1 Nr. 2) die Merkmale eines Amtsträgers erfüllen muss. Demgegenüber hatte der BGH (St **52** 323, 344 f. – Fall Siemens/ENEL)[59] bezüglich des weltweit geltenden (also nicht auf Angehörige irgendwelcher Mitglieds- oder Unterzeichnerstaaten beschränkten) **IntBestG**[60] eine strikte Akzessorietät zum ausländischen Recht[61] ebenso abgelehnt (weil sie zur Schaffung eines Blanketttatbestands führen würde, dessen Ausfüllung allein dem ausländischen Gesetzgeber überantwortet wäre) wie eine entsprechende Anwendung der Merkmale des in § 11 Abs. 1 Nr. 2 geregelten deutschen Amtsträgerbegriffs (weil das IntBestG eine solche Entsprechungsklausel im Gegensatz zum zeitgleich in Kraft getretenen Art. 2 § 1 Abs. 1 Nr. 2 Buchst. a EUBestG a.F. nicht enthielt). Vielmehr wurde ein völkerrechtlicher, gegenüber dem Vorverständnis des jeweiligen Nationalstaats autonomer Amtsträgerbegriff befürwortet, der von den Begriffsbestimmungen des (dem IntBestG zugrunde liegenden) OECD-Übereinkommens über die Bekämpfung der Bestechung ausländischer Amtsträger im internationalen Geschäftsverkehr vom 17.12.1997[62] ausgeht und die dort enthaltenen Definitionen ohne Rückgriff auf das Heimatrecht des jeweiligen Amtsträgers ausfüllt.[63] 13

cc) Auslegung der gegenwärtigen Gesetzeslage. Angesichts des offenen Wortlauts ergeben sich Anhaltspunkte für die Inhaltsbestimmung vor allem aus der Gesetzgebungsgeschichte. Mit der bewussten Abwendung vom Begriff des „Amtsträgers" und der hiermit verbundenen Ablehnung einer aus § 11 Abs. 1 Nr. 2 ableitbaren Einschränkung[64] hat der Gesetzgeber einer an das deutsche Recht anknüpfenden Inhaltsbestimmung eine Absage erteilt. Stattdessen verweist er für den gleich- 14

---

56 *Leitner/Rosenau/Gaede* Rdn. 10; *Matt/Renzikowski/Sinner* Rdn. 2; *Meißner* StV **2017** 128, 132; *Rübenstahl/Dust* JR **2016** 106, 111; *SSW/Rosenau* Rdn. 8; vgl. auch *Münkel* S. 270 f., 276.

57 Vgl. *Münkel* S. 269 ff., 276; *Nestler* StV **2009** 313, 314 ff., 319; *Schuster/Rübenstahl* wistra **2008** 201, 207; *Walther* Jura **2010** 510, 519 f.

58 BGHSt **60** 266 = NZWiSt **2015** 356 mit Anm. *Rathgeber*; vgl. hierzu ferner *Brodowski* HRRS **2016** 14 ff.; *Rübenstahl/Dust* JR **2016** 106 ff.

59 Im Anschluss hieran BGH NStZ **2014** 469, 473; vgl. auch zur Vorinstanz (LG Darmstadt Urt. vom 14.5.2007 – 9 KLs – Ss 297/07 [= CCZ **2008** 37 = BeckRS **2007** 16611]) *Pelz* ZIS **2008** 333 ff.; *Saliger/Gaede* HRRS **2008** 57 ff.; *Schuster/Rübenstahl* wistra **2008** 201 ff. Gegenstand des (vorrangig § 266 und § 299 Abs. 2 StGB a.F. betreffenden) Verfahrens waren Schmiergeldzahlungen aus sog. „schwarzen Kassen" an leitende Angestellte von unter staatlicher Mehrheitsbeteiligung stehenden Tochtergesellschaften eines italienischen Energieversorgungsunternehmens.

60 Hierzu *Sowada* LK[12] § 334 Rdn. 3 f.

61 In diesem Sinne wohl (zu Art. 2 § 1 Nr. 2 Buchst. a IntBestG) *Androulakis* S. 405; *A. Schmitz* RIW **2003** 189, 193; vgl. auch *Krause/Vogel* RIW **1999** 488, 492; *Pelz* StraFo **2000** 300, 303; *Taschke* StV **2001** 78, 79; *Tinkl* wistra **2006** 126 und 128.

62 BGBl. II 1998 S. 2329; ebenfalls abgedruckt in BTDrucks. 13/10428 S. 9 ff.

63 So (jeweils zu Art. 2 § 1 Nr. 2 Buchst. a IntBestG) BGHSt **52** 323, 344 f. (Rdn. 65); *Knauer* NStZ **2009** 151, 153; *Kuhlen* NK Rdn. 3c; *Möhrenschlager* in: Dölling 8. Kap. Rdn. 352; *Saliger/Gaede* HRRS **2008** 57, 60; *Satzger* NStZ **2009** 297, 304 f.; *Walther* Jura **2009** 421 f.; *Schuster/Rübenstahl* wistra **2008** 201, 203; Näher zum Amtsträgerbegriff des OECD-Übereinkommens *Nestler* StV **2009** 313; 316 f.

64 BTDrucks. 18/4350, S. 24 f.; *Leitner/Rosenau/Gaede* Rdn. 9.

zustellenden Personenkreis auf die Vorgaben von Art. 1 Abs. 4 Buchst. a des OECD-Übereinkommens v. 17.12.1997, Art. 1 Buchst. a des Europarat-Übereinkommens v. 27.1.1999 und Art. 2 Buchst. b des VN-Übereinkommens v. 31.10.2003.[65] Damit deutet der gesetzgeberische Wille auf eine autonome völkerrechtliche Bestimmung hin, wie sie zu Art. 2 § 1 IntBestG erfolgt ist, an den § 335a in Aufbau und Struktur eng angelehnt ist.[66] Allerdings vermitteln die supranationalen Vorgaben kein eindeutiges Bild; denn die ebenfalls in Bezug genommenen Rechtsinstrumente des Europarats und der EU nehmen die Auslegung nicht autonom, sondern unter Verweisung auf das jeweilige ausländische Recht vor[67] (und stellen überdies dem Verfolgerstaat eine Beschränkung auf die zugleich seinem innerstaatlichen Recht entsprechenden Fälle frei). Diese Divergenz ließ sich als Spiegelung der unterschiedlichen Schutzkonzepte erklären: Ging es im EU-Bereich um die Erstreckung des Schutzes der Integrität der öffentlichen Verwaltung, so erscheint eine Anbindung an den Amtsträgerbegriff des anderen (EU-)Staates sinnvoll. Im Gegensatz hierzu orientierte sich die Korruptionsbekämpfung im Bereich des IntBestG an der Schaffung einheitlicher Wettbewerbsstandards; hierbei tritt der Bezug auf die jeweilige einzelstaatliche Rechtsordnung in den Hintergrund und es besteht Raum für eine autonome völkerrechtliche Interpretation des Amtsträgerbegriffs. Indem der Gesetzgeber zu § 335a eine von den einzelstaatlichen Rechtsordnungen unabhängige Begriffsbestimmung nahelegt, obwohl er zugleich den Wettbewerbsbezug eliminiert, auf den grundsätzlich staatsbezogenen Integritätsschutz abstellt und die Strafbarkeit auf die Nehmerseite erstreckt, sind die Auslegungsprobleme vorgezeichnet.[68]

15 Eine Positionierung des BGH zur Auslegung des „Bediensteten“ steht noch aus.[69] Akzeptiert man als Grundlage der Auslegung den hinreichend deutlich zum Ausdruck gekommenen Willen des Gesetzgebers, mittels einer einheitlichen Begriffsbildung die eingegangenen internationalen Verpflichtungen zu erfüllen, so scheidet eine Akzessorietät zur Rechtslage im Empfängerstaat als Leitkriterium aus.[70] Auszugehen ist hiernach vielmehr (ungeachtet der denkbaren sachlichen Kritik) von einer **autonomen** völkerrechtlichen Inhaltsbestimmung.[71] Die (vielfach befürwortete)[72] kumulative Verknüpfung von autonomem und akzessorischem Amtsträgerbegriff brächte zwar eine kriminalpolitisch maßvolle Restriktion, doch gelänge dies nur um den Preis eines partiellen Umsetzungsdefizits.[73] Eine alternative Koppelung, nach der es ausreichen würde, dass die betreffende Person entweder nach dem autonomen oder dem ausländischen Maßstab als Amtsträger anzusehen wäre,[74] würde den Verpflichtungen selbstverständlich genügen, doch findet eine solche Konzeption in § 335a keine Stütze. Im Gegenteil wurde die Verbindung zum EUBestG weitgehend gekappt, und bei einer blankettartigen Strafbarkeitsbegründung[75] hätte die Beibehaltung der begrenzenden Rückverweisung auf § 11 Abs. 1 Nr. 2 als Korrektiv nahegelegen.[76] Entsprechendes gilt bezüglich einer („selektiven“) Interpretation, die für die aktive Bestechung einen autonomen Maß-

65 BTDrucks. 18/4350, S. 24 f.; näher hierzu *Korte* FS Fischer 401, 402 ff.

66 *Brodowski* HRRS **2016** 14, 17; *Kuhlen* NK Rdn. 21.

67 *Brodowski* HRRS **2016** 14, 17; *Kappel/Junkers* NZWiSt **2016** 382, 386; *Korte* MK Rdn. 16; *Papathanasiou* wistra **2016** 175, 176; *dies.* ZWH **2019** 112, 113; *Walther* WiJ **2015** 152, 155.

68 *Brockhaus/Haak* HRRS **2016** 218, 222; *Matt/Renzikowski/Sinner* Rdn. 8; *Nestler* StV **2009** 313, 317 f.; *Walther* WiJ **2015** 152, 155. Ausführlich auch *Pohlmann* S. 140 ff.

69 Vgl. BGH wistra **2019** 190, 197 f. (Rdn. 98 ff.).

70 *Rübenstahl/Dust* JR **2016** 106, 110.

71 *Brodowski* HRRS **2016** 14, 17; *Fischer* Rdn. 7; *v.Heintschel-Heinegg* BeckOK Rdn. 4; *Korte* MK Rdn. 7; *Meißner* StV **2017** 129, 130 f. (and. [Doppelprüfung] für „Beauftragte“); *Spörl* S. 277 f.; 291; *SSW/Rosenau* Rdn. 9. S. auch *Brockhaus/Haak* HRRS **2016** 218, 222.

72 Hierfür *Kuhlen* NK Rdn. 29, 31; *Lackner/Kühl/Heger* Rdn. 5; *Leitner/Rosenau/Gaede* Rdn. 12; *Papathanasiou* wistra **2016** 175, 176 f.; *Rübenstahl/Dust* JR **2016** 106, 111 f.; *Walther* WiJ **2015** 152, 155; ferner bereits *Kubiciel/Spörl* KPKp **2014** 2, 24 f.

73 Hierfür bereits *Kubiciel/Spörl* KPKp **2014** 2, 25; **abl.** *Sch/Schröder/Eisele* Rdn. 15; s.a. *Korte* MK Rdn. 22.

74 Hierfür *Hoven* S. 66 ff.; *Sch/Schröder/Eisele* Rdn. 15; *Schunck* S. 197 ff., 205.

75 Hiergegen *Brockhaus/Haak* HRRS **2016** 218, 221; *Leitner/Rosenau/Gaede* Rdn. 12.

76 *Korte* FS Fischer 401, 407.

stab, bezüglich der Bestechlichkeit hingegen eine akzessorische Interpretation zugrunde legt. Eine solche prinzipiell mögliche Konzeption wahrt zwar die supra- und internationalen Vorgaben; sie missachtet aber ohne hinreichende Grundlage im Gesetz, dass der Gesetzgeber eine einheitliche Definition schaffen und hierbei partiell über die eingegangenen Verpflichtungen hinausgehen wollte.[77] Angesichts der Strafrechtspraxis, die sich auch im Bereich der autonomen Begriffsbestimmung vielfach an der ausländischen Rechtsordnung orientiert[78] und über § 153c StPO als Steuerungsinstrument[79] verfügt, könnte die praktische Bedeutung des Meinungsstreits hinter der dogmatischen zurückbleiben.[80]

Angesichts der übereinstimmenden Rückbindung an die Vorgaben von Art. 1 Abs. 4 Buchst. a des OECD-Übereinkommens und Art. 2 Buchst. b des VN-Übereinkommens[81] können die zum IntBestG entwickelten Auslegungsgrundsätze auf die Bestimmung des gemäß § 335a Abs. 1 Nr. 2 gleichgestellten Personenkreises übertragen werden.[82] So war als „Amtsträger eines ausländischen Staates" im Sinne des Art. 2 § 1 Nr. 2 Buchst. a IntBestG a.F. anzusehen, wer in einem anderen Staat durch Ernennung oder Wahl ein Amt im Bereich der Verwaltung innehat.[83] Ungeachtet des hierdurch geschaffenen Bezuges zum ausländischen (öffentlichen) Recht[84] ist auch eine Erstreckung auf sog. „faktische" Amtsträger möglich.[85] 16

Eine stärkere Emanzipation vom nationalen Recht ergibt sich bezüglich der Personen, die beauftragt sind, öffentliche Aufgaben für einen ausländischen Staat wahrzunehmen.[86] Auch bezüglich des **Beauftragten** knüpft der Gesetzgeber inhaltlich an Art. 2 § 1 Nr. 2 Buchst. b IntBestG a.F. an; dass die dort enthaltene Klarstellung in Bezug auf die Aufgabenwahrnehmung „für ein öffentliches Unternehmen mit Sitz im Ausland" nicht übernommen wurde, ist insoweit ohne Belang.[87] Nach der Definition in Nummer 14 der als amtliche Auslegungshilfe heranzuziehenden „Erläuterungen zu dem Übereinkommen über die Bekämpfung der Bestechung ausländischer Amtsträger im internationalen Geschäftsverkehr"[88] handelt es sich um ein „öffentliches Unternehmen", sofern es (ungeachtet seiner Rechtsform) von der öffentlichen Hand unmittelbar oder mittelbar beherrscht wird.[89] Einschränkend sieht Nummer 15 vor, dass das Unternehmen in dem betreffenden Markt nicht auf einer normalen (nicht bevorzugten) geschäftlichen Grundlage tätig sein darf. Weil es keiner besonderen Bestellung (in Gestalt eines förmlichen Bestellungsakts oder im Sinne einer organisatorischen Eingliederung oder einer längerfristigen Tätigkeit) bedarf, genügt auch die einmalige Aufgabenerteilung.[90] Allerdings muss die Person selbst (und nicht nur die betreffende Stelle) öffentliche Aufgaben wahrnehmen.[91] 17

---

77 *Korte* MK Rdn. 18; *ders.* FS Fischer 401, 407 f.; *Kuhlen* NK Rdn. 30; *Spörl* S. 272 f., 291.

78 Vgl. *Reyhn/Rübenstahl* CCZ **2011** 161, 162 f.; s.a. *Brockhaus/Haak* HRRS **2016** 218, 221; *Korte* MK Rdn. 24; *Sch/Schröder/Eisele* Rdn. 15.

79 *Deiters* GS Weßlau, S. 51, 64 restriktiver zu den Einstellungsmöglichkeiten *Spörl* S. 280 ff.

80 Vgl. *Lackner/Kühl/Heger* Rdn. 5; *Rübenstahl/Dust* JR **2016** 106, 111 f.

81 BTDrucks. 18/4350, S. 24 f.; näher zur Auslegung im OECD-Bestechungsübereinkommen *Münkel* S. 56 ff.; *Pieth* in: Dölling 9. Kap. Rdn. 24 ff.

82 *Korte* MK Rdn. 23.

83 BGHSt **52** 323, 345 f. (Rdn. 66); *Möhrenschlager* in: Dölling 8. Kap. Rdn. 352; *Schuster/Rübenstahl* wistra **2008** 201, 203.

84 *Korte* MK Rdn. 24; *Saliger/Gaede* HRRS **2008** 57, 60.

85 *Korte* MK Rdn. 25; *Kuhlen* NK Rdn. 42 und § 334 Rdn. 3c. S. auch BTDrucks. 13/10428 S. 24 (zu Nummer 16); *Schuster/Rübenstahl* wistra **2008** 201, 204.

86 *Kuhlen* NK Rdn. 3c.

87 BTDrucks. 18/4350, S. 25; *Korte* MK Rdn. 27; *Leitner/Rosenau/Gaede* Rdn. 9; *Matt/Renzikowski/Sinner* Rdn. 8.

88 Abgedruckt in BTDrucks. 13/10428, S. 23 f.

89 BGHSt **52** 323, 346 (Rdn. 67 ff.); BGH wistra **2019** 190, 197 (Rdn. 95); näher *Korte* MK Rdn. 28 f.

90 *Korte* MK Rdn. 26 (m.w.N.); *Möhrenschlager* in: Dölling 8. Kap. Rdn. 353; *Sch/Schröder/Eisele* Rdn. 16; *Tinkl* wistra **2006** 126, 128 f.; **aA** *Kuhlen* NK Rdn. 46; *Meißner* StV **2017** 128, 131.

91 *Korte* MK Rdn. 26; *Meißner* StV **2017** 128, 131; *Möhrenschlager* in: Dölling 8. Kap. Rdn. 353 (Fn. 837).

18 **b) Bedienstete und Beauftragte einer internationalen Organisation (Buchstabe b).** Die in Nummer 2 Buchstabe b vorgenommene Gleichstellung betrifft – in sachlicher Entsprechung zu § 1 Nr. 2 Buchst. c IntBestG und unter Umsetzung von Art. 9 i.V.m. Art. 2 und 3 des Europarat-Übereinkommens –[92] Bedienstete einer internationalen Organisation sowie die mit der Wahrnehmung der Aufgaben dieser Organisationen beauftragten Personen. Der Begriff der **„internationalen Organisation"** umfasst nach Nummer 17 der Erläuterungen zum OECD-Übereinkommen[93] „ungeachtet der Organisationsform und des Zuständigkeitsbereichs alle internationalen Organisationen, die von Staaten, Regierungen oder anderen internationalen Organisationen gebildet werden"; eingeschlossen sind auch regionale, auf wirtschaftliche Integration gerichtete Organisationen wie die Europäischen Gemeinschaften. Hierher zählen z.B. die Weltbank, die EZB oder Interpol.[94] Deutschland muss nicht Mitglied dieser Organisationen sein (z.B. OAS), die auch rein wirtschaftliche Ziele verfolgen können (z.B. OPEC).[95] Informelle Foren ohne einen Verwaltungsunterbau stellen keine „Organisation" dar.[96] Im Hinblick auf den englischen bzw. französischen Wortlaut („public" bzw. „publique") in Art. 1 Abs. 4 des OECD-Übereinkommens[97] sind rein privatrechtliche internationale Organisationen und Nichtregierungsorganisationen (z.B. IOC, FIFA, Internationales Rotes Kreuz, Transparency International, Greenpeace) nicht erfasst.[98] Die Auslegung der Begriffe **„Bediensteter"** und **„Beauftragter"** bemisst sich bei Nummer 2 Buchstabe b (unstreitig) nach völkerrechtlichen Maßstäben auf der Grundlage der jeweiligen Gründungsverträge.[99]

19 **c) Soldaten eines ausländischen Staates und mit Aufgabe einer internationalen Organisation beauftragte Soldaten (Buchstabe c).** Sah Art. 2 § 1 Nr. 3 IntBestG im militärischen Bereich eine Gleichstellung mit Soldaten der Bundeswehr vor, werden die ausländischen und internationalen Soldaten nunmehr deutschen Amtsträgern gleichgestellt (weil sich die Strafbarkeit der Soldaten der Bundeswehr gemäß § 332 erst auf dem Umweg über § 48 WStG ergibt).[100] Zur Gleichstellung bezüglich § 332 bestand keine völkerrechtliche Verpflichtung.[101] Soldaten eines ausländischen Staates sind nur die Mitglieder der regulären Streitkräfte, nicht hingegen Söldner und Mitglieder nichtstaatlicher Milizen etc.[102] Zu den Soldaten, die mit der Wahrnehmung von Aufgaben einer internationalen Organisation beauftragt sind, zählen etwa die Mitglieder der VN-Friedenstruppen („Blauhelmsoldaten") und der schnellen Eingreiftruppe der NATO.[103]

3. Pflichtwirigkeit der richterlichen Handlung bzw. Diensthandlung

20 Soweit sich die durch Absatz 1 bewirkte Gleichstellung auf die §§ 332 und 334 erstreckt, müssen die jeweiligen Tathandlungen auf pflichtwidrige Diensthandlungen bzw. richterliche Handlungen gerichtet sein. Mit dem Wegfall des internationalen Wettbewerbs als einschränkendem Leitkriteri-

---

92 BTDrucks. 18/4350, S. 25.
93 BTDrucks. 13/10428, S. 24 (s. Rdn. 17).
94 *Korte* MK Rdn. 30 (mit weiteren Bsp.); *Kuhlen* NK Rdn. 47.
95 *Korte* MK Rdn. 30.
96 *Korte* MK Rdn. 31.
97 Vgl. BTDrucks. 13/10428 S. 9, 11.
98 *Korte* MK Rdn. 31; *Kuhlen* NK Rdn. 47; *Leitner/Rosenau/Gaede* Rdn. 13; *Möhrenschlager* in: Dölling 8. Kap. Rdn. 353; *Sch/Schröder/Eisele* Rdn. 18.
99 *Kuhlen* NK Rdn. 47; *Münkel* S. 127 (zu Art. 2 § 1 Nr. 2 Buchst. c IntBestG a.F.).
100 BTDrucks. 18/4350, S. 25; *ERST/Rübenstahl* Rdn. 37; *Korte* Rdn. 33; *Sch/Schröder/Eisele* Rdn. 19; s.a. *Leitner/Rosenau/Gaede* Rdn. 14.
101 *Matt/Renzikowski/Sinner* Rdn. 10; *Sch/Schröder/Eisele* Rdn. 19.
102 *Korte* MK Rdn. 35; *Kuhlen* NK Rdn. 48.
103 *Korte* MK Rdn. 34; *Kuhlen* NK Rdn. 48.

um ist die Relevanz des Pflichtwidrigkeitsmerkmals gestiegen.[104] Die Pflichtwidrigkeit der künftigen (s. Rdn. 2) Handlungen ist (grundsätzlich) nach den Regelungen der jeweiligen **ausländischen** Rechtsordnung bzw. der betreffenden internationalen Organisation zu bestimmen.[105] Der BGH[106] verlangt hierbei für den Regelfall keine Beschreibung der konkreten Pflichtenstellung, sondern lässt grundsätzlich eine Heranziehung der rechtlichen Rahmenbedingungen des ausländischen Staates genügen. Einer vergleichbaren Pflicht im deutschen Recht bedarf es nicht.[107] Wenig diskutiert ist die Frage, unter welchen (engen) Voraussetzungen eine ausländische Norm für die Beurteilung der Pflichtwidrigkeit außer Betracht bleiben soll (z.B. bei Kollision widersprüchlicher Pflichten,[108] bei einem Verstoß gegen den ordre public[109] oder bei einem Verstoß gegen elementare Grundsätze des deutschen Rechts, sodass die Anerkennung einer solchen Norm im Rahmen der §§ 332, 334 schlechterdings unerträglich wäre[110]).

Umgekehrt ermöglicht die Einbeziehung der §§ 332 Abs. 3 Nr. 2 und 334 Abs. 3 Nr. 2 auch eine von der fremden nationalen Rechtsordnung unabhängige Bejahung der Strafbarkeit, wenn der Amtsträger sich bei der **Ermessensausübung** von dem Vorteil beeinflussen lassen soll.[111] Probleme ergeben sich insoweit in Bezug auf **Beschleunigungs- und Erleichterungszahlungen** (sog. facilitation payments),[112] mittels derer ein Amtsträger zur (schnelleren) Vornahme einer als solcher rechtmäßigen Diensthandlung veranlasst werden soll. Gemäß Nummer 9 der Erläuterungen zum OECD-Übereinkommen stellen „kleinere Zahlungen" zur „Erleichterung" keine Zahlungen zur Erlangung oder zum Behalt eines Auftrags oder eines unbilligen Vorteils dar und sind deshalb nicht strafbar.[113] Abgesehen von der Schwierigkeit, die Wertgrenze für derartige Zahlungen (oder gleichzustellende sonstige Vorteile)[114] zu bestimmen,[115] besteht Uneinigkeit über die prinzipielle Bedeutung und die Reichweite dieser Klausel (Geringfügigkeitsklausel auch zur Beschleunigung pflichtwidriger Diensthandlungen?).[116] Sie eröffnet nicht eine diffuse Grauzone sozialadäquater Bestechungen im Hinblick auf etwaige Gepflogenheiten bei Auslandsgeschäften,[117] sondern sie zielt auf Umsetzungsregelungen, die (im Gegensatz zu § 335a Abs. 1) die Gleichstellung auch auf Zuwendungen zur Herbeiführung rechtmäßiger Diensthandlungen ausdehnen.[118] Man kann in der Klausel die Klarstellung sehen, dass reine Beschleunigungszahlungen ohne Benachteiligung Dritter (vgl. § 332 Rdn. 12) oder sozialadäquate Zuwendungen an Ermessensbeamte (vgl. § 332 Rdn. 28) ggf. 21

---

104 *Hoven* S. 80 f.

105 *Bernsmann/Gatzweiler* Rdn. 817 ff.; *Hoven* S. 82 f. (m.w.N.); *Korte* MK Rdn. 44; *Kuhlen* NK Rdn. 33 und § 334 Rdn. 3d; *Matt/Renzikowski/Sinner* Rdn. 5; *Sch/Schröder/Eisele* Rdn. 9; *SSW/Rosenau* Rdn. 5; *Tinkl* wistra **2006** 126, 129 f.; s.a. *Möhrenschlager* in: Dölling 8. Kap. Rdn. 356 (Fn. 842, aber auch Fn. 844).

106 BGH NStZ **2014** 469, 473 (Rdn. 52) zu Art. 2 § 1 IntBestG a.F.; zust. Kuhlen NK § 334 Rdn. 3d; **krit.** *Leitner/Rosenau/Gaede* Rdn. 15.

107 *Korte* MK Rdn. 44.

108 *Schuster/Rübenstahl* wistra **2008** 201, 204 f.; s.a. *Korte* MK Rdn. 44. **Abl.** *Hoven* S. 84.

109 *ERST/Rübenstahl* Rdn. 14 (s.a. *ERST/Piel/Rübenstahl* § 332 Rdn. 28); *Münkel* S. 151; *Schunck* S. 183 ff., 204.

110 *Hoven* S. 84 f.

111 *ERST/Piel/Rübenstahl* § 332 Rdn. 25; *Hoven* S. 85 ff. (allerdings krit. bezüglich § 332; hierzu auch a.a.O. S. 87 ff.); *Korte* MK Rdn. 44; *Krause/Vogel* RIW **1999** 488, 491; *Möhrenschlager* in: Dölling 8. Kap. Rdn. 356; *Pelz* StraFo **2000** 300, 304; s.a. BTDrucks. 13/10428 S. 6; **aA** *Bernsmann/Gatzweiler* Rdn. 821; *Tinkl* wistra **2006** 126, 129; vgl. zum Problem auch *Gänßle* NStZ **1999** 543 ff.

112 *ERST/Piel/Rübenstahl* Anh. zu § 338 Rdn. 6 ff., 11 ff.; *Reyhn/Rübenstahl* CCZ **2011** 161, 164; s. hierzu auch bereits *Dann* wistra **2008** 41 ff.

113 BTDrucks. 13/10428, S. 23 (s. Rdn. 17).

114 *Kuhlen* NK Rdn. 3e (Fn. 25).

115 Insoweit für eine Berücksichtigung der Gegebenheiten im jeweiligen Empfängerland *Gänßle* NStZ **1999** 543, 545 f.; *Tinkl* wistra **2006** 126, 130; **krit.** hierzu *Hoven* S. 75 f.

116 Vgl. *Kuhlen* NK § 334 Rdn. 3e; abl. *ERST/Piel/Rübenstahl* Anh. zu § 338 Rdn. 8 ff.

117 In diese Richtung jedoch *Bernsmann/Gatzweiler* Rdn. 835; *Gänßle* NStZ **1999** 543, 545 f.; *Zieschang* NJW **1999** 105, 107.

118 *ERST/Piel/Rübenstahl* Anh. zu § 338 Rdn. 8; *Hoven* S. 74–78; *Korte* MK Rdn. 48; *ders.* wistra **1999** 81, 87; *Pelz* StraFo **2000** 300, 304; *Tinkl* wistra **2006** 126, 129 f.

nicht pflichtwidrig sind und deshalb in Auslandsfällen straflos bleiben.[119] Sind nach allgemeiner Subsumtion die Voraussetzungen der §§ 332, 334 aber erfüllt, steht Nummer 9 der Erläuterungen zum OECD-Übereinkommen einer Strafbarkeit nicht entgegen.

22 Handelt der Bestechende zur **Abwehr einer erpresserischen Forderung** eines ausländischen Amtsträgers, so erfüllt dies bei Ermessensentscheidungen regelmäßig den Tatbestand des § 334 Abs. 3 Nr. 2 i.V.m. § 335a Abs. 1 Nr. 2, obwohl der Zuwendende hierdurch keine rechtswidrige Diensthandlung herbeiführen, sondern im Gegenteil ein ihm gegenüber rechtmäßiges Verhalten erreichen will. Unter engen Voraussetzungen kommt eine Rechtfertigung gemäß § 34 in Betracht[120] (so auch bei humanitären Freikaufaktionen durch deutsche Beamte);[121] im Übrigen bleibt die Möglichkeit der Berücksichtigung im Rahmen der Strafzumessung oder eine frühzeitige Verfahrenseinstellung.[122]

III. Gleichstellung gemäß Absatz 2

23 Die Regelung in Absatz 2 stellt die Mitglieder des **Internationalen Strafgerichtshofs** einem Richter (Nummer 1) und die Bediensteten dieses Gerichtshofs einem sonstigen Amtsträger (Nummer 2) gleich. Sie ermöglicht (insoweit § 2 IStGH-GleichstellungsG a.F. in das StGB übertragend) eine Strafbarkeit der betreffenden Personen gemäß §§ 331 (Abs. 1 und 3) und 333 (Abs. 1 und 3), soweit sich die Tat auf eine künftige Diensthandlung bezieht. Für künftige richterliche Handlungen gemäß § 331 Abs. 2 und § 333 Abs. 2 folgt die Gleichstellung – ebenso wie für die Bestechlichkeit und Bestechung – bereits aus Absatz 1 Nummer 1 bzw. 2 Buchstabe b.[123] Damit ist der originär von Absatz 2 abgedeckte Anwendungsbereich schmal. Die Sonderstellung im Vergleich zu anderen ausländischen und internationalen Richtern entspricht bezüglich § 331 (nicht jedoch hinsichtlich § 333) völkerrechtlichen Verpflichtungen.[124]

IV. Gleichstellung gemäß Absatz 3

24 Die in Absatz 3 enthaltenen Gleichstellungen betreffen den militärischen Bereich; sie dehnen ausschließlich die Strafbarkeit der Geberseite aus, indem für § 333 Abs. 1 und 3 der Kreis tauglicher Empfänger erweitert wird. Hinsichtlich der §§ 332 und 334 sind die hier genannten Personen über Absatz 1 Nummer 2 Buchstaben b (für Bedienstete und Beauftragte) und c (für Soldaten) einbezogen, da die NATO eine Verbindung von Völkerrechtssubjekten aufgrund eines völkerrechtlichen Vertrages und somit eine internationale Organisation ist.[125] Abweichend von der Vorgängerregelung in § 1 Abs. 2 Nr. 10 **NATO-Truppen**-Schutzgesetz[126] a.F. (dort für §§ 333, 334) gilt die Gleichstellung – in systematischer Übereinstimmung mit den übrigen durch § 335a geregelten Fällen und unter Wahrung der internationalen Vorgaben – nur in Bezug auf künftige Diensthandlungen.[127] Alle in Absatz 3 normierten Gleichstellungen stimmen darin überein, dass der (präsumtive) Leistungsempfänger in Verbindung zu Truppen eines nichtdeutschen NATO-Vertragsstaats steht, die

119 Vgl. auch *Krause/Vogel* RIW **1999** 488, 491; *Tinkl* wistra **2006** 126, 130.
120 Vgl. näher *Dann* wistra **2011** 127 ff.
121 *Korte* MK Rdn. 47; *Matt/Renzikowski/Sinner* § 334 Rdn. 9.
122 *Hoven* S. 78 ff.
123 BTDrucks. 18/4350, S. 25; *Korte* MK Rdn. 49.
124 *Korte* MK Rdn. 50. **Kritisch** zur strengeren Beurteilung des IStGH gegenüber anderen internationalen Gerichten *SSW/Rosenau* Rdn. 7, 10; *Sch/Schröder/Eisele* Rdn. 11.
125 BTDrucks. 18/4350, S. 26 (auch zum Folgenden).
126 BGBl. 2008 I 490.
127 *Korte* MK Rdn. 51; *Matt/Renzikowski/Sinner* Rdn. 12.

sich zur Zeit der Tat in Deutschland aufhalten. Eine Anwesenheit der betreffenden Person im Inland ist nicht erforderlich.[128]

Nummer 1 stellt die Soldaten (Offiziere, Unteroffiziere und Mannschaften)[129] dieser in 25
Deutschland stationierten nichtdeutschen NATO-Truppen einem Soldaten der Bundeswehr gleich. Durch **Nummer 2** werden die Bediensteten dieser Truppen einem sonstigen Amtsträger gleichgestellt. Inhaltlich bleibt die Reichweite damit gegenüber der vorherigen Rechtslage unverändert;[130] die Verwendung des Begriffs „Bediensteter" dient allein der terminologischen Angleichung an die Absätze 1 und 2. **Nummer 3** sieht die Gleichstellung mit einem für den öffentlichen Dienst besonders Verpflichteten (vgl. § 11 Abs. 1 Nr. 4) für Personen vor, die bei diesen Truppen beschäftigt oder für sie tätig und aufgrund einer allgemeinen oder besonderen Anweisung einer höheren Dienststelle der Truppen zur gewissenhaften Erfüllung ihrer Obliegenheiten förmlich verpflichtet worden sind. Mit der Angleichung an den Sprachgebrauch des § 11 Abs. 1 Nr. 4 geht eine geringfügige inhaltliche Erweiterung insoweit einher, als nach § 1 Abs. 2 Nr. 10 NATO-Truppen-Schutzgesetz a.F. die Gleichstellung nur für besonders verpflichtete „Bedienstete" der Truppen galt.[131]

---

128 *Fischer* Rdn. 9; *Korte* MK Rdn. 52; *Lackner/Kühl/Heger* Rdn. 7.
129 *ERST/Rübenstahl* Rdn. 41; *Korte* MK Rdn. 52.
130 BTDrucks. 18/4350, S. 26 (unter Hinweis auf BGH NStZ **1994** 277).
131 BTDrucks. 18/4350, S. 26; *Korte* MK Rdn. 54.

§ 336 Unterlassen der Diensthandlung

Der Vornahme einer Diensthandlung oder einer richterlichen Handlung im Sinne der §§ 331 bis 335a steht das Unterlassen der Handlung gleich.

Schrifttum

S. die Schrifttumsangaben Vor § 331 (insbesondere vor Rdn. 20).

Entstehungsgeschichte

Die Vorschrift wurde 1974 als § 335 (a.F.) durch Art. 19 Nr. 187 EGStGB in das StGB aufgenommen,[1] nachdem bereits § 464 E 1962 eine entsprechende Regelung vorgesehen hatte.[2] Das Gesetz zur Bekämpfung der Korruption vom 13.8.1997 (**[1.] KorrBekG**, BGBl. I S. 2038; vgl. hierzu Vor § 331 Rdn. 23 sowie zu den Gesetzesmaterialien § 331 vor Rdn. 1) veränderte die Zählung der Paragrafen (der bisherige § 336 – die Rechtsbeugung – wurde zu § 339). Hierbei wurde(n) der neu geschaffene § 335 (und im Rahmen des **[2.] KorrBekG** 2015 § 335a)[3] in den Anwendungsbereich der Vorschrift einbezogen.

1 Die Vorschrift bedeutet eine **Klarstellung** insofern, als auch vor ihrer Einführung allgemein anerkannt war, dass sich die Strafbarkeit nach den §§ 331 ff. auch auf Taten erstreckt, bei denen sich der Vorteil nicht auf die Vornahme, sondern auf das Unterlassen einer Diensthandlung (oder richterlichen Handlung) bezieht.[4] Die durch das (1.) KorrBekG vorgenommene Erweiterung der §§ 331 Abs. 1 und 333 Abs. 1 auf Zuwendungen für die „Dienstausübung" (anstelle des früher auch insoweit verwandten Begriffs der „Diensthandlung")[5] hat keine sprachliche Anpassung in § 336 gefunden. Inhaltliche Aussparungen sind damit jedoch nicht verbunden, da nur eine bestimmte Untätigkeit strafrechtlich relevant sein kann und der Amtsträger damit notwendigerweise eine Diensthandlung unterlässt, sodass § 336 eingreift.[6] Die Vorschrift gilt auch für Vorteilsannahme und Bestechlichkeit durch Soldaten der Bundeswehr (§ 48 Abs. 1 und 2 WStG) sowie in den durch § 335a erfassten Fällen mit Auslandsbezug.

2 Die unterlassene Handlung muss eine **Diensthandlung** (oder richterliche Handlung) gewesen sein; das Unterlassen einer Privathandlung genügt also nicht. Für die Abgrenzung gelten die gleichen Kriterien wie im Bereich des aktiven Tuns; maßgeblich ist jeweils, dass die betreffende Handlung in einem funktionalen Zusammenhang zu den dienstlichen Aufgaben des Amtsträgers steht bzw. stehen würde (vgl. näher § 331 Rdn. 52 ff., 95 ff.).[7] Ob eine Pflicht zum Tätigwerden bestand, ist (erst) für die Abgrenzung zwischen §§ 331, 333 und §§ 332, 334 von Bedeutung.[8] Soweit die Tat auf die Beendigung eines bisherigen Unterlassens gerichtet ist, ist nicht § 336 einschlägig; vielmehr bezieht sich der Vorteil dann auf die Vornahme der betreffenden aktiven Tätigkeit.[9]

---

1 BGBl. I S. 469, 497.

2 BTDrucks. IV/650 S. 89.

3 BGBl. I S. 2025, 2027.

4 BTDrucks. 7/550 S. 276 (zu § 335); *Jescheck* LK[11] § 335 (a.F.) Rdn. 1; *Korte* MK Rdn. 2; *Kuhlen* NK Rdn. 1; *Leitner/Rosenau/Gaede* Rdn. 1; s.a. RGSt **42** 382, 385; BGHSt **9** 245, 247; *Baldus* LK[9] § 331 Rdn. 24.

5 Vgl. hierzu § 331 Rdn. 50 ff.

6 *Fischer* § 336 Rdn. 1; *v.Heintschel-Heinegg* BeckOK Rdn. 3; *Korte* MK Rdn. 3; *Kuhlen* NK Rdn. 1; *Lackner/Kühl/Heger* Rdn. 1; *Matt/Renzikowski/Sinner* Rdn. 1; *Sch/Schröder/Heine/Eisele* Rdn. 1; *SSW/Rosenau* Rdn. 3; *Stein/Deiters* SK Rdn. 2; **krit.** hingegen *König* JR **1997** 397, 399 (Fn. 49).

7 BGH NStZ **1998** 194 mit Bespr. *Böse* JA **1998** 630 ff.; *Korte* MK Rdn. 4; *Kuhlen* NK Rdn. 2; *Lackner/Kühl/Heger* Rdn. 1; *Sch/Schröder/Heine/Eisele* Rdn. 3.

8 *Stein/Deiters* SK Rdn. 3; *Sch/Schröder/Heine/Eisele* Rdn. 3.

9 *Korte* Rdn. 8; *Sch/Schröder/Heine/Eisele* Rdn. 3; s.a. *Jescheck* LK[11] § 335 (a.F.) Rdn. 3; soweit es um die Beendigung eines rechtswidrigen Unterlassens geht, kann für den Vorteilsgeber eine Rechtfertigung gemäß § 34 in Betracht kommen (vgl. aber auch § 34 Satz 2).

https://doi.org/10.1515/9783110490329-008

Bezüglich der **Pflichtwidrigkeit** der unterlassenen Diensthandlung, die zur Strafbarkeit gemäß §§ 332, 334 (gegebenenfalls i.V.m. § 335) führt, ist wie folgt zu differenzieren:[10] Pflichtwidrig ist die Unterlassung zunächst in jenen Fällen, in denen die Vornahme der betreffenden Handlung (z.B. die Erstattung einer Anzeige, behördliches Einschreiten oder die Bearbeitung eines Antrags) dem Amtsträger oder Richter rechtlich geboten ist.[11] Vgl. zur Pflicht, korruptive Praktiken anzuzeigen oder zu unterbinden, § 331 Rdn. 140 f.[12] Hierbei genügt die Verletzung einer Handlungspflicht (z.B. Nichtbearbeitung eines im Ergebnis ohnehin abzulehnenden Antrags);[13] es kommt also nicht darauf an, ob durch die Untätigkeit ein dem materiellen Recht widersprechender Zustand geschaffen wird.[14] Ferner ist das Unterlassen einer im **Ermessen** des Amtsträgers stehenden Diensthandlung nicht nur dann pflichtwidrig, wenn die Untätigkeit (insbesondere wegen einer Ermessensreduzierung auf Null) im Ergebnis sachlich unvertretbar ist, sondern die Pflichtwidrigkeit ist (entsprechend zum aktiven Tun; vgl. auch §§ 332 Abs. 3 und 334 Abs. 3) bereits dann gegeben, wenn sich der Amtsträger bei der Entscheidungsfindung durch den Vorteil beeinflussen lässt.[15] Umgekehrt ist die Unterlassung **pflichtgemäß**, wenn die Vornahme der Diensthandlung dem Amtsträger (oder die Vornahme der richterlichen Handlung dem Richter) rechtlich verboten ist oder wenn er sich bei Ermessensentscheidungen pflichtgemäß für die Unterlassung entscheidet.[16] In diesen Fällen kommt allein eine Strafbarkeit gemäß §§ 331, 333 in Betracht. 3

---

10 Wie hier auch *GJW/Papathanasiou* Rdn. 5 ff.

11 *Korte* MK Rdn. 5; *Kuhlen* NK Rdn. 3; *Sch/Schröder/Heine/Eisele* Rdn. 6; *Stein/Deiters* SK Rdn. 7; vgl. auch *Fischer* Rdn. 1 sowie aus der Rechtsprechung BGHSt **4** 167 ff.; **9** 245 ff.; BGH NStZ **1998** 194 (mit Bespr. *Böse* JA **1998** 630 ff.); NStZ **1999** 560; **2004** 565 f.

12 Einschränkend *Grunst* StV **2005** 453, 458 f. (hierzu *Kuhlen* NK Rdn. 3 [Fn. 4]); s.a. *Korte* MK Rdn. 6; *Sch/Schröder/Heine/Eisele* Rdn. 4, 6.

13 Vgl. aber auch § 332 Rdn. 12.

14 *Korte* MK Rdn. 5; *SSW/Rosenau* Rdn. 2; *Stein/Deiters* SK Rdn. 7; **aA** *Sch/Schröder/Cramer*[26] Rdn. 5.

15 *Korte* MK Rdn. 5; *Kuhlen* NK Rdn. 3; *Sch/Schröder/Heine/Eisele* Rdn. 7; *Stein/Deiters* SK Rdn. 7; vgl. auch § 332 Rdn. 13 ff.

16 *Stein/Deiters* SK Rdn. 6; *Sch/Schröder/Heine/Eisele* Rdn. 5; ferner (ohne Stellungnahme zum Ermessen) *Jescheck* LK[11] § 335 (a.F.) Rdn. 4; *Korte* MK Rdn. 7; vgl. ferner RGSt **42** 382, 385; BGH StV **1985** 146, 147.

§ 337 Schiedsrichtervergütung

Die Vergütung eines Schiedsrichters ist nur dann ein Vorteil im Sinne der §§ 331 bis 335, wenn der Schiedsrichter sie von einer Partei hinter dem Rücken der anderen fordert, sich versprechen läßt oder annimmt oder wenn sie ihm eine Partei hinter dem Rücken der anderen anbietet, verspricht oder gewährt.

Schrifttum

S. die Schrifttumsangaben Vor § 331 (insbesondere vor Rdn. 20).

Entstehungsgeschichte

Die Vorschrift wurde – wortgleich dem Vorbild des § 466 E 1962[1] entsprechend – 1974 als § 335a (a.F.) durch Art. 19 Nr. 187 EGStGB in das StGB aufgenommen.[2] Das Gesetz zur Bekämpfung der Korruption vom 13.8.1997 (**[1.] KorrBekG**, BGBl. I S. 2038; vgl. hierzu Vor § 331 Rdn. 23 sowie zu den Gesetzesmaterialien § 331 vor Rdn. 1) brachte eine veränderte Zählung der Paragrafen sowie die Einbeziehung des neu geschaffenen § 335 in den Anwendungsbereich der Norm.

1 Die Vorschrift enthält eine **Auslegungsregel**, die eine Ergänzung der §§ 331 ff. (hierbei ist jeweils Absatz 2 einschlägig) darstellt und die Strafbarkeit von dem zusätzlichen Merkmal des Handelns „hinter dem Rücken" der anderen Partei abhängig macht.[3] Der Norm kommt auch bezüglich der §§ 331 Abs. 2, 333 Abs. 2 (zumindest theoretisch) Bedeutung insofern zu, als die einem Schiedsrichter (vgl. hierzu § 331 Rdn. 94) zugedachten Vorteile nicht genehmigungsfähig sind.[4] Weil nach ausländischem Recht bestellte Schiedsrichter bereits unmittelbar vom Anwendungsbereich der §§ 331 bis 334 (jeweils Absatz 2) und 335 umfasst sind,[5] bedurfte es in § 337 keiner zusätzlichen Einbeziehung des § 335a.[6]

2 Der sachliche Anwendungsbereich des § 337 wird vom Meinungsstreit über die Auslegung des Vorteilsbegriffs (vgl. § 331 Rdn. 31 f.) überlagert. Sieht man Leistungen, denen ein rechtlich begründeter Anspruch zugrunde liegt, ganz allgemein nicht als „Vorteil" i.S.d. §§ 331 ff. an, so ist die **vertragliche Vergütung** des Schiedsrichters (unabhängig von einer rechtlichen Einordnung als Dienstvertrag oder als Vertrag sui generis)[7] einer Korruptionsstrafbarkeit von vornherein entzogen. Insoweit könnte § 337 allenfalls deklaratorische Wirkung entfalten;[8] ein eigenständiger Anwendungsbereich ergäbe sich nur hinsichtlich zusätzlicher Leistungen, insbesondere einseitiger geforderter oder angebotener Schmiergelder.[9] Auf der Grundlage des (auch hier vertretenen) naturalistischen Vorteilsbegriffs (vgl. § 331 Rdn. 32) umfasst § 337 alle an einen Schiedsrichter gerichteten Zuwendungen;[10] die in dieser Auslegungsregel normierten Kriterien konturieren dann in der Sache die Reichweite der Unrechtsvereinbarung.[11] Im Ergebnis stimmen beide Konstruktionen weitestgehend überein.[12] Insbesondere gilt die Straflosigkeit nach einhelliger Ansicht auch hin-

---

1 BTDrucks. IV/650 S. 89.

2 BGBl. I S. 469, 497.

3 BTDrucks. 7/550 S. 276 (zu § 335a); *Jescheck* LK[11] Rdn. 1; *Korte* MK Rdn. 2; *Lackner/Kühl/Heger* Rdn. 1; *Schwieger* S. 197 ff., 215.

4 *GJW/Grommes* Rdn. 1; *Korte* MK Rdn. 2; *Stein/Deiters* SK Rdn. 2; vgl. aber auch *Sch/Schröder/Heine/Eisele* Rdn. 1; *SSW/Rosenau* Rdn. 1 (praktische Bedeutung nur bzw. im Wesentlichen hinsichtlich der §§ 332, 334).

5 BTDrucks. 18/9234 S. 46 (zu Art. 4); *Sommer* AnwK Rdn. 1; **aA** *Stein/Deiters* § 331 Rdn. 21.

6 *GJW/Grommes* Rdn. 1; *Korte* MK Rdn. 1.

7 Vgl. *Musielak/Voit/Voit* ZPO § 1035 Rdn. 20, 26; *Spinner* MK-BGB § 611 Rdn. 30 f.; s.a. *Anders/Gehle/Anders* ZPO Anh. zu § 1035 Schiedsrichtervertrag Rdn. 1.

8 In diesem Sinne *v.Heintschel-Heinegg* BeckOK Rdn. 1; *Leitner/Rosenau/Gaede* Rdn. 1; *Matt/Renzikowski/Sinner* Rdn. 1.

9 *Sch/Schröder/Heine/Eisele* Rdn. 2 f.; *SSW/Rosenau* Rdn. 2.

10 *Kuhlen* NK Rdn. 2; *Lackner/Kühl/Heger* Rdn. 1.

11 Wie hier *Stein/Deiters* SK Rdn. 5; s.a. *Korte* MK Rdn. 3 f.

12 *GJW/Grommes* Rdn. 4; s. aber auch *Stein/Deiters* SK Rdn. 5 (a.E.).

https://doi.org/10.1515/9783110490329-009

sichtlich eines Vergütungsvorschusses und eines Auslagenersatzes;[13] ferner kommt es auf die zivilrechtliche Gültigkeit des Schiedsvertrages nicht an.[14]

Da die Parteien für die vertraglich vereinbarte Vergütung als **Gesamtschuldner** haften,[15] ist der Schiedsrichter als Gläubiger (vgl. § 421 BGB) ebenso berechtigt, diesen Anspruch gegenüber einer Partei geltend zu machen, ohne die andere hiervon in Kenntnis zu setzen, wie auch jeder Gesamtschuldner seinerseits gemäß § 422 BGB die Gesamtschuld ohne Benachrichtigung der Gegenpartei erfüllen darf. Ein solchermaßen zivilrechtlich erlaubtes Verhalten wird nicht etwa über § 337 unter Strafe gestellt;[16] vielmehr fehlt es insoweit an einer Unrechtsvereinbarung. 3

Führt somit die Heimlichkeit des Vorgehens nicht bereits als solche zur Ausweitung der Strafbarkeit, so bewirkt § 337 umgekehrt eine Verengung der Strafbarkeit insofern, als auch unzulässige Zuwendungen (Schmiergelder) an einen Schiedsrichter straflos bleiben, sofern sie nicht **„hinter dem Rücken"** der anderen Partei gefordert bzw. angeboten, versprochen, angenommen oder gewährt werden. Mit diesem umgangssprachlich formulierten Merkmal soll der Bereich des Strafbaren auf jene als strafwürdig angesehenen Fälle beschränkt werden, in denen der Täter ohne Wissen der anderen Partei und mit dem Willen handelt, diese zu hintergehen.[17] Auch hohe bzw. ungewöhnliche „Zusatzleistungen" bleiben straflos, wenn sie der Gegenpartei offenbart werden.[18] Gleiches soll für einseitige (Honorar-)Angebote gelten, sofern der Handelnde ohne die Absicht der Geheimhaltung gegenüber der anderen Partei handelt.[19] 4

Durch die starke Betonung der Heimlichkeit erfährt die Unrechtsbewertung in Schiedsrichterkonstellationen eine (für §§ 331 ff. atypische) Fokussierung auf die Individualinteressen der Gegenpartei, die sich bei Kenntnis der Sachlage mit prozessualen Möglichkeiten (vgl. § 1036 ZPO) gegen drohende Benachteiligungen zur Wehr setzen kann.[20] Im Hinblick auf diesen individualschützenden Einschlag erscheint eine **analoge Anwendung** des § 337 auf jene Fälle vertretbar, in denen die Zuwendung an einen Schiedsrichter von dritter Seite erfolgt und alle Parteien hierüber informiert werden.[21] 5

---

13 *Fischer* Rdn. 1; *Korte* MK Rdn. 3; *Sch/Schröder/Heine/Eisele* Rdn. 2; *SSW/Rosenau* Rdn. 2; *Stein/Deiters* SK Rdn. 5; s.a. RG JW **1928** 737; RG HRR **1929** Nr. 1399.

14 *Fischer* Rdn. 1; *Korte* MK Rdn. 3; *Matt/Renzikowski/Sinner* Rdn. 1; *Stein/Deiters* SK Rdn. 5; s.a. BGH Urt. vom 29.11.1952 – II ZR 23/52 (Kurzwiedergabe in NJW **1953** 303); *Musielak/Voit/Voit* ZPO § 1035 Rdn. 26 (mit Fn. 127).

15 RGZ **94** 210, 212; *Fischer* Rdn. 1; *Sch/Schröder/Heine/Eisele* Rdn. 2; *Stein/Deiters* SK Rdn. 5.

16 *Sch/Schröder/Heine/Eisele* Rdn. 2; *Sommer* AnwK Rdn. 2.

17 BTDrucks. 7/550 S. 276 (zu § 335a); *Fischer* Rdn. 1; *Jescheck* LK[11] Rdn. 3; *Korte* MK Rdn. 4; *Kuhlen* NK Rdn. 2; *Lackner/Kühl/Heger* Rdn. 2; *Sch/Schröder/Heine/Eisele* Rdn. 4; ähnlich auch *Stein/Deiters* SK Rdn. 7.

18 *v.Heintschel-Heinegg* BeckOK Rdn. 2; *Korte* MK Rdn. 4; *Sch/Schröder/Heine/Eisele* Rdn. 4.

19 *Korte* MK Rdn. 4 (m.w.N. zu Beratungen der Großen Strafrechtskommission); *Stein/Deiters* SK Rdn. 7.

20 *GJW/Grommes* Rdn. 7; *v.Heintschel-Heinegg* BeckOK Rdn. 2.

21 Hierfür *Stein/Deiters* SK Rdn. 8; s.a. *Sommer* AnwK Rdn. 3; **aA** *Korte* Rdn. 5.

§ 338 *(weggefallen)*

§ 339 Rechtsbeugung

Ein Richter, ein anderer Amtsträger oder ein Schiedsrichter, welcher sich bei der Leitung oder Entscheidung einer Rechtssache zugunsten oder zum Nachteil einer Partei einer Beugung des Rechts schuldig macht, wird mit Freiheitsstrafe von einem Jahr bis zu fünf Jahren bestraft.

Schrifttum

Albrecht Die Kriminalisierung der Dritten Gewalt. Ein verfehlter Beitrag der Exekutive zur Steigerung der Funktionstüchtigkeit des Kriminaljustizsystems, ZRP **2004** 259; *Arndt* Strafrechtliche Verantwortlichkeit ehemaliger Richter an Sondergerichten, NJW **1960** 1140; *Bacigalupo* Über die richterliche Rechtsbeugung, Festschrift Rudolphi (2004), S. 381; *Begemann* Das Haftungsprivileg des Richters im Strafrecht, NJW **1968** 1361; *Behrendt* Die Rechtsbeugung, JuS **1989** 945; *Bemmann* Zur Rechtsbeugung des Schiedsrichters, ZStW **74** (1962) 295; *ders.* Über die strafrechtliche Verantwortlichkeit des Richters, Gedächtnisschrift Radbruch (1968) 308; *ders.* Zum Wesen der Rechtsbeugung, GA **1969** 65; *ders.* Über Rechtfertigungs- und Entschuldigungsgründe bei der Rechtsbeugung, RuP **1969** 95; *ders.* Wie muß der Rechtsbeugungsvorsatz beschaffen sein? JZ **1973** 547; *ders.* Zur Frage der Strafbarkeit des Judizierens gegen übergesetzliches Recht (1992), in: *ders.* Beiträge zur Strafrechtswissenschaft 3. Aufl. (2004) 172; *ders.* Der Richter und das übergesetzliche Recht, Festschrift Spendel (1992) 469; *ders.* Zu aktuellen Problemen der Rechtsbeugung, JZ **1995** 123; *Bemmann/Seebode/Spendel* Rechtsbeugung – Vorschlag einer notwendigen Gesetzesreform, ZRP **1997** 307; *Bendix* Die Rechtsbeugung im künftigen deutschen Strafrecht, Die Justiz **II** (1926/27) 42; *Berlit*, Richterhaftung und Rechtsbeugung: für eine Reform der Haftung für judikatives Unrecht, Gedächtnisschrift Seebode (*2015*), 243; *Bewer* Der fahrlässige Richter, DRiZ **1929** 38; *Burian* „Richterliches" Unrecht im totalitären Staat, ZStW **112** (2000) 106; *Cebulla/Schulte-Kellinghaus* Richterliche Unabhängigkeit als Rechtsbeugung, Betrifft Justiz **2010** 230; *Coing* Zur Frage der strafrechtlichen Haftung der Richter für die Anwendung naturrechtswidriger Gesetze, SJZ **1947** Sp. 61; *Dallmeyer* Rechtsbeugung durch Beweisführung in der Bundesrepublik Deutschland, GA **2004** 540; *Dellian* Haftungsprivileg des Richters im Strafrecht? ZRP **1969** 51; *Dencker* Kausalität und Gesamttat (1996); *Dießner* Der „Deal" nach „alter Schule" im Lichte des Verständigungsgesetzes – eine strafrechtliche Risikoanalyse, StV **2011** 43; *Drobnig* (Hrsg.) Die Strafrechtsjustiz der DDR im Systemwechsel (1998); *H. Dreier*, Die Radbruchsche Formel – Erkenntnis oder Bekenntnis, Festschrift Walter (1991), S. 117; *Ebermayer* Die Rechtsbeugung im künftigen deutschen Strafrecht, DRiZ **1927** 60; *ders.* Der fahrlässige Richter, DRiZ **1928** 258; *Erb* Überlegungen zur Strafbarkeit richterlichen Fehlverhaltens, Festschrift Küper (2007) 29; *ders.* Zur Verfolgung von Rechtsbeugung in Kollegialgerichten, NStZ **2009** 189; *ders.* Zur Strafbarkeit von Grenzüberschreitungen bei Verfahrensabsprachen, StV **2014** 103; *Eschelbach* Informelle Urteilsabsprachen, Festschrift Paeffgen **(2015)** 637; *Evers* Die Strafbarkeit des Richters wegen Anwendung unsittlicher Gesetze, DRiZ **1955** 187; *Felz* Der Justizmord an Leo Katzenberger vor 80 Jahren: „Rassenschande ist schlimmer als Mord", Legal Tribune Online vom 26.5.**2022**; *Figge* Die Verantwortlichkeit des Richters, SJZ **1947** Sp. 179; *Fischer* Strafbarkeit beim Dealen mit dem Recht? Über Lausbuben- und Staats-Streiche, Gedächtnisschrift Seebode (2015) 59; Vom Beugen des Rechts: Plädoyer für die Einführung eines minder schweren Falls der Rechtsbeugung, Betrifft Justiz **2021** 173; *Freund* Rechtsbeugung durch Verletzung übergesetzlichen Rechts (2006); *Gerster* Die Rechtsbeugung (§ 336 StGB), Diss. Tübingen 1948; *Gritschneder* Rechtsbeugung. Die späte Beichte des Bundesgerichtshofs, NJW **1996** 1239; *Grünhut* Die Unabhängigkeit der richterlichen Entscheidung, MschrKrimPsych 3. Beiheft (1930) 1; *Häupler* Die Rechtsbeugung nach § 336 StGB, Diss. Erlangen 1931; *Hartung* Rechtsbeugung im Besteuerungs- und im Steuerstrafverfahren, FR **1956** 390; *Haver* Rechtsbeugung im Steuerverwaltungsverfahren, NJW **1956** 1092; *Hecker* Rechtsbeugung durch nachträgliches Ändern der Urteilsgründe, JuS **2014** 85; *Heghmanns* Rechtsbeugung durch nachträgliche Urteilsergänzung, ZJS **2014** 105; *von der Heide* Stellt die Nichtverfolgung von Anzeigen wegen Wahlfälschung eine Rechtsbeugung dar? NJ **1994** 67; *Heinitz* Probleme der Rechtsbeugung (1963); *Henning* Die Rechtsbeugung im geltenden Recht und in den deutschen Strafgesetzentwürfen unter besonderer Berücksichtigung der Amtlichen Entwürfe eines Allgemeinen deutschen Straf-Gesetzbuches von 1925 und 1927, Diss. Heidelberg 1929; Heuchemer Die Bedeutung der Rechtsbeugung in der Strafverfolgungspraxis NZWiSt **2018** 131; *Hilgendorf* Recht und Moral, Aufklärung und Kritik **2001** 72; *Hilgendorf* „The high dignity of the judge" in the Age of AI, Festschrift Danziger **(2024)** 533; *Hirsch* Rechtsstaatliches Strafrecht und staatlich gesteuertes Unrecht (1996); *Hoenigs* Zur Existenzberechtigung des Straftatbestands der Rechtsbeugung: Korrelat oder Widerspruch zur richterlichen Unabhängigkeit (2010); *dies.*, Der Straftatbestand der Rechtsbeugung: Ein normativer Antagonismus zum Verfassungsprinzip der richterlichen Unabhängigkeit, KritV **2009** 303; *Hohmann* Zur Rechtsbeugung durch DDR-Staatsanwälte, NJ **1995** 128; *ders.* Die strafrechtliche

https://doi.org/10.1515/9783110490329-010

Bewältigung der Rechtsanwendung durch Richter und Staatsanwälte der DDR, DtZ **1996** 230; *Homann* Die Rechtsbeugungsprozesse gegen ehemalige DDR-Richter und Staatsanwälte vor dem Bundesgerichtshof, KJ **1996** 494; *Horstkotte* Rechtsbeugung durch Richter und Staatsanwälte in der DDR, in: Drobnig (Hrsg.) Die Strafrechtsjustiz der DDR im Systemwechsel (1998) 63; *Hupe* Der Rechtsbeugungsvorsatz (1995); *Itzel* Neuere Entwicklungen im Amts-, Staatshaftungs- und Entschädigungsrecht, MDR **2021**, 274; *Jähnke* Über die Rechtsfolgenlösung des Bundesgerichtshofes beim Heimtückemord, Festschrift Spendel (1992) 537; *ders.* Auch Rechtsbeugung kann eine „Frage des Datums" sein, ZRP **1994** 316; *Jahn* Rechtsbeugung durch Kollegialgericht – Fall Görgülü, JuS **2009** 79; *ders.*, Rechtsbeugung, JuS **2014** 850; *Joly* Die Rechtsbeugung des Richters, Diss. Göttingen 1954; *Käsewieter* Der Begriff der Rechtsbeugung im deutschen Strafrecht (1999); *Kaiser* Verantwortlichkeit von Richtern und Staatsanwälten wegen ihrer Mitwirkung an rechtswidrigen Todesurteilen, NJW **1960** 1328; *Kargl* Die Rechtsbeugung (§ 339 StGB): ein Exempel des Abbaus strafrechtlicher Gesetzlichkeit, Symposium für Haffke (2009) 39; *ders.*, Gesetzesrecht oder Richterrecht?: eine Existenzfrage für den Tatbestand der Rechtsbeugung, Festschrift Hassemer (2010) 849; *Kern* Die Rechtsbeugung durch Verletzung formellen Rechts (2010); *Knauer* Die Kollegialentscheidung im Strafrecht (2001); *Kohler* Über die Amtsvergehungen, GA **54** (1907) 16; *Kohlhaas* Die Rechtsbeugung nach geltendem Recht (§ 336 StGB) und den neueren Entwürfen, Diss. Tübingen 1934; *Krause* Richterliche Unabhängigkeit und Rechtsbeugungsvorsatz, NJW **1977** 285; *Krauss* Der Fall Havemann: auf den Spuren einer Rechtsbeugung, Festschrift Hamm (2008), 357; *Kraut* Rechtsbeugung? Die Justiz der DDR auf dem Prüfstand des Rechtsstaates (1997); *Krell* Das Verbot der Verschleifung strafrechtlicher Tatbestandsmerkmale, ZStW 126 **(2014)**, 902; *Krey* Fall zu Problemen des rechtfertigenden und entschuldigenden Notstandes (sc. des Richters), Jura **1979** 316; *Kudlich/Christensen* Die Methodik des BGH in Strafsachen. Eine medienwissenschaftliche Inhaltsanalyse von Entscheidungsgründen in Strafsachen (2009); *Kuhlen* Zur Rechtsbeugung und ihrer Sperrwirkung, HRRS **2015** 492; *Kulesza*, Die strafrechtliche Verantwortlichkeit kommunistischer Richter wegen Rechtsbeugung in Polen, FS Joerden **(2023)**, 611; *Lamprecht* Lesarten für Rechtsbeugung, NJW **1994** 562; *ders.*, Wenn der Rechtsstaat seine Unschuld verliert, NJW **2007** 2744; *Lecheler* Unrecht in Gesetzesform? Gedanken zur „Radbruchschen Formel" (1994); *J. Lehmann* Der Rechtsbeugungsvorsatz nach den neueren Entscheidungen des BGH, NStZ **2006** 127; *K.-H. Lehmann* Recht muß Recht bleiben, NJ **1996** 561; *Letzgus* Die strafrechtliche Verantwortlichkeit von Richtern, Staatsanwälten und Untersuchungsorganen der ehemaligen DDR wegen Rechtsbeugung, Festschrift Helmrich (1994) 72; *Limbach* Recht und Unrecht in der Justiz der DDR, ZRP **1992** 170; *Lüderssen* Der Staat geht unter – das Unrecht bleibt? (1992); *Maiwald* Rechtsbeugung im SED-Staat, NJW **1993** 1881; *Mandla* Senatus legibus solutus – Kollegialrichter können straflos Recht beugen, ZIS **2009**, 143; *Marsch* Kontrolle der rechtsprechenden Gewalt und der Fall Görgülü, NJ **2009** 152; *Marx* Zur strafrechtlichen Verantwortlichkeit des Spruchrichters, JZ **1970** 248; *Maurach* Zur Problematik der Rechtsbeugung durch Anwendung sowjetzonalen Rechts, ROW **1958** 177; *Mohr* Die Aufhebung der Todesurteile gegen Dietrich Bonhoeffer und seine Mitstreiter und die Nachkriegsrechtsprechung, NJW **1997** 914; *Mohrbotter* Zur strafrechtlichen Verantwortlichkeit des Spruchrichters und Staatsanwalts für den Inhalt der richterlichen Entscheidung, JZ **1969** 491; *Müller* Der Vorsatz der Rechtsbeugung, NJW **1980** 2390; *ders.* Die Verwendung des Rechtsbeugungstatbestands zu politischen Zwecken, KJ **1984** 119; *Musielak* Die Rechtsbeugung (§ 336 StGB), Diss. Köln 1960; *Neumann* Das „gebeugte" Recht: Anmerkungen zu Tatobjekt und Tathandlung des § 339 StGB, Festschrift Schünemann (2014), 631; *Odersky* Die Rolle des Strafrechts bei der Bewältigung politischen Unrechts (1992); *Oppenheim* Die Rechtsbeugungsverbrechen (§§ 336, 343, 344) des Deutschen Reichsstrafgesetzbuches (1886); *Perels* Die schrittweise Rechtfertigung der NS-Justiz. Der Huppenkothen-Prozeß, Festgabe Massing (1995) 51; *ders.* Späte Entlegitimierung der NS-Justiz, KJ **1996** 504; *Pollähne* Grundrecht auf effektive Strafverfolgung bei rechtswidriger Fixierung? medstra **2021** 22; *Putzke* Rechtsbeugung in Kollegialgerichten: zur Bestimmung des tatbestandsmäßigen Verhaltens (2012); *Quasten* Die Judikatur des Bundesgerichtshofs im NS-Staat und in der DDR (2003); *Rasehorn* Das Verfahren gegen Rehse und die Problematik des § 336 StGB, NJW **1969** 457; *Rath* Die Zügel werden angezogen, DRiZ **2021**, 402; *Rautenberg/Burges* Anfangsverdacht wegen Rechtsbeugung gegen Staatsanwälte und Richter der früheren DDR – ein Beitrag zum Meinungsstand in der Praxis, DtZ **1993** 71; *Redaktion Kritische Justiz* (Hrsg.) Die juristische Aufarbeitung des Unrechts-Staats (1998); *Roennau* Rechtsbeugung durch (beharrliche) Verweigerung der Pflichtvorlage an den EuGH?, Festschrift Rengier (2018) 313; *Roggemann* Die Justiz auf dem Prüfstand der Justiz – Zur Strafbarkeit von DDR-Richtern wegen Rechtsbeugung, in: Bundesministerium der Justiz (Hrsg.) Im Namen des Volkes? Über die Justiz im Staat der SED (1994) 285; *ders.* Richterstrafbarkeit und Wechsel der Rechtsordnung, JZ **1994** 769; *ders.* Die strafrechtliche Aufarbeitung der DDR-Vergangenheit am Beispiel der „Mauerschützen"- und der Rechtsbeugungsverfahren, NJ **1997** 226; *Rottleuthner* Die Steuerung der Justiz in der DDR, KritV **1992** 237; *ders.* (Hrsg.) Steuerung der Justiz in der DDR (1994); *Rudolphi* Zum Wesen der Rechtsbeugung, ZStW **82** (1970) 610; *Saliger* Radbruchsche Formel und Rechtsstaat (1995); *ders.*, Rechtsphilosophische Probleme der Rechtsbeugung, in: Alexy (Hg.), Juristische Grundlagenforschung. Tagung der Deutschen Sektion der Internationalen Vereinigung für Rechts- und Sozialphilosophie (IVR) vom 23. bis 25. September 2004 in Kiel (2005); *Sarstedt* Fragen zur Rechtsbeugung, Festschrift Heinitz (1972) 427; *H. C. Schaefer* Zur Rechtzeitigkeit der haftrichterlichen Vernehmung, NJW **2000** 1996; *Scheffler* Gedanken zur Rechtsbeugung, NStZ **1996** 67; *ders.* Rechtsbeugung oder Verfolgung Unschuldiger? NZV **1996** 479; *ders.*/

Matthies Rechtsbeugung und Immunität, Festschrift Seebode (2008), 317; *Scheinfeld* Zum Rechtsbeugung des Kollegialrichters, JA **2009** 401; *Schiemann* Rechtsbeugung durch den Strafrichter. Der Fall Schill, NJW **2002** 112; *Schlösser* Strafrechtliche Verantwortlichkeit ehemaliger Richter an Sondergerichten, NJW **1960** 943; *Eb. Schmidt* Politische Rechtsbeugung und Richteranklage, in: Justiz und Verfassung, Sonderveröffentlichungen des Zentraljustizblattes für die Britische Zone Heft 4 (1948) 55; *Schmidt-Räntsch* Deutsches Richtergesetz. Richterwahlgesetz^{6} (2009); *Schmidt-Speicher* Hauptprobleme der Rechtsbeugung (1982); *Schöll* Die Rechtsbeugung. Aktuelle Probleme der strafrechtlichen Bewältigung staatlichen Unrechts (1999); *Scholderer* Rechtsbeugung im demokratischen Rechtsstaat (1993); *Schreiber* Probleme der Rechtsbeugung, GA **1972** 193; *Schroeder* Strafrechtliche Verantwortlichkeit für die Ausübung politischer Strafjustiz in der ehemaligen DDR, in: Lampe (Hrsg.) Deutsche Wiedervereinigung, II. Bd. (1993) 109; *ders.* Der Rechtfertigungsgrund der Entscheidung von Rechtssachen, GA **1993** 389; *ders.* Ein bedenkliches Richterprivileg, FAZ vom 3.2.1995, Nr. 29, S. 12; *ders.* Der Bundesgerichtshof und der Grundsatz „nulla poena sine lege", NJW **1999** 89; *ders./Gräf* Geheime Rechtsprechungsanweisungen in der DDR, ROW **1987** 291; *Schuller* Zum Problem der Rechtsbeugung durch DDR-Gerichte, Deutschland Archiv **1994** 1255; *L. Schulz* Rechtsbeugung und Mißbrauch staatlicher Macht. Die Rechtsprechung des Bundesgerichtshofs zur Rechtsbeugung unter dem SED-Regime, StV **1995** 206; *U. Schulz* Die Einstellung nach § 47 OWiG als Rechtsbeugung, NJW **1999** 3471; *Seebode* Rechtsblindheit und bedingter Vorsatz bei der Rechtsbeugung, JuS **1969** 204; *ders.* Das Verbrechen der Rechtsbeugung (1969); *ders.* Versteckte Strafrechtsreform – geringere Richterverantwortlichkeit? ZRP **1973** 239; *ders.* Rechtsbeugung und Rechtsbruch, JR **1994** 1; *ders.* Freiheit und Gebundenheit des Richters, Jura **1997** 418; *ders.* DDR-Justiz vor Gericht, Festschrift Lenckner (1998) 585; *Schulz-Arenstorff* Judikatives Unrecht in der Zivilgerichtsbarkeit – Ursachen und Rechtsschutz. Eine rechtssoziologische Evaluationsstudie (2021); *Seibert* Rechtsbeugung: Heimsuchung durch Gespenster, Festschrift Kargl **(2015)** 545; *Sieveking* Der Täterkreis bei der Rechtsbeugung, Diss. München 1964; *Singelnstein* Strafbare Strafverfolgung: Voraussetzungen und Grenzen der Strafbarkeit von Amtsträgern sowie von strafprozessualen Amtsbefugnissen gemäß dem Prinzip der Prozessrechtsakzessorietät (2019); *Sowada* Zur Strafbarkeit wegen Rechtsbeugung bei angemaßter richterlicher Zuständigkeit, GA **1998** 177; *Spendel* Zur Problematik der Rechtsbeugung, Gedächtnisschrift Radbruch (1968) 312; *ders.* Justizmord durch Rechtsbeugung, NJW **1971** 537; *ders.* Zur strafrechtlichen Verantwortlichkeit des Richters. Die Vorsatzform bei der Rechtsbeugung, Festschrift Heinitz (1972) 445; *ders.* Richter und Rechtsbeugung, Festschrift Peters (1974) 163; *ders.* Justiz und NS-Verbrechen. Die „Standgerichtsverfahren" gegen Admiral Canaris u.a. in der Nachkriegsrechtsprechung, Festschrift Klug (1983) II. Bd., 375; *ders.* Rechtsbeugung durch Rechtsprechung. Sechs strafrechtliche Studien (1984); *ders.* Unrechtsurteile der NS-Zeit, Festschrift Jescheck (1985) 1. HBd. 197; *ders.* Rechtsbeugung im Jugendstrafverfahren, JR **1985** 485; *ders.* Mord durch ein „Standgericht", JuS **1988** 856; *ders.* Der Bundesgerichtshof zur Rechtsbeugung unter dem SED-Regime, JR **1994** 221; *ders.* Rechtsbeugung und Justiz insbesondere unter dem SED-Regime, JZ **1995** 375; *ders.* Rechtsbeugung und BGH – eine Kritik, NJW **1996** 809; *ders.* DDR-Unrechtsurteile in der neueren BGH-Judikatur – eine Bilanz, JR **1996** 177; *ders.* Zur Aufhebung von NS-Unrechtsurteilen, ZRP **1997** 41; *ders.* Freispruch für die NS-Justiz? RuP **1997** 229; *ders.* Unzulässiger richterlicher Eingriff in eine Haftsache, JZ **1998** 85; *ders.* Der Fall Robert Havemann – Beispiel einer Justizfarce, JR **1999** 221; *Stahnke* Rechtsbeugung, § 336 RStGB, Diss. Würzburg 1924; *Stanglow* Rechtsbeugung in der DDR? JuS **1995** 971; *Steffen* Richterprivileg bei bedingtem Vorsatz? DRiZ **1969** 45; *Steinberg/Rüping* „Kumpane" im Gerichtssaal? – Bemerkungen zur stilistischen Fassung von Strafurteilen, JZ **2012** 182; *Stute* Judging as crime: a transatlantic perspective on criminalizing excesses of judicial discretion, The American Journal of Comparative Law Bd 69 **(2021)** 574; *Swarzenski* Fahrlässige Rechtsbeugung und fahrlässig falsche Strafverfolgung, Die Justiz **IV** (1928/29) 341; *Thiel* Rechtsbeugung – § 339 StGB: Reformdiskussion und Gesetzgebung seit 1870 (2005); *Trentmann* Strafrechtliche und dienstliche Folgen rechtswidriger Weisungen im staatsanwaltschaftlichen Bereich, JR **2016** 229; *Trepper* Richterbestechung (§ 334 StGB) und Rechtsbeugung (§ 336 StGB) unter Berücksichtigung auch der Strafrechtsreform, Diss. Erlangen 1914; *v. Ullmann* Rechtsbeugung (§ 336 RStrGB), VDB **IX** (1906) 375 ff.; *Volk* Rechtsbeugung durch Verfahrensverstoß, NStZ **1997** 412; *Vormbaum* Probleme der Strafrechtsanwendung im vereinigten Deutschland, StV **1991** 176; *ders.* Zur strafrechtlichen Verantwortlichkeit von DDR-Richtern wegen Rechtsbeugung, NJ **1993** 212; *ders.*, Die strafrechtliche Aufarbeitung der nationalsozialistischen Justizverbrechen in der Nachkriegszeit, in: Die Rosenburg: das Bundesministerium der Justiz und die NS-Vergangenheit – eine Bestandsaufnahme (2013), 142; *ders.*, Das Delta der Rechtsbeugung: zum Schutzgut und zum Täterkreis des § 339 StGB, Festschrift Paeffgen (2015), 377; *Wacker* Die Rechtsbeugung, Diss. Kiel 1931; *Wachter* Der Gerichtsvollzieher im Spiegel der Strafrechtssprechung, DGVZ **2012** 37; *Wassermann* DDR-Richter als Instrument des SED-Regimes, DRiZ **1991** 438; *ders.* Zur Anwendung der sogenannten Radbruchschen Formel auf Unrechtsurteile der DDR-Justiz, NJW **1992** 878; *ders.* Die strafrechtliche Aufarbeitung der DDR-Vergangenheit, RuP **1992** 121; *ders.* Unrecht durch DDR-Rechtsprechung, Festschrift Spendel (1992) 629; *ders.* Rechtsblindheit? – Müßten Roland Freisler und Hilde Benjamin straffrei bleiben? NJW **1995** 2965; *ders.* Wie Unrecht geschont wird. Zum Umgang mit der SED-Justiz, RuP **1996** 132; *ders.* Justizterror – ungeahndet, Deutschland Archiv **1998** 938; *ders.* Nachsicht und Milde – Vom Umgang mit dem Justizunrecht des SED-Regimes, in: J. Weber/Piazolo (Hrsg.) Justiz im Zwielicht (1998) 273; *ders.* System- und Exzeßtäter, Festschrift Kaiser (1998) 1405; *K. Weber* Die Verfolgung des SED-Unrechts in den neuen Ländern, GA **1993** 195, 210; *Werkentin* Todesurteile in der DDR, Deutschland Archiv **1998** 179; *Wessel* NS-Justizverbrechen und Nachkriegsrechtsprechung, Diss. Würzburg 1998; *Wichmann* Warum bleibt das Überschreiten von Grenzen der richterlichen Rechtsfortbildung ohne Konsequenzen?, Stbg **2020**, 20; *Wieners* Rechtsbeugung im Zeitgeistwandel (2000); *Wohlers/Gaede* Rechtsbeugung durch Handeln aus sachfremden Erwägungen? GA **2002** 483; *Wolf* Rechtsbeugung durch DDR-Richter, NJW **1994** 1390; *Wünsch* Richterprivileg – Verteidigerprivileg, StV **1997** 45.

Allgemeineres Schrifttum (mit Fallmaterial)

Bertram „Schill ante portas!" – eine „Hamburgensie"? NJW **2001** 1108; *Boberach* (Hrsg.) Richterbriefe, Dokumente zur Beeinflussung der deutschen Rechtsprechung 1942–1944 (1975); *Bracher* 40 Jahre Diktatur (SED-Unrecht) – Herausforderung an den Rechtsstaat, RuP **1991** 137; *Brentzel* Die Machtfrau. Hilde Benjamin 1902–1989 (1997); *Buchheit* Richter in roter Robe. Freisler, Präsident des Volksgerichtshofs (1968); *Bundesministerium der Justiz* (Hrsg.) Im Namen des Volkes? Über die Justiz im Staat der SED. Katalog zur Ausstellung des Bundesministeriums der Justiz (1994); *Denzel* Die Ermittlungsverfahren gegen Richter und Staatsanwälte am Volksgerichtshof seit 1979, KJ **1991** 31; *Drobnig* Die Strafjustiz der DDR im Systemwechsel: Partei und Justiz, Mauerschützen und Rechtsbeugung, 2021; *Edinger* Der Volksgerichtshof. Ein Scheingericht, DRiZ **1995** 182; *Eisert* Die Waldheimer Prozesse (1993); *Fricke* Politik und Justiz in der DDR, 2. Aufl. (1990); *ders.* Das justitielle Unrecht der Waldheimer Prozesse, NJ **1991** 209; *ders.* Das Zusammenspiel von Politbürokratie, Staatssicherheit, Generalstaatsanwalt und Oberstem Gericht der DDR, RuP **1993** 135; *Friedrich* Freispruch für die Nazi-Justiz. Die Urteile gegen NS-Richter seit 1948. Eine Dokumentation, 2. Aufl. (1998); *Fröhlich* Die Herausforderung des Einzelnen. Geschichten über Widerstand und Verfolgung, VI. Bd. der Reihe „Bayern in der NS-Zeit" (1983); *Gribbohm* Der Volksgerichtshof, JuS **1969** 55, 109; *ders.* Nationalsozialismus und Strafrechtspraxis – Versuch einer Bilanz, NJW **1988** 2842; *Gritschneder* Bewährungsfrist für den Terroristen Adolf H. Der Hitler-Putsch und die bayerische Justiz (1990); *Gruchmann* Justiz im Dritten Reich 1933–1940 (1988); *Güstrow* Tödlicher Alltag, Strafverteidiger im Dritten Reich (1981); *Hilgendorf* Recht durch Unrecht – interkulturelle Perspektiven, JuS **2008**, 761; *Hillenkamp* Offene oder verdeckte Amnestie – über Wege strafrechtlicher Vergangenheitsbewältigung, JZ **1996** 179; *Hillermeier* „Im Namen des Deutschen Volkes!" Todesurteile des Volksgerichtshofes (1980); *v. Hippel* Der Richter im Dritten Reich (1959), in: *ders.* Ideologie und Wahrheit in der Jurisprudenz (1973) 255; Hoeppel NS-Justiz und Rechtsbeugung: Die strafrechtliche Ahndung deutscher Justizverbrechen, 2019; *Hohoff* An den Grenzen des Rechtsbeugungstatbestandes. Eine Studie zu den Strafverfahren gegen DDR-Juristen (2001); *Jahntz/Kähne* Der Volksgerichtshof[3] (1992); *Jasper u.a.* Justiz und Nationalsozialismus (1985); *Just-Dahlmann/Just* Die Gehilfen. NS-Verbrechen und die Justiz nach 1945 (1988); *Keller* Die strafrechtliche Aufarbeitung von DDR-Justizunrecht (2013); *Kempner* Priester vor Hitlers Tribunalen (1966); *Kirchheimer* Politische Justiz (1981); *Koch* Volksgerichtshof. Politische Justiz im 3. Reich (1988); *Limbach* Vergangenheitsbewältigung durch die Justiz, DtZ **1993** 66; *dies.* Strafrechtliche Verantwortlichkeit für die Ausübung politischer Strafjustiz in der ehemaligen DDR, in: Lampe (Hrsg.) Deutsche Wiedervereinigung, II. Bd. (1993) 99; *Marxen* (Hg.), Strafjustiz und DDR-Unrecht, Bd. 5, TlBd. 1: Rechtsbeugung (2007); *Möller-Heilmann* Die Strafverfolgung von Richtern und Staatsanwälten der ehemaligen DDR wegen Rechtsbeugung (1999); *Moritz/Noam* Justiz und Judenverfolgung, II. Bd. NS-Verbrechen vor Gericht 1945–1955 (1978); *Munoz Conde* Die strafrechtliche Aufarbeitung der spanischen Diktatur. Der Fall Garzón, Symposium für Vormbaum (2014) 62; *Noam/Kropat* Justiz und Judenverfolgung, I. Bd. Juden vor Gericht 1933–1945, 2. Aufl. (1986); *W. Otto* Die „Waldheimer Prozesse" – altes Erbe und neue Sichten, NJ **1991** 355; *Quasten* Die Judikatur des Bundesgerichtshofs zur Rechtsbeugung im NS-Staat und in der DDR (2003); *Rasehorn* Der Richter im NS-Staat und die Anpassungstradition der Justiz, Frankfurter Hefte **1979** 34; *Robinson* Justiz als politische Verfolgung. Die Rechtsprechung in „Rasseschandefällen" beim Landgericht Hamburg 1936–1943 (1977); *Rohnen* Fritz Bauer und die ungesühnte Nazijustiz, KJ **2016** 129; *Schaefgen* Strafverfolgung von Regierungskriminalität der DDR – Probleme, Ergebnisse, Perspektiven, RuP **1994** 150; *ders.* Vergangenheitsbewältigung durch die Justiz (1996); *Schimmler* Recht ohne Gerechtigkeit. Zur Tätigkeit der Berliner Sondergerichte im Nationalsozialismus (1984); *Schorn* Der Richter im Dritten Reich (1959); *Schroeder* Geschichtsbewältigung durch Strafrecht? DRiZ **1996** 81; *Schütz* Justiz im „Dritten Reich". Dokumentation aus dem Bezirk des Oberlandesgerichts Bamberg (1984); *ders.* Nachlese zu einem Würzburger Strafverfahren der NS-Zeit, Festschrift Spendel (1992) 173; *Schuller* Geschichte und Struktur des politischen Strafrechts der DDR bis 1968 (1980); *Spendel* Rechtspositivismus und Strafjustiz nach 1945, JZ **1987** 581; *Staff* Justiz im Dritten Reich, 2. Aufl. (1979); *W. Wagner* Der Volksgerichtshof im nationalsozialistischen Staat (1974); *Wassermann* Auch die Justiz kann aus der Geschichte nicht aussteigen (1990); *ders.* Gestörtes Gleichgewicht (1995); *J. Weber/Piazolo* (Hrsg.) Eine Diktatur vor Gericht. Aufarbeitung von SED-Unrecht durch die Justiz (1995); *diesn.* (Hrsg.) Justiz im Zwielicht (1998); *Weinkauff/A. Wagner* Die deutsche Justiz und der Nationalsozialismus (1968); *Werkentin* Gelenkte Rechtsprechung – Zur Strafjustiz in den frühen Jahren der DDR, NJ **1991** 479; *ders.* Die Waldheimer Prozesse der Jahre 1950/52, in: DBT (Hrsg.) Materialien der Enquête-Kommission „Aufarbeitung von Geschichte und Folgen der SED-Diktatur in Deutschland", IV. Bd. (1995) 489; *ders.* Damit das Leid der Opfer nicht sinnlos war, RuP **1996** 139; *Wilhelm* Rechtsbeugung in der DDR: die Sicht der Verteidigung (2003); *Witte* „Als Richter politisch nicht tragbar." Ehemalige Richter berichten über ihren Fall, NJ **1990** 145.

Entstehungsgeschichte

Die Vorschrift, die eine lange und wechselvolle Geschichte hat,[1] geht über das Strafgesetzbuch für den Norddeutschen Bund von 1870 auf das Preußische StGB von 1851 zurück; nach dessen § 314 wurde mit Zuchthaus bis zu fünf Jahren ein Beamter bestraft, „welcher bei der Leitung oder Entscheidung von Rechtssachen vorsätzlich, zur Begünstigung oder Benachteiligung einer Partei, sich einer Ungerechtigkeit schuldig macht".

Neu gefasst ist die Bestimmung durch Art. 19 Nr. 188 EGStGB vom 2.3.1974 (BGBl. I 469, 497), nachdem schon allgemein die Zuchthausstrafe durch die einheitliche Freiheitsstrafe aufgrund des 1. StrRG vom 25.6.1969 ersetzt worden war. Als Täter wird jetzt, neben dem bisher schon aufgeführten Schiedsrichter, anstelle des früheren „Beamten" ein „Richter" oder „anderer Amtsträger" genannt. Weiter hat der Gesetzgeber das Wort „vorsätzlich" entgegen Art. 18 Nr. 172 des Entwurfs eines EGStGB vom 4.4.1972 (BTDrucks. 6/3250, 30) nicht durch die Merkmale „absichtlich oder wissentlich" ersetzt, sondern gestrichen, um damit klarzustellen (s. § 15), dass bedingter Vorsatz zur Strafbarkeit der Rechtsbeugung ausreicht (BTDrucks. 7/1261, 22; Sonderausschuß, Prot. 7/1062, 1153 und dazu Rdn. 90).

Mehr als durch die Gesetzgebung ist die Strafnorm durch die Rechtsprechung umgewandelt worden, da das Bestreben der Gerichte nach 1945 dahin ging, § 336 a.F.a.F. möglichst einschränkend „auszulegen", so dass er weitgehend unanwendbar wurde. Die gesetzliche Klarstellung zum Vorsatzbegriff war 1974 notwendig geworden, weil vor allem der BGH den Rechtsbeugungsvorsatz auf den direkten eingeengt hatte (s. dazu Rdn. 90). was mit zur Nichtverfolgung der NS-Justizverbrechen beigetragen hat, wie BGHSt **41** 317, 339 f. selbstkritisch eingeräumt hat. Nachdem der höchstrichterlichen Judikatur die unzulässige Einschränkung des subjektiven Tatbestandes verbaut ist, hat sie aber nunmehr seit 1984[2] schrittweise den objektiven Rechtsbeugungstatbestand immer restriktiver ausgelegt.[3] Diese Rechtsprechung hat dann seit 1993[4] bei der Aburteilung der DDR-Justizverbrechen zu einer weiteren Begrenzung der objektiven Tatmerkmale geführt, indem die für § 336 a.F. vorgenommene Einschränkung für § 244 DDR-StGB dahin „konkretisiert"[5] und weiter getrieben worden ist, dass die Tatbestandshandlung „gesetzwidrige Entscheidung" auf „Willkürakte" im Sinne „offensichtlich schwerer Menschenrechtsverletzungen" eingeengt wird.[6] Hierbei sollen als Strafbarkeitsvoraussetzungen sogar „Motive" berücksichtigt werden, von denen auch im DDR-Strafgesetz keine Rede war. Deshalb wurde schon in den 90er Jahren eine **Reform** der Rechtsbeugungsvorschrift durch den Gesetzgeber, wie sie schon einmal 1974 hinsichtlich des subjektiven Tatbestandes erfolgte, zur Präzisierung des objektiven Tatbestandes gefordert.[7] Auch in jüngerer Zeit ist die Reformdiskussion nicht eingeschlafen, wobei insbesondere Vorschläge zur Schaffung eines „minder schweren Falles" der Rechtsbeugung Aufmerksamkeit verdienen.[8] Durch eine solche Reform ließen sich möglicherweise die starken Tendenzen zur einer sehr restriktiven Tatbestandsinterpretation (Rdn. 13) auffangen. Während § 339 bis zur Wiedervereinigung und der Aufarbeitung des DDR-Unrechts in der Praxis nur eine untergeordnete Rolle gespielt hatte, mehrten sich danach Rechtsverfahren und auch Verurteilungen wegen Rechtsbeugung.[9] Politische Differenzen allein können eine Anwendung des § 339 StGB allerdings nicht rechtfertigen; schon der Anschein einer solchen Praxis wäre für das Ansehen des Rechtsstaats überaus schädlich.[10] Die Norm wirft neben dogmatischen Detailproblemen auch wichtige methodologische und rechtsphilosophische Grundlagenfragen auf (Rdn. 57 ff.).

---

1 Dazu *Schmidt-Speicher* S. 14 ff., 51; *Holzhauer* in HRG III. Bd. 1984, S. 271; speziell zur Geschichte des Rechtsbeugungsbegriffs *Käsewieter* (1999); umfassend für die Zeit ab 1870 *Thiel* (2005).

2 BGHSt **32** 357, 363 f.

3 S. BGHSt **38** 381, 383: Rechtsbeugung nur noch der schwerwiegende „Rechtsbruch".

4 BGHSt **40** 30, 40 ff.

5 BGHSt **40** 169, 178.

6 BGHSt **40** 30, 41 ff.; 169, 181; **41** 247, 253; **43** 183, 190; BGH NStZ-RR **1998** 172.

7 S. dazu *Bemmann/Seebode/Spendel* ZRP **1997** 307; zustimmend *Dallmeyer* GA **2004** 540, 552; *Lehmann* NStZ **2006** 127, 131.

8 *Fischer* Betrifft Justiz **2021** 173.

9 In Auswahl: BGHSt **38**, 381; **42**, 343; 47, 105; BGH NStZ **2010**, 92; BGH NStZ **2013**, 106; BGHSt **55**, 144; BGHSt **62**, 312; BGHNStZ **2021**, 365 mit Anm. *Kudlich*; BGH 5 StR 39/21 vom 18. August 2021.

10 Die Abwehr verfassungsfeindlicher Haltungen in der Justiz sollte vor allem dadurch erfolgen, dass entsprechende Personen nicht eingestellt werden, weitergehend *Rath* DRiZ **2021** 402, der auch § 339 StGB anwenden möchte. Dies ist aber selbstverständlich nur dann vertretbar, wenn im konkreten Fall die Tatbestandsvoraussetzungen einer Rechtsbeugung vorliegen. Zu Rolle politischer Einstellungen bei der Aufarbeitung des DDR-Unrechts *Heinrich*, in Hilgendorf/Kudlich/Valerius (Hrsg.), Handbuch des Strafrechts Bd. 5, § 51 Rdn. 24, der darauf hinweist, dass es sich hierbei „um eine durch die deutsche Teilung bedingte Sondersituation" handelte. Zur Aufarbeitung des DDR-Unrechts auch Rdn. 66 ff.

Sofern in anderen Ländern Straftatbestände existieren, die der Rechtsbeugung gem. § 339 ähneln, sind sie in der Regel noch enger gefasst als in Deutschland.[11]

Neu nummeriert (§ 339 statt § 336) wurde die Vorschrift durch Art. 1 Nr. 13 des Gesetzes zur Bekämpfung der Korruption vom 13.8.1997 (BGBl. I 2038, 2040).

Übersicht

Alphabetische Übersicht

11 Rechtsvergleichende Hinweise bei *Bacigalupo*, FS Rudolphi, S. 381 ff.; *Schmidt-Speicher*, S. 113 ff. Speziell zur Rechtslage in Polen *Kulesza*, FS Joerden, S. 611 ff.; in den USA *Stute*, The American journal of comparative law Bd. 61 (2021), S. 574 ff.

I. Allgemeine Grundlagen

1. Begriff und Bedeutung

1 Der Begriff „Rechtsbeugung“ als Bezeichnung für eine Straftat oder Deliktsgruppe findet sich zuerst in den Landesstrafgesetzbüchern z.B. von Württemberg (1839) in den Art. 437 ff., Braunschweig (1840) in den §§ 279 und 280 und Hannover (1840) in Art. 354.[12] Vorbild für den heutigen § 339 war § 314 des Preußischen StGB von 1851, der noch anstelle der Formel „Beugung des Rechts“ das Wort „Ungerechtigkeit“ gebrauchte; eine inhaltliche Änderung war mit der anderen Fassung nicht bezweckt.[13]

2 Die Redewendung „das Recht beugen“ als Ausdruck für eine Tätigkeit, für „Unrecht tun“ oder „eine Ungerechtigkeit begehen“, ist viel älter und lässt sich nach einem Hinweis *Bindings*[14] bis zur Zeit *Luthers* zurückverfolgen; sie findet sich in der Dichtung z.B. in Schillers „Wilhelm Tell“ (II. Aufzug, 2. Szene). In der Sache hat man den Prototyp der Rechtsbeugung, die unrichtige oder ungerechte Rechtsanwendung des Richters im Urteil, seit den Anfängen der Rechtsentwicklung für besonders verurteilenswert gehalten und oft zusammen mit der Bestechlichkeit gesehen. Bereits die Bibel gebietet allgemein: „Du sollst das Recht nicht beugen und sollst auch keine Person ansehen, noch Geschenke nehmen; denn die Geschenke machen die Weisen blind und verkehren die Sache der Gerechten“,[15] und sie urteilt: „Verflucht sei, wer das Recht des Fremdlings, des Waisen und der Witwe beugt!“[16]

3 Der Vorwurf der Rechtsbeugung wird rasch erhoben, vor allem, wenn sich vor Gericht Unterlegene im Recht glauben. Dies hängt auch mit sprachlichen Unklarheiten im Verständnis von „Recht“ und „Unrecht“ zusammen.[17] Dass die Rechtsbeugung ein sehr selten begangenes Delikt sei, wird oft behauptet,[18] richtig ist jedenfalls, dass sie nur selten strafrechtlich verfolgt und noch seltener rechtskräftig verurteilt wird.[19] Das zeigen einmal die Justizverbrechen unter den außergewöhnlichen Verhältnissen totalitärer Staatssysteme wie die rechtswidrigen Verfahren und Entscheidungen unter dem NS-[20] und SED-Regime.[21] Bei der Beurteilung wird häufig nicht zwischen „Schein- oder Nichturteilen“ und „nichtigen Urteilen“ unterschieden.[22] Das bestätigen zum anderen auch immer wieder Vorfälle im forensischen Alltag rechtsstaatlicher Gemeinwesen. Man den-

---

12 Zur Geschichte s. besonders *Oppenheim* S. 109 ff., 118 ff.; *Wacker* S. 1 ff., 8; ferner *Trepper* S. 1 ff.; *Häupler* S. 3; *Schmidt-Speicher* S. 14 ff. S. auch oben Einleitung.

13 Ebenso schon *Oppenheim* S. 35; des Weiteren *Bemmann* GA **1969** 65; *Seebode* Das Verbrechen der Rechtsbeugung S. 15.

14 Lehrbuch II 2, S. 552 Anm. 1.

15 5. Buch Moses, Kap. 16, Vers 19.

16 5. Buch Moses, Kap. 27, Vers 19.

17 *Hilgendorf* JuS **2008**, 761, 762 f.

18 So z.B. schon *Kohler* GA **54** (1907) 16; *Trepper* S. 1; *v. Lilienthal* JW **1922** 1025; *Henning* S. 1; *G. Schultz* MDR **1965** 883; *Seebode* Das Verbrechen der Rechtsbeugung S. 9; *Schreiber* GA **1972** 193; *Schmidt-Speicher* S. 11.

19 Zur Bedeutung der Rechtsbeugung in der aktuellen Strafverfolgungspraxis *Heuchemer* NZWiSt **2018** 131.

20 S. z.B. BGH MDR **1952** 693; NJW **1971** 571; OLG Nürnberg Justiz und NS-Verbrechen **II** 318; SchwG Berlin DRiZ **1967** 390 (Fall Rehse); *Kempner* S. 92 ff., 106 ff.; 148 ff., 154 ff., 282 ff. (rechtswidrige Todesurteile der Vorsitzenden Freisler oder Illner und ihres Beisitzers Rehse im VolksGH); *W. Wagner* S. 844 ff.; *Hillermeier* S. 82, 86, 103, 105. Dass die Rechtswidrigkeit der Todesurteile „die Ausnahme“ gewesen sei (*Eb. Kaiser* NJW **1960** 1330), ist angesichts der Terrorurteile des VolksGH eine mehr als befremdliche Ansicht.

21 S. z.B. BGH ROW **1958** 204 (dazu kritisch *Maurach* ROW **1958** 177, 181: sowjetzonale „Strafzumessung zweifellos objektives Unrecht“, Entscheidung „Fehlurteil“) und – in derselben Sache – BGH NJW **1960** 974, 975 (= BGHSt **14** 147, ohne Sachverhalt); KG ROW **1957** 85 f.; *Fricke* Politik und Justiz in der DDR, z.B. S. 250; 273; 377, 381; 491, 494 f. und passim; zur Rechtsprechung in politischen Strafsachen s. auch *Schuller* Geschichte S. 86, 99, 277, 318 ff., 323, 329. Zu den berüchtigten „Waldheimer Strafprozessen“ s. schon KG NJW **1954** 1901 und BezG Dresden NJ **1992** 69; LG Leipzig NJ **1994** 111; BGH NJ **1999** 327; *Fricke* NJ **1991** 209; *W. Otto* NJ **1991** 355; *Eisert* Die Waldheimer Prozesse (1993); *Kraut* S. 150 ff. Zu weiteren SED-Justizverbrechen BGHSt **40** 169, 183; **41** 247, 268 ff.; 317, 319 ff.

22 S. z.B. BezG Dresden NJ **1992** 70.

ke an den praktischen Fall, dass ein selbstherrlicher Amtsrichter ohne sachlichen Grund gegen einen einmal ausgebliebenen Angeklagten einen bereits am Vormittag des Tages vor dem neuen Hauptverhandlungstermin zu vollstreckenden Vorführungsbefehl erlässt und diese auf die Beschwerde des Beschuldigten hin von einer Vertretungsrichterin aufgehobene Anordnung unter Unterdrückung, d.h. Nichtweiterleitung des Rechtsbehelfs erneuert.[23] Entscheidungen, welche die Annahme zumindest einer objektiven Rechtsbeugung nahe legen, sind nach *Scheffler* gar nicht einmal selten.[24] Die Behandlung des § 339 in der Rechtslehre krankte über viele Jahre hinweg vielfach daran, dass sich die Autoren in allgemeinen Ausführungen zum „Wesen" der Rechtsbeugung und ähnlichem ergehen, ohne von den praktischen Fällen Notiz zu nehmen und sich kritisch mit ihnen auseinanderzusetzen.[25]

Der Straftatbestand der Rechtsbeugung wurde verwendet, um das Justizunrecht der NS-Diktatur und später das des DDR-Regimes strafrechtlich aufzuarbeiten (vgl. unten 14, 66 ff.), beide Male mit zweifelhaftem Erfolg. Während juristische Laien dazu neigen, den Rechtsbeugungstatbestand weit zu verstehen, tendiert die Rechtsprechung zu einem sehr engen Verständnis. In der Tat kann die Justiz nur dann frei und unabhängig arbeiten und ihre Funktion im Rahmen der staatlichen Gewaltenteilung erfüllen, wenn die Richterinnen und Richter in ihrer Tätigkeit vor Strafverfolgung grundsätzlich geschützt sind. Das gilt nicht nur für Staaten, die sich in einem politischen Umbruch befinden, sondern auch für rechtsstaatlich gefestigte Staatswesen wie die Bundesrepublik Deutschland.[26] Zweifelhaft kann nur sein, wie weit dieser Schutz reichen soll (vgl. unten Rdn. 91 ff.). Die Rechtsbeugung wirft interessante Grundlagenfragen[27] auf, etwa die nach der Existenz und dem Inhalt überpositiven Rechts (dazu unten Rdn. 58 ff.) und nach dem Verhältnis von Recht und Moral sowie der Tragfähigkeit der Radbruch-Formel, nach der gesetztes Recht bei einem extremen Missverhältnis zum „richtigen Recht" seinen Rechtscharakter verlieren und zum „Nicht-Recht" werden kann (dazu unten Rdn. 59). Fraglich ist weiterhin, ob und wie überpositives Recht selbst „gebeugt" i.S.d. Rechtsbeugungstatbestandes werden kann. Wann liegt überhaupt ein „Beugen" des Rechts vor? Wann ist eine rechtliche Entscheidung „nicht mehr vertretbar"? Hinter derartigen Fragen verbergen sich sehr weit reichende methodologische Probleme.[28] 4

Das Verbrechen des § 339 wird formell vom Gesetz unter die „Straftaten im Amte" eingeordnet und oft als echtes oder eigentliches Amtsdelikt bezeichnet.[29] Das ist jedoch ungenau und in dieser Allgemeinheit zumindest irreführend. Denn es gilt nur für die beiden ersten Tätergruppen, den (im weiteren Sinne beamteten und den ehrenamtlichen) Richter und den (nicht richterlichen) Amtsträger, bei dem die Amtseigenschaft strafbegründend wirkt, nicht aber für die dritte Tätergruppe, den (durch Vertrag der Parteien berufenen privaten) Schiedsrichter. Dieser hat kein staatliches Amt inne, auch wenn die §§ 1036 Abs. 1, 1038 Abs. 2 ZPO vom „Schiedsrichteramt" sprechen. Er begeht also kein Amtsdelikt, sondern ein **echtes** oder eigentliches **Sonderdelikt**,[30] das nur von bestimmten Personen verübt werden kann und den umfassenderen, auch das Amtsdelikt einschließenden Begriff bildet. 5

23 LG Berlin MDR **1995** 191, das hier Rechtsbeugung bejahte.

24 Vgl. seine Beispiele in NStZ **1996** 67 ff.

25 *Spendel* LK[11] § 339 Rdn. 3; s. auch *Scheffler* NStZ **1996** 69.

26 *Scheffler/Matthies*, FS Seebode, S. 317, 328 f., wo zu Recht auf die Gefahren populistischer Richterkritik hingewiesen wird. Die „Krähentheorie" ist jedenfalls kaum geeignet, zum Verständnis des § 339 beizutragen.

27 *Saliger* Rechtsphilosophische Probleme, S. 138 ff.

28 Vgl. z.B. *Zippelius* Juristische Methodenlehre, § 16 m.w.N. Für eine empirische Analyse der BGH-Argumentationspraxis *Kudlich/Christensen* (S. 24 ff. zur Wortlautgrenze).

29 So z.B. *Gerland* S. 363; *Otto* BT § 98 Rdn. 1; *Schmidhäuser* BT 23/41. Genau und einschränkend dagegen *Musielak* S. 5 Anm. 2; *Seebode* Das Verbrechen der Rechtsbeugung S. 48.

30 *Fischer* Rdn. 5; *Sch/Schröder/ Hecker* Rdn. 1; *Uebele* MK Rdn. 2.

2. Rechtsgut und Rechtsgrund

6 Wie die Rechtsbeugung materiell zu bestimmen und was als ihr gemeinsames Element, das den amtlichen und den privaten Täter verbindet, zu betrachten ist, ist umstritten. Es ist die Frage nach dem Rechtsgut und Rechtsgrund der Strafvorschrift. Hinter der allgemeinen Antwort, dass dies die Rechtspflege und deren Schutz sei,[31] verbergen sich tiefgreifende Meinungsunterschiede, die in Gestalt verschiedener „Rechtsbeugungstheorien" bei der Bestimmung der Rechtsbeugung als Tathandlung erörtert zu werden pflegen (s. Rdn. 45 ff.). Der Gegensatz der Ansichten lässt sich, etwas vereinfacht, auf zwei gegensätzliche Standpunkte zurückführen: entweder erblickt man das Wesentliche des Delikts in der objektiven „Beugung", d.h. in der äußeren Verbiegung und Verdrehung des anzuwendenden Rechts gerade durch dessen berufene und angerufene Repräsentanten oder aber in der subjektiven „Beugung", d.h. in der innerlichen Verkehrtheit und Verderbtheit des Richtenden; kurz: entweder ist der objektive Rechtsverstoß ausschlaggebend oder die subjektive Gewissenlosigkeit und Pflichtwidrigkeit des Rechtsanwenders. Dabei sollte man nicht aus den Augen verlieren, dass eine Überschreitung des geltenden Rechts gelegentlich sachlich motiviert und u.U. sogar ethisch geboten sein kann.[32]

7 Verschiedentlich wird befürwortet, bei § 339 den Pflichtgedanken heranzuziehen.[33] Schon *Binding* und andere Autoren haben einerseits die Eigenart der Verfehlung des Schiedsrichters – im Gegensatz zu dem angeblich ganz anders gearteten Amts- und Rechtsmissbrauch des Richters und Amtsträgers – in einer „Untreue",[34] in einem „strafbaren Vertrauensbruch",[35] also in einer Pflichtverletzung gegenüber den den Schiedsrichter beauftragenden Parteien gesehen. Andererseits ist für *Grünhut* das „Wesen" gerade der Rechtsbeugung des Amtsträgers „gewissermaßen ein öffentlich-rechtliches Gegenstück zu der Untreue des aufgrund privatrechtlichen Rechtsgeschäftes Bevollmächtigten".[36] Aber dieser Pflichtgedanke ist nicht das Wichtigste, obgleich natürlich die subjektive Rechtschaffenheit des Richtenden eine wesentliche Voraussetzung dafür ist, dass er objektiv Recht schafft und spricht. Wenn etwa gesagt und beifällig zitiert worden ist, § 336 a.F. wolle „nicht verhüten, daß objektiv falsche Urteile gefällt werden, sondern daß Richter gegen ihre innere Rechtsüberzeugung aus sachfremden Motiven entscheiden",[37] so stellt der erste Teil dieser Aussage die Dinge auf den Kopf. Denn der rechtsuchende Bürger erwartet in seinem Rechtsstreit oder „Kampf ums Recht" nicht nur, dass der Entscheidende subjektiv „gerade" und rechtschaffen ist und so urteilen will, sondern dass auch und vornehmlich dessen Entscheidung objektiv gerecht und richtig ist und Recht schafft, indem sie Unrecht „richtet" und Recht nicht „beugt".[38] Was nützt aller guter Vorsatz, alle pflichtmäßige Überzeugung, wenn der Richterspruch in Wahrheit eine „verkehrte" Entscheidung, ein „Fehlurteil" ist?

8 Richtig ist daher, als das durch § 339 geschützte **Rechtsgut** die innerstaatliche **Rechtspflege** in Form der staatlichen wie vom Staat anerkannten **richtigen** und unparteiischen **Rechtspre-**

---

31 *Gerland* S. 363; *Welzel* S. 544; *Lackner/Kühl/Heger* Rdn. 1.

32 Beispiele bei *Kuhlen* NK Rdr. 10.

33 *Rudolphi* ZStW **82** (1970) 629 ff.; *Stein/Deiters* SK Rdn. 16; *Roxin* TuT S. 429; *H. Wagner* Amtsverbrechen (1975) S. 203 ff., 206; *Schmidhäuser* BT 23/44; *Geppert* Jura **1981** 80; *Schmidt-Speicher* S. 80 f.; *Behrendt* JuS **1989** 945 (946).

34 *Oppenheim* S. 198 ff., 207 ff.; *Binding* Lehrbuch II 2 S. 564 f.; *Trepper* S. 73.

35 *Stahnke* S. 102; *Henning* S. 35; *Häupler* S. 32.

36 *Grünhut* MSchrKrimPsych 3. Beih. (1930) S. 8.

37 *Franzheim* Die Teilnahme an unvorsätzlicher Haupttat (1961) S. 49; s. ähnlich *Mohrbotter* JZ **1969** 491, 493 f.; zu letzterem treffende Kritik von *Marx* JZ **1970** 248 ff.

38 *Spendel* GedS Radbruch S. 316; *ders.* NJW **1971** 538 ff.; *ders.* FS Peters, S. 166 ff.; ebenso *Bemmann* GA **1969** 69; *Seebode* Das Verbrechen der Rechtsbeugung S. 20 ff., 25. Die Kritik *Scholderers* Rechtsbeugung S. 115 Fn. 359, dass dies „zu wenig folgenorientiert formuliert" sei, ist nicht begründet; wenn Ziel des § 339 ist, Richtigkeit und Gerechtigkeit der Entscheidung zu sichern, dann schließt das auch die Folgen dieser Entscheidung ein und damit den Schutz der von ihr betroffenen Rechtsgüter der rechtsuchenden einzelnen Partei.

chung – den Begriff im weitesten Sinne verstanden – anzusehen,[39] die auch vor ihren eigenen berufenen Vertretern, also vor einem Angriff auf die Rechtspflege „von innen“ zu schützen ist. Dieser Schutz der Rechtspflege zielt im demokratischen, auf dem Prinzip der Gewaltenteilung beruhenden Rechtsstaat in zwei Richtungen: einmal dient er dem Interesse des **Staates**, genauer: der Volksvertretung als **Gesetzgeber**, dass der Richter als Vertreter der Judikative und ein (wie ein Richter das Recht anwendender) anderer Amtsträger als Vertreter der Exekutive dem Grundsatz der Gesetzesgebundenheit genügen; zum anderen dient der Schutz dem Interesse des **einzelnen** rechtsuchenden **Bürgers**, dass Richter und Amtsträger ihre Aufgabe der richtigen Rechtsanwendung erfüllen (und nicht das Recht beugen).

Im ersten Falle soll die Vorschrift primär ein Rechtsgut der Allgemeinheit[40] und, wie üblich, 9
mittelbar Rechtsgüter des Einzelnen schützen, im zweiten Falle umgekehrt in erster Linie die streitbefangenen Rechtsgüter der rechtsuchenden Partei und damit indirekt die Rechtsprechung als Gut der Gesamtheit.[41] Diese objektiv gerechte Rechtsgewährung und der recht und billig erscheinende Interessenausgleich sind das Kennzeichen für die Funktion des Richters, u.U. auch für bestimmte nicht richterliche Amtsträger und schließlich für den privaten Schiedsrichter;[42] sie sind das Wesentliche, was alle drei Tätergruppen verbindet. Denn nicht nur der Richter, auch der, ähnlich wie dieser das Recht anwendende und unparteiisch entscheidende Amtsträger verdient Strafe, wenn er als Vertreter der Staatsgewalt einer rechtsuchenden Partei das Recht nicht gewährt, sondern vorenthält, indem er es zum Vor- oder Nachteil einer Seite beugt. Entsprechendes gilt schließlich für den Schiedsrichter, der ebenfalls Frieden und Ordnung stiften und richtende Funktionen erfüllen soll. Seine schlichtende Tätigkeit gleicht in vielem der des staatlichen Zivilrichters.[43] Eine andere, und zwar rechtspolitische Frage ist nur, ob es vertretbar ist, ihn der gleichen Strafdrohung zu unterwerfen wie den (Berufs-)Richter.

Aus dem Vorigen ergibt sich eine deutliche Abgrenzung: Schützt § 339 mit verwandten Strafvor- 10
schriften wie § 344 (Verfolgung Unschuldiger) die Rechtspflege gegen Angriffe von innen, so unterscheidet er sich damit von den Bestimmungen, welche die Rechtspflege gegen die in verschiedener Form möglichen Angriffe von Außenstehenden sichern (z.B. §§ 153 ff., 164, 258). Doch sind Überschneidungen denkbar, z.B. zwischen § 339 und §§ 258, 258a (s. zur Konkurrenzfrage Rdn. 136 ff.).

3. Rechtsbeugung und Rechtsprechung

Wenn die Erörterungen zum Wesen der Rechtsbeugung fast ausschließlich am Bild des Richters 11
orientiert sind, so ist das verständlich. Der Berufsrichter ist der Täter dieses Verbrechens schlechthin. Daher ist die Rechtsbeugung zugleich das richterliche „Standesdelikt“. Der Richter tut damit das Gegenteil von dem, was seines ureigenen Amtes ist. Des Amtes, das Recht zu „richten“, nicht zu „beugen“. Schon die alltagssprachlichen Wortbedeutungen sind anspielungsreich: Denn wie „richten“ das Geirademachen des Verbogenen, das „Zu-Recht-Machen“ des Unrechten bedeutet, so „beugen“ das Verbiegen des Geraden und Gerichteten, das Verdrehen des Richtigen und Rechten.[44] Rechtsbeugung ist also, ganz allgemein gesagt, „Verkehrung“ des Rechts zum Unrecht. Es ist nach

---

39 BGHSt **43** 183, 189; *Fischer* Rdn. 2; *Sch/Schröder/ Hecker* Rdn. 1; *Kuhlen* NK Rdn. 15; *Lackner/Kühl/Heger* Rdn. 1; *Uebele* MK Rdn. 1; *Bange* BeckOK Rdn. 3.

40 So BGHSt **40** 272, 275; **41** 247, 248; **43** 183, 189; *Fischer* Rdn. 2; *Sch/Schröder/Hecker* Rdn. 1; *Kuhlen* NK Rdn. 15; *Lackner/Kühl/Heger* Rdn. 1.

41 So vor allem *Scholderer* S. 95 ff., 130 ff., 168, 173, 180, 187, der darin sogar den „ersten“ Schutzgegenstand des § 339 sieht.

42 Dass es die Ähnlichkeit dieser Recht und Ordnung schaffenden Funktion und ihrer Wirkung für die streitenden Parteien ist, die es rechtfertigt, den Schiedsrichter dem Richter und Amtsträger zur Seite zu stellen, hat schon *Stock* Entwicklungen und Wesen der Amtsverbrechen (1932) S. 246 Anm. 11 betont.

43 So schon RGZ **41** 255; **59** 249; **65** 176; **94** 212; BGH NJW **1954** 1763, 1764.

44 Dazu auch *Seebode* Das Verbrechen der Rechtsbeugung S. 14 f.

landläufiger Auffassung das Schlimmste, was ein Richter oder eine Richterin begehen kann; es ist recht eigentlich die Sünde wider den richterlichen Geist. Einem von der Würde seines Amtes und Standes durchdrungenen und ehrbewussten Richter hat daher „Rechtsbeugung stets als das Ärgste und eine unvorstellbare Schande gegolten".[45] Ungeachtet der etwas altmodisch klingenden Sprache dürften diese Sätze bis heute das richterliche Berufsethos zutreffend umschreiben, was den engen Zusammenhang zwischen den Normen des Strafrechts und den berufsspezifischen sozialen Normen besonders deutlich werden lässt. Es überrascht deshalb nicht, dass Richterinnen und Richter auf den Vorwurf der Rechtsbeugung seit jeher besonders empfindlich reagiert haben.[46]

12 Die Schaffung eines eigenen Straftatbestandes mit § 339 und damit die Statuierung der strafrechtlichen Verantwortlichkeit des Richters sind somit die wichtigsten Korrelate oder Gegengewichte zur Gewährung der richterlichen Verantwortungsfreiheit und damit Unabhängigkeit.[47] Deren wesentliches Kennzeichen ist neben der Weisungsfreiheit, dass der Richtende seine Entscheidungen grundsätzlich nicht verantworten muss, dass er andere und ihr Verhalten beurteilen darf und soll, nicht aber sich und seine rechtsprechende Tätigkeit beurteilen oder gar verurteilen zu lassen braucht. Nur dort, wo seine Verantwortungsfreiheit zur Verantwortungslosigkeit wird und er bei der Rechtsanwendung objektiv das Recht nicht „herrichtet", sondern „verbiegt", d.h. beugt, hat auch er für seine Entscheidung einzustehen. § 339 unterwirft damit den Richter der Selbstkontrolle durch die von ihm mitrepräsentierte rechtsprechende Gewalt und der schwersten, weil strafrechtlichen Haftung.

13 Dass die Rechtsprechung dieser Aufgabe der Selbstüberprüfung und „Selbstreinigung" stets nachgekommen ist, lässt sich leider nicht behaupten. Das zeigen schon die Versuche, § 339 über die zulässige Grenze hinaus einschränkend auszulegen, so z.B. mit dem von den Gerichten früher recht eigenmächtig usurpierten Haftungsprivileg, Rechtsbeugung nur bei direktem Vorsatz für strafbar zu erklären (s. Rdn. 90 f.). Das bestätigt vor allem die weitgehende Nichtbewältigung der Aufgabe, die NS-Justizverbrechen nach 1945 angemessen zu beurteilen und zu bestrafen.[48] Es ist eine bedauerliche, aber nicht zu leugnende Tatsache, dass die zahlreichen, z.T. kaum glaublichen Fehlurteile unter dem NS-Regime nicht die gebührende Strafe gefunden und sich die Verhandlungen in der Regel immer von Neuem ergebnislos durch den Instanzenzug gequält haben. Es war eine Bankrotterklärung der Rechtsprechung, dass die vielen rechtswidrigen Todesurteile nur selten als Rechtsbeugung ausdrücklich oder implizit rechtskräftig geahndet worden sind.[49]

14 Eine ähnlich unbefriedigende Rechtsprechung zeigt sich, allerdings in stark abgeschwächter Form, bei der Verfolgung des DDR-Justizunrechts, das nach Ansicht vieler oft ebenfalls keine gebührende Sühne gefunden hat.[50] So ist z.B. ein hoher SED-Richter, der als Beisitzer wider besseres Wissen zustimmend an vier von ihm selbst für völlig unverhältnismäßig gehaltenen, in zwei Fällen später vollstreckten Todesurteilen mitgewirkt hat, vom LG Berlin wegen Rechtsbeugung und Totschlags zu nur drei Jahren und neun Monaten Gesamtfreiheitsstrafe verurteilt worden. Ohne zu begründen, warum hier kein Justizmord durch Rechtsbeugung vorliegen soll, hat der BGH die erstinstanzliche Annahme von Totschlag sogar in „minder schweren Fällen" und „die überaus milde Bestrafung" bestätigt, obwohl für die Revisionsrichter mit Recht „die vorsätzliche Tötung eines Menschen durch einen willkürlichen Richterspruch ein derart gravierendes ... Ver-

---

45 OLG Nürnberg Justiz und NS-Verbrechen **II** 318, 330.

46 Dasselbe gilt für die Empörung über den (weit verbreiteten, aber fast immer unzutreffenden) Vorwurf eines „Fehlurteils", wobei die genaue Bedeutung dieses Begriffs erstaunlich unscharf ist. Dass Fehlurteile i.S. objektiv nicht mehr vertretbarer, nicht die reale Sachlage widerspiegelnder Rechtsentscheidungen vorkommen, dürfte jedoch unbestritten sein.

47 *Spendel* FS Heinitz, S. 445, eine Feststellung, die nicht ausschließt, dass für die Frage, wer Täter des § 339 sein kann, primär nicht die ihm übertragene Position, sondern die ihm überwiesene Funktion maßgeblich ist (s.o. *Bemmann* JZ **1972** 600 ff.).

48 Ebenso, wenngleich mehr nebenbei bemerkt, BGHSt **40** 30, 40 = JR **1994** 246, 248 und dazu *Spendel* JR **1994** 221; BGHSt **41** 247, 252; besonders **41** 317, 339 f.

49 Nachweise s. Vorauflage Rdn. 12.

50 Näher zur Aufarbeitung des DDR-Justizunrechts vgl. Rdn. 66 ff.

brechen" ist, dass sich die Annahme minder schwerer Totschlagsfälle „auf den ersten Blick zu verbieten scheint". Der BGH hat hier aber „außergewöhnliche Milderungsgründe" anerkannt wie mangelnden Mut des Richters zum Widerspruch gegen den auf die Todesstrafe zielenden Gerichtsvorsitzenden, den langen Zeitablauf seit der Tat, das schwere Schicksal des Verurteilten als KZ-Häftling und Soldat unter dem NS-Regime, sein Geständnis usw.[51] Man wird freilich, ohne das teilweise erhebliche von der DDR-Justiz begangene Unrecht zu bagatellisieren, zu bedenken haben, dass ein einzelner Straftatbestand wie § 339 kaum eine Handhabe bietet, das Justizunrecht ganzer Staaten angemessen aufzuarbeiten.

II. Der objektive Tatbestand

Der objektive Tatbestand setzt die Beugung des Rechts bei der Leitung oder Entscheidung einer Rechtssache zum Vor- oder Nachteil einer Partei durch einen Richter, anderen Amtsträger oder Schiedsrichter voraus. Die These, § 339 enthalte einen „offenen Tatbestand", zu dem die Unrichtigkeit oder Ungültigkeit des angewandten Rechts etwa deshalb nicht gehörte, weil sie ein „Rechtspflichtmerkmal" sei,[52] überzeugt nicht. 15

1. Der Täter der Rechtsbeugung

a) Der Richter. An erster Stelle ist Täter des Verbrechens nach § 339 der Richter, d.h. einmal der Berufsrichter (§§ 8 ff. DRiG); sodann der Laien- oder ehrenamtliche Richter (vgl. § 11 Abs. 1 Nr. 3 StGB) wie der Schöffe in der Straf- und der Handelsrichter in der Zivil-, der Beisitzer in der Arbeits-, Sozial- oder Verwaltungsgerichtsbarkeit (§§ 44 ff. DRiG), ferner der Richter in der Ehrengerichtsbarkeit für Rechtsanwälte (§§ 92, 100, 106 BRAO) und der Beisitzer in der Disziplinargerichtsbarkeit. 16

Ob zur Voraussetzung der Täterschaft die richterliche Unabhängigkeit in Gestalt der Weisungsfreiheit gehört, ist zweifelhaft.[53] Da der Richter weisungsfrei, weisungsgebunden dagegen der Amtsträger ist, liegt es nahe, die Beantwortung der Frage an der einen oder anderen Tätergruppe zu orientieren. Erscheint der Richter als die zentrale Täterfigur der Rechtsbeugung und der Amtsträger auch nur als Subjekt des § 339, wenn er nach einer treffenden Wendung der Rechtsprechung „wie ein Richter" entscheidet,[54] so spricht einiges dafür, eine Weisungsfreiheit zu verlangen;[55] denn diese ist neben der Verantwortungsfreiheit ein wesentliches Element der echten Richterstellung.[56] 17

Aber selbst wer diese Einschränkung bei § 339 machen wollte, könnte sie gar nicht konsequent durchführen, weil zur Weisungsfreiheit als sachlicher Unabhängigkeit auch die persönliche Unabhängigkeit (Unversetzbarkeit, Nichtabsetzbarkeit usw.) gehört, diese jedoch dem Amtsträger nicht zukommt. Im Übrigen besteht auch kein Grund, einen tatsächlich nicht unabhängigen Vertreter der rechtsprechenden Gewalt in einem totalitären, die richterliche Unabhängigkeit gering achtenden Regime besser zu stellen als den wirklich freien Richter. Denn jener wird sonst noch leichter der Versuchung erliegen, das Recht nicht unparteiisch und gerecht, sondern im Sinne der 18

51 BGHSt **41** 317, 341.
52 So jedoch noch *Maurach* ROW **1958** 179; wie hier schon *Seebode* Das Verbrechen der Rechtsbeugung S. 98 ff.; *Spendel* GedS Radbruch S. 317 f.
53 Dazu eingehend *Seebode* Das Verbrechen der Rechtsbeugung S. 64 ff.
54 RGSt **71** 315, 317; BGH NJW **1960** 253; BGHSt **24** 326, 327; **38** 381, 382; OLG Bremen NStZ **1986** 120; s. auch Rdn. 8, 20, 21, 24, 29, 33, 119.
55 So in der Tat *Seebode* Das Verbrechen der Rechtsbeugung S. 72, 73 f.
56 *Spendel* FS Heinitz, S. 445 f.

herrschenden „Partei“ und staatlichen Führung anzuwenden.[57] Mit der in Rechtsprechung[58] und Rechtslehre[59] vorherrschenden Meinung ist daher eine Weisungsfreiheit nicht zu verlangen. Demnach konnten und können auch Richter unter totalitären Regimen taugliche Täter der Rechtsbeugung sein,[60] z.B. die Mitglieder der NS-Sondergerichte[61] und des NS-Volksgerichtshofs[62] oder der SED-Gerichte.[63]

19 **b) Anderer Amtsträger.** Weiter können nach § 339 bestimmte Amtsträger (§ 11 Abs. 1 Nr. 2 lit. a bis c), zu denen nach § 11 Abs. 1 Nr. 2 lit. a auch Richter gehören, taugliche Täter einer Rechtsbeugung sein. Das sind vor allem Beamte im staatsrechtlichen Sinne, d.h. öffentliche Bedienstete, die formell durch Aushändigung einer Ernennungsurkunde in ein Beamtenverhältnis berufen worden sind. Die Tauglichkeit des Subjekts einer Rechtsbeugungshandlung ergibt sich hier weitgehend aus der Täterfunktion, den Tatbestandsmerkmalen „Leitung oder Entscheidung einer Rechtssache“, mit der sie in Wechselbeziehung steht; denn nicht jeder rechtsanwendende Amtsträger fällt schon unter § 339, sondern nur derjenige, der eine bestimmte richterähnliche Funktion ausübt, wie es die angeführten tatbestandlichen Voraussetzungen umschreiben.[64] Nicht unbedenklich ist, dass der beamtete Vorsitzende eines Ausgleichsausschusses für die Zuerkennung einer Hausratsentschädigung nach dem Lastenausgleichgesetz tauglicher Täter sein soll, obwohl er als Vertreter der Interessen des Ausgleichsfonds und „Gegenbeteiligter“ des eine Entschädigung fordernden Antragstellers auftritt und selbst Anträge stellen kann.[65] Eine dem Richter vergleichbare Stellung, aufgrund deren er wie dieser eine Rechtssache leiten und entscheiden muss, hat jedenfalls nicht ein Stadtoberinspektor, der Ausländern Aufenthaltsbewilligungen zu erteilen oder zu versagen hat,[66] oder ein für die Gewährung von Sozialhilfe zuständiger städtischer Beamter,[67] nicht der Vorsitzende eines Meisterprüfungsausschusses[68] oder der Gerichtsvollzieher, der die Zwangsvollstreckung aus einem Versäumnisurteil (Pfändungsauftrag des Gläubigers) auszuführen hat.[69] Nicht Amtsträger im strafrechtlichen Sinne der §§ 11 Abs. 1 Nr. 2, 339 StGB sind **Soldaten**, die jenen nur ausnahmsweise für gewisse Delikte, nicht jedoch für die Rechtsbeugung, gleichgestellt sind (§ 48 WStG).[70]

20 Zu Amtsträgern im Sinne des § 339 sind auch **Rechtspfleger** zu rechnen, und zwar um so mehr, als sie Aufgaben der rechtsprechenden Gewalt wahrnehmen, also bestimmte früher den Richtern obliegende Tätigkeiten ausüben und nach § 9 RPflG sogar selbstständig entscheiden, in ihren Entscheidungen mithin weisungsfrei sind.[71] Wenn § 11 Abs. 1 Nr. 3 StGB sie nicht, wie das

---

57 S. den Fall des BGH NJW **1960** 974. Zu den Versuchen der „Weisung“ an Richter unter dem SED-Regime: s. außer dem obigen BGH-Urteil besonders *Fricke* S. 237 f.; s. auch S. 160 f., 562 (Forderung nach „Parteilichkeit“ des Richters); unter dem NS-Regime: s. *Bucheit* S. 46 f.; *Boberach* S. XIII ff., XVIII; *Weinkauff/A. Wagner* S. 208 ff., 215.

58 S. BGH NJW **1960** 974; OLG Karlsruhe NJW **2004** 1469, 1470.

59 *Heinitz* S. 6; *Hirsch* ZStW **82** (1970) 429; *Fischer* Rdn. 5; *Sch/Schröder/ Hecker* Rdn. 2; *Lackner/Kühl/Heger* Rdn. 2; *Uebele* MK Rdn. 9.

60 Ebenso *Gribbohm* NJW **1988** 2842, 2849. Allgemein für die Richter in der NS-Zeit OGHSt **2**, 23, 26 ff., 28.

61 Nürnberger Fall Katzenberger BGH NJW **1971** 571 und dazu *Spendel* NJW **1971** 537.

62 S. Fall Rehse, Beisitzer im VolksGH, BGH NJW **1968** 1339.

63 BGHSt **14** 147.

64 *Uebele* MK Rdn. 11.

65 So aber BGH NJW **1960** 253.

66 BGHSt **34** 146, 148.

67 OLG Koblenz GA **1987** 553.

68 OLG Koblenz GA **1993** 513 = MDR **1993** 1104.

69 OLG Düsseldorf NJW **1997** 2124 f.

70 BGH NZWehrR **1966** 172; *Lackner/Kühl/Heger* Rdn. 2. Zu einem besonderen, dem Tatbestand aber nicht hinreichend genügenden Aspekt s. *Chr. Schreiber* RuP **1998** 169.

71 So überzeugend *Seebode* Das Verbrechen der Rechtsbeugung S. 81 f.; ferner OLG Koblenz NStZ-RR **2006** 77, 78 mit Anm. *St. Cramer* NStZ **2007**, 334; *Fischer* Rdn. 11; *Uebele* MK Rdn. 13.

§ 10 Nr. 5 lit. b StGB-Entwurf 1962[72] noch vorgesehen hatte, in den Richterbegriff aufgenommen hat, um nicht die hohen Strafdrohungen für Richterdelikte auf einen zu großen Personenkreis auszudehnen,[73] so ist das unschädlich, da sie gleich dem Richter dem Begriff „Amtsträger" unterfallen und nicht gesondert aufgeführt zu werden brauchten.[74] So ist etwa ein Rechtspfleger, dem gesetzlich Aufgaben des Nachlassrichters übertragen sind, wie die Festsetzung einer Vergütung für den Nachlasspfleger, Amtsträger im Sinne der §§ 11 Abs. 1 Nr. 2 lit. a, 339.[75] Dies gilt hingegen nicht für ihm übertragene Geschäfte der Strafvollstreckung, die zur Justizverwaltung gehören und bezüglich derer der Rechtspfleger weisungsgebunden ist (vgl. § 146 GVG, § 31 Abs. 6 RPflG).[76]

Tauglicher Täter des § 339 ist auch der **Urkundsbeamte** der **Geschäftsstelle** bei der als Streit- 21
entscheidung ergehenden Kostenfestsetzung (§§ 464b StPO, 103 ZPO, 164 VwGO, 149 FGO), soweit diese Tätigkeit nicht wie in der Zivilgerichtsbarkeit dem Rechtspfleger übertragen worden ist (§ 21 Abs. 1 Nr. 1 RPflG). Er hat hier in einem rechtlich geordneten Verfahren nach Rechtsgrundsätzen zu entscheiden und dabei sogar als weisungsfrei zu gelten.[77]

Zweifelhaft könnte sein, ob der **Staatsanwalt** als **Leiter** des **Ermittlungsverfahrens** eine 22
Rechtsbeugung zu begehen vermag. Die herrschende Meinung bejaht die Frage zu Recht.[78] Gegen das gewichtige Argument, der Ankläger als „Anwalt des Staates" vertrete diesen als „Partei" im Sinne des § 339 und könne deshalb nicht tauglicher Täter sein,[79] lässt sich anführen, dass der Staatsanwalt nach § 160 Abs. 2 StPO zur Ermittlung nicht nur der belastenden, sondern auch der entlastenden Umstände verpflichtet ist, also auch als Vertreter der Strafverfolgungs- und Anklagebehörde wie ein Richter den Sachverhalt objektiv und unparteiisch aufklären und würdigen soll. Die Staatsanwaltschaft gehört zwar formell nach ihrer Stellung zur Exekutive,[80] materiell nach ihrer Tätigkeit aber zur rechtsprechenden Gewalt im weiteren Sinne.[81] Der Staatsanwalt ist damit ein Beamter, der in seiner Tätigkeit nicht weisungsfrei (s. § 146 GVG),[82] jedoch viel selbstständiger und freier ist als ein anderer in Rechtssachen entscheidender Amtsträger.[83] Das zeigen auch seine Machtbefugnisse nach § 153a StPO. Viel zu eng OLG Bremen (NStZ **1986** 120), das nur für diejenigen Entscheidungen dem Staatsanwalt „eine richtergleiche Funktion" zubilligt, welche die Ermittlungen abschließen und das Strafverfahren einstellen. So kann er durch Nichtverfolgung und Nichtüberprüfung von Strafanzeigen[84] oder durch falsche Strafanträge Rechtsbeugung begehen.

Als taugliches Subjekt einer Rechtsbeugungshandlung hat RGSt **25** 276 zutreffend einen **Poli-** 23
zeibeamten angesehen, der nach früherem Recht Strafverfügungen erlassen durfte und diese trotz seiner Kenntnis von der eingetretenen Verjährung und deren Wirkung erlassen hat. Dementsprechend ist Amtsträger im Sinne des § 339 auch der **Verwaltungsbeamte**, der das **Bußgeld** im

---

72 S. Begründung S. 117.
73 Dazu s. BTDrucks. 7/550, S. 210.
74 So auch *Sch/Schröder/Hecker* § 11 Rdn. 28.
75 BGHSt **35** 224, 230 ff. mit Anm. *Otto* JZ **1988** 884; LG Arnsberg vom 27.11.2007, Az. 2a KLs 223 Js 108/05 (53/06 b), Rdn. 38 ff.
76 OLG Koblenz NStZ-RR **2006** 77, 78. Zu einer weiteren, nicht der Rechtsprechung gleichzustellenden Tätigkeit des Rechtspflegers s. OLG Düsseldorf MDR **1987** 604; OLG Koblenz MDR **1987** 605.
77 Zum Vorhergehenden näher *Seebode* Das Verbrechen der Rechtsbeugung S. 82.
78 RGSt **69** 213, 214; BGH NJW **1960** 253; BGHSt **32** 357 und dazu *Spendel* JR **1985** 485; BGHSt **38** 381, 382; **40** 169, 18; **43** 183, 187; OLG Köln GA **1975** 341; OLG Bremen NStZ **1986** 120. Ebenso *Fischer* Rdn. 6 f.; *Sch/Schröder/ Hecker* Rdn. 2; *Kuhlen* NK Rdn. 28 f.; *Lackner/Kühl/Heger* Rdn. 2 f.; *Uebele* MK Rdn. 12; *Bange* BeckOK Rdn. 25.1; *Maurach/Schroeder/ Maiwald* II § 77 Rdn. 6; *Peters* § 23 III 3.
79 So besonders *Seebode* Das Verbrechen der Rechtsbeugung S. 75; vgl. auch *Stein/Deiters* SK Rdn. 30.
80 So schon RGSt **58** 105.
81 *Eb. Schmidt* Lehrkommentar I Rdn. 95, 96.
82 Dazu näher *Heublein* Das Weisungsrecht der Staatsanwaltschaft und seine Grenzen, Diss. Würzburg 1969.
83 **And.** (Ausschluss des Staatsanwalts aus dem Täterkreis) *Sieveking* S. 91; *Seebode* Das Verbrechen der Rechtsbeugung S. 75 f.
84 BGHSt **43** 183, 188 f.

Ordnungswidrigkeitenverfahren festsetzt.[85] Seine Stellung und Tätigkeit sind nicht nur der eines Staatsanwalts ähnlich (§ 46 Abs. 2 OWiG), er trifft auch mit dem Erlass des Bußgeldbescheides wie ein Richter eine – wenngleich nur vorläufige und nicht endgültige – Entscheidung in einer Rechtssache, kurz: die Aufgaben der Verfolgung und Ahndung sind hier in ein und derselben Person vereinigt (§ 35 Abs. 1 und 2 OWiG).[86] Ein solcher Beamter, der in einer Verkehrsunfallsache dem unschuldigen der beiden miteinander kollidierenden Fahrer das Bußgeld auferlegt und nicht dem anderen, da er gegen den ersten eine Aversion hat und ihn die seiner Entscheidung entgegenstehenden Gerichtsurteile „nicht interessieren", begeht eine Rechtsbeugung.

24 Problematisch erscheint, ob dies auch für den **Polizeibeamten** gilt, der für einen Verkehrsverstoß ein **Verwarnungsgeld** zu erheben hat, das aber unter Verletzung des Rechts unterlässt, sowie in dem Fall, dass ein Polizeiwachtmeister als Anhalteposten bei einer Geschwindigkeitskontrolle den um 19 km/h zu schnell gefahrenen Verkehrsteilnehmer nicht gebührenpflichtig verwarnt, weil dieser sein Vetter ist. OLG Hamm NJW **1979** 2114 verneint hier die Frage mit der nicht überzeugenden Begründung, die unterlassene Einforderung des Verwarnungsgeldes enthalte keine „Entscheidungselemente" und sei keine Maßnahme der Strafrechtspflege,[87] obwohl der Betroffene sie als Ahndung für ein Fehlverhalten empfinden wird und der Beamte zu prüfen und zu entscheiden hat, ob nicht wegen der etwaigen Schwere der Verkehrsverletzung von einer Verwarnung abzusehen und sie als Ordnungswidrigkeit zu verfolgen ist.

25 Amtsträger im Sinne des § 339 sind weiter die **Inhaber** der **Disziplinarstrafgewalt**.[88] Außerdem kommen noch in Betracht die Mitglieder in der Bundesprüfstelle für jugendgefährdende Schriften oder in staatlichen Prüfungskommissionen.[89]

26 Zweifelhaft ist, ob ein **Finanzbeamter** im **Steuerveranlagungsverfahren** Täter einer Rechtsbeugung sein kann. RGSt **71** 315, 317 hat die Frage unter weitgehender Zustimmung der früheren Rechtslehre[90] bejaht, BGHSt **24** 326 = JZ **1972** 599 (mit im Ergebnis zustimmender Anmerkung *Bemmann*) dagegen verneint, da das hier interessierende Verfahren zu wenig „förmlich" und rechtlich „durchgeformt" sei und ein Steueroberinspektor bei der Einkommensteuerveranlagung nicht „wie ein Richter" entscheide. Diese Ansicht erscheint nicht zwingend; gerade das Steuerveranlagungsverfahren ist heute in erheblichem Umfang durchnormiert,[91] und bewusste Fehlentscheidungen können für den Betroffenen negative Konsequenzen haben, die über finanzielle Einbußen weit hinausgehen. Ein Wasserrechtsdezernent, der für die Regelung der Abwasserfragen zuständig ist und anfechtbare Anordnungen treffen kann, fällt dagegen nicht unter den Amtsträgerbegriff des § 339;[92] ebenso wenig der Vertreter einer atomrechtlichen Genehmigungsbehörde,[93] der Leiter eines Bauamts[94] und der Leiter eines behördlichen Planfeststellungsverfahrens.[95] Hier wie überall gilt es, unparteiische Rechtsverfahren von Verwaltungsverfahren zu unterscheiden,

---

85 BGHSt **14** 147, 148 (s. auch BGHSt **13** 102, 110); BGH NJW **1960** 974; OLG Hamm NJW **1979** 2114, 2115; OLG Schleswig SchlHolstA **1983** 86; OLG Celle NStZ **1986** 513; *Sch/Schröder/ Hecker* Rdn. 2; *Bange* BeckOK Rdn. 7.1.

86 Dazu kritisch *Spendel* FS von der Heydte II, S. 1209, 1230.

87 Anders aber BGHSt **13** 102, 112 zum früheren § 22 StVG.

88 RGSt **69** 213, 214; OLG Kassel HESt **2** 175, 177, 180.

89 Zu den zuletzt genannten Personen näher *Seebode* Das Verbrechen der Rechtsbeugung S. 83 f., 85 f.

90 *Welzel* S. 545; *Maurach* BT S. 757; *Flume* FS Smend, S. 78 ff.; *Haver* NJW **1956** 1092; *Hartung* FR **1956** 390, 392; StGB-Entwurf 1962 mit Begründung S. 643. **Dagg.** *Sieveking* S. 91; *Seebode* Das Verbrechen der Rechtsbeugung S. 76 f.; *Fischer* Rdn. 11; *Lackner/Kühl/Heger* Rdn. 3; *Uebele* MK Rdn. 16; *Bange* BeckOK Rdn. 7.2; *Stein/Deiters* SK Rdn. 28; *Maurach/Schroeder/Maiwald* II § 77 Rdn. 6.

91 Dass der Finanzbeamte, wie *Uebele* MK Rdn. 16 bemerkt, „eher interessengeleitet als neutral" entscheidet, erscheint eher als (zumindest rechtspolitisches) Argument für eine Anwendung des § 339 auf diese Personengruppe.

92 **And.** AG Frankfurt am Main NStZ **1986** 72, 75 mit abl. Anm. *Wernicke* und *Meinberg* NStZ **1986** 223 und 224.

93 Nicht abschließend geklärt LG Hanau NStZ **1988** 179, 181 mit abl. Anm. *Bickel*; verneinend auch z.B. *Lackner/Kühl/Heger* Rdn. 3; nur allgemein *Breuer* NJW **1988** 2072, 2084.

94 OLG Hamm NJW **1999** 2291; OLG Brandenburg BauR **2004** 1998.

95 OLG Hamburg NStZ-RR **2005** 143, 144.

bei denen der Amtsträger dem Bürger als (parteiischer) Repräsentant der Verwaltung gegenüber tritt.[96]

Erwägenswert dürfte die – soweit ersichtlich, kaum diskutierte – Frage sein, ob und inwiefern ein **Abgeordneter** als **Mitglied**, insbesondere als **Vorsitzender** eines parlamentarischen **Untersuchungsausschusses** Täter einer Rechtsbeugung sein kann. Diese Frage ist nicht so fernliegend oder gar unangebracht, wie es auf den ersten Blick scheinen mag. So ist auch schon zum Problem des Schutzes Dritter vor Missbrauch und Rechtsverletzungen im Untersuchungsverfahren der Legislative die Überlegung angestellt worden, wie weit eine Strafbarkeit von Ausschussmitgliedern z.B. nach § 353b Abs. 2 Nr. 1 in Betracht zu ziehen sei.[97] 27

Die Untersuchungsausschüsse des Parlaments als dessen Unter- und Hilfsorgane nehmen rechtlich eine Zwitterstellung ein, die teilweise die Ausübung von Funktionen sowohl der Judikative als auch der Exekutive erlaubt. Eindeutig lässt sich zwar negativ sagen, dass sie „keine Gerichte ..., ihre Mitglieder keine Richter im Sinne des Grundgesetzes ... sind".[98] Allerdings sind ihnen zum Teil Aufgaben zugewiesen, die mindestens gerichtsähnlicher Natur sind, und der ihnen obliegenden Tätigkeit: der Tatsachenfeststellung zur Aufklärung von Sachverhalten, kommt keine geringere Bedeutung zu als der Tatsachenermittlung im Strafverfahren.[99] Weiterhin sind auf die Beweiserhebung der Untersuchungsausschüsse die Vorschriften über den Strafprozess (auch des GVG) „sinngemäß" anzuwenden (Art. 44 Abs. 2 Satz 1 GG) und dem Ausschussvorsitzenden stehen wie einem Gerichtsvorsitzenden die Rechte nach Strafprozessrecht, insbesondere auch die Sitzungspolizei nach § 13 Abs. 2 PUAG i.V.m. § 176 GVG, zu. 28

Nicht so eindeutig ist umgekehrt positiv zu sagen, was die parlamentarischen Untersuchungsausschüsse sind. Zum Teil wird ein behördenähnlicher Charakter erwogen,[100] wenngleich sie auch „keine typische Verwaltungstätigkeit" ausüben.[101] Jedenfalls besitzen die Untersuchungsausschüsse öffentliche Gewalt.[102] Ihre Maßnahmen gegenüber Dritten wie z.B. die gegen einen Zeugen verhängte Ordnungsstrafe für seine Ungebühr bei der Vernehmung oder Handlungen gegen andere vom Untersuchungsverfahren sonst nicht berührte private Personen, z.B. gegen Eigentümer zu beschlagnahmender Sachen, gelten als Verwaltungsakte, die von den Verwaltungsgerichten auf ihre Rechtmäßigkeit hin überprüft werden können.[103] 29

Berücksichtigt man dies alles, so liegt der Schluss nicht mehr so fern, erscheint vielmehr wenigstens diskussionswürdig, dass die Abgeordneten als Ausschussmitglieder sich in dem aufgezeigten Rahmen als „Amtsträger" auch im strafrechtlichen Sinne des § 11 Abs. 1 Nr. 2 auffassen lassen, zwar nicht nach Nr. 2 lit. a als „Beamte" (oder Richter), da der erste Begriff im staatsrechtlichen Sinne zu verstehen ist,[104] sondern nach Nr. 2 lit. c, da sie „dazu bestellt" erscheinen, „bei einer Behörde oder bei einer sonstigen Stelle ... Aufgaben der öffentlichen Verwaltung ... wahrzunehmen". Entgegen der wohl noch h.M.[105] wird man die genannten „Funktionsträger der Parlamente" eben deshalb unter § 11 begreifen dürfen, weil „die von solchen Personen innerhalb der gesetzgebenden Körperschaften innegehabten Ämter und Verwaltungstätigkeiten (z.B. ... Vorsitzender von Ausschüssen) der Sache nach schwerlich aus dem Bereich der Nr. 2 lit. b und lit. c herausgenommen werden können".[106] 30

---

96 *Kuhlen* NK Rdn. 24.
97 So anregend *Jekewitz* FS Partsch, S. 403, 421 ff.
98 BVerfGE 77 1, 42.
99 BVerfGE 77 1, 48; s. auch BVerfGE **67** 100, 146.
100 *Dürig/Herzog/Scholz/Klein* Art. 44 GG Rdn. 226.
101 So z.B. *Hilf* NVwZ **1987** 537, 538.
102 BVerfGE 77 1, 46.
103 OVG Berlin DVBl. **1970** 293; *Glauben* BK Art. 44 GG Rdn. 155; **and.** z.T. OVG Lüneburg NVwZ **1986** 845, 846.
104 *Lackner/Kühl/Heger* § 11 Rdn. 4.
105 BTDrucks. 7/550, S. 209; *Rengier*, BT II § 59 Rdn. 9; *Lackner/Kühl/Heger* § 11 Rdn. 11.
106 So treffend schon *Tröndle* LK[10] § 11 Rdn. 26; ebenso *Uebele* MK Rdn. 14. Dagegen ist der Abgeordnete als solcher, also ohne besondere Funktionen, kein Amtsträger i.S.v. § 11 Abs. 1 Nr. 2b, *Hilgendorf* LK[13] § 11 Rdn. 48.

31 Die Mitglieder eines parlamentarischen Untersuchungsausschusses wären danach nicht nur als **Amtsträger** im Sinne des § 11 Abs. 1 Nr. 2 lit. c, sondern auch des § 339 anzusehen.[107] Denn als Vertreter einer „gerichts-" oder „behördenähnlichen" Institution haben sie zur Aufklärung eines Sachverhalts „wie ein Richter" vorzugehen, d.h. in einem gemäß Art. 44 Abs. 2 Satz 1 GG i.V.m. der StPO und dem GVG geregelten Verfahren Tatsachenfeststellungen zu treffen, die nicht zuletzt ein wesentlicher Teil richterlicher Tätigkeit sind (s. schon vorstehende Rdn. 28). Die Abgeordneten sind somit neben der verwaltungsgerichtlichen auch einer strafgerichtlichen Überprüfung zu unterwerfen. Allerdings ist hierbei folgende Unterscheidung und Einschränkung zu beachten: Soweit der Beschluss der Ausschussmitglieder das Ergebnis ihrer Untersuchung feststellt und diese sich allein oder hauptsächlich gegen eine bestimmte, wie ein „Beschuldigter" erscheinende Person als unmittelbar „**Betroffene**" gerichtet hat (vgl. Art. 13 des Gesetzes über die Untersuchungsausschüsse des Bayerischen Landtags von 1970),[108] ist diese Entscheidung kraft Verfassungsrechts (Art. 44 Abs. 4 Satz 1 GG) „der richterlichen Erörterung entzogen", also keiner gerichtlichen Kontrolle zugänglich.

32 Sofern dagegen die Beschlüsse des Ausschusses **dritte** Personen z.B. als **Zeugen** oder als **Eigentümer** zu beschlagnahmender Sachen betreffen, hat diese Einschränkung nicht zu gelten, kommt also nicht nur eine verwaltungsgerichtliche,[109] sondern auch eine strafgerichtliche Überprüfung in Betracht. Man denke nur an die Sachlage, dass der Untersuchungsausschuss einstimmig die Verhängung eines Ordnungsgeldes und die Anordnung einer Beugehaft gegen eine Person beantragt, was der Amtsrichter als unzulässig ablehnt, so der Fall eines saarländischen Ausschusses,[110] in dem übrigens der Festzunehmende als „Betroffener" und nicht als „Zeuge" zu behandeln, d.h. „nach Art eines Beschuldigten anzuhören" wäre (vgl. Art. 13 Abs. 2 des Gesetzes über die Untersuchungsausschüsse des Bayerischen Landtags). Läge mit dem Antrag eine objektiv eindeutige und subjektiv vorsätzliche Rechtsverletzung vor, wäre auch eine Rechtsbeugung gegeben. Bemerkenswerterweise kommt auch *Scholderer* S. 403 ff., 405 zu dem Schluss, dass sich § 339 „daher auf die Leitungstätigkeit in parlamentarischen Untersuchungsausschüssen erstreckt und eine Verletzung der einschlägigen Verfahrensnorm zum Nachteil vernommener Bürger tatbestandlich erfasst werden" sollte. § 36 dürfte der Verfolgung nicht entgegenstehen; denn die Äußerungen und die Abstimmung bei der Beschlussfassung hätten weiter zu einer rechtswidrigen Handlung geführt, zu der Antragstellung als einer versuchten Täuschung des um die Anordnung der gesetzwidrigen Maßnahmen angegangenen Amtsrichters.

33 **c) Der Schiedsrichter.** Als Nichtamtsträger kann Täter nach § 339 auch eine Person sein, der die Leitung oder Entscheidung zivil-, arbeits- und – nicht unbestritten – verwaltungsrechtlicher[111] Rechtsstreitigkeiten anstelle staatlicher Gerichte durch Vertrag der Parteien übertragen worden ist (§§ 1025 ff. ZPO, 101 ArbGG, 168 Abs. 1 Nr. 5 VwGO). Nicht zu verwechseln sind damit die durch Gesetz oder Verordnung begründeten „Schiedsgerichte" der Verwaltungsbehörden, die als Sonder- oder Verwaltungsgerichte staatliche Gerichtsbarkeit ausüben und deren Mitglieder als „Richter", zumindest als „Amtsträger" mögliche Subjekte einer Rechtsbeugungshandlung sind.[112] Nach h.M.[113] können die durch Satzungen eingesetzten Schiedsgerichte, die also „durch ... nicht auf Vereinbarung beruhende Verfügungen angeordnet" sind, echte „Schiedsgerichte" des Privatrechts im Sinne des § 1066 ZPO sein, soweit sie „in gesetzlich statthafter Weise" gebildet sind, insbesondere die

107 Ebenso *Uebele* MK Rdn. 14.
108 S. auch *Achterberg/Schulte* in: v. Mangoldt/Klein/Starck[6] Art. 44 GG Rdn. 123.
109 S. z.B. *Dürig/Herzog/Scholz/Klein* Art. 44 GG Rdn. 245.
110 S. FAZ vom 27.6.1998, Nr. 146, S. 5.
111 Zu dieser Frage näher *Seebode* Das Verbrechen der Rechtsbeugung S. 87 ff.
112 **A.A.** *Uebele* MK Rdn. 17.
113 Z.B. RGZ **153** 267, 270; **165** 140, 143; BGHZ **48** 35, 43; *Münch* MK-ZPO § 1066 Rdn. 12; *Baumbach/Lauterbach/Hartmann/Anders/Gehle/Anders* § 1066 ZPO Rdn. 7 ff.

erforderliche Unparteilichkeit besitzen und nicht als Disziplinar-, d.h. ihrer Struktur nach als Strafgerichte (statt als Zivilgerichte) erscheinen. Nicht trifft dies in der Regel für die **Parteigerichte** der **politischen Parteien** zu,[114] auch wenn § 14 ParteiG von „**Parteischiedsgerichten**" spricht. So genügen den Voraussetzungen der ZPO nicht die „Schiedskommissionen" der SPD,[115] die Parteigerichte der CDU[116] oder die „Schiedsgerichte" der ÖDP.[117] Diese Spruchkörper sind also keine Schiedsgerichte im Sinne der §§ 1025 ff. ZPO, ihre Mitglieder keine tauglichen Täter im Sinne des § 339.[118]

Auch wenn verschiedentlich die Tauglichkeit des Schiedsrichters für eine Täterschaft bestritten worden ist,[119] so kann seine Straflosigkeit angesichts des klaren Gesetzeswortlauts heute nicht mehr ernsthaft erwogen werden[120] und die Lehrmeinung nur rechtspolitisch bedeutsam sein. Sie ist jedoch auch sachlich nicht überzeugend. Für *Binding*[121] bildet zwar die Gleichsetzung des Schiedsrichters mit dem beamteten Richter oder nicht richterlichen Amtsträger „den Gipfel der Sinnlosigkeit", da jener nicht kraft staatlicher Autorität entscheide und nur den Vertrag mit den Parteien verletze und daher gegenüber seinen Auftraggebern eine Untreue verübe; nach *Bemmann*[122] ist die Regelung des § 336 a. Nr. bezüglich des Schiedsrichters „verfehlt" und bedeutet eine „weitgehend leere Strafdrohung". Aber die Vertragsverletzung ist nicht der eigentliche Strafgrund (s. schon Rdn. 7 ff.). Denn auch der private Schiedsrichter ist dem Recht verpflichtet und an zwingende Rechtssätze gebunden, selbst wenn die Parteien von ihm eine Entscheidung nach Billigkeit und als Schlichter verlangen. Seine Tätigkeit entspricht daher, wie schon bemerkt (s. Rdn. 9), in vielem der des staatlichen Richters. Der pensionierte Landgerichtspräsident, der namhafte Universitätsprofessor oder der angesehene Rechtsanwalt, den zwei große Unternehmen in ihrer Millionenstreitsache zum Schiedsrichter bestellt haben, verdient für einen parteiischen und ungerechten Schiedsspruch zum Vorteil der einen, zum Nachteil der anderen Partei sicherlich nicht weniger Strafe als ein Schöffe, der in einem Strafprozess mit der Angeklagten Mitleid verspürt und ihr unter bewusster Missachtung des Gesetzes zum Freispruch verhilft. Auch der Schiedsrichter ist also als tauglicher und strafwürdiger Täter des Delikts anzusehen.[123] 34

2. Die Täterfunktion bei der Rechtsbeugung

Die Rechtsbeugung muss „**bei** der **Leitung** oder **Entscheidung** einer **Rechtssache**" begangen werden. Die Art der Tätigkeit steht dabei mit der Stellung des Täters und seiner Tauglichkeit als Subjekt der Rechtsbeugungshandlung in Wechselbeziehung. Was oben schon über seine Position gesagt worden ist, ist auch von Rückwirkung auf seine Funktion und umgekehrt (s. Rdn. 19). Die genannten Tatbestandsmerkmale liegen demnach vor, wenn die Rechtsbeugung „objektiv als eine auf der Leitungs- oder Entscheidungskompetenz des Amtsträgers beruhende Handlung erscheint".[124] Das „**bei**" in der Beschreibung der Täterfunktion ist mithin so zu verstehen, dass der Richter gerade in seiner Tätigkeit als der in der Rechtssache berufene, „kompetente" Urteilende, d.h. als der konkret zuständige und mit der Sache rechtlich befasste Richter auftritt und in seinem 35

---

114 So schon OLG Oldenburg DVBl. **1967** 941 mit Anm. *Henke*.
115 OLG Frankfurt am Main NJW **1970** 2250; zur zivilgerichtlichen Nachprüfbarkeit deren Entscheidungen BGH (Z) NJW **1980** 443.
116 OLG Köln NVwZ **1991** 1116; offen gelassen KG NJW **1988** 3159.
117 OLG München OLG-Report München **1993** Nr. 11, S. 167.
118 S. auch OLG Oldenburg DVBl. **1967** 941; *Uebele* MK Rdn. 17.
119 *Oppenheim* S. 198 ff.; *Binding* Lehrbuch II 2 S. 555, 564 f.; *Joly* S. 63; *Bemmann* ZStW **74** (1962) 295, 303.
120 S. allerdings noch *Oppenheim* S. 210 f.
121 *Binding*, Lehrbuch II 2 S. 555.
122 ZStW **74** (1962) 303.
123 So *Musielak* S. 73; *Sieveking* S. 94 ff.; *Seebode* Das Verbrechen der Rechtsbeugung S. 89 ff.; *H. Wagner* Amtsverbrechen (1975) S. 194.
124 *Lackner/Kühl/Heger* Rdn. 6.

konkreten Aufgabenkreis versagt und das Recht verletzt.[125] Aber auch bei einer Zuständigkeitsüberschreitung kommt Rechtsbeugung in Betracht, so etwa dann, wenn der Richter in eine ihn nichts angehende Haftsache eingreift und in Anmaßung der Befugnisse des zuständigen Haftrichters[126] den Beschuldigten aus der Untersuchungshaft entlässt.[127]

36 **a) Die zu leitende oder zu entscheidende Rechtssache.** Unter Rechtssachen sind alle Rechtsangelegenheiten zu verstehen, bei denen mehrere Parteien sich mit widerstreitenden rechtlichen Interessen (Belangen) gegenüberstehen können und bei denen in einem rechtlich näher geregelten („förmlichen") Verfahren nach Rechtssätzen und nicht willkürlich oder nur nach außerrechtlichen Zweckmäßigkeitserwägungen zu verhandeln und zu entscheiden ist.[128] Da auch die Verwaltung an Gesetz und Recht gebunden ist (Art. 20 Abs. 3 GG) und ihre Tätigkeit sich vielfach in der Rechtsanwendung erschöpft,[129] bedarf die vorstehende Definition einer Präzisierung, um nicht jede Verwaltungsangelegenheit dem Begriff „Rechtssache", nicht jeden Verwaltungsbeamten dem Begriff „Amtsträger" im Sinne des § 339 unterfallen zu lassen. Die Rechtsprechung[130] hat dies mit der allgemeinen Wendung klarzustellen versucht, der Täter müsse „**wie** ein **Richter**" entscheiden. Unter dieser Formel ist nicht so sehr die Position (Unabhängigkeit) als vielmehr die Funktion des Richters (unparteiische Tätigkeit innerhalb eines sie garantierenden Verfahrens) zu verstehen,[131] also eine richtende Tätigkeit, aufgrund deren der Täter die Sache zwar nicht unabhängig, aber doch unparteiisch zwischen widerstreitenden Parteiinteressen und primär mit dem Ziel der Verwirklichung des richtigen Rechts behandelt und beurteilt.[132]

37 Danach sind Rechtssachen gemäß § 339 unzweifelhaft die von den ordentlichen Gerichten zu entscheidenden **Zivil-** und **Strafsachen,**[133] sodann die Verfahren der **Arbeits-**, **Sozial-**, **Verwaltungs-**, **Finanz-** und **Verfassungsgerichtsbarkeit**, ferner in der Regel das allerdings „verwaltungsmäßigen Rücksichten stärker unterworfene"[134] **Dienststrafverfahren**.[135]

38 Es fallen aber nicht nur die eigentlichen Zivilrechtsstreitigkeiten darunter, sondern auch **Angelegenheiten** der **freiwilligen Gerichtsbarkeit**, zumindest dann, wenn über einen Interessengegensatz zu entscheiden ist.[136] Es muss sich also nicht um die Leitung oder Entscheidung in einem Rechtsstreit im Sinne des Straf- oder Zivilprozesses handeln, wohl aber bei einem Interessengegensatz von Parteien, über dem der Täter als „Unparteiischer" und Übergeordneter steht. Deshalb ist auch das **staatsanwaltschaftliche Ermittlungsverfahren** als Rechtssache nach § 339 anzusehen,[137] weil der Staatsanwalt als Leiter dieses Verfahrens nicht allein die Verfolgerinteressen, sondern ebenso die Verfolgtenbelange wahrzunehmen hat (§ 160 Abs. 2 StPO) und damit über die Rolle eines bloßen Parteivertreters hinausragt, seine Tätigkeit also objektiv und nicht einseitig ist

125 *Kuhlen* NK Rdn. 32 spricht von einem „funktionalen Zusammenhang" zwischen der entschiedenen Rechtssache und den jeweiligen dienstlichen Aufgaben des Amtsträgers.

126 S. auch *Volk* NStZ **1997** 412, 414 Fn. 13.

127 **A.A.** *Spendel* JZ **1998** 85, 87; zu dem Fall des Haftrichters wie hier BGHSt **42** 343 und dazu die Anm. von *Seebode* JR **1997** 471; *Sowada* GA **1998** 177, 182 ff.; *Krehl* NStZ **1998** 409.

128 RGSt **71** 315; BGH NJW **1960** 253; BGHSt **14** 147, 148; **24** 326, 327 f.; OLG Kassel HESt **2** 175, 180; OLG Hamm NJW **1979** 2114; *Sch/Schröder/ Hecker* Rdn. 6; *Uebele* MK Rdn. 19; *Bange* BeckOK Rdn. 6.

129 BGHSt **24** 327.

130 RGSt **71** 315; BGHSt **24** 327; BGH NJW **1960** 253.

131 Ebenso *Bemmann* in seiner Kritik an BGHSt **24** 326 = JZ **1972** 599; insofern zutreffend und prägnant auch OLG Bremen NStZ **1986** 120.

132 RGSt **71** 315, 317; BGHSt **24** 326, 327; **34** 146, 148; **35** 224, 230; **38** 381, 382; OLG Hamm NJW **1979** 2114; vgl. auch OLG Hamburg NStZ-RR **2005** 143, 144, OLG Koblenz NStZ-RR **2006** 77, 78.

133 Für letztere z.B. BGHSt **12** 191, 192 f.

134 RGSt **69** 214.

135 RGSt **69** 213: „kein grundsätzliches Bedenken"; **71** 315, 316; OLG Kassel HESt **2** 175, 180.

136 *Kohlhaas* S. 31; *Sch/Schröder/ Hecker* Rdn. 6.

137 RGSt **69** 213, 214; BGH NJW **1960** 253; BGHSt **40** 169, 181; OLG Köln GA **1975** 341.

und gleich der des Richters in einem rechtlich genau geregelten Verfahren der Verwirklichung des richtigen Rechts dienen soll.

Eine Rechtssache im Sinne des § 339 ist auch das **Ordnungswidrigkeitenverfahren** (s. schon Rdn. 23) und das **Kostenfestsetzungsverfahren** (s. schon Rdn. 21). Weiter wird als solche angesehen die Entscheidung über die Vergabe eines Studienplatzes nach §§ 31 ff. HRG[138] oder (nicht unproblematisch, s. schon Rdn. 19) das **Verfahren** vor dem Ausgleichsausschuss wegen **Hausratsentschädigung** nach dem Lastenausgleichsgesetz, da hier der Ausschussvorsitzende zwischen den Interessen des zu entschädigenden Antragstellers und den Belangen des Ausgleichsfonds zu entscheiden hat,[139] nicht aber die Entscheidung eines Anstaltsleiters über die Gewährung von Hafturlaub nach § 13 StVollzG.[140] 39

b) Die Leitung oder Entscheidung einer Rechtssache. Dass der Täter die Rechtsbeugung bei der Leitung oder Entscheidung der Rechtssache begangen haben muss, spricht für eine zwar nicht unabhängige, aber doch selbstständigere und übergeordnete Stellung und Tätigkeit bei der Rechtsanwendung. Beide Voraussetzungen brauchen, wie sich aus der Gesetzesfassung („Leitung oder Entscheidung") ergibt, nur alternativ, nicht kumulativ gegeben zu sein. Sie sind daher auseinanderzuhalten und nicht in Wechselbeziehung zu bringen.[141] Die beiden Merkmale können aber auch zusammenfallen, so ist z.B. die Entscheidung des Vorsitzenden, einen Zeugen aus gesetzlichen Gründen unbeeidigt zu lassen, zugleich eine Maßnahme seiner Sachleitung.[142] Zur Leitung einer Rechtssache, zu der auch Entscheidungselemente gehören und bei der ein Beschuldigter durch Rechtsbeugung schlechter gestellt werden kann, sind weiter zu rechnen: die Vorbereitung einer Hauptverhandlung, die Verweisung einer Strafsache an ein unzuständiges Gericht und die Anordnung von Beweiserhebungen.[143] 40

Der Begriff der **Leitung** einer Rechtssache ist „nicht nach einzelnen Maßnahmen", „sondern nach der Natur des Verfahrens in seiner Gesamtheit und in seinem Endziel" zu bestimmen.[144] Zweifellos gehört dazu vor allem die Verhandlungsführung des Gerichtsvorsitzenden in einem Prozess. Aber auch die Beisitzer sind verpflichtet, auf die erforderliche Sachaufklärung hinzuwirken und können sich dabei nach § 339 schuldig machen.[145] Irrig ist, dass keine Rechtsbeugung bei Leitung einer Rechtssache (Hauptverhandlung) vorliegen soll, „wenn sie nicht auch zu einer ‚Ungerechtigkeit' der Entscheidung führe".[146] Der Gerichtsvorsitzende, der dem Angeklagten entschuldigende Äußerungen in den Mund legt oder aufklärende Fragen an Zeugen und den Beschuldigten zu stellen und auf diese Weise belastende Feststellungen zu treffen unterlässt, beugt objektiv durch Tun oder Unterlassen das Recht bei Leitung einer Straf- und damit Rechtssache, ohne dass der aus dem übrigen Beweisergebnis folgende Freispruch auf der Rechtsverletzung zu beruhen und das Urteil inhaltlich falsch zu sein brauchte.[147] Denn es genügt, dass der vorsitzende Richter durch seine falsche Anwendung des Prozessrechts die Rechtsstellung des Angeklagten im Strafverfahren, d.h. dessen Beweisposition gegenüber dem Ankläger oder anderen Gerichtsmitgliedern rechtswidrig günstiger gestaltet und damit das Recht zum Vorteil des Beschuldigten (zum Nachteil der Anklage) gebeugt hat.[148] Von dem Richtenden ist nicht nur ein richtiger und gerechter 41

---

138 So z.B. *Fischer* Rdn. 11.
139 BGH NJW **1960** 253.
140 So *Laubenthal* JuS **1989** 827, 831; **and.** ohne Begründung kurz *Rössner* JZ **1984** 1065, 1070.
141 So schon RGSt **57** 31, 33 = JW **1922** 1025 mit Anmerkungen *v. Lilienthal* und *Alsberg*.
142 *Meyer-Goßner/Schmitt* § 59 Rdn. 10.
143 BGHSt **10** 294, 302 f.
144 BGHSt **12** 191, 192 zu § 334 a.F. („Richterbestechung"); ebenso zu § 339 OLG Karlsruhe NJW **2004** 1469, 1470.
145 OLG Frankfurt am Main bei *Moritz/Noam* II S. 316, 317.
146 RGSt **57** 34.
147 RGSt **57** 33.
148 RGSt **57** 34.

Urteilsinhalt zu verlangen, sondern auch eine Urteilsfindung auf der rechtlich vorgeschriebenen, „geraden Bahn" und nicht „auf krummen Wegen".[149] Es kommt m.a.W. nicht bloss auf das Ergebnis an, sondern auch auf das Verfahren, durch das das Ergebnis erreicht wurde.[150]

42 Ein weiteres Beispiel für die Leitung einer Rechtssache ist der Fall, dass der Vorsitzende im Kollegialgericht vor der Urteilsfällung „die Beratung leitet", die Fragen stellt und abstimmen lässt (§ 194 GVG). Hierzu gehört auch die Aufklärung z.B. der Schöffen in der Strafkammer über die prozessuale Beweis- oder die materielle Rechtslage. Der Gerichtsvorsitzende kann daher schon durch Nichtbelehrung der Laienrichter über die Abstimmungsregeln des § 263 StPO[151] oder über die Strafmöglichkeiten[152] das Recht beugen.[153]

43 Die **Entscheidung** der Rechtssache muss keine endgültige sein. Sie kann auch im Vor- oder Zwischenverfahren ergehen. Unter den Begriff fällt daher z.B. eine die Untersuchungshaft betreffende Entscheidung, vor allem ein Haftbefehl,[154] der etwa unter Verletzung der einschlägigen Verfahrensvorschriften aufgehoben wird und dem Beschuldigten die Flucht aus dem Bereich des Strafgesetzes ermöglicht,[155] sofern in diesem Falle das Verhalten nicht ausnahmsweise durch Notstand gerechtfertigt war, weil der Beschuldigte sonst einem rechtsstaatswidrigen Verfahren oder Terrorurteil ausgesetzt worden wäre (s. dazu näher Rdn. 107 ff.). Nach BGHSt **38** 381, 385 soll der Staatsanwalt, der einen ihm von dem Beschuldigten zur Zahlung einer Geldauflage zugunsten einer gemeinnützigen Einrichtung übergebenen Scheck nach Verfahrenseinstellung (§ 153a Abs. 1 Satz 2 Nr. 1 StPO) zur Erfüllung eigener Verbindlichkeiten verwendet, keine Rechtsbeugung, sondern eine Unterschlagung („Veruntreuung") in Tateinheit mit Verwahrungsbruch begehen, da er nach Entscheidung einer Rechtssache gehandelt habe.

3. Die Tathandlung der Rechtsbeugung

44 Der Ausdruck „**Rechtsbeugung**" hat eine doppelte Bedeutung, eine weitere und eine engere: im ersten Sinne bezeichnet er das Delikt als Ganzes, im zweiten nur einen Teil dieses Verbrechens, die eigentliche Tathandlung.

45 **a) Begriff der Rechtsbeugung als Handlung.** Bei der Begriffsbestimmung werden im Wesentlichen drei „Theorien" vertreten,[156] deren Streit alles andere als bedeutungslos ist.[157]

(1) Nach der subjektiven Rechtsbeugungslehre ist das Recht nur dann gebeugt, wenn die Rechtsanwendung im bewussten Widerspruch zur Überzeugung des Richtenden steht.[158] Das

---

149 So auch im Ergebnis *v. Lilienthal* in seiner Anmerkung JW **1922** 1025; **and.** *Alsberg* ibidem, da der Täter den Rechtsbruch bei der Leitung einer Rechtssache als Mittel einer materiell unrechten Entscheidung gewollt haben müsse.

150 Schon die Entscheidung über den Beginn eines Verfahrens kann deshalb eine Rechtsbeugung sein, s. BGHSt **10** 294, 302 (Einberufung eines Standgerichts). S. auch *Kuhlen* NK Rdn. 74.

151 S. den tatsächlichen Fall unter Rdn. 51.

152 OLG Nürnberg Justiz und NS-Verbrechen **II** 318, 330 f., 334.

153 Dem zustimmend BGH NStZ-RR **1998** 362, 364.

154 *Oppenheim* S. 132 f.

155 OLG Halle NJ **1949** 95, 96.

156 Zur näheren Darstellung und Auseinandersetzung *Seebode* Das Verbrechen der Rechtsbeugung S. 12 ff.; *Schmidt-Speicher* S. 59 ff.; *Scholderer* S. 277 ff.; *Heinrich*, in Hilgendorf/Kudlich/Valerius (Hrsg.), Handbuch des Strafrechts Bd. 5, § 51 Rdnr. 30 ff.

157 So aber *Schreiber* GA **1972** 207; dazu krit. *Spendel* FS Peters, S. 166 ff., 175.

158 So z.B. *Oppenheim* S. 86 ff., 105 f., 226; *Sauer* BT S. 519; *Joly* S. 22; *Musielak* S. 20 ff.; *Sarstedt* FS Heinitz, S. 429; aus jüngerer Zeit *Heinrich*, in Hilgendorf/Kudlich/Valerius (Hrsg.), Handbuch des Strafrechts Bd. 5, § 51 Rdnr. 34.

Rechtsbeugungsverbrechen wäre danach ein „Überzeugungsdelikt".[159] Diese Ansicht ist verfehlt.[160] Denn dass der Richter oder ein anderer Täter des § 339 nur nach seiner Überzeugung zu urteilen hat oder urteilt, heißt noch nicht, dass er deswegen schon „pflichtgemäß" handelt und dass das, was er entscheidet, objektiv Recht ist. Aus dem Tätigkeitswort „das Recht beugen" folgt keineswegs, wie verschiedentlich behauptet wird,[161] eine subjektive Begriffsbestimmung. „Daß es der Sache nach eine objektive Beugung des Rechts so gut wie eine objektiv unrechtmäßige Wegnahme einer fremden Sache ... gibt, läßt sich wohl nicht bestreiten".[162] Die subjektive Rechtsbeugungstheorie, die objektive Erfordernisse durch subjektive ersetzt, verleitet zu einer Gesinnungsstrafe[163] und führt zu unerträglichen Ergebnissen.[164] Nach ihr hätte der letzte Präsident des NS-Volksgerichtshofs Freisler mit seinen vielen rechtswidrigen Todesurteilen nie das Recht gebeugt, wenn und weil er als fanatischer Vertreter der NS-Ideologie von der Richtigkeit seiner Entscheidungen überzeugt war.[165]

(2) Eine „gemischte", richtiger: eingeschränkt subjektive Rechtsbeugungstheorie, die in zwei Spielarten auftritt, sucht objektive und subjektive Elemente zu verbinden, gelangt aber nur dazu, sie zu vermengen. Nach der einen Fassung der Lehre kann Rechtsbeugung nur eine Handlung sein, die neben dem objektiven Rechtsbruch als ungeschriebenes Tatbestandsmerkmal auch die „subjektive Tendenz" oder zumindest das Bewusstsein des Urteilenden aufweise, das Recht zu verletzen.[166] Für eine solche Auffassung ist das Verbrechen der Rechtsbeugung ein „Tendenzdelikt".[167] 46

Eng verwandt mit der vorstehenden Betrachtungsweise ist die schon bei der Frage nach dem Rechtsgut angeführte andere Spielart (Rdn. 6), nach der das „Wesen der Rechtsbeugung" in der Verletzung der dem Richtenden obliegenden Pflicht zur Wahrheits- und Rechtsfindung bestehen und die „Vergleichsgröße" für die falsche Rechtsanwendung nicht das objektive Recht, sondern „die pflichtgemäß erlangte Rechtsauffassung des Richters" sein soll.[168] Für diese Auffassung, die bereits bei der Deutung der Rechtsbeugung als eines „Tendenzdelikts" anklingt,[169] enthält § 339 ein „Pflichtdelikt".[170] 47

Beide Spielarten einer solchen „gemischten", in Wirklichkeit weitgehend subjektiven Theorie verquicken beim objektiven Tatbestand unnötig objektive und subjektive Betrachtungsweise, um bei der rechtlichen Zulässigkeit mehrerer Entscheidungsmöglichkeiten einen Richter aufgrund seiner „pflichtwidrigen" Überzeugungsbildung auch dann wegen Rechtsbeugung bestrafen zu können, wenn sein Urteil, objektiv gesehen, durchaus vertretbar ist.[171] Gegen eine derartige (einge- 48

---

159 So ausdrücklich *Bendix* Die Justiz **II** (1926/27), S. 55, 59; *Joly* S. 27.
160 Zur näheren Kritik *Seebode* Das Verbrechen der Rechtsbeugung S. 13 ff.; *Spendel* GedS Radbruch S. 315 f.; *ders.* FS Peters, S. 166 ff., 175; *Scholderer* S. 278 ff.
161 So unbegründet BGH NStZ-RR **1996** 65, 68; s. auch BGHSt **42** 343, 345.
162 *Engisch* FS Eb. Schmidt, S. 119.
163 Das räumt auch *Rudolphi* ZStW **82** (1970) 632 ein.
164 Dazu näher *Seebode* Das Verbrechen der Rechtsbeugung S. 13 ff.; *Spendel* FS Peters, S. 167 ff., 173 ff., 176 ff.
165 So treffend schon SchwG Berlin DRiZ **1967** 390, 393; *Seebode* Das Verbrechen der Rechtsbeugung S. 16; **dagg.** *Sarstedt* FS Heinitz, S. 434, der Freislers rechtswidrige Todesurteile noch nicht einmal objektive Rechtsbeugung nennen kann, und zu dieser abstrusen Ansicht kritisch *Spendel* FS Peters, S. 173.
166 *Eb. Schmidt* Lehrkommentar I Rdn. 526; s. auch *Niethammer* BT S. 409; *Heinitz* S. 8.
167 So ausdrücklich für „Ermessensrechtssätze" *Grünhut* MSchrKrimPsych 3. Beih. (1930) S. 9 f., der ähnlich wie die Vertreter des Gedankens vom „Pflichtdelikt" (*Rudolphi* ZStW **82** (1970) 611; *H. Wagner* Amtsverbrechen (1975) S. 206, 208) „das subjektive Element der Motivation" nur bei objektiv richtiger Anwendung „absolutbestimmter Rechtsnormen" entfallen lässt.
168 *Rudolphi* ZStW **82** (1970) 611, ferner die in Rdn. 7 Fn. 33 angeführten Autoren.
169 Vgl. *Grünhut* MSchrKrimPsych 3. Beih. (1930) S. 8, für den „die Möglichkeit einer Rechtsbeugung durch Ermessensmißbrauch auf der Erkenntnis beruht, daß alles richterliche Ermessen in der Pflichtmäßigkeit seine rechtliche Schranke findet".
170 *Bange* BeckOK Rdn. 26.
171 Das wird ganz deutlich bei *Rudolphi* ZStW **82** (1970) 615 ff., 617.

schränkte) Subjektivierung der Tathandlung des § 339 sprechen im Wesentlichen die gleichen Gesichtspunkte wie gegen die rein subjektive Begriffsbestimmung (Rdn. 6 f.).[172] Insbesondere ist, wie sich aus dem Nachfolgenden ergibt, die Behauptung unzutreffend, die objektive Deutung versage gegenüber Vorschriften wie § 261 StPO.

49 (3) Vorzugswürdig ist die objektive Rechtsbeugungstheorie, die – ähnlich der objektiven Eidestheorie – herrschend ist.[173] Danach enthält § 339 ein „Erfolgsdelikt", das durch die rechtswidrige oder ungerechte Leitung oder Entscheidung einer Rechtssache und die dadurch bewirkte Besser- oder Schlechterstellung einer Partei gekennzeichnet ist. Eine objektiv-tatbestandsmäßige Beugung des Rechts ist dabei nur, aber auch stets dann gegeben, wenn der Richtende das Recht **objektiv falsch** anwendet.[174] Allerdings muss es sich um einen **eindeutigen** und schwerwiegenden Rechtsverstoß handeln.[175] Der BGH will eine „Beugung des Rechts im Sinne von § 339 StGB" nur bei „elementare(n) Rechtsverstößen(n) annehmen.[176] Dies ergebe sich schon daraus, „dass Rechtsbeugung als Verbrechen eingeordnet ist und im Falle der Verurteilung das Richter- oder Beamtenverhältnis des Täters gemäß „ 24 Nr. 1 DRiG, § 24 Abs. 1 Satz 1 Nr. 1 BeamtStG kraft Gesetzes endet." Diese Rspr. verdient Zustimmung, macht aber eine Klärung erforderlich, wann nicht bloß ein einfacher, sondern ein „elementarer" Rechtsverstoß vorliegen soll. Nach Ansicht des BGH soll das Vorliegen eines „elementaren Rechtsverstoßes" „auf der Grundlage einer wertenden Gesamtbetrachtung aller objektiven und subjektiven Umstände" entschieden werden, wobei auch die Motive der rechtsbeugenden Richter eine Rolle spielen sollen.[177] Dort, wo **mehrere** Verhaltensweisen und Entscheidungen objektiv **vertretbar** sind oder bei der Rechtsauslegung begründete, nicht nur gesuchte Zweifel bestehen, kann die Wahl für die eine oder andere dieser Interpretationsmöglichkeiten – gleichgültig aus welchen Motiven oder in welcher Überzeugung – schon äußerlich keine Rechtsbeugungshandlung sein, weil sie sich noch im Rahmen des rechtlich Zulässigen hält.[178] Im Zweifel ist eine Entscheidung als (noch) vertretbar anzusehen.[179]

50 Beispiele für rechtliche Streitfragen, die verschiedene Entscheidungen zulassen, gibt es zuhauf, man denke etwa an die Probleme der Abgrenzung von Täterschaft und Teilnahme, des Erlaubnistatbestandsirrtums und der Interpretation neuartiger Strafnormen wie etwa §§ 192a oder 202d StGB usw., zu deren Lösung gegensätzliche Meinungen vertreten werden und vertretbar sind. Das darf nicht darüber hinwegtäuschen, dass es ebenso Fälle gibt, in denen die richtige Rechtsanwendung unstrittig, eine andere Rechtsanwendung also zweifelsfrei falsch und eindeutig unvertretbar ist. Diese Tatsache zu leugnen[180] ist geradezu unverantwortlich. Ohnehin bleibt immer noch genug Raum für objektive Rechtsbeugungshandlungen. Praktische Fälle sind z.B.:

---

172 Zur näheren Kritik an der „gemischten" Theorie in ihrer ersten Spielart *Seebode* Das Verbrechen der Rechtsbeugung S. 18 ff.; auch *Spendel* GedS Radbruch S. 316; *Scholderer* S. 288 ff., 317, 334.

173 *Trepper* S. 60; *Henning* S. 44 f.; *Häupler* S. 23 f., 38 f.; *Wacker* S. 16 ff., 20 ff.; *Kohlhaas* S. 15, 34 f.; *Bemmann* GA **1969** 65; *Seebode* Das Verbrechen der Rechtsbeugung S. 20 ff.; *ders.* JuS **1969** 204; *Spendel* GedS Radbruch S. 316; *ders.* FS Heinitz, S. 448, 456; *ders.* FS Peters, S. 166 ff.; *Marx* JZ **1970** 249; *Fischer* Rdn. 13; *Sch/Schröder/ Hecker* Rdn. 9; *Kuhlen* NK Rdn. 45; *Lackner/Kühl/Heger* Rdn. 5; *Uebele* MK Rdn. 26, 30; *Maurach/Schroeder/Maiwald* II § 77 Rdn. 10.

174 Dazu näher *Seebode* Das Verbrechen der Rechtsbeugung S. 20 ff.; *Spendel* GedS Radbruch S. 315; *ders.* NJW **1971** 538 ff.; *ders.* FS Peters, S. 166; *Bemmann* GA **1969** 67 ff.

175 Zustimmend OLG Bremen NStZ **1986** 120; KG NStZ **1988** 557. So *Spendel* GedS Radbruch S. 316; *ders.* FS Peters, S. 166 ff., 174; im Wesentlichen auch *Seebode* Das Verbrechen der Rechtsbeugung S. 24 f.; sich dem anschließend BTDrucks. 7/1261, S. 22.

176 BGHSt **62** 312, 315; BGH NStZ **2021**, 365 mit Anm. *Kudlich*, beide mwN.

177 BGH 5 StR 39/21 vom 18. August 2021, Rdn. 32 unter Verweis auf BGH NStZ **2021**, 365 mit Anm. *Kudlich* und BGHSt 62, 312; vgl. auch schon BGHSt 32, 357, 364.

178 KG NStZ **1988**, 557: die Grenze des Vertretbaren muss eindeutig überschritten worden sein; *Wessels/Hettinger/ Engländer* BT 1 Rdn. 1115. Weitergehend die neuere Rspr., etwa OLG Düsseldorf NStZ-RR **2007**, 211 unter Berufung auf BGHSt **47**, 105, 108 f., dazu auch unten Rdn. 66. Dem folgend z.B. *Kudlich* S/S/W Rdn. 21. Wertvolle methodologische Überlegungen zur „Vertretbarkeit" bei *Kuhlen* NK Rdn. 57 ff.

179 OLG Düsseldorf NJW **1990**, 1374; differenzierend *Kuhlen* NK Rdn. 58.

180 So *Sarstedt* FS Heinitz, S. 428; dazu eingehende Kritik von *Spendel* FS Peters, S. 167 ff.

Ein Amtsrichter lehnt 1935 drei Monate vor Erlass der „Nürnberger Gesetze“ (NS-Rassengesetze) trotz eindeutigen Vorliegens der gesetzlichen Voraussetzungen den nach § 11 PersStdG von 1875 gestellten Antrag ab, den sich weigernden Standesbeamten zum Erlass des Aufgebots eines „deutschblütigen“ Mannes mit seiner jüdischen Verlobten anzuweisen, weil dieser Antrag für die NS-Rassebestrebungen „ein Schlag ins Gesicht“ sei und durch den „formalgesetzlichen Zustand“, der die Heirat nicht verbiete, gegenüber dem NS-Rasserecht nicht gestützt werde[181] – 51

ein Amtsrichter unterschreitet die als unzeitgemäß angesehene frühere gesetzliche Mindeststrafe von drei Monaten Gefängnis wegen schweren Diebstahls für einen 19-jährigen Angeklagten[182] –

ein Strafkammervorsitzender verneint trotz Nachweises die Voraussetzungen des strafschärfenden Rückfalldiebstahls nach dem früheren Recht, weil nach einer RG-Entscheidung aus den letzten Kriegstagen § 245 a.F. StGB einengend auszulegen und der Erlass einer noch nicht verbüßten einschlägigen Vorstrafe entgegen dem klaren Gesetzeswortlaut nicht ausreichend sei[183] –

ein Strafkammervorsitzender versucht, die Schöffen über die Abstimmungsregeln (für den Schuldspruch im fünfköpfigen Kollegialgericht ist ein Stimmenverhältnis nicht von 3:2, sondern von 4:1 erforderlich, § 263 Abs. 1 StPO, § 196 Abs. 3 Satz 2 GVG) im Unklaren zu lassen, um eine Verurteilung durchzusetzen[184] –

eine Schöffin stimmt gegen eine Verurteilung wegen zweifelsfrei vorliegender gewerbsmäßiger Hehlerei zur damaligen gesetzlichen Mindeststrafe von einem Jahr Zuchthaus, weil § 260 (damals) keine gesetzliche Strafmilderung kenne[185] –

ein Schöffengericht verurteilt den Angeklagten wegen versuchter (!) Untreue zur Einzelstrafe von zwei Monaten Gefängnis[186] –

ein Staatsanwalt wirkt darauf hin, dass zwecks Einstellung des Jugendstrafverfahrens die jugendlichen Täter eine ganze Reihe von Hieben mit dem Stock oder einem Ledergürtel auf ihr nacktes Gesäß dulden[187] –

zwei (Militär)Staatsanwälte stellen unter der (vorsätzlich) groben Verfälschung und Verdrehung des Sachverhalts, indem sie die Opfer einer Erschießung durch einen angetrunkenen Stasi-Wachmann als angreifende Täter darstellen, das Strafverfahren gegen den Schützen ein[188] –

ein Staatsanwalt unterlässt es vorsätzlich, anklagereife Ermittlungsverfahren weiter zu betreiben.[189]

ein Richter bestellt ohne vorherige Anhörung des Betroffenen einen Betreuer[190]

Oder weniger bizarre, aber mögliche oder tatsächliche Fälle: Nichtgewährung des rechtlichen Gehörs oder des letzten Wortes in der Hauptverhandlung[191] oder (von einer Partei behauptet oder auch bewiesen) im Schiedsgerichtsverfahren;[192] versehentliche Verurteilung des Angeklagten wegen Brandstiftung zu fünf statt zu drei Jahren Zuchthaus, obwohl im damals neunköpfigen Schwurgericht nur fünf statt sechs Richter für die höhere Strafe gestimmt hatten.[193] 52

In allen vorstehenden Fällen lag objektiv-tatbestandsmäßig eine Rechtsbeugungshandlung vor (und in einigen auch subjektiv ein entsprechender Rechtsbeugungsvorsatz). 53

---

181 AG Wetzlar JW **1935** 2083 und dazu die Kritik von *Spendel* GedS Radbruch S. 313 ff., *ders.* RuP **1997** 229, 230 ff.
182 AG Wuppertal mit abl. Anm. *K. Peters* DReZ **1947** 343.
183 Tatsächlicher Fall bei *Spendel* FS Peters, S. 172.
184 Fall aus der Praxis bei *Spendel* FS Peters, S. 168.
185 Fall bei *Spendel* ZStW **65** (1953) 411; ähnlicher Fall bei BayObLG JW **1929** 1062.
186 Praktischer Fall bei *Spendel* ZStW **67** (1955) 561.
187 BGHSt **32** 356, 359 und dazu *Spendel* JR **1985** 485.
188 BGHSt **40** 169, 171, 181 ff. und dazu *Spendel* JZ **1995** 375, 379; *ders.* NJW **1996** 809, 811 f.
189 BGHSt 62, 312 mit Besprechung *Wagner* ZJS **2018**, 81.
190 LG Wuppertal, Urteil vom 19.4.2018 – 25 KLs 9/14.
191 RGSt **9** 69; RG JW **1916** 1347; **1933** 1591; s. auch BGHSt **3** 368.
192 BGH NJW **1954** 1763, 1764; OLG Hamburg MDR **1950** 480.
193 RGSt **60** 295.

54 Nicht zutreffend ist der Einwand, die objektive Rechtsbeugungstheorie sei dort nicht anwendbar oder doch wenigstens einzuschränken, wo das Recht selbst einen psychischen Sachverhalt wie die richterliche Überzeugung in § 261 StPO maßgeblich sein lasse.[194] Wenn die Richter aufgrund verfänglicher Indizien den Angeklagten irrig für den Täter, z.B. den Mörder halten, in Wahrheit aber einen Unschuldigen zu lebenslanger Freiheitsstrafe verurteilen, dann haben sie – trotz aller „pflichtmäßigen" Prüfung und besten Überzeugung – mit ihrer Entscheidung objektiv-tatbestandlich das Recht verletzt und gebeugt, natürlich nicht vorsätzlich (evtl. aber fahrlässig),[195] weil eben ein krasser **„Justizirrtum"** unterlaufen ist. Denn dieses **„Fehlurteil"** beruht auf objektiv gegen Tatsachen und Rechtssätze verstoßenden, wenn auch vielleicht subjektiv verzeihlichen Fehlvorstellungen; es bewirkt nach richtiger Ansicht eine rechtswidrige Freiheitsberaubung[196] und begründet eine Entschädigungspflicht des Staates für unschuldig erlittene Strafhaft.

55 Ein solches Fehlurteil ist nicht mit der Entscheidung zu verwechseln, die einen tatsächlich Schuldigen freispricht, weil das die unklare Beweislage oder das besondere Beweisrecht (z.B. ein bestimmtes Beweisverbot) erfordert (s. dazu näher Rdn. 69). Schon der am Grundsatz der „formellen" Wahrheit ausgerichtete Zivilprozess verdeutlicht, dass wirklicher und festgestellter Sachverhalt von Rechts wegen nicht immer übereinstimmen müssen, was natürlich nicht gegen die objektive Rechtsbeugungstheorie spricht. Es liegt auch nicht etwa ein Widerspruch darin, dass für die Frage der objektiven Rechtsbeugungshandlung einerseits bei der **Verurteilung** eines **Unschuldigen** materiellrechtlich die Nichtübereinstimmung zwischen tatsächlichem und im Urteil zu Unrecht angenommenem Sachverhalt entscheidend, andererseits bei dem **Freispruch** eines **Schuldigen** prozessrechtlich die Einhaltung der verfahrens-, insbesondere beweisrechtlichen Normen maßgeblich sein soll. Denn im ersten Falle liegt ein nicht gerechtfertigter schwerer Eingriff in Rechtsgüter des Betroffenen, eine objektiv erhebliche Rechtsverletzung vor, im zweiten Falle dagegen nicht. Für eine Verurteilung ist prozessual eine (hier irrig angenommene) Gewissheit der Schuld erforderlich, für Freispruch demgegenüber die Möglichkeit der Nichtschuld genügend. „Befremden hinterlassen"[197] kann nicht die Feststellung, dass die Verurteilung eines Unschuldigen, trotz nicht erkennbarer Verletzung des Beweisrechts, objektiv ein Rechtsbruch ist, sondern nur die Ansicht, dass bei Fehlen eines „objektiven Sorgfaltspflichtverstoßes" keine objektiv-tatbestandliche Rechtsbeugungshandlung vorliegen und „das Risiko" eines Fehlurteils „nach § 261 StPO erlaubt" sein soll.[198] Ein **„Justizirrtum"** kann dazu führen, dass die rechtswidrige objektive Tatbestandsverwirklichung nach § 339 als nicht vorsätzlich begangen eingestuft wird. Dieses Ergebnis sollte eigentlich selbstverständlich sein und nicht mit gekünstelten Konstruktionen umgangen werden. Gegen die Vollstreckung eines solchen rechtswidrigen Fehlurteils insbesondere als rechtswidrige Freiheitsberaubung muss notfalls Notwehr geübt werden dürfen (s. auch Rdn. 135).

56 Offenbar scheint mancher Jurist wie der von ihm belächelte juristische Laie, etwa der Mediziner, der sich darüber wundert, mit einem chirurgischen Eingriff den objektiven Tatbestand der

194 So *Wessels/Hettinger/Engländer* BT 1 Rdn. 1115; *Maurach/Schroeder/Maiwald* II § 77 Rdn. 12 als Vertreter der objektiven Rechtsbeugungstheorie. Die Ansicht *Maiwalds* ist von seinem Ausgangspunkt aus (objektive Theorie) unbegründet, seine Kritik an den obigen nachfolgenden Sätzen, dass diese nicht gelten könnten, „*soweit* die StPO in § 261 auf die (subjektive) richterliche Überzeugung als maßgeblich" abstelle, weil die Feststellung der Unschuld eines Verurteilten durch eine andere Instanz (z.B. ein „Wiederaufnahmegericht") auch von deren Überzeugung abhinge und es nur eine relative prozessuale Wahrheit gebe, verfehlt. Die vorstehende Einschränkung („Soweit ...") ist aber im Grunde irreführend; denn letztlich beruhen alle Entscheidungen auf der richterlichen Überzeugung von ihrer Richtigkeit. Und von einem objektiven „Fehlurteil" und einem „Justizirrtum" kann man schon vor einer neuen gerichtlichen Überzeugungsbildung sprechen, wenn z.B. der wirkliche Täter gefasst und neue Beweismittel gefunden sind, so dass die Unschuld des zu Unrecht Verurteilten für jeden vernünftigen Ermittler zur Gewissheit feststeht.

195 **And.** z.B. *H. Wagner* Amtsverbrechen (1975) S. 200, der trotz seiner Kritik an der „extrem subjektiven Rechtsbeugungstheorie" vertritt, im obigen Fall habe der Richter „auf Grund dieser Überzeugung", also etwas Psychischen oder Subjektiven, „sein Amt objektiv gemäß dem Recht ausgeübt".

196 *Eb. Schmidt* Lehrkommentar I Rdn. 285; *Henkel* Strafverfahrensrecht^2 (1968) S. 385.

197 So *Scholderer* S. 328.

198 So *Scholderer* S. 329 ff.

Körperverletzung verwirklicht zu haben, und der das weitgehend mit Strafbarkeit gleichsetzt, für die eigene Person und Handlung die systematische Einsicht vergessen zu haben, dass mit der Feststellung des objektiven Rechtsbeugungstatbestandes noch nichts Endgültiges über Vorsatz, Unrecht und Schuld ausgesagt ist.[199] Vielleicht beruht die Empfindlichkeit mancher Autoren, eine objektive Beugung des Rechts auch bei mangelndem Bewusstsein vom Rechtsverstoß anzuerkennen, einfach auf der sprachlichen Doppelbedeutung des Wortes, das einmal nur die Tathandlung, das andere Mal das ganze Verbrechen meint (Rdn. 44).

b) Das gebeugte Recht. Die konstruktive Eigenart des § 339 besteht darin, dass durch die Aufnahme des Begriffes „Recht" in den objektiven Tatbestand nicht nur dieser Allgemeinbegriff, sondern auch alle im Einzelfall konkret anzuwendenden Rechtsnormen zu objektiven, und zwar normativen Tatbestandsmerkmalen transformiert werden.[200] Insofern hat schon BGHSt **10** 294, 300 richtig bemerkt: „Die unrichtige Rechtsanwendung ist Tatbestandsmerkmal".[201] Dies ist wichtig für die Vorsatz- und Irrtumsfrage bei der Rechtsbeugung (Rdn. 98 ff.). 57

Recht im Sinne des § 339 ist zunächst das **Gesetzes**recht, d.h. die materiellen und die formellen (prozessualen) Rechtssätze des bürgerlichen wie des öffentlichen, des Straf- wie des Staatsrechts, auch die allgemeinen Regeln des Völkerrechts (Art. 25 GG); sodann das durch Rechtsgebrauch oder Richterrecht[202] gebildete **Gewohnheits**recht und das von den Parteien im Rahmen der Gesetze geschaffene **Vertrags**recht (allgemeine Geschäftsbedingungen, Kollektivverträge der Tarifpartner im Arbeitsrecht); ferner das **Gerichts**(entscheidungs)recht im Sinne der §§ 31 BVerfGG; 358 Abs. 1 StPO; 563 Abs. 2 ZPO;[203] schließlich das „**übergesetzliche** Recht", genauer: die **überpositiven**, vorstaatlichen Rechtsgrundsätze oder ungeschriebenen Rechtsprinzipien wie der oberste Gerechtigkeitssatz, dass Gleiches gleich, Ungleiches ungleich zu behandeln ist, die „Goldene Regel" („Quod tibi fieri non vis, alteri ne feceris", „Was du nicht willst, dass man dir tu', das füg' auch keinem andern zu!"),[204] das Verbot der Unverhältnismäßigkeit (s. das Sprichwort „Man soll nicht mit Kanonen auf Spatzen schießen") oder des „Venire contra factum proprium", die (Verfahrens-)Grundsätze des „Audiatur et altera pars" und „In dubio pro reo". 58

Die Rechtsprechung[205] stützt sich auf die „Radbruchsche Formel",[206] wonach „gesetzliches Unrecht" dann vorliegt, wenn „der Widerspruch des positiven Gesetzes zur Gerechtigkeit ein so unerträgliches Maß erreicht, dass das Gesetz als ‚unrichtiges Recht' der Gerechtigkeit zu weichen hat", vor allem aber dort, „wo Gerechtigkeit nicht einmal erstrebt wird, wo die Gleichheit" als deren Kern „bei der Setzung positiven Rechts bewußt verleugnet wurde", so dass das Gesetz nicht nur ‚unrichtiges Recht' ist, sondern „überhaupt der Rechtsnatur entbehrt".[207] Die Radbruchsche Formel enthält also selbst kein überpositives Recht, sondern legt eine Vorrangregel fest: Verstößt positives (d.h. gesetztes) Recht eklatant gegen überpositives Recht, so verliert das positive Recht seine Geltung. Die Formel wirft einige grundsätzliche Fragen auf: Wo findet man, über allgemeine 59

199 So schon *Spendel* NJW **1971** 539.
200 *Spendel* GedS Radbruch S. 320. Zur Vieldeutigkeit des Begriffs „normativ" *Hilgendorf*, in Hilgendorf/Kudlich/Valerius (Hrsg.), Handbuch des Strafrechts Bd. 2, § 27 Rdn. 83 ff.
201 S. weiter BGH NStZ **1988** 218.
202 Zu dem eine ständige Rechtsprechung der obersten Gerichte erstarken kann; zu dieser Frage einerseits *H. von Weber* Rechtseinheit und Rechtsprechung (1929) S. 17, 20, andererseits *Seebode* Das Verbrechen der Rechtsbeugung S. 26.
203 Zu einem Fall der Frage des Verhältnisses von Rechtsbeugung und Bindungswirkung der ober- bzw. revisionsgerichtlichen Entscheidung nach § 358 Abs. 1 StPO s. BGHR § 336 Rechtsbeugung, Nr. 11 und *Scheffler* NZV **1996** 479; *Seebode* Jura **1997** 418.
204 Dazu näher *Spendel* FS v. Hippel, S. 491; zu anderen ungeschriebenen Rechtsgrundsätzen *ders.* JZ **1987** 581, 586 f.
205 BGHSt **39** 1, 16; **41** 101, 106 ff.; 157, 164; 247, 256 f.
206 Dazu z.B. *H. Dreier* FS Walter, S. 117; *Hilgendorf*, Aufklärung und Kritik **2001** 72; *Arth. Kaufmann* NJW **1995** 81; *Lecheler* (1994); *Saliger* (1995).
207 *Radbruch* SJZ **1946** 105, 107.

Rechtsgrundsätze und in internationalen Abkommen festgelegte Rechtsregeln hinaus, „überpositives Recht"? Wie erkennt man es? Wann ist ein „Widerspruch" zwischen positivem Gesetz und überpositivem Recht („Gerechtigkeit") als so gravierend anzusehen, dass er als Folge die Nicht-Geltung des positiven Rechts nach sich zieht?

60 Ob unter den Begriff „Recht" im Sinne des § 339 auch das „übergesetzliche" fällt, m.a.W.: ob die Anwendung „gesetzlichen Unrechts" objektiv eine Rechtsbeugung darstellt, ist freilich umstritten.[208] Die vorherrschende Ansicht bejaht diese Frage, meist ohne daraus entscheidende Schlüsse zu ziehen. Eine Ausnahme macht *Maurach* ROW **1958** 178, der z.B. Art. 6 Abs. 2 Satz 1 der ersten DDR-Verfassung vom 7.10.1949 („Boykotthetze gegen demokratische Einrichtungen und Organisationen ... sowie Kriegshetze und alle sonstigen Handlungen, die sich gegen die Gleichberechtigung richten, sind Verbrechen im Sinne des Strafgesetzbuches") mangels jeder gesetzlichen Bestimmtheit für „unwirksam", d.h. für nicht geltendes Recht erklärt hat.[209] Schon in der Anwendung eines solchen ungültigen Gesetzes läge, wenn man die skizzierte Ansicht konsequent anwendet, objektiv Rechtsbeugung.[210]

61 Wie wenig das Problem in konkreten Fällen entschieden wird und wie sehr es auch für die ein „gesetzliches Unrecht" anerkennende Meinung bei unverbindlichen Deklamationen bleibt, wird z.B. an der NS-Judengesetzgebung deutlich. In der Rechtslehre sind die „Nürnberger Gesetze", insbesondere das NS-„Blutschutzgesetz" vom 15.9.1935, das bei Heirat von „Ariern" und Juden beide Partner, bei außerehelichem Geschlechtsverkehr den männlichen Teil (sei er „Arier" oder Jude) bestrafte, nur ganz vereinzelt ausdrücklich als „gesetzliches Unrecht" bezeichnet, die notwendigen Folgerungen daraus aber nicht gezogen worden.[211] In der Rechtsprechung hat das AG Wiesbaden SJZ **1946** 36 „die Gesetze, die das Eigentum der Juden dem Staate für verfallen erklärten", als „nichtig" beurteilt. Auch der BGH NJW **1971** 571, 572 hat in dem Nürnberger Fall Katzenberger, einem traurigen Beispiel für einen Justizmord durch Rechtsbeugung, „die Judengesetzgebung ... als gesetzliches Unrecht" bezeichnet, ohne auch nur die sich damit folgerichtig aufdrängende Frage zu erörtern, ob nicht allein schon die bloße Anwendung des „Blutschutzgesetzes" objektiv eine Rechtsbeugung war, weil die Befolgung eines verbrecherischen Gesetzes per se auch ein verbrecherisches Urteil ergeben musste.[212] Auch sonst ist der BGH der schwierigen Frage, ob Beugung des „Rechts" durch Anwendung eines ungerechten (unsittlichen) und ungültigen Gesetzes möglich ist, meist ausgewichen;[213] s. aber Rdn. 62.

62 Selbst wer diese Frage angesichts der Rassengesetze in anderen Staaten nicht zu entscheiden wagt, müsste das **„gesetzliche Unrecht"** wenigstens in den Verordnungen vom 12.11.1938[214] erkennen, aufgrund deren den bei den Pogromen vom 8. bis 10. November 1938 geschädigten Juden nicht nur nachträglich die Versicherungsansprüche aberkannt, sondern außerdem noch „die Zahlung einer Kontribution" von einer Milliarde Reichsmark an den Staat auferlegt, den Geschädigten also von den Urhebern der Schädigungen zusätzlich Schadensersatzleistungen oder Abgaben aufgebürdet wurden. Ein weiterer gerichtlich anerkannter Fall ist die Elfte Verordnung zum Reichsbürgergesetz vom 25.11.1941,[215] durch die emigrierten Juden die deutsche Staatsangehörigkeit entzogen und ihr

---

208 Eingehend dazu mit weiteren Nachweisen *Seebode* Das Verbrechen der Rechtsbeugung S. 27 ff.; *Freund* (2006).

209 BGH ROW **1958** 204 hat dagegen die Frage bewusst „nicht erörtert", BGH NJW **1960** 974, 975 und vor allem BGHSt **41** 317, 321 f. einen auf den Verfassungsartikel gestützten Schuldspruch sogar hingenommen und sich in letzterem Fall nur mit der dreimaligen Feststellung zu behelfen versucht, dass eine solche Verurteilung „mit rechtsstaatlichen Grundsätzen unvereinbar" sei.

210 So *Maurach/Schroeder/Maiwald* II § 77 Rdn. 14.

211 *Ad. Arndt* SJZ **1947** 330, 336; *Klug* FS v. Hippel, S. 157. *Radbruch* SJZ **1946** 105, 107 hat als „Beispiele gesetzlichen Unrechts" nur allgemein und unbestimmt „alle jene Strafdrohungen" bezeichnet, „die ... Straftaten verschiedenster Schwere mit der gleichen Strafe ... bedrohten", hat aber kein Gesetz konkret genannt.

212 Zur Kritik *Spendel* NJW **1971** 538.

213 BGHSt **2** 173, 175; **3** 110, 116; **10** 294, 300.

214 RGBl. I S. 1579 ff.

215 RGBl. I S. 772.

Vermögen als dem Deutschen Reich verfallen erklärt wurde,[216] ferner § 27 Abs. 2 Satz 1 DDR-GrenzG vom 25.3.1982, soweit in ihm ein gesetzlicher Rechtfertigungsgrund für die vorsätzliche Tötung eines republikflüchtigen DDR-Bürgers durch Schusswaffengebrauch gesehen wurde.[217]

Verfehlt ist die Ansicht, man könne einen Richter für die Anwendung früheren Gesetzesunrechts unter dem NS-Regime deswegen nicht zur Verantwortung ziehen, weil in diesem Staatswesen kein richterliches Prüfungsrecht bestanden habe und „eine Bestrafung, die nur darauf gestützt würde, daß ein NS-Gesetz überhaupt zur Anwendung kam, dem Grundsatz ‚nulla poena sine lege' zuwiderliefe".[218] Eine solche Auffassung führt zu dem Ergebnis, der Rechtsstaat könne Mörder nicht aburteilen und bestrafen, wenn und weil sie das frühere Unrechtsregime gedeckt und gelobt habe, und der Richter dürfe in einem verbrecherischen Staatssystem achselzuckend die verbrecherischsten Gesetze anwenden, soweit er sich nur im Rahmen des staatlich vorgeschriebenen Unrechts halte und nicht noch darüber hinausgehe. Hinter der hier kritisierten Ansicht steht unausgesprochen oder auch ausgesprochen die nicht von Starkmut zeugende Forderung, den Kampf zwischen übergesetzlichem Recht und gesetzlichem Unrecht nicht „auf dem Rücken des Richters auszutragen",[219] weiter stillschweigend die Gleichgültigkeit gegen den Rechtsuchenden verratende Folgerung, diesen Kampf auf den Rücken des dem Gesetz unterworfenen, insbesondere nach einem verbrecherischen Gesetz angeklagten Bürgers abzuwälzen. Dass ein Gesetz aufgrund der tatsächlichen oder historischen Entwicklung im Sinne der Goetheschen Verse über das Recht: „Vernunft wird Unsinn, Wohltat Plage" allmählich zu Unrecht werden kann, ist unbestritten; man denke nur an das „Aufwertungs"-Problem in der Inflationszeit nach dem ersten Weltkrieg. Unbestreitbar ist aber auch, dass ein Gesetz aufgrund seines Inhalts von vornherein Unrecht sein kann; es wird dann in aller Regel aber auch verfassungswidrig und damit nichtig sein.[220] Die These, das RG habe mit seinen „Aufwertungs"-Entscheidungen[221] objektiv oder sogar subjektiv Rechtsbeugung begangen, weil es den währungsgesetzlichen Rechtssatz „Mark gleich Mark" nicht mehr anerkannt habe,[222] ist sicher nicht haltbar; denn das RG hat sehr wohl Recht, in Wahrheit allerdings überpositives wie die „clausula rebus sic stantibus" usw. angewandt, auch wenn es seine Entscheidungen unter „Anknüpfung an das positive Gesetzesrecht" (§ 242 BGB) abzusichern suchte.[223] Sowenig die Anwendung eines „gesetzlichen Unrechts" eine Rechtsbeugung ausschließen kann, sowenig kann die Nichtanwendung eines völlig unrechten Gesetzes eine Rechtsbeugung begründen. 63

Mit der vorherrschenden Lehre ist folglich daran festzuhalten, dass „Recht" im Sinne des § 339 auch das „übergesetzliche" ist, das der Richtende ebenfalls durch Befolgung „gesetzlichen Unrechts" zu beugen vermag.[224] Damit wird der Täter nicht nach „Naturrecht" bestraft;[225] denn 64

216 BVerfGE **23** 98, 106.

217 So grundlegend im „Mauerschützen-Fall" BVerfGE **95** 96, 133 ff., 136; BGHSt **39** 1, 15 f. = NJW **1993** 141, 144 und dazu z.B. *Spendel* RuP **1993** 61, 64; BGHSt **40** 218, 232; 272, 276; **41** 101, 105; 247, 256 f.

218 *Herdegen* LK⁹ III Rdn. 10 a.E.; ähnlich *Schlösser* NJW **1960** 943, 944 ff.

219 So *Evers* DRiZ **1955** 187, 190.

220 Unter dem Grundgesetz sind allerdings die Grundrechte weitgehend an die Stelle überpositiven Rechts getreten.

221 Grundlegend RGZ **107** 78, 88, s. auch RGZ **100** 129, 131 f.; **104** 394, 397 f.

222 So seltsamerweise und widersprüchlich *Bendix* Die Justiz **II** (1926/27) 48, 52 (obwohl er die Strafbarkeit verneint, weil „diese Rechtsbeugung" die Bürger „von dem Alp einer ... rechtswidrigen Gesetzeslage befreit" habe); *Wacker* S. 26 f. (objektiv, nur nicht subjektiv Rechtsbeugung). **Dagg.** *Henning* S. 60.

223 RGZ **100** 129, 131.

224 *Eb. Schmidt* S. 68 ff., 71 ff.; *ders.* Lehrkommentar I Rdn. 506 ff.; *Sauer* BT S. 519; *Heinitz* S. 9 ff., 16; *Welzel* S. 544; *Seebode* Das Verbrechen der Rechtsbeugung S. 27 ff., 47 f.; *Spendel* GedS Radbruch S. 313; *ders.* NJW **1971** 538; *Maurach/Schroeder/Maiwald* II § 77 Rdn. 14; *Wassermann* FS Spendel, S. 629, 646; *Bemmann* JZ **1995** 123; *Fischer* Rdn. 25; *Sch/Schröder/Hecker* Rdn. 8; *Lackner/Kühl/Heger* Rdn. 5; *Uebele* MK Rdn. 25; *Bange* BeckOK Rdn. 15; **aA** *Kuhlen* NK Rdn. 40; *Henning* S. 15; *G. Schultz* MDR **1952** 695; *Evers* DRiZ **1955** 187, 189; *Schlösser* NJW **1960** 945 (dazu **abl.** *Ad. Arndt* NJW **1960** 1140). Zum Ganzen eingehend *Freund* (2006). Zur allgemeinen Anerkennung übergesetzlichen Rechts in der Rechtsprechung BVerfGE **1** 14, 18, 61; **3** 225, 232; **6** 132, 198; BGHSt **2** 173, 177; 234, 237 ff.; 333, 334 f.; **3** 357, 362 f.; **39** 1, 15 f.; **40** 272, 276 f.; **41** 101, 105; 157, 164; OGHSt **2** 269, 271 f.

225 So jedoch *Coing* SJZ **1947** 63; **dagg.** mit Recht *Seebode* Das Verbrechen der Rechtsbeugung S. 45 f.

zur näheren Ausfüllung und Auslegung des Merkmals „Recht" in § 339 wird nicht etwa positiv ein ungeschriebener Straftatbestand, z.B. ein „Verbrechen gegen die Menschlichkeit",[226] gebildet, sondern nur negativ gefragt, ob ein vom Richtenden anzuwendendes Gesetz nach überpositiven Rechtsgrundsätzen ungültig ist oder nicht.

65 Das zu § 339 Ausgeführte muss auch für die Auslegung des früheren § 244 DDR-StGB gelten. Zwar spricht diese Vorschrift nur von einem „gesetzwidrigen Entscheiden", scheint also anders als § 339 kein im weiteren Sinne „rechtswidriges" Judizieren zu kennen, so dass unter einem solchen Gesichtspunkt eine Rechtsbeugung nach DDR-Recht zu begründen auf den ersten Blick nicht zulässig sein könnte.[227] Aber abgesehen davon, dass § 244 DDR-StGB als Delikt ebenfalls eine „Rechtsbeugung" bestrafen sollte, urteilt „gesetzwidrig" nicht nur, wer ein gültiges Gesetz nicht oder eindeutig falsch und unvertretbar anwendet, sondern auch derjenige, welcher sich auf ein Gesetz stützt, das „gesetzliches Unrecht" darstellt und wegen seines groben Verstoßes gegen „übergesetzliches Recht" ungültig und unverbindlich ist. Denn er handelt im zweiten Falle gesetzlos und damit gegen andere staatliche Gesetze.[228] Solche Nichtigkeit einer Gesetzesbestimmung wird sich nur ausnahmsweise finden, da sich das SED-Regime im Streben nach internationaler Anerkennung mit seiner Gesetzgebung nach außen den Anschein der „Rechtssetzung" zu geben suchte, während es im Innern durch eine rechts(staats)widrige Auslegung die Gesetze aushöhlte.[229]

66 Der BGH hat seit 1984[230] in seinem unverkennbaren und offen ausgesprochenen Bestreben, die Norm möglichst einschränkend auszulegen, die Merkmale „Beugung des Rechts" begrifflich eingeengt. Dies zeigt besonders die Rechtsprechung zu den **SED-Justizverbrechen.**[231] Hier wird bei Anwendung des § 244 DDR-StGB der schwerwiegende Rechtsbruch noch weiter auf den Begriff des „Willküraktes" im Sinne einer „offensichtlich schweren Menschenrechtsverletzung" eingeengt,[232] für den (z.B. politische) „Motive" berücksichtigt werden,[233] von denen aber auch im DDR-Gesetz (anders als z.B. bei den „Beweggründen" in § 211) überhaupt nichts steht und die nur für die Strafzumessung beachtlich sein können. Die restriktive Konzeption des § 339 wird sodann („jedoch keineswegs abschließend"[234]) in folgende drei Fallgruppen „konkretisiert":[235] Überdehnung der Straftatbestände durch „Überschreitung des Gesetzeswortlauts", „unerträgliches Mißverhältnis" zwischen Tat und Strafe, Strafverfolgung und -verurteilung allein zur „Ausschaltung des politischen Gegners oder einer bestimmten sozialen Gruppe".[236]

67 Was in den alten Bundesländern eine beachtliche Rechtsverletzung im Sinne des § 339 ist (z.B. Nichtbeachtung der Abstimmungsregeln im Kollegialgericht zur Erreichung einer Verurteilung), musste noch keine „offensichtlich schwere Menschenrechtsverletzung" im Sinne des BGH bei § 244 DDR-StGB sein. Damit musste freilich in Kauf genommen werden, dass ein nicht unerheblicher Teil der SED-Justizdelikte ungesühnt blieb,[237] wie schon die NS-Justizverbrechen von der

226 Siehe jetzt aber Art. 7 des Römischen Statuts des Internationalen Strafgerichtshofes.

227 So in der Tat z.B. *Bemmann* JZ **1995** 123, 124; *Kraut* S. 114 ff., 132.

228 Treffend BGHSt **40** 272, 277: „Einer darauf gestützten Entscheidung fehlt die Rechtsgrundlage; sie ist gesetzwidrig"; **41** 101, 105; 157, 164; 247, 256 f.; ebenso *Letzgus* FS Helmrich, S. 72, 81 f.; *Wassermann* FS Spendel, S. 629, 646 f.; nicht ganz konsequent *Rautenberg/Burges* DtZ **1993** 71, 72 f.; differenzierend *Stanglow* JuS **1995** 971, 977.

229 S. auch LG Berlin nach BVerfGE **95** 96, 110.

230 BGHSt **32** 357, 363.

231 Zusammenfassend *Fischer* Rdn. 51 ff.; *Kuhlen* NK Rdn. 48 ff.; *Uebele* MK Rdn. 35 ff.; *Hohoff* S. 111 ff.; *Schöll* S. 93 ff. Ausführlich *Marxen* (Hg.), Strafjustiz und DDR-Unrecht, Bd. 5, TlBd. 2: Rechtsbeugung (2007); *Quaste* (2003); vgl. aber auch (kritisch) Wieners (2000) und *Wilhelm* (2003).

232 BGHSt **40** 30, 41 ff.; 169, 179; 272, 283; **41** 247, 254; NStZ-RR **1998** 361, 362; NStZ-RR **1999** 43, 44.

233 S. BGHSt **40** 169, 179.

234 BGHSt **43** 183, 191.

235 BGHSt **40** 169, 178; **44** 275, 298.

236 BGHSt **40** 30, 42 f.; **41** 247, 254; 317, 321; **43** 183, 190 f.; zu letzterem bedeutsam BGHSt **44** 275, 301 ff. (Fall *Havemann*); ausführl. dazu *Spendel* JR **1999** 221; *Krauss*, FS Hamm, S. 357.

237 *Homann* KJ 1996 494, 504.

Nachkriegsrechtsprechung fast nicht geahndet worden sind.[238] Wo eine Rechtsbeugung durch DDR-Gerichte bejaht wiude, ging die Strafe in der Regel nicht über zwei Jahre hinaus, und wurde meist zur Bewährung ausgesetzt.[239] Die höchstrichterliche Rechtsprechung wird denn auch in der Rechtslehre teilweise abgelehnt.[240] Mit Ablauf des 2.10.2000 ist für Rechtsbeugungen, die in der DDR begangen wurden, die absolute Verfolgungsverjährung gemäß § 78c Abs. 3 Satz 2 eingetreten (vgl. Art. 315a Abs. 2 EGStGB).[241]

c) Die Beugung des Rechts. Die Rechtsbeugung als tatbestandliches Verhalten, d.h. die objektiv eindeutig falsche Rechtsanwendung, kann durch Tun wie durch Unterlassen verwirklicht werden,[242] z.B. durch Ablehnung einer beantragten und gebotenen Zeugenvernehmung wie durch Nichtstellung notwendiger Fragen[243] oder durch Nichtweiterleitung einer Beschwerde an das Beschwerdegericht.[244] Gemäß den drei Grundfunktionen des Richtens und Rechtsprechens, die sind: Tatsachenfeststellung (Sachverhaltsermittlung), Rechtsanwendung im engeren Sinn (Sachverhaltswürdigung) und Rechtsfolgenbestimmung (insbesondere Strafzumessung), ist eine Beugung des Rechts in drei Formen möglich: als Tatsachenverdrehung (Sachverhaltsverfälschung), Rechtsverletzung (im engeren Sinn) und Ermessensmissbrauch besonders bei der Strafzumessung. Alle drei Arten überschneiden sich und sind falsche Rechtsanwendung im weiteren Sinn,[245] also nicht etwa[246] „wesensverschiedene alternative" Begehungsweisen.[247] So kommt eine Tatsachenverdrehung (z.B. durch Annahme eines nicht vorliegenden straferhöhenden realen Strafzumessungsgrundes) auch bei der Strafmaßbestimmung oder eine falsche Rechtsanwendung (z.B. durch Nichtbeachtung des Beweisantragsrechts nach § 244 StPO) bei der Tatsachenfeststellung oder (z.B. durch Berücksichtigung eines Tatbestandsmerkmals als Straferhöhungsgrund) bei der Strafzumessung in Betracht. Schließlich kann eine Rechtsbeugung in allen drei Formen mit einer Entscheidung begangen werden, so in dem Nürnberger Fall Katzenberger (Todesurteil wegen angeblicher „Rassenschande", ein „Justizmord durch Rechtsbeugung").[248] 68

Im Einzelnen sind folgende Fallgruppen zu unterscheiden: 69

(1) Bei der **Tatsachenfeststellung** ist eine objektive Beugung des Rechts dann gegeben, wenn der Richter oder Staatsanwalt entgegen den prozessualen Rechtsvorschriften für die Fallaufklärung und Beweiserhebung Tatsachen annimmt oder unterdrückt.[249] Im Strafprozess wird dies in der Regel der Fall sein, soweit der festgestellte mit dem wirklichen (historischen) Sachverhalt nicht übereinstimmt, ein Unschuldiger z.B. verurteilt oder ein Schuldiger freigesprochen wird; denn das Strafverfahren ist vom Grundsatz der materiellen Wahrheit beherrscht (§ 244 Abs. 2 StPO). Aber selbst hier muss eine solche Übereinstimmung vom tatsächlichen und im Urteil angenommenen Sachverhalt nicht stets bestehen, weil die prozessuale Wahrheitssuche im Sinne von Tataufklärung nicht voraussetzungslos, sondern in bestimmten Rechtsformen und nach bestimm-

---

238 BGHSt **41** 317, 339 f.; *Gritschneder* NJW **1996** 1239. S. auch oben Rdn. 13.

239 Vertiefend *Spendel* JR 1996 177; *Wassermann* FS Kaiser S. 1404, 1417 f.; *Werkentin* RuP 1996 139, 142 f.

240 Neben den in der vorangegangenen Fn. genannten Autoren etwa *Bemmann* JZ **1995** 123, 127; *Seebode* FS Lenckner S. 585, 592 ff., zurückhaltender *H.J. Hirsch*, Rechtsstaatliches Strafrecht und staatlich gesteuertes Unrecht (1996), S. 24 f.

241 BGH NJ **2001** 434, 435; *Kuhlen* NK Rdn. 95.

242 RGSt **69** 213, 216; OLG Karlsruhe NJW **2004** 1469, 1470; *Sch/Schröder/Hecker* Rdn. 7; *Kuhlen* NK Rdn. 81; *Lackner/Kühl/Heger* Rdn. 5a; *Uebele* MK Rdn. 54; skeptisch *Kudlich* S/S/W Rdn. 31.

243 RGSt **57** 31, 32, 34.

244 LG Berlin MDR **1995** 192.

245 *Spendel* NJW **1971** 538, 540; zust. *Lackner/Kühl/Heger* Rdn. 5a.

246 So aber BGH NJW **1971** 575, 573.

247 Richtig dagegen schon BGHSt **3** 110, 120, dass eine (Todes-)Strafe „als Mittel zur politischen Einschüchterung der Bevölkerung" „keine Rechtsanwendung mehr" ist.

248 Dazu das Nürnberger Juristenurteil des amerikanischen MGH (1948) S. 205 ff., 212 ff.; BGH NJW **1971** 571; *Spendel* NJW **1971** 537 = *ders.* Rechtsbeugung durch Rechtsprechung S. 37, zuletzt *Felz* lto **2022** vom 26.5.2022.

249 Ausführlich zur Rechtsbeugung durch Beweiserhebung *Dallmeyer* GA **2004** 540.

ten Rechtsnormen vor sich geht („prozediert") und daher unter Umständen zugunsten anderer Gesichtspunkte begrenzt ist.[250] Sprechen die Richter den leugnenden Mörder mangels Verwertbarkeit des von der Polizei mit Schlägen erpressten Geständnisses (§ 136a Abs. 3 StPO) und Vorhandenseins anderer ausreichender Beweise unter Unterdrückung ihres „besseren Wissens" frei, so haben sie selbstverständlich auch nach der objektiven Rechtsbeugungstheorie nicht das Prozess- und Beweisrecht zugunsten des Verdächtigen gebeugt, sondern gerade befolgt, auch wenn ausnahmsweise die prozessual nur feststellbare und festzustellende Sachlage (Nichttäterschaft des Angeklagten) mit der wirklichen (Täterschaft) nicht übereinstimmt.[251] Objektive Beugung des Rechts durch Sachverhaltsverdrehung oder -verfälschung bedeutet also immer nur Annahme anderer als der nach dem Verfahrensrecht erweisbaren und erwiesenen Tatsachen (s. auch Rdn. 54 f.).

70 Beispiele hierfür sind: Das Gericht legt seiner Sachverhaltssubsumtion Tatsachen zugrunde, die nicht nachgewiesen sind, das NS-Sondergericht nimmt z.B. einen Geschlechtsverkehr zwischen dem wegen „Rassenschande" angeklagten Juden und einer „arischen" Bekannten an, obwohl eine solche Beziehung nicht sicher feststellbar, ja sogar mehr als zweifelhaft ist[252] –

Die Richter gehen in ihrer Entscheidung von einem weiteren Fall von „Rassenschande" aus, obgleich dieser nicht angeklagt und verhandelt worden ist, oder erwähnen den Fall überhaupt nicht in der schriftlichen Urteilsbegründung, erwägen ihn aber in ihren beratenen und beschlossenen Gründen (Kasseler NS-Sondergerichtsfall Holländer – Todesurteil wegen „Rassenschande" als „gefährlicher Gewohnheitsverbrecher"[253]) –

Ein Amtsrichter lehnt im Zivilprozess die beantragte Zeugenvernehmung ab, weil ihm die Beweiserhebung bei einer Schadensersatzforderung über 60 EUR ein zu großer Aufwand sei, und berücksichtigt nur einen unzureichend festgestellten Sachverhalt, und zwar aus Bequemlichkeit und im Bewusstsein der Unanfechtbarkeit seiner Entscheidung[254] –

DDR-Staatsanwälte legen ihrer Entscheidung (Einstellung des Ermittlungsverfahrens) zur Entlastung der Beamten der „Staatssicherheit" einen anderen als den festgestellten Sachverhalt zugrunde.[255]

71 (2) Bei der **Rechtsanwendung** im engeren Sinne wird das Recht objektiv gebeugt, indem der Täter bei Leitung oder Entscheidung der Rechtssache einen Rechtssatz falsch oder gar nicht oder eine nicht bestehende oder ungültige Rechtsnorm anwendet. Solche objektiv eindeutigen Rechtsverstöße sind im **Verfahrensrecht**:

die Vernehmung der Zeugen zu Beginn der Verhandlung, bevor die Angeklagten in den Sitzungssaal hineingeführt worden sind[256] –

die Nichtaufklärung des Sachverhalts durch Unterlassen von Beweiserhebungen[257] –

das Unterlassen einer geheimen Urteilsberatung im Kollegialgericht[258] –

die völlig unzulängliche Belehrung der Beisitzer durch den Gerichtsvorsitzenden über die Möglichkeiten der Strafverhängung und Strafmilderung[259] –

---

250 *Spendel* JuS **1964** 465, 467; *ders.* NJW **1966** 1102, 1103; s. auch *Hilgendorf,* in Hilgendorf/Kudlich/Valerius (Hrsg.) Handbuch des Strafrechts, Bd 8, § 54 Rdn. 9: keine Wahrheitsfindung um jeden Preis.

251 *Spendel* NJW **1971** 540. Das wird von den Kritikern der objektiven Rechtsbeugungstheorie verkannt, s. *Rudolphi* ZStW **82** (1970) 620 f.; *H. Wagner* Amtsverbrechen (1975) S. 203 ff., wie bei dem letzteren auch die nähere Erläuterung und Präzisierung der objektiven Lehre übersehen bzw. übergangen und hier die Verwechslung der Begriffe „objektives Recht" und „objektive Tat" ganz deutlich wird; auch missverstanden von *Schmidt-Speicher* S. 74.

252 BGH NJW **1971** 573. Weitere Nachweise zu diesem Nürnberger Sondergerichtsfall Katzenberger s. Fn. 248.

253 *Noam/Kropat* I S. 173.

254 Fall nach *Spendel,* LK[11] Rdn. 57 („Fall aus der Praxis").

255 BGHSt **40** 169, 171.

256 SchwG Ellwangen Justiz und NS-Verbrechen **XVII** 257, 261.

257 RGSt **69** 213, 216; BGH Justiz und NS-Verbrechen **X** 504, 508; **XIII** 325, 329; OLG Bamberg **VII** 176, 177; OLG Frankfurt am Main in: *Moritz/Noam* II S. 316, 317.

258 SchwG Ansbach Justiz und NS-Verbrechen **XVI** 495, 559; s. auch BGH **XVII** 274 i.V.m. 261 (SchwG Ellwangen).

259 OLG Nürnberg Justiz und NS-Verbrechen **II** 318, 330 f.

die Nichteinleitung der Ermittlungen wegen Wahlfälschung aus politischen Gründen entgegen der staatsanwaltlichen Pflicht zur Strafverfolgung unter dem SED-Regime[260] –

die grob verfahrensfehlerhafte Inanspruchnahme der Zuständigkeit (z.B. die Behandlung eines Antrags der eigenen Tochter in einem Verwaltungsverfahren entgegen § 54 VwGO i.V.m. §§ 41 Nr. 3 ZPO)[261] –

der beharrliche Verstoß gegen die Anhörungspflicht aus § 70c FGG a.F. bei der Genehmigung freiheitsentziehender Maßnahmen gegenüber in Pflegeheimen befindlichen Personen[262] –

die nachträgliche Urteilsergänzung durch einen Richter[263] –

das Liegenlassen von Akten durch einen Staatsanwalt[264] –

die Betreuerbestellung durch einen Richter ohne vorherige Anhörung des Betroffenen[265] –

der erzwungene Aufenthalt eines Beschuldigten zwecks Einschüchterung in der Gewahrsamszelle eines Amtsgerichts[266] –

die Notveräußerung von beschlagnahmten Tieren ohne Anhörung der Berechtigten durch eine in Tierschutzsachen tätige Staatsanwältin[267]

das Verstecken von Akten im Keller durch eine Richterin mit „“totaler Blockade“[268]

Auch die verzögerte Bearbeitung einer Rechtssache und die darin liegende Missachtung des 72
Verbots rechtsstaatswidriger Verfahrensverzögerungen, das aus dem Rechtsstaatsprinzip und der allgemeinen prozessualen Fürsorgepflicht abzuleiten und in Art. 6 Abs. 1 EMRK ausdrücklich normiert ist (für Haftsachen besonders hervorgehoben in Art. 2 Abs. 2 Satz 2, Art. 104 GG sowie in Art. 5 Abs. 3 und 4 EMRK), kann nach jüngeren Entscheidungen der Rechtsprechung eine Rechtsbeugung darstellen.[269] Zwar bleibt es grds. dem Richter überlassen, welches seiner vielfältigen Dienstgeschäfte er vorrangig bearbeitet. Jedoch schließt der großzügige Ermessensspielraum des Richters bei Einteilung seiner Dienstgeschäfte einen strafrechtlich relevanten Verstoß gegen das Beschleunigungsgebot nicht stets aus. Eine Rechtsbeugung kommt vor allem dann in Betracht, wenn der Richter gegen zwingende, das allgemeine Beschleunigungsgebot konkretisierende Vorschriften verstößt (z.B. § 115 StPO) oder untätig bleibt, obwohl besondere Umstände ein sofortiges Handeln (z.B. die Freilassung eines Inhaftierten nach Aufhebung des Haftbefehls) zwingend gebieten.[270]

Im mediales Aufsehen erregenden Fall Schill[271] hat der BGH eine Rechtsbeugung verneint, als der 73
Strafrichter eine Beschwerde gegen eine gemäß § 179 GVG sofort von ihm vollstreckte Ordnungshaft von drei Tagen erst nach zwei Tagen bearbeitete und dem Beschwerdegericht vorlegte.[272] Allerdings

---

260 So treffend im Ergebnis BGHSt **43** 183, 191 f.

261 BGH NStZ-RR **2001** 243, 244, der allerdings im konkreten Einzelfall den Nachweis einer bewussten Manipulation für nicht erbracht sah und die Sache zu neuer Verhandlung und Entscheidung an das Landgericht zurückverwies. Zum Fall eines befangenen Weimarer Familienrichters, der unter Verletzung seiner Zuständigkeit in der Pandemie Schutzmaßnahmen gegen Schüler beendet hat LG Erfurt, Urteil vom 23.8.**2023**–2 KLs 542 Js 11498/21.

262 BGH 1 StR 201/09, ZSteu **2009** R 730–R 731.

263 BGH NStZ **2013**, 655 mit Anm. *Nestler*, Besprechung von *Heghmanns* ZJS **2014** 105; vgl. aber auch BGH NStZ **2015**, 651 (nachträgliche Abänderung einer Urteilsformel kein elementarer Verstoß gegen die Rechtspflege).

264 BGHSt 62, 312 mit Anm. *Jahn* JuS **2017** 1227; Besprechung von *Wagner* ZJS **2018** 81.

265 LG Wuppertal, Urteil vom 19. April **2018** – 25 KLs 9/14.

266 BGH Beschluss vom 15. August **2018** – 2 StR 474/17. Der BGH verneint hier zu Recht einen elementaren Rechtsverstoß.

267 BGH 5 StR 39/21 vom 18. August **2021**. Der BGH verneint allerdings die subjektive Tatseite.

268 BGH 4 StR 149/22 vom 29.11.**2022**. Allerdings sah der BGH in diesem Fall die Strafzumessung durch die Vorinstanz (LG Hagen 46 KLs – 32 Js 264/20) als fehlerhaft an, weshalb die Entscheidung aufgehoben wurde.

269 BGHSt **47** 105, 109; OLG Karlsruhe NJW **2004** 1469, 1470 f.; BGHSt 62, 312 mit Anm. *Jahn*, JuS **2017** 1227; Besprechung von *Wagner* ZJS **2018** 81.

270 BGHSt **47** 105, 111; OLG Karlsruhe NJW **2004** 1469, 1470 f.

271 Zum Hintergrund *Bertram* NJW **2001** 1108.

272 BGHSt **47** 105, 111 ff. mit Anm. *Kühl/Heger* JZ **2002** 201; kritisch *Foth* JR **2002** 257; *I. Müller* StV **2002** 306; *Schiemann* NJW **2002** 112; begrüßend hingegen *Böttcher* NStZ **2002** 146.

sei bei zögerlicher Bearbeitung einer Rechtssache innerhalb eines objektiv vertretbaren Zeitraumes ein schwerwiegender Rechtsverstoß dann in Erwägung zu ziehen, wenn der Richter mit seiner Verfahrensweise aus sachfremden Erwägungen gezielt zum Vorteil oder Nachteil einer Partei handelt.[273] Keine Rechtsbeugung stellt es dar, wenn ein stark belasteter Richter einzelne Verfahren in Nichthaftsachen nur zögerlich erledigt.[274] Eindeutig falsche Anwendung des Prozessrechts und damit objektivtatbestandsmäßige Beugung des Rechts ist weiter gegeben, wenn die Verjährung, sei es vom Richter oder Staatsanwalt im Straf-, sei es von dem die Geldbuße festsetzenden Verwaltungsbeamten im Ordnungswidrigkeitenverfahren, nicht berücksichtigt wird.[275]

74 Eine Rechtsbeugung kann ebenso vorliegen, wenn der Staatsanwalt die Nichterhebung der Anklage und Einstellung des Ermittlungsverfahrens nach § 170 Abs. 2 StPO vom Verzicht des Beschuldigten auf Entschädigung für die erlittene Untersuchungshaft, also von einer ungesetzlichen Voraussetzung, abhängig macht.[276] Dagegen ist die Nichtmitteilung des Staatsanwalts in einem Rechtshilfeersuchen, dass sich die Ermittlungen außer auf Vermögensdelikte wie betrügerischen Bankrott, Betrug und Urkundenfälschung auch noch auf Steuerhinterziehung richten, keine Verletzung des Auslieferungsgesetzes und damit auch keine Beugung inländischen Rechts.[277]

75 Interessante und bislang überwiegend ungelöste Fragen stellen sich mit Blick auf die Verwendung neuartiger technischer Hilfsmittel, die den Richter bei seiner Entscheidungsfindung unterstützen (aber nicht entmündigen) sollen. Der Verzicht auf eine prozessual erforderliche Einbeziehung von Sachverständigen kann eine Rechtsbeugung darstellen.[278] Ganz neuartige Probleme stellen sich bei Einbeziehung von KI-Systemen in den richterlichen Entscheidungsprozess, etwa im Zusammenhang mit Strafzumessungsentscheidungen.[279] Jedenfalls dann, wenn ein solches System eine nicht mehr vertretbare Entscheidung vorschlägt und der Richter dem Entscheidungsvorschlag blind folgt, dürfte eine objektive Rechtsbeugung durch den Richter anzunehmen sein.[280]

76 Folgende Verstöße gegen das **materielle** Recht haben zumindest objektiv den Tatbestand des § 339 erfüllt:

die fälschliche Bejahung des Merkmals „öffentlich“ nach dem ehemaligen § 5 Abs. 1 Nr. 1 der Kriegssonderstrafrechtsverordnung (KSStVO; „Wehrkraftzersetzung“) auch für private politische Äußerungen eines Ehemannes zu seiner Frau[281] –

die falsche Annahme einer „Feindbegünstigung“ nach dem damaligen § 91b aufgrund der für einen schwedischen Bischof bestimmten Denkschrift eines Priesters, die Überlegungen für den Fall des vorausgesehenen staatlichen Zusammenbruchs enthielt[282] –

die Auslegung der VolksschädlingsVO von 1939, bei der u.a. das Tatbestandsmerkmal „Ausnutzung der zur Abwehr von Fliegergefahr getroffenen Maßnahmen“ darin gesehen wurde, dass der jüdische Angeklagte nach Einbruch der Dunkelheit die nichtjüdische Bekannte besucht hatte (Sondergerichtsfall Katzenberger[283]) –

---

273 BGHSt **47** 105, 113. Im Fall Schill hat der BGH entgegen dem Landgericht in erster Instanz den Nachweis einer gezielten Verfahrensverzögerung verneint und die Sache zu neuer Verhandlung und Entscheidung zurückverwiesen; BGHSt **47** 105, 113 ff.; kritisch *Foth* JR **2002** 257, 259; *Schiemann* NJW **2002** 112, 114.

274 OLG Karlsruhe NJW **2004** 1469, 1471; erstinstanzliches Urteil des LG Mannheim in DRiZ **2004** 261. Ausführlich zum Fall *Albrecht* ZRP **2004** 259.

275 So RGSt **25** 276 für den Polizeibeamten, der nach früherem Recht trotz Vorliegen dieses Verfahrenshindernisses eine Strafverfügung (Geldstrafe) erließ.

276 Fall aus der Praxis nach *Seebode* NStZ **1982** 144.

277 OLG Köln GA **1975** 341.

278 In diesem Sinne zum Unterlassen von Sachverhaltsaufklärung bereits RGSt **69** 213, 216.

279 Zur Bedeutung von Strafzumessungsentscheidungen im Rahmen des § 339 s. unter Rdn. 80.

280 Zu Rolle von KI im Prozess richterlicher Entscheidungsfindung *Hilgendorf* FS Danziger 533.

281 BGHSt **3** 110, 117 f. = NJW **1952** 1024: Todesurteil des Kriegsgerichts schon rechtswidrig im Schuldspruch aufgrund rechtswidriger Gesetzesanwendung.

282 BGH NJW **1956** 1485, 1486 (Todesurteil des VolksGH rechtswidrig) = BGHSt **9** 302 (gekürzt).

283 BGH NJW **1971** 571, 573, 575 und dazu näher *Spendel* NJW **1971** 537 ff. = *ders.* Rechtsbeugung durch Rechtsprechung S. 37 ff.

die sachlich nicht begründbare und die Tätereigenschaft auch nicht begründende Qualifizierung des jüdischen Angeklagten als eines „gefährlichen Gewohnheitsverbrechers" nach dem früheren § 20a, weil der Beschuldigte in vier Fällen „Rassenschande" nach dem „Blutschutzgesetz" begangen hatte, um ihn zum Tode verurteilen zu können (Kasseler Sondergerichtsfall Holländer)[284] –

die willkürliche Qualifizierung der Abgabe zweier an eine DDR-Behörde gerichteter Ausreiseanträge in Kopie an die Ständige Vertretung der BRD in Ost-Berlin und die Planung eines Schreibens an das Bundesministerium für innerdeutsche Beziehungen als „landesverräterische Nachrichtenübermittlung" (§ 99 Abs. 1 DDR-StGB, der die Übergabe von nicht der Geheimhaltung unterliegenden Nachrichten zum Nachteil der Interessen der DDR an Einrichtungen einer fremden Macht bestrafte), hier zwei Jahre und vier Monate Freiheitsstrafe.[285]

Weiterhin sind zu nennen: 77

die abwegige Einstufung der Vorlage des Personalausweises an einer Grenzübergangsstelle mit Begehren der Ausreise zur kranken Mutter in West-Berlin als „Beeinträchtigung staatlicher oder gesellschaftlicher Tätigkeit", und zwar durch Bekundung der „Mißachtung der Gesetze in einer die öffentliche Ordnung gefährdenden Weise" (§ 214 Abs. 1 2. Alt. DDR-StGB) unter Verhängung einer Freiheitsstrafe von einem Jahr und zwei Monaten[286] –

die Qualifizierung der Erkundigungen eines Berufskraftfahrers über die Ausreisebedingungen aus der DDR bei der ehemaligen Ständigen Vertretung der BRD und beim ZDF-Büro in Ost-Berlin und weiter seiner Anmeldung zu einer Bewerberliste für eine Taxikonzession in Dortmund als „landesverräterische Agententätigkeit" (§ 100 Abs. 1 DDR-StGB) unter Ausspruch von zwei Jahren Freiheitsstrafe[287] –

die Abweisung des Zahlungsanspruchs eines Stadtwerks für Stromlieferung durch das „im Ergebnis unrichtige, in der Begründung grob fehlerhafte" Urteil[288] eines Richters am AG, weil die Klägerin (Stadt) einen Teil der gelieferten elektrischen Energie in einem Kernkraftwerk erzeuge und dem beklagten Strombezieher deshalb ein Schadensersatzanspruch und zu dessen Sicherung ein Zurückbehaltungsrecht nach § 273 BGB zuständen.[289]

Auch in diesem letzten Fall des „Stromteilzahlungsboykotts" ist eine falsche Rechtsanwendung 78
und damit objektive Beugung des Rechts anzunehmen. Richterliche Unabhängigkeit bedeutet keinen Freibrief, sich selbstherrlich und willkürlich über klare Rechtssätze hinwegzusetzen. Dass hier im Gegenteil gerade der Verdacht nahe liegt, der Richter sei nicht unparteiisch, sondern „befangen" gewesen, bemerkt schon *Lüke* in seiner kritischen Anmerkung NJW **1979** 2050. Zu weiteren Fällen eindeutiger Verwirklichung des objektiven Rechtsbeugungstatbestandes durch Rechtsverdrehung s. im Übrigen Rdn. 51 f.

(3) Bei der **Bestimmung** der **Rechtsfolgen** kann eine objektive Beugung des Rechts in dem 79
Ausspruch einer ungesetzlichen Rechtsfolge liegen: Der Zivilrichter erkennt z.B. bei Zubilligung eines Zurückbehaltungsrechts auf Klageabweisung statt auf Zahlung Zug um Zug;[290] das Strafgericht verhängt eine gesetzlich unzulässige Strafe[291] oder verurteilt nicht zu der gesetzlich angedrohten und gebotenen Strafe. Problematisch ist auch die Nichtverhängung der lebenslangen Frei-

---

284 Dazu näher *Spendel* RuP **1997** 229, 232 ff. Das Urteil des Sondergerichts Kassel vom 20.4.1943 abgedruckt bei *Noam/Kropat* I S. 168 ff., die Entscheidungen des SchwG Kassel und des OLG Frankfurt am Main, die nach 1945 zum Freispruch der beiden wegen Rechtsbeugung und Totschlags angeklagten Mitglieder des Sondergerichts führten, bei *Moritz/Noam* II S. 308 ff.; dazu näher *Spendel* RuP **1997** 229, 232 ff.

285 So das unveröffentlichte BGH-Urteil vom 15.9.1995 bei *Spendel* JR **1996** 177, 181 Nr. II 7.

286 BGHSt **41** 247, 274 f.; s. auch den ähnlichen Fall im unveröffentlichten BGH-Urteil vom 15.9.1995 bei *Spendel* JR **1996** 177, 182 Nr. III 2, wo „jedenfalls" das „unerträgliche Mißverhältnis" zwischen Tat und Strafe von einem Jahr festgestellt wird; s. ferner BGH NStZ-RR **1997** 359 f.; **1998** 171.

287 Unveröffentlichtes BGH-Urteil vom 15.9. 1995 bei *Spendel* JR **1996** 177, 181 Nr. II 8.

288 *Lüke* NJW **1979** 2049.

289 AG Stuttgart NJW **1979** 2047; **and.** AG Hamburg NJW **1979** 2315; AG Stuttgart NJW **1980** 1108.

290 S. für den Fall des „Stromteilzahlungsboykotts" *Lüke* NJW **1979** 2049.

291 OGHSt **2** 23, 29.

heitsstrafe bei Mord in besonderen Ausnahmefällen[292] und daher die Entscheidung BGHSt (GrS) **30** 105, 118 ff., 121, in welcher der BGH – in Verkennung von BVerfGE **45** 187 – bei außergewöhnlichen Umständen die absolute Strafdrohung für Heimtückemord nicht mehr für bindend hält.[293] Mit seiner Rechtsfolgenlösung hat sich der BGH im Grunde ebenso über das Gesetz hinweggesetzt wie früher das AG Wuppertal über die damalige Mindeststrafe von drei Monaten Gefängnis für Einbruchsdiebstahl (s. Rdn. 51).[294] Das ist keine richterliche Rechtsfortbildung mehr, sondern „unzulässige Gesetzesänderung".[295] Der Beschluss des Großen Senats wird denn auch überwiegend abgelehnt.[296] Eine Beugung des Rechts ist schließlich zweifelsfrei die Anordnung einer gesetzwidrigen Disziplinarstrafe wie etwa eine 24-stündige Fesselung von gefangenen Ausländern an Pfählen durch den Inhaber der Disziplinarstrafgewalt.[297]

80 Bei der **Strafzumessung** sind vor allem folgende Rechtsverstöße eine Rechtsbeugung:

die schon nach den damaligen Gesetzen materiell rechtswidrige Verurteilung eines Mannes zu einer 24-stündigen Haftstrafe wegen Ungehorsams durch einen württembergischen Schultheißen (in seiner Funktion als Richter der niederen Gerichtsbarkeit), die nur deshalb nicht als Rechtsbeugung strafbar war, weil die Tat nicht auf Vorsatz, sondern auf grober Fahrlässigkeit beruhte[298] –

die Heranziehung eines Tatbestandsmerkmals als Strafzumessungsgrund, z.B. die persönliche Eigenschaft „Jude" im NS-„Blutschutzgesetz" als Grund für die Strafverschärfung, d.h. für die Verhängung der Todesstrafe anstelle der Zuchthausstrafe, wobei das Todesurteil nur unter rechtswidriger Anwendung der NS-VolksschädlingsVO möglich war[299] –

die Berücksichtigung anderer als der anerkannten Strafzwecke, insbesondere des alleinigen Ziels, den Angeklagten als politischen Gegner zu vernichten[300] oder die Verhängung der Todesstrafe, wenn sie nur „einen der Abschreckung um jeden Preis dienenden terroristischen Akt" bedeutet.[301]

81 Rechtsbeugung ist insbesondere der **Ermessensmissbrauch** bei der Straffestsetzung, der sich in einem krassen oder unerträglichen **Missverhältnis** von **Tatschwere** und **Strafhöhe**, insbesondere von Schuld und Todesstrafe ausdrückt.[302] so z.B. in folgenden Fällen:

Todesurteil eines Marinekriegsgerichts nach der Gesamtkapitulation wegen einer nach der Teilkapitulation begangenen Fahnenflucht von Matrosen, die nicht in feindliche Gefangenschaft fallen wollten[303] –

Todesstrafe eines NS-Sondergerichts für den fortgesetzten Diebstahl von Hühnern und Kaninchen durch den Täter als „Volksschädling" im Jahre 1939 und 8-jährige Zuchthausstrafe für die

---

292 So auch schon OGHSt **2** 1, 4.

293 Ebenso BGH NStZ **1982** 69; LG Berlin im Fall Mielke wegen 60-jährigen Zeitablaufs zwischen Tat und Urteil, offen gelassen diese Entscheidung dagegen von BGHSt **41** 72, 93; unentschieden auch für den Fall des Verdeckungsmordes BGHSt **35** 116, 127.

294 **And.** auch noch für die nicht zu unterschreitende gesetzliche Mindeststrafe von fünf Jahren Freiheitsentzug nach § 316a BGHSt **24** 173, 174 ff.

295 *H. J. Bruns* JR **1981** 358, 362 (s. auch *ders.* NStZ **1981** 348). Nach *Schmidhäuser* GedS Marten S. 231, 242 wäre eine solche Entscheidung als SchwG-Urteil sicherlich in der Theorie „aufs heftigste gerügt worden – wenn man nicht gar von ... Rechtsbeugung gesprochen hätte".

296 *Eschelbach* BeckOK § 211 Rdn. 58.1 f.; *Lackner/Kühl* Vor § 211 Rdn. 20; *Neumann* NK Vor § 211 Rdn. 161; *Günther* NJW **1982** 353, 355 ff.; *Hassemer* JZ **1983** 967, 968; *Mitsch* JuS **1996** 121, 122; **aA** *Jähnke* LK[11] § 211 Rdn. 70 und 72; *Schneider* MK § 211 Rdn. 40; *Rengier* NStZ **1982** 225, 226 ff.; *Weigend* FS Hirsch, S. 917, 920.

297 OLG Kassel HESt **2** 175, 177, 180.

298 RGSt **26** 56, 57 f.

299 BGH NJW **1971** 573 und *Spendel* NJW **1971** 537, 540.

300 OGHSt **2** 23, 29; s. auch BGHSt **10** 294, 300 f.

301 BGH Justiz und NS-Verbrechen **XVI** 581, 584.

302 Art. 102 66 erklärt die Todesstrafe für „abgeschafft".

303 OGHSt **1** 217, 220 (1. Revisionsurteil); BGH MDR **1952** 693, 694 (2. Revisionsurteil) im Marinekriegsgerichtsfall.

Hehlerei an etwa 40 der gestohlenen Hühner durch einen nicht vorbestraften Bekannten des Diebes[304] –

Zuchthausstrafen bis zu zehn Jahren durch das LG Magdeburg 1950/51 gegen die „Zeugen Jehovas" wegen „Kriegs- und Boykotthetze", wobei die besonders hohe Strafe gegen einen Angeklagten „zum Schutze der geltenden Gesellschaftsordnung" mit der (nach *Maurach* ROW **1958** 181 „eine Ohrfeige in das Gesicht der Rechtsstaatlichkeit" darstellenden) Begründung verhängt wurde, dass der Verurteilte „noch verhältnismäßig jung sei, durch seine Tat und sein Verhalten in der Hauptverhandlung eine gemeinschaftsfeindliche Gesinnung bewiesen habe und daher besonders gefährlich erscheine"[305] –

achtjährige Freiheitsstrafe wegen „staatsfeindlicher Hetze" (§ 106 DDR-StGB) für die Verteilung einer in der BRD gedruckten Zeitschrift und von Flugblättern mit z.T. scharfer Kritik am SED-Regime („unerträglicher Willkürakt")[306] –

einjährige Freiheitsstrafe für eine bisher unbestrafte Frau wegen „öffentlicher Herabwürdigung" staatlicher Einrichtungen (§ 220 Abs. 1 DDR-StGB) aufgrund einiger kritischer Äußerungen zu einem sie auf der Straße fragenden Journalisten (ARD-Korrespondenten), die eine Neuregelung der Einkäufe im Intershop betrafen[307] –

einjährige Freiheitsstrafe wegen „Beeinträchtigung staatlicher oder gesellschaftlicher Tätigkeit" (§ 214 Abs. 1 2. Alt. DDR-StGB) für die Aufstellung eines beleuchteten „A" (= Ausreisewunsch) im Wohnungsfenster[308] –

Abzulehnen ist auch das unveröffentlichte Urteil des BGH vom 15.9.1995 (s. *Spendel* JR **1996** 177, 182 Nr. III 3) in dem Fall, in welchem eine Frau und ihr Lebensgefährte zu je einem Jahr, ihre 17-jährige Tochter zu sieben Monaten Freiheitsstrafe wegen „versuchter Beeinträchtigung der Tätigkeit staatlicher Organe durch Drohung" (§ 214 Abs. 1 1. Alt., Abs. 4 DDR-StGB) verurteilt worden sind, weil die drei Personen zur Erreichung ihrer Übersiedlung nach West-Berlin vergeblich in der dänischen Botschaft in Ost-Berlin aufgenommen zu werden versucht hatten. Der 5. Senat verneint hier eine Rechtsbeugung sowohl hinsichtlich der Tatbestandsauslegung für alle drei „Täter", obwohl in ihrer Handlungsweise schwerlich ein Versuch der „Drohung" mit diplomatischen Verwicklungen zu sehen ist, als auch hinsichtlich der Bestrafung der Erwachsenen, bejaht sie dagegen bezüglich der Strafe für die junge Frau „wegen offensichtlicher Willkür im Gewand eines justizförmigen Strafverfahrens", eine spitzfindige Differenzierung in der Strafzumessung, die wenig überzeugend erscheint.

Die rechtsfehlerhafte, falsche Strafzumessung kann schließlich auch in dem krassen Missver- 82
hältnis von schwerer Tat und niedriger Strafe zum Ausdruck kommen, so etwa in einer kurzen Freiheitsstrafe für die Mitwirkung an einem Massenmord an Hunderttausenden von Menschen. In diese Richtung bewegten sich die Strafaussprüche im Frankfurter Fall Dr. P. (Beihilfe zu den Vergasungen im KZ Auschwitz 1943–44).[309] Ein Missbrauch des Ermessens, d.h. der (Aus-)Wahlmöglichkeit zwischen mehreren vertretbaren Entscheidungen, kann ebenso mit dem Nichtausspruch der Rechtsfolge (z.B. Geldbuße und Fahrverbot) aufgrund einer Verfahrenseinstellung nach § 47 Abs. 2 OWiG gegeben sein. Hierzu ist aber nicht nur erforderlich, dass dieser Fehler sich als subjektive Pflichtwidrigkeit darstellt – nach der Rechtsprechung eine Entscheidung „aus sachfremden Gründen"[310] wie z.B. Ärger des erstinstanzlichen Richters über die Rechtsansicht des Oberge-

---

304 *Güstrow* S. 16 ff., 20; s. dort weiter den Fall S. 80 ff., 94.

305 Zu dem Fall BGH ROW **1958** 204 und (2. Urteil in derselben Sache) BGH NJW **1960** 974, 975; *Schuller* Geschichte S. 99.

306 Unveröffentlichtes BGH-Urteil vom 15.9.1995 bei *Spendel* JR **1996** 177, 181 Nr. II 6.

307 BGHSt **41** 247, 268 ff.

308 Befremdlich die Verneinung einer Rechtsbeugung durch den 4. Senat des BGH NStZ-RR **1996** 69 ff.

309 Dazu näher *Spendel* FS Bruns, S. 249, 255 ff., 266.

310 BGHSt **44** 258 mit kritischen Anmerkungen und Besprechungen *Herdegen* NStZ **1999** 456; *Seebode* JZ **2000** 319; *Wohlers/Gaede* GA **2002** 483; zurückhaltend *Scheffler* JR **2000** 119; *U. Schulz* NJW **1999** 3471; zust. hingegen *H. E. Müller* NStZ **2002** 356, 363.

richts –; notwendig muss vielmehr auch sein, dass bereits objektiv eine Verletzung von Rechts- und Ermessensschranken vorliegt. Wenn der Einstellungsbeschluss wegen der besonderen Tatumstände (z.B. Geschwindigkeitsüberschreitung auf einsamer Straße) oder wegen der besonderen Verfahrensgestaltung (BGH: „Belastung" des Beschuldigten durch das bisherige lange Verfahren) objektiv nicht völlig unvertretbar erscheint, kommt schon keine äußere Rechtsbeugungshandlung in Betracht, ohne dass nach unsachlichen Motiven zu fragen wäre.[311]

83 Dass die Rechtsbeugung bei der Strafzumessung falsche Rechtsanwendung ist, wird ganz deutlich bei der Verurteilung zu einer gesetzwidrigen Strafe, beim Verstoß gegen das Verbot der Doppelbewertung von Tatbestandsmerkmalen oder bei anderen fehlerhaften Begründungen für das Strafmaß.[312] Aber auch der Ermessensmissbrauch etwa durch Verhängung unverhältnismäßig hoher oder niedriger Strafen ist fehlerhafte Rechtsanwendung im weiten Sinne,[313] und zwar nicht nur die im NS-Staat und der DDR praktizierte „Verdrehung" des Rechts zum Unrecht als Mittel des Terrors und der Vernichtung,[314] sondern auch geringfügigere Fehlentscheidungen etwa zum Zweck der Abschreckung oder als Zeichen richterlichen Protests gegen eine als unerträglich empfundene Arbeitsbelastung.[315]

4. Der Erfolg der Rechtsbeugung

84 Der objektive Tatbestand des § 339 setzt schließlich voraus, dass die Beugung des Rechts zur **Begünstigung** oder **Benachteiligung** einer **Partei** als Erfolg der Tathandlung geführt hat,[316] d.h., dass wenigstens eine Seite der Beteiligten mit widerstreitenden Interessen durch die unrichtige und ungerechte Leitung oder Entscheidung der Rechtssache einen ihr nicht zustehenden Vor- oder Nachteil erlangt haben muss. Dass es im Gesetz „zugunsten" statt „zum Vorteil" heißt, ist unerheblich.

85 **a) Die begünstigte oder benachteiligte Partei.** Hierunter ist nicht jeder Verfahrensbeteiligte zu verstehen, über dessen Rechte irgendwie zu entscheiden ist,[317] sondern derjenige, dem ein anderer mit widerstreitenden rechtlichen Interessen gegenübersteht.[318] Danach sind „Parteien" im Sinne des § 339 die Parteien und der Nebenintervenient im Zivil-, aber auch der Angeklagte und der Staatsanwalt, besser: der Staat in der Hauptverhandlung des Strafprozesses, der Beschuldigte überhaupt wie der Nebenkläger und Einziehungsinteressent im Strafverfahren,[319] weiter z.B. der Antragsteller im Aufgebotsverfahren bzw. im Verfahren der freiwilligen Gerichtsbarkeit nach § 45 PersStdG a.F. (s. den Wetzlarer Fall Rdn. 51). Zeuge und Sachverständiger sind dagegen nur im Zwischenstreit gemäß §§ 387, 408 ZPO als „Partei" anzusehen.[320] Wenn jedoch der Richter, der um jeden Preis den Sachverhalt aufklären und den Angeklagten überführen will, den Zeugen falsch über sein Zeugnisverweigerungsrecht belehrt, so kann darin eine den Beschuldigten als Partei in seiner Beweisposition benachteiligende Rechtsbeugung liegen.[321]

---

311 Vgl. auch OLG Stuttgart NZV **1998** 510, 511 f.

312 S. z.B. BGHSt **42** 268, 274.

313 Vgl. schon *Spendel* NJW **1971** 540; *Sch/Schröder/Hecker* Rdn. 7; allgemein auch *Bruns* Strafzumessungsrecht S. 650, die Strafzumessung sei „eine besondere Form der Rechtsanwendung".

314 OGHSt **2** 23, 29 f.; BGHSt **3** 110, 120; **4** 66, 70; **10** 294, 300 f.; **40** 307, 321; **41** 317, 323 ff.

315 BGH NStZ **2021**, 365 mit Anm. *Kudlich*.

316 So schon RGSt **25** 276, 278.

317 So jedoch *Eb. Schmidt* S. 75; StGB-Entwurf 1962 mit Begründung S. 643; *Seebode* Das Verbrechen der Rechtsbeugung S. 71.

318 *Kohlhaas* S. 35 f.; *Uebele* MK Rdn. 58; *Bange* BeckOK Rdn. 17; ebenso im Ergebnis *Sch/Schröder/Hecker* Rdn. 12; *Stein/Deiters* SK Rdn. 51.

319 *Sch/Schröder/Hecker* Rdn. 12.

320 S. Fn. 315; vgl. auch *Lackner/Kühl/Heger* Rdn. 4; **and.** *Seebode* Das Verbrechen der Rechtsbeugung S. 71.

321 **And.** ausdrücklich *Seebode* Das Verbrechen der Rechtsbeugung S. 71, für den schon die Benachteiligung des Zeugen ausreicht und es nicht darauf ankommt, ob dadurch auch der Angeklagte schlechter gestellt wird.

b) Der Vor- oder Nachteil einer Partei. Dieser ist als Erfolg der Rechtsbeugungshandlung ein objektives Tatbestandsmerkmal; eine Begünstigungs- oder Benachteiligungsabsicht ist also weder ausreichend noch erforderlich.[322] 86

Der Vor- oder Nachteil einer Partei bedeutet deren zu Unrecht erlangte Besser- oder Schlechterstellung, z.B. die unberechtigte Klageabweisung, die Verurteilung eines Unschuldigen, die Freisprechung eines Schuldigen, die unverhältnismäßig hohe oder niedrige Strafe. Die Begünstigung oder Benachteiligung kann schon in der günstigen oder ungünstigen prozessualen Beweislage gesehen werden, da es genügt, dass sie bei Leitung der Rechtssache eingetreten ist, und sie sich nicht bis zur Entscheidung ausgewirkt haben muss.[323] Daher ist es nicht durch das Gesetz gedeckt wenn der BGH in seinem Bemühen um eine restriktive Interpretation des § 339 die Bestimmung der objektiven Rechtsbeugungshandlung von der Frage abhängig macht, ob der Richter mit seiner eindeutigen Rechtsverletzung die „konkrete" (und „nicht lediglich abstrakte") „Gefahr einer falschen Endentscheidung schafft" und so „einen Vor- oder Nachteil herbeiführt".[324] Denn abgesehen davon, dass die Qualifizierung des Verhaltens als eines (hier prozessualen) Rechtsverstoßes nicht von seinem „Erfolg", d.h. die vorausgegangene Ursache (falsche Rechtsanwendung) nicht von ihrer nachfolgenden Wirkung bestimmt wird,[325] kann der Vor- oder Nachteil im Sinne des § 339 eben in einem verfahrensrechtlichen Besser- oder Schlechterstellen der Partei liegen, das sich nicht in dem späteren Endurteil niederschlagen muss. Im Übrigen hatte in dem zu beurteilenden Falle, in dem § 339 aus einem anderen Grunde nicht vorliegen dürfte (s. Rdn. 35), die Verletzung der Prozessordnung zu dem „Vorteil" Haftentlassung geführt. Bei der Beugung des Rechts z.B. durch rechtswidrige Versagung eines Verteidigers liegt die dadurch bewirkte Schlechterstellung für den Angeklagten darin, dass er in seinem Prozess einen schwereren „Stand", d.h. eine geringere Verteidigungsmöglichkeit hat oder sich überhaupt nicht sachgemäß verteidigen kann.[326] 87

Nach der Gesetzesfassung muss der Vor- oder Nachteil „einer" Partei nicht notwendig auch den Nach- oder Vorteil der anderen bilden.[327] In der Regel wird dies aber so sein. 88

III. Der subjektive Tatbestand

Der subjektive Tatbestand der Rechtsbeugung setzt **Vorsatz** voraus. Weder ist eine Begünstigungs- oder Benachteiligungsabsicht in dem Sinn erforderlich, dass der Erfolg der Rechtsbeugungshandlung bei Leitung oder Entscheidung einer Rechtssache, der Vor- oder Nachteil einer Partei, erstrebt sein muss,[328] noch ist Fahrlässigkeit ausreichend,[329] mag sie noch so grob sein. Auch ein z.B. politisches „Motiv" als „eine wesentliche Voraussetzung für die Annahme eines Willküraktes", wie es BGHSt **40** 169, 186 als Strafbarkeitsmerkmal für den Rechtsbeugungs-Tatbestand des § 244 DDR-StGB angenommen hat, ist nicht zu verlangen; ein solcher Beweggrund kann nur für die Strafzumessung beachtlich sein.[330] Allerdings können nach der Rspr. des BGH Motive insofern eine Rolle spielen, als sie die Bewertung der objektiven Rechtsbeugung als „elementaren Rechtsverstoß" 89

---

322 RGSt **25** 278; **57** 33 f. Ebenso *Stahnke* S. 106; *Henning* S. 46; *Kohlhaas* S. 36 f.; *Welzel* S. 545; *Seebode* Das Verbrechen der Rechtsbeugung S. 95 und 105; *Lackner/Kühl/Heger* Rdn. 7.

323 RGSt **57** 33. Ebenso *Henning* S. 46; *Welzel* S. 545; *Seebode* Das Verbrechen der Rechtsbeugung S. 95; *Küpper/Börner* BT I § 9 Rdn. 38.

324 BGHSt **42** 343, 351; BGH NStZ-RR **2001** 243, 244; zustimmend *Sch/Schröder/Hecker* Rdn. 12; *Kuhlen* NK Rdn. 75.

325 S. schon *Spendel* JZ **1998** 85, 87.

326 S. auch BGHSt **10** 294, 298.

327 Eine solche Korrelation halten, ohne Beispiele zu geben, nicht für denknotwendig *Wacker* S. 29; *Seebode* Das Verbrechen der Rechtsbeugung S. 95 f.; **and.** *Hartung* FR **1956** 393.

328 RGSt **25** 276, 278; **57** 31, 33.

329 RGSt **16** 221, 222; **26** 56, 57. Beachtliche Argumente für die Einführung eines Fahrlässigkeitstatbestandes de lege ferenda bei *Erb*, FS Küper, S. 35 ff.

330 *Spendel* JZ **1995** 375, 379 f.; NJW **1996** 809, 812.

beeinflussen können (siehe Rdn. 49). Beim Vorsatz im Sinne des § 339 bedürfen zwei Fragen einer besonderen Erläuterung, die nach der **Form** und die nach dem **Inhalt**.

1. Die Vorsatzform

90 Verlangt das Gesetz zur Strafbarkeit eines Verhaltens Vorsatz, so sind damit grundsätzlich beide Hauptformen, der dolus directus und der dolus eventualis, gemeint, soweit nicht das Gesetz die Vorsatzform auf den unbedingten (bestimmten) beschränkt.[331] In diesem Fall fordert der Gesetzgeber „Absicht" oder „Wissentlichkeit", führt also zwei Spielarten der Grundform des direkten Vorsatzes an, so z.B. bei der Verfolgung Unschuldiger (§ 344), der Strafvereitelung (§ 258) oder auch bei der Erregung öffentlichen Ärgernisses (§ 183a). Dementsprechend ist einst bei der Neufassung des § 339 der ursprüngliche Plan abgelehnt worden, die Schuldform „Vorsatz" durch die subjektiven Merkmale „absichtlich" oder „wissentlich" zu ersetzen, mit deren Aufnahme in die Strafvorschrift man die in Rechtsprechung und Rechtslehre teilweise verlangte Berücksichtigung nur des direkten Rechtsbeugungsvorsatzes[332] auch gesetzlich manifestieren wollte.[333] Der Gesetzgeber hat sich mit dieser Neufassung eindeutig und ausdrücklich[334] für die schon früher vertretene[335] und vor allem nach 1945 vorgedrungene und anfangs vom BGH selbst anerkannte,[336] heute jedenfalls herrschende Ansicht entschieden, dass zur Rechtsbeugung **bedingter** Vorsatz **ausreicht**.[337]

91 Wie schwer es jedoch der Judikatur fällt, den bedingten Rechtsbeugungsvorsatz anzuerkennen, zeigen auch neuere Entscheidungen, deren Formulierungen teilweise zur gesetzlich ausgeschlossenen früheren Ansicht zurückzukehren scheinen, so etwa BGHSt **42** 343, 345, die Rechtsbeugung nur annehmen will, wenn sich der Täter „bewußt" „und in schwerer Weise von Recht und Gesetz entfernt".[338] *Volk* NStZ **1997** 412, 414 meint denn auch, dass mit dieser Definition ein Fürmöglich-Halten und ein Sich-Abfinden mit der Rechtsverletzung nicht mehr für den subjektiven Tatbestand des § 339 genügen solle.[339] Insgesamt ist die Rspr. des BGH zum subjektiven Tatbestand der Rechtsbeugung schillernd und methodologisch unbefriedigend. In seiner jüngsten Rechtsprechung hat der BGH seine Position zu verdeutlichen versucht. „In subjektiver Hinsicht", so formuliert das Gericht, müsse sich der Täter „bewusst in schwerwiegender Weise von Recht und Gesetz entfernen".[340] Es müsse ein „bewusst überzeugungswidriger Regelverstoß vorliegen", so dass „es

---

331 *Fischer* § 15 Rdn. 7; *Maurach/Zipf* § 22 Rdn. 41.

332 BGHSt **10** 294, 298; BGH NJW **1968** 1339; OLG Bamberg SJZ **1949** 491; *Leverenz* DRiZ **1960** 171; *Heinitz* S. 18; *Welzel* S. 546.

333 Zur Kritik an diesem Versuch *Spendel* FS Heinitz, S. 457 Anm. 57; *Seebode* ZRP **1973** 239.

334 BTDrucks. 7/1261, S. 22; Sonderausschuß Prot. 7/1062, 1153.

335 Für bedingten Rechtsbeugungsvorsatz **vor** 1945 *Trepper* S. 59 Anm. 2, 76; *Bendix* Die Justiz **II** (1926/27) S. 56; *Swarzenski* Die Justiz **IV** (1928/29) S. 342; *Henning* S. 61; *Häupler* S. 35; *Kohlhaas* S. 40.

336 So **nach** 1945 BGH Justiz und NS-Verbrechen **X** 233, 235; **XIII** 336, 343 (die beiden in BGHSt **10** 294, 299 erwähnten Urteile des 1. Senats vom 9.6.1953 und 30.11.1954); **X** 504, 507 (2. Senat) = MDR **1952** 693, 694; *Eb. Schmidt* S. 55, 76; *Seebode* Das Verbrechen der Rechtsbeugung S. 107 ff.; *ders.* JuS **1969** 207; *Bemmann* GedS Radbruch S. 309; *ders.* JZ **1973** 547; *Dellian* ZRP **1969** 51; *Rasehorn* NJW **1969** 457, 459; *Marx* JZ **1970** 248; *Spendel* NJW **1971** 541; *ders.* FS Heinitz, S. 447 ff.

337 Ebenso BGHSt **40** 272, 276; KG NStZ **1988** 557; s. auch BGHSt **41** 317, 336, § 244 DDR-StGB setze „über ... § 336 StGB hinaus ... direkten Vorsatz voraus"; *Fischer* Rdn. 37; *Lackner/Kühl/Heger* Rdn. 9; *Uebele* MK Rdn. 62; *Bange* BeckOK Rdn. 18; *Arzt/Weber/Heinrich/Hilgendorf-Heinrich* § 49 Rdn. 83 f.; *Maurach/Schroeder/Maiwald* II § 77 Rdn. 19; *Otto* BT § 98 Rdn. 4; *Küpper/Börner* BT I § 9 Rdn. 40; *Wessels/Hettinger/Engländer* BT 1 Rdn. 1120; *Rengier*, BT II § 61 Rdn. 19; *Schmidt-Speicher* S. 104; *Odersky* S. 20; zurückhaltend dagegen *Sch/Schröder/ Hecker* Rdn. 13; *Kuhlen* NK Rdn. 78.

338 Ebenso BGHSt **47** 105, 109; OLG Düsseldorf NStZ-RR **2007** 211; OLG Frankfurt am Main NJW **2000** 2037, 2037; OLG Karlsruhe NStZ-RR **2001** 112, 113; 243, 244; NJW **2004** 1469, 1470; OLG Stuttgart NZV **1998** 510, 511.

339 Zustimmend *Kuhlen* NK Rdn. 65; krit. *Bange* BeckOK Rdn. 12.2 f.; *Lehmann* NStZ **2006** 127, 131.

340 BGH 5 StR 39/21 vom 18. August 2021 Rdn. 33, wo der BGH diese Ansicht unter Verweis auf BGH NStZ **2010**, 92, 93; BGH NJW **2014**, 1192, 1193 als „ständige Rechtsprechung" bezeichnet.

also nicht genügt, wenn der Täter lediglich mit der Möglichkeit einer rechtlich nicht mehr vertretbaren Entscheidung rechnet und sich damit abfindet".[341] Dies lässt sich so interpretieren, dass sich die „Wissentlichkeit" nur auf die Möglichkeit beziehen soll, dass ein *schwerer* Rechtsverstoß vorliegen könnte, im Übrigen aber dolus eventualis ausreiche. Unklar bleibt dann freilich wieder die Bedeutung des deutlich subjektivierenden Ausdrucks „bewusst überzeugungswidrig". In derselben Entscheidung erwähnt der BGH aber auch die Gegenansicht, die sich, wie der BGH einräumt, auf den Willen des historischen Gesetzgebers stützen kann.[342] Danach reicht hinsichtlich des Vorliegens eines Rechtsverstoßes generell bedingter Vorsatz aus.[343] Letzteres ist die in der Literatur die vorherrschende Meinung (siehe Rdn. 90).

Die **h.M.** ist sachlich durchaus gerechtfertigt, ja geboten, die Gegenmeinung, die den Vorsatzbegriff einzuschränken sucht, unbegründet. Es ist nicht ersichtlich, warum ein Richter, der z.B. das Vorliegen der Verjährungsvoraussetzungen für möglich hält und trotzdem nicht nachprüft und eine gesetzwidrige Verurteilung billigend in Kauf nimmt, weil der Angeklagte materiell ja doch schuldig sei, oder der ein mögliches Fehlurteil hinnimmt, um in jedem Fall aus politischen Gründen ein abschreckendes Exempel zu statuieren, günstiger gestellt sein sollte als jeder juristische Laie, etwa ein Arzt, der mit der Fehlerhaftigkeit seiner Behandlung rechnet und sich gleichwohl mit ihr abfindet.[344] Davon, dass die Neuregelung des früheren § 336, wie man meinte, die Unabhängigkeit der Rechtspflege gefährdet,[345] kann keine Rede sein. In Wahrheit ist es vielmehr so, dass die Berücksichtigung nur des direkten Vorsatzes bei der Rechtsbeugung der Verantwortungslosigkeit des Richtenden gefährlichen Vorschub leistet. 92

Die gegen den bedingten Rechtsbeugungsvorsatz vorgebrachten Gründe sind nicht stichhaltig: 93
„Das durch § 336 erstrebte Ziel" ist nicht, wie BGHSt **10** 294, 298 noch angenommen hat, die „Sicherung der richterlichen Unabhängigkeit", d.h. hier: Verantwortungsfreiheit, sondern gerade umgekehrt die Wahrung der Verantwortlichkeit des Richtenden und damit notwendig die Einschränkung seiner Entscheidungsfreiheit.[346] Die Rechtsprechung hatte somit die Strafvorschrift in der alten Fassung tendenziell „umfunktioniert".[347]

Dass bei Anerkennung des bedingten Rechtsbeugungsvorsatzes besonders der selbstkritische und gewissenhafte Richter, der angesichts der Unzulänglichkeit des menschlichen Erkenntnisvermögens und der Möglichkeit von Justizirrtümern mit der Fehlerhaftigkeit seiner Entscheidung rechne, leicht nach § 339 straffällig würde, trifft nicht zu. Dort, wo die Sach- und Rechtslage zweifelhaft und „nicht eindeutig" ist, wo mehrere Entscheidungen objektiv vertretbar sind, kommt nach der objektiven Rechtsbeugungstheorie, die damit nur ihre Brauchbarkeit bestätigt, bereits objektiv-tatbestandsmäßig keine Rechtsbeugung in Frage (s. Rdn. 49). 94

Das Bewusstsein des Richters, sein Urteil werde womöglich wegen (wirklich oder vermeintlich) falscher Rechtsanwendung in der höheren Instanz aufgehoben, ist normalerweise keineswegs mit der Annahme verbunden, die Entscheidung sei rechtsverletzend und gesetzwidrig, auch nicht mit der billigenden Inkaufnahme eines solchen Rechtsbruchs. Der gewissenhafte Richter wird vielmehr gerade in der Vorstellung und in dem Vertrauen urteilen, mit dem eigenen Spruch doch das Richtige und Rechte getroffen zu haben, weil er ihn sonst eben nicht gefällt hätte und bekanntlich auch die letzte Instanz irren kann[348] (zum Vorsatzinhalt s. Rdn. 98 ff.). 95

---

341 BGH 5 StR 39/21 vom 18. August 2021 Rdn. 33 unter Verweis auf BVerfG NJW **2020**, 675 Rdn. 60.
342 So explizit BGH 5 StR 39/21 vom 18. August 2021 Rdn. 33 unter Verweis auf BT-Drucks. 7/1261, 22 f.
343 BGH 5 StR 39/21 vom 18. August 2021 Rdn. 33 unter Verweis auf BGHSt 59, 144.
344 *Bemmann* GedS Radbruch S. 311; *Spendel* FS Heinitz, S. 455 f.; *Maurach/Schroeder/Maiwald* II § 77 Rdn. 19.
345 Wie gerade auf der Richterseite gefühlsbedingte Vorurteile bestehen und wie wenig man „Richter in eigener Sache" sein kann, s. auch die Stellungnahme von *Steffen* DRiZ **1969** 45 und *Beckenkamp* ZRP **1969** 168 zur alten Gesetzesfassung.
346 Dazu näher *Spendel* FS Heinitz, S. 448 f.
347 So treffend *Dellian* ZRP **1969** 51; ähnlich *Seebode* ZRP **1973** 240: „Selbstschutz contra legem".
348 So schon näher *Spendel* FS Heinitz, S. 450.

96 Die Beschränkung des Rechtsbeugungsvorsatzes auf die Form des direkten musste als angemaßtes Standesvorrecht,[349] als „befremdliches Justizprivileg“[350] bezeichnet werden. Sie hat mit dazu geführt, dass NS-Justizunrecht ungesühnt blieb.[351] Bestrebungen, trotz der eindeutigen Gesetzesfassung den bedingten Rechtsbeugungsvorsatz als ausreichende subjektive Tatvoraussetzung wegzudisputieren,[352] sind als Versuch einer „Manipulierung“ des Gesetzes[353] anzusehen.[354] Solche Versuche, die nicht die in der Rechtslehre angeführten Gegengründe[355] berücksichtigen, beruhen meist auf der unbegründeten Befürchtung, den Eventualdolus nicht genau präzisieren zu können und die Strafbarkeit des Richters zu weit auszudehnen.

2. Der Vorsatzinhalt

97 Ebenso bedeutsam wie die Frage nach der Vorsatzform ist die nach dem Vorsatzinhalt. Dessen Bestimmung ist neben der Festlegung des objektiven Tatbestandsmerkmals „Recht“ das zweite Zentralproblem bei der Auslegung des § 339.

98 Beim **direkten** Vorsatz als bestimmtem Vorstellen (intellektuelles) und Vornehmen (voluntatives Element) bedarf hier vor allem der erste Bestandteil näherer Präzisierung. Da der allgemeine Begriff „Recht“ in § 339 und die daraus folgenden einzelnen Rechtssätze, die der Richtende jeweils anzuwenden hat, normative Tatbestandselemente sind (s. Rdn. 57), erfordert der Rechtsbeugungsvorsatz neben der Tatsachen- zugleich eine Bedeutungskenntnis.[356] Der Täter des § 339 muss sich sowohl über die Existenz bzw. Nichtexistenz der jeweiligen Rechtsnorm und den ihr unterfallenden Sachverhalt als auch über ihren Sinn und ihre Bedeutung, insbesondere über die „ratio legis“ im Klaren sein.[357] Die Tatsachenkenntnis umfasst dabei zweierlei: das Bewusstsein von dem Bestehen der Norm und dem Vorliegen des normierten Sachverhalts.

99 Kennt der Verwaltungsbeamte im Ordnungswidrigkeitenverfahren die Verjährungsvorschriften, also die tatsächlichen Voraussetzungen und die rechtliche Wirkung der Regelung, und will er trotz dem vorliegenden Verfolgungshindernis eine Geldbuße verhängen, so beugt er mit seinem Bußgeldbescheid bei der Entscheidung dieser Rechtssache vorsätzlich das Recht zum Nachteil des Betroffenen.[358] Weiß dagegen der Richter in einem Strafprozess nicht, dass die seinem Urteil zugrunde gelegte Strafvorschrift des § 153 Abs. 2 a.F. von 1943 (versuchte uneidliche Falschaussage) inzwischen (1953) aufgehoben worden ist und er infolgedessen den Angeklagten zu Unrecht verurteilt, weil ihn das Gesetzblatt im dienstlichen Umlaufverfahren noch nicht erreicht hat,[359] so hat er einen ungültigen bzw. nicht mehr geltenden Strafrechtssatz infolge eines Tatsachen- und damit Tatbestandsirrtums nicht angewandt, also jedenfalls nicht vorsätzlich das Recht gebeugt. Das Glei-

---

349 *Dellian* ZRP **1969** 51; *Spendel* FS Heinitz, S. 456.
350 *Maurach/Schroeder/Maiwald* II § 77 Rdn. 19.
351 So auch BGHSt **41** 317, 339 f.
352 *H. Krause* NJW **1977** 285; *I. Müller* NJW **1980** 2390; **and.** *Schmidt-Speicher* S. 104.
353 *Maurach/Schroeder*⁶ § 74 II 5.
354 Wie leider auch auf der Richterseite nach wie vor die Versuchung besteht, § 339 über das Gesetz hinaus einzuschränken, zeigt die Tatsache, dass Obergerichte in zwei Rechtsbeugungsentscheidungen nach 1975 die Anerkennung des bedingten Vorsatzes ausdrücklich offen gelassen haben; BGH bei Holtz MDR **1978** 626; OLG Düsseldorf NJW **1990** 1374, 1375. Weitere Nachweise in Rdn. 91.
355 Dazu *Seebode* Das Verbrechen der Rechtsbeugung S. 107 ff.; *Spendel* FS Heinitz, S. 450 ff.; *ders.* FS Peters S. 173 ff.; *Bemmann* JZ **1973** 549 f.
356 S. auch BGHSt **32** 357, 361; OLG Frankfurt am Main NJW **2000** 2037, 2038 mit kritischen Anmerkungen *Gubitz* NStZ **2001** 253; *H. C. Schaefer* NJW **2000** 1996. Allgemein zum Vorsatz bei normativen Tatbestandsmerkmalen *Sch/Schröder/Sternberg-Lieben/Schuster* § 15 Rdn. 43 ff.; *Lackner/Kühl/Kühl* § 15 Rdn. 14 ff.; besonders zum Rechtsbeugungsvorsatz *Spendel* GedS Radbruch S. 320 ff.
357 S. auch BGHSt **32** 357, 361.
358 Vgl. schon RGSt **25** 276, 278.
359 Fall aus der Praxis, *Spendel* GedS Radbruch S. 320 und Anm. 31.

che gilt, wenn dem Gericht nicht bekannt war, dass seine Strafgewalt bzw. Gerichtsbarkeit beschränkt worden ist,[360] oder es irrigerweise von der Fortgeltung von Gewohnheitsrecht (Berufspflicht eines Rechtsanwalts, vor dem Amtsgericht in Zivilsachen in Robentracht zu erscheinen; vgl. nunmehr aber § 20 Satz 2 BORA) ausging.[361]

Kennt der Urteilende die Rechtsnorm, verkennt er aber völlig deren Sinn und Tragweite, 100 kurz: deren Bedeutung, hält z.B. der Richter die Strafvorschrift des § 266 StGB (Untreue) auch schon bei schweren, aber rein schuldrechtlichen Vertragsverletzungen für anwendbar, so fehlt ihm wegen eines Bedeutungs- und damit ebenfalls eines Tatbestandsirrtums der Rechtsbeugungsvorsatz, mag dieser Irrtum noch so schwer und bedauerlich und die ihn verschuldende Fahrlässigkeit noch so grob und verurteilenswert sein. Meist wird eine solche Fehlvorstellung auf mangelnder Tatsachenkenntnis beruhen, da sich der Richtende nicht genügend über Rechtsprechung und Rechtslehre zu der anzuwendenden Bestimmung „informiert" hat. Wohl mehr im Hinblick auf das Ergebnis hat der BGH NStZ-RR **1997** 36 „aufgrund der Besonderheiten des Falles" bei dem bereits 1952 aus der DDR geflüchteten Mitglied des dortigen OG trotz seiner Stimme für zeitige Zuchthausstrafen, die „in einem unerträglichen Mißverhältnis" zu den Taten der angeklagten „Zeugen Jehovas" standen und objektiv Rechtsbeugung waren, einen direkten Vorsatz verneint, da sich der Beisitzer damit gegen den Vorsitzenden und den Berichterstatter für „niedrigere" Freiheitsstrafen eingesetzt hatte.

Wie allgemein ist besonders beim Rechtsbeugungsvorsatz die Abgrenzung zwischen einem 101 beachtlichen Bedeutungs- (und damit Tatbestands-)irrtum und einem unerheblichen Subsumtionsirrtum schwierig. Die zweite Sachlage eines nicht vorsatzausschließenden Subsumtionsirrtums ist in dem Wetzlarer Aufgebotsfall von 1935 gegeben (s. Rdn. 51): Der Amtsrichter kannte nicht nur die einschlägigen Gesetzesbestimmungen wie deren tatsächliche Voraussetzungen, welche die Bestellung des Aufgebots zwischen dem „arischen" Antragsteller und seiner jüdischen Verlobten rechtfertigten, sondern wusste auch, dass dieses jahrzehntelang geltende Gesetzesrecht noch nicht aufgehoben war und allgemein als noch gültig angesehen wurde. Er irrte also weder über das tatsächliche Bestehen noch über die rechtliche Bedeutung der Zivilrechtssätze. Dass er persönlich als „überzeugter Nationalsozialist" und fanatischer Antisemit, d.h. nach seiner subjektiven Meinung, die Gesetzesregelung für überholt und ungültig hielt, war eine völlig verfehlte und irrige Beurteilung klarer Rechtsbegriffe und Rechtssätze zu den Ehevoraussetzungen, die selbst Parteidienststellen nicht teilten – der damalige Reichsinnenminister begrüßte in seinem Erlass an die Standesämter den amtsgerichtlichen Beschluss nicht etwa als Ausdruck des geltenden Rechts, sondern nahm ihn zum Anlass, die Standesbeamten auf die bevorstehende und offenbar für nötig befundene gesetzliche Änderung des bisherigen Rechtszustandes hinzuweisen und deshalb zur Zurückstellung (nicht etwa Ablehnung) ähnlicher Aufgebotsanträge anzuweisen.[362] Wenn die irrige Meinung eines Laien, der ein Tier nicht für eine „Sache" im Sinne des § 303, Miteigentum nicht für „Fremdheit" nach § 242 hält, als unbeachtlicher Subsumtionsirrtum gilt, dann muss das erst recht für die Fehlvorstellung des Richtenden über die rechtlichen Voraussetzungen des Eheschlusses gelten. Was den juristischen Laien belastet, sollte den rechtskundigen Richter nicht entlasten.[363]

Beim **bedingten** Rechtsbeugungsvorsatz wird vor allem das voluntative Element zur Abgren- 102 zung von der fahrlässigen Rechtsbeugung für problematisch gehalten. Es ist aber zunächst schon allgemein Folgendes zu bedenken: Dass der Täter des § 339 die Unrichtigkeit der Rechtsanwendung und die dadurch bewirkte Begünstigung oder Benachteiligung einer Partei für möglich hält und trotzdem in Kauf nimmt, d.h. hinnimmt und sich mit ihr abfindet, bedeutet auf der anderen Seite, dass er nicht auf den Nichteintritt der Folge, d.h. auf die Rechtmäßigkeit seiner Leitung

---

360 Vgl. den Marinekriegsgerichts-Fall des SchwG Hamburg Justiz und NS-Verbrechen **X** 449, 483.
361 StA OLG Frankfurt am Main BRAK-Mitt. **2007** 236.
362 Zum Tatsächlichen s. *Spendel* GedS Radbruch S. 314, 319.
363 *Spendel* GedS Radbruch S. 319 ff.; für den obigen Fall zustimmend *I. Müller* NJW **1980** 2394; **abl.** *Seebode* JuS **1969** 205; *Schreiber* GA **1972** 203.

oder Entscheidung der Rechtssache vertraut.[364] Die Formeln „Sich-Abfinden mit dem Eintritt" und „Vertrauen auf das Ausbleiben des Erfolges" ergänzen sich als „Komplementärbegriffe".[365] Der gewissenhafte Richter wird jedoch gerade nicht in einer Einstellung im Sinne der ersten Alternative urteilen (s. Rdn. 95).

103 Im Übrigen kennt das Verfahrensrecht für Zweifel an der Richtigkeit des Vorgehens und Entscheidens aus tatsächlichen Gründen, d.h. bei Erkenntnis der Möglichkeit einer Fehlentscheidung, Beweisgrundsätze, deren bewusste Nichtbeachtung auch Aufschluss über die Willensbildung des Urteilenden gibt; denn es besteht hier die alternative Entscheidungsmöglichkeit des Entweder-Oder. Kann z.B. das Gericht im Strafprozess in einer schwierigen Beweislage letzte Zweifel an der Täterschaft des Angeklagten nicht unterdrücken, hält es also bei einem Schuldspruch ein Fehlurteil für möglich und verurteilt es trotzdem unter Verletzung des Grundsatzes „In dubio pro reo", dann nimmt es die etwaige Fehlentscheidung hin und handelt mit bedingtem Rechtsbeugungsvorsatz,[366] weil es nicht auf Freispruch erkennen und die Gefahr eines Justizirrtums vermeiden will. Das Entsprechende gilt, soweit sich der Richter im Zivilprozess über die Regeln der Beweislastverteilung bewusst hinwegsetzt, z.B. trotz nicht sicher erwiesener unerlaubter Handlung der Schadensersatzklage zum Nachteil des Beklagten stattgäbe.

104 Bei Zweifeln aus rechtlichen Gründen wird, wie bereits bemerkt (Rdn. 49 ff.), der Urteilende in der Regel nicht objektiv-tatbestandsmäßig im Sinne des § 339 handeln, weil mehrere Entscheidungen rechtlich vertretbar sein werden. Nur wenn die Entscheidung objektiv nicht mehr vertretbar und eindeutig falsch ist und der Richter dies innerlich zwar nicht mit Gewissheit erkennt, aber doch für möglich hält und gleichwohl so und nicht anders entscheiden will, damit folglich eine unrichtige Entscheidung billigend in Kauf nimmt, um z.B. den Angeklagten „nicht laufen zu lassen" oder um „einmal energisch durchzugreifen", handelt er bedingt-vorsätzlich im Sinne des § 339. Verfehlt ist der Versuch, bedingten Vorsatz erst dann anzunehmen, „wenn der Amtsträger die *Möglichkeit* der *un*richtigen Entscheidung erkannt hat und diese Entscheidung *auch* bei *Kenntnis*" von ihrer Unrichtigkeit „getroffen hätte".[367] Denn neben der Kenntnis von der möglichen Rechtsverletzung genügt in voluntativer Hinsicht ihr „gleichgültiges" Hin- oder In-Kauf-Nehmen, selbst wenn der Urteilende bei sicherer Erkenntnis seines objektiven Unrechts die Entscheidung nicht gefällt hätte.

105 War sich der juristische Beisitzer im NS-Volksgerichtshof Rehse bewusst, dass durch die eklatante Verletzung von Verfahrensvorschriften bei der Verhandlungsführung Freislers ein Fehlurteil zustande kommen konnte, und machte er trotzdem von seinem Fragerecht an die Zeugen usw. keinen Gebrauch, sondern fand sich aus mangelnder Zivilcourage oder unwürdiger Beflissenheit seinem Vorsitzenden gegenüber damit ab, so hatte er hinsichtlich des rechtswidrigen Todesurteils bedingten Rechtsbeugungsvorsatz. Er hatte sogar den direkten Vorsatz, das Recht zum Nachteil des Beschuldigten zu beugen, wenn er erkannte, dass die Voreingenommenheit und der Vernichtungswille Freislers, die völlig unzulängliche Verhandlung und Beratung usw. nur zu einem neuen Terrorurteil führen mussten, gleichgültig, ob er dies auch wollte (beabsichtigte) oder nur kritiklos hinnahm.

106 Für den **Beweis** des Rechtsbeugungsvorsatzes gilt nichts anderes als für den Nachweis des verbrecherischen Vorsatzes bei anderen Delikten. Ein Indiz dafür sind z.B. die eklatanten Rechtsverstöße.[368] Wie jemand, der brutal mit einem Hammer den Kopf seines Opfers zertrümmert hat, nicht seinen Tötungsvorsatz wird leugnen können, so nicht den Rechtsbeugungsvorsatz ein Richter, der schon vor dem Prozess das Todesurteil als sicher bezeichnet, in der Hauptverhandlung den Angeklagten niederschreit, in der Beratung die Laienrichter überhaupt nicht oder ganz falsch

---

364 *Spendel* FS Heinitz, S. 450.

365 So treffend *Jescheck/Weigend* § 29 III 3c.

366 Dass hier sogar „Übergänge" zum direkten Rechtsbeugungsvorsatz in Betracht kommen, bemerkt mit Recht schon *Hirsch* ZStW **82** (1970) 434.

367 *Hupe* S. 113 ff., 118, Hervorhebung durch den Verf.

368 Dazu zurückhaltend OLG Nürnberg Justiz und NS-Verbrechen **II** 318, 330.

belehrt usw. In dem zu Rdn. 51 berichteten Fall des Strafkammervorsitzenden, der die Abstimmungsregeln zu übergehen suchte, ergab sich dessen Vorsatz auch daraus, dass er am nächsten Tage dem Beisitzer, der die Schöffen in der Beratung aufgeklärt hatte, Vorhaltungen wegen mangelnden Zusammenhalts der Berufsrichter gegenüber den Laienrichtern machen wollte.[369] Nicht nachgewiesen war der Vorsatz nach dem BGH bei dem Amtsrichter, der in Unkenntnis des § 47 Abs. 3 OWG (Verbot, die Verfahrenseinstellung von einer Geldzahlung abhängig zu machen oder damit in Zusammenhang zu bringen) das Verfahren ohne Auflage einer Geldbuße einstellte, nachdem der Verteidiger und sein Mandant, der als Führer eines verkehrsunsicheren LKWs einen Bußgeldbescheid über 250 DM (nunmehr ca. 125 EUR) angefochten hatte, sich bereit erklärt hatten, diesen Geldbetrag an eine gemeinnützige Organisation zu zahlen.[370] Die vom BGH in st. Rspr. vertretene Position, der subjektive Tatbestand der Rechtsbeugung setze „mindestens bedingten Vorsatz hinsichtlich eines Verstoßes gegen geltendes Recht sowie einer Bevorzugung oder Benachteiligung einer Partei voraus", darüber hinaus aber auch eine „bewusste(n) Abkehr von Recht und Gesetz" als Indiz für die „Schwere des Rechtsverstoßes"[371] erfordert in jedem Fall eine genaue Erfassung und sorgfältige Würdigung der inneren Tatseite.

IV. Die Rechtswidrigkeit

In seltenen Ausnahmefällen kann die Rechtsbeugung durch einen Rechtfertigungsgrund ausgeschlossen sein. Eine solche Möglichkeit ist in Rechtsprechung[372] und Rechtslehre[373] anerkannt. Es mag auf den ersten Blick paradox erscheinen, dass z.B. ein Richter unter Umständen gerechtfertigt, also rechtmäßig das Recht zum Vor- oder Nachteil einer Partei soll beugen dürfen. In der Tat kann eine solche Sach- und Rechtslage eigentlich nur in Zeiten einer „Perversion der Rechtsordnung" eintreten, der oft „mit Mitteln der Gegenperversion" zu begegnen ist.[374] So sind etwa folgende Fälle unter dem NS-Regime praktisch geworden: 107

Der Richter hat einen Angeklagten trotz Mangel an Beweisen verurteilt oder für ein erwiesenes leichtes „politisches Delikt" unverhältnismäßig streng bestraft, da der Beschuldigte bei Freispruch oder angemessener (leichter) Strafe von der Geheimen Staatspolizei in ein Konzentrationslager verbracht und weit schlimmeren Folgen für Freiheit, Gesundheit oder sogar Leben ausgesetzt worden wäre.[375] Hier sind zweifellos formelle und materielle Strafrechtssätze zum Nachteil des Verurteilten objektiv eindeutig verletzt, d.h. gebeugt worden, die Verwirklichung des äußeren Tatbestandes war jedoch durch **Notstand** (heute § 34) **gerechtfertigt**. Denn in diesem tragischen Konflikt war die Verletzung des überindividuellen Rechtsguts „unparteiische und richtige Rechtsprechung" und des persönlichen Rechtsguts „Freiheit" (s. Rdn. 8f.) nach der Sachlage das einzige Mittel, einen bedeutend längeren und härteren Freiheitsentzug und eine Leibes- und Lebensgefährdung, also ein erheblich größeres Übel für den Angeklagten zu verhüten.[376] 108

Einwilligung und Nothilfe[377] kommen nicht als Unrechtsausschlussgründe in Betracht.[378] Der erste scheidet deshalb aus, weil die begünstigte oder benachteiligte Partei (Beschuldigter) über 109

369 *Spendel* FS Peters, S. 68.
370 BGH wistra **1987** 339 = NStZ **1988** 218 mit Anm. von *Doller.*
371 BGHSt. 59, 144 (mit umfangreichen Nachweise Rdn. 9ff.).
372 BGHSt **14** 147, 148.
373 *Sch/Schröder/ Hecker* Rdn. 16; *Kuhlen* NK Rdn. 88; *Uebele* MK Rdn. 66; *Bange* BeckOK Rdn. 20; *Joly* S. 102f.; *Musielak* S. 92; *Seebode* Das Verbrechen der Rechtsbeugung S. 132f.; *Spendel* GedS Radbruch S. 316f.; *Bemmann* RuP **1969** 95; s. auch *Welzel* S. 546 (die Rechtfertigung erwägend).
374 *v. Hippel* Der Richter im Dritten Reich S. 258f.
375 Fall, der nach *Schorn* S. 32f. verschiedentlich vorgekommen sein soll.
376 *Spendel* GedS Radbruch S. 317; *Bemmann* RuP **1969** 95f.
377 Die letztere wird von *Welzel* S. 546 immerhin erwogen.
378 Ebenso im Wesentlichen *Seebode* Das Verbrechen der Rechtsbeugung S. 102ff.; *Bemmann* RuP **1969** 95f.

die beiden hier durch die Rechtsbeugung verletzten Rechtsgüter (gerechte Rechtsprechung und Freiheit) nur teilweise verfügen kann, der letzte aus folgendem Grund: Hätte der Richter den unschuldigen Angeklagten mit dessen Zustimmung zu Unrecht verurteilt, um ihn vor der rechtswidrigen polizeilichen Festnahme zu retten, so hätte sich die richterliche „Nothilfe" nicht gegen den Angreifer (Geheime Staatspolizei), sondern gegen einen unbeteiligten „Dritten", die Allgemeinheit, gerichtet. Hätte der Urteilende die Entscheidung gegen den Willen des zu Verurteilenden gefällt, müsste dies erst recht gelten, weil dann außerdem das Interesse des Angegriffenen verletzt worden wäre. Dieser Gesichtspunkt wird noch deutlicher, falls dem Richter selbst die widerrechtliche Inhaftierung durch die Polizei gedroht hätte und die gewünschte Verurteilung des Unschuldigen nur als Ausweg zur eigenen Rettung geblieben wäre; denn der Angegriffene darf sich nach § 32 nicht auf Kosten eines Dritten gegen den Angriff verteidigen.

110 Richter haben unter dem NS-Regime bei ihren Entscheidungen über Abstammungsklagen die Eigenschaften „Jude" oder „Halbarier" verneint, indem sie unter Verstoß gegen das Beweisrecht, insbesondere das Gebot der Wahrheitserforschung im Amtsverfahren, oder unter Überschreitung ihrer Zuständigkeit einen ehelichen Seitensprung der mit einem Juden verheirateten Mutter mit einem „arischen" Erzeuger annahmen oder ein Verhältnis der „deutschblütigen" Kindesmutter mit einem jüdischen Erzeuger verneinten.[379] Hier war die Verletzung der prozessualen Aufklärungspflicht, also die objektiv-tatbestandsmäßige Beugung des Verfahrensrechts, ebenfalls durch Notstand gerechtfertigt, weil solche „falschen" Feststellungsurteile der Rettung des Betroffenen vor der Judenverfolgung dienten.

111 Die Anwendung des dem § 34 zugrunde liegenden Güter- und Interessenabwägungsprinzips kann sich u.U. auch so auswirken, dass schon gar kein Verstoß gegen eine einzelne Rechtsnorm vorliegt und damit § 339 bereits tatbestandsmäßig entfällt. Lehnt das Gericht einen an sich nach § 244 Abs. 3 StPO begründeten Beweisantrag auf Vernehmung eines wichtigen Zeugen ab, weil diesem, falls er in der Hauptverhandlung wahrheitsgemäß aussagt, unter dem SED-Regime eine rechtsstaatswidrige Verfolgung droht, so ist diese Nichtanwendung einer Beweisvorschrift prozessual nicht unzulässig, vielmehr prozessrechtmäßig, da hier das Interesse an der Aufklärung des Sachverhalts hinter dem Interesse am Schutz des Zeugen zurücktritt. Nach BGHSt **17** 337, 347 ff. ist die Ablehnung des Beweisantrags nicht nur zulässig, sondern die Stattgabe sogar unzulässig im Sinne der §§ 244 Abs. 3 Satz 1, 245 Abs. 1 Satz 1 StPO, so dass die Beweiserhebung nicht nur zurückgewiesen werden darf, sondern sogar abgelehnt werden muss. Hat jedenfalls das Gericht in der Beweisaufnahme das Verfahrensrecht bei der Behandlung des Zeugen richtig gehandhabt, dann kommt für die dadurch bewirkte Besser- oder Schlechterstellung des Angeklagten § 339 schon tatbestandlich nicht in Betracht; denn diese muss eben auf einer falschen Rechtsanwendung beruhen.

V. Die Schuld

1. Das Unrechtsbewusstsein

112 Der Richtende muss sich nicht allein vorstellen und vornehmen, d.h. wissen und wollen bzw. für möglich halten und in Kauf nehmen, dass er bei seiner Leitung oder Entscheidung der Rechtssache einzelne Rechtsvorschriften verletzt und dadurch eine Partei begünstigt oder benachteiligt; er hat sich zugleich bewusst zu sein, dass sein ganzes Verhalten, die Besser- oder Schlechterstellung einer rechtsuchenden Partei durch seine parteiische und unrichtige Rechtsprechung, nicht als Recht gilt.[380] Bei der Eigenart des Delikts, zu dessen objektivem Tatbestand bereits die jeweils anzuwendende Vorschrift gehört, wird der Täter mit dem Wissen und Wollen,

379 *Boberach* S. 75 ff., 495; s. auch *Rasehorn* Frankfurter Hefte **1979** 34, 37.
380 Insofern zutreffend *I. Müller* NJW **1980** 2394.

eine Rechtsnorm zu verletzen, grundsätzlich auch das Bewusstsein vom Unrecht seines Verhaltens haben.[381]

2. Entschuldigungsgründe

Ausnahmsweise kann die Schuld durch Entschuldigungsgründe ausgeschlossen sein. Diese Möglichkeit ist ebenfalls in der Rechtsprechung vom BGH mit einer kurzen Bemerkung anerkannt worden,[382] in der Rechtslehre aber umstritten. 113

Die Problematik wird an folgenden Beispielen deutlich: Ein Richter verurteilt unter einem totalitären Regime einen unschuldigen Angeklagten oder einen schuldigen unverhältnismäßig hart, weil er im Falle des Freispruchs oder der angemessenen Bestrafung selbst von der politischen Polizei verhaftet und in ein KZ-Lager verschleppt oder auch von einer politischen Justiz verurteilt,[383] also seine Freiheit, womöglich sein Leben verlieren würde. Oder: die Mitglieder eines Revisionsgerichts erfahren in einer Sitzungspause vor Urteilsverkündung, dass Terroristen ihre Ehefrauen oder Kinder als Geiseln genommen haben und erschießen werden, wenn das Gericht nicht die wegen Mordes angeklagten Komplizen freispricht. Im ersten Fall scheidet ein rechtfertigender Notstand schon soweit aus, als kein wesentlicher Unterschied zwischen den kollidierenden Rechtsgütern besteht: auf der einen Seite die Freiheit des bedrohten Richters, auf der anderen die Freiheit des angeklagten Unschuldigen und die unparteiische, richtige Rechtsprechung. Aber auch soweit das Leben des ersten gefährdet wäre, könnte er sich nicht zur Rechtfertigung seiner Rechtsbeugung darauf berufen, dass sein Leben mehr gelte als die Freiheit des Beschuldigten und die Rechtspflege, ein Rechtsgut der Allgemeinheit. Denn der Dritte, d.h. der Angeklagte, braucht sich und seine Freiheit ebenso wenig für das Leben eines anderen zu opfern, wie sich jemand zwangsweise Blut abnehmen zu lassen braucht, um einen Verunglückten zu retten. Eine solche Duldungspflicht ist mit der Achtung vor der Person und der Freiheit ihrer Entscheidung unvereinbar.[384] 114

Auch im zweiten Fall ist eine Rechtfertigung der Rechtsbeugung abzulehnen; denn der rechtswidrige, das objektive Recht offensichtlich verletzende Freispruch durch die Revisionsrichter, deren sich die Geiselnehmer – freilich im untechnischen Sinne, da sie ja nicht Täter des echten Sonderdelikts „Rechtsbeugung" sein können – als „Werkzeuge" oder „Handlanger" für die Erreichung ihrer rechtswidrigen Ziele (Freipressung von Mördern) bedienen, erschiene als Teil des rechtswidrigen Terrorakts. 115

In beiden Fällen kommt also nur eine **Entschuldigung** nach § 35 in Betracht, weil die Rechtsbeugung das einzige Mittel wäre, die Freiheit der bedrohten Richter oder das Leben der gefangenen Angehörigen zu retten. Es fragt sich, ob dem Richter die Berufung auf den entschuldigenden Notstand zu versagen und er wie ein Soldat, Polizeibeamter, Feuerwehrmann oder Seemann zur Ertragung von Leibes- und Lebensgefahr verpflichtet ist. Einige Stimmen in der Literatur haben diese Frage rigoros bejaht,[385] *Radbruch* die Entschuldigung der Rechtsbeugung eines Richters als „peinlich" bezeichnet.[386] Dennoch wird man die Pflichtenstellung eines Richters nicht überzeichnen dürfen. Daraus folgt: 116

Mit der herrschenden Meinung ist auch sonst bei § 339 der Entschuldigungsgrund des Notstandes gemäß § 35 anzuerkennen.[387] Denn der Richter hat von Berufs wegen nicht physischen 117

---

381 Nicht überzeugend zu dieser Frage OLG Nürnberg Justiz und NS-Verbrechen **II** 318, 334.

382 BGH ROW **1958** 204, 205; BGHSt **14** 147, 148.

383 Dass solche Erwägungen keine „graue Theorie" sind: Nach *Schuller* Geschichte und Struktur S. 88 vor Anm. 20 ist 1952 unter dem SED-Regime ein Oberrichter wegen zu milder Urteile selbst mit drei Jahren Zuchthaus bestraft worden.

384 Ebenso für den Fall der Lebensbedrohung des Richters *Bemmann* RuP **1969** 96.

385 *Figge* SJZ **1947** 180; *Gerster* S. 105; s. auch *Krey* Jura **1979** 316, 321.

386 *Radbruch* SJZ **1946** 105, 108; *Figge* SJZ **1947** 180 (eine solche Entlastung habe „etwas Beschämendes").

387 *Uebele* MK Rdn. 66; *Joly* S. 105 f.; *Musielak* S. 92 f.; *Seebode* Das Verbrechen der Rechtsbeugung S. 112; *Bemmann* RuP **1969** 97; s. auch *Spendel* NJW **1971** 541.

Gefahren für Leben, Leib, Freiheit oder Sachgüter zu trotzen, sondern Versuchungen zu parteiischer, ungerechter Rechtsanwendung zu widerstehen. Sein Einsatz für das Recht und dessen Durchsetzung muss sicherlich weitergehen als die Pflicht so manches Beamten, der zwar auch Recht anzuwenden, aber eben nicht „wie ein Richter" zu entscheiden hat. Kein Richter ist jedoch durch sein Amt zur Selbstaufopferung verpflichtet.

VI. Versuch und Vollendung

118 Die Rechtsbeugung ist **vollendet**, sobald der tatbestandliche Erfolg, der Vor- oder Nachteil einer Partei, durch die Tathandlung, die Beugung von Rechtsnormen, eingetreten, d.h. mitbedingt ist. Das ist bei einer Entscheidung dann der Fall, wenn sie unwiderruflich erlassen, z.B. das Urteil im Strafprozess verkündet ist oder im Zivilprozess den internen Geschäftsbereich verlassen und damit den für den Kläger oder Beklagten günstigen oder nachteiligen Zustand begründet hat.[388] Solange die mündliche Urteilsverkündung des Gerichtsvorsitzenden im Strafverfahren noch anhält, die Entscheidung also noch abänderbar ist,[389] ist die Tat nach § 339 nicht vollendet, sondern erst versucht. Von einem solchen Versuch können die Richter durch eine „Berichtigung" ihres Urteils **zurücktreten**.[390] Ein anschauliches Beispiel für einen **Versuch** der Rechtsbeugung ist der unter Rdn. 51, 106 schon mitgeteilte Fall aus der Praxis, in dem ein Strafkammervorsitzender die (gegen die drei Berufsrichter bei einem notwendig gewordenen Indizienbeweis für Freisprechung der Angeklagten eintretenden) Schöffen über die Abstimmungsregeln im Unklaren ließ und zu „überfahren" suchte, indem er zu dem protokollierenden Referendar sagte: „Dann können Sie ja schon einmal den Schuldspruch (wegen Abtreibung) niederschreiben!". Wie hier der Rechtsbeugungsvorsatz nicht zweifelhaft war (s. dazu Rdn. 106) und nicht etwa dadurch ausgeschlossen wurde, dass der Landgerichtsdirektor die beabsichtigte Verurteilung der Frau für richtig hielt,[391] so wenig kann äußerlich die Versuchshandlung nach objektiver oder subjektiver Theorie zweifelhaft sein, da durch die Verletzung des Verfahrensrechts bei der Leitung der Rechtssache (Täuschung der Laienrichter bei der Beratung [§ 194 GVG] zumindest durch Unterlassen der Aufklärung über die Abstimmungsregeln [§ 263 StPO]) der Vorsitzende spätestens mit der Aufforderung an den Protokollführer angefangen und nach seiner Vorstellung unmittelbar dazu angesetzt hat, eine der Angeklagten nachteilige Entscheidung herbeizuführen.

119 Bei der Leitung der Rechtssache ist die Rechtsbeugung ebenfalls erst mit der Besser- oder Schlechterstellung einer Partei vollendet, so z.B. dann, wenn der Schöffengerichtsvorsitzende die den Sachverhalt aufklärenden Fragen an den Beschuldigten unterlässt und dadurch zunächst zu Unrecht eine dem Angeklagten günstige, für die Anklage ungünstige Beweislage schafft.[392] Das Gleiche gilt für den Fall, dass der Richter einen Angehörigen nicht über sein Zeugnisverweigerungsrecht gemäß § 52 StPO belehrt, um eine belastende und den Angeklagten überführende Aussage zu erreichen, der Zeuge aber zur Aufklärung nichts Wesentliches beizusteuern vermag. Hier liegt zwar bezüglich der durch Rechtsbeugung zu erreichenden Entscheidung, d.h. einer durch Rechtsverletzung zu erzielenden Verurteilung, nur Versuch vor. Das darf aber nicht darüber hinwegtäuschen, dass hinsichtlich der Leitung der Strafsache, der Verhandlungsführung, zu der auch die Zeugenbelehrung gemäß § 52 Abs. 3 StPO gehört, die Rechtsbeugung vollendet ist, weil ein nicht zur Aussage verpflichteter und bei Belehrung nicht aussagebereiter Zeuge durch Täuschung zur Bekundung veranlasst und auch damit eine für den Beschuldigten ungünstige Beweis-

388 *Oppenheim* S. 223; *Musielak* S. 78.
389 BGHSt **25** 333, 335 f.; BGH NJW **1953** 155; RGSt **47** 323; 57 142; **61** 388, 390.
390 *Oppenheim* S. 228; *Häupler* S. 39; *Kohlhaas* S. 41; *Seebode* Das Verbrechen der Rechtsbeugung S. 115.
391 S. schon RGSt **57** 31, 33.
392 RGSt 57 31, 34.

position geschaffen wird (s. auch Rdn. 85 Fn. 318).[393] Unterlässt es der Strafkammervorsitzende, die sich offensichtlich über die Abstimmungsregeln (§ 263 StPO) im Unklaren befindlichen Schöffen aufzuklären, um eine Verurteilung des Angeklagten „durchzudrücken" (s. den praktischen Fall Rdn. 51, 106, 118), so dürfte noch Versuch der Rechtsbeugung vorliegen, solange nicht definitiv zur Abstimmung geschritten worden ist.

Der **Versuch** nach §§ 339, 12 Abs. 1, 22, 23 Abs. 1 ist nicht nur einerseits gegenüber der Vollendung, sondern andererseits auch gegenüber der Vorbereitung abzugrenzen. Der Täter setzt objektiv unmittelbar zur Beugung des Rechts an, sobald z.B. ein Kollegialrichter die rechtsverletzende Entscheidung, etwa einen eindeutig gesetzwidrigen Haftbefehl entworfen und unterzeichnet hat und den anderen Mitgliedern des Kollegiums zur Unterschrift vorlegt oder sofern er für ein Fehlurteil votiert, damit aber nicht durchdringt.[394] Das Versuchsstadium ist auch erreicht, wenn ein Staatsanwalt in einem Brief an den Verteidiger die Nichterhebung der Anklage nach § 170 Abs. 2 StPO von dem Verzicht des Beschuldigten auf Haftentschädigung abhängig macht (praktischer Fall Rdn. 74 mit Fn. 276); zur Vollendung fehlt dann nur die Zustimmung des Beschuldigten und der dadurch bedingte Nichterhalt der Entschädigungssumme. 120

Dagegen kommt noch nicht einmal Versuch, geschweige denn Vollendung in Betracht, falls das **Mitglied** eines **Kollegialgerichts** gegen das Fehlurteil der anderen Richter stimmt, auch wenn es im Übrigen an dem Zustandekommen der Entscheidung durch seine Zugehörigkeit zu dem Spruchkollegium und seine Anwesenheit bei der Urteilsverkündung mitwirkt,[395] so z.B. in dem Kasseler Sondergerichtsfall Holländer, in dem ein Beisitzer gegen das rechtswidrige Todesurteil gestimmt hatte, während der andere Beisitzer (Berichterstatter) und der Vorsitzende auf Todesstrafe für den Angeklagten als „gefährlichen Gewohnheitsverbrecher" wegen „Rassenschande" in vier Fällen erkannt hatten (s. Rdn. 75 f.).[396] Wo eine für den Schuldspruch bestimmende Mehrheit oder eine für den Freispruch ausreichende Minderheit im Kollegialgericht das Recht eindeutig verletzt, da wird durch die „Beteiligung" des überstimmten Richters (Abgabe seiner Gegenstimme und Mitwirkung an der Urteilsverkündung) der objektive Rechtsbeugungstatbestand ebenso wenig für den richtig Urteilenden begründet[397] wie für die falsch Entscheidenden ausgeschlossen. Denn Beugung des Rechts als Tathandlung ist nicht schon jede für ein Fehlurteil tatsächlich mitbedingende (kausale), sondern nur eine auch als rechtsverletzend bewertete Tätigkeit.[398] Die Unterschriftsleistung und die Mitverkündung eines als unvertretbar angesehenen Urteils könnten zwar nach dem Wortlaut des § 339 berücksichtigt werden, verwirklichen aber als solche nicht den Grad an Unrecht, den § 339 als Verbrechen voraussetzt. Man wird insofern eine teleologische Reduktion des § 339 anzunehmen haben. Eine Ausnahme wird allenfalls bei evident unvertretbaren und ungerechten, die Menschenrechte verletzenden Urteilen zu machen sein. Es spricht einiges dafür, dass dieses Problem de lege ferenda gelöst werden muss.[399] 121

Problematisch erscheint es, wenn in Abwandlung des vorstehenden Falles der zuletzt votierende Gerichtsvorsitzende nach dem vergeblichen Versuch, seine beiden Beisitzer umzustimmen, bei der endgültigen Abstimmung sein Votum auch für das Fehlurteil abgegeben hätte, da er doch 122

---

393 *Oppenheim* S. 224 f. nimmt nur Versuch an, weil die Zeugenaussage den Angeklagten nicht belastet und damit nicht benachteiligt habe.

394 *Oppenheim* S. 228; *Trepper* S. 79; *Musielak* S. 40; *Seebode* Das Verbrechen der Rechtsbeugung S. 113.

395 BGH ROW **1958** 204 = GA **1958** 241 (gekürzt); OGHSt **1** 217, 222; OLG Naumburg NJW **2008** 3585, 3585; *Kuhlen* NK Rdn. 83; vgl. auch *Bange* BeckOK Rdn. 25.3. **A.A.** *Dencker* S. 183 ff.; *Erb* FS Küper, S. 29, 31; *ders.*, NStZ **2009** 189 f.; *Knauer*, S. 54; *Jahn* JuS **2009** 80; *Uebele* MK Rdn. 56; zweifelnd jetzt auch *Fischer* Rdn. 8.

396 Nach SchwG Kassel in seinem 1. Urteil vom 28.6.1950; *Moritz/Noam* II S. 308, 313.

397 So aber *Erb* FS Küper, S. 29, 31 ff. m.w.N.

398 Dazu näher *Spendel* FS Peters, S. 171 f.; s. auch *Seebode* Das Verbrechen der Rechtsbeugung S. 114.

399 Dazu auch *Erb* NStZ **2009** 189, 193, der den Tatbestand des § 339 allerdings durch jedes Verhalten erfüllt sein lassen will, „durch das der Täter an der Inkraftsetzung einer rechtsbeugerischen Entscheidung mitwirkt". Durch diese Formulierung wird jedes für die Inkraftsetzung der Entscheidung kausale Verhalten erfasst, was angesichts des Verbrechenscharakters des § 339 zu weit gehen dürfte. Diskutabel erscheint aber die Schaffung eines „minder schweren Falles" der Rechtsbeugung.

nichts mehr an der Entscheidung hätte ändern können und seinen fanatischen Kollegen hätte keinen Vorwand geben wollen, ihn durch einen „härteren" Vorsitzenden ablösen zu lassen. Hier ihn deswegen für straflos zu erklären, weil auch ohne seine Stimme das Urteil zustande gekommen wäre,[400] ist abzulehnen. Denn sein Votum hat zwar nicht zur ausschlaggebenden Mehrheit, wohl aber zur Einstimmigkeit beigetragen, war also doch für den Schuld- und Strafausspruch in der konkreten Form mitbedingend[401] und außerdem eindeutig rechtsverletzend. Der Vorsitzende hätte sich daher in diesem Falle durch seine Stimmabgabe das Fehlurteil „zu eigen" und damit auch der vollendeten Rechtsbeugung schuldig gemacht.

123 Das richterliche **Beratungsgeheimnis** (§ 43 DRiG) steht der Aburteilung solcher Sachverhalte nicht entgegen. Denn es ist nicht Selbstzweck und unabdingbar. Als Schutzschild für eine unbefangene Urteilsfindung darf es nicht zum Deckmantel für eine parteiische und unrichtige Rechtsanwendung werden;[402] seine Offenbarung dadurch, dass die Kollegialrichter als Zeugen und Beschuldigte gehört werden, ist in den vorstehenden Fällen gerechtfertigt, da das allgemeine und staatliche Interesse an der Aufklärung einer Rechtsverletzung zu deren Beseitigung oder an der Feststellung einer Straftat zwecks deren Verfolgung immer höher zu bewerten ist als das Interesse an der geheimen Beratung.[403] Allerdings trifft die beratenden Richter nach h.M. wegen § 43 DRiG keine Aussagepflicht.[404] Diese Ansicht kann jedoch gerade in Fällen einer Kollegialentscheidung, in denen die Aufklärung des Falles von der Aussage der beteiligten Richter abhängt, zu rechtsstaatlich bedenklichen Ergebnissen führen.[405]

124 Ein Beispiel hierfür ist der Beschluss des OLG Naumburg NJW **2008** 3585 gegen die Eröffnung eines Hauptverfahrens wegen Rechtsbeugung im Fall Görgülü, in welchem entgegen klarer Vorgaben des EGMR[406] und des BVerfG[407] von einem Senat des OLG Naumburg einem türkischstämmigen Mann über Jahre hinweg rechtswidrig der Umgang mit seinem Sohn verweigert wurde.[408] Das Verfahren wegen Rechtsbeugung gegen die Richter des Senats wurde unter Hinweis auf die sich aus § 43 DRiG i.V.m. § 202 Satz 1 StPO angeblich ergebenden Beweisschwierigkeiten nicht eröffnet. Die beteiligten Richter unterlägen keiner Aussage*pflicht*, sondern besäßen nur ein Aussage*recht* (von dem sie im vorliegenden Fall keinen Gebrauch gemacht hatten). Ob und inwieweit ein Richter über den Hergang bei Beratung und Abstimmung aussage, soll er nach pflichtgemäßem Ermessen im Einzelfall selbst bestimmen können.[409] Vorzugswürdig dürfte sein, die Entscheidung über die Aussagepflicht des Richters in die Hände des jeweiligen Prozessgerichts zu legen.[410] Dafür spricht insbesondere der Umstand, dass eine Befreiung von der Schweigepflicht nach § 43 DRiG durch den Dienstvorgesetzten (anders als bei der Entbindung von der Pflicht zur Amtsverschwiegenheit) nicht möglich ist und eine Übertragung der Entscheidungsmacht an den betroffenen Richter selbst wegen dessen u.U. erheblichem Eigeninte-

---

400 So *Seebode* Das Verbrechen der Rechtsbeugung S. 113 f.

401 Allgemein zur Behandlung von Kollektiventscheidungen *Lackner/Kühl/Heger*, Vor § 13 Rdn. 11 m.w.N. Aus der Rspr. vgl. BGHSt **37** 106, 129 („Lederspray-Entscheidung").

402 Grundlegend *Spendel* ZStW **65** (1953) 406 ff., 418.

403 So ausdrücklich für „Untersuchungen wegen Rechtsbeugung" usw. RGZ **89** 13, 16. Aus der Literatur dazu *Fischer* Rdn. 9; *Uebele* MK Rdn. 80; *Wickern* LR § 193 GVG Rdn. 51; *Spendel* ZStW **65** (1953) 413 ff.; *Seebode* Das Verbrechen der Rechtsbeugung 55, 114, 127 f.; *Erb* FS Küper, S. 29, 34.

404 OLG Naumburg NJW **2008** 3585, 3587.

405 *Erb*, FS Küper, S. 34 f. weist zu Recht auf die ohnehin enormen Beweisprobleme bei kollegial besetzten Spruchkörpern hin.

406 NJW **2004** 3397.

407 BVerfGE 111 307, 330 ff. = NJW **2004** 3407; NJW **2005** 1105; 1765 und 2685.

408 Dazu auch *Jahn* JuS **2009** 79. *Lamprecht* spricht in NJW **2007** 2744 im Hinblick auf das familienrechtliche Verfahren von einem „Justizskandal". Noch schärfer *Mandla*, ZIS **2009** 143 ff. (mit detaillierter Analyse des Falles); krit. auch *Scheinfeld*, JA **2009** 401; *Marsch*, NJ **2009** 152.

409 So ausdrücklich das OLG Naumburg NJW **2008** 3585.

410 *Schmidt-Räntsch*, DRiG, § 43 Rdn. 12 f.; krit. gegenüber dem Nutzen der Aufhebung des Beratungsgeheimnisses allerdings *Erb* FS Küper, S. 29, 34 f.

resse und der daraus folgenden Interessenkollision, aber auch mit Blick auf die Außenwirkung des Entscheidungsverfahrens, nicht opportun erscheint.[411]

Decken sich objektive und subjektive Tatseite nicht, so gilt Folgendes: 125

Glaubt subjektiv der Richtende, das Recht zu beugen, wendet er es aber objektiv richtig an, so liegt ein untauglicher Versuch vor.[412]

Hält sich ein Amtsträger zu Unrecht für einen potentiellen Täter im Sinne des § 339 und 126 meint, mit seiner falschen Festsetzung der Einkommensteuer für einen guten Bekannten sich einer Rechtsbeugung schuldig zu machen, dann ist er untauglicher Täter des Sonderdelikts und begeht, weil sich seine Fehlvorstellung auf die rechtliche Interpretation seiner Amtsträgerstellung bezieht, ein strafloses Wahndelikt.[413]

VII. Täterschaft und Teilnahme

Die Rechtsbeugung, ein echtes Sonderdelikt (Rdn. 5), ist nicht, wie teilweise behauptet wird,[414] ein 127 „eigenhändiges" Verbrechen. Dass diese hier abgelehnte Behauptung schwerlich haltbar ist, zeigt folgendes Beispiel: Ein Oberstaatsanwalt, der wohlweislich die Strafsache nicht selbst an sich zieht und niederschlägt, bringt durch Täuschung einen jüngeren und unerfahrenen, aber zeichnungsberechtigten Vertreter dazu, unter eindeutiger Verletzung von Verfahrensvorschriften ein Ermittlungsverfahren zugunsten des Beschuldigten zu leiten oder einzustellen.

Ebenso kann ein Richter mittelbar Rechtsbeugung begehen, wie etwa im Regensburger Standge- 128 richtsfall:[415] Ein Landgerichtsdirektor als Vorsitzender eines Standgerichts täuscht seine Beisitzer, die Laienrichter, über die Rechtslage, die Sache an die ordentlichen Gerichte verweisen (Art. IV Abs. 1 StandgerichtsVO) und wegen „Wehrkraftzersetzung" statt auf Todesstrafe „in minder schweren Fällen" auch auf Zuchthaus- oder Gefängnisstrafe erkennen zu können (§ 5 Abs. 2 KSStVO); er bringt so die Mitrichter dazu, ihre Stimme widerstrebend für das Todesurteil abzugeben, stimmt dann aber selbst – eine „unglaubliche Tatsache"[416] – raffiniert nicht ausdrücklich dafür. Dass der Gerichtsvorsitzende selbst durch rechtswidrige Leitung der Strafsache in der Verhandlung wie in der Beratung unmittelbar das Recht gebeugt hat,[417] schließt nicht aus, dass er zugleich durch seine Beisitzer als „Werkzeuge" bei der Entscheidung, d.h. mit dem rechtswidrigen Todesurteil mittelbar eine Rechtsbeugung begangen hat.[418] Der Standgerichtsvorsitzende hat hier das Verbrechen direkt und indirekt in gleichartiger Tateinheit verwirklicht, damit auch in ungleichartiger Tateinheit das Verbrechen des Totschlags. Rechtsbeugung in **mittelbarer Täterschaft** ist also durchaus möglich.[419]

Ebenso kann das Verbrechen in **Mittäterschaft** begangen werden.[420] Man denke an den Fall, 129 dass sich die Mitglieder eines Kollegialgerichts gegenseitig darin bestärken, ein Terrorurteil zu fällen, das zu verhängen der Einzelne allein nicht gewagt hätte, oder dass zwei Sachbearbeiter der Staatsanwaltschaft gemeinschaftlich zusammenwirken, Tatspuren zu verwischen, um den be-

---

411 Jedenfalls im Ergebnis wie hier *Kuhlen* NK Rdn. 84.

412 RGSt **69** 213, 216; *Fischer* Rdn. 47a; *Uebele* MK Rdn. 68; *Kohlhaas* S. 40. Sogar für Strafbarkeit wegen Vollendung auf Grund ihrer rein subjektiven Rechtsbeugungstheorie *Joly* S. 109 f.; *Musielak* S. 81.

413 *Musielak* S. 81. Zur Abgrenzung zwischen (strafbarem) Versuch des untauglichen Subjekts und (straflosem) Wahndelikt *Cornelius* BeckOK § 22 Rdn. 78 ff.; *Fischer* § 22 Rdn. 55; *Hillenkamp* LK § 22 Rdn. 230 ff.

414 So aber z.B. *Trepper* S. 16; *Musielak* S. 85; *Welzel* S. 546; *Jescheck/Weigend* § 26 II 6. Wie hier *Fischer* Rdn. 5; *Kuhlen* NK Rdn. 82; *Uebele* MK Rdn. 67.

415 OLG Nürnberg Justiz und NS-Verbrechen **II** 318.

416 LG Weiden Justiz und NS-Verbrechen **II** 235, 287.

417 LG Weiden Justiz und NS-Verbrechen **II** 235, 294 ff.

418 LG Weiden Justiz und NS-Verbrechen **II** 235, 287 f.

419 OLG Nürnberg Justiz und NS-Verbrechen **II** 318, 330, 334 i.V.m. 287 f., 343. Ebenso ausdrücklich *Gerster* S. 58; *Seebode* Das Verbrechen der Rechtsbeugung S. 117. Dass § 339 kein „eigenhändiges Delikt" ist, lässt sich auch den Ausführungen von *H. Wagner* Amtsverbrechen (1975) S. 212 entnehmen.

420 *Gerster* S. 57; *Joly* S. 111; *Seebode* Das Verbrechen der Rechtsbeugung S. 116.

schuldigten Parteifreund zu retten. Auch die Mittäterschaft ist nicht mit der Begründung zu leugnen, jeder Richter könne nur seine ihm höchst persönlich obliegende Amts- (beim Schiedsrichter: Vertrags-)pflicht verletzen.[421] Denn die Rechtsbeugung bedeutet, wie anfangs ausgeführt (Rdn. 7), primär nicht eine Pflichtverletzung (das natürlich auch), sondern ein parteiisches und ungerechtes Richten und Urteilen.

130 Schließlich ist nach geltendem Recht in zweifacher Hinsicht eine **Teilnahme** an dem Verbrechen (Anstiftung oder Beihilfe) möglich.

Einmal kann der Teilnehmer selbst die strafbegründenden persönlichen Merkmale des § 339 aufweisen, also z.B. Amtsträger bei Leitung oder Entscheidung einer Rechtssache sein, der einen anderen Amtsträger in gleicher Eigenschaft zur Rechtsbeugung bestimmt: Ein Staatsanwalt bringt den Oberstaatsanwalt dazu, als Chef eine von ihm, dem Sachbearbeiter, entworfene rechtswidrige Anklageschrift in einer politischen Strafsache persönlich zu unterzeichnen und die weitere Verfolgung selbst zu übernehmen. Hier begeht der leitende Staatsanwalt eine Rechtsbeugung in unmittelbarer Täterschaft (§§ 339, 25 Abs. 1), sein Vertreter eine **Anstiftung** dazu (§§ 339, 26).

131 Zum andern kommt nach § 28 Abs. 1 StGB auch die Teilnahme einer nicht qualifizierten Person an dem Verbrechen des § 339 in Betracht. Diese Unterscheidung ist für den **Staatsanwalt** besonders bedeutsam. Bis zur Anklageerhebung kann er als „Herr des Verfahrens" eine Rechtsbeugung in der Form der Täterschaft begehen, z.B. durch rechtswidrigen Antrag auf Erlass eines Haftbefehls.[422] Als **Sitzungsvertreter** in der Hauptverhandlung fällt der Staatsanwalt nicht mehr in den Personen- und Täterkreis des § 339, sondern ist als „Partei" im Sinne dieser Vorschrift anzusehen, weil er hier nicht mehr wie im Ermittlungsverfahren Herr des Verfahrens ist, die Leitung der Strafsache vielmehr dem Gericht bzw. dessen Vorsitzendem obliegt; insofern ist der Vertreter der Strafverfolgung „Extraneus", kann also nur als nicht qualifizierter Teilnehmer eine **Anstiftung** zur Rechtsbeugung gemäß §§ 339, 26, 28 Abs. 1 – neben dem Verbrechen der Verfolgung Unschuldiger in Täterschaft (§§ 344, 25 Abs. 1) – begehen, wenn er als Scharfmacher mit seinem politisch bestimmten Plädoyer und seinem völlig überhöhten, rechtswidrigen Strafantrag die Richter einschüchtert und zu einem vorsätzlichen rechtswidrigen Urteil veranlasst.[423] Dagegen läge **Beihilfe** zur Rechtsbeugung vor, wenn in diesem Falle das Gericht schon selbst zu dem Unrechtsurteil entschlossen war.[424]

132 Dieselbe Teilnahmeform ist auch dann gegeben, wenn ein Generalstaatsanwalt als Behördenleiter bei Ausübung seiner Weisungsbefugnis durch einen rechtswidrigen schriftlichen „Strafvorschlag" den „Sitzungsstaatsanwalt" zu einem solchen, sich als Gehilfenhandlung qualifizierenden, Strafantrag angestiftet hat.[425] Hat jedoch ein Staatsanwalt durch seine widerrechtliche **Anklageerhebung** selbst täterschaftliche Rechtsbeugung begangen, so würde seine entsprechende, zum Unrechtsurteil führende (Straf-)Antragstellung in der Hauptverhandlung – an sich eine Teilnehmerhandlung – Teil seiner insgesamt einheitlichen Tat (Rechtsbeugung) sein.[426] Andere Teilnahmefälle wären z.B. die: Ein von der Sache wegen Befangenheit ausgeschlossener Vorsitzender bestimmt seine Kollegen, den mit ihm verfeindeten Angeklagten härter als verdient zu bestrafen. Oder: Die Ehefrau eines Amtsrichters stiftet ihren Mann an, den ihr missliebigen Angeklagten trotz fehlenden Tatnachweises zu verurteilen oder ihre alte Schulfreundin trotz erwiesener Schuld freizusprechen. In allen diesen Fällen fehlt dem „Hintermann" die strafbegründende Amtsträger- oder Richtereigenschaft in Bezug auf die interessierende Rechtssache oder die Subjektsqualität im Sinne des § 339 überhaupt (so im letzten Beispiel der Ehefrau des Richters).

---

421 So jedoch (Mittäterschaft daher nicht möglich) *Trepper* S. 13; *Häupler* S. 15; *Kohlhaas* S. 41.

422 So auch BGHSt **41** 247, 249 f.; BGH NJ **1997** 547; NStZ **2000** 91, 92; NStZ-RR **2000** 140; 302, 302; BGHR StGB § 339 Beihilfe 1; **and.** (nur Beihilfe) anscheinend BGH NJ **1998** 301, 302.

423 Ebenso *Fischer* Rdn. 7; *Uebele* MK Rdn. 67.

424 S. auch BGHSt **41** 247, 250; BGH nach Bericht in NJ **1998** 602.

425 RGSt **59** 396 f.; BGH NJW **1998** 2616, 2616.

426 BGHSt **41** 247, 250; BGH NJW **1998** 2616, 2616; *Sch/Schröder/ Hecker* Rdn. 18; *Lackner/Kühl/Heger* Rdn. 12; *Uebele* MK Rdn. 69; *Bange* BeckOK Rdn. 27.

VIII. Rechtsfolgen

Als rechtliche **Hauptfolge** der Rechtsbeugung droht § 339 dem Täter eine Freiheitsstrafe von einem Jahr bis zu fünf Jahren an; die gesetzliche Mindeststrafe stempelt die Tat zum Verbrechen (§ 12 Abs. 1). Die Nebenfolge des vollendeten Delikts ist außerdem Verlust der Amtsfähigkeit und der Wählbarkeit (§ 45 Abs. 1); im Falle einer Freiheitsstrafe von mindestens sechs Monaten wegen Versuchs oder wegen Beihilfe zur Rechtsbeugung kann auf Verlust der ersten, aber nicht der letzten erkannt werden (§§ 358, 45 Abs. 2). 133

Wird ein Richter wegen Rechtsbeugung und somit zu einer Freiheitsstrafe von mindestens einem Jahr verurteilt, endet gemäß § 24 Nr. 1 DRiG das Richterverhältnis mit Rechtskraft der Verurteilung. Für Beamten enthalten die §§ 24 Abs. 1 Satz 1 Nr. 1 BRRG, 41 Abs. 1 Satz 1 Nr. 1 BBG entsprechende Regelungen. Für einen Rechtsanwalt zieht die Verurteilung wegen Rechtsbeugung in Bezug auf seine frühere richterliche Tätigkeit den zwingenden Widerruf seiner Zulassung nach sich (§ 14 Abs. 2 Nr. 2 BRAO i.V.m. § 45 Abs. 1 StGB). Dies gilt nicht für Rechtsbeugungen, die in der DDR begangen wurden, wenn der Verurteilte nach dem gegenüber § 244 StGB-DDR konkret milderen Verbrechenstatbestand des § 339 StGB bestraft wurde.[427] Für das Opfer der Rechtsbeugung, d.h. für die durch eine vorsätzlich rechtswidrige Entscheidung benachteiligte Partei ergeben sich folgende Konsequenzen: „Die Vollstreckung" eines auf Rechtsbeugung beruhenden rechtswidrigen Todesurteils bedeutet nach der Rechtsprechung „eine vorsätzliche rechtswidrige Tötung",[428] die Vollstreckung einer im Wege der Rechtsbeugung verhängten Freiheitsstrafe demnach eine vorsätzliche rechtswidrige Freiheitsberaubung; spätestens der Beginn des Vollzugs eines solchen rechtsbeugenden Richterspruchs ist daher eine „versuchte rechtswidrige Tötung"[429] bzw. versuchte rechtswidrige Freiheitsberaubung. 134

Ist aber eine Entscheidung so zu qualifizieren, dann ist es nur folgerichtig, in dem Versuch der Vollstreckung einen gegenwärtigen rechtswidrigen Angriff auf das Leben bzw. die Freiheit des aufgrund einer Rechtsbeugung Verurteilten zu sehen und dagegen grundsätzlich Notwehr zuzulassen, sofern keine andere Abhilfe, insbesondere durch ein Wiederaufnahmeverfahren (§ 359 Nr. 3 StPO), möglich ist. Denn ein Richterspruch, der als Rechtsbeugung selbst ein Verbrechen darstellt, kann und darf keine rechtliche Anerkennung beanspruchen.[430] Es wäre kaum nachzuvollziehen, dem Unschuldigen die Duldung der Vollstreckung eines rechtswidrigen Urteils – und das noch im Namen des Rechts – zumuten zu wollen und in einer solchen tragischen Konfliktlage weniger den Schutz des im Recht befindlichen Verurteilten als den des ein Unrecht zufügenden Vollzugsbeamten im Auge zu haben. Die Konsequenz, dass rechtswidrige Richtersprüche notwehrfähig sein müssen, wird denn auch ausdrücklich anerkannt.[431] 135

IX. Konkurrenzen

1. Konkurrenzverhältnis zu anderen Strafvorschriften

a) Bei der Frage, wie das Konkurrenzverhältnis des § 339 zu anderen Strafvorschriften ist, ist zunächst an die Gruppe derjenigen Taten zu denken, die man als Rechtsbeugungsverbrechen im weiteren Sinne bezeichnet hat.[432] 136

---

427 BGH NJW **2001** 2407, 2408; vgl. bereits BGH NStZ-RR **2000** 302, 303.

428 BGH NJW **1956** 1485, 1486.

429 BGHSt **3** 110, 118.

430 *Ad. Arndt* SJZ **1947** 330, 336.

431 *Kuhlen* NK Rdn. 88; *Uebele* MK Rdn. 77. Für rechtsverletzende Entscheidungen unter dem NS-Regime: (allerdings in einem nicht überzeugenden Fall) *Ad. Arndt* SJZ **1947** 335 (**and.** OLG Kiel SJZ **1947** 323, 330), und unter dem SED-Regime: KG ROW **1957** 85 f.; *W. Rosenthal* ROW **1957** 214; *ders.* ROW **1959** 82; *Sax* JZ **1959** 385, 389; s. auch *Polzin* ROW **1957** 86 (nicht klar BGH ROW **1958** 33).

432 So z.B. besonders *Oppenheim* in seiner Monographie.

137 Mit der **Aussageerpressung** (§ 343) besteht **Tateinheit,**[433] da der Täterkreis hier ein anderer und weiterer als bei § 339 ist und die Tathandlung sich nicht nur gegen die Rechtspflege, sondern auch unmittelbar gegen die Freiheit der Willensbildung und -betätigung des Genötigten richtet, so dass § 343 als Amtsdelikt ein besonderer Fall des § 240 ist.[434]

138 Zweifelhaft ist dagegen, ob zwischen Rechtsbeugung und **Verfolgung Unschuldiger** (§ 344) als echtem Amtsdelikt Ideal- oder Gesetzeskonkurrenz besteht, § 344 also das speziellere Delikt ist.[435] Für das erste, d.h. für **Tateinheit** spricht, dass der Täter bei § 344 nur zur Mitwirkung, nicht zur Leitung oder Entscheidung z.B. eines Straf- oder anderen auf Freiheitsentzug gerichteten Verfahrens berufen zu sein braucht, der Täterkreis also auch hier weiter und nur die Tathandlung (die falsche Rechtsanwendung in Gestalt unrechtmäßiger Verfolgung) und die (rechtspolitisch verfehlte)[436] Vorsatzform (Strafbarkeit allein des direkten Vorsatzes) enger als bei § 339 sind.

139 Ebenso wie das Verbrechen des § 344 kann das der **Vollstreckung gegen Unschuldige** (§ 345) mit § 339 in **Tateinheit** stehen,[437] obwohl es ein Sonderfall unrichtiger Rechtsanwendung ist.[438] Wie bei § 344 richtet sich bei § 345 die Tat nicht nur gegen die Rechtspflege, sondern zugleich unmittelbar gegen die Freiheit oder das Vermögen des Betroffenen (s. § 345 Abs. 3 Satz 2 Nr. 2 und 3). Die zu schützenden Rechtsgüter und die in Betracht kommenden Täterkreise decken sich nicht. Es besteht kein Grund, das Konkurrenzverhältnis der §§ 339, 345 anders als das der §§ 339, 344 zu bestimmen.

140 Schließlich ist zwischen Rechtsbeugung und **Strafvereitelung im Amt** (§ 258a) als unechtem Amtsdelikt **Tateinheit** möglich.[439] Einmal sind die betroffenen Rechtsgüter verschieden: bei § 258a ist es die Rechtspflege in Form des staatlichen Straf- und Sicherungsanspruchs, bei § 339 in Gestalt der richtigen und unparteiischen Rechtsprechung; zum anderen decken sich die beiden Täterkreise nicht.

141 **b)** Anders ist das Verhältnis der Rechtsbeugung zur **Bestechlichkeit** (§ 332 Abs. 2), dem zweiten „Standesdelikt" des Richtenden. Um einer Partei durch Beugung des Rechts einen Vorteil zu gewähren, kann der Richter sich selbst einen Vorteil geben oder versprechen lassen. Die Rechtsbeugung wird durch die Bestechung des anderen entweder bewirkt oder belohnt; die beiden Delikte der §§ 332 und 339 werden unabhängig voneinander und zeitlich nacheinander begangen; sie stehen daher in **Tatmehrheit:**[440] ein Amtsträger, z.B. ein Verwaltungsbeamter im Ordnungswidrigkeitsverfahren, erhält von dem Betroffenen als vorausgehenden „Ansporn" oder als nachträgliche „Anerkennung" dafür, dass er kein Bußgeld festsetzt oder festgesetzt hat, ein Geschenk. § 332 greift ein ohne Rücksicht auf den Eintritt des beabsichtigten Erfolges (Rechtsbeugung), § 339 ohne Rücksicht auf den Erhalt einer Gegenleistung für die rechtsbeugende Begünstigung (Bestechlichkeit).

142 **c)** Mit der Rechtsbeugung, insbesondere mit einer rechtsbeugenden Fehlentscheidung, die vollstreckt wird, können andere Delikte begangen werden, bei Strafurteilen besonders **Freiheitsberaubung** oder, solange die Todesstrafe zulässig war, **Mord** oder **Totschlag.**[441] Hat ein Richter

---

433 Ebenso *Gerster* S. 122 f.; *Seebode* Das Verbrechen der Rechtsbeugung S. 120; *Sch/Schröder/ Hecker* Rdn. 18; *Kuhlen* NK Rdn. 89; *Lackner/Kühl/Heger* Rdn. 12; *Uebele* MK Rdn. 69.

434 S. auch RGSt **71** 374, 375.

435 Für Tateinheit *Seebode* Das Verbrechen der Rechtsbeugung S. 121; *Fischer* § 344 Rdn. 7; *Sch/Schröder/ Hecker* Rdn. 18; *Kuhlen* NK Rdn. 89; *Lackner/Kühl/Heger* § 344 Rdn. 9; *Uebele* MK Rdn. 69; *Maurach/Schroeder/Maiwald* II § 76 Rdn. 20; für Gesetzeseinheit OLG Kassel SJZ **1947** 443, 446; *Wolters* SK § 344 Rdn. 19; *Geerds* FS Spendel, S. 503, 516.

436 So mit Recht *Maurach/Schroeder/Maiwald* II § 77 Rdn. 19.

437 RGSt **26** 56, 58.

438 *Seebode* Das Verbrechen der Rechtsbeugung S. 121; *Fischer* § 345 Rdn. 10; *Sch/Schröder/ Hecker* Rdn. 18; *Kuhlen* NK Rdn. 89; *Wolters* SK § 345 Rdn. 19.

439 BGHSt **43** 183, 194. *Seebode* Das Verbrechen der Rechtsbeugung S. 122; *Stein/Deiters* SK Rdn. 62; *Sch/Schröder/ Hecker* Rdn. 18; *Kuhlen* NK Rdn. 89; *Lackner/Kühl/Heger* Rdn. 12; *Uebele* MK Rdn. 69; *Bange* BeckOK Rdn. 27.

440 *Trepper* S. 80 f.; *Seebode* Das Verbrechen der Rechtsbeugung S. 122 f.; *Fischer* Rdn. 49; *Sch/Schröder/ Hecker* Rdn. 18; *Uebele* MK Rdn. 70; differenzierend *Bange* BeckOK Rdn. 27.

441 BGHSt **10** 294, 298; **32** 357, 364; **40** 125, 136; **41** 247, 250; *Uebele* MK Rdn. 69.

an einem solchen rechtswidrigen Spruch durch seine dafür abgegebene Stimme mitgewirkt, z.B. der juristische Beisitzer im Freislerschen Senat des früheren VolksGH oder ein Kollegialrichter in einem Sonder- oder Standgericht, so kommt als Form für die Begehung der Tötung oder Freiheitsberaubung nur **Täterschaft** in Betracht;[442] ihn nur als „Gehilfen" des Vorsitzenden[443] oder gar des Vertreters der Staatsführung[444] und lediglich die letzteren als Täter ansehen zu wollen, würde weder der Bedeutung seiner richterlichen Stellung noch dem Gewicht seines Tatbeitrags gerecht werden. Das wird beim Einzelrichter ganz deutlich, gilt aber auch für den Kollegialrichter, ohne dessen Stimme das Terrorurteil nicht zustande gekommen wäre.

Die Tatbestände der Tötung oder Freiheitsberaubung werden dann in **mittelbarer Täterschaft** verwirklicht, wenn der Vollzugsbeamte als unmittelbar handelndes Werkzeug des Gerichts (beim Todesurteil als Scharfrichter) dessen rechtswidrige Entscheidung (wiewohl nicht schuldhaft) vollstreckt. Zwischen einer solchen Tötung (Totschlag oder Mord) in mittelbarer und Rechtsbeugung in unmittelbarer Täterschaft besteht **Tateinheit**;[445] denn das rechtswidrige, durch Rechtsbeugung zustande gekommene Strafurteil ist die Ursache und das Mittel für die Hinrichtung oder Inhaftierung des Verurteilten. 143

2. Sperrwirkung des § 339

a) Soweit ein Spruchrichter aufgrund seiner Leitung oder Entscheidung einer Rechtssache weitere Tatbestände verwirklicht hat, ist er nach h.M. nur dann dafür mit zu bestrafen, wenn er zugleich eine strafbare Rechtsbeugung begangen hat.[446] § 339 entfaltet demnach eine **„Sperrwirkung"** gegenüber anderen Strafvorschriften.[447] Denn andernfalls würde die Beschränkung, dass der Spruchrichter nur für eine vorsätzlich falsche Rechtsanwendung verantwortlich ist, wieder aufgehoben.[448] Eine Bestrafung wegen fahrlässiger Rechtsbeugung, die gelegentlich gefordert wurde,[449] ist rechtspolitisch nicht unbedenklich, da sie die richterliche Verantwortungsfreiheit und damit Unabhängigkeit bei der Urteilsfindung schwächen könnte.[450] 144

Auch im Hinblick auf solche tateinheitlich mit Rechtsbeugung konkurrierenden Delikte wie Freiheitsberaubung und Totschlag verbietet es sich, den Rechtsbeugungsvorsatz auf den direkten zu beschränken. Dies hätte sonst die groteske Folge, dass ein Richter Freiheitsberaubung oder gar einen Mord bedingt-vorsätzlich begehen könnte, ohne Strafe zu gewärtigen, wenn er die Tat nur auf dem Wege einer Rechtsbeugung bewerkstelligte.[451] 145

---

442 Insofern zutreffend im Rehse-Fall BGH NJW **1968** 1339, 1340.

443 So SchwG Berlin DRiZ **1967** 393.

444 So im SS-Standgerichtsfall Huppenkothen BGH Justiz und NS-Verbrechen **XIII** 336, 343.

445 BGH MDR **1952** 693, 695; OLG Nürnberg Justiz und NS-Verbrechen **II** 318; *Stein/Deiters* SK Rdn. 62.

446 So bereits BGHSt **10** 294, 298; BGH MDR **1952** 693, 695; NJW **1971** 571, 574; OLG Bamberg SJZ **1949** 491. Ausdrücklich *Radbruch* SJZ **1946** 108; *Eb. Schmidt* Lehrkommentar I Rdn. 529; *Welzel* S. 523; *Seebode* Das Verbrechen der Rechtsbeugung S. 123 f.; *Bemmann* GedS Radbruch S. 308; **dagg.** *Bettermann* Die Unabhängigkeit der Gerichte und der gesetzliche Richter, in: Die Grundrechte III 2 (1959, 2. Aufl. 1972) S. 575 ff.; krit. auch *Begemann* NJW **1968** 1361 ff.; *Wassermann* RuP **1992** 121, 128; zur rechtlichen Bestimmung *Schroeder* GA **1993** 389, 401 f.

447 BGHSt **32** 357, 364; **40** 125, 136; OLG Düsseldorf NJW **1990** 1374; OLG Karlsruhe NStZ-RR **2001** 112, 113; NJW **2004** 1469, 1470; *Fischer* Rdn. 48; *Sch/Schröder/ Hecker* Rdn. 17; *Kuhlen* NK Rdn. 90; *Lackner/Kühl/Heger* Rdn. 11; *Uebele* MK Rdn. 71; *Bange* BeckOK Rdn. 28. Eingehend *Kuhlen* HRRS 2015 492 ff.

448 BGH MDR **1952** 695.

449 *Stahnke* S. 124; *Bendix* Die Justiz **II** (1926/27) S. 70; *Swarzenski* Die Justiz **IV** (1928/29) S. 341; **dagg.** *Ebermayer* DRiZ **1928** 258; *Bewer* DRiZ **1929** 38.

450 Zwingend ist das freilich nicht, wie das Beispiel anderer Länder zeigt, die z.B. die fahrlässige falsche Verurteilung in Strafsachen bestrafen, s. *Swarzenski* Die Justiz **IV** (1928/29) S. 345. Für Strafbarkeit der fahrlässigen Rechtsbeugung *von der Leye* Zur Reform des Besonderen Teils des Strafgesetzbuches (1968) S. 113 f.; für Sanktionierung leichtfertiger Rechtsbeugung *Erb* FS Küper, S. 29, 37 ff.

451 Zur Kritik s. schon *Spendel* FS Heinitz, S. 455 f.

146 **b) Im Übrigen ist** zu beachten, dass die Bestrafung von Spruchrichtern auch wegen anderer Delikte nicht stets ausgeschlossen ist. Wenn ein Tribunal nicht mehr als „Gericht", seine Prozedur nicht mehr als „Rechtsverfahren", seine Entscheidung nicht mehr als „Richterspruch" qualifiziert werden können, dann sind die „Richter" wie gewöhnliche Mörder oder Totschläger oder eben auch Täter einer fahrlässigen Tötung oder eines anderen Delikts zu behandeln, weil keine „Rechtsbeugung" eines „Richters" (im juristisch-technischen Sinne) vorlag und deshalb auch jede „Sperrwirkung" des § 339 entfällt.[452] Eine solche Beurteilung kam z.B. für gewisse „Standgerichts"-Fälle gegen Ende des zweiten Weltkrieges in Betracht. [453]

In der Rechtswirklichkeit der Bundesrepublik Deutschland spielen solche „Scheinverfahren" keine Rolle mehr.

---

452 *Wassermann*, FS Spendel, S. 654; *Hupe*, S. 121 m.w.N.
453 SchwG Würzburg und BGH Justiz und NS-Verbrechen **X** 205; 233 („Zellinger Standgerichts-Fall").

§ 340 Körperverletzung im Amt

(1) [1]Ein Amtsträger, der während der Ausübung seines Dienstes oder in Beziehung auf seinen Dienst eine Körperverletzung begeht oder begehen läßt, wird mit Freiheitsstrafe von drei Monaten bis zu fünf Jahren bestraft. [2]In minder schweren Fällen ist die Strafe Freiheitsstrafe bis zu fünf Jahren oder Geldstrafe.
(2) Der Versuch ist strafbar.
(3) Die §§ 224 bis 229 gelten für Straftaten nach Absatz 1 Satz 1 entsprechend.

Schrifttum

Amelung Die Zulässigkeit der Einwilligung bei den Amtsdelikten, Festschrift Dünnebier (1982) 487; *Beulke/Ruhmannseder* Sind Lehrer an einer Privatschule „Amtsträger" im Sinne des § 340 StGB? HRRS **2008** 322; *Cortes Rosa* Teilnahme an unechten Sonderverbrechen, ZStW **90** (1978) 413; *Duttge* Zur Bedeutung der Rechtsgutslehre für Einwilligung und Gesetzeskonkurrenz, Jura **2006** 15; *Gaede* Deutscher Brechmitteleinsatz menschenrechtswidrig: Begründungsgang und Konsequenzen der Grundsatzentscheidung des EGMR im Fall Jalloh, HRRS **2006** 241; *Gröning* Körperverletzungsdelikte – §§ 223 ff., 340 StGB – Reformdiskussion und Gesetzgebung seit 1933 (2004); *Heinrich* Der Amtsträgerbegriff im Strafrecht (2000); *Jäger* Die Delikte gegen Leben und körperliche Unversehrtheit nach dem 6. Strafrechtsreformgesetz, JuS **2000** 31; *Korn* Körperverletzungsdelikte – §§ 223 ff., 340 StGB – Reformdiskussion und Gesetzgebung von 1870 bis 1933 (2003); *Nestler/Lehner* Was ist so besonders an Sonderdelikten? Jura **2017** 403; *Rengier* Die Reform und Nicht-Reform der Körperverletzungsdelikte durch das 6. Strafrechtsreformgesetz, ZStW **111** (1999) 1; *Schuhr* Brechmitteleinsatz als unmenschliche und erniedrigende Behandlung, NJW **2006** 3538; *Wagner* Amtsverbrechen (1975); *ders.* Neue Tendenzen im Bereich der Amtsdelikte, ZRP **1975** 273; *Wolters* Die Neufassung der Körperverletzungsdelikte, JuS **1998** 582.

Entstehungsgeschichte

Die Vorschrift geht zurück auf § 316 preuß. StGB. Über das nordd. StGB gelangte sie mit geringfügigen sprachlichen Änderungen als § 340 in das RStGB. Neufassungen erfolgten durch das EGStGB 1974 (BGBl. I S. 469, 497), den Art. 1 Nr. 21 VerbrBekG von 1994 (BGBl. I S. 3187) und Art. 1 Nr. 93 des 6. StrRG von 1998 (BGBl. I S. 164, 185).[1] Das EGStGB 1974 ersetzte die Formulierung „in Ausübung oder in Veranlassung der Ausübung seines Amtes" in Anpassung an den neuen gesetzlichen Sprachgebrauch durch „während der Ausübung seines Dienstes oder in Beziehung auf seinen Dienst", ohne dass damit eine sachliche Änderung einhergesehen sollte (BTDrucks. 7/550 S. 277). Außerdem führte es den im neuen § 11 Abs. 1 Nr. 2 enthaltenen Amtsträgerbegriff (dazu BTDrucks. 7/550 S. 208 f.) in die Vorschrift ein und strich das wegen der allgemeinen Regelung des § 15 überflüssig gewordene Wort „vorsätzlich" (BTDrucks. 7/550 S. 191). Das 6. StrRG hat im Absatz 2 die Strafbarkeit des Versuchs und im Absatz 3 einen Verweis auf die §§ 224 bis 229 eingeführt. Damit sind neben den Qualifikations- bzw. Erfolgsqualifikationstatbeständen (§§ 224 bis 227) auch die fahrlässige Körperverletzung (§ 229) und die Regelung zur Einwilligung (§ 228) anwendbar. Letzteres wirft Fragen hinsichtlich des Anwendungsbereichs der Einwilligung auf (vgl. Rdn. 14).

Übersicht

---

1 Über die Entstehungsgeschichte der Norm sowie Reformüberlegungen informieren *Korn* S. 23 ff., 40 ff., 66 ff., 79, 91 f., 151 f., 167 f., 190 f., 226 f., 248 ff., 293, 317, 331, 349, 374 f.; *Gröning* S. 31 f., 79 f., 140 f., 162 ff., 201.

https://doi.org/10.1515/9783110490329-011

I. Deliktstypus und Schutzgut

1 Die Körperverletzung im Amt ist ein **Sonderdelikt**. Der Tatbestand kann nur von einem Amtsträger verwirklicht werden. Weil die Körperverletzung nach §§ 223 ff. ein Allgemeindelikt ist, das von jeder Person begangen werden kann, ist die Körperverletzung im Amt ein unechtes Sonderdelikt in Form eines Amtsdelikts.[2] Das gilt jedenfalls für die Tatvariante des Begehens einer Körperverletzung im Amt. So knüpft diese an die von § 223 Abs. 1 bereits erfassten Täterschaftsformen an (Rdn. 9). Hinsichtlich der Tatvariante des Begehenlassens handelt es sich bei § 340 Abs. 1 dagegen um ein echtes Sonder- bzw. Amtsdelikt, da und soweit durch diese Modalität Tatbeiträge in den Tatbestand einbezogen werden, die in materieller Hinsicht als Teilnahme (mithin Anstiftung oder Beihilfe) einzustufen sind (s. Rdn. 10).[3] Zugleich werden damit Teilnahmebeiträge als täterschaftliches Verhalten angesehen.[4] Die Amtsträgereigenschaft ist zudem ein besonderes persönliches Merkmal i.S.d. § 28 (zu den Folgen für die Strafbarkeit von Beteiligten s. Rdn. 15).[5] Im Weiteren ist § 340 Abs. 1 als unechtes Sonderdelikt eine Qualifikation der einfachen Körperverletzung (§ 223).[6] Der gegenüber § 223 erhöhte Unrechtsgehalt resultiert daraus, dass der Amtsträger die Körperverletzung unter Verletzung seiner Dienstpflichten begeht.[7]

2 Die von § 340 geschützten **Rechtsgüter** entsprechen denen des § 223. Folglich schützt die Vorschrift vor Verletzungen der körperlichen Integrität; als Schutzgüter fungieren Körper und Gesundheit (s. *Grünewald* LK § 223 Rdn. 2 ff.). Dass § 340 dem Schutz eines Individualguts dient, dürfte mittlerweile weitgehend unstrittig sein.[8] Strittig ist jedoch, ob die Norm neben einem individuellen auch ein überindividuelles Gut schützt, so dass sie eine doppelte Schutzrichtung aufweist. Ein beachtlicher Teil der Literatur geht davon aus, dass § 340 auch dem Schutz eines Allgemein-

---

2 *Sch/Schröder/Hecker* Rdn. 1; *vHH/Eschelbach* Überblick; *Fischer* Rdn. 1; *Voßen* MK Rdn. 2; *Eisele* BT I Rdn. 390; *Rengier* BT II § 62 Rdn. 1; instruktiv zur Kategorie der Sonderdelikte *Nestler/Lehner* Jura **2017** 403 ff.

3 Zu dieser Differenzierung *SSW/Kudlich* Rdn. 1; *Zöller* AnwK Rdn. 1.

4 *Wolters* SK Rdn. 2; *Matt/Renzikowski/Engländer* Rdn. 3; *Kuhlen* NK Rdn. 10; *Zöller* AnwK Rdn. 1.

5 *Sch/Schröder/Heine/Weißer* § 28 Rdn. 13; *Joecks/Scheinfeld* MK § 28 Rdn. 19; *SSW/Murmann* § 28 Rdn. 4, 7; *Lackner/Kühl/Kühl* § 28 Rdn. 4; *Schünemann/Greco* LK § 28 Rdn. 55; **abw.** *Wagner* S. 108 f., 397 (kein personales, sondern sachlichtatbezogenes Merkmal).

6 *Wolters* SK Rdn. 2; *Kuhlen* NK Rdn. 13; *SSW/Kudlich* Rdn. 1; *Zöller* AnwK Rdn. 1; *Lackner/Kühl/Heger* Rdn. 1; *Sch/Schröder/Hecker* Rdn. 1; *Lilie* LK[12] Rdn. 2; *Voßen* MK Rdn. 2; *vHH/Eschelbach* Überblick sowie Rdn. 2; *Matt/Renzikowski/Engländer* Rdn. 1; *Rengier* BT II § 62 Rdn. 1; *Eisele* BT I Rdn. 390. **And.** *Wagner* ZRP **1975** 273, 277; *ders.* S. 87 ff., 149, da er von einem anderen Rechtsgut ausgeht (s. Rdn. 2 mit Fn. 8).

7 *Matt/Renzikowski/Engländer* Rdn. 1; *Zöller* AnwK Rdn. 1; *Kuhlen* NK Rdn. 4; *Fischer* Rdn. 2; *Sch/Schröder/Hecker* Rdn. 4 („Missbrauch der Amtsgewalt"); *Lilie* LK[12] Rdn. 1 („Amtspflichtverstoß"); *Wolters* SK Rdn. 4; *Voßen* MK Rdn. 1; *vHH/Eschelbach* Überblick; *Klesczewski* BT § 3 Rdn. 127; KG NJW **2008** 2132, 2133; **krit.** *Maurach/Schroeder/Maiwald/Hoyer* I § 9 Rdn. 37.

8 *SSW/Kudlich* Rdn. 1; *Fischer* Rdn. 1; *Kuhlen* NK Rdn. 4; *Zöller* AnwK Rdn. 2; *Wolters* SK Rdn. 4; *Sch/Schröder/Hecker* Rdn. 1; *Matt/Renzikowski/Engländer* Rdn. 1; *vHH/Eschelbach* Rdn. 1; *Voßen* MK Rdn. 1. **AA** insbes. noch *Wagner* ZRP **1975** 273, 277 f., und eingeh. *ders.* S. 101 ff., 168 f. Nach *Wagner* a.a.O. S. 104 handelt es sich bei der Körperverletzung im Amt um „wirkliches Staatsunrecht (Staatszurechnungsunrecht)". Der Täter verletze „das individuelle Rechtsgut der Körperintegrität und das überindividuelle Rechtsgut der Rechtsstaatlichkeit des Staates uno actu" (a.a.O. S. 168). Hieraus resultiere ein spezifischer Unrechtsgehalt, der sich qualitativ von der Körperverletzung nach §§ 223 ff. abhebe und deshalb nicht als qualifizierte Form einer Individualgutverletzung aufgefasst werden könne (a.a.O. S. 168 f.); vielmehr habe man es mit einem eigenständigen Unrechtstyp zu tun (ZRP **1975** 273, 278). Demgegenüber weist *Amelung* FS Dünnebier 487, 502 ff., auf die französisch-liberalen Wurzeln des § 340 hin. Historisch gesehen hätten die Interessen des Bürgers im Vordergrund gestanden.

guts dient.[9] Verwiesen wird auf die Funktionsfähigkeit der staatlichen Verwaltung[10] oder die Interessen der Allgemeinheit an ordnungsgemäßer Amtsführung.[11] Zwar trifft es zu, dass sich das gegenüber § 223 erhöhte Unrecht „zwanglos" auf die Verletzung einer Dienstpflicht stützen lässt und dass man dafür nicht zusätzlich ein überindividuelles Rechtsgut benötigt.[12] Wäre die Verletzung der körperlichen Integrität aber alleiniges Schutzgut des § 340, dann wäre es konsequent, den erschwerenden Umstand, dass die Körperverletzung unter Missbrauch der Amtsgewalt begangen wird, im Rahmen der Straftaten gegen die körperliche Unversehrtheit zu berücksichtigen und damit den Regelungsgehalt der Vorschrift im 17. Abschnitt des StGB aufzunehmen.[13] Insofern spricht die systematische Stellung der Norm im Abschnitt der Straftaten im Amt dafür, § 340 eine zweifache Schutzrichtung zuzuweisen.[14] Die Frage nach den von § 340 geschützten Rechtsgütern gewinnt bei der Einwilligung an Bedeutung. Denn § 228 wird (anders als § 230) von dem Verweis in § 340 Abs. 3 nicht ausgenommen. Daraus allein lässt sich allerdings weder herleiten, dass § 340 nur dem Schutz eines individuellen Rechtsguts dient,[15] noch folgt daraus, dass eine rechtfertigende Einwilligung in eine Körperverletzung im Amt wegen des vom Schutzzweck umfassten Universalrechtsguts von vornherein ausscheidet (s. Rdn. 14).[16]

II. Tatbestandsvoraussetzungen des Absatzes 1

Der objektive Tatbestand des Absatzes 1 setzt voraus, dass ein Amtsträger während der Ausübung seines Dienstes oder in Beziehung auf seinen Dienst eine Körperverletzung begeht oder begehen lässt (Rdn. 4 ff.). In subjektiver Hinsicht ist Vorsatz erforderlich (Rdn. 11). 3

1. Körperverletzungserfolg

Voraussetzung des § 340 Abs. 1 ist zunächst, dass ein Körperverletzungserfolg i.S.d. § 223 Abs. 1 eingetreten ist. Hierfür muss eine andere Person körperlich misshandelt oder an der Gesundheit geschädigt worden sein (dazu *Grünewald* LK § 223 Rdn. 21 ff.).[17] 4

---

9 *Lilie* LK[12] Rdn. 1; *Sch/Schröder/Hecker* Rdn. 1; *Schmedding* HK-GS Rdn. 1; *Voßen* MK Rdn. 1; *Wolters* SK Rdn. 4; *Duttge* Jura **2006** 15, 19 f.; *Jäger* JuS **2000** 31, 48; *Heinrich* S. 267 ff., bes. 289 f. **AA** *SSW/Kudlich* Rdn. 1; *Fischer* Rdn. 1; *Kuhlen* NK Rdn. 4; *Zöller* AnwK Rdn. 2; *vHH/Eschelbach* Rdn. 1.

10 Eingeh. *Heinrich* S. 267 ff., bes. 289 f.; i.E. ebenso *Lilie* LK[12] Rdn. 1; *Duttge* Jura **2006** 15, 19 f.; *Jäger* JuS **2000** 31, 48.

11 *Sch/Schröder/Hecker* Rdn. 1; *Schmedding* HK-GS Rdn. 1; *Voßen* MK Rdn. 1; *Wolters* SK Rdn. 4; Nach *vHH/Eschelbach* Rdn. 1 handelt es sich hierbei um eine „überkommene Vorstellung".

12 So *Kuhlen* NK Rdn. 4.

13 Unter der Prämisse, dass § 340 nur ein Individualgut schützt, lässt sich sogar fragen, ob § 340 infolge der allgemeinen Erweiterung der Strafrahmen nicht überflüssig ist (*Maurach/Schroeder/Maiwald/Hoyer* I § 9 Rdn. 37). Vgl. in diesem Kontext auch den Gesetzentwurf in BTDrucks. 13/7164. Dort war eine Streichung des § 340 vorgesehen, weil die Vorschrift als „nicht mehr zeitgemäß" und „im Hinblick auf die Verschärfung einschlägiger anderer Strafvorschriften entbehrlich" angesehen wurde (a.a.O. S. 2, 18). In modifizierter Form fand sich der Inhalt der Vorschrift jedoch als Regelbeispiel in § 223 Abs. 3 Nr. 3 wieder (a.a.O. S. 5). Auch nach dem E 62 sollte § 340 gestrichen werden (BTDrucks. IV/650 S. 282). Der Wegfall der Norm wurde aber teilweise durch §§ 153 Abs. 2, 154 Abs. 2 E 62 kompensiert. Solche Vorstöße **abl.** *Hirsch* LK[11] Rdn. 1.

14 *Jäger* JuS **2000** 31, 48; *Duttge* Jura **2006** 15, 19 f.; *Lilie* LK[12] Rdn. 1; *Wolters* SK Rdn. 4; *Sch/Schröder/Hecker* Rdn. 1.

15 Zutr. *Lilie* LK[12] Rdn. 1; **aA** *Fischer* Rdn. 7; *SSW/Kudlich* Rdn. 1; *Zöller* AnwK Rdn. 2.

16 *Wolters* SK Rdn. 4; **aA** *Lilie* LK[12] Rdn. 15.

17 Das OLG Düsseldorf NJW **1991** 2918, 2919 meint, der Tatbestand der einfachen Körperverletzung sei nicht erfüllt, wenn ein Polizeibeamter das bereits am Boden liegende Opfer in die Seite tritt (s. **dagg.** *Grünewald* LK § 223 Rdn. 26; *Rengier* BT II § 13 Rdn. 10; *Paeffgen/Böse* NK § 223 Rdn. 10).

2. Täterkreis

5 Täter der Körperverletzung im Amt kann nur ein Amtsträger sein (bereits Rdn. 1). Wer diesem Personenkreis zuzurechnen ist, ergibt sich aus der Legaldefinition in § 11 Abs. 1 Nr. 2.[18] Fälle aus der Rechtsprechung, in denen die erforderliche Täterqualität vorlag, betrafen u.a. einen Arzt im Konzentrationslager Buchenwald,[19] einen Chefarzt eines Kreiskrankenhauses,[20] Polizeibeamte[21] sowie Lehrer an staatlichen Schulen.[22] Demgegenüber sind Lehrer an Privatschulen keine tauglichen Täter.[23] Zwar steht die Privatschule unter staatlicher Aufsicht, sie unterliegt aber keiner staatlichen Steuerung und kann somit auch nicht als verlängerter Arm des Staats betrachtet werden.[24] Auch Busfahrer kommunaler Verkehrsbetriebe lassen sich dem Täterkreis nicht zurechnen, da sie „nach der heutigen Anschauung im Verhältnis zum Fahrgast nicht mehr als verlängerter Arm des Staates [...] angesehen werden".[25] Nach § 48 Abs. 1 WStG stehen Offziere und Unteroffiziere den Amtsträgern und ihr Wehrdienst dem Amt gleich.

3. Innerer Zusammenhang mit dem Dienst

6 Darüber hinaus braucht es einen Zusammenhang zwischen Körperverletzung und dienstlicher Tätigkeit. Das machen die Tatbestandsmerkmale „während der Ausübung seines Dienstes" und „in Beziehung auf seinen Dienst" deutlich. Es genügt also nicht, dass ein Amtsträger eine Körperverletzung begeht.

7 Die Tatvariante **während der Ausübung des Dienstes** kommt in Betracht, wenn der Amtsträger die Tat innerhalb seiner Dienstzeit begeht.[26] Allerdings genügt es nach nahezu einhelliger Auffassung noch nicht, wenn diese Voraussetzung erfüllt ist.[27] Vielmehr muss die Tat zudem in einem inneren, sachlichen Zusammenhang mit der Dienstausübung stehen; sie muss „Bestandteil einer Diensthandlung" sein (so *Lilie* LK[12] Rdn. 5) und sich als Missbrauch der Amtsgewalt darstellen.[28] Ein bloß äußerer Zusammenhang genügt also nicht.[29] Folglich ist der Tatbestand des § 340 nicht erfüllt, wenn die Körperverletzung einen privaten Charakter trägt und nur zufällig während

---

18 S. dazu *Hilgendorf* LK § 11 Rdn. 19 ff.; *Walther* Jura **2009** 421 ff.

19 BGHSt **4** 113, 117.

20 OLG Karlsruhe NJW **1983** 352.

21 BGH NStZ **2010** 151; BGH BeckRS **1986** 31109858; OLG Bremen NJW **1964** 735; OLG Köln NStZ **1986** 234; OLG Düsseldorf NJW **1991** 2918; OLG Nürnberg BeckRS **2017** 130748; OLG Köln StV **2020** 183; BayObLG BeckRS **2020** 35558.

22 BGHSt **11** 241; BGHSt **12** 62; BGH NStZ **1993** 591; BayObLG NJW **1979** 1371, 1372.

23 OLG München NJW **2008** 1174 (Lehrer an einer Waldorfschule).

24 So die Begründung des OLG München NJW **2008** 1174; zu dieser Entscheidung *Beulke/Ruhmannseder* HRRS **2008** 322, 324 ff.

25 KG NJW **2008** 2132. Als taugliche Täter des § 340 wurden hingegen Mitglieder der Ordnungsgruppe eines unter staatlichem Einfluss stehenden Nahverkehrsbetriebs angesehen, s. OLG Hamburg NJW **1984** 624; zu dieser Entscheidung *Wagner* JZ **1987** 594, 595 f.

26 *Fischer* Rdn. 2; *Kuhlen* NK Rdn. 8; *Wolters* SK Rdn. 12; *Zöller* AnwK Rdn. 5; *Kindhäuser/Schramm* BT I § 9 Rdn. 50.

27 **AA** *Wagner* ZRP **1975** 273, 274. *Wagner* argumentiert mit dem durch das EGStGB 1974 geänderten Wortlaut des § 340. So lautete § 340 zuvor „in Ausübung [...] seines Amtes" (s. Entstehungsgeschichte). Aus dieser Formulierung gehe hervor, dass eine sachliche Beziehung zwischen Körperverletzung und Amtsausübung notwendig sei, wohingegen der Terminus „während" nur einen zeitlichen Zusammenhang erfordere (*Wagner* a.a.O.). Genauso schon RGSt **17** 165, 167, um zu begründen, weshalb nach der alten Fassung das zeitliche Zusammentreffen von Dienstausübung und Körperverletzung zur Verwirklichung des Tatbestands allein nicht genügte. Mit der Änderung des Wortlauts durch das EGStGB sollte jedoch – was *Wagner* (a.a.O.) auch einräumt – eine sachliche Änderung nicht einhergehen (s. BTDrucks. 7/550 S. 277). Gegen die Ansicht von *Wagner* u.a. *Hirsch* LK[11] Rdn. 5 und 1; *Otto* BT § 19 Rdn. 4.

28 *Kuhlen* NK Rdn. 8; *Fischer* Rdn. 2; *Wolters* SK Rdn. 12; *Rengier* BT II § 62 Rdn. 2 sowie bereits *Hirsch* LK[11] Rdn. 5.

29 *SSW/Kudlich* Rdn. 5; *Matt/Renzikowski/Engländer* Rdn. 4; *Sch/Schröder/Hecker* Rdn. 4; *Fischer* Rdn. 2; *Lackner/Kühl/Heger* Rdn. 2; *Kuhlen* NK Rdn. 8; *vHH/Eschelbach* Rdn. 15; *Wolters* SK Rdn. 12; *Zöller* AnwK Rdn. 5; *Voßen* MK Rdn. 9; *Rengier* BT II § 62 Rdn. 2; *Otto* BT § 19 Rdn. 4; *Eisele* BT I Rdn. 397.

der Dienstzeit begangen wird. Eine bloß bei Gelegenheit der Dienstausübung begangene Körperverletzung lag etwa in RGSt **6** 20 vor: Ein verbeamteter Landbriefträger verpasste, während er die Post austrug, einem Ehemann Schläge, weil dieser seiner Ehefrau vorgeworfen hatte, sich am Tag zuvor „unbefugter Weise" zehn Minuten lang mit dem Briefträger unterhalten zu haben.[30] Da auch bei dieser ersten Tatvariante ein sachlicher Zusammenhang mit der Amtsausübung notwendig ist (zur zweiten Tatvariante Rdn. 8), kommt dem Umstand, dass die Körperverletzung während der Dienstzeit begangen wird, keine entscheidende Bedeutung zu.[31] Im Weiteren hängt die Verwirklichung der Tatbestandsvariante nicht davon ab, ob der Amtsträger nach außen als solcher auftritt und zu erkennen ist, etwa dadurch, dass er seine Dienstkleidung trägt. Andernfalls könnten z.B. verdeckte Ermittler den Tatbestand nicht erfüllen.[32] Maßgebend ist also allein, dass objektiv ein sachlich-innerer Zusammenhang zwischen Körperverletzung und Dienst besteht (*Lilie* LK[12] Rdn. 5). Diese Voraussetzung ist beispielsweise erfüllt, wenn Lehrer Schüler im Unterricht zu Erziehungszwecken körperlich züchtigen;[33] wenn ein Jugendstaatsanwalt Jugendliche und Heranwachsende verprügelt (und dafür anschließend das gegen sie laufende Verfahren einstellt);[34] wenn ein Polizeibeamter im Dienst einen Bürger, der seiner Aufforderung nicht Folge leistet, mit dem Gummiknüppel schlägt;[35] wenn ein in einem Landeskrankenhaus tätiger Krankenpfleger einen dort Untergebrachten regelmäßig mit Alkohol versorgt.[36] Dagegen liegen die tatbestandlichen Voraussetzungen nach einer Entscheidung des OLG Karlsruhe (NJW **1983** 352) nicht vor, wenn der Chefarzt eines Kreiskrankenhauses medizinische Eingriffe an Patienten ohne wirksame Einwilligung vornimmt. Allein aus dem Wortlaut der Vorschrift lässt sich dieses Ergebnis indes nicht ableiten; denn der Chefarzt erfüllt als Amtsträger (s. Rdn. 5) während der Ausübung seines Dienstes den Tatbestand des § 223 Abs. 1.[37] Gleichwohl ist die Entscheidung im Schrifttum zu Recht auf Zustimmung gestoßen.[38] So weist das OLG Karlsruhe (NJW **1983** 352, 353) zutreffend darauf hin, dass das Verhältnis zwischen Arzt und Patient sich in solchen Fällen nicht anders darstelle und beurteilen lasse als in Fällen, in denen Patienten von frei praktizierenden Ärzten oder in privaten Krankenhäusern behandelt werden. Der in einem öffentlichen Krankenhaus tätige Arzt übe „mit der Heilbehandlung […] keinen Dienst als Ausfluss einer Amtsgewalt aus", weshalb das für die Amtsdelikte spezifische Kriterium des Missbrauchs der Amtsgewalt auch nicht gegeben sein könne.[39]

Die weitere Variante, wonach die Körperverletzung **in Beziehung auf den Dienst** begangen sein muss, erfasst Fälle, in denen die Tat – anders als in der ersten Variante (Rdn. 7) – zwar außerhalb der Dienstzeit begangen wird, aber in einem sachlich-inneren Zusammenhang mit dem Dienst steht.[40] Hierfür muss die Tat durch die Dienstausübung veranlasst sein und der Amtsträger in seiner Rolle als Amtsträger auftreten.[41] Bereits das dienstliche Auftreten außerhalb der Dienst- 8

30 Weitere Beispiele bei *Lilie* LK[13] Rdn. 5.

31 *Wolters* SK Rdn. 12; *Maurach/Schroeder/Maiwald/Hoyer* I § 9 Rdn. 38; *Fischer* Rdn. 2 („Funktion einer indiziellen Regel"); *Voßen* MK Rdn. 9; *SSW/Kudlich* Rdn. 5 (Variante ist „nur ein besonders plakativer Anwendungsfall").

32 *Lilie* LK[12] Rdn. 5; *Zöller* AnwK Rdn. 5; *Fischer* Rdn. 2; *Wolters* SK Rdn. 12; *Matt/Renzikowski/Engländer* Rdn. 4; *Kuhlen* NK Rdn. 8; *Sch/Schröder/Hecker* Rdn. 4; **abw.** möglicherweise *Lackner/Kühl/Heger* Rdn. 2 (der Amtsträger „muss stets als solcher auftreten").

33 BGH NStZ **1993** 591; BayObLG NJW **1979** 1371, 1372.

34 Vgl. den erstaunlichen Sachverhalt in BGHSt **32** 357.

35 OLG Bremen NJW **1964** 735.

36 S. den Sachverhalt in BGH NJW **1983** 462.

37 Zutr. *Wagner* JZ **1987** 594, 596 f.; **krit.** ebenfalls *vHH/Eschelbach* Rdn. 16; *Otto* BT § 19 Rdn. 9.

38 *SSW/Kudlich* Rdn. 6; *Fischer* Rdn. 2; *Kuhlen* NK Rdn. 8; *Sch/Schröder/Hecker* Rdn. 4; *Voßen* MK Rdn. 10; *Lackner/Kühl/Heger* Rdn. 2; *Zöller* AnwK Rdn. 5.

39 Ebenso *Wolters* SK Rdn. 18; *Voßen* MK Rdn. 10; *SSW/Kudlich* Rdn. 6; *Kuhlen* NK Rdn. 8.

40 *Matt/Renzikowski/Engländer* Rdn. 4; *Sch/Schröder/Hecker* Rdn. 5; *Kuhlen* NK Rdn. 9; *Wolters* SK Rdn. 13; *vHH/Eschelbach* Rdn. 17.

41 *Lilie* LK[12] Rdn. 6; *Zöller* AnwK Rdn. 6; *Matt/Renzikowski/Engländer* Rdn. 4; *Sch/Schröder/Hecker* Rdn. 5; *Voßen* MK Rdn. 11; s. bereits RGSt **17** 165, 166.

zeit stellt eine Anmaßung dar.[42] Wie bei der ersten Variante (Rdn. 7) scheiden Fälle aus, in denen die Körperverletzung bei Gelegenheit der Dienstausübung und aus privaten Gründen begangen wird.[43] Ein Beispiel für diese Tatvariante ist der Fall eines Polizeibeamten, der außerhalb seiner Dienstzeit einen von ihm angezeigten, aber freigesprochenen Verkehrsteilnehmer verprügelt, um der „Gerechtigkeit" zum Durchbruch zu verhelfen (*Lilie* LK[12] Rdn. 6).[44]

4. Begehen oder Begehenlassen

9 Der Amtsträger muss die Körperverletzung nach § 223 Abs. 1 begehen oder begehen lassen. Die Alternative des **Begehens** ist erfüllt, wenn der Amtsträger die Tat durch aktives Verhalten alleine oder mittäterschaftlich begeht (vgl. § 25 Abs. 1, 1. Var. und Abs. 2).[45] Darüber hinaus ist umstritten, ob – erstens – das Begehen auch durch ein Unterlassen verwirklicht werden kann und ob – zweitens – die mittelbare Täterschaft von der ersten oder der zweiten Alternative, mithin dem Begehenlassen, erfasst wird. Soweit davon ausgegangen wird, dass die erste Alternative auch durch ein pflichtwidriges **Unterlassen** nach § 13 erfüllt werden kann, betrifft das Fälle, in denen es neben dem pflichtwidrig unterlassenden Amtsträger keine weitere Person gibt, die die Tat begeht.[46] Als Beispiele lassen sich Naturereignisse oder Unglücksfälle anführen, durch die es zu Körperverletzungen kommt. Bleibt der zuständige Amtsträger, den eine rechtliche Einstandspflicht nach § 13 Abs. 1 trifft, untätig, begeht er die Körperverletzungen durch Unterlassen (§§ 340, 13). Diese Fälle lassen sich schon sprachlich nicht als ein Begehenlassen bezeichnen,[47] weshalb es überzeugender ist, ein Begehen durch Unterlassen anzunehmen.[48] Hieraus folgt die Anwendung des § 13 mit der Möglichkeit einer Strafmilderung.[49] Hingegen sind Fälle, in denen eine andere Person die Körperverletzung herbeiführt und es der Amtsträger pflichtwidrig unterlässt, hiergegen einzuschreiten und den Erfolgseintritt abzuwenden, der Alternative des Begehenlassens zuzuordnen (s. Rdn. 10). Zweitens ist zu klären, wo die **mittelbare Täterschaft** einzuordnen ist. Das Verhalten eines mittelbaren Täters lässt sich als Begehenlassen einstufen, weil der mittelbare Täter (wie auch der Anstifter) eine andere Person veranlasst, eine Tat zu begehen.[50] Andererseits lässt sich aus § 25 Abs. 1, 2. Var. ableiten, dass auch der mittelbare Täter die Tat begeht. Das legt es nahe, die mittelbare Täterschaft der ersten Alternative zuzuordnen.[51] Die Frage nach der richtigen Einordnung der mittelbaren Täterschaft ist insofern aber kaum von Belang, als das Begehen und das Begehenlassen gleichwertige Alternativen darstellen.[52]

---

42 *Fischer* Rdn. 2a; *Kuhlen* NK Rdn. 9; *Zöller* AnwK Rdn. 6.
43 S. hierzu RGSt **6** 20; RGSt **17** 165.
44 Ebenso *Sch/Schröder/Hecker* Rdn. 5; *Wolters* SK Rdn. 13; diff. *Fischer* Rdn. 2a; **abl.** *Kuhlen* NK Rdn. 9 (Bewertung eines solchen Geschehens als persönlicher Angriff sei naheliegend); weitere Beispiele bei *Matt/Renzikowski/Engländer* Rdn. 4; *Sch/Schröder/Hecker* Rdn. 5.
45 Unstr., s. *SSW/Kudlich* Rdn. 7; *vHH/Eschelbach* Rdn. 10; *Fischer* Rdn. 2b; *Kuhlen* NK Rdn. 10; *Sch/Schröder/Hecker* Rdn. 6; *Wolters* SK Rdn. 6; *Voßen* MK Rdn. 12; *Zöller* AnwK Rdn. 4; *Lilie* LK[12] Rdn. 8; *Eisele* BT I Rdn. 394; *Otto* BT § 19 Rdn. 5; *Rengier* BT II § 62 Rdn. 4.
46 *Fischer* Rdn. 2b; *vHH/Eschelbach* Rdn. 10; *SSW/Kudlich* Rdn. 8; *Zöller* AnwK Rdn. 4; *Lilie* LK[12] Rdn. 11; *Wolters* SK Rdn. 9; *Voßen* MK Rdn. 18.
47 *SSW/Kudlich* Rdn. 8; *Zöller* AnwK Rdn. 4; *Fischer* Rdn. 2b.
48 **AA** *Eisele* BT I Rdn. 394; *Kuhlen* NK Rdn. 10; wohl auch *Lackner/Kühl/Heger* Rdn. 2, die alle Fälle eines Unterlassens einheitlich bei der zweiten Alternative einordnen.
49 *vHH/Eschelbach* Rdn. 13; *Wolters* SK Rdn. 9; *Voßen* MK Rdn. 18.
50 Die Einordnung der mittelbaren Täterschaft als Begehenlassen befürworten: *Fischer* Rdn. 2b; *Lackner/Kühl/Heger* Rdn. 2; *Eisele* BT I Rdn. 394; *Otto* BT § 19 Rdn. 5; *Kuhlen* NK Rdn. 10; *Zöller* AnwK Rdn. 4; *Voßen* MK Rdn. 12, 14; vgl. bereits RGSt **66** 50, 60 f. Zum Anstifter und mittelbaren Täter als Urheber der Tat s. *Haas* ZStW **119** (2008) 519, 538 ff.
51 So *Sch/Schröder/Hecker* Rdn. 6; *Matt/Renzikowski/Engländer* Rdn. 3; *Wolters* SK Rdn. 6; *SSW/Kudlich* Rdn. 7.
52 *SSW/Kudlich* Rdn. 7; *vHH/Eschelbach* Rdn. 11.

Die Alternative des **Begehenlassens** erstreckt sich auf unterschiedliche Formen der Mitwirkung. Ein Begehenlassen ist zunächst durch **Unterlassen** möglich.[53] Das setzt ein garantenpflichtwidriges Unterlassen des Amtsträgers voraus, so dass die Anforderungen des § 13 Abs. 1 zumindest entsprechend gelten.[54] Ein Begehenlassen liegt hiernach vor, wenn der Amtsträger seiner rechtlichen Einstandspflicht (s. § 13 Abs. 1) nicht nachkommt und tatenlos zusieht, wie jemand einer Person eine Körperverletzung zufügt.[55] Da § 340 in der Alternative des Begehenlassens ein gesetzlich vertyptes Unterlassungsdelikt ist, besteht die Möglichkeit einer Strafmilderung nach § 13 Abs. 2 nicht.[56] Man kann in den Fällen eines Unterlassens zwei Konstellationen voneinander unterscheiden (zu einer dritten Konstellation s. Rdn. 9): zum einen Fälle, in denen ein Extraneus die Körperverletzung unmittelbar begeht; zum anderen Fälle, in denen ein anderer Amtsträger die Körperverletzung unmittelbar begeht.[57] Ein Beispiel für die erste Konstellation ist der Fall eines Polizeibeamten, der, während er Streife fährt, sieht, wie ein Passant von einem anderen Passanten zusammengeschlagen wird, und nichts unternimmt.[58] Begeht demgegenüber ein Intraneus die Körperverletzung unmittelbar, wird im Schrifttum zum Teil differenziert: Ein täterschaftliches Unterlassen (mithin ein Begehenlassen i.S.d. § 340) soll nur anzunehmen sein, wenn der unterlassende Amtsträger dem die Körperverletzung unmittelbar begehenden Amtsträger übergeordnet ist.[59] § 340 stellt in diesem Fall einen Spezialfall des § 357 Abs. 1 dar.[60] Ist der pflichtwidrig unterlassende Amtsträger hingegen dem die Körperverletzung unmittelbar begehenden Amtsträger gleich- oder untergeordnet, soll entweder eine strafrechtliche Verantwortung ausscheiden[61] oder nur eine Teilnahme am Begehen in Betracht kommen.[62] Diese Differenzierung nach dem dienstrechtlichen Verhältnis, in dem die Amtsträger zueinander stehen, findet in § 340 jedoch keinen Rückhalt.[63] Neben dem Unterlassen ordnen manche Autoren auch die **mittelbare Täterschaft** dem Begehenlassen zu, wohingegen andere die Alternative des Begehens für einschlägig halten (Rdn. 9). Schließlich kann das Begehenlassen durch Verhaltensweisen verwirklicht werden, die üblicherweise als **Anstiftung oder Beihilfe** zu klassifizieren sind (Rdn. 1).[64] Damit werden Beiträge, die in materieller Hinsicht lediglich eine Teilnahme darstellen, als täterschaftliches Verhalten eingestuft.[65] Zugleich kommt dadurch die in § 27 Abs. 2 Satz 2 vorgesehene Strafmilderung nicht zur Anwendung.[66] 10

---

53 *Lilie* LK[12] Rdn. 11; *Wolters* SK Rdn. 8; *Matt/Renzikowski/Engländer* Rdn. 3; *Fischer* Rdn. 2b; *Lackner/Kühl/Heger* Rdn. 2; *Sch/Schröder/Hecker* Rdn. 6; *vHH/Eschelbach* Rdn. 13. **AA** *Otto* BT § 19 Rdn. 6 und *Maurach/Schroeder/Maiwald/Hoyer* I § 9 Rdn. 38, die im Falle eines Unterlassens stets ein Begehen durch Unterlassen (§§ 340, 13) annehmen.

54 *Lilie* LK[12] Rdn. 12; *Voßen* MK Rdn. 16; *Wolters* SK Rdn. 8.

55 *SSW/Kudlich* Rdn. 8; *vHH/Eschelbach* Rdn. 13; *Wolters* SK Rdn. 8.

56 *Lackner/Kühl/Kühl* § 13 Rdn. 17, 19; *vHH/Eschelbach* Rdn. 13; *SSW/Kudlich* Rdn. 8; *Wolters* SK Rdn. 8; *Lilie* LK[12] Rdn. 11 (mit dem Hinweis, das Unterlassen könne innerhalb des Strafrahmens des § 340 strafmildernd berücksichtigt werden).

57 RGSt **66** 59, 61; **abw.** noch RGSt **59** 86.

58 Beispiel von *Wolters* SK Rdn. 8; weitere Beispiele bei *Voßen* MK Rdn. 17.

59 *Lilie* LK[12] Rdn. 11; *Wolters* SK Rdn. 8.

60 *Wolters* SK Rdn. 8; *Voßen* MK Rdn. 17; *vHH/Eschelbach* Rdn. 13.

61 So *vHH/Eschelbach* Rdn. 13.

62 *Wolters* SK Rdn. 8; *Voßen* MK Rdn. 17.

63 *Sch/Schröder/Hecker* Rdn. 6.

64 RGSt **59** 86; *Lackner/Kühl/Heger* Rdn. 2; *Sch/Schröder/Hecker* Rdn. 6; *Maurach/Schroeder/Maiwald* I § 9 Rdn. 38; *Zöller* AnwK Rdn. 4; *vHH/Eschelbach* Rdn. 12; *Matt/Renzikowski/Engländer* Rdn. 3. **AA** *Lilie* LK[12] Rdn. 10; *Otto* BT § 19 Rdn. 5.

65 In dieser Gleichstellung der Teilnahme mit der Täterschaft liegt gerade die Funktion des Begehenlassens, s. *Kuhlen* NK Rdn. 10; *Matt/Renzikowski/Engländer* Rdn. 3; diff. *SSW/Kudlich* Rdn. 9; *Wolters* SK Rdn. 7; *Voßen* MK Rdn. 15; **krit.** zur Gleichstellung der Beihilfe mit der Täterschaft *vHH/Eschelbach* Rdn. 12.

66 *Matt/Renzikowski/Engländer* Rdn. 3; *Zöller* AnwK Rdn. 4; *vHH/Eschelbach* Rdn. 12; **krit.** *Wolters* SK Rdn. 7; *Voßen* MK Rdn. 15.

5. Vorsatz

11 Darüber hinaus ist Vorsatz erforderlich (§ 15). Dieser muss sämtliche Tatumstände umfassen, die die Verwirklichung des objektiven Tatbestands begründen (§ 16 Abs. 1).[67] Dazu gehören neben dem Begehen oder Begehenlassen einer Körperverletzung sowie der Amtsträgereigenschaft auch diejenigen Umstände, auf denen der innere Zusammenhang von Körperverletzung und Dienstausübung beruht.[68] Sollte Vorsatz nicht mindestens in Form eines Eventualvorsatzes vorliegen,[69] besteht die Möglichkeiten einer Fahrlässigkeitsstrafbarkeit (§ 340 Abs. 1 und 3 i.V.m. § 229; s. Rdn. 18).

III. Rechtswidrigkeit

12 Der Rechtswidrigkeit einer Körperverletzung im Amt können vor allem öffentlich-rechtliche Eingriffsbefugnisse (Rdn. 13) oder die Einwilligung des Verletzten (Rdn. 14) entgegenstehen. Zur Frage, ob und inwieweit die allgemeinen Rechtfertigungsgründe (§§ 32, 34) auf hoheitliches Handeln anwendbar sind, s. *Rönnau/Hohn* LK § 32 Rdn. 216 ff., 224 (zur staatlichen Rettungsfolter) und *Zieschang* LK § 34 Rdn. 34 ff., 157, 164.

1. Öffentlich-rechtliche Eingriffsbefugnisse

13 Staatliche Eingriffsbefugnisse, die zu einer Rechtfertigung führen können, ergeben sich insbesondere aus dem Strafprozessrecht (z.B. §§ 81a, 81c, 127 Abs. 2 StPO) oder aus den Polizeigesetzen (vgl. auch *Grünewald* LK § 223 Rdn. 41).[70] Eine Rechtfertigung auf der Grundlage solcher Befugnisse setzt aber stets voraus, dass die Maßnahme den gesetzlichen Anforderungen entspricht und verhältnismäßig ist.[71] Die zwangsweise Verabreichung eines Brechmittels zur Erlangung eines vom Verdächtigten verschluckten Drogenpäckchens verstößt in aller Regel gegen das Verbot einer unmenschlichen und erniedrigenden Behandlung nach Art. 3 EMRK und ist daher unzulässig.[72] Für die Anordnung einer Magenoperation allein zur Sicherstellung von Kokain-Pillen kann nichts anderes gelten.[73] Darüber hinaus besteht ein körperliches Züchtigungsrecht für Lehrer oder andere Amtsträger nicht (mehr), weshalb eine darauf gestützte Rechtfertigung von vornherein ausscheidet (s. *Grünewald* LK § 223 Rdn. 50 m.w.N.).[74] In diesen Fällen ist auch kein minder schwerer Fall nach § 340 Abs. 1 Satz 2 gegeben (s. Rdn. 20).[75]

---

67 Allg. hierzu *Vogel/Bülte* LK § 15 Rdn. 23 ff.

68 *Fischer* Rdn. 3; *Sch/Schröder/Hecker* Rdn. 7; *Lackner/Kühl/Heger* Rdn. 3; *Wolters* SK Rdn. 15; *vHH/Eschelbach* Rdn. 18.

69 Zu den Voraussetzungen *Vogel/Bülte* LK § 15 Rdn. 96 ff.

70 RGSt **44** 374, 376 ff.; OLG Bremen NJW **1964** 735 f.; OLG Köln NStZ **1986** 234, 235 f.; BayObLG NStZ **1988** 518, 519; OLG Karlsruhe NStZ-RR **1997** 37, 38 f.; OLG Bamberg BeckRS **2018** 36952 sowie BVerfG BeckRS **2019** 12856; BayObLG BeckRS **2020** 35558 Rdn. 15; vgl. auch OLG Köln StV **2020** 183, 184 ff.; *Sch/Schröder/Hecker* Rdn. 9; *SSW/Kudlich* Rdn. 12; *Zöller* AnwK Rdn. 8; *Lackner/Kühl/Heger* Rdn. 4; *Voßen* MK Rdn. 20, 22; *Fischer* Rdn. 3a; *Wolters* SK Rdn. 16. **AA** *Wagner* S. 306 ff. (Tatbestandsausschluss).

71 Diese Voraussetzungen waren etwa in den folgenden Fällen nicht erfüllt: OLG Bremen NJW **1964** 735 f.; BayObLG NStZ **1988** 518, 519; BayObLG BeckRS **2020** 35558 Rdn. 15.

72 EGMR NJW **2006** 3117, 3119 ff.; s. dazu *Schuhr* NJW **2006** 3538 ff.; *Gaede* HRRS **2006** 241, 242 f.; **and.**, wenn auch bloß beiläufig, BVerfG StV **2000** 1; **krit.** hierzu *Naucke* StV **2000** 1 ff.

73 BVerfG NJW **2002** 2860, 2861; *Sch/Schröder/Hecker* Rdn. 9.

74 BGH NStZ **1993** 591; BGHSt **12** 62, 64 ff. (jedenfalls für Lehrer an einer bayerischen Berufsfachschule); *Fischer* Rdn. 3a; *SSW/Kudlich* Rdn. 12; *Matt/Renzikowski/Engländer* Rdn. 7; *Kuhlen* NK Rdn. 12; *Zöller* AnwK Rdn. 8; *vHH/Eschelbach* Rdn. 19; *Voßen* MK Rdn. 26 m.w.N.; **and.** noch BGHSt **11** 241; BGHSt **12** 62, 65 (für Lehrer an bayerischen Volksschulen); BayObLG NJW **1979** 1371, 1372 f.

75 *Fischer* Rdn. 4; *Wolters* SK Rdn. 24; *Zöller* AnwK Rdn. 13; **aA** BGH NStZ **1993** 591; *vHH/Eschelbach* Rdn. 19; *Voßen* MK Rdn. 26; *Lilie* LK[12] Rdn. 28.

2. Einwilligung

Ob der Verletzte mit rechtfertigender Wirkung in eine Körperverletzung im Amt einwilligen kann, wird nicht einheitlich beurteilt. Für eine prinzipielle Dispositionsbefugnis spricht bereits, dass § 340 Abs. 3 auch auf § 228 verweist.[76] Absatz 3 ist durch das 6. StrRG von 1998 (BGBl. I S. 164, 185) in das Strafgesetzbuch eingefügt worden (s. Entstehungsgeschichte). Das lässt sich so verstehen, dass dadurch die Möglichkeit einer rechtfertigenden Einwilligung grundsätzlich anerkannt worden ist. Die zuvor mehrheitlich vertretene Ansicht, die das noch abgelehnt hatte,[77] ist damit überholt.[78] Zumindest für jene Autoren, für die die körperliche Integrität und somit ein Individualgut der alleinige Schutzzweck des § 340 ist (s. Rdn. 2),[79] ergibt sich die Relevanz einer Einwilligung ohne weiteres schon aus dieser ausschließlich individuellen Schutzrichtung der Norm. Eine rechtfertigende Einwilligung in die Körperverletzung im Amt ist hiernach im Rahmen der durch § 228 gesetzten Grenzen[80] möglich[81] – vorausgesetzt ist jedoch, dass die allgemeinen Anforderungen, die an eine rechtfertigende Einwilligung zu stellen sind,[82] ebenfalls erfüllt sind. Es ist also darauf zu achten, dass der Verletzte eine selbstbestimmte Entscheidung getroffen hat. Das setzt voraus, dass die Einwilligung frei von Willensmängeln ist, und ebenso, dass der Verletzte explizit darauf hingewiesen wurde, dass ihn keine Duldungspflicht trifft.[83] Weist man § 340 dagegen eine zweifache Schutzrichtung zu,[84] so dass die Vorschrift sowohl dem Schutz eines individuellen als auch eines überindividuellen Guts dient, ist die Möglichkeit einer rechtfertigenden Einwilligung jedenfalls nicht evident. Denn der Einwilligende kann zwar über eigene, aber nicht über fremde und folglich auch nicht über allgemeine Güter verfügen. Dieses Argument greift im Ergebnis allerdings nicht durch, weil durch die Einwilligung des Verletzten das Unrecht des § 340 zumindest teilweise nicht vorliegt.[85] Und um das Unrecht einer Körperverletzung im Amt (wie eines jeden anderen Delikts) zu bejahen, genügt es nicht, wenn dieses nur partiell gegeben ist. 14

IV. Beteiligung

Der Tatbestand der Körperverletzung im Amt kann nur von einem Amtsträger erfüllt werden (Rdn. 1). Die Amtsträgereigenschaft ist ein besonderes persönliches Merkmal i.S.d. § 28.[86] Unterscheidet man bei § 340 Abs. 1 nicht weiter zwischen den einzelnen Tatvarianten und hält die 15

---

76 *Eisele* BT I Rdn. 390; *Rengier* BT II § 62 Rdn. 5; *Lackner/Kühl/Heger* Rdn. 4; *Fischer* Rdn. 3a; *vHH/Eschelbach* Rdn. 20; *SSW/Kudlich* Rdn. 13; *Zöller* AnwK Rdn. 8; *Kuhlen* NK Rdn. 5. **Demgegenüber** halten *Jäger* JuS **2000** 31, 38 und *Voßen* MK Rdn. 21 die Einbeziehung des § 228 in § 340 Abs. 3 für ein Redaktionsversehen.

77 S. BGH NJW **1983** 462, 463; **krit.** hierzu schon *Amelung/Weidemann* JuS **1984** 595, 600 f. sowie *Amelung* FS Dünnebier 487, 510 f.

78 *Rengier* BT II § 62 Rdn. 5; *Sch/Schröder/Hecker* Rdn. 9; *Fischer* Rdn. 7; **aA** *Lilie* LK[12] Rdn. 15; *Jäger* JuS **2000** 31, 38; *Voßen* MK Rdn. 21.

79 *SSW/Kudlich* Rdn. 1; *Fischer* Rdn. 1; *Kuhlen* NK Rdn. 4; *Zöller* AnwK Rdn. 2; *vHH/Eschelbach* Rdn. 1.

80 S. dazu *Grünewald* LK § 228 Rdn. 10 ff.

81 Allein auf die Verletzung einer Amtspflicht lässt sich – entgegen einer früher vereinzelt vertretenen Ansicht – ein Verstoß gegen die guten Sitten i.S.d. § 228 nicht stützen; s. zutr. *Amelung* FS Dünnebier 487, 511; **aA** wohl *Lilie* LK[12] Rdn. 15.

82 Vgl. dazu *Grünewald* LK § 228 Rdn. 9 m.w.N.; *Rönnau* LK Vor § 32 Rdn. 157 ff.; *Paeffgen/Zabel* NK § 228 Rdn. 13 ff.

83 Zutr. *Lackner/Kühl/Heger* Rdn. 4; *Sch/Schröder/Hecker* Rdn. 9; *SSW/Kudlich* Rdn. 13; *Zöller* AnwK Rdn. 8.

84 *Lilie* LK[12] Rdn. 1; *Sch/Schröder/Hecker* Rdn. 1; *Schmedding* HK-GS Rdn. 1; *Voßen* MK Rdn. 1; *Wolters* SK Rdn. 4; *Duttge* Jura **2006** 15, 19 f.; *Jäger* JuS **2000** 31, 48; *Heinrich* S. 267 ff., bes. 289 f.

85 *Matt/Renzikowski/Engländer* Rdn. 7; *Sch/Schröder/Hecker* Rdn. 9; *Wolters* SK Rdn. 17; **aA** *Voßen* MK Rdn. 21 sowie i.Erg. auch *Lilie* LK[12] Rdn. 15.

86 *Sch/Schröder/Heine/Weißer* § 28 Rdn. 13; *Joecks/Scheinfeld* MK § 28 Rdn. 19; *SSW/Murmann* § 28 Rdn. 4, 7; *Lackner/Kühl/Kühl* § 28 Rdn. 4; *Schünemann/Greco* LK § 28 Rdn. 55; **abw.** *Wagner* S. 108 f., 397 (kein personales, sondern sachlichtatbezogenes Merkmal).

Vorschrift insgesamt für ein unechtes Amtsdelikt (Rdn. 1), ist auf Teilnehmer, die das besondere persönliche Merkmal nicht aufweisen, § 28 Abs. 2 anzuwenden.[87] Vorzugswürdig ist jedoch eine differenzierte Betrachtung.[88] Danach handelt es sich bei § 340 Abs. 1 lediglich insoweit um ein unechtes Amtsdelikt, als an Täterschaftsformen angeknüpft wird, die auch von § 223 Abs. 1 schon erfasst werden. Hingegen ist § 340 Abs. 1 ein echtes Amtsdelikt, soweit über die Alternative des Begehenlassens Tatbeiträge als täterschaftliches Verhalten gelten, die in materieller Hinsicht eine Teilnahme (Anstiftung oder Beihilfe) darstellen (s. Rdn. 1, 9, 10). Für die Anwendung des § 28 folgt daraus: In der Tatvariante des Begehens einer Körperverletzung stellt § 340 Abs. 1 ein unechtes Sonderdelikt dar, weil die möglichen Täterschaftsformen § 223 Abs. 1 entsprechen (Rdn. 9). Auf Teilnehmer, die keine Amtsträger sind, findet daher § 28 Abs. 2 Anwendung; sie sind also aus § 223 i.V.m. §§ 26 oder 27 zu bestrafen. Das gilt jedenfalls auf der Grundlage der sog. Tatbestandslösung, die zu § 28 Abs. 2 inzwischen wohl mehrheitlich vertreten wird.[89] In diesen Fällen gilt das Strafantragserfordernis (§ 230), weil wegen einer Teilnahme an § 223 bestraft wird (Rdn. 21).[90] Demgegenüber handelt es sich bei § 340 Abs. 1 in der Alternative des Begehenlassens um ein echtes Sonderdelikt, da und soweit hier Tatbeiträge erfasst und als täterschaftliches Verhalten eingestuft werden, die in materieller Hinsicht als Teilnahme (Anstiftung und Beihilfe) anzusehen sind (Rdn. 10). Weil § 340 Abs. 1 in diesen Fällen über § 223 Abs. 1 hinaus Täterschaft begründet, ist § 28 Abs. 1 einschlägig. Für den das Tätermerkmal nicht erfüllenden Teilnehmer ergibt sich daher eine Strafmilderung nach § 49 Abs. 1.[91]

V. Versuch

16 § 340 Abs. 2 ordnet die Strafbarkeit einer versuchten Körperverletzung im Amt nach § 340 Abs. 1 an. Da es sich bei § 340 Abs. 1 um ein Vergehen handelt (§ 23 Abs. 1 i.V.m. § 12 Abs. 2), braucht es eine solche Anordnung – vorausgesetzt, man möchte eine Versuchsstrafbarkeit erreichen. Absatz 2 wurde durch das 6. StrRG von 1998 eingeführt (s. Enstehungsgeschichte). Das unmittelbare Ansetzen zum Begehen einer Körperverletzung im Amt bestimmt sich entsprechend dem unmittelbaren Ansetzen zu § 223 unter Berücksichtigung der jeweiligen Täterschaftsform.[92] In der Variante des Begehenlassens erstreckt sich die Versuchsstrafbarkeit auf Tatbeiträge, die nach üblicher Klassifizierung als Anstiftung oder Beihilfe gelten. Hieraus folgt eine über die allgemeine Regel des § 30 hinausreichende Strafbarkeit der versuchten Teilnahme: zum einen weil Fälle einer (materiell gesehen) versuchten Beihilfe erfasst werden;[93] zum anderen weil es sich bei § 340 Abs. 1 um ein Vergehen handelt.[94] Die Versuchsstrafbarkeit der Qualifikationen bzw. Erfolgsqualifikationen einer Körperverletzung im Amt (Rdn. 17) ist wegen des Verweises in § 340 Abs. 3 auf §§ 224 bis 227 diesen Vorschriften unmittelbar zu entnehmen.[95] Soweit es sich bei diesen Straftatbeständen um Vergehen handelt, ist die Versuchstrafbarkeit explizit angeordnet (§ 340 Abs. 1 und 3 i.V.m. §§ 224

---

87 *Matt/Renzikowski/Engländer* Rdn. 8; *vHH/Eschelbach* Rdn. 25; *Fischer* Rdn. 6; *Sch/Schröder/Hecker* Rdn. 12; *Voßen* MK Rdn. 36; *Lilie* LK[12] Rdn. 19; *Eisele* BT I Rdn. 390; *Rengier* BT II § 62 Rdn. 1.

88 S. hierzu *SSW/Kudlich* Rdn. 14; *Zöller* AnwK Rdn. 11.

89 BGHSt **6** 308, 310; *SSW/Kudlich* Rdn. 14; *Sch/Schröder/Hecker* Rdn. 12; *Zöller* AnwK Rdn. 11; *Matt/Renzikowski/Engländer* Rdn. 8; *vHH/Eschelbach* Rdn. 25; *Fischer* Rdn. 6; *Sch/Schröder/Heine/Weißer* § 28 Rdn. 27; *Schünemann/Greco* LK § 28 Rdn. 2, 86 f.; *SSW/Murmann* § 28 Rdn. 13; *Joecks/Scheinfeld* MK § 28 Rdn. 5, 10; *Eisele* BT I Rdn. 399; *Rengier* BT II § 62 Rdn. 1. **AA** *Lilie* LK[12] Rdn. 19, der sich – im Anschluss an *Hirsch* LK[11] Rdn. 17 – dafür ausspricht, § 28 Abs. 1 und Abs. 2 einheitlich im Sinne einer Strafzumessungslösung zu interpretieren; ebenso u.a. *Hoyer* SK § 28 Rdn. 3 ff., 45; *Cortes Rosa* ZStW **90** (1978) 413, bes. 423 ff.; diff. *Wolters* SK Rdn. 19.

90 *Kuhlen* NK Rdn. 13; *Sch/Schröder/Hecker* Rdn. 12; *Zöller* AnwK Rdn. 14.

91 *Zöller* AnwK Rdn. 11; *SSW/Kudlich* Rdn. 14.

92 S. auch *Wolters* SK Rdn. 21; *Voßen* MK Rdn. 39; *vHH/Eschelbach* Rdn. 23.

93 **Abw.** *SSW/Kudlich* Rdn. 11, soweit er die Beihilfe vom Tatbestand ausnimmt (s. a.a.O. Rdn. 9).

94 *Zöller* AnwK Rdn. 9.

95 *vHH/Eschelbach* Rdn. 24; *Zöller* AnwK Rdn. 9.

Abs. 2, 225 Abs. 2); im Übrigen ergibt sich die Strafbarkeit des Versuchs aus § 23 Abs. 1 i.V.m. § 12 Abs. 1.

VI. Qualifizierte Körperverletzungen und Fahrlässigkeit

Nach § 340 Abs. 3 gelten die §§ 224 bis 227 entsprechend für Taten nach § 340 Abs. 1. Hieraus 17
ergeben sich **qualifizierte bzw. erfolgsqualifizierte Körperverletzungen Amt** (§§ 224 bis 227);[96] § 340 Abs. 3 ist eine Qualifikation des § 340 Abs. 1.[97] Die Qualifikationen der Körperverletzung im Amt gehen insofern weiter als die §§ 224 bis 227, als durch die Alternative des Begehenlassens Verhaltensweisen in den Tatbestand einbezogen werden, die in materieller Hinsicht eine Teilnahme (Anstiftung und Beihilfe) darstellen (Rdn. 10).[98] Ein erhöhter Strafrahmen ist für die Qualifikationen der Körperverletzung im Amt nicht vorgesehen. Vielmehr bleibt es bei den in den §§ 224 bis 227 vorgesehenen Rechtsfolgen, die unbenannt minder schweren Fälle (z.B. in § 224 Abs. 1 und § 227 Abs. 2) eingeschlossen. Das lässt sich als inkonsistent reklamieren.[99] Geht man nämlich mit der ganz h.M. davon aus, dass die Verletzung der Dienstpflichten das Unrecht der Körperverletzung erhöht (Rdn. 1), dann muss diese Unrechtssteigerung sich zwangsläufig auch bei den anderen Körperverletzungstatbeständen (§§ 224 bis 227) auswirken.[100] Auf der anderen Seite sind die Strafrahmen jener Körperverletzungstatbestände derart großzügig bemessen, dass sich die Unrechtserhöhungen im Rahmen der Strafzumessung berücksichtigen lassen.[101] Da in den Fällen des § 340 Abs. 3 i.V.m. §§ 224 bis 227 eine Strafrahmenschärfung wegen des besonderen persönlichen Merkmals (der Amtsträgereigenschaft) nicht vorgesehen ist, lässt sich § 28 Abs. 2 auf den Extraneus hier nicht anwenden.[102] Dass es sich um eine qualifizierte Körperverletzung im Amt handelt, geht aus dem Urteilstenor hervor (z.B. gefährliche oder schwere Körperverletzung im Amt).[103]

Die fahrlässige Körperverletzung (§ 229) wird von dem Verweis in § 340 Abs. 3 ebenfalls um- 18
fasst.[104] Hieraus folgt die **fahrlässige Körperverletzung im Amt**,[105] für die es ebenso wie für die Qualifikationen der Körperverletzung im Amt (Rdn. 17) keinen gesonderten Strafrahmen gibt. Maßgebend ist daher der Strafrahmen des § 229.[106] Dass die Körperverletzung von einem Amtsträger sowie im sachlichen Zusammenhang mit dem Dienst begangen wird, lässt sich jedoch strafschärfend berücksichtigen.[107] Für fahrlässige Körperverletzungen im Amt besteht ebenfalls kein Strafantragserfordernis, da § 230 in § 340 Abs. 3 nicht aufgenommen wurde.[108]

---

96 Z.B. gefährliche Körperverletzung im Amt: BGH NStZ **2010** 151 (beschuhter Fuß als gefährliches Werkzeug); BayObLG BeckRS **2020** 35558 (Reizgas als gefährliches Werkzeug); AG Brilon BeckRS **2019** 13979 (Polizeihund als gefährliches Werkzeug); oder gemeinschaftliche Körperverletzung im Amt mit Todesfolge: LG Köln BeckRS **2011** 197.

97 *Lilie* LK[12] Rdn. 21; *vHH/Eschelbach* Rdn. 3, 27; *Kuhlen* NK Rdn. 15.

98 *SSW/Kudlich* Rdn. 2; *Wolters* SK Rdn. 25; *Voßen* MK Rdn. 30; *vHH/Eschelbach* Rdn. 27.

99 *Zöller* AnwK Rdn. 10 („systematischer Bruch"); *Wolters* JuS **1998** 582, 586 f.; *Voßen* MK Rdn. 32; *vHH/Eschelbach* Rdn. 27; *Fischer* Rdn. 5.

100 *Wolters* SK Rdn. 27.

101 *Lilie* LK[12] Rdn. 21; *Rengier* ZStW **111** (1999) 1, 27; *Fischer* Rdn. 5; *Voßen* MK Rdn. 31 f.; *Wolters* SK Rdn. 27; *Zöller* AnwK Rdn. 10.

102 *Kuhlen* NK Rdn. 13; *Fischer* Rdn. 6; *SSW/Kudlich* Rdn. 14; **aA** *Lilie* LK[12] Rdn. 22; *Sch/Schröder/Hecker* Rdn. 12; *Voßen* MK Rdn. 38; *Lackner/Kühl/Heger* Rdn. 6; *vHH/Eschelbach* Rdn. 27.

103 *Lilie* LK[12] Rdn. 21; *Fischer* Rdn. 6; *Sch/Schröder/Hecker* Rdn. 13; *Zöller* AnwK Rdn. 10; *SSW/Kudlich* Rdn. 2; *Kuhlen* NK Rdn. 14; *Voßen* MK Rdn. 30; *Wolters* SK Rdn. 26; s. hierzu auch die in Fn. 96 aufgeführten Entscheidungen.

104 **Krit.** *Lilie* LK[12] Rdn. 24; positivere Einschätzung bei *Voßen* MK Rdn. 34.

105 S. aus der Rspr. KG Berlin NJW **2000** 1352; LG Bückeburg NJW **2005** 3014; OLG Nürnberg BeckRS **2017** 139748.

106 KG Berlin NJW **2000** 1352; *Fischer* Rdn. 7; *vHH/Eschelbach* Rdn. 28; *Sch/Schröder/Hecker* Rdn. 13; *Kuhlen* NK Rdn. 14; *Voßen* MK Rdn. 33; *Wolters* SK Rdn. 29; *Zöller* AnwK Rdn. 7.

107 *Matt/Renzikowski/Engländer* Rdn. 11; *Sch/Schröder/Hecker* Rdn. 13; *Voßen* MK Rdn. 33 f.

108 *vHH/Eschelbach* Rdn. 28; *Fischer* Rdn. 7; *Wolters* SK Rdn. 29.

VII. Konkurrenzen, Rechtsfolgen, Strafprozessuales

1. Konkurrenzen

19 § 340 Abs. 1 verdrängt § 223 Abs. 1. Gleiches gilt für § 340 Abs. 2 im Verhältnis zu § 223 Abs. 2 und § 340 Abs. 3 im Verhältnis zu §§ 224 bis 227 und § 229.[109] § 357 Abs. 1 tritt regelmäßig hinter § 340 Abs. 1 in der Variante des Begehenlassens zurück.[110] § 30 WStG geht § 340 Abs. 1 (i.V.m. § 48 WStG) vor.[111] Tateinheit ist u.a. möglich mit §§ 231, 343, 344.[112]

2. Rechtsfolgen

20 Anders als § 223 Abs. 1 sieht der Regelstrafrahmen des § 340 Abs. 1 nur Freiheitsstrafe vor, wobei jedoch § 47 Abs. 1 und Abs. 2 zu beachten sind. Der Strafrahmen für minder schwere Fälle nach § 340 Abs. 1 Satz 2 entspricht dem Normalstrafrahmen des § 223 Abs. 1. Körperliche Züchtigungen von Schülern durch Lehrer stellen keinen minder schweren Fall dar (Rdn. 13).[113] Es darf heute als anerkannt gelten, dass körperliche Züchtigungen von Kindern und Jugendlichen – von wem auch immer sie durchgeführt werden – keine positiven, sondern nur schädliche Wirkungen haben. Gewalt gegen diese besonders schutzbedürftige Personengruppe sollte endlich konsequent delegitimiert werden, weshalb sich ein minder schwerer Fall nicht annehmen lässt.[114] Ein minder schwerer Fall kommt aber in Betracht bei einem unmittelbar vorangegangenen Eingriff in die rechtlich geschützte Sphäre des Täters (vgl. auch § 213, 1. Var.).[115] Auf die in § 340 Abs. 3 Bezug genommenen §§ 224 bis 227 und § 229 finden die dortigen Strafrahmen Anwendung (Rdn. 17 f.). Als Nebenfolge ist der Verlust der Amtsfähigkeit möglich (§§ 358, 45 Abs. 2, 3). Sofern ein Verbrechen vorliegt (§ 340 Abs. 1 und Abs. 3 i.V.m. §§ 225 Abs. 3, 226, 226a, 227), ist diese Rechtsfolge zwingend (§ 45 Abs. 1).[116]

3. Strafprossezuales

21 Ein Strafantrag ist nicht erforderlich (s. auch den Verweis in § 340 Abs. 3, der § 230 nicht umfasst); und die verletzte Person ist ebenfalls nicht auf eine Privatklage angewiesen (§ 374 Abs. 1 Nr. 4 StPO).[117] Das gilt jedoch nicht für den Extraneus, soweit dieser entsprechend der zu § 28 Abs. 2 überwiegend vertretenen Tatbestandslösung wegen Teilnahme an § 223 zu bestrafen ist (Rdn. 15).[118]

---

109 *SSW/Kudlich* Rdn. 15; *Zöller* AnwK Rdn. 12.
110 *Lilie* LK[12] Rdn. 25; *vHH/Eschelbach* Rdn. 29; *Kuhlen* NK Rdn. 15; *Zöller* AnwK Rdn. 12.
111 *Matt/Renzikowski/Engländer* Rdn. 10; *Kuhlen* NK Rdn. 15.
112 *Kuhlen* NK Rdn. 15.
113 *Fischer* Rdn. 4; *Wolters* SK Rdn. 24; *Zöller* AnwK Rdn. 13; **aA** BGH NStZ **1993** 591; *vHH/Eschelbach* Rdn. 19; *Voßen* MK Rdn. 26 sowie *Sch/Schröder/Hecker* Rdn. 13 für eine Ohrfeige als spontane Entgleisung oder *Lilie* LK[12] Rdn. 28 für „maßvolle" Züchtigungen.
114 Eingehender *Grünewald* LK § 223 Rdn. 50 ff.
115 *Lilie* LK[12] Rdn. 28 f.; *Sch/Schröder/Hecker* Rdn. 13; *Wolters* SK Rdn. 24.
116 Zu weiteren Nebenfolgen *Voßen* MK Rdn. 42; *Zöller* AnwK Rdn. 13.
117 *SSW/Kudlich* Rdn. 17; *Kuhlen* NK Rdn. 16.
118 **AA** *Lilie* LK[12] Rdn. 31; *Wolters* SK Rdn. 23.

§§ 341 bis 342 *(weggefallen)*

§ 343 Aussageerpressung

(1) Wer als Amtsträger, der zur Mitwirkung an
1. einem Strafverfahren, einem Verfahren zur Anordnung einer behördlichen Verwahrung,
2. einem Bußgeldverfahren oder
3. einem Disziplinarverfahren oder einem ehrengerichtlichen oder berufsgerichtlichen Verfahren

berufen ist, einen anderen körperlich mißhandelt, gegen ihn sonst Gewalt anwendet, ihm Gewalt androht oder ihn seelisch quält, um ihn zu nötigen, in dem Verfahren etwas auszusagen oder zu erklären oder dies zu unterlassen, wird mit Freiheitsstrafe von einem Jahr bis zu zehn Jahren bestraft.

(2) In minder schweren Fällen ist die Strafe Freiheitsstrafe von sechs Monaten bis zu fünf Jahren.

Schrifttum

Ambos Rettungsfolter und (Völker-) Strafrecht, in: Koriath/Krack/Radtke/Jehle (Hrsg.) Grundfragen des Strafrechts, Rechtsphilosophie und die Reform der Juristenausbildung (2010) 5; *Amelung* Die Zulässigkeit der Einwilligung bei den Amtsdelikten, Festschrift Dünnebier (1982) 487; *ders.* „Rettungsfolter" und Menschenwürde, JR **2012** 18; *Beutler* Strafbarkeit der Folter zu Vernehmungszwecken (2006); *Bott* In dubio pro Straffreiheit? (2011); *Brugger* Würde gegen Würde, VBlBW **1995** 414; *ders.* Darf der Staat ausnahmsweise foltern? Der Staat **1996** 67; *ders.* Vom unbedingten Verbot der Folter zum bedingten Recht auf Folter? JZ **2000** 165; *Bung* Doppelfunktionale Nötigungsabsicht bei der Aussageerpressung, KritV **2005** 67; *Ebel* Notwehrrecht der Polizei bei Vernehmungen (Befragungen) zum Zwecke der Gefahrenabwehr? Kriminalistik **1995** 825; *Eidam* Zur Selbstverständlichkeit von Rechtsbrüchen beim Vollzug von Untersuchungshaft, HRRS **2008** 241; *Ellbogen* Zur Unzulässigkeit von Folter (auch) im präventiven Bereich, Jura **2005** 339; *Erb* Nothilfe durch Folter, Jura **2005** 24; *ders.* Notwehr als Menschenrecht – Zugleich eine Kritik der Entscheidung des LG Frankfurt am Main im „Fall Daschner", NStZ **2005** 593; *ders.* Zur strafrechtlichen Behandlung von „Folter" in der Notwehrlage, Festschrift Seebode (2008) 99; *Eser* Zwangsandrohung zur Rettung aus konkreter Lebensgefahr. Gegenkritische Rückfragen zur sogenannten „Rettungsfolter", Festschrift Hassemer (2010) 713; *Esser* EGMR in Sachen Gäfgen v. Deutschland (22978/05), Urt. v. 30.6.2008, NStZ **2008** 657; *Fahl* Angewandte Rechtsphilosophie – „Darf der Staat foltern?" JR **2004** 182; *Gehl* (Hrsg.) Folter – Zulässiges Instrument im Strafrecht? (2005); *Gehrig* Der Absichtsbegriff in den Straftatbeständen des Besonderen Teils des StGB (1986); *Geppert* Amtsdelikte (§§ 331 ff. StGB), Jura **1981** 78; *Gössel* Enthält das deutsche Recht ausnahmslos geltende, „absolute" Folterverbote? Festschrift Otto (2007) 41; *Grabenwarter* Androhung von Folter und faires Strafverfahren – Das (vorläufig) letzte Wort aus Straßburg, NJW **2010** 3128; *Günther* Extreme Notstandssituationen und die Selbstaufhebung des Rechts, Festschrift Neumann (2017) 825; *Haurand/Vahle* Rechtliche Aspekte der Gefahrenabwehr in Entführungsfällen, NVwZ **2003** 513; *W. Hecker* Relativierung des Folterverbots in der BRD? KJ **2003** 210; *Heinrich* Der Amtsträgerbegriff im Strafrecht, Auslegungsrichtlinien unter besonderer Berücksichtigung des Rechtsguts der Amtsdelikte (2001); *Herbst* Die lebensrettende Aussageerzwingung (2011); *Herzberg* Folter und Menschenwürde, JZ **2005** 321; *Herzog/Roggan* Zu einer Reform der Strafbarkeit wegen Aussageerpressung – § 343 StGB, GA **2008** 142; *Hilgendorf* Folter im Rechtsstaat? JZ **2004** 331; *C. Jäger* Das Verbot der Folter als Ausdruck der Würde des Staates, Festschrift Herzberg (2008) 539; *ders.* Folter und Flugzeugabschuss – rechtsstaatliche Tabubrüche oder rechtsguterhaltende Notwendigkeiten? JA **2008** 678; *R. Jaeger* Konsequenzen aus einem Seminar zur „Folter", Kriminalist **2004** 206; *Jahn* Das Strafrecht des Staatsnotstandes (2004); *ders.* Anmerkung zum Urteil des BGH vom 15.8.2018 – 2 StR 474/17 – BeckRS 2018, 31258, JuS **2019** 271; *Jerouschek* Gefahrenabwendungsfolter – Rechtsstaatliches Tabu oder polizeirechtlich legitimierter Zwangseinsatz? JuS **2005** 296; *ders./Kölbel* Folter von Staats wegen? JZ **2003** 613; *Jeßberger* „Wenn Du nicht redest, füge ich Dir große Schmerzen zu.", Jura **2003** 711; *Kargl* Aussageerpressung und Rettungsfolter, Festschrift Puppe (2011) 1163; *Kinzig* Not kennt kein Gebot? ZStW **115** (2003) 791; *Knauer* Der Schutz der Menschenwürde im Strafrecht, ZStW **126** (2014) 305; *Kotsoglou* Über die „Verständigung" im Strafverfahren als Aussageerpressung, ZIS **2015** 175; *Kretschmer* Folter in Deutschland: Rückkehr einer Ungeheuerlichkeit? RuP **2003** 102; *Lubig/Sprenger* Beweisverwertungsverbote aus dem Fairnessgebot des Art. 6 EMRK in der Rechtsprechung des EGMR, ZIS

https://doi.org/10.1515/9783110490329-012

2008 433; *Lüderssen* Die Folter bleibt tabu – Kein Paradigmenwechsel ist geboten, Festschrift Rudolphi (2004) 691; *Maiwald* Die Amtsdelikte, JuS **1977** 353; *Malek* Die Aussageerpressung im strafgerichtlichen Alltag – Bemerkungen zu § 343 StGB, StraFo **2005** 441; *Miehe* Nochmals: Die Debatte über Ausnahmen vom Folterverbot, NJW **2003** 1219; *Mitsch* Strafrechtsschutz gegen gewaltsame Verhinderung eines Mordes? Die Polizei **2004** 254; *ders.* Verhinderung lebensrettender Folter, Festschrift Roxin (2011) 639; *Müller/Formann* Die opferschützende Folterandrohung – Vermeintliche Lebensrettung durch verbotene Vernehmungsmethoden, Die Polizei **2003** 313; *Neuhaus* Die Aussageerpressung zur Rettung des Entführten: strafbar! GA **2004** 521; *Otto* Diskurs über Gerechtigkeit, Menschenwürde und Menschenrechte, JZ **2005** 473; *Perron* Foltern in Notwehr? Festschrift Weber (2004) 143; *Prittwitz* Strafwürdigkeit und Strafbarkeit von Folter und Folterandrohung im Rechtsstaat, Festschrift Herzberg (2008) 515; *Reemtsma* Folter im Rechtsstaat? (2005); *Rogall* Bemerkungen zur Aussageerpressung, Festschrift Rudolphi (2004) 511; *Roxin* Kann staatliche Folter in Ausnahmefällen zulässig oder wenigstens straflos sein? Festschrift Eser (2005) 461; *ders.* Rettungsfolter? Festschrift Nehm (2006) 205; *ders.* 60 Jahre Grundgesetz aus der Sicht des Strafrechts, JöR **2011** 1; *Saliger* Absolutes im Strafprozeß? Über das Folterverbot, seine Verletzung und die Folgen seiner Verletzung, ZStW **116** (2004) 35; *Sauer* Völkerrechtliche Folgenbeseitigung im Strafverfahren, JZ **2011** 23; *Steinke* Das Urteil gegen Wolfgang Daschner, Kriminalistik **2005** 229; *Stübinger* Notwehr-Folter und Notstands-Tötung? (2015); *Wagenländer* Zur strafrechtlichen Beurteilung der Rettungsfolter (2006); *Wang* Die strafrechtliche Rechtfertigung von Rettungsfolter (2014); *Weigend* Folterverbot im Strafverfahren, StV **2011** 325; *Welsch* Die Wiederkehr der Folter als das letzte Verteidigungsmittel des Rechtsstaats? BayVBl. **2003** 481; *Wittreck* Menschenwürde und Folterverbot, DÖV **2003** 873; *Ziegler* Das Folterverbot in der polizeilichen Praxis, KritV **2004** 50; *Zieschang* Der Schutz des Einzelnen im materiellen Strafrecht vor unzulässigen Vernehmungsmethoden, Gedächtnisschrift Blumenwitz (2008) 313.

Entstehungsgeschichte

Bereits das RStGB von 1871 kannte mit § 343 a.F. RStGB eine Vorschrift zur Aussageerpressung.[1] § 343 a.F. RStGB hatte folgenden Wortlaut:

> „Ein Beamter, welcher in einer Untersuchung Zwangsmittel anwendet oder anwenden läßt, um Geständnisse oder Aussagen zu erpressen, wird mit Zuchthaus bis zu fünf Jahren bestraft."

Damit unterschied die Vorschrift wie heute noch § 340[2] zwischen dem Amtsträger, der als unmittelbarer Täter agierte, und demjenigen, welcher durch einen anderen Zwangsmittel anwenden ließ. Nicht näher umschrieben waren jedoch die verschiedenen Verfahren; vielmehr sprach die Vorschrift lediglich von einer „Untersuchung". Auch wurde die Tathandlung nicht präzisiert, sondern es war nur von der Anwendung von „Zwangsmitteln" die Rede. Da die Tat mit Zuchthausstrafe bedroht war, handelte es sich aber schon damals im Sinne von § 1 Abs. 1 a.F. RStGB um ein Verbrechen. Auch dem RStGB vorhergehende Strafgesetzbücher kannten im Übrigen bereits Regelungen zur Aussageerpressung (vgl. etwa Art. 453 bayStGB von 1813 und insbesondere § 319 prStGB von 1851, welcher der Ursprungsregelung im RStGB sehr ähnelt).

Das 1. StrRG vom 25.6.1969[3] änderte die Strafdrohung dahingehend, dass an die Stelle von „Zuchthaus bis zu fünf Jahren" nunmehr eine „Freiheitsstrafe von einem Jahr bis zu fünf Jahren" trat. Seine heutige Fassung erhielt § 343 dann durch Art. 19 Nr. 191 EGStGB vom 2.3.1974.[4] Die Aussageerpressung in ihrer aktuellen Formulierung ist dabei maßgeblich beeinflusst durch § 454 E 1962.[5] So lautete diese Vorschrift:

> „(1) Wer als Amtsträger, der zur Mitwirkung bei
> 1. einem Strafverfahren, einem Verfahren zur Anordnung einer Maßnahme (§ 11 Abs. 1 Nr. 5) oder einer behördlichen Verwahrung, einem Bußgeldverfahren oder
> 2. einem Disziplinarverfahren gegen Beamte oder Richter oder in einem ehrengerichtlichen Verfahren
>
> berufen ist, gegen einen anderen Gewalt anwendet oder androht, ihn körperlich mißhandelt oder seelisch quält, um in dem Verfahren Aussagen oder Erklärungen herbeizuführen oder zu verhindern, wird mit Zuchthaus bis zu zehn Jahren bestraft.
> (2) In minder schweren Fällen ist die Strafe Gefängnis von sechs Monaten bis zu fünf Jahren."

1 Vgl. zur historischen Entwicklung auch *Rogall* FS Rudolphi 511, 513 ff.; *Voßen-MacCormaic* MK Rdn. 8 f.
2 Siehe auch § 357 Abs. 1 Var. 3.
3 BGBl. I S. 645.
4 BGBl. I S. 469.
5 Der E 1962 ist abgedruckt in BTDrucks. IV/650 S. 1 ff.

Zur Begründung der Neufassung führte der E 1962 an, der Tatbestand sei in der ursprünglichen Fassung „nicht deutlich genug umschrieben" und habe „für die Rechtsprechung in mehrfacher Richtung Zweifel offengelassen".[6] Daher grenze der Entwurf den Täterkreis schärfer ab, zähle die verschiedenen Verfahren auf, in denen die Tat begangen werden kann, umschreibe die tatbestandsmäßige Handlung in ihren einzelnen Formen und ihrem Ziel genauer und erhöhe die Strafdrohungen.[7] Die Gesetzesbegründung zu § 343 in seiner geltenden Fassung wiederholt im Wesentlichen diese Gesichtspunkte.[8]

In der Tat hat die Neufassung im Vergleich zur alten Rechtslage Konkretisierungen hervorgebracht. So sprach § 343 a.F. wie bereits angemerkt lediglich von einer „Untersuchung", ohne weiter zu präzisieren, welche Art von Verfahren davon erfasst wurden.[9] Immerhin hatte der BGH entschieden, dass Nachforschungen eines Polizeibeamten zur Behebung eines polizeiwidrigen Zustands nicht erfasst seien.[10] Weiterhin war der Begriff „Zwangsmittel" nicht näher bestimmt und umschrieben, sodass zweifelhaft war, ob und inwieweit auch Drohungen eingeschlossen wurden.[11] Schließlich war u.a. problematisch, ob von den Begriffen „Geständnisse oder Aussagen" auch Erklärungen umfasst waren, eine Aussage zu verweigern.[12]

Der neu gefasste § 343 ist am 1.1.1975 in Kraft getreten und seitdem unverändert geblieben.

Übersicht

Alphabetische Übersicht

---

6 Begründung zum E 1962, BTDrucks. IV/650 S. 641.
7 Begründung zum E 1962, BTDrucks. IV/650 S. 641.
8 BTDrucks. 7/550 S. 278.
9 Siehe dazu *Mösl* LK[9] Rdn. 3; *Sch/Schröder* StGB[17] Rdn. 3.
10 BGHSt **6** 144, 145.
11 Vgl. *Lackner* StGB[8] Anm. 3; *Mösl* LK[9] Rdn. 4; *Sch/Schröder* StGB[17] Rdn. 4 ff.; ferner RGSt **71** 374, 375.
12 Befürwortend *Mösl* LK[9] Rdn. 7; *Sch/Schröder* StGB[17] Rdn. 12; ablehnend *Dreher* StGB[34] Anm. 2.

I. Allgemeine Bemerkungen

1. Geschütztes Rechtsgut

1 Es bestehen unterschiedliche Auffassungen zu der Frage, welches **Rechtsgut** von der Vorschrift der Aussageerpressung geschützt wird. So meinen manche Autoren, es gehe ausschließlich um die **Rechtspflege.**[13] Dem steht die Auffassung gegenüber, es gehe allein um den Schutz der **freien Willensentschließung** des Betroffenen.[14] Ebenfalls findet man die Ansicht, die Vorschrift schütze **in erster Linie** die **Rechtspflege**, die Rechtsgüter des **Einzelnen** kämen hingegen **erst in zweiter Linie** in Betracht.[15] Nach dieser Auffassung ist die Einwilligung des Betroffenen unbeachtlich, was sich u.a. daraus ergebe, dass nur bestimmte Amtsträger und nur spezielle Tathandlungen erfasst seien.[16]

2 Richtigerweise wird man bei § 343 von einem **gleichrangigen Schutz** sowohl der **Rechtspflege** als auch des **Individuums** auszugehen haben.[17] Davon scheint im Übrigen auch der **BGH** auszugehen, wenn er ausführt, dass § 343 sowohl dem Schutz der freien Willensentschließung des Einzelnen als auch der „Sauberkeit und Ordnungsmäßigkeit der Rechtspflege" diene.[18]

3 Die Rechtspflege soll davor bewahrt werden, dass die Rechtsordnung mit verbotswidrigen Vernehmungsmethoden durchgesetzt wird, denn dies ist mit einem Rechtsstaat unvereinbar. Folglich sichert die Vorschrift die rechtskonforme Durchsetzung der jeweiligen Verfahren ab.[19] Gleichzeitig dient aber § 343 vor allem ebenfalls dazu, den Schutz des Betroffenen vor bestimmten verbotenen prozessualen Vernehmungsmethoden (vgl. insbesondere § 136a StPO) flankierend auch in materiell-rechtlicher Hinsicht zu gewährleisten und abzudecken. Wendet ein Amtsträger verbotene Methoden an, soll er zum Schutz sowohl der Rechtspflege als auch des Betroffenen[20] strafrechtlich dafür zur Verantwortung gezogen werden können. Zwar genießt der Einzelne bereits über §§ 223 ff., 240, 340 Schutz, jedoch ist es im StGB nicht ungewöhnlich, dass Vorschriften neben überindividuellen Rechtsgütern gleichrangig individuelle schützen, die bereits von anderen Vorschriften erfasst sind: So wird etwa von § 315c nach richtiger Auffassung nicht nur die Sicherheit des öffentlichen Straßenverkehrs geschützt, sondern ebenfalls ist gleichrangig der Schutz von Individualrechtsgütern bezweckt,[21] obwohl letztere bereits von §§ 212 ff., 223 ff., 303 geschützt werden. Dass von § 343 nicht alle verbotenen Vernehmungsmethoden im Sinne des § 136a StPO und nicht alle Verfahren erfasst sind, ist eine Entscheidung des Gesetzgebers, sagt aber nichts über den Schutzumfang bei den von der Vorschrift umfassten Verfahren und Tathandlungen aus.

4 Der gleichrangige Schutz von Rechtspflege und Willensentschließungsfreiheit des Einzelnen hat zur Konsequenz, dass die **Einwilligung** des Betroffenen entgegen der ganz überwiegenden Auffassung im Schrifttum **rechtfertigende Wirkung** hat.[22] Dass gemäß § 136a Abs. 3 StPO die Einwilligung des Betroffenen unbeachtlich ist, dient der Stärkung der Rechtskonformität des Verfahrens; bei § 343 hingegen entfällt – unabhängig von dem Umstand, dass nicht sämtliche verbote-

---

13 So etwa *Geppert* Jura **1981** 78, 81; *Joecks/Jäger* Rdn. 1; *Otto* BT § 98 Rdn. 7.

14 Siehe dazu *Welzel* Strafrecht § 78 B IV; siehe auch *Malek* StraFo **2005** 441, 442.

15 *Fischer* Rdn. 1; *Gössel/Dölling* BT I § 73 Rdn. 1; *Jescheck* LK[11] Rdn. 1; *Kindhäuser/Schramm* BT I § 74 Rdn. 1; vgl. auch *Jahn* JuS **2019** 271, 272.

16 *Jescheck* LK[11] Rdn. 1.

17 So etwa auch *Sch/Schröder/Hecker* Rdn. 1; *Heinrich* Hb StrafR Bd. 5 § 51 Rdn. 45; *Klesczewski* BT § 19 Rdn. 183; *Leipold* AnwK Rdn. 1; *Maurach/Schroeder/Maiwald* BT II § 77 Rdn. 1; *Schmedding* HK-GS Rdn. 1; *Matt/Renzikowski/Sinner* Rdn. 1; *Voßen-MacCormaic* MK Rdn. 2; wohl auch *Arzt/Weber/Heinrich/Hilgendorf* BT § 49 Rdn. 89; *Küpper/Börner* BT § 9 Rdn. 43.

18 BGH NJW **1953** 1034; auf den Schutz der Freiheit der Willensentschließung abstellend BGH BeckRS **2018** 31258.

19 Vgl. *Rogall* FS Rudolphi 511, 526.

20 *Knauer* ZStW **126** (2014) 305, 335, führt aus, da § 136a StPO der Wahrung der Menschenwürde diene, sei diese in den von § 343 geschützten Kreis der Rechtsgüter einzubeziehen; siehe auch *Eidam* HRRS **2008** 241, 245.

21 Das wird insbesondere bei einem Vergleich mit § 316 deutlich; siehe dazu *Zieschang* NK § 315c Rdn. 6.

22 Siehe dazu im Einzelnen Rdn. 38.

nen Vernehmungsmethoden im Sinne des § 136a StPO überhaupt dem § 343 unterfallen – zugunsten des agierenden Amtsträgers ein wesentlicher Teil des Unrechts, sodass die Einwilligung Bedeutung hat, zur Rechtfertigung führt und der Amtsträger sich dann nicht nach § 343 strafbar macht. Das geht einher etwa mit § 340, der als Amtsdelikt individualschützend ist und bei dem die Einwilligung – wie sich aus dem Verweis des § 340 Abs. 3 (auch) auf § 228 mittelbar ergibt – rechtfertigend wirkt.[23]

2. Rechtsnatur

Aufgrund der besonderen Anforderungen an die Täterqualität ist die Aussageerpressung **Amtsdelikt**. Umstritten ist aber, ob es sich bei § 343 um ein **echtes** oder **unechtes Amtsdelikt** handelt. Für die Einstufung als unechtes Amtsdelikt wird vorgebracht, dass sich die Vorschrift hinsichtlich der Zwangsmittel „weitgehend" mit denen des § 240 decke und das Ziel der Handlung in einer Nötigung bestehe.[24] Konsequenz ist die Anwendung des **§ 28 Abs. 2** auf den Extraneus.[25] Die Gegenposition meint, bei § 343 handele sich um ein echtes Amtsdelikt, da der Tatbestand gegenüber der Nötigung verselbständigt und teils enger, teils weiter sei.[26] Danach richtet sich die Strafbarkeit des Nichtqualifizierten nach **§ 28 Abs. 1**.[27] Zutreffend erscheint indes eine **differenzierte Betrachtung**: Soweit die Tathandlung – so das körperliche Misshandeln – stets auch einen Grundtatbestand voll verwirklicht – insoweit nun § 223 –, handelt es sich um ein **unechtes Amtsdelikt**, sodass für Beteiligte § 28 Abs. 2 gilt. Andererseits braucht die Gewaltanwendung oder die Androhung von Gewalt im Gegensatz zu § 240 nicht objektiv zu einem Erfolg zu führen (kupiertes Erfolgsdelikt).[28] Im Hinblick auf diese Verselbständigung handelt es sich daher insoweit bei § 343 um ein **echtes Amtsdelikt**, sodass auf den Extraneus § 28 Abs. 1 anzuwenden ist. Letzteres gilt ebenfalls für die Variante des seelischen Quälens.[29] 5

3. Bedeutung in der Praxis

In der Praxis kommt es nur sehr selten zu Verurteilungen nach § 343 (2009: 0; 2010: 1; 2011: 2; 2012: 0; 2013: 0; 2014: 0; 2015: 0; 2016: 1; 2017: 1; 2018: 0; 2019: 0; 2020: 0; 2021: 1).[30] Auch in den Jahren vor 2008 sind die Zahlen vergleichbar niedrig. Zwar lässt dies keine valide Aussage darüber zu, ob nicht ein weitaus größeres Dunkelfeld besteht. Angesichts der vorhandenen Kontrollmechanismen seitens der Justiz und der Verteidigung wird man das jedoch nicht ohne Weiteres annehmen können. Vor diesem Hintergrund erscheint die Aussage, Verstöße gegen § 343 gehörten zum „strafgerichtlichen 6

23 Siehe nur *Fischer* § 340 Rdn. 3a, 7.

24 So *Sch/Schröder/Hecker* Rdn. 1; für ein unechtes Amtsdelikt auch: *Arzt/Weber/Heinrich/Hilgendorf* BT § 49 Rdn. 90; *Lackner/Kühl/Heger* Rdn. 1; *Heinrich* S. 181; *ders.* Hb StrafR Bd. 5 § 51 Rdn. 51; *Joecks/Jäger* Rdn. 5; *Klesczewski* BT § 19 Rdn. 183; *Otto* BT § 98 Rdn. 7; *Maiwald* JuS **1977** 353, 358; *Maurach/Schroeder/Maiwald* BT II § 77 Rdn. 23; *Voßen-MacCormaic* MK Rdn. 3; *Welzel* Strafrecht § 78 B IV.

25 *Sch/Schröder/Hecker* Rdn. 18; *Maiwald* JuS **1977** 353, 358; *Otto* BT § 98 Rdn. 7; *Voßen-MacCormaic* MK Rdn. 41.

26 Für die Einordnung als echtes Amtsdelikt: *Fischer* Rdn. 1; *Geppert* Jura **1981** 78, 81; *Gössel/Dölling* BT I § 73 Rdn. 1; *Jahn* JuS **2019** 271, 272; *Kindhäuser/Schramm* BT I § 74 Rdn. 1; *SSW/Kudlich* Rdn. 2; *Küpper/Börner* BT § 9 Rdn. 43; *Kuhlen* NK Rdn. 18; *Matt/Renzikowski/Sinner* Rdn. 1; *Wolters* SK Rdn. 2.

27 *Fischer* Rdn. 12; *SSW/Kudlich* Rdn. 18; *Kuhlen* NK Rdn. 18; *Schmedding* HK-GS Rdn. 1; *Valerius* BeckOK Rdn. 14; *Wolters* SK Rdn. 23.

28 BGH BeckRS **2018** 31258; *Sch/Schröder/Hecker* Rdn. 1; *Kotsoglou* ZIS **2015** 175, 194; *Matt/Renzikowski/Sinner* Rdn. 1; *Voßen-MacCormaic* MK Rdn. 31.

29 Für eine differenzierte Betrachtung, wenn auch dort § 343 lediglich in der Variante des seelischen Quälens als echtes Amtsdelikt aufgefasst wird, *Rogall* FS Rudolphi 511, 531; *Schmidhäuser* BT 4/22.

30 Statistisches Bundesamt, Rechtspflege, Strafverfolgung, Fachserie 10 Reihe 3 für die Jahre 2009 bis 2021. Abgeurteilte: 2009: 1; 2010: 1; 2011: 2; 2012: 0; 2013: 0; 2014: 0; 2015: 1; 2016: 1; 2017: 1; 2018: 0; 2019: 0; 2020: 2; 2021: 1.

Alltag",[31] zumindest überzogen.[32] Die Anzahl der erfassten Fälle ist jedenfalls auch sehr gering (laut PKS 2009: 8; 2010: 14; 2011: 2; 2012: 7; 2013: 8; 2014: 8; 2015: 4; 2016: 8; 2017: 5; 2018: 1; 2019: 3; 2020: 4; 2021: 5). Entsprechend ist die Zahl der Tatverdächtigen niedrig (2009: 7; 2010: 16; 2011: 3; 2012: 8; 2013: 10; 2014: 7; 2015: 4; 2016: 13; 2017: 5; 2018: 0; 2019: 4; 2020: 4; 2021: 5).

7 Aufmerksamkeit hat die Norm jedoch im Jahr 2002 im Fall „Daschner" erlangt.[33] Dort ordnete der damalige Frankfurter Polizeivizepräsident *Wolfgang Daschner* an, durch den ihm untergebenen Kriminalhauptkommissar solle dem festgenommenen Entführer eines elfjährigen Jungen Gewalt angedroht werden, damit er das Versteck des entführten Kindes preisgebe. Daraufhin teilte der Entführer das Versteck des Entführungsopfers mit. Das Kind konnte nur noch tot aufgefunden werden, da der Täter es bereits unmittelbar nach der Entführung getötet hatte.

8 Wenn auch der Schwerpunkt der Diskussion in diesem Fall insbesondere bei der Frage lag, ob ausnahmsweise Folter in Extremsituationen gerechtfertigt sein kann, spielt bei diesem Sachverhalt auch § 343 eine gewisse Rolle:[34] So geht es einmal um die Frage, ob ein Amtsträger gehandelt hat, der zur Mitwirkung an einem Strafverfahren berufen ist, zum anderen darum, ob dieser handelte, um den Entführer zu nötigen, in dem Verfahren etwas auszusagen. Hierbei ist problematisch, dass es den Polizeibeamten ausweislich eines Aktenvermerks ausschließlich um Gefahrenabwehr ging, also um die präventiv-polizeiliche Rettung des entführten Kindes.[35] Hingegen betrifft § 343 das Strafverfahren; der präventive Bereich ist nur betroffen, soweit es um eine „behördliche Verwahrung" geht. So hat auch die Staatsanwaltschaft Frankfurt/M. im Fall „Daschner" von vornherein Anklage wegen Nötigung gemäß § 240 und nicht wegen Aussageerpressung erhoben.[36] Parallel führte das LG Frankfurt/M. aus, die tatbestandlichen Voraussetzungen des § 343 seien nicht gegeben, da es den Angeklagten zielgerichtet und ausschließlich um die Rettung des entführten Kindes ging; sie hatten nicht die Intention, das Ermittlungsverfahren zu fördern, eine Beweisgewinnung spielte für ihre Motivation keine Rolle.[37] Dementsprechend wurden die Angeklagten wegen Nötigung gemäß § 240 (in Verbindung mit § 357) verurteilt.

9 Andererseits haben Polizeibeamte nicht nur präventive, sondern auch repressive Aufgaben. Auch das LG Frankfurt/M. führt im Übrigen an anderer Stelle des Urteils aus, dass „erkennbar strafprozessuale Belange tangiert waren".[38] Insofern mag aber dann bei einem solchen doppel-

---

31 *Malek* StraFo **2005** 441, 446; siehe auch *Leipold* AnwK Rdn. 24.

32 *Zieschang* GS Blumenwitz 313.

33 Siehe zum Fall „Daschner" u.a. EGMR NStZ **2008** 699; EGMR NJW **2010** 3145; BVerfG NJW **2005** 656; LG Frankfurt/M. NJW **2005** 692; LG Frankfurt/M. JR **2012** 36; *Ambos* Grundfragen S. 5; *Amelung* JR **2012** 18; *Beutler* S. 216 ff.; *Brugger* JZ **2000** 165; *Bung* KritV **2005** 67; *Ebel* Kriminalistik **1995** 825; *Ellbogen* Jura **2005** 339; *Erb* Jura **2005** 24; *ders.* NStZ **2005** 593; *Eser* FS Hassemer 713; *Esser* NStZ **2008** 657; *Fahl* JR **2004** 182; *Gehl* (Hrsg.) Folter – Zulässiges Instrument im Strafrecht?; *Grabenwarter* NJW **2010** 3128; *Günther* FS Neumann 825, 830 ff.; *Haurand/Vahle* NVwZ **2003** 513; *W. Hecker* KJ **2003** 210; *Herbst* S. 267 ff., 308 ff.; *Herzberg* JZ **2005** 321; *Herzog/Roggan* GA **2008** 142; *Hilgendorf* JZ **2004** 331; *C. Jäger* FS Herzberg 539; *ders.* JA **2008** 678; *Jahn* S. 510 ff.; *Jerouschek* JuS **2005** 296; *ders./Kölbel* JZ **2003** 613; *Jeßberger* Jura **2003** 711; *Kargl* FS Puppe 1163; *Kinzig* ZStW **115** (2003) 791; *Kretschmer* RuP **2003** 102; *Lubig/Sprenger* ZIS **2008** 433; *Lüderssen* FS Rudolphi 691; *Miehe* NJW **2003** 1219; *Mitsch* Die Polizei **2004** 254; *ders.* FS Roxin (2011) 639; *Müller/Formann* Die Polizei **2003** 313; *Neuhaus* GA **2004** 521; *Otto* JZ **2005** 473, 480 f.; *Perron* FS Weber 143; *Reemtsma* S. 7 ff.; *Rönnau* LK Vor § 32 Rdn. 255 ff.; *Rogall* FS Rudolphi 511, 538 f.; *Roxin* FS Eser 461; *ders.* FS Nehm 205; *ders.* JöR **2011** 1, 17 f.; *Saliger* ZStW **116** (2004) 35; *Sauer* JZ **2011** 23; *Steinke* Kriminalistik **2005** 229; *Stübinger* Notwehr-Folter S. 37 ff.; *Voßen-MacCormaic* MK Rdn. 4 ff.; *Wagenländer* S. 107 ff.; *Wang* S. 91 ff., 174 ff.; *Weigend* StV **2011** 325; *Welsch* BayVBl. **2003** 481; *Ziegler* KritV **2004** 50; *Zieschang* GS Blumenwitz 313.

34 Im Fall „Daschner" ging es dabei für den Polizeivizepräsidenten konkret um § 357, da er selbst nicht die Androhung gegenüber dem Beschuldigten aussprach.

35 Siehe zum Sachverhalt LG Frankfurt/M. NJW **2005** 692.

36 Bezüglich des Polizeivizepräsidenten ging es um § 357 i.V.m. § 240.

37 LG Frankfurt/M. NJW **2005** 692, 695.

38 LG Frankfurt/M. NJW **2005** 692, 695.

funktionalen Handeln durchaus § 343 Relevanz haben,[39] sodass die Vorschrift im Fall „Daschner" nicht ohne Bedeutung war.[40]

II. Objektiver Tatbestand

Der objektive Tatbestand des § 343 setzt voraus, dass ein Amtsträger, der zur Mitwirkung an einem der in den Nummern eins bis drei aufgelisteten Verfahren berufen ist, einen anderen körperlich misshandelt, gegen ihn sonst Gewalt anwendet, ihm Gewalt androht oder ihn seelisch quält. Die tatbestandlichen Voraussetzungen sind wie gesehen im Gegensatz zur Vorgängerregelung präziser gefasst, sodass die teilweise im Schrifttum geäußerte Kritik, die Vorschrift sei „wenig allgemein verständlich formuliert",[41] nicht ganz nachzuvollziehen ist. Bei der hinreichenden Auseinandersetzung mit der Norm können die einzelnen Erfordernisse durchaus herauskristallisiert werden. 10

1. Der Täterkreis

Taugliche Täter können nur **Amtsträger** sein. Nicht jeder Amtsträger ist jedoch erfasst, sondern nur ein solcher, der zur Mitwirkung an einem der in Nr. 1 bis Nr. 3 genannten **Verfahren berufen** ist. Die Formulierung „zur Mitwirkung ... berufen" hat also die Funktion, den tauglichen Täterkreis weiter zu konkretisieren.[42] Damit im Einklang ist ausdrücklich in den Gesetzesmaterialien zur aktuellen Regelung ausgeführt, die neue Fassung grenze den Täterkreis schärfer ab.[43] 11

Folglich kann es nicht überzeugen, wenn im Schrifttum teilweise ausgeführt wird, der objektive Tatbestand setze voraus, dass ein Amtsträger in bestimmten Verfahrensarten körperliche oder seelische Zwangsmittel gegen einen anderen einsetze.[44] Im Gegensatz dazu bezieht sich die Vorschrift ausweislich ihres Wortlauts von vornherein nur auf solche Amtsträger, die aufgrund ihrer Amtsstellung und ihres Aufgabenkreises an entsprechenden Verfahren mitzuwirken haben. Nur sie sind taugliche Täter, was in der aktuellen Fassung der Vorschrift deutlich wird, ohne dass der Gesetzestext davon spricht, dass ein Amtsträger „in bestimmten Verfahrensarten" handeln muss. Der Aspekt, dass ein Amtsträger in bestimmten Verfahren Zwangsmittel gegen einen anderen einsetzt, trifft auf die Fassung der Vorschrift ab 1975 nicht mehr zu. Dieser Gesichtspunkt hatte nur Gültigkeit im Hinblick auf die alte Fassung des Tatbestands bis 1975.[45] 12

Soweit im Schrifttum davon ausgegangen wird, auch nach der heutigen Fassung verstehe es sich von selbst, dass die Handlung **in einem** der von Absatz 1 Nummern 1 bis 3 angeführten **Verfahren** erfolgen müsse,[46] kann dieser Aussage angesichts der gegenwärtigen Voraussetzungen der Strafvorschrift so nicht beigepflichtet werden. Zwar ist in der Begründung zu dem neu gefassten § 343 ausgeführt, eine Änderung des damaligen Rechts erfolge in Bezug auf den Kreis der Verfahrensarten, wie sie in Rechtsprechung und Schrifttum ausgelegt wurden, nicht; dennoch legt die Begründung gleichzeitig dar, dass der Täterkreis schärfer abgegrenzt und die tatbestandsmäßige Handlung in ihren einzelnen Formen genauer als bisher umschrieben werde.[47] Unter Berücksichtigung dieses Umstands und vor allem vor dem Hintergrund des Art. 103 Abs. 2 GG muss also der maßgebliche Wortlaut der Strafbestimmung Beachtung finden. Danach aber setzt die Norm 13

39 Siehe dazu Rdn. 19 sowie Rdn. 35.
40 *Zieschang* GS Blumenwitz 313, 314 ff.
41 *Maurach/Schroeder/Maiwald* BT II § 77 Rdn. 24; wohl auch *Kotsoglou* ZIS **2015** 175, 188.
42 *Zieschang* GS Blumenwitz 313, 323; vgl. auch *Sch/Schröder/Hecker* Rdn. 19.
43 BTDrucks. 7/550 S. 278; Begründung zum E 1962, BTDrucks. IV/650 S. 641.
44 So aber etwa *Sch/Schröder/Hecker* Rdn. 2; *Voßen-MacCormaic* MK Rdn. 14; *Wolters* SK Rdn. 3.
45 Siehe dazu die Entstehungsgeschichte.
46 So *Kuhlen* NK Rdn. 6.
47 BTDrucks. 7/550 S. 278.

objektiv lediglich voraus, dass ein mit den genannten Eigenschaften ausgestatteter Amtsträger einen anderen körperlich misshandelt, gegen ihn sonst Gewalt anwendet, ihm Gewalt androht oder ihn seelisch quält. Wenn also ein Polizeibeamter, der sowohl in repressiver (Strafverfolgung) als auch präventiver Hinsicht (Gefahrenabwehr) konkret zuständig ist,[48] objektiv nun rein präventiv vorgeht, ist er dennoch tauglicher Täter des § 343, obwohl präventive Verfahren grundsätzlich von § 343 nicht erfasst werden, denn er ist dann (auch) zur Mitwirkung im Strafverfahren berufen. Damit ist der Aspekt des Handelns „in dem Verfahren" objektiv nicht mehr vorausgesetzt, indes auch nicht ganz verschwunden, vielmehr ins Subjektive verschoben: Der Täter muss nämlich neben dem Vorsatz die Absicht haben, dass das Opfer „in dem Verfahren" etwas aussagen oder erklären oder dies unterlassen soll. Objektiv ist aber eben nicht (mehr) notwendig, dass der Täter, der die erforderliche Subjektqualität aufweist, zwingend „in" den beschriebenen Verfahren eine Person misshandelt. Stellt man ein solches Erfordernis in objektiver Hinsicht auf, beachtet man damit die aktuelle Gesetzesfassung nicht hinreichend.[49]

14 Taugliche Täter sind **Amtsträger**. Dieser Begriff findet seine Legaldefinition in § 11 Abs. 1 Nr. 2.[50] Für Europäische Amtsträger gemäß § 11 Abs. 1 Nr. 2a sowie in Bezug auf für den öffentlichen Dienst besonders Verpflichtete gemäß § 11 Abs. 1 Nr. 4 gilt die Vorschrift ausweislich ihres klaren Wortlauts nicht, es sei denn, gleichzeitig ist eine der Varianten des § 11 Abs. 1 Nr. 2 in Bezug auf den Handelnden erfüllt. Gemäß § 48 Abs. 1 WStG ist § 343 aber auf Offiziere und Unteroffiziere anwendbar. Eigenhändigkeit der Tat ist nicht vorausgesetzt.[51]

15 Erforderlich ist wie bereits angesprochen darüber hinaus, dass der Amtsträger **zur Mitwirkung an einem** der aufgezählten **Verfahren berufen** ist, was die Täterqualität näher präzisiert.[52] Entgegen der Gesetzesbegründung[53] und einer weit verbreiteten Auffassung im Schrifttum[54] genügt dafür **nicht**, dass der Täter aufgrund seiner Amtsstellung und seines Aufgabenkreises **allgemein** an Verfahren der betreffenden Art mitzuwirken hat. Erforderlich ist vielmehr die **Zuständigkeit in einem konkreten Verfahren**. So gibt der **Wortlaut** des § 343 gar keinen Anlass zu einer Abstraktion, dieser spricht vielmehr sogar umgekehrt zu Gunsten des Abstellens auf die konkrete Zuständigkeit; denn in § 343 ist nicht davon die Rede, dass der betreffende Amtsträger zur Mitwirkung „an Verfahren" berufen sein muss, sondern es wird die Formulierung „Mitwirkung an einem Verfahren" benutzt. Es geht damit schon vom Wortlaut der Norm nicht um eine generelle Zuständigkeit, sondern um die des Amtsträgers im Einzelfall in Bezug auf ein bestimmtes Verfahren.[55] Das wird auch dadurch untermauert, dass in der Vorschrift im Zusammenhang mit der erforderlichen Absicht davon die Rede ist, das Opfer der Aussageerpressung soll „in dem Verfahren" etwas aussagen, erklären oder dies unterlassen. Dadurch wird hinreichend der Bezug zu einem konkreten Verfahren belegt. Gegen das Genügen lassen der generellen Zuständigkeit spricht folglich bereits der Wortlaut der Norm. Schon objektiv scheitert die Vorschrift daher etwa in dem Fall, dass ein Staatsanwalt gegenüber einem zufällig auf dem Gang der Staatsanwaltschaft sitzenden Beschuldigten Gewalt anwendet, wobei ihm überhaupt nicht die Ermittlungen gegen diesen Beschuldigten obliegen. Der Staatsanwalt mag sich dann gemäß §§ 223, 240 oder unter Umständen gemäß § 340 strafbar machen, § 343 aber ist objektiv nicht verwirklicht.

---

48 Zum Erfordernis der konkreten Zuständigkeit siehe Rdn. 15.

49 *Zieschang* GS Blumenwitz 313, 324.

50 Siehe dazu im Einzelnen die Erläuterungen zu § 11 Abs. 1 Nr. 2.

51 *Fischer* Rdn. 12; *Voßen-MacCormaic* MK Rdn. 41; *Wolters* SK Rdn. 22.

52 Siehe bereits Rdn. 11 ff.

53 BTDrucks. 7/550 S. 278; Begründung zum E 1962, BTDrucks. IV/650 S. 641.

54 *Fischer* Rdn. 2; *Geppert* Jura **1981** 78, 81; *Lackner/Kühl/Heger* Rdn. 2; *Sch/Schröder/Hecker* Rdn. 19; *Heinrich* Hb StrafR Bd 5 § 51 Rdn. 47; *Jescheck* LK[11] Rdn. 3; *Kargl* FS Puppe 1163, 1167; *Kindhäuser/Hilgendorf* LPK Rdn. 2; *Kindhäuser/Schramm* BT I § 74 Rdn. 9; *Klesczewski* BT § 19 Rdn. 184; *SSW/Kudlich* Rdn. 3; *Küpper/Börner* BT § 9 Rdn. 44; *Kuhlen* NK Rdn. 4; *Rogall* FS Rudolphi 511, 519 f., 536; *Matt/Renzikowski/Sinner* Rdn. 2; *Valerius* BeckOK Rdn. 3; *Voßen-MacCormaic* MK Rdn. 11; vgl. auch OGHSt **3** 12 f.; OGH NJW **1950** 713, 714.

55 *Zieschang* GS Blumenwitz 313, 325; ähnlich *Wolters* SK Rdn. 4; *Maurach/Schroeder/Maiwald* BT II § 77 Rdn. 25.

16 Abzustellen ist also objektiv auf die konkrete Zuständigkeit im Einzelfall, was bedingt, dass das Verfahren bereits gegenständlich umrissen werden können muss.[56] Das verlangt andererseits **nicht bereits eine förmliche Einleitung** des Verfahrens.[57]

17 Notwendig ist die Mitwirkung auf Seiten der **Verfahrensführung**, also nicht als Verteidiger, Sachverständiger oder Zeuge.[58] Als taugliche Täter kommen insbesondere Richter, Staatsanwälte und Polizeibeamte in Betracht.[59] Erfasst werden auch Beamte von Bußgeldstellen,[60] Richter und Untersuchungsführer in zivilen oder militärischen Disziplinarverfahren sowie in ehrengerichtlichen und berufsgerichtlichen Verfahren.[61] Ein (beamteter) Arzt, der etwa im Rahmen der Untersuchung zur Frage der behördlichen Verwahrung tätig wird, ist nach zutreffender Auffassung kein tauglicher Täter, da er als Sachverständiger nicht auf Seiten der Verfahrensführung tätig ist.[62]

18 Der Begriff des **Strafverfahrens** (§ 343 Abs. 1 Nr. 1 Alt. 1) ist weit zu verstehen: Hierunter fallen die in der StPO genannten Verfahren, wozu natürlich auch etwa die besonderen Verfahrensarten nach den §§ 407 bis 444 StPO sowie die Haftprüfung und das Wiederaufnahmeverfahren zählen. Auch das Jugendstrafverfahren ist erfasst.[63] Weiterhin sind das Steuerstrafverfahren und das Verfahren nach dem Wehrstrafgesetz zu nennen.[64]

19 Da insbesondere Beamte des Polizeidienstes nicht nur in repressiver Hinsicht zur Aufklärung von Straftaten tätig werden (siehe § 163 Abs. 1 StPO), sondern auch zum Zwecke der Gefahrenabwehr, stellt sich die Frage, was zu gelten hat, wenn dem betreffenden Amtsträger sowohl Aufgaben der Ermittlung als auch solche der Prävention zufallen, also **Doppelfunktionalität** vorliegt, wie dies im Fall „Daschner" anzunehmen war.[65] Im Schrifttum wird diese Konstellation kontrovers beurteilt.[66] Während teilweise lediglich im Anschluss an ein Urteil des BGH aus dem Jahr 1954[67] davon gesprochen wird, Maßnahmen zur Beseitigung eines polizeiwidrigen Zustands fielen nicht unter die Vorschrift,[68] stellen andere Autoren auf den „Schwerpunkt der Tätigkeit bzw. auf den Zweck der Maßnahme" ab.[69] Auch das LG Frankfurt/M. argumentiert im Fall „Daschner" damit, dass beide Angeklagten „nicht zum Zwecke der Aussagegewinnung in dem Ermittlungsverfahren" handelten.[70] Mitunter wird vorgebracht, die Beschuldigtenrolle gehe vor.[71] Richtigerweise handelt es sich hierbei nicht um ein besonderes Problem des objektiven Tatbestands. Ist nämlich der handelnde Amtsträger zur Mitwirkung an dem Strafverfahren berufen und verwirklicht er eine der aufgeführten Handlungsmodalitäten (körperliches Misshandeln, Gewaltanwendung, usw.), ist der **objektive Tatbestand** erfüllt, wobei es hierbei keine Rolle spielt, ob der Polizeibeamte primär zur Gefahrenabwehr tätig werden wollte oder wo der wie auch immer zu ermittelnde Schwerpunkt der Tätigkeit lag. Es kommt zur Erfüllung des objekti-

---

56 *Wolters* SK Rdn. 4.
57 BGH bei Holtz MDR **1980** 629, 630; *Joecks/Jäger* Rdn. 2; *Wolters* SK Rdn. 5; siehe auch *Sch/Schröder/Hecker* Rdn. 4; *Lackner/Kühl/Heger* Rdn. 2; *Kindhäuser/Hilgendorf* LPK Rdn. 4; *Kuhlen* NK Rdn. 6; *Maurach/Schroeder/Maiwald* BT II § 77 Rdn. 25; *Zieschang* GS Blumenwitz 313, 326.
58 *Leipold* AnwK Rdn. 3 f.; *Valerius* BeckOK Rdn. 3; *Wolters* SK Rdn. 4.
59 Siehe *Valerius* BeckOK Rdn. 4.
60 *Sch/Schröder/Hecker* Rdn. 19; *Voßen-MacCormaic* MK Rdn. 12.
61 *Jescheck* LK[11] Rdn. 3.
62 *Kuhlen* NK Rdn. 4; *Leipold* AnwK Rdn. 4; **anders** *Fischer* Rdn. 3; *Lackner/Kühl/Heger* Rdn. 2; *Valerius* BeckOK Rdn. 5; *Voßen-MacCormaic* MK Rdn. 12.
63 BTDrucks. 7/550 S. 278; *Kuhlen* NK Rdn. 5; *Schmedding* HK-GS Rdn. 3; *Valerius* BeckOK Rdn. 4.1.
64 *Sch/Schröder/Hecker* Rdn. 4; *Kindhäuser/Hilgendorf* LPK Rdn. 5; *Voßen-MacCormaic* MK Rdn. 17.
65 Siehe dazu bereits Entstehungsgeschichte m.w.N.
66 Siehe dazu im Einzelnen *Zieschang* GS Blumenwitz 313.
67 BGHSt **6** 144; vgl. auch schon RGSt **42** 65 f.; siehe dazu *Zieschang* GS Blumenwitz 313, 316 ff.
68 *Fischer* Rdn. 2.
69 *Rogall* FS Rudolphi 511, 539; ebenso *Erb* Jura **2005** 24 mit Fn. 3; *Sch/Schröder/Hecker* Rdn. 4; *Herzog/Roggan* GA **2008** 142, 146 f.; *SSW/Kudlich* Rdn. 8; *Kuhlen* NK Rdn. 6.
70 LG Frankfurt/M. NJW **1995** 692, 695.
71 *Ebel* Kriminalistik **1995** 825.

ven Tatbestands allein darauf an, ob der Amtsträger in Bezug auf eines der aufgelisteten Verfahren **zuständig** ist. Besonderer Prüfung bedarf es aber, ob bei einer solchen „Gemengelage"[72] auch der **subjektive Tatbestand** bejaht werden kann, insbesondere also das besondere subjektive Merkmal vorliegt.[73] Letztlich stellt auch das LG Frankfurt/M.[74] im Fall „Daschner" entscheidend auf diesen subjektiven Aspekt ab: So ist schon der Gesichtspunkt des „Zwecks" subjektiv geprägt, zudem führt das Gericht aus, das subjektive Element der Absicht eröffne die Möglichkeit einer getrennten Betrachtungsweise. Beiden Angeklagten sei es zielgerichtet und ausschließlich um die Rettung des entführten Kindes gegangen, sie hatten nicht die Intention, das Ermittlungsverfahren zu fördern, eine Beweisgewinnung spielte für ihre Motivation keine Rolle. Damit wird auch vom LG Frankfurt/M. richtig § 343 bei Doppelfunktionalität (erst) über die subjektive Tatseite ausgeschlossen, sofern der Handelnde allein zur Gefahrenabwehr tätig werden will und eine Aussage im Strafverfahren nicht erstrebt.[75]

20 Unter das **Verfahren zur Anordnung einer behördlichen Verwahrung** (§ 343 Abs. 1 Nr. 1 Alt. 2) fallen insbesondere die Verfahren zur Inobhutnahme von Kindern und Jugendlichen gemäß § 42 ff. SGB VIII, die präventiv-polizeiliche Unterbringung nach den Unterbringungsgesetzen sowie Ordnungs- und Polizeigesetzen der Länder, die Unterbringung von bestimmten ansteckend Kranken oder diesbezüglich Verdächtigen gemäß § 30 IfSG sowie die Auslieferungshaft nach § 15 IRG und die Abschiebungshaft nach § 62 AufenthG.

21 Das **Bußgeldverfahren** (§ 343 Abs. 1 Nr. 2) wird in den §§ 35 bis 110c OWiG geregelt.

22 Unter die **Disziplinarverfahren** (§ 343 Abs. 1 Nr. 3 Var. 1) fallen die Verfahren nach der Bundesdisziplinarverordnung und den Disziplinarverordnungen der Länder, das Verfahren nach der Wehrdisziplinarordnung, dem Deutschen Richtergesetz und den Richtergesetzen der Länder.

23 **Ehrengerichtliche Verfahren** (§ 343 Abs. 1 Nr. 3 Var. 2) finden sich etwa in §§ 116 ff. BRAO (anwaltsgerichtliches Verfahren) und §§ 95 ff. BNotO (Verfahren gegen Notare und Notarassessoren). Als Beispiel für ein **berufsgerichtliches Verfahren** (§ 343 Abs. 1 Nr. 3 Var. 3) ist das Verfahren gemäß §§ 89 ff. StBerG (Pflichtverletzung durch Steuerberater oder Steuerbevollmächtigte) zu nennen. In diesen Verfahren gehe es unter Umständen um die berufliche Existenz des Betroffenen, sodass ein nachdrücklicher Schutz gegen Aussageerpressung erforderlich sei.[76]

2. Die Tathandlung

24 Es ist bereits erläutert worden, dass § 343 in objektiver Hinsicht nach zutreffender Auffassung nicht das Handeln des Amtsträgers „in" einem der in den Nummern eins bis drei aufgelisteten Verfahren verlangt.[77] Erforderlich, aber auch ausreichend zur Erfüllung des objektiven Tatbestands ist vielmehr, dass ein Amtsträger, der konkret[78] zur Mitwirkung an einem der genannten Verfahren berufen ist, einen anderen körperlich misshandelt, gegen ihn sonst Gewalt anwendet, ihm Gewalt androht oder ihn seelisch quält. In der Gesetzesbegründung ist insofern angeführt, § 343 a.F. hätten eindeutige Grenzen gefehlt, sodass es weitgehend dem Richter überlassen war, im Einzelfall eine sachgerechte Abgrenzung zu finden.[79] Vor diesem Hintergrund war der Gesetzgeber bemüht, der Neuregelung eindeutigere Konturen zu geben.

72 Siehe *Kinzig* ZStW **115** (2003) 791, 794; *Rogall* FS Rudolphi 511, 538 f.

73 Siehe dazu Rdn. 35.

74 LG Frankfurt/M. NJW **1995** 692, 695.

75 Siehe zur subjektiven Seite Rdn. 32 ff.

76 BTDrucks. 7/550 S. 278; Begründung zum E 1962, BTDrucks. IV/650 S. 641.

77 Siehe dazu Rdn. 11 ff.

78 Dazu Rdn. 15.

79 BTDrucks. 7/550 S. 278; Begründung zum E 1962, BTDrucks. IV/650 S. 642.

Die Auflistung der Tathandlungen stellt im Übrigen hinreichend klar, dass nicht sämtliche verbotenen Vernehmungsmethoden im Sinne des § 136a StPO von § 343 erfasst sind.[80] Insbesondere die Täuschung oder das Versprechen eines gesetzlich nicht vorgesehenen Vorteils unterfallen nicht der Aussageerpressung,[81] es sei denn, mit diesem Vorgehen wird gleichzeitig eine der in § 343 aufgelisteten Tatvarianten – zum Beispiel die Androhung von Gewalt – verwirklicht. 25

Ausweislich der Gesetzesbegründung ist das Merkmal der **körperlichen Misshandlung** ebenso zu verstehen wie bei der vorsätzlichen Körperverletzung gemäß § 223.[82] Es geht also um eine üble, unangemessene Behandlung, durch die das körperliche Wohlbefinden oder die körperliche Unversehrtheit nicht nur unerheblich beeinträchtigt wird. Rein seelische Beeinträchtigungen genügen für diese Tatvariante nicht, können aber unter das „seelische Quälen" fallen. Andererseits muss es nicht zu einer körperlichen Berührung kommen.[83] Auch längere Vernehmungen bei grellem Licht oder die Unterbringung in Dunkel- oder Stehzellen können erfasst sein,[84] sofern daraus eine körperliche Beeinträchtigung im genannten Sinn resultiert. Insoweit sind auch zu nennen:[85] Hungern und Dursten lassen, wobei insoweit ein Unterlassen in Rede steht, Hitze-, Kälte- oder Lärmeinwirkungen,[86] Herbeiführung von Übermüdung sowie andere Methoden der körperlichen Zermürbung wie mehrfaches und in kurzen Intervallen erfolgendes Wecken und Vernehmen zur Nachtzeit. Immer muss aber damit eine körperliche Misshandlung im Sinne des § 223 als Erfolg verbunden sein. Die Verweigerung des Rauchens ist nicht ohne Weiteres erfasst, kann aber unter das Merkmal fallen, sofern der Entzug – etwa bei einem stark Nikotinsüchtigen – das körperliche Wohlbefinden nicht unerheblich beeinträchtigt.[87] Eine Zustimmung des Betroffenen beseitigt die Tatbestandsmäßigkeit nicht, kann jedoch nach zutreffender Sicht zur Rechtfertigung führen.[88] 26

Bei der (sonstigen) **Anwendung von Gewalt** gegen den Betroffenen geht es in Übereinstimmung mit § 240 um die Einwirkung auf den Körper eines anderen durch körperliche Kraftentfaltung, um einen tatsächlich geleisteten oder erwarteten Widerstand zu überwinden. Erfasst ist etwa die Verabreichung betäubender oder berauschender Mittel.[89] Auch die Anwendung von Hypnose oder das Verabreichen eines „Wahrheitsserums" können darunter fallen. Die Anwendung eines Lügendetektors ist erfasst, wenn sie zwangsweise erfolgt.[90] Das zeitweilige Verschließen einer Gewahrsamszelle nur für einen kurzen Zeitraum genügt nicht, wenn dem Betreffenden die zumutbare Möglichkeit offen steht, zu klopfen und damit jederzeit den Aufenthalt in der Zelle zu beenden.[91] Die bloße Einwirkung auf Sachen ist nicht erfasst, kann aber unter das seelische Quälen fallen.[92] Rein psychisch wirkender Zwang ist keine Gewalt. Bei einem Einverständnis des Betroffenen entfällt nach zutreffender Auffassung der Tatbestand.[93] 27

---

80 BTDrucks. 7/550 S. 278; *Lackner/Kühl/Heger* Rdn. 3; *Kuhlen* NK Rdn. 6; *Maiwald* JuS **1977** 353, 358; *Maurach/Schroeder/Maiwald* BT II § 77 Rdn. 26; *Voßen-MacCormaic* MK Rdn. 23; *Wolters* SK Rdn. 10.
81 *Sch/Schröder/Hecker* Rdn. 13; *Maiwald* JuS **1977** 353, 358.
82 BTDrucks. 7/550 S. 278; Begründung zum E 1962, BTDrucks. IV/650 S. 642; *Kuhlen* NK Rdn. 7.
83 *Fischer* Rdn. 7; *Sch/Schröder/Hecker* Rdn. 9; *Kindhäuser/Schramm* BT I § 74 Rdn. 10; *Schmedding* HK-GS Rdn. 4; *Valerius* BeckOK Rdn. 9; *Voßen-MacCormaic* MK Rdn. 24; *Wolters* SK Rdn. 11.
84 Vgl. BTDrucks. 7/550 S. 278; *Leipold* AnwK Rdn. 10; *Matt/Renzikowski/Sinner* Rdn. 9.
85 Siehe schon *Jescheck* LK[11] Rdn. 8.
86 *Sch/Schröder/Hecker* Rdn. 9; *Voßen-MacCormaic* MK Rdn. 24.
87 Siehe auch *Voßen-MacCormaic* MK Rdn. 24.
88 Siehe Rdn. 38.
89 BTDrucks. 7/550 S. 278; Begründung zum E 1962, BTDrucks. IV/650 S. 642; *Kuhlen* NK Rdn. 8.
90 *Sch/Schröder/Hecker* Rdn. 10; *Voßen-MacCormaic* MK Rdn. 25; *Wolters* SK Rdn. 12; **anders** *Kindhäuser/Hilgendorf* LPK Rdn. 11; *Kuhlen* NK Rdn. 9; *Leipold* AnwK Rdn. 11.
91 BGH BeckRS **2018** 31258; dazu auch *Jahn* JuS **2019** 271, 272 f.
92 *Valerius* BeckOK Rdn. 10.2; *Voßen-MacCormaic* MK Rdn. 25; *Wolters* SK Rdn. 14.
93 *Amelung* FS Dünnebier 487, 514; *Fischer* Rdn. 10a; *Kuhlen* NK Rdn. 9; vgl. auch *Klesczewski* BT § 19 Rdn. 186; *Matt/Renzikowski/Sinner* Rdn. 8; **anders** *Sch/Schröder/Hecker* Rdn. 10; *Voßen-MacCormaic* MK Rdn. 25, 36; *Wolters* SK Rdn. 12. Siehe dazu auch Rdn. 38.

28 Die **Androhung von Gewalt** gegen den Betroffenen ist ein qualifizierter Fall der Drohung mit einem empfindlichen Übel. Nach dem BGH fällt darunter auch die Androhung einer an sich verfahrensrechtlich zulässigen Zwangsmaßnahme – zum Beispiel einer Festnahme –, wenn der Amtsträger deutlich macht, dass er die Anwendung dieses Zwangsmittels sachwidrig davon abhängig macht, ob der Betroffene eine bestimmte Aussage macht oder nicht.[94] Da kennzeichnend für die Drohung ist, dass der Drohende Einfluss auf den Eintritt des Übels hat oder dies zumindest vorgibt, ist die bloße Warnung, bei der dies nicht der Fall ist, nicht tatbestandsmäßig. § 343 ist daher nicht erfüllt, wenn der vernehmende Polizeibeamte den Betroffenen (zulässig) davor warnt, dass bei einer Verweigerung der Aussage die Anordnung von Untersuchungshaft wegen Flucht- oder Verdunkelungsgefahr erfolgen könne.[95]

29 Schließlich wird als weitere mögliche Tathandlung das **seelische Quälen** aufgelistet. Insoweit kann im Grundsatz auf den Begriff des „Quälens" in § 225 zurückgegriffen werden. Anders als bei § 225 geht es jedoch insoweit nicht um das körperliche Quälen, da dieses bereits von dem Begriff der körperlichen Misshandlung in § 343 erfasst wird.[96] Nicht jede seelische Beeinträchtigung genügt, insbesondere sind die mit dem Verfahren zwingend verbundenen psychischen Belastungen nicht erfasst,[97] es muss vielmehr die Schwelle des Quälens erreicht sein. Das ist der Fall, wenn der Betroffene über unvermeidbare seelische Belastungen hinaus seelischen Peinigungen ausgesetzt ist, die seine geistigen und seelischen Widerstandskräfte zermürben.[98] Es geht um die Zufügung länger dauernder oder sich wiederholender seelischer Schmerzen oder Leiden, aber auch um einzelne gravierende Erniedrigungen, die auf die Widerstandskräfte des Betroffenen massiv einwirken.[99] Letzteres mag etwa bei unwürdigen Körperhaltungen gegeben sein. Das seelische Quälen kann auch vorliegen, wenn der Betroffene nicht gerechtfertigt (vgl. § 88 S. 2 StPO) zu der Leiche des Opfers geführt wird oder ihm Bilder der Leiche gezeigt werden.[100] Ebenfalls kommt in Betracht, dass dem Betroffenen angekündigt wird, nahe Angehörige seien Misshandlungen ausgesetzt, oder ihm sonstige (unwahre) Schreckensnachrichten überbracht werden.[101] Anders als bei § 225 ist aber eine „gefühllose und unbarmherzige Gesinnung" nicht vorausgesetzt.[102] Das kurzzeitige Einschließen in eine Zelle mit der jederzeitigen Möglichkeit, diesen Aufenthalt zu beenden, genügt nicht.[103]

30 Opfer der Aussageerpressung kann jeder Beteiligte sein, der zur Sache aussagen kann.[104] Das ist nicht nur der Beschuldigte; mögliche Opfer können auch Zeugen, Verletzte der Straftat, Sachverständige oder Personen bei einer informatorischen Befragung sein.

---

94 BGH LM § 343 Nr. 1; vgl. aber auch BGH bei Dallinger MDR **1953** 723 (Hinweis auf eine zulässige vorläufige Festnahme ist erlaubt); aus dem Schrifttum siehe *Sch/Schröder/Hecker* Rdn. 11; *Schmedding* HK-GS Rdn. 4; *Valerius* BeckOK Rdn. 10.1; *Voßen-MacCormaic* MK Rdn. 26; allgemeiner *Fischer* Rdn. 6: Zulässige Maßnahmen scheiden aus. Dagegen viel zu pauschal *Kotsoglou* ZIS **2015** 175, der meint, bei „Deals" seien die Tatbestandsmerkmale des § 343 verwirklicht. Es bedarf vielmehr der konkreten Prüfung der jeweiligen Einzelfallumstände.

95 Vgl. dazu auch BGHSt **1** 387, 388; *Sch/Schröder/Hecker* Rdn. 11; *Jescheck* LK[11] Rdn. 10; *Kuhlen* NK Rdn. 10; *Leipold* AnwK Rdn. 13; *Voßen-MacCormaic* MK Rdn. 26.

96 BTDrucks. 7/550 S. 278.

97 *Fischer* Rdn. 9; *Sch/Schröder/Hecker* Rdn. 12; *Schmedding* HK-GS Rdn. 4.

98 BTDrucks. 7/550 S. 278 f.; Begründung zum E 1962, BTDrucks. IV/650 S. 642; BGH BeckRS **2018** 31258; *Fischer* Rdn. 9; *Lackner/Kühl/Heger* Rdn. 3; *Kindhäuser/Hilgendorf* LPK Rdn. 13; *Kuhlen* NK Rdn. 11; *Schmedding* HK-GS Rdn. 4; *Voßen-MacCormaic* MK Rdn. 27; *Wolters* SK Rdn. 14.

99 BGH BeckRS **2018** 31258.

100 Vgl. dazu auch BGHSt **15** 187; *Sch/Schröder/Hecker* Rdn. 12; *Kuhlen* NK Rdn. 11; *Maiwald* JuS **1977** 353, 358; *Voßen-MacCormaic* MK Rdn. 27.

101 Siehe Begründung zum E 1962, BTDrucks. IV/650 S. 642; *Fischer* Rdn. 9; *Sch/Schröder/Hecker* Rdn. 12; *SSW/Kudlich* Rdn. 12; *Matt/Renzikowski/Sinner* Rdn. 11.

102 *Matt/Renzikowski/Sinner* Rdn. 11; *Wolters* SK Rdn. 14.

103 BGH BeckRS **2018** 31258.

104 *Jescheck* LK[11] Rdn. 13.

Vollendet ist die Tat bereits damit, dass ein tauglicher Täter **Zwangsmittel** im Sinne der Vorschrift **einsetzt**. Zu einer Aussage oder Erklärung muss es nicht kommen; dies spielt nur in subjektiver Hinsicht eine Rolle. Auch ist in objektiver Hinsicht unerheblich, ob das Opfer unabhängig von den Zwangsmaßnahmen zur Aussage bereit war.[105] Der Betroffene muss nicht einmal verstehen, worauf es dem Täter ankommt.[106] 31

III. Subjektiver Tatbestand

In subjektiver Hinsicht ist zunächst einmal **Vorsatz** vorausgesetzt. Es genügt das gesamte Vorsatzspektrum, also auch dolus eventualis.[107] Glaubt der Täter in rechtlicher Hinsicht irrtümlich, er wende ein zulässiges Zwangsmittel an, berührt dies den Vorsatz nicht. Vielmehr kommt in diesem Fall ein Verbotsirrtum gemäß § 17 in Betracht.[108] 32

Darüber hinaus verlangt § 343 in subjektiver Hinsicht ein **besonderes subjektives Merkmal**. Der Täter muss handeln, um den Betreffenden zu nötigen, in dem Verfahren etwas auszusagen oder zu erklären oder dies zu unterlassen. Es handelt sich hierbei um eine überschießende Innentendenz, die kein Pendant auf objektiver Seite hat. Objektiv braucht es also zur Vollendung gar nicht zu einer Aussage gekommen zu sein,[109] vielmehr genügt die entsprechende Absicht auf subjektiver Seite. Auch spielt es keine Rolle, ob die Aussage wahr oder unwahr ist. 33

Dem Täter muss es dabei im Sinne von **dolus directus 1. Grades** darauf ankommen, dieses Ziel zu erreichen.[110] Er muss es erstreben.[111] Dolus directus 2. Grades, also sicheres Wissen, reicht für die Absicht im Sinne des § 343 nicht aus. 34

Das bedeutet für den Fall der **Doppelfunktionalität**, also insbesondere in der Konstellation, dass ein Polizeibeamter konkret sowohl in präventiver als auch in repressiver Hinsicht zuständig ist,[112] dass der Täter eine Aussage, Erklärung oder Unterlassung **in einer der aufgelisteten Verfahrensarten erstreben muss.**[113] Ist diese Konsequenz nur sichere Folge seines Handelns, ohne dass er auf sie abzielt, scheidet § 343 aus. Erstrebt also zum Beispiel ein zuständiger Polizeibeamter allein aus präventiven Zwecken eine Aussage des Beschuldigten, um das Leben des Entführungsopfers zu retten (Fall „Daschner"), wobei die Aussage gleichzeitig als sichere Folge Relevanz im Strafverfahren hat, ohne dass der Beamte insofern zielgerichtet handelt, ist § 343 Abs. 1 Nr. 1 Alt. 1 **nicht verwirklicht**, denn es fehlt die Absicht, eine Aussage im Strafverfahren abzunötigen.[114] 35

---

105 *Wolters* SK Rdn. 17.
106 *Fischer* Rdn. 10; *Voßen-MacCormaic* MK Rdn. 31.
107 *Fischer* Rdn. 10; *Sch/Schröder/Hecker* Rdn. 14; *Küpper/Börner* BT § 9 Rdn. 46; *Kuhlen* NK Rdn. 12; *Wolters* SK Rdn. 15; *Voßen-MacCormaic* MK Rdn. 28.
108 *Fischer* Rdn. 10a; *Maurach/Schroeder/Maiwald* BT II § 77 Rdn. 28; *Schmedding* HK-GS Rdn. 5; *Matt/Renzikowski/Sinner* Rdn. 14; *Voßen-MacCormaic* MK Rdn. 32, 38; *Wolters* SK Rdn. 15; **anders** *Kuhlen* NK Rdn. 15.
109 *Kindhäuser/Hilgendorf* LPK Rdn. 15.
110 Siehe im Einzelnen *Zieschang* GS Blumenwitz 313, 327 ff. Ebenso etwa *Beutler* S. 160; *Gehrig* S. 123; *Geppert* Jura **1981** 78, 82; *Lackner/Kühl/Heger* Rdn. 4; *Joecks/Jäger* Rdn. 3; *Kuhlen* NK Rdn. 13; *Maurach/Schroeder/Maiwald* BT II § 77 Rdn. 28; *Otto* BT § 98 Rdn. 10; **anders** *Bung* KritV **2005** 67, 73 ff.
111 Siehe auch BTDrucks. 7/550 S. 279; Begründung zum E 1962, BTDrucks. IV/650 S. 642.
112 Dazu bereits Rdn. 19.
113 *Sch/Schröder/Hecker* Rdn. 16; *SSW/Kudlich* Rdn. 15; *Kuhlen* NK Rdn. 13; *Wolters* SK Rdn. 18.
114 *Zieschang* GS Blumenwitz 313, 329; den subjektiven Tatbestand ablehnend etwa auch LG Frankfurt/M. NJW **2005** 692, 695; *Ellbogen* Jura **2005** 339, 340; *Lackner/Kühl/Heger* Rdn. 4; *Herbst* S. 271 f.; *Jerouschek/Kölbel* JZ **2003** 613, 619; *Jeßberger* Jura **2003** 711, 712; *Klesczewski* BT § 19 Rdn. 187; *Küpper/Börner* BT § 9 Rdn. 47; *SSW/Kudlich* Rdn. 14; *Mitsch* Die Polizei **2004** 254, 255; *Wang* S. 59 f.; *Ziegler* KritV **2004** 50, 52; **anders** aber etwa *Bung* KritV **2005** 67, 73 ff.; *Kargl* FS Puppe 1163, 1170 ff.; *Kinzig* ZStW **115** (2003) 791, 794 ff.; *Müller/Formann* Die Polizei **2003** 313, 316; *Neuhaus* GA **2004** 521, 522 ff.

36 § 343 stellt klar, dass die Vorschrift nicht nur die **Veranlassung** einer Aussage betrifft, sondern auch Handlungen, die bezwecken, Aussagen oder Erklärungen zu **verhindern**.

IV. Rechtswidrigkeit

37 Wendet der Täter ein prozessual zulässiges Zwangsmittel an (etwa § 127 Abs. 2 StPO), ist die Tat gerechtfertigt, es sei denn, Zwangsmittel und Aussageerlangung werden in unzulässiger Weise miteinander gekoppelt.[115] § 240 Abs. 2 findet auf § 343 keine Anwendung.[116]

38 Umstritten ist, ob die **Einwilligung** des Betroffenen rechtfertigende Wirkung entfaltet. Dies wird im Schrifttum ganz überwiegend mit dem Hinweis darauf abgelehnt, dass keine Dispositionsbefugnis über das geschützte Rechtsgut – die Rechtspflege – bestehe.[117] Hieran ist sicherlich richtig, dass der Einzelne über das Rechtsgut der Rechtspflege als Allgemeinrechtsgut nicht verfügen kann. Es ist jedoch ausgeführt worden, dass durch § 343 nach zutreffender Ansicht neben der Rechtspflege gleichrangig die Willensentschließungsfreiheit des Einzelnen geschützt wird.[118] Willigt dieser nun jedoch in die körperliche Misshandlung ein, **entfällt ein wesentlicher Teil des Unrechts** mit der Konsequenz, dass insgesamt aus § 343 aufgrund Einwilligung nicht bestraft werden kann. Dass die Einwilligung bei § 136a Abs. 3 StPO unbeachtlich ist, ändert an diesem Ergebnis nichts, denn dort geht es um die prozessuale Verwertbarkeit, nicht aber um die Frage der Strafbarkeit des Amtsträgers, zumal § 136a StPO einerseits und § 343 andererseits sich ohnehin nicht vollständig decken, da § 136a StPO mehr Verhaltensweisen erfasst. Parallel dazu ist bei der Anwendung und Androhung von **Gewalt** bereits der **objektive Tatbestand nicht erfüllt**, wenn der Betreffende mit den Maßnahmen **einverstanden** ist, denn dann fehlt ein Handeln gegen den Willen des Betroffenen, was zum Tatbestandsausschluss führt.[119]

39 Wiederum aufgrund des Falls „Daschner" ist die Diskussion über die Frage entflammt, ob **Folter** durch Polizeibeamte zur Erzwingung einer Aussage in Ausnahmefällen gerechtfertigt sein kann.[120] Dies ist jedoch in mehrfacher Hinsicht **abzulehnen**. So sind die §§ 32, 34 auf hoheitliche Maßnahmen schon von vornherein nicht anwendbar.[121] Die Debatte zeigt in ganz besonders deutlicher und bedenklicher Weise die Gefahr, dass teilweise über die allgemeinen strafrechtlichen Rechtfertigungsgründe die durch das Polizeirecht sowie die StPO und gar die Verfassung gesetzten Grenzen und ausdrücklichen Verbote (§ 136a StPO; Art. 1 GG; Art. 104 Abs. 1 Satz 2 GG) unterlaufen werden, indem sich auf die allgemeinen Rechtfertigungsgründe berufen wird, um – wenn auch nur in Ausnahmefällen – ein derartiges hoheitliches Handeln zu legitimieren. Unabhängig davon sind die Voraussetzungen der §§ 32, 34 nicht erfüllt: Art. 1 Abs. 1 GG, Art. 104 Abs. 1 S. 2 GG verbieten jede Art von Folter, zudem findet sich das Verbot der Folter in zahlreichen Konventionen, die

---

115 Siehe Rdn. 28.

116 Siehe *Fischer* Rdn. 10a; *Sch/Schröder/Hecker* Rdn. 16; *Prittwitz* FS Herzberg 515, 531 mit Fn. 99; *Voßen-MacCormaic* MK Rdn. 32; **anders** *Kindhäuser/Schramm* BT I § 74 Rdn. 14; *Kuhlen* NK Rdn. 14; *SSW/Kudlich* Rdn. 15; siehe auch RGSt **71** 374, 375.

117 So etwa *Fischer* Rdn. 10a; *Lackner/Kühl/Heger* Rdn. 5; *Sch/Schröder/Hecker* Rdn. 17; *Jescheck* LK^{11} Rdn. 9; *Joecks/Jäger* Rdn. 6; *Kindhäuser/Hilgendorf* LPK Rdn. 16; *Kuhlen* NK Rdn. 16; *Maurach/Schroeder/Maiwald* BT II § 77 Rdn. 2; *Matt/Renzikowski/Sinner* Rdn. 15; *Valerius* BeckOK Rdn. 13; *Voßen-MacCormaic* MK Rdn. 36; *Wolters* SK Rdn. 2, 19; **anders** *SSW/Kudlich* Rdn. 17.

118 Siehe Rdn. 2 ff.

119 Siehe schon Rdn. 27. Vgl. insofern auch zu § 240 *Matt/Renzikowski/Eidam* § 240 Rdn. 53; *Fischer* § 240 Rdn. 4; *S. A. Otto* HK-GS § 240 Rdn. 23; *SSW/Schluckebier* § 240 Rdn. 14; *Sinn* MK § 240 Rdn. 104.

120 Für eine ausnahmsweise gerechtfertigte Folter etwa *Amelung* JR **2012** 18, 19 f.; *Brugger* JZ **2000** 165, 167; *ders.* Der Staat **1996** 67; *ders.* VBlBW **1995** 414; *Erb* Jura **2005** 24; *ders.* FS Seebode 99; *ders.* NStZ **2005** 593, 598 f.; *Gössel* FS Otto 41, 60; *Herbst* S. 280 ff.; *Jerouschek* JuS **2005** 296, 301; *Jerouschek/Kölbel* JZ **2003** 613, 619 f.; *Otto* JZ **2005** 473, 480 f.; *Wittreck* DöV **2003** 873, 882; siehe auch *Eser* FS Hassemer 713; *Herzberg* JZ **2005** 321; *Hilgendorf* JZ **2004** 338 f.; *R. Jaeger* Kriminalist **2004** 206.

121 Siehe zu diesem Problemkreis *Zieschang* LK § 34 Rdn. 34 ff.

auch Deutschland anerkannt hat. Es handelt sich hierbei um eine sozialethische Einschränkung der Notwehr. Bei § 34 führt die Interessenabwägung zu einer Ablehnung der Rechtfertigung.[122]

V. Schuld

40 Eine **Entschuldigung** des Amtsträgers in der erwähnten Entführungskonstellation nach § 35 scheitert schon regelmäßig daran, dass weder er noch ein Angehöriger noch eine ihm nahestehende Person in Gefahr schwebt. Der besonderen Prüfung bedarf zudem die Erforderlichkeit der Notstandshandlung. Darüber hinaus wäre § 35 Abs. 1 Satz 2 zu beachten. Ein übergesetzlicher entschuldigender Notstand entfällt, da ein entsprechender Motivationsdruck fehlt, denn Polizeibeamte wissen, dass ein absolutes Folterverbot besteht. Ein Gewissenskonflikt ist daher von vornherein nicht gegeben. Daher ist eine Entschuldigung zu verneinen.[123]

VI. Versuch

41 Vor dem Hintergrund, dass § 343 ein **Verbrechen** darstellt, ist der **Versuch** gemäß § 23 Abs. 1 **strafbar**. Der Verbrechenscharakter bleibt im Übrigen auch bei einem minder schweren Fall der Aussageerpressung gemäß § 343 Abs. 2 bestehen, was aus § 12 Abs. 3 resultiert. Zu beachten ist aber stets, dass es für die Vollendung des § 343 nicht erforderlich ist, dass der Betroffene tatsächlich aussagt. Es genügt bereits die körperliche Misshandlung, Gewaltanwendung usw. zur Vollendung, also die Anwendung eines der aufgelisteten Zwangsmittel.[124] Bereits etwa die Ankündigung eines Amtsträgers, dem Betreffenden Schmerzen zufügen zu wollen, reicht folglich zur Vollendung als Androhen von Gewalt aus.

VII. Rechtsfolgen

42 § 343 Abs. 1 sieht als Sanktion eine Freiheitsstrafe von einem Jahr bis zu zehn Jahren vor. Die Strafe wurde damit im Vergleich zu der bis 1975 geltenden Fassung verschärft. In der Gesetzesbegründung ist ausgeführt, die „erhebliche Erhöhung" von fünf auf zehn Jahre Freiheitsstrafe im Höchstmaß erscheine notwendig, „um schwerste Fälle grausamer Aussageerpressung, wie sie als Untaten einer Gewalt- und Willkürherrschaft bekanntgeworden sind, gerecht ahnden zu können".[125] Andererseits ist in § 343 Abs. 2 ein minder schwerer Fall der Aussageerpressung mit einer Freiheitsstrafe von sechs Monaten bis zu fünf Jahren vorgesehen, wobei keine Regelbeispiele aufgelistet sind. Zu denken ist etwa an eine vorherige Provokation des Betroffenen.[126] In der Gesetzesbegründung ist zum minder schweren Fall angeführt, es gebe Taten, für die eine Freiheitsstrafe von mindestens einem Jahr nicht schuldangemessen wäre.[127] Aber auch in diesem Fall bleibt die Tat im Hinblick auf § 12 Abs. 3 ein Verbrechen. Die Notwendigkeit der 1975 erfolgten Verschärfung der Strafe im Vergleich zur vorhergehenden Rechtslage mit gleichzeitiger Minde-

---

122 Siehe *Zieschang* LK § 34 Rdn. 157.

123 Ebenfalls eine Entschuldigung verneinend etwa LG Frankfurt/M. NJW **2005** 692, 695; *Beutler* S. 223 ff., 303 ff., 323 f.; *Bott* S. 292 ff.; *C. Jäger* FS Herzberg 539, 551; *ders.* JA **2008** 678, 683; *Jeßberger* Jura **2003** 711, 715; *Voßen-MacCormaic* MK Rdn. 39. Dagegen möchte *Roxin* FS Eser 461, 468 f., *ders.* FS Nehm 205, 216 zwar nicht im Fall „Daschner", jedoch in Extremsituationen, bei denen viele Menschen sterben werden, wenn der Attentäter nicht das Versteck einer Bombe preisgibt, den übergesetzlichen entschuldigenden Notstand (Verantwortungsausschluss) heranziehen.

124 *Sch/Schröder/Hecker* Rdn. 18.

125 BTDrucks. 7/550 S. 279; Begründung zum E 1962, BTDrucks. IV/650 S. 642.

126 *Sch/Schröder/Hecker* Rdn. 21; *SSW/Kudlich* Rdn. 21; *Voßen-MacCormaic* MK Rdn. 40; *Wolters* SK Rdn. 26.

127 BTDrucks. 7/550 S. 279.

rung im zweiten Absatz drängt sich aktuell – selbst unter Berücksichtigung der Vergangenheit Deutschlands – insgesamt nicht mehr ohne Weiteres auf.[128] Aus hiesiger Sicht erscheint es ausreichend, de lege ferenda Freiheitsstrafe bis zu fünf Jahren oder Geldstrafe anzudrohen. Auch dies hätte ausreichende Signalwirkung.

43 § 358 sieht bei einer Freiheitsstrafe von mindestens sechs Monaten die Möglichkeit des Gerichts vor, die Fähigkeit, öffentliche Ämter zu bekleiden (§ 45 Abs. 2), abzuerkennen. Bei einer Freiheitsstrafe von mindestens einem Jahr ist dies gemäß § 45 Abs. 1 obligatorisch.

VIII. Konkurrenzen

44 § 343 ist **lex specialis** zu § 223. Dagegen besteht aus Klarstellungsgründen Idealkonkurrenz zu §§ 224, 226, 227. Tateinheit ist ebenfalls anzunehmen zu §§ 339, 340, 344, 345.[129] Die versuchte Nötigung tritt hinter die Aussageerpressung zurück, dagegen besteht mit vollendeter Nötigung, da § 343 objektiv nicht den Eintritt eines Nötigungserfolges voraussetzt, aus Klarstellungsründen Tateinheit.[130]

---

128 Der 1975 erfolgten Verschärfung hingegen „uneingeschränkt zustimmend" *Voßen-MacCormaic* MK Rdn. 9.

129 *Fischer* Rdn. 13; *Valerius* BeckOK Rdn. 15; *Voßen-MacCormaic* MK Rdn. 43; *Wolters* SK Rdn. 24.

130 *Fischer* Rdn. 13; *Sch/Schröder/Hecker* Rdn. 20; *SSW/Kudlich* Rdn. 19; *Kuhlen* NK Rdn. 19; *Leipold* AnwK Rdn. 23; *Matt/Renzikowski/Sinner* Rdn. 21; *Valerius* BeckOK Rdn. 15; *Wolters* SK Rdn. 24; **anders** (§ 240 trete insgesamt zurück): *Gössel/Dölling* BT I § 18 Rdn. 62; *Lackner/Kühl/Heger* Rdn. 7; *Jescheck* LK[11] Rdn. 16; *Kindhäuser/Hilgendorf* LPK Rdn. 17; *Voßen-MacCormaic* MK Rdn. 43.

§ 344 Verfolgung Unschuldiger

(1) [1]Wer als Amtsträger, der zur Mitwirkung an einem Strafverfahren, abgesehen von dem Verfahren zur Anordnung einer nicht freiheitsentziehenden Maßnahme (§ 11 Abs. 1 Nr. 8), berufen ist, absichtlich oder wissentlich einen Unschuldigen oder jemanden, der sonst nach dem Gesetz nicht strafrechtlich verfolgt werden darf, strafrechtlich verfolgt oder auf eine solche Verfolgung hinwirkt, wird mit Freiheitsstrafe von einem Jahr bis zu zehn Jahren, in minder schweren Fällen mit Freiheitsstrafe von drei Monaten bis zu fünf Jahren bestraft. [2]Satz 1 gilt sinngemäß für einen Amtsträger, der zur Mitwirkung an einem Verfahren zur Anordnung einer behördlichen Verwahrung berufen ist.

(2) [1]Wer als Amtsträger, der zur Mitwirkung an einem Verfahren zur Anordnung einer nicht freiheitsentziehenden Maßnahme (§ 11 Abs. 1 Nr. 8) berufen ist, absichtlich oder wissentlich jemanden, der nach dem Gesetz nicht strafrechtlich verfolgt werden darf, strafrechtlich verfolgt oder auf eine solche Verfolgung hinwirkt, wird mit Freiheitsstrafe von drei Monaten bis zu fünf Jahren bestraft. [2]Satz 1 gilt sinngemäß für einen Amtsträger, der zur Mitwirkung an

1. einem Bußgeldverfahren oder

2. einem Disziplinarverfahren oder einem ehrengerichtlichen oder berufsgerichtlichen Verfahren

berufen ist. [3]Der Versuch ist strafbar.

Schrifttum

Blei Die Rechtspflegedelikte i.d.F. des EGStGB, JA **1974** 745; *Brete/Braumann* Verfolgung Unschuldiger nach § 344 StGB durch Betriebsprüfer, SteuFa- und BuStra-Beamte anhand eines Praxisfalls, NZWiSt **2020** 381; *Geerds* Verfolgung Unschuldiger (§ 344 StGB), Festschrift Spendel (1992) 503; *Geilen* Rechtsbeugung durch Verfolgung, Festschrift Hirsch (1999) 507; *Geppert* Amtsdelikte (§§ 331 ff. StGB), Jura **1981** 78; *Herzberg* Vorsatz und erlaubtes Risiko – insbesondere bei der Verfolgung Unschuldiger (§ 344 StGB), JR **1986** 6; *Hoh* Die Verfolgung Unschuldiger (§ 344 StGB) (1984); *Krause* Die Verfolgung Unschuldiger § 344 StGB, SchlHA **1969** 77; *Langer* Zur Klageerzwingung wegen Verfolgung Unschuldiger, JR **1989** 95; *Leß* Zur Stellung des Staatsanwalts, JR **1951** 193; *Maiwald* Die Amtsdelikte, JuS **1977** 353; *Mitsch* Postmortales Persönlichkeitsrecht verstorbener Straftäter, NJW **2010** 3479; *Mohrbotter* Zur strafrechtlichen Verantwortlichkeit des Spruchrichters und Staatsanwalts für den Inhalt der richterlichen Entscheidung, JZ **1969** 491; *Rutkowsky* Anmerkung zum Urteil des LG Memmingen vom 22.11.1960 – KMs 2/60 – NJW 1961, 571, NJW **1961** 571; *Thelen* Die Verfolgung Unschuldiger (2017); *Wagner* Die Rechtsprechung zu den Straftaten im Amt seit 1975 – Teil 2, JZ **1987** 658; *Zieschang* Gibt es den Täter hinter dem Täter? Festschrift Otto (2007) 505; *ders.* Der Kapitalanlagebetrug gemäß § 264 a StGB – eine überflüssige Vorschrift? GA **2012** 607.

Entstehungsgeschichte

Bereits das RStGB von 1871 beinhaltete eine Strafvorschrift, welche die Verfolgung Unschuldiger betraf.[1] § 344 a.F. RStGB hatte folgenden Wortlaut:

> „Ein Beamter, welcher vorsätzlich zum Nachtheile einer Person, deren Unschuld ihm bekannt ist, die Eröffnung oder Fortsetzung einer Untersuchung beantragt oder beschließt, wird mit Zuchthaus bestraft."

Auch in dem RStGB vorhergehenden Strafgesetzbüchern waren im Übrigen schon Regelungen zur Verfolgung Unschuldiger enthalten (siehe etwa Art. 359 bayStGB von 1813 sowie vor allem § 320 Abs. 1 prStGB von 1851, der mit § 344 a.F. RStGB fast wortidentisch ist).

---

1 Siehe zur geschichtlichen Entwicklung auch *Hoh* S. 5 ff.; *Kuhlen* NK Rdn. 1 f.; *Thelen* S. 23 ff., 138 ff.; *Voßen-MacCormaic* MK Rdn. 4.

https://doi.org/10.1515/9783110490329-013

Da die Tat mit Zuchthausstrafe bedroht war, handelte es sich im Sinne von § 1 Abs. 1 a.F. RStGB um ein Verbrechen. Mit der Regelung in § 344 a.F. waren jedoch gewisse Unsicherheiten verbunden. Insbesondere die Begriffe „Unschuld" und „Untersuchung" interpretierte man unterschiedlich. Auch war der Täterkreis nur sehr grob bestimmt.

Das 1. StrRG vom 25.6.1969[2] änderte dann die Strafdrohung dahingehend, dass an die Stelle von „Zuchthaus" nunmehr eine „Freiheitsstrafe nicht unter einem Jahr" trat. Seine heutige Fassung erhielt § 344 dann durch Art. 19 Nr. 191 EGStGB vom 2.3.1974.[3] Die Bestimmung ist am 1.1.1975 in Kraft getreten und seitdem unverändert geblieben. Der Tatbestand der Verfolgung Unschuldiger in seiner aktuellen Formulierung ist dabei maßgeblich beeinflusst durch § 456 E 1962.[4] So lautete diese Vorschrift:

> „(1) Wer als Amtsträger, der zur Mitwirkung bei einem Strafverfahren oder einem Verfahren zur Anordnung einer Maßnahme (§ 11 Abs. 1 Nr. 5) berufen ist, absichtlich oder wissentlich einen Unschuldigen oder jemanden, der sonst nach dem Gesetz nicht strafrechtlich verfolgt werden darf, strafrechtlich verfolgt oder auf eine solche Verfolgung hinwirkt, wird mit Zuchthaus bis zu zehn Jahren, in minder schweren Fällen mit Gefängnis von sechs Monaten bis zu fünf Jahren bestraft.
> (2) Ebenso wird bestraft, wer als Amtsträger, der zur Mitwirkung bei einem Verfahren zur Anordnung einer behördlichen Verwahrung berufen ist, absichtlich oder wissentlich einen anderen, der nach dem Gesetz nicht verwahrt werden darf, zur Verwahrung bringt oder auf eine solche Verwahrung hinwirkt.
> (3) Wer als Amtsträger, der zur Mitwirkung bei einem Disziplinarverfahren gegen Beamte oder Richter oder bei einem ehrengerichtlichen Verfahren berufen ist, absichtlich oder wissentlich einen anderen, der nach dem Gesetz nicht disziplinarrechtlich oder ehrengerichtlich verfolgt werden darf, in dieser Weise verfolgt oder auf eine solche Verfolgung hinwirkt, wird mit Gefängnis von drei Monaten bis zu fünf Jahren bestraft."

In der Gesetzesbegründung zur Neufassung des § 344 ist ausgeführt, die Vorschrift beseitige Zweifelsfragen des bis dato geltenden Rechts, indem sie den Täterkreis und die erfassten Verfahren angebe und die Tathandlungen näher umschreibe; außerdem stufe man die Strafandrohungen nach der Schwere der Tat ab.[5]

Tatsächlich erfolgen mit der Neufassung des § 344 Konkretisierungen im Vergleich zur früheren Rechtslage. So wird insbesondere der Täterkreis der Vorschrift weitaus präziser umschrieben als in der alten Fassung, indem nach der Neufassung nur Amtsträger erfasst sind, die zur Mitwirkung an bestimmten Verfahren berufen sind. Die maßgeblichen Verfahren selbst werden ausdrücklich genannt. Im Hinblick auf die vorherige Regelung war hingegen nicht hinreichend klar vom Gesetzgeber zum Ausdruck gebracht worden, ob unter dem Begriff „Beantragen oder Beschließen einer Untersuchung" nur ein förmliches Verfahren zu verstehen war, welches die Erhebung der Anklage voraussetzte, sodass das staatsanwaltschaftliche Ermittlungsverfahren ausschied.[6] Auch war problematisch, ob derjenige als „unschuldig" im Sinne der Vorschrift gelten konnte, der wegen eines Verfahrenshindernisses – etwa der Verjährung – nicht verfolgt werden darf.[7]

Übersicht

---

2 BGBl. I S. 645.
3 BGBl. I S. 469.
4 Der E 1962 ist abgedruckt in BTDrucks. IV/650 S. 1ff.
5 BTDrucks. 7/550 S. 279; siehe bereits Begründung zum E 1962, BTDrucks. IV/650 S. 644.
6 So OLG Kassel SJZ **1947** 443, 446; *Frank*[18] § 344 Anm. II; **gegen** dieses enge Verständnis jedoch etwa BGHSt **1** 255, 256f.; *Dreher* StGB[34] Anm. 2 A; *Mösl* LK[9] Rdn. 3; *Sch/Schröder* StGB[17] Rdn. 3.
7 Von Unschuld ausgehend etwa *Dreher* StGB[34] Anm. 2 B; *Lackner* StGB[8] Anm. 2; *Mösl* LK[9] Rdn. 4; *Sch/Schröder* StGB[17] Rdn. 4; **anders** LG Memmingen NJW **1961** 571 mit kritischer Anmerkung *Rutkowsky* NJW **1961** 571.

Alphabetische Übersicht

I. Allgemeine Bemerkungen

1. Geschütztes Rechtsgut

Ebenso wie bei § 343[8] wird kontrovers beurteilt, welches Rechtsgut § 344 schützt. Vielfach findet sich auch hier die Auffassung, es gehe (primär) um die **Rechtspflege**.[9] Insofern wird jedoch nicht ausreichend beachtet, dass gerade auch der von der Maßnahme Betroffene, der sich unberechtigt möglichen Sanktionen ausgesetzt sieht, geschützt werden soll. Zutreffend erscheint es daher, sowohl die **Rechtspflege** als auch die **Belange des Individuums** als **gleichrangig** geschützt anzusehen.[10] Die Rechtspflege soll davor bewahrt werden, dass Unschuldige verfolgt werden, denn dies ist mit einem Rechtsstaat unvereinbar. Folglich sichert die Vorschrift ebenso wie § 343 die rechtskonforme Durchsetzung der jeweiligen Verfahren ab. Gleichzeitig sollen jedoch insbesondere auch die Freiheitsrechte des Individuums gewahrt werden, das vor staatlicher Willkür zu schützen ist.[11] 1

2. Rechtsnatur

Strafbar können sich nur die spezifisch in der Vorschrift genannten Amtsträger machen, sodass die Vorschrift **Amtsdelikt** ist. Da insofern kein Grundtatbestand existiert, den jedermann verwirk- 2

8 Siehe dazu *Zieschang* LK § 343 Rdn. 1 ff.

9 *Bange* BeckOK Rdn. 3; *Geerds* FS Spendel 503, 506; *Geppert* Jura **1981** 78, 82; *Lackner/Kühl/Heger* Rdn. 1; *Jescheck* LK[11] Rdn. 1; *Joecks/Jäger* Rdn. 1; *Otto* BT § 98 Rdn. 11; *Wolters* SK Rdn. 2; wohl auch *Schmedding* HK-GS Rdn. 1.

10 Siehe auch *Sch/Schröder/Hecker* Rdn. 1, 11; *Kindhäuser/Hilgendorf* LPK Rdn. 1; *Kleszewski* BT § 19 Rdn. 195; *SSW/Kudlich* Rdn. 1; *Kuhlen* NK Rdn. 4; *Leipold* AnwK Rdn. 1; *Thelen* S. 146; *Voßen-MacCormaic* MK Rdn. 1.

11 Zu den Konsequenzen für die Einwilligung siehe Rdn. 30.

lichen kann, handelt es sich um ein **echtes Amtsdelikt.**[12] Für Außenstehende ist daher **§ 28 Abs. 1** heranzuziehen. Ein Teilnehmer muss dabei selbst nicht im Sinne des § 344 absichtlich oder wissentlich handeln, sondern dies nur in Bezug auf den zuständigen verfolgenden Amtsträger für möglich halten.[13] Für zuständige Amtsträger ist jedoch die Alternative des „Hinwirkens auf eine Verfolgung" zu beachten, wodurch insbesondere Teilnahmehandlungen zur Täterschaft heraufgestuft werden,[14] wobei dann natürlich die Vorsatzanforderungen des § 344 erfüllt sein müssen.

3. Bedeutung in der Praxis

3 In der Praxis spielt die Vorschrift keine besondere Rolle. So kommt es **selten** zu einer Verurteilung wegen Verfolgung Unschuldiger[15] (2009: 2; 2010: 4; 2011: 2; 2012: 0; 2013: 2; 2014: 0; 2015: 3; 2016: 9; 2017: 9; 2018: 5; 2019: 0; 2020: 2; 2021: 3).[16] Auch in den vorangegangenen Jahren liegen die Zahlen in einem vergleichbar niedrigen Bereich.[17] Die Anzahl der erfassten Fälle von Straftaten nach § 344 liegt 2020 bei 88 und 2021 bei 109.[18] Die Anzahl der Tatverdächtigen bewegt sich im oberen zweistelligen Bereich (2009: 82; 2010: 88; 2011: 96; 2012: 122; 2013: 101; 2014: 82; 2015: 82; 2016: 86; 2017: 81; 2018: 79; 2019: 53; 2020: 85; 2021: 114).

II. Objektiver Tatbestand

4 In objektiver Hinsicht verlangt § 344 Abs. 1, dass ein näher bestimmter Amtsträger, nämlich ein solcher, der zur Mitwirkung an einem Strafverfahren berufen ist,[19] einen Unschuldigen oder jemanden, der sonst nach dem Gesetz nicht strafrechtlich verfolgt werden darf, strafrechtlich verfolgt oder auf eine solche Verfolgung hinwirkt. § 344 Abs. 2 bezieht sich auf Amtsträger, die zur Mitwirkung in bestimmten sonstigen Verfahren berufen sind.[20] Damit konkretisiert der Tatbestand weitaus stärker als § 344 a.F. den tauglichen Täterkreis und die von der Tathandlung Betroffenen.

5 Im Schrifttum ist kritisch angemerkt worden, die Bestimmung sei Beispiel für die moderne, in weitestgehende Perfektion gedrängte Strafgesetzgebung, die eine „nur vier Zeilen lange Vorschrift abgelöst" habe.[21] Zudem sei die eigentliche Tathandlung hinter einer Zuständigkeitsbeschreibung versteckt,[22] die Neufassung habe noch mehr Probleme geschaffen.[23] Insofern ist zuzugeben, dass ein Blick auf die jüngere Gesetzgebung zeigt, dass der Gesetzgeber zuweilen mit Neufassungen

12 *Fischer* Rdn. 1; *Geerds* FS Spendel 503, 504; *Geppert* Jura **1981** 78, 82; *Sch/Schröder/Hecker* Rdn. 1; *Lackner/Kühl/Heger* Rdn. 1; *Heinrich* Hb StrafR Bd. 5 § 51 Rdn. 56; *Joecks/Jäger* Rdn. 1; *Kindhäuser/Hilgendorf* LPK Rdn. 2; *Klesczewski* BT § 19 Rdn. 195; *SSW/Kudlich* Rdn. 1; *Leipold* AnwK Rdn. 1; *Otto* BT § 98 Rdn. 11; *Schmedding* HK-GS Rdn. 1; *Voßen-MacCormaic* MK Rdn. 2; *Wolters* SK Rdn. 2.

13 *Sch/Schröder/Hecker* Rdn. 22; *SSW/Kudlich* Rdn. 14; *Voßen-MacCormaic* MK Rdn. 37; *Wolters* SK Rdn. 17; **anders** *Kindhäuser/Hilgendorf* LPK Rdn. 13; *Klesczewski* BT § 19 Rdn. 200; *Kuhlen* NK Rdn. 24: Der Teilnehmer müsse selbst absichtlich oder wissentlich handeln.

14 Siehe Rdn. 18.

15 In der jeweiligen Statistik des Statistischen Bundesamts werden §§ 344, 345 gemeinsam aufgeführt.

16 Statistisches Bundesamt, Rechtspflege, Strafverfolgung, Fachserie 10 Reihe 3 für die Jahre 2009 bis 2021. Abgeurteilte: 2009: 9; 2010: 5; 2011: 2; 2012: 0; 2013: 4; 2014: 4; 2015: 4; 2016: 18; 2017: 19; 2018: 7; 2019: 3; 2020: 1; 2021: 4.

17 Vgl. dazu auch *Kuhlen* NK Rdn. 3; *Thelen* S. 1 ff.

18 Laut PKS 2009: 103; 2010: 93; 2011: 113; 2012: 121; 2013: 99; 2014: 86; 2015: 87; 2016: 90; 2017: 87; 2018: 103; 2019: 65; 2020: 88; 2021: 109.

19 Ausnahme: Verfahren zur Anordnung nicht freiheitsentziehender Maßnahmen gemäß § 11 Abs. 1 Nr. 8.

20 Es geht um Verfahren zur Anordnung einer nicht freiheitsentziehenden Maßnahme (§ 11 Abs. 1 Nr. 8), um Bußgeldverfahren, Disziplinarverfahren sowie ehrengerichtliche oder berufsgerichtliche Verfahren.

21 *Schmidhäuser* BT 23/47.

22 *Maurach/Schroeder/Maiwald* BT 2 § 77 Rdn. 29.

23 *Geerds* FS Spendel 503, 504.

mehr Probleme bereitet als vorher möglicherweise überhaupt zu bewältigen waren.[24] Nicht selten zeigen sich Fälle misslungener Strafgesetzgebungstechnik.[25] Bezogen auf § 344 ist indes festzustellen, dass die Neuregelung durchaus gegenüber der vorherigen Rechtslage den Vorteil besitzt, bestimmte Präzisierungen durchzuführen. Insbesondere bestimmt der Gesetzgeber nunmehr den **tauglichen Täterkreis** näher, womit gleichzeitig eine **Konkretisierung der relevanten Verfahrensarten** verbunden ist,[26] und stellt weiterhin klar, dass auch Personen vom Schutzumfang der Vorschrift erfasst sind, die „sonst nach dem Gesetz nicht strafrechtlich verfolgt werden" dürfen, was etwa beim zuvor kontrovers angesehenen Fall der Verjährung anzunehmen ist. Angesichts dieser Konkretisierungen vermag die teilweise im Schrifttum an der Vorschrift geübte Kritik nicht ganz zu überzeugen. Der Gesetzgeber hat mit der Neufassung durchaus Zweifelsfragen behoben.

1. Der Täterkreis

Nach der Norm kommen überhaupt nur **Amtsträger** als taugliche Täter in Betracht. Das gilt 6
sowohl für den ersten als auch für den zweiten Absatz. Legaldefiniert findet sich dieser Begriff in § 11 Abs. 1 Nr. 2. Eigenhändigkeit der Tat ist aber nicht vorausgesetzt, was sich im Übrigen schon daraus ergibt, dass das „Hinwirken auf eine Verfolgung" vom Tatbestand als Täterschaftsform erfasst wird.[27] Entgegen der Idee der „Pflichtdelikte" resultiert aber nicht allein schon aus der Amtsträgerstellung automatisch die Täterschaft des Handelnden.[28] So mag etwa bei der „Verfolgung" der eine zuständige Amtsträger Täter sein, der andere hingegen mangels Tatherrschaft nur Gehilfe.[29]

Anders als in Bezug auf §§ 343, 345 erklärt § 48 Abs. 1 WStG die Vorschrift des § 344 auf 7
Offiziere und Unteroffiziere **nicht** für anwendbar. Vielmehr enthält **§ 39 Nr. 1 WStG** eine eigenständige und ausschließlich anwendbare Regelung für Disziplinarvorgesetzte. Ein nach dieser Vorschrift strafloser Versuch des Disziplinarvorgesetzten ist daher auch nicht über § 344 strafbar.[30]

Nicht jeder Amtsträger wird jedoch von § 344 erfasst, sondern nur ein solcher, der zur Mitwir- 8
kung an einem der aufgelisteten Verfahren berufen ist. Die Formulierung „zur Mitwirkung ... berufen" hat also wie bei § 343 die Funktion, den **tauglichen Täterkreis weiter zu konkretisieren**:[31] Maßgeblich ist hierbei dann weiterhin nicht die generelle Zuständigkeit,[32] sondern die **Zuständigkeit** des Amtsträgers in einem **konkreten Verfahren**.[33] Insoweit kann auf die Ausführungen zu § 343 verwiesen werden, wo es ebenfalls auf die konkrete Zuständigkeit ankommt.[34] Schon der Wortlaut verlangt keine Abstraktion von den Einzelfallumständen. Zwar wird der Begriff „berufen" benutzt und nicht die Formulierung „zuständig" gebraucht,[35] jedoch spricht das im Ergebnis nicht zugunsten einer allgemeinen Zuständigkeit: Dagegen ist bereits einzuwenden, dass es um die Mitwirkung an „einem" Verfahren, nicht aber bloß um die Mitwirkung „an Verfahren"

---

24 Vgl. bereits *Zieschang* GA **2012** 607, 609 ff.
25 Beachte dazu die Beispiele bei *Zieschang* GA **2012** 607, 609 ff.
26 Siehe auch *Maiwald* JuS **1977** 353, 358.
27 Zum Hinwirken beachte Rdn. 17 f.
28 Siehe zur Kritik an der Konstruktion der „Pflichtdelikte" bereits *Zieschang* FS Otto 505, 517.
29 Letzterer kann aber wiederum Täter des „Hinwirkens zur Verfolgung" sein; siehe Rdn. 18. Insofern resultiert dann aber die Täterschaft aus der spezifischen Regelung des § 344, indem er diese zweite Alternative des Hinwirkens enthält, nicht aber automatisch und allein aus der Amtsträgerstellung.
30 *Sch/Schröder/Hecker* Rdn. 23; *SSW/Kudlich* Rdn. 15; *Wolters* SK Rdn. 19.
31 *Zieschang* LK § 343 Rdn. 11 f.
32 So aber etwa *Bange* BeckOK Rdn. 6.1; *Sch/Schröder/Hecker* Rdn. 6; *Jescheck* LK[11] Rdn. 2; *Thelen* S. 164 ff.; *Voßen-MacCormaic* MK Rdn. 5; siehe auch OLG Oldenburg MDR **1990** 1135.
33 Siehe auch *Maiwald* JuS **1977** 353, 358; *Maurach/Schroeder/Maiwald* BT 2 § 77 Rdn. 30; *Wolters* SK Rdn. 16.
34 Siehe *Zieschang* LK § 343 Rdn. 15.
35 Etwa *Bange* BeckOK Rdn. 6.1 und *Thelen* S. 167 ziehen dies als Argument gegen das Erfordernis einer konkreten Zuständigkeit heran.

geht. Zudem ist der Begriff der „Mitwirkung" zu beachten: Mitwirkender etwa an einem Strafverfahren ist nicht derjenige, der bloß allgemein mit Strafverfolgungsaufgaben betraut ist, sondern nur derjenige, welcher konkret zuständig ist. Andere sind bloße Außenstehende. Im Einklang damit kann nur über das Abstellen auf das konkrete Verfahren ermittelt werden, ob der von der Tathandlung Betroffene im Hinblick auf das einzelne Verfahren Unschuldiger ist oder nach dem Gesetz nicht verfolgt werden darf. Die hier favorisierte Lösung stimmt im Übrigen mit der **Rechtsprechung des BGH** zu § 344 a.F. überein, wo darauf abgestellt worden ist, ob ein „zuständiger" Beamter agiert.[36]

9 Da der Täter zuständig sein muss und die Vorschrift (auch) dem Schutz der Rechtspflege dient, reicht eine rein private Tätigkeit des Amtsträgers zur Erfüllung des Tatbestands nicht aus. Der Täter muss vielmehr in **amtlicher Eigenschaft dienstlich** aktiv werden. Reine Privatermittlungen sind daher nicht erfasst. Auch ist § 344 etwa bei privaten Anzeigen eines Staatsanwalts nicht verwirklicht.[37] Das ergibt sich auch aus dem Begriff „Verfolgen", der doch ein dienstliches Tätigwerden verlangt.[38]

10 Täter des § 344 können insbesondere Polizeibeamte,[39] Staatsanwälte,[40] Richter oder Beamte von Bußgeldstellen sein.[41] Als Täter kommen nur solche in Betracht, die auf Seiten der **Verfahrensführung** tätig sind, sodass Verteidiger, Zeugen oder Sachverständige ausscheiden.[42] Wie bei § 343[43] ist umstritten, ob auch etwa der in einem Verfahren tätig werdende **verbeamtete Arzt** tauglicher Täter des § 344 sein kann. Die Gesetzesbegründung führt hierzu an, ein Hinwirken auf eine gesetzeswidrige Verwahrung sei gegeben, wenn ein Amtsarzt als zugezogener Sachverständiger im Hinblick auf eine gesunde Person wider besseres Wissen ein unwahres Zeugnis über ihren Gesundheitszustand ausstellt, damit sie in einer psychiatrischen Krankenanstalt untergebracht werde.[44] Insofern gilt aber auch hier, dass der Arzt als **Sachverständiger nicht auf Seiten der Verfahrensführung** tätig ist und folglich als Täter ausscheidet.[45] Er bereitet die Grundlage für die eigene Entscheidung der Verfolgungsorgane, ist aber selbst kein solches. Daran ändert sich auch nichts in Fällen, bei denen das Gesetz die Mitwirkung eines Sachverständigen vorschreibt (vgl. etwa §§ 91, 92 StPO); [46] auch dann bleibt er in der Position des Sachverständigen und scheidet als tauglicher Täter folglich aus.

11 Im Hinblick auf die relevanten Verfahrensarten stimmt § 344 mit § 343 überein.[47] Eine förmliche Einleitung des Verfahrens ist dabei nicht zwingend vorausgesetzt.[48]

12 § 344 Abs. 1 betrifft das **Strafverfahren**. Hierunter fallen die Verfahrensarten der StPO. Auch das Jugendstrafverfahren[49] sowie das Steuerstrafverfahren[50] sind erfasst. Ausdrücklich ausgenommen vom Text des ersten Absatzes wird jedoch das Verfahren zur Anordnung einer nicht freiheits-

36 BGHSt **1** 255, 256 f.

37 *Bange* BeckOK Rdn. 6.1.

38 Siehe Rdn. 15. Weniger deutlich ist dies indes bei der Alternative des Hinwirkens auf eine Verfolgung. Aber auch insoweit ist ein dienstliches Auftreten erforderlich; siehe Rdn. 18.

39 BGHSt **1** 255.

40 OLG Jena NStZ **2005** 343; *Leß* JR **1951** 193; *Mohrbotter* JZ **1969** 491, 494 f.

41 Siehe *Sch/Schröder/Hecker* Rdn. 6; *Jescheck* LK[11] Rdn. 2.

42 Siehe *Kuhlen* NK Rdn. 5.

43 Siehe *Zieschang* LK § 343 Rdn. 17.

44 BTDrucks. 7/550 S. 280; Begründung zum E 1962, BTDrucks. IV/650 S. 644.

45 Ebenfalls die Täterschaft ablehnend etwa *Bange* BeckOK Rdn. 6.1, 13; *Fischer* Rdn. 2; *Geerds* FS Spendel 503, 507; *Kindhäuser/Hilgendorf* LPK Rdn. 3; *Küpper/Börner* BT § 9 Rdn. 48; *Kuhlen* NK Rdn. 5; *Maiwald* JuS **1977** 353, 358 f.; *Maurach/Schroeder/Maiwald* BT 2 § 77 Rdn. 31; *Voßen-MacCormaic* MK Rdn. 6.

46 Dann aber von Täterschaft ausgehend *Geppert* Jura **1981** 78, 82; *Sch/Schröder/Hecker* Rdn. 7; *Lackner/Kühl/Heger* Rdn. 2; *Matt/Renzikowski/Sinner* Rdn. 2; *Wolters* SK Rdn. 15.

47 Siehe *Zieschang* LK § 343 Rdn. 18 ff.

48 BTDrucks. 7/550 S. 279; siehe auch schon BGHSt **1** 255.

49 Ausdrücklich erwähnt in BTDrucks. 7/550 S. 279.

50 *Sch/Schröder/Hecker* Rdn. 4.

entziehenden Maßnahme (§ 11 Abs. 1 Nr. 8). Letzteres ist dem zweiten Absatz des § 344 unterstellt, der eine niedrigere Strafe vorsieht und im Gegensatz zu dem Verbrechen des § 344 Abs. 1 ein Vergehen ist. Unter § 344 Abs. 1 fällt hingegen gemäß Satz zwei das **Verfahren zur Anordnung einer behördlichen Verwahrung**, wozu insbesondere die präventiv-polizeiliche Unterbringung nach den Unterbringungsgesetzen sowie Ordnungs- und Polizeigesetzen der Länder zählt.[51]

§ 344 Abs. 2 bezieht neben den Verfahren zur Anordnung einer nicht freiheitsentziehenden Maßnahme ebenfalls Bußgeldverfahren, Disziplinarverfahren sowie ehren- oder berufsgerichtliche Verfahren ein. Geht es gleichzeitig um ein Strafverfahren, greift jedoch wiederum § 344 Abs. 1. 13

2. Die Tathandlung

Sowohl im ersten als auch im zweiten Absatz geht es um die **Verfolgung** oder um die **Hinwirkung auf eine solche Verfolgung** in Bezug auf einen **Unschuldigen** oder jemanden, der sonst **nach dem Gesetz nicht verfolgt werden darf**. 14

a) Verfolgen. Nach der Gesetzesbegründung ist darunter im Sinne des ersten Absatzes jedes dienstliche Tätigwerden im Rahmen der strafrechtlichen Ermittlungs- oder Verfolgungstätigkeit gemeint, das sich gegen eine Person richtet, die unschuldig ist oder sonst nach dem Gesetz strafrechtlich nicht verfolgt werden darf.[52] Sinngemäß gilt dies ebenfalls für die anderen Verfahrensarten. Ist das Verfahren rechtskräftig abgeschlossen, ist die Vorschrift des § 345 heranzuziehen. Maßgeblich ist eine **dienstliche Tätigkeit gegen eine bestimmte Person**,[53] wobei es jedoch bei der selbständigen Anordnung einer Maßnahme (vgl. § 76a StGB, § 435 StPO) im Sinne des § 344 Abs. 2 ausreicht, wenn sich die Verfolgung auf einen bestimmten Gegenstand richtet.[54] 15

§ 344 kann schon mit den ersten Ermittlungshandlungen einschlägig sein.[55] So stellt bereits die Übersendung eines Anhörungsbogens im Ordnungswidrigkeitsverfahren an einen Unschuldigen, um so den Namen des unbekannten Fahrzeugführers herauszufinden, die Verfolgung eines Unschuldigen im Sinne des § 344 Abs. 2 dar.[56] Parallel dazu ist § 344 Abs. 1 erfüllt, falls ein Staatsanwalt ein Ermittlungsverfahren gegen einen Unschuldigen eröffnet, um über dessen Vernehmung den wahren Täter zu ermitteln.[57] Dass ein Staatsanwalt eventuell die Absicht verfolgt, letztlich die Unschuld eines Verdächtigen zu beweisen, ändert nichts daran, dass eine „Verfolgung" vorliegt.[58] Unter die Verfolgung Unschuldiger fällt auch ein Einstellungsantrag nach § 153a StPO.[59] 16

---

51 Siehe im Einzelnen *Zieschang* LK § 343 Rdn. 20.

52 BTDrucks. 7/550 S. 279; siehe auch *Blei* JA **1974** 745; *Brete/Braumann* NZWiSt **2020** 381, 382; *Lackner/Kühl/Heger* Rdn. 4; *Sch/Schröder/Hecker* Rdn. 10; *SSW/Kudlich* Rdn. 7; *Küpper/Börner* BT § 9 Rdn. 49; *Kuhlen* NK Rdn. 6; *Leipold* AnwK Rdn. 5 f.; *Voßen-MacCormaic* MK Rdn. 13.

53 *Wolters* SK Rdn. 8.

54 Siehe BTDrucks. 7/550 S. 278; *Sch/Schröder/Hecker* Rdn. 11; *Lackner/Kühl/Heger* Rdn. 4; *Jescheck* LK[11] Rdn. 5; *Leipold* AnwK Rdn. 5; *Matt/Renzikowski/Sinner* Rdn. 8; *Voßen-MacCormaic* MK Rdn. 7.

55 *Sch/Schröder/Hecker* Rdn. 10. Das Überschreiten einer gewissen Erheblichkeitsschwelle fordern *Geilen* FS Hirsch 507, 510, 523; *Kuhlen* NK Rdn. 15.

56 LG Hechingen NJW **1986** 1823; *Bange* BeckOK Rdn. 6; *Sch/Schröder/Hecker* Rdn. 10; Lackner/Kühl/*Heger* Rdn. 4; *Maurach/Schroeder/Maiwald* BT 2 § 77 Rdn. 31; *Schmedding* HK-GS Rdn. 2; *Voßen-MacCormaic* MK Rdn. 11; *Wagner* JZ **1987** 658, 664; **anders** *Geilen* FS Hirsch 507 ff.; *Matt/Renzikowski/Sinner* Rdn. 4; zweifelnd *Fischer* Rdn. 3.

57 LG Hechingen NJW **1986** 1823, 1824; *Sch/Schröder/Hecker* Rdn. 10.

58 *Bange* BeckOk Rdn. 6; *Kindhäuser/Hilgendorf* LPK Rdn. 6; *Kuhlen* NK Rdn. 6, aber auch Rdn. 15; **anders** *Fischer* Rdn. 3; *Sch/Schröder/Hecker* Rdn. 10; *Matt/Renzikowski/Sinner* Rdn. 4; *Wolters* SK Rdn. 8.

59 *Bange* BeckOK Rdn. 6; *Fischer* Rdn. 3; *Sch/Schröder/Hecker* Rdn. 10; *Kuhlen* NK Rdn. 6; *Leipold* AnwK Rdn. 7; *Wolters* SK Rdn. 8. Nicht erfasst wird hingegen die Einstellung nach § 153 StPO; *Fischer* Rdn. 3; *Kindhäuser/Hilgendorf* LPK Rdn. 6; *Klesczewski* BT § 19 Rdn. 198; *Kuhlen* NK Rdn. 6; *Wolters* SK Rdn. 8.

17 **b) Hinwirken auf eine Verfolgung.** Nach der Gesetzesbegründung sollen durch diese Formulierung auch solche Amtsträger „sicher erfasst werden" können, die als Hilfsorgane handeln und nicht Träger der Verfolgung sind; die Tat könne daher auch ein Polizeibeamter begehen, der einen Unschuldigen festnimmt, ohne dem Staatsanwalt, der gutgläubig um die Festnahme ersucht hat, die Umstände mitzuteilen, aus denen sich die Unschuld des Festgenommenen ergibt.[60] Doch bedarf es für diesen Fall gar nicht der Alternative des Hinwirkens. Wenn der konkret zuständige Polizeibeamte in einem solchen Fall einen Unschuldigen festnimmt, dann verwirklicht er bereits in seiner Person (§ 25 Abs. 1 Alt. 1) die Alternative des „Verfolgens" (vgl. zur Festnahme § 127 Abs. 2 StPO).

18 Zunächst ist in Bezug auf das **Hinwirken auf eine Verfolgung** festzuhalten, dass auch in diesem Fall nach hiesiger Sicht eine **konkrete Zuständigkeit** des Amtsträgers im Einzelfall zu verlangen ist.[61] Weiterhin muss er ebenfalls hier **dienstlich** auftreten. Es geht etwa um Konstellationen, dass ein konkret zur Mitwirkung an dem Verfahren berufener Hintergrundakteur einen ebenfalls zuständigen Amtsträger zur Verfolgung veranlasst.[62] Das „Hinwirken" kann dabei in unterschiedlicher Form verwirklicht sein: Einmal mag es sich um eine Konstellation der **mittelbaren Täterschaft** handeln, indem ein zuständiger Amtsträger ein Werkzeug benutzt, wobei insofern der unmittelbar Handelnde selbst zuständiger Amtsträger im Sinne des § 344 sein muss, denn sonst fehlt es schon an einer „Verfolgung" durch diesen.[63] In Betracht kommt insbesondere ein gutgläubig,[64] rechtmäßig oder entschuldigt handelnder Amtsträger als Werkzeug.[65] Möglich ist aber auch, dass es sich bei dem Hinwirken um eine zur **Täterschaft heraufgestufte Anstiftungs- oder Beihilfehandlung** eines zuständigen Amtsträgers handelt, indem etwa ein Amtsträger einen ebenfalls zuständigen Kollegen zur Verfolgung auffordert und damit täterschaftlich auf die Verfolgung hinwirkt.[66] So kann § 344 in der Alternative des „Hinwirkens auf eine Verfolgung" auch schon dadurch verwirklicht sein, dass ein Polizeibeamter in einem dienstlichen Bericht wahrheitswidrig die Begehung einer Straftat durch einen anderen gegen ihn behauptet,[67] sofern der Polizeibeamte konkret zuständig ist. Dass dieser zuständige Polizeibeamte aufgrund seiner Mitteilung im weiteren Verfahrensverlauf möglicherweise nicht mehr zuständig ist, schadet nicht, denn im Zeitpunkt der Tathandlung war er zuständig.

19 **c) Unterlassen.** § 344 kann sowohl durch **positives Tun** als auch durch **Unterlassen** verwirklicht werden.[68] Letzteres ist etwa der Fall, wenn ein Haftbefehl nicht rechtzeitig aufgehoben oder das Ermittlungsverfahren nicht eingestellt wird, nachdem sich die Unschuld des Betroffenen herausgestellt hat.[69] Die Garantenstellung ergibt sich dabei regelmäßig aus der Amtsträgerstellung.[70]

---

60 BTDrucks. 7/550 S. 279; Begründung zum E 1962, BTDrucks. IV/650 S. 644.

61 Vgl. *Leipold* AnwK Rdn. 8; *Maurach/Schroeder/Maiwald* BT 2 § 77 Rdn. 30; *Wolters* SK Rdn. 16; **anders** etwa *Sch/Schröder/Hecker* Rdn. 12; *Lackner/Kühl/Heger* Rdn. 4; *Kindhäuser/Hilgendorf* LPK Rdn. 7; *Kuhlen* NK Rdn. 7, 19; *Voßen-MacCormaic* MK Rdn. 16; siehe auch OLG Oldenburg MDR **1990** 1135.

62 Vgl. auch *Geilen* FS Hirsch 507, 515 f.

63 Unabhängig davon ist anzumerken, dass die Figur der mittelbaren Täterschaft unter Benutzung eines qualifikationslos-dolosen Werkzeugs ohnehin nicht überzeugt, da dann der Hintermann tatsächlich keine Tatherrschaft hat; siehe dazu *Zieschang* FS Otto 505, 516 f.

64 Objektiv geht es auch bei einem unvorsätzlich handelnden Amtsträger um ein „Verfolgen".

65 Anders *Thelen* S. 279.

66 Siehe zur Heraufstufung zur Täterschaft auch *Sch/Schröder/Hecker* Rdn. 12; *Maurach/Schroeder/Maiwald* BT 2 § 77 Rdn. 30; *Matt/Renzikowski/Sinner* Rdn. 3; *Thelen* S. 269 ff., 276; *Voßen-MacCormaic* MK Rdn. 15.

67 Siehe OLG Oldenburg MDR **1990** 1135.

68 *Fischer* Rdn. 3; *Sch/Schröder/Hecker* Rdn. 13; *Kindhäuser/Hilgendorf* LPK Rdn. 5; *SSW/Kudlich* Rdn. 7; *Küpper/Börner* BT § 9 Rdn. 49; *Kuhlen* NK Rdn. 8; *Maurach/Schroeder/Maiwald* BT 2 § 77 Rdn. 30; *Schmidhäuser* BT 23/48; *Wolters* SK Rdn. 10.

69 Siehe *Sch/Schröder/Hecker* Rdn. 13; *Jescheck* LK[11] Rdn. 7; *Wolters* SK Rdn. 10.

70 *Sch/Schröder/Hecker* Rdn. 13.

d) Unschuldig. Das Gesetz verlangt die Verfolgung eines **Unschuldigen** oder einer Person, die sonst nach dem Gesetz nicht verfolgt werden darf. Das bereitet gewisse Friktionen, denn natürlich kann sich am Ende einer Ermittlungstätigkeit herausstellen, dass eine Person unschuldig ist,[71] sodass insofern die Gefahr für ermittelnde Beamte bestehen könnte, sich im Hinblick auf die vorangegangenen Ermittlungen gemäß § 344 strafbar zu machen, wenn auch natürlich die subjektiven Anforderungen nicht unbeachtet bleiben dürfen, nach denen dolus eventualis in Bezug auf die Verfolgung eben nicht genügt. Diese ex post-Betrachtung ist jedoch nicht maßgeblich, denn es steht eine **Tathandlung** in Rede, sodass richtigerweise die ex ante-Sicht entscheidend ist. Es geht folglich darum, dass die Verfolgung erfolgt, obwohl aus der **Sicht ex ante** für einen Dritten in der Position des Täters bereits feststeht, dass der Betroffene **unschuldig** ist.[72] 20

Von **Unschuld** ist auszugehen, wenn der Betroffene den Tatbestand der verfolgten Tat nicht verwirklicht hat, er gerechtfertigt oder ohne Schuld handelt oder ihm Strafausschließungs- oder Strafaufhebungsgründe zugute kommen.[73] § 344 gilt dabei nur in Bezug auf lebende Personen, nicht aber im Hinblick auf schon Verstorbene, denn diese werden nicht strafrechtlich verfolgt.[74] § 344 scheidet aus, wenn lediglich falsche Tatsachen mitgeteilt werden, jedoch die Tat, wegen welcher der Betreffende verfolgt werden soll, von ihm tatsächlich begangen worden ist.[75] Problematisch ist, was zu gelten hat, wenn eine tatsächlich begangene Tat **„aufgebauscht"** wird, also etwa bei einem verwirklichten Diebstahl wegen Raubes verfolgt wird oder nicht nur wegen eines tatsächlich geleisteten Widerstands gegen Vollstreckungsbeamte, sondern auch wegen einer Körperverletzung gemäß § 223. Der BGH hat im letzteren Fall § 344 bejaht;[76] dabei spiele es keine Rolle, dass beide Taten in Tateinheit stehen. Auch im Schrifttum wird vielfach in Konstellationen des Aufbauschens § 344 befürwortet.[77] 21

Vor dem Hintergrund, dass § 344 sowohl die Rechtspflege als auch den Einzelnen schützen soll,[78] wird man die Vorschrift sicherlich zu bejahen haben, wenn jemand etwa eine Körperverletzung im Sinne des § 223 begangen hat, gegen ihn nun aber wegen einer anderen Tat, etwa einem Raub, ermittelt wird. Insofern ist nämlich der Betreffende unschuldig und wird dennoch Verfolgungsmaßnahmen unterworfen. Ob bei einem „Aufbauschen" § 344 erfüllt sein kann, ist aber vor allem deswegen insgesamt schwierig zu beantworten, weil es maßgeblich darum geht, ab welchem Ausmaß der Übertreibung davon auszugehen ist, dass die Vorschrift einschlägig ist. Greift § 344 bereits dann, wenn jemand, der einen anderen am Bein verletzt hat (§ 223), sich insofern nunmehr Ermittlungen wegen eines Armbruchs (§ 223) ausgesetzt sieht? Muss ein Vergehen zum Verbrechen heraufgestuft sein? Muss es sich um den Schutz unterschiedlicher Rechtsgüter handeln? Oder geht es allein um die prozessuale Unzulässigkeit der Strafverfolgungsmaßnahme?[79] Zur Beantwortung dieser Fragen ist abermals abzustellen auf den durch § 344 intendierten Schutz: Einmal ist es mit dem Rechtsstaat unvereinbar, Unschuldige zu verfolgen, zum anderen soll der Einzelne gegen 22

71 Vgl. auch *Maurach/Schroeder/Maiwald* BT 2 § 77 Rdn. 32.

72 Dagegen für den Begriff der Unschuld rein auf die materielle Rechtslage abstellend etwa *Arzt/Weber/Heinrich/Hilgendorf* BT § 49 Rdn. 89; *SSW/Kudlich* Rdn. 3; *Kuhlen* NK Rdn. 12; *Leipold* AnwK Rdn. 11. Das missachtet jedoch, dass eine Tathandlung in Rede steht. Eine prozessuale Sicht für maßgeblich erachtend etwa *Sch/Schröder/Hecker* Rdn. 15; *Lackner/Kühl/Heger* Rdn. 3; *Wagner* JZ **1987** 658, 663.

73 *Brete/Braumann* NZWiSt **2020** 381, 383; *Sch/Schröder/Hecker* Rdn. 15; *Klesczewski* BT § 19 Rdn. 197.

74 Zutreffend *Sch/Schröder/Hecker* Rdn. 1, 11; *Kuhlen* NK Rdn. 6; anders *Mitsch* NJW **2010** 3479, 3481.

75 BGH bei Dallinger MDR **1971** 896; *Leipold* AnwK Rdn. 11; *Maurach/Schroeder/Maiwald* BT 2 § 77 Rdn. 32; *Thelen* S. 297 f.; *Voßen-MacCormaic* MK Rdn. 19. § 344 StGB ist aber erfüllt, wenn aufgrund dieser falschen Tatsachen nunmehr unberechtigt einzelne Verfolgungsmaßnahmen erfolgen; siehe Rdn. 23.

76 BGH bei Dallinger MDR **1971** 896 f.

77 *Fischer* Rdn. 4; *Geppert* Jura **1981** 78, 82; *Sch/Schröder/Hecker* Rdn. 15; *Lackner/Kühl/Heger* Rdn. 3; *Kindhäuser/Hilgendorf* LPK Rdn. 4; *SSW/Kudlich* Rdn. 3; *Küpper/Börner* BT § 9 Rdn. 50; *Maurach/Schroeder/Maiwald* BT 2 § 77 Rdn. 32; *Matt/Renzikowski/Sinner* Rdn. 5; *Voßen-MacCormaic* MK Rdn. 19; *Wolters* SK Rdn. 11; **anders** *Klesczewski* BT § 19 Rdn. 197.

78 Siehe Rdn. 1.

79 Für diese letztere Auffassung *Geerds* FS Spendel 503, 511; *Joecks/Jäger* Rdn. 6.

unberechtigte Verfolgungsmaßnahmen geschützt sein. Hat nun aber jemand eine Körperverletzung tatsächlich begangen, dann ist er insofern nicht unschuldig und Verfolgungsmaßnahmen sind berechtigt, auch wenn falsche Tatsachen (Schlag gegen den Arm statt gegen das Bein) zugrunde gelegt werden.[80] § 344 ist folglich nicht einschlägig. Anders ist dies aber, wenn diese falschen Tatsachen einen anderen Tatbestand erfüllen (§ 224 statt § 223; § 212 statt § 222). Insofern ist zu beachten, dass unter den Begriff der Unschuld auch die geringere Schuld fällt,[81] sodass dann der Tatbestand greift: § 344 ist also erfüllt, wenn jemand wegen einer schwereren als der tatsächlich begangenen Straftat verfolgt werden soll oder ihm neben der Tat eine weitere Tat vorgeworfen wird.[82] Es bleiben Fälle von Tatbeständen, die vom Unrechtsgehalt annähernd vergleichbar sind (statt wegen § 242 wird wegen § 263 verfolgt); insofern ist aber dann wiederum festzustellen, dass er die Tat, derentwegen er verfolgt wird (§ 263), tatsächlich nicht begangen hat, sodass in diesem Fall richtigerweise ebenfalls § 344 zu bejahen ist. Parallel dazu macht sich nach § 344 Abs. 1 strafbar, wer eine Ordnungswidrigkeit als Straftat verfolgt.[83]

23 **e) Sonst nach dem Gesetz nicht strafrechtlich verfolgt werden dürfen.** Hierunter fallen Konstellationen, in denen aus verfahrensrechtlichen Gründen eine Verfolgung ausscheidet.[84] Zu nennen sind etwa die Immunität (Art. 46 Abs. 2, 4 GG), der Eintritt der Verjährung (§§ 78 ff.), der fehlende Strafantrag bei absoluten Antragsdelikten (z.B. § 123) oder die fehlende Ermächtigung (vgl. z.B. § 104a). Auch bei einem Verstoß gegen den ne bis in idem-Grundsatz (Art. 103 Abs. 3 GG) kommt dies in Betracht. Man wird dies nach zutreffender Ansicht auch anzunehmen haben, wenn bei einer tatsächlich begangenen Tat einzelne prozessuale Verfolgungsmaßnahmen durchgeführt werden, obwohl deren Voraussetzungen bereits aus der Sicht ex ante fehlen (etwa mangelnder „dringender" Tatverdacht, § 112 StPO).[85] Dann darf er nämlich nach dem Gesetz **so nicht** verfolgt werden.

24 **Vollendet** ist die Tat schon mit der Verfolgung oder mit dem Hinwirken auf die Verfolgung. Es handelt sich um ein **Tätigkeitsdelikt.**[86] Zu einer irgendwie gearteten Beeinträchtigung des Betroffenen muss es also nicht kommen. Damit kann die Vorschrift schon in einem frühen Tätigkeitsstadium vollendet sein.

III. Subjektiver Tatbestand

25 Im subjektiven Tatbestand reicht **bedingter Vorsatz** in Bezug auf die **Stellung als tauglicher Täter** aus.[87] Hinsichtlich der Verfolgung oder des Hinwirkens auf die Verfolgung bezüglich eines Unschuldigen oder eines solchen, der sonst nach dem Gesetz nicht verfolgt werden darf, wird

---

80 Siehe BGH bei Dallinger MDR **1971** 896. § 344 StGB ist aber erfüllt, wenn aufgrund dieser falschen Tatsachen nunmehr unberechtigt einzelne Verfolgungsmaßnahmen durchgeführt werden; dazu Rdn. 23.
81 *Jescheck* LK[11] Rdn. 8.
82 BGH bei Dallinger MDR **1971** 896 f.
83 *Fischer* Rdn. 4; *Joecks/Jäger* Rdn. 7.
84 Siehe auch *Sch/Schröder/Hecker* Rdn. 16; *Krause* SchlHA **1969** 77; *Thelen* S. 301.
85 Siehe *Langer* JR **1989** 95, 98; *Maurach/Schroeder/Maiwald* BT 2 § 77 Rdn. 32; **anders** etwa *Bange* BeckOK Rdn. 7; *Lackner/Kühl/Heger* Rdn. 3; *Kindhäuser/Hilgendorf* LPK Rdn. 4; *Matt/Renzikowski/Sinner* Rdn. 7; *Voßen-MacCormaic* MK Rdn. 22; *Wolters* SK Rdn. 12.
86 *Bange* BeckOK Rdn. 2; *Kindhäuser/Hilgendorf* LPK Rdn. 1; *Kuhlen* NK Rdn. 6; *Schmidhäuser* BT 23/48; *Matt/Renzikowski/Sinner* Rdn. 1; *Voßen-MacCormaic* MK Rdn. 2.
87 *Brete/Braumann* NZWiSt **2020** 381, 383; *Sch/Schröder/Hecker* Rdn. 17; *Lackner/Kühl/Heger* Rdn. 6; *Kindhäuser/Hilgendorf* LPK Rdn. 8; *SSW/Kudlich* Rdn. 11; *Kuhlen* NK Rdn. 16; *Leipold* AnwK Rdn. 13; *Voßen-MacCormaic* MK Rdn. 25.

hingegen **Absicht** oder **Wissentlichkeit** verlangt.[88] Der schwere Vorwurf der Verfolgung Unschuldiger soll nur dann erhoben werden können.[89]

26 **Absicht** bedeutet **dolus directus 1. Grades**. Das bedeutet, dass der Täter sein Ziel **erstrebt**. Dem Täter kommt es gerade darauf an,[90] sei es auch nur als notwendiges Zwischenziel.[91] Der Schwerpunkt liegt also auf dem voluntativen Element, für das intellektuelle Element genügt die bloße Möglichkeitsvorstellung.[92] Folglich muss sich das Erstreben auf das Verfolgen beziehen, in Bezug auf die **Unschuld** genügt, wenn er diese für **möglich** hält.[93] Welche Motive den Täter leiten, spielt keine Rolle. Möglich sind etwa Rachsucht, Ehrgeiz, Neid oder persönliche Feindschaft.[94]

27 **Wissentlichkeit** bedeutet **dolus directus 2. Grades**, also sicheres Wissen.[95] Der Täter ist sich also gewiss, mögen ihm auch einzelne Auswirkungen seines Verhaltens an sich unerwünscht sein.[96] Es spielt keine Rolle, woher der Verfolgende dieses sichere Wissen hat, er kann es auch privat erlangt haben. Hat der Verfolgende lediglich Zweifel an der Schuld, genügt das für das sichere Wissen nicht, sodass eine Strafbarkeit nach § 344 ausscheidet.

IV. Rechtswidrigkeit

28 Handelt der Amtsträger bei seinen Ermittlungen **pflichtgemäß** (also prozessual zulässig und ermessensfehlerfrei) auf der Grundlage vorhandener Ermächtigungsgrundlagen, ist er darüber gerechtfertigt, wenn nicht bereits der Tatbestand ausscheidet, da aus der maßgeblichen Sicht ex ante[97] (noch) nicht feststeht, dass er unschuldig ist und es somit gar nicht um die Verfolgung eines Unschuldigen geht.[98] Rechtfertigung ist also etwa anzunehmen, wenn sich in einem Hauptverfahren die Unschuld des Angeklagten bereits herausgestellt hat, das Verfahren nun aber noch prozessordnungsgemäß zu Ende gebracht wird.[99]

29 Der Täter ist nicht über § 34 gerechtfertigt, wenn er mit seiner Tat gegen einen Unschuldigen etwa erreichen will, dass der wahre Schuldige überführt wird. Zum einen können sich Hoheitsträ-

---

88 Kritisch *Maurach/Schroeder/Maiwald* BT 2 § 77 Rdn. 33, der dies als ungerechtfertigte Abweichung gegenüber § 339 StGB erachtet. Zudem sei der Begriff „absichtliche Verfolgung" kaum zu klären. Indes überzeugt die Kritik nicht. Die Eingrenzung auf dolus directus 1. und 2. Grades erscheint sinnvoll, damit die Ermittlungstätigkeit vor dem Hintergrund des drohenden § 344 StGB – wäre dolus eventualis bereits ausreichend – nicht zu stark eingeschränkt wird. Im Übrigen ist es durchaus möglich, dass es einem Amtsträger gerade darauf ankommt, Verfolgungsmaßnahmen gegenüber einer Person durchzuführen, die (möglicherweise) unschuldig ist.

89 BTDrucks. 7/550 S. 279; Begründung zum E 1962, BTDrucks. IV/650 S. 644.

90 *Küpper/Börner* BT § 9 Rdn. 51; *Zieschang* AT Rdn. 121.

91 Siehe auch *Bange* BeckOK Rdn. 8; *Sch/Schröder/Hecker* Rdn. 18; *SSW/Kudlich* Rdn. 11; *Voßen-MacCormaic* MK Rdn. 27.

92 *Zieschang* AT Rdn. 121.

93 BTDrucks. 7/550 S. 279; *Bange* BeckOK Rdn. 8 f.; *Fischer* Rdn. 5; *Sch/Schröder/Hecker* Rdn. 18; *Lackner/Kühl/Heger* Rdn. 6; *Schmidhäuser* BT 23/48; *Voßen-MacCormaic* MK Rdn. 27; *Wolters* SK Rdn. 13; **enger** etwa *Kindhäuser/Hilgendorf* LPK Rdn. 8; *Kuhlen* NK Rdn. 16, 18: Sicheres Wissen sei erforderlich.

94 Siehe auch *Bockelmann* BT 3 § 11 I 1 b cc; *Jescheck* LK[11] Rdn. 10.

95 *Zieschang* AT Rdn. 122; siehe auch OLG Düsseldorf NJW **1987** 2453.

96 *Wessels/Beulke/Satzger* Rdn. 330; *Zieschang* AT Rdn. 122; siehe auch *Sch/Schröder/Hecker* Rdn. 19.

97 Siehe Rdn. 20.

98 Siehe dazu u.a. OLG München NStZ **1985** 549, 550 (tatbestandsloses, sozialadäquates Verhalten bei pflichtgemäßem Handeln); *Bange* BeckOK Rdn. 7, 10 (Tatbestand sei nicht erfüllt); *Fischer* Rdn. 3 (tatbestandslos); *Sch/Schröder/Hecker* Rdn. 10, 15, 20 (nicht tatbestandsmäßig); *Lackner/Kühl/Heger* Rdn. 7 (nicht tatbestandsmäßig); *Herzberg* JR **1986** 6, 7 (erlaubtes Risiko); *Kindhäuser/Hilgendorf* LPK Rdn. 12 (nicht tatbestandsmäßig); *SSW/Kudlich* Rdn. 13 (nicht tatbestandsmäßig); *Matt/Renzikowski/Sinner* Rdn. 4 (nicht tatbestandsmäßig); *Voßen-MacCormaic* MK Rdn. 24, 34 (nicht tatbestandsmäßig); *Wagner* JZ **1987** 658, 663 (entweder nicht tatbestandsmäßig oder jedenfalls nicht rechtswidrig). Für Rechtfertigung *Langer* JR **1989** 95, 98; siehe auch *Wolters* SK Rdn. 14.

99 In diesem Fall schon die Tatbestandsmäßigkeit verneinend etwa *Fischer* Rdn. 3; *Lackner/Kühl/Heger* Rdn. 7; *SSW/Kudlich* Rdn. 7; *Schmedding* HK-GS Rdn. 2.

ger nach zutreffender Ansicht nicht auf die allgemeinen Rechtfertigungsgründe berufen,[100] zum anderen würde die Interessenabwägung daran scheitern, dass der Gesetzgeber rechtmäßige Verfahren zur Verfügung gestellt hat, die einzuhalten sind.

30 Richtigerweise entfaltet jedoch die **Einwilligung** des Betroffenen entgegen der ganz überwiegenden Auffassung[101] **rechtfertigende Wirkung**.[102] Zwar besitzt der Einzelne keine Dispositionsbefugnis über die Rechtspflege, welche geschütztes Rechtsgut des § 344 ist. Es ist jedoch dargelegt worden, dass die Vorschrift nach zutreffender Ansicht neben der Rechtspflege gleichrangig den Einzelnen schützt.[103] Willigt dieser nun jedoch ein, **entfällt ein wesentlicher Teil des Unrechts** mit der Konsequenz, dass insgesamt aus § 344 aufgrund der Einwilligung nicht bestraft werden kann.

V. Schuld

31 Ausnahmsweise kann eine Entschuldigung in Betracht zu ziehen sein, etwa wenn der Amtsträger im Fall des **Nötigungsnotstands** zu Verfolgungsmaßnahmen gezwungen wird. Dann kommt eine Entschuldigung in Betracht, wobei besonderes Augenmerk insbesondere auf die Frage zu legen ist, ob die Gefahr nicht möglicherweise anders abwendbar ist. Bei einem eventuellen **Verbotsirrtum** ist bezüglich der Frage der Unvermeidbarkeit im Sinne des § 17 angesichts der Tatsache, dass ein konkret zuständiger Amtsträger handelt, ein strenger Maßstab anzulegen.[104]

VI. Versuch

32 Da zur Vollendung des § 344 das bloße Tätigwerden reicht, ist die Vorschrift relativ frühzeitig vollendet, sodass für den Versuch kaum noch Raum verbleibt. Dennoch ist zu beachten, dass aufgrund des Verbrechenscharakters von § 344 Abs. 1 der Versuch stets strafbar ist. Das gilt auch für den minder schweren Fall, denn auch dann bleibt die Tat gemäß § 12 Abs. 3 Verbrechen. § 344 Abs. 2 ist zwar Vergehen, jedoch ist in § 344 Abs. 2 S. 3 ausdrücklich die Versuchsstrafbarkeit normiert. Ein untauglicher Versuch liegt vor, wenn der Täter in tatsächlicher Hinsicht irrtümlich die Unschuld des Betroffenen sicher annimmt.[105] Meint der Täter in tatsächlicher Hinsicht irrtümlich, dass Verjährung vorliegt, indem er etwa von einen unzutreffenden Zeitpunkt der Tatbegehung ausgeht, liegt ebenfalls untauglicher Versuch vor. Strafloses Wahndelikt ist dagegen anzunehmen, wenn er falsche rechtliche Schlussfolgerungen zieht und insofern irrtümlich etwa meint, es liege ein Strafverfolgungshindernis vor oder das Verhalten sei nicht strafbar.

VII. Rechtsfolgen

33 § 344 Abs. 1 sieht Freiheitsstrafe von einem Jahr bis zu zehn Jahren vor, in minder schweren Fällen von drei Monaten bis zu fünf Jahren. Ein minder schwerer Fall soll etwa bei Taten von Amtsträgern in untergeordneter Stellung in Betracht kommen, die für den Betroffenen keinen ins

---

100 Dazu *Zieschang* LK § 34 Rdn. 34 ff.
101 Etwa *Bange* BeckOK Rdn. 10; *Sch/Schröder/Hecker* Rdn. 20; *Kindhäuser/Hilgendorf* LPK Rdn. 12; *Kuhlen* NK Rdn. 4, 22; *Leipold* AnwK Rdn. 14; *Schmedding* HK-GS Rdn. 1; *Thelen* S. 341 ff., 344; *Voßen-MacCormaic* MK Rdn. 32 f.; *Wolters* SK Rdn. 14.
102 Siehe dazu bereits *Zieschang* LK § 343 Rdn. 38.
103 Siehe Rdn. 1.
104 Siehe auch *Voßen-MacCormaic* MK Rdn. 35.
105 Vgl. *Fischer* Rdn. 5; *Schmedding* HK-GS Rdn. 7.

Gewicht fallenden Schaden verursacht haben.[106] § 344 Abs. 2 sieht Freiheitsstrafe von drei Monaten bis zu fünf Jahren vor.[107] Obwohl bereits der aktuelle § 344 die Obergrenze im Vergleich zur Vorgängerregelung herabgesetzt hat, erscheint de lege ferenda eine Strafrahmenobergrenze in Höhe von fünf Jahren selbst in Anbetracht des Umstands, dass es um erhebliches Unrecht geht, insgesamt ausreichend, um auch Verhaltensweisen im Sinne des § 344 Abs. 1 schuldangemessen bestrafen zu können. Damit stünde er im Übrigen bezüglich der Obergrenze in Gleichklang mit § 339. Daher sollte auch § 344 Abs. 1 insgesamt mit dieser Obergrenze versehen werden. Auf die Strafrahmenuntergrenze von drei Monaten könnte ebenfalls verzichtet werden.

§ 358 sieht bei einer Freiheitsstrafe von mindestens sechs Monaten die Möglichkeit des Gerichts vor, die Fähigkeit, öffentliche Ämter zu bekleiden (§ 45 Abs. 2), abzuerkennen. Bei einer Freiheitsstrafe von mindestens einem Jahr ist dies bei § 344 Abs. 1 als Verbrechen gemäß § 45 Abs. 1 obligatorisch. 34

VIII. Konkurrenzen

§ 344 steht zu § 339 nach zutreffender Auffassung in **Idealkonkurrenz**.[108] Ebenfalls ist Idealkonkurrenz mit § 343 anzunehmen. § 164 tritt hinter § 344 zurück.[109] 35

---

106 BTDrucks. 7/550 S. 279; *Voßen-MacCormaic* MK Rdn. 36; kritisch *Bange* BeckOK Rdn. 16; *Thelen* S. 368 f.

107 Kritisch zu dieser Abstufung etwa *Blei* BT § 112 III 5; *ders.* JA **1974** 745, 746; *Bockelmann* BT 3 § 11 I 2 a.

108 So auch *Fischer* Rdn. 7; *Geppert* Jura **1981** 78, 83; *Sch/Schröder/Hecker* Rdn. 23; *Lackner/Kühl/Heger* Rdn. 9; *Kindhäuser/Hilgendorf* LPK Rdn. 14; *Klesczewski* BT § 19 Rdn. 201; *SSW/Kudlich* Rdn. 15; *Kuhlen* NK Rdn. 25; *Matt/Renzikowski/Sinner* Rdn. 13; *Thelen* S. 355; **dagegen** von Gesetzeskonkurrenz mit Vorrang des § 344 ausgehend: *Bange* BeckOK Rdn. 14; *Geerds* FS Spendel 503, 516; *Jescheck* LK[11] Rdn. 13; *Otto* BT § 98 Rdn. 17; *Voßen-MacCormaic* MK Rdn. 39; *Wolters* SK Rdn. 19; anders wiederum *Schmidhäuser* BT 23/49: § 344 sei subsidiär.

109 OLG Oldenburg MDR **1990** 1135.

§ 345 Vollstreckung gegen Unschuldige

(1) Wer als Amtsträger, der zur Mitwirkung bei der Vollstreckung einer Freiheitsstrafe, einer freiheitsentziehenden Maßregel der Besserung und Sicherung oder einer behördlichen Verwahrung berufen ist, eine solche Strafe, Maßregel oder Verwahrung vollstreckt, obwohl sie nach dem Gesetz nicht vollstreckt werden darf, wird mit Freiheitsstrafe von einem Jahr bis zu zehn Jahren, in minder schweren Fällen mit Freiheitsstrafe von drei Monaten bis zu fünf Jahren bestraft.

(2) Handelt der Täter leichtfertig, so ist die Strafe Freiheitsstrafe bis zu einem Jahr oder Geldstrafe.

(3) [1]Wer, abgesehen von den Fällen des Absatzes 1, als Amtsträger, der zur Mitwirkung bei der Vollstreckung einer Strafe oder einer Maßnahme (§ 11 Abs. 1 Nr. 8) berufen ist, eine Strafe oder Maßnahme vollstreckt, obwohl sie nach dem Gesetz nicht vollstreckt werden darf, wird mit Freiheitsstrafe von drei Monaten bis zu fünf Jahren bestraft. [2]Ebenso wird bestraft, wer als Amtsträger, der zur Mitwirkung bei der Vollstreckung

1. eines Jugendarrestes,
2. einer Geldbuße oder Nebenfolge nach dem Ordnungswidrigkeitenrecht,
3. eines Ordnungsgeldes oder einer Ordnungshaft oder
4. einer Disziplinarmaßnahme oder einer ehrengerichtlichen oder berufsgerichtlichen Maßnahme

berufen ist, eine solche Rechtsfolge vollstreckt, obwohl sie nach dem Gesetz nicht vollstreckt werden darf. [3]Der Versuch ist strafbar.

Schrifttum

Eidam Zur Selbstverständlichkeit von Rechtsbrüchen beim Vollzug von Untersuchungshaft, HRRS **2008** 241; *Franzheim* Der rechtswidrige Vollzug von Untersuchungshaft erfüllt den Tatbestand der Vollstreckung gegen Unschuldige (§ 345 StGB), GA **1977** 69; *Geppert* Amtsdelikte (§§ 331 ff. StGB), Jura **1981** 78; *Krause* Zur unzulässigen Strafvollstreckung (§ 345 StGB), SchlHA **1964** 271; *Linke* Zwischenhaft, Vollstreckungshaft, Organisationshaft: Haftinstitut ohne Rechtsgrundlage? JR **2001** 358; *Maiwald* Die Amtsdelikte, JuS **1977** 353; *Pohlmann* Anmerkung zum Beschluss des OLG München vom 6.5.1964 – Ws 313/64 – Rpfleger 1964, 370, Rpfleger **1964** 371; *Reiß* Gedanken zur Neufassung des § 345 StGB, Rpfleger **1976** 201; *Seebode* Zwischenhaft, ein vom Gesetz nicht vorgesehener Freiheitsentzug (§ 345 StGB), StV **1988** 119; *Stratenwerth* Anmerkung zum Urteil des BGH vom 20.10.1964 – 1 StR 380/64 – JZ 1965, 324, JZ **1965** 325; *Zieschang* Gibt es den Täter hinter dem Täter? Festschrift Otto (2007) 505.

Entstehungsgeschichte

Bereits das RStGB von 1871 kannte die Strafvorschrift der Vollstreckung gegen Unschuldige.[1] § 345 a.F. RStGB hatte folgenden Wortlaut:

> „(1) Gleiche Strafe[2] trifft den Beamten, welcher vorsätzlich eine Strafe vollstrecken läßt, von der er weiß, daß sie überhaupt nicht oder nicht der Art oder dem Maße nach vollstreckt werden darf.
> (2) Ist die Handlung aus Fahrlässigkeit begangen, so tritt Gefängnißstrafe oder Festungshaft bis zu Einem Jahre oder Geldstrafe bis zu dreihundert Thalern ein."

Schon in vorangehenden Strafgesetzbüchern waren Regelungen zur Vollstreckung gegen Unschuldige enthalten (siehe etwa Art. 359, 360 bayStGB von 1813 sowie vor allem § 320 Abs. 2, Abs. 3 prStGB von 1851, auf den § 345 a.F. RStGB zurückging).

1876 trat an die Stelle von „dreihundert Thalern" der Betrag von „neunhundert Mark". Eine Umformulierung und Erweiterung auf Maßregeln erfolgte 1934. § 345 Abs. 1 a.F. lautete fortan:

> „Ein Beamter, der vorsätzlich eine Strafe oder eine Maßregel der Sicherung und Besserung vollstreckt, die nicht zu vollstrecken ist, wird mit Zuchthaus bestraft."

---

1 Siehe zur Historie auch *Voßen-MacCormaic* MK Rdn. 5.
2 Damit war die Strafe des § 344 a.F. RStGB gemeint: Zuchthaus.

https://doi.org/10.1515/9783110490329-014

Zum 1.10.1953 ersetzte der Gesetzgeber in § 345 Abs. 2 a.F. die „Festungshaft" durch den Begriff „Einschließung". Eine weitere Modifikation der Sanktionen erfolgte durch das 1. StrRG vom 25.6.1969:[3] § 345 Abs. 1 a.F. sah seitdem „Freiheitsstrafe nicht unter einem Jahr" vor und dessen zweiter Absatz „Freiheitsstrafe bis zu einem Jahre oder Geldstrafe bis zu neunhundert Mark".

Zum 1.1.1975 erhielt § 345 aufgrund von Art. 19 Nr. 191 EGStGB vom 2.3.1974[4] seine heutige Fassung und wurde seitdem nicht mehr verändert. Ebenso wie §§ 343, 344 ist § 345 dabei maßgeblich durch den E 1962 beeinflusst worden.[5] Der dortige § 457 E 1962 hatte folgenden Wortlaut:

> „(1) Wer als Amtsträger, der zur Mitwirkung bei der Vollstreckung einer Strafe oder einer Maßnahme (§ 11 Abs. 1 Nr. 5) berufen ist, eine Strafe oder Maßnahme vollstreckt, die nach dem Gesetz nicht vollstreckt werden darf, wird mit Zuchthaus bis zu zehn Jahren, in minder schweren Fällen mit Gefängnis von drei Monaten bis zu fünf Jahren bestraft.
> (2) Ebenso wird bestraft, wer als Amtsträger, der zur Mitwirkung bei der Vollstreckung einer behördlichen Verwahrung berufen ist, gegen einen anderen eine Verwahrung vollstreckt, die nach dem Gesetz nicht vollstreckt werden darf.
> (3) Vollstreckt der in den Absätzen 1 oder 2 bezeichnete Amtsträger leichtfertig eine Freiheitsstrafe, eine freiheitsentziehende Maßregel oder eine behördliche Verwahrung, die nach dem Gesetz nicht vollstreckt werden darf, so ist die Strafe Gefängnis bis zu einem Jahr, Strafhaft oder Geldstrafe.
> (4) Wer als Amtsträger, der zur Mitwirkung bei der Vollstreckung einer Disziplinarstrafe gegen Beamte oder Richter oder einer ehrengerichtlichen Strafe berufen ist, eine Disziplinarstrafe oder eine ehrengerichtliche Strafe vollstreckt, die nach dem Gesetz nicht vollstreckt werden darf, wird mit Gefängnis von drei Monaten bis zu fünf Jahren bestraft."

Mit der Ursprungsregelung in § 345 a.F. war der Nachteil verbunden, dass der Täterkreis nur sehr grob bestimmt war („Beamter") und manche Bereiche – wie etwa die gesetzeswidrige Vollstreckung einer behördlichen Verwahrung – nicht erfasst wurden, obwohl derartige Verhaltensweisen ebenfalls strafwürdig erscheinen.[6] Diese Unzulänglichkeiten werden durch die Neufassung behoben.

In der Gesetzesbegründung wird zur Neuregelung angeführt, die Vorschrift enthalte gegenüber der Vorgängerregelung „einige Klarstellungen".[7] Dabei sei die Vorschrift bezogen auf den Täterkreis und den Aufbau des Vorsatzdelikts dem § 344 nachgebildet.[8]

Während der Ursprungsentwurf des reformierten § 345 den Tatbestand der fahrlässigen Vollstreckung gegen Unschuldige vollständig abschaffen wollte, wurde er im Laufe der Gesetzesberatungen insofern beibehalten, als dass – wie in § 457 Abs. 3 E 1962 – leichtfertiges Verhalten pönalisiert ist. In der Begründung des Ursprungsentwurfs ist ausgeführt, der Fahrlässigkeitstatbestand des § 345 Abs. 2 a.F. sei ersatzlos zu streichen, da hiermit im Grunde bloße Nachlässigkeiten in der Dienstführung mit krimineller Strafe bedroht seien, obwohl dafür eine disziplinare Ahndung genüge.[9] Der Sonderausschuss für die Strafrechtsreform favorisierte hingegen eine vermittelnde Lösung, die schließlich in geltendes Recht umgesetzt wurde: Man schaffte den Fahrlässigkeitstatbestand nicht gänzlich ab, sondern schränkte ihn auf Leichtfertigkeit in Bezug auf die Fälle des ersten Absatzes ein. Der Strafrechtsschutz müsse wenigstens in den besonders schwerwiegenden Fällen der gesetzeswidrigen Vollstreckung aufrechterhalten bleiben, in denen es um freiheitsentziehende Maßnahmen gehe und der Vorwurf der Leichtfertigkeit zu erheben sei.[10]

Übersicht

---

3 BGBl. I S. 645.
4 BGBl. I S. 469.
5 Der E 1962 ist abgedruckt in BTDrucks. IV/650 S. 1 ff.
6 Siehe BTDrucks. 7/550 S. 280; Begründung zum E 1962, BTDrucks. IV/650 S. 645.
7 BTDrucks. 7/550 S. 280.
8 BTDrucks. 7/550 S. 280.
9 BTDrucks. 7/550 S. 281.
10 BTDrucks. 7/1261 S. 23; siehe auch Begründung zum E 1962, BTDrucks. IV/650 S. 645.

Alphabetische Übersicht

I. Allgemeine Bemerkungen

1. Geschütztes Rechtsgut

1 Auch in Bezug auf § 345 gibt es wie bei §§ 343, 344[11] unterschiedliche Auffassungen zu dem von der Vorschrift geschützten Rechtsgut. So findet sich ebenfalls hier die Ansicht, es gehe (in erster Linie) um den Schutz der **Rechtspflege.**[12] Diese Meinung beachtet jedoch wiederum nicht hinreichend, dass gerade auch der von der Maßnahme **Betroffene** vor unberechtigten Vollstreckungshandlungen geschützt werden soll. Es geht um die Sicherung der Freiheitsrechte des Einzelnen, indem der Staatsbürger vor gesetzeswidrigen Vollstreckungsmaßnahmen geschützt wird.[13] Folglich bezweckt § 345 sowohl den Schutz der **Rechtspflege**, denn rechtswidrige Vollstreckungsmaßnahmen sollen verhindert werden, als auch **Individualschutz**, wobei beide Aspekte **gleichrangig** nebeneinander stehen.[14]

2. Rechtsnatur

2 Angesichts des von § 345 erfassten Täterkreises handelt es sich bei der Vorschrift um ein **Amtsdelikt**. Noch präziser ist die Vorschrift insgesamt als **echtes Amtsdelikt** einzustufen.[15] Das gilt auch für den ersten Absatz der Bestimmung; dieser ist kein bloßer Sonderfall der Freiheitsberaubung gemäß § 239, denn § 345 ist bereits mit der **Anordnung** der Verbüßung der Vollstreckungshand-

11 Siehe dazu *Zieschang* LK § 343 Rdn. 1 ff., § 344 Rdn. 1.

12 *Bange* BeckOK Rdn. 3; *Bockelmann* BT 3 § 11 II; *Sch/Schröder/Hecker* Rdn. 1; *Jescheck* LK[11] Rdn. 1; *Joecks/Jäger* Rdn. 1; *Otto* BT § 98 Rdn. 18; *Seebode* StV **1988** 119, 123; *Welzel* § 78 V; *Wolters* SK Rdn. 2.

13 Siehe zu diesem Aspekt Begründung zum E 1962, BTDrucks. IV/650 S. 645. Ausschließlich auf den Aspekt der persönlichen Freiheit abstellend BGHSt **20** 64, 67; *Fischer* Rdn. 1; *Franzheim* GA **1977** 69, 70 f.; *Stratenwerth* JZ **1965** 325.

14 Ebenso etwa *SSW/Kudlich* Rdn. 1; *Leipold* AnwK Rdn. 2; *Voßen-MacCormaic* MK Rdn. 2; vgl. auch *Lackner/Kühl/Heger* Rdn. 1; *Klesczewski* BT § 19 Rdn. 203; *Kuhlen* NK Rdn. 4.

15 *Fischer* Rdn. 1; *Geppert* Jura **1981** 78, 83; *Sch/Schröder/Hecker* Rdn. 1; *Lackner/Kühl/Heger* Rdn. 1; *Joecks/Jäger* Rdn. 1; *Kindhäuser/Hilgendorf* LPK Rdn. 1; *Klesczewski* BT § 19 Rdn. 203; *SSW/Kudlich* Rdn. 1; *Leipold* AnwK Rdn. 1; *Otto* BT § 98 Rdn. 18; *Schmedding* HK-GS Rdn. 1; *Matt/Renzikowski/Sinner* Rdn. 1; *Voßen-MacCormaic* MK Rdn. 3; *Wolters* SK Rdn. 2.

lung erfüllt, ohne dass es schon zum Freiheitsentzug gekommen sein muss. Da es sich insgesamt um ein echtes Amtsdelikt handelt, gilt für Außenstehende **§ 28 Abs. 1**.[16]

3. Bedeutung in der Praxis

Die Vorschrift hat lediglich eine geringe praktische Bedeutung.[17] Insofern kann auf die Ausführungen zu § 344 verwiesen werden.[18] Die Anzahl der erfassten Fälle von Straftaten nach § 345 ist sehr gering (laut PKS 2009: 4; 2010: 6; 2011: 6; 2012: 11; 2013: 5; 2014: 4; 2015: 5; 2016: 3; 2017: 6; 2018: 4; 2019: 4; 2020: 4; 2021: 6). Die Anzahl der Tatverdächtigen ist entsprechend niedrig (2009: 11; 2010: 10; 2011: 4; 2012: 7; 2013: 5; 2014: 1; 2015: 9; 2016: 3; 2017: 6; 2018: 4; 2019: 9; 2020: 2; 2021: 8). 3

II. Objektiver Tatbestand

Der objektive Tatbestand setzt voraus, dass ein in der Vorschrift näher bestimmter Amtsträger eine dort aufgelistete Sanktion vollstreckt, obwohl sie nach dem Gesetz nicht vollstreckt werden darf. 4

1. Der Täterkreis

Zunächst kommen nur **Amtsträger** in Betracht, wobei dieser Begriff in § 11 Abs. 1 Nr. 2 legaldefiniert ist. Allein die Amtsträgereigenschaft genügt jedoch nicht, um tauglicher Täter zu sein; § 345 konkretisiert nämlich den Täterkreis weitaus stärker als die Vorgängerregelung: So muss der jeweils agierende Amtsträger zur **Mitwirkung bei der Vollstreckung** der jeweils genannten Sanktion **berufen** sein. Ebenso wie bei §§ 343, 344 bedeutet dies, dass der Amtsträger in dem **konkreten Verfahren zuständig** ist,[19] sodass entgegen vieler Stimmen im Schrifttum[20] eine generelle Zuständigkeit nicht genügt. Ist ein Amtsträger konkret zuständig, kann er Täter sein, aber auch bloßer Teilnehmer, falls ihm lediglich eine Anstifter- oder Gehilfenstellung zukommt.[21] Die Tat ist kein eigenhändiges Delikt. Der unmittelbar Handelnde muss aber stets selbst zuständiger Amtsträger sein, da es anderenfalls an einer „Vollstreckung" fehlt.[22] 5

Nach § 48 Abs. 1 WStG ist § 345 auch auf **Offiziere** und **Unteroffiziere** anwendbar. Als **Täter** des § 345 kommen etwa Richter, Staatsanwälte, Polizeibeamte sowie Amtsträger in Vollstreckungs- und Vollzugsbehörden in Betracht.[23] § 345 verlangt nicht, dass der Täter die Leitung der Vollstreckung innehat oder an leitender Stelle an der Vollstreckung mitwirkt.[24] Die Tätigkeit als zuständi- 6

16 *Bange* BeckOK Rdn. 15; *Fischer* Rdn. 1; *Kindhäuser/Hilgendorf* LPK Rdn. 1; *SSW/Kudlich* Rdn. 11; *Kuhlen* NK Rdn. 16; *Matt/Renzikowski/Sinner* Rdn. 10; *Voßen-MacCormaic* MK Rdn. 3, 32; *Wolters* SK Rdn. 14; **anders** *Maurach/Schroeder/Maiwald* BT 2 § 77 Rdn. 39: § 28 Abs. 2 StGB sei in der Konstellation der Freiheitsberaubung heranzuziehen.
17 Siehe auch *Kuhlen* NK Rdn. 3.
18 Siehe *Zieschang* LK § 344 Rdn. 3. In der jeweiligen Statistik des Statistischen Bundesamts sind §§ 344, 345 gemeinsam aufgeführt.
19 Siehe dazu *Zieschang* LK § 343 Rdn. 15, § 344 Rdn. 8; ebenso *Leipold* AnwK Rdn. 3; *Wolters* SK Rdn. 13.
20 *Bange* BeckOK Rdn. 15; *Sch/Schröder/Hecker* Rdn. 6; *Jescheck* LK[11] Rdn. 2; *Kindhäuser/Hilgendorf* LPK Rdn. 3; *Kuhlen* NK Rdn. 6; *Voßen-MacCormaic* MK Rdn. 6.
21 Anders die Lehre von den Pflichtdelikten, die jedoch das Kriterium der Tatherrschaft nicht hinreichend beachtet; siehe bereits zur Kritik *Zieschang* FS Otto 505, 517. Allein Täterschaft kommt bei der Leichtfertigkeit (Einheitstäter) des § 345 Abs. 2 in Betracht; vgl. auch *Maurach/Schroeder/Maiwald* BT 2 § 77 Rdn. 36.
22 Siehe zum Begriff der Vollstreckung Rdn. 9.
23 *Jescheck* LK[11] Rdn. 2; siehe auch *Krause* SchlHA **1964** 271, 273.
24 RGSt **63** 175 f.; *Bange* BeckOK Rdn. 9; *Sch/Schröder/Hecker* Rdn. 6; *Kindhäuser/Hilgendorf* LPK Rdn. 4; *SSW/Kudlich* Rdn. 3; *Kuhlen* NK Rdn. 6 f.; *Leipold* AnwK Rdn. 3; *Matt/Renzikowski/Sinner* Rdn. 2; *Voßen-MacCormaic* MK Rdn. 6.

ger Sachbearbeiter in Bezug auf die konkreten Vollstreckungsakten genügt.[25] Der Täter muss aber in **amtlicher Eigenschaft dienstlich** agieren, sodass eine rein private Tätigkeit nicht genügt.[26]

2. Die Tathandlung

7 § **345 Abs. 1** pönalisiert die **gesetzeswidrige Vollstreckung einer Freiheitsstrafe, freiheitsentziehenden Maßregel der Besserung und Sicherung oder einer behördlichen Verwahrung.** Insofern geht es also um freiheitsentziehende Sanktionen. Nicht in den ersten Absatz, sondern in § 345 Abs. 3 mit einer niedrigeren Strafandrohung, ist die gesetzeswidrige Vollstreckung von Jugendarrest und Ordnungshaft aufgenommen worden, obwohl beides ebenfalls freiheitsentziehenden Charakter hat. In der Gesetzesbegründung ist insofern ausgeführt, da in diesen Fällen nur ein verhältnismäßig kurzer Freiheitsentzug in Betracht komme, erscheine eine niedrigere Strafdrohung ausreichend.[27]

8 Die Vorschrift bezieht sich von ihrem Schutzzweck her (Schutz des Einzelnen) nur auf Vollstreckungen, die dem Betroffenen **nachteilig** sind.[28] Handelt der Amtsträger zum Vorteil der Person, geht es um § 258a.[29]

9 Unter **Vollstrecken** ist jede auf die Durchführung der betreffenden Sanktion gerichtete dienstliche Tätigkeit von der Anordnung der Verbüßung über den eigentlichen Vollzug bis zur Beendigung unter Einschluss der Überwachung der Dauer der Maßnahme zu verstehen.[30] Die Tat kann sowohl durch **positives Tun** als auch durch **Unterlassen** verwirklicht werden, indem zum Beispiel ein Betroffener gesetzeswidrig von einem Garanten nicht rechtzeitig aus der Haft entlassen wird.[31] Die Garantenstellung ergibt sich dabei regelmäßig aus der Stellung als zuständiger Amtsträger.

10 Die Norm setzt voraus, dass eine Sanktion vollstreckt wird, obwohl sie **nach dem Gesetz nicht vollstreckt werden darf**. Hierbei geht es nicht um die materielle Richtigkeit der Vollstreckungsentscheidung. Es spielt also keine Rolle, ob es sich etwa um ein Fehlurteil handelt, das Urteil also inhaltlich unrichtig ist.[32] Die Vollstreckungs- und Vollzugsbehörden haben die inhaltliche Richtigkeit des Titels nicht nachzuprüfen.[33] Entscheidend ist vielmehr, ob die **formellen Voraussetzungen** der Vollstreckung gegeben sind.[34] Es geht demnach um Vollstreckungen, für welche die gesetzlichen Voraussetzungen nicht erfüllt sind.[35] Eine Freiheitsstrafe wird also beispielsweise nicht nach dem Gesetz

---

25 Siehe RGSt **30** 135, 138 f.; vgl. auch OLG Kassel HESt **2** 175, 180.

26 *Kindhäuser/Hilgendorf* LPK Rdn. 3; *Kuhlen* NK Rdn. 6.

27 BTDrucks. 7/550 S. 280.

28 Siehe auch Begründung zum E 1962, BTDrucks. IV/650 S. 645; *Wolters* SK Rdn. 9. Für das Überschreiten einer gewissen Erheblichkeitsschwelle *Kuhlen* NK Rdn. 10; vgl. dazu auch OLG Hamburg GA **1964** 247 f.

29 *Bange* BeckOK Rdn. 5; *Fischer* Rdn. 5; *SSW/Kudlich* Rdn. 6; *Küpper/Börner* BT § 9 Rdn. 55; *Kuhlen* NK Rdn. 9; *Schmedding* HK-GS Rdn. 3; *Matt/Renzikowski/Sinner* Rdn. 6; *Voßen-MacCormaic* MK Rdn. 15.

30 So *Bange* BeckOK Rdn. 9; *Jescheck* LK[11] Rdn. 3; *SSW/Kudlich* Rdn. 6; siehe auch RGSt **5** 332 (Gesamtheit derjenigen Maßnahmen, „durch welche die Verbüßung der Strafe bewerkstelligt wird".); OLG Kassel HESt **2** 175, 180; *Fischer* Rdn. 6; *Geppert* Jura **1981** 78, 83; *Voßen-MacCormaic* MK Rdn. 15; *Wolters* SK Rdn. 7.

31 Siehe RGSt **30** 135, 136; *Bange* BeckOK Rdn. 9; *Fischer* Rdn. 6; *Sch/Schröder/Hecker* Rdn. 5; *Lackner/Kühl/Heger* Rdn. 3; *SSW/Kudlich* Rdn. 6; *Kuhlen* NK Rdn. 7; *Leipold* AnwK Rdn. 4; *Schmedding* HK-GS Rdn. 4; *Voßen-MacCormaic* MK Rdn. 16.

32 *Fischer* Rdn. 5; *Lackner/Kühl/Heger* Rdn. 3; *Kindhäuser/Hilgendorf* LPK Rdn. 5; *SSW/Kudlich* Rdn. 7; *Maiwald* JuS **1977** 353, 359; *Matt/Renzikowski/Sinner* Rdn. 7; *Voßen-MacCormaic* MK Rdn. 21. Eine Ausnahme macht hiervon nur die Nichtigkeit des Urteils.

33 RGSt **16** 221, 222; RGSt **63** 167, 168; *Fischer* Rdn. 5; *Jescheck* LK[11] Rdn. 3; *Küpper/Börner* BT § 9 Rdn. 55; *Leipold* AnwK Rdn. 5; *Voßen-MacCormaic* MK Rdn. 21; *Wolters* SK Rdn. 6, 8. Das beachtet *Eidam* HRRS **2008** 241, 245 nicht hinreichend.

34 *Arzt/Weber/Heinrich/Hilgendorf* BT § 49 Rdn. 89; *Geppert* Jura **1981** 78, 83; *Lackner/Kühl/Heger* Rdn. 3; *Sch/Schröder/Hecker* Rdn. 5; *Klesczewski* BT § 19 Rdn. 204; *Maiwald* JuS **1977** 353, 359; *Wolters* SK Rdn. 8; siehe auch Begründung zum E 1962, BTDrucks. IV/650 S. 645, wo zum Ausdruck kommt, dass es um die förmlichen Voraussetzungen geht.

35 Begründung zum E 1962, BTDrucks. IV/650 S. 645.

vollstreckt, wenn gar kein Urteil ergangen ist, von einem Nicht-Urteil auszugehen ist,[36] das Urteil wegen eines groben Mangels nichtig ist[37] oder das Urteil noch nicht rechtskräftig ist. Erfasst ist etwa auch der Fall, dass trotz Anordnung der Aussetzung der Vollstreckung der Freiheitsstrafe zur Bewährung eine Vollstreckung erfolgt. Ebenso ist § 345 in dem Fall erfüllt, dass eine Jugendstrafe vollstreckt wird, obwohl nur ein Jugendarrest vollstreckt werden dürfte, denn für die nachteiligere Jugendstrafe liegen dann die gesetzlichen Voraussetzungen nicht vor.[38]

§ 345 Abs. 1 betrifft einmal die Vollstreckung einer **Freiheitsstrafe.** Dazu zählen auch die 11
Ersatzfreiheitsstrafe nach § 43,[39] die **Jugendstrafe** nach § 17 JGG und der **Strafarrest** gemäß § 9 WStG.[40] Die **freiheitsentziehenden Maßregeln der Besserung und Sicherung** sind in § 61 Nr. 1 bis 3 aufgelistet: Es handelt sich um die Unterbringung in einem psychiatrischen Krankenhaus, in einer Entziehungsanstalt oder in der Sicherungsverwahrung. Schließlich betrifft § 345 Abs. 1 die **behördliche Verwahrung,** wozu vor allem die präventiv-polizeiliche Unterbringung nach den Unterbringungsgesetzen sowie Ordnungs- und Polizeigesetzen der Länder zählt.[41]

Umstritten ist, ob auch die **Untersuchungshaft** unter § 345 Abs. 1 fällt. Teile des Schrifttums 12
gehen davon aus.[42] Der BGH hat sich indes gegen die Einbeziehung der Untersuchungshaft – selbst nach Rechtskraft des Urteils vor förmlicher Einleitung der Strafvollstreckung – ausgesprochen.[43] Nach Sinn und Zweck der Vorschrift, im ersten Absatz die Fälle zusammenzufassen, die für den Betroffenen mit einer ganz erheblichen Freiheitsentziehung verbunden sind oder sein können,[44] erscheint es in der Tat angebracht, auch die Untersuchungshaft als erfasst anzusehen. Letztlich scheidet jedoch trotz dieses Aspekts ihre Subsumtion unter den Tatbestand aus. Zum einen spricht der Wortlaut dagegen, denn die Untersuchungshaft ist keine „Freiheitsstrafe“ und fällt folglich nicht unter diesen Begriff; Art. 103 Abs. 2 GG verbietet insofern eine Einbeziehung. Zum anderen ist die Untersuchungshaft auch keine „behördliche Verwahrung“,[45] denn hiervon werden gerade Maßnahmen außerhalb des Strafverfahrens – insbesondere solche nach den Unterbringungsgesetzen der Länder – erfasst.[46] In Betracht kommt daher de lege lata nur eine Strafbarkeit nach den §§ 344, 339, 239, die freilich die leichtfertige Begehungsweise im Unterschied zu § 345 Abs. 2 nicht pönalisieren. **Anders** verhält es sich jedoch, wenn der sich in Untersuchungshaft Befindende nach Rechtskraft eines eine Freiheitsstrafe ohne Bewährung aussprechenden Urteils bis zur förmlichen Einleitung der Vollstreckung weiter in Haft gehalten wird.[47] Diese **Zwischenhaft** ist im Grundsatz zulässig. Dabei handelt es sich nach zutreffender Auffassung bei der Zwi-

---

36 So etwa, wenn ein Protokollführer ein „Urteil“ erlässt; *Beulke* Strafprozessrecht Rdn. 507.

37 Siehe zur Frage des nichtigen Urteils auch *Maiwald* JuS **1977** 353, 359; *Wolters* SK Rdn. 7 f.; **anders** *Bange* BeckOK Rdn. 9; *Voßen-MacCormaic* MK Rdn. 22.

38 Siehe *Sch/Schröder/Hecker* Rdn. 5; *Voßen-MacCormaic* MK Rdn. 19.

39 Vgl. RGSt **19** 342. § 345 StGB kann insofern greifen, wenn sie ohne vorherige Feststellung der Uneinbringlichkeit der Geldstrafe vollstreckt wird (§ 459e Abs. 2 StPO); *Schmedding* HK-GS Rdn. 3; *Wolters* SK Rdn. 9.

40 *Fischer* Rdn. 3; *Lackner/Kühl/Heger* Rdn. 2; *Kindhäuser/Hilgendorf* LPK Rdn. 2; *Kuhlen* NK Rdn. 5; *Voßen-MacCormaic* MK Rdn. 10.

41 Zu weiteren Fällen der behördlichen Verwahrung siehe *Zieschang* LK § 343 Rdn. 20.

42 *Franzheim* GA **1977** 69, 70; *Geppert* Jura **1981** 78, 83; *Jescheck* LK[11] Rdn. 5; *Maurach/Schroeder/Maiwald* BT 2 § 77 Rdn. 34; *Matt/Renzikowski/Sinner* Rdn. 4; *Voßen-MacCormaic* MK Rdn. 12.

43 BGHSt **20** 64, 66 f.; zustimmend *Stratenwerth* JZ **1965** 325, 326; gegen die Einbeziehung der Untersuchungshaft auch etwa *Bange* BeckOK Rdn. 9.2; *Bockelmann* BT 3 § 11 III 1 c; *Sch/Schröder/Hecker* Rdn. 3; *Küpper/Börner* BT § 9 Rdn. 54; *Kuhlen* NK Rdn. 9.

44 BTDrucks. 7/550 S. 280.

45 **Anders** *Franzheim* GA **1977** 69, 70; *Geppert* Jura **1981** 78, 83; *Lackner/Kühl/Heger* Rdn. 2; *Jescheck* LK[11] Rdn. 5; *Maurach/Schroeder/Maiwald* BT 2 § 77 Rdn. 34; *Voßen-MacCormaic* MK Rdn. 12.

46 Siehe *Zieschang* LK § 343 Rdn. 20. Ebenso *Sch/Schröder/Hecker* Rdn. 3; *Kuhlen* NK Rdn. 9.

47 Ebenso *Leipold* AnwK Rdn. 7; *Pohlmann* Rpfleger **1964** 371, 372; *Wolters* SK Rdn. 4; **anders** etwa BGHSt **20** 64, 67; *Sch/Schröder/Hecker* Rdn. 3.

schenhaft **nicht mehr um Untersuchungshaft,**[48] sondern es erfolgt eine automatische Umwandlung in Strafhaft.[49] Auf diese ist § 345 Abs. 1 wiederum anwendbar, sofern sie im Einzelfall unzulässig ist, etwa bei einer Vollstreckung trotz Begnadigung.

13 **§ 345 Abs. 2 Satz 1** betrifft die gesetzeswidrige Vollstreckung einer **Strafe** oder **Maßnahme** (§ 11 Abs. 1 Nr. 8), die nicht schon unter den ersten Absatz fällt, also die nicht freiheitsentziehenden Sanktionen. Unter § 345 Abs. 2 Satz 1 fällt insbesondere die gesetzeswidrige Vollstreckung einer **Geldstrafe** und eines **Fahrverbots**. Von den **Maßregeln** betrifft § 345 Abs. 2 Satz 1 die Führungsaufsicht, die Entziehung der Fahrerlaubnis sowie das Berufsverbot (§ 61 Nr. 4 bis 6). Sonstige Maßnahmen sind nach § 11 Abs. 1 Nr. 8 die Einziehung und die Unbrauchbarmachung. Ebenso erfasst werden nach **§ 345 Abs. 2 Satz 2** die Vollstreckung eines Jugendarrestes (§ 16 JGG), einer Geldbuße oder Nebenfolge nach dem Ordnungswidrigkeitenrecht (§§ 17, 22 ff., 30 OWiG), eines Ordnungsgeldes oder einer Ordnungshaft (siehe insbesondere §§ 51 Abs. 1 Satz 2, 70 Abs. 1 Satz. 2, 95 Abs. 2 StPO, §§ 380 Abs. 1 Satz 2, 390 Abs. 1 Satz 2, 890 Abs. 1 ZPO, §§ 177, 178 GVG) oder einer Disziplinarmaßnahme, ehren- oder berufsgerichtlichen Maßnahme.[50]

14 **Vollendet** ist die Tat bereits mit der Einleitung von gesetzeswidrigen Vollstreckungsmaßnahmen.[51] Daher ist Vollendung schon etwa mit der **Ladung zum Strafantritt** (§ 27 StVollstrO) gegeben,[52] ebenso mit der **Aufforderung zur Zahlung einer Geldstrafe** (§ 48 StVollstrO i.V.m. § 5 EBAO). Es handelt sich um ein **Tätigkeitsdelikt.**[53] Zu einer irgendwie gearteten Beeinträchtigung insbesondere auch der Freiheit des Betroffenen muss es also nicht kommen. Damit kann die Vorschrift schon in einem frühen Tätigkeitsstadium vollendet sein.

III. Subjektiver Tatbestand

15 Anders als bei § 344 genügt für § 345 Abs. 1 und Abs. 3 insgesamt **bedingter Vorsatz.**[54] Dies erachtet man als gerechtfertigt, da es sich bei der Vollstreckung und beim Strafvollzug in der Regel um Entscheidungen einfacherer Art handele, die nach förmlichen und leicht erkennbaren Voraussetzungen zu treffen seien; es bestehe daher kein Anlass, die Strafbarkeit vom Nachweis der wissentlichen Begehung abhängig zu machen.[55] Es genügt daher zur Bejahung des Vorsatzes, wenn der im Einzelfall zuständige Amtsträger mit der Möglichkeit rechnet, dass es sich um eine gesetzeswidrige Vollstreckung handelt, und sich damit abfindet. Aus hiesiger Sicht erscheint es jedoch durchaus vertretbar, zur **sinnvollen Einschränkung** des Tatbestands und in Parallele zu § 344 zumindest Wissentlichkeit hinsichtlich der Gesetzeswidrigkeit der Vollstreckung zu verlangen. Das müsste gleichzeitig zu der Konsequenz führen, die Sanktionierung der **Leichtfertigkeit** in § 345 Abs. 2 **ersatzlos zu streichen**, denn ihre Beibehaltung wäre dann widersprüchlich.[56]

16 De lege lata ist jedoch gemäß § 345 Abs. 2 **Leichtfertigkeit** in Bezug auf die Konstellationen des § 345 Abs. 1 ausreichend. Im Allgemeinen versteht man unter Leichtfertigkeit ein besonders hohes Maß an Sorgfaltswidrigkeit; der Täter handelt entgegen den Anforderungen, die jedem

---

48 Anders *Linke* JR **2001** 358, 360, der diese Art von Haft weiter als Untersuchungshaft begreift. Gegen die Zulässigkeit einer solchen Haft *Seebode* StV **1988** 119, 121 f.

49 Vgl. BGHSt **38** 63, 64 f.; *Lackner/Kühl/Heger* Rdn. 2 f.

50 Siehe dazu *Zieschang* LK § 343 Rdn. 22 f.

51 Siehe *Wolters* SK Rdn. 6.

52 **Anders** *Wolters* SK Rdn. 6; *Voßen-MacCormaic* MK Rdn. 15 (noch keine Vollendung).

53 *Bange* BeckOK Rdn. 2.

54 *Bange* BeckOK Rdn. 10; *Fischer* Rdn. 8; *Sch/Schröder/Hecker* Rdn. 7; *Heinrich* Hb StrafR Bd. 5 § 51 Rdn. 59; *Joecks/Jäger* Rdn. 4; *Kindhäuser/Hilgendorf* LPK Rdn. 6; *Klesczewski* BT § 19 Rdn. 205; *Kuhlen* NK Rdn. 11; *Voßen-MacCormaic* MK Rdn. 24.

55 Begründung zum E 1962, BTDrucks. IV/650 S. 645.

56 Kritisch zur Leichtfertigkeit auch *Reiß* Rpfleger **1976** 201, 204. Der Ursprungsentwurf zum neuen § 345 StGB hatte auf die Pönalisierung der Fahrlässigkeit insgesamt verzichtet; siehe dazu Entstehungsgeschichte.

ohne Weiteres einsichtig sind.[57] Die Leichtfertigkeit als Fahrlässigkeitsform muss dabei objektiv und individuell vorliegen.[58] Welche Prüfungspflichten der jeweilige Amtsträger hat, hängt im Einzelfall von den anwendbaren Vorschriften des Vollstreckungsrechts ab.[59] Leichtfertigkeit liegt nicht schon automatisch bei jedem vermeidbaren Irrtum über das Vorliegen der Vollstreckungsvoraussetzungen vor.[60] Der Fehler muss sich vielmehr **aufdrängen**.

IV. Rechtswidrigkeit

Erlauben öffentlich-rechtliche Ermächtigungsnormen die Vollstreckung, ist bereits der **Tatbestand zu verneinen**, da die Sanktion dann nach dem Gesetz vollstreckt werden darf.[61] In Bezug auf die Rechtswidrigkeit selbst ist zu betonen, dass sich **Hoheitsträger** grundsätzlich nicht zur Legitimierung ihres Verhaltens auf die allgemeinen Rechtfertigungsgründe berufen können, da anderenfalls die spezifischen Eingriffsvoraussetzungen der öffentlich-rechtlichen Ermächtigungsgrundlagen umgangen werden könnten.[62] Problematisch ist aber, ob eventuell die **Einwilligung** des Betroffenen die Tat rechtfertigen kann, man denke etwa an den Fall, dass eine andere Person für den eigentlichen Verurteilten die Strafe verbüßt. Ganz überwiegend wird eine Rechtfertigung über die Einwilligung im Schrifttum mit dem Argument abgelehnt, über das geschützte Rechtsgut der Rechtspflege sei der Einzelne nicht dispositionsbefugt.[63] Insofern berücksichtigt man aber wiederum nicht hinreichend, dass § 345 gleichrangig die Individualinteressen des Einzelnen schützt. Willigt nun aber der Betroffene ein, **entfällt** demzufolge **ein wesentlicher Teil des Unrechts** der Tat. Das hat dann aber zur Konsequenz, dass die Einwilligung nicht unbeachtlich ist, sondern rechtfertigend wirkt.[64] 17

V. Schuld

Bei einem eventuellen **Verbotsirrtum** ist bezüglich der Frage der Unvermeidbarkeit im Sinne des § 17 angesichts der Tatsache, dass ein konkret zuständiger Amtsträger handelt, ein **strenger Maßstab** anzulegen.[65] Wie ausgeführt, bedeutet auf der anderen Seite die Vermeidbarkeit des Irrtums nicht automatisch, dass dem Täter leichtfertiges Verhalten im Sinne des § 345 Abs. 2 vorzuwerfen ist.[66] 18

VI. Versuch

Da es sich bei § 345 Abs. 1 um ein Verbrechen im Sinne des § 12 Abs. 1 handelt – das gilt vor dem Hintergrund des § 12 Abs. 3 auch für den minder schweren Fall –, ist der Versuch des § 345 Abs. 1 stets strafbar (§ 23 Abs. 1). Zwar handelt es sich bei § 345 Abs. 3 um ein Vergehen im Sinne des 19

---

57 *Zieschang* AT Rdn. 418.
58 *Maiwald* JuS **1977** 353, 360.
59 Siehe RGSt **30** 135, 138 f.; RG Recht **1906** 814.
60 OLG Köln MDR **1977** 66; *Fischer* Rdn. 8; *Sch/Schröder/Hecker* Rdn. 7; *SSW/Kudlich* Rdn. 8; *Küpper/Börner* BT § 9 Rdn. 56; *Voßen-MacCormaic* MK Rdn. 25 f.; vgl. auch OLG Hamm NStZ **1983** 459 f.
61 *SSW/Kudlich* Rdn. 10; *Voßen-MacCormaic* MK Rdn. 29; *Wolters* SK Rdn. 12.
62 Siehe dazu im Einzelnen *Zieschang* LK § 34 Rdn. 34 ff.
63 Siehe etwa *Bange* BeckOK Rdn. 12; *Sch/Schröder/Hecker* Rdn. 8; *Kindhäuser/Hilgendorf* LPK Rdn. 9; *Voßen-MacCormaic* MK Rdn. 28. Nach *Kuhlen* NK Rdn. 14 könne dann aber eine nachteilige Vollstreckung fehlen; ebenso *Wolters* SK Rdn. 12. *SSW/Kudlich* Rdn. 10 erwägt „zumindest“ eine bloße Versuchsstrafbarkeit.
64 Siehe bereits parallel dazu *Zieschang* LK § 343 Rdn. 4, 38, § 344 Rdn. 30.
65 Vgl. auch *Voßen-MacCormaic* MK Rdn. 30.
66 Siehe Rdn. 16.

§ 12 Abs. 2, jedoch normiert § 345 Abs. 3 Satz 3 ausdrücklich die Versuchsstrafbarkeit. Der Versuch selbst hat im Hinblick auf den Gesichtspunkt, dass das Tätigkeitsdelikt des § 345 früh vollendet ist,[67] keinen großen Anwendungsbereich. Ein strafbarer untauglicher Versuch kommt jedoch in Betracht, wenn der Täter irrtümlich in tatsächlicher Hinsicht Umstände annimmt, wonach die Vollstreckung gesetzeswidrig wäre.

VII. Rechtsfolgen

20 § 345 Abs. 1 sieht eine Freiheitsstrafe von einem Jahr bis zu zehn Jahren, in minder schweren Fällen von drei Monaten bis zu fünf Jahren vor, sodass an der unteren Grenze auch Geldstrafe nach § 47 in Betracht kommt.[68] Im Fall der Leichtfertigkeit in Bezug auf die Fälle des ersten Absatzes ist in § 345 Abs. 2 als Rechtsfolge Freiheitsstrafe bis zu einem Jahr oder Geldstrafe angeordnet. Bei den Konstellationen des § 345 Abs. 3 hat der Gesetzgeber einen Strafrahmen von drei Monaten bis zu fünf Jahren Freiheitsstrafe normiert. De lege ferenda erscheint eine Strafrahmenobergrenze in Höhe von fünf Jahren selbst in Anbetracht des Umstands, dass es um erhebliches Unrecht geht und aus hiesiger Sicht die Tatbegehung bei lediglich dolus eventualis bezüglich der gesetzeswidrigen Vollstreckung nicht strafbar sein sollte,[69] ausreichend, um auch Verhaltensweisen im Sinne des § 345 Abs. 1 schuldangemessen bestrafen zu können. Daher sollte auch § 345 Abs. 1 insgesamt mit dieser Obergrenze versehen werden. Parallel zu dieser Minderung könnte ebenfalls auf die Strafrahmenuntergrenze von drei Monaten verzichtet werden. Der Leichtfertigkeitstatbestand sollte – wie im Ursprungsentwurf zu § 345 – ersatzlos gestrichen werden.

21 § 358 sieht bei einer Freiheitsstrafe von mindestens sechs Monaten bei § 345 Abs. 1 und Abs. 3 die Möglichkeit des Gerichts vor, die Fähigkeit, öffentliche Ämter zu bekleiden (§ 45 Abs. 2), abzuerkennen. Bei einer Freiheitsstrafe von mindestens einem Jahr ist dies bei § 345 Abs. 1 als Verbrechen gemäß § 45 Abs. 1 obligatorisch.

VIII. Konkurrenzen

22 Idealkonkurrenz kommt in Betracht mit § 339.[70] Gegenüber § 239 ist **klarstellende Idealkonkurrenz** anzunehmen,[71] denn zum tatsächlichen Freiheitsentzug muss es zur Verwirklichung des § 345 nicht unbedingt gekommen sein.[72]

---

67 Siehe Rdn. 14.

68 *Jescheck* LK[11] Rdn. 9.

69 Siehe dazu Rdn. 15.

70 *Fischer* Rdn. 10; *Lackner/Kühl/Heger* Rdn. 6; *Kindhäuser/Hilgendorf* LPK Rdn. 10; *Klesczewski* BT § 19 Rdn. 207; *Kuhlen* NK Rdn. 17; *Matt/Renzikowski/Sinner* Rdn. 12; **dagegen** Spezialität des § 345 Abs. 1 annehmend *Voßen-MacCormaic* MK Rdn. 34; *Wolters* SK Rdn. 19.

71 Siehe auch *Kuhlen* NK Rdn. 17; **anders** und Vorrang des § 345 bejahend: *Bange* BeckOK Rdn. 16; *Eidam* HRRS **2008** 241, 245; *Fischer* Rdn. 10; *Sch/Schröder/Hecker* Rdn. 10; *Lackner/Kühl/Heger* Rdn. 6; *Jescheck* LK[11] Rdn. 8; *Klesczewski* BT § 19 Rdn. 207; *Küpper/Börner* BT § 9 Rdn. 57; *Leipold* AnwK Rdn. 15; *Maurach/Schroeder/Maiwald* BT 2 § 77 Rdn. 39; *Otto* BT § 98 Rdn. 23; *Voßen-MacCormaic* MK Rdn. 34; differenzierend *Matt/Renzikowski/Sinner* Rdn. 12; *Wolters* SK Rdn. 19.

72 Siehe Rdn. 2.

§§ 346, 347 *(weggefallen)*

§ 348 Falschbeurkundung im Amt

(1) Ein Amtsträger, der, zur Aufnahme öffentlicher Urkunden befugt, innerhalb seiner Zuständigkeit eine rechtlich erhebliche Tatsache falsch beurkundet oder in öffentliche Register, Bücher oder Dateien falsch einträgt oder eingibt, wird mit Freiheitsstrafe bis zu fünf Jahren oder mit Geldstrafe bestraft.

(2) Der Versuch ist strafbar.

Schrifttum

Bach Strafbarkeit der Erteilung einer HU-Plakette i.S.v. § 29 StVZO durch einen Prüfingenieur für ein als verkehrsunsicher erkanntes Fahrzeug nach § 348 Abs. 1 StGB, StraFo **2019** 102; *Becker* Die Rechtsprechung des BGH zur Falschbeurkundung im Amt (§ 348 StGB) durch einen Notar, NStZ **2018** 572; *Bock* Zur Auslegung der Falschbeurkundung i.S.d. §§ 271, 348 StGB, ZIS **2011** 330; *Bohrer* Notare – Ein Berufsstand der Urkundsvernichter? NJW **2007** 2019; *Bosch* Begriff und Voraussetzungen einer öffentlichen Urkunde, JK 5/**15** 540, § 348 StGB; *ders.* Falschbeurkundung durch Anbringen der HU-Prüfplakette auf einem Kfz-Kennzeichen, JK 4/**19** 434, § 348 StGB; *Brock/Wiechers* Zur umfangreichen rechtlichen Einordnung des Punktehandels im Internet, DAR **2003** 484; *Bürsch* Der Übungsschein, JuS **1975** 721; *Claus* Zur Reichweite des öffentlichen Glaubens der TÜV-Plakette, NStZ **2014** 66; *Deutscher* Anmerkung zum Beschluss des BGH von 16.8.2018 – 1 StR 172/18 – BGHSt 63, 182, StRR **2019** 21; *Diener/Hoffmann-Holland* Sportliche Leistung, Jura **2009** 946; *Erb* Anmerkung zum Beschluss des BGH vom 30.10.2008 – 3 StR 156/08 – BGHSt 53, 34, NStZ **2009** 389; *Geppert* Zur Kraftfahrzeug-Zulassungsbescheinigung als „öffentliche Urkunde", hier: mittelbare Falschbeurkundung durch Zulassung einer „Fahrzeugdoublette", JK 11/**09**, StGB § 271/3; *Gigerl* Die öffentliche Urkunde im Strafrecht insbesondere ihre Beweiseignung für und gegen jedermann (1981); *Goebel* Strafbarkeit des Prüfingenieurs nach § 348 StGB? NZV **2019** 622; *Gutfleisch* Anmerkung zum Beschluss des BGH von 16.8.2018 – 1 StR 172/18 – BGHSt 63, 182, NZV **2019** 95; *Hartleb* Die Reichweite des Wahrheitsschutzes in § 348 StGB (1983); *Hecker* Falschbeurkundung im Amt durch Erteilung der HU-Prüfplakette, JuS **2019** 499; *Hoven* Anmerkung zum Beschluss des BGH vom 16.8.2018 – 1 StR 172/18 – BGHSt 63, 182, NJW **2019** 90; *Keller* Grenzbereiche zwischen Strafrecht und Standesrecht des Notars, DNotZ **1995** 99; *Klein* Der fehlsame, gleichwohl straffrei ausgehende Notar, DNotZ **2005** 193; *Klinger* Strafbarkeit des Sachverständigen bei fahrlässig nicht erkannten Fahrzeugmängeln im Rahmen der Hauptuntersuchung gem. § 29 StVZO, DS **2007** 219; *Köhler* Falschbeurkundung im Amt (§ 348 StGB) bei Hauptuntersuchung und Sicherheitsprüfung von Kraftfahrzeugen, SVR **2008** 372; *Kudlich* Wo TÜV draufsteht, ist auch TÜV-geprüft drinnen, JA **2019** 230; *ders.* Urkundsdelikte und Straßenverkehr, JA **2019** 272; *Lam* Anmerkung zum Beschluss des OLG Naumburg vom 18.10.2006 – 2 Ss 294/06 – StV 2007, 134, StV **2007** 135; *Mätzke* Anmerkung zum Beschluss des OLG Karlsruhe vom 5.8.1993 – 1 Ws 187/93 – NStZ 1994, 135, NStZ **1995** 501; *F. Meyer* Die öffentliche Urkunde im Strafrecht, Festschrift Dreher (1977) 425; *Möller* Anmerkung zum Beschluss des BGH vom 2.9.2009 – 5 StR 266/09 – BGHSt 54, 140, StV **2010** 249; *Mosbacher* Anmerkung zum Beschluss des BGH vom 2.9.2009 – 5 StR 266/09 – BGHSt 54, 140, NStZ **2010** 457; *Müller* Rechtsfolgen von Manipulationen bei theoretischen Fahrerlaubnisprüfungen, NZV **2021** 514; *Müller-Tuckfeld* Anmerkung zum Urteil des BGH vom 12.10.1995 – 4 StR 259/95 – NJW 1996, 470, StV **1997** 353; *Paul* Unregelmäßigkeiten bei der Ausfuhr von Waren aus dem Gemeinschaftsgebiet im nichtkommerziellen Reiseverkehr als strafrechtliches Problem, ZIS **2012** 11; *Peters* Anmerkung zum Beschluss des OLG Frankfurt vom 2.1.2020 – 2 Ss 40/19 – NStZ-RR 2020, 44, NZV **2020** 380; *Pikart* Anmerkung zum Urteil des OLG Frankfurt vom 19.4.1985 – 5 Ss 608/84 – NStZ 1986 121, NStZ **1986** 122; *Puppe* Anmerkung zum Urteil des OLG Köln vom 9.5.1978 – 1 Ss 70/78 – JR 1979, 255, JR **1979** 256; *dies.* Die neue Rechtsprechung zu den Fälschungsdelikten – Teil 3, JZ **1991** 609; *dies.* Die neue Rechtsprechung zu den Fälschungsdelikten, JZ **1997** 490; *dies.* Anmerkung zum Urteil des BayObLG vom 29.10.1998 – 5 StR RR 167/98 – BayObLGSt 1998, 183, NStZ **1999** 576; *dies.* Anmerkung zum Urteil des BGH vom 25.5.2001 – 2 StR 88/01 – BGHSt 47, 39, JR **2001** 519; *dies.* Das Recht auf Wahrheit im Strafrecht, ZStW **130** (2018) 649; *Ranft* Anmerkung zum Urteil des BGH vom 26.2.1987 – 1 StR 698/86 – BGHSt 34, 299, JR **1988** 383; *Röhmel* Die strafrechtliche Beurteilung von Urkundenentwürfen und sog. Fernbeglaubigungen nach § 348 StGB, JA **1978** 199; *Schumann* Anmerkung zum Beschluss des BGH vom 14.8.1986 – 4 StR 400/86 – StV 2017, 105, JZ **1987** 523; *Schuster* Anmerkung zum Beschluss des BGH vom 14.6.2016 – 3 StR 128/16 – StV 2017, 105, NStZ **2016** 676; *Schützeberg* Anmerkung zum Beschluss des LG Frankfurt a.M. vom 29.11.2007 – 5/31 Qs 27/07 – NJW 2008, 91, StRR **2008** 324; *Spernau* Der Begriff der öffentlichen Urkunde im Strafrecht (2005); *Tröndle* Anmerkung zum Urteil des BGH vom 21.12.1972 – 4 StR 561/72 – BGHSt 25, 95, JR **1973** 205; *Vock* Rechtliche Konsequenzen der fehlerhaften Hauptuntersuchung nach § 29 StVZO, NJ **2012** 276; *Weidemann* Anmerkung zum Beschluss des BGH vom

https://doi.org/10.1515/9783110490329-015

21.8.2018 – 3 StR 205/18 – NStZ 2018, 718, NStZ **2018** 720; *ders.* Anmerkung zum Beschluss des BGH vom 16.8.2018 – 1 StR 172/18 – BGHSt 63, 182, NStZ **2019** 88; *Weißer* „Die Nöte eines Lehrers", JA **2010** 433; *Winter* Die grundlegenden Probleme der Falschbeurkundungstatbestände der §§ 271, 348 StGB; insbesondere die besondere Beweiskraft und der Inhalt öffentlicher Urkunden (2004); *Wolf* Lex specialis derogat legi generali: Strafbarkeitslücken und Privilegierungen beim Fälschen von Impfausweisen und Impfzertifikaten, ZFISTW **2022** 146; *Zieschang* Gibt es den Täter hinter dem Täter? Festschrift Otto (2007) 505; *ders.* „Urkundentricks", JA **2008** 192; *ders.* Anmerkung zum Urteil des OLG Karlsruhe vom 23.1.2017 – 2 (4) Ss 401/16 – Die Justiz 2018, 461, medstra **2017** 240; *ders.* Die Falschbeurkundung im Amt gemäß § 348 StGB, Festschrift Artuk (2020) 845; *Zimmermann* Anmerkung zum Beschluss des OLG Karlsruhe vom 21.10.1998 – 1 Ss 133/98 – NJW 1999, 1044, DNotZ **1999** 815.

Entstehungsgeschichte

Bereits das RStGB von 1871 kannte die Strafvorschrift der Falschbeurkundung im Amt. § 348 Abs. 1 a.F. RStGB hatte dabei einen der heutigen Fassung sehr ähnlichen Wortlaut:

> „(1) Ein Beamter, welcher, zur Aufnahme öffentlicher Urkunden befugt, innerhalb seiner Zuständigkeit vorsätzlich eine rechtlich erhebliche Thatsache falsch beurkundet oder in öffentliche Register oder Bücher falsch einträgt, wird mit Gefängniß nicht unter einem Monat bestraft.
> (2) Dieselbe Strafe trifft einen Beamten, welcher eine ihm amtlich anvertraute oder zugängliche Urkunde vorsätzlich vernichtet, bei Seite schafft, beschädigt oder verfälscht."

Damit regelte § 348 Abs. 1 a.F. RStGB die Falschbeurkundung im Amt und § 348 Abs. 2 a.F. RStGB die Urkundenunterdrückung sowie -verfälschung im Amt. Daneben fand sich in § 349 a.F. RStGB eine Qualifikation, sofern der Täter in der Absicht handelte, sich oder einem anderen einen Vermögensvorteil zu verschaffen oder einem anderen Schaden zuzufügen.

Schon in vorangehenden Strafgesetzbüchern waren Regelungen zur Falschbeurkundung im Amt zu finden (siehe etwa Art. 371 bayStGB von 1861 sowie § 323 prStGB von 1851).

Die Strafrechtsangleichungsverordnung vom 29.5.1943[1] ergänzte die Vorschrift des § 348 a.F. um zwei Absätze: In Absatz drei wurde der Versuch unter Strafe gestellt, der vierte Absatz regelte, dass „in schweren Fällen" die Strafe Zuchthaus ist. § 349 a.F. wurde dagegen gestrichen.

Zum 1.9.1969 änderte man im ersten Absatz die Rechtsfolge auf Freiheitsstrafe von einem Monat bis zu fünf Jahren und im vierten Absatz auf Freiheitsstrafe nicht unter einem Jahr.

Mit Wirkung vom 1.1.1975 ersetzte der Gesetzgeber gemäß Art. 19 Nr. 193 EGStGB vom 2.3.1974[2] im ersten Absatz den Begriff des „Beamten" durch den des „Amtsträgers", er strich das Wort „vorsätzlich" und statuierte als Rechtsfolge „Freiheitsstrafe bis zu fünf Jahren oder Geldstrafe". Der zweite Absatz (Urkundenunterdrückung und -verfälschung im Amt) sowie der vierte (schwere Fälle) wurden gestrichen und die Strafbarkeit des Versuchs nunmehr als neuer zweiter Absatz (bis dato dritter Absatz) geregelt. Die Streichung der Urkundenunterdrückung erfolgte vor dem Hintergrund der Neufassung des § 133 (vgl. dort insbesondere § 133 Abs. 3).[3] Die Regelung der Urkundenfälschung im Amt hielt man im Hinblick auf die identische Strafdrohung in § 267 für entbehrlich.[4] § 348 Abs. 4 a.F. wurde ersatzlos gestrichen, „weil sich ein Bedürfnis für einen erhöhten Strafrahmen in der Praxis nicht gezeigt" habe.[5]

Letztmalig änderte man § 348 zum 1.8.1986. Art. 1 Nr. 18 des 2. WiKG vom 15.5.1986[6] erweiterte den Tatbestand, indem im ersten Absatz die Formulierung „in öffentliche Register, Bücher oder Dateien falsch einträgt oder eingibt" gewählt wurde. Letztlich zielt diese Erweiterung auf die Anpassung an moderne Entwicklungen („Dateien") zur Vermeidung von Strafbarkeitslücken ab.[7] Seitdem gilt § 348 unverändert.

Die Modifikationen des § 348 Abs. 1 im Laufe der Gesetzeshistorie sind demnach insgesamt eher als marginal zu bezeichnen.[8]

---

1 RGBl. I S. 339.
2 BGBl. I S. 469.
3 BTDrucks. 7/550 S. 281.
4 BTDrucks. 7/550 S. 281.
5 BTDrucks. 7/550 S. 281.
6 BGBl. I S. 721.
7 Vgl. BTDrucks. 10/318 S. 11 ff., 31 ff.
8 *Zieschang* FS Artuk 845.

Übersicht

Alphabetische Übersicht

I. Allgemeine Bemerkungen

1. Geschütztes Rechtsgut

1 Die Vorschrift der Falschbeurkundung im Amt bezweckt nach der Rechtsprechung einen umfassenden Schutz des allgemeinen Vertrauens in die **Wahrheitspflicht der mit der Aufnahme öffentlicher Urkunden betrauten Amtspersonen.**[9] Geschützt wird damit letztlich die **Beweiskraft öffentlicher Urkunden,**[10] also deren **inhaltliche Richtigkeit.**[11] Hierbei handelt es sich um ein Allgemeinrechtsgut, über das der Einzelne nicht zu disponieren vermag.

2 Im Gegensatz zu § 267 ist die Echtheit der Urkunde in dem Sinne, dass der aus der Urkunde hervorgehende Aussteller mit dem wahren Aussteller identisch ist (Ausstelleridentität), also derjenige ist, der hinter der Erklärung steht, in § 348 nicht entscheidend, sondern maßgeblich ist die inhaltliche Richtigkeit der Urkunde.[12] Bestraft wird folglich eine seitens eines bestimmten Amtsträgers erfolgende **schriftliche Lüge**, die gerade in **§ 267 nicht** pönalisiert ist.[13] Vorausgesetzt ist dabei jedoch, dass ein Amtsträger handelt und es um eine öffentliche Urkunde geht.

2. Rechtsnatur

3 Da taugliche Täter nur (bestimmte) **Amtsträger** sein können,[14] ist die Vorschrift **Amtsdelikt.**[15] Vor dem Hintergrund, dass kein Grundtatbestand existiert, den jedermann verwirklichen kann,

---

9 BGHSt **37** 207, 209; OLG Karlsruhe medstra **2017** 233, 239. Siehe aus dem Schrifttum *Brehmeier-Metz* AK Rdn. 1; *Fischer* Rdn. 1; *Freund* MK³ Rdn. 1; *Sch/Schröder/Hecker* Rdn. 1; *Joecks/Jäger* Rdn. 1; *Küpper/Börner* BT § 6 Rdn. 64; *Lackner/Kühl/Heger* Rdn. 1; *Matt/Renzikowski/Maier* Rdn. 1; *Pikart* NStZ **1986** 122; *Schmedding* HK-GS Rdn. 1; *Weidemann* BeckOK Rdn. 3; *SSW/Wittig* Rdn. 1. Kritisch zum Vertrauensaspekt *Puppe* ZStW **130** (2018) 649, 652, 668, die das Recht des Bürgers auf Wahrheit für maßgeblich erachtet. So wird jedoch § 348 in der Konsequenz individualschützend und der Einzelne könnte in unwahre Beurkundungen einwilligen. Der Gesichtspunkt der Beweiskraft öffentlicher Urkunden wäre damit sinnentleert.

10 BGH NStZ **1986** 550, 551; RGSt **66** 407, 408.

11 *Bock* BT I S. 491; *Bosch* JK **2015** 540, § 348; *Eisele* BT I Rdn. 938; *Erb* MK Rdn. 1; *Hartleb* S. 36 ff.; *Hoyer* SK Rdn. 1; *Kindhäuser/Hilgendorf* LPK Rdn. 1; *Klein* DNotZ **2005** 193, 194; *Krey/Hellmann/Heinrich* BT I Rdn. 1218; *Puppe/Schumann* NK Rdn. 1; *Puppe* JR **2001** 519; *Rengier* BT II § 37 Rdn. 1; *SSW/Wittig* Rdn. 1 f.; *Zieschang* FS Artuk 845.

12 Um die inhaltliche Richtigkeit geht es ebenfalls in § 278 im Hinblick auf die Ausstellung unrichtiger Gesundheitszeugnisse; siehe *Zieschang* LK § 278 Rdn. 1 f.

13 Siehe auch *Freund* MK³ Rdn. 1.

14 Siehe dazu Rdn. 8 ff.

15 *Hoyer* SK Rdn. 2; *Kudlich* JA **2019** 230, 232.

handelt es sich um ein **echtes Amtsdelikt**.[16] Für Außenstehende, also insbesondere Nicht-Amtsträger, die niemals Täter des § 348 sein können, sondern nur Teilnehmer (Anstifter, Gehilfe), gilt folglich § 28 Abs. 1.[17] Bei der Beihilfe findet jedoch keine doppelte Milderung nach § 27 Abs. 2 Satz 2 und § 28 Abs. 1 statt, wenn allein wegen Fehlens des besonderen persönlichen Merkmals Beihilfe anzunehmen ist.[18]

4 § 348 ist auch im Zusammenhang mit **§ 271** zu sehen, der als „Umkehrung des § 348 Abs. 1 StGB" begriffen wird.[19] § 271 betrifft das Bewirken unrichtiger Beurkundungen; er kann von jedermann verwirklicht werden.[20] Diese Bestimmung schließt die Lücke, die dadurch entsteht, dass für den Extraneus bei § 348 mangels Täterqualität mittelbare Täterschaft ausscheidet, und ist folglich nach zutreffender Sicht als gesetzlich besonders geregelter Fall der mittelbaren Täterschaft zu begreifen.[21] Dennoch ist § 348 **kein eigenhändiges Delikt**.[22] Auch mittelbare Täterschaft ist möglich, aber nur dann, wenn ein an sich zuständiger Amtsträger als Hintermann einen anderen zuständigen Amtsträger als Werkzeug zur Tatbegehung benutzt.[23] Dagegen ist die Figur des qualifikationslos-dolosen Werkzeugs, bei der ein Extraneus die Tathandlung auf Veranlassung des zuständigen Amtsträgers vornimmt,[24] abzulehnen. Entgegen einer Auffassung im Schrifttum, die dann mittelbare Täterschaft bejaht,[25] fehlt dem Hintermann in diesem Fall die auch für die mittelbare Täterschaft maßgebliche Tatherrschaft, denn der Ausführende kennt die Tatumstände und entscheidet sich frei verantwortlich zur Tatbestandsausführung.[26]

5 Allein die Tatsache, dass der Handelnde tauglicher Amtsträger im Sinne des § 348 ist, macht ihn aber noch nicht automatisch zum Täter.[27] Agieren etwa mehrere taugliche zuständige Amtsträger gemeinsam, mögen diese zwar Mittäter sein, wenn sie sämtlich **Tatherrschaft** innehaben.[28] Einzelne zuständige Amtsträger können aber durchaus bloße Teilnehmer sein, sofern sie keine ausreichende Tatherrschaft im Sinne der Täterschaft besitzen.

3. Bedeutung in der Praxis

6 In der Praxis spielt die Vorschrift keine sehr große Rolle. Die Anzahl der Verurteilungen nach § 348 bewegt sich im niedrigstelligen Bereich (2009: 4; 2010: 10; 2011: 11; 2012: 11; 2013: 6; 2014: 7; 2015: 9; 2016: 5; 2017: 5; 2018: 2; 2019: 11; 2020: 10; 2021: 18).[29] Die Anzahl der erfassten Fälle von

16 OLG Karlsruhe medstra **2017** 233, 236; *Eisele* BT I Rdn. 938; *Erb* MK Rdn. 3; *Fischer* Rdn. 1; *Freund* MK³ Rdn. 3; *Sch/Schröder/Hecker* Rdn. 1; *Kindhäuser/Hilgendorf* LPK Rdn. 2; *Küpper/Börner* BT § 6 Rdn. 64; *Lackner/Kühl/Heger* Rdn. 1; *Maurach/Schroeder/Maiwald* BT II § 66 Rdn. 2, 15; *Puppe/Schumann* NK Rdn. 1; *Rengier* BT II § 37 Rdn. 6; *Schmedding* HK-GS Rdn. 1; *Weidemann* BeckOK Rdn. 2; *SSW/Wittig* Rdn. 4; *Zieschang* BT 1 Rdn. 950.

17 *Freund* MK³ Rdn. 41; *Sch/Schröder/Hecker* Rdn. 7; *Puppe/Schumann* NK Rdn. 40; *Weidemann* BeckOK Rdn. 2; *Zieschang* BT 1 Rdn. 950.

18 *Arzt/Weber/Heinrich/Hilgendorf* BT § 33 Rdn. 16; *Sch/Schröder/Hecker* Rdn. 7; *Zieschang* AT Rdn. 675; **anders** *Puppe/Schumann* NK Rdn. 40; *Roxin* AT II § 27 Rdn. 83; *SSW/Wittig* Rdn. 18.

19 So BGH BeckRS **1973** 00144; RGSt **66** 132, 137.

20 *Freund* MK³ Rdn. 2.

21 Siehe dazu auch *Zieschang* LK § 271 Rdn. 2; *ders.* FS Artuk 845, 846.

22 *Zieschang* medstra **2017** 240, 242.

23 BGH BeckRS **1973** 00144; BGHSt **63** 182, 183; *Arzt/Weber/Heinrich/Hilgendorf* BT § 33 Rdn. 17; *Brehmeier-Metz* AK Rdn. 10; *Sch/Schröder/Hecker* Rdn. 7; *Heinrich* Hb StrafR Bd 5 § 51 Rdn. 71; *Otto* BT § 71 Rdn. 3.

24 Ein zuständiger Amtsträger lässt eine Eintragung durch einen Nichtamtsträger vornehmen.

25 Etwa *Lackner/Kühl/Heger* § 25 Rdn. 4.

26 Siehe im Einzelnen bereits *Zieschang* medstra **2017** 240, 242; *ders.* FS Otto 505, 516 f.

27 Anders die Lehre von den Pflichtdelikten, die jedoch das Kriterium der Tatherrschaft nicht hinreichend beachtet; siehe bereits zur Kritik *Zieschang* FS Otto 505, 517.

28 Siehe RGSt **60** 152, 154 f.

29 Statistisches Bundesamt, Rechtspflege, Strafverfolgung, Fachserie 10 Reihe 3 für die Jahre 2009 bis 2021. Abgeurteilte: 2009: 16; 2010: 15; 2011: 24; 2012: 25; 2013: 10; 2014: 17; 2015: 20; 2016: 16; 2017: 11; 2018: 15; 2019: 21; 2020: 23; 2021: 35.

Straftaten nach § 348 beläuft sich im Jahr 2020 auf 204 und im Jahr 2021 auf 298.[30] Die Zahl der Tatverdächtigen liegt aktuell im unteren dreistelligen Bereich (2009: 112; 2010: 148; 2011: 161; 2012: 233; 2013: 177; 2014: 138; 2015: 161; 2016: 127; 2017: 131; 2018: 118; 2019: 189; 2020: 167; 2021: 239).

II. Objektiver Tatbestand

Der objektive Tatbestand setzt nach dem Wortlaut der Norm voraus, dass ein zur Aufnahme 7
öffentlicher Urkunden befugter Amtsträger innerhalb seiner Zuständigkeit eine rechtlich erhebliche Tatsache falsch beurkundet oder in öffentliche Register, Bücher oder Dateien falsch einträgt oder eingibt.

1. Der Täterkreis

Als Täter kommen zunächst nur **Amtsträger** in Betracht. 8

a) Die Amtsträgereigenschaft. Der Begriff des Amtsträgers ist in § 11 Abs. 1 Nr. 2 legaldefiniert. 9
Eine Ausweitung insbesondere auf Europäische Amtsträger im Sinne des § 11 Abs. 1 Nr. 2a scheidet von vornherein aus, da dies mit dem Wortlaut des § 348 unvereinbar ist und folglich gegen Art. 103 Abs. 2 GG verstößt.[31] Gemäß § 48 Abs. 1 WStG ist die Vorschrift jedoch anwendbar auf Offiziere und Unteroffiziere. Nach § 48 Abs. 2 WStG stehen zudem Mannschaften den Amtsträgern gleich.

Die Amtsträgereigenschaft als solche genügt jedoch noch nicht, um tauglicher Täter zu sein. So 10
verlangt das Gesetz darüber hinaus zum einen, dass der Amtsträger **zur Aufnahme öffentlicher Urkunden befugt** sein muss, zum anderen, dass dieser Amtsträger **innerhalb seiner Zuständigkeit** agiert.[32]

b) Befugnis zur Aufnahme öffentlicher Urkunden. Was dieses Merkmal anbetrifft, bedarf 11
es zunächst der Klärung des Begriffs der **öffentlichen Urkunde**.

aa) Der Begriff der öffentlichen Urkunde. Sowohl § 271 als auch § 348 benutzen diesen Be- 12
griff.[33] In der **Zivilprozessordnung** findet sich in **§ 415 Abs. 1 ZPO** dazu eine **Legaldefinition**: Es handelt sich um Urkunden, die von einer öffentlichen Behörde innerhalb der Grenzen ihrer Amtsbefugnisse oder von einer mit öffentlichem Glauben versehenen Person innerhalb des ihr zugewiesenen Geschäftskreises in der vorgeschriebenen Form aufgenommen sind. An diese Definition knüpft auch das Strafrecht an.[34] Doch ist gewisse Vorsicht geboten. So sind die in § 415

30 Laut PKS 2009: 257; 2010: 140; 2011: 148; 2012: 246; 2013: 205; 2014: 259; 2015: 147; 2016: 143; 2017: 134; 2018: 121; 2019: 266; 2020: 204; 2021: 298.

31 Siehe auch *Freund* MK³ Rdn. 4; *Sch/Schröder/Hecker* Rdn. 4; *Klesczewski* BT § 17 Rdn. 92.

32 *Freund* MK³ Rdn. 5 spricht insofern von „Aufnahmebefugnis" und „Beurkundungszuständigkeit".

33 Siehe zu diesem Begriff auch *Spernau* S. 5 ff.; *Winter* S. 11 ff.

34 BGHSt **19** 19, 21; BGH NStZ **1986** 550; BGH NStZ **2018** 406, 407; RGSt **19** 352, 353; RGSt **42** 233, 234; RGSt **71** 101, 102; OLG Celle NStZ **1987** 282; OLG Hamm JMBlNRW **1989** 248, 249; OLG Karlsruhe medstra **2017** 233, 237; OLG Rostock NStZ-RR **2004** 172, 173; *Erb* MK § 271 Rdn. 5; *Freund* MK³ § 271 Rdn. 13; *Geppert* JK 11/**09**, StGB § 271/3; *Gössel/Dölling* BT I § 52 Rdn. 50; *Sch/Schröder/Heine/Schuster* § 271 Rdn. 4; *Hohmann/Sander* BT § 20 Rdn. 4; *Joecks/Jäger* § 271 Rdn. 5, 7; *Klesczewski* BT § 17 Rdn. 93; *Krey/Hellmann/Heinrich* BT I Rdn. 1226; *Küpper/Börner* BT § 6 Rdn. 66; *Rengier* BT II § 37 Rdn. 15; *Weidemann* BeckOK § 271 Rdn. 3; *Wessels/Hettinger/Engländer* BT I Rdn. 894.

Abs. 1 ZPO genannten Voraussetzungen an die im Sinne des Art. 103 Abs. 2 GG maßgeblichen Erfordernisse des § 348 **anzupassen**:[35] Da sich nach § 348 nur ein Amtsträger als natürliche Person strafbar machen kann, geht es folglich in der Konstellation des § 415 Abs. 1 Alt. 1 ZPO (Behörde) bei § 348 maßgeblich darum, ob der **konkrete Täter** bei einer solchen Behörde tätig ist, die öffentliche Urkunden aufnehmen kann. Hinsichtlich des Erfordernisses „innerhalb der Grenzen ihrer Amtsbefugnisse" ist zu beachten, dass § 348 ausdrücklich vom konkreten Amtsträger verlangt, dass er „innerhalb seiner Zuständigkeit" handelt; es geht also insoweit nicht (allein) um die Zuständigkeit der Behörde, sondern entscheidend um die des Amtsträgers.[36] Entsprechend sind also die Voraussetzungen des § 415 Abs. 1 Alt. 1 ZPO an § 348 anzupassen. Dadurch wird dann auch Gleichklang hergestellt zu dem Täter, der im Sinne von § 415 Abs. 1 Alt. 2 ZPO mit öffentlichem Glauben versehen innerhalb seines ihm zugewiesenen Geschäftskreises, also wiederum „innerhalb seiner Zuständigkeit", Urkunden aufnimmt.

13 Das in § 415 ZPO genannte Erfordernis „in der vorgeschriebenen Form" hat bei §§ 271, 348 für den Begriff der „Beurkundung" Relevanz: Von einer „Beurkundung" kann nämlich überhaupt nur dann ausgegangen werden, wenn die **wesentlichen Formvorschriften** eingehalten worden sind.[37]

14 Darüber hinaus ist in Bezug auf das Strafrecht für das **Vorliegen einer öffentlichen Urkunde wesentlich,** dass sie (zumindest auch) **Feststellungen mit erhöhter Beweiskraft für und gegen jedermann** enthält.[38] **Nur dann** liegt eine **öffentliche Urkunde** im Sinne der §§ 271, 348 vor.[39] Im Hinblick auf §§ 271, 348 hat dabei das Erfordernis der erhöhten Beweiskraft wiederum für das Merkmal „Beurkunden" entscheidende Bedeutung.[40]

15 Die Definition der öffentlichen Urkunde in § 415 ZPO bedarf also für die §§ 271, 348 in diesem Sinne gewisser Klarstellungen, Anpassungen und Ergänzungen.[41] Dementsprechend liegt eine **öffentliche Urkunde** im Sinne der §§ 271, 348 vor, wenn ein **örtlich und sachlich zuständiger Amtsträger in einer Urkunde unter Beachtung der wesentlichen Förmlichkeiten Tatsachen mit Beweiswirkung für und gegen jedermann feststellt.**[42]

16 Für die Täterqualität ist nur entscheidend, dass der Amtsträger zur Aufnahme öffentlicher Urkunden befugt ist. Ein **anderer** davon zu unterscheidender Aspekt ist, dass der **Wahrheitsschutz** der §§ 271, 348 bei öffentlichen Urkunden **nur dann eingreift**, wenn es um eine falsche Feststellung geht, auf die sich gerade der **öffentliche Glaube der Urkunde** bezieht, auf die sich also mit anderen Worten die **erhöhte Beweiskraft** erstreckt.[43] Zwar muss jede öffentliche Urkunde Feststellungen mit erhöhter Beweiskraft beinhalten, sonst ist sie eine solche nicht; aber **nicht jede falsche Angabe in einer öffentlichen Urkunde ist Gegenstand einer Straftat nach §§ 271, 348.**[44] So bezieht sich etwa beim notariell beurkundeten Kaufvertrag die erhöhte Beweiskraft u.a. auf die Anwesenheit und Identität der erschienen Personen und die Abgabe der Erklä-

---

35 *Zieschang* FS Artuk 845, 847.

36 Siehe dazu Rdn. 28 ff.

37 Siehe dazu Rdn. 43 ff.

38 Siehe etwa hier nur BGHSt **22** 201, 203; BGH NStZ **2018** 406, 407; RGSt **75** 285, 287; OLG Rostock NStZ-RR **2004** 172, 173; *Eisele* BT I Rdn. 919; *Fischer* § 271 Rdn. 4; *Gössel/Dölling* BT I § 52 Rdn. 50; *Hoyer* SK § 271 Rdn. 13; *Lackner/Kühl/Heger* § 271 Rdn. 2 f.; *Matt/Renzikowski/Maier* § 271 Rdn. 5; *Rengier* BT II § 37 Rdn. 16; *Weidemann* BeckOK § 271 Rdn. 3; *SSW/Wittig* § 271 Rdn. 7.

39 Siehe BGHSt **22** 201, 203; BGHSt **42** 131; BGHSt **60** 66, 67.

40 Siehe dazu im Einzelnen Rdn. 43, 47 ff.

41 Vgl. auch BGHSt **44** 186, 187; BayOBLG NStZ **1996** 137; OLG Thüringen wistra **2010** 111, 116; *Arzt/Weber/Heinrich/Hilgendorf* BT § 33 Rdn. 6 f.; *Fischer* § 271 Rdn. 4; *Puppe/Schumann* NK § 271 Rdn. 7; *SSW/Wittig* § 271 Rdn. 7; kritisch *Bock* ZIS **2011** 330, 331 ff.

42 Siehe bereits *Zieschang* FS Artuk 845, 847.

43 Dazu Rdn. 43, 47 ff.

44 BGHSt **47** 39, 41; BGH NStZ **2015** 278, 279; BGHSt **53** 34, 36; BGH NStZ **2016** 676, 677; BayObLG NJW **1990** 655, 657; OLG Bamberg NJOZ **2015** 1903, 1905; *Sch/Schröder/Hecker* Rdn. 9; *SSW/Wittig* Rdn. 10; kritisch *Bock* ZIS **2011** 330, 333 ff.

rungen, nicht aber auf die inhaltliche Richtigkeit der abgegebenen Erklärungen.[45] Wird vom Notar beurkundet, der Verkäufer des Grundstücks sei anwesend, obwohl dies nicht der Fall war, ist § 348 erfüllt; ebenso ist § 348 verwirklicht, wenn der Notar einen anderen Kaufpreis als tatsächlich erklärt beurkundet. Dagegen scheidet § 348 aus, wenn der Notar im Einklang mit den Erklärungen der Vertragsparteien den Kaufpreis in die Urkunde aufnimmt, obwohl – wie er weiß – tatsächlich ein niedrigerer oder höherer Preis vereinbart ist. Die erhöhte Beweiskraft einer solchen Urkunde bezieht sich nämlich nur auf die **Abgabe der beurkundeten Erklärungen**, nicht auf deren inhaltliche Richtigkeit.[46] Diese im Einzelfall nicht einfach zu lösende Frage nach der erhöhten Beweiskraft, also der „Beweiswirkung für und gegen jedermann", stellt sich aber erst bei dem Merkmal „eine rechtlich erhebliche Tatsache in einer öffentlichen Urkunde falsch **beurkunden**", also bei der Tathandlung,[47] und nicht schon bei dem Aspekt, ob der Amtsträger zur Aufnahme öffentlicher Urkunden befugt ist. Insoweit ist nur entscheidend, ob es überhaupt um öffentliche Urkunden geht, nicht aber die Frage der erhöhten Beweiskraft.

Eine öffentliche Urkunde liegt auch vor, wenn sie **rein privatrechtliche Angelegenheiten** 17
betrifft (so etwa ein notariell beurkundeter Kaufvertrag). Zudem spielt es keine Rolle, ob man den Inhalt auch in einer Privaturkunde hätte regeln können[48] oder ob sie mittels EDV erstellt worden ist.

Bis zur Strafrechtsangleichungsverordnung vom 29.5.1943[49] fand sich auch in § 267 a.F. der 18
Begriff der „öffentlichen Urkunde". Damals unterschied man zwischen öffentlichen Urkunden mit erhöhter Beweiskraft, um die es in §§ 271, 348 geht, und anderen öffentlichen Urkunden, welche diese Wirkung nicht hatten, aber für den Außenverkehr bestimmt waren und dem Begriff der öffentlichen Urkunde in § 267 a.F. unterfielen.[50] Daneben gab es **schlichte amtliche Urkunden**, welche im Rahmen des § 267 a.F. wie Privaturkunden behandelt worden waren; schlichte amtliche Urkunden waren nicht für den Verkehr nach außen bestimmt und dienten **rein behördeninternen Zwecken**.[51] Dazu zählten etwa[52] Eichbücher,[53] die Einwohnermeldekartei (Melderegister)[54] sowie innerdienstliche Aktenvermerke wie Richtigkeitsbescheinigungen eines Beamten auf eingereichten Rechnungen.[55]

Heute ist die Differenzierung zwischen verschiedenartigen öffentlichen Urkunden überholt. 19
Öffentliche Urkunden sind nach aktuellem Recht nämlich **nur** solche, die wenigstens auch Feststellungen mit erhöhter **Beweiskraft nach außen** beinhalten. Immerhin kann die frühere Gruppe der schlichten amtlichen Urkunden noch gegenwärtig fruchtbar gemacht werden, indem es sich jedenfalls nicht um öffentliche Urkunden handelt, denn nach wie vor gilt, dass **bloß innerdienstlichen Zwecken dienende Schriftstücke keine öffentlichen Urkunden** sind.[56] Das ist nur logisch und konsequent, denn ihnen fehlt ja gerade die erforderliche Außenwirkung. Zudem mögen

---

45 BGH NStZ **1986** 550; BGH NStZ-RR **2000** 235; BayObLG NJW **1955** 1567; *Fischer* Rdn. 7a; *Sch/Schröder/Heine/Schuster* § 271 Rdn. 20; *Puppe/Schumann* NK Rdn. 10 f.

46 BGH NStZ **1986** 550; siehe Rdn. 64 und Rdn. 84.

47 Siehe dazu Rdn. 43, 47 ff.

48 *Sch/Schröder/Heine/Schuster* § 271 Rdn. 6; *Maurach/Schroeder/Maiwald* BT 2 § 66 Rdn. 7.

49 RGBl. I S. 339.

50 Vgl. RGSt **59** 13, 18 f.; *Gribbohm* LK[11] § 271 Rdn. 24; *Jagusch* LK[8] Vor § 267 Anm. 5a, 5f, § 271 Anm. 2.

51 Siehe BGHSt 7 94, 96; RGSt **52** 268, 269; RGSt **49** 32, 33; *Arzt/Weber/Heinrich/Hilgendorf* BT § 33 Rdn. 7; *Eisele* BT I Rdn. 920; *Gössel/Dölling* BT I § 52 Rdn. 50; *Hoyer* SK § 271 Rdn. 14; *Kindhäuser/Hilgendorf* LPK Rdn. 5; *Koch* HK-GS § 271 Rdn. 2; *Rengier* BT II § 37 Rdn. 32; *Wessels/Hettinger/Engländer* BT 1 Rdn. 897.

52 Zu weiteren Fällen siehe *Gribbohm* LK[11] § 271 Rdn. 25 ff.

53 RGSt **73** 328, 329.

54 BGH LM § 348 Abs. 2 Nr. 8; RGSt **74** 290, 292; AG Bremen NStZ-RR **2005** 341.

55 RG HRR **1941** Nr. 571.

56 Siehe Rdn. 21.

auch heute Urkunden Außenwirkung haben, ohne dass ihnen erhöhte Beweiskraft zukommt,[57] sie sind aber keine öffentlichen Urkunden nach dem aktuellen Verständnis des Begriffs.

20 **Öffentliche Urkunden**, also Urkunden, die (auch) Feststellungen enthalten, die **Beweiswirkung für und gegen jedermann** haben, sind nach der Rechtsprechung etwa die ärztliche Bescheinigung über die zweite Leichenschau,[58] die amtliche Meldebestätigung beim Einwohnermeldeamt,[59] der Asylablehnungsbescheid,[60] die Aufenthaltsgestattung,[61] die Niederschrift des Standesbeamten über die Bestellung des Aufgebots,[62] die Ausfuhrbescheinigung der Grenzzollstelle,[63] die Bescheinigung über die Duldung eines Ausländers,[64] der Erbschein,[65] der Führerschein,[66] der Kostenfestsetzungsbeschluss,[67] das Messprotokoll der Geschwindigkeitsmessung,[68] die Niederschrift über einen im Zivilprozess abgeschlossenen Vergleich,[69] der notariell beurkundete Kaufvertrag,[70] das notarielle Protokoll der Aktionärshauptversammlung,[71] der Personalausweis,[72] die Prüfplakette in Verbindung mit dem amtlich zugelassenen Kennzeichen und der entsprechenden Eintragung in der Zulassungsbescheinigung Teil I (der frühere Fahrzeugschein),[73] der Reisepass,[74] der abgestempelte SMGS-Frachtbrief,[75] Sparbücher öffentlicher Sparkassen,[76] staatliche Zeugnisse (Abitur-, Universitäts- und Examenszeugnisse),[77] der Steuerbescheid[78] und die Steuerkarte,[79] der Tauglichkeitsstempel des Fleischbeschauers,[80] das notariell beurkundete Testament,[81] die Vaterschaftsanerkennungsurkunde[82] und das Vollstreckungsprotokoll des Gerichtsvollziehers.[83] Natürlich bedarf es dann **jeweils im Einzelfall der Prüfung**, ob die in Rede stehende Eintragung eine solche ist, auf die sich gerade die

---

57 Siehe zur Handwerksrolle BayObLG NJW **1971** 634 f.; *Krey/Hellmann/Heinrich* BT 1 Rdn. 1235; *Maurach/Schroeder/Maiwald* BT 2 § 66 Rdn. 8; vgl. aber insofern auch OLG Stuttgart NStZ-RR **2013** 14: Handwerksrolle sei öffentliches Register; ebenso *Weidemann* BeckOK § 271 Rdn. 8. Zur Ablehnung einer öffentlichen Urkunde bei Vergabeakten siehe OLG Thüringen wistra **2010** 111, 115 f.; *Fischer* Rdn. 6; *Puppe/Schumann* NK Rdn. 4.

58 OLG Karlsruhe medstra **2017** 233, 237 f.; *Lackner/Kühl/Heger* Rdn. 7; *Zieschang* medstra **2017** 240, 241.

59 OLG München NStZ **2006** 575; AG Bremen NStZ-RR **2005** 341; siehe auch BGH LM § 348 Abs. 2 Nr. 8.

60 OLG Bamberg NStZ-RR **2014** 142.

61 BGHSt **42** 131 f.; BGHSt **54** 140, 144; *Möller* StV **2010** 249.

62 BGH NJW **1952** 1424, 1425; BGH NJW **1955** 839.

63 BayObLG NJW **1990** 655, 656; OLG Karlsruhe NJW **2012** 869; LG Landshut NStZ-RR **2010** 78; *Paul* ZIS **2012** 11, 23.

64 BGHSt **54** 140, 144.

65 BGHSt **19** 87; *Freund* MK³ Rdn. 9; *Krey/Hellmann/Heinrich* BT I Rdn. 1229; *Lackner/Kühl/Heger* § 271 Rdn. 2.

66 BGHSt **25** 95, 96; BGHSt **34** 299, 301; OLG Hamm NStZ **1988** 26; *Brehmeier-Metz* AK § 271 Rdn. 5; *Freund* MK³ Rdn. 9; *Koch* HK-GS § 271 Rdn. 3.

67 OLG Koblenz MDR **1985** 1048; *Koch* HK-GS § 271 Rdn. 3.

68 OLG Frankfurt NStZ-RR **2020** 44.

69 RGSt **72** 226, 228; OLG Hamm NJW **1977** 592, 593.

70 BGHSt **44** 186, 187 f.; OLG Zweibrücken NStZ **2004** 334, 335; siehe auch BGH NStZ-RR **2023** 143.

71 LG Frankfurt/M NJW **2008** 91, 93.

72 RGSt **60** 104, 105.

73 BGHSt **22** 201, 203; BGHSt **26** 9, 11; BGHSt **53** 34, 35 f.; BGHSt **63** 182, 184 f.; BayObLG NStZ **1999** 575, 576; *Claus* NStZ **2014** 66, 67; *Eisele* BT I Rdn. 941; *Gutfleisch* NZV **2019** 95, 96; *Hoven* NJW **2019** 90; *Weidemann* NStZ **2019** 88.

74 BGH NJW **1955** 839, 840; RGSt **60** 152.

75 OLG Rostock NStZ-RR **2004** 172, 173. Es handelt sich um Frachtbriefe, die den Eisenbahngüterverkehr osteuropäischer Länder betreffen. Siehe zu Frachtbriefen auch BGH NJW **1953** 1840; RGSt **46** 290; RGSt **60** 187.

76 BGHSt **19** 19, 21; RGSt **61** 126, 129; RGSt **71** 101, 103; siehe auch BayObLG NJW **1993** 2947 (Postbank); kritisch *Puppe/Schumann* NK Rdn. 15.

77 Vgl. RGSt **60** 375, 376; OLG Bamberg NJOZ **2015** 1903, 1905; ArbG Köln BeckRS **2019** 31568; *Diener/Hoffmann-Holland* Jura **2009** 946, 947.

78 RGSt **72** 377, 378; *Koch* HK-GS § 271 Rdn. 3.

79 RGSt **60** 161, 162.

80 RGSt **74** 26, 30.

81 OLG Frankfurt NJW-RR **1990** 717.

82 OLG Koblenz NStZ-RR **2010** 259, 261; KG BeckRS **2023** 9269.

83 BayObLG NJW **1992** 1841; OLG Frankfurt NJW **1963** 773; OLG Hamm NJW **1959** 1333.

erhöhte Beweiskraft der Urkunde bezieht. Nach §§ 271, 348 kann nur verurteilt werden, wenn die Angabe, die in Rede steht, gerade erhöhte Beweiskraft besitzt.[84]

21 **Bloß innerdienstlichen Zwecken** dienende Urkunden sind wie bereits angesprochen **keine öffentlichen Urkunden.**[85] So handelt es sich etwa nach Auffassung des BayObLG beim Untersuchungsbericht des TÜV nicht um eine öffentliche Urkunde, da er im Wesentlichen innerdienstlichen Charakter habe.[86] Nach Ansicht des OLG Stuttgart gilt dies auch für Ermittlungsberichte der Polizei.[87] Weitere Beispiele aus der Rechtsprechung, in denen eine öffentliche Urkunde abgelehnt wurde, sind ärztliche Niederschriften über Blutprobenentnahmen[88] sowie polizeiliche Fundempfangsbescheinigungen[89] und die im Rahmen der amtlichen Befugnisse abgegebene schriftliche Erklärung durch einen Amtsträger, die als Beweismittel in einem konkreten zollbehördlichen Verfahren gelten soll.[90]

22 **bb) Öffentliche Register, Bücher oder Dateien.** Vom Wortlaut spricht § 348 Abs. 1 zwar nur davon, dass der Amtsträger zur Aufnahme **öffentlicher Urkunden** befugt sein muss; da es jedoch in § 348 nicht nur darum geht, eine rechtlich erhebliche Tatsache falsch zu beurkunden, sondern auch Konstellationen erfasst sind, dass rechtlich erhebliche Tatsachen in **öffentliche Register, Bücher oder Dateien falsch eingetragen oder eingegeben** werden, ist die Vorschrift dahingehend zu verstehen, dass der Amtsträger insofern zur Aufnahme **in öffentliche Register Bücher oder Dateien befugt sein muss.** Dafür spricht im Übrigen auch in systematischer Hinsicht der Wortlaut des § 271, der ebenfalls gleichberechtigt öffentliche Urkunden, Bücher, Dateien oder Register auflistet. Hinzu kommt, dass **öffentliche Register und Bücher** ohnehin **Unterfälle der öffentlichen Urkunde** darstellen.[91]

23 Der Begriff **öffentlich** bezieht sich dabei nicht nur auf Register, sondern auch auf Bücher und Dateien, denn nur in diesem Fall bietet § 348 Wahrheitsschutz. **Öffentlich** sind Bücher, Register und Dateien, wenn sie wie die öffentlichen Urkunden Inhalte aufweisen, die Beweis für und gegen jedermann (erhöhte Beweiskraft) erbringen.[92] **Öffentliche Register** sind beispielsweise das Handelsregister[93] und das Vereinsregister. Unter **öffentliche Bücher** fallen etwa das Grundbuch,[94] das Liegenschaftskataster und Personenstandsbücher.[95] Im Einzelfall bedarf es dann natürlich immer wieder der Prüfung, ob überhaupt Angaben betroffen sind, worauf sich die erhöhte Be-

84 BGH NStZ **2015** 278, 279; OLG München NStZ **1986** 575. *Freund* MK[3] Rdn. 9 sowie *ders.* MK[3] § 271 Rdn. 15 spricht von Angaben, die mit der „Funktion besonderer amtlicher Richtigkeitsbestätigung" erfolgen; ebenso OLG Thüringen wistra **2010** 111, 115.

85 Siehe Rdn. 19 sowie BayObLG NJW **1990** 655, 656; OLG Celle NStZ **1987** 282, 283; OLG Rostock NStZ-RR **2004** 172, 173; *Hartleb* S. 48 ff.; *Sch/Schröder/Heine/Schuster* § 271 Rdn. 9; *Zieschang* FS Artuk 845, 847 f.; kritisch *Bock* ZIS **2011** 330, 334.

86 BayObLG NStZ **1999** 575, 576; ebenso OLG Brandenburg BeckRS **2015** 126482; OLG Hamburg NStZ **2014** 95, 96 f.; OLG Hamm VRS **47** 430, 432; *Bach* StraFo **2019** 102, 107; *Bosch* JK **2019** 434, § 348 StGB; *Brehmeier-Metz* AK Rdn. 5; *Claus* NStZ **2014** 66, 68; *Fischer* Rdn. 6a; *Sch/Schröder/Hecker* Rdn. 9; *Klinger* DS **2007** 219, 221; **anders** *Köhler* SVR **2008** 372, 374 f.

87 OLG Stuttgart NJW **1956** 1082; siehe auch OLG Düsseldorf NJW **1988** 217, 218; *Bosch* JK 04/**19** 434, § 348 StGB; *Lackner/Kühl/Heger* § 271 Rdn. 2: Ein Polizeiprotokoll ist keine öffentliche Urkunde; vgl. jedoch auch RGSt **57** 56, 57 f.

88 OLG Oldenburg NdsRpfl. **1951** 37 f.

89 BayObLGSt **1978** 137, 139.

90 OLG Celle NStZ **1987** 282, 283; offengelassen von BayObLG NJW **1990** 655, 656.

91 RGSt **64** 328, 330; *Bock* ZIS **2011** 330, 331; *Gössel/Dölling* BT I § 52 Rdn. 53; *Sch/Schröder/Heine/Schuster* § 271 Rdn. 13; *Hoyer* SK § 271 Rdn. 7; *Klesczewski* BT § 17 Rdn. 93; *Krey/Hellmann/Heinrich* BT 1 Rdn. 1225; *Maurach/Schroeder/Maiwald* BT 2 § 66 Rdn. 4; *Puppe/Schumann* NK § 271 Rdn. 6; *Rengier* BT II § 37 Rdn. 31; *SSW/Wittig* Rdn. 9.

92 Siehe RGSt **64** 328, 330; *Sch/Schröder/Heine/Schuster* § 271 Rdn. 13.

93 BGH NStZ **2016** 676, 677; OLG Hamburg StraFo **2015** 284, 285; *Matt/Renzikowski/Maier* § 271 Rdn. 27.

94 BGH NStZ **2018** 718, 720; OLG Stuttgart NStZ **1985** 365; *Kindhäuser/Hilgendorf* LPK Rdn. 4; *Krey/Hellmann/Heinrich* BT 1 Rdn. 1229; *Küpper/Börner* BT § 6 Rdn. 66; *Weidemann* NStZ **2018** 720, 721.

95 BGHSt **6** 380, 381; BGH NStZ **2007** 471.

weiskraft bezieht.[96] Das ist jedoch wie erläutert erst eine Frage, die sich bei der Tathandlung stellt (falsches Eintragen in öffentliche Register oder Bücher). Aus der Rechtsprechung sind jeweils auf der Grundlage des zur Zeit der Entscheidung geltenden Rechts etwa zu nennen:[97] das Annahmebuch der Post über Wertsendungen,[98] Sparkassenbücher der öffentlichen Sparkassen,[99] das Tagebuch des amtlich bestellten Fleischbeschauers,[100] das amtliche Wiegebuch.[101] Sie können sowohl als Einzelurkunde als auch als Gesamturkunde vorkommen.[102]

24 Im Einzelfall wurden, da lediglich **innerdienstlichen Zwecken** dienend, **nicht** als öffentliche Bücher oder Register etwa angesehen: Dienstregister der Gerichtsvollzieher,[103] Eichbücher,[104] Gewerberegister,[105] **Melderegister**[106] und Zustellbücher der Post.[107] Dagegen dienen **Gefangenenbücher** nicht nur rein innerdienstlichen Zwecken, sondern besitzen, soweit es um Eintragungen zur Identifizierung der Gefangenen geht, erhöhte Beweiskraft.[108]

25 Die **öffentlichen Dateien** betreffen vor allem Fälle, in denen Datenurkunden im Sinne von § 269 gespeichert werden, die **inhaltlich öffentlichen Urkunden entsprechen** (vgl. dazu auch § 371a Abs. 3 ZPO).[109] Darunter fallen also Fälle von (ursprünglich) öffentlichen Urkunden, Büchern oder Registern, falls diese nur (noch) als Datenbanken geführt werden, wie zum Beispiel ein elektronisches Grundbuch,[110] das elektronisch geführte Personenstandsregister[111] oder das elektronisch geführte Handelsregister.[112] Da es sich insoweit nicht um verkörperte Gedankenerklärungen wie bei der öffentlichen Urkunde handelt, hat der Gesetzgeber zur Vermeidung von Strafbarkeitslücken die öffentliche Datei mit in § 348 aufgenommen. Der Begriff der öffentlichen Datei ist aber nicht zwingend beschränkt auf elektronische Datenverarbeitungsanlagen.[113]

26 Ebenso wie bei den Urkunden, Büchern und Registern sind innerdienstliche Dateien **keine öffentlichen Dateien**. Das ist der Fall bei der **Halterdatei** des Straßenverkehrsamts,[114] dem **Verkehrszentralregister,**[115] dem **Melderegister**[116] sowie dem **Bundeszentralregister**.[117]

---

96 Siehe dazu Rdn. 47 ff.
97 Siehe dazu bereits die Auflistung bei *Gribbohm* LK[11] Rdn. 26.
98 RGSt **21** 310, 311; RGSt **67** 271, 272.
99 BGHSt **19** 19, 21 f.; RGSt **71** 101, 103.
100 RGSt **40** 341, 342; RG DR **1940** 1419.
101 BGH bei Dallinger MDR **1958** 139, 140.
102 BGHSt **19** 19, 21; *Sch/Schröder/Heine/Schuster* § 271 Rdn. 4.
103 RGSt **68** 201, 203; ferner RGSt **71** 46.
104 RGSt **73** 328, 330; *Krey/Hellmann/Heinrich* BT I Rdn. 1229.
105 BGH NStZ-RR **2019** 7.
106 BGH LM § 348 Abs. 2 Nr. 8; RGSt **74** 290, 292; AG Bremen NStZ-RR **2005** 341; *Maurach/Schroeder/Maiwald* BT II § 66 Rdn. 8.
107 BGHSt 7 94, 96.
108 BGH LM § 271 Nr. 7; RGSt **41** 201, 203 ff.; RGSt **44** 196 f.; RGSt **49** 62; RGSt **52** 140, 141; OLG Hamm NJW **1956** 602; *Maurach/Schroeder/Maiwald* BT II § 66 Rdn. 8. Keine erhöhte Beweiskraft besitzen aber Angaben zur Religionszugehörigkeit des Gefangenen; BGH GA **1966** 280.
109 *Fischer* § 271 Rdn. 8; *Sch/Schröder/Heine/Schuster* § 271 Rdn. 14; *Hoyer* SK § 271 Rdn. 7; *Klesczewski* BT § 17 Rdn. 93; *Matt/Renzikowski/Maier* § 271 Rdn. 28; *Puppe/Schumann* NK § 271 Rdn. 6; *Rengier* BT II § 37 Rdn. 31; *SSW/Wittig* § 271 Rdn. 10.
110 Siehe § 126 GBO (Grundbuch als automatisierte Datei). Zum elektronischen Vereinsregister vgl. § 55a BGB.
111 Siehe § 3 PStG.
112 Siehe § 8 HGB.
113 BTDrucks. 10/318 S. 34; *Lackner/Kühl/Heger* § 271 Rdn. 4.
114 *Fischer* § 271 Rdn. 8a; **anders** AG Schmallenberg DAR **2000** 125.
115 *Brehmeier-Metz* AK Rdn. 7; *Sch/Schröder/Heine/Schuster* § 271 Rdn. 22; siehe auch *Freund* MK[3] § 271 Rdn. 15 mit Fn. 22; **anders** *Brock/Wiechers* DAR **2003** 484, 485; abweichend zum Fahrerlaubnisregister auch *Müller* NZV **2021** 514, 515.
116 BGH LM § 348 Abs. 2 Nr. 8; RGSt **74** 290, 292; AG Bremen NStZ-RR **2005** 341; *Fischer* § 271 Rdn. 8a; *Sch/Schröder/Heine/Schuster* § 271 Rdn. 14.
117 BGH GA **1965** 92, 93; OLG Hamm NJW **1977** 592, 594; *Koch* HK-GS § 271 Rdn. 5; *Maurach/Schroeder/Maiwald* BT 2 § 66 Rdn. 8.

cc) Befugnis zur Aufnahme. **Aufnehmen** bedeutet nichts anderes als die Erstellung, Eintragung, Ergänzung oder Korrektur von Angaben in Bezug auf öffentliche Urkunden, Register, Bücher oder Dateien. Das Aufnehmen bezieht sich unstreitig auf vor dem Amtsträger abgegebene Erklärungen, auf Eigenwahrnehmungen und auf durch ihn oder vor ihm vollzogene Vorgänge.[118] Umstritten ist jedoch, ob bei **nicht auf eigener Wahrnehmung** beruhenden oder **nicht vor ihm vollzogenen Vorgängen** von einem „Aufnehmen" die Rede sein kann. Teilweise wird das „Aufnehmen" mit dem „Ausstellen" gleichgesetzt und auch in diesem Fall ein Aufnehmen bejaht.[119] Die einschränkende und ablehnende Gegenansicht führt an, anderenfalls habe das Merkmal der Aufnahme neben der Beurkundungszuständigkeit keinen eigenen Bedeutungsgehalt.[120] In der Tat ist dieser Einwand nicht ohne weiteres von der Hand zu weisen. Dennoch ist fraglich, ob damit nicht dem Begriff der „Aufnahme" ein größerer Bedeutungsgehalt beigemessen wird als ihm tatsächlich zukommt. Eher scheint die Formulierung des Gesetzes etwas unglücklich erfolgt. Letztlich und maßgeblich geht es nämlich in § 348 um den **Schutz der Richtigkeit öffentlicher Urkunden**[121] und hierbei vor allem um die Frage, welchen Gesichtspunkten erhöhte Beweiskraft zukommt, was bei Vorgängen, die nicht Gegenstand eigener Wahrnehmung sind, dann durchaus wiederum zweifelhaft sein mag.[122] § 348 hätte aber ebenso folgendermaßen formuliert sein können: „Ein Amtsträger, der innerhalb seiner Zuständigkeit in öffentlichen Urkunden falsch beurkundet ..." Diese Formulierung stünde dann auch in Einklang mit der Wortwahl bezogen auf die Alternative „in öffentliche Register, Bücher oder Dateien falsch einträgt oder eingibt...". Von daher erscheint es überzeugender, dem Wort „Aufnahme" keine zu große Bedeutung beizumessen, es also mit dem „Ausstellen" **gleichzusetzen.**[123] Konsequenz ist, dass etwa dann, wenn ein zuständiger Beamter ein falsches Geburts- oder Todesdatum ins Personenstandsregister einträgt, § 348 gegeben sein kann, auch wenn Geburt und Tod (regelmäßig) nicht Gegenstand eigener Wahrnehmung des Beamten sind.[124] 27

Der Amtsträger muss zur Aufnahme öffentlicher Urkunden, Register, Bücher oder Dateien **befugt** sein. Das ist der Amtsträger dann, wenn er kraft seines Amtes berechtigt ist, entsprechende öffentliche Urkunden usw. aufzunehmen. Mit anderen Worten muss er zumindest nach Bundes- oder Landesrecht **sachlich und örtlich zuständig** sein, Erklärungen oder Tatsachen zu beurkunden.[125] Nur wenn ein in diesem Sinne zuständiger Amtsträger gehandelt hat, wird die Beweiskraft öffentlicher Urkunden geschützt. Das wird letztlich durch die in § 348 explizit genannte Voraussetzung **„innerhalb seiner Zuständigkeit"** deutlich zum Ausdruck gebracht. Insofern ist die Formulierung „zur Aufnahme befugt" entbehrlich, da sie im Ergebnis demgegenüber keine eigenständige Bedeutung aufweist; der Gesetzestext ist vielmehr zumindest unglücklich formuliert.[126] Es gelten die Darlegungen zum Erfordernis der Zuständigkeit,[127] die „Aufnahmebefugnis" hat keine darüber hinausgehende Bedeutung.[128] 28

---

118 RGSt **1** 312, 313; RGSt **9** 240, 241 f.; RGSt **11** 257, 259; RGSt **22** 151, 152 f.; *Brehmeier-Metz* AK Rdn. 3; *Sch/Schröder/Hecker* Rdn. 5; *Hoyer* SK Rdn. 3; *Lackner/Kühl/Heger* Rdn. 2.
119 *Freund* MK³ Rdn. 8; *SSW/Wittig* Rdn. 7; offen gelassen von RGSt **71** 224, 226.
120 *Hoyer* SK Rdn. 3.
121 Siehe Rdn. 1.
122 Siehe dazu Rdn. 56.
123 Die gegenteilige Ansicht in der Vorauflage wird aufgegeben.
124 Vgl. zu dem letzteren Aspekt *Schreiber* MK ZPO § 418 Rdn. 5. Siehe insofern auch § 54 PStG.
125 BGHSt **12** 85, 86; BGHSt **37** 207, 209, 211; RGSt **42** 233, 235; OLG Frankfurt NJW **1963** 773; OLG Karlsruhe medstra **2017** 233, 237; *Bock* BT I S. 491; *Brehmeier-Metz* AK Rdn. 2 f.; *Fischer* Rdn. 2; *Freund* MK³ Rdn. 5; *Gössel/Dölling* BT I § 52 Rdn. 54; *Hoyer* SK Rdn. 4; *Klesczewski* BT § 17 Rdn. 94; *Küpper/Börner* BT § 6 Rdn. 65; *Lackner/Kühl/Heger* Rdn. 3; *Matt/Renzikowski/Maier* Rdn. 2; *Maurach/Schroeder/Maiwald* BT 2 § 66 Rdn. 15; *Schmedding* HK-GS Rdn. 2; *Schroth* BT S. 320; *Schützeberg* StRR **2008** 324; *Weidemann* BeckOK Rdn. 4; *SSW/Wittig* Rdn. 8.
126 Siehe bereits Rdn. 27.
127 Rdn. 29 ff.
128 *Zieschang* FS Artuk 845, 849.

29 **c) Handeln innerhalb der Zuständigkeit.** Im Zusammenhang mit dem Begriff der „Befugnis" ist soeben dargelegt worden, dass der Amtsträger jedenfalls nach Bundes- oder Landesrecht **sachlich und örtlich** zur Aufnahme öffentlicher Urkunden, Register, Bücher oder Dateien zuständig sein muss.[129] Der Gesetzestext erwähnt das Zuständigkeitserfordernis ausdrücklich. Nicht zu verwechseln ist diese Voraussetzung mit der Rechtmäßigkeit des Handelns.[130] Die Zuständigkeit ist zwar ein formelles Rechtmäßigkeitserfordernis, für die Rechtmäßigkeit müssen aber weitere formelle Voraussetzungen erfüllt sein, zudem muss die materielle Rechtmäßigkeit vorliegen. Bei einer verwaltungsrechtlich fehlerhaften Tätigkeit kann folglich die Beurkundung trotzdem von einem örtlich und sachlich zuständigen Amtsträger vorgenommen worden sein.[131]

30 Nach **§ 415 ZPO** muss die Urkunde von einer öffentlichen Behörde innerhalb der Grenzen ihrer Amtsbefugnisse oder von einer mit öffentlichem Glauben versehenen Person innerhalb des ihr zugewiesenen Geschäftskreises aufgenommen werden.

31 Für die Anwendbarkeit der Strafvorschrift ist damit im Fall des § 415 Abs. 1 Alt. 1 ZPO erforderlich, dass der **Amtsträger** der §§ 271, 348 einer solchen öffentlichen Behörde zuzuordnen ist. Zu den **öffentlichen Behörden** gehören alle Bundes-, Landes- sowie Gemeindebehörden.[132] Unter den Begriff fallen auch öffentlich-rechtliche Körperschaften und Anstalten,[133] nach § 11 Abs. 1 Nr. 7 auch Gerichte. Die Aufnahme öffentlicher Urkunden braucht dabei nicht die ausschließliche oder vornehmliche Aufgabe der Behörde sein,[134] es genügt, wenn dies eine Aufgabe unter anderen ist. Erforderlich ist aber, dass **durch Rechtsvorschriften** gerade die Beurkundung seitens der Behörde geregelt ist.[135] Verwaltungsvereinbarungen genügen dafür nicht.[136] Keine öffentlichen Urkunden sind daher bloß auf Verwaltungsvereinbarung und nicht auf Rechtsvorschriften beruhende Veterinärbescheinigungen.[137] Der einzelne Hoheitsträger jedoch innerhalb der Behörde benötigt für die jeweilige Diensthandlung anders als im Fall des § 415 Abs. 1 Alt. 2 ZPO (eine mit öffentlichem Glauben versehene Person) keine ausdrückliche gesetzliche Beurkundungsbefugnis.[138] Öffentliche Behörden im Sinne von §§ 271, 348 sind etwa Handelskammern als Körperschaften öffentlichen Rechts[139] und öffentliche Sparkassen.[140] Auch Gerichte und dort etwa dann der Richter[141] oder Urkundsbeamte der Geschäftsstelle werden erfasst,[142] weiterhin etwa die Urkundsperson beim Jugendamt.[143] Ebenso sind Zollbeamte[144] sowie Vollstreckungsbeamte des Finanzamts[145] bei einer öffentlichen Behörde tätig. Das gilt auch für Standesbeamte bei der Beurkundung von Personenstandssachen.[146] Erfasst ist auch die Konstellation, dass der Dekan einer Fakultät

---

129 Siehe Rdn. 28.
130 RGSt **20** 119, 121; RGSt **32** 359, 362; RGSt **72** 176, 178 f.
131 Siehe RGSt **72** 176, 179 f.; *Sch/Schröder/Hecker* Rdn. 6.
132 *Sch/Schröder/Heine/Schuster* § 271 Rdn. 5.
133 *Hoyer* SK § 271 Rdn. 10; *Matt/Renzikowski/Maier* § 271 Rdn. 7.
134 *Sch/Schröder/Heine/Schuster* § 271 Rdn. 5; *Maurach/Schroeder/Maiwald* BT 2 § 66 Rdn. 6; *SSW/Wittig* § 271 Rdn. 11.
135 BGH NStZ **2018** 406, 408.
136 BGH NStZ **2018** 406, 408.
137 BGH NStZ **2018** 406; zustimmend *Weidemann* NStZ **2018** 409.
138 OLG Rostock NStZ-RR **2004** 172, 173.
139 OLG Hamburg NJW **1964** 935, 936.
140 BGHSt **19** 19, 21; RGSt **61** 126, 129; RGSt **71** 101, 103.
141 OLG Hamm NJW **1977** 592.
142 Siehe etwa § 169 Abs. 2 ZPO. Siehe auch § 79 WG: Gerichtsbeamter.
143 Siehe § 59 SGB VIII; OLG Koblenz NStZ-RR **2010** 259, 261.
144 BayObLG NJW **1990** 655, 656.
145 Siehe RGSt **71** 46.
146 Möglich ist auch, insbesondere Urkundsbeamte der Geschäftsstelle (siehe § 153 Abs. 2 GVG) sowie des Jugendamts (vgl. § 59 Abs. 3 SGB VIII) und Standesbeamte (§ 2 Abs. 1 PStG) dem § 415 Abs. 1 Alt. 2 ZPO zuzuordnen; so etwa *Gribbohm* LK[11] § 271 Rdn. 13; *Matt/Renzikowski/Maier* § 271 Rdn. 8; *SSW/Wittig* § 271 Rdn. 11. Für § 348 macht das keinen Unterschied; vor allem ist in beiden Alternativen des § 415 ZPO für § 348 eine konkrete Zuständigkeit des Amtsträgers im Einzelfall zu verlangen; siehe Rdn. 33 ff.

einer Hochschule, sofern es sich bei der letzteren um eine Körperschaft des öffentlichen Rechts handelt, Zeugnisse ausstellt,[147] oder der Fall, dass ein Polizeibeamter mündliche Anzeigen aufnimmt.[148] Durch die **Privatisierung** der Bahn sind heute Bahnfahrkarten – anders als früher bei staatlichen Eisenbahnen[149] – keine öffentlichen Urkunden mehr.

Unter **mit öffentlichem Glauben versehenen Personen** im Sinne des § 415 Abs. 1 Alt. 2 ZPO versteht man solche, denen für ein örtlich und sachlich begrenztes Gebiet rechtlich die Befugnis verliehen ist, Tatsachen zu öffentlichem Glauben festzustellen.[150] Eine ständige Verwaltungsübung kann die Befugnis zur Ausstellung öffentlicher Urkunden nicht begründen.[151] Zu den mit öffentlichem Glauben versehenen Personen gehören etwa:[152] der Fleischbeschauer bei Tauglichkeitsstempeln,[153] Gerichtsvollzieher bei der Beurkundung der Ausführung der Zustellung gemäß §§ 193, 182 ZPO sowie bei der Aufnahme des Vollstreckungsprotokolls gemäß § 762 ZPO,[154] Lizenznehmer, die Briefzustelldienstleistungen erbringen, als beliehene Unternehmer gemäß § 33 Abs. 1 PostG bei der förmlichen Zustellung von Schriftstücken etwa nach § 168 Abs. 1 Satz 2 ZPO, Notare,[155] Pathologen, die vom Gesundheitsamt zur Ausstellung der Bescheinigung über die zweite Leichenschau ermächtigt sind,[156] und TÜV-Sachverständige.[157] Stets müssen dabei die Personen **Amtsträger** im Sinne des § 11 Abs. 1 Nr. 2 sein; das ist grundlegende Voraussetzung. Demgemäß scheidet ein Rechtsanwalt, der das Empfangsbekenntnis gemäß § 174 Abs. 4 ZPO unterzeichnet,[158] als Täter des § 348 aus. 32

Auch wenn § 415 Abs. 1 Alt. 1 ZPO darauf abstellt, dass die Behörde „innerhalb der Grenzen ihrer Amtsbefugnisse" gehandelt hat, geht es bei § 348 aufgrund des ausdrücklichen Wortlauts um die **Zuständigkeit des konkreten Amtsträgers**. Das ist bei der Anwendung des § 348 und auch des § 271 zu beachten. Nach der Rechtsprechung[159] und Teilen des Schrifttums[160] reicht jedoch schon die allgemeine Zuständigkeit der Behörde, bei welcher der Amtsträger als Urkundsperson tätig ist; der Täter müsse nicht zur Aufnahme gerade der betroffenen Urkunde befugt sein, es genüge, dass er zur Aufnahme von öffentlichen Urkunden solcher Art berufen ist.[161] Auch soll eine innerdienstliche Geschäftsverteilung keine Rolle spielen.[162] 33

Parallel dazu hat der BGH entschieden, dass ein Verstoß eines Notars gegen § 11 Abs. 2 BNotarO (Beurkundungstätigkeit außerhalb des Amtsbezirks) nicht zu einer Unzuständigkeit des No- 34

147 Vgl. RG GA Bd. **53** (1906) 178, 179.
148 RGSt **57** 56, 57 f.; zweifelnd OLG Stuttgart NJW **1956** 1082 f., das zumindest bei einem polizeilichen Ermittlungsbericht (konkret: Protokoll über eine Zeugenvernehmung) eine öffentliche Urkunde verneint; ebenso *Bosch* JK 04/**19** 434, § 348 StGB. Siehe auch OLG Düsseldorf NJW **1988** 217, 218 (ein Polizeiprotokoll ist keine öffentliche Urkunde).
149 RGSt **8** 409, 411; RGSt **59** 384, 386 (Fahrkarte); RGSt **37** 318, 319 f. (Gepäckschein).
150 *Bock* ZIS **2011** 330, 331; *Gribbohm* LK[11] § 271 Rdn. 12; *Sch/Schröder/Heine/Schuster* § 271 Rdn. 5; *Hoyer* SK § 271 Rdn. 11; *Matt/Renzikowski/Maier* § 271 Rdn. 8; siehe auch OLG Rostock NStZ-RR **2004** 172, 173.
151 BGH NStZ **2018** 406, 407; RGSt **72** 201, 203; OLG Frankfurt NJW **1949** 315, 316 (anders auf S. 315); OLG Oldenburg MDR **1948** 30; *Sch/Schröder/Heine/Schuster* § 271 Rdn. 5; **anders** RGSt **71** 193.
152 Je nach Ausgestaltung mag aber auch bereits § 415 Abs. 1 Alt. 1 ZPO einschlägig sein.
153 Siehe zum Fleischbeschauer BGH LM § 348 Abs. 1 Nr. 2; RGSt **74** 26, 30; RG DR **1940** 1419 f.; OLG Karlsruhe Die Justiz **1967** 152; *Freund* MK[3] Rdn. 5.
154 BayObLG NJW **1992** 1841 f.; OLG Frankfurt NJW **1963** 773; OLG Hamm NJW **1959** 1333; *Schroth* BT S. 320; *Wessels/Hettinger/Engländer* BT 1 Rdn. 898; *SSW/Wittig* Rdn. 7.
155 BGHSt **8** 289, 293; BGHSt **44** 186, 187; *Sch/Schröder/Hecker* Rdn. 7; *Hoyer* SK § 271 Rdn. 11; *Küpper/Börner* BT § 6 Rdn. 65; *Lackner/Kühl/Heger* Rdn. 5.
156 OLG Karlsruhe medstra **2017** 233, 236 f.
157 BGHSt **63** 182, 183; OLG Hamburg NStZ **2014** 95, 96; *Bosch* JK 04/**19** 434, § 348 StGB; *Claus* NStZ **2014** 66, 67; siehe aber auch *Bach* StraFo **2019** 102.
158 Siehe dazu BGH (Zivilsachen) NJW **1990** 2125.
159 Siehe RGSt **63** 74, 75; RGSt **71** 224, 226 f.; RG JR Rspr. **1926** Nr. 1577; OLG Celle Hannov. Rpflege **1947** 51.
160 *Sch/Schröder/Hecker* Rdn. 6.
161 RG JR Rspr. **1926** Nr. 1577; *Sch/Schröder/Hecker* Rdn. 6.
162 BGHSt **12** 85, 86; RGSt **60** 152, 155; RG JR Rspr. **1926** Nr. 1577; *Matt/Renzikowski/Maier* Rdn. 2.

tars führe.[163] So sei die Gültigkeit der Beurkundung nicht von der Einhaltung des Amtsbezirks abhängig, zudem erstrecke sich die Fähigkeit des Notars, Urkunden mit öffentlichem Glauben aufzunehmen, auf das gesamte Geltungsgebiet der BNotarO.[164]

35 Manche Autoren meinen sogar, §§ 271, 348 seien angesichts des Umstands, dass das Vertrauen in die amtliche Richtigkeitsbestätigung an die sachliche Zuständigkeit anknüpft, **selbst bei fehlender örtlicher Zuständigkeit** zu bejahen.[165]

36 Gegen diese Ausweitung des § 348 spricht jedoch bereits der Wortlaut der Norm, der eben verlangt, dass der Amtsträger „innerhalb seiner Zuständigkeit" handelt, wobei keine Abstraktion von den Umständen des Einzelfalls vorgenommen wird. Das bedeutet aber in der Konsequenz, dass der Amtsträger **nicht nur sachlich, sondern auch örtlich zuständig** sein muss.[166] Zudem ist richtigerweise zu verlangen, dass er ebenfalls nach der internen Geschäftsverteilung für den konkreten Fall zuständig ist, denn anderenfalls fehlt es an der Zuständigkeit im Einzelfall. Entgegen der oben dargelegten Ansicht ist daher die Zuständigkeit im Sinne des § 348 Abs. 1 nicht gegeben, wenn gegen die Geschäftsverteilung verstoßen wird. Insofern ist für das Strafrecht zu beachten, dass der Begriff „innerhalb der Zuständigkeit" in § 348 eine eigenständige und im Sinne des Art. 103 Abs. 2 GG einengende Bedeutung gegenüber der in § 415 Abs. 1 Alt. 1 ZPO in Bezug auf Behörden gewählten Formulierung „innerhalb der Grenzen ihrer Amtsbefugnisse" hat, denn der Amtsträger innerhalb der Behörde muss bei § 348 im konkreten Einzelfall zuständig sein. Entgegen der überwiegenden Auffassung genügt für §§ 271, 348 folglich nicht bereits eine allgemeine Zuständigkeit der Behörde, bei welcher der Amtsträger als Urkundsperson tätig ist.

37 Ein solches Verständnis entspricht im Übrigen auch § 415 Abs. 1 Alt. 2 ZPO, wonach die mit öffentlichem Glauben versehene Person „innerhalb des ihr zugewiesenen Geschäftskreises" handeln muss. Das ist nun aber nicht gegeben, wenn der Notar § 11 Abs. 2 BNotarO missachtet. Der Begriff der Zuständigkeit ist also restriktiv zu verstehen; nur dann, wenn ein im Einzelfall konkret zuständiger Amtsträger handelt, wird die Beweiskraft der Urkunde über §§ 271, 348 Abs. 1 geschützt.

38 Überschreitet der Amtsträger seine Zuständigkeit, ist § 348 nicht einschlägig, jedoch kann dann Amtsanmaßung gemäß § 132 vorliegen.[167] Ist der Amtsträger nicht mehr zuständig und ändert nun nachträglich eine öffentliche Urkunde ab, geht es nicht um § 348, sondern um § 267.[168]

2. Die Tathandlung

39 § 348 stellt das **falsche Beurkunden einer rechtlich erheblichen Tatsache in einer öffentlichen Urkunde** unter Strafe sowie das **falsche Eintragen oder Eingeben in öffentliche Register, Bücher oder Dateien.** Die Falschbeurkundung, -eintragung oder -eingabe genügt. Es handelt sich

163 BGHSt **44** 186, 187; ebenso *Sch/Schröder/Hecker* Rdn. 6; *Lackner/Kühl/Heger* Rdn. 3; *Matt/Renzikowski/Maier* Rdn. 2; *Puppe/Schumann* NK Rdn. 3; *Weidemann* BeckOK Rdn. 4.1; *SSW/Wittig* Rdn. 8.

164 BGHSt **44** 186, 187.

165 *Arzt/Weber/Heinrich/Hilgendorf* BT § 33 Rdn. 8; *Sch/Schröder/Hecker* Rdn. 6; *Sch/Schröder/Heine/Schuster* § 271 Rdn. 6; *Matt/Renzikowski/Maier* § 271 Rdn. 9; *Maurach/Schroeder/Maiwald* BT 2 § 66 Rdn. 7; *Otto* BT § 71 Rdn. 2; *Schroth* BT S. 315; *Winter* S. 155 f.; *SSW/Wittig* § 271 Rdn. 12; siehe auch RGSt **20** 119, 121; RGSt **60** 152, 155; *Heinrich* Hb StrafR Bd 5 § 51 Rdn. 64.

166 *Zieschang* FS Artuk 845, 849. Siehe auch *Bock* ZIS **2011** 330, 331; *Fischer* § 271 Rdn. 14; *Hoyer* SK Rdn. 4; *ders.* SK § 271 Rdn. 13.

167 BGHSt **12** 85, 86; BGHSt **37** 207, 211; *Puppe/Schumann* NK Rdn. 3. In Betracht kommen kann durchaus auch § 267: So insbesondere, wenn der unzuständige Amtsträger eine Urkunde erstellt, aus der eine Behörde als Ausstellerin hervorgeht, der er überhaupt nicht zugeordnet ist.

168 Siehe RGSt **69** 28, 29; *Fischer* Rdn. 8; *Maurach/Schroeder/Maiwald* BT II § 66 Rdn. 15.

um ein einaktiges Delikt. Zu einem Gebrauchen durch den Täter oder einen Dritten muss es für die Tatvollendung nicht kommen.[169]

Dennoch wird vielfach zur Vollendung des § 348 von der Rechtsprechung[170] und überwiegenden Ansicht im Schrifttum[171] verlangt, dass ein **„Begebungsakt"** erfolgt, also sich der Amtsträger der Urkunde „irgendwie entäußert". Dies gebiete der Schutzzweck der Norm.[172] Es sei zur Vollendung erforderlich, dass der Amtsträger die Urkunde bewusst der Benutzung im Rechtsverkehr zugänglich macht oder diese wenigstens gestattet.[173] Die Gegenposition verlangt eine derartige Entäußerung nicht, jedoch müsse der Täter die Urkunde in der Absicht ausstellen, sie in den Rechtsverkehr gelangen zu lassen.[174] 40

Richtig ist, dass § 348 von seinem Wortlaut bereits die Falschbeurkundung als solche unter Strafe stellt. Auch verlangt § 348 kein besonderes subjektives Merkmal einer Begebungs- oder Gebrauchsabsicht. Dennoch erscheint es zutreffend, die Vorschrift zur Vermeidung einer zu weiten Vorverlagerung der Vollendungsstrafbarkeit im Einklang mit der Rechtsprechung und herrschenden Meinung im Schrifttum in ihrer Reichweite teleologisch einzuschränken und bereits in objektiver Hinsicht einen **Entäußerungsakt** zu verlangen.[175] Erst dann ist die Falschbeurkundung bewirkt,[176] sodass diese hier favorisierte Auslegung mit dem Wortlaut der Norm in Einklang gebracht werden kann.[177] Diese Sicht entspricht auch dem Schutzzweck der Norm. § 348 dient dem Schutz der inhaltlichen Richtigkeit öffentlicher Urkunden. Solange sich jedoch die Urkunde noch im ausschließlichen Verfügungsbereich der Beurkundungsperson befindet, bedarf es dieses Schutzes nicht, zumal möglicherweise der zuständige Amtsträger noch Änderungen vornehmen kann. Vor diesem Hintergrund genügt zur Vollendung auch nicht die bloße Herstellung in Begebungsabsicht, zumal es für die objektive Vollendung nicht darauf ankommen kann, welchen Vorsatz der Täter hat.[178] Erst wenn die Falschbeurkundung anderen zugänglich gemacht oder dies ermöglicht wird, ist daher von Vollendung auszugehen. Das ist etwa bei notariellen Urkunden ab dem Zeitpunkt der Fall, wenn ein Notar seine Kanzlei anweist, beglaubigte Abschriften zu erteilen.[179] 41

Die Tat kann sowohl durch **positives Tun** als auch durch **Unterlassen** verwirklicht werden. Letzteres kommt etwa in Betracht, falls ein Urkundsbeamter gutgläubig eine Falschbeurkundung vornimmt und dies erst nachfolgend bemerkt. Insoweit geht es dann um eine Garantenstellung aus Ingerenz.[180] Ebenso steht eine Strafbarkeit wegen Unterlassens in Rede, wenn ein Urkundenentwurf als Urkunde versehentlich in den Verkehr gelangt und dies nun der Amtsträger erfährt und nichts unternimmt.[181] 42

---

169 RGSt **9** 214, 217; RGSt **64** 136, 138; RG HRR **1940** Nr. 334; *Freund* MK³ Rdn. 21; *Sch/Schröder/Hecker* Rdn. 8; *Puppe/Schumann* NK Rdn. 26.

170 BGH NJW **1952** 1064; OLG Zweibrücken NStZ **2000** 201; siehe auch OLG Hamm NJW **1977** 592.

171 So *Erb* MK Rdn. 18; *Fischer* Rdn. 8; *Gössel/Dölling* BT 1 § 52 Rdn. 54; *Sch/Schröder/Hecker* Rdn. 14; *Hoyer* SK Rdn. 5; *Joecks/Jäger* Rdn. 3; *Lackner/Kühl/Heger* Rdn. 9; *Matt/Renzikowski/Maier* Rdn. 16; *Maurach/Schroeder/Maiwald* BT II § 66 Rdn. 15; *Puppe/Schumann* NK Rdn. 26 ff.; *Schmedding* HK-GS Rdn. 4; *Winter* S. 163 f.; *SSW/Wittig* Rdn. 14.

172 *Sch/Schröder/Hecker* Rdn. 14.

173 BGH NJW **1952** 1064; OLG Zweibrücken NStZ **2000** 201. Noch enger *Becker* NStZ **2018** 572, 573: Vollendung erst mit Versand der Abschriften.

174 *Arzt/Weber/Heinrich/Hilgendorf* BT § 33 Rdn. 15; *Eisele* BT I Rdn. 945; *Otto* BT § 71 Rdn. 9.

175 Siehe bereits *Zieschang* FS Artuk 845, 850.

176 *Sch/Schröder/Hecker* Rdn. 14.

177 Es liegt also entgegen *Freund* MK³ Rdn. 45 keine verbotene strafbegründende Analogie vor.

178 *Hoyer* SK Rdn. 5.

179 Siehe BGH NJW **1952** 1064; *Sch/Schröder/Hecker* Rdn. 14.

180 Siehe auch Rdn. 96.

181 RGSt **19** 243, 246; RG HRR **1934** Nr. 450.

a) Die Falschbeurkundung, -eintragung oder -eingabe

43 **aa) Beurkundung.** Ein zuständiger Amtsträger **beurkundet** eine Tatsache im Sinne der §§ 271, 348, wenn er sie **zum Zwecke des Beweises für und gegen jedermann** unter Beachtung der **wesentlichen Formvorschriften feststellt.**[182] Diese Feststellung muss also **öffentlichen Glauben** begründen. Andere Feststellungen enthalten **keine Beurkundung** im Sinne der §§ 271, 348.[183] Aus dem Merkmal der **Beurkundung** resultiert folglich, dass §§ 271, 348 nur in Bezug auf Angaben einschlägig sind, auf die sich der **öffentliche Glaube der Urkunde** bezieht, sich also mit anderen Worten die **erhöhte Beweiskraft** erstreckt. Die Feststellung muss also **volle Beweiswirkung für und gegen jedermann** erbringen, anderenfalls handelt es sich nicht um eine Beurkundung.[184]

44 **(1) Vorgeschriebene Form.** Zunächst kann überhaupt nur dann von einer wirksamen Beurkundung ausgegangen werden, wenn die **wesentlichen Formerfordernisse** eingehalten worden sind.[185] Es sind also die für die in Rede stehende Urkunde maßgeblichen Formvorschriften zu ermitteln. Sie können sich aus dem Gesetz,[186] aber auch aus Verwaltungsvorschriften oder ständiger Übung ergeben.[187] Verlangt wird jedoch nur, dass die **wesentlichen Formerfordernisse** gewahrt sind.[188] Dazu muss jedenfalls die ausstellende **Behörde aus der Urkunde hervorgehen.**[189] Hierbei kann ein Stempelaufdruck genügen.[190] Fehlt ein wesentliches Formerfordernis, handelt es sich nicht um eine öffentliche Urkunde.[191]

45 Im Einzelfall sind etwa als wesentliche Formerfordernisse angesehen worden:[192] Der amtliche Stempel auf dem Kfz-Kennzeichen,[193] der Stempel der ausstellenden Behörde bei einem Pass[194] sowie die vollständige Ausfüllung und Unterschrift bei der Zustellungsurkunde[195] und die Unterschriften der Richter unter einem Urteil.[196]

46 Fraglich ist, ob noch dann eine Beurkundung angenommen werden kann, wenn **Ausschließungsgründe** nicht beachtet worden sind. Ein Beispiel hierfür ist etwa § 6 BeurkG, wonach die Beurkundung von Willenserklärungen unwirksam ist, wenn der Notar selbst an der Beurkundung beteiligt ist (so § 6 Abs. 1 Nr. 1 BeurkG).[197] Das Reichsgericht hat die Missachtung dieser Vorschrift nicht als Hinderungsgrund für eine Beurkundung angesehen.[198] Eine wissentliche Falschbeurkundung in eigener Sache sei kein geringerer Missbrauch als eine Falschbeurkundung in Angelegen-

---

182 Siehe BGHSt **20** 309, 314; BGH GA **1964** 309, 310; RGSt **52** 268, 269; RGSt **63** 148, 150; RGSt **72** 377, 378; OLG Frankfurt NJW **1963** 773; *Brehmeier-Metz* AK Rdn. 5; *Freund* MK³ Rdn. 22 f.; *Sch/Schröder/Hecker* Rdn. 9; *Schroth* BT S. 321; *Sch/Schröder/Heine/Schuster* § 271 Rdn. 19; *SSW/Wittig* Rdn. 11; *Zieschang* FS Artuk 845, 850.

183 So ausdrücklich OLG Frankfurt NJW **1963** 773.

184 BGHSt **22** 201, 203; BGHSt **44** 186, 187; BGHSt **47** 39, 41 f.; BayObLG NJW **1992** 1841, 1842; OLG Frankfurt NJW **1963** 773; LG Frankfurt/M NJW **2008** 91, 93.

185 RG JR Rspr. **1926** Nr. 1787; RGSt **63** 125, 126; RG DJ **1938** 947; RG HRR **1939** Nr. 62; *Bock* ZIS **2011** 330, 331.

186 Siehe etwa §§ 8 ff. BeurkG oder § 762 Abs. 2 ZPO.

187 RGSt **58** 280, 282; RGSt **60** 152; *Fischer* § 271 Rdn. 14; *Sch/Schröder/Heine/Schuster* § 271 Rdn. 7.

188 RGSt **24** 281, 282; RGSt **63** 125, 126.

189 RGSt **58** 280, 281; RGSt **66** 124, 125; OLG Karlsruhe medstra **2017** 233, 237; OLG Rostock NStZ-RR **2004** 172, 173.

190 RGSt **64** 136; RGSt **74** 26, 30; OLG Rostock NStZ-RR **2004** 172, 173.

191 RGSt **24** 281, 282; RGSt **26** 158, 160; RGSt **40** 413, 414; RGSt **63** 125, 126; *Fischer* § 271 Rdn. 14; *Sch/Schröder/Heine/Schuster* § 271 Rdn. 7; *Schroth* BT S. 315; *Weidemann* BeckOK § 271 Rdn. 3.

192 Siehe dazu bereits *Gribbohm* LK¹¹ § 271 Rdn. 21.

193 RG LZ **1915** 61.

194 RGSt **60** 152, 153.

195 RGSt **40** 265, 266.

196 *Hoyer* SK § 271 Rdn. 12.

197 Nach § 6 Abs. 2 BeurkG sind an der Beurkundung beteiligt die Erschienenen, deren im eigenen oder fremden Namen abgegebene Erklärungen beurkundet werden sollen.

198 RGSt **72** 176, 179 f.; **anders** *Tröndle* LK¹⁰ Rdn. 9.

heiten eines anderen. Das mag durchaus so sein, doch befreit das nicht von der Prüfung, ob wirklich die in § 348 aufgestellten Voraussetzungen erfüllt sind. In § 6 BeurkG geht es nun aber ausdrücklich um die Wirksamkeit der Beurkundung. Von daher kann in diesen Fällen ebenso wie in Fällen der Nichtigkeit gemäß § 44 VwVfG richtigerweise keine Beurkundung im Sinne der Strafvorschrift angenommen werden.

(2) Erhöhte Beweiskraft

(a) Grundsätzliches. Eine **Beurkundung** im Sinne der §§ 271, 348 liegt nur hinsichtlich solcher Feststellungen in öffentlichen Urkunden vor, auf die sich die **erhöhte Beweiskraft**, der **öffentliche Glaube**, erstreckt, also die **volle Beweiswirkung für und gegen jedermann**.[199] Nur insoweit greift der Wahrheitsschutz der §§ 271, 348. Das entspricht der ständigen Rechtsprechung[200] und auch der überwiegenden Auffassung des Schrifttums.[201] Wenn demgegenüber dieses Merkmal vereinzelt ganz abgelehnt wird,[202] führt eine solche Sicht nicht nur zu einer sehr starken Ausdehnung der Strafbarkeit, was sich vor dem Hintergrund des § 271 als noch problematischer erweist, sondern verkennt auch, dass dieses Merkmal gerade dem Begriff der „Beurkundung" innewohnt: Nur Feststellungen, auf die sich die erhöhte Beweiskraft bezieht, werden „beurkundet", andere hingegen nicht. Zwar ist zuzugeben, dass im Einzelfall nicht einfach zu klären sein mag, worauf sich die erhöhte Beweiskraft bezieht, jedoch dürfen gewisse Schwierigkeiten bei der Rechtsanwendung nicht zur Konsequenz haben, dann vollständig auf eine Voraussetzung der Strafbarkeit zu verzichten. 47

§§ 271, 348 erfassen also **nicht jede** Angabe in einer öffentlichen Urkunde, sondern nur solche, auf die sich die **erhöhte Beweiskraft** bezieht.[203] 48

Dabei darf die Formel „Beweiskraft für und gegen jedermann" nicht so verstanden werden, dass jede öffentliche Urkunde von vornherein für jedermann bestimmt sein muss.[204] Ausreichend ist vielmehr, dass sie gegebenenfalls nicht nur für und gegen den Aussteller, sondern gegen jeden Dritten für die in ihr beurkundeten Tatsachen Beweis erbringen kann.[205] An der Beweiskraft für und gegen jedermann fehlt es folglich nicht deswegen, weil sich das Beweisinteresse an der Urkunde praktisch zunächst nur auf einen bestimmten Kreis von Personen bezieht.[206] 49

Worauf sich die erhöhte Beweiskraft der Urkunde erstreckt, welche Angaben in der Urkunde also diese Voraussetzung erfüllen, ist dabei **jeweils im Einzelfall** zu untersuchen: Soweit eine **ausdrückliche Regelung** zur Beweiswirkung besteht,[207] ist diese **ausschlaggebend**.[208] Anderen- 50

199 Siehe bereits Rdn. 43.

200 Etwa BGHSt **17** 66, 67; BGHSt **20** 309, 314; BGHSt **22** 201, 203; BGHSt **26** 9, 11; BGHSt **44** 186, 187; BGH NJW **2004** 3195; BGHSt **47** 39, 41 f.; BGHSt **53** 34, 36; BGH NStZ **2018** 718, 720; BGHSt **63** 182, 184; siehe bereits RGSt **14** 99, 100; RGSt **17** 76, 78; RGSt **25** 223, 225; RGSt **59** 13, 18 f.; BayObLG NJW **1992** 1841, 1842; OLG Bamberg NStZ-RR **2014** 142; OLG Karlsruhe StV **2009** 133, 134; OLG München NStZ **2006** 575.

201 Etwa *Gössel/Dölling* BT I § 52 Rdn. 50; *Joecks/Jäger* § 271 Rdn. 16; *Kindhäuser/Schramm* BT I § 58 Rdn. 4; *Rengier* BT II § 37 Rdn. 16; *Weidemann* NStZ **2018** 720, 721; *Wessels/Hettinger/Engländer* BT 1 Rdn. 899; kritisch zur „Beweiswirkung für und gegen jedermann" hingegen *Bock* ZIS **2011** 330, 331 ff.; *Freund* Urkundenstraftaten Rdn. 306; *ders.* MK[3] Rdn. 23; *Gigerl* S. 108 ff.; *Hartleb* S. 55 f.; *Puppe* ZStW **130** (2018) 649, 667 f.; *Puppe/Schumann* NK Rdn. 2 sowie *dies.* NK § 271 Rdn. 8 f.

202 *Bock* ZIS **2011** 330, 331 ff.

203 BGHSt **22** 201, 203; BGHSt **44** 186, 187; BGHSt **47** 39, 41 f.; BGHSt **53** 34, 36; BGHSt **60** 66, 67; BGH NStZ **2016** 676, 677; BGHSt **63** 182, 184; OLG Bamberg NJOZ **2015** 1903, 1905; OLG Karlsruhe NJW **1999** 1044; OLG Karlsruhe StV **2009** 133, 134; OLG Thüringen wistra **2010** 111, 115 f.; OLG Zweibrücken NStZ **2004** 334, 335; *Erb* NStZ **2009** 389; *Sch/Schröder/Hecker* Rdn. 9.

204 RGSt **17** 76, 78; BayObLG NJW **1990** 655, 656; OLG Rostock NStZ-RR **2004** 172, 174.

205 RGSt **17** 76, 78; BayObLG NJW **1990** 655, 656; OLG Rostock NStZ-RR **2004** 172, 174.

206 BayObLG NJW **1990** 655, 656; OLG Rostock NStZ-RR **2004** 172, 174; *Sch/Schröder/Hecker* Rdn. 9.

207 Siehe etwa § 274 StPO (Beweiskraft des Sitzungsprotokolls); § 892 BGB (Grundbuch); § 2366 BGB (Erbschein); § 54 PStG (Personenstandsregister).

208 BGH NStZ **2018** 406, 407; BGH NStZ **2018** 718, 720; BGHSt **63** 182, 184.

falls ist die Frage nach der erhöhten Beweiskraft mittelbar durch Heranziehung der **gesetzlichen Bestimmungen**, die für **Errichtung und Zweck der öffentlichen Urkunde** maßgeblich sind, zu beantworten.[209] Zu beachten sind dabei auch die **Anschauungen des Rechtsverkehrs.**[210] Es ist ein **strenger Maßstab** anzulegen,[211] um die Strafvorschrift nicht über Gebühr auszudehnen. Die erhöhte Beweiskraft kann nur dann angenommen werden, wenn **kein Zweifel besteht**, dass dies unter **Berücksichtigung der Verkehrsanschauung** dem **Sinn und Zweck des Gesetzes** entspricht.[212] Wesentliche Kriterien zur Bestimmung der Reichweite des öffentlichen Glaubens sind dabei nach dem BGH neben dem Beurkundungsinhalt als solchem das Verfahren und die Umstände des Beurkundungsvorgangs sowie die Möglichkeit des die Bescheinigung ausstellenden Amtsträgers, die Richtigkeit des zu Beurkundenden zu überprüfen.[213]

51 Der BGH stellt aber auch klar, dass der öffentliche Glaube sich **nicht** losgelöst von der Rechtsgrundlage **allein** aus der Verkehrsanschauung oder ausschließlich aus dem Beurkundungsinhalt, dem Beurkundungsvorgang oder den tatsächlichen Prüfungsmöglichkeiten der Behörde ergeben kann.[214]

52 Der BGH führt weiterhin aus:[215] „Die Beurkundung einer Tatsache, die **weder nach dem Gesetz noch nach einer anderen Vorschrift (zwingend) angegeben** zu werden braucht und deren unwahre Kundgabe die **Wirksamkeit der Beurkundung nicht berührt**, kann **grundsätzlich nicht** als die Beurkundung einer rechtlich erheblichen Tatsache angesehen werden." In anderen Entscheidungen findet sich die Formulierung, zu Angaben mit erhöhter Beweiskraft gehörten „vor allem"[216] oder „insbesondere"[217] solche, die nach dem Gesetz zwingend anzugeben sind, „in der Regel"[218] nicht dagegen solche Tatsachen, die weder nach dem Gesetz noch nach anderen Vorschriften zwingend anzugeben sind und deren unwahre Kundgabe die Wirksamkeit der Beurkundung nicht berührt.

53 Diese Rechtsprechung wird teilweise im **Schrifttum** dahingehend verstanden, dass sie den öffentlichen Glauben auf die Angaben beschränke, die in **Mussvorschriften** vorgesehen sind.[219] Eine solche Interpretation erscheint indes überzogen und nicht richtig. So zieht der BGH weitere Kriterien heran (etwa Verfahren und Umstände des Beurkundungsvorgangs) und betont nach wie vor, dass ebenfalls die Anschauungen des Rechtsverkehrs Beachtung finden. Darüber hinaus stellt der Gesichtspunkt, dass eine nicht zwingend anzugebende Tatsache nicht als Beurkundung einer rechtlich erheblichen Tatsache angesehen werden kann, nur einen **Grundsatz** dar, sodass davon

---

209 BGHSt **22** 201, 203; BGHSt **44** 186, 188; BGHSt **47** 39, 42; BGHSt **53** 34, 36; BGHSt **60** 66, 67; BGH NStZ **2016** 676, 677; BGH NStZ **2018** 718, 720; BGHSt **63** 182, 184; *Sch/Schröder/Hecker* Rdn. 12; *Zieschang* FS Artuk 845, 851.

210 BGHSt **22** 201, 203; BGHSt **44** 186, 188; BGHSt **47** 39, 42; BGH NStZ **2016** 676, 677.

211 BGHSt **22** 201, 203; BGHSt **42** 131 f.; BGHSt **44** 186, 188; BayObLG NJW **1992** 1841, 1842; OLG Hamburg NStZ **2014** 95, 96; OLG Karlsruhe NJW **1999** 1044; OLG Karlsruhe StV **2009** 133, 134; LG Frankfurt/M. NJW **2008** 91, 93; *Gössel/Dölling* BT I § 52 Rdn. 50; *Sch/Schröder/Hecker* Rdn. 12; *Matt/Renzikowski/Maier* § 271 Rdn. 12; *Paul* ZIS **2012** 11, 22; *Rengier* BT II § 37 Rdn. 18; *SSW/Wittig* § 271 Rdn. 14.

212 BGHSt **22** 201, 203; BGHSt **26** 9, 11; BGHSt **42** 131, 132; BGHSt **44** 186, 188; BGHSt **60** 66, 69; BGH NStZ **2016** 676, 677; BayObLG NJW **1992** 1841, 1842; OLG Bamberg NJOZ **2015** 1903, 1905; OLG Karlsruhe NJW **1999** 1044; OLG Karlsruhe medstra **2017** 233, 238; LG Frankfurt/M NJW **2008** 91, 93.

213 BGHSt **53** 34, 36; BGHSt **60** 66, 68; BGHSt **63** 182, 184.

214 BGH NStZ **2018** 406, 407; siehe auch OLG Stuttgart NStZ-RR **2013** 14, 15; *Puppe/Schumann* NK § 271 Rdn. 10; *Wessels/Hettinger/Engländer* BT 1 Rdn. 899; *SSW/Wittig* Rdn. 10.

215 BGHSt **44** 186, 188; Hervorhebungen nicht im Original; ebenso BGHSt **47** 39, 42. Siehe auch BGHSt **22** 32, 35; BGH NStZ-RR **2000** 235; OLG Bamberg NJOZ **2015** 1903, 1905; OLG Hamburg BeckRS **2010** 14203; OLG Zweibrücken NStZ **2004** 334, 335; LG Frankfurt/M NJW **2008** 91, 93; zustimmend etwa *Sch/Schröder/Hecker* Rdn. 12.

216 BGH NStZ-RR **2000** 235.

217 BGH NJW **2004** 3195; BGHSt **60** 66, 68.

218 BGH NJW **2004** 3195; BGHSt **60** 66, 68.

219 *Sch/Schröder/Hecker* Rdn. 12; *Hoyer* SK Rdn. 9; *Klesczewski* BT § 17 Rdn. 93; siehe auch *Matt/Renzikowski/Maier* § 271 Rdn. 13. Ebenso *Puppe/Schumann* NK Rdn. 4a, die dies jedoch kritisch sehen und auch Sollvorschriften in den Schutz des § 348 einbeziehen wollen. Gegen die Einbeziehung von Sollvorschriften *Weidemann* BeckOK Rdn. 6.

Abweichungen in Betracht kommen. Zudem vollzieht die Rechtsprechung eine weitere Einschränkung: Der BGH stellt bei der grundsätzlichen Ablehnung der §§ 271, 348 im Fall nicht zwingender Vorschriften zusätzlich darauf ab, dass die **unwahre Kundgabe die Wirksamkeit der Beurkundung nicht berühren** darf. Es geht also maßgeblich um die **unwahre Kundgabe als solche** und die damit verbundene Frage, ob damit **inhaltlich eine Wirksamkeitsvoraussetzung der Urkunde berührt wird**, dagegen nicht darum, ob die Angabe in der Urkunde nur als Sollvorschrift formuliert ist.[220] Exemplarisch soll das am Abschlussvermerk nach § 13 Abs. 1 Satz 2 BeurkG veranschaulicht werden:

Der notarielle Abschlussvermerk „vorgelesen, genehmigt und unterschrieben" ist gemäß § 13 Abs. 1 Satz 2 BeurkG nicht zwingend anzugeben, sondern „soll" nur angegeben werden; es handelt sich also bei § 13 Abs. 1 Satz 2 BeurkG um eine bloße **Sollvorschrift**. Daraus wird zum Teil nun der Schluss gezogen, dass sich darauf die erhöhte Beweiskraft nicht beziehe.[221] All denjenigen Teilen einer öffentlichen Urkunde komme die besondere Beweiswirkung zu, die für den Bestand und die Wirksamkeit der Urkunde zwingend erforderlich seien, nicht dagegen Sollvorschriften.[222] Da ein falscher Abschlussvermerk nicht schädlicher sein könne als ein gänzlich fehlender, bleibe der Beweisverkehr unberührt, sodass § 348 nicht einschlägig sei.[223] Parallel hat das OLG Zweibrücken angenommen, § 348 scheide aus, wenn im Abschlussvermerk der Wahrheit zuwider die vollständige Verlesung der notariellen Kaufverträge angegeben wurde, diese jedoch nur teilweise verlesen worden waren.[224] Der Vermerk über das Verlesen und Genehmigen sei kein zwingendes Wirksamkeitserfordernis für die Beurkundung, § 13 Abs. 1 Satz 2 BeurkG eine bloße Sollvorschrift.[225] Hierbei wird jedoch nun maßgeblich übersehen, dass die vollständige Verlesung zwingendes und wesentliches Formerfordernis ist, dessen Nichtbeachtung zur Unwirksamkeit des beurkundeten Rechtsgeschäfts führt.[226] Es geht damit bei der **vollständigen Verlesung** nicht bloß um eine Verfahrensvoraussetzung, sondern inhaltlich um ein **Wirksamkeitserfordernis** der Urkunde. Folglich überzeugt die Ablehnung des § 348 nicht. 54

Dagegen hat das OLG Zweibrücken im Jahr 1999 richtig entschieden, der Vermerk „vorgelesen, genehmigt und unterschrieben" sei falsch, wenn dieses Blatt nicht mit der tatsächlich vorgelesenen Verhandlungsniederschrift verbunden wird, sondern mit einer nachträglich erstellten Reinschrift, die nicht vorgelesen worden ist, selbst wenn beide inhaltlich übereinstimmen.[227] § 348 wurde zutreffend bejaht, da die Verlesung zwingendes und wesentliches Formerfordernis ist, dessen Nichtbeachtung zur Unwirksamkeit des beurkundeten Geschäfts führt. Die Reinschrift war den Beteiligten nicht vorgelesen, von ihnen nicht genehmigt und nicht unterschrieben worden; gerade dies ist aber beurkundet worden.[228] Parallel liegt ein Fall des § 348 etwa vor, wenn ein Notar bei der Verlesung von einem Grundstückskaufvertrag unter Verstoß gegen § 13 Abs. 1 Satz 1 BeurkG nicht gegenwärtig ist, dies aber beurkundet wird,[229] oder die Urkunde von den Erklärenden tatsächlich nicht eigenhändig unterschrieben ist, dies aber beurkundet wird. Denn dies betrifft die **Wirksamkeit der Urkunde**. Schon allein mit seiner **Unterschrift beurkundet** der Notar, selbst wenn der Vermerk fehlt, die vollständige Verlesung der Niederschrift in seiner Gegenwart 55

220 *Zieschang* FS Artuk 845, 851 f.
221 Etwa *Sch/Schröder/Hecker* Rdn. 12. So auch die Interpretation der Rechtsprechung durch *Puppe/Schumann* NK Rdn. 12, die dies aber wiederum kritisieren.
222 *Klein* DNotZ **2005** 193, 197 f., der jedoch für die Fernbeglaubigung eine Ausnahme macht, obwohl § 40 Abs. 1 und Abs. 3 Satz 2 BeurkG Sollvorschriften sind; *Klein* a.a.O. Fn. 26.
223 *Klein* DNotZ **2005** 193, 199 f.
224 OLG Zweibrücken NStZ **2004** 334.
225 OLG Zweibrücken NStZ **2004** 334, 335.
226 So auch OLG Zweibrücken NStZ **2000** 201.
227 OLG Zweibrücken NStZ **2000** 201.
228 OLG Zweibrücken NStZ **2000** 201.
229 BGHSt **26** 47; Lackner/Kühl/*Heger* Rdn. 7; **anders** *Sch/Schröder/Hecker* Rdn. 12.

sowie die Genehmigung und eigenhändige Unterschrift der Beteiligten;[230] dass § 13 Abs. 1 Satz 2 BeurkG Sollvorschrift ist, hat also keine Auswirkungen auf die diesbezügliche erhöhte Beweiskraft.

56 Teilweise wird davon ausgegangen, die erhöhte Beweiskraft könne sich **nicht** auf Umstände beziehen, welche die Urkundsperson selbst **nicht wahrgenommen** hat.[231] Das ist sicherlich im Grundsatz richtig,[232] erfährt aber auch gewichtige **Ausnahmen**, was sich etwa bei Eintragungen in **Personenstandsbücher** zeigt: Dort bezieht sich die erhöhte Beweiskraft zum Beispiel auf Geburt und Tod einer Person,[233] ohne dass insofern normalerweise eine unmittelbare Wahrnehmung durch den Amtsträger erfolgt. Richtig führt der BGH aus, die erhöhte Beweiskraft könne auf den eigenen Wahrnehmungsmöglichkeiten des die Urkunde ausstellenden Amtsträgers beruhen, sie kann sich für ihn aber auch aus den im Verfahren vorzulegenden Bescheinigungen anderer öffentlicher Stellen mit erhöhter Richtigkeitsgewähr ergeben.[234] Die Beweiskraft könne weiter reichen als die Prüfungsmöglichkeiten des beurkundenden Amtsträgers,[235] wenn auch regelmäßig die erhöhte Beweiskraft sich nicht auf Angaben erstreckt, die der Amtsträger nicht überprüfen kann.[236]

57 **(b) Bestimmtheitserfordernis.** Zwar ist zuzugeben, dass im Einzelfall die Feststellung schwierig sein kann, ob einer Angabe die erhöhte Beweiskraft zukommt oder nicht. Allein Schwierigkeiten bei der Rechtsfindung können aber wie bereits erwähnt nicht zu der Konsequenz führen, auf ein mit dem Beurkundungsbegriff verbundenes Merkmal und damit eine Voraussetzung der Strafbarkeit zu verzichten; dies wäre vielmehr ein Verstoß gegen Art. 103 Abs. 2 GG. Wenn u.a. auch auf den Sinn der für die Urkundenerrichtung maßgeblichen Gesetze sowie auf die Verkehrsanschauung abgestellt wird, ist dies durchaus mit dem Bestimmtheitsgebot gemäß Art. 103 Abs. 2 GG vereinbar.[237] So wird durch das Erfordernis der erhöhten Beweiskraft die Strafbarkeit gerade nicht ausgedehnt, sondern umgekehrt der Wahrheitsschutz auf die entscheidenden Inhalte begrenzt, zumal das Gebot eines strengen, restriktiven Maßstabs bei der Frage der erhöhten Beweiskraft zu beachten ist. Das wird auch dadurch gewährleistet, dass man darauf abstellt, ob eine Angabe inhaltlich eine Wirksamkeitsvoraussetzung der Urkunde betrifft. Auch in anderen Bereichen des Strafrechts – etwa beim Gewahrsamsbegriff – wird im Übrigen auf die Verkehrsanschauung abgestellt, zumal diese allein nicht maßgeblich sein darf. Die Heranziehung von Sinn und Zweck eines Gesetzes ist ein legitimes Auslegungsmittel, das dann über systematische Erwägungen für §§ 271, 348 fruchtbar gemacht werden kann.[238]

58 **(c) Sonderfall Dispositivurkunden.** Problematisch ist weiterhin die Behandlung von Dispositivurkunden, also von solchen, die amtliche Anordnungen, Verfügungen oder Entscheidungen enthalten,[239] so zum Beispiel den Erlass eines Verwaltungsakts. Hier findet sich die Aussage, keine falsche Beurkundung eines Verwaltungsakts liege vor, sofern der Amtsträger ihn zwar rechtswid-

230 Siehe BGHSt **26** 47, 49.
231 Siehe *Bosch* JK **2015** 540, § 348; *Geppert* JK 11/09 StGB § 271/3; vgl. auch OLG Köln JR **1979** 255; OLG Stuttgart NStZ-RR **2013** 14, 15.
232 Siehe auch *Schuster* NStZ **2016** 676, 677.
233 Siehe § 54 PStG; vgl. auch *Freund* MK³ Rdn. 12 sowie *dens.* MK³ § 271 Rdn. 14.
234 BGHSt **53** 34, 36; BGHSt **60** 66, 68.
235 BGHSt **42** 131, 134 f. (die Entscheidung bezieht sich auf die Aufenthaltsgestattung; die Rechtslage hat sich insofern zwischenzeitlich geändert).
236 Siehe BGHSt **17** 66, 68; BGHSt **20** 309, 314 f.; BGHSt **60** 66, 68; OLG Düsseldorf MDR **1966** 945, 946; OLG Hamburg NJW **1964** 935, 936 f.
237 Siehe insofern jedoch die Bedenken bei *Puppe* JZ **1991** 609, 610.
238 Siehe auch *Gribbohm* LK¹¹ § 271 Rdn. 37; ferner *F. Meyer* FS Dreher 425, 432.
239 Siehe § 417 ZPO.

rig, aber wirksam[240] erlassen hat.[241] Die sachliche Richtigkeit der Entscheidung werde nicht bestätigt.[242] Es werde nur Beweis dafür erbracht, dass die **Maßnahme tatsächlich getroffen wurde, nicht** aber auch, dass sie **zu Recht erfolgte**.[243] Zur Stützung dieser These können dann auch eine ganze Reihe von Entscheidungen angeführt werden: So beweise etwa die Erteilung eines Bezugsscheins über Lebensmittel nicht, dass die Entscheidung zu Recht ergangen ist.[244] Die **Vaterschaftsanerkennung** beweise nur, dass diese erklärt wurde, nicht aber die Vaterschaft selbst.[245] Auch werde bei der **Adoption** nicht beurkundet, dass diese rechtmäßig erfolgt ist.[246] Beim **Steuerbescheid** beziehe sich die erhöhte Beweiskraft nicht darauf, dass die dort angenommenen Tatsachengrundlagen richtig sind.[247] Nach dem BGH ist bei der Umschreibung eines ausländischen in einen deutschen **Führerschein**, wobei der Amtsträger ihn rechtswidrig auf weitere Fahrzeugklassen erweitert, die Beurkundung der Fahrerlaubnisklassen im Führerschein richtig, wenn die Fahrerlaubnis in dem im Führerschein beschriebenen Umfang der dort bezeichneten Person wirksam, wenn auch zu Unrecht, erteilt worden ist.[248] Das BayObLG ist der Auffassung, der Führerschein besitze keine erhöhte Beweiskraft in Bezug auf den Umstand, ob bei dem Inhaber die gesetzlichen Voraussetzungen für die Erlangung der Fahrerlaubnis vorlagen.[249] Nach dem OLG Düsseldorf hat der Führerschein (zur Fahrgastbeförderung) keine erhöhte Beweiskraft dahingehend, dass der Führerschein zu Recht ausgestellt worden ist, also die Voraussetzungen für die Erteilung der Fahrerlaubnis erfüllt waren.[250] Parallel beziehe sich der öffentliche Glaube bei staatlichen **Zeugnissen** nicht darauf, dass die Prüfung ordnungsgemäß abgelegt worden ist.[251] Das BayObLG meint, der öffentliche Glaube der **Ausfuhrbescheinigung** der Grenzzollstelle erstrecke sich nicht auf die Erklärung des Beamten, die Bescheinigung sei aufgrund eigener Wahrnehmung der bezeugten Tatsachen erteilt worden; der öffentliche Glaube beziehe sich immer nur auf das Ergebnis der amtlichen Wahrnehmung, den Inhalt des amtlichen Befundes.[252] Das OLG Köln hat entschieden, die Erteilung der **Aufenthaltserlaubnis** beweise nur, dass diese Anordnung wirksam ergangen ist, nicht aber, dass die Entscheidung richtig ist.[253] Parallel meint der BGH, bei der Aussetzung der Abschiebung erstrecke sich die erhöhte Beweiskraft nicht auf die sachliche Richtigkeit der Entscheidung.[254]

Aus hiesiger Sicht ist anzumerken, dass sich der öffentliche Glaube zwar **in der Regel** nicht darauf erstreckt, dass die Entscheidung rechtmäßig ergangen ist. Das entbindet allerdings nicht 59

---

240 Auch dieses Erfordernis ist nicht unumstritten; kritisch etwa *Puppe* JR **1979** 256.
241 Siehe BGHSt **37** 207, 209 f.; OLG Bamberg NJOZ **2015** 1903, 1908 f.; OLG Frankfurt NStZ **1996** 234, 235; OLG Köln JR **1979** 255; *Sch/Schröder/Hecker* Rdn. 10; *Lackner/Kühl/Heger* Rdn. 8; *SSW/Wittig* Rdn. 12.
242 *Gribbohm* LK[11] § 271 Rdn. 41; *Tröndle* JR **1973** 205; ebenso *Puppe* JR **1979** 256, 258; anders aber *dies.* NStZ **1999** 576 in Bezug auf die HU-Prüfplakette. Nach *Puppe/Schumann* NK Rdn. 5, 25 wiederum sind in Dispositivurkunden keine Tatsachen enthalten. Das vermag so nicht zu überzeugen, ergibt sich doch zumindest aus der Urkunde die Tatsache, dass eine bestimmte Entscheidung (in Bezug auf einen konkreten Sachverhalt) getroffen worden ist.
243 *Hoyer* SK § 271 Rdn. 19.
244 OLG Hamm DRZ **1949** 116; siehe aber auch RG HRR **1941** Nr. 949.
245 RGSt **70** 237, 238; KG BeckRS **2023** 9269; AG Cottbus NStZ-RR **2005** 217, 218; zweifelnd VG Frankfurt NJW **1988** 3032, 3033.
246 BGH NStZ **2007** 471.
247 RG JW **1938** 794; RGSt **72** 377, 378.
248 BGHSt **37** 207, 209.
249 BayObLG VRS **15** 278 ff.; ebenso OLG Hamm NStZ **1988** 26.
250 OLG Düsseldorf NZV **2000** 177, 178.
251 OLG Bamberg NJOZ **2015** 1903, 1905.
252 BayObLG NJW **1990** 655, 657; siehe auch OLG Karlsruhe NJW **2012** 869, 870: Die erhöhte Beweiskraft der Ausfuhrbescheinigung beziehe sich nur auf die Abgabe einer Erklärung, nicht auf deren inhaltliche Richtigkeit; ebenso OLG Frankfurt NStZ **1996** 234, 235; *Koch* HK-GS § 271 Rdn. 7; **anders** *Paul* ZIS **2012** 11, 23 ff. Siehe zudem LG Landshut NStZ-RR **2010** 78: Der öffentliche Glaube erstrecke sich darauf, dass die Ware am angegebenen Tag ausgeführt wurde, und auch darauf, dass der Ausführer im Drittland außerhalb der EU wohnt.
253 OLG Köln JR **1979** 255 f.; im Ergebnis zustimmend *Puppe* JR **1979** 255.
254 BGH bei Holtz MDR **1977** 283.

davon, die erhöhte Beweiskraft **jeweils im Einzelfall** ausgehend von den maßgeblichen gesetzlichen Vorschriften zu überprüfen. Es gibt durchaus Fallkonstellationen, in denen auch beurkundet wird, dass die Voraussetzungen für den Erlass des Verwaltungsakts o.ä. vorlagen. So hat denn ebenfalls die Rechtsprechung die erhöhte Beweiskraft in einer Reihe von Fällen auch auf die Rechtmäßigkeit des Verfahrens bezogen.

60 Erwähnt seien insofern folgende Entscheidungen: So sollen beim Hopfen die Begleiturkunden der Siegelhallen beurkunden, dass der Hopfen aus dem bezeichneten Anbaugebiet stammt.[255] Auch erbringe der **Tauglichkeitsstempel** des Fleischbeschauers erhöhte Beweiskraft dafür, dass er das Fleisch wirklich untersucht und für tauglich befunden hat.[256] Bei der **zweiten Leichenschau** werde mit erhöhter Beweiskraft die Feststellung getroffen, dass der Arzt die Leiche tatsächlich untersucht und keine Anhaltspunkte für einen nicht natürlichen Tod festgestellt hat.[257] Das im Rahmen der hoheitlichen Verkehrsüberwachung erstellte **Messprotokoll** belegt nach der Rechtsprechung mit Beweiskraft für und gegen jedermann neben der Verkehrssituation den ordnungsgemäßen Aufbau und den ordnungsgemäßen Betrieb des Messgeräts und dessen Verwendung gemäß seiner Zulassung.[258] Das OLG Rostock hat entschieden, durch das Abstempeln von SMGS-**Frachtbriefen**[259] werde zu öffentlichem Glauben nicht nur die ordnungsgemäße Verplombung des jeweiligen Frachtcontainers bewiesen, sondern auch die Ordnungsgemäßheit der Warenausfuhr, also die Übereinstimmung der angegebenen Warenart in den Vorpapieren und in dem SMGS-Frachtbrief.[260] Auch hier also wird letztlich die Ordnungsgemäßheit des Verfahrens als vom öffentlichen Glauben erfasst angesehen.

61 Andererseits ist das BayObLG wiederum der Auffassung, bei der **Prüfplakette** in Verbindung mit dem amtlich **zugelassenen Kennzeichen** und der entsprechenden **Eintragung in der Zulassungsbescheinigung Teil I** (der frühere Fahrzeugschein) beziehe sich die erhöhte Beweiskraft **nur** auf den Nachweis des Termins der nächsten **Hauptuntersuchung**, nicht dagegen darauf, dass der Prüfer das Fahrzeug als vorschriftsmäßig befunden habe.[261] Dagegen ist jedoch einzuwenden, dass nach der klaren gesetzlichen Regelung in § 29 Abs. 3 Satz 2 StVZO durch die angebrachte Prüfplakette bescheinigt wird, dass das Fahrzeug zum Zeitpunkt der Untersuchung **vorschriftsmäßig** ist. Das mit § 29 Abs. 3 StVZO verbundene Ziel ist gerade die Verbesserung der Aussagequalität der Hauptuntersuchung.[262] Konsequenz daraus ist, dass sich der öffentliche Glaube nach richtiger Auffassung auch auf die Tatsache der Mängelfreiheit des Fahrzeugs bezieht.[263] Zutreffend

---

255 BGHSt **8** 46, 50.

256 RGSt **53** 165, 166; RGSt **64** 136, 138; RGSt **74** 26, 31 f.; OLG Karlsruhe Die Justiz **1967** 152, 153; *Freund* MK³ Rdn. 29.

257 OLG Karlsruhe medstra **2017** 233, 238.

258 OLG Frankfurt NStZ-RR **2020** 44.

259 Siehe zu dieser Art von Frachtbriefen bereits Rdn. 20.

260 OLG Rostock NStZ-RR **2004** 172, 174.

261 BayObLG NStZ **1999** 575, 576; ebenso OLG Brandenburg BeckRS **2015** 126482; OLG Hamm MDR **1974** 857; OLG Köln JR **1979** 255, 256; *Bach* StraFo **2019** 102, 105 ff.; *Gössel/Dölling* BT 1 § 52 Rdn. 51; *Sch/Schröder/Heine/Schuster* § 271 Rdn. 21; offengelassen von OLG Hamburg NStZ **2014** 95, 96 f.; siehe auch BGHSt **26** 9. Die Entscheidungen des BGH, OLG Hamm und OLG Köln sind vor Einführung des § 29 Abs. 3 Satz 2 StVZO ergangen.

262 VkBl **1998** 503, 505: „Durch die vorgenannte Neufassung der Vorschriften wird eine einheitliche Durchführung und eine in ihrer Aussagequalität verbesserte HU erwartet.".

263 BGHSt **63** 182, 185; OLG Celle NZV **1991** 318, 319; *Arzt/Weber/Heinrich/Hilgendorf* BT § 33 Rdn. 13; *Claus* NStZ **2014** 66, 67; *Heinrich* Hb StrafR Bd 5 § 51 Rdn. 67; *Hoven* NJW **2019** 90; *Köhler* SVR **2008** 372, 374; *Kudlich* BT II Nr. 172; *Puppe* NStZ **1999** 576, 577; *Puppe/Schumann* NK Rdn. 20 f.; *Vock* NJ **2012** 276, 279; *Zieschang* FS Artuk 845, 853. Wenn mich der BGHSt **63** 182, 186 (ebenso im Übrigen *Bosch* JK **2019** 434, § 348 StGB; *Goebel* NZV **2019** 622) als Befürworter der Gegenansicht einstuft und sich insofern auf *Zieschang* LK¹² § 348 Rdn. 20 beruft, stellt das eine ungenaue Quellenauswertung dar: In dieser Rdn. 20 wird allein die Auffassung des BayObLG wiedergegeben, ohne dass von meiner Seite eine Stellungnahme dazu erfolgt. Im Gegenteil ist von mir – freilich an anderer Stelle und ohne unmittelbaren Zusammenhang mit § 348 – bereits 2009 dargelegt worden, dass durch die Prüfplakette gemäß § 29 Abs. 3 Satz 2 StVZO bescheinigt wird, dass das Fahrzeug im Zeitpunkt der Untersuchung vorschriftsmäßig ist; *Zieschang* FG Paulus 197, 200. Die Prüfplakette gibt zudem darüber Aufschluss, in welchem Jahr und in welchem Monat der Wagen wieder zur Hauptuntersuchung vorzuführen ist.

hat daher der BGH im Jahr 2018 entschieden, dass die Prüfplakette nicht nur den Nachweis über den Termin der nächsten Hauptuntersuchung erbringt, sondern auch den Nachweis, dass das geprüfte Fahrzeug zum Zeitpunkt der Untersuchung als vorschriftsgemäß befunden wurde.[264] Dass die sachliche Richtigkeit normalerweise nicht am öffentlichen Glauben teilnimmt, ist demnach der Grundsatz, gilt folglich aber nicht ausnahmslos. Natürlich bleibt stets zu beachten, dass rein rechtliche Schlussfolgerungen schon keine Tatsachen sind und demnach insofern §§ 271, 348 nicht in Betracht kommen können.

(d) Kasuistik. Im Folgenden ist auf Fallgestaltungen einzugehen, in denen in der Rechtsprechung 62
die erhöhte Beweiskraft angenommen oder auch verneint wurde. Ob Tatsachen von der erhöhten Beweiskraft umfasst werden, ist dabei das maßgebliche Problem des § 348 und des § 271.[265]

Ergänzend zu den bereits angesprochenen Konstellationen aus dem besonders wichtigen Be- 63
reich des **Notariatswesens**[266] sind als Angaben mit erhöhter Beweiskraft in einer **notariellen Urkunde** in der Rechtsprechung erachtet worden: Bei einem notariellen Grundstückskaufvertrag die **Anwesenheit des Notars**[267] und die **Anwesenheit anderer Beteiligter**.[268] § 348 liegt insofern ebenfalls vor, wenn der Notar andere Erklärungen als tatsächlich abgegeben beurkundet.[269] Die erhöhte Beweiskraft bezieht sich auch auf die **Identität der Erklärenden**,[270] auf den **Wohnort** einer am zu beurkundenden Geschäft beteiligten natürlichen Person und auf die Tatsache der Vorlage einer **Vollmachtsurkunde** für einen Beteiligten durch einen Erschienenen.[271] Eine Falschbeurkundung liegt vor, wenn eine Person, die in Wahrheit nur bevollmächtigter Vertreter ist, als vertragsschließende Partei mit dem Namen des Vollmachtgebers aufgenommen wird.[272]

Die erhöhte Beweiskraft ist bei notariellen Urkunden dagegen **abgelehnt** worden: Bei der 64
wahrheitswidrigen Angabe, die Beurkundung sei am **Ort des Amtssitzes** des Notars geschehen.[273] Richtigerweise hätte man aber hier schon sagen müssen, dass der Notar nicht „innerhalb seiner Zuständigkeit" gehandelt hat und bereits aus diesem Grund § 348 entfällt.[274] Der Vermerk über die **Sprachkunde** eines Erschienenen nimmt nach Auffassung des BGH nicht an der erhöhten Beweiskraft teil.[275] Entsprechendes gelte für die **Geschäftsfähigkeit**.[276] Unrichtige Angaben über das **Datum** des Vollzugs oder der Anerkennung der Unterschrift sollen bei der Beglaubigung nicht an der erhöhten Beweiskraft teilhaben, wohl aber der Umstand, dass die Unterschrift von einer bestimmten Person herrührt.[277] Auch die Feststellung, auf welche Weise sich ein Notar Gewissheit über die Identität der an einem Beurkundungsvorgang beteiligten Personen verschafft hat, hat, anders als die Identität der Person selbst, keine erhöhte Beweiskraft.[278] Ebenfalls wird **nicht** zu

---

264 BGHSt **63** 182, 185; zustimmend etwa *Bosch* JK 04/19 434, § 348 StGB; *Deutscher* StRR **2/2019** 21, 23; *Gutfleisch* NZV **2019** 95; *Hecker* JuS **2019** 499, 500 f.; *Hoven* NJW **2019** 90; *Kudlich* JA **2019** 272, 277, wohl auch *Weidemann* NStZ **2019** 88 f.; ablehnend *Bach* StraFo **2019** 102, 105 ff.; *Goebel* NZV **2019** 622; siehe zur Entscheidung auch *Kudlich* JA **2019** 230.

265 Siehe *Bosch* JK **2015** 540, § 348 StGB; *Paul* ZIS **2012** 11, 22; vgl. auch *Geppert* JK **11/09** StGB § 271/3, der die besondere Beweiskraft als „oft nebulös-unsicher" bezeichnet; *Lackner/Kühl/Heger* Rdn. 7: Es sei eine „nicht immer widerspruchsfreie Kasuistik" entstanden; ebenso *Hohmann/Sander* BT § 20 Rdn. 5.

266 Siehe Rdn. 54 ff.

267 BGHSt **26** 47, 49; BGHSt **44** 186, 188; OLG Zweibrücken NStZ **2004** 334, 335.

268 BGHSt **44** 186, 188; OLG Zweibrücken NStZ **2004** 334, 335.

269 BGHSt **44** 186, 188.

270 BGH NJW **2004** 3195 f.; BGH NStZ **2023** 143; siehe ferner RGSt **61** 410, 413; RGSt **66** 356.

271 BGH NStZ-RR **2000** 235.

272 RGSt **66** 356; OLG Hamm NJW **1977** 592, 593.

273 BGHSt **44** 186, 188; zustimmend *Becker* NStZ **2018** 572, 574.

274 Siehe oben Rdn. 34 ff., 37.

275 BGHSt **47** 39, 42; zustimmend *Puppe* JR **2001** 519; siehe dazu auch Rdn. 92.

276 BGH GA **1964** 309 f.

277 OLG Karlsruhe NJW **1999** 1044 f.

278 BGH NJW **2004** 3195; *Puppe/Schumann* NK Rdn. 11.

öffentlichem Glauben beurkundet, dass der von den Beteiligten erklärte und in der Urkunde entsprechend angegebene **Kaufpreis** beim Grundstückskaufvertrag der wirklich zwischen den Vertragsparteien vereinbarte ist. Die erhöhte Beweiskraft bezieht sich insofern also darauf, dass **bestimmte Erklärungen abgegeben** wurden, nicht aber auf deren inhaltliche Richtigkeit.[279]

65 Umstritten ist, ob bei der Beglaubigung einer Unterschrift gemäß § 40 BeurkG die unwahre Angabe des Notars, die **Unterschrift sei vor ihm vollzogen** worden (**Fernbeglaubigung**), erhöhte Beweiskraft hat. Dies wird vielfach in Rechtsprechung und Schrifttum bejaht.[280] Die ablehnende Auffassung führt hingegen an, dass § 40 Abs. 3 Satz 2 BeurkG lediglich eine Sollvorschrift ist und es sich nicht um eine zwingende Angabe handelt, was gegen die öffentliche Beweiskraft spreche.[281] Zu beachten ist indes, dass der Umstand, ob eine Unterschrift eigenhändig vor dem Notar vollzogen wurde, eine Tatsache ist, deren Beurkundung auf der Wahrnehmung des Notars beruht. Die Tatsache des **Vollzugs der Unterschrift vor dem Notar** ist für den Beweiswert der Urkunde **wesentlich**. Letztlich ist dies der alleinige Zweck der notariellen Beglaubigung einer Unterschrift.[282] Daher kommt ihr volle Beweiswirkung für und gegen jedermann zu.[283]

66 Bei der notariellen Niederschrift der **Aktionärshauptversammlung** gemäß § 130 AktG bezieht sich der öffentliche Glaube auf das **Datum der Hauptversammlung**, nicht aber auf das fehlerhaft angegebene Datum der Errichtung der Urkunde.[284] Beurkundet ein Notar, dass ihm alle nach dem Spielplan vorgesehenen Gewinnlose vorgelegen haben, dann genießt diese Erklärung öffentlichen Glauben.[285]

67 Die **Beglaubigung einer Kopie** beweist deren Übereinstimmung mit dem Original.[286]

68 Im Bereich des **Aufenthaltsrechts** sind folgende Entscheidungen zu erwähnen: Die **Aufenthaltserlaubnis** hat erhöhte Beweiskraft hinsichtlich der Bewilligung als solcher, nicht aber in Bezug auf die Richtigkeit der Entscheidung.[287] Die erhöhte Beweiskraft der **Bescheinigung über die Aufenthaltsgestattung** eines Asylbewerbers bezieht sich auf die Tatsache, dass die durch das Lichtbild und eventuelle weitere biometrische Daten näher individualisierte Person einen Asylantrag gestellt hat und ihr deswegen der Aufenthalt in Deutschland gestattet ist.[288] Personalangaben in einer Aufenthaltsgestattung, die allein auf den **eigenen Angaben des Asylsuchenden** beruhen, werden aber nicht von der erhöhten Beweiskraft erfasst.[289] Entsprechendes gilt etwa bei der **Duldung** im Ausländerrecht als vorübergehende Aussetzung der Abschiebung, wenn hier-

279 BGH NStZ **1986** 550 f.; BGH NStZ-RR **2000** 235; BayObLG NJW **1955** 1567; *Sch/Schröder/Heine/Schuster* § 271 Rdn. 20; *Rengier* BT II § 37 Rdn. 27.

280 Siehe BGH DNotZ **1977** 762; OLG Frankfurt NStZ **1986** 121; OLG Köln DNotZ **1977** 763; *Fischer* Rdn. 7; *Pikart* NStZ **1986** 122. Die den § 348 ablehnende Entscheidung BGHSt **22** 33 ff. kann insofern nicht herangezogen werden, da sich die Rechtslage verändert hat.

281 *Becker* NStZ **2018** 572, 573; *Sch/Schröder/Hecker* Rdn. 12; *Puppe/Schumann* NK Rdn. 14.

282 *Klein* DNotZ **2005** 193, 198 mit Fn. 26.

283 OLG Frankfurt NStZ **1986** 121 f.; *Klein* DNotZ **2005** 193, 198 mit Fn. 26.

284 Richtig LG Frankfurt/M. NJW **2008** 91, 93; *Bohrer* NJW **2007** 2019, 2021; *Sch/Schröder/Hecker* Rdn. 12; *Kindhäuser/Hilgendorf* LPK Rdn. 7; **anders** hingegen OLG Frankfurt NJW **2007** 1221, 1222; *Fischer* § 271 Rdn. 11.

285 BGHSt **8** 289, 293 f.

286 BGH StV **2001** 624, 625; *Fischer* § 271 Rdn. 11.

287 RGSt **68** 251, 252; OLG Köln JR **1979** 255 f.

288 OLG Karlsruhe StV **2009** 133, 134; OLG Naumburg StV **2007** 134, 135.

289 BGHSt **54** 140, 144 f. (offengelassen aber für den Fall, dass ein entsprechender Hinweis, die Personalangaben beruhen allein auf den Angaben des Ausländers, in die Aufenthaltsgestattung nicht ausdrücklich aufgenommen worden ist); OLG Brandenburg StV **2009** 135; OLG Karlsruhe StV **2009** 133, 134; OLG Naumburg StV **2007** 134, 135; *Brehmeier-Metz* AK Rdn. 5; *Erb* MK § 271 Rdn. 35; *Freund* MK³ Rdn. 18; *Lam* StV **2007** 135; *Möller* StV **2010** 249; *Rengier* BT II § 37 Rdn. 19; **anders** OLG Stuttgart StV **2007** 643; zur früheren (wiederholt geänderten) Rechtslage: BGH NStZ **1996** 231; BGHSt **42** 131; BGH NJW **1997** 333; BGH NStZ-RR **1997** 358. Die erhöhte Beweiskraft bei Personalangaben in einer bloßen Bescheinigung über die Meldung als Asylsuchender ablehnend: OLG Brandenburg StV **2002** 311, 312; OLG Karlsruhe NStZ **1994** 135; *Puppe* JZ **1997** 490, 496; **anders** *Mätzke* NStZ **1995** 501 f. Zum Asylablehnungsbescheid siehe OLG Bamberg NStZ-RR **2014** 142 f.

über eine Bescheinigung ausgestellt wird und die Personalien wiederum allein auf den Angaben des Inhabers beruhen.[290]

In der EU-Aufenthaltskarte findet keinen Niederschlag, ob der Antragsteller tatsächlich mit einem Unionsbürger verheiratet ist, sodass sich darauf auch nicht der öffentliche Glaube beziehen könne.[291] 69

Aus dem Bereich des **Meldewesens** sind folgende Entscheidungen anzuführen: Die erhöhte Beweiskraft der **amtlichen Anmeldebestätigung** bezieht sich darauf, dass sich der Betreffende unter Angabe eines bestimmten Wohnorts angemeldet hat, nicht aber darauf, dass der Angemeldete tatsächlich an dem angegebenen Ort wohnt.[292] Auch erstrecke sich die erhöhte Beweiskraft der Anmeldebestätigung nicht auf die Richtigkeit der angegebenen Personalien.[293] Beim **Reisepass** und **Personalausweis** bezieht sich die erhöhte Beweiskraft auf den Namen des Abgebildeten.[294] Sie soll sich zudem auf die Berechtigung beziehen, einen akademischen Grad zu führen.[295] 70

Im **Personenstandswesen** hatte das frühere Aufgebot erhöhte Beweiskraft in Bezug auf die Bestellung des Aufgebots selbst und die Identität der Erschienenen,[296] nicht aber in Bezug auf deren Familienstand.[297] Bei der **Anerkennung der Vaterschaft** bezieht sich der öffentliche Glaube nicht auf Geburtsort und Geburtstag des Vaters, denn darauf wird gemäß § 27 Abs. 1 Satz 2 Halbsatz 2 PStG nur hingewiesen; einen solche Hinweis nimmt § 54 Abs. 1 Satz 2 PStG ausdrücklich von der Beweiskraft des Registers aus.[298] Bei der Anerkennung der Vaterschaft bezieht sich der öffentliche Glaube zwar auf die Tatsache der Anerkennung, nicht aber darauf, ob diese inhaltlich wahr ist, der Erklärende also tatsächlich der Vater ist.[299] Gibt jemand bei der Vaterschaftsanerkennung einen falschen Namen an, bezieht sich die erhöhte Beweiskraft der Anerkennungsurkunde nach Auffassung des OLG Koblenz darauf nur dann, wenn bei der Beurkundung eine Identitätsfeststellung nach § 10 BeurkG erfolgt ist.[300] 71

Die Eintragung von **Geburt**, **Heirat** und **Tod** haben in den Personenstandsregistern erhöhte Beweiskraft.[301] Bei der **Adoption** wird nicht zu öffentlichem Glauben beurkundet, dass diese rechtmäßig erfolgt ist.[302] Bei der Eheschließung nimmt das Alter von Trauzeugen nicht an der erhöhten Beweiskraft teil.[303] 72

Bei **gerichtlichen Entscheidungen** erstreckt sich allgemein die erhöhte Beweiskraft **nicht** auf die Richtigkeit der **Angaben zur Sache**.[304] Wer etwa vor Gericht in Zivilsachen unwahre Angaben macht und so den Prozess gewinnt, macht sich also nicht nach § 271 strafbar.[305] Dagegen 73

290 BGHSt **54** 140, 144 f.; OLG Koblenz NStZ-RR **2010** 259, 261; KG NStZ **2009** 448, 449; *Möller* StV **2010** 249; *Mosbacher* NStZ **2010** 457, 458 (jedenfalls, sofern der Hinweis aufgenommen wurde).

291 OLG Bamberg BeckRS **2014** 04738.

292 BGH BeckRS **1973** 00144; OLG Köln NJW **2007** 1829, 1830; OLG München NStZ **2006** 575, 576; *Arzt/Weber/Heinrich/Hilgendorf* BT § 33 Rdn. 13; *Kindhäuser/Schramm* BT I § 58 Rdn. 18; *Krey/Hellmann/Heinrich* BT I Rdn. 1229; *Küper/Zopfs* BT Rdn. 569; *Rengier* BT II § 37 Rdn. 30.

293 AG Bremen NStZ-RR **2005** 341 f.

294 Siehe dazu BGH GA **1967** 19; *Hoyer* SK § 271 Rdn. 16; vgl. auch *Erb* NStZ **2009** 389.

295 BGH NJW **1955** 839, 840; RGSt **60** 104, 105 f.; KG JR **1980** 516 f.; *Arzt/Weber/Heinrich/Hilgendorf* BT § 33 Rdn. 13; *Sch/Schröder/Heine/Schuster* § 271 Rdn. 22; *Puppe/Schumann* NK Rdn. 24; *Rengier* BT II § 37 Rdn. 21.

296 BGH NJW **1952** 1424, 1425; BGH NJW **1955** 839; RGSt **60** 230, 232; siehe zum Aufgebot auch *Gribbohm* LK[11] § 271 Rdn. 46.

297 BGH NJW **1952** 1424, 1425; OLG Celle HESt **2** 328; OLG Hamm HESt **2** 328, 329 f.

298 OLG Koblenz NStZ-RR **2010** 259, 261.

299 RGSt **70** 237, 238; KG BeckRS **2023** 9269; AG Cottbus NStZ-RR **2005** 217, 218; siehe auch AG Nienburg NStZ **2006** 531; zweifelnd VG Frankfurt NJW **1988** 3032, 3033.

300 OLG Koblenz NStZ-RR **2010** 259, 261.

301 Siehe BGHSt **6** 380, 381; BGHSt **12** 88; *Fischer* § 271 Rdn. 7; *Sch/Schröder/Heine/Schuster* § 271 Rdn. 22; siehe § 54 PStG.

302 BGH NStZ **2007** 471.

303 BGHSt **12** 88 f.; *Fischer* § 271 Rdn. 7.

304 BGH NStZ **2007** 471; *Sch/Schröder/Heine/Schuster* § 271 Rdn. 23.

305 Wohl kommt aber § 263 in Betracht; *Sch/Schröder/Heine/Schuster* § 271 Rdn. 23.

soll sich der öffentliche Glaube bei gerichtlichen Vergleichen, die in einem zivilprozessualen Verhandlungsprotokoll niedergelegt sind, auch auf die Identität der Prozessbeteiligten beziehen.[306] Jedenfalls erstreckt er sich beim Vergleich auf die Tatsache der Vorlage der Vollmachtsurkunde des Prozessvertreters, nicht aber auf deren Wirksamkeit.[307]

74 Dagegen fallen die **Personalien** dessen, der unter falschem Namen zu Protokoll bei Gericht eine Zivilklage erhebt, nicht unter den öffentlichen Glauben, denn beurkundet wird nur, dass eine Person unter dem von ihr angegebenen Namen erschienen ist und die Klage erhoben hat, nicht aber, dass der Name und die zur Klagebegründung vorgetragenen Tatsachen richtig sind.[308] Auch beim **Verhandlungsprotokoll** nach § 159 ZPO bezieht sich der öffentliche Glaube nur darauf, dass die im Protokoll enthaltenen Erklärungen abgegeben worden sind, nicht aber auf die inhaltliche Richtigkeit der Angaben zur Person oder zur Sache.[309] Parallel dazu kommen §§ 271, 348 **nicht** in Betracht, wenn in der **strafgerichtlichen Hauptverhandlung** eine Person unter einem anderen Namen auftritt.[310] Auch mit dem **Strafurteil** wird lediglich beurkundet, dass eine Person, die im Prozess unter einem bestimmten Namen aufgetreten ist, verurteilt oder freigesprochen worden ist, sodass die erhöhte Beweiskraft sich **nicht auf die Identität** bezieht.[311] Die erhöhte Beweiskraft des **strafgerichtlichen Hauptverhandlungsprotokolls** erstreckt sich auf die wesentlichen Förmlichkeiten, ob also insbesondere Zeugen vernommen und vorschriftsgemäß belehrt worden sind und Angaben gemacht haben, **nicht** aber auf die **inhaltliche Richtigkeit der Angaben zur Person und Sache.**[312] Auch die Aufnahme eines Rechtsmittelverzichts in das Hauptverhandlungsprotokoll soll nicht vom öffentlichen Glauben erfasst sein.[313] Richtigerweise erstreckt sich jedoch die erhöhte Beweiskraft des Hauptverhandlungsprotokolls auf die verkündete Urteilsformel.[314]

75 Erstattet jemand unter dem Namen eines anderen vor einer Behörde **Strafanzeige**, bezieht sich die erhöhte Beweiskraft nicht auf die Richtigkeit der Angaben.[315]

76 Die erhöhte Beweiskraft des **Erbscheins** besteht (u.a.) hinsichtlich der Richtigkeit der in ihm bezeugten Hoferbfolge.[316] Das **Grundbuch** besitzt öffentlichen Glauben in Bezug auf Richtigkeit der in ihm bezeugten dinglichen Rechtsverhältnisse.[317] Nach dem BGH besteht aber hinsichtlich der Eintragung einer Auflassungsvormerkung zugunsten einer nicht existenten Person im Grundbuch kein öffentlicher Glaube.[318]

---

306 So RGSt **72** 226, 228; *Sch/Schröder/Heine/Schuster* § 271 Rdn. 23; *Schroth* BT S. 317; **anders** *Erb* MK § 271 Rdn. 19; *Freund* MK³ § 271 Rdn. 29; *Hoyer* SK § 271 Rdn. 16; kritisch auch *Puppe/Schumann* NK Rdn. 11; *dies.* NK § 271 Rdn. 18, 20.

307 RGSt **9** 288, 289; vgl. zur Vollmacht auch RGSt **66** 407, 409.

308 RGSt **39** 346; OLG Hamm NJW **1977** 592, 593.

309 RGSt **46** 112, 113; RGSt **72** 226, 227; OLG Hamm NJW **1977** 592, 593; vgl. auch OLG Thüringen wistra **2010** 111, 116. Zum verwaltungsgerichtlichen Sitzungsprotokoll OLG Stuttgart Die Justiz **2004** 213, 214: Es nehme jedenfalls hinsichtlich des protokollierten Inhalts von Zeugenaussagen nicht am öffentlichen Glauben teil.

310 RGSt **3** 204, 206; RGSt **10** 243, 244 f.; RGSt **11** 126; RGSt **11** 314, 315 f.; RGSt **41** 201, 202 f.; OLG Hamm NJW **1977** 592; *Arzt/Weber/Heinrich/Hilgendorf* BT § 33 Rdn. 12; *Fischer* § 271 Rdn. 12; *Hoyer* SK § 271 Rdn. 19; *Puppe/Schumann* NK § 271 Rdn. 18; *Rengier* BT II § 37 Rdn. 28; **anders** *Sch/Schröder/Heine/Schuster* § 271 Rdn. 23; *Maurach/Schroeder/Maiwald* BT 2 § 66 Rdn. 14.

311 RGSt **11** 314, 315 f.; RGSt **41** 201, 202 f.; *Heinrich* Hb StrafR Bd. 5 § 51 Rdn. 66; siehe dazu auch *Fischer* § 271 Rdn. 12; *Puppe/Schumann* NK § 271 Rdn. 18.

312 *Eisele* BT I Rdn. 923; *Gössel/Dölling* BT 1 § 52 Rdn. 52; *Rengier* BT II § 37 Rdn. 28; *Tofahrn* BT III Rdn. 418; zu pauschal hingegen etwa *SSW/Wittig* § 271 Rdn. 15: Hauptverhandlungsprotokoll in Strafsachen sei keine öffentliche Urkunde. Zu § 273 Abs. 1a Satz 3 StPO siehe BVerfG NJW **2013** 1058, 1064: § 348 könne gegeben sein, wenn tatsächlich eine Verständigung erfolgt ist, aber im Protokoll vermerkt wird, dass keine Verständigung stattgefunden hat.

313 OLG Hamm NJW **1977** 592, 593.

314 Offengelassen von OLG Hamm NJW **1977** 592, 593.

315 RGRspr 7 469, 470; OLG Hamm NJW **1977** 592, 593.

316 BGHSt **19** 87; *Lackner/Kühl/Heger* § 271 Rdn. 2; siehe auch § 2366 BGB.

317 OLG Stuttgart NStZ **1985** 365; siehe auch § 892 BGB.

318 BGH NStZ **2018** 718, 720; zustimmend *Weidemann* NStZ **2018** 720, 721.

Im Bereich des **Verkehrswesens** besitzt der **Führerschein** erhöhte Beweiskraft hinsichtlich der **Identität der Person,**[319] der **Erteilung der Fahrerlaubnis** und des eingetragenen **Geburtsdatums,**[320] **nicht** aber im Hinblick auf einen eingetragenen akademischen Grad.[321] Auch beziehe sich die erhöhte Beweiskraft nicht darauf, dass der Erteilung eine ordnungsgemäße theoretische und praktische Prüfung vorausging.[322] Wird ein ausländischer Führerschein in einen deutschen **umgeschrieben** und erweitert dabei der Amtsträger rechtswidrig die Fahrerlaubnisklassen, ist nach dem BGH die Beurkundung im inländischen Führerschein richtig, wenn die Fahrerlaubnis dabei der Person wirksam, wenn auch zu Unrecht, erteilt wurde.[323] Werde jedoch dem Inhaber einer inländischen Fahrerlaubnis an Stelle des alten ein neuer Führerschein **ausgefertigt** und trägt nun der Amtsträger rechtswidrig weitere Fahrzeugklassen ein, sei dies Falschbeurkundung, da es sich um eine Neuausfertigung als Nachweis über eine in Wirklichkeit so nicht erteilte Fahrerlaubnis handele.[324] 77

Die Frage, worauf sich die erhöhte Beweiskraft der am Fahrzeug angebrachten Prüfplakette bezieht, wurde bereits erörtert.[325] Erhöhte Beweiskraft besteht bei der **Zulassungsbescheinigung Teil I** bezüglich der **Identität des zum Straßenverkehr zugelassenen Fahrzeugs**, also darauf, dass das zugelassene Fahrzeug mit dem in der Zulassungsbescheinigung unter anderem anhand der Fahrzeug-Identifizierungsnummer beschriebenen identisch ist.[326] Zudem beweist die Zulassungsbescheinigung Teil I zu öffentlichem Glauben, dass das darin genannte Fahrzeug unter Zuteilung eines bestimmten amtlichen Kennzeichens zum öffentlichen Verkehr **zugelassen** ist.[327] Dagegen beziehe sich die erhöhte Beweiskraft der Zulassungsbescheinigung Teil I **nicht** auf die **Angaben zur Person des Halters.**[328] Auch beweise die **Zulassungsbescheinigung Teil II** weder zu öffentlichem Glauben, dass die Eintragungen zur Person richtig sind, noch, dass die eingetragene Person Verfügungsberechtigter oder Halter des Fahrzeugs ist, auf das sich die Zulassungsbescheinigung bezieht.[329] 78

Öffentlichen Glauben hat das am Fahrzeug angebrachte **Kraftfahrzeugkennzeichen** hinsichtlich der **Zulassung zum Verkehr.**[330] Das im Rahmen der hoheitlichen Verkehrsüberwachung erstellte **Messprotokoll** belegt nach der Rechtsprechung mit Beweiskraft für und gegen jedermann neben der Verkehrssituation den ordnungsgemäßen Aufbau und den ordnungsgemäßen Betrieb des Messgeräts und dessen Verwendung gemäß seiner Zulassung.[331] 79

---

319 BGHSt **25** 95, 96; BGHSt **60** 66, 71 f.; *Bosch* JK **2015** 540, § 348.

320 BGHSt **34** 299, 301 f.; *Brehmeier-Metz* AK Rdn. 5; *Sch/Schröder/Heine/Schuster* § 271 Rdn. 22; *Küpper/Börner* BT § 6 Rdn. 71; *Zieschang* JA **2008** 192, 196; **anders** bezüglich des Geburtsdatums *Freund* MK³ Rdn. 14 mit Fn. 33 sowie Rdn. 18; *Müller-Tuckfeld* StV **1997** 353, 354; *Ranft* JR **1988** 383 f.

321 BGH NJW **1955** 839, 840; BGHSt **34** 299, 302; *Erb* MK § 271 Rdn. 32; *Freund* MK³ § 271 Rdn. 28; *Sch/Schröder/Heine/Schuster* § 271 Rdn. 21 f.; *SSW/Wittig* § 271 Rdn. 20. Auch im Bereich des Wehrwesens bezieht sich der öffentliche Glaube des Ausmusterungsscheins nicht auf den akademischen Grad; BGH NJW **1955** 839, 840.

322 BayObLG VRS **15** 278 ff.; OLG Düsseldorf NZV **2000** 177, 178 (hinsichtlich des Führerscheins zur Fahrgastbeförderung); OLG Hamm NStZ **1988** 26; *Arzt/Weber/Heinrich/Hilgendorf* BT § 33 Rdn. 13; *Fischer* § 271 Rdn. 13; *Hohmann/Sander* BT § 20 Rdn. 5; *Koch* HK-GS § 271 Rdn. 7.

323 BGHSt **37** 207, 209 f.; siehe auch BGHSt **25** 95, 96; BGHSt **33** 190, 191.

324 BGHSt **37** 207, 210 f.

325 Siehe Rdn. 61.

326 BGHSt **53** 34, 35 ff.; siehe dazu auch BGH HRRS **2020** Nr. 124; *Erb* NStZ **2009** 389; anders noch zum früheren Fahrzeugschein BGHSt **20** 186, 188.

327 BGHSt **20** 186, 188; *Eisele* BT I Rdn. 941; *Gössel/Dölling* BT 1 § 52 Rdn. 51; *Rengier* BT II § 37 Rdn. 23.

328 BGHSt **20** 186, 188; BGHSt **20** 294; BGHSt **22** 201; BGHSt **26** 9, 11.

329 BGHSt **60** 66, 69; siehe dazu auch *Bosch* JK **04/15** 540, § 348. Siehe auch BGH VRS **5** 135: Das Vorgängerdokument zur Zulassungsbescheinigung Teil II, der frühere Fahrzeugbrief, sei nur eine verwaltungsmäßige Urkunde ohne öffentlichen Glauben.

330 Siehe BGHSt **11** 165, 167; RGSt **72** 369; OLG Hamburg NJW **1966** 1827 f.

331 OLG Frankfurt NStZ-RR **2020** 44 mit kritischer Anm. *Peters* NZV **2020** 380.

80 Beim **Vollstreckungsprotokoll** (§ 762 ZPO) bezieht sich die erhöhte Beweiskraft jedenfalls auf **Ort und Zeit der Aufnahme** des Protokolls, auf den **Gegenstand der Vollstreckungshandlung**, auf die Entsetzung des Schuldners aus dem und die Einweisung des Gläubigers in den Besitz sowie auf die **Wegschaffung der beweglichen Sachen**, die nicht Gegenstand der Zwangsvollstreckung sind.[332] Nicht vom öffentlichen Glauben erfasst ist die Erklärung des Gerichtsvollziehers, die Vollstreckung habe in seiner ununterbrochenen Gegenwart stattgefunden,[333] ebenso wenig die Aufnahme freiwilliger Zahlungen.[334]

81 Im Übrigen sind anzuführen: Einem **digitalen Impfzertifikat** fehlt nach dem OLG Hamburg die erhöhte Beweiskraft, soweit es über erfolgte Impfungen Auskunft gibt.[335] Die **Lohnsteuerkarte** hat erhöhte Beweiskraft in Bezug auf die für die Besteuerung des Arbeitnehmers relevanten Umstände,[336] der **Steuerbescheid** im Hinblick auf die Veranlagung, aber nicht bezüglich der Grundlagen der Besteuerung.[337] Staatliche **Zeugnisse** haben erhöhte Beweiskraft dahingehend, dass der Betreffende die Prüfung mit einer bestimmten Note absolviert hat, nicht aber darüber, dass er die Prüfung ordnungsgemäß abgelegt hat oder die Noten rechtsfehlerfrei zustande gekommen sind.[338] Bei **Sparbüchern einer öffentlichen Sparkasse** bezieht sich die erhöhte Beweiskraft auf die eingetragenen Ein- und Auszahlungen, nicht aber auf den Namen des Sparers.[339]

82 **bb) Eintragung und Eingabe.** Die Begriffe „Eintragen" und „Eingeben" werden in § 348 in Bezug auf öffentliche Register, Bücher oder Dateien zur Umschreibung der Tathandlung benutzt. Inhaltlich macht dies jedoch im Ergebnis **keinen Unterschied** zum „Beurkunden".[340] Auch insoweit geht es um die Frage, ob der Täter eine Feststellung in öffentlichen Registern, Büchern oder Dateien getroffen hat, auf die sich der öffentliche Glaube bezieht, also sich die **erhöhte Beweiskraft** erstreckt. So bezieht sich nach dem BGH etwa der öffentliche Glaube bei Eintragungen ins Handelsregister darauf, dass der die Eintragung Anmeldende diese Erklärung abgegeben hat, nicht aber auf die inhaltliche Richtigkeit der Erklärung.[341] Bei **Personenstandsregistern** jedoch (siehe § 54 PStG) erstreckt sich die erhöhte Beweiskraft auf Eheschließung, Begründung der Lebenspartnerschaft, Geburt und Tod und die darüber gemachten näheren Angaben sowie die sonstigen Angaben über den Personenstand der Personen, auf die sich der Eintrag bezieht,[342] also nicht nur auf die Tatsache der Anmeldung dieser Umstände. Hier erfasst die erhöhte Beweiskraft folglich sogar Tatsachen, welche die Urkundsperson selbst nicht wahrgenommen hat.

83 Die inhaltliche Übereinstimmung zum Beurkunden bei der öffentlichen Urkunde ergibt sich bereits daraus, dass die Eintragung in öffentliche Register und Bücher nichts anderes als ein Unterfall der Beurkundung in einer öffentlichen Urkunde ist.[343] Es handelt sich nur um eine besondere Art der Falschbeurkundung. Die Eingabe in Dateien wurde letztlich vom Gesetzgeber in § 348 lediglich zur Anpassung an moderne Entwicklungen zur Vermeidung von Strafbarkeitslü-

---

332 BayObLG NJW **1992** 1841, 1842.
333 BayObLG NJW **1992** 1841, 1842; *Fischer* Rdn. 6a; siehe zum Gerichtsvollzieherprotokoll auch RG JW **1934** 490; OLG Hamm NJW **1959** 1333.
334 OLG Frankfurt NJW **1963** 773, 774.
335 OLG Hamburg BeckRS **2022** 864; siehe dazu auch *Wolf* ZFISTW **2022** 146, 156 ff.
336 RGSt **60** 161, 162.
337 RG JW **1938** 794; RGSt **72** 377, 378.
338 OLG Bamberg NJOZ **2015** 1903, 1905; *Eisele* BT I Rdn. 923; *Sch/Schröder/Hecker* Rdn. 12; *Rengier* BT II § 37 Rdn. 29; vgl. auch *Bürsch* JuS **1975** 721 f.; *Diener/Hoffmann-Holland* Jura **2009** 946, 948; *Weißer* JA **2010** 433, 437.
339 BGHSt **19** 19, 21 f.; *Freund* MK[3] Rdn. 15.
340 Siehe *Schroth* BT S. 321: Die Eintragung und Eingabe sind besondere Arten der Beurkundung.
341 BGH NStZ **2016** 675, 676 mit zustimmender Anmerkung *Schuster* NStZ **2016** 676, 677; RGSt **18** 179, 180; RG GA Bd. **51** (1904) 187; RGSt **61** 304, 305; *Fischer* § 271 Rdn. 9; *Maurach/Schroeder/Maiwald* BT II § 66 Rdn. 9; siehe aber auch OLG Stuttgart NStZ-RR **2013** 14, das auf § 15 HGB verweist.
342 Siehe dazu etwa § 54 PStG sowie BGHSt **6** 380, 381; *Schuster* NStZ **2016** 676, 677.
343 Siehe schon Rdn. 22.

cken eingestellt. Inhaltlich ist damit kein Unterschied zu den anderen Varianten verbunden. Ebenfalls hierbei geht es nur um eine besondere Art der Falschbeurkundung. Auch insofern ist also entscheidend, ob die in die Datei aufgenommene Feststellung öffentlichen Glauben genießt. Nur dann ist in diesem Sinne von einer „Eingabe in eine öffentliche Datei" auszugehen. Es soll keinen Unterschied machen, ob etwa ein Grundbuch in klassischer Weise oder eben digital geführt wird.

cc) Falschheit der Beurkundung, Eintragung oder Eingabe. Eine Tatsache ist **falsch**, wenn sie **nicht der Wahrheit** entspricht. Die beurkundete Tatsache stimmt nicht mit der Wirklichkeit überein.[344] Entscheidend ist dabei aber immer, um welche Tatsache es geht, mit anderen Worten muss man also stets zunächst ermitteln, worauf sich die Beurkundung, also die erhöhte Beweiskraft, inhaltlich bezieht: Wird etwa in einer notariellen Urkunde der Kaufpreis für ein Grundstück niedriger angegeben als die Parteien ihn tatsächlich vereinbart haben, stellt sich die Frage, ob es sich hierbei um eine Falschbeurkundung handelt. So könnte man zunächst durchaus meinen, dass die Angabe zum Kaufpreis falsch ist, da tatsächlich ein anderer Preis vereinbart ist. Werden indes vom Notar **Erklärungen** beurkundet, kommt es nicht darauf an, ob sie inhaltlich wahr sind, sondern maßgeblich ist nur, ob sie tatsächlich wie beurkundet abgegeben worden sind.[345] Allein darauf bezieht sich die erhöhte Beweiskraft. Dementsprechend liegt beim notariellen Kaufvertrag nur dann eine Falschbeurkundung vor, wenn die Parteien tatsächlich eine andere Erklärung zum Kaufpreis abgegeben haben als beurkundet. Nicht beurkundet wird jedoch, dass die abgegebene Erklärung auch inhaltlich wahr ist.[346] 84

Letztlich ist also **zunächst** immer die Frage nach der erhöhten Beweiskraft zu lösen, um im Anschluss daran beantworten zu können, ob die Feststellungen, denen die erhöhte Beweiskraft zukommt, falsch sind.[347] Mit Echtheit der Urkunde im Sinne des § 267 hat das nichts zu tun, sondern es geht allein darum, ob die Feststellung erhöhte Beweiskraft besitzt und unrichtig ist. 85

Als **Beispiele** für eine Falschbeurkundung sind etwa anzuführen: Der Urkundsbeamte erstellt eine Urkunde von einem Geschehen, das (so) gar nicht stattgefunden hat; so etwa, wenn der Gerichtsvollzieher eine Pfändung beurkundet, die gar nicht erfolgt ist.[348] Eine Falschbeurkundung ist gegeben, falls der Urkundsbeamte andere Erklärungen als abgegeben beurkundet.[349] Ebenfalls ist § 348 bejaht worden, wenn der Amtsträger einer Durchschrift einen anderen Inhalt als der Urschrift gibt und wahrheitswidrig erklärt, Durchschrift und Urschrift stimmten inhaltlich überein.[350] Fertigt der Urkundsbeamte eine gar nicht vorhandene Urkunde aus, liegt § 348 vor.[351] § 348 kann auch verwirklicht sein, wenn der Urkundsbeamte bestimmte tatsächlich abgegebene Erklärungen nicht beurkundet.[352] 86

Problematisch ist insbesondere wiederum beim Erlass von Verwaltungsakten, was Gegenstand der Beurkundung ist, um zu ermitteln, ob die Beurkundung richtig oder falsch ist. Insofern ist letztlich wie gesehen entscheidend, worauf konkret sich die erhöhte Beweiskraft der Urkunde 87

---

344 BGH NJW **1975** 940, 941; BayObLG NJW **1990** 655, 656; OLG Bamberg NJOZ **2015** 1903, 1906; OLG Frankfurt NJW **1963** 773; *Fischer* Rdn. 7; *Sch/Schröder/Hecker* Rdn. 10; *Hoyer* SK Rdn. 7; *Matt/Renzikowski/Maier* Rdn. 7; *Schmedding* HK-GS Rdn. 4; *Weidemann* BeckOK Rdn. 8; *SSW/Wittig* Rdn. 12; **anders** *Freund* MK[3] Rdn. 28 f.

345 *Becker* NStZ **2018** 572, 574; *Sch/Schröder/Hecker* Rdn. 10.

346 BGH NStZ **1986** 550; BGH NStZ-RR **2000** 235; *Fischer* Rdn. 7a; *Sch/Schröder/Hecker* Rdn. 10; *Lackner/Kühl/Heger* Rdn. 8; *Rengier* BT II § 37 Rdn. 27; siehe bereits Rdn. 16 und Rdn. 64.

347 Vgl. auch RGSt **60** 230, 231 f.; *Gössel/Dölling* BT I § 52 Rdn. 54; *Hoyer* SK § 271 Rdn. 18.

348 *Gribbohm* LK[11] Rdn. 22.

349 Siehe OLG Zweibrücken NStZ **2004** 334, 335.

350 RGSt **64** 249; siehe auch BGH StV **2001** 624, 625: Eine Falschbeurkundung liegt vor, wenn beglaubigte Abschriften oder Ausfertigungen einen anderen Inhalt als die Urschrift haben. Wird dagegen die Kopie eines gefälschten Originals als mit dem Original übereinstimmend beglaubigt, liegt keine Falschbeurkundung vor, denn beglaubigt ist lediglich, dass die Kopie mit dem bei der Beglaubigung vorgelegten Schriftstück übereinstimmt.

351 RGSt **71** 224, 226; *Freund* MK[3] Rdn. 17; siehe auch RG HRR **1940** Nr. 263.

352 *Fischer* Rdn. 7a; *Gribbohm* LK[11] Rdn. 22; *Schmedding* HK-GS Rdn. 4; siehe auch RGSt **63** 125, 127.

bezieht.[353] Das zeigt sich etwa an der Kontroverse zu der Frage, welchen Nachweis die Prüfplakette in Verbindung mit dem amtlich zugelassenen Kennzeichen und der entsprechenden Eintragung in der Zulassungsbescheinigung Teil I erbringt.[354] Sieht man die erhöhte Beweiskraft lediglich bezogen auf den Nachweis für den Termin der nächsten Hauptuntersuchung, ist die Beurkundung selbst bei einem Fahrzeug, bei dem der Prüfer erhebliche Mängel festgestellt hat, richtig, erachtet man dagegen die Erklärung von der erhöhten Beweiskraft mitumfasst, der Prüfer habe den Wagen bei der Untersuchung als vorschriftsmäßig empfunden, ist die Beurkundung falsch.

88 **b) Die rechtlich erhebliche Tatsache.** Der Gesetzestext spricht davon, dass eine „rechtlich erhebliche Tatsache" falsch beurkundet, eingetragen oder eingegeben wird. Insoweit erscheint der Text ebenso wie in Bezug auf das Merkmal „zur Aufnahme befugt"[355] unnötig breit und überladen. So ist erläutert worden, dass eine „Beurkundung" im Sinne des § 348 Abs. 1 überhaupt nur dann vorliegt, wenn es um Feststellungen in der öffentlichen Urkunde geht, auf die sich deren erhöhte Beweiskraft bezieht.[356] Im Hinblick auf andere Angaben in der öffentlichen Urkunde, welche diese Voraussetzung nicht erfüllen, liegt schon gar keine Beurkundung vor. Ist jedoch kennzeichnend für eine beurkundete Feststellung die erhöhte Beweiskraft, also die Beweiswirkung für und gegen jedermann, dann bedeutet dies automatisch, dass es sich hierbei **stets** um eine „rechtlich erhebliche Tatsache" handelt, sodass sich die ausdrückliche Nennung dieses Merkmals in § 348 Abs. 1 als **überflüssig** und ohne Relevanz darstellt.[357]

89 Wenn man zusätzlich bedenkt, dass der Passus „zur Aufnahme befugt" verzichtbar ist[358] und zudem „öffentliche Register sowie Bücher" bloße Unterfälle der öffentlichen Urkunde sind,[359] hätte § 348 Abs. 1 insgesamt weitaus kürzer formuliert sein können, ohne dass sich dadurch etwas an seinen inhaltlichen Voraussetzungen ändert. Ausreichend ist etwa folgender Gesetzestext:[360] „Ein Amtsträger, der innerhalb seiner Zuständigkeit in öffentlichen Urkunden falsch beurkundet oder in öffentliche Dateien falsch eingibt, wird ...".[361] Zwar bedeutet der Begriff der „Beurkundung" zwingend, dass in der Konsequenz eine öffentliche Urkunde gegeben sein muss, also Feststellungen mit erhöhter Beweiskraft getroffen werden.[362] Im Hinblick auf die hinreichende Bestimmtheit der Norm und zur Unterscheidung von den öffentlichen Dateien erscheint es aber dennoch sinnvoll, den Begriff der öffentlichen Urkunde in den Gesetzestext zu inkorporieren. Im Übrigen wird dadurch verdeutlicht, dass sich auch ein Amtsträger strafbar macht, der in einer bereits vorhandenen öffentlichen Urkunde eine weitere Beurkundung vornimmt.

90 Klarstellend und ergänzend ist zu den Begriffen „Tatsache" und „rechtliche Erheblichkeit" noch Folgendes anzumerken:

91 **aa) Tatsache.** Tatsachen sind alle Umstände der **Gegenwart** oder **Vergangenheit**, die dem **Beweis** zugänglich sind. In der Zukunft liegende Umstände sind nicht davon erfasst, denn sie sind dem Beweis nicht zugänglich.[363] Tatsachen sind zudem abzugrenzen von bloßen **Werturteilen**,

353 Dazu Rdn. 47 ff.
354 Siehe dazu Rdn. 61.
355 Siehe dazu Rdn. 28.
356 Siehe Rdn. 43.
357 Vgl. auch *Freund* MK[3] Rdn. 19 f.; *Matt/Renzikowski/Maier* Rdn. 9; ferner *Tröndle* LK[10] § 271 Rdn. 53.
358 Siehe Rdn. 28.
359 Dazu Rdn. 22.
360 Siehe bereits *Zieschang* FS Artuk 845, 854.
361 Vgl. auch § 307 Abs. 1 E 1962, abgedruckt in BTDrucks. IV/650 S. 60: „Ein Amtsträger, der innerhalb seiner sachlichen Zuständigkeit etwas Unwahres zu öffentlichem Glauben beurkundet, wird mit Gefängnis bis zu fünf Jahren bestraft.".
362 Siehe Rdn. 14 f., 43, 47.
363 Siehe RGSt **11** 257, 259; OLG Karlsruhe NJW **2012** 869, 870.

für welche die Aspekte des Meinens und Dafürhaltens kennzeichnend sind. Sie können nicht Gegenstand einer Beurkundung im Sinne der §§ 271, 348 sein.[364]

92 So hat der BGH entschieden, dass die Angabe über die vermeintliche **Geschäftsfähigkeit** des Erklärenden **keine Beurkundung** enthalte.[365] Ein solcher Vermerk über die Geschäftsfähigkeit bezeuge **keine** von dem Notar wahrgenommene **Tatsache** wie etwa das Erscheinen einer bestimmten Person, sondern bringe nur seine Überzeugung vom Geisteszustand des Erschienenen zum Ausdruck.[366] Damit handele es sich um ein bloßes Werturteil, das nicht Gegenstand einer Beurkundung sein kann. Ebenso bezeugt nach Auffassung des BGH ein notarieller Vermerk über die „Sprachkunde" keine von dem Notar wahrgenommene Tatsache, sondern bringe nur seinen subjektiven Eindruck über die sprachliche Fertigkeit des Erschienenen zum Ausdruck.[367] Letzteres lässt sich durchaus bezweifeln,[368] sind doch die gegenwärtigen sprachlichen Fertigkeiten einer Person – etwa anhand von Sprachtests – durchaus dem Beweis zugänglich; überzeugender erscheint es insofern, erst die erhöhte Beweiskraft abzulehnen, die der BGH im Übrigen richtigerweise ebenfalls verneint.[369] Zutreffend ist es im Übrigen, wenn der BGH die Vorschriftsgemäßheit eines Kraftfahrzeugs als Tatsache einstuft.[370]

93 Auch rechtliche Beurteilungen sind **keine** Tatsachen.[371] Demgemäß fallen etwa rechtliche Verfügungen wie Kassenanweisungen[372] oder die Richtigkeit einer Schulnote[373] nicht unter den Tatsachenbegriff.

94 Da Gegenstand der Beurkundung nicht in der Zukunft liegende Umstände sein können, sind bloße **Urkundenentwürfe** schon gar **keine öffentlichen Urkunden**.[374] So fehlt etwa dem vorbereiteten Zustellungsprotokoll des Gerichtsvollziehers die Urkundenqualität.[375] Ebenso handelt es sich bei einer bereits vorbereiteten und unterschriebenen notariellen Urkunde für etwas noch nicht Geschehenes um einen bloßen Entwurf.[376] Nach dem RG hat auch der Fleischbeschaustempel des Fleischbeschauers keine Urkundenqualität, wenn der Fleischbeschauer das Fleisch noch in Verwahrung hält und er dessen Verwendung davon abhängig macht, dass eine Untersuchung keine Beanstandung ergibt.[377] Nach Auffassung des OLG Karlsruhe soll aber vollendete Falschbeurkundung vorliegen, sofern der Fleischbeschauer das Fleisch schon vor der Untersuchung stempelt und dann das Fleisch bis zur Untersuchung dem Schlachtenden anvertraut und damit dem Rechtsverkehr zugänglich macht.[378]

95 **bb) Rechtliche Erheblichkeit.** Falls eine Tatsache erhöhte Beweiskraft besitzt, also Beweis für und gegen jedermann erbringt, ist sie gleichzeitig immer auch rechtlich erheblich. Denn sie kann

---

364 BayObLG NStZ **1999** 575, 576; *Puppe/Schumann* NK Rdn. 4; *SSW/Wittig* Rdn. 9.
365 BGH GA **1964** 310 f.
366 BGH GA **1964** 309, 310; siehe auch BayObLG DNotZ **1975** 555.
367 BGHSt **47** 39, 42; zustimmend *Becker* NStZ **2018** 572, 576.
368 Siehe auch *Puppe* JR **2001** 519.
369 BGHSt **47** 39, 43 f.
370 BGHSt **63** 182, 187; ebenso etwa *Hoven* NJW **2019** 90; *Puppe* NStZ **1999** 576, 577; **anders** BayObLG NStZ **1999** 575, 576.
371 Siehe auch BGHSt **47** 39, 43; *Lackner/Kühl/Heger* Rdn. 6; *Puppe/Schumann* NK Rdn. 4.
372 RG Rspr. **1** 142; *Gribbohm* LK^{11} Rdn. 10.
373 OLG Bamberg NJOZ **2015** 1903, 1909.
374 Vgl. auch BGH NJW **1952** 1064; OLG Hamm NJW **1977** 592; *Freund* MK^{3} Rdn. 32; *Sch/Schröder/Hecker* Rdn. 11; *Hoyer* SK Rdn. 5; *Puppe/Schumann* NK Rdn. 26; *SSW/Wittig* Rdn. 9; siehe auch *Röhmel* JA **1978** 199.
375 RGSt **19** 243 f.
376 *Sch/Schröder/Hecker* Rdn. 11.
377 RGSt **64** 136, 137.
378 OLG Karlsruhe Die Justiz **1967** 153, 154; *Freund* MK^{3} Rdn. 32, 47; *Sch/Schröder/Hecker* Rdn. 11; *Puppe/Schumann* NK Rdn. 30; siehe auch RGSt **64** 136, 137 f.

dann „Wirkung auf Rechtsverhältnisse“ haben, also für sie von Bedeutung sein.[379] Damit besitzt das Merkmal der rechtlichen Erheblichkeit der Tatsache wie erläutert keine über den Begriff der Beurkundung hinausgehende eigenständige Bedeutung.[380] Es kann daher auf die Erläuterungen zu der Voraussetzung der „erhöhten Beweiskraft“ verwiesen werden.[381]

III. Subjektiver Tatbestand

96 § 348 verlangt **vorsätzliches Handeln**. Hierbei genügt **dolus eventualis**.[382] Der Täter muss also zum einen Kenntnis der Tatsachen haben, aus denen sich seine konkrete Zuständigkeit zur Aufnahme öffentlicher Urkunden, Register, Bücher oder Dateien ergibt.[383] Zum anderen bedarf es Tatsachenkenntnis insoweit, als dass es sich um öffentliche Urkunden, Register, Bücher oder Dateien handelt.[384] Darüber hinaus muss er von der Unrichtigkeit der Beurkundung wissen[385] und Kenntnis davon haben, dass es um Tatsachen geht, die erhöhte Beweiskraft haben.[386] Der Vorsatz muss sich auf den gesamten Zeitraum des Beurkundungsakts, also auf die gesamte Tathandlung, erstrecken. Begeht der Notar gutgläubig eine Falschbeurkundung, wobei er jedoch dann im Zeitpunkt der Entäußerung Vorsatz hat, reicht das folglich für den subjektiven Tatbestand nicht aus. In Betracht kommen kann dann aber §§ 348, 13 aufgrund einer Garantenstellung aus vorangegangenem objektiv pflichtwidrigen Vorverhalten (Ingerenz).

97 Zwar handelt es sich insbesondere bei der öffentlichen Urkunde und der damit verbundenen erhöhten Beweiskraft um **normative**, wertausfüllungsbedürftige **Tatbestandsmerkmale**, doch kann regelmäßig davon ausgegangen werden, dass der Betreffende den Sinngehalt dieser Voraussetzungen zutreffend erfasst, da Täter nur im Einzelfall für die Beurkundung oder Eintragung zuständige Amtsträger sein können, die über entsprechendes Wissen verfügen.[387]

98 Geht der Täter dennoch irrtümlich von Tatsachen aus, wonach es sich nicht um eine öffentliche Urkunde handeln würde, liegt ein **Tatbestandsirrtum** vor. Das ist etwa der Fall, wenn er in tatsächlicher Hinsicht fälschlich meint, es handele sich um ein rein innerdienstliches Schriftstück.[388] Ein **untauglicher Versuch** liegt vor, wenn er irrtümlich Tatsachen annimmt, bei deren wirklichem Vorliegen eine öffentliche Urkunde gegeben ist.[389] Glaubt der Täter dagegen in **rechtlicher Hinsicht** irrig, es handele sich um eine öffentliche Urkunde und die unwahren Angaben hätten erhöhte Beweiskraft, liegt lediglich ein **strafloses Wahndelikt** vor.[390] So liegt es in dem Fall, dass ein Notar auf Wunsch der Parteien in einem Grundstückskaufvertrag einen anderen

---

379 Vgl. zu dieser Formulierung, welche die rechtliche Erheblichkeit kennzeichnen soll, RGSt **12** 297, 299; siehe auch etwa *Hoyer* SK Rdn. 6; *Keller* DNotZ **1995** 99, 113; *Zimmermann* DNotZ **1999** 815, 816 f.

380 Vgl. auch OLG Frankfurt NJW **1963** 773.

381 Siehe Rdn. 47 ff.

382 RGSt **12** 297, 298 f.; RGSt **46** 290, 295; BayObLG NJW **1990** 655, 656; *Arzt/Weber/Heinrich/Hilgendorf* BT § 33 Rdn. 15; *Erb* MK Rdn. 21; *Eisele* BT I Rdn. 946; *Fischer* Rdn. 9; *Freund* MK³ Rdn. 39; *Gössel/Dölling* BT 1 § 52 Rdn. 55; *Sch/Schröder/Hecker* Rdn. 13; *Joecks/Jäger* Rdn. 4; *Lackner/Kühl/Heger* Rdn. 10; *Kindhäuser/Schramm* BT I § 58 Rdn. 11; *Maurach/Schroeder/Maiwald* BT II § 66 Rdn. 15; *Puppe/Schumann* NK Rdn. 29; *Weidemann* BeckOK Rdn. 10; *SSW/Wittig* Rdn. 15; *Zieschang* FS Artuk 845, 855.

383 Vgl. BGHSt **12** 85, 86.

384 RGSt **62** 410, 414 f.; RGSt **64** 328, 334.

385 RGSt **13** 123, 125; BayObLG NJW **1990** 655, 656; *Puppe/Schumann* NK Rdn. 29.

386 Siehe RGSt **12** 297, 300; RGSt **39** 370, 374 f.

387 Vgl. auch OLG Zweibrücken NStZ **2000** 201, 202.

388 BayObLGSt **1978** 137, 141; *Fischer* Rdn. 9; *Schmedding* HK-GS Rdn. 7.

389 Siehe dazu auch *Freund* MK³ Rdn. 43 f.

390 Siehe OLG Bamberg NJOZ **2015** 1903, 1909; OLG Frankfurt NJW **1963** 773, 775; *Krey/Hellmann/Heinrich* BT I Rdn. 1236; siehe auch OLG Bamberg NStZ-RR **2014** 142, 143.

Kaufpreis als tatsächlich vereinbart beurkundet und der Notar rechtsirrig meint, die Nichtbeurkundung des wirklichen Willens erfülle § 348.[391]

Ein besonderes subjektives Merkmal wird von der Vorschrift nicht aufgestellt.[392] Es wird also 99 insbesondere keine Täuschungs-, Bereicherungs-, Schädigungs- oder Gebrauchsabsicht verlangt.

IV. Rechtswidrigkeit

Im Hinblick auf die Frage einer Rechtfertigung ist zunächst zu betonen, dass sich **Hoheitsträger** 100 grundsätzlich nicht zur Legitimierung ihres Verhaltens auf die allgemeinen Rechtfertigungsgründe berufen können, da anderenfalls die spezifischen Eingriffsvoraussetzungen der öffentlich-rechtlichen Ermächtigungsgrundlagen umgangen werden könnten.[393] Auch kommt **mangels Dispositionsbefugnis** des Einzelnen über das geschützte Rechtsgut des § 348 eine rechtfertigende Einwilligung als Rechtfertigungsgrund von vornherein nicht in Betracht. Rechtfertigungsgrund kann aber **§ 110a Abs. 3 StPO** sein, indem eine Falschbeurkundung zum Aufbau oder zur Aufrechterhaltung der Legende des Verdeckten Ermittlers erfolgt.[394]

V. Schuld

Im Einzelfall, etwa in der Konstellation eines Nötigungsnotstands, mag die Tat eventuell über § 35 101 entschuldigt sein. Auch ein Verbotsirrtum kann vorliegen, wenn der Täter rechtsirrtümlich meint, kein Unrecht zu begehen. Da jedoch ein im Einzelfall zuständiger Amtsträger agiert, sind an die Vermeidbarkeit des Irrtums strenge Anforderungen zu stellen.

VI. Versuch

Angesichts der Strafandrohung (Freiheitsstrafe bis zu fünf Jahren oder Geldstrafe) handelt es sich 102 bei § 348 um ein Vergehen im Sinne des § 12 Abs. 2. Die Versuchsstrafbarkeit wird jedoch in **§ 348 Abs. 2** ausdrücklich bestimmt (§ 23 Abs. 1). Problematisch kann insoweit im Einzelfall die Abgrenzung von Vorbereitung, Versuch und Vollendung sein. Errichtet jemand schon vor der Vornahme einer Amtshandlung eine abschließende Urkunde und behält diese in seiner ausschließlichen Verfügungsgewalt, liegt noch straflose Vorbereitung vor.[395] Es geht insofern nur um einen Entwurf, der sich noch in seiner ausschließlichen Sphäre befindet. Das vorzeitig entworfene Schriftstück ist bloße Vorbereitung einer Beurkundung des erwarteten oder bereits in Aussicht gestellten Inhalts erst noch abzugebender Parteierklärungen.[396] Der Versuch beginnt, wenn der Amtsträger Handlungen vornimmt, die nach seiner Vorstellung ohne weitere wesentliche Zwischenschritte zur eigentlichen Falschbeurkundung führen. Dabei ist zu berücksichtigen, dass etwa die Niederschrift der unwahren Tatsache und die Unterzeichnung durch den Notar, sofern dies nicht als bloßer Entwurf vorzeitig geschieht und damit die Nähe zur eigentlichen Tatbestandsverwirklichung noch nicht gegeben ist, schon Teil des Beurkundungsakts sind, sodass damit durchaus

---

391 BGH NStZ **1986** 550, 551; *Freund* MK[3] Rdn. 44; *Sch/Schröder/Hecker* Rdn. 14; *Schumann* JZ **1987** 523, 525.

392 Vgl. bereits Rdn. 41 sowie RGSt **13** 123, 125.

393 Siehe dazu im Einzelnen *Zieschang* LK § 34 Rdn. 34 ff.

394 *Erb* MK Rdn. 22; *Freund* MK[3] Rdn. 48; *Sch/Schröder/Hecker* Rdn. 15; *Klesczewski* BT § 17 Rdn. 98; *Puppe/Schumann* NK Rdn. 41.

395 BGH NJW **1952** 1064; RGSt **64** 136, 137.

396 BGH NJW **1952** 1064.

bereits ein unmittelbares Ansetzen gegeben ist und nicht erst bei Verhaltensweisen, die dem zur Vollendung der Vorschrift erforderlichen Entäußerungsakt[397] unmittelbar vorgelagert sind.[398]

VII. Rechtsfolgen

103 § 348 droht Freiheitsstrafe bis zu fünf Jahren oder Geldstrafe an. Dieser Sanktionsrahmen erscheint angemessen. Er ist identisch mit dem des § 267 Abs. 1. Besonders schwere Fälle werden richtigerweise nicht normiert.

104 § 358 sieht bei einer Freiheitsstrafe von mindestens sechs Monaten bei § 348 die Möglichkeit des Gerichts vor, die Fähigkeit, öffentliche Ämter zu bekleiden (§ 45 Abs. 2), abzuerkennen.

VIII. Konkurrenzen

105 §§ 348, 25 Abs. 1 Alt. 2 verdrängt den milderen § 271 im Wege der Gesetzeskonkurrenz.[399] Vor dem Hintergrund, dass § 271 nach zutreffender Auffassung allein Fälle der mittelbaren Täterschaft regelt,[400] können § 271 einerseits und §§ 348, 26 andererseits nicht gleichzeitig vorliegen.[401] Da es in § 267 um Echtheitsschutz geht, dagegen in § 348 um Wahrheitsschutz, stehen diese beiden Vorschriften bei gleichzeitiger Verwirklichung in **Idealkonkurrenz.**[402] Das ist etwa der Fall, wenn vom Urkundsbeamten neben der Falschbeurkundung auch noch die Unterschrift einer nicht anwesenden Person auf die Urkunde gesetzt wird.[403] Im Hinblick auf die unterschiedliche Schutzrichtung von § 267 einerseits und § 348 andererseits kommt mangels rechtsethischer Vergleichbarkeit zwischen beiden Vorschriften keine echte Wahlfeststellung in Betracht.[404]

---

397 Siehe dazu Rdn. 40 f.

398 Siehe auch *Puppe/Schumann* NK Rdn. 34; *SSW/Wittig* Rdn. 17; **anders** und enger *Sch/Schröder/Hecker* Rdn. 14; *Röhmel* JA **1978** 199, 200; *Winter* S. 175.

399 Siehe auch RGSt **60** 152, 154; *Freund* MK³ Rdn. 49.

400 Siehe *Zieschang* LK § 271 Rdn. 2.

401 Anders etwa *Fischer* Rdn. 10; *Freund* MK³ Rdn. 51; *Hoyer* SK Rdn. 11; *SSW/Wittig* Rdn. 19.

402 *Arzt/Weber/Heinrich/Hilgendorf* BT § 33 Rdn. 18; *Fischer* Rdn. 10; *Sch/Schröder/Hecker* Rdn. 17; *Klesczewski* BT § 17 Rdn. 101; *Hoyer* SK Rdn. 11; *Lackner/Kühl/Heger* Rdn. 11; *Weidemann* BeckOK Rdn. 15; **anders** RGSt **30** 238, 240.

403 *Sch/Schröder/Hecker* Rdn. 17.

404 *Zieschang* medstra **2017** 240, 242; **anders** OLG Karlsruhe medstra **2017** 233, 239; *Weidemann* BeckOK Rdn. 20.

§§ 349–351 *(weggefallen)*

§ 352 Gebührenüberhebung

(1) Ein Amtsträger, Anwalt oder sonstiger Rechtsbeistand, welcher Gebühren oder andere Vergütungen für amtliche Verrichtungen zu seinem Vorteil zu erheben hat, wird, wenn er Gebühren oder Vergütungen erhebt, von denen er weiß, dass der Zahlende sie überhaupt nicht oder nur in geringerem Betrag schuldet, mit Freiheitsstrafe bis zu einem Jahr oder mit Geldstrafe bestraft.

(2) Der Versuch ist strafbar.

Schrifttum

Goez Können Steuerberater Täter einer Gebührenüberhöhung [sic!] sein? wistra **2009** 223; *Hoven* Was macht Straftatbestände entbehrlich – Plädoyer für eine Entrümpelung des StGB, ZStW **129** (2017), 334; *dies.* Gebührenunterschreitung als strafbare Bestechlichkeit? StV **2019** 64; *Kuhlen* Zum Anwendungsbereich des § 352 StGB bei Honorarvereinbarungen, JR **2007** 207; *Usinger/Jung* Die Gebührenuntererhebung – ein strafbarer Tatbestand, wistra **2011** 452; *T. Walter* Das Verbrechen in der Sprache des Gesetzes in: Lange u.a. (Hrsg.) Verbrechen und Sprache (2021), 73 ff.

Entstehungsgeschichte

Die in den §§ 352, 353 behandelte Straftat des „übermäßigen Sportulierens" war als *crimen superexactionis* schon dem römischen Recht bekannt (vgl. z.B. C 10, 20, 1; eingehend *Mommsen* Römisches Strafrecht, in: Systematisches Handbuch der Deutschen Rechtswissenschaft, I. Abteilung, 4. Teil, [1899], S. 718 f., 728 f.). Entsprechende Bestimmungen fanden sich im Preußischen Allgemeinen Landrecht (§§ 373 bis 376, 413 ff. ALR II 20) und im Strafgesetzbuch für die Preußischen Staaten vom 14. April 1851 (§§ 326, 327). Sie wurden schließlich in das StGB aufgenommen. Das Reichsgericht hat diese Entstehungsgeschichte mehrfach zur Auslegung herangezogen, so in den Entscheidungen RGSt **11** 40, 41; **18** 219, 220 f.; **19** 30, 35 f.; **23** 263, 265; **40** 378, 380 f. Die Bestimmungen blieben in der Folgezeit im Wesentlichen unverändert; das EGStGB 1974 ersetzte den Begriff des Beamten durch den des Amtsträgers (s. dazu auch *Kuhlen* NK Rdn. 1). Zu den „missglückten" Tatbeständen des StGB zählt § 352 nach Ansicht von *T. Walter* in: Lange u.a. (Hrsg.) (2021), S. 73 ff., 86.

Übersicht

https://doi.org/10.1515/9783110490329-016

I. Geschütztes Rechtsgut

1 § 352 soll das „zahlungspflichtige Publikum“ davor schützen, dass die Befugnis, von ihm Gebühren zu erheben, missbraucht und es dadurch zur Zahlung überhöhter Gebühren veranlasst wird.[1] Gäbe es die Vorschrift nicht, so käme zwar in den meisten Fällen auch eine Bestrafung wegen Betruges in Betracht. Trotzdem handelt es sich – entgegen *Samson* SK (1991) Rdn. 1 und *Frank* Anm. I – nicht lediglich um eine Unterart des Betruges, sondern um eine Straftat eigener Art (RGSt **18** 219, 223; dazu auch *Hoyer* SK Rdn. 1). So braucht der Täter, der eine Gebührenüberhebung begeht, im Gegensatz zum Täter des Betruges nicht in Bereicherungsabsicht zu handeln (vgl. Rdn. 26). Er wird außerdem auch dann wegen vollendeter Tat bestraft, wenn sich das Opfer nicht täuschen lässt, gleichwohl aber die geforderte Gebühr zahlt (vgl. Rdn. 23). Der Strafschutz reicht daher im Vergleich zu § 263 weiter. Aus diesem Grunde ist entgegen *Kuhlen* NK Rdn. 2 eine Streichung der Vorschrift nicht sinnvoll, auch wenn die Strafdrohung gegenüber den Betrugsvorschriften abgemildert ist. *Samson* a.a.O.; *Kuhlen* NK Rdn. 5 ff. und *Voßen* MK Rdn. 2[2] halten diese Begünstigung für wenig überzeugend. Gegen die zu ihren Gunsten angeführten Gründe (RGSt **18** 219, 223; *Sch/Schröder/Hecker* Rdn. 1; s. auch mit Einschr. *Träger* LK[11] Rdn. 1), es gehe hier im allgemeinen nur um verhältnismäßig geringfügige Beträge, der Zahlende sei ferner imstande, sich über den gesetzlichen Umfang seiner Zahlungspflicht zu unterrichten, und darüber hinaus sei der Täter, der selbst die Gebühren festzusetzen habe, einer besonderen Versuchung ausgesetzt, lassen sich in der Tat Einwände erheben (näher dazu *Voßen* a.a.O.). Vor allem gegen den Hinweis auf die hervorgehobene Stellung des Täters – eines Amtsträgers oder Rechtsbeistandes – lässt sich einwenden, dass diese sein Vorgehen auch als besonders strafwürdig erscheinen lassen kann (insofern skeptisch auch *Cramer* a.a.O.; SSW/*Satzger* Rdn. 2; *Heuchemer* BeckOK Rdn. 1 und bereits *Träger* LK[11] Rdn. 1; ausführlich dazu *Kuhlen* NK Rdn. 3 ff.; *Voßen* a.a.O.). Als Grundlage für die Rechtfertigung des Tatbestandes erscheinen indes die angeführten Gründe in ihrer Kumulation zusammen mit dem Umstand, dass dem Tatbestand mit seinem (größeren) Umfang und seiner (milderen) Strafdrohung gegenüber dem Betrug eine ausgewogene kriminalpolitische Abwägung zugrundeliegt, trotz Zweifeln noch tragfähig.

II. Täter

2 **Täter** sind *Amtsträger, Anwälte* oder *sonstige Rechtsbeistände*, die Gebühren oder andere Vergütungen für amtliche Verrichtungen zu ihrem Vorteil zu erheben haben. Die Tat ist echtes Sonderdelikt.[3]

3 Für den **Teilnehmer** gilt § 28 Abs. 1.

---

1 RG LZ **1915** 305; RGSt **14** 365, 372 f.; **18** 219, 222; BGHSt **4** 233, 235; BGH NJW **1957** 596, 597; OLG Köln JR **1989** 75 m. Anm. *Keller*. – Die Benennung des „Publikums“ kann freilich zu dem Missverständnis verleiten, es gehe insofern um überindividuelle Interessen. Die Bezeichnung ist jedoch historisch zu verstehen; gemeint ist der einzelne geschädigte Bürger. – *Nicht* von § 352 erfasst ist (selbstverständlich) die „Gebührenuntererhebung“, z.B. durch einen Notar, der für Beurkundungsaufträge einen Nachlass auf die nach der Kostenordnung zu erhebenden Gebühren gewährt. *Usinger/Jung* wistra **2011** 452 ff. halten dies nicht nur für standes- und wettbewerbswidrig, sondern auch für strafbar nach §§ 332, 331.

2 Ebenso neuerdings BGH NJW **2006** 3219 = JR **2007**, 207 m. Anm. *Kuhlen*: „ ... ein freilich rechtspolitisch aus heutiger Sicht bedenklicher und überholter spezialgesetzlicher Privilegierungstatbestand“; zust. *Fischer* Rdn. 2 („...überflüssiger, rechtspolitisch eher ärgerlicher Privilegierungs-Tatbestand“); SSW/*Satzger* Rdn. 2 („veraltet und rechtspolitisch überaus bedenklich“); *Matt/Renzikowski/Sinner* Rdn. 1 („kriminalpolitisch nicht nachvollziehbar“); *Hoven* ZStW **129** (2017) 334 („entbehrlich“).

3 *Fischer* Rdn. 10; *Lackner/Kühl/Heger* Rdn. 1; *Sch/Schröder/Hecker* Rdn. 1; *Kuhlen* NK Rdn. 9; *Hoyer* SK Rdn. 2; SSW/*Satzger* Rdn. 3.

1. Amtsträger

Amtsträger (§ 11 Abs. 1 Nr. 2; *Hilgendorf* LK § 11 Rdn. 19 ff.; s. dazu auch BGHSt **43** 96, 101 ff. = JR **1998** 71 mit Anm. *Otto*) kommen als Täter nur in Betracht, wenn sie befugt sind, Gebühren zum eigenen Vorteil zu erheben. Das ist insbesondere der Fall bei Notaren (RGSt **19** 19; **30** 249; OLG Karlsruhe wistra **2016** 420) und Gerichtsvollziehern (RGSt **17** 169, 171; **18** 219; **19** 62, 63; **40** 378; BGH NStZ **2011** 281), unter Umständen auch bei beamteten Tierärzten (RGSt **24** 234, 235). Weitere Beispiele sind Bezirksschornsteinfegermeister (vgl. § 5 der Kehr- und Überprüfungsordnung vom 16.09.2009 [BGBl I 1292], zuletzt geändert durch VO vom 26.10.2021 [BGBl I 4740]); sowie öffentlich bestellte Vermessungsingenieure (vgl. die schleswig-holsteinische Landesverordnung über die Vergütung der öffentlich bestellten Vermessungsingenieurinnen und der öffentlich bestellten Vermessungsingenieure vom 15. November 2017 [GVBl. 2017, S. 536]). Dagegen zählen Schiedsmänner nicht zu den Amtsträgern, soweit ihre Aufgaben der Rechtspflege zuzuordnen sind (vgl. *Kuhlen* NK Rdn. 13; dazu Schiedsordnung für das Land Schleswig-Holstein vom 10. April 1991 (GVBl. 1991 S. 232), zuletzt geändert durch Artikel 16 des Gesetzes vom 17. März 2022 (GVBl. 2022 S. 301). Nicht hierher gehören auch Vorstandsmitglieder oder Pfleger, die keine gesetzlichen oder sonst von vornherein festgelegten Gebühren zu beanspruchen haben (BayObLG NJW **1989** 2902; vgl. auch Rdn. 10). 4

2. Rechtsbeistände

Rechtsbeistände sind vor allem Rechtsanwälte und Patentanwälte. Seit dem 1. Januar 1981 sind taugliche Täter auch *die Rechtsbeistände*, die aufgrund des Rechtsberatungsgesetzes zugelassen sind.[4] Auch sie üben wie die Rechtsanwälte eine „amtliche" Tätigkeit aus; sie bedürfen einer staatlichen Zulassung und sind wie die Rechtsanwälte ein „Organ der Rechtspflege" (BayObLGSt **1964** 116, 120 = NJW **1964** 2433, 2434; *Schorn* Die Rechtsberatung[2] 307). Allerdings fehlte bis zum 31. Dezember 1980 eine gesetzliche Regelung, welche die Höhe ihrer Gebühren im Verhältnis zum Auftraggeber festlegte (insoweit zutreffend OLG Frankfurt NJW **1964** 2318, 2319. Näheres hierzu Rdn. 12). Art. IX § 1 Abs. 1 des Gesetzes zur Änderung und Ergänzung kostenrechtlicher Vorschriften (KostÄndG vom 26. Juli 1957, BGBl. I S. 861, 931) in der bis zum 31. Dezember 1980 geltenden Fassung, auf den sich das Bayerische Oberste Landesgericht (a.a.O.) für seine gegenteilige Auffassung bezieht, betraf lediglich den Erstattungsanspruch, den der Auftraggeber im Falle des Obsiegens gegen seinen Gegner geltend machen konnte (BGH NJW **1961** 313; *Altenhoff/Busch/Kampmann* Rechtsberatungsgesetz[10] Art. 1 § 1 Rdn. 174). Das reichte nicht aus (vgl. unten Rdn. 8). Mit Wirkung vom 1. Januar 1981 wurde Art. IX KostÄndG durch Art. 2 Abs. 1 des Fünften Gesetzes zur Änderung der Bundesgebührenordnung für Rechtsanwälte vom 18. August 1980 (BGBl. I 1503) geändert. Nunmehr gilt das RVG sinngemäß auch für die Vergütung von Personen, denen die Erlaubnis zur geschäftsmäßigen Besorgung fremder Rechtsangelegenheiten erteilt worden ist. Die Erlaubnisinhaber können daher ihre Ansprüche gegen ihre Auftraggeber wie Rechtsanwälte geltend machen. Sie sind demgemäß im Verhältnis zum Auftraggeber an gesetzliche Gebühren und Rahmen gebunden und können sich der Gebührenüberhebung schuldig machen. Für die Einbeziehung der Steuerberater *Goez* wistra **2009** 223 ff. 5

Zu den Anwälten gehören auch Rechtsanwälte aus den anderen EU-Staaten (*Kuhlen* NK Rdn. 6; *Fischer* Rdn. 3; SSW/*Satzger* Rdn. 5; *Tsambikakis* AnwK Rdn. 4). 6

---

4 So (bereits für den Zeitraum vor dem 1. Januar 1981) BayObLGSt **1964** 116 = NJW **1964** 2433; ebenso *Sch/Schröder/Hecker* Rdn. 3; *Lackner/Kühl/Heger* Rdn. 2; *Fischer* Rdn. 1; *Mösl* LK[9] Rdn. 1; **aA** RGSt **73** 126 f.; OLG Frankfurt NJW **1964** 2318; *Altenhoff/Busch/Kampmann* Rechtsberatungsgesetz[10] Art. 1 § 1 Rdn. 173.

3. Amtliche Verrichtungen

7 Amtliche Verrichtungen sind Dienstgeschäfte, die im Bereich der jeweiligen Tätigkeit kraft Amtes ausgeführt werden (*Tsambikakis* AnwK Rdn. 7). Anwälte und Rechtsbeistände haben zwar kein Amt im verwaltungsrechtlichen Sinne. Bei ihnen ist ihre berufliche Tätigkeit gemeint (BayObLGSt **1964** 116, 119 = NJW **1964** 2433). Sie ähnelt aber einer Amtsausübung, weil Anwalt und Rechtsbeistand einer besonderen Zulassung bedürfen und „Organe der Rechtspflege" sind (BayObLG a.a.O.; zum Rechtsbeistand ergänzend Rdn. 5).

4. Erheben zum eigenen Vorteil

8 Der Täter muss Gebühren oder andere Vergütungen zu **seinem Vorteil** zu erheben haben (erhebt er sie für eine öffentliche Kasse, so kommt § 353 in Betracht). Der Täter macht also ein eigenes Recht geltend. Das ist insbesondere der Fall, wenn ein Rechtsanwalt oder ein Notar die Gebühren seinem Auftraggeber in Rechnung stellt. Nicht anwendbar ist § 352, wenn ein Rechtsanwalt für seinen Auftraggeber, nicht aufgrund eigenen Rechts, die Erstattung der Gebühren von der unterlegenen Gegenpartei verlangt.[5] Das gilt auch dann, wenn der Rechtsanwalt dem Gegner vorspiegelt, dass er die Gebühr aufgrund eigenen Rechts von ihm fordern könne (RGSt **19** 30, 34, 36). Hier kommt eine Bestrafung wegen Betruges in Betracht (RG a.a.O. S. 34; BGH NStZ 2009, 506, 507). Erhebt ein Gerichtsvollzieher überhöhte Gebühren, greift § 352 allerdings auch dann ein, wenn er die Gebühren formal für die Staatskasse einzieht und sie insoweit verbucht, ihm aber bestimmungsgemäß ein Anteil verbleiben soll, der zugleich als Ausgabe gebucht wird (RGSt **40** 378, 380 ff.; BGH Urt. v. 17.5.1960 – 1 StR 116/60; vgl. ferner § 54 der seit 1.9.2013 in allen Bundesländern einheitlich geltenden Gerichtsvollzieherordnung).

III. Tathandlung

9 **Tathandlung** ist das Erheben von Gebühren oder Vergütungen, von denen der Täter weiß, dass der Zahlende sie entweder überhaupt nicht oder nur in geringerem Betrage schuldet. Mit der Leistung wird die Tat vollendet (RGSt **14** 372).

1. Vergütung, Gebühr

10 Die Vergütung muss Entgelt für amtliche Mühewaltung sein. Die Gebühr ist als Unterart der Vergütung zu verstehen.

11 Angesichts des Schutzzwecks (Rdn. 1) scheiden solche Gebühren und Vergütungen aus, die der Amtsträger nicht vom „zahlungspflichtigen Publikum", sondern von der Behörde, die ihn eingestellt hat und für die er tätig ist, verlangen kann (RG LZ **1915** 305 f.; der Gemeindebeamte, der von der Gemeinde für die Ausstellung von Quittungskarten eine bestimmte Vergütung bezieht und diese Vergütung für eine größere Zahl von Karten fordert, als er tatsächlich ausgestellt hat, begeht daher keine Gebührenüberhebung: RG Recht **1914** Nr. 299). Ist ein – unabhängiger – Rechtsanwalt für eine Behörde aufgetreten oder hat ein Notar ein Rechtsgeschäft für eine Behörde beurkundet, greift diese Ausnahme nicht ein; die Behörde ist dann wie jeder andere geschützt.

12 Eine weitere Einschränkung folgt daraus, dass es sich um Gebühren oder Vergütungen handeln muss, die der Täter „erhebt", obwohl der Zahlende sie gar nicht „oder nur in geringerem Betrage schuldet". Wie sich aus dieser Formulierung – sowie aus der Entstehungsgeschichte der Vorschrift – ergibt, kommen nur solche Gebühren oder Vergütungen in Betracht, die in ihrem

5 RGSt **19** 30, 33 ff.; RG JW **1933** 1777; RG JW **1936** 660, 661; BGH Urt. v. 26.1.1956 – 3 StR 398/55.

Betrag – sei es auch nur dem Rahmen nach – **gesetzlich** oder durch **Verordnung festgelegt** sind und die der Amtsträger oder Rechtsbeistand anhand von Gebührenordnungen, Taxen oder sonstigen Vorschriften selbst zu berechnen hat.[6] Daran fehlt es bei der Vergütung, die ein Vormund oder Pfleger erhält. Ihre Höhe ist nicht gesetzlich bestimmt. Verlangt deshalb der Vormund oder Pfleger eine zu hohe Vergütung, so scheidet eine Bestrafung nach § 352 aus (BGHSt **4** 233, 235 f.; BayObLG NJW **1989** 2902).

Bei der Erstattung von **Auslagen** ist zu unterscheiden: Werden die Auslagen durch gesetzlich festgelegte Pauschsätze abgegolten – wie bei den pauschalierten Auslagen nach der BRAGO [nunmehr des RVG] (RG Recht **1914** Nr. 2806) oder der Wegegebühr des Gerichtsvollziehers (BGH bei Herlan MDR **1955** 650, 651) –, so kann § 352 eingreifen. Unanwendbar ist die Vorschrift, wenn sich die Höhe der Forderung allein danach bemisst, wieviel tatsächlich verauslagt worden ist (RGSt **17** 169, 171 f.; **19** 19, 20 f.; BGH bei Herlan MDR **1955** 651, 652; SSW/*Satzger* Rdn. 10). Denn hier kommt ein Verstoß gegen eine Gebührenordnung nicht in Betracht. Allenfalls ist eine Bestrafung wegen Betruges möglich (vgl. *Sch/Schröder/Hecker* Rdn. 7). 13

Ob die Forderung eines Rechtsanwalts aufgrund einer *Honorarvereinbarung* unter § 352 fällt, beantwortet sich aus dem Grundgedanken der Vorschrift. Entscheidend für § 352 ist der Verstoß gegen eine Gebührenordnung (RGSt **19** 30, 36; RG JW **1936** 2143). Bei frei vereinbarten, unbeschränkt zulässigen Honorarvereinbarungen greift demnach § 352 nicht ein.[7] Wird in solchen Fällen ein überhöhtes Honorar verlangt, kommt nur eine Bestrafung wegen Betruges in Betracht. Dies gilt nach BGH NStZ-RR **2007** 142, 143 (= NJW **2006** 3219 = JR **2007** 202 m. Anm. *Kuhlen* S. 207) unabhängig davon, ob die Honorarvereinbarung wirksam zustande gekommen ist oder nicht, also beispielsweise auch dann, wenn ein Rechtsanwalt seinem Mandanten im Wege der Prozesskostenhilfe beigeordnet ist und mit ihm ein Honorar vereinbart, wodurch nach § 3a Abs. 3 RVG eine Verbindlichkeit nicht begründet wird (ebenso *Sch/Schröder/Hecker* Rdn. 9a; OLG Braunschweig NJW **2004** 2606; *Hoyer* SK Rdn. 5; *Kuhlen* NK Rdn. 17).[8] Von einer „Erhebung" von Gebühren kann ebenfalls dann nicht gesprochen werden, wenn der Mandant – obwohl er weiß, dass er hierzu nicht verpflichtet ist – von sich aus die Zahlung vorschlägt und der Rechtsanwalt darauf eingeht.[9] Entsprechendes gilt, wenn eine Honorarvereinbarung wegen Verstoßes gegen die guten Sitten nichtig ist, etwa weil die abgesprochene Vergütung übermäßig hoch ist (vgl. hierzu Gerold/Schmidt/Mayer RVG, 25. Aufl. (2021), § 3a Rdn. 49, ferner BGH StV **2005**, 621 ff. sowie *Hommerich/Kilian/Jackmuth/Wolf* StV **2007** 320 m. Nachw. in Fußn. 2); weil unzulässigerweise ein Erfolgshonorar vereinbart wurde (*Kuhlen* NK Rdn. 15 f.; **aA** BayObLG NStZ **1989** 434; Gerold/Schmidt/Mayer a.a.O. § 3a Rdn. 41 ff. m.w.N.) oder weil ein Strafverteidiger die Zwangslage seines Mandanten ausgenutzt hat, um eine Honorarvereinbarung zu erreichen (dazu *Dahs* Handbuch des Strafverteidigers[8] Rdn. 1185 ff.). 14

6 RGSt **17** 169, 171 f.; **24** 234, 235; BGHSt **4** 233, 235; BGH bei Herlan MDR **1955** 650, 651; Beispiele Rdn. 4; zum Erfordernis der gesetzlichen Bestimmtheit im Gebührenrecht: BVerwG JZ **1970** 183. – OLG Karlsruhe wistra **2016** 420 lässt für den Fall, dass das Gesetz die Bestimmung des Anspruchs nach freiem Ermessen erlaubt (so früher § 30 Abs. 1 KostO), für die Anwendung des § 352 ausreichen, dass der Rahmen des Ermessens durch ständige ober- und höchstrichterliche Rspr. fest abgesteckt ist.

7 RGSt **14** 364, 375; RG Rsp. **8** 771, 772 f.; BayObLGSt **1964** 116, 121 = NJW **1964** 2433, 2434; *Hoyer* SK Rdn. 5; SSW/*Satzger* Rdn. 11; *Heuchemer* BeckOK Rdn. 8; **aA** OLG Braunschweig NJW **2004**, 2606.

8 **AA** RG DR **1943** 758; RG HRR **1936** Nr. 1061; RG HRR **1934** Nr. 372; BGH, Urt. v. 2.2.1954 – 2 StR 10/53; BayObLG NJW **1989** 2902; OLG Karlsruhe NStZ **1991** 239; *Sch/Schröder/Hecker* Rdn. 7, *Lackner/Kühl/Heger* Rdn. 4 sowie *Träger* LK[11] Rdn. 12.

9 Vgl. § 4 Abs. 1 Satz 3, Abs. 5 Satz 2 RVG (früher § 3 Abs. 4 Satz 2 BRAGO); BayObLGSt **1964** 116, 121 f. = NJW **1964** 2433, 2434. Die Partei ist insoweit durch die Berufsordnung für Rechtsanwälte in der Fassung vom 01.01.2020 (https://www.brak.de/fileadmin/02_fuer_anwaelte/berufsrecht/bora_stand_01.01.2020.pdf) geschützt. So ist nach § 16 Abs. 1 der Berufsordnung der Rechtsanwalt zu Hinweisen über die Möglichkeit von Beratungs- und Prozesskostenhilfe verpflichtet. § 16 Abs. 2 der Berufsordnung regelt Honorarforderung und -versprechen in Prozesskostenhilfe-Sachen; die Vorschrift untersagt dem Rechtsanwalt, freiwillige Zahlungen zu fordern.

2. Verstoß gegen Gebührenordnung

15 Die erhobenen Gebühren müssen entweder **überhaupt nicht** (vgl. etwa RG HRR **1937** Nr. 1060) oder **nur in geringerem Betrag geschuldet** werden. Maßgebend ist die einschlägige Gebührenordnung (vgl. z.B. die ins einzelne gehenden Erörterungen in RGSt **14** 365, 366 bis 372; RG HRR **1941** Nr. 951). Das Gericht hat insofern auch deren Gültigkeit zu prüfen (RGSt **24** 234, 235 f., 238). Ob die Gebühr überhöht ist, muss der Strafrichter selbständig – unabhängig von einer etwa ergangenen Entscheidung des Zivilrichters – beurteilen (RGSt **14** 364, 374 f.); hält er die Gebühr im Gegensatz zum Zivilrichter für nicht geschuldet, wird er allerdings den inneren Tatbestand besonders sorgfältig und vorsichtig zu prüfen haben (RG a.a.O. S. 375). Kommt es darauf an, ob eine von einem Rechtsanwalt geforderte Gebühr angemessen ist, so kann ein Gericht, das nicht häufig mit diesen Fragen befasst ist, verpflichtet sein, ein Gutachten der Rechtsanwaltskammer einzuholen (BGH Urt. v. 23.2.1960 – 5 StR 513/59).

16 Entscheidend ist, ob die maßgebliche Gebührenordnung *in ihrer Gesamtheit* verletzt worden ist. Eine Gebührenüberhebung liegt deshalb nicht vor, wenn im Ergebnis eine Gebühr in der verlangten Höhe geschuldet wird, mag der Rechtsanwalt sie auch unter einem unzutreffenden rechtlichen Gesichtspunkt gefordert haben (RG HRR **1941** Nr. 951, Fall 4). An einem Verstoß gegen eine Gebührenordnung fehlt es ferner dann, wenn der Anwalt die Gebühr richtig berechnet, bei der Gesamtabrechnung mit seinem Mandanten aber pflichtwidrig verschweigt, dass er Vorschüsse oder Erstattungsbeträge entgegengenommen hat (BGH Urt. v. 25.7.1978 – 5 StR 130/78); in solchen Fällen kommt Betrug in Betracht. Werden Gebühren für tatsächlich erbrachte, aber unnötige Tätigkeiten verlangt, so greift § 352 ebenfalls nicht ein, da auch dann die Gebührenordnung selbst nicht verletzt ist.[10] Hingegen macht sich ein Rechtsanwalt der Gebührenüberhebung schuldig, wenn er bewusst eine Gebühr für eine Tätigkeit beansprucht, die wegen des damit verbundenen Interessenwiderstreits rechtlich unzulässig war (RGSt **14** 364, 377 f.).

17 Die Unzulässigkeit einer Gebührenerhebung wird auch bei nach § 146 StPO verbotener Mehrfachverteidigung angenommen.[11] Soweit dies selbst dann gelten soll, wenn eine Zurückweisung des Verteidigers[12] unterblieb (dagegen *Müller* KMR Rdn. 26 zu § 464a StPO), wird allerdings die Feststellung *vorsätzlicher* Gebührenüberhebung Schwierigkeiten begegnen. § 352 greift auch ein, wenn ein Rechtsanwalt ein Mandat dadurch erlangt, dass er dem Mandanten erklärt, er werde kein Honorar fordern, dieses aber später dennoch geltend macht (BGH wistra **1982** 66; **aA** *Voßen* MK Rdn. 27).

3. Erheben

18 Erhoben werden Gebühren, wenn der Täter sie **als rechtlich geschuldete Leistung verlangt** und er sie daraufhin **erhält**.[13]

19 **a) Verlangen der Gebühr.** Der Täter muss die Gebühren als rechtlich geschuldet **verlangen** (BGHSt **4** 233, 234). Dabei ist nicht erforderlich, dass er auf die Gebührenordnung Bezug nimmt

---

10 RGSt **11** 40 f.; **14** 364, 378; RG JW **1933** 2145, 2146; RG JW **1936** 2143; vgl. aber OLG Köln NJW **1988** 503 zu § 11 Gerichtsvollzieherkostengesetz = JR **1989** 77 m. Anm. *Keller*.

11 Vgl. *Meyer-Goßner/Schmitt* StPO § 464a Rdn. 14; *Göhler/Gürtler/Seitz* Vor § 105 Rdn. 48; *Hadamitzky* KK-OWiG § 105 Rdn. 48; *Grommes* BeckOK OWiG § 105 Rdn. 39; *D. Meyer* JurBüro **1978** 1442; *Wasmuth* NStZ **1989** 348 m.w.N.; LG Osnabrück JurBüro **1978** 1041; LG Hof JurBüro **1979** 1174 ff.; LG Nürnberg-Fürth JurBüro **1979** 234; LG Krefeld MDR **1980** 248; LG Osnabrück, Beschl. v. 22.10.1981 – 12 Qs 91a/81.

12 Vgl. hierzu BGHSt **26** 291 ff.; 335 ff.; **26** 367 ff.; **27** 22 ff.; BGH NJW **1978** 384; LG Bamberg NStZ **1989** 387; LG Flensburg JurBüro **1988** 653.

13 RGSt **14** 365, 372; RG GA **1916** 125; RG JR **1927** Rechtsprechung Nr. 764; BGH LM Nr. 3 zu § 352.

(RG Rsp. **8** 771, 774). So genügt es, dass er aufgrund einer unwirksamen Honorarvereinbarung eine Vergütung fordert, die ihm nach der Gebührenordnung nicht zukommt (vgl. oben Rdn. 14).

Eine überhöhte Gebühr wird auch dann erhoben, wenn sie als **Vorschuss** gefordert wird (SSW/*Satzger* Rdn. 12; *Tsambikakis* AnwK Rdn. 9); (vgl. für die gleichliegende Frage im Rahmen des § 353: RGSt **41** 91, 92 sowie § 353 Rdn. 16). Der Bundesgerichtshof hat hierzu bisher nicht abschließend Stellung genommen. In BGHSt **4** 233, 234 f. wird ausgeführt, die Anwendung des § 352 könne dann erwogen werden, wenn der Fordernde gerade den Anspruch auf Vorschuss als gesetzlich begründet hinstelle; im Übrigen wird jedoch zu bedenken gegeben, dass mit dem Verlangen auf Vorschuss noch kein endgültiger Anspruch geltend gemacht werde. Hierzu wird auf RG JR Rsp. **1927** 436 f. verwiesen. Jene Entscheidung betraf jedoch einen anderen Sachverhalt. Dort hatte ein Rechtsanwalt eingezogene Gelder nicht voll an seinen Auftraggeber ausgezahlt, weil er seine von ihm (zu hoch) berechneten Kosten abgezogen hatte; von Bedeutung war, ob es nach dem Willen des Anwalts endgültig – auch bei einem etwaigen Widerspruch des Mandanten – bei der Kürzung verbleiben sollte (vgl. Rdn. 22). Solche Meinungsverschiedenheiten, die eine Gebührenerhebung im Wege der Verrechnung in Frage stellen könnten, tauchen jedoch bei einer *dem behaupteten Gebührenanspruch entsprechenden Vorschusszahlung* nicht auf. Der Täter soll vielmehr nach dem Willen beider Beteiligter das gezahlte Geld auch endgültig behalten, sobald er – was oft nur von ihm abhängt – das Geschäft ausgeführt hat. Damit tritt gerade das ein, was § 352 verhindern will. Der Täter erreicht sein Ziel – die Zahlung einer überhöhten Gebühr – sogar noch früher als im Regelfall, nämlich noch vor Ausführung der Amtshandlung. 20

b) Erhalten der Gebühr. Hinzukommen muss, dass der Amtsträger oder Rechtsbeistand die Gebühr **erhält** (Matt/Renzikowski/*Sinner* Rdn. 7). Fehlt es an dieser Voraussetzung, so ist die Gebühr noch nicht erhoben; es kann jedoch der (strafbare) Versuch der Gebührenüberhebung vorliegen. 21

Nicht nötig ist, dass der angebliche Gebührenschuldner die überhöhte Gebühr selbst zahlt. So erhebt ein Rechtsanwalt auch dann überhöhte Gebühren, wenn er diese von den bei ihm eingegangenen Geldern des Gegners einbehält und daran auch bei einem Widerspruch des Auftraggebers festhalten will.[14] Entsprechendes gilt bei der Verrechnung auf einen bereits gezahlten Vorschuss (RG JW **1936** 2143; BGH LM Nr. 3 zu § 352). Eine Gebührenüberhebung kann auch vorliegen, wenn ein Rechtsanwalt mit einer nicht geschuldeten Gebührenforderung gegenüber dem Anspruch auf Rückzahlung eines Darlehens die Aufrechnung erklärt. In diesem Fall ist die Tat allerdings erst vollendet, wenn der angebliche Gebührenschuldner die Aufrechnung – mit der in Wahrheit nicht bestehenden Forderung – hinnimmt (BGH LM Nr. 3 zu § 352; ähnlich bereits RG GA **1916** 125, 126). Ebenso reicht es aus, wenn die überhöhten Gebühren im Wege der Zwangsvollstreckung, etwa aufgrund einer vollstreckbaren Urkunde oder aufgrund eines Urteils, beigetrieben werden (RGSt **14** 364, 373; BGH, Urt. v. 27.1.1953 – 1 StR 529/52). 22

Strittig ist, ob sich der angebliche Schuldner in einem **Irrtum** über seine Zahlungspflicht befinden muss (bejahend: *Sch/Schröder/Hecker* Rdn. 8; *Kuhlen* NK Rdn. 21; *Hoyer* SK Rdn. 7, *Heuchemer* BeckOK Rdn. 9; Matt/Renzikowski/*Sinner Rdn. 7*; verneinend *Frank* Anm. II 2; *Lackner/Kühl/Heger* Rdn. 5). Die Rechtsprechung beantwortet die Frage nicht einheitlich. Eine Reihe von Entscheidungen hält einen Irrtum des Zahlenden für erforderlich.[15] Demgegenüber hat schon das Reichsgericht in anderen Urteilen betont, dass es hierauf nicht ankomme (RGSt **14** 365, 372 f.; **18** 219, 223). Das BayObLG verlangt als ungeschriebenes Tatbestandsmerkmal eine Täuschung, setzt aber keinen entsprechenden Irrtum des „Gebührenschuldners" voraus (BayObLG NStZ **1990** 129, 23

---

14 RGSt **53** 112; RG GA **1916** 125, 126; RG JR Rechtsprechung **1927** 436 f.; BGH LM Nr. 3 zu § 352; BGH Urteil v. 2.2.1954 – 2 StR 10/53.

15 RGSt **19** 19, 21; RG Rsp. **2** 109; RG HRR **1936** Nr. 372; BGHSt **4** 233, 235.

130; ihm folgend OLG Hamm NStZ-RR **2002** 141;[16] ebenso *Lackner/Kühl/Heger* Rdn. 5; *Samson* SK (1991) Rdn. 9a, wohl auch *Fischer* Rdn. 7; SSW/*Satzger* Rdn. 13; *Tsambikakis* AnwK Rdn. 12). Auch in BGHSt **2** 35, 37 setzt sich der Senat mit dieser Frage auseinander. Er geht davon aus, dass mit der Gebührenüberhebung nach §§ 352, 353 notwendigerweise die Vorspiegelung – mithin die Täuschung – verbunden sei, der Zahlende schulde den geforderten Betrag. Dass diese Täuschung Erfolg haben, also zu einem Irrtum des Zahlenden führen müsse, wird für die Erfüllung des Tatbestands nicht verlangt. Die gleiche Auffassung kommt in BGH LM Nr. 3 zu § 352 zum Ausdruck, wo für ausreichend erachtet wird, dass der in Anspruch genommene Mandant die Gebührenforderung hinnimmt, weil er sie irrtümlich für gerechtfertigt hält „oder weil er nicht darum streiten will". Im letzteren Fall ist ein Irrtum nicht gegeben. Tatsächlich kann diese Frage auch nicht entscheidend sein. Gegen eine derartige Einengung spricht schon der Schutzzweck der Vorschrift. Sie soll einen Missbrauch der Erhebungsbefugnis verhindern (Rdn. 1). Ein solcher Fall liegt aber auch dann vor, wenn der angebliche Schuldner – etwa um sich das Wohlwollen des Amtsträgers zu erhalten – die Gebühr entrichtet, obgleich er weiß, dass er sie in Wahrheit nicht schuldet. Diese Fallgestaltung mag im Rahmen des § 352 zwar selten sein. Sie wird jedoch beispielsweise in Betracht kommen, wenn ein Angeklagter sich auf seinen Verteidiger angewiesen glaubt und deshalb dessen Gebührenforderung hinnimmt, obwohl er weiß, dass sie überhöht ist oder dem Anwalt als einem Pflichtverteidiger überhaupt nicht zusteht (*Voßen* MK Rdn. 29). Bedeutsamer wird die angesprochene Auslegungsfrage allerdings in den Fällen der Abgabenüberhebung nach § 353 Abs. 1 sein. Hier kann der angebliche Gebührenschuldner sich nicht selten in der Lage sehen, eine nicht oder nicht in dieser Höhe geschuldete Gebühr zahlen zu sollen, weil er sich eine weitere gute Zusammenarbeit mit der Behörde sichern will. Auch dann muss die Vorschrift nach ihrem Zweck eingreifen (vgl. RGSt **22** 306, 308 sowie § 353 Rdn. 20). Beide Strafbestimmungen, § 352 und § 353, können in diesem Punkt nur einheitlich ausgelegt werden (vgl. BGHSt **2** 35, 36 f.). Die Grenze ist dort zu sehen, wo Amtsträger und Zahlender im gegenseitigen Einverständnis davon ausgehen, dass eine „Gebühr" im Sinne der Gebührenordnung nicht verlangt und auch nicht geschuldet wird (vgl. etwa den Sachverhalt zu RGSt **19** 19, 20 f.). Oft wird in solchen Fällen der Amtsträger aufgrund der mit dem angeblichen Gebührenschuldner getroffenen „Unrechtsvereinbarung" (BGHSt **15** 239, 249; *Fischer* § 331 Rdn. 21 ff., § 332 Rdn. 8) der Vorteilsannahme (§ 331) oder der Bestechlichkeit (§ 332) schuldig sein (vgl. RGSt **18** 219, 221; **19** 19, 21; RG Rspr. **2** 109).

IV. Innerer Tatbestand

24 Der Täter muss **vorsätzlich** handeln. Er muss insbesondere wissen, dass der Zahlende die Gebühr überhaupt nicht oder nur zu einem geringeren Betrag schuldet. Irrt der Täter über das Bestehen des Vergütungsanspruchs, so handelt er in einem Tatbestandsirrtum (RG Rspr. **8** 771, 773; BayObLGSt **1962** 79).

25 Der Täter muss mit direktem Vorsatz handeln (*Sch/Schröder/Hecker* Rdn. 11; *Hoyer* SK Rdn. 9; *Heuchemer* BeckOK Rdn. 10; *Preisendanz* Nr. 6; *Maurach/Schroeder/Maiwald* BT § 81 Rdn. 5; *Frank* Anm. III; SSW/*Satzger* Rdn. 14; *Tsambikakis* AnwK Rdn. 13).[17] Hierfür spricht, worauf *Samson* und *Frank* zutreffend verweisen, der Wortlaut der Vorschrift („weiß"), **aA** RGSt **16** 363, 364; **64** 422, 423; **72** 376, 377 sowie *Träger* LK[11] Rdn. 21. Im Zuge der Überarbeitung des StGB durch das EGStGB 1974 ist im Besonderen Teil an zahlreichen Stellen der neue – präzisere – Sprachgebrauch des Gesetzge-

---

16 Zu Recht weist OLG Hamm a.a.O. darauf hin, dass eine Täuschung nicht schon darin zu erblicken ist, dass der Anwalt eine Gebühr geltend macht, die der Adressat der Forderung aus rechtlichen Gründen nicht anerkennt, denn dann „würde jeder Rechtsanwalt, der eine dem Grunde nach bestrittene Gebührenforderung gegen seinen Mandanten geltend macht, sich dem Vorwurf der strafbaren Gebührenüberhebung ausgesetzt sehen".

17 **AA** (bedingter Vorsatz genügt) RGSt **16** 363, 364 f.; RG Rspr. **8** 771, 773; RG HRR **1936** Nr. 372; *Lackner/Kühl/Heger* Rdn. 6; *Arzt/Weber* LH 5 Rdn. 475. – Für Wissentlichkeit auch Matt/Renzikowski/*Sinner* Rdn. 8, der die hier vertretene Auffassung fälschlich der Gegenmeinung zuordnet; Anw/K/*Tsambikakis* Rdn. 14.

bers eingeführt worden; dies verbietet es, in § 352 das damals unverändert belassene Merkmal „weiß" im Sinne eines „Fürmöglichhaltens" auszulegen. Ob die weitere Auslegung dem Schutzzweck der Vorschrift Rechnung trägt[18] und ob sie angesichts der Nähe der Regelung zum Tatbestand des Betrugs, wo bedingter Vorsatz ausreicht (*Tiedemann* LK[12] § 263 Rdn. 240 ff.), folgerichtig ist, erscheint nicht ausgemacht; die Frage braucht aber nicht beantwortet zu werden, da das Wortlautargument funktionale Überlegungen abschneidet.

Eine *Bereicherungsabsicht* ist nicht erforderlich.[19] Das Gesetz erwähnt sie nicht. Sie ist auch für die Frage, ob gebührenrechtliche Vorschriften verletzt wurden, ohne Bedeutung.[20] Unerheblich ist deshalb, ob der Täter annimmt, ihm ständen aus anderen (nicht gebührenrechtlichen!) Gründen Ansprüche gegen den Zahlenden zu, die er dann unter dem Deckmantel der überhöhten Gebührenforderung durchsetzt (RGSt **30** 249, 250 f.; RG HRR **1941** Nr. 951). Verlangt der Täter allerdings eine Gebühr, die er so nach der Gebührenordnung nicht fordern darf, steht ihm aber gleichwohl eine Gebühr in dieser Höhe aufgrund einer anderen Berechnungsweise tatsächlich zu (oder glaubt er dies jedenfalls), so ist § 352 nicht anwendbar (vgl. oben Rdn. 15 sowie RG HRR **1941** Nr. 951, Fälle 2, 4). 26

V. Versuch

Versuch (§ 352 Abs. 2) ist schon gegeben, wenn das Opfer zur Zahlung einer nichtgeschuldeten Vergütung aufgefordert wird (die „Begleichung" aber verweigert; RG Rspr. **8** 771, 777; BGH LM 3 zu § 352; *Tsambikakis* AnwK Rdn. 15). Im Grunde erfüllt jede Handlung, die zur Durchsetzung ungerechtfertigter Gebührenforderungen geeignet und bestimmt ist (z.B. Aufrechnung) den Tatbestand des Versuchs (s. dazu Rdn. 22; *Kuhlen* NK Rdn. 27). 27

VI. Zusammentreffen

Tateinheit ist möglich mit § 266.[21] Nur §§ 266, 132 (und nicht § 352) greifen ein, wenn ein Notar, der seines Amtes vorläufig enthoben worden ist, für seine Tätigkeit Gebühren verlangt – die in dieser Höhe geschuldet werden (*Fischer* Rdn. 5) –, das Geld aber nicht an die Staatskasse abführt (RGSt **76** 25, 27 f.). 28

Hingegen verdrängt § 352 grundsätzlich den Tatbestand des § 263 (BGH NStZ-RR **2007** 142, 144; *Tsambikakis* AnwK Rdn. 17). Zwar kommt es bei der Gebührenüberhebung nicht darauf an, ob das Opfer sich durch den Täter täuschen lässt; der Täter braucht außerdem nicht in Bereicherungsabsicht zu handeln (Rdn. 18, 22). Trotzdem erfüllt *in der Regel* der Tatbestand des § 352 zugleich denjenigen des § 263 (RGSt **18** 219, 220 f.). Soll nicht die durch § 352 beabsichtigte Milderung (Rdn. 1) leerlaufen, muss eine zusätzliche Bestrafung nach § 263 ausscheiden.[22] Das gilt auch dann, wenn die Strafverfolgung wegen der Gebührenüberhebung verjährt ist und nur noch eine Bestrafung gemäß § 263 in Betracht käme (BGH Urt. v. 25.7.1978 – 5 StR 130/78). Tateinheit zwischen 29

---

18 Ausführlich zur Frage des subjektiven Tatbestands *Kuhlen* NK Rdn. 27 ff.

19 RGSt **30** 249; RG HRR **1941** Nr. 951; BGH Urt. v. 19.2.1952 – 1 StR 531/51; *Sch/Schröder/Hecker* Rdn. 10; *Lackner/Kühl/Heger* Rdn. 6; Matt/Renzikowski/*Sinner* Rdn. 8; SSW/*Satzger* Rdn. 14.

20 Insoweit trifft daher die Bemerkung in BGHSt **2** 35, 37 nicht zu, dass jede Gebührenüberhebung – gäbe es die Sondervorschriften der §§ 352, 353 nicht – jedenfalls als versuchter Betrug zu bestrafen wäre.

21 BGH NJW **1957** 596, 597; BGH NStZ-RR **2007,** 144; JR **2007** 202; **aA** OLG Karlsruhe wistra **1991** 154, 155 und – für den Fall der Gebührenüberhebung durch Gerichtsvollzieher – OLG Köln NStE Nr. 1 zu § 352.

22 RGSt **18** 219, 220 ff.; **40** 378, 381 f.; RG JW **1936** 2143; RG HRR **1941** Nr. 951; BGHSt **2** 35, 36; **4** 233, 236; *Sch/Schröder/Hecker* Rdn. 14; *Frank* Anm. I; **aA** *Kuhlen* NK Rdn. 32 (und dazu Rdn. 4 bis 8).

Gebührenüberhebung und Betrug kann nur angenommen werden, wenn zu der bewusst überhöhten Gebührenforderung eine zusätzliche Täuschungshandlung hinzutritt.[23]

VII. Nebenfolgen

30 Als **Nebenfolge** (§ 45 Abs. 2) kommt unter den Voraussetzungen des § 358 die Aberkennung der Fähigkeit, öffentliche Ämter zu bekleiden, in Betracht (BGH NJW **2008** 929), ferner als Maßregel nach § 70 ein Berufsverbot (BGH wistra **1982** 67 f.).

23 RGSt **18** 219, 223 f.; 77 122, 123; RG JW **1933** 2145, 2146; RG JW **1936** 2143; RG HRR **1941** Nr. 951; BGHSt **2** 35, 36; BGH NStZ-RR **2007** 144; OLG Karlsruhe wistra **1991** 154, 155; OLG Düsseldorf wistra **1989** 316, 317.

§ 353 Abgabenüberhebung; Leistungskürzung

(1) Ein Amtsträger, der Steuern, Gebühren oder andere Abgaben für eine öffentliche Kasse zu erheben hat, wird, wenn er Abgaben, von denen er weiß, dass der Zahlende sie überhaupt nicht oder nur in geringerem Betrage schuldet, erhebt und das rechtswidrig Erhobene ganz oder teilweise nicht zur Kasse bringt, mit Freiheitsstrafe von drei Monaten bis zu fünf Jahren bestraft.

(2) Ebenso wird bestraft, wer als Amtsträger bei amtlichen Ausgaben an Geld oder Naturalien dem Empfänger rechtswidrig Abzüge macht und die Ausgaben als vollständig geleistet in Rechnung stellt.

Entstehungsgeschichte

Die Entstehungsgeschichte des § 353 entspricht derjenigen des § 352 (vgl. dort). Der Bundesgerichtshof hat die Bestimmung – wohl zutreffend – als veraltet bezeichnet (BGH NJW **1961** 1171). Das EGStGB 1974 hat jedoch nur – wie in § 352 – den Begriff des Beamten durch den des Amtsträgers ersetzt (vgl. *Kuhlen* NK Rdn. 1).

Übersicht

I. Geschütztes Rechtsgut

1. § 353 Abs. 1 und § 352 unterscheiden sich, soweit es um die rechtswidrige Entgegennahme der Gebührenzahlung geht, nur darin, dass in § 352 der Täter die Gebühren für sich persönlich, in § 353 Abs. 1 hingegen für eine öffentliche Kasse erhebt (BGHSt **2** 35, 36). Die Schutzrichtung ist in beiden Tatbeständen dieselbe. Wie in § 352 (dort Rdn. 1) soll auch in § 353 Abs. 1 der Bürger vor Übervorteilung und Benachteiligung geschützt werden (RGSt **41** 91, 94);[1] die Vorschrift will verhindern, dass ein Amtsträger, der Abgaben für eine öffentliche Kasse zu erheben hat, diese Befugnis zu Lasten des Bürgers missbraucht (BGH Urt. v. 10.5.1960 – 5 StR 51/59). Zwar wird der Täter nach § 353 Abs. 1 nur bestraft, wenn er das eingenommene Geld nicht zur Kasse bringt. Dies bedeutet jedoch nicht, dass die Bestimmung zugleich das Eigentum des Staates schützen soll (so auch *Fischer* Rdn. 1; *Kuhlen* NK Rdn. 2; *Voßen* MK Rdn. 1; *Sch/Schröder/Hecker* Rdn. 1; Matt/Renzikowski/*Sinner* Rdn. 1; SSW/*Satzger* Rdn. 2; *Tsambikakis* AnwK Rdn. 2), denn wenn die Gelder zur Kasse gebracht werden, entfällt eine Bestrafung deshalb, weil davon auszugehen ist, dass der Amtsträger nicht aus Eigennutz gehandelt hat (RGSt **17** 321, 326; **26** 259, 260); umgekehrt ist das Eigentum des Staates, das durch die Tathandlung geschädigt wird, nur in einem Teil der in Betracht kommenden Fälle schützenswert, nämlich in den Fällen, in denen der Zahlende die Abgabe „in geringerem 1

1 Wie schon zu § 352 bemerkt (s. dort Rdn. 1, Fn. 1), ist der vom Reichsgericht a.a.O. verwendete Ausdruck „zahlungspflichtiges Publikum“ – zumindest heute – missverständlich.

https://doi.org/10.1515/9783110490329-017

Betrage" schuldet (also nicht, wenn er sie *nicht* schuldet) und sodann der Amtsträger einen geringeren als den von dem Zahlenden geschuldeten Betrag zur Kasse bringt.

2 Die enge Verwandtschaft zwischen § 352 und § 353 Abs. 1 StGB legt es nahe, beide Vorschriften einheitlich auszulegen (vgl. etwa RGSt **3** 87, 89; BGHSt **2** 35, 36 f.; BGH NJW **1961** 1171).

3 **2. § 353 Abs. 2** hat im Kern eine doppelte Schutzrichtung: die Bestimmung schützt den Empfänger der Ausgaben, zusätzlich aber auch die Behörde, der die Ausgaben voll in Rechnung gestellt werden (RGSt **66** 246, 247 f.; Matt/Renzikowski/*Sinner* Rdn. 1; *Tsambikakis* AnwK Rdn. 2; **aA** SSW/*Satzger* Rdn. 1).

4 **3. Weiteres Schutzgut.** Nach der aus der Entstehungsgeschichte abgeleiteten und mit dem Hinweis auf § 327 Abs. 1 und 2 Preuß. StGB 1851[1] begründeten Auffassung *Kuhlens* (NK Rdn. 2 und 3) kommt als weiteres Schutzgut von § 353 Abs. 1 *und* 2 die Korrektheit der öffentlichen Kassenführung als Ausprägung der Reinheit der Amtsführung in Betracht. Auch die deutlich erhöhte Strafdrohung des § 353 gegenüber § 352 einerseits, die gleiche Strafdrohung der Absätze 1 und 2 des § 353 andererseits lässt sich hiermit erklären. Erst das *Zusammentreffen* dieser beiden Schutzelemente erklärt danach den Schutzzweck der Vorschrift. Dem ist zuzustimmen (vgl. hierzu auch *Fischer* Rdn. 1 und *Lackner/Kühl/Heger* Rdn. 1 sowie *Sch/Schröder/Hecker* Rdn. 1 ff.; *Voßen* MK Rdn. 1; SSW/*Satzger* Rdn. 2). Für die Auslegung dürfte dieses Hinzutreten einer weiteren Schutzkomponente freilich kaum Auswirkungen haben, da beide Komponenten ohnehin ihren Niederschlag im Tatbestandswortlaut gefunden haben. Deshalb tauchen auch nicht jene Bedenken auf, die prinzipiell gegen die verbreitete („alternative") Schutzzweckvermehrung erhoben werden können.

II. Abgabenüberhebung (Abs. 1)

1. Täter

5 **Täter** kann *nur* ein Amtsträger (§ 11 Abs. 1 Nr. 2) sein,[2] der Steuern, Gebühren oder andere Abgaben für eine *öffentliche Kasse* zu erheben hat. Der Gefahr des Missbrauchs dieser ihm eingeräumten Erhebungsbefugnis soll begegnet werden (Rdn. 1 ff.). Daraus folgt:

6 Fehlt eine Erhebungsbefugnis, die missbraucht werden könnte, darf also die Behörde oder sonstige Stelle (§ 11 Nr. 2c),[3] welcher der Amtsträger zuzuordnen ist, grundsätzlich Abgaben nicht erheben, scheidet eine Bestrafung des Amtsträgers nach § 353 Abs. 1 aus (RGSt **23** 263, 265 f.; **41** 91, 93; BGH NJW **1961** 1171 f.). Das gilt auch, wenn der Amtsträger die von ihm eingezogenen Beträge fälschlich als Gebühren bezeichnet (RGSt **23** 263, 265 f.), und ebenso dann, wenn der Amtsträger Gebühren für eine öffentliche Kasse erhebt, für die er – etwa als Beamter einer anderen Behörde – gar nicht auftreten darf (BGH Urt. v. 10.5.1960 – 5 StR 51/59). Besteht jedoch eine Erhebungsbefugnis der Behörde oder „Stelle", so kann § 353 Abs. 1 auch eingreifen, wenn im Einzelfall für die konkrete Tätigkeit Gebühren nicht entgegengenommen werden dürfen (RGSt **41** 91, 93; **65** 52, 53 f.).

7 Es muss ferner zu den dienstlichen Aufgaben gerade des Täters gehören, Abgaben für die Behörde oder Stelle zu erheben. Nur dann kann von einem Missbrauch der Erhebungsbefugnis die Rede sein (*Heuchemer* BeckOK Rdn. 3). Die Vorschrift greift daher nicht ein, wenn lediglich (behördenintern) eine Übung besteht, dass der Beschuldigte (statt eines anderen Amtsträgers) Gebühren einzieht (BGH LM Nr. 2 zu § 353). Es genügt ferner nicht, dass der Amtsträger nur zur Ausstellung von Kostenrechnungen und deren Übersendung an die Kostenschuldner befugt ist; er muss auch berechtigt sein, die angeforderten Kostenbeträge entgegenzunehmen (BGH LM Nr. 2 zu

---

2 *Hilgendorf* LK § 11 Rdn. 19 ff.; dazu BGHSt **43** 96, 101 ff. = JR **1998** 71 m. Anm. *Otto*; BGHSt **43** 370; **45** 16, 18 ff.; *Ossenbühl* JR **1992** 473 ff.; *Heuchemer* BeckOK Rdn. 2; Matt/Renzikowski/*Sinner* Rdn. 2; SSW/*Satzger* Rdn. 4; *Tsambikakis* AnwK Rdn. 3.

3 *Hilgendorf* LK § 11 Rdn. 33 ff.; *Lackner/Kühl/Heger* § 11 Rdn. 6 ff., 9a; *Fischer* § 11 Rdn. 17 ff.; dazu BGHSt **43** 370; **45** 16.

§ 353, ferner RGSt **65** 52, 53 f.; vgl. hierzu Rdn. 20). Andererseits reicht es jedoch aus, dass dem Täter überhaupt die Aufgabe übertragen ist, Abgaben für die Behörde zu erheben; unerheblich ist, ob sich diese Befugnis auch auf den Einzelfall erstreckt (RGSt **41** 91, 94; **65** 52, 53 f.).

2. Tathandlung

Tathandlung ist das Erheben von Steuern, Gebühren oder anderen Abgaben, von denen der Täter weiß, dass der Zahlende sie nicht oder nur in geringerem Maße schuldet. Hinzukommen muss außerdem, dass das insoweit rechtswidrig Erhobene ganz oder teilweise nicht zur Kasse gebracht wird. 8

a) Abgaben. Die von § 353 Abs. 1 erfassten **Abgaben** – Abgaben hier als Oberbegriff verstanden – sind **für eine öffentliche Kasse** zu erheben, also im Gegensatz zu § 352 nicht für den Amtsträger persönlich. Sie müssen – hier gilt das Gleiche wie zu § 352 (Rdn. 10) – zumindest dem Rahmen nach durch Gesetz, Verwaltungsvorschrift oder sonstige allgemeine Vorschriften mit „publizistischem Charakter" (*Kuhlen* NK Rdn. 5 ff.; *Sch/Schröder/Hecker* Rdn. 4) festgelegt sein (RGSt **3** 87, 88; **22** 306, 307; **41** 91, 92). Das ist eine *Grundvoraussetzung der Strafbestimmung.* Diese beschreibt die danach in Betracht kommenden Zahlungen des Bürgers jedoch noch näher: 9

Der Begriff der **Steuer** stimmt mit demjenigen des Steuerrechts überein. Er ist in § 3 Abs. 1 AO festgelegt. Es muss sich um Geldleistungen handeln, die nicht eine Gegenleistung für eine besondere Leistung darstellen und die von einem Gemeinwesen zur Erzielung von Einnahmen allen auferlegt werden, bei denen der Tatbestand zutrifft, an den das Steuergesetz die Leistungspflicht knüpft (vgl. RGSt **22** 306, 307 sowie eingehend Tipke/Lang/*Seer* Steuerrecht[24] 2021, S. 46 Rz. 2.13 ff. und BVerfGE **55** 274, 299). 10

Gebühren sind Zahlungen, die als Gegenleistungen für eine Leistung des Staates, seiner Behörden und öffentlichen Einrichtungen erbracht werden (RGSt **3** 87, 88; **22** 306, 307). Der Begriff ist jedoch weiter als derjenige des Verwaltungsrechts. Dort werden unter Gebühren nur Leistungen verstanden, die aufgrund öffentlichen Rechts verlangt werden (*Wolff/Bachof/Stober/Kluth* VerwR I[13], § 42 Rdn. 31 ff.; *Tipke/Lang* a.a.O. § 3, 2. 2 Rdn. 18 f.). So eng ist die Grenze im Strafrecht nicht zu ziehen (dazu Rdn. 14 f.). 11

Als **andere Abgaben** kommen in Betracht: Beiträge zur Deckung des Aufwands einer öffentlichen Einrichtung (z.B. Erschließungsbeiträge, Kurförderungsabgaben von Fremdenverkehrsbetrieben), Ausgleichsabgaben marktbegünstigter Unternehmen zur Subventionierung anderer Betriebe derselben Wirtschaftszweige oder etwa Verbandslasten der Mitglieder einer öffentlichen Körperschaft (vgl. hierzu im einzelnen: *Wolff/Bachof/Stober/Kluth* VerwR I[13] § 42 Rdn. 15 ff.). 12

Die Vorschrift erfasst aber nicht jede Leistung des Bürgers an den Staat. Geht es um den **rein fiskalischen Bereich** staatlichen Handelns, greift § 353 Abs. 1 nicht ein. Von Abgaben und Gebühren, die für eine öffentliche Kasse erhoben werden, kann nicht gesprochen werden, wenn der Staat – wie ein Gewerbetreibender – *allein* zur Erzielung wirtschaftlichen Gewinns unternehmerisch nach privatrechtlichen Normen tätig ist (RGSt **22** 306, 307 f.), so beispielsweise beim Betrieb einer Bierbrauerei oder einer Porzellanmanufaktur, mögen auch (vgl. oben Rdn. 11) die zu zahlenden Preise listenmäßig festgehalten sein.[4] Hier geht es nicht um Abgaben, sondern um Kaufpreise, um Miet- und Pachtzins, um kaufmännische Erträgnisse. 13

Die **Abgrenzung** ist nicht allein nach der Art des zugrundeliegenden Rechtsverhältnisses vorzunehmen. Um Abgaben im Sinne des § 353 Abs. 1 kann es sich auch dann handeln, wenn das Rechtsverhältnis nach bürgerlichem Recht zu beurteilen ist (RGSt **22** 306, 307; RG JR **1926** 14

---

4 Vgl. RGSt **22** 306, 307 f.; BGHSt **38** 199, 203 f.; s. aber auch BGHSt **43** 96, 104; **43** 370, 379; **45** 16, 19; KG NStZ **1994** 242; *Hilgendorf* LK § 11 Rdn. 46; *Lackner/Kühl/Heger* § 11 Rdn. 9a; *Kuhlen* NK Rdn. 6; differenzierend *Fischer* § 11 Rdn. 22 f.; allgemein zu diesem Tätigkeitsbereich des Staates: *Wolff/Stober* a.a.O. § 23 Rdn. 23 ff.

Rechtsprechung Nr. 1209). Es genügt, dass die Abgaben „in irgendeiner Beziehung eine öffentlichrechtliche Eigenschaft haben, wenn auch nur die Höhe der Leistung sich nach öffentlich-rechtlichen Grundsätzen bemisst" (RG GA **1912** 472; *Tsambikakis* AnwK Rdn. 4). Entscheidend ist, ob das Gemeinwesen mit seiner Tätigkeit – sei es auch in Formen des Privatrechts – öffentliche Zwecke erfüllt (vgl. dazu *Wolff/Bachof/Stober/Kluth* a.a.O. § 42 Rdn. 40 ff.) und sich damit auch die Höhe der vom Bürger zu erbringenden Leistung nach „publizistischen Grundsätzen" unter Berücksichtigung nicht nur gewerblicher, sondern auch politischer und volkswirtschaftlicher Gesichtspunkte bestimmt.[5] Sind aufgrund derartiger – nicht rein kaufmännischer – Überlegungen die Leistungen des Bürgers durch Gesetz, Verordnung oder sonstige allgemeine Vorschriften festgelegt, soll § 353 Abs. 1 die Einhaltung dieser Schranken gewährleisten.

15 Für § 353 korrespondiert danach der Begriff der „Abgaben" im Wesentlichen mit den Merkmalen, die auch für die Bestimmung des Täterkreises (Amtsträger, Behörde, sonstige Stellen, Wahrnehmung von Aufgaben der öffentlichen Verwaltung – § 11 Abs. 1 Nr. 2a–c) maßgebend sind. Probleme ergeben sich vor allem im Zuge der Privatisierung von Bereichen staatlicher Daseinsvorsorge, soweit sie – wie bei der Post und Bahn – mit grundlegenden Strukturveränderungen verbunden ist (vgl. *Kuhlen* NK Rdn. 6; *Hilgendorf* LK § 11 Rdn. 41, 58 und die dortigen Nachw. zur neueren Rspr.). Vor der Poststrukturreform war das Verhältnis des Postbenutzers zur Post grundsätzlich öffentlichrechtlich ausgestaltet, der Beförderungsvertrag des Fahrgastes bei der Bundesbahn hingegen privatrechtlich.[6] Unabhängig hiervon stellten sowohl die Forderung einer überhöhten Paketgebühr durch einen Postbeamten (RGSt **75** 378, 379 f.; BGH NJW **1961** 1171) als auch diejenige eines zu hohen Fahrpreises oder eines überhöhten Frachtbetrages für Reisegepäck durch einen Eisenbahnbeamten (RGSt **22** 306, 307 f.; **52** 163, 165; BGH, Urt. v. 20.1.1955 – 3 StR 238/54) eine Abgabenüberhebung dar. Der rechtliche Unterschied zwischen beiden Benutzungsverhältnissen – ohnehin nur geschichtlich zu erklären – wirkte sich im Strafrecht nicht aus. Auch nach der Umwandlung von Post und Bahn in privatrechtlich organisierte Unternehmen wurden von den neu gegründeten staatseigenen Aktiengesellschaften Deutsche Bahn AG, Deutsche Post AG, Deutsche Postbank AG und Deutsche Telekom AG Abgaben im Sinne des § 353 Abs. 1 erhoben. Die zugrundeliegenden Dienstleistungen haben trotz der tiefgreifenden Änderungen und der geschaffenen Wettbewerbslage ihren Bezug zum staatlichen Versorgungsauftrag zunächst nicht verloren (vgl. *Träger* LK[11] Rdn. 13 sowie *Münzner* LK § 317 Rdn. 3).[7] Inzwischen dürften sich aber mit der tatsächlichen wirtschaftlichen Entwicklung, vor allem mit der Zulassung von Wettbewerbern, auch die Rechtsauffassungen gewandelt haben, so dass die strafrechtliche Sonderstellung gegenüber den privaten Wettbewerben prinzipiell nicht mehr aufrecht erhalten werden kann. Da die Briefbeförderung ab dem Beginn des Jahres 2008 nicht mehr dem Post-Monopol unterliegt, kann auch insofern die Sonderstellung nicht mehr bejaht werden; ebenso SSW/*Satzger* Rdn. 5; *Kuhlen* NK Rdn. 6.

16 Insgesamt ergibt sich für § 353 Abs. 1 aber immer noch ein verhältnismäßig weiter Anwendungsbereich. Er erfasst auch Gebühren und Abgaben im Rahmen der Versorgungseinrichtungen der öffentlichen Hand wie Büchereien, Badeanstalten und ähnlicher Betriebe, mögen die Beziehungen zum Bürger insoweit nun in bürgerlichrechtlicher oder in öffentlichrechtlicher Form geregel sein.

17 Als Abgaben im Sinne des § 353 Abs. 1 hat die **Rechtsprechung** angesehen: Postporto (RGSt **3** 87 f.; RG JR **1926** Rechtsprechung Nr. 1209), Paketgebühren der Post (RGSt **75** 378, 379 f.; BGH NJW **1961** 1171), Gebühren für Ferngespräche (OLG Köln NJW **1966** 1373, 1374), Fahrpreise der Bahn für die Personenbeförderung (RGSt **52** 163, 165; BGH Urt. v. 20.1.1955 – 3 StR 238/54), Frachtbeträge der Bahn für Reisegepäck (RGSt **22** 306, 308), Botengebühren im Eisenbahnfrachtverkehr (RG HRR **1933**

---

5 RGSt **22** 306, 307 f.; ähnlich RGSt **3** 87, 88; RG JR **1926** Nr. 1209; RG HRR **1933** Nr. 972; s. dazu auch Fn. 3.

6 Vgl. BGHZ **20** 102, 103 ff.; RGZ **161** 341, 344; *Ohnheiser* Postrecht[4] (1984) § 7 PostG Rdn. 2; *Finger* Eisenbahnverkehrsordnung, Vorbem. 1 bis 7 Vorbem. § 8; allgemein *Flume* Allgemeiner Teil des Bürgerlichen Rechts, Bd. 2, 3. Aufl. (1979) § 3, 4, S. 37 f.

7 Allgemein zur Bedeutung der Privatisierung von Bahn und Post: *Hilgendorf* LK § 11 Rdn. 41, 58; vgl. auch *Altvater* LK[11] § 206 Rdn. 1 ff.; sowie LK[11] § 353 Rdn. 13.

Nr. 972), Schulbeiträge, die von Mitgliedern der Schulgemeinde erhoben wurden (RGSt **26** 259), Feuerkassenbeiträge, die wie öffentliche Abgaben und Steuern unter Kontrolle der Kreissteuerämter eingezogen wurden und der „administrativen Zwangsvollstreckung" unterlagen (RGSt **23** 263, 264), Beiträge zur Unfallversicherung für die Land- und Forstwirtschaft, die wie Gemeindeabgaben beigetrieben werden (RG GA **1912** 472), Gebühren für katasteramtliche Geschäfte (RGSt **41** 91), Marktstandgelder, die ein Gewerbe- und Ordnungsamt erheben darf (BGH Urt. v. 10.5.1960 – 5 StR 51/59); weitere Beispiele s. *Kuhlen* NK Rdn. 8; *Voßen* MK Rdn. 15.

b) Nicht ... geschuldet. Die erhobenen Abgaben müssen entweder **überhaupt nicht** oder nur in **geringerem Betrag geschuldet** werden. Ob dies der Fall ist, richtet sich nach den einschlägigen Gesetzen oder Verwaltungsvorschriften (vgl. Rdn. 9). Wurden die Abgaben richtig errechnet – hatte sie der Bürger also zu zahlen –, so liegt eine Abgabenüberhebung dennoch nicht vor, wenn das Geld *nicht* zur Kasse gebracht wird (RGSt **17** 321, 323); in solchem Fall kommt Unterschlagung in Betracht (RG a.a.O.). 18

c) Erheben. Der Täter muss die Abgaben für **eine öffentliche Kasse erheben**. Insoweit gilt dasselbe wie für § 352 (vgl. BGHSt **2** 35, 36): der Täter muss die Abgabe als rechtlich geschuldet verlangen und sie daraufhin erhalten (vgl. im Einzelnen § 352 Rdn. 13–17). Für § 353 Abs. 1 hat das Reichsgericht ausdrücklich ausgesprochen, dass es ausreicht, wenn ein Vorschuss oder Abschlag gefordert wird (RGSt **41** 91, 92 f.; vgl. zu dieser Frage im Rahmen des § 352 dort Rdn. 20). 19

Hier – wie in § 352 – kommt es nicht darauf an, dass der Geschädigte sich über seine Zahlungspflicht täuschen lässt (vgl. im Einzelnen § 352 Rdn. 23). Zahlt der Bürger aufgrund der Erhebung, obwohl er weiß, dass die Abgabe überhöht ist oder gar nicht verlangt werden kann – etwa deshalb, weil er die weitere Zusammenarbeit mit dem Amtsträger nicht belasten will –, so ist gleichwohl der Tatbestand des § 353 Abs. 1 erfüllt (RGSt **22** 306, 308; *Lackner/Kühl/Heger* § 352 Rdn. 5; *Sch/Schröder/Hecker* Rdn. 6; **aA** *Kuhlen* NK Rdn. 9; *Fischer* Rdn. 3). Auch dann liegt ein Missbrauch der Erhebungsbefugnis vor. Soweit deshalb das Urteil BGH NJW **1961** 1171, 1172 (in anderem Zusammenhang) § 353 als beamtenrechtlichen Spezialfall des Betruges bezeichnet und ferner die Entscheidung BGHSt **2** 35, 37 ausführt, es sei kein Fall der Abgabenüberhebung nach § 353 denkbar, der nicht wenigstens den Tatbestand des versuchten Betruges erfüllte, kann dem lediglich für den Regelfall gefolgt werden. Ausnahmen sind möglich: so etwa, wenn der Bürger weiß, dass er die von ihm verlangte Abgabe nicht schuldet, sie aber gleichwohl zahlt, „weil er nicht darum streiten will" (vgl. BGH LM Nr. 3 zu § 352), und wenn der Amtsträger von vornherein bei der Anforderung der Gebühr von dieser Fallgestaltung ausgeht. § 353 Abs. 1 ist allerdings dann nicht mehr anwendbar, wenn sich Amtsträger und Bürger im gegenseitigen Einverständnis darüber im klaren sind, dass eine „Abgabe" im Sinne des § 353 Abs. 1 nicht erhoben und nicht geschuldet wird (vgl. § 352 Rdn. 23). 20

d) Nicht-zur-Kasse-Bringen. Voraussetzung für eine Bestrafung ist weiter, dass der Täter die zu Unrecht erhobenen Abgaben ganz oder zum Teil **nicht zur Kasse bringt**. Insoweit ist § 353 Abs. 1 echtes Unterlassungsdelikt (SSW/*Satzger* Rdn. 8; Matt/Renzikowski/*Sinner* Rdn. 7; *Fischer* Rdn. 4). 21

Das Geld ist nicht schon dann zur Kasse gebracht, wenn es lediglich tatsächlich dem Kassenbestand zugeführt wird – etwa, um vorhandene Fehlbeträge auszugleichen –; erforderlich ist auch, dass der Betrag als Abgabe vereinnahmt ist (RGSt **26** 259, 260; **75** 378, 380). Dazu gehört, soweit dies vorgeschrieben oder üblich ist, dass die eingezogenen Beträge ordnungsgemäß verbucht werden (RGSt **75** 378, 380; RG JR Rechtsprechung **1927** 437; *Heuchemer* BeckOK Rdn. 4). Demgemäß genügt es nicht, die Gelder vorübergehend in die Kasse zu legen, wenn der Täter die sich dadurch ergebenden Überschussbeträge wieder entnehmen will (BGH NJW **1961** 1171, 1172). Werden die zuviel 22 erhobenen Gelder allerdings zur Kasse gebracht und auch ordnungsgemäß verbucht, so liegt eine rechtswidrige Abgabenüberhebung zugunsten des Staates vor, die nicht von § 353 Abs. 1 erfasst ist; dies gilt selbst dann, wenn der Täter auf diese Weise – durch Nichtbuchung einer späteren richtig errechneten Einnahme – einen Fehlbestand auffüllen will.[8] (Zur Frage, ob § 353 Abs. 1 dennoch eine Sperrwirkung gegenüber § 263 ausübt, s. *Sieweke* Zur (notwendigen) Strafbarkeit der vorsätzlich rechtswidrigen Gebührenüberhebung zugunsten des Staates, in wistra **2009** 340 ff., sowie u. Rdn. 29).

3. Innerer Tatbestand

23 Der Täter muss mit direktem Vorsatz handeln (*Heuchemer* BeckOK Rdn. 6; Matt/Renzikowski/*Sinner* Rdn. 12; SSW/*Satzger* Rdn. 9; *Tsambikakis* AnwK Rdn. 12). Der Vorsatz muss sich auch darauf erstrecken, dass er die Gelder nicht zur Kasse bringt. Will der Amtsträger die erhobenen Gelder zur Kasse bringen, scheitert dies jedoch daran, dass ihm das Geld verlorengeht, so fehlt es bereits am Vorsatz; es kommt nicht darauf an, dass in diesem Fall die Ablieferung durch eine rechtzeitige Anzeige ersetzt wird (so aber *Fischer* Rdn. 4). Wie bei § 352 (vgl. dort Rdn. 25) genügt *bedingter Vorsatz* auch hier nicht.[9]

24 Eine Bereicherungsabsicht setzt das Gesetz nicht voraus (vgl. § 352 Rdn. 26). Sie wird allerdings, da der Täter das Geld nicht zur Kasse bringt, im allgemeinen vorliegen (vgl. RGSt **17** 321, 326; **65** 52, 55; *Voßen* MK Rdn. 22).

4. Versuch, Teilnahme

25 Der **Versuch** ist nicht strafbar (§ 23 Abs. 1). Zur Möglichkeit einer Bestrafung wegen versuchten Betrugs vgl. Rdn. 29. Für den **Teilnehmer** gilt § 28 Abs. 1.

III. Leistungskürzung (Abs. 2)

26 **§ 353 Abs. 2** stellt eine gewisse Umkehrung (SSW/*Satzger* Rdn. 12: „Spiegelbild“) des § 353 Abs. 1 dar: Dort wird ein Amtsträger unter Strafe gestellt, der überhöhte Abgaben erhebt. Hier geht es darum, dass Leistungen des Staates rechtswidrig verkürzt werden.

27 Die Abzüge, die der Täter vornimmt, müssen sich auf **amtliche Ausgaben** an Geld oder Naturalien beziehen. Beispiele bilden die Auszahlung von Renten (vgl. den Sachverhalt in RGSt **61** 37, 39 f.) oder von Unterstützungsbeiträgen (RGSt **66** 246, 247 f.). **Täter** kann nur ein **Amtsträger** sein. Er muss die Auszahlung selbst vornehmen (RGSt **66** 246, 247; *Tsambikakis* AnwK Rdn. 14). Die **Tathandlung** besteht darin, dass der Täter rechtswidrig Abzüge macht und außerdem die Ausgaben der Staatskasse als vollständig geleistet in Rechnung stellt. Ob der Abzug rechtswidrig ist, ergibt der Vergleich mit den maßgebenden amtlichen Vorschriften (RGSt **66** 246, 248). Auf etwaige Vereinbarungen mit den unter Druck handelnden Empfängern kommt es nicht an. Ein Abzug im Sinne der Vorschrift liegt auch vor, wenn an einen Empfänger überhaupt nichts ausgezahlt wird (RG a.a.O. S. 249).

28 Der Täter muss **vorsätzlich** handeln. Wie in Absatz 1 und in § 352 genügt bedingter Vorsatz auch hier nicht (vgl. Rdn. 23; § 352 Rdn. 25; ebenso *Sch/Schröder/Hecker* Rdn. 12; *Samson* SK (1991)

---

8 **AA** OLG Köln NJW **1966** 1373, 1374; *Voßen* MK Rdn. 16; wie hier *Sch/Schröder/Hecker* Rdn. 7; *Kuhlen* NK Rdn. 11; *Hoyer* SK Rdn. 7; *Tsambikakis* AnwK Rdn. 11.

9 *Sch/Schröder/Hecker* Rdn. 12; *Fischer* Rdn. 6 (anders noch 50. Aufl.); *Hoyer* SK Rdn. 9; differenzierend *Kuhlen* NK Rdn. 13; **aA** *Voßen* MK Rdn. 21 sowie *Träger* LK[11] Rdn. 19; bei *Fischer* a.a.O. wird die vorliegende Kommentierung irrtümlich dieser Gegenmeinung zugeordnet.

Rdn. 6; *Fischer* Rdn. 6; *Heuchemer* BeckOK Rdn. 6; SSW/*Satzger* Rdn. 15; *Tsambikakis* AnwK Rdn. 14; **aA** *Voßen* MK Rdn. 27; Matt/Renzikowski/*Sinner* Rdn. 12 *sowie Träger* LK[11] Rdn. 22).

IV. Zusammentreffen

1. Abgabenüberhebung

§ 353 Abs. 1 ist – wie § 352 – im Verhältnis zu § 263 eine Sondervorschrift (BGHSt **2** 35, 37; vgl. ferner § 352 Rdn. 24). Tateinheit mit Betrug kommt daher nur dann in Betracht, wenn zur bewusst überhöhten Abgabenforderung eine zusätzliche Täuschungshandlung hinzukommt.[10] 29

Bleibt es beim *Versuch* und scheidet damit eine Bestrafung wegen Abgabenüberhebung aus, gilt Entsprechendes. § 353 Abs. 1 regelt die Abgabenüberhebung und das regelmäßig mit ihr verbundene täuschende Vorgeben des Amtsträgers abschließend als Sondertatbestand. Diese Regelung ist als eine vom Gesetzgeber gewollte Privilegierung zu verstehen, die im Grunde darauf beruht, dass sich der Zahlende jederzeit über den gesetzlichen Umfang seiner Zahlungspflicht unterrichten kann (vgl. Rdn. 1 f.; § 352 Rdn. 1).[11] Dementsprechend ist für den Täter des § 352 ein milderer Strafrahmen als für den des § 263 vorgesehen (vgl. § 263 Abs. 3 in der geltenden Fassung sowie für die ursprüngliche Fassung der Bestimmungen RGSt **22** 304, 309; **26** 259, 260 f.). Die Tat ist außerdem nur dann mit Strafe bedroht, wenn die zu viel erhobenen Abgaben nicht zur Kasse gebracht werden. Dem lag ersichtlich der Gedanke zugrunde, dass für das Unrecht der bloßen Zuvielerhebung die *disziplinarische Ahndung genüge* und *kriminelle Bestrafung nur erforderlich sei, wenn weiteres Unrecht hinzukomme.* Solches zusätzliche Unrecht werde erst verwirklicht, wenn der Täter *aus pekuniärem Eigennutz handle und dies durch die Einbehaltung des Geldes zeige* (RGSt **17** 321, 326; **26** 259 f.). Aus dieser Sicht erschien es vertretbar, den Versuch im Gegensatz zu § 352 straflos zu lassen, die vollendete Tat aber mit höherer Strafe zu bedrohen. Der Sinnzusammenhang der angeführten Straftatbestände (BGHSt **24** 262, 266) ergibt danach, dass auch in den Fällen der lediglich versuchten Abgabenüberhebung ein Rückgriff auf eine Bestrafung wegen (versuchten) Betrugs in der Regel nicht in Betracht kommt;[12] **aA** für die Fälle der Abgabenüberhebung zugunsten des Staates *Sieweke* wistra **2011** 340 ff., der konsequent die Gründe für die Sperrwirkung des § 353 gegenüber § 263 generell für nicht überzeugend hält (a.a.O. 344 f.); aA auch wegen „ungerechtfertigt weitgehende Privilegierung des Amtsträgers" auch SSW/*Satzger* Rdn. 18. 30

---

10 BGHSt **2** 35, 36 f.; BGH NJW **1961** 1171, 1172; OLG Köln NJW **1966** 1373, 1374; RGSt **22** 306, 308; **26** 259, 260 f.; **65** 52, 54 f.; **75** 378, 379; s. dazu auch *Kuhlen* NK Rdn. 21. – BGH NStZ **2009** 506, 507 stellt darüber hinaus generell klar, dass die Privilegierungstatbestände der §§ 352, 353 „nicht als Beleg dafür herangezogen werden [können], dass Täuschungshandlungen im Zusammenhang mit Gebühren und öffentlichen Abgaben nur unter den dort benannten Tatbestandsvoraussetzungen überhaupt strafbar sind. Vielmehr stehen auch solche Zahlungsverpflichtungen grundsätzlich unter dem strafrechtlichen Schutz des § 263 StGB, wenn sich die Täuschungshandlung auf sie bezieht" Allerdings hält das Gericht eine Milderung der Betrugsstrafbarkeit im Rahmen „uneigentlicher Gebührenüberhebungen" in Fällen nicht eigennützigen Handelns für „naheliegend".

11 Ebenso *Sch/Schröder/Hecker* § 352 Rdn. 14; *Voßen* MK Rdn. 33; *Hoyer* SK Rdn. 13; **aA** *Kuhlen* NK Rdn. 20 (Tateinheit).

12 Vgl. hierzu allgemein *Vogler* in FS Bockelmann 715, 729; *Sch/Schröder/Sternberg-Lieben/Bosch* Vor § 52 Rdn. 141; *Vogler* LK[10] Vor § 52 Rdn. 116; *Maurach* Materialien zur Strafrechtsreform, 1. Bd. S. 252 f. In BGHSt **30** 25, 236, wird unter Berufung auf BGHSt **24** 262, 266 und *Vogler* LK[10] Vor § 52 Rdn. 108, 116 zum Verhältnis des § 240 zu § 239 festgestellt, dass die versuchte Freiheitsberaubung als versuchte Nötigung strafbar sein kann, weil hier der Täter durch die Spezialvorschrift *nicht* privilegiert werde. *Rissing-van Saan* LK Vor § 52 Rdn. 120 geht ebenfalls davon aus, dass der straflose Versuch der privilegierenden Spezialvorschrift nicht zum Rückgriff auf die allgemeine Strafbestimmung führen darf, da sonst der Täter bei der Vollendung des Spezialdelikts bessergestellt würde als bei dessen (straflosem) Versuch.

31 Tateinheit ist auch möglich mit § 246.[13] Dabei ist jedoch zu unterscheiden: Will der Täter sich gerade diejenigen Geldscheine oder Geldstücke aneignen, die er durch die Abgabenüberhebung erhielt, so kommt nach den in BGHSt **14** 38 ff. dargelegten Grundsätzen eine Unterschlagung nicht in Betracht (BGH NJW **1961** 1171, 1172; OLG Köln NJW **1966** 1373, 1374). Eine tateinheitlich begangene Unterschlagung liegt namentlich dann vor, wenn der Täter das Geld dem Kassenbestand hinzufügt, um einen Fehlbetrag auszugleichen.[14] Legt der Beamte das zuviel erhobene Geld in die Kasse, um es zum Ausgleich eines etwaigen späteren Fehlbetrages bereitzuhalten, so begeht er damit noch keine Unterschlagung (RGSt **17** 321, 322, 324 f.). Die Zueignung beginnt erst mit der späteren Entnahme des Geldes (vgl. RGSt **17** 321, 324 f.; **75** 378, 380), die sich sowohl als Unterschlagung als auch als Untreue darstellen kann (BGH NJW **1961** 1171 f.).

2. Leistungskürzung

32 Tateinheit ist möglich mit Unterschlagung (RGSt **61** 37, 39 f.). Außerdem kann auch die Leistungskürzung tateinheitlich mit Betrug begangen werden (*Maurach/Schroeder/Maiwald* BT 2 § 81 Rdn. 12; Matt/Renzikowski/*Sinner* Rdn. 14). Voraussetzung ist jedoch wie bei der Abgabenüberhebung, dass eine zusätzliche Täuschungshandlung des Täters hinzukommt.

V. Nebenfolgen

33 Hinsichtlich der **Nebenfolge** gilt § 358 (vgl. § 352 Rdn. 30).

---

13 RGSt **17** 321, 328; **61** 37, 40; BGHSt **2** 35, 37; BGH NJW **1961** 1171, 1172; *Fischer* Rdn. 7; *Sch/Schröder/Hecker* § 352 Rdn. 14; SSW/*Satzger* Rdn. 21.

14 Vgl. BGHSt **9** 348, 349 ff.; **24** 115, 117 ff.; kritisch hierzu *Sch/Schröder/Bosch* § 246 Rdn. 12.

§ 353a Vertrauensbruch im auswärtigen Dienst

(1) Wer bei der Vertretung der Bundesrepublik Deutschland gegenüber einer fremden Regierung, einer Staatengemeinschaft oder einer zwischenstaatlichen Einrichtung einer amtlichen Anweisung zuwiderhandelt oder in der Absicht, die Bundesregierung irrezuleiten, unwahre Berichte tatsächlicher Art erstattet, wird mit Freiheitsstrafe bis zu fünf Jahren oder mit Geldstrafe bestraft.

(2) Die Tat wird nur mit Ermächtigung der Bundesregierung verfolgt.

Entstehungsgeschichte

Die Bestimmung wurde durch Gesetz vom 26. Februar 1876 (RGBl. 25) in das Strafgesetzbuch eingefügt. Sie wird als „Arnimparagraph" bezeichnet. Anlass zu ihrer Einfügung waren Strafverfahren gegen den Grafen Arnim-Suckow gewesen. Dieser hatte, nachdem er 1874 von seinem Posten als deutscher Botschafter in Paris abberufen worden war, amtliche Dokumente zurückbehalten und in der Folge die Politik Bismarcks publizistisch angegriffen (ausführlich *Heinrich* Bismarcks Zorn – Inhalt und Bedeutung eines „vergessenen" Tatbestandes ZStW **110** [1998] 327 ff.; *Kuhlen* NK Rdn. 1; *Maurach/Schroeder/Maiwald* BT 2 2 § 81 Rdn. 13; umfassend zur Dogmatik des § 353a auch *Ringwald* Der „Arnim-Paragraph" [§ 353a StGB] und der Schutz auswärtiger Interessen der Bundesrepublik Deutschland (2009).

Die Strafvorschrift blieb unverändert, bis sie durch Art. 1 des Kontrollratsgesetzes vom 30. Januar 1946 (Amtsblatt des Kontrollrats in Deutschland S. 55) aufgehoben wurde. Durch Gesetz vom 30. August 1951 (BGBl. I S. 739) wurde sie in veränderter Form wieder eingeführt. Es entfiel der früher in § 353a Abs. 1 geregelte Tatbestand des Bruchs der diplomatischen Amtsverschwiegenheit.

Übersicht

1. Schutzzweck

Die Vorschrift soll verhindern, dass der Bundesrepublik Deutschland durch das Nichtbefolgen von Anweisungen im auswärtigen Dienst oder durch diplomatische Falschberichte Schaden entsteht. Geschützt werden soll damit auch die Kompetenzverteilung bei den auswärtigen Vertretungen der Bundesrepublik, deren Beachtung Voraussetzung für die Funktionsfähigkeit der angesprochenen Dienststelle ist (*Kuhlen* NK Rdn. 2; *Fischer* Rdn. 1; Matt/Renzikowski/*Sinner* Rdn. 1; *Maurach/Schroeder/Maiwald* BT 2 2 § 81 Rdn. 16; *Sch/Schröder/Perron/Hecker* Rdn. 1; SSW/*Satzger* Rdn. 1; *Voßen* MK Rdn. 1; *Heinrich* a.a.O. 337 ff.). Die Berechtigung der Vorschrift begegnet Zweifeln (näher *Heinrich* ZStW **110** [1986] 327, 337; *Kuhlen* NK Rdn. 2; **aA** *Voßen* MK Rdn. 5), dass eine Aufhebung der Vorschrift, wie *Voßen* a.a.O. meint, ein „falsches rechtspolitisches Signal" setzen würde, erscheint angesichts der allen als Täter in Betracht kommenden Personen bekannten disziplinarrechtlichen Folgen des Verhaltens zweifelhaft. 1

2. Täter

Täter kann sein, wer mit der Vertretung der Bundesrepublik Deutschland gegenüber einer fremden Regierung, einer Staatengemeinschaft oder einer zwischenstaatlichen Einrichtung befasst ist (*Maurach/Schroeder/Maiwald* BT 2 2 § 81 Rdn. 15). Nicht erforderlich ist, dass der Täter die Bundesrepublik als Bevollmächtigter vertritt. So kann sich ein Militär- oder Wirtschaftsattaché des diplo- 2

https://doi.org/10.1515/9783110490329-018

matischen Falschberichts schuldig machen, auch wenn er nicht befugt ist, Verträge abzuschließen. Der Täter braucht nicht Beamter zu sein. Es genügt bereits ein einzelner Auftrag (*Fischer* Rdn. 1; *Voßen* MK Rdn. 6; *Heuchemer* BeckOK Rdn. 3; Matt/Renzikowski/*Sinner* Rdn. 2; SSW/*Satzger* Rdn. 3; *Tsambikakis* AnwK Rdn. 6), der etwa einem Sachverständigen oder einem im Ausland besonders angesehenen früheren Politiker erteilt wird (*Maurach/Schroeder/Maiwald* a.a.O.; *Kuhlen* NK Rdn. 3; *Sch/Schröder/ Perron/Hecker* Rdn. 4; *Heinrich* a.a.O. 339 ff.; *Hoyer* SK Rdn. 2).

3. Tathandlung

3 Die **Tathandlung** besteht

a) im **diplomatischen Ungehorsam** – hier handelt der Täter amtlichen Anweisungen zuwider – **b)** im diplomatischen Falschbericht, nämlich in der Erstattung unwahrer Berichte tatsächlicher Art. Damit sind ausgenommen Werturteile des Täters und dessen politische Prognosen, selbst wenn er diese wissentlich falsch abgibt. Im Übrigen kann sich der Bericht auch auf „innere" Tatsachen beziehen, etwa auf die politische Einstellung führender Politiker des Auslands (*Fischer* Rdn. 1 f.; *Sch/Schröder/Perron/Hecker* Rdn. 2; *Voßen* MK Rdn. 12).

4 **c)** Für die Erfüllung des Tatbestands ist *nicht* erforderlich, dass ein *Schaden* oder eine *konkrete Gefährdung* herbeigeführt wurde. Die Tat ist *abstraktes Gefährdungsdelikt*, so dass auch der Nachweis konkreter Ungefährlichkeit eine Strafbarkeit nicht ausschließt (*Sch/Schröder/Perron/Hecker* Rdn. 1; *Fischer* Rdn. 3; *Hoyer* SK Rdn. 1; *Heuchemer* BeckOK Rdn. 4; Matt/Renzikowski/*Sinner* Rdn. 4; SSW/*Satzger* Rdn. 1; *Maurach/Schroeder/Maiwald* a.a.O. Rdn. 16; *Heinrich* a.a.O. 337 m.w.N.).

4. Vorsatz und Irreleitungsabsicht

5 Der Täter muss bei beiden Begehungsweisen **vorsätzlich**, in der zweiten Tatvariante mit direktem Vorsatz handeln. Erstattet er **unwahre Berichte**, macht er sich *nur* strafbar, wenn er außerdem die **Absicht** hat, die Bundesregierung irrezuleiten. Der Täter muss die Irreführung anstreben. Sie braucht allerdings nicht sein Endziel zu sein; es genügt, dass er sie als Zwischenstufe zu dem von ihm erwünschten Endziel betrachtet (*Tsambikakis* AnwK Rdn. 13). Mit der erforderlichen Absicht handelt also auch der Diplomat, dem es *letztlich* um andere Ziele, etwa um die Ablösung der Bundesregierung geht, der diese Ziele aber dadurch erreichen will, dass er die Regierung durch falsche Berichte zu verfehlten politischen Schritten und Maßnahmen veranlasst.

5. Versuch

6 Der **Versuch** der Tat ist nicht strafbar.

6. Ermächtigung der Bundesregierung

7 Die Tat wird nur mit **Ermächtigung der Bundesregierung** verfolgt (Absatz 2). Insoweit gilt § 77e. Die Ermächtigung ist nach überwiegender Auffassung vom zuständigen Fachminister, hier von dem Bundesminister des Auswärtigen, zu erteilen (Art. 65 GG: *Schlichter* GA **1966** 353; *Krauth* JZ **1968** 611; *Träger* LK[11] Rdn. 5; s. auch Barthe/Schmidt LK § 97 Rdn. 14). Dagegen mit eingehender Begründung *Kaiser* JR **2016** 679, wonach die Ermächtigung von der Bundesregierung als Kollegialorgan zu erteilen ist, während in den ministeriellen Verantwortungsbereich nur die Vorbereitung der Entscheidung und ihre Bekanntgabe an die Strafverfolgungsbehörden fällt.

7. Tateinheit

Tateinheit ist vor allem möglich mit Straftaten, die zugleich Verletzungen der amtlichen Anweisungen darstellen. In Betracht kommen insbesondere die §§ 94 ff., auch § 109d. § 353a gilt nicht nur subsidiär. 8

8. Nebenfolge

Hinsichtlich der **Nebenfolge** gilt § 358 (vgl. § 352 Rdn. 30). 9

§ 353b Verletzung des Dienstgeheimnisses und einer besonderen Geheimhaltungspflicht

(1) [1]Wer ein Geheimnis, das ihm als
1. Amtsträger,
2. für den öffentlichen Dienst besonders Verpflichteten oder
3. Person, die Aufgaben oder Befugnisse nach dem Personalvertretungsrecht wahrnimmt,

anvertraut worden oder sonst bekanntgeworden ist, unbefugt offenbart und dadurch wichtige öffentliche Interessen gefährdet, wird mit Freiheitsstrafe bis zu fünf Jahren oder mit Geldstrafe bestraft. [2]Hat der Täter durch die Tat fahrlässig wichtige öffentliche Interessen gefährdet, so wird er mit Freiheitsstrafe bis zu einem Jahr oder mit Geldstrafe bestraft.

(2) Wer, abgesehen von den Fällen des Absatzes 1, unbefugt einen Gegenstand oder eine Nachricht, zu deren Geheimhaltung er
1. aufgrund des Beschlusses eines Gesetzgebungsorgans des Bundes oder eines Landes oder eines seiner Ausschüsse verpflichtet ist oder
2. von einer anderen amtlichen Stelle unter Hinweis auf die Strafbarkeit der Verletzung der Geheimhaltungspflicht förmlich verpflichtet worden ist,

an einen anderen gelangen lässt oder öffentlich bekanntmacht und dadurch wichtige öffentliche Interessen gefährdet, wird mit Freiheitsstrafe bis zu drei Jahren oder mit Geldstrafe bestraft.

(3) Der Versuch ist strafbar.

(3a) Beihilfehandlungen einer in § 53 Absatz 1 Satz 1 Nummer 5 der Strafprozessordnung genannten Person sind nicht rechtswidrig, wenn sie sich auf die Entgegennahme, Auswertung, oder Veröffentlichung des Geheimnisses oder des Gegenstandes oder der Nachricht, zu deren Geheimhaltung eine besondere Verpflichtung besteht, beziehen.

(4) [1]Die Tat wird nur mit Ermächtigung verfolgt. [2]Die Ermächtigung wird erteilt
1. von dem Präsidenten des Gesetzgebungsorgans
   a) in den Fällen des Absatzes 1, wenn dem Täter das Geheimnis während seiner Tätigkeit bei einem oder für ein Gesetzgebungsorgan des Bundes oder eines Landes bekanntgeworden ist,
   b) in den Fällen des Absatzes 2 Nr. 1;
2. von der obersten Bundesbehörde
   a) in den Fällen des Absatzes 1, wenn dem Täter das Geheimnis während seiner Tätigkeit sonst bei einer oder für eine Behörde oder bei einer anderen amtlichen Stelle des Bundes oder für eine solche Stelle bekanntgeworden ist,
   b) in den Fällen des Absatzes 2 Nr. 2, wenn der Täter von einer amtlichen Stelle des Bundes verpflichtet worden ist;
3. von der obersten Landesbehörde in allen übrigen Fällen der Absätze 1 und 2 Nr. 2.

Schrifttum

Battis Bundesbeamtengesetz[6] (2022); *Behm* Anmerkung zu BGH vom 23.6.2000, StV **2002** 26; *Brüning* Beihilfe zum „Geheimnisverrat" durch Journalisten und die strafprozessualen Folgen. Der Fall „Cicero" NStZ **2006** 253; *Düwel* Das Amtsgeheimnis, Schriftenreihe der Hochschule Speyer Bd. 23 (1965); *Groß* Verschwiegenheitspflicht der Bediensteten und Informationsrecht der Presse (1964); *Grünwald* Meinungsfreiheit und Strafrecht, KJ **1979** 291; *Kraut/Kurfess/Wulf* Zur Reform des Staatsschutzstrafrechts durch das Achte Strafrechtsänderungsgesetz, JZ **1968** 731; *Kuhlen* Umweltstrafrecht in Deutschland und Österreich (1996); *Laufhütte* Staatsgeheimnis und Regierungsgeheimnis, GA **1974** 52; *Lindgen* Handbuch des Disziplinarrechts für Beamte und Richter in Bund und Ländern Bd. 1 (1966); *Lüttger* Zur Reform des § 353c StGB, JZ **1969** 578; *Maiwald* Die Amtsdelikte, JuS **1977** 353; *Möhrenschlager* Das Siebzehnte Strafrechtsänderungsgesetz, JZ **1980** 161; *Perron* Anm. zu BGH vom 23.3.2001, JZ **2002** 50; *Probst* Der Strafrechtliche Schutz des Amtsgeheimnisses. Unter besonderer Berücksichtigung der §§ 353b und 353c StGB, Diss. Köln 1939; *Rogall* Der neue strafrechtliche Schutz der staatlichen Geheim-

https://doi.org/10.1515/9783110490329-019

sphäre, NJW **1980** 751; *Rohlff* Die Täter der „Amtsdelikte" (1995); *Schmid* JZ **1970** 686 Anm. zu BVerfGE **28** 191; *Schumann* NStZ **1985** 169 Anm. zu OLG Düsseldorf NJW **1982** 2993; *Spendel* Das richterliche Beratungsgeheimnis und seine Grenzen im Strafprozeß, ZStW **65** (1953) 403; *Wagner* Amtsverbrechen, Strafrechtliche Abhandlungen, Neue Folge Bd. 24 (1975); *ders.* Die Rechtsprechung zu den Straftaten im Amt seit 1975, Teil 2, JZ **1987** 658; *T. Walter* Teleologische Auslegung und objektive Zurechnung am Beispiel des § 353b StGB, Festschrift v.Heintschel-Heinegg (2015) 471.

Entstehungsgeschichte

1. § 353b Absatz 1. Die Bestimmung wurde durch Gesetz vom 2. Juli 1936 (RGBl. I S. 532) in das Strafgesetzbuch eingefügt. Sie stellt nach BGH MDR **1953** 53 kein typisch nationalsozialistisches Gedankengut dar und ist nach BVerfGE **28** 191, 196 ff. mit dem Grundgesetz vereinbar. Dies schließt indessen nicht aus, dass der Zeitpunkt des Erlasses des Gesetzes Rückschlüsse auf ein problematisches Strafrechtsverständnis zulässt. Auch dass eine derartige Strafvorschrift schon früh gefordert worden war (*Preiser* DJZ **1907** 874, 875 f.; *Beling* DJZ **1918** 457) und ähnliche Regelungen in den Entwürfen für ein Allgemeines Deutsches Strafgesetzbuch von 1925 (§ 133) und 1927 (§ 140) vorgesehen waren,[1] kann nicht, wie es einer verbreiteten Übung entspricht (s. nur *Graf* MK Rdn. 1; *Träger* LK[11] Einl.), als Passepartout für Unbedenklichkeit dienen, denn Äußerungen und Vorschläge aus der Zeit vor 1933 können sich im nachhinein als Wegbereiter späterer problematischer Entwicklungen erweisen.[2] Durch das 8. StRÄndG wurde die Vorschrift neu gefasst; das Strafmaß wurde herabgesetzt (vgl. *Krauth/Kurfess/Wulf* JZ **1968** 731, 732). Das EGStGB 1974 passte sie dem neuen Sprachgebrauch an und erweiterte den Täterkreis auf Personen, die Aufgaben oder Befugnisse nach dem Personalvertretungsrecht wahrnehmen (vgl. dazu *Maiwald* JuS **1977** 353, 360). Durch das 17. StRÄndG wurde genauer festgelegt, wer die nach § 353b Abs. 4 Satz 1 erforderliche Ermächtigung zu erteilen hat.

2. § 353b Abs. 2 entspricht – nur geringfügig umgestaltet – dem früheren § 353c Abs. 2.

§ 353c wurde ebenfalls durch das Gesetz zur Änderung des Strafgesetzbuchs vom 2. Juli 1936 (RGBl. I S. 532) eingeführt. Auch diese Vorschrift enthielt kein typisch nationalsozialistisches Gedankengut (*Lüttger* JZ **1969** 578; *Möhrenschlager* JZ **1980** 161, 162); sie entsprach den bereits erwähnten Forderungen *Preisers* und *Belings* (vgl. auch *Möhrenschlager* a.a.O. S. 162; *Lüttger* a.a.O. S. 578; s. aber auch den Hinweis unter 1). Anlässlich der Reform des Staatsschutzstrafrechts durch das 8. StRÄndG wurde § 353c abgeändert und genauer gefasst (im Einzelnen *Lüttger* a.a.O. S. 582; *Krauth/Kurfess/Wulf* JZ **1968** 731, 732). Aufgrund erheblicher Kritik an Absatz 1 des § 353c (hierzu die Zusammenstellung bei *Möhrenschlager* a.a.O. S. 161, 162; *Stree* in: Misslingt die Strafrechtsreform? [1969] 171, 182 ff.; *Löffler* NJW **1975** 1767 f.; *Rogall* NJW **1980** 751, 752 sowie der Bericht des Rechtsausschusses BTDrucks. 8/3313 S. 6) wurde die Vorschrift durch das 17. StRÄndG ersatzlos gestrichen; der bisherige Absatz 2 des § 353c wurde wegen der Sachverwandtschaft als Absatz 2 dem § 353b eingegliedert (im Einzelnen: *Möhrenschlager* a.a.O. S. 163, 164); dabei wurde die Fassung geringfügig abgeändert. Gleichzeitig wurde gegenüber dem bisherigen Recht genauer geregelt, wer die erforderliche Ermächtigung zu erteilen hat (s. dazu auch *Kuhlen* NK Rdn. 1 ff.).

Übersicht

1 Die Geschichte der Amtsverschwiegenheitspflicht und insbesondere die vor 1936 bestehenden kasuistischen Einzelregelungen werden eingehend dargestellt bei *Probst* S. 13 bis 35.

2 S. dazu in anderem, aber vergleichbarem Zusammenhang *H. J. Hirsch* JZ **2007** 494 ff.

I. Allgemeines

1. Einordnung der Vorschrift

1 § 353b bildet die **strafrechtliche Ergänzung** einer umfassenderen rechtlichen Regelung zum *Schutz des staatlichen Geheimbereichs* und der damit verbundenen *öffentlichen Belange*. Im Grunde geht es um eine sachgerechte Abgrenzung in dem Spannungsverhältnis zwischen der Pflicht staatlicher Stellen und den für sie tätigen Personen zur Wahrung des Dienstgeheimnisses – in der Regel unerlässlich für eine geordnete Arbeit der Behörden (BVerfGE **28** 191, 200; BVerfG wistra **2007**, 79 = NJW **2007** 1118) – und dem für den Rechtsstaat unverzichtbaren Interesse des Bürgers und auch der Medien an öffentlicher Kontrolle staatlichen Handelns (vgl. *Battis* BBG § 67 Rdn. 1; *Möhrenschlager* JZ **1980** 161 f.; *Stree* in: Misslingt die Strafrechtsreform? [1969] 171, 183). Die Verpflichtung bestimmter Personen zur Verschwiegenheit ist eines der Mittel, um den insoweit für erforderlich erachteten Geheimbereich zu sichern (*Düwel* S. 34). In ihrer Ausgestaltung als Schweigepflicht gehört sie zum Kernstück des Pflichtenkreises öffentlicher Bediensteter (BVerfGE a.a.O. 200 f.) und findet sich konkretisiert und ausgeprägt in – zum Teil bis ins einzelne gehenden – außerstrafrechtlichen Regelungen (so insbesondere in § 67 Abs. 1 BBG, § 37 Beamtenstatusgesetz, früher § 9 Abs. 1 des Bundes-Angestelltentarifvertrags; vgl. den Überblick bei *Groß* S. 10 ff. Entsprechendes hat nach dem Auslaufen des BAT für die Nachfolgebestimmungen § 3 Abs. 1 des Tarifvertrags für den öffentlichen Dienst des Bundes und § 3 Abs. 2 des Tarifvertrags für den öffentlichen Dienst der Länder zu gelten). Verstöße gegen diese Bestimmungen können freilich im Allgemeinen bereits disziplinar- oder arbeitsrechtlich geahndet werden. Ein Teil des Schrifttums hält diesen Schutz auch für ausreichend (*Grünwald* Krit. Justiz **1979** 291, 301; *Schmid* JZ **1970** 686 [Anm. zu BVerfGE **28** 191 = JZ **1970** 686]); der Kritik ist vor allem deshalb zuzustimmen, weil durch §§ 94 ff. der „harte Kern" der Staatsgeheimnisse bereits strafrechtlich erfasst ist und ein weiterer Bereich, der aber nach hier vertretener Auffassung (u. Rdn. 26) von der Vorschrift nicht erfasst ist, von § 203 Abs. 2 abgedeckt wird. Der NS-Gesetzgeber von 1936 sah dies anders. Seine Begründung ist allerdings recht lapidar. In ihr heißt es lediglich: „Die Erfahrung hat [...] gezeigt, dass eine Verstärkung des Strafschutzes im Interesse der unbedingten Wahrung der Geheimhaltungspflicht auf die Dauer nicht zu entbehren ist. [...] Gewisse Vorkommnisse jüngster Zeit haben die Notwendigkeit ergeben, schon vor dem Inkrafttreten des künftigen neuen Strafgesetzbuches die Lücke des geltenden Rechts wenigstens für schwerste Fälle des Geheimnisbruchs durch Amtsträger zu schließen" (Begr. DJ **1936** 997). Bestrafung sei jedenfalls dann erforderlich, wenn durch die Verletzung der Verschwiegenheitspflicht *wichtige öffentliche Interessen* gefährdet würden.[3] Der Gefahr „unnötiger" Strafverfahren sollte dadurch vorgebeugt werden, dass die Strafverfolgung der Ermächtigung durch die oberste Dienstbehörde bedarf (Begr. DJ **1936** 997 f.; RGSt **74** 110, 111; BVerfGE **28** 191, 200). Der Bundesgesetzgeber hat sich diese Auffassung ersichtlich zu eigen gemacht (vgl. BVerfGE a.a.O.,

3 § 353b dient nicht dem Schutz der Individualsphäre (s. dazu Rdn. 24; *Hilgendorf* LK § 203 Rdn. 7, 23 ff.).

197). Er folgt damit einer unerfreulichen, von der Verfassungsrechtsprechung tolerierten (s. insb. den sog. Cannabis-Beschluss, BVerfGE **90** 145) Tendenz der Strafgesetzgebung des 20. Jahrhunderts, gebotene Einschränkungen der Strafbarkeit nicht materiellrechtlich, sondern (im weitesten Sinne) prozessrechtlich zu regulieren. Faktisch bedeutet dies eine Umgehung des strafgesetzlichen Bestimmtheitsgebotes, denn das Verfahren findet nur dann statt und eine Bestrafung kann damit nur dann eintreten, wenn die ermächtigende Person ihre Beurteilungs- bzw. Ermessensbefugnis entsprechend ausübt. Auch wenn – schon wegen der insoweit zurückhaltenden Rechtsprechung des Bundesverfassungsgerichts – eine Verfassungswidrigkeit der Vorschrift nicht anzunehmen ist, ist doch, wo dies erforderlich und möglich ist, ihrer Bedenklichkeit durch eine enge Auslegung Rechnung zu tragen.[4]

2. Rechtsgut

Die Strafbestimmung schützt in Absatz 1 und Absatz 2 **wichtige öffentliche Interessen**, die durch die *unbefugte* Offenbarung von Geheimnissen gefährdet werden (RGSt **74** 110, 111; *Wagner* S. 224, 285; *Sch/Schröder/Perron/Hecker* Rdn. 1; *Lackner/Kühl/Heger* Rdn. 1; SSW/*Satzger* Rdn. 1; *Heuchemer* BeckOK Rdn. 1; *Tsambikakis* AnwK Rdn. 2). Nach BVerfGE **28** 191, 198 f., 200 f. dient § 353b im unverzichtbaren öffentlichen Interesse an rechtsstaatlich einwandfreier, zuverlässiger Verwaltungsarbeit – gemeint ist das einwandfreie Funktionieren in allen Bereichen des öffentlichen Dienstes – der *Wahrung der dienstlichen Geheimhaltungspflicht* als einer der wichtigsten Pflichten öffentlicher Amtsträger und der wegen ihrer besonderen Bindung zum öffentlichen Dienst insoweit in gleicher Weise Verpflichteten (vgl. *Hoyer* SK Rdn. 2). Die Gefährdung öffentlicher Interessen tritt unmittelbar dadurch ein, dass ein Unbefugter den Inhalt des Geheimnisses erfährt (RG DStR **1938** 321). Daneben soll sie auch darin bestehen können, dass mittelbar das Vertrauen der Allgemeinheit gegenüber Behörden erschüttert wird, weil der Geheimnisbruch in der Öffentlichkeit bekannt wird;[5] nach *Fischer* Rdn. 1 sind geschütztes Rechtsgut das Geheimnis selbst und auch das Vertrauen der Allgemeinheit in die Verschwiegenheit amtlicher und anderer Stellen. *Laufhütte* stellt als Schutzobjekt das Vertrauen der Allgemeinheit in den Vordergrund, lässt aber auch die *Gefährdung von Sicherheitsinteressen* ausreichen (GA **1974** 52, 58 f.). 2

Gegen eine Verdoppelung des Schutzzweckes, der sich vor allem in einer Ausdehnung der Fälle der Verletzung öffentlicher Interessen niederschlägt, bestehen jedoch nicht nur jene Bedenken, die prinzipiell gegen eine Vervielfachung von Rechtsgütern zu erheben sind (dazu *Vormbaum* FS Tsatsos 706 f.), sondern auch solche, die sich angesichts der oben erwähnten Zweifel an der Strafbedürftigkeit der erfassten Verhaltensweisen gegen eine Auslegung richten, welche die Vorschrift über ihren Unrechtskern hinaus ausdehnt. Mit *Maiwald* (JuS **1977** 353, 360) ist dieser „Unrechtskern" in der Offenbarung des Dienstgeheimnisses zu erblicken (so auch *Kuhlen* NK Rdn. 6; ähnlich, aber nicht eindeutig, *Graf* MK Rdn. 3 m. Fn. 8; kritisch auch Matt/Renzikowski/*Sinner* Rdn. 1; *Sch/Schröder/Perron/Hecker* Rdn. 1; SSW/*Satzger* Rdn. 1; *Tsambikakis* AnwK Rdn. 2). Das Erfordernis der Verletzung öffentlicher Interessen dient als *zusätzliches* Merkmal allein der (strafökonomisch motivierten) *Einschränkung* des Tatbestandes, mit der sichergestellt werden soll, dass nur die wirklich gravierenden Rechtsbrüche dem Strafrecht unterstellt werden (so auch E 1962 S. 662; *T. Walter* FS v. Heintschel-Heinegg 478), nicht aber der Emanzipation der öffentlichen Interessen zum *allein hinreichenden* Rechtsgut. 3

---

4 Zum kriminellen Gewicht der Tat nach § 353b StGB s. auch LG Potsdam NStZ **2006** 472, wonach eine Verletzung des Dienstgeheimnisses nach § 353b StGB auch dann keine Straftat von erheblicher Bedeutung i.S.v. § 100g StPO darstellt, wenn durch sie die konkrete Gefahr begründet wird, dass die Zusammenarbeit mit ausländischen Nachrichtendiensten erschwert wird.

5 BGHSt **11** 401, 404; BGHR StGB § 353b Abs. 1 Interessen, öffentliche 1; RG a.a.O. mit zust. Anm. *Schäfer* S. 322; *Laufhütte* GA **1974** 52, 58 f., sowie *Träger* LK[11] Rdn. 2.

4 *Dienstgeheimnisse*, deren Preisgabe die Gefahr eines schweren Nachteils für die *äußere* Sicherheit der Bundesrepublik Deutschland herbeiführen würde, werden als *Staatsgeheimnisse* (§ 93) durch die §§ 94 ff. gegen Verrat, Offenbarung, Ausspähung, Preisgabe und Auskundschaftung strafrechtlich geschützt. § 353b schützt darüber hinaus *um wichtiger öffentlicher Interessen* (nicht allein Sicherheitsinteressen) willen dienstlich *geheim gehaltene und geheimhaltungsbedürftige Sachverhalte*, in seinem Absatz 2 auch Gegenstände und Nachrichten, zu deren Geheimhaltung der dort angesprochene Personenkreis förmlich verpflichtet worden ist. Der frühere *§ 353c Abs. 1* hatte den Strafschutz außerdem noch auf Gegenstände erstreckt, die von amtlichen Stellen oder auf deren Veranlassung als geheimhaltungsbedürftig gekennzeichnet sind. Ob die *ersatzlose* Streichung dieser Strafvorschrift gerechtfertigt war, wird vereinzelt wegen der Herausnahme des diplomatischen Geheimnisses aus dem Begriff des Staatsgeheimnisses (§ 93) durch das 8. StRÄndG bezweifelt.[6]

II. Verletzung des Dienstgeheimnisses (Absatz 1)

1. Täter

5 **Täter** können hier sein

6 **a) Amtsträger** (§ 11 Abs. 1 Nr. 2). Im Einzelnen hierzu *Hilgendorf* LK Rdn. 19 ff.; *Sch/Schröder/Hecker* § 11 Rdn. 14 ff.; dazu BGH NStZ **1997** 540. Zu ihnen gehören auch alle Richter einschließlich der ehrenamtlichen (§§ 44 f. DRiG).

7 Nach § 48 Abs. 1, 2 WStG stehen *Offiziere, Unteroffiziere* und *Mannschaften* Amtsträgern gleich. Das gilt gemäß § 1 Abs. 3 WStG auch dann, wenn sie aus dem Wehrdienst ausgeschieden sind, soweit ihnen die Geheimnisse während des Wehrdienstes anvertraut worden oder bekannt geworden sind,[7]

8 **b) Besonders Verpflichtete.** Die für den öffentlichen Dienst besonders Verpflichteten (§ 11 Abs. 1 Nr. 4; Verpflichtungsgesetz vom 9. März 1974 [BGBl. I S. 547];[8] im Einzelnen hierzu *Hilgendorf* LK § 11 Rdn. 65 ff.; *Heuchemer* BeckOK Rdn. 4–4.1),

9 **c) Personen, die Aufgaben oder Befugnisse nach dem Personalvertretungsrecht wahrnehmen.** Zu ihnen zählen auch solche, die, z.B. als Gewerkschaftsvertreter, nicht selbst im öffentlichen Dienst stehen (vgl. § 37 Abs. 2 BPersVG; *Maiwald* JuS **1977** 353, 360; *Altvater/Baden* BPersVG[10] [2019] § 10 Rdn. 7 f.).

---

6 Vgl. hierzu BTDrucks. V/898. Protokolle des Sonderausschusses S. 1480 f., 1486, 1516, 1543, 1981; BTDrucks. V/2860 S. 15; *Lüttger* JR **1969** 126 f.; GA **1970** 129, 133 ff.; *Laufhütte* GA **1974** 52, 58 ff.; *Träger/Mayer/Krauth* BGH-Festschrift 231 f., 245; *Möhrenschlager* JZ **1980** 164 ff.; vgl. auch *Träger* LK[11] § 353d Rdn. 24 a.E. und dort Fn. 16; dazu auch *Kuhlen* NK Rdn. 3.

7 Bis dahin bestehende Lücken wurden damit geschlossen (vgl. für den Geheimnisbruch durch Mannschaftsdienstgrade vor der Neufassung des § 48 Abs. 2 WStG durch das EGStGB 1974; BGH MDR **1966** 344; *Weidinger* NZWehrR **1967** 151; für die Strafbarkeit von ausgeschiedenen Soldaten vor Einführung des § 1 Abs. 3 WStG durch das Gesetz zur Änderung des Wehrstrafgesetzes vom 21. Dezember 1979 [BGBl. I S. 2326]; *Schölz* DRiZ **1975** 340 sowie ergänzend *Möhrenschlager* NZWehrR **1980** 81 ff.).

8 Gesetz über die förmliche Verpflichtung nichtbeamteter Personen i.d.F. des Art. 42 EGStGB vom 2. März 1974 (BGBl. I S. 469, 547), zuletzt geändert am 15. August 1974 (BGBl. I S. 1942; abgedruckt bei *Hilgendorf* LK § 11 Rdn. 65).

d) EURATOM. Art. 194 des Vertrages zur Gründung der Europäischen Atomgemeinschaft vom 25. März 1957 (EURATOM) (BGBl. 1957 Teil II 1014 i.V.m. Art. 1 des Zustimmungsgesetzes vom 25. März 1957 [BGBl. II S. 753]) stellt die dort im Einzelnen näher bezeichneten Personen, insbesondere die Beamten und Bediensteten der Gemeinschaft, hinsichtlich des Geheimnisschutzes für den Bereich der deutschen Gerichtsbarkeit den Tätern des § 353b gleich. Entsprechendes gilt für Art. 9 (c) des Übereinkommens vom 20. Dezember 1957 zur Errichtung einer Sicherheitskontrolle auf dem Gebiet der Kernenergie (BGBl. 1959 II S. 586 i.V.m. Art. 1 des Zustimmungsgesetzes vom 20. Dezember 1957 [BGBl. II S. 585]). Ob auch Art. 9 Nr. 1 des zwischen der Bundesrepublik Deutschland und der Französischen Republik über das deutsch-französische Forschungsinstitut Saint-Louis vom 31. März 1958 (BGBl. 1959 II S. 189, 190) die Strafbarkeit unter diesem Blickwinkel erweitert, erscheint zweifelhaft (vgl. *Lüttger* GA **1970** 129, 143 Fn. 75; bejahend allerdings *Möhrenschlager* JZ **1980** 161, 165 Fn. 38; vgl. ferner allgemein zu internationalen Geheimschutzsystemen *Lüttger* JZ **1969** 578, 579; *Möhrenschlager* a.a.O.). Auch Bedienstete des Statistischen Amtes der EG sind zur Geheimhaltung verpflichtet (SAEG-ÜbermittlungsG vom 16.3.1993, BGBl. I 336). 10

Das **Ausscheiden** des Täters aus seiner „dienstrechtlichen" Stellung ändert an der einmal begründeten *Geheimhaltungsverpflichtung* nichts. Es kommt nur darauf an, dass er Amtsträger usw. war, als ihm das Geheimnis bekannt wurde (*Fischer* Rdn. 8; *Sch/Schröder/Perron/Hecker* Rdn. 10; *Hoyer* SK Rdn. 3; *Kuhlen* NK Rdn. 9; Matt/Renzikowski/*Sinner* Rdn. 2; *Tsambikakis* AnwK Rdn. 8). 11

2. Tathandlung

Die **Tathandlung** besteht in dem Offenbaren eines Geheimnisses, das dem Täter in seiner Eigenschaft als Amtsträger, als besonders Verpflichteter usw. anvertraut worden oder sonst bekannt geworden ist. Es kann aus dienstlichem oder privatem Bereich stammen. Durch seine Offenbarung müssen *wichtige öffentliche Interessen* gefährdet werden. Dienstgeheimnisse sind Tatsachen, Gegenstände oder Erkenntnisse, die aufgrund von Rechtsvorschriften, Anordnungen oder ihrer Natur nach geheimzuhalten sind.[9] 12

a) Dienstgeheimnis. Die Angelegenheiten, die offenbart werden, müssen **geheim** sein. Ihre Kenntnis darf nicht über einen geschlossenen Personenkreis hinausgehen (RGSt **74** 110, 111; BGHSt **10** 108; BGH NStZ **2000** 596, 598; BGH Urteil v. 23. März 2001 – 2 StR 488/00 [= BGHSt **46** 339]; *Düwel* S. 30; SSW/*Satzger* Rdn. 3). Dieser Kreis kann allerdings groß sein, und die Mitwisser brauchen nach ihrer Person oder auch nach ihrer Zahl nicht im Einzelnen bestimmbar zu sein (RG a.a.O.; *Düwel* a.a.O.). Es ist nicht erforderlich, dass die Mitwisser ausschließlich Behördenangehörige sind (*Sch/Schröder/Perron/Hecker* Rdn. 4; SSW/*Satzger* Rdn. 3). Selbst wenn die Angelegenheit über diesen geschlossenen Kreis hinausgedrungen ist, schließt das die Annahme eines Geheimnisses noch nicht aus, falls es daneben an anderen Stellen noch unbekannt ist und dort unbekannt bleiben soll (RG a.a.O. S. 111). Die Mitteilung einer Prüfungsaufgabe an Prüflinge wäre deshalb auch dann als Offenbarung eines Geheimnisses zu beurteilen, wenn bereits einige andere Interessenten Kenntnis gehabt hätten (vgl. hierzu auch BGHSt **11** 401). Ebenfalls unerheblich ist demgemäß, ob das Geheimnis bereits einmal verraten worden ist (BGHSt **20** 342, 381, 383, wo in dem entschiedenen Fall sich allerdings mehrere Besonderheiten kumulieren). Geheim ist andererseits nicht mehr, was offenkundig ist, was sicher und zuverlässig gewusst wird (RGSt **26** 5, 7). Was noch der Bestätigung bedarf, ist noch als unbekannt, als geheim anzusehen (RGSt **74** 110, 111); Gerüchte oder auch das Durchsickern von Nachrichten, die keine Gewissheit vermitteln können, schließen die Geheimniseigenschaft nicht aus (BGHSt **20** 342, 350; *Düwel* S. 29). Das Beamtenrecht gibt in 13

9 Vgl. *Fischer* Rdn. 7; *Lackner/Kühl/Heger* Rdn. 6; *Hoyer* SK Rdn. 4; *Kuhlen* NK Rdn. 10 f.; s. dazu auch *Schünemann* LK[11] § 203 Rdn. 19 ff.; *Schmidt* LK § 93 Rdn. 2.

dieser Hinsicht näheren Aufschluss. Nach § 67 Abs. 1 Satz 2 BBG, § 37 Abs. 2 Nr. 2 BeamtStG darf der Beamte über das ihm dienstlich Anvertraute nur berichten, wenn es „offenkundig“ ist. Als offenkundig wird man danach anzusehen haben, was allgemein bekannt oder ohne besondere Sachkunde feststellbar, also allgemein zugänglich ist (BGH NStZ **2000** 596, 598; BayObLG NJW **1999** 1727 f.; OVG Münster OVGE **16** 134; *Düwel* S. 29; *Lindgen* S. 565; *Battis* BBG § 67 Rdn. 6), so etwa eine Tatsache, die (nicht nur als Mutmaßung) bereits durch zuverlässige Meldung einer Tageszeitung verbreitet worden ist.[10]

14 Voraussetzung ist weiterhin, dass die Angelegenheiten **geheimhaltungsbedürftig** sind. Dem tragen beispielsweise die Bestimmungen über die Amtsverschwiegenheit Rechnung. Danach erstreckt sich die Verschwiegenheitspflicht *nicht* auf solche Angelegenheiten, die ihrer Bedeutung nach keiner Geheimhaltung bedürfen (§ 67 Abs. 2 S. 1 Nr. 2 BBG, § 37 Abs. 2 Nr. 2 BeamtStG, ferner § 10 Abs. 2 BPersVG). Die Rechtsprechung hat das in einem Fall angenommen, in dem ein Generalkonsulat dem Arbeitgeber eines Flugschülers mitteilte, dass diesem ein Pass gestohlen worden war, und zugleich den Inhalt von Beschwerdebriefen des Flugschülers übermittelte (OLG Köln GA **1973** 57, 58). Grundsätzlich sind jedoch die Anforderungen insoweit streng. Die Mitteilung bleibt untersagt, wenn die Tatsache unter irgendeinem Gesichtspunkt und aus irgendeinem Grunde jetzt oder später Bedeutung gewinnen kann, wenn sie also nicht von vornherein als belanglos anzusehen ist (BGHSt **46** 399, 342; OLG Köln GA **1973** 57 f., NJW **1988** 2489 f.; OVG Münster OVGE **16** 134, 135; OVG Münster JMBl. NRW **1961** 48; *Lindgen* S. 566). Geheimhaltungsbedürftig ist zwar auch der Hergang der Beratung und Abstimmung im Kollegialgericht, soweit der Gesetzgeber keine Ausnahme vorsieht (vgl. § 30 Abs. 2 BVerfGG) und auch aus der Pflicht ordnungsgemäßer, eine Nachprüfung ermöglichender Entscheidungsbegründung nichts anderes folgt (§ 43 DRiG; *Arndt* DRiZ **1970** 260; **1974** 243; *Schäfer* LR StPO § 43 DRiG Rdn. 17 ff.), doch fällt die Verletzung dieses Geheimnisses aus anderen Gründen nicht unter § 353b (s.u. Rdn. 18).

15 Im Übrigen wird sich die Geheimhaltungsbedürftigkeit auch aus einzelnen Anordnungen spezieller oder genereller Art, aus dem erkennbaren Geheimhaltungswillen des sich Anvertrauenden oder aber aus der Natur der Sache ergeben. Bei besonders Verpflichteten wird insoweit vor allem Art und Umfang der auferlegten Schweigepflicht maßgebend sein (Rdn. 12).

16 Nach *Sch/Schröder/Lenckner/Perron* Rdn. 6 f., *Perron* JZ **2002** 50 ist der Kreis der zu schützenden Geheimnisse enger zu ziehen. Es müsse gerade der Inhalt der preisgegebenen Geheimnisse sein, der dazu führt, dass durch den Geheimnisbruch wichtige öffentliche Interessen gefährdet werden. Dabei wird jedoch der Begriff des Geheimnisses im Sinne des § 353b mit dem Tatbestandsmerkmal „öffentliche Interessen“ vermengt (BGHSt **46** 339, 342 f.; BayObLGSt **1999** 7, 12).[11]

17 Die **Rechtsprechung** hat als Geheimnisse betrachtet: den dienstlichen Aufgabenbereich sowie die persönlichen und beruflichen Verhältnisse von Beamten des Bundesgrenzschutzes (BGHSt **10** 108); ein vertrauliches Fernschreiben an die Kriminalpolizei, in dem nach einem Agenten geforscht wird (BGHSt **10** 276); Telefonüberwachungsmaßnahmen durch das Bundesamt für Verfassungsschutz, Namen von Angehörigen dieses Amts, die „operativ“ tätig oder im Sicherheitsdienst des Amts eingesetzt sind, den Umfang eines Referats oder einer Gruppe und deren Arbeitsbereich bei dieser Behörde (BGHSt **20** 342, 374, 380, 383); den Erlass eines Haftbefehls, der bis zur Vollstreckung vertraulich behandelt werden soll (OLG Oldenburg NdsRpfl. **1980** 226, 227); Klausuraufgaben eines Prüfungsamts (RGSt **74** 110, 112); den Text einer Nacherzählung für die Aufnahmeprüfung in die Realschule (BGHSt **11** 401, 402 f.); die Vorstrafen eines Beschuldigten, die in einer Strafakte

---

10 OVG Münster DÖV **1966** 504, 505; *Battis* a.a.O.; vgl. zum Begriff der Offenkundigkeit auch § 291 ZPO, § 244 Abs. 3 Satz 2 StPO; BVerfGE **10** 177, 183; BGHSt **6** 292; **48** 126 = JR **2003** 511 m. Anm. *Hoyer*; OLG Hamburg NStZ **1998** 358.

11 BGHSt **46** 339, 342 weist zutreffend darauf hin, dass es sich bei dem Erfordernis der Interessengefährdung um ein selbständiges Tatbestandsmerkmal handelt, welches die Strafbarkeit des unbefugten Offenbarens von Geheimnissen auf Fälle beschränkt, in denen eine hierdurch verursachte, tatbestandlich näher umschriebene Gefährdung als Handlungserfolg eintritt. Im Hinblick auf § 353b Abs. 1 Satz 2, der hinsichtlich des Vorliegens eines Geheimnisses Vorsatz verlangt, während für den Taterfolg, die Gefährdung wichtiger öffentlicher Interessen, Fahrlässigkeit ausreiche, sei es vielmehr geboten, beide Tatbestandsmerkmale eigenständig auszulegen (s. dazu auch BGH NStZ **2000** 596, 595).

festgehalten sind (*Schäfer* DStR **1938** 321, 322 [Anm. zu RG DStR **1938** 321]); Überstücke von Anklageschriften, die den Beamten zur Weiterbildung überlassen worden waren (OLG Köln JR **1980** 382); Erkenntnisse über Vorstrafen und erkennungsdienstliche Behandlungen (OLG Düsseldorf NJW **1982** 2883); eine Namensliste mit kriminalpolizeilichen Aktenzeichen („KA-Nummern"; OLG Köln NJW **1988** 2489, 2490); das Codewort für Halterabfragen beim Kraftfahrtbundesamt und den Zulassungsstellen (OLG Zweibrücken JR **1991** 292 mit Anm. *Keller*); die Vorkalkulationssumme und die Firmenliste bei der Ausschreibung von Aufträgen der Post (BGH NJW **1989** 1938); Auskünfte über im Polizeicomputer gespeicherte Daten betr. strafrechtlich relevante Vorgänge über bestimmte Personen (BayObLGSt **1999** 713), wobei auch Negativauskünfte, also der Hinweis, dass keine weiteren Daten zu einem bestimmte Kreise interessierenden Sachverhalt erfasst sind, die Geheimhaltungsbedürftigkeit begründen können (BGHSt **46** 339, 342 = NJW **2001** 2032; BGH NStZ **2002** 33). Weitere Beispiele b. *Heuchemer* BeckOK Rdn. 9; *Tsambikakis* AnwK Rdn. 14.

Umstritten ist, ob zu den *Dienstgeheimnissen* auch das **Beratungsgeheimnis** des Richters (§ 43 DRiG) gehört.[12] Der vom Oberlandesgericht Düsseldorf (NStZ **1981** 25 = DRiZ **1981** 68; zustimmend *Kissel* GVG[4] [2004] § 193 Rdn. 20; *Sch/Schröder/Perron/Hecker* Rdn. 5; *Heuchemer* BeckOK Rd. 9; KG GA **1987**, 227, 229) entgegen der wohl h.M. vertretenen ablehnenden Auffassung ist zuzustimmen. Der Feststellung des Gerichts, § 353b schütze lediglich das Funktionieren einer „geordneten Verwaltung", kann nicht mit dem Hinweis begegnet werden, Amtsträger sei nach § 11 Abs. 1 Nr. 2a auch der Richter in Ausübung seiner richterlichen Funktion (so aber *Träger* LK[11] Rdn. 11*)*, denn das OLG Düsseldorf verwendet a.a.O. S. 25 den Begriff „Verwaltung" nicht im Sinne einer *organisatorischen* Abgrenzung von Verwaltung und Justiz, sondern im Sinne einer *materiellen* Charakterisierung richterlicher Tätigkeit. Wenn es ausführt, das richterliche Beratungsgeheimnis sei „weder ein Unterfall noch eine typische Erscheinungsform der Pflicht des Richters zur *Amts*verschwiegenheit, sondern eine davon eigenständige, unabhängige richterliche Pflicht" (Hervorhebung im Original), so räumt es damit das Bestehen einer richterlichen Amtsverschwiegenheit ein, die es allerdings in der fraglichen Konstellation nicht für einschlägig hält. Die vom OLG angeführten Gründe für das Bestehen des richterlichen Beratungsgeheimnis („Element der richterlichen Unabhängigkeit", „Dokumentation der Einheit des Richterkollegiums nach außen"; „Wahrung der Autorität des Richterspruchs") wären auch nach der hier (Rdn. 1) vertretenen Auffassung keine hinreichenden *rechtsgutbezogenen* Einbeziehungsgründe; das Gericht fügt überzeugende *tatbestandsbezogene* Ausschlussgründe hinzu: Das Beratungsgeheimnis ist dem Richter weder „anvertraut", also ihm in seiner Amtseigenschaft mitgeteilt worden, noch ist es ihm „bekanntgeworden", denn er hat dessen Inhalt selbst gleichsam mit produziert, es betrifft also seine „eigene Tätigkeit" (OLG Düsseldorf a.a.O.). 18

b) Kenntniserlangung durch den Täter. Das Geheimnis muss dem Täter als Amtsträger, als besonders Verpflichtetem usw. anvertraut oder sonst bekannt geworden sein. 19

Anvertraut ist dem Täter ein Geheimnis, wenn es ihm ein anderer – im Vertrauen auf seine Pflicht zur „Amtsverschwiegenheit" – mitteilt (vgl. entsprechend für § 53 Abs. 1 Nr. 3 StPO RGSt **66** 273 f.). Die Begriffsbestimmungen im Schrifttum sind unterschiedlich. *Mösl* LK[9] Rdn. 9 stellt auf den Zweck der Mitteilung ab: Es komme darauf an, dass der Täter zur Verrichtung seiner dienstlichen Aufgaben von dem Geheimnis erfahre. Dabei bleibt jedoch unberücksichtigt, dass das Tatbestandsmerkmal schon nach dem Wortsinn ein Vertrauen voraussetzt, das dem Amtsträger usw. entgegengebracht werden muss und zu dem die Mitteilung in gewisser Beziehung steht. Nach *Sch/Schröder/Lenckner/Perron* Rdn. 7 ist ausschlaggebend, dass dem Amtsträger das Geheimnis zu dienstlichen Zwecken aufgrund des ihm gerade in seiner Eigenschaft als Amtsperson entgegengebrachten Vertrauens zur Kenntnis gebracht wird. Dabei wird jedoch nicht ausdrücklich gesagt, 20

12 Bejahend RGSt **26** 202, 204; *Düwel* S. 33, 52 f., 175 bis 178; *Schwalm* Niederschriften Bd. 13 S. 563; E 1962 S. 663; *Fischer* Rdn. 7a; *Kuhlen* NK Rdn. 12; *Lackner/Kühl/Heger* Rdn. 6; Matt/Renzikowski/*Sinner* Rdn. 10; SSW/*Satzger* Rdn. 4; *Tsambikakis* AnwK Rdn. 15; *Wagner* JZ **1987** 664, 665; OLG Köln NStZ **2005** 387 = NJW **2005**, 1000.

dass sich das Vertrauen auf die Amtsverschwiegenheit beziehen muss. Das wird man aber fordern müssen (so auch Matt/Renzikowski/*Sinner* Rdn. 12). Übrigens ist im Blick auf beide Begriffsbestimmungen nicht ersichtlich, weshalb der dienstliche Zweck eine entscheidende Rolle spielen soll. Spricht sich etwa ein Sozialhilfeempfänger auf dem Sozialamt über seine familiären Probleme oder seine seelischen Schwierigkeiten aus – ohne damit ein dienstliches Einschreiten oder gar Sozialhilfeleistungen erreichen zu wollen –, so vertraut er damit seinem Gesprächspartner persönliche Geheimnisse, möglicherweise auch damit zusammenhängende Drittgeheimnisse an; er setzt in der Regel voraus, dass der Bedienstete pflichtgemäß verschwiegen sein werde.

21 Die hier vertretene Begriffsbestimmung entspricht im Ergebnis derjenigen von *Fischer* § 353b Rdn. 8, § 203 Rdn. 7 f. Danach muss es sich um ein „Einweihen" unter Umständen handeln, aus denen sich eine Pflicht zur Verschwiegenheit ergibt (RGSt **13** 60, 62; OLG Köln NStZ **1989** 412 mit Anm. *Rogall*).

22 **Sonst bekanntgeworden** sind dem Täter geheime Tatsachen, wenn er von ihnen auf andere Weise als durch Anvertrauen Kenntnis erlangt. Dies ist etwa der Fall, wenn er einen schutzwürdigen Sachverhalt durch Indiskretion zugetragen erhält, aber auch dann, wenn er selbst die sich ihm bietenden Zugangsmöglichkeiten zur Kenntnisnahme nutzt oder wenn ihm das Geheimnis aufgrund eigener, auf seiner Sachkunde beruhender Wahrnehmungen, Folgerungen oder Untersuchungen zugänglich geworden ist (Matt/Renzikowski/*Sinner* Rdn. 11; SSW/*Satzger* Rdn. 5).

23 Die genaue Abgrenzung zwischen dem „anvertrauten" und dem „sonst bekanntgewordenen" Geheimnis ist für die Frage der Tatbestandserfüllung weniger bedeutsam (anderes kann für den Rechtsfolgeausspruch gelten). Der Oberbegriff ist das Bekanntwerden. Er umfasst auch die Fälle, in denen die Angelegenheiten dem Beamten anvertraut worden sind. Beide Begriffe sind im sachlichen Recht (z.B. §§ 97 Abs. 2, 203) und im Verfahrensrecht (z.B. § 53 StPO, § 383 ZPO) gleich zu verstehen.

24 Das Geheimnis ist dem Täter **als Amtsträger, besonders Verpflichtetem usw.** anvertraut oder bekannt geworden, wenn ein Zusammenhang zwischen dem Bekanntwerden des Geheimnisses und der Eigenschaft des Täters als eines Amtsträgers, eines besonders Verpflichteten usw., besteht (vgl. *Probst* S. 57; SSW/*Satzger* Rdn. 5); *Battis* (BBG § 67 Rdn. 6) spricht insoweit von einer „Amtskausalität". Die Voraussetzung wird in der Regel erfüllt sein, wenn der Täter die Angelegenheit **im dienstlichen Bereich** (vgl. RGSt **66** 274), nicht nur als Privatmann, erfahren hat. Eine unmittelbare Verknüpfung mit der dienstlichen Tätigkeit braucht nicht zu bestehen. Geschützt ist auch das Geheimnis, das ihm – weil er Amtsträger ist – ein Kollege mitteilt (vgl. *Lindgen* S. 564).

25 Die Kenntnis muss aber „von außen", als (fremdes) Geheimnis, an den Täter herangetragen worden sein (OLG Düsseldorf NStZ **1981** 25 = DRiZ **1981** 68 = NJW **2005** 1798; *Heuchemer* BeckOK Rdn. 10; siehe auch Rdn. 11; **aA** *Träger* LK[11] Rdn. 15; *Fischer* Rdn. 14; SSW/*Satzger* Rdn. 5; *Tsambikakis* AnwK Rdn. 18). Im dienstlichen Bereich selbst erarbeitete Ergebnisse, Beurteilungen und Entscheidungen (z.B. Prüfungsaufgaben, Zeugnisse, Gutachten, Entschließungen usw.) sind dem Amtsträger in dieser seiner Eigenschaft nicht „bekannt geworden" (Rdn. 22). Was ein Amtsträger selbst produziert, ist ihm nicht „bekannt geworden". Es mag schwer zu verstehen sein, dass „behördeninterne Vorgänge, soweit sie von der Sache her geheimhaltungsbedürftig sind, etwa die Klausuraufgabe eines Prüfungsamts (RGSt **74** 110, 112) oder der Erlass eines Haftbefehls (OLG Oldenburg NdsRPfl. **1980** 226, 2279), nur vor einer Preisgabe durch den Amtsträger strafrechtlich geschützt wären, dem das Geheimnis als ‚fremdes' zugänglich geworden ist, während der Amtsträger, der den geheimzuhaltenden Vorgang geschaffen oder jedenfalls mitgeschaffen hat, von der Strafvorschrift nicht erfasst würde" (so Träger LK[11] Rdn. 15); der Wortsinn des Tatbestandes lässt jedoch kein anderes Verständnis zu; und angesichts der ohnehin zweifelhaften Notwendigkeit der Strafvorschrift kann auch das Präventionsbedürfnis sich mit der in diesen Fällen regelmäßig bestehenden Möglichkeit disziplinarrechtlicher Haftung abfinden.

26 Dass der Täter rechtmäßig von dem Geheimnis erfahren hat, ist nicht Voraussetzung (BGHSt **46** 339, 342; BDHE **1** 32, 37; OLG Düsseldorf NJW **1982** 2883, 2884; *Probst* S. 57; Matt/Renzikowski/*Sinner* Rdn. 12; SSW/*Satzger* Rdn. 5). Das Geheimnis ist dem Täter auch dann bei der Amtsausübung im Bereich seiner dienstlichen Tätigkeit zugänglich geworden, wenn er – aufgrund seiner

Dienststellung und des ihm geschenkten Vertrauens – die tatsächliche Möglichkeit hatte, unbefugt an das Geheimnis zu gelangen (RGSt **74** 110, 112 f.). So reicht es aus, dass sich der Täter das Geheimnis durch Bestechung eines Mitbediensteten verschafft, sofern dabei die im Dienstverhältnis begründeten Beziehungen zum Preisgebenden wirksam sind und die Ermittlung des Geheimnisses ermöglichen (RGSt **33** 354, 356 i.V.m. RGSt **74** 110, 113). Ebenso genügt es, dass ein Gerichtsbediensteter, der aufgrund seiner Stellung Zugang zum Zimmer des aufsichtführenden Richters hat, dort (unbefugt) ein Schreiben liest oder an sich nimmt (RGSt **32** 264, 267 i.V.m. RGSt **74** 110, 113). Nicht auf dem Vertrauen, das dem Amtsträger entgegengebracht wird, beruht es allerdings, wenn ein Beamter in einem ihm dienstlich zugänglichen Zimmer erst mit einem Nachschlüssel an (auch ihm gegenüber) verschlossen gehaltene Gegenstände gelangen kann (RGSt **61** 334, 335 i.V.m. RGSt **74** 110, 112; *Probst* S. 57).

c) Offenbaren. Offenbaren eines Geheimnisses heißt, ein Wissen zu vermitteln, das dem Empfänger noch verborgen ist oder von dem dieser noch keine sichere Kenntnis hat (vgl. BGHSt **27** 120, 121: E 1962 S. 666; SSW/*Satzger* Rdn. 6; *Tsambikakis* AnwK Rdn. 19). Es wird meist in einer **Mitteilung** an einen anderen bestehen (*Sch/Schröder/Perron/Hecker* Rdn. 8; *Probst* S. 59; für den entsprechenden Begriff in § 300 a.F.: RGSt **26** 5, 8), kann aber auch durch öffentliche **Bekanntmachung** geschehen (BDHE **1** 32, 37; *Fischer* Rdn. 9; Matt/Renzikowski/*Sinner* Rdn. 13; SSW/*Satzger* Rdn. 6; *Heuchemer* BeckOK Rdn. 11). Bloßes **Gelangenlassen** genügt ebenfalls, denn aus § 96 Abs. 2, § 95 folgt, dass das Gelangenlassen eine Form des Offenbarens ist. 27

Die **Mitteilung** muss sich unmittelbar an den unbefugten Empfänger richten, was nicht ausschließt, dass der Täter sich eines Boten oder eines „Werkzeugs" bedient. Sie kann auch in einer Unterlassung bestehen, etwa wenn der Täter pflichtwidrig nicht verhindert, dass ein Unbefugter Einblick in geheime Vorgänge erhält (*Fischer* § 94 Rdn. 3; *Lindgen* S. 564; *Probst* S. 60). 28

Das **Gelangenlassen**, das der Sache nach sich nur wenig vom Mitteilen unterscheidet, umfasst jede Handlung oder Unterlassung, durch die der Täter bewusst und gewollt dem Unbefugten die Möglichkeit verschafft, von dem Geheimnis Kenntnis zu nehmen. Bei „verkörperten" Geheimnissen muss der Unbefugte allerdings Gewahrsam an dem Gegenstand erlangen, bei nicht verkörperten Tatsachen und Erkenntnissen ist für die *Vollendung* vorauszusetzen, dass sie der Unbefugte geistig erfasst (BGH NJW **1965** 1190; E 1962 S. 574). 29

Die **öffentliche Bekanntmachung** ist ein Sonderfall des Gelangenlassens; sie meint jede Handlung, die einer unbestimmten Anzahl von Personen die Kenntnisnahme ermöglicht, etwa durch Veröffentlichung in den Massenmedien, aber auch durch sonstiges allgemeines Zugänglichmachen. Ist ein solcher Sachverhalt gegeben, so bedarf es nicht der Feststellung, dass ein anderer Kenntnis genommen hat und gerade durch diese Kenntnisnahme wichtige öffentliche Interessen gefährdet wurden. Es genügt hier, dass die öffentliche Mitteilung selbst eine solche *konkrete* Gefahr zur Folge hat (vgl. hierzu Rdn. 34 ff.; E 1962 S. 574). 30

Fraglich ist insoweit, ob derjenige, dem das Geheimnis mitgeteilt wird, seinerseits **noch keine Kenntnis haben** darf. Die von *Traeger* LK[11] Rdn. 21 vertretene Auffassung, auch in diesem Fall liege ein Offenbaren vor, es sei denn, der Täter gehe davon aus, dass dem Adressaten das Geheimnis schon bekannt sei, beruft sich auf eine hier abgelehnte Auffassung vom Schutzzweck der Vorschrift. Auch bei Vorkenntnis des Unbefugten werde durch die insoweit bestätigende Mitteilung die bereits vorliegende Gefährdung in der Regel erweitert; die Frage sei zwar im Anwendungsbereich des § 353b weniger bedeutsam, weil hier – ebenso wie in §§ 94 ff. – eine Bestrafung wegen Versuchs möglich sei und andererseits das Tatbestandsmerkmal der Gefährdung wichtiger öffentlicher Interessen als Korrektiv wirken könne. Anders sei es jedoch bei § 203. Breche ein Arzt seine Schweigepflicht, seine Pflicht „zur Wahrung des Geheimnisses" (§ 203 Abs. 3), so müsste er nach der Gegenauffassung straflos bleiben, wenn der unbefugte Adressat – dem Arzt unbekannt und unvorhersehbar – über den mitgeteilten Sachverhalt (Krankheit u.ä.) zufällig bereits unterrichtet gewesen sei. Es erscheint indessen bedenklich, den sich aufdrängenden Einwand, dass hier ein Fall des Versuchs zur vollendeten Tat umgedeutet werden soll, mit dem Hinweis auf die 31

Auswirkungen in parallel strukturierten Tatbeständen auszuräumen; dieses Bedenken gilt zumindest dann, wenn die als unerträglich empfundenen Folgen auf einer Entscheidung des Gesetzgebers beruhen, nämlich auf der Entscheidung, den Versuch der Tat nach § 203 nicht unter Strafe zu stellen. Die Kenntnis des Adressaten schließt daher die Erfüllung des Merkmals „offenbaren" aus.[13]

32 **Nicht um ein Offenbaren,** um Mitteilungen an einen „anderen", handelt es sich, wenn Bedienstete einer Behörde im Rahmen ihrer Tätigkeit sich in dienstlichem Interesse gegenseitig abstimmen und bei gemeinsamer Arbeit den Geheimnisbereich berührende Meinungen und Informationen austauschen (*Düwel* S. 82; *Battis* § 67 BBG Rdn. 6). Derartige Mitteilungen im **„dienstlichen Verkehr"** (§ 37 Abs. 2 S. 1 Nr. 1 BBG, § 37 Abs. 2 Nr. 1 Beamtenstatusgesetz), im „engeren Dienstbereich" des Beamten (BGHZ **34** 184, 187), werden schon begrifflich nicht erfasst (ebenso *Sch/Schröder/Perron/Hecker* Rdn. 8; *Fischer* Rdn. 9; *Tsambikakis* AnwK Rdn. 20; nach OLG Köln GA **1973** 57, 58 soll es an einem „unbefugten" Offenbaren fehlen). Was insoweit zum dienstlichen Verkehr gehört, bemisst sich im Einzelfall nach der zu bewältigenden Aufgabe (*Düwel* S. 83). Ein Amtsträger *darf* danach und *muss* untergebene Bedienstete ins Vertrauen ziehen, wenn er zur Erledigung der Dienstgeschäfte deren Mitarbeit benötigt oder jedenfalls für zweckmäßig hält (*Düwel* S. 84). Ebenso entfällt in der Regel die Pflicht zur Amtsverschwiegenheit gegenüber dem Vorgesetzten oder der übergeordneten Behörde (BGH NJW **1981** 675, 677; *Düwel* S. 83); seinem Vorgesetzten hat der Beamte, wenn dem nicht besondere Pflichten zur Geheimhaltung entgegenstehen, grundsätzlich wahrheitsgemäß Auskunft zu geben (Disziplinarsenat für Richter in Essen JZ **1957** 761; OVG Münster JZ **1960** 99). Entsprechendes gilt, soweit auf gleicher Ebene mehrere Bedienstete oder mehrere Behörden zur Erfüllung einer gemeinsamen Aufgabe zusammenarbeiten (*Düwel* S. 83 f.; BGH NJW **1981** 675, 677). Solange das Geheimnis bei solcher behördlicher Zusammenarbeit (gleichsam als Funktionseinheit) eine Rolle spielt, die im Interesse sachgerechter Bearbeitung den Austausch der Erkenntnisse oder die Beiziehung und Unterrichtung von Hilfskräften verlangt, wird der Tatbestand des § 353b nicht tangiert. Die Grenze wird überschritten, wenn geheime Erkenntnisse den Bereich solcher „Funktionseinheit" verlassen. Erst dann stellt sich die Frage nach der Befugnis i.S. des § 353b, die schon zu verneinen ist, wenn der „Wissende" seinem *unzuständigen* Amtskollegen, etwa aus Geltungssucht o.ä., Kenntnis gibt (vgl. *Schünemann* LK[11] § 203 Rdn. 44; *Jähnke* LK[10] § 203 Rdn. 42). *Kuhlen* NK Rdn. 20 spricht sich mit beachtlichen Gründen dafür aus, diesen Problemkomplex (ebenso wie den bei Rdn. 23 erörterten) nicht unter dem Rubrum „offenbaren" zu diskutieren, sondern bei dem Merkmal „unbefugt" (das er als Tatbestandsmerkmal ansieht).

33 Dienstgeheimnisse dürfen auch weitergegeben werden, soweit Behörden im Wege der **Amtshilfe** tätig sind.[14] Grundvoraussetzung ist jedoch hier, dass die Amtshilfe – aus der Sicht der ersuchten Behörde – rechtlich zulässig ist.[15] In *zahlreichen Fällen* ist es allerdings der ersuchten Behörde durch besondere Vorschriften versagt, bei ihr angefallene geheime Erkenntnisse und Angelegenheiten anderen amtlichen Stellen mitzuteilen (*Dreher* a.a.O. S. 102 ff.); Beispiele aus der Gesetzgebung: §§ 67 ff. SGB X; §§ 15 f. des Gesetzes über die Statistik für Bundeszwecke vom 22. Januar 1987; BGBl. I S. 462, 565, zuletzt geändert am 20. Dezember 2022, BGBl. I 2727; §§ 15 ff. BDSG; §§ 19 ff. StUG. In welchem Umfang solche Sonderbestimmungen eine Amtshilfe und damit auch

---

13 Im Ergebnis wie hier *Kuhlen* NK Rdn. 17, *Sch/Schröder/ Perron/Hecker* Rdn. 8; *Lackner/Kühl/Heger* Rdn. 8 mit Verweis auf § 203 Rdn. 17; BayObLG NJW **1995** 1623; *Schünemann* LK[11] § 203 Rdn. 41; *Hoyer* SK Rdn. 7; SSW/*Satzger* Rdn. 6; **aA** BGHSt **27** 120 f. und Rdn. 17; ferner *Probst* S. 59 f. sowie – zu § 300 a.F. – *Kohlhaas* GA **1958** 65, 69; *Ackermann* Festschrift zum hundertjährigen Bestehen des deutschen Juristentages 1860 bis 1960, Bd. I S. 779, 490; *Dalcke/Schäfer* § 353b a.F. Fn. 5, 300 a.F. Fn. 2; ebenso *Barthe/Schmidt* LK § 94 Rdn. 9, § 93 Rdn. 6 Schweizerisches Bundesgericht BGE **75** IV S. 71 ff., zitiert von *Schneider* DRZ **1950** 251.

14 *Battis* BBG § 67 Rdn. 8; *Dreher* Die Amtshilfe (1959) 101; *Plog/Wiedow/Lemhöfer/Bayer* BBG (Stand Oktober 2023) § 67 Rdn. 18; *Borgs* in: *Meyer/Borgs* VwVfG[2] (1982) § 30 Rdn. 16.

15 *Düwel* S. 92; *Dreher* a.a.O. S. 97 ff., 124 f.; Pr.OVGE **20** 445, 448; *Dürig/Herzog/Scholz/Maunz* GG, Art. 35 Rdn. 6; § 5 Abs. 2 Satz 1 Nr. 1 Satz 2 VwVfG.

die Mitteilung geheimer Vorgänge unzulässig machen, ist eine Frage des Einzelfalls (vgl. die Zusammenstellung bei *Kopp* VwVfG[10] [2008] § 5 Anm. 15 ff.). § 353b ist insoweit als eine „Art strafrechtlicher Blankettnorm" anzusehen, die durch verwaltungsverfahrensrechtlich eigenständige Entscheidungen des Gesetzgebers ausgefüllt wird (so für die entsprechende Frage im Rahmen der §§ 203 Abs. 2, 204 BVerfGE **55** 274, 324 f.). Mitteilungen der *Behörde* an eine **private Einrichtung**, die außerhalb des dienstlichen Verkehrs liegen, können sich im Einzelfall als Wahrnehmung berechtigter Interessen darstellen und somit gedeckt sein (BGH NJW **1981** 675, 677 f.).

d) Gefährdung wichtiger öffentlicher Interessen. Das Offenbaren muss **wichtige öffentliche Interessen gefährden**. Insoweit unterscheidet sich § 353b grundlegend von § 203 Abs. 2. Es muss sich um Belange von einigem Rang handeln. 34

Die **Gefährdung** kann schon dadurch eintreten, dass das Geheimnis nunmehr auch anderen bekannt wird. Dies wird dann der Fall sein, wenn die Geheimhaltung gerade wegen des Inhalts und Gegenstands der Angelegenheit um wichtiger öffentlicher Interessen willen geboten war (Preisgabe von Fahndungsmaßnahmen und Sicherheitsvorkehrungen, vorzeitige Veröffentlichung von bestimmten politischen Entscheidungen u.ä.; vgl. etwa BGHSt **10** 276, 277; **20** 342, 376, 380 f.). 35

Wichtige öffentliche Interessen sollen aber auch dadurch gefährdet werden können, dass die Tatsache des Geheimnisbruchs bekannt und so das Vertrauen der Öffentlichkeit in die Tätigkeit der Behörden erschüttert wird.[16] *Sch/Schröder/Perron/Hecker* Rdn. 6a (zust. *Hoyer* SK Rdn. 8 und *Hassemer* JuS **1989** 236 [Anm. zu OLG Köln NJW **1988** 2489]) machen demgegenüber geltend, dass danach die Strafbarkeit davon abhänge, ob im Einzelfall die Gefahr bestehe, dass der Geheimnisbruch als solcher bekannt werde. Dies erscheint in der Tat nicht sachgerecht. Überdies dient das Merkmal, wie in Rdn. 2 ausgeführt, der Einschränkung des Tatbestandes mit dem Ziel seiner Begrenzung auf den Unrechtskern; diese Zielsetzung würde durch eine (mit der Konstruktion einer doppelten Schutzrichtung abgestützte) extensive Auslegung des Merkmals „wichtige öffentliche Interessen" unterlaufen. Zwar ist nicht zu bestreiten, dass „einwandfreie, zuverlässige, von Abhängigkeiten freie Bewältigung der im staatlichen und kommunalen Bereich anfallenden Aufgaben das Vertrauen des Bürgers in die Integrität der sein Anliegen, seine ‚Sache' bearbeitenden Behörden voraus[setzt]" und dass „dazu [...] vor allem die Achtung der Schweigepflicht, besonders aber die strikte Wahrung anvertrauter „Dienstgeheimnisse [gehört]" (*Träger* LK[11] Rdn. 26, vgl. auch *Schäfer* LR StPO § 43 DRiG Rdn. 17; *Ostendorf* DRiZ **1981** 4, 9; dazu BGHR StGB § 353b Abs. 1 Interessen, öffentliche; enger aber die neuere Rechtsprechung, z.B. BayObLGSt **1999**, 568, 569; weitere Nachw. b. *Kuhlen* NK Rdn. 28). Dies besagt indessen nichts darüber, ob die Einhaltung dieser Pflichten unter Strafdrohung geschehen muss. Da weder der Wortlaut eine weite Auslegung fordert, noch, wie dargelegt, der Schutzzweck der Vorschrift sie gebietet, ist die Lehre von der mittelbaren Gefährdung öffentlicher Interessen abzulehnen (ebenso *Kuhlen* NK Rdn. 28; Matt/Renzikowski/*Sinner* Rdn. 17; SSW/*Satzger* Rdn. 9; *Perron* JZ **2002**, 50 51, der überdies darauf hinweist, dass § 203 Abs. 2 hinreichenden Schutz gewährleistet). 36

Ob wichtige öffentliche Interessen gefährdet werden, ist Tatfrage des Einzelfalls, deren Beantwortung allerdings eine sorgfältige Gesamtwürdigung erfordert (RGSt **74** 110, 111; BGH NStZ **2000** 596, 598; BGHSt **46** 339, 342 ff.; **48** 126 = JR **2003** 511 mit Anm. *Hoyer*). Der Strafrichter hat dies in eigener Verantwortung zu prüfen (BGHSt **10** 276, 277 f.); er darf die Gefährdung nicht bereits aus dem Umstand folgern, dass die vorgesetzte Behörde ihre Ermächtigung zur Strafverfolgung erteilt hat (vgl. BGHSt **10** 276, 277; weitergehend noch RGSt **74** 110, 111 f., 113). Immer ist darauf abzustellen, ob **konkret** (*T. Walter* FS v. Heintschel-Heinegg 480) eine Gefahr entstanden ist; eine Gefähr- 37

16 So auch *Träger* LK[11] Rdn. 26; *Heuchemer* BeckOK Rdn. 7; ferner RG DStR **1938** 321 mit zust. Anm. *Schäfer*; BGHSt **11** 401, 404; BGH NStZ **2000** 596 ff.; BGHSt **46** 339, 342 ff.; OLG Köln GA **1973** 57, 58; BVerfGE **28** 191, 198 ff.; *weitergehend* OLG Düsseldorf NStZ **1985** 169, 170 mit krit. Anm. *Schumann*, dem insoweit zuzustimmen ist, als eine differenzierende Betrachtung im Einzelfall notwendig ist; OLG Köln NJW **1988** 2489, 2490; LG Bad Kreuznach CR **1991** 37, 38; *Laufhütte* GA **1974** 52, 58 f., *Fischer* Rdn. 13a; **aA** OLG Düsseldorf NJW **1982** 2883, 2884.

dung liegt nicht schon dann vor, wenn mit ihr nur nach allgemeinen Erfahrungssätzen („abstrakt") zu rechnen ist.[17]

38 Die **Rechtsprechung** hat eine Gefährdung wichtiger öffentlicher Interessen bejaht im Falle der Preisgabe eines vertraulichen fernschriftlichen Fahndungsersuchens; die Gefährdung wurde hier – es handelte sich um ein Staatsschutzstrafverfahren – in der Möglichkeit fremder Einwirkung auf den Gang der Ermittlungen gesehen, auf deren Erfolgsaussichten es im Rahmen des § 353b nicht ankomme (BGHSt **10** 276 f.). Weitere Beispiele sind die Weitergabe von Beurteilungen über Offiziere und Unteroffiziere des Bundesgrenzschutzes an den Staatssicherheitsdienst der früheren DDR (BGHSt **10** 108, 109), Mitteilungen über ein (möglicherweise) unzulässiges Zusammenwirken deutscher und westalliierter Geheimdienste im Rahmen einer Fernsprechüberwachung, wodurch die weitere Zusammenarbeit beider Geheimdienste beeinträchtigt werden konnte,[18] die Preisgabe des Codewortes für Halterabfragen beim Kraftfahrtbundesamt und den Zulassungsstellen (OLG Zweibrücken JR **1991** 292, 293 mit Anm. *Keller*); die Weitergabe von Inpol-Computerausdrucken des Landeskriminalamtes jedenfalls dann, wenn der Übergebende den Umständen nach den Schritt in die Öffentlichkeit oder jedenfalls einen Gebrauch der Daten nach Gutdünken des Empfängers gerade will und dieser hierzu auch bereit ist (BayObLGSt **1999** 7; zust. *T. Walter* FS v.Heintschel-Heinegg 481); dazu auch BGHSt **46** 339 ff.; die vorzeitige Mitteilung von Klausuraufgaben durch den Bürostellenleiter eines Prüfungsamtes (RGSt **74** 110, 113) und ganz allgemein die Mitteilung von Prüfungsaufgaben vor einer Prüfung, falls diese für die spätere Laufbahn des Prüflings von besonderer Wichtigkeit und ihr Ergebnis entscheidend für die Frage einer staatlichen Anstellung ist (BGHSt **11** 401, 403). Verschafft sich hingegen ein Lehrer eine Aufgabe für die Aufnahmeprüfung in die Realschule und übt er diese mit einzelnen Prüflingen ein, so werden wichtige öffentliche Interessen nicht schon dadurch gefährdet, dass diese Schüler möglicherweise zu Unrecht die Prüfung bestehen; eine Gefährdung tritt jedoch ein, wenn die Indiskretion bekannt und das Vertrauen der Öffentlichkeit in die Unparteilichkeit der Schulverwaltung erschüttert wird (BGHSt **11** 401, 402 f., 404). Ein wichtiges öffentliches Interesse kann auch an der Geheimhaltung von Maßnahmen (Haftbefehl, Vorführungsbefehl) bestehen, die die Durchführung der Hauptverhandlung im Strafverfahren gewährleisten sollen (OLG Oldenburg NdsRpfl. **1980** 226 f.).

39 Bei der Beurteilung der Frage der Gefährdung wird die Persönlichkeit des unbefugten Adressaten, seine Vertrauenswürdigkeit (berufliche Stellung, Schweigepflicht usw.) mit zu berücksichtigen sein (OLG Oldenburg a.a.O., BGHSt **20** 342, 348 f., 376). Entscheidend sind immer die besonderen Umstände des Einzelfalles (vgl. BGHSt **11** 401; OLG Köln GA **1973** 57 f.; RG DStR **1938** 32 f.).

40 Zu den *Anforderungen*, die in all diesen Fällen hinsichtlich der *subjektiven Tatseite* zu stellen sind: BGHSt **11** 404 f.; **20** 342, 349 f., 377 ff., 381 ff.; Rdn. 54.

3. Rechtswidrigkeit

41 Das Offenbaren muss **unbefugt** sein. Nach überwiegender Auffassung verweist das Gesetz damit auf das Erfordernis der Rechtswidrigkeit (vgl. *Fischer* § 17 Rdn. 11, § 353b Rdn. 12; *Lackner/Kühl/Heger* Rdn. 13; *Hoyer* SK Rdn. 14; *Schünemann* LK[11] § 203 Rdn. 119; **aA** mit beachtlichen Gründen *Kuhlen* NK Rdn. 20, 42; s. auch *Jähnke* LK[10] § 203 Rdn. 74 [Doppelcharakter]; dagegen jetzt *Hilgendorf* LK § 203 Rdn. 171). Die allgemeinen Rechtfertigungsgründe greifen auch hier ein. Auf Wahrnehmung berechtigter Interessen wird sich allerdings der einzelne Bedienstete in der Regel nicht berufen können (*Sch/Schröder/Perron/Hecker* Rdn. 21a; *Fischer* Rdn. 12). Im Blick auf das hier im

17 BGHSt **20** 342, 348; BGH MDR **1963** 426; OLG Köln GA **1973** 57, 59; OLG Köln NJW **1988** 2489, 2491; OLG Düsseldorf NStZ **1989** 324, 325; LG Bad Kreuznach CR **1991** 37, 38; vgl. ferner BVerfGE **28** 191, 200; eingehend zu den Maßstäben der (bei der Objektiven Zurechnung eingeordneten) Gefährdung *T. Walter* FS v.Heintschel-Heinegg 482.

18 BGHSt **20** 342, 381, 383; insoweit **aA** *Samson* SK (1985) Rdn. 22; *Schmid* JZ **1970** 686 (Anm. zu BVerfG JZ **1970** 683 = BVerfGE **28** 191).

Vordergrund stehende Geheimhaltungsinteresse der Allgemeinheit muss insoweit die im Rahmen des Dienstrechts geltende spezielle Interessenabwägung Vorrang haben (vgl. Rdn. 43 ff.). In besonders gelagerten Fällen wird aber auch ein übergesetzlicher Rechtfertigungsgrund in Betracht kommen (vgl. Rdn. 49 ff. und *Barthe/Schmidt* LK § 93 Rdn. 32).

a) Genehmigung des Vorgesetzten. Da § 353b das Geheimnis unter dienstlichem Blickwinkel schützt, entfällt eine Bestrafung, wenn der **Dienstvorgesetzte** die Offenbarung **genehmigt**.[19] Dies gilt jedoch nur, soweit ein Vorgesetzter über das Geheimnis verfügen kann. Hingegen kommt es nicht darauf an, ob der Vorgesetzte auch unter den konkreten Umständen des Einzelfalls die Genehmigung erteilen durfte (**aA** *Sch/Schröder/Perron/Hecker* Rdn. 21a; *Lackner/KühlHeger* Rdn. 13; wohl in Ergänzung der Vorauflagen). Auch eine rechtswidrig erteilte Genehmigung ist grundsätzlich wirksam (*Ostendorf* DRiZ **1981** 4, 9). Insoweit mag möglicherweise der Vorgesetzte selbst (als mittelbarer Täter) strafbar sein (*Ostendorf* a.a.O. S. 9): Der Untergebene ist durch die Genehmigung gedeckt (vgl. die Beratungen in der Großen Strafrechtskommission, Niederschriften Bd. 13 S. 564 f.). Eine solche klare Regelung ist insbesondere im Interesse des einzelnen Bediensteten erforderlich. Er muss sich auf die Genehmigung seines Vorgesetzten verlassen können. 42

b) Amtsträger vor Gericht. Eine **Genehmigung** ist grundsätzlich auch **erforderlich**, wenn ein Amtsträger über einen Gegenstand, der der Schweigepflicht unterliegt, **vor Gericht aussagen** soll.[20] Dem tragen bereits die einzelnen Verfahrensordnungen Rechnung (vgl. §§ 54 StPO, 376 ZPO, 28 Abs. 2 BVerfGG). Bestritten ist, ob eine Genehmigung auch in Verfahren vor den Disziplinargerichten erforderlich ist. Der Wehrdienstsenat hat dies jedenfalls für den Bereich der Wehrbeschwerdeordnung verneint, weil es sich insoweit – auch bei der Verhandlung vor dem Dienstgericht – um eine rein innerdienstliche Angelegenheit handele.[21] Die Verschwiegenheitspflicht greift selbst dann, wenn der Beamte **als Beklagter** oder **als Angeklagter** vor Gericht steht (vgl. §§ 67 Abs. 3 Satz 1 BBG, § 37 Abs. 3 BeamtStG). Auch hier kann er sich zur Rechtfertigung einer nicht genehmigten Aussage grundsätzlich nicht auf die Wahrnehmung berechtigter Interessen berufen. Die Lösung des Konflikts ist im dienstrechtlichen Bereich zu suchen. In solchen Fällen darf der Dienstherr (die oberste Aufsichtsbehörde – vgl. BVerfGE **57** 250, 281 ff., 288 ff.) die *Genehmigung nur versagen wenn* die dienstlichen Rücksichten dies *unabweisbar* erfordern (§ 68 Abs. 2 Satz 1 BBG, § 37 Abs. 4 BeamtStG). Trifft das – etwa bei exzeptionellen Sachverhalten in empfindlichen Bereichen – zu, so hat der Staat dem Beamten allen Schutz zu gewähren, den die dienstlichen Rücksichten zulassen (§ 68 Abs. 2 Satz 2 BBG, § 37 Abs. 5 BeamtStG). Bei einer Verurteilung des Bediensteten kann sich hieraus die Pflicht zu alsbaldiger Begnadigung, zur Abgabe einer Ehrenerklärung und zum Ausgleich aller sonstigen Nachteile ergeben.[22] 43

Dieselben Grundsätze sollen gelten, wenn der Amtsträger einen **Rechtsanwalt** aufsucht. Auch hier soll es in aller Regel der Genehmigung des Dienstvorgesetzten bedürfen, wenn er dem Anwalt ein Dienstgeheimnis offenbaren will (BayVerfGH DVBl. **1960** 806; *Battis* BBG § 67 Rdn. 12; dagegen mit beachtlichen Gründen *Arndt* NJW **1960** 2040). In BGHSt **20** 342, 348 f. ist die Frage offen geblieben, weil der Amtsträger nicht mit einer Verletzung der anwaltlichen Schweigepflicht zu rechnen 44

---

19 *Lackner/Kühl/Heger* Rdn. 13; *Hoyer* SK Rdn. 15; *Schönke/Sch/Perron/Hecker* Rdn. 21; *Kuhlen* NK Rdn. 19, 42; einschränkend *Fischer* Rdn. 12; *Probst* S. 64; *Lindgen* S. 567.

20 Vgl. §§ 61 Abs. 2 Satz 1 BBG, § 37 Abs. 2 BeamtStG, 14 Abs. 2 Satz 1 SoldG; für den Bereich des § 9 des Bundesangestelltentarifvertrages *Clemens/Scheuring/Steingen/Wiese* BAT-Kommentar § 9 Anm 6.

21 BDHE **6** 173, 176 = NJW **1962** 1884, 1885 **aA** *Battis* BBG § 67 Rdn. 12; *Düwel* S. 85 bis 90; einschränkend wohl auch BVerwG DVBl. **1975** 303, 304.

22 Vgl. *Fischbach* BBG (a.F.), 3. Aufl. (1964) § 62 Anm. IV 1: *Battis* BBG § 68 Rdn. 8; *Plog/Wiedow/Lemhöfer/Bayer* BBG (Stand Oktober 2023) § 67 Rdn. 21; *Lindgen* S. 570.

brauchte und daher auch eine nur fahrlässige Gefährdung wichtiger öffentlicher Interessen nicht in Betracht kam; dies dürfte freilich regelmäßig der Fall sein.

45 Für Verhandlungen des Amtsträgers mit Vertretern seiner Gewerkschaft gilt nichts anderes (OVG Münster OVGE **16** 134).

46 **c) „Privatgeheimnis" als Dienstgeheimnis.** Ist das *Dienstgeheimnis* zugleich das Privatgeheimnis eines Bürgers – etwa der Gesundheitszustand eines Rentenempfängers –, so wird der Amtsträger nicht ohne Weiteres dadurch zur Offenbarung befugt, dass der private Geheimnisgeschützte seine Zustimmung gibt (*Lackner/Kühl/Heger* Rdn. 13; *Sch/Schröder/Perron/Hecker* Rdn. 21a). Man wird in der Regel davon ausgehen müssen, dass nach wie vor ein Dienstgeheimnis vorliegt (vgl. *Kleinfeller* GS **1926** 336, 347; Rdn. 12, 14, 20). Allerdings wird es in solchen Fällen meist an einer Gefährdung wichtiger öffentlicher Interessen fehlen. Generell lässt sich dies jedoch nicht sagen. Bleibt etwa trotz interner Zustimmung des privaten Betroffenen die konkrete Gefahr bestehen, dass eine Offenbarung das Ansehen der Behörde schwer beeinträchtigen wird, so vermag die Einwilligung auch nicht rechtfertigend zu wirken.

47 Soweit sie danach rechtlich bedeutsam sein kann, ist zu beachten: Es genügt die Einwilligung des Betroffenen, der nicht immer mit dem Anvertrauenden identisch sein muss.[23] Bezieht sich jedoch die Schweigepflicht auf die Tatsache der Information durch den Anvertrauenden, so muss dessen Einwilligung vorliegen (vgl. *Sch/Schröder/Lenckner/Perron* § 203 Rdn. 23 ff.; *Hilgendorf* LK § 203 Rdn. 138 ff., 146; *Jähnke* LK[10] § 203 Rdn. 55 ff.

48 Die Einwilligung kann widerruflich sein. Sie ist Ausdruck der höchstpersönlichen Verfügungsbefugnis des Betroffenen. Diese geht daher nach dessen Tod in der Regel nicht auf die Erben über (*Mösl* LK[9] § 300 a.F. Rdn. 10; *Sch/Schröder/Lenckner/Perron* a.a.O. Rdn. 25 m.w.N.). Anderes gilt, wenn das Geheimnis einen wirtschaftlichen Wert verkörpert.

49 **d) „Illegales" Geheimnis.** Zu den geschützten Geheimnissen können auch Vorgänge und Gegebenheiten zählen, die im Widerspruch zur Rechtsordnung (Art. 20 Abs. 3 GG) stehen („illegale" Geheimnisse).

50 Für den Bereich der *äußeren Sicherheit* hat der Gesetzgeber allerdings selbst Grenzen gezogen, indem er durch § 93 Abs. 2 – relativiert in § 97a – solche Geheimnisse ungeachtet ihrer Bedeutung vom Staatsgeheimnisbegriff ausgenommen hat, die gegen die freiheitliche demokratische Grundordnung oder gegen zwischenstaatlich vereinbarte Rüstungsbeschränkungen verstoßende Tatsachen betreffen. Er hat insoweit dem Anspruch der Öffentlichkeit, schwere Rechtsbrüche zur öffentlichen Diskussion zu stellen, den Vorrang gegeben und in Rücksicht auf das Recht des einzelnen Bürgers, auch des Amtsträgers, Soldaten oder besonders Verpflichteten (vgl. § 97b Abs. 2), in solchen Fällen die Öffentlichkeit anzurufen, den Strafschutz eingeschränkt. § 353b ändert hieran nichts. Er wird jedenfalls anwendbar sein, wenn § 97a eingreift (vgl. *Fischer* § 93 Rdn. 12 ff.).

51 Im Übrigen wird man jedoch davon auszugehen haben, dass § 353b grundsätzlich auch **illegale Dienstgeheimnisse** schützt. Geht es dem Täter allerdings darum, durch Offenbarung der hier zugrundeliegenden Rechtsverstöße diesen Missständen entgegenzuwirken, kann sich, wenn nicht schon das Tatbestandsmerkmal der Gefährdung wichtiger öffentlicher Interessen entfällt, eine Offenbarungsbefugnis unmittelbar aus der Verfassung (Art. 5 GG) ergeben. Hierzu ist anzumerken: Nach allgemeinen Rechtsgrundsätzen (vgl. § 61 Abs. 4 BBG) gilt im Bereich des öffentlichen Dienstes die Verschwiegenheitspflicht des Bediensteten nicht uneingeschränkt. Er hat sich bei Gefährdung der freiheitlichen demokratischen Grundordnung für deren Erhaltung einzusetzen. Außerdem hat auch der Inhaber eines öffentlichen Amts – wie jeder Staatsbürger – grundsätzlich das

23 Eine ausführliche Darstellung der Problematik des Schutzes von Drittgeheimnissen findet sich bei *Schreiner* Drittgeheimnisse und Schweigepflicht, Diss. Heidelberg 1974.

Recht, Amtshandlungen, die unter Verstoß gegen die Verfassung begangen worden sind, der Öffentlichkeit zu unterbreiten (BVerfGE **28** 191, 202). Demgemäß sind in solchen Fällen die unverzichtbaren Bedürfnisse einer geordneten Verwaltung einerseits und das Grundrecht auf freie Meinungsäußerung und Informationsfreiheit andererseits gegeneinander abzuwägen. Insoweit zeigen die Entscheidungen BGHSt **20** 342, 373 und BVerfGE **28** 191, 202, 204 die grundlegenden Maßstäbe auf. Danach muss sich der Bedienstete zunächst an einen Vorgesetzten wenden (vgl. auch § 97b Abs. 2), weiter den Dienstweg, notfalls bis zum Minister, einschlagen und die Volksvertretung anrufen, bevor er zur Abhilfe die Öffentlichkeit unterrichten darf.[24] Selbst dann hat sich die Preisgabe auf das Notwendige zu beschränken. Anderes gilt nur, wenn es sich um besonders schwere Verfassungsverstöße handelt (vgl. § 93 Abs. 2), die eine sofortige Unterrichtung der Öffentlichkeit erfordern oder doch rechtfertigen (BGH a.a.O. S. 370; BVerfG a.a.O. S. 205). An dieser Voraussetzung wird es allerdings in der Regel fehlen, wenn nur ein Einzelfall in Rede steht, also nicht die Tätigkeit der Behörde insgesamt oder ein wesentlicher Teil dieser Tätigkeit als grundsätzlich rechtsstaatswidrig in Frage gestellt ist und die beanstandete Einzelmaßnahme nicht elementare Verfassungsgrundsätze verletzt (BVerfGE a.a.O. S. 203).

Nachlässigkeiten und Verzögerungen in der Bearbeitung von Strafanzeigen durch eine nach- 52
geordnete Polizeibehörde, auch wenn sie sich als unentschuldbare Verfehlungen darstellen, rechtfertigen noch nicht die unmittelbare Einschaltung der Öffentlichkeit (OVG Münster OVGE **16** 134, 135).

e) Genehmigungsbefugnis bei besonders Verpflichteten. Ist oder war der Täter als beson- 53
ders Verpflichteter (Abs. 1 Nr. 2) oder etwa als Vertreter der Gewerkschaft (Abs. 1 Nr. 3) für eine in Abs. 4 Nr. 1a und 2a genannte Stelle des Bundes oder Landes tätig, ohne bei ihr beschäftigt zu sein (*Hilgendorf* LK § 11 Rdn. 70), so kann eine die Offenbarung rechtfertigende Genehmigung nur von dieser Stelle ausgesprochen werden (vgl. E 1962 S. 663). An den Leiter dieser Stelle hat er sich auch zu wenden, wenn er gegen geheime illegale Praktiken (Rdn. 49) vorgehen will (vgl. hierzu auch § 97b Abs. 2 Satz 2).

4. Innerer Tatbestand

Das Geheimnis muss **vorsätzlich** offenbart werden. Bedingter Vorsatz genügt (BGHSt **11** 404 f.; 54
Matt/Renzikowski/*Sinner* Rdn. 18; SSW/*Satzger* Rdn. 10; *Heuchemer* BeckOK Rdn. 15). Der Vorsatz muss sich – jedenfalls in einer Parallelwertung in der Laiensphäre (vgl. BGHSt **3** 248, 255) – darauf beziehen, dass ein „Geheimnis" offenbart wird. Insoweit muss sich der Täter auch des Zusammenhangs mit seiner Stellung als Amtsträger, als besonders Verpflichteter usw. bewusst sein (*Hilgendorf* LK § 11 Rdn. 74). Nimmt der Täter irrtümlich an, dass er „befugt" handelt (Genehmigung u.a.), so wird zu unterscheiden sein, ob sich sein Irrtum auf die tatsächlichen Voraussetzungen des Rechtfertigungsgrundes erstreckt – dann entfällt eine Bestrafung – oder ob der Täter den von ihm zutreffend erkannten Sachverhalt rechtlich falsch wertet, so dass lediglich ein Verbotsirrtum vorliegt.[25]

Der Vorsatz des Täters hat sich auch auf die Gefährdung wichtiger öffentlicher Interessen zu 55
beziehen (BGHSt **11** 404 f.). Ist dem Täter insoweit nur **Fahrlässigkeit** vorzuwerfen (§ 353b Abs. 1 Satz 2), so ist der hierfür vorgesehene mildere Strafrahmen maßgebend (allgemein zur „Vorsatz-

24 BVerfGE **28** 191, 204 f.; BGHSt **20** 342, 373; BDHE **1** 32, 33; OVG Münster OVGE **16** 134, 135 f.; *Sch/Schröder/Perron/Hecker* Rdn. 21; *Fischer* Rdn. 12; kritisch: *Schmid* JZ **1970** 86 f. (in Anm. zu BVerfG JZ **1970** 683 = BVerfGE **28** 191); *Hoyer* SK Rdn. 16; *Kuhlen* NK Rdn. 45.

25 Z.B. ein Irrtum über die Wirksamkeit oder über die Grenzen der Genehmigung; vgl. zu diesen Fragen im einzelnen BGHSt **20** 342, 370 ff., 381 f.; *Schroeder* LK[11] § 16 Rdn. 47 ff., § 17 Rdn. 9 ff.; *Kuhlen* NK Rdn. 33; *Sch/Schröder/Sternberg-Lieben/Schuster* § 16 Rdn. 14 ff.; *Fischer* § 16 Rdn. 20 bis 27.

Fahrlässigkeitskombination“: *Hilgendorf* LK § 11 Rdn. 105 ff.). Die bewusste Verletzung von Amtspflichten durch Offenbarung geheimer Angelegenheiten ist zwar ein Beweisanzeichen, aber kein Beweis für die Fahrlässigkeit des Täters hinsichtlich der konkreten Gefährdung wichtiger öffentlicher Interessen (BGH MDR **1963** 426; BGHSt **20** 342, 349, 377 f.; *Kuhlen* NK Rdn. 34).

5. Versuch

56 Der Versuch ist strafbar. Aus den bei *Hilgendorf* LK § 11 Rdn. 112 genannten Überlegungen scheidet aber die Annahme eines untauglichen Versuchs aus.[26]

6. Teilnahme

57 **Teilnahme** ist in allen Fällen auch für einen Außenstehenden möglich. Seine Strafe ist jedoch nach § 28 Abs. 1 zu mildern.[27] *Sch/Schröder/Perron/Hecker* Rdn. 23 verweist zur Begründung seiner insoweit gegenteiligen Ansicht auf § 353b Abs. 1 Nr. 3: Dort fehle es an dem besonderen personalen Element, das eine Entlastung des extraneus rechtfertige; entsprechendes müsse dann aber wegen des einheitlichen Strafrahmens auch für Nr. 2 und ebenso für Nr. 1 der Vorschrift gelten. Dem ist schon im Ansatz nicht zu folgen. In Nr. 3 ergibt sich das strafbegründende besondere persönliche Merkmal aus der erleichterten Zugänglichkeit des Geheimnisses für den dort angeführten Täterkreis, der durch die Betrauung mit den Aufgaben der Personalvertretung eine herausgehobene Vertrauensposition erlangt hat und damit auch in besonderer Pflicht steht (vgl. hierzu allgemein *Roxin* LK § 28 Rdn. 61, 62). *Kuhlen* NK Rdn. 9 weist hierzu zutreffend darauf hin, dass auch die weniger umfassenden Verschwiegenheitspflichten (§ 353b Abs. 1 Nr. 3 und Abs. 2) „wegen ihrer lebenslänglichen Dauer“ in besonderem Maße an die Person gebunden sind.

58 Für die Teilnahme gelten prinzipiell die allgemeinen Grundsätze (vgl. *Möhrenschlager* JZ **1980** 161, 165), auch für die Teilnahme durch *Journalisten*, die das Geheimnis veröffentlichen (BVfG NJW **2007** 1117, 1120 = wistra **2007** 177, 179[28]). Während jedoch die Anstiftung insoweit keine besonderen Probleme aufwirft, ist der Umfang der Beihilfe zweifelhaft. So soll, wenn es dem Amtsträger um die Veröffentlichung des Geheimnisses in der Presse geht, seine Tat nicht schon dann beendet sein, wenn er es einem Journalisten mitgeteilt hat, sondern erst dann, wenn es (entsprechend seinem Plan) in der Presse veröffentlich ist,[29] und so lange soll auch Beihilfe durch den veröffentlichenden Journalisten möglich sein (so *Träger* LK[11] Rdn. 40, ebenso BayObLGSt **1999** 13 ff.; *Fischer* Rdn. 14a; *Grünwald* KritJustiz **1979** 301; dazu auch *Möhrenschlager* JZ **1980** 166), was freilich von vornherein voraussetzen würde, dass dieser seinerseits hinsichtlich dieses Vorsatzes des Haupttäters vorsätzlich handelt. Entsprechendes soll bei anonymen Zuschriften eines Amtsträgers an Zeitungen gelten, wenn der Journalist den Sachverhalt durchschaut, was nur in seltenen Fällen zu beweisen sein wird. Auch nach dieser Auffassung könnte etwas anderes gelten, wenn der Geheim-

26 Ebenso *Hoyer* SK § 11 Rdn. 36; *Kuhlen* NK Rdn. 36 sowie – für das frühere Recht – *Krey/Schneider* NJW **1970** 640, 644; *Radtke* MK § 11 Rdn. 109; **aA** *Träger* LK[11] Rdn. 38; OLG Oldenburg NdsRpfl. **1980** 226, 227; *Maiwald* JuS **1977** 353, 360; *Sch/Schröder/Perron/Hecker* Rdn. 22; *Lackner/Kühl/Heger* Rdn. 12; *Fischer* Rdn. 14; weitere Nachweise zum Meinungsstand b. *Hilgendorf* a.a.O.

27 *Fischer* Rdn. 14a; *Wagner* S. 398 f.; *Kuhlen* NK Rdn. 48, 37; *Hoyer* SK Rdn. 17.

28 Die Entscheidung des BVfG ist auf eine Verfassungsbeschwerde gegen die Beschlüsse des LG Potsdam NJ **2006** 225 und des Brandenburgischen OLG AfP **2006** 484 ergangen.

29 **AA** *Kuhlen* NK Rdn. 49; *Lackner/Kühl/Heger* Rdn. 13a; *Sch/Schröder/Perron/Hecker* Rdn. 23; *Hoyer* SK Rdn. 17. – Öffentliche Aufmerksamkeit fand im Sommer 2007, wenige Monate nach der Entscheidung des BVerfG, die Einleitung eines Strafverfahrens wegen des Verdachts der Beihilfe zum Geheimnisverrat gegen 17 Journalisten; die Beschuldigten hatten über vertrauliche Vorgänge in einem Untersuchungsausschuss des Bundestages berichtet. Kritisiert wurde u.a., dass Verfahren gegen die Geheimnisträger selbst anscheinend gar nicht erst eingeleitet worden waren (Frankfurter Allg. Zeitung v. 10.8.2007, S. 4).

nisträger von der Nichtveröffentlichung durch den Journalisten ausgeht, etwa weil er ihm nur Hintergrundsmaterial liefern will (oder dies zu Gunsten des Journalisten anzunehmen ist); hier wäre die Tat mit der Mitteilung des Geheimnisses an den Journalisten vollendet. Beihilfe durch den Journalisten könnte dann nur noch angenommen werden, wenn man (prinzipiell und im besonderen) eine sukzessive Beihilfe für möglich hält. Das *BVerfG* hat in der Entscheidung v. 27.2.3007 (NJW **2007**, 1120 = wistra **2007** 177 ff.) zu dieser im Schrifttum vielfach – und besonders für § 353b – bestrittenen Möglichkeit keine Stellung genommen, weil es nach seiner Auffassung darauf für seine Entscheidung nicht ankam, denn in casu verstieß die Anordnung der Durchsuchung und Beschlagnahme bei dem Journalisten auch bei Annahme der Möglichkeit sukzessiver Beihilfe gegen die Verfassung, weil sie „ausschließlich oder vorwiegend dem Zweck (diente), die Person des Informanten zu ermitteln". Das BVerfG hat damit die Beantwortung der Frage, wie verhindert werden kann, dass die Staatsanwaltschaft es in der Hand hat, durch die Entscheidung zur Einleitung eines Ermittlungsverfahrens gegen den Journalisten wegen Beihilfe „den besonderen grundrechtlichen Schutz der Medienangehörigen zum Wegfall zu bringen" (a.a.O. S. 1120 bzw. 181), im prozessualen Bereich angesiedelt. Vorzugswürdig erscheint es jedoch, die Lösung (auch) im materiellrechtlichen Bereich zu suchen.

Von dort aus ergeben sich – unabhängig davon, wie man die generelle Zulässigkeit einer 59 sukzessiven Beihilfe beurteilt – grundsätzliche Bedenken gegen deren Möglichkeit im hier diskutierten Fall. Nach *Rogall* NJW **1980** 751, 752; *Kuhlen* NK Rdn. 57 hat die Streichung des § 353c Abs. 1 a.F. zur Folge gehabt, dass die bloße Veröffentlichung des Dienstgeheimnisses durch die Presse straflos ist. Nach dieser Vorschrift (Entstehungsgeschichte Ziff. 2) war ein Journalist bereits dann (als Täter) zu bestrafen, wenn er einen von der zuständigen Stelle als geheimhaltungsbedürftig gekennzeichneten Gegenstand öffentlich bekannt machte. Der daraus gezogenen Konsequenz, Beihilfe in solchen Fällen nur noch bei kollusivem Verhalten anzunehmen, ist *Träger* LK[11] Rdn. 40 mit dem Hinweis begegnet, § 353c Abs. 1 a.F. habe andere Sachverhalte betroffen: auf das Zusammenwirken mit einem Beamten und insbesondere auf einen Bruch der Amtsverschwiegenheit sei es nicht angekommen. Nur diese weite Ausdehnung der Strafbarkeit habe beseitigt werden sollen; dies könne jedoch – auch bei der gebotenen Berücksichtigung der grundgesetzlich gewährleisteten Pressefreiheit – nicht zur Folge haben, dass Journalisten als Anstifter oder Gehilfen bei der Straftat eines Amtsträgers straffrei zu bleiben hätten. Die Fälle der Anstiftung sind freilich, wie schon erwähnt, unproblematisch (so ausdrücklich *Kuhlen* NK Rdn. 57), ebenso diejenigen der kollusiven Beihilfe. Problematisch sind nur die Fälle der „sukzessiven" Beihilfe, also jene Fälle, in denen der Journalist nichts anderes tut, als die ihm zugegangene Information weiterzugeben, insb. zu veröffentlichen. Insofern aber lässt sich durchaus sagen, dass eine Bestrafung des Journalisten wegen Beihilfe den Sinn der Streichung des § 353c Abs. 1 a.F. konterkariert, denn in den vorausgesetzten Fallkonstellationen tut der Journalist nichts anderes als das, was durch § 353c unter Strafe gestellt war und mit der Streichung dieser Vorschrift straffrei gestellt werden sollte (Die in kritischer Absicht verfasste Stellungnahme von *Grünwald* KritJustiz **1979** 291, 301 ist offensichtlich kriminalpolitisch motiviert).

Darüber hinaus bestehen aber auch prinzipielle dogmatische Bedenken dagegen, die Figur 60 der sukzessiven Beihilfe im diskutierten Zusammenhang heranzuziehen, bzw. unabhängig davon, ob man diese Figur generell für zulässig erachtet. Abgesehen von der gebotenen Reduzierung des Tatbestandes auf seinen Unrechtskern (s. Rdn. 2) zeigt nähere Betrachtung, dass die Beendigung der Tat hier mit der Vollendung, also mit der Mitteilung an den Journalisten, zusammenfällt. Wie *Kuhlen* NK Rdn. 58 zutreffend gezeigt hat, würde die Annahme einer sukzessiven Beihilfe hier Fälle erfassen, in denen der Täter das Geschehen aus der Hand gegeben hat und auch zur Vertiefung der Rechtsgutsbeeinträchtigung nichts mehr beitragen muss und in der Regel auch nichts derartiges mehr tut. Diese Überlegung stimmt mit der o. Rdn. 2 getroffenen Feststellung überein, dass die öffentlichen Interessen keine isolierte oder verstärkende Rechtsgutfunktion im Rahmen des § 353b ausüben, also als Gesichtspunkt für eine Vertiefung der Rechtsgutbeeinträchtigung nicht heranzuziehen sind.

61 Im Ergebnis ist daher die Beihilfe zur Tat nach § 353b auf die Fälle kollusiven Zusammenwirkens mit dem Täter zu beschränken.

7. Rechtfertigungsgrund für Medienangehörige (Absatz 3a)

62 Mit dem seit dem 1. August 2012 geltenden Absatz 3a wollte der Gesetzgeber (im Anschluss an BVfGE **117** 244, 260 ff. [= NJW **2007** 117]) eine gesetzliche Klärung zugunsten von Medienangehörigen schaffen. Die Regelung enthält einen besonderen Rechtfertigungsgrund für Medienangehörige i.S.v § 53 Abs. 1 Satz 1 Nr. 5 StPO (*Hoyer* SK Rdn. 17; *Fischer* Rdn. 29; *Sch/Schröder/Perron/Hecker* Rdn. 21b mit Nachweisen zu den Gesetzesmaterialien und zu Stellungnahmen während des Gesetzgebungsverfahrens). Gesetzestechnisch ist die Regelung, wie *Kuhlen* NK Rdn. 60 zutreffend kritisiert, nicht geglückt, weil sie einen Rechtfertigungsgrund für einen Sachverhalt schafft, den sie selbst bereits tatbestandlich ausschließt. Jedenfalls kann man der Regelung für ihren Bereich die Ablehnung der sukzessiven Beihilfe entnehmen.[30] (Zu denkbaren von Absatz 3a erfassten Fällen nicht-sukzessiver Beihilfe *Kuhlen* a.a.O.). *Hoyer* a.a.O. weist jedoch auf die Gefahr hin, dass die Spezifizierung der Vorschrift den Umkehrschluss zulasse, dass *andere* Personen für sukzessive Beihilfehandlungen kriminalisiert worden seien. Lehnt man mit zutreffenden Gründen die Möglichkeit einer sukzessiven Beihilfe grundsätzlich ab, so wird man diesen Umkehrschluss nicht als zwingend ansehen; allerdings ist dann die Vorschrift faktisch auch bedeutungslos (so auch *Hoyer* a.a.O.; *Sch/Schröder/Perron/Hecker* Rdn. 21b).

63 Die Regelung gilt *nicht* für die Anstiftung und *nur* für die gesetzlich genannten Beihifehandlungen – Entgegennahme, Auswertung und Veröffentlichung (Matt/Renzikowski/*Sinner* Rdn. 22). Die Abgrenzung vor allem der Entgegennahme zu (nicht-sukzessiven) psychischen Beihilfehandlungen kann in der Praxis Probleme aufwerfen (*Fischer* Rdn. 29; *Sch/Schröder/Perron/Hecker* Rdn. 21d).

8. Ermächtigung

64 Die Tat wird nur mit Ermächtigung verfolgt (Absatz 4). Damit können nicht strafwürdige Fälle schon auf diesem Wege ausgeschieden und Ermittlungen, die zu weiterer Interessenverletzung führen würden, vermieden werden (vgl. hierzu aber auch Rdn. 1 f.; § 153c Abs. 2 bis 4, 153d StPO).

65 Das Gesetz enthält nunmehr eine klare Regelung, wer im Einzelfall die Ermächtigung zu erteilen hat. In Anlehnung an § 353c a.F. wird im Ergebnis einheitlich darauf abgestellt, welcher Behörde oder welchem staatlichen Gesetzgebungsorgan gegenüber die Verpflichtung zur Geheimhaltung besteht. Zuständig ist für Straftaten nach Absatz 1 der **Präsident des Gesetzgebungsorgans** oder die **oberste Bundes- bzw. Landesbehörde**, in deren Bereich der Täter bei **Erlangung des Geheimnisses** tätig war. Auf die Herkunft des Geheimnisses oder die Dienstherreneigenschaft zur Zeit der Tat kommt es nicht an (insoweit anders als in § 353b Abs. 4 a.F.). Die so begründete Zuständigkeit für die Erteilung der Ermächtigung bleibt auch bestehen, wenn der Täter aus dem Dienst ausscheidet oder in einen anderen Dienstbereich wechselt (vgl. *Möhrenschlager* JZ **1980** 161, 166).

66 Eine Ermächtigung durch die Bundesregierung wie früher in § 353c Abs. 4 a.F. sieht § 353b nicht vor. Der Gesetzgeber hat insoweit berücksichtigt, dass schon bisher in solchen Fällen (z.B. § 97 Abs. 3, § 353a) der jeweils zuständige Ressortminister die Ermächtigung erteilt hat (§ 353a Rdn. 7, *Möhrenschlager* a.a.O.).

---

30 So auch ausdrücklich die Begründung des Gesetzesentwurfs der Bundestagsfraktion der FDP, aus der die Regelung hervorgegangen ist (Nachweis in der Voraufl. Fußn. 29). Ablehnend zu dem Entwurf der Neuregelung wegen zu starker „Privilegierung der Presse" *Stefanopulou* JR **2012** 63; Kritisch auch SSW/*Satzger* Rdn. 16.

Unter obersten Bundesbehörden sind zu verstehen: der Chef des Bundeskanzleramts, die Bundesminister, der Chef des Bundespresseamts sowie die Präsidenten des Bundesverfassungsgerichts, des Bundesrechnungshofs und der Deutschen Bundesbank. Oberste Landesbehörden sind die Staatskanzleien (Ministerpräsident), die Landesminister, die Landesrechnungshöfe und gleichgestellte Behörden (z.T. Landespersonalamt). 67

Ob die Ermächtigung erteilt wird, hat die Staatsanwaltschaft zu klären. Die Ermächtigung kann zurückgenommen werden (s. §§ 77a, 77d Abs. 1). 68

III. Verletzung einer besonderen Geheimhaltungspflicht (Absatz 2)

Die Vorschrift entspricht trotz veränderter Fassung inhaltlich dem früheren § 353c Abs. 2 (Entstehungsgeschichte Ziff. 2). Sie erweitert den Täterkreis des § 353b Abs. 1 (vgl. *Wulf* im Sonderausschuss, Niederschriften 5. Wahlperiode, 76. Sitzung S. 1513); greift jedoch diese Bestimmung ein, tritt Abs. 2 zurück. 69

Auch die Tat nach § 353b Abs. 2 ist echtes Sonderdelikt (*Kuhlen* NK Rdn. 37; *Fischer* Rdn. 1; *Lackner/Kühl/Heger* Rdn. 3). 70

1. Täter

Täter kann nur sein, wer zur Geheimhaltung eines Gegenstandes oder einer Nachricht aufgrund des **Beschlusses** eines **Gesetzgebungsorgans** des Bundes oder eines Landes oder eines seiner Ausschüsse verpflichtet ist (Rdn. 72 ff.) oder wenn eine solche Verpflichtung von einer **anderen amtlichen Stelle** *förmlich* auferlegt worden ist (Rdn. 74 ff.). 71

a) Verpflichtung durch Gesetzgebungsorgan. Von einem Gesetzgebungsorgan **des Bundes oder eines Landes** muss der Beschluss ausgehen. Beschlüsse etwa eines Kreistages oder eines Gemeindeparlaments reichen nicht aus. 72

Erforderlich ist, dass der Täter *aufgrund* des Beschlusses **verpflichtet „ist"**. Es genügt also nicht, dass eine Entschließung den Täter für verpflichtet erklärt; der Beschluss muss vielmehr auch durch eine entsprechende *Rechtsgrundlage* gedeckt sein (Matt/Renzikowski/*Sinner* Rdn. 5). Diese entscheidet gleichzeitig darüber, wie weit die Verpflichtung reicht, ob etwa der Beschluss des Parlaments nur dessen Mitglieder oder auch die Zuhörer der Parlamentssitzung bindet (eingehend *Lüttger* JZ **1969** 578, 584 f.). Für die Geheimschutzordnung des Deutschen Bundestages i.V.m. der Geschäftsordnung des Deutschen Bundestages, die als „Verfahrensordnung des Parlaments" keine Außenwirkung hat (vgl. *Stern* Das Staatsrecht der Bundesrepublik Deutschland Bd. II § 26 III 6 S. 84), ist davon auszugehen, dass sie nur Mitglieder des Bundestages verpflichtet (vgl. im Einzelnen *Lüttger* a.a.O.; *Kuhlen* NK Rdn. 38; *Fischer* Rdn. 6; *Sch/Schröder/Perron/Hecker* Rdn. 14). 73

b) Verpflichtung durch andere amtliche Stellen. Mit der Einbeziehung der Personen, die von einer anderen amtlichen Stelle zur Geheimhaltung **förmlich verpflichtet** worden sind, wird der Täterkreis erheblich erweitert (*Lüttger* JZ **1969** 578, 579). Unter diesem Blickwinkel kommt der Strafbestimmung eine nicht zu unterschätzende Bedeutung zu. 74

Amtliche Stelle ist jede Dienststelle, die einen fest umrissenen Kreis staatlicher Aufgaben erfüllt, gleich, ob sie den gesetzgebenden Organen, der vollziehenden Gewalt oder der Rechtsprechung angehört (BTDrucks. V 2860 S. 18; *Möhrenschlag*er JZ **1980** 161, 165 Fn. 34; *Sch/Schröder/Sternberg-Lieben* § 95 Rdn. 5). 75

76 Die **Verpflichtung** ist ein **belastender Hoheitsakt**. Er ist nur zulässig, wenn der Betroffene einwilligt oder wenn eine besondere gesetzliche Grundlage vorhanden ist.[31] Da eine Bestrafung einen Hoheitsakt voraussetzt, reicht die Verletzung einer im Anstellungsvertrag vereinbarten Geheimschutzklausel nicht aus (*Lüttger* a.a.O. S. 582). Ebensowenig genügt eine Verpflichtung durch eine Privatperson, mag diese auch ihrerseits durch die amtliche Stelle zur Vornahme ermächtigt oder sogar verpflichtet worden sein (vgl. Begr. DJ **1936** 997, 998; *Fischer* Rdn. 6; *Kuhlen* NK Rdn. 39; *Sch/Schröder/Perron/Hecker* Rdn. 15). Die bloße militärische Befehlsgewalt oder die gesetzlich begründete Pflicht zur gewissenhaften Erfüllung von Amtsobliegenheiten bilden ebenfalls keine ausreichende Grundlage für die Verpflichtung.

77 Vorausgesetzt wird eine **förmliche** Verpflichtung, bei der **auf die Strafbarkeit** der Verletzung der Geheimhaltungspflicht **hingewiesen** wird. Überwiegend wird für die förmliche Verpflichtung Beurkundung oder Schriftform verlangt (*Lüttger* JZ **1969** 578, 583; *Sch/Schröder/Perron/Hecker* Rdn. 15; *Lackner/Kühl/Heger* Rdn. 5; *Fischer* Rdn. 6). Man hat insoweit jedoch zu unterscheiden: Beruht die Verpflichtung auf gesetzlicher Grundlage und ist dort eine bestimmte Form vorgesehen, *muss* entsprechend verfahren worden sein. Schreibt etwa ein Gesetz die Verpflichtung durch Handschlag vor (so z.B. früher § 1 Abs. 1 der Verordnung gegen Bestechung und Geheimnisverrat nichtbeamteter Personen vom 3. Mai 1917 [RGBl. S. 393] in der Fassung vom 22. Mai 1943 [RGBl. I S. 351]; dazu und zu § 353c Abs. 2 a.F. BGH MDR **1964** 68, 69), so reicht dies auch nach § 353b Abs. 2 aus. Enthält das maßgebende Gesetz keine Regelung über die Form der Verpflichtung oder fehlt eine gesetzliche Grundlage gänzlich, so ist vom Zweck der Strafbestimmung auszugehen. Der Verpflichtete soll durch die geforderte Förmlichkeit auf die besondere Bedeutung der Verpflichtung hingewiesen werden (*Maassen* im Sonderausschuss, Niederschriften 5. Wahlperiode, 78. Sitzung S. 1554). Dem genügt jedenfalls die Form, die § 1 Abs. 2, 3 des Gesetzes über die förmliche Verpflichtung nichtbeamteter Personen vom 2. März 1974 (BGBl. I S. 469, 547) – auszugsweise abgedruckt bei *Hilgendorf* LK § 11 Rdn. 65 – im Rahmen des § 11 Abs. 1 Nr. 2 vorsieht (vgl. zur Beachtung der dort vorgesehenen Formvorschriften BGH NJW **1980** 846). Eine besondere Form, die die Verpflichtung im Sinne von § 353b Abs. 2 im Interesse der Rechtssicherheit und des Verpflichteten hinreichend deutlich von bloßen Belehrungen abhebt (BGH a.a.O.), wird aber auch in der „schriftlichen Verpflichtung" oder – in Anlehnung an das frühere Recht – in einer Verpflichtung durch Handschlag zu erblicken sein (vgl. hierzu auch BTDrucks. 7/550 S. 366). Dagegen kann etwa die lediglich fernmündliche Verpflichtung eines Gefreiten durch den vorgesetzten Unteroffizier, die *Weidinger* NZWehrR **1967** 151, 155 im Rahmen des § 353c Abs. 2 a.F. noch für ausreichend hielt, nicht genügen (s. zum ganzen *Kuhlen* NK Rdn. 44 ff.; dazu auch *Hoyer* SK Rdn. 10).

78 Als förmliche Verpflichtungserklärung kommt auch das **Geheimhaltungsgebot gemäß § 174 Abs. 3 Satz 1 GVG** in Betracht.[32] Es wird von einer amtlichen Stelle, nämlch einem Gericht, auferlegt. Die besondere Förmlichkeit ist ebenfalls gewährleistet: Die Verpflichtungserklärung erfolgt durch Beschluss des Gerichts; er wird in das Sitzungsprotokoll aufgenommen (§ 174 Abs. 3 Satz 2 GVG; *Möhrenschlager* a.a.O.; insoweit verlangt *Fischer* a.a.O. zusätzlich die Mitunterzeichnung der Niederschrift). Ein Hinweis auf die Strafbarkeit – allerdings auf § 353d Nr. 2 – wird in Nr. 131 Abs. 2 RiStBV empfohlen. Eine abschließende Regelung, die die Anwendbarkeit des § 353b Abs. 2 ausschließen würde, enthält § 353d Nr. 2 jedoch nicht (**aA** *Lütger* a.a.O. für den Vorläufer der Vorschrift, Art. II des Gesetzes betreffend die unter Ausschluss der Öffentlichkeit stattfindenden Gerichtsverhandlungen vom 5. April 1888). § 353b Abs. 2 erfasst bereits tatbestandsmäßig ein qualitativ anderes Verhalten, das generell strafwürdiger ist. Während § 353d Nr. 2 die bloße Offenbarung unter Strafe stellt, greift § 353b Abs. 2 erst ein, wenn der Täter zusätzlich wichtige öffentliche Interessen gefährdet. Dies kann unabhängig vom konkreten Ausschließungsgrund (§ 174 Abs. 3

31 *Lüttger* JZ **1969** 578, 582; *Laufhütte* GA **1974** 52, 59; *Möhrenschlager* JZ **1980** 161, 165; *Rogall* NJW **1980** 751, 752 Fn. 24; Matt/Renzikowski/*Sinner* Rdn. 6; *Tsambikakis* AnwK Rdn. 28; *Wulf* im Sonderausschuss Niederschriften 5. Wahlperiode, 76. Sitzung S. 1513; *Maassen* im Sonderausschuss, Niederschriften 5. Wahlperiode, 78. Sitzung S. 1554.

32 *Möhrenschlager* JZ **1980** 161, 165 Fn. 36; *Fischer* Rdn. 6, § 353d Rdn. 5; **aA** *Rogall* NJW **1980** 751, 752, Fn. 23; *Lüttger* JZ **1969** 578, 583 Fn. 73.

GVG) vor allem dann zutreffen, wenn trotz eines Schweigegebots Mitteilungen von solchem Gewicht aus der nichtöffentlichen Gerichtsverhandlung nach außen dringen, dass nicht nur generell Zweifel an der Wirksamkeit gerichtlicher Abschirmmaßnahmen entstehen, sondern auch das allgemeine Vertrauen der Öffentlichkeit in die Zuverlässigkeit der Justizbehörden schwer beeinträchtigt wird. Ist dies der Fall, so ist kein Grund ersichtlich, warum der Täter von der dafür vorgesehenen schärferen Strafdrohung freigestellt werden sollte. Mit *Fischer* § 353d Rdn. 8 ist deshalb Tateinheit zwischen beiden Vorschriften als möglich anzusehen (vgl. hierzu auch E 1962 S. 663; BTDrucks. 7/550 S. 243 f.).

Die Verpflichtung muss sich **auf bestimmte Gegenstände** – körperliche Sachen, namentlich Schriften, Zeichnungen und Modelle, deren Inhalt oder Beschaffenheit geheimgehalten werden soll – oder auf **Nachrichten** beziehen. Insofern genügt eine Sammelbezeichnung (*Lüttger* JZ **1969** 583; *Fischer* Rdn. 6). Die Verpflichtung kann „zukünftige" Nachrichten betreffen; sie kann aber auch der Information nachfolgen (*Lüttger* a.a.O.). Besteht die entsprechende Rechtsgrundlage oder liegt das Einverständnis des Betroffenen vor, so ist es – entgegen *Lütger* a.a.O. – ebenfalls zulässig, einen in einem bestimmten sicherheitsempfindlichen Bereich Beschäftigten allgemein zu verpflichten, über Angelegenheiten, die er bei dieser Tätigkeit erfährt, Verschwiegenheit zu wahren. Auch diese Grenzziehung ist hinlänglich konkret. Rechtsstaatliche Bedenken bestehen ebensowenig wie bei der entsprechenden Pflicht des Amtsträgers in § 353b Abs. 1 Nr. 1. 79

Zweifelhaft ist, ob es für die Erfüllung des Tatbestandsmerkmals erheblich ist, ob der Gegenstand ein Geheimnis (Rdn. 13 bis 17) darstellt oder ob ein solches in den Nachrichten enthalten ist, auf die sich die Verpflichtung bezieht. (*Fischer* Rdn. 11; im Ergebnis **aA** *Sch/Schröder/Perron/Hecker* Rdn. 16). Folgt man der hier vertretenen Auffassung, dass die mittelbare Gefährdung von öffentlichen Interessen nicht durch § 353b erfasst sei (o. Rdn. 26), so verliert das Problem weitgehend an Bedeutung (auch *Sch/Schröder/Perron/Hecker* a.a.O. tritt vor allem mit Blick auf die Auffassung von der doppelten Schutzrichtung des § 353b für die engere Auffassung ein), und um der Klarheit der gesetzlichen Regelung kann auf die Prüfung des Geheimnischarakters des Gegenstandes verzichtet werden (vgl. *Kuhlen* NK Rdn. 37). 80

2. Tathandlung

Die Tathandlung besteht darin, den *Gegenstand* oder die *Nachricht* an einen anderen **gelangen zu lassen** oder **öffentlich bekannt zu machen** (vgl. hierzu Rdn. 27 bis 30). Ein Unterschied zum „Offenbaren" im Sinne von Abs. 1 besteht der Sache nach nicht. Nachrichten sind alle Mitteilungen über Sachverhalte, Erkenntnisse etc., auf die sich die besondere „Schweigeverpflichtung" bezieht. Eine Beschränkung auf *mündliche* Mitteilungen (s. *Sch/Schröder/Lenckner/Perron* Rdn. 12; *Fischer* Rdn. 11; Matt/Renzikowski/*Sinner* Rdn. 14; SSW/*Satzger* Rdn. 7) ist der Strafvorschrift nicht zu entnehmen. Aus BGHSt **30** 16, die sich mit funktechnischen Fragen befasst, lässt sich für die Definition des Begriffs „Nachrichten" in § 353b Abs. 2 nichts herleiten (vgl. *Kuhlen* NK a.a.O.). 81

Auch hier ist erforderlich, dass **wichtige öffentliche Interessen** gefährdet werden (vgl. dazu Rdn. 34 ff.). 82

3. Rechtswidrigkeit

Der Täter muss **unbefugt** handeln (Rdn. 41). Eine Genehmigung der verpflichtenden Stelle schließt die Strafbarkeit aus (vgl. Rdn. 53, 42 ff.). Die Grundsätze der Entscheidungen BGHSt **20** 342; BVerfGE **28** 191 greifen auch hier ein. Vor einer Offenbarung „illegaler" Geheimnisse muss daher der Verpflichtete zunächst versuchen, den Missstand dadurch abzustellen, dass er sich an die **amtliche Stelle** wendet, die ihm die Geheimhaltungsverpflichtung auferlegt hat (näher hierzu Rdn. 49 ff.). 83

4. Innerer Tatbestand

84 Eine Bestrafung setzt **Vorsatz** voraus. Bedingter Vorsatz genügt jedoch (vgl. Rdn. 54). Dieser hat sich auch auf die Gefährdung wichtiger öffentlicher Interessen zu erstrecken; anders als in Absatz 1 Satz 2 ist die fahrlässige Interessengefährdung nicht unter Strafe gestellt.

5. Versuch, Teilnahme

85 Der **Versuch** ist strafbar (Absatz 3). Für die **Teilnahme** gilt das zu Rdn. 57, 58, 59ff. Ausgeführte entsprechend.

86 Der nicht verpflichtete Empfänger, an den der Täter das Geheimzuhaltende hat gelangen lassen, macht sich, falls Teilnahme nicht in Frage kommt, selbst dann nicht strafbar, wenn er bösgläubig weitergibt. Dies gilt auch, wenn ihm bei der Mitteilung Schweigen geboten worden war (*Fischer* Rdn. 11; *Sch/Schröder/Perron/Hecker* Rdn. 19).

6. Ermächtigung

87 Die Tat wird nur verfolgt, wenn eine Ermächtigung (Absatz 4) erteilt worden ist. Zuständig hierfür ist in den Fällen des **Abs. 2 Nr. 1** der **Präsident des Gesetzgebungsorgans** (des Bundes oder eines Landes), von dem der Täter durch Beschluss **zur Geheimhaltung verpflichtet wurde**, in den Fällen des **Abs. 2 Nr. 2** die **oberste Bundes- oder Landesbehörde**, in deren Bereich von der untergeordneten amtlichen Stelle die förmliche **Geheimhaltungsverpflichtung** vorgenommen wurde (vgl. Rdn. 64ff.).

IV. Zusammentreffen

88 § 353b Abs. 2 tritt schon nach dem Wortlaut des Gesetzes hinter § 353b Abs. 1 zurück. Tateinheit kann bestehen zwischen § 353b und §§ 353d,[33] 355, 203, 206, 258a in Verbindung mit § 258 (vgl. BGHSt **10** 277), und den §§ 94 bis 99. Im Blick auf die Verschiedenheit des geschützten Rechtsguts (vgl. in diesem Zusammenhang § 97b Abs. 2) ist Tateinheit auch möglich zwischen § 353b Abs. 2 und den §§ 94ff.[34]

V. Rechtsfolgen

89 Als **Nebenfolge** kommt in den Fällen des § 353b Abs. 1 die Aberkennung der Fähigkeit zur Bekleidung öffentlicher Ämter in Betracht (§ 358).

---

33 **AA** für das Verhältnis zwischen Abs. 2 und § 353d Nr. 3 (Gesetzeskonkurrenz mit Vorrang des Abs. 2) Matt/Renzikowski/*Sinner* Rdn. 25.

34 *Barthe/Schmidt* LK § 94 Rdn. 18f., § 97 Rdn. 15, § 98 Rdn. 20, § 99 Rdn. 25; *Sch/Schröder/Perron/Hecker* Rdn. 24, **aA** *Mösl* LK^9 § 353c Rdn. 8; *Fischer* Rdn. 20 (die §§ 94 bis 98 sollen danach § 353b Abs. 2 verdrängen) und *Lackner/Kühl/Heger* Rdn. 14, der lediglich hinsichtlich der §§ 98, 99 Tateinheit für möglich hält, im Fall des Zusammentreffens von § 353b Abs. 2 und §§ 94 bis 96 aber Gesetzeskonkurrenz annimmt (vgl. dazu *Kuhlen* NK Rdn. 52; *Hoyer* SK Rdn. 19).

§ 353c *(weggefallen)*

§ 353d Verbotene Mitteilungen über Gerichtsverhandlungen

Mit Freiheitsstrafe bis zu einem Jahr oder mit Geldstrafe wird bestraft, wer

1. **entgegen einem gesetzlichen Verbot über eine Gerichtsverhandlung, bei der die Öffentlichkeit ausgeschlossen war, oder über den Inhalt eines die Sache betreffenden amtlichen Dokuments öffentlich eine Mitteilung macht,**
2. **entgegen einer vom Gericht aufgrund eines Gesetzes auferlegten Schweigepflicht Tatsachen unbefugt offenbart, die durch eine nichtöffentliche Gerichtsverhandlung oder durch ein die Sache betreffendes amtliches Dokuments zu seiner Kenntnis gelangt sind, oder**
3. **die Anklageschrift oder andere amtliche Dokumente eines Strafverfahrens, eines Bußgeldverfahrens oder eines Disziplinarverfahrens, ganz oder in wesentlichen Teilen, im Wortlaut öffentlich mitteilt, bevor sie in öffentlicher Verhandlung erörtert worden sind oder das Verfahren abgeschlossen ist.**

Schrifttum

von Becker Straftäter und Tatverdächtige in den Massenmedien: Die Frage der Rechmäßigkeit identifizierender Kriminalberichte. Materialien zur interdisziplinären Medienforschung Bd. 10 (1979); *Berner* Lehrbuch des Deutschen Preßrechtes (1876); *Bornkamm* Pressefreiheit und Fairneß des Strafverfahrens, Rechtsvergleichende Untersuchungen zur gesamten Strafrechtswissenschaft, Folge 3, Bd. 10 (1980); *Bottke* Bemerkungen zum Beschluß des BVerfG zu § 353d Nr. 3 StGB, NStZ **1987** 314; *Conrad* Reichsgesetz vom 7. Mai 1874 über die Presse in: M. Stenglein's Kommentar zu den Strafrechtlichen Nebengesetzen des Deutschen Reiches[5] Bd. I (1928) 359; *Dalbkermeyer* Der Schutz des Beschuldigten vor identifizierenden und tendenziösen Pressemitteilungen der Ermittlungsbehörden (1994); *Eisele* § 353d Nr. 3 StGB – Eine rechtspolitisch verfehlte Norm, ZRP **2014** 106; *Eser/Meyer* Öffentliche Vorverurteilung und faires Verfahren (1986); *Feisenberger* in: M. Stenglein's Kommentar zu den Strafrechtlichen Nebengesetzen des Deutschen Reiches[5] Bd. II (1931) 342; *Geiger* Strafbarkeit eines Abgeordneten nach § 353d Nr. 3 in einem parlamentarischen Untersuchungsaussussverfahren, NVwZ **2015** 405; *Häntzschel* Reichspreßgesetz (1927); *Haible* Das Recht der Presse in den deutschen Bundesländern, Diss. Würzburg 1964; *Hassemer* Vorverurteilung durch Medien? NJW **1985** 1921; *Hoffmann-Riem* Anmerkung zu BVerfGE 71 206, JZ **1986** 494; *Kitzinger* Das Reichsgesetz über die Presse (1920); *Kleinknecht* Schutz der Persönlichkeit des Angeklagten durch Ausschluß der Öffenlichkeit in der Hauptverhandlung, Festschrift Schmidt-Leichner (1977) 111; *Ladiges* § 353d StGB – Vorstellung einer strafrechtlichen „Dunkelnorm", Jura **2019** 368; *Löffler* Presserecht[2] Bd. I (1969), Bd. II (1968), 3. Aufl. Bd. I (1983), 4. Aufl. (1997), 5. Aufl. (2006), 6. Aufl. (2015); *Löffler/Ricker* Handbuch des Presserechts[7] (2021); *Loesdau* Die Grenzen der publizistischen Auswertung von Staatsschutzverfahren im Rahmen der sogenannten behördlichen Öffentlichkeitsarbeit, MDR **1962** 773; *Mathy* Das Recht der Presse[4] (1988); *Pätzel* Unbefugte Datenübermittlung durch Rechtsanwälte in Ermittlungsverfahren, DMD **2000** 646; *Riepl* Informationelle Selbstbestimmung im Strafverfahren (1998); *Popp/Epple* Verbotene Mitteilungen aus strafgerichtlichen Verfahren – Neues aus Strasbourg? JR **2018** 362; *Rinsche* Strafjustiz und öffentlicher Pranger, ZRP **1987** 384; *Roxin* Strafrechtliche und strafprozessuale Probleme der Vorverurteilung, NStZ **1991** 153; *Scheer* Deutsches Presserecht (1966); *Scherer* Gerichtsöffentlichkeit als Medienöffentlichkeit, Monographien zur Rechtswissenschaftlichen Forschung: Öffentliches Recht, Bd. 3 (1979); *E. Schmidt* Justiz und Publizistik, Recht und Staat in Geschichte und Gegenwart Bd. 353, 354 (1968); *Schomburg* Das strafrechtliche Verbot vorzeitiger Veröffentlichung von Anklageschriften und anderen amtlichen Schriftstücken, ZRP **1982** 142; *Schuppert* Zur Frage der Verfassungsmäßigkeit und verfassungskonformer Auslegung und Anwendung von § 353d Nr. 3 StGB, AfP **1984** 67; *Strapper* Von Journalisten, der Gerichtsberichterstattung und dem Strafrecht, ZUM **1995** 590; *Többens* Die Mitteilung und Veröffentlichung einer Anklageschrift (§ 353d Nr. 3 StGB) und der Schutz der Anonymität eines Beschuldigten im Strafverfahren, GA **1983** 97; *von Schwarze/Appelius/Wulffen* Reichs-Preßgesetz[5] (1914); *T. Vormbaum* Probleme des § 353d Nr. 3 StGB, Festschrift Seebode (2008) 421; *Voßiek* Strafbare Veröffentlichung amtlicher Schriftstücke (§ 353d StGB). Gesetzgebung und Rechtsanwendung seit 1851 (2004); *Wagner* Strafprozeßführung über Medien (1987); *Weiler* Medienwirkung im Strafrecht, StraFo **2003** 186; *Wenzel/Burkhardt/Pfeifer* Das Recht der Wort- und Bildberichterstattung, 6 Aufl. (2018); *Wilhelm* Vorzeitige Weitergabe einer Anklageschrift, § 353d Nr. 3 StGB, NJW **1994** 1520.

https://doi.org/10.1515/9783110490329-020

Entstehungsgeschichte

§ 353d wurde durch das EGStGB 1974 vollständig umgestaltet. In der bis zum 31. Dezember 1974 geltenden Fassung betraf die Vorschrift Amtsdelikte, die das EGStGB 1974 – soweit es sie aufrechterhielt – in andere Bestimmungen eingliederte (§§ 201 Abs. 3, 354 Abs. 4 a.F.; näher hierzu: BTDrucks. 7/550 S. 282). In der Neufassung setzt die Bestimmung eine einheitliche, in Einzelheiten abgeänderte Regelung an die Stelle mehrerer, in anderen Gesetzen enthaltener Einzelvorschriften. Die Zusammenfassung soll die Übersicht erleichtern (BTDrucks. 7/550 S. 282 f.; E 1962 S. 639; *Tröndle* Niederschriften Bd. 13, S. 299).

a) **§ 353d Nr. 1** tritt an die Stelle von Artikel III, **§ 353d Nr. 2** an die Stelle von Artikel II des Gesetzes betreffend die unter Ausschluss der Öffentlichkeit stattfindenden Gerichtsverhandlungen vom 5. April 1888 (RGBl. S. 133) in der Fassung der Verordnung vom 9. März 1932 (RGBl. I S. 121).

Diese Bestimmungen hatten folgenden Wortlaut:

Art. II
Wer die nach § 175 Abs. 2 (dem späteren § 174 Abs. 2)[1] des Gerichtsverfassungsgesetzes ihm auferlegte Pflicht der Geheimhaltung durch unbefugte Mitteilung verletzt wird mit Geldstrafe bis zu eintausend Mark oder mit Haft oder mit Gefängnis bis zu sechs Monaten bestraft.

Art. III
Soweit bei einer Gerichtsverhandlung die Öffentlichkeit wegen Gefährdung der Staatssicherheit oder eines Geschäfts- oder Betriebsgeheimnisses ausgeschlossen war dürfen Berichte über die Verhandlung durch die Presse nicht veröffentlicht werden.
Zuwiderhandlungen unterliegen der im Art. II bestimmten Strafe.

b) **§ 353d Nr. 3** ersetzt § 5 der verschiedenen Landespressegesetze (Begr. BTDrucks. 7/550 S. 283; zu den landesrechtlichen Regelungen *Voßiek* S. 123 ff.); diese Vorschriften fußten ihrerseits auf § 17 des Gesetzes über die Presse vom 7. Mai 1874 (vgl. *Löffler* 2. Aufl. Bd. II § 5 LPG Rdn. 12; *Voßiek* S. 44 ff.). Im Vergleich zu den bisherigen Bestimmungen wird die Strafbarkeit durch § 353d Nr. 3 einerseits ausgedehnt – es sind nicht mehr nur Veröffentlichungen durch die Presse unter Strafe gestellt – und andererseits eingeengt – es werden lediglich Veröffentlichungen im Wortlaut erfasst (vgl. *Kuhlen* NK Rdn. 1; ausführlich zur Entstehung *Voßiek* S. 123 ff.).

§ 5 LPG lautete in der Fassung des schleswig-holsteinischen Gesetzes über die Presse vom 19. Juni 1964 (GVBl. S. 71) – insoweit inzwischen aufgehoben durch Gesetz vom 9. Dezember 1974 (GVBl. S. 453) –:

Die Anklageschrift oder andere amtliche Schriftstücke eines Straf- oder Bußgeldverfahrens dürfen durch die Presse nicht veröffentlicht werden bevor sie nicht in öffentlicher Verhandlung erörtert worden sind oder das Verfahren abgeschlossen worden ist.

Nach § 21 Nr. 1 dieses Gesetzes war unter Strafe gestellt, wer „entgegen der Vorschrift des § 5 amtliche Schriftstücke veröffentlicht". Entsprechende, wenn auch in Einzelheiten abweichende Regelungen gab es – mit Ausnahme von Bayern und Hessen – auch in den anderen Bundesländern (vgl. den Überblick bei *Löffler* 2. Aufl. Bd. II § 5 LPG S. 99 sowie § 5 LPG Rdn. 1 bis 11).

Der Vorläufer all dieser Vorschriften, § 17 des Gesetzes über die Presse vom 7. Mai 1874 (RGBl. S. 65),[2] hatte bestimmt:

Die Anklageschrift oder andere amtliche Schriftstücke eines Strafprozesses dürfen durch die Presse nicht eher veröffentlicht werden als bis dieselben in öffentlicher Verhandlung kundgegeben sind oder das Verfahren sein Ende gefunden hat.

§ 18 Abs. 1 Nr. 1 dieses Gesetzes stellte die Zuwiderhandlung gegen dieses Verbot unter Strafe.

---

1 § 174 Abs. 2 GVG wurde durch Art. 22 Nr. 11a EGStGB 1974 geändert und – nach Einführung eines neuen Absatzes 2 – zum Absatz 3.

2 Zur Entstehungsgeschichte des § 17 RPG – der wiederum auf § 48 Abs. 3 des Preußischen Gesetzes über die Presse vom 12. Mai 1851 und auf französische Vorbilder zurückgeht – vgl. eingehend *Berner* S. 255 bis 260 sowie RGSt **22** 273, 274; *Tröndle* Niederschriften Bd. 13 S. 299 f.; *Voßiek* S. 44 ff. Zur Ablösung des Gesetzes über die Presse vom 7. Mai 1874 durch die einzelnen Landespressegesetze vgl. im einzelnen *Löffler* 2. Aufl. Bd. I S. 54 bis 58, *Voßiek* S. 124–141.

c) Die weitgehende Übereinstimmung der neuen Regelung mit ihren Vorläufern, auf die auch der Gesetzgeber hinweist (BTDrucks. 7/550 S. 283), erlaubt es, die bisherige Rechtsprechung und das frühere Schrifttum zur Auslegung heranzuziehen. Durch das Gesetz zur Einführung der elektronischen Akte in der Justiz und zur weiteren Förderung des elektronischen Rechtsverkehrs vom 5.7.2017 (BGBl. I S. 2208), in Kraft getreten am 1.1.2018, ist die Vorschrift in der Weise redaktionell geändert worden, dass in allen Nummern das Merkmal „Schriftstück" durch das Merkmal „Dokument" ersetzt worden ist.

Übersicht

I. Allgemeines

1. Übersicht und Kritik

1 § 353d verbietet für bestimmte Fallgruppen Mitteilungen über Gerichtsverfahren. Die Vorschrift versucht den nachteiligen Folgen, die sich aufgrund der für die Rechtsordnung elementaren Forderung nach öffentlicher Kontrolle der Gerichtsverhandlungen und freien Berichterstattung durch die Presse (vgl. *von Becker* S. 133 f.) für die Sicherheit des Staates, für das Verfahren selbst und für die durch das Verfahren Betroffenen ergeben können, zu begegnen, ohne den Grundsatz der Öffentlichkeit und die verfassungskräftige Gewährleistung der Informations-, Meinungs- und Pressefreiheit (Art. 5 GG) in Frage zu stellen (näheres zu diesem Spannungsverhältnis: *von Becker* S. 230 bis 234; *Scherer* S. 162 ff., 193; *Scherer* JuS **1979** 470, 471 f.; *Kleinknecht* FS Schmidt-Leichner 112 ff.; *Hassemer* NJW **1985** 1921 ff.; *Voßiek* S. 6 ff.; vgl. hierzu auch BVerfGE **50** 234, 239 ff.; E 1962 S. 635 ff.; *Popp/Epple* JR **2018** 362 ff. mit Besprechung von Entscheidungen des EuGMR zum schweizerischen Recht und zur Frage der Vergleichbarkeit mit der deutschen Regelung). Dass der Gesetz-

geber dieser Aufgabe – kriminalpolitisch gesehen – nur teilweise gerecht wurde, ist nicht zu bezweifeln. Insoweit stößt namentlich § 353d Nr. 3 auf erhebliche Kritik.[3] Diese Kritik ist jedoch nicht neu. Sie galt bereits den Vorläufern der Vorschrift.[4] Die verfassungsrechtlichen Bedenken, die das AG Hamburg zur Vorlage gemäß Art. 100 Abs. 1 GG veranlasst haben (vgl. NStZ **1984** 265; StV **1984** 207), hat das BVerfG allerdings nicht geteilt. Nach BVerfGE **71** 206 ist § 353d Nr. 3 mit dem Grundgesetz vereinbar, soweit die wörtliche Mitteilung der Anklageschrift *ohne oder gegen den Willen des von der Berichterstattung Betroffenen* erfolgt ist. Das Gericht erkennt zwar an, dass der erstrebte Schutz der von der Vorschrift umfassten Rechtsgüter nur unvollkommen erreicht wird (S. 217, 219); „schlechthin ungeeignet" (S. 216) als Schutznorm sei die Strafbestimmung jedoch nicht. Der Gesetzgeber habe im Interesse der Rechtsklarheit eine gewisse Schwächung des Rechtsgüterschutzes in Kauf genommen und damit grundrechtlicher Freiheit mehr Raum gegeben; „das zu beanstanden könne nicht Sache des Bundesverfassungsgerichts sein" (S. 218). Ausdrücklich offen gelassen hat das BVerfG die Frage der Verfassungsmäßigkeit der Vorschrift für Fälle, in denen die Veröffentlichung *mit dem Willen des von der Berichterstattung Betroffenen* erfolgt ist.

2. Struktur

2 § 353d vereinigt drei verschiedene Tatbestände in einer Vorschrift. Auch der Schutzzweck der einzelnen Bestimmungen weist Unterschiede auf. Der Gang des Gerichtsverfahrens selbst wird unmittelbar nur durch § 353d Nr. 3 geschützt. Dort kommt jedoch eine weitere gewichtige Komponente hinzu (im Einzelnen hierzu Rdn. 50 f.). § 353d Nr. 1 und § 353d Nr. 2 beziehen sich als offene Tatbestände auf ergänzende Vorschriften und die darauf fußenden gerichtlichen Anordnungen. Auf eine tatsächlich eingetretene Gefährdung der jeweils geschützten Interessen kommt es nicht an; die Tatbestände des § 353d sind daher abstrakte Gefährdungsdelikte (Matt/Renzikowski/*Sinner* Rdn. 2; SSW/*Satzger* Rdn. 2; *Tsambikakis* AnwK Rdn. 2). Die Einordnung der in § 353d aufgestellten Tatbestände unter die Amtsdelikte ist in der Sache „augenscheinlich unangebracht" (*Kuhlen* NK Rdn. 1).

II. Verstoß gegen gesetzliche Mitteilungsverbote (Nr. 1)

1. Geschütztes Rechtsgut

3 Die Vorschrift will verhindern, dass entgegen einem gesetzlichen Verbot öffentliche Mitteilungen über Gerichtsverhandlungen erfolgen, bei denen die Öffentlichkeit ausgeschlossen ist. Es soll also der mit dem Ausschluss der Öffentlichkeit verfolgte Zweck, der Schutz vorrangiger Interessen, die durch öffentliche Erörterungen des Verhandlungsgegenstands beeinträchtigt würden, sichergestellt werden. Gegenwärtig enthält nur § 174 Abs. 2 GVG ein derartiges gesetzliches Verbot (Rdn. 4). Es greift ein, wenn die Öffentlichkeit wegen *Gefährdung der Staatssicherheit* ausgeschlossen wird. Danach schützt § 353d Nr. 1 die Staatssicherheit (*Fischer* Rdn. 1; *Sch/Schröder/Perron/Hecker* Rdn. 3; *Heuchemer* BeckOK Rdn. 2; Löffler/Ricker/*Weberling* 58. Kap. Rdn. 9, S. 520; *Kuhlen* NK Rdn. 3). Davon ging auch der Gesetzgeber aus. Sein Hinweis in der Begründung des Gesetzes (EGStGB 1974),

---

3 Vgl. etwa OLG Hamm NJW **1977** 967 f.; OLG Köln JR **1980** 473, 474; *Sch/Schröder/Perron/Hecker* Rdn. 41; *Fischer* Rdn. 6; *Samson* SK (1989) Rdn. 16; *Kuhlen* NK Rdn. 26; *Bornkamm* S. 221 ff.; *Bottke* JR **1980** 474, 476 (Anm. zu OLG Köln JR **1980** 473); *Többens* GA **1983** 97, 109; AG Hamburg StV **1984** 207 mit zust. Anm. *Schomburg* StV **1984** 337; *Rogall* NStZ **1984** 267; *Schomburg* ZRP **1982** 142; *Krekeler* AnwBl. **1985** 426, 428; *Rinsche* ZRP **1987** 384, 386; *Eisele* ZRP **2014** 106 („rechtspolitisch verfehlte Norm"); *Ladiges* Jura **2019** 368 („Dunkelnorm"); SSW/*Satzger* Rdn. 7 („wegen fehlender Geeignetheit verfassungswidrig"); Beschlüsse des 58. DJT NJW **1990** 2991, 2992; vgl. auch BVerfGE **71** 206, 217, 219.

4 Vgl. Entstehungsgeschichte Buchst. b sowie zu § 5 LPG: *Lampe* NJW **1973** 217, 220; *Haible* S. 112; *Löffler* 2. Aufl. Bd. II § 5 LPG Rdn. 12; zu § 17 RPG: *Haible* a.a.O.; *Kitzinger* § 17 RPG Anm. 1; *Häntzschel* § 17 RPG Anm. 1.

dass die Mitteilungsbeschränkungen der Nrn. 1 und 2 denselben Zweck verfolgen wie der für bestimmte Fälle vorgesehene Ausschluss der Öffentlichkeit, trifft jedenfalls zu (BTDrucks. 7/550 S. 282; ebenso E 1962 S. 639 für § 354 E 1962; ferner *von Bülow* im Sonderausschuss, Niederschriften 7. Wahlperiode, 11. Sitzung, S. 409). Mittelbar mag § 353d Abs. 1 auch dem *Schutz der Rechtspflege*, wie es einleitend im Gesetzesentwurf heißt (BTDrucks. a.a.O.),[5] dienen. Konsequenzen für den Umfang des Tatbestandes ergeben sich daraus aber nicht, da der Schutz nur so weit reicht, wie er eben durch den Schutz der Staatssicherheitsinteressen vermittelt wird.

2. Geschützter Verfahrensbereich

a) Gesetzliches Mitteilungsverbot. Nach **§ 353d Nr. 1** wird bestraft, wer gegen ein gesetzliches Mitteilungsverbot verstößt. Ein solches findet sich gegenwärtig **nur** in **§ 174 Abs. 2 GVG. Voraussetzung** ist danach, dass die Öffentlichkeit **wegen Gefährdung der Staatssicherheit ausgeschlossen** worden ist (§§ 174 Abs. 2, 172 Nr. 1 GVG). Abweichend vom früheren Recht (Art. III des Gesetzes betreffend die unter Ausschluss der Öffentlichkeit stattfindenden Gerichtsverhandlungen vom 5. April 1888) gilt das *unbedingte Veröffentlichungsverbot* des § 174 Abs. 2 GVG also nicht, wenn lediglich im Hinblick auf die Notwendigkeit der Erörterung eines Geschäfts- oder Betriebsgeheimnisses nicht öffentlich verhandelt wird. Hier kann jedoch § 353d Nr. 2 StGB i.V.m. §§ 174 Abs. 3 Satz 1, 172 Nr. 2 GVG Anwendung finden (Rdn. 23 ff.); zu den Gründen für diese Änderung: BTDrucks. 7/550 S. 321 f.[6] Das Verbot gilt für *Presse, Rundfunk und Fernsehen* (s. Rdn. 15 f.). 4

Unter den Begriff der **Staatssicherheit** im Sinne des § 174 Abs. 2 GVG fallen alle wesentlichen Belange der inneren und äußeren Sicherheit. Es genügt insoweit die Gefährdung bedeutsamer Sicherheitsinteressen, auch wenn sie allgemeiner Art sind (vgl. hierzu auch § 92 Abs. 3 Nr. 2; BGHSt **28** 312, 316 f.). Bloße polizeiliche Interessen, die nicht den Sicherheitsbereich berühren, gehören nicht hierher. Ebensowenig dient § 174 Abs. 2 GVG dem Schutz des Ansehens staatlicher Institutionen oder ihrer Amtsträger (*Wickern* LR § 172 GVG Rdn. 2); allerdings können auch in solchem Zusammenhang Sicherheitsbereiche tangiert werden. 5

Ob eine *Gefährdung der Sicherheit* nach allgemeinen Erfahrungssätzen (abstrakt) zu besorgen und demgemäß die Öffentlichkeit für die Verhandlung oder einen Teil davon auszuschließen ist, hat das Gericht nach sorgfältiger Prüfung zu entscheiden. Es hat hierbei die Bedeutung des Grundsatzes der Öffentlichkeit für die Rechtsstaatlichkeit des Verfahrens, seine Kontrollfunktion und die mit ihm verbundene Gewährleistung des berechtigten Informationsbedürfnisses der Allgemeinheit zu berücksichtigen und gegen die Sicherheitsinteressen abzuwägen. Mag letzteren auch in aller Regel Vorrang zukommen, so entbindet dies jedoch nicht das Gericht von solcher Abwägung im konkreten Fall. Dabei ist auch zu berücksichtigen, dass die gerichtliche Ausschließung der Öffentlichkeit im Blick auf das absolute gesetzliche Veröffentlichungsverbot des § 174 Abs. 2 GVG einen nicht unerheblichen Eingriff in den Aufgabenbereich der Medien mit sich bringt (vgl. hierzu auch BVerfGE **50** 234, 239 ff.). 6

§ 174 Abs. 2 GVG gilt nicht nur für Verfahren der ordentlichen Gerichtsbarkeit (vgl. beispielsweise § 55 VwGO, § 52 Abs. 1 FGO). Die Bestimmung findet nach Maßgabe von Art. 38 Abs. 1 und 7

---

5 Ebenso *Sch/Schröder/Perron/Hecker* Rdn. 3; weiter gehend *Träger* LK[11] Rdn. 1 sowie *Lackner/Kühl/Heger* Rdn. 1; *Kuhlen* NK Rdn. 4; *Maurach/Schroeder/Maiwald* BT II § 75 Rdn. 1; *Hoyer* SK Rdn. 6; *Graf* MK Rdn. 3; Matt/Renzikowski/*Sinner* Rdn. 1: kumulativer Schutz.

6 Der E 1962 (S. 86 Fn. 29 S. 639) hatte zusätzlich noch auf den früheren § 184b StGB verwiesen; diese Vorschrift untersagte öffentliche Mitteilungen aus Gerichtsverhandlungen, bei denen die Öffentlichkeit wegen Gefährdung der Sittlichkeit ausgeschlossen war, oder aus den diesen Verhandlungen zugrundeliegenden Schriftstücken, falls die Mitteilungen geeignet waren, Ärgernis zu erregen. Die Strafbestimmung wurde jedoch durch das 4. StrRG unter Hinweis auf ihre geringe praktische Bedeutung aufgehoben (Begr. BTDrucks. VI/1552 S. 36).

2 Zusatzabkommen zum Natotruppenstatut (BGBl. 1961 II S. 1218) außerdem Anwendung zugunsten der Nato-Verbündeten und ihrer Truppen.

8 **b) Förmliche Voraussetzungen.** Die Öffentlichkeit wird durch **Gerichtsbeschluss** ausgeschlossen (§ 174 Abs. 1 Satz 2 GVG). Er muss darauf gestützt sein, dass eine Gefährdung der Staatssicherheit zu besorgen ist (§§ 174 Abs. 2, 172 Nr. 1 GVG). Der Grund muss im Beschluss angegeben werden (§ 174 Abs. 1 Satz 3 GVG); es reicht nicht aus, dass er sich aus den Umständen ergibt (BGHSt **27** 117, 118; **30** 213; *Wickern* LR § 174 GVG Rdn. 14). Nur ein rechtswirksamer Beschluss bildet eine geeignete Grundlage für das Veröffentlichungsverbot des § 174 Abs. 2 GVG. Eine Verfügung lediglich des Vorsitzenden eines Kollegialgerichts genügt daher nicht (*Sch/Schröder/Perron/Hecker* Rdn. 6; *Kuhlen* NK Rdn. 12; *Graf* MK Rdn. 21; vgl. auch *Miebach* DRiZ **1977** 271). Um Wirksamkeit zu entfalten, muss der Beschluss **verkündet** worden sein (*Kuhlen* a.a.O.). Unerheblich ist hingegen, ob bei der Verkündung die Vorschriften über die Öffentlichkeit beachtet (§ 174 Abs. 1 Satz 2 GVG) oder die Verfahrensbeteiligten vor Erlass ordnungsgemäß gehört wurden (§ 174 Abs. 1 Satz 1 GVG; ebenso *Sch/Schröder/Perron/Hecker* Rdn. 6). Derartige Verfahrensfehler können zwar die Revision begründen (BGH NJW **1980** 2088; BGH bei Dallinger MDR **1975** 199; *Wickern* LR § 174 GVG Rdn. 8, 17); an der *Wirksamkeit des Ausschlusses* der Öffentlichkeit als Voraussetzung für eine Bestrafung *ändert sich dadurch nichts.*

9 Zweifelhaft ist, ob der Strafrichter nachzuprüfen hat, ob in dem früheren Verfahren tatsächlich eine Gefährdung der Staatssicherheit zu besorgen war (bejahend *Sch/Schröder/Perron/Hecker* Rdn. 4, 21; *Fischer* Rdn. 2; **aA** Träger LK[11] Rdn. 6. außer bei evident unvertretbarer Ausschließungsentscheidung, ebenso *Kuhlen* NK Rdn. 13). Richtig ist, dass letztlich allein das beschlussfassende Gericht in der Lage ist, aufgrund der konkreten Verfahrenssituation und der Ergebnisse der Hauptverhandlung zuverlässig zu beurteilen, ob *bestimmte tatsächliche Umstände* vorliegen, die einen Ausschluss der Öffentlichkeit rechtfertigen (BGH DRiZ **1981** 193). Deshalb sind dessen der Ausschließung zugrunde liegende Tatsachenfeststellungen vom Strafrichter nicht zu überprüfen (Eine „evidente Unvertretbarkeit" dürfte insoweit auch kaum praktisch werden). Nicht verbindlich für den Strafrichter und daher durch ihn überprüfbar sind hingegen fehlerhafte *rechtliche Schlüsse* des vorgerichtlichen Beschlusses.[7] Dies folgt auch daraus, dass geschütztes Rechtsgut des § 353d Nr. 1 nicht (jedenfalls nicht unmittelbar) die Rechtspflege ist (o. Rdn. 3).

10 Gegen die Überprüfung des Ausschließungsbeschlusses durch den Strafrichter werden Bedenken unter Hinweis auf die Vorsatz- (und Irrtums-)Konsequenz und die damit eröffnete Möglichkeit von Schutzbehauptungen erhoben. Diese Bedenken sind ernst zu nehmen, wenngleich der Grundsatz, den Bürger das Risiko einer Fehlerhaftigkeit der Ausschließungsentscheidung tragen zu lassen, problematisch erscheint. Eine Lösung bietet die von *Sch/Schröder/Perron/Hecker* Rdn. 21 vorgenommene systematische Einordnung der Fehlerhaftigkeit der Ausschließungsentscheidung als *Strafausschließungsgrund.* Sie respektiert einerseits die vom Gesetzgeber getroffene tatbestandliche Entscheidung als abstraktes Gefährdungsdelikt, nimmt aber andererseits zur Kenntnis, dass im Einzelfall die konkrete Gefährdung nicht gegeben gewesen ist.

11 Gestattet das Gericht – über die Grenzen des § 175 Abs. 2 GVG hinaus – weiteren Personen den Zutritt oder versäumt es, seinem Beschluss entsprechende Geltung zu verschaffen, so ist die Öffentlichkeit *nicht ausgeschlossen.* Mangels eines wirksamen Verbots nach § 174 Abs. 2 GVG ist daher § 353d Nr. 1 nicht anwendbr (so auch SSW/*Satzger* Rdn. 2). Dem kann auch nicht entgegen gehalten werden, dass die unzulässige Zulassung einzelner Zuhörer nicht dazu führen dürfe, dass „die Staatssicherheit zusätzlich dadurch gefährdet [wird], dass nunmehr der große Kreis der von den Massenmedien Angesprochenen Einzelheiten über die vertraulich zu behandelnden Vorgänge erfährt" (so aber *Träger* LK[11] Rdn. 6); eine solche Diskriminierung der Presse würde der – ohnehin sensiblen – Austarierung von Pressefreiheit und Staatssicherheitsinteressen, wie sie sich in § 353d

7 S. das Beispiel von *Sch/Schröder/Perron/Hecker* Rdn. 21: Begründung des Ausschlusses mit einer Gefährdung des Ansehens der Regierungsparteien.

Nr. 1 niedergeschlagen hat, nicht mehr gerecht (i.E. ebenso *Sch/Schröder/Perron/Hecker* Rdn. 6; *Hoyer* SK Rdn. 9; *Kuhlen* NK Rdn. 12; **aA** *Graf* MK Rdn. 24).

§ 353d Nr. 1 greift nicht ein, wenn eine **Verhandlung kraft Gesetzes nichtöffentlich** ist (etwa 12
gemäß §§ 48 Abs. 1 JGG, 170 GVG), es also eines besonderen Gerichtsbeschlusses nicht bedarf (Matt/Renzikowski/*Sinner* Rdn. 3; SSW/*Satzger* Rdn. 2). Das ergibt sich schon aus dem Wortlaut der Vorschrift (vgl. auch BTDrucks. 7/550 S. 283; E 1962 S. 639). Im Ergebnis gilt dies auch für § 353d Nr. 2. Diese Bestimmung stellt zwar allgemein auf nichtöffentliche Verhandlungen ab (BTDrucks. 7/550 a.a.O.). Strafbewehrt sind derzeit jedoch lediglich die gerichtlichen Schweigegebote gemäß § 174 Abs. 3 GVG (vgl. Rdn. 30, 31). Sie setzen ebenfalls eine Ausschließung der Öffentlichkeit, mithin einen **Gerichtsbeschluss**, voraus;[8] die Gegenauffassung (OLG Rostock JW **1928** 745) lässt sich mit dem Wortlaut des Gesetzes nicht vereinbaren.

Fraglich ist, ob dieses Ergebnis dadurch vermieden werden kann, dass in den Verfahren, die 13
kraft Gesetzes unter Ausschluss der Öffentlichkeit stattfinden, die Öffentlichkeit **zusätzlich** durch Gerichtsbeschluss *auch wegen Gefährdung der Staatssicherheit* – oder aus den Gründen des § 172 Nr. 2 und 3 GVG – ausgeschlossen wird. Ein solcher Ausschluss ist bereits gerichtsverfassungs- bzw. verfahrensrechtlich umstritten (ablehnend z.B. *Meyer-Goßner/Schmitt* § 174 GVG Rdn. 17). Selbst wenn man aber mit Rücksicht auf praktische, immerhin nicht von der Hand zu weisende, Erwägungen eine solche Möglichkeit einräumt, kann diese Entscheidung nicht auf § 353d Nr. 1 durchschlagen. Da dessen Tatbestand auf § 174 II GVG Bezug nimmt, nimmt der Wortlaut des letzteren an der Garantie des Art. 103 Abs. 2 GG teil. Der Text des § 174 II GVG setzt aber voraus, dass die Öffentlichkeit durch den Beschluss (tatsächlich) ausgeschlossen *worden ist*; das schließt aus der Sicht *des Straftatbestandes* die Fälle aus, in denen sie bereits vorher ausgeschlossen *war*. Dieses sachlich nicht unbedingt befriedigende Ergebnis zu ändern ist Sache des Gesetzgebers; wie hier im Ergebnis *Fischer* Rdn. 2; *Sch/Schröder/Perron/Hecker* Rdn. 5; *Hoyer* SK Rdn. 9; **aA** *Träger* LK[11] Rdn. 7; Matt/Renzikowski/*Sinner* Rdn. 7; *Kuhlen* NK Rdn. 14, der der Berufung auf den Gesetzestext, die er unter Bezugnahme auf *Fischer* JW **1928** 745, als „Buchstabenlogik" bezeichnet, „eine „normative Betrachtung" entgegensetzt; ebenso *Graf* MK Rdn. 23.[9]

c) Zeitliche Dauer des Verbots. Das Veröffentlichungsverbot gilt **zeitlich unbeschränkt**. Es 14
endet – anders als in § 353d Nr. 3 – nicht mit dem rechtskräftigen Abschluss des Verfahrens (Matt/Renzikowski/*Sinner* Rdn. 4). Da geschütztes Rechtsgut des § 353d Nr. 1 nicht die Rechtspflege ist, kommt insbesondere unter diesem Gesichtspunkt eine Einschränkung nicht in Betracht. Allerdings kann das Gericht – ebenso wie es während der Verhandlung die Öffentlichkeit wiederherstellen darf – auch nach Beendigung des Verfahrens die weiter wirkenden Folgen des Öffentlichkeitsausschlusses (für die Zukunft) durch Beschluss beseitigen, wenn die Gründe hierfür nachträglich weggefallen sind (*Loesdau* MDR **1962** 773, 777 f.; *Kuhlen* NK Rdn. 15; *Graf* MK Rdn. 29). Ist allerdings

---

8 *Meyer-Goßner/Schmitt* StPO a.a.O.; *Sch/Schröder/Perron/Hecker* Rdn. 24; *Fischer* Rdn. 3, 5; *Preisendanz* Anm. 2a, 3a; *Wieczorek/Schütze/Krauß* ZPO[5] (2021) § 174 GVG Rdn. 12.

9 Für die von *Träger* LK[11] Rdn. 1. vertretene Auffassung sind an dieser Stelle Hinweise auf sonstige „Doppelwirkungen im Recht" angegeben worden „(allgemein *Engisch* Einführung in das juristische Denken[3] [1964] 39 f., 196 Anm. 22 m.w.N.). Weitere Beispiele aus der Rechtsprechung ergeben sich für den Bereich des sachlichen Strafrechts beim Entzug einer bereits entzogenen Fahrerlaubnis (BGHSt **6** 398, 399 ff. und *Bruns* GA **1954** 161, 189 f.), für das Strafverfahrensrecht bei der Überhaft und für das Bürgerliche Recht bei der Anfechtung eines möglicherweise nichtigen Rechtsgeschäfts (BGH JZ **1955** 500 sowie eingehend *Staudinger/Dilcher* BGB[12] (1980) Einl. 80 zu §§ 104–185)". Aus der Sicht der im Text vertretenen Auffassung sind diese Hinweise für die Auslegung des § 353d nur insoweit relevant, als sie auf die Entziehung einer bereits entzogenen Fahrerlaubnis Bezug nehmen. Aber abgesehen davon, dass diese Entscheidung an der mit der Kritik an „formalen Erwägungen" und an der „Sinnwidrigkeit des Ergebnisses" und mit der Berufung auf den „Sinn" der Maßregel (a.a.O. S. 399 f.) die üblichen Argumente gegen eine Beachtung des Grundsatzes *nullum crimen nulla poena sine lege* ins Feld führt, ist sie, wie die im Übrigen durchaus zutreffenden Entscheidungsgründe zeigen, auf die Besonderheiten der Fahrerlaubnisentziehung, besonders auf die Länge der Sperrfrist bezogen und darauf beschränkt.

das Staatssicherheitsinteresse *offenkundig* entfallen – beipielsweise deshalb, weil die betreffenden Tatsachen inzwischen durch politische oder nichtgerichtliche amtliche Verlautbarungen allgemeinkundig geworden sind –, so ist das Veröffentlichungsverbot hinfällig, und das Fehlen der Aufhebungsentscheidung steht einer Veröffentlichung nicht entgegen.

3. Täter

15 Das Verbot des § 174 Abs. 2 GVG gilt nur für **Presse, Rundfunk** und **Fernsehen**. Nach § 353d Nr. 1 kann daher **Täter** *nur sein*, wer selbst bei diesen Medien mitwirkt (Wenzel/*Burkhardt*/*Pfeifer* Kap. 10 Rdn. 186). Er braucht in der Verhandlung nicht zugegen gewesen zu sein (vgl. *Feisenberger* Art. III Anm. 5 sowie für die entsprechende Frage im Rahmen des § 184b a.F. RG GA **1889** 299, 300; anders in § 353d Nr. 2, vgl. Rdn. 32, 39). Erhält er seine Informationen durch einen Zuhörer, so kann er, falls er von der Ausschließung der Öffentlichkeit und ihrem Grund wusste, als Täter, der Zuhörer als Gehilfe bestraft werden (vgl. *Feisenberger* a.a.O.).

16 Zur **Presse** gehören periodisch erscheinende Druckwerke wie Tages- und andere Zeitungen und Zeitschriften. Ein „weiterer Pressebegriff" (näher hierzu *Löffler* 2. Aufl. Bd. I S. 156 f.; 5. Aufl. Einleitung. 1) mag in anderen, auch rechtlichen, Zusammenhängen sinnvoll sein; für die Auslegung des § 353d als Straftatbestand verdient jedoch der engere und üblichere Begriff den Vorzug. Schon die Zusammenstellung mit Funk und Fernsehen zeigt, dass der Tatbestand auf die „Massenmedien" zielt. Es wäre dem Gesetzgeber ein Leichtes gewesen, in den Kreis der erfassten Medien statt der „Presse" die „Druckwerke" einzubeziehen. Auch der Schutzzweck des § 174 Abs. 2 GVG führt zu keinem anderen Ergebnis; es erscheint nicht konsequent, in anderen Zusammenhängen die Besonderheiten der Massenmedien für eine weitere Auslegung heranzuziehen (s.o. Rdn. 8), sie aber dort, wo sie sich restriktiv auswirkt, zu ignorieren; auch erscheint die Forderung, die unstreitigen Unzulänglichkeiten des durch § 353d gewährten Rechtsgüterschutzes durch eine möglichst weite Auslegung der Tatbestandsmerkmale gleichsam zu kompensieren (*Sch*/*Schröder*/*Perron*/*Hecker* Rdn. 8; *Träger* LK[11] Rdn. 10) methodisch nicht überzeugend. Die Veröffentlichung von Büchern, Broschüren oder sonstigen Druckwerken, etwa von Flugblättern, ist daher von § 353d Nr. 1 nicht umfasst.[10]

4. Tathandlung

17 § 174 Abs. 2 GVG **verbietet**, Berichte über die wegen Gefährdung der Staatssicherheit nichtöffentliche Gerichtsverhandlung oder den Inhalt eines die Sache betreffenden amtlichen Schriftstücks zu **veröffentlichen**. *§ 353d Nr. 1* enthält als *Blankettgesetz* die entsprechende *Strafbewehrung* (vgl. *Kuhlen* NK Rdn. 14). Durch das Gesetz vom 5.7.2017 (BGBl. I S. 2208), in Kraft getreten am 1.1.2018 ist allerdings in allen drei Tatbeständen des § 353d das Merkmal „Schriftstück" durch „Dokument" ersetzt worden. Zu etwaigen Konsequenzen s. Rdn. 56.

18 **a) Veröffentlichung.** Die Presse veröffentlicht einen Bericht, wenn sie ihn als Druckwerk der Öffentlichkeit, d.h. jedem Beliebigen – der Allgemeinheit, dem Publikum – zugänglich macht.[11] Entsprechendes gilt für Rundfunk und Fernsehen: hier wird der Bericht durch die Sendung veröffentlicht (*Sch*/*Schröder*/*Perron*/*Hecker* Rdn. 17). Ist der Bericht zuvor schon einmal veröffentlicht

---

10 Ebenso *Fischer* Rdn. 2; *Samson* SK (1991) Rdn. 3; *Hoyer* SK Rdn. 8; *Kuhlen* NK Rdn. 5; Matt/Renzikowski/*Sinner* Rdn. 4; *Tsambikakis* AnwK Rdn. 5; **aA** *Träger* LK[11] Rdn. 10; RGSt **47** 243, 245 (zu § 17 PPG); *Sch*/*Schröder*/*Perron*/*Hecker* Rdn. 8; *Maurach*/*Schroeder*/*Maiwald* BT 2 § 75 Rdn. 2; Löffler/Ricker/*Weberling* 58. Kap. Rdn. 9 S. 520; *Feisenberger* Art. III Anm. 4, sowie. *Graf* MK Rdn. 15, der davor warnt, „sklavisch am Wortbegriff festzuhalten".

11 *Löffler*/*Cornils* Einl Rdn. 122; *Scheer* § 5 LPG Anm. VI 2; RGSt **16** 245, 247; **36** 145, 147; **47** 243.

worden, so stellt eine weitere Veröffentlichung keine – auch nur abstrakte – Gefährdung dar und bleibt daher prinzipiell straflos. Dies muss zumindest dann gelten, wenn die erste Mitteilung ebenfalls durch die Adressaten des § 353d Nr. 1 erfolgt ist (ebenso *Graf* MK Rdn. 28; *Kuhlen* NK Rdn. 6, beide m.Nachw.; **aA** *Träger* LK[11] Rdn. 12, RGSt **14** 342, 343; ähnlich OLG Dresden JW **1925** 1538; beide zu § 17 RPG).

b) Bericht über die Verhandlung. Der Bericht über die Verhandlung ist **unzulässig, soweit die Öffentlichkeit ausgeschlossen ist** (§ 174 Abs. 2 GVG). Verboten sind damit Berichte über Vorgänge in der Verhandlung und die dort zur Sprache gekommenen Tatsachen, soweit sie in die *Zeit nach der Verkündung des Ausschließungsbeschlusses* (wenn er sofort wirksam werden soll) und vor Wiederherstellung der Öffentlichkeit fallen (vgl. *Wickern* LR § 174 GVG Rdn. 23 f.). Diese formale Grenzziehung folgt aus dem Wortlaut („soweit") und aus dem Sinn der Vorschrift (vgl. RGSt **21** 135, 137 f.; *Diemer* KK § 174 GVG Rdn. 5; s. dazu aber auch *Kuhlen* NK Rdn. 7). 19

Der Gesetzeswortlaut stellt zwar *nicht* darauf ab, ob über Tatsachen berichtet wird, um deren Bekanntwerden in der Verhandlung willen das Gericht die Öffentlichkeit ausgeschlossen hat; die Einschränkung folgt jedoch aus dem beschränkten Schutzzweck der Vorschrift (Rdn. 2);[12] **aA** *Träger* LK[11] Rdn. 14, wonach nur über Ereignisse berichtet werden darf, die nicht zur „Verhandlung" gehören, wie z.B. den plötzlichen Schwächeanfall eines Richters, der zum Abbruch der Verhandlung führt, oder ein auffälliges Verhalten von Zuhörern, die gemäß § 175 Abs. 2 GVG zur Verhandlung zugelassen worden sind; ebenso RG a.a.O.; ähnlich *Feisenberger* Art. II Anm. 4c; auf die Darlegungen *Feisenbergers* beruft sich auch *Schafheutle* bei den Beratungen der Großen Strafrechtskommission Niederschriften Band 13, S. 305.[13] 20

c) Bericht über amtliches Dokument. Unzulässig sind ferner Berichte über den Inhalt eines die Sache betreffenden amtlichen Dokuments (zum Begriff vgl. Rdn. 57). Es braucht nicht in der Verhandlung verlesen worden zu sein (*Feisenberger* Art. II Anm. 4b). Sonst wäre die besondere Erwähnung überflüssig; eine Bestrafung hätte bereits deshalb zu erfolgen, weil die Verlesung der Urkunde Teil der Verhandlung ist. Da andererseits das gesetzliche Veröffentlichungsverbot nur gilt, „soweit" die Öffentlichkeit ausgeschlossen worden ist, hat der Gesetzgeber nicht jeden Bericht über amtliche Dokumente des Verfahrens unter Strafe gestellt. Das Dokument muss vielmehr **die Sache betreffen**. Das ist dann der Fall, wenn es mit dem sachlichen **Gegenstand** des **nichtöffentlichen Verfahrens** – und damit mit dem Veröffentlichungsverbot – **im Zusammenhang steht**; ein Dokument, das nur äußerliche Vorgänge dieses Verfahrensteils und solche Vorkommnisse in der Verhandlung betrifft, die mit ihrem Gegenstand nichts zu tun haben, zählt nicht dazu.[14] 21

d) Zusammenhang zwischen Verhandlung oder Dokument und Bericht. Es muss sich um Berichte **über** die nichtöffentliche Verhandlung oder den Inhalt des amtlichen Dokuments handeln. Unter einem Bericht über die Verhandlung sind auch Mitteilungen über einen Teil der Verhandlung zu verstehen (RGSt **38** 303, 305); einen Teil der Verhandlung bilden die dort erörterten Tatsachen. 22

---

12 Ebenso *Sch/Schröder/Perron/Hecker* Rdn. 10; *Samson* SK (1991) Rdn. 6; Löffler/Ricker/*Weberling* 58. Kap. Rdn. 9, S. 520; *Hoyer* SK Rdn. 13; *Kuhlen* NK Rdn. 7, 12; **aA** *Wickern* LR § 174 GVG Rdn. 24; *Fischer* Rdn. 3; s. auch RGSt **38** 303.

13 Eine ähnliche Abgrenzung war im E 1962 vorgesehen. Nach § 453 Nr. 1 sollte verboten werden, über den „Inhalt" der nichtöffentlichen Gerichtsverhandlung zu berichten. Dazu wurde ausgeführt, dass zwar Mitteilungen über den sachlichen Inhalt einer Gerichtsverhandlung, aber nicht jede Mitteilung aus der Verhandlung oder über sie untersagt werden sollte (E 1962 S. 640); die Fassung ist indes nicht Gesetz geworden.

14 Vgl. *Schafheutle* und *Gallas* Niederschriften Band 13 S. 305, *Schafheutle* dabei unter Hinweis auf *Feisenberger* Art. II Anm. 4c; ähnlich *Sch/Schröder/Perron/Hecker* Rdn. 14; *Wickern* LR § 174 GVG Rdn. 26.

23 Erforderlich ist, dass der Täter den Gegenstand seiner Mitteilung erst in der Verhandlung bzw. aufgrund des amtlichen Dokuments in Erfahrung gebracht hat; nicht erfasst sind daher die Fälle, in denen er ihn schon zuvor aus anderer Quelle kannte; in diesem Fall ist es unschädlich, dass der Bericht sich ausdrücklich auf die Verhandlung oder das amtliche Dokument bezieht. (*Sch/Schröder/Perron/Hecker* Rdn. 9; *Tsambikakis* AnwK Rdn. 8; **aA** *Kuhlen* NK Rdn. 8, *Träger* LK[11] Rdn. 16).

24 Umgekehrt genügt es aber, dass der Täter Tatsachen, die er durch die Verhandlung oder durch Einblick in das Dokument erfahren hat, ohne Quellenangabe der Öffentlichkeit preisgibt (*Feisenberger* Art. III Anm. 3; **aA** – soweit es Berichte über Verhandlungen betrifft – *Sch/Schröder/Perron/Hecker* Rdn. 10; *Kuhlen* NK Rdn. 8). Wortlaut und Schutzzweck des Gesetzes fordern eine Bezugnahme auf die Verhandlung nicht.

25 **e) „Illegales Staatsgeheimnis“.** Der Wortlaut des Gesetzes untersagt zwar die Veröffentlichung in den dargelegten Grenzen schlechthin. Mit *Sch/Schröder/Perron/Hecker* Rdn. 18 und *Hoyer* SK Rdn. 11 ist jedoch in den Fällen der öffentlichen Mitteilung eines in der Verhandlung erörterten „illegalen Staatsgeheimnisses“ (§ 93 Abs. 2) ein Tatbestandsausschluss anzunehmen. Was für das konkrete Gefährdungsdelikt (§§ 94 ff.) gilt, muss erst recht für das abstrakte Gefährdungsdelikt des § 353d Nr. 1 angenommen werden. Da § 353d Nr. 1 unmittelbar nur die Staatssicherheit schützt, kann dieser Ansicht nicht mit dem Hinweis auf ein Rechtsgut der Funktionsfähigkeit der Rechtspflege begegnet werden (so aber *Träger* LK[11] Rdn. 18 außer bei Rechtsverletzungen, die den Kernbereich der Verfassung betreffen, also etwa bei Verstößen gegen die freiheitlich-demokratische Grundordnung; ähnlich *Graf* MK Rdn. 30; *Kuhlen* NK Rdn. 15.[15])

5. Rechtswidrigkeit

26 Es gelten die **allgemeinen Rechtfertigungsgründe**. Insoweit kommt insbesondere § 34 in Betracht. Folgt man den in den vorhergehenden Rdnrn vertretenen Auffassungen, so bleibt für eine Anwendung allerdings nur wenig Raum. Im Einzelfall mag eine **Wahrnehmung berechtigter Interessen** in Betracht kommen; näher für Nummer 3 Rdn. 77.

6. Innerer Tatbestand

27 Der Täter muss **vorsätzlich** handeln. Bedingter Vorsatz genügt. Er hat sich auf die Tatumstände des gesetzlichen Veröffentlichungsverbots zu erstrecken (s. dazu *Kuhlen* NK Rdn. 15; *Fischer* Rdn. 7). Die irrige Annahme einer Veröffentlichungsbefugnis fällt in den Bereich des Verbotsirrtums, wenn sie sich nicht auch auf die tatsächlichen Voraussetzungen des Rechtfertigungsgrundes erstreckt (Irrtum über den Erlaubnistatbestand). Nimmt der Täter irrig an, dass der Ausschließungsbeschluss aufgehoben sei, so entfällt der Vorsatz.

28 Als **Strafausschließungsgrund** zu behandeln ist hingegen der Fall der rechtlichen Fehlerhaftigkeit des Ausschließungsbeschlusses (o. Rdn. 8 ff.)

---

15 Vgl. hierzu auch BVerfGE **21** 239, 212 ff.; **28** 191, 202, 204; BGHSt **20** 342; *Kuhlen* NK Rdn. 14 und § 353b Rdn. 13, 45 bis 47.

III. Verstoß gegen eine vom Gericht auferlegte Schweigepflicht (Nr. 2)

1. Geschütztes Rechtsgut

Die Vorschrift soll gewährleisten, dass eine in nichtöffentlichen Verhandlungen auferlegte Schweigepflicht beachtet wird. Die Mitteilungsbeschränkung verfolgt danach denselben Zweck wie der für die zugrundeliegenden Verfahren ausgesprochene Ausschluss der Öffentlichkeit (Begr. BTDrucks. 7/550, 282). Geschützt werden sollen demgemäß die Staatssicherheit und die in § 172 Nr. 2 und 3 GVG aufgeführten, die Privatsphäre betreffenden persönlichen Umstände sowie die aufgezählten Geheimbereiche (§ 174 Abs. 3 GVG). Auch hier ist die staatliche Rechtspflege nur mittelbar bzw. als Reflex geschützt (vgl. Rdn. 3; **aA** *Träger* LK[11] Rdn. 21, *Lackner/Kühl/Heger* Rdn. 1; *Kuhlen* NK Rdn. 16; *Maurach/Schroeder/Maiwald* BT 2 § 76 Rdn. 1). 29

2. Geschützter Verfahrensbereich

a) § 174 Abs. 3 GVG. **§ 353d Nr.** 2 ist – wie § 353d Nr. 1 – eine **offene** Vorschrift (Rdn. 1, 11). Sie wird **ergänzt durch § 174 Abs. 3 GVG**, der zur Zeit allein als gesetzliche Grundlage für eine Schweigeverpflichtung im Sinne der Strafbestimmung in Betracht kommt. 30

Voraussetzung der Strafbarkeit ist danach, dass **die Öffentlichkeit** wegen Gefährdung der Staatssicherheit oder aus den Gründen des § 172 Nr. 2 und 3 GVG **ausgeschlossen** worden ist. Das setzt auch hier einen **rechtswirksamen Gerichtsbeschluss** voraus (vgl. im Einzelnen Rdn. 8 ff.). Auch hier kommt es darauf an, dass dem Beschluss tatsächlich Geltung verschafft worden ist (vgl. Rdn. 8); § 174 Abs. 3 GVG greift nicht ein, wenn die Verhandlung kraft Gesetzes nichtöffentlich ist (vgl. § 48 Abs. 1 JGG, § 170, § 171 Abs. 2 ZPO sowie im Einzelnen Rdn. 12). 31

Das **Schweigegebot** muss durch **weiteren Gerichtsbeschluss** ausgesprochen werden. Er ergänzt insoweit den durch den Ausschluss der Öffentlichkeit bewirkten Schutz. Neben der Gefährdung der Staatssicherheit (Rdn. 3 f.) kommen hier als Gründe in Betracht die Notwendigkeit der Erörterung von Umständen aus dem persönlichen Lebensbereich eines Prozessbeteiligten oder Zeugen sowie von wichtigen Geschäfts-, Betriebs-, Erfindungs- oder Steuergeheimnissen, wenn insoweit durch eine Weitergabe überwiegende schutzwürdige Interessen verletzt würden. Einen weiteren Grund – hiermit korrespondierend – bildet die Erörterung eines privaten Geheimnisses, zu dessen Wahrung der Zeuge oder Sachverständige strafrechtlich (vgl. z.B. §§ 203, 353b, 355) verpflichtet ist. Durch den entsprechenden Beschluss verpflichtet das Gericht die in der nichtöffentlichen Verhandlung **anwesenden Personen** zur Geheimhaltung des im konkreten Fall zu schützenden Sachverhalts, von „Tatsachen", die durch die Verhandlung oder durch ein die Sache betreffendes amtliches Dokument zu ihrer Kenntnis gelangen (§ 174 Abs. 3 S. 2 GVG). Auch dieser **Beschluss muss rechtswirksam** sein (*Tsambikakis* AnwK Rdn. 17); eine Verfügung des Vorsitzenden genügt nicht. Es ist ferner erforderlich, dass der Beschluss **in der Verhandlung** erlassen wird. Das ergibt sich aus § 174 Abs. 3 S. 2 GVG. Ein Beschluss bereits vor der Verhandlung oder nach deren Ende reicht daher nicht aus (*Wickern* LR § 174 GVG Rdn. 29; *Sch/Schröder/Perron/Hecker* Rdn. 25). Der Bundesgerichtshof hat zwar in einem Beschluss vom 27. Juli 1954 – StE 91/52 – die nachträgliche Sekretur eines schriftlichen Urteils auf § 174 Abs. 2 GVG (der insoweit dem jetzigen § 174 Abs. 3 GVG entsprach) gestützt und zur Begründung ausgeführt, das in der Hauptverhandlung verhängte Schweigegebot über den Inhalt einer Anklageschrift wäre unnütz, wenn das Gericht nicht auch die Möglichkeit hätte, eine nachfolgende, die gleichen Tatsachen enthaltende schriftliche Entscheidung unter Geheimschutz (durch Begleitschreiben, nachträgliche Sekretur) zu stellen. Ob diese Auffassung zutrifft, kann hier dahinstehen. Sie wäre jedenfalls nur mit analoger Rechtsanwendung zu begründen. Mit Recht hält deshalb *Loesdau* (MDR **1962** 773), der an sich dem Bundesgerichtshof – wohl richtigerweise – folgt, in einem solchen Fall eine Anwendung von – 32 damals Art. II des Gesetzes vom 5. April 1888, jetzt § 353d Nr. 2 – nicht für zulässig (a.a.O. S. 774 Fn. 7).[16]

33 Der Beschluss hat die Tatsachen anzugeben, über die der Verpflichtete schweigen soll (*Wickern* LR § 174 GVG Rdn. 29; *Kuhlen* NK Rdn. 24). Insoweit genügt jedoch die Verwendung von Sammelbegriffen, falls dadurch die Abgrenzung, die Grundlage der Bestimmtheit des Tatbestands des § 353d Abs. 2 ist, nicht in Frage gestellt wird (*Kleinknecht* FS Schmidt-Leichner 116). Auf die im Gesetz ebenfalls vorgesehene Protokollierung (§ 174 Abs. 3 S. 2 GVG) kommt es hingegen in diesem Zusammenhang nicht an; sie dient nur Beweiszwecken (*Wickern* LR § 174 GVG Rdn. 31; *Sch/Schröder/Perron/Hecker* Rdn. 25; *Feisenberger* Art. II Anm. 4a; *Kuhlen* a.a.O.; *Graf* MK Rdn. 46).

34 Der Verpflichtete braucht das Schweigegebot nicht hinzunehmen. Er kann Beschwerde einlegen (§ 174 Abs. 3 S. 3 GVG; *Feisenberger* Art. II Anm. 5). Sie hat keine aufschiebende Wirkung (§ 174 Abs. 3 S. 4 GVG). Das bedeutet, dass sich der Beschwerdeführer auch nach Einlegung der Beschwerde bis zur Entscheidung des übergeordneten Gerichts an das gerichtliche Schweigegebot halten muss (vgl. *Feisenberger* Art. II Anm. 5). Hebt allerdings das Beschwerdegericht später das Schweigegebot auf, so bedeutet dies einen Strafaufhebungsgrund (ebenso *Sch/Schröder/Perron/Hecker* Rdn. 25; **aA** *Träger* LK[11] Rdn. 26; *Kuhlen* NK Rdn. 23). Ein Fortbestehen der Strafbarkeit würde eine bloße Ungehorsamsstrafe bedeuten. Dass die Öffentlichkeit wegen Gefährdung der Staatssicherheit oder aus den Gründen des § 172 Nr. 2 und 3 ausgeschlossen worden ist, spricht nicht gegen diese Auffassung, denn im Hinblick darauf ist § 353d *Nr. 1* konzipiert, der aber ausdrücklich auf Presse-, Funk- und Fernsehäußerungen beschränkt ist; diese Beschränkung kann nicht durch Anwendung der Nr. 2 unterlaufen werden. Dass der Beschwerde die aufschiebende Wirkung ausdrücklich versagt ist, erlegt dem Täter ohnehin schon das Risiko des Ausgangs der Beschwerde auf.

35 Sind beide Beschlüsse rechtswirksam ergangen, so ist (wie bei Nr. 1) die Frage, ob tatsächlich eine Gefährdung der Staatssicherheit zu besorgen war oder die in § 172 Nr. 2 und 3 GVG bezeichneten Gründe vorlagen, auch hier vom Strafrichter nur insoweit zu prüfen, als die rechtlichen Gründe des Vorbeschlusses fehlerhaft sind; gegebenenfalls liegt auch in soweit ein Strafausschließungsgrund vor (vgl. Rdn. 8 ff.).

36 **b) Gegenstand des Schweigegebots. Gegenstand des Schweigegebots** sind die **im Beschluss aufgeführten Tatsachen**, die den zum Schweigen Verpflichteten durch die (nichtöffentliche) Verhandlung oder durch ein die Sache betreffendes amtliches Dokument zur Kenntnis gelangen. In der Regel wird sich aus der Entscheidung selbst ergeben, dass äußere Verfahrensvorgänge oder solche Ereignisse, die mit dem sachlichen Gegenstand des Verfahrens nichts zu tun haben, von der Schweigepflicht nicht erfasst werden (vgl. *Feisenberger* Art. II Anm. 4c). Ein Schweigegebot nach § 172 Nr. 2, § 174 Abs. 3 GVG über Verfahrensvorgänge ist unzulässig (ebenso *Sch/Schröder/Perron/Hecker* Rdn. 28; **aA** *Träger* LK[11] Rdn. 28; *Kuhlen* NK Rdn. 19).

37 Die Tatsachen müssen dem Täter **„durch" die Verhandlung** oder **ein amtliches Dokument** (zum Begriff Rdn. 57 ff.) zur Kenntnis gelangt sein. Letzteres muss die Sache betreffen (Rdn. 15). Waren die Tatsachen den zum Schweigen Verpflichteten bereits vorher bekannt, greift die Strafbestimmung nicht ein (*Feisenberger* Art. II Anm. 3; SSW/*Satzger* Rdn. 5). Demgemäß darf der vom Gericht vernommene Zeuge auch nach der Verhandlung über solche Tatsachen sprechen, über die er in der Verhandlung ausgesagt hat (*Sch/Schröder/Perron/Hecker* Rdn. 30). Wird dem Schweigepflichtigen der betreffende Sachverhalt später noch auf anderem Wege zugänglich, so darf er ebenfalls darüber berichten (im Ergebnis ebenso *Sch/Schröder/Perron/Hecker* Rdn. 30).

38 Die **Schweigepflicht beginnt** mit der Verkündung des Beschlusses nach § 174 Abs. 3 GVG. Sie bleibt – anders als in § 353d Nr. 3 – auch nach dem Abschluss des Verfahrens weiter bestehen,

16 Anwendbar wäre hier der gestrichene § 353c Abs. 1 a.F. (ebenso *Loesdau* a.a.O.). Auch insoweit dürfte die Streichung dieser Vorschrift eine nicht unbedeutende Einschränkung des strafrechtlichen Schutzes des staatlichen Sicherheitsbereichs bewirkt haben (vgl. hierzu auch *Rogall* NJW **1980** 752; *Möhrenschlager* JZ **1980** 161, 164 f.).

kann jedoch nachträglich vom Gericht aufgehoben werden (*Wickern* LR StPO § 174 GVG Rdn. 33; *Loesdau* MDR **1962** 773, 777; *Sch/Schröder/Perron/Hecker* Rdn. 25; *Kuhlen* NK Rdn. 23; vgl. aber auch o. Rdn. 14).

3. Täter

Das Schweigegebot betrifft **alle in der nichtöffentlichen Verhandlung anwesenden Personen**, den Vertreter des öffentlichen Interesses, den Staatsanwalt und die Richter ebenso wie die übrigen Prozessbeteiligten, die Zeugen, Sachverständigen und die zugelassenen Zuhörer (§ 175 Abs. 2 GVG) (*Wickern* LR § 174 GVG Rdn. 28; *Feisenberger* Art. II Anm. 4b). **Nur** dort **Anwesende** können **Täter** sein (*Wenzel/Burkhardt/Pfeifer* S. 445; *Feisenberger* Art. II Anm. 3). Das schließt nicht aus, dass Nichtanwesende sich als Gehilfen oder Anstifter strafbar machen (*Feisenberger* Art. II Anm. 3; *Kuhlen* NK Rdn. 17). Geht es lediglich darum, das Geheimnis eines am Verfahren Beteiligten, etwa ein privates Geschäftsgeheimnis, zu schützen, so ist dieser nach dem Schutzzweck der Vorschrift allerdings auch dann nicht verpflichtet, das Geheimnis zu wahren (*Wieczorek/Schütze/Krauß* ZPO, 5. Aufl. [2021] § 174 GVG Rdn. 38), wenn es ihm erst aus der Verhandlung selbst (etwa durch Sachverständige) bekanntgeworden ist (*Sch/Schröder/Perron/Hecker* Rdn. 27). 39

Waren Personen, die der nichtöffentlichen Verhandlung beiwohnen, bei Verkündung des Verpflichtungsbeschlusses nicht anwesend, so ist, um die persönliche Geheimhaltungspflicht zu begründen, die Mitteilung des Beschlusses erforderlich. Dieser wird zweckmäßigerweise auch in Anwesenheit der Verpflichteten zu erläutern sein. 40

4. Tathandlung

Nach § 353d Nr. 2 macht sich strafbar, wer entgegen der ihm vom Gericht auferlegten Geheimhaltungspflicht die hiervon erfassten Tatsachen unbefugt offenbart. 41

Zum Begriff des **Offenbarens** gilt im Grundsatz das zu § 353b Rdn. 27 ff. Ausgeführte. Es genügt die Mitteilung an einen einzigen Unbefugten. Sie braucht nicht auf die Verhandlung oder das amtliche Dokument Bezug zu nehmen (vgl. Rdn. 22). 42

5. Rechtswidrigkeit

Das Offenbaren muss **unbefugt** sein. Daran kann es fehlen, wenn lediglich bestimmte Personen und ihr Lebensbereich durch das Schweigegebot geschützt werden sollen (§ 172 Nr. 2 und 3 GVG), insoweit eine Einwilligung vorliegt und schützenswerte Interessen der Rechtspflege im konkreten Falle nicht entgegenstehen (vgl. Rdn. 39). Befugt handelt auch der Staatsanwalt, der seinem Vorgesetzten pflichtgemäß über die Ereignisse in der Verhandlung berichtet (vgl. *Feisenberger* Art. II Anm. 6; *Kuhlen* NK Rdn. 21; *Fischer* Rdn. 5). Eine unbefugte Weitergabe des Berichts des Sitzungsvertreters durch den Dienstvorgesetzten dürfte hier in aller Regel nach § 353b strafbar sein (vgl. *Kuhlen* NK a.a.O.). 43

Ist nur der Rechtsanwalt, nicht aber sein Mandant in der Verhandlung anwesend, so besteht eine Mitteilungsbefugnis zumindest insoweit, als die Unterrichtung zur ordnungsgemäßen, interessengerechten Vertretung oder Verteidigung erforderlich ist (Matt/Renzikowski/*Sinner* Rdn. 9). Dasselbe gilt gegenüber einem abwesenden Zweitverteidiger. Genügt dem Gericht in solchen Fällen nicht die Absicherung durch die anwaltschaftlichen Standespflichten, so muss es durch entsprechende Prozessmaßnahmen Vorsorge treffen und auf die Möglichkeit einer Verpflichtung aller Verfahrensbeteiligten hinwirken. Die vom OLG Rostock JW **1928** 745 (mit kritischer Anmerkung von *Fischer* a.a.O.) vertretene gegenteilige Auffassung lässt sich mit dem für jedes gerichtliche Verfahren geltenden Gebot der Rechtsstaatlichkeit nicht vereinen. Dass die Verfahrensbeteiligten, 44 in deren Abwesenheit nach der Verfahrensordnung verhandelt werden durfte, sich durch freiwillige Anwesenheit der gerichtlichen Schweigeverpflichtung hätten unterwerfen können, dies aber – aus welchen Gründen auch immer – unterlassen haben, darf sich nicht zum Nachteil ihrer prozessualen Position auswirken (ebenso *Sch/Schröder/Lenckner/Perron* Rdn. 34 f., der in diesen Fällen sogar die Tatbestandsmäßigkeit verneint). Eine Möglichkeit, dass der in der nichtöffentlichen Verhandlung anwesende Rechtsanwalt das ihm auferlegte Geheimhaltungsgebot an seinen Mandanten weitergibt (so wohl *Wieczorek/Schütze* ZPO a.a.O.; *Fischer* a.a.O.), so dass auch dieser unter Strafandrohung gebunden wäre, eröffnet das Gesetz nicht.

45 Im Übrigen gelten die **allgemeinen Rechtfertigungsgründe**. Auch höherrangige Aussagepflichten können eine Offenbarungsbefugnis begründen. Maßnahmen des Gerichts nach § 183 GVG hinsichtlich in nichtöffentlicher Verhandlung erfolgter Bekundungen vermögen das hierauf gerichtete Schweigegebot nicht ohne weiteres aufzuheben (**aA** *Sch/Schröder/Perron/Hecker* Rdn. 36). Insoweit ist zu berücksichtigen, dass Gegenstand der Feststellung nach § 183 GVG immer nur die einen „Verdacht" begründenden Umstände sein können, mag dieser auch noch so eindeutig sein. Allein aufgrund der konkreten Sachlage wird sich beurteilen lassen, ob und wieweit im Einzelfall auf das Schweigegebot verzichtet werden kann.

46 Zur Frage einer Mitteilungsbefugnis, wenn sich der Schweigebefehl auf illegale staatliche Geheimnisse bezieht, vgl. Rdn. 25; § 353b Rdn. 83.

6. Innerer Tatbestand

47 Zum inneren Tatbestand gehört Vorsatz. Bedingter Vorsatz genügt. Der Täter muss wissen, dass das Schweigegebot sich auf das Offenbarte erstreckt. Im Blick auf die erforderliche Konkretisierung der Schweigeverpflichtung (Rdn. 25) und die oft daran anknüpfende gerichtliche Erläuterung dürften Fälle relevanten Irrtums selten sein.

48 Die irrige Annahme einer Offenbarungsbefugnis ist auch hier als Verbotsirrtum zu behandeln (vgl. hierzu Rdn. 20). Geht der Täter davon aus, dass die mitgeteilte Tatsache nicht mehr „geheim" sei, so ist der Vorsatz ausgeschlossen (ebenso *Sch/Schröder/Perron/Hecker* Rdn. 37; *Kuhlen* NK Rdn. 24; **aA** *Träger* LK[11] Rdn. 37).

IV. Veröffentlichung amtlicher Dokumente (Nr. 3)

1. Geschütztes Rechtsgut

49 Die Strafvorschrift soll verhindern, dass Beteiligte an Verfahren, die der straf- und disziplinarrechtlichen Aufklärung und Ahndung sowie der Verfolgung von Ordnungswidrigkeiten dienen, insbesondere Laienrichter und Zeugen, durch die vorzeitige Veröffentlichung amtlicher Dokumente in ihrer Unbefangenheit beeinträchtigt werden.[17] Der durch eine vorweggenommene öffentliche Diskussion amtlichen Prozessmaterials – oft verbunden mit einseitigen Stellungnahmen oder gar unmittelbar auf Einflussnahme angelegten Wertungen – drohenden Voreingenommenheit und den darin liegenden Gefahren für die Wahrheitsfindung und für ein gerechtes Urteil soll entgegen-

17 BTDrucks. 7/550 S. 282 f.; *von Bülow* im Sonderausschuss, Niederschriften 7. Wahlperiode, 11. Sitzung S. 409; E 1962 S. 639; BVerfGE **71** 206, 217 ff., bestätigt durch Beschluss der 3. Kammer des 2. Senats vom 27.6.2014, Rdn. 26, NJW **2014** 2777 = StV **2015** 168; OLG Hamm NJW **1977** 967; OLG Köln JR **1980** 473; *Bornkamm* S. 220 f.; Löffler/Ricker/*Weberling* 18. Kap. Rdn. 4 S. 518; Wenzel/*Burkhardt*/*Pfeifer* Kap. 10 Rdn. 188.

getreten werden.[18] Insoweit entspricht die Zielrichtung ganz derjenigen der abgelösten Vorschriften (vgl. Entstehungsgeschichte, Buchst. b), nämlich § 5 der Landespressegesetze (*Löffler* 3. Aufl. [1983] Bd. I § 5 LPG Rdn. 1; *Scheer* § 5 LPG Anm. I 1) und § 17 RPG.[19]

Daneben dient die Strafbestimmung jedoch auch dem Schutz des vom Verfahren Betroffenen, 50
der durch Veröffentlichung „amtlicher Papiere" nicht an den **Pranger** gestellt werden soll, noch bevor überhaupt eine gerichtliche Überprüfung erfolgt ist.[20] Für diese Zielrichtung spricht insbesondere auch die in der Strafvorschrift enthaltene Aufzählung der Verfahrensarten, auf die sich das Mitteilungsverbot bezieht. Die Bestimmung greift nur bei Straf-, Bußgeld- und Disziplinarverfahren ein, also vor allem dort, wo die Gefahr einer Diskriminierung naheliegt (vgl. BVerfGE **35** 202, 226; **71** 206, 223). Käme es nur auf die Unbefangenheit von Laienrichtern oder Zeugen an, wäre nicht einzusehen, weshalb nicht andere Verfahren in gleicher Weise einbezogen werden: Laienrichter wirken z.B. auch in Verfahren vor den Arbeits- und Verwaltungsgerichten mit (§§ 16, 20 ff., 37, 41 ArbGG, §§ 5 Abs. 3 S. 1, 19 ff. VwGO). Der Zeugenbeweis spielt in allen Verfahrensarten eine oft entscheidende Rolle. Die Bedeutung eines Verwaltungs- oder Zivilrechtsstreits kann vielfach wegen der damit verbundenen Möglichkeit schwerwiegender wirtschaftlicher oder auch anderer einschneidender Auswirkungen ungleich größer sein als etwa die eines Bußgeldverfahrens. Dennoch hat der Gesetzgeber an der Beschränkung des strafrechtlichen Schutzes festgehalten und ihn nur dort vorgesehen, wo ein besonderer *Persönlichkeitsschutz* des Betroffenen geboten erscheint (vgl. BVerfGE 71, 206, 217). Dass auch solche Dokumente, die den Betroffenen entlasten, nicht veröffentlicht werden dürfen (*Sch/Schröder/Perron/Hecker* Rdn. 40) steht dem nicht entgegen, denn der Tatbestand dient neben den Belangen des Betroffenen auch dem allgemeinen Interesse am neutralen, distanzierten Richter (BVerfGE **21** 139, 145 ff.; **71** 206, 219) und am Schutz der Unbefangenheit anderer Verfahrensbeteiligter (BVerfGE **71** 206, 217; BTDrucks. 10/4608 S. 11; vgl. auch *Bottke* JR **1980** 474, 475 und NStZ **1987** 314, 316; *Hoffmann-Riem* JZ **1986** 494; s. dazu auch E 1962 S. 635 ff.). Dies gilt jedenfalls unzweifelhaft für Personen, die ohne oder gar gegen den Willen des Beschuldigten handeln, denn dieser kann ein Interesse an der Nichtveröffentlichung solcher Dokumente haben, die ihn *prozessual* entlasten (aber z.B. seinem Leumund nachteilig sind); überdies können auch aus rein prozessualer Sicht amtliche Dokumente durchaus ambivalent, nämlich zugleich be- und entlastend sein.

Damit stellt sich aber die weitere, vom Bundesverfassungsgericht zunächst offen gelassene Fra- 51
ge, ob der Beschuldigte bzw. Betroffene oder derjenige, der mit seiner Zustimmung handelt, sich nach § 353d Nr. 3 strafbar machen kann. Methodische Voraussetzung hierfür ist die Beantwortung der Fra-

18 Zu den Gefahren, die unter diesem Blickwinkel von Presseveröffentlichungen ausgehen können, eingehend *Bornkamm* S. 207 bis 219; *Eb. Schmidt* S. 52 bis 55; *von Becker* S. 112 f.; *Popp/Epple* JR **2018** 362 ff., 364 ff.; andererseits für einen erweiterten Zugang der Medien zu Anklageschriften und Akteninhalt *Scherer* S. 133, dagegen kritisch *Bornkamm* S. 245 Fn. 125. Eine kennzeichnende Parallele (vgl. *Baldus* Niederschriften Bd. 13 S. 301) zeigt die Rechtsprechung des Reichsgerichts und des Bundesgerichtshofs zur unzulässigen Akteneinsicht und insbesondere zum Einblick in die Anklageschrift durch Laienrichter auf: vgl. etwa RGSt **69** 120, 124; BGHSt **13** 73; ferner *Bornkamm* S. 210 f. mit zahlreichen weiteren Nachweisen.

19 RGSt **9** 193, 194; **35** 275, 278; **47** 243, 244; RG DJZ **1908** 307 = GA **1908** 110; OLG Dresden GA **1916** 209; *von Schwarze/Appelius/Wulffen* § 17 RPG Anm. 2; eingehend *Vormbaum* FS Seebode 424 ff.

20 Bericht des Sonderausschusses BTDrucks. 7/1261 S. 23; Erl. der Arbeitsgruppe „Einführungsgesetz zum Strafgesetzbuch", Anl. 1 der Niederschriften des Sonderausschusses, 7. Wahlperiode, 10. Sitzung, zu Art. 18 Nr. 183; *von Bülow* im Sonderausschuss, Niederschriften 7. Wahlperiode, 11. Sitzung S. 409; *Tröndle* und *Dünnebier* Niederschriften Band 13 S. 300; Bericht der Bundesregierung zum Thema „Öffentliche Vorverurteilung" und „faires Verfahren", BTDrucks. 10/4608 S. 11; BVerfGE **71** 206, 217, 219; LG Lüneburg NJW **1978** 117; *Lackner/Kühl/Heger* Rdn. 1; *Fischer* Rdn. 1; *Kuhlen* NK Rdn. 25; *Bottke* JR **1980** 474, 475 (Anm. zu OLG Köln JR **1980** 473); *Bottke* NStZ **1987** 314, 315; vgl. für § 17 RPG bereits *Löwenstein* JW **1925** 449, 450; **aA** *Sch/Schröder/Perron/Hecker* Rdn. 40; *Hoyer* SK Rdn. 6; *Samson* SK (1991) Rdn. 16. Zur Prangerwirkung von Presseveröffentlichungen und Vorverurteilung durch die Medien vgl. *Bornkamm* S. 218 f., 245 Fn. 125; *Eb. Schmidt* S. 55 bis 57; *Wenzel/Burkhardt/Pfeifer* Kap. 10 Rdn. 188; *von Becker* S. 101 f., 128 f., 137, 190 ff.; *Dahs* Handbuch des Strafverteidigers[8] (2015) Rdn. 99 ff.; *Hassemer* NJW **1985** 1921; *Krekeler* AnwBl. **1985** 426; *Rinsche* ZRP **1987** 384; *Roxin* NStZ **1991** 153, 155 f.; *Waldner* MDR **1983** 424; ferner auch BVerfGE **35** 202, 226.

ge, ob die allgemein anerkannte doppelte Schutzrichtung als *kumulative* oder als *alternative* aufzufassen ist. Nur im zuletzt genannten Fall, also dann, wenn man das Berührtsein *eines* der beiden Rechtsgüter ausreichen lässt (wie dies die noch h.M. beispielsweise bei § 164 annimmt), kommt in den genannten Fällen eine Strafbarkeit in Betracht. Prinzipiell bestehen gegen eine solche alternative Schutzzweckverdoppelung, die leider einer verbreiteten argumentativen Praxis entspricht, Bedenken (s. dazu *Vormbaum* FS Tsatsos 703 ff., 706); indes ist nicht zu übersehen, dass die gesetzliche Konstruktion des § 353d Nr. 3 diese Auffassung stützt, denn eine kumulative Rechtsgutsbetroffenheit würde dem ohnehin *sachlich* nicht sinnvoll zugeschnittenen (dafür freilich *formal* scharfkantigen) Tatbestand ebenso die Relevanz nehmen wie seine Rückführung auf den Schutz nur *eines* der in Frage kommenden Rechtsgüter. Da auch der Tatbestandswortlaut in dieser Hinsicht keinen Anhaltspunkt für eine Einschränkung gibt, erscheint es vorzugswürdig, problematische Fälle auf der Rechtswidrigkeitsebene zu erörtern und ggf. auszuscheiden. Im Übrigen ist zu berücksichtigen, dass die Beschränkung des Tatbestandes auf die *wörtliche* Wiedergabe die Verteidigungsrechte des Beschuldigten bzw. Betroffenen nur unerheblich einschränkt und der Tatbestand ihm trotz dieser Beschränkung per saldo mehr Vorteile als Beschränkungen einbringt. Schließlich dürften letzte Bedenken ausgeräumt sein, wenn man dem hier vertretenen engen Verständnis der „amtlichen Dokumente" (u. Rdn. 57) folgt.[21] Demnach ist mit der h.M. anzunehmen, dass auch der Beschuldigte bzw. Betroffene selbst den Tatbestand des § 353d Nr. 3 erfüllen kann (*Sch/Schröder/Perron/Hecker* a.a.O.; *Samson* SK [1991] Rdn. 16; *Hoyer* SK Rdn. 6; SSW/*Satzger* Rdn. 6; *Tsambikakis* AnwK Rdn. 25; *Vormbaum* FS Seebode 430, und auch das BVerfG NJW **2014** 2777 = StV **2015** 168 [jeweils Rdn. 26]; **aA** *Waldner* MDR **1983** 424, 425).

2. Gegenstand des Schutzes

52 **a) Die geschützten Verfahren.** Die besonderen strafrechtlichen Schutzvorkehrungen gelten für **Straf-** und **Bußgeldverfahren** sowie – was zuvor nach den Landespressegesetzen nur in Bremen, Niedersachsen und im Saarland der Fall war – auch für **Disziplinarverfahren**.

53 **Strafverfahren** im Sinne der Vorschrift sind auch das Jugendstrafverfahren, das Steuerstrafverfahren, das Strafbefehlsverfahren (OLG Köln JR **1980** 473), das Privatklageverfahren (BayObLGSt **1915** 180, 181 = LZ **1915** 150), das objektive Verfahren (RGSt **44** 279, 281) sowie das Wiederaufnahme- und das Sicherungsverfahren. Die anschließende Kostenfestsetzung ist nicht als Teil des Strafverfahrens anzusehen (*Scheer* § 5 Anm. III 2; *Häntzschel* § 17 Anm. 3; *Kitzinger* § 17 Anm. II). Zum Begriff des **Bußgeldverfahrens** vgl. §§ 35 ff., §§ 46 ff. OWiG.

54 **Disziplinarverfahren** richten sich gegen Beamte, Soldaten und Richter. Sie dienen der Ahndung dienstlicher Verfehlungen im Rahmen der Disziplinarordnungen des Bundes und der Länder. *Nicht* um Disziplinarverfahren handelt es sich demnach bei den *ehrengerichtlichen* Verfahren anderer Berufe, wie etwa der Rechtsanwälte oder Ärzte (Löffler/Ricker/*Weberling* 58. Kap. Rdn. 5, S. 518; *Scheer* § 5 LPG Anm. III 2 S. 213).

21 Dem Oberlandesgericht Hamm (NJW **1977** 967 f.) ist allerdings einzuräumen, dass der beabsichtigte Persönlichkeitsschutz (wegen der Beschränkung des Tatbestandes auf die Wiedergabe des Wortlauts amtlicher Schriftstücke) nur unzulänglich greifen kann (BVerfGE **71** 206, 219 ff.). Daraus lässt sich jedoch nicht eine Negierung dieser Schutzrichtung herleiten, zumal die Bedenken nicht nur sie betreffen. Im Übrigen scheint in diesem Zusammenhang doch nicht genügend berücksichtigt zu werden, welchen Unterschied es für den Betroffenen – man denke beispielsweise an den Inhaber eines Unternehmens – bedeutet, ob in der Presse ein bloßer Bericht über den angeblichen Inhalt einer Anklage erscheint – und er insoweit mit der gegenüber Zeitungsberichten oft wahrzunehmenden Skepsis rechnen kann – oder ob der Öffentlichkeit ein „amtliches Dokument" vor Augen geführt wird (BVerfGE **71** 206, 216 f.; *Kuhlen* NK Rdn. 26).

b) Amtliche Dokumente. Das Verbot der öffentlichen Mitteilung bezieht sich auf die **Anklageschrift oder andere amtliche Dokumente** dieser Verfahren. 55

aa) Dokumente. Mit der Ersetzung des Merkmals „Schriftstücke" durch „Dokumente" durch das Gesetz vom 5.7.2017 (BGBl. I S. 2208), in Kraft getreten am 1.1.2018, sollte den Entwicklungen des elektronischen Rechtsverkehrs und der Einführung der elektronischen Akte in der Justiz Rechnung getragen werden. Damit stellt sich die Frage, ob das neue Merkmal auch die elektronisch erfassten nicht-schriftlichen Beweismittel, z.B. Bilder, Filme, Skizzen oder akustische Dokumente erfasst. Dagegen spricht, dass Nummer 3 die „Mitteilung im Wortlaut" voraussetzt und dasselbe Merkmal nicht innerhalb einer Strafvorschtrift unterschiedlich ausgelegt werden kann, ferner, dass § 174 Abs. 3 GVG, auf den Nummer 1 bezogen ist, nach wie vor von „Schriftstücken" spricht, Das Lichtbild der Mordwaffe, die sich als Beweisgegenstand bei den (analogen oder elektronischen) Akten befindet, darf daher auch weiterhin veröffentlicht werden (für den alten Rechtszustand *Kuhlen* NK Rdn. 9; *Sch/Schröder/Lenckner/Perron* Rdn. 12). 56

bb) Amtlich. Amtlich sind solche *Schriftstücke* die *von den Justizbehören selbst herrühren.* Dazu gehören insbesondere – vom Gesetz ausdrücklich angeführt – die *Anklageschrift* sowie sämtliche schriftlich abgefassten *Gerichtsentscheidungen.* Die Rechtsprechung hat demgemäß als amtliche Schriftstücke betrachtet: Urteile (KG DJZ **1913** 170; OLG Dresden GA **1916** 209), Haftbefehle (RGSt **35** 275), Beschlüsse, welche die Haftentlassung ablehnen (RG GA **1896** 55), Beschlagnahmebeschlüsse (RGSt **44** 279, 280), Beschlüsse, welche die Ablehnung eines Richters für begründet erklären (BayObLGSt **1915** 180 = LZ **1915** 150), Strafbefehle (OLG Köln JR **1980** 473), Niederschriften über die Vernehmung eines Beschuldigten (RGSt **35** 275), Einstellungsbescheide der Staatsanwaltschaft (RG I 2.11.1901 – 2976/01 –, angeführt bei *Conrad* § 17 RPG Anm. 2). 57

Nach einer verbreiteten Auffassung sollen *amtlich* ferner solche *Schriftstücke* sein, die ein anderer *im Auftrag der Strafverfolgungsbehörden* oder der für das Disziplinarverfahren zuständigen Stellen *anfertigt* (Beispiel: das schriftliche Gutachten eines vom Gericht bestellten Sachverständigen [RGSt **9** 193; *von Schwarze/Appelius/Wulffen* § 17 RPG Anm. 4d; *Häntzschel* § 17 RPG Anm. 4]), oder solche *Schriftstücke* die für Verfahrenszwecke *sichergestellt* oder *beschlagnahmt* wurden (Beispiel: die gefälschte Urkunde als Beweismittel), also auch Schriftstücke privater Verfasser, die für Zwecke des Strafverfahrens beschlagnahmt worden sind (OLG Hamburg NStZ **1990** 283; *Sch/Schröder/Perron/Hecker* Rdn. 13; *Fischer* Rdn. 4; sowie *Träger* LK[11] Rdn. 46; wohl auch *Graf* MK Rdn. 65); dies ist mit dem Wortsinn des Tatbestandes nicht zu vereinbaren, denn die Bezeichnung eines Schriftstücks als „amtlich" sagt (ebenso wie diejenige als „privat") etwas über dessen Urheber aus (so zutr. *Kuhlen* NK Rdn. 9; ebenso AG Hamburg StV **1988** 495 und NStZ **1988** 411 mit zust. Anm. *Strate*; *Hoyer* SK Rdn. 12; *Lackner/Kühl/Heger* Rdn. 4). Außerdem spricht für dieses Verständnis auch die Aufführung der Anklageschrift als Prototyp der nicht mitzuteilenden amtlichen Dokumente (AG Hamburg a.a.O.). 58

Bestandteil der Straf-, Bußgeld- oder Disziplinarakten – und damit *amtliche Dokumente* im Sinne des § 353d Nr. 3 – werden darüber hinaus die *beigezogenen Vorgänge* anderer Verfahren (*Scheer* § 5 LPG Anm. IV 3c; *Häntzschel* § 17 RPG Anm. 4). Ihre Veröffentlichung ist untersagt, sobald sie bei der für das Straf-, Bußgeld- oder Disziplinarverfahren zuständigen Stelle eingegangen sind.[22] Sind jedoch die Dokumente, die zu den anderen Akten gehören, in jenem Verfahren bereits in öffentlicher Verhandlung erörtert worden, so beseitigt dies die Strafbarkeit einer Veröffentlichung auch im Hinblick auf das anhängige Verfahren (*Vormbaum* FS Seebode 430 f.; **aA** *Häntzschel* § 17 RPG Anm. 6 sowie *Träger* LK[11] Rdn. 47). Zwar kann ein amtliches Dokument eines 59

22 *Sch/Schröder/Perron/Hecker* Rdn. 13; *Löffler* 2. Aufl. (1968) Bd. II § 5 LPG Rdn. 30; *Häntzschel* a.a.O.; weitergehend *Kitzinger* § 17 RPG Anm. III 1: der Schutz beginne mit der Verfügung des dem Übersendungsersuchen stattgebenden Gerichts.

Verfahrens in einem anderen Verfahren in einem anderen Funktionszusammenhang erörtert werden, sodass zumindest das rechtspflegebezogene Rechtsgut betroffen sein kann. Gegen eine Erfassung durch § 353d Nr. 3 sprechen jedoch zunächst praktische Erwägungen: Da im Zusammenhang mit dem *früheren* Verfahren wörtliche Zitate (inzwischen) erlaubt sind, käme es zu einem relativen Zitierverbot, d.h. im Zusammenhang mit einem Bericht über das *früheren* Verfahren dürfte derselbe Text wörtlich zitiert werden, im Zusammenhang mit dem *neuen* Verfahren aber nicht; würde man dem mit einem umfassenden Zitierverbot begegnen, so wäre dies wohl schon verfassungsrechtlich bedenklich; auch wäre es kaum verständlich, dass Dokumente, die bis dahin – und zwar sogar im Zusammenhang mit einem der in § 353d Nr. 3 genannten Verfahren – wörtlich zitiert werden durften, mit Beginn des neuen Verfahrens wieder unter Strafdrohung ständen, obwohl die zitierten Texte durch die Erörterung in dem *früheren* Verfahren allgemeinkundig geworden sind. Schließlich spricht auch der Tatbestandswortlaut gegen die kritisierte Auffassung, denn er spricht nicht davon, dass die Dokumente *in diesem Verfahren* erörtert worden sein müssen, sondern von der Erörterung *schlechthin*; erörtert worden sind die Dokumente aber bereits, nämlich im *früheren* Verfahren.

60 Entsprechendes muss gelten, wenn das betreffende Dokument bereits zulässigerweise in einem Verfahren nach § 353d Nr. 3 erörtert worden ist, bevor das zugrunde liegende Verfahren beendet ist. Der Strafrichter muss in diesem Verfahren die wörtliche Veröffentlichung im zugrunde liegenden Verfahren zum Gegenstand der Erörterung machen und im Rahmen der Beweiswürdigung in den Urteilsgründen unvermeidlich Passagen daraus zitieren. (s. z.B. AG Hamburg v. 9.11.2001 in Jahrbuch der Juristischen Zeitgeschichte 3 [2001/2002] 446 ff.; das Verfahren gegen Journalisten einer Hamburger Wochenzeitung hatte einen Bericht zum Gegenstand, in dem aus dem Bericht des Ermittlungsführers Burckhardt Hirsch im Disziplinarverfahren gegen Beamte des Bundeskanzleramtes wegen (angeblicher) Aktenvernichtung vor der Übergabe der Regierungsgeschäfte nach der Bundestagswahl 1997 wörtlich zitiert worden war. Zur Zeit der Verhandlung vor dem AG Hamburg war im Disziplinarverfahren der „Hirsch-Bericht" weder öffentlich erörtert worden noch das Disziplinarverfahren abgeschlossen gewesen). Auch diese „öffentliche Erörterung" muss hinreichen, den Tatbestand auszuschließen; *Vormbaum* FS Seebode 431 ff.; **aA** RGSt **14** 342; OLG Dresden JW **1925** 1538; *Sch/Schröder/Perron/Hecker* Rdn. 44 m.w.N.; wie hier: *Kuhlen* NK Rdn. 29.

61 Weitgehend gegenstandslos wird mit der o. Rdn. 58 vertretenen Auffassung über die „Amtlichkeit" der Dokumente das Problem der **Duplikate** (s. dazu von der entgegengesetzten Auffassung aus die differenzierenden Ausführungen von *Träger* LK[11] Rdn. 49). In der Anwaltskanzlei zu Zwecken der Verteidigung gefertigte Ablichtungen oder Abschriften von Aktenteilen mögen als solche keine amtlichen Dokumente sein, wird jedoch später anhand dieser Fertigungen der Text veröffentlicht, so greift der Täter – mittelbar – auf das amtliche Dokument zurück (vgl. RG Rspr. **8** 570, 571, insoweit in RGSt **14** 352 nicht mit abgedruckt).

62 Auf den **Inhalt** des amtlichen Dokuments stellt die Vorschrift *nicht* ab. Das Veröffentlichungsverbot gilt grundsätzlich unabhängig davon, ob das amtliche Dokument für das Verfahren erheblich und ob seine Veröffentlichung im konkreten Fall für die Rechtspflege nachteilig ist.[23] Nicht ausschlaggebend ist demgemäß insbesondere, ob die öffentliche Mitteilung den Tatvorwurf berührt. In den Schutzbereich der Strafvorschrift fällt deshalb auch die Entscheidung, mit der die Haftentlassung des Beschuldigten abgelehnt wird, weil die von ihm angebotene Kaution keine genügende Sicherheit biete (RG GA **1896** 55), und ebenso der Beschluss aufgrund eines Befangenheitsantrags, selbst wenn er den Gegenstand des Verfahrens überhaupt nicht tangiert (BayObLGSt s. Fußn. 23). **Auszunehmen** sind allerdings solche **Dokumente**, die **völlig nebensächliche, be-**

23 Vgl. BayObLGSt **1915** 180, 182 = LZ **1915** 150; *Löffler* 2. Aufl. (1968) Bd. II § 5 LPG Rdn. 31; *von Schwarze/Appelius/Wulffen* § 17 RPG Anm. 4e; *Kitzinger* § 17 RPG Anm. III 1. **Enger** wohl: *Sch/Schröder/Perron/Hecker* Rdn. 44 (das Schriftstück müsse für den Gegenstand oder die Gestaltung des Verfahrens von sachlicher Bedeutung sein können), ähnlich *Fischer* Rdn. 6, 4. Die Begründung E 1962 S. 640, auf die *Tröndle*[48] § 353d Rdn. 6 für seine Auffassung hinweist, behandelt nur die Frage, wann ein Schriftstück „die Sache" betrifft (vgl. § 453 Nr. 1 E 1962, § 353d Nr. 1); *Kuhlen* NK Rdn. 11.

langlose Fragen behandeln oder sich mit reinen Formalien befassen (RG GA **1896** 55). Das wird in der Regel der Fall sein bei Ladungen und Zustellungsurkunden (*Sch/Schröder/Perron/Hecker* Rdn. 44; *Fischer* Rdn. 6, 4; *Tsambikakis* AnwK Rdn. 29) oder auch bei Auseinandersetzungen um Gebühren eines Zeugen oder Sachverständigen (*Löffler* 2. Aufl. [1968] Bd. II § 5 LPG Rdn. 31; *von Schwarze/Appelius/Wulffen* § 17 RPG Anm. 4e).

c) Dauer des Veröffentlichungsverbots. Das Veröffentlichungsverbot bezieht sich, entsprechend dem Schutzzweck der Vorschrift, auf die **gesamte Dauer des Verfahrens**. Damit ist, anders als in § 353d Nr. 1 und 2, auch das **Ermittlungsverfahren** einbezogen.[24] Solange sich jedoch polizeiliche oder staatsanwaltschaftliche Nachforschungen nicht auf einen greifbaren, konkreten Strafanspruch beziehen, wird man auch nicht von der Einleitung eines Ermittlungsverfahrens ausgehen können. Solche Recherchen sind noch nicht Teil eines „Strafverfahrens" im Sinne von § 353d Nr. 3 (vgl. RGSt a.a.O.). 63

Dokumente, die im Verfahren **in öffentlicher Verhandlung erörtert** worden sind, dürfen jedoch **alsbald mitgeteilt** werden. Eine Erörterung in nichtöffentlicher Verhandlung hebt das Mitteilungsverbot hingegen nicht auf (RGSt **15** 253, 255; *Löffler* 2. Aufl. [1968] Bd. II § 5 LPG Rdn. 42; *von Schwarze/Appelius/Wulffen* § 17 Anm. 6). 64

Das amtliche Dokument ist als solches **„erörtert"** worden, wenn sein **Inhalt** „in prozessordnungsgemäßer Weise" – so wörtlich Begr. BTDrucks. 7/550 S. 284 – **Gegenstand der öffentlichen Verhandlung** war.[25] Es muss also im Rahmen der Verhandlung zitiert, besprochen oder diskutiert, nicht bloß „beiläufig" – ohne Inhaltsangabe – erwähnt werden; erst damit ist es „freigegeben". Es genügt die freie Wiedergabe des Inhalts (BTDrucks. 7/550 S. 284) oder seine Mitteilung zur Erläuterung oder als Vorhalt (RGSt **28** 411, 412 f.; E 1962 S. 641 f.). Die bloße Tatsache der Vernehmung eines Zeugen reicht für sich genommen noch nicht aus, um die Wiedergabe der Niederschrift über seine frühere polizeiliche Vernehmung zu rechtfertigen. Anders, wenn dem Zeugen aus der Urkunde ein Vorhalt gemacht worden ist: auch dann darf jedoch die Mitteilung nicht mehr enthalten, als durch Vorhalt sinngemäß eingeführt wurde. Ist ein Urteil in öffentlicher Verhandlung mündlich begründet worden, so ist der wörtliche Abdruck der schriftlichen Urteilsgründe gestattet (OLG Dresden GA **1916** 209 f.; KG DJZ **1913** 170 f.; *Conrad* § 17 Anm. 6); diese sollen den mündlich verkündeten entsprechen (vgl. hierzu *Sch/Schröder/Perron/Hecker* Rdn. 56; *Hoyer* SK Rdn. 26). 65

Soweit das Dokument nicht bereits öffentlich erörtert ist, entfällt das Veröffentlichungsverbot, sobald das Verfahren abgeschlossen ist. **Abschluss des Verfahrens** bedeutet **rechtskräftige Beendigung.**[26] Auf die bloße Beendigung des jeweiligen Rechtszuges (so *Sch/Schröder/Perron/Hecker* Rdn. 57; *Scheer* § 5 LPG Anm. VII 3; *Mathy* S. 59) kann es im Hinblick auf den Schutzzweck der Vorschrift (Rdn. 39) nicht ankommen: Zeugen, Sachverständige und Laienrichter sollen auch in einem Berufungsverfahren oder bei der Neuverhandlung nach einer Zurückverweisung durch das Revisionsgericht in ihrer Unbefangenheit vor Beeinflussung geschützt werden (*von Schwane/Appelius/Wulffen* a.a.O.). Das braucht jedoch – anders *Sch/Schröder/Perron/Hecker* a.a.O. – die Revisionsgerichte nicht zu hindern, urteilsaufhebende Entscheidungen auch dann im Wortlaut zu veröffentlichen, wenn sie nicht in öffentlicher Verhandlung verkündet wurden (Rdn. 62). Nicht rechtskraftfähige, aber verfahrenserledigende Entscheidungen (Verfahrenseinstellungen u.a.) wer- 66

24 RGSt **22** 273 ff.; *Sch/Schröder/Perron/Hecker* Rdn. 53; *Hoyer* SK Rdn. 25; *Kuhlen* NK Rdn. 31; *Löffler* 2. Aufl. Bd. II § 5 LPG Rdn. 37; *Scheer* § 5 LPG Anm. III 1; *Conrad* § 17 RPG Anm. 4; vgl. dazu auch BVerfGE **71** 206, 217.

25 *Löffler* a.a.O.; *Scheer* a.a.O. Anm. VII 4; zu § 17 RPG s. RGSt **28** 411, 413; *Häntzschel* Anm. 6; im Blick auf den im RegEntw. verwendeten Begriff „in prozessordnungsgemäßer Weise" distanzierend *Sch/Schröder/Perron/Hecker* Rdn. 55; *Kuhlen* NK Rdn. 31; *Hoyer* SK Rdn. 26.

26 RGSt **35** 275 ff.; OLG Köln JR **1980** 473 m. Anm. *Bottke*; *Fischer* Rdn. 6a; *Kuhlen* NK Rdn. 32; *Hoyer* SK Rdn. 27; *Conrad* a.a.O. Anm. 7; *von Schwarze/Appelius/Wulffen* a.a.O.; **aA** *Löffler* a.a.O. Rdn. 44 ff.; *Scheer* a.a.O. Anm. VII 3; *Graf* MK Rdn. 77 m. Nachw.

den als Abschluss des Verfahrens gewertet werden können (vgl. *Lackner/Kühl/Heger* Rdn. 4; *Kuhlen* NK Rdn. 32).

67 Das **Verfassungsbeschwerde-Verfahren ist** keine Fortsetzung des mit Eintritt der Rechtskraft „abgeschlossenen" Verfahrens der Fachgerichte.

3. Täter

68 Der Kreis der möglichen Täter ist nicht begrenzt (vgl. BVerfGE **71** 206, 214 f.; *Kuhlen* NK 27). Täter kann angesichts der doppelten Schutzrichtung der Vorschrift (vgl. oben Rdn. 50) auch der vom Verfahren Betroffene selbst sein (vgl. *Baldus, Dünnebier* und *Wilkerling* in Niederschriften Bd. 13 S. 300, 301; RGSt **28** 411; RG JW **1922** 1030; *Sch/Schröder/Perron/Hecker* Rdn. 40; *Hoyer* SK Rdn. 6; SSW/*Satzger* Rdn. 6; *Maurach/Schroeder/Maiwald* BT 2 § 76 Rdn. 6). Ebenso kommen alle sonst am Verfahren Beteiligten (für den Staatsanwalt vgl. OLG Hamm NJW **1977** 967) in Betracht. Allgemein zu Veröffentlichungen durch Justizbehörden: Rdn. 77.

4. Tathandlung

69 § 353d Nr. 3 verbietet, die amtlichen Dokumente ganz oder in wesentlichen Teilen im Wortlaut öffentlich mitzuteilen. Gegenüber dem bisher in den Landespressegesetzen enthaltenen Veröffentlichungsverbot bringt die Strafvorschrift eine Erweiterung insoweit, als nunmehr alle Veröffentlichungen, gleich welcher Art, erfasst werden. Eine Beschränkung auf bestimmte Druckerzeugnisse, wie dies früher vorgesehen war, gibt es nicht mehr (vgl. *Kuhlen* NK Rdn. 29). Damit sollte der Möglichkeit der Gesetzesumgehung vorgebeugt werden (BTDrucks. 7/550 S. 283). Ob dies jedoch gelungen ist, wird zu bezweifeln sein (hierzu näher Rdn. 71 f.).

70 **a) Öffentliche Mitteilung.** Untersagt ist, die Dokumente **öffentlich mitzuteilen**. Der Begriff ist ebenso zu verstehen wie in § 17 RPG und in § 5 LPG. Darunter fällt vor allem, wie bisher, eine Veröffentlichung durch die Presse. Einbezogen sind nunmehr jedoch auch Veröffentlichungen durch Film, Funk und Fernsehen (BTDrucks. 7/550 S. 283 f.; E 1962 S. 640). Aber auch anderweitige Veröffentlichungen, nicht nur die der Massenmedien, werden erfasst (**aA** *Bottke* NStZ **1987** 314, 317, der als „öffentlich" nur massenmediale Mitteilungsformen ansieht). Das amtliche Dokument soll nicht vorzeitig der Öffentlichkeit, dem Publikum, zugänglich gemacht werden (vgl. *Scheer* § 5 LPG Anm. VI 2; RGSt **16** 245, 247; **36** 145, 147). In Anlehnung an die zu den früheren Vorschriften und zu § 186 ergangene Rechtsprechung ist eine Mitteilung dann als öffentlich anzusehen, wenn sie „unbestimmt von welchen und wie vielen Personen" wahrgenommen werden kann (vgl. RGSt **42** 112, 113; **63** 431, 432). Sie ist nicht öffentlich, wenn sie sich lediglich an einen engeren, in sich verbundenen, nach außen bestimmt abgegrenzten Personenkreis wendet (vgl. RGSt **40** 262, 263; RG HRR **1939** Nr. 917; AG Weinheim NJW **1994** 1543, 1544 mit Anm. *Wilhelm* NJW **1994** 1520). Demgemäß fehlt es insoweit schon an der Tatbestandsmäßigkeit, wenn eine Justizbehörde auf einer geschlossenen Pressekonferenz, bei der Vertraulichkeit ausbedungen worden ist, Teile der Anklageschrift vorlesen lässt.[27] In der Versendung einer Druckschrift an 40 bis 50 Personen, die nicht zur Geheimhaltung verpflichtet waren, ist dagegen bereits eine Veröffentlichung gesehen worden (RGSt **47** 243). Im Blick auf die Erweiterung des Straftatbestands kann schon die Mitteilung im Rahmen eines öffentlichen Vortrags nach § 353d Nr. 3 strafbar sein (vgl. *Dünnebier* Niederschrif-

---

27 Arbeitsgruppe des Sonderausschusses, Niederschriften 7. Wahlperiode, 10. Sitzung S. 329; *von Bülow* im Sonderausschuss, Niederschriften, 7. Wahlperiode, 11. Sitzung S. 410; Erster Bericht des Sonderausschusses BTDrucks. 7/1261 (zu BTDrucks. 7/1232) S. 23; *Kuhlen* NK Rdn. 29; *Fischer* Rdn. 6b; *Sch/Schröder/Perron/Hecker* Rdn. 46; kritisch *Bottke* NStZ **1987** 314, 316 f.; **aA** *Többens* GA **1983** 97, 100.

ten Band 13 S. 300). Das Abhalten einer „Pressekonferenz" – auch wenn sie in Privaträumen durch einen Verfahrensbeteiligten veranstaltet wird – ist grundsätzlich darauf angelegt, dass die mitgeteilten Informationen anschließend einer breiten Öffentlichkeit zugänglich gemacht werden (OLG Stuttgart JW **2004** 622). Das bei zahlreichen einzelnen Gelegenheiten jeweils gegenüber einzelnen oder wenigen Personen erfolgende Zitieren kann hingegen nicht zu einer „öffentlichen Mitteilung" zusammengefasst werden.

b) Mitteilung im Wortlaut. Strafbar ist jedoch nur eine Mitteilung amtlicher Dokumente im Wortlaut. Anders als nach § 17 RPG und § 5 LPG (vgl. *Kitzinger* § 17 RPG Anm. II 2 und *Löffler* Bd. II § 5 LPG Rdn. 22 jeweils m.w.N.) bleibt danach eine bloß sinngemäße Wiedergabe straflos. Damit wird der Schutzbereich der Vorschrift in einem ganz wesentlichen Punkt eingeschränkt. Ob diese Konsequenz durchdacht war, ist zu bezweifeln. Auf die frühere Rechtsprechung (so BTDrucks. 7/550 S. 284) konnte sich der Gesetzgeber jedenfalls insoweit nicht berufen. Danach machte sich vielmehr strafbar, wer durch die Presse amtliche Dokumente aus dem Verfahren auch nur dem Sinne nach öffentlich wiedergab. Im Übrigen blieb es unbenommen, über den Tatvorwurf und das Verhandlungsgeschehen frei zu berichten. Das so vorgegebene Problem der Grenzziehung zwischen dem (straflosen) Bericht über die dem Täter zur Last gelegte Tat und dem (strafbaren) Bericht über den Inhalt etwa der Anklageschrift suchte die Rechtsprechung zu lösen, indem sie verlangte, die Veröffentlichung müsse erkennen lassen, dass die Urkunde „als solche" mitgeteilt werde.[28] Hierauf braucht jetzt nicht mehr abgestellt zu werden. 71

Die neue Fassung der Strafvorschrift dient zweifellos der Rechtsklarheit (BVerfGE **71** 206, 222; vgl. auch Löffler/Ricker/*Weberling* 58. Kap Rdn. 4, S. 518). Sie beseitigt die Auslegungsschwierigkeiten, welche die Rechtsprechung in Grenzbereichen vor eine nahezu unlösbare Aufgabe stellte (so *Sch/Schröder/Perron/Hecker* Rdn. 41). Wird jetzt der Wortlaut des Dokuments veröffentlicht, so ist es damit grundsätzlich auch „als solches" mitgeteilt (zu Ausnahmen vgl. Rdn. 76). Dabei kommt es nicht darauf an, ob die Veröffentlichung mit dem Hinweis verbunden ist, dass sie auf amtlicher Urkunde beruht. Es reicht aus, wenn Personen mit gewisser Sachkunde, etwa die Verfahrensbeteiligten, dies erkennen können.[29] 72

Eine *Veröffentlichung im Wortlaut* kann auch dann vorliegen, wenn der Text des amtlichen Dokuments nur geringfügig abgeändert wird, etwa durch Umstellung oder Auslassung einzelner Worte (*Fischer* Rdn. 6; OLG Hamburg NStZ **1990** 283 m. Anm. *Sanfft* StV **1990** 411; *Kuhlen* NK Rdn. 30; Matt/Renzikowski/*Sinner* Rdn. 10; *Tsambikakis* AnwK Rdn. 30; **aA** *Sch/Schröder/Perron/Hecker* Rdn. 49; *Hoyer* SK Rdn. 24; SSW/*Satzger* Rdn. 7). Schwierigkeiten der Grenzziehung, auf die *Lenckner/Perron* hinweisen, stehen solcher Auslegung nicht entgegen. Wer eine mehrseitige Anklageschrift vorzeitig im Wortlaut öffentlich mitteilt, aber einzelne Stellen geringfügig ändert, vielleicht nur ab und zu ein „und" durch ein „sowie" ersetzt, bleibt deshalb nicht straflos. In solchen und ähnlichen Fällen wird überdies der übernommene unveränderte Text, für sich betrachtet, in der Regel als wesentlicher Teil des Dokuments anzusehen sein (Rdn. 59), so dass auch unter diesem Blickwinkel § 353d Nr. 3 eingreifen kann. 73

Dass dennoch erhebliche Zweifel begründet sind, ob die Strafvorschrift in ihrer derzeitigen Fassung der mit der Reform verbundenen Erwartung effektiveren Rechtsschutzes genügen kann, steht außer Frage.[30] Auch das BVerfGE weist darauf hin, dass der angestrebte Rechtsgüterschutz nur in begrenztem Umfang gewährleistet wird (BVerfGE **71** 206, 217). 74

28 Vgl. RGSt **22** 273, 278; **26** 79; RG Rspr. 7 214, 215; *von Schwarze/Appelius/Wulffen* § 17 RPG Anm. 5; aber auch RGSt **28** 416; ferner – differenzierend – RG JW **1922** 1030 mit kritischer Anm. *Kitzinger* a.a.O.

29 Vgl. *Häntzschel* § 17 RPG Anm. 5; BayObLGSt **1915** 180, 183; RGSt **26** 79; RG GA **1908** 110, 111.

30 Vgl. *Sch/Schröder/Perron/Hecker* Rdn. 41; *Fischer* Rdn. 6f; *Samson* SK (1991) Rdn. 21; *Bornkamm* S. 221; *Wenzel/Burkhardt/Pfeifer* Kap. 10 Rdn. 188; *Bottke* JR **1980** 476; *Hassemer* NJW **1985** 1921; *Rinsche* ZRP **1987** 384, 386; *Roxin* NStZ **1991** 153, 156; *Schomburg* ZRP **1982** 142, 143 und StV **1984** 337 (Anm. zum Vorlagebeschluss des AG Hamburg NStZ **1984**

75 **c) Umfang der Mitteilung.** Die Mitteilung muss die amtliche Urkunde **ganz oder in wesentlichen Teilen** wiedergeben. Was wesentlicher Teil eines Dokuments ist, lässt sich nur vom konkreten Sachverhalt her beurteilen. In der Gesetzesbegründung wird insoweit auf die bisherige Rechtsprechung verwiesen (BTDrucks. 7/550 S. 284; *Tröndle* Niederschriften Bd. 13 S. 301). Auf den Umfang des Auszugs allein kommt es danach nicht an; es kann bereits genügen, einen einzigen Satz wortgetreu wiederzugeben (RGSt **26** 79; **28** 411; ferner RGSt **9** 193, 194). Andererseits kann von einer – auch nur auszugsweisen – Wiedergabe des Dokuments nicht mehr die Rede sein, wenn beispielsweise aus einer Anklageschrift nur die einschlägigen gesetzlichen Vorschriften zitiert und die Namen der dort benannten Zeugen wiedergegeben werden (RGSt **26** 79, 80). Dasselbe gilt, soweit aus dem Ermittlungsergebnis der Anklageschrift lediglich einzelne Zahlen, Daten und Namen „zitiert" werden (OLG Hamm NJW **1977** 967, 968). Eine scharfe Grenzziehung „durch abstrakte Gesetzesformulierungen" ist, wie auch im Gesetzgebungsverfahren betont wurde, nicht möglich; man hat insoweit ersichtlich auf die Fortsetzung der Rechtsprechungstradition vertraut (*Tröndle* a.a.O.). Dem Tatrichter verbleibt damit die Aufgabe, den Inhalt des amtlichen Dokuments in seinem Kernbestand festzustellen und danach zu beurteilen, ob die teilweise Wiedergabe im Wortlaut, für sich betrachtet, aussagekräftig genug ist, um wesentliche Gesichtspunkte des Gesamtinhalts anzusprechen und der Öffentlichkeit verständlich zu unterbreiten (vgl. *Lackner/Kühl/Heger* Rdn. 4; *Derksen* NStZ **1993** 311, 312). Ebenso wenig wie für die vollständige Mitteilung eines Dokuments kann es hierbei darauf ankommen, ob die wortgetreue Wiedergabe eines Teilstücks das Verfahren in erheblichen Punkten tangiert (vgl. Rdn. 62). Es lässt sich demnach auch nicht darauf abstellen, ob der wiedergegebene Auszug aus der Urkunde geeignet ist, die Verfahrensbeteiligten tatsächlich zu beeinflussen (so aber OLG Hamm NJW **1977** 967 f.), ob das Mitgeteilte für den Verfahrensgegenstand oder seine verfahrensmäßige Behandlung von erheblicher Bedeutung ist oder sein kann und ob es geeignet ist, Anlass zu einer Diskussion über die Berechtigung von Entscheidungen, den Ausgang des Verfahrens oder den Beweiswert von Zeugenaussagen zu geben (so *Sch/Schröder/Perron/Hecker* Rdn. 47). Noch weniger kann verlangt werden, dass die Veröffentlichung den wesentlichen Teil des Verfahrensgegenstandes betreffe (so Löffler/Ricker/*Weberling* 58. Kap. Rdn. 7 S. 519). Als unwesentlich im Sinne des § 353d Nr. 3 wird man jedenfalls nur solche Teile eines Dokuments ansehen können, die nebensächliche, belanglose Fragen oder reine Formalien behandeln (vgl. RG GA **1896** 55 Rdn. 31). Für den Anklagesatz, der den Kernpunkt der Anklage darstellt, trifft dies nicht zu.[31]

76 Wird dem Tatbestand die hier vertretene Auslegung gegeben, so dürfte die **öffentliche Berichterstattung** über die in § 353d Nr. 3 genannten Verfahren durch die Strafvorschrift nicht unverhältnismäßig eingeschränkt sein. Aus Art. 5 GG ergeben sich insoweit keine Bedenken genereller Art (BVerfGE **71** 206, 214 ff.; **aA** AG Hamburg NStZ **1984** 265; wohl auch LG Lüneburg NJW **1978** 118). Untersagt ist lediglich eine bestimmte Art der Veröffentlichung, die Ausnutzung der auf amtlichen Dokumenten beruhenden Information durch Wiedergabe im Wortlaut. Auch die Presse kann in der Regel auf diese verzichten und sich mit einer Inhaltsangabe begnügen. Ist dies im Einzelfall ausnahmsweise nicht ausreichend, so darf auf die wortgetreue Veröffentlichung zurückgegriffen werden. § 353d Nr. 3 enthält *kein Schweigegebot* für die Vorgänge, mit denen sich die Anklageschrift oder andere Dokumente befassen (Begr. BTDrucks. 7/550 S. 284). Dem hat bereits die Rechtsprechung zu den Vorläufern der Strafbestimmung Rechnung getragen.[32] So kann in einem Verfahren wegen Beleidigung die von der Strafverfolgungsbehörde als Straftat gewertete

---

265); dem Bundestag lag seit dem 15. März 2006 der Entwurf eines „Gesetzes zur Sicherung der Pressefreiheit" der FDP-Fraktion vor (BTDrucks. 16/965), der in Artikel 2 die Streichung des § 353d Nr. 3 forderte; die Begründung stellt im Wesentlichen auf die Unzweckmäßigkeit der Vorschrift ab.

31 *Fischer* Rdn. 6a; *Kuhlen* NK Rdn. 3c; AG Nürnberg MDR **1983** 424; kritisch auch *Bornkamm* S. 222; **aA** OLG Hamm NJW **1977** 967; *Lackner/Kühl/Heger* Rdn. 4; sowie entsprechend für den Strafbefehl OLG Köln JR **1980** 473 f.; *Többens* GA **1983** 97, 102 ff. differenziert insoweit danach, ob der Anklagesatz mit Namensnennung oder ohne Identitätspreisgabe veröffentlicht wird (wegen der vorzeitigen Bloßstellung soll nur der erste Fall von § 353d Nr. 3 umfasst sein).

32 Vgl. RGSt **22** 273, 278; **26** 79 *Häntzschel* § 17 RPG Anm 5; *von Schwarze/Appelius/Wulffen* § 17 RPG Anm. 5; *Kitzinger* § 17 RPG Anm. III 1; *Scheer* § 5 LPG Anm. V 1, 2.

Äußerung im Wortlaut wiedergegeben werden, obwohl sie in dieser Form auch Inhalt der Anklageschrift ist und die Information hierauf beruht. Ein solcher Bericht verhält sich über den Verfahrensstoff. Dies ist nach wie vor zulässig (vgl. RGSt **22** 273, 276; RG JW **1922** 1030).[33] Gleiches gilt, wenn in wortgetreuer Wiedergabe des Tenors ergangener Entscheidungen über das Verfahrensgeschehen berichtet wird (vgl. *Sch/Schröder/Perron/Hecker* Rdn. 48).

5. Rechtfertigung

Das Vorgehen des Täters kann nach allgemeinen Grundsätzen **gerechtfertigt** sein (vgl. Rdn. 45). 77
Da das Veröffentlichungsverbot auch für die Organe der Justiz gilt (vgl. Rdn. 68), kommt eine **Genehmigung** der zuständigen Behörde als Rechtfertigungsgrund **nicht** in Betracht.[34] Bereits bei den Beratungen der Großen Strafrechtskommission war man zu dem Ergebnis gelangt, dass im Blick auf das geschützte Rechtsgut auch eine Verfügungsbefugnis der Staatsanwaltschaft ausscheide (vgl. namentlich *Welzel*, *Baldus* und *Schneider* in Niederschriften Bd. 13, S. 301 ff.).

Eine Behinderung der *Justizbehörden* hat die gesetzliche Regelung nicht zur Folge. Was für 78
die Presse gilt, trifft auch hier zu. Eine Inhaltsangabe wird in den meisten Fällen den dienstlichen Anforderungen genügen.[35] Ist dies nicht der Fall, wird sich in der Regel eine Rechtfertigung aufgrund besonderer Vorschriften, wie etwa beim **Steckbrief** und bei **öffentlichen Zustellungen** (§§ 131, 140 StPO) oder im besonderen Interesse der Rechtspflege nach allgemeinen Rechtsgrundsätzen (§ 34)[36] ergeben.[37] Letzteres wird vor allem in Betracht kommen, wenn im Strafverfahren ein Täter erst *ermittelt* werden soll. Andererseits kann auch nach § 34 die wortgetreue Veröffentlichung eines amtlichen Dokuments, etwa der Anklage, oder bestimmter Teile des Dokuments durch den Betroffenen gerechtfertigt sein, wenn sie zur Abwehr öffentlicher Vorverurteilungen erfolgt und der Richtigstellung dienen soll (vgl. dazu Rdn. 49 ff. sowie *Kuhlen* NK Rdn. 34 mit treffendem kritischen Hinweis auf AG Weinheim NJW **1994** 1543 ff.; *Lackner/Kühl/Heger* Rdn. 4; *Sch/Schröder/Perron/Hecker* Rdn. 58; *Fischer* Rdn. 6a), so evtl., wenn die Staatsanwaltschaft in einer Presseerklärung Schlüsse aus einem Gerichtsbeschluss, zB einem Durchsuchungsbeschluss, zieht, die deutlich über die Angaben in diesem Beschluss hinausgehen, durch ihn womöglich nicht gedeckt sind. Hier kann u.U. zur Klarstellung je nach Fallgestaltung die Gegenüberstellung mit dem Wortlaut des Gerichtsbeschlusses erforderlich sein.

§ 353d Nr. 3 hindert auch nicht die Veröffentlichung von **Gerichtsentscheidungen** in Fachzeit- 79
schriften.[38] Soweit Entscheidungen der Revisionsgerichte wiedergegeben werden, durch die ein Rechtsmittel verworfen wurde, ist das Verfahren ohnehin rechtskräftig abgeschlossen. Urteile werden darüber hinaus grundsätzlich in öffentlicher Verhandlung verkündet (§ 173 Abs. 1 GVG; § 73 Abs. 2 Satz 2 BDO i.V.m. § 173 Abs. 1 GVG). Dass möglicherweise die Urteilsgründe erst nach der Ver-

---

33 Die gleiche Lösung hätte sich in dem vom OLG Köln JR **1980** 473 entschiedenen Strafbefehlsfall angeboten.

34 Vgl. BTDrucks. 7/550 S. 284, BTDrucks. 7/1261 S. 23; für § 17 RPG war diese Frage strittig; vgl. hierzu *Loesdau* MDR **1962** 773, 775; *Kuhlen* NK Rdn. 34.

35 Das gilt auch für die Justizpressestellen. Soweit Veranlassung besteht, den Inhalt der Anklage ausnahmsweise im Wortlaut mitzuteilen (vgl. in diesem Zusammenhang *Krille* und *Baldus* Niederschriften Bd. 13 S. 302), kann dies bei geschlossener Pressekonferenz geschehen, wenn – hinsichtlich des Wort-lauts – vertrauliche Behandlung ausbedungen wird. Eine Verlesung vor der Fernsehkamera ist nicht erforderlich (vgl. OLG Hamm NJW **1977** 967; *von Becker* S. 229 Fn. 409).

36 Allgemein zu § 34 als Rechtfertigungsgrund für das Handeln staatlicher Organe: *Fischer* § 34 Rdn. 23, 24. Eine abschließende Regelung, die eine Anwendung des § 34 ausschließen könnte, hat der Gesetzgeber nicht treffen wollen. Veröffentlichungen des Wortlauts amtlicher Schriftstücke durch die Justizbehörden werden in der Begründung des Gesetzes sogar angeführt, wenn auch als „Ausnahme", hinsichtlich derer es „nicht angebracht" erscheine, „hierauf im Tatbestand ausdrücklich aufmerksam zu machen" (BTDrucks. 7/550 S. 284).

37 Vgl. *Sch/Schröder/Perron/Hecker* Rdn. 58; *Fischer* Rdn. 6a.

38 Vgl. hierzu auch *Sch/Schröder/Perron/Hecker* Rdn. 57; Löffler/Ricker/*Weberling* Rdn. 8, S. 519; *Bornkamm* S. 222 f.; *Bottke* JR **1980** 475, 476 (Anm. zu OLG Köln JR **1980** 473).

kündung schriftlich abgesetzt werden, ist unerheblich (Rdn. 52). Damit verbleiben nur wenige Problemfälle: so namentlich urteilsaufhebende Beschlüsse der Oberlandesgerichte in Bußgeldverfahren (§ 79 Abs. 5 OWiG) oder Beschlüsse der Revisionsgerichte, durch die ein Urteil gemäß § 349 Abs. 4 StPO aufgehoben wird. Ihre Veröffentlichung im Wortlaut erfüllt zwar den Tatbestand des § 353d Nr. 3. Der Schutzzweck der Vorschrift (Rdn. 24, 25) wird jedoch nicht berührt (*Bornkamm* S. 222 f.; *Bottke* JR **1980** 474, 476 [Anm. zu OLG Köln JR **1980** 473]). In der Regel werden lediglich die Rechtsausführungen des Gerichts wiedergegeben (vgl. zu diesem Gesichtspunkt *Feisenberger* Art. III Anm. 3); der Betroffene wird nicht genannt. Dass Laienrichter oder Zeugen durch eine solche Veröffentlichung in Fachzeitschriften beeinflusst werden könnten, ist kaum zu erwarten (*Bornkamm* S. 223). Handelt es sich um Revisionsentscheidungen, so ist das erneut mit der Sache befasste Gericht ohnehin an die Rechtsauffassung des Revisionsgerichts gebunden (§ 358 Abs. 1 StPO). Demgegenüber besteht an der Veröffentlichung der Entscheidungen ein erhebliches Interesse: Zu den Aufgaben der Rechtsprechung, insbesondere der höchstrichterlichen, gehört nicht nur die Entscheidung des einzelnen Falls, sondern gleichzeitig die Fortentwicklung des Rechts und die Wahrung der Rechtseinheit. Unter diesem Blickwinkel[39] ist es im Interesse der Rechtspflege durchaus gerechtfertigt, solche Entscheidungen so bald wie möglich – also auch vor Abschluss des jeweiligen Einzelverfahrens – und so genau wie möglich – also auch im Wortlaut – zu veröffentlichen (insoweit **aA** *Sch/Schröder/Perron/Hecker* Rdn. 57). Für rechtlich bedeutsame Entscheidungen der Tatsacheninstanz kann im Einzelfall ebenfalls eine „vorzeitige" Veröffentlichung in Frage kommen. Allerdings wird man insoweit eine sorgfältige Prüfung und redaktionelle Überarbeitung fordern müssen.

6. Innerer Tatbestand

80 Der Täter muss **vorsätzlich** handeln. Bedingter Vorsatz genügt. Lediglich um einen Verbotsirrtum handelt es sich, wenn der Täter die rechtlichen Grenzen der Veröffentlichungsbefugnis falsch wertet, etwa wenn er annimmt, das Verfahren sei im Sinne der Vorschrift „abgeschlossen", sobald ein Rechtszug beendet ist (RG JW **1922** 1030). Der Irrtum über die Voraussetzungen eines Rechtfertigungsgrundes ist ein solcher über den Erlaubnistatbestand (vgl. § 353b Rdn. 54).

V. Versuch und Teilnahme

81 Der **Versuch** ist straflos; die **Teilnahme** ist nach den allgemeinen Regeln zu beurteilen.

VI. Zusammentreffen

82 § 353d Nr. 3 schützt andere Rechtsgüter als Nr. 1 und Nr. 2. Mit beiden Vorschriften kann Tateinheit bestehen (*Sch/Schröder/Perron/Hecker* Rdn. 60; *Kuhlen* NK Rdn. 35; ebenso *Löffler* a.a.O. Rdn. 55). War die Öffentlichkeit wegen Gefährdung der Staatssicherheit ausgeschlossen, so kann die Veröffentlichung in der Presse (Nr. 1) zugleich den äußeren Tatbestand eines Verstoßes gegen Nr. 2 darstellen. Ihr geht Nr. 1 als die speziellere Vorschrift vor (im Ergebnis ebenso *Sch/Schröder/Perron/Hecker* Rdn. 60; *Kuhlen* NK Rdn. 35; ferner *Feisenberger* Art. III Anm. 1 für das Verhältnis von Art. III zu Art. II des Gesetzes betreffend die unter Ausschluss der Öffentlichkeit stattfindenden Gerichtsverhandlungen vom 5. April 1888).

83 Wegen der Verschiedenheit des Rechtsguts ist auch Tateinheit möglich im Verhältnis von § 353d Nr. 3 zu Straftaten nach §§ 94 ff., 353b, 203, 185 ff. (*Sch/Schröder/Perron/Hecker* Rdn. 60; *Kuhlen* NK Rdn. 35; *Fischer* Rdn. 8). Dasselbe gilt für § 353d Nr. 1 und Nr. 2, und zwar auch dann, wenn hier im Ergebnis dasselbe Rechtsgut geschützt werden soll wie bei den in Tateinheit stehenden

---

39 Vgl. dazu *Larenz* Methodenlehre der Rechtswissenschaft[6] (1991, Reprint 2014) 421 ff.

Vorschriften (insoweit **aA** *Sch/Schröder/Perron/Hecker* Rdn. 60). Nr. 1 und Nr. 2 enthalten zusätzliches Unrecht, da der Täter Interna von Gerichtsverfahren weitergibt. Tateinheit ist ebenfalls möglich zwischen Nr. 2 und § 353b Abs. 2.[40]

VII. Verjährung

Zur Straftat nach § 353d gelten an sich die allgemeinen Verjährungsvorschriften (§§ 78 ff., § 78 **84**
Abs. 3 Nr. 5). Die von der Presse verwirklichten Verstöße verjähren jedoch als Presseinhaltsdelikte nach den besonderen presserechtlichen Verjährungsvorschriften in den Landespressegesetzen in der Regel bereits nach sechs Monaten (vgl. *Kuhlen* NK Rdn. 36; *Sch/Schröder/Perron/Hecker* Rdn. 61; *Tsambikakis* AnwK Rdn. 38). Näheres zur presserechtlichen Verjährung: *Schmid* LK § 78 Rdn. 14 ff.; *Schmidt* LK § 94 Rdn. 22; dazu *Löffler*[5] Einl. Rdn. 99, § 6 Rdn. 97, Vor § 20 LPG Rdn. 1 ff.; Erbs/Kohlhaas/*Stöckel*, Strafrechtl. Nebengesetze P 190, Pressegesetze der Länder Vorbemerkung Rdn. 9, § 25 LPG NRW Rdn. 2 ff., 6, 8.

40 Vgl. *Möhrenschlager* JZ **1980** 161, 165 Fn. 36; *Fischer* Rdn. 8; *Lackner/Kühl/Heger* Rdn. 6; **aA** *Lüttger* JZ **1969** 578, 583 Fn. 73; *Rogall* NJW **1980** 751, 752 Fn. 23; vgl. im Einzelnen § 353b Rdn. 78, 88.

§ 354 *(aufgehoben)*

Die Strafvorschrift (Verletzung des Post- und Fernmeldegeheimnisses) wurde durch das Begleitgesetz zum Telekommunikationsgesetz vom 17.2.1997 neu gefasst und als *§ 206* dem Fünfzehnten Abschnitt des StGB – Verletzung des persönlichen Lebens- und Geheimbereichs – angefügt (BGBl. I S. 3108). Näheres hierzu § 206 Rdn. 1.

§ 355 Verletzung des Steuergeheimnisses

(1) [1]Wer unbefugt

1. personenbezogene Daten eines anderen, die ihm als Amtsträger

a) in einem Verwaltungsverfahren, einem Rechnungsprüfungsverfahren oder einem gerichtlichen Verfahren in Steuersachen,

b) in einem Strafverfahren wegen einer Steuerstraftat oder in einem Bußgeldverfahren wegen einer Steuerordnungswidrigkeit,

c) im Rahmen einer Weiterverarbeitung nach § 29c Absatz 1 Satz 1 Nummer 4, 5 oder 6 der Abgabenordnung oder aus anderem dienstlichen Anlass, insbesondere durch Mitteilung einer Finanzbehörde oder durch die gesetzlich vorgeschriebene Vorlage eines Steuerbescheids oder einer Bescheinigung über die bei der Besteuerung getroffenen Feststellungen

bekanntgeworden sind, oder

2. ein fremdes Betriebs- oder Geschäftsgeheimnis, das ihm als Amtsträger in einem der in Nummer 1 genannten Verfahren bekanntgeworden ist,

offenbart oder verwertet, wird mit Freiheitsstrafe bis zu zwei Jahren oder mit Geldstrafe bestraft. [2]Personenbezogene Daten eines anderen oder fremde Betriebs- oder Geschäftsgeheimnisse sind dem Täter auch dann als Amtsträger in einem in Satz 1 Nummer 1 genannten Verfahren bekannt geworden, wenn sie sich aus Daten ergeben, zu denen er Zugang hatte und die er unbefugt abgerufen hat. [3]Informationen, die sich auf identifizierte oder identifizierbare verstorbene natürliche Personen oder Körperschaften, rechtsfähige oder nicht rechtsfähige Personenvereinigungen oder Vermögensmassen beziehen, stehen personenbezogenen Daten eines anderen gleich.

(2) Den Amtsträgern im Sinne des Absatzes 1 stehen gleich

1. die für den öffentlichen Dienst besonders Verpflichteten,

2. amtlich zugezogene Sachverständige und

3. die Träger von Ämtern der Kirchen und anderen Religionsgesellschaften des öffentlichen Rechts.

(3) [1]Die Tat wird nur auf Antrag des Dienstvorgesetzten oder des Verletzten verfolgt. [2]Bei Taten amtlich zugezogener Sachverständiger ist der Leiter der Behörde, deren Verfahren betroffen ist, neben dem Verletzten antragsberechtigt.

Schrifttum

Arndt Steuergeheimnis, steuerliche Unzuverlässigkeit und gewerbliches Untersagungsverfahren, GewArch **1988** 281; *Beck* Grundzüge des Steuergeheimnisses, BuW **2002** 9; *Benda* Steuergeheimnis: Kann der Bürger noch darauf vertrauen? DStR **1984** 351; *Bilsdorfer* Die Offenbarungsbefugnis der Finanzbehörde in Steuer- und Bußgeldverfahren, wistra **1984** 8; *Blesinger* Das Steuergeheimnis im Strafverfahren, wistra **91** 239; *Besson* Das Steuergeheimnis und das Nemo-tenetur-Prinzip (1997); *Bullmer* Zulässigkeit der Verwertung von Steuergeheimnissen in einem Zivilprozeß wegen Amtspflichtverletzung, BB **1991** 365; *Dißars* Das Recht auf Akteneinsicht der Beteiligten im Steuerrecht, NJW **1997** 481; *Drüen* Disziplinarverfahren und Steuergeheimnis, ZBR **2002** 115; *Ehlers* Das Steuergeheimnis nach der AO 1977, BB **1977** 1361; *Eilers* Schutz des Steuergeheimnisses zugunsten von Informanten der Finanzverwaltung? DB **1986** 19; *Eilers/Röder* Die Verletzung des Steuergeheimnisses bei der internationalen Rechtshilfe, wistra **1987** 92; *Felix* Kollision zwischen Presse-Informationsrecht und Steuergeheimnis, NJW **1978** 2134; *ders.* Durchbrechung des

https://doi.org/10.1515/9783110490329-021

Steuergeheimnisses zur Richtigstellung in der Öffentlichkeit verbreiteter unwahrer Tatsachen, BB **1995** 2030; *Goll* Steuergeheimnis und abgabenrechtliche Offenbarungsbefugnis, NJW **1979** 90; *Hardtke/Westphal* Die Bedeutung der strafrechtlichen Ermittlungskompetenz der Finanzbehörde für das Steuergeheimnis, wistra **1996** 91; *Hartung* Steuerstrafrecht[3] (1962); *Hetzer* Denunziantenschutz durch Steuergeheimnis? NJW **1985** 2991; *Hüttemann* Nochmals: Das Recht auf Akteneinsicht der Beteiligten im Steuerrecht, NJW **1997** 2020; *Klos* Das Steuergeheimnis, Steuer und Studium, **1991** 403; *Kalmes* Konkurs- bzw. Zwangslöschungsanträge der Finanzbehörden und das Steuergeheimnis, BB **1990** 113; *Klein* AO, 16. Aufl. (2022); *Koch-Wolter* Das Steuergeheimnis (1958); *Koch/Zeller* Das Steuergeheimnis in: Neues Steuerrecht von A–Z (1983); *Kohlmann* § 40 Abs. 2 und 3 StGB – in Steuerstrafverfahren bedeutungslos? FS Spendel (1992) 257; *Kraemer* Offenbarungsbefugnis der Finanzbehörden im Gewerbeuntersagungsverfahren, DStZ **1988** 71; *Krekeler* Der Sachverständige im Steuerstrafverfahren, PStR **2001** 146; *Krömker* Gewerbeuntersagungsverfahren und Steuergeheimnis, DStR **2000** 1419; *Kruse* Über das Steuergeheimnis, BB **1998** 2133; *Küster* Steuergeheimnis und Allgemeindelikt, PStR **2000** 108; *Lehmann* Postmortaler Persönlichkeitsschutz, Intimsphäre und Freiheit der Wissenschaft, Jahrbuch der juristischen Zeitgeschichte **23** (2023) 313; *Löwer* Untersuchungsausschuß und Steuergeheimnis, DVBl **1984** 757; *Maiwald* Die Amtsdelikte, Probleme bei der Neuregelung des 28. Abschnitts des StGB, JuS **1977** 360; *Mattern* Das Steuergeheimnis (1952); *Müller* Steuergeheimnis und Verwertungsverbot bei nichtsteuerlichen Straftaten, DStR **1986** 699; *Niemeyer* in: Müller/Gugenberger/Bieneck (Hrsg.) Wirtschaftsstrafrecht[3] (2000) 23 ff.; *Niewenhuis* Strafanzeige und Steuergeheimnis, NJW **1989** 280; *Onusseit* Akteneinsichtsrecht nach § 78 FGO und Steuergeheimnis, EwiR **2001** 69; *Pfaff* Steuergeheimnis (1977); *ders.* Das Steuergeheimnis nach der neuen Abgabenordnung, DStZ A **1976** 355; *Pohl* Die Klassifikation des Steuergeheimnisses, BB **1995** 2093; *Reiß* Zwang zur Selbstbelastung nach der neuen Abgabenordnung, NJW **1977** 1436; *ders.* Besteuerungsverfahren und Strafverfahren (1987); *Rüping* Beweisverbote als Schranke der Aufklärung im Steuerrecht (1981); *Rüping/Arloth* Steuergeheimnis und Strafverfahren, DB **1984** 1795; *H. Schäfer* Das Steuergeheimnis, JA **1996** 882; *Schomberg* Das Steuergeheimnis im Steuerstrafverfahren, NJW **1979** 526; *Schumann* Geheimhaltung der Namen von Informanten durch das Finanzamt, wistra **1996** 16; *Spriegel* Steuergeheimnis und nichtsteuerliche Straftat, wistra **1997** 321; *Streck* Der Beschluß des BVerfG zum strafrechtlichen Verwertungsverbot bei Aussagen des Gemeinschuldners, StV **1981** 362; *Streck/Olbing* Der beim Finanzamt angezeigte Steuerbürger: Auskunftsanspruch contra Steuergeheimnis, BB **1994** 1267; *Strunk* Konkursantrag und Steuergeheimnis, BB **1990** 1530; *Stürner* Strafrechtliche Selbstbelastung und verfahrensförmige Wahrheitsermittlung, NJW **1981** 1757; *Weyand* Mitteilungen in Strafsachen und Steuergeheimnis, NStZ **1987** 399; *ders.* Steuergeheimnis und Offenbarungsbefugnis der Finanzbehörden in Steuerstraf- und Bußgeldverfahren, wistra **1988** 9; *ders.* Arzt- und Steuergeheimnis als Hindernis für die Strafverfolgung? wistra **1990** 4.

Kommentare und Handbücher: *Becker/Riewald/Koch* RAO[9] (1963); *Hartung* Steuerstrafrecht[3] (1962); *Hübschmann/Hepp/Spitaler* AO (Loseblatt Stand: 2021); *Kühn-Kutter-Hofmann* AO[16] (1990); *Kühn/von Wedelstädt* AO[22] (2018); *Tipke/Kruse* AO (Loseblatt Stand: 2021); *Wabnitz/JJanovsky/Schmitt* Handbuch des Wirtschafts- und Steuerstrafrechts[5] (2020); *Warmebrackes* Steuerstrafrecht[5] (2004).

Entstehungsgeschichte

Der strafrechtliche Schutz des Rechts auf Wahrung des Steuergeheimnisses, das zwar *als solches* kein Grundrecht ist[1] – anders Art. 10 GG für das Post- und Fernmeldegeheimnis[2] –, dem aber im Blick auf die gewichtigen öffentlichen und privaten Interessen an der Geheimhaltung ein hoher, teils *in grundrechtlichen Verbürgungen* wurzelnder Rang zukommt,[3] war früher in den §§ 412, 22 Abs. 2, 3 RAbgO geregelt. Alle StGB-Entwürfe seit 1927 sprachen sich für die Übernahme einer entsprechenden Strafvorschrift in das StGB aus, weil es sich um eine besonders wichtige Sonderregelung gegenüber der allgemeinen Vorschrift über die Verletzung des Dienstgeheimnisses (jetzt: § 353b) handele, die mit dieser sachlich eng zusammenhänge und daher auch gesetzlich zusammen geregelt werden sollte. Vornehmlich aus diesem Grunde, aber auch entsprechend der Tendenz der neueren Strafgesetzgebung, die für die Allgemeinheit besonders wichtigen Vorschriften des Nebenstrafrechts grundsätzlich in das Strafgesetzbuch aufzunehmen, sah § 473 E 1962 (BTDrucks. IV/650 S. 90 mit Begründung S. 666; vgl. dazu aus den vorangegangenen Erörterungen der Großen Strafrechts-Kommission Niederschriften **9** 570; **13** 384) eine Strafvorschrift gegen Bruch des Steuergeheimnisses vor. Die Ausgestaltung lehnte sich eng an § 22 RAbgO an; es war damals schon geplant, im künftigen EGStGB den § 22 RAbgO dem § 473 anzupassen (Begr. BTDrucks. IV/650 S. 666). Durch Art. 19 Nr. 201 EGStGB vom 2.3.1974 wurde schließlich § 355 in das StGB eingefügt. Diese Vorschrift knüpft zwar inhaltlich an § 473 E 1962 an, unterscheidet sich aber in einer Reihe von Einzelheiten und vor allem im Aufbau. Die Abweichungen erklären sich daraus, dass in der Zwischenzeit der Regierungs-Entwurf einer Abgabenordnung (EAO 1974) eingebracht worden war (BTDrucks. VI/1982), nach

1 BVerfGE **67** 100, 142; **84** 239, 280 f.
2 Vgl. *Träger* LK[11] § 206 Rdn. 2 ff.
3 BVerfGE **67** 100, 142; **84** 239, 280 f.; vgl. dazu auch *Sch/Schröder/Perron/Hecker* Rdn. 2; *Kuhlen* NK Rdn. 4.

dem der § 22 RAbgO durch den neuen § 5 AO ersetzt werden sollte. Der Tatbestand des § 355 wurde nunmehr im RegE des EGStGB (BTDrucks. 7/550 S. 35; Begr. S. 287) in enger Anlehnung an diesen § 5 AO neu formuliert. Der EAO 1974 konnte wegen der vorzeitigen Auflösung des 6. Deutschen Bundestags nicht mehr verabschiedet werden. In dem in der 7. Wahlperiode erneut und unverändert eingebrachten Entwurf einer Abgabenordnung (BTDrucks. 7/79) trat bei den Ausschussberatungen an die Stelle des § 5 EAO 1974 der das Steuergeheimnis regelnde § 30, der gegenüber dem § 5 EAO 1974 eine Reihe von Änderungen erfuhr, die in der Hauptsache die Zulässigkeit der Durchbrechung des Steuergeheimnisses betrafen (vgl. dazu den Abschlussbericht des Finanzausschusses, BTDrucks. 7/4292). In der *neuen Abgabenordnung* vom 16.3.1976 (BGBl. I S. 613) – AO 1977 – stimmt § 30 AO n.F. in den Absätzen 2 und 3 inhaltlich mit § 355 Abs. 1 und 2 überein. Die späteren Ergänzungen der Vorschrift (unbefugter Abruf geschützter Daten (§ 30 Abs. 2 Nr. 3 AO) und die Erweiterung des Kreises der Geheimhaltungspflichtigen auf ausländische Amts- und Funktionsträger (§ 193 Abs. 2 GVG; § 30 Abs. 3 Nr. 1a AO) haben den Gesetzgeber zunächst nicht veranlasst, auch die Strafvorschrift – § 355 – entsprechend zu ergänzen. Erst durch Gesetz vom 18.6.2016 (BGBl. I S. 1679) und durch Gesetz vom 19.11.2019 (BGBl. I S. 1626) fand durch Änderungen in Absatz 1 Satz 1 Nr. 1 Buchst, a und Einfügung von Absatz 1 Satz 3 eine Anpassung statt. Durch Gesetz vom 25.6.2021 (BGBl. I 2099) wurde in Absatz 1 Satz 1 Buchst. c die Verweisung auf § 29c AO eingefügt und die Fassung redaktionell angepasst. Größere Bedeutung könnte den §§ 31a und b AO zukommen. Nach diesen Vorschriften sind die Finanzbehörden *befugt und auch verpflichtet*, Erkenntnisse, die für Verfahren zur Bekämpfung der illegalen Beschäftigung, des Leistungsmissbrauchs (§ 31a AO) und der Geldwäsche (§ 31b AO) erforderlich sind, den zuständigen Stellen mitzuteilen.

Übersicht

I. Geschütztes Rechtsgut

1. Schutzzwecke

§ 355 in Verbindung mit § 358 soll durch Androhung strafrechtlicher Sanktionen das durch Normierung von Offenbarungsgründen in § 30 Abs. 4, 5 AO näher ausgestaltete Steuergeheimnis gegen unbefugte Verletzung (Offenbarung, Verwertung) durch die nach § 355 Abs. 1, 2 zur Wah- 1 rung des Geheimnisses Verpflichteten schützen. Das Interesse an der Wahrung des Steuergeheimnisses besteht nach *zwei Richtungen* (*Schmitz* MK Rdn. 3; *Kuhlen* NK Rdn. 4; Matt/Renzikowski/*Sinner* Rdn. 1; SSW/*Bosch* Rdn. 1; *Leipold*/AnwK Rdn. 2). Es bedarf einmal eines umfassenden Geheimnisschutzes im *Individualinteresse* der Steuerpflichtigen (und neben ihnen auch anderer Personen; vgl. Abs. 1 Nr. 1 „Verhältnisse eines anderen") als Gegenstück zu den ihnen im Verwaltungs- und auch im gerichtlichen Verfahren in Steuersachen weitgehend auferlegten Mitwirkungs- und Offenbarungspflichten.[4] So muss z.B. der Steuerpflichtige der Steuerbehörde auch Einkünfte aus strafbaren oder gegen die guten Sitten verstoßenden Handlungen – und damit nach § 90 AO auch gegebenenfalls diese Handlungen selbst – als Einnahmequelle bekanntgeben, da es nach § 40 AO (vgl. auch § 41 AO) für die Besteuerung unerheblich ist, ob ein Verhalten, das den Tatbestand eines Steuergesetzes ganz oder zum Teil erfüllt, gegen ein gesetzliches Gebot oder Verbot oder gegen die guten Sitten verstößt (vgl. *Tipke/Kruse/Drüen* Rdn. 8 ff. zu § 30 AO).[5] Der Steuerpflichtige hat auch im Besteuerungsverfahren, wie sich aus § 103 AO ergibt, grundsätzlich *kein* Auskunftsverweigerungsrecht, wenn er sich durch wahrheitsgemäße Angaben selbst bezichtigen müsste (*Koch* Rdn. 11 zu § 90). Allerdings sind nach § 393 Abs. 1 Satz 2 AO Zwangsmittel (§ 328 AO) zur Herbeiführung einer Aussage nicht zulässig, wenn der Steuerpflichtige dadurch gezwungen würde, sich selbst wegen einer von ihm begangenen Steuerstraftat oder Steuerordnungswidrigkeit zu belasten; aber auch dann bleibt seine Mitwirkungspflicht bestehen, und es ist der Finanzbehörde nicht verwehrt, aus der verweigerten Mitwirkung nachteilige Folgerungen bei der Beweiswürdigung zu ziehen, z.B. im Rahmen einer Schätzung (vgl. *Klein/Jäger* Anm. 1; *Koch* Rdn. 4, je zu § 393 AO). Angesichts dieser rückhaltlosen Offenbarungs- und Mitwirkungspflichten und der behördlichen Amtsaufklärungspflicht ist die Pflicht der Amtsträger und der ihnen nach § 355 Abs. 2, § 30 Abs. 3 AO gleichgestellten Personen zur Geheimhaltung des Offenbarten und die Sanktion des § 355 gegen die Verletzung dieser Pflicht ein notwendiges Gegenstück.[6] Teilweise wird es als „bereichsspezifisches Amtsgeheimnis inter pares" gesehen (*Pohl* BB **1995** 2093, 2096). Zugleich dient das Steuergeheimnis aber auch dem *fiskalischen Besteuerungsinteresse*, dem staatlichen Interesse an einer vollständigen und richtigen Erfassung der Steuerquellen, denn der Offenbarungspflichtige müsste Bedenken tragen, sich rückhaltlos zu offenbaren, wenn er nicht darauf vertrauen dürfte, dass seine allein zum Zwecke richtiger Besteuerung angeforderten und bestimmten Angaben und Mitteilungen von Daten, die je nach Fallgestaltung umfassenden Einblick in die Lebensverhältnisse der Betroffenen geben können (vgl. BVerfGE a.a.O. S. 143), nicht über den Kreis der Geheimhaltungspflichtigen hinaus zu seinem Nachteil weitergetragen werden. In diesem Sinne hatte schon zur Zeit der Geltung der Reichsabgabenordnung RGSt **65** 45 ausgeführt, dass das Gesetz „auch die Wahrung des Steuergeheimnisses als der Besteuerung, insbesondere der Erzielung wahrheitsgemäßer Steuererklärungen, förderlich ansieht und seine Verletzung deshalb im Interesse der Besteuerung mit Strafe bedroht". Darauf beruft sich auch die Begründung zu § 355 im RegE des EG 1974 (BTDrucks. 7/550 S. 287). Dass das Steuergeheimnis jedem dieser beiden Zwecke (Individualinteresse, Allgemeininteresse) dient, ist heute in Rechtsprechung[7] und Schrifttum[8] anerkannt. Das Bundesverfassungsgericht weist in diesem Zusammenhang zutreffend auf die grundrechtlichen Verbürgungen aus Art. 2 Abs. 1, Art. 1 Abs. 1 und Art. 14 Abs. 1 GG hin, die im Interesse des Steuerpflichtigen Schutz gegen *unbegrenzte* Erhebung, Verwertung und Weitergabe der persönlichen Daten bieten und *nur im überwiegenden Allgemeininteresse* und unter Beachtung des

---

4 Vgl. §§ 90, 200, 211 AO, sowie BTDrucks. 7/4292 S. 17; *Bullmer* BB **1991** 365; *Hetzer* NJW **1985** 2994.
5 BGHR StGB AO § 30 Steuergeheimnis 1 und AO § 40 Schätzung 1 mit Hinweis auf die einschlägigen Entscheidungen des BFH.
6 BVerfGE **67** 100, 139 ff.; s. dazu auch BVerfGE **56** 37, 44 ff., 47; **84** 239, 280 f.; s. auch *Heuchemer* BeckOK, Rdn. 1.
7 Vgl. OLG Hamm NJW **1981** 357; KG NJW **1985** 1971.
8 *Fischer* Rdn. 1; *Hoyer* SK Rdn. 2; *Lackner/Kühl/Heger* Rdn. 1; *Kuhlen* NK Rdn. 4.

Grundsatzes der Verhältnismäßigkeit eingeschränkt werden dürfen (BVerfGE **67** 100, 139 ff., 141 ff.; **65** 1, 44; **84** 239, 280 f.).

2. Rangordnung zwischen den Zwecken?

Welche der beiden Schutzrichtungen **vorrangig** ist, wird im Schrifttum unterschiedlich beurteilt. 2
Nach *Tipke/Kruse/Drüen* § 30 AO Rdn. 10 schützt § 355 (bzw. § 30 AO) gleichrangig das private Interesse des Steuerpflichtigen an der Wahrung des Steuergeheimnisses und das öffentliche Interesse an der gleichmäßigen Besteuerung;[9] nach *Kühn/Kutter/Hofmann* Anm. 4c ist allein das private Interesse des Steuerpflichtigen geschützt. Hingegen sehen *Perron/Hecker* den primären Zweck im Schutz des Allgemeininteresses; geschütztes Rechtsgut wäre danach in erster Linie das Vertrauen in die Amtsverschwiegenheit als Voraussetzung für ein funktionierendes Steuerwesen.[10]

Wenn die Vorschrift des § 30 Abs. 4 Nr. 3 AO, wonach eine Offenbarung der nach § 30 Abs. 2 3
AO (= § 355 Abs. 1) erlangten Kenntnisse zulässig ist, falls der Betroffene zustimmt, dahin zu verstehen wäre, dass bei Zulässigkeit der Offenbarung auch eine *Offenbarungspflicht* der Finanzbehörde gegenüber Auskunftsbegehren zuständiger Behörden (oder auch des Steuerpflichtigen selbst) bestünde, würde das bedeuten, dass das Individualinteresse des Betroffenen an der Geheimhaltung den Ausschlag gäbe und ein Interesse der Allgemeinheit am Bestand des Steuergeheimnisses seine Bedeutung verlöre. Gerade diese Folgerung wird aber im steuerrechtlichen Schrifttum nicht gezogen; im Allgemeinen wird vielmehr angenommen, dass bei Zulässigkeit der Offenbarung kraft Zustimmung des Betroffenen die Finanzbehörde nach Ermessensgrundsätzen zu entscheiden habe, ob einer Offenbarung nicht das öffentliche Interesse an der Wahrung des Steuergeheimnisses entgegensteht.[11] So gesehen hat das Schutzinteresse des Zustimmenden nur insofern eine Art „Vorrang", als bei der Ermessensausübung die Frage, ob öffentliche Interessen nach Wegfall der Rücksichtnahme auf Interessen des Betroffenen der Preisgabe des Steuergeheimnisses noch entgegenstehen, im allgemeinen zu verneinen sein wird. Indessen hat die zu § 22 AO a.F. ergangene Entscheidung BFH BStBl. **1967** 572, dass bei Erteilung der Zustimmung des Betroffenen überhaupt kein behördlicher Ermessensspielraum mehr bestehe, mit Recht den Widerspruch des Schrifttums hervorgerufen. Andere für die eine oder andere Auffassung in Anspruch genommene oberstgerichtliche Entscheidungen lassen nicht erkennen, dass bei ihnen Fragen des Vorrangs eine Rolle spielten. Letztlich wird man sagen können, dass es keinen eindeutigen „Vorrang" gibt, der als Richtlinie für die Auslegung und für die Entscheidung von Einzelproblemen verwertbar wäre. Allerdings lässt sich trotz der Überlegungen zu § 30 Abs. 4 Nr. 3 AO nicht übersehen, dass ein „faktischer" Vorrang der Interessen des privaten Steuerpflichtigen besteht, denn erst durch seinen Verzicht auf das Steuergeheimnis kann die Frage nach dem Umgang der Behörde mit diesem Geheimnis überhaupt auftauchen. So ist denn das öffentliche Interesse nur über die Vermittlung durch das private Interesse geschützt (so auch *Tipke/Kruse/Drüen* § 30 AO Rdn. 10). Entgegen *Träger* LK[11] Rdn. 4 wird man dem Strafantragsrecht des Dienstvorgesetzten nach § 355 Abs. 3 keine Rückschlüsse für das geschützte Rechtsgut entnehmen können, denn insoweit spielen auch rein kriminalpolitische Gründe eine Rolle, wie auch beispielsweise die Relativierung des Strafantragsrechts in § 230 am individualschützenden Charakter des § 223 nichts ändert.[12]

---

9 Ebenso *Samson* SK (1989/1991) Rdn. 2; *Hoyer* SK Rdn. 2 a.E.
10 *Sch/Schröder/Perron/Hecker* Rdn. 2.
11 Vgl. *Tipke/Kruse/Drüen* § 30 AO Rdn. 59a; *Klein/Rüsken* Rdn. 1, 4; *Hübschmann/Hep/Spitaler/Alber* Rdn. 59 ff.; im Ergebnis auch *Koch* Rdn. 21; *Kühn/Kutter/Hofmann* Anm. 4c, je zu § 30 AO, s. dazu auch Rdn. 46; **aA** von seiner Charakterisierung des geschützten Rechtsguts aus *Sch/Schröder/Perron/Hecker* Rdn. 26 und im Anschluß daran *Goll* NJW **1979** 92.
12 Vgl. aber BVerfGE **84** 239, 280 f.

II. Täterkreis

1. Täter nach § 355 Abs. 1

4 Täter nach § 355 Abs. 1 ist, wer Verhältnisse eines anderen, die ihm als **Amtsträger** (vgl. BGH NStZ **1991** 78) unter den in Abs. 1 Nr. 1 Buchst. a bis c bezeichneten Voraussetzungen bekannt geworden sind, unbefugt offenbart oder verwertet. Mit dieser an § 353b, § 354 a.F.[13] sich anschließenden Umschreibung („Wer ..., die ihm als Bediensteten der Post ...") bringt § 355 zum Ausdruck, dass dem Täter die dem Steuergeheimnis unterliegenden „Verhältnisse eines anderen" in seiner Eigenschaft als Amtsträger bekannt geworden sein müssen. Er muss im Zeitpunkt der Kenntniserlangung Amtsträger gewesen sein (*Hoyer* SK Rdn. 4; SSW/*Bosch* Rdn. 4). Es kommt nicht darauf an, ob er im Zeitpunkt der Tathandlung (Offenbaren, Verwerten) noch Amtsträger ist (Matt/Renzikowski/*Sinner* Rdn. 5; *Leipold*/AnwK Rdn. 6). Nicht unter § 355 fällt also der Fall, in dem der Amtsträger Umstände offenbart, von denen er vor seinem Amtsantritt Kenntnis erlangt hat, die er also in seine amtliche Stellung „eingebracht" hat; hier fehlt es wenn nicht schon an der Amtsträgereigenschaft, so doch an der von § 355 vorausgesetzten Kenntnisnahme „als Amtsträger". Allerdings kann dies privat erlangte Wissen amtlich „angereichert" werden, und dann sind Fälle denkbar, in denen früheres und neues Wissen so eng miteinander verwoben sind, dass es sich insgesamt um eine amtlich erlangte Kenntnis handelt; stets freilich gilt, dass „Bekanntes nicht noch einmal erfahrbar" ist (*Schmitz* MK Rdn. 22). Der Begriff des Amtsträgers ergibt sich aus dem wörtlich mit § 7 AO übereinstimmenden § 11 Abs. 1 Nr. 2. Der Täter braucht nicht Amtsträger im Dienst der Finanzverwaltung zu sein oder gewesen zu sein. Maßgebend ist vielmehr, unter welchen der unter Buchst. a bis c bezeichneten Umständen er als Amtsträger – z.B. auch als Staatsanwalt, Richter usw. – Kenntnis erlangte (vgl. OLG Hamm NJW **1981** 356; VG Saarlouis NJW **2003** 3433 = NStZ **2004** 463). Im Übrigen gilt das bei *Hilgendorf* LK § 206 Rdn. 6, 15 dazu Ausgeführte sinngemäß auch hier. Es kommt nicht darauf an, ob der Täter als Amtsträger oder als Privatperson die Geheimhaltungspflicht verletzte. Auch Abgeordnete können, z.B. als Mitglied eines parlamentarischen Untersuchungsausschusses gemäß Art. 44 GG bzw. entsprechenden Vorschriften der Landesverfassungen, zu dem geheimhaltungspflichtigen Personenkreis gehören (*Schäfer* JA **1996** 883).

2. Erweiterter Täterkreis nach Abs. 2

5 Nach **§ 355 Abs. 2** sind die für den öffentlichen Dienst besonders Verpflichteten, die amtlich zugezogenen Sachverständigen und die kirchlichen Amtsinhaber den in Absatz 1 genannten Amtsträgern gleichgestellt (Näher hierzu Rdn. 24 ff.).

3. § 355 als Sonderdelikt

6 **Täterschaft nach § 355** ist danach davon abhängig, dass dem Täter die geschützte Information als Amts- oder Funktionsträger in der in der Strafnorm vorausgesetzten Art bekannt geworden ist. In dieser Eigenschaft ist ein besonderes persönliches Merkmal des Täters zu sehen, das die Tat als **Sonderdelikt** ausweist. Für Tatbeteiligte findet somit § 28 Abs. 1 Anwendung (*Schmitz* MK Rdn. 6; *Kuhlen* NK Rdn. 6; *Hoyer* SK Rdn. 3; *Hilgendorf* LK § 206 Rdn. 6, 15 *Fischer* Rdn. 2; Matt/Renzikowski/*Sinner* Rdn. 1; *Maiwald* JuS **1977** 353, 362; **aA** *Sch/Schröder/Perron/Hecker* Rdn. 35; siehe dazu auch Rdn. 95).

---

13 Wortlaut bei *Hilgendorf* LK § 206 Fn. 5

III. Gegenstand des Steuergeheimnisses nach Absatz 1 Nr. 1

Gegenstand des Steuergeheimnisses nach Absatz 1 Nr. 1 sind personenbezogene Daten eines anderen, die dem Täter als Amtsträger in den in Buchst. a bis c bezeichneten Verfahren und amtlichen Vorgängen bekannt geworden sind. 7

1. Personenbezogene Daten

Das frühere Merkmal „Verhältnisse" ist nunmehr durch das Merkmal „**personenbezogene Daten**" ersetzt, Damit ist ein Anknüpfungspunkt für die Erweiterung in Absatz 1 Satz 2 geschaffen worden; in der Sache ist damit jedoch prinzipiell keine Änderung gegenüber dem früheren Merkmal verbunden, weshalb die dazu einschlägigen Nachweise auch weiterhin gelten; vgl. *Fischer* Rdn. 7b; es sind also, soweit es um natürliche Personen geht, in weitestem Umfang alle Umstände, die eine bestimmte Person („eines anderen") im Verhältnis zu ihrer Umwelt individualisieren, ohne Rücksicht darauf, ob es sich dabei um Privatgeheimnisse im Sinn des § 203 oder um Merkmale handelt, die für eine Besteuerung von Bedeutung sind oder sein können. (SSW/*Bosch* Rdn. 2). Der Begriff „Verhältnisse" umfasst also als „denkbar weiter" Begriff alles, was über eine Person unter den in den Buchst. a bis c des Abs. 1 Nr. 1 genannten Voraussetzungen bekannt geworden ist (OLG Hamm NJW **1981** 358; OVG Münster NVwZ **1999** 1252, 1253; *Hoyer* SK Rdn. 7). Er erstreckt sich mithin „auf die gesamten persönlichen, wirtschaftlichen, rechtlichen, öffentlichen und privaten Verhältnisse einer Person" (*Tipke/Kruse/Drüen* Rdn. 12), so dass es „kaum irgend etwas geben dürfte, was in Beziehung auf eine Person nicht zu deren Verhältnissen gehört" (*Maiwald* JuS **1977** 362; *Blesinger* wistra **1991** 239). Nur beispielsweise seien neben den Einkommens- und Vermögensverhältnissen genannt der Name, der Familienstand, die Kinderzahl, die Gesundheit, die Lebensführung, die persönliche Zuverlässigkeit, das Aussehen, Vorstrafen, die religiöse und politische Einstellung, Adressenangaben von konsultierten Ärzten und selbst „die Sauberkeit der Wohnung" (*Tipke/Kruse/Drüen* a.a.O.; s. auch die Beispiele b. *Heuchemer* BeckOK Rdn. 8; Matt/Renzikowski/*Sinner* Rdn. 8). Erst recht gehören hierher steuerliche Verhältnisse, z.B. ob jemand überhaupt bei einer Finanzbehörde steuerlich geführt wird, ob eine Betriebsprüfung bei ihm stattgefunden hat oder ob ein Ermittlungsverfahren wegen einer Steuerstraftat oder Steuerordnungswidrigkeit gegen ihn läuft (OLG Hamm a.a.O.). Selbst Gerüchte über eine Person gehören zu deren „Verhältnissen"; ob die über Verhältnisse dem Täter bekannt geworden Tatsachen sich als richtig oder falsch erweisen, ist ohne Bedeutung (RGSt **65** 46; *Wagner* JZ **1987** 667). Das Steuergeheimnis und sein Schutz sind demnach umfassend (*H. Schäfer* JA **1996** 882). 8

Der Begriff **personenbezogene Daten** in § 355 Abs. 1 Nr. 1 umfasst im Grunde auch die in Nr. 2 gesondert angeführten „Betriebs- und Geschäftsgeheimnisse" (Näheres dazu Rdn. 22). 9

Diese Weite des Begriffs der geheimzuhaltenden personenbezogenen Daten bedarf allerdings gewisser **Einschränkungen**. Sinnvollerweise sind solche Umstände auszuscheiden, die bereits *allgemeinkundig* in dem Sinne sind, dass von ihnen „verständige Menschen regelmäßig Kenntnis haben oder über die sie sich aus zuverlässigen Quellen ohne besondere Fachkunde sicher unterrichten können" (so – zu § 244 Abs. 3 StPO – BGHSt **6** 293; *Fischer* KK § 244 StPO Rdn. 131 ff.; vgl. auch *Kuhlen* NK Rdn. 8). Diese Einschränkung ergibt sich sowohl aus dem Schutzzweck des § 355 wie auch daraus, dass nicht „offenbart" oder (vorbehaltlich anderer Schutzvorschriften) nicht „unbefugt verwertet" werden kann, was bereits allen Interessenten bekannt ist, etwa wenn das Verhältnis die Erreichbarkeit unter einer Adresse oder Telefonnummer betrifft, die in Adress- und Telefonbüchern jedermann zur Einsicht offenstehen, oder wenn über das „Verhältnis" uneingeschränkt in den Tageszeitungen berichtet wurde. Das ist nicht der Fall, wenn die interessierenden Auskünfte oder Daten nur nach Darlegung eines berechtigten Interesses zu erlangen sind (BGHZ JZ **2003** 290 ff. mit Anm. *Behm*; **aA** OLG Hamburg NStZ **1998** 358; BayObLG NJW **1999** 1727). Öffentliche Register gelten nur dann als allgemein zugänglich, wenn der Informationsbedürftige – von Öffnungszeiten, Gebühren usw. abgesehen – uneingeschränkt zugreifen kann. Ob das, was Gegen- 10 stand der Erörterung in *öffentlicher Gerichtsverhandlung* war, ebenfalls als offenkundig gelten kann, wird zwar von der h.M.[14] bejaht, ist aber nicht ganz unstreitig. Dafür spricht, dass die Massenmedien, insbesondere die Presse, befugt sind, zur Befriedigung des Informationsinteresses der Allgemeinheit sogar gehalten sein können, über das öffentlich Verhandelte zu berichten. Dabei ist aber zu berücksichtigen, dass die Presseberichterstattung wegen des damit verbundenen Eingriffs in die Persönlichkeitssphäre des Betroffenen nicht weiter gehen darf, als es zu einer angemessenen Befriedigung des allgemeinen Informationsinteresses erforderlich ist; d.h., die Nachteile einer Berichterstattung für den Betroffenen müssen im rechten Verhältnis zur Schwere der Tat und ihrer sonstigen Bedeutung für die Öffentlichkeit stehen. Beschränkungen der Berichterstattung ergeben sich daraus im allgemeinen bei sogenannter kleiner Kriminalität, im Gegensatz zu aufsehenerregenden Straftaten (vgl. dazu unten Rdn. 72). Nach *Tipke/Kruse/Drüen* Rdn. 51a gilt das in öffentlicher Sitzung Verhandelte deshalb als offenkundig, weil die an der Verhandlung Beteiligten – gedacht ist dabei wohl in erster Linie an die tatsächlich erschienenen oder an potentielle Zuhörer – als Repräsentanten der Allgemeinheit anzusehen seien (**aA** NK/*Kuhlen* Rdn. 11).

11 Noch weitergehend ist mit *Sch/Schröder/Perron/Hecker* Rdn. 5 und *Blesinger* wistra **1991** 240 anzunehmen, dass die Schweigepflicht bei Verhältnissen entfällt, an deren Geheimhaltung offensichtlich kein Beteiligter ein Interesse hat (ähnlich OVG Münster NVwZ **1999** 1253: „nur Verhältnisse, an denen ein Geheimhaltungsinteresse besteht"); *Maiwald* JuS **1977** 362 mahnt jedoch mit Recht, bei diesen Fragen und gerade bei Fällen „nicht eklatanter Offenkundigkeit" die Schweigepflicht zu achten und Zurückhaltung zu üben, „zumal die im Steuergeheimnis liegende Garantie der Verschwiegenheit auch in der allgemeinen Überzeugung als vollständige Verschwiegenheit verwurzelt ist" (vgl. auch Entstehungsgeschichte).

2. Personenbezogene Daten eines anderen

12 „Anderer" ist hier jeder, der nicht Amtsträger ist oder (§ 355 Abs. 2) einem Amtsträger gleich steht (*Schmitz* MK Rdn. 15). Nach § 22 Abs. 2 Nr. 1 RAbgO unterlagen der Geheimhaltungspflicht die „Verhältnisse eines Steuerpflichtigen". Durch die Ersetzung von „Steuerpflichtigen" durch „anderen" in § 355 und § 30 AO 1977 ist klargestellt, dass sich das Steuergeheimnis nicht nur auf die Verhältnisse der Steuerpflichtigen im Sinne des § 33 Abs. 1 AO, sondern auf diejenigen aller Drittpersonen erstreckt (SSW/*Bosch* Rdn. 2). Das ist insbesondere von Bedeutung für das „staatspolitisch heikle" und im Schrifttum[15] häufiger erörterte Problem der Zusammenarbeit der Finanzbehörden mit Gewährsleuten (V-Leuten), die den Finanzbehörden „vertraulich" Angaben über Steuerpflichtige liefern. Nach nunmehr wohl herrschender Meinung unterliegen der Name des Anzeigeerstatters, die Tatsache der Anzeige und der Inhalt der Mitteilung dem Steuergeheimnis.[16] Jedenfalls ist das Finanzamt grundsätzlich befugt, vertrauliche Mitteilungen von Hinweisgebern auszuheften und nicht vorzulegen (BFH NJW **1995** 352). Durch Abs. 1 Satz 3 ist klargestellt, dass verstorbene Personen (soweit identifiziert oder identifizierbar) sowie Körperschaften, rechtsfähige und nicht rechtsfähige Personenvereinigungen und Vermögensmassen den „Anderen" gleichgestellt sind (*Kuhlen* NK Rdn. 7; *Tipke/Kruse/Drüen* § 30 AO Rdn. 14 ff. für den früheren Rechtszustand). Die Ergänzung ist die klarstellende Konsequenz aus dem erweiterten Begriff der personenbezogenen Daten in § 2a Abs. 5 AO, vgl. *Fischer* Rdn. 8a.

---

14 Vgl. z.B.*Tipke/Kruse/Drüen* § 30 AO Rdn. 51a; *Koch* Rdn. 16; *Schomberg* NJW **1979** 527 Rdn. 6.
15 SSW/*Bosch* a.a.O.; vgl. *Tipke/Kruse/Drüen* § 30 AO Rdn. 15; *Kühn/von Wedelstädt/Blesinger* § 30 AO Anm. 41; *Hübschmann/Hepp/Spitale/Alber* Rdn. 42 ff.; *Ehlers* BB **1977** 1362; *Hetzer* NJW **1985** 2991; *Wagner* JZ **1987** 667.
16 BFH wistra **1986** 99; *Kuhlen* NK Rdn. 10; *Hetzer* NJW **1985** 2293; *Wagner* JZ **1987** 658; **aA** KG NJW **1985** 1971; *Fischer* Rdn. 7; *Sch/Schröder/Perron/Hecker* Rdn. 6; *Schumann* wistra **1996** 16; LG Hamburg NJW **2002** 1217.

3. Abgrenzung eigener personenbezogener Daten von denen eines anderen

Der erbetenen Auskunft über eigene Verhältnisse des Nachsuchenden (aus den Besteuerungsvorgängen usw.) steht das Steuergeheimnis nicht entgegen (*Heuchemer* BeckOK Rdn. 9). Die in diesem Zusammenhang häufig auftauchenden und in ihren Auswirkungen in Rechtsprechung und Schrifttum viel und kontrovers behandelten Fragen, inwieweit im Hinblick auf die zwischen verschiedenen Personen bestehenden rechtlichen Beziehungen eigene Verhältnisse vorliegen, die dem um Mitteilung Nachsuchenden offenbart werden können, und inwieweit eine Offenbarung entfällt, weil die Pflicht zur Geheimhaltung der Verhältnisse eines anderen entgegensteht, kann hier nur angesprochen werden. So sind bei *Personengesellschaften* Offenbarungen an die Gesellschafter, insbesondere an Kommanditisten zulässig, soweit sie Gegenstand der einheitlichen und gesonderten Feststellung sind. Denn da der Feststellungsbescheid sich gegen alle Beteiligten richtet, sie also alle Adressaten sind, sind z.B. die Gesellschafter einer Kommanditgesellschaft berechtigt, die einheitliche und gesonderte Gewinnfeststellung einzusehen (*Tipke/Kruse/Drüen* § 30 AO Rdn. 17 ff.; s. aber auch *Sch/Schröder/Perron/Hecker* Rdn. 7). Dagegen sind geheime Unterbeteiligungen, Betriebsausgaben und Einnahmen eines oder mehrerer Gesellschafter einer Personengesellschaft Gegenstand des Steuergeheimnisses, solange sie nicht bei der einheitlichen und gesonderten Gewinnfeststellung erfasst werden müssen (*Tipke/Kruse/Drüen* § 30 AO Rdn. 20). Bei *Kapitalgesellschaften* sind deren Verhältnisse gegenüber den Gesellschaftern Verhältnisse „eines anderen", da Steuerbescheide gegen die Gesellschaft ergehen. Im Verhältnis zwischen Gesamtschuldnern untereinander entfällt das Steuergeheimnis, soweit die Gesamtschuldnerschaft reicht. Denn nach § 155 Abs. 2 AO kann der Inhalt des Steuerbescheids selbst solchen Gesamtschuldnern bekanntgegeben werden, die im Innenverhältnis die Steuern nicht zu tragen haben (BFH BStBl. **1973** 625). Demgemäß kann dem für die Steuerschuld Haftenden nach Entstehung der Haftungsschuld die Steuerschuld mitgeteilt werden, und es kann ihm Akteneinsicht gewährt werden, soweit ihm die tatsächlichen und rechtlichen Grundlagen der Haftung zur Wahrnehmung seiner Rechte mitzuteilen sind.[17] 13

4. Individualisierung des „anderen"

Das Steuergeheimnis reicht seiner Zweckbestimmung nach nur soweit, als „der andere" bestimmt oder wenigstens bestimmbar ist (*Kuhlen* NK Rdn. 7). Da dies für verstorbene natürliche Personen jetzt in Abs. 1 Satz 3 klargestellt ist, muss es erst recht für lebende Personen gelten. Offenbarungen über „Verhältnisse" bzw. personenbezogene Daten sind daher zulässig, wenn sie einen individuellen anderen nicht erkennen lassen und auch einen Rückschluss auf Einzelverhältnisse nicht ermöglichen. Unter diesen Voraussetzungen ist die Bekanntgabe von Richtsätzen, vergleichsweise herangezogenen Betriebsergebnissen und Durchschnittszahlen zulässig, in gleicher Weise auch die Veröffentlichung oder sonstige Bekanntgabe von Urteilen in Steuersachen (*Tipke/Kruse/Drüen* § 30 AO Rdn. 24). Streitig ist aber, ob Urteile des Bundesfinanzhofs und der Finanzgerichte, die auf Grund öffentlicher Verhandlung ergehen, vor einer Veröffentlichung so verändert werden müssen, dass keine Rückschlüsse auf die Verhältnisse bestimmter Personen oder den Inhalt der Verhandlung möglich sind. Die verneinende Auffassung. die sich mit dem Verzicht auf eine Namensnennung begnügt (vgl. *Koch* Rdn. 16; *Tipke/Kruse/Drüen* Rdn. 51a – mit Übersicht über den Stand der Kontroverse –) sieht darin mit Recht eine Folgerung aus der Annahme, dass das, was in öffentlicher Verhandlung zur Sprache kommt, als offenkundig fingiert werde (so auch *Sch/Schröder/Perron/Hecker* Rdn. 5). Wollte man (mit *Träger* LK[11] Rdn. 10) danach differenzieren, ob es sich um einen Fall handelt, der großes Aufsehen verursacht hat, oder um einen Durchschnittsfall, und bei letzterem verlangen, dass auf die einen Rückschluss auf die Verhältnisse eines bestimmten Beteiligten ermöglichenden Angaben verzichtet wird, die für das zu vermittelnde Ver- 14

17 BFH BStBl. **1973** 119; s. dazu aber auch BFH BB **1979** 243.

ständnis der im Urteil erörterten Rechtsfrage nicht erforderlich sind (so i.E. wohl auch *Kuhlen* NK Rdn. 9), so würde man auf ein Kriterium für eine klare Grenzziehung des Strafbarkeitsbereiches verzichten.

5. Art des Bekanntwerdens der personenbezogenen Daten eines anderen

15 Die Pflicht zur Geheimhaltung der personenbezogenen Daten eines anderen hängt davon ab, dass sie dem Täter als Amtsträger in den in Absatz 1 Nr. 1a und b bezeichneten Verfahren oder unter den in Nr. 1c bezeichneten Umständen bekannt geworden sind (*Leipold*/AnwK Rdn. 18). Dabei ist es ohne Bedeutung, ob die unter Nr. 1a und 1b genannten Verfahren sich gegen den „anderen" (z.B. als Steuerpflichtigen) richteten, oder ob die „Verhältnisse des anderen" in anderer Weise im Verfahren eine Rolle spielten, z.B. wenn er als Zeuge am Verfahren beteiligt war (oben Rdn. 12).

a) Verwaltungsverfahren, Rechnungsprüfungsverfahren und gerichtliche Verfahren in Steuersachen (Abs. 1 Nr. 1 Buchst. a)

16 **aa) Beginn des Verfahrens.** § 86 AO regelt unter der Überschrift „**Beginn des Verfahrens**", ob und wann ein Verwaltungsverfahren durchzuführen ist. Im übrigen trifft die Abgabenordnung zwar Vorschriften über die Art der Durchführung eines solchen Verfahrens, enthält aber keine allgemeine Vorschrift über den Begriff des Verwaltungsverfahrens. Dieser Begriff kann, obwohl das Verwaltungsverfahrensgesetz (VwVfG) nach seinem § 2 Abs. 2 Nr. 1 nicht für das Verfahren der Bundes- oder Landesfinanzbehörden nach der Abgabenordnung gilt, doch unbedenklich der Begriffsbestimmung in § 9 VwVfG entnommen werden, weil es sich hierbei um eine Vorschrift von allgemeingültiger Bedeutung handelt. *Verwaltungsverfahren* ist danach die nach außen wirkende Tätigkeit der Behörden, die auf die Prüfung der Voraussetzungen, die Vorbereitung und den Erlass eines Verwaltungsakts gerichtet ist, wobei auch der Erlass des Verwaltungsakts dazugehört. Ein **Rechnungsprüfungsverfahren** ist ein Verfahren einer Rechnungsprüfungsbehörde, soweit sie die Festsetzung und Erhebung von Steuern überprüft (*Tipke/Kruse/Drüen* § 30 AO Rdn. 32; *Kuhlen,* NK Rdn. 13). Ein **Verwaltungsverfahren in Steuersachen** liegt vor, wenn die genannte Tätigkeit Steuern und steuerliche Nebenleistungen im Sinne des § 3 Abs. 1, 3 AO, sowie Steuervergünstigungen (§ 1 Abs. 1 AO) zum Gegenstand hat (*Tipke/Kruse/Drüen* § 30 AO Rdn. 31). Verwaltungsverfahren in Steuersachen sind danach insbesondere die Tätigkeiten zur Durchführung der Besteuerung (§§ 134 ff. AO) im Festsetzungsverfahren (§§ 155 ff. AO), im Erhebungsverfahren (§§ 218 ff. AO), im Vollstreckungsverfahren (§§ 249 ff. AO) und im Verfahren über außergerichtliche Rechtsbehelfe (§§ 347 ff. AO), auch solcher, die – wie Gegenvorstellungen und Dienstaufsichtsbeschwerden – im Gesetz nicht geregelt sind (vgl. *Kuhlen* NK Rdn. 13; *Sch/Schröder/Perron/Hecker* Rdn. 11; *Fischer* Rdn. 10).

17 **bb) Gerichtliche Verfahren in Steuersachen.** Gerichtliche Verfahren in Steuersachen sind in erster Linie die Verfahren vor den Finanzgerichten und dem Bundesfinanzhof nach Maßgabe der Finanzgerichtsordnung. Jedoch kommen auch Verfahren vor den Verwaltungsgerichten nach den Vorschriften der Verwaltungsgerichtsordnung in Betracht, wenn landesrechtliche Kirchensteuer- und Kommunalabgabengesetze die Anwendung der für die Maßstabsteuern geltenden bundesrechtlichen Vorschriften vorschreiben (vgl. im Einzelnen *Tipke/Kruse/Drüen* § 30 AO, Rdn. 1, 33). Auch Verfahren vor dem Bundesverfassungsgericht nach den Vorschriften des BVerfGG sind Verfahren in Steuersachen, wenn es sich um Verfassungsbeschwerden gegen die Erhebung von Steuern handelt (vgl. unten Rdn. 22; siehe auch *Schmitz* MK Rdn. 28; *Kuhlen* NK Rdn. 13).

b) Strafverfahren wegen einer Steuerstraftat und Bußgeldverfahren wegen einer Steuerordnungswidrigkeit (Absatz 1 Nr. 1 Buchst. b). Der Begriff der Steuerstraftat ergibt sich aus § 369 AO, derjenige der Steuerordnungswidrigkeit aus § 377 AO (*Leipold*/AnwK Rdn. 22). Zu den Steuerstraftaten gehören infolge Erweiterung des Anwendungsbereichs der Steuerhinterziehung (§ 370 AO) durch die Art. 5, 50, 74, 82, 83 EGAO vom 14.12.1976 (BGBl. I S. 3341) auch das Erschleichen bestimmter von den Finanzämtern verwalteter Prämien und Zulagen (näheres bei *Koch* Rdn. 5 zu § 370). Ein Vergehen nach § 355 ist jedoch keine Steuerstraftat, auch nicht die ungerechtfertigte Inanspruchnahme bestimmter betrieblicher Zulagen, die den Tatbestand des Subventionsbetrugs (§ 264) erfüllt. Ein Strafverfahren wegen einer Steuerstraftat liegt vor, sobald es gemäß § 397 AO eingeleitet ist; entsprechendes gilt für das Bußgeldverfahren wegen einer Steuerordnungswidrigkeit, § 410 Abs. 1 Nr. 6 AO in Verbindung mit § 397 AO. Diese Verfahren dauern von ihrem Beginn bis zu ihrer endgültigen Erledigung an, d.h. sie umfassen nicht nur das Ermittlungs- und Erkenntnisverfahren bis zu dessen Abschluss, sondern auch die Vollstreckungs- und Vollzugsverfahren und etwa anschließende Verfahren wie das Wiederaufnahmeverfahren (*Hoyer* SK Rdn. 9). 18

Zum *Beginn des Verfahrens* gehört auch die das amtliche Einschreiten auslösende private Strafanzeige (vgl. *Kuhlen* NK Rdn. 16). Führt die Finanzbehörde selbst die Ermittlungen, greift der Schutz des § 355 gleichermaßen (**aA** OLG Celle NJW **1990** 1802 f.). Ein Steuerstrafverfahren liegt auch noch vor, wenn in einem anhängigen Ermittlungsverfahren das Oberlandesgericht gemäß § 23 EGGVG angerufen wird, weil die Staatsanwaltschaft eine nachgesuchte Auskunft verweigert. Auch ein Verfahren wegen unbefugter Hilfeleistung in Steuersachen nach § 160 SteuerberatungsG unterfällt der Regelung des Abs. 1 Nr. 1b.[18] 19

c) Bekanntwerden aus dienstlichem Anlass (Absatz 1 Nr. 1c). 355 Abs. 1 Nr. 1c erweitert den Geheimnisschutz, indem der Kreis der zur Wahrung des Steuergeheimnisses (der „personenbezogene Daten eines anderen") verpflichteten Amtsträger über die in Absatz 1 Nr. 1 Buchst. a und b genannten Fälle hinaus („aus anderem dienstlichen Anlass") auf alle Amtsträger, gleichviel, welchem Ressort sie angehören (*Kuhlen* NK Rdn. 17), erweitert wird. Durch das Änderungsgesetz von 2021 (s. Entstehungsgeschichte) hat mit der Einfügung des neuen ersten Halbsatzes („im Rahmen einer Weiterverarbeitung nach § 29c Absatz 1 Satz 1 Nummer 4, 5 oder 6 der Abgabenordnung") der bisherige Fall des besonderen (nunmehr: „dienstlichen") Anlasses einerseits einen hervorgehobenen Beispielsfall („aus *anderem* dienstlichen Anlass") erhalten, andererseits ist durch Einfügung des Wortes „insbesondere" die Beschränkung auf die im zweiten Halbsatz enumerativ aufgeführten Fälle des „besonderen Anlasses" entfallen. Die Tragweite dieser letzteren Änderung dürfte indes gering sein, da durch die in Halbsatz 1 in Bezug genommenen Fälle des § 29c Abs. 1 Nr. 4, 5 oder 6 AO zusammen mit den bisher schon aufgeführten Konstellationen der Bereich der in Betracht kommenden Fälle weitgehend abgedeckt sein dürfte. § 29c AO regelt die Fälle der „Weiterverarbeitung personenbezogener Daten durch Finanzbehörden zu einem anderen Zweck als zu demjenigen, zu dem die Daten von einer Finanzbehörde erhoben oder erfasst wurden". Bezug genommen wird nur auf die Ziffern 4-6 des § 29c AO; es handelt sich dort im Wesentlichen um die Fälle technischer Bedürfnisse der Finanzverwaltung (näher *Klein/Rüsken* AO § 29c Rdn. 24-26). Für die bisher bereits unter Buchstabe c aufgeführten Fälle - nunmehr Beispielsfälle - ist Voraussetzung, dass die Verhältnisse eines anderen bekannt werden entweder durch **Mitteilung einer Finanzbehörde** (Variante 1) oder durch die **gesetzlich vorgeschriebene Vorlage** (Variante 2) eines Steuerbescheides oder einer Bescheinigung über die bei der Besteuerung getroffenen Feststellungen. Letzteres beruht auf der Erwägung, dass „es sachlich keinen Unterschied bedeutet, ob dem Amtsträger die Verhältnisse durch die Mitteilung einer Steuerbehörde oder durch einen anderen gesetzlich vorgeschriebenen Vorgang bekannt geworden sind" (Begr. 20

18 *Sch/Schröder/Perron/Hecker* Rdn. 12; *Klein/Gast/De Haan* § 377 AO Anm. 2; *Kuhlen* NK Rdn. 15; **aA** *Bilsdorfer* wistra **1984** 9; *Tipke/Kruse/Drüen* § 30 AO Rdn. 34, siehe dazu aber auch Rdn. 25.

BTDrucks. 7/550 S. 287 f.). Die 1. Variante umfasst Sachverhalte, bei denen die Finanzbehörden nach dem für sie geltenden Recht verpflichtet sind, die ihnen im Besteuerungsverfahren bekannt gewordenen Steuerverhältnisse an andere Behörden weiterzugeben (*Schmitz* MK Rdn. 35). Insoweit wird zwar durch die Finanzbehörden das Steuergeheimnis befugtermaßen durchbrochen (vgl. dazu auch 30 Abs. 4 Nr. 2 AO); zur Wahrung des Steuergeheimnisses sind aber nunmehr (auch) die Amtsträger der Behörde verpflichtet, an die die Mitteilung erfolgt. Die 2. Variante trägt der Tatsache Rechnung, dass nach zahlreichen gesetzlichen Vorschriften die Vorlage eines Steuerbescheides oder einer Bescheinigung über die bei der Besteuerung getroffenen Feststellungen als Voraussetzung verwaltungsmäßigen Handelns vorgesehen („vorgeschrieben") ist. Dies gilt insbesondere auf dem Gebiet der leistenden Verwaltung (z.B. Studienbeihilfen, Wohngeld, Arbeitslosenunterstützung), wenn es auf den Nachweis bestimmter Einkommensverhältnisse ankommt. Die freiwillige Vorlage von Steuerbescheiden und Bescheinigungen, also die nicht gesetzlich vorgeschriebene, begründet kein Steuergeheimnis.

6. Unbefugt abgerufene Daten und postmortaler Persönlichkeitsschutz (Absatz 1 Satz 2, 3)

20a Die Sätze 2 und 3 enthalten Klarstellungen: **Absatz 1 Satz 2** regelt in der Sache eine Selbstverständlichkeit, indem er das unbefugte Abrufen von Daten, zu denen der Amtsträger Zugang hatte, dem „Bekanntwerden" gleichsetzt. Im Interesse einer konsequenten Handhabung des Gesetzlichkeitsgrundsatzes ist die Regelung jedoch, zumal in einem sensiblen Bereich wie dem in § 355 geregelten, zu begrüßen. **Absatz 1 Satz 3** nimmt Bezug auf § 2a Abs. 5 AO (i.d.F. des Gesetzes vom 17.7. 2017 (BGBl I 2541), wonach die Vorschriften der Verordnung (EU) 2016/679, der AO und der Steuergesetze über die Verarbeitung personenbezogener Daten natürlicher Personen entsprechend für Informationen gelten, die sich auf identifizierte oder identifizierbare verstorbene natürliche Personen, auf Körperschaften, Personenvereinigungen und Vermögensmassen beziehen. § 355 zieht damit einerseits die Konsequenz aus dieser Änderung der AO, wird damit aber auch der Rechtsprechung des Bundesverfassungsgerichts zum postmortalen Persönlichkeitsrecht gerecht (zu dessen Umfang und zeitlichen Grenzen eingehend mit zahlreichen Nachweisen zur Judikatur zuletzt *Lehmann* JZG **2023**, 313). Nicht identifiziert bzw. nicht identifizierbar sind Personen, deren Daten so anonymisiert sind, dass sie niemandem zugeordnet werden können. Eine Person ist identifizierbar, wenn sie durch Hinzuziehung zusätzlicher Daten (zB IP-Adressen, Cookies) identifiziert werden kann (*Klein/Gersch* AO § 2a Rdn. 13).

IV. Fremde Betriebs- oder Geschäftsgeheimnisse als Gegenstand des Steuergeheimnisses (Absatz 1 Nr. 2)

1. Betriebs- und Geschäftsgeheimnisse

21 Dem Schutz von fremden Betriebs- und Geschäftsgeheimnissen vor Beeinträchtigung durch unbefugte Weitergabe oder durch vermeidbare Offenbarung (z.B. durch Ausschluss der Öffentlichkeit, wenn in einer Gerichtsverhandlung Geschäfts- oder Betriebsgeheimnisse zur Sprache kommen, vgl. *Weyand* wistra **1993** 132) dienen eine Reihe gesetzlicher Vorschriften (vgl. z.B. § 4 Gesetz zum Schutz von Geschäftsgeheimnissen (GeschGehG), § 52 ArbGG, § 172 Nr. 2 GVG, § 67 Abs. 1 iVm § 35 Abs. 4 SGB I). Im allgemeinen werden unter **Betriebs- oder Geschäftsgeheimnissen** alle nicht offenkundigen, einem Unberufenen nicht bekannten Tatsachen verstanden, die im Zusammenhang mit einem Geschäftsbetrieb stehen, an deren Geheimhaltung der Geschäftsinhaber ein be-

rechtigtes wirtschaftliches Interesse hat, weshalb er auch gewillt ist, sie geheimzuhalten.[19] Diese Beschreibung entspricht im Wesentlichen der Definition des § 2 Abs. 1 Nummer 1a und c des GeschGehG, der seinerseits weitgehend dem aufgehobenen § 17 UWG entspricht (näher. Hoeren/Münker GeschGehG Rdn. 4 ff.). Es fragt sich, ob auch Nummer 1b dieser Vorschrift für § 355 herangezogen werden kann; danach gehört zur Definition des Geschäftsgeheimnisses, dass die Information „Gegenstand von den Umständen nach angemessenen Geheimhaltungsmaßnahmen durch ihren rechtmäßigen Inhaber ist". Ein „erkennbarer, bloß subjektiver Geheimhaltungswille, der sich in objektiven Umständen wie nach der Definition des Geschäftsgeheimnisses zu § 17 UWG a.F. manifestiert, genügt dort also nicht mehr" (*Hoeren/Münker* a.a.O. Rdn. 16). Der Begriff des Geschäftsgeheimnisses gibt diese objektiven Voraussetzung, die dem Gesetzgeber des GeschGehG freilich unbenommen ist, nicht zwingend her; rechtsstaatliche Bedenken (etwa aus Art. 103 Abs. 2 GG) gegen ihre Berücksichtigung im Rahmen des § 355 bestehen nicht, da sie zu einer Reduzierung des Strafbarkeitsbereiches führen würde. Sachliche Bedenken ergeben sich jedoch aus dem unterschiedlichen Normzusammenhang. § 2 Abs. 1 GeschGehG, der vornehmlich auf einen Interessenausgleich zwischen Wettbewerbern abzielt und vor allem die Erlangung des Geheimnisses verhindern will, relativiert bereits die Bedeutung der Nummer 1b durch den Passus „den Umständen nach angemessen", weshalb dort überzogene Anforderungen ebenso wenig als angemessen gelten wie bloß minimale Anforderungen (*Hoeren/Münker* a.a.O. mit Nachweisen zu ersten Gerichtsentscheidungen zu § 2 Abs. 1 Nummer 1b GeschGehG). Der Täter des § 355, der Täter als Amtsträger, von Ausnahmen abgesehen, bereits Kenntnis von dem Geheimnis besitzt und durch die Strafdrohung an dessen Offenbarung oder Verwertung gehindert werden soll, wird sich auf die mangelnden Geheimhaltungsmaßnahmen des anderen nicht berufen dürfen. Freilich wird in diesen Fällen die Grenze zur Offenkundigkeit häufig erreicht sein. – Geschäftsgeheimnisse sind vorwiegend die kaufmännischen Geheimnisse, die sich auf den Vertrieb von Waren beziehen (z.B. Bilanzen, Kundenlisten, Absatzplanungen), Betriebsgeheimnisse die technischen Geheimnisse, die die Herstellung, Veredlung und Verarbeitung der Ware zum Gegenstand haben. Eine genauere Grenzziehung zwischen beiden Geheimnisarten ist nicht möglich. Sowohl die Betriebs- als auch die Geschäftsgeheimnisse sind Tatsachen, die sich auf einen wirtschaftlichen Geschäftsbetrieb beziehen und vor allem für seine Wettbewerbsfähigkeit von Bedeutung sind (vgl. *Hilgendorf* LK § 203 Rdn. 37 m.w.N.).

2. Verhältnis der Betriebs- und Geschäftsgeheimnisse zu den „Verhältnissen eines anderen"

Bei der Weite des Begriffs „Verhältnisse eines anderen" (Absatz 1 Nr. 1) umfasst dieser praktisch 22
auch die Betriebs- und Geschäftsgeheimnisse. Daraus zu folgern, dass ihre Aufnahme in den Tatbestand als eigenständiges Merkmal überflüssig sei (so *Koch* Rdn. 11 zu § 30 AO) oder ihr nur deklaratorische Bedeutung zukomme (so *Sch/Schröder/Perron/Hecker* Rdn. 9; *Fischer* Rdn. 8) wäre jedoch verfehlt. Zu den steuerrechtlichen Geheimnissen zählen zwar auch die „personenbezogenen Daten eines anderen". Diese müssen jedoch nicht Privatgeheimnisse im Sinne von § 203 sein und sie setzen auch nicht einen Geheimhaltungswillen des Betroffenen voraus. Das Offenbarungsverbot entfällt bei ihnen erst, wenn Offenkundigkeit eintritt (s. Rdn. 10). Die unbefugte Veröffentlichung oder Verwertung fremder Betriebs- oder Geschäftsgeheimnisse (Konstruktionen, Fertigungsverfahren, Geschäftsdaten etc.), die keinerlei Hinweise auf die Herkunft der Information enthält und auch keine Rückschlüsse auf einen bestimmten oder wenigstens bestimmbaren Geheimnisträger zulässt, wird nur von § 355 Abs. 1 Nr. 2 erfasst. § 355 Abs. 1 Nr. 1 greift in solchen Fällen nicht, weil der Begriff „Verhältnisse eines anderen" zumindest die Bestimmbarkeit des Betroffenen voraussetzt. Unter diesem Blickwinkel erweist sich die gesetzliche Regelung als sachgerechte Erwei-

19 Vgl. z.B. BGH GRUR **1969** 341; OLG Düsseldorf MDR **1978** 147; *Kuhlen* NK Rdn. 11; *Hoyer* SK Rdn. 8; *Sch/Schröder/Perron/Hecker* § 203 Rdn. 11.

terung des Schutzes der Betriebs- und Geschäftsgeheimnisse, indem „die mit der individuellen Bestimmbarkeit verbundene Beeinträchtigung des Persönlichkeitsrechtes bei § 355 Abs. 1 Nr. 2 fehlen kann, weil sie durch die wirtschaftliche Bedeutung des Tatobjekts kompensiert wird" (*Kuhlen* NK Rdn. 11; ebenso *Schäfer* LK[10] Rdn. 17; **aA** *Sch/Schröder/Perron/Hecker* Rdn. 9; *Fischer* Rdn. 8: „nur eine klarstellende Heraushebung").

V. Bekanntwerden „als Amtsträger"

23 Die Verpflichtung zur Wahrung des Steuergeheimnisses besteht nur dann, wenn die Verhältnisse eines anderen (die fremden Betriebs- und Geschäftsgeheimnisse) dem **Täter als Amtsträger** auf dem in Absatz 1 Nr. 1 beschriebenen Wege bekannt geworden sind (vgl. auch § 206 und § 353b, auf deren Erläuterung zum Begriff des „Bekanntwerdens als Amtsträger" Bezug genommen wird: *Hilgendorf* LK § 206 Rdn. 17, 20, *Vormbaum* LK § 353b Rdn. 22 ff.). Dazu genügt, dass ein irgendwie gearteter subjektiver oder objektiver Zusammenhang mit dem Verfahren besteht und zwar derart, dass ihm die dienstliche Betätigung in dem Verfahren, gleichviel welcher Art sie war, die Gelegenheit zur Kenntnisnahme von den Verhältnissen eines anderen usw. verschafft (vgl. BGH JR **2003** 512 mit Anm. *Hoyer*; BGHSt **46** 340 f.; BGH NStZ **2000** 596, 598; OLG Hamm NJW **1981** 358; *Hoyer* SK § 353b Rdn. 6; *Kühn-Wedelstädt/Blesinger* § 30 AO Anm. 13). Dagegen liegt z.B. kein Kenntniserlangen „als Amtsträger" vor, wenn der Amtsträger seine dienstliche Anwesenheit in einem „fremden" Amtszimmer dazu ausnutzt, sich Einblick in Vorgänge zu verschaffen, die ihn nichts angehen, oder wenn er gar Hindernisse überwindet, um an solche Vorgänge zu gelangen. Es genügt auch nicht, dass ihm die geheim zu haltenden Umstände „privat" von dem dienstlich mit der Sache befassten Kollegen (der sie damit selbst *unbefugt* offenbart) mitgeteilt werden. Die Übertragung dieser für die „analoge Welt" geltenden Bewertungen auf den Bereich digital gespeicherter personenbezogener Daten ist mit der Einfügung von Satz 2 mit Wirkung vom 1.1.2017 konkretisiert, der klarstellt, dass zu den tatbestandlich erfassten Kenntnissen auch die vom Täter „im automatisierten Verfahren" (*Fischer* Rdn. 13a) **unbefugt abgerufenen Daten** gehören, zu denen er als Amtsträger (faktisch) Zugang hatte. Strafbar nach § 355 Abs. 1 ist aber auch hier erst das Offenbaren oder Verwerten der abgerufenen Daten (*Kuhlen* Rdn. 2), nicht bereits das unbefugte Abrufen. Unbefugt ist das Abrufen, wenn es weder der Durchführung eines Verfahrens nach § 30 Abs. 2 Nr. 1 Buchst. a oder b AO noch der zulässigen Weitergebe dient (*Fischer* Rdn. 13a).

VI. Erweiterung des Täterkreises durch Absatz 2

1. Für den öffentlichen Dienst besonders Verpflichtete

24 Der Begriff der **für den öffentlichen Dienst besonders Verpflichteten** ergibt sich aus § 11 Abs. 1 Nr. 4. Die dort vorgeschriebene förmliche Verpflichtung „auf Grund eines Gesetzes" auf die gewissenhafte Erfüllung der Obliegenheiten erfolgt nach Maßgabe des Verpflichtungsgesetzes vom 2.3.1974 in der Fassung vom 15.8.1974 (BGBl. I S. 469, 545, 1942).[20] Zu diesem Personenkreis gehören insbesondere Büro- und Schreibkräfte, aber auch Fahrer und Raumpfleger (*Ehlers* BB **1977** 1362). Die in § 354 a.F.[21] aus dem Begriff des „Bediensteten der Post" gezogene Folgerung, dass zu diesem Personenkreis nur solche Personen gehören, die eine spezifisch postdienstliche Tätigkeit ausüben, so dass die nur mit Reinigungsarbeiten im Postgebäude betrauten Personen ausscheiden, spielt hier keine Rolle. Denn der hier anwendbare (und in § 30 Abs. 3 Nr. 1 AO ausdrücklich angeführte) § 11 Abs. 1 Nr. 4 umfasst nur Personen, die nicht bereits Amtsträger sind. Amtsträger ist aber nach § 11 Abs. 1 Nr. 2 wer bestellt ist, bei einer Behörde oder bei einer sonstigen Stelle oder in deren Auftrag Aufgaben der öffentlichen

---

20 S. *Hilgendorf* LK § 11 Rdn. 65 ff. Der Gesetzestext ist dort abgedruckt.
21 S. *Träger* LK[11] § 206 Rdn. 1 Fn. 2.

Verwaltung wahrzunehmen. Deshalb stellt § 11 Abs. 1 Nr. 4 nur darauf ab, dass der Arbeitgeber des für den öffentlichen Dienst Verpflichteten selbst Aufgaben der öffentlichen Verwaltung wahrnimmt oder für eine Behörde (oder sonstige Stelle) Aufgaben der öffentlichen Verwaltung ausführt. Es genügt also, dass der besonders Verpflichtete bei einem solchen Arbeitgeber beschäftigt oder für ihn tätig ist (vgl. auch *Hilgendorf* LK § 11 Rdn. 67). Nicht erfasst sind Angehörige von Handwerksbetrieben, die für eine Behörde arbeiten (*Lenckner* ZStW **106** 541). Auch Firmen, die Sachmittel an eine Behörde liefern, gehören nicht dazu (*Lemke* NK § 11 Rdn. 41).

2. Amtlich zugezogene Sachverständige (Abs. 2 Nr. 2)

Der Begriff des Sachverständigen ist hier derselbe wie in den Verfahrensordnungen und anderen 25
gesetzlichen Vorschriften, wo dieser Begriff verwendet wird: Personen, die kraft ihrer besonderen Sachkunde auf bestimmten Gebieten die für bestimmte Beweisfragen benötigten Erfahrungssätze aufzeigen und/oder sie auf einen bestimmten Sachverhalt anwenden oder mittels ihrer besonderen Sachkunde oder technischen Möglichkeiten entscheidungserhebliche Tatsachen feststellen (vgl. *Meyer-Goßner/Schmitt* Vor § 72 Rdn. 1 ff.). Kein Sachverständiger ist der sachverständige Zeuge (vgl. z.B. § 85 StPO), d.h. eine Person, die – wie der gewöhnliche Zeuge – seine Wahrnehmung von vergangenen Tatsachen und Zuständen bekundet, wenn zu deren Wahrnehmung eine besondere Sachkunde erforderlich war (z.B. § 85 StPO, § 414 ZPO). Er wird, da er lediglich über Wahrnehmungen in der Vergangenheit aussagt, nur als Auskunftsperson (Zeuge) behandelt.[22] Der Sachverständige erhält dagegen zunächst den im Zusammenhang mit seinem Auftrag stehenden Einblick in die Verhältnisse des Betroffenen (in fremde Betriebs- oder Geschäftsgeheimnisse), um davon ausgehend sein Gutachten zu erstatten. **Amtlich zugezogen** als Sachverständiger ist, wer von der nach den Verfahrensvorschriften zuständigen Stelle herangezogen wird (*Schmitz* MK Rdn. 51; *Kuhlen* NK Rdn. 5), im Steuerstrafverfahren von der Finanzbehörde (§§ 386, 399 AO), der Staatsanwaltschaft (§ 161a StPO) oder dem Strafrichter (§ 73 StPO), im Verwaltungsverfahren in Steuersachen durch die Finanzbehörde (§ 96 AO), im gerichtlichen Verfahren in Steuersachen durch das Finanzgericht (§ 82 FGO in Verbindung mit § 404 ZPO). Anders als nach § 203 Abs. 2 Nr. 5 spielt es keine Rolle, ob der Sachverständige öffentlich bestellt und auf die gewissenhafte Erfüllung seiner Obliegenheiten auf Grund eines Gesetzes förmlich verpflichtet worden ist. Ein privater Gutachterauftrag genügt allerdings nicht.

3. Träger von Ämtern der Kirchen und anderen Religionsgesellschaften des öffentlichen Rechts (Absatz 2 Nr. 3)

Die Gleichstellung dieses Personenkreises mit den Amtsträgern wird in der Begründung 26
(BTDrucks. 7/550 S. 287) nicht näher erörtert. Sie ist jedoch sachgerecht und erforderlich. Nach Art. 140 GG i.V.m. Art. 137 Abs. 6 WeimVerf. sind die Kirchen und Religionsgesellschaften, die Körperschaften des öffentlichen Rechts sind, ermächtigt, für die Erfüllung ihrer Aufgaben „Kirchensteuern" zu erheben. Diese Befugnis ist ein vom Staat abgeleitetes und in den weltlichen Raum hineinwirkendes Hoheitsrecht. Es kann von den Kirchen nicht anders ausgeübt werden, als es der Staat nach seiner Konzeption selbst tun muss, d.h. im Einklang mit der grundgesetzlichen Ordnung und den Grundrechten.

Die Kirchensteuererhebung gehört zu den gemeinsamen Angelegenheiten von Staat und Kir- 27
che. Beide wirken zusammen, die Steuererhebung erfolgt aufgrund der bürgerlichen Steuerlisten und nach Maßgabe der landesrechtlichen Bestimmungen, die Einziehung der Kirchensteuer wird von den staatlichen Behörden gemäß den kirchenrechtlichen Vorgaben zusammen mit der staatlichen Besteuerung durchgeführt, zur Beitreibung steht der staatliche Verwaltungszwang zur Verfügung. Die Interessenlage (s. Rdn. 2 ff.) ist für Staat und Kirche gleich.

22 *Tipke/Kruse/Drüen* § 30 AO Rdn. 43, § 96 AO Rdn. 5; *Kuhlen* NK Rdn. 5.

28 Träger der Kirchenämter können danach in vielfacher Weise an Verwaltungsverfahren und gerichtlichen Verfahren in Steuersachen beteiligt sein und dort dem Steuergeheimnis unterliegende Kenntnisse erlangen (vgl. dazu *Schäfer* LK[10] Rdn. 22). Vor allem aber werden sie derartige Informationen durch Mitteilung der staatlichen Finanzbehörden erfahren, die nach § 31 AO berechtigt sind, maßgebende steuerliche Daten den kirchlichen „Steuerämtern" zuzuleiten (vgl. BVerfGE **19** 213, 256). Ohne die durch § 355 Abs. 2 Nr. 3 bewirkte Gleichstellung der kirchlichen Funktionsträger mit den Amtsträgern im Sinne des § 11 Abs. 1 Nr. 2 wäre eine Anwendung des § 355 Abs. 1 auf Verletzungen des Steuergeheimnisses im kirchlichen Bereich nicht möglich (vgl. BGHSt **37** 191 ff.).[23]

4. Andere Personen

29 In Einzelgesetzen[24] sind bestimmte mit speziellen Aufgaben betraute Personen zur Wahrung des Steuergeheimnisses für verpflichtet erklärt worden. Sind bei ihnen die Merkmale des § 355 Abs. 2 Nr. 1 erfüllt, so hat der Hinweis auf die Pflicht zur Wahrung des Steuergeheimnisses nur deklaratorische Bedeutung. Andernfalls ist § 355 nicht anwendbar. Gegebenenfalls kommt Strafbarkeit nach §§ 203, 353b in Betracht. Ist nach § 172 GVG die Öffentlichkeit einer Gerichtsverhandlung ausgeschlossen worden, weil ein wichtiges Steuergeheimnis zur Sprache kam, so kann nach § 174 Abs. 3 GVG das Gericht den anwesenden Personen dessen Geheimhaltung zur Pflicht machen. Die Verletzung des Schweigegebots ist nach § 353d Nr. 2 strafbar (vgl. *Vormbaum* LK 353d Rdn. 31 ff.).

VII. Die Tathandlung

30 Die Tathandlung besteht im unbefugten Offenbaren oder Verwerten der bekannt gewordenen personenbezogenen Daten eines anderen.

1. Offenbaren

31 **Der Begriff des Offenbarens** ist der gleiche wie in § 353b, so dass auf die dortigen Erläuterungen verwiesen werden kann (vgl. § 353b Rdn. 27 ff.). Hervorzuheben ist: Zur Offenbarung der Verhältnisse eines anderen genügt die Weitergabe der erlangten Kenntnisse an irgendeinen Dritten, für den sie nicht offenkundig sind (oben Rdn. 20, 21 f.; *Schmitz* MK Rdn. 37; *Hoyer* SK Rdn. 11; *Kuhlen* NK Rdn. 18; Matt/Renzikowski/*Sinner* Rdn. 11 f.). Der „andere" muss dabei (wie sich jetzt aus Absatz 1 Satz 3 erschließen lässt (s. bereits Rdn. 19) identifiziert oder, wenn auch nur durch Rückschlüsse, identifizierbar sein. Unerheblich ist, ob derjenige, dem das Geheimnis mitgeteilt wird, seinerseits schon eine gewisse Kenntnis hat. Auch in diesem Fall liegt kein Offenbaren vor, wenn dem Adressaten das Geheimnis schon bekannt war.[25] Hat er noch keine vollständige oder keine sichere Kenntnis, so genügt eine Vertiefung oder Erweiterung seines Wissens wie auch eine Bestätigung des ihm nur gerüchteweise Zugetragenen. In gleicher Weise wie das Mitteilen in § 206 (s. *Hilgendorf* LK § 206 Rdn. 27) kann auch das Offenbaren durch Unterlassung erfolgen.

---

23 Vgl. hierzu auch *Sch/Schröder/Perron/Hecker* Rdn. 17; *Fischer* Rdn. 5; *Kuhlen* NK Rdn. 5; *Kühn/Kutter/Hofmann* Anm. 2 zu § 30 AO; *Koch* Rdn. 8; *Schäfer* LK[10] Rdn. 21 f.

24 Aufzählung bei *Koch* Rdn. 9; *Tipke/Kruse/Drüen* § 30 AO Rdn. 45 ff.

25 *Kuhlen* NK Rdn. 18; *Schäfer* LK[10] § 355 Rdn. 25; *Sch/Schröder/Perron/Hecker* § 353b Rdn. 9; *Hilgendorf* LK § 203 Rdn. 31, 67; **aA** BGHSt 27 120 f.; *Träger* LK[11] § 353b Rdn. 17 ff., 21 m.w.N., § 355 Rdn. 25.

2. Verwerten

Unter **Verwerten** im Sinne von § 355 ist – ebenso wie in § 204 – das wirtschaftliche Ausnutzen der dem Täter bekannt gewordenen Kenntnisse zum Zwecke der Gewinnerzielung zu verstehen, soweit es auf andere Weise als durch Offenbaren geschieht.[26] Doch nicht jede Verwendung von Steuergeheimnissen zu gewerblichen, wissenschaftlichen oder sonstigen Zwecken erfüllt den Tatbestand (vgl. aber *Hübschmann/Hepp/Spitaler/Alber* § 30 AO Anm. 127 ff.). Das Verbot des unbefugten Verwertens erstreckt sich jedoch nicht nur auf fremde Betriebs- und Geschäftsgeheimnisse (s. Rdn. 22) – mögen diese auch vorzugsweise Gegenstand des Verwerteten sein –, sondern auch auf die „Verhältnisse" bzw. „personenbezogenen Daten eines anderen" (*Kuhlen* NK Rdn. 21; *Klein/Rüsken* § 30 AO Rdn. 61). Gedacht ist dabei aber nur an eine wirtschaftliche Ausnutzung der erlangten Kenntnisse zum Zweck der Gewinnerzielung, so dass – jedenfalls bei den „Verhältnissen eines anderen" – eine deliktische Ausnutzung ausscheidet. So ist § 355 z.B. unanwendbar, wenn der Geheimhaltungspflichtige seine Kenntnis des Besitztums eines anderen und dessen mangelnde Sicherung zur Begehung von Diebstählen oder seine Kenntnis von Vorstrafen zur Begehung einer Erpressung ausnutzt (vgl. *Maiwald* Jus **1977** 362). 32

Einschränkend wird bei der Weite des Begriffs der „personenbezogenen Daten eines anderen" auch zu verlangen sein, dass die wirtschaftliche Ausnutzung geeignet ist, in irgendeiner Weise schädigend auf den anderen einzuwirken (so auch *Maiwald* a.a.O.), denn es dürfte kaum dem Sinn und Zweck des § 355 entsprechen, etwa den Steuerbeamten zu bestrafen, der seine Kenntnis, dass ein Steuerpflichtiger seine günstige Vermögenslage dem Erwerb bestimmter Aktien verdankt (ohne dass die besondere Ertragslage dieser Aktien offenkundig wäre), dazu ausnützt, seine eigene Vermögenslage durch den Kauf gleicher Aktien zu verbessern. Anders liegt es bei der Verwertung fremder spezifischer Geschäfts- und Betriebsgeheimnisse, deren Ausnützung, auch wenn sie nicht bereits gegen wettbewerbs- oder urheberrechtliche Schutzvorschriften verstößt, im allgemeinen geeignet ist, sich irgendwie schädigend auf den Unternehmensinhaber auszuwirken. 33

3. Bedeutung des Merkmals „unbefugt"

Offenbarung oder Verwertung müssen **unbefugt** erfolgen. Dieses Merkmal hat dieselbe Bedeutung wie in § 206 (*Hilgendorf* LK § 206 Rdn. 29, 70): es soll darauf hinweisen, dass auch im Bereich des § 355 „Tatbestandsausschluss- oder Rechtfertigungsgründe eine besondere Rolle spielen, so namentlich die besonderen Rechtfertigungsgründe, die in § 30 Abs. 4 AO 1977 aufgeführt sind".[27] 34

VIII. Rechtswidrigkeit; Bedeutung des § 30 Abs. 4 AO im Allgemeinen

1. Problematik

§ 30 Abs. 4 AO zählt eine Reihe von Fallgestaltungen auf, bei deren Vorliegen „die Offenbarung (bezüglich der Verwertung fehlt es an einer entsprechenden Vorschrift)[28] der nach § 30 Abs. 2 AO (= § 355 Abs. 1) erlangten Kenntnisse zulässig ist". Angeführt – und ergänzt durch Absatz 5 und 6 – sind zwar die bedeutsamsten Rechtfertigungsmöglichkeiten, so dass der Schluss naheliegt, 35

---

26 *Hübschmann/Hepp/Spitaler/Alber* § 30 AO Rdn. 128; Matt/Renzikowski/*Sinner* Rdn. 12; vgl. *Hilgendorf* LK § 204 Rdn. 5-9; eingehend *Kuhlen* NK 19 ff.; *Hoyer* SK Rdn. 13; BayObLG NStZ **1984** 169.

27 Begr. BTDrucks. 7/550 S. 288; *Hoyer* SK Rdn. 14; dazu *Kuhlen* NK Rdn. 26; *Sch/Schröder/Perron/Hecker* Rdn. 14, 14a.

28 Siehe dazu Rdn. 38.

dass es sich, insgesamt gesehen (§ 30 Abs. 4, 5, 30 ff.), um eine abschließende Regelung handle. Dies trifft jedoch nicht zu[29] (s.u. Rdn. 37).

36 **a) Offenbarung.** Dass die **Offenbarung** unter den in § 30 Abs. 4 AO genannten Voraussetzungen *zulässig* ist, könnte dahin verstanden werden, dass die Offenbarung befugt – im Sinne von gerechtfertigt – sei. Diese Auslegung entspricht allerdings in der Regel der mit der Schaffung des § 30 Abs. 4 AO verfolgten Absicht (siehe Rdn. 37). Andererseits geht es aber zu weit, ausnahmslos in allen Fällen das Wort „zulässig" durch „rechtmäßig" zu ersetzen. Denn das würde – streng genommen – dazu führen, dass der Amtsträger (oder die hinter ihm stehende Behörde) einem Ersuchen um Auskunft oder um Amtshilfe durch Offenbarung, wenn dessen allgemeine gesetzlichen Voraussetzungen vorliegen, nachkommen müsste, die Offenbarung also nicht ablehnen könnte. Der Zulässigkeit der Offenbarung entspräche damit eine Pflicht zur Offenbarung; für ein Ermessen bliebe kein Raum. Das ist von Bedeutung für die Auslegung des § 30 Abs. 4 Nr. 3 AO hinsichtlich der Zustimmung des Betroffenen (vgl. dazu Rdn. 3).

37 **b) Vorschriften des allgemeinen Rechts.** Vor allem ist fraglich, ob es sich – abgesehen von §§ 30 Abs. 5, 31 ff. AO – bei dem Katalog des § 30 Abs. 4 AO um eine abschließende Aufzählung aller eine Offenbarung zulassender Gründe handelt[30] oder ob – freilich nur in engen Grenzen – die Offenbarung auch nach **Vorschriften des allgemeinen Rechts** gerechtfertigt sein kann.[31] Letzterem ist zuzustimmen. Als Argument kann dabei allerdings weniger dienen, dass § 30 Abs. 4 Nr. 3 AO nur von der Zustimmung (= Einwilligung) des Betroffenen spricht und die mutmaßliche Einwilligung nicht zu berücksichtigen scheint; diese Lücke ließe sich wohl im Wege erweiternder Auslegung schließen, die durch die Entstehungsgeschichte der Vorschrift gerechtfertigt wird (dazu Rdn. 48). Im Vordergrund steht vielmehr die Anwendbarkeit des § 34, denn da nach § 30 Abs. 4 Nr. 5 AO eine Offenbarung zulässig ist, wenn für sie ein zwingendes *öffentliches Interesse* besteht, würde, wenn dem Katalog des § 30 Abs. 4 AO abschließende Bedeutung zukäme, nach dem Gesetzeswortlaut eine Offenbarung zur Wahrung *privater* Interessen schlechthin ausgeschlossen sein. Nun ist allerdings die Tendenz des Gesetzgebers unverkennbar, möglichst enumerativ die Fälle aufzuzählen, in denen nach den bisherigen Erfahrungen und Einsichten ein anzuerkennendes Bedürfnis für die Zulässigkeit einer Offenbarung bestand, um den Umfang des strafrechtlichen Schutzes des Steuergeheimnisses übersehbar zu machen und dessen „Unterwanderung" und Aushöhlung durch weitere nicht geregelte Gründe zur Rechtfertigung einer Offenbarung auszuschließen. Dabei trug die Beschränkung in § 30 Abs. 4 Nr. 5 AO auf „zwingende öffentliche Interessen" einer früher herrschenden Meinung Rechnung, die eine Durchbrechung des Steuergeheimnisses zum Schutz privater Interessen nicht als zulässig ansah (vgl. die Nachweise bei *Goll* NJW **1979** 93). Dass ein solch „radikaler" Ausschluss nicht vertretbar ist, liegt auf der Hand. Das Steuergeheimnis wird jedenfalls in den Fällen zurücktreten müssen, in denen § 138 eine Anzeigepflicht vorsieht. Dem Argument von *Hoyer* SK Rdn. 32 ist beizupflichten: „Wenn § 138 sogar Vorrang vor dem stärker geschützten (und grundgesetzlich besonders erfassten) Post- und Fernmeldegeheimnis genießt (§§ 39 Abs. 3 Nr. 4 PostG, 85 Abs. 3 Nr. 4 TKG), so muss dies erst recht für das demgegenüber schwächer geschützte Steuergeheimnis gelten". Entsprechend muss das Steuergeheimnis durchbrochen werden dürfen, um körperliche Gefahren für Personen oder Sachen abzuwenden (vgl. § 39 Abs. 4 Nr. 4 PostG).[32]

---

29 *Kuhlen* NK Rdn. 28; *Sch/Schröder/Perron/Hecker* Rdn. 19; *Fischer* Rdn. 14; *Schmitz* MK Rdn. 54; **aA** *Tipke/Kruse/Drüen* § 30 AO Rdn. 57; *Maiwald* JuS **1977** 262 ff.

30 So *Tipke/Kruse/Drüen* § 30 AO Rdn. 57; *Kühn/Kutter/Hofmann* Anm. 3b; *Koch* Rdn. 17; *Klein/Rüsken* § 30 AO Rdn. 71.

31 So *Sch/Schröder/Perron/Hecker* Rdn. 19; *Hoyer* SK Rdn. 31; *Fischer* Rdn. 14; *Lackner/Kühl/Heger* Rdn. 7 a.E.; *Preisendanz* Anm. 5; *Maiwald* JuS **1977** 362; s. auch *Goll* NJW **1979** 93; sowie die bei *Schmitz* MK Rdn. 100 ff. aufgeführten weiteren Rechtfertigungsgründe.

32 Vgl. hierzu auch *Kuhlen* NK Rdn. 28.

2. Zulässigkeit der Verwertung von Kenntnissen

Über die **Zulässigkeit einer Verwertung** der nach § 30 Abs. 2 AO erlangten Kenntnisse enthält Abs. 4 keine Vorschrift (*Schmitz* MK Rdn. 54). Eine nicht in einer Offenbarung bestehende zulässige Verwertung von Kenntnissen kommt praktisch nur bei Geschäfts- und Betriebsgeheimnissen mit Zustimmung des Betroffenen in Betracht (ergänzend *Schäfer* LK[10] Rdn. 31; *Kuhlen* NK Rdn. 29). **38**

IX. Die Fälle einer zulässigen Offenbarung nach § 30 Abs. 4 AO[33]

1. Zu Absatz 4 Nr. 1 AO (Offenbarung zur Durchführung eines Verfahrens im Sinne des Absatzes 2 Nr. 1 Buchst. a und b AO = § 355 Abs. 1 Nr. 1 Buchst. a und b)

Da das Steuergeheimnis dem staatlichen Interesse an einer vollständigen und richtigen Erfassung der Steuerquellen dient (vgl. Rdn. 1), kann es der Ermittlung der Besteuerungsgrundlagen nicht entgegenstehen. Danach ist es auch zulässig, dass behördenintern ein Amtsträger seine Kenntnis von „Verhältnissen eines anderen“ an einen mit einem Verwaltungsverfahren befassten zuständigen Amtsträger weitergibt, *soweit* es der Durchführung des von diesem bearbeiteten Verfahrens dient.[34] Mit Absatz 4 Nr. 1 wurde jedoch nicht nur dieser Grundsatz legalisiert; er wurde auch dahin ausgedehnt, dass er ebenso in anderen als den in § 355 Abs. 1 Nr. 1 Buchst. a und b bezeichneten Fällen gelte, wenn die Offenbarung den Zwecken der in diesen Verfahren bestehenden *Aufsichts- und Ermittlungsbefugnissen* entspricht, namentlich wenn nur durch eine solche Offenbarung die Besteuerungsgrundlagen richtig festgestellt oder überprüft werden können, und („soweit“) die Offenbarung nicht über den zur Erreichung des Verfahrenszwecks erforderlichen Umfang hinausgeht. Einem Duldungsverpflichteten nach § 191 AO gegenüber darf (und muss wegen des Bestimmtheitserfordernisses bei Verwaltungsakten) die Erstschuld nach Art, Betrag, Erhebungszeitraum und Schuldner individualisiert werden (OLG Frankfurt NStZ-RR **2003** 22). **39**

Zusammenfassend gilt: Die Vorschrift des § 30 Abs. 4 Nr. 1 AO soll sicherstellen, dass Finanzbehörden, Finanzgerichte und mit Steuerstraftaten oder Steuerordnungswidrigkeiten befasste Gerichte bei der Erfüllung ihrer Aufgaben nicht durch das Steuergeheimnis behindert werden (BFH BStBl. II **1987** 947). Die für ein solches Verfahren bestimmte Mitteilung darf jedoch nur die Teile der Erkenntnisse umfassen, die für den betreffenden Vorgang, auch für das Procedere, bedeutsam sein können. In diesem Zusammenhang ist *nicht zuletzt* auch der *Grundsatz der Verhältnismäßigkeit* zu beachten (BFH BStBl. II **1987** 549), der im Blick auf die verfassungsrechtliche Position des Steuergeheimnisses (s. Rdn. 1) einschränkend eingreift, wenn dem Betroffenen Nachteile drohen, die in einem nicht zumutbaren Missverhältnis zu dem angestrebten steuerlichen Ziel stehen.[35] So kann zwar nach LG Bremen NJW **1981** 592 in einem Ermittlungsverfahren wegen einer Steuerstraftat auf Antrag der Staatsanwaltschaft zu Beweiszwecken auch die Beschlagnahme von Steuerakten in den Amtsräumen des Finanzamts angeordnet werden; aus dem Verhältnismäßigkeitsgrundsatz und in Anwendung der für den Begriff des zwingenden öffentlichen Interesses entwickelten Grundsätze (vgl. unten Rdn. 58) folgert jedoch das Gericht, dass ein Anlass für eine solche Beschlagnahme so lange nicht besteht, als die Möglichkeit gegeben ist, Durchschläge der bei den Steuerakten zu erwartenden Originalschriftstücke an dritter Stelle durch freiwillige Herausgabe, notfalls im Wege einer anzuordnenden Durchsuchung, zu erlangen. Besondere Beachtung der Kriterien für die Zulässigkeit einer Offenbarung ist veranlasst, wenn die Mitteilung wegen der unmittelbaren steuerrechtlich relevanten Verflechtung der Verhältnisse an andere Steuerpflichtige **40**

---

33 S. hierzu *Wabnitz/Janovsky/Schmitt/Pflaum* Rdn. 252 ff.

34 Vgl. *Hübschmann/Hepp/Spitaler* Anm. 12 zu § 400 RabgO a.F.; *Winter* MDR **1976** 977; *Schomberg* NJW **1979** 526; OVG Münster NVwZ **1999** 1254.

35 Vgl. BVerfGE **84** 239, 279 ff.; *Tipke/Kruse/Drüen* § 30 AO Rdn. 62; *Kuhlen* NK Rdn. 30.

gehen soll (geschiedene Ehegatten, Gesellschaften etc.). Dass sich solche Auskünfte streng auf das zur Zweckerreichung Erforderliche beschränken müssen, liegt auf der Hand.[36]

41 Zur Frage der *Begrenzung des § 30 Abs. 4 Nr. 1* ist noch zu bemerken, dass sich die Vorschrift nur auf die in § 355 Abs. 1 Nr. 1a und b genannten Verfahren in Steuersachen bezieht (vgl. Rdn. 16 ff.; *Kuhlen* NK Rdn. 13). Anzunehmen, dass die Worte „in Steuersachen" sich lediglich auf *gerichtliche* Verfahren, nicht auch auf Verwaltungsverfahren beziehen, oder dass wegen eines steuerlichen Bezugs auch die Verwaltungsverfahren der Pass- und Gewerbeaufsichtsbehörden Verwaltungsverfahren in Steuersachen" seien, wird dem Sinn der Vorschrift nicht gerecht. So ergeht eine Gewerbeuntersagung gemäß § 35 GewO nicht in einem Verfahren in Steuersachen nach § 30 Abs. 4 Nr. 1 AO, da durch die Einleitung dieses Verfahrens weder die Steuerfestsetzung noch die Vollstreckung beeinflusst werden (vgl. *Kraemer* DStZ **1988** 72; BVerwGE **65** 1). Auch ein Konkurs- oder Insolvenzantrag, durch den Steuerrückstände des Steuerpflichtigen dem Konkurs- bzw. Insolvenzgericht mitgeteilt werden, stellt eine Offenbarung von steuerlichen Kenntnissen dar (*Kalmes* BB **1990** 113). Das Konkurs- bzw. Insolvenzverfahren ist jedoch weder ein Verwaltungsverfahren in Steuersachen noch ein Finanzgerichtsverfahren. § 30 Abs. 4 Nr. 1 AO kann daher auch nicht die Grundlage für die Mitteilung über die steuerliche Unzuverlässigkeit von Personen an Passbehörden oder Gewerbeaufsichtsämter sein (so aber *Koch* Rdn. 18). Die Frage der Zulässigkeit solcher Mitteilungen ist in anderem Zusammenhang zu prüfen (s. Rdn. 89). Dagegen ermöglicht die Vorschrift die Auswertung von sogenannten **Kontrollmitteilungen**, die der Durchführung der Besteuerung bei anderen Steuerpflichtigen dienen.[37] Die Fertigung und Weitergabe von Kontrollmitteilungen der Steuerfahndung erfordert eine Abwägung des Interesses der Allgemeinheit und des jeweils Betroffenen (FG BaWü NJW **1997** 2406). Zu beachten sind auch Kontrollmitteilungen ausländischer Steuerbehörden (BFH BStBl. **1995** 358).

2. Zu Absatz 4 Nr. 2 AO (durch Gesetz ausdrücklich zugelassene Offenbarung)[38]

42 **a) Eindeutiges und unmissverständliches Gesetz.** Die Fassung dieser (in der Sache eigentlich überflüssigen, weil eine Selbstverständlichkeit ausdrückenden, *Schmitz* MK Rdn. 59) Bestimmung deutet daraufhin, dass es sich bei ihr um eine *eng begrenzte* Ausnahmevorschrift handelt (BTDrucks. 7/4292 S. 17). Das bedeutet allerdings nicht, dass das betreffende Gesetz die Offenbarung expressis verbis gestatten müsse. Vielmehr genügt, wenn aus dem Gesetz **eindeutig und unmissverständlich** hervorgeht, dass die Durchbrechung des Steuergeheimnisses zulässig sein soll.[39] Eine solche eindeutige und unmissverständliche Offenbarungsgestattung ist z.B. gegeben, wenn ein Gesetz bestimmte Maßnahmen unter Voraussetzungen zulässt, deren Vorliegen nur den Steuerbehörden bekannt ist, und das Gesetz leerlaufen würde, wenn die Steuerbehörden keine Auskunft erteilen dürften (Näheres *Schäfer* LK[10] Rdn. 34; *Goll* NJW **1979** 91; **aA** *Tipke/Kruse/Drüen* § 30 AO Rdn. 72). Dagegen liegt *keine ausdrückliche Zulassung* der Offenbarung vor, wenn gesetzliche Vorschriften für alle Gerichte und Verwaltungsbehörden Rechts- und Amtshilfepflicht oder eine sonstige Mitwirkungspflicht zur Durchführung der bei der ersuchenden Stelle anhängigen Verfahren vorschreiben, auch wenn der Ausfall der Mitwirkung der Finanzbehörde die Durchführung dieser Verfahren in mehr oder weniger großem Umfang lahmlegt (OVG Hamburg MDR **1981** 698). Deshalb haben weder Art. 35 Abs. 1, 44 GG noch § 161 StPO oder § 46 OWiG, soweit er § 161 StPO für anwendbar erklärt, trotz der dort allen Behörden auferlegten Mitwirkungspflicht die Bedeutung von ausdrücklich die Offenbarung zulassenden Gesetzen im Sinne des § 30 Abs. 4 Nr. 2

---

36 Vgl. *Schäfer* LK[10] Rdn. 33; *Kuhlen* NK Rdn. 30; *Tipke/Kruse/Drüen* Rdn. 63 ff.; *Koch* Rdn. 18; *Kühn*/von *Wedelstädt/Blesinger* Anm. 21 je zu § 30 AO.

37 *Klein/Rüsken* § 30 AO Rdn. 75, 75a; *Koch* Rdn. 18; *Schäfer* JA **1996** 884.

38 Vgl. die Aufstellung in BTDrucks. IV/1982 S. 101.

39 OLG Hamm NJW **1981** 358; *Kuhlen* NK Rdn. 31; *Sch/SchröderLenckner/Perron* Rdn. 25; *Klein/Rüsken* § 30 AO Rdn. 102; *Goll* NJW **1979** 91; *Schmitz* MK Rdn. 60.

AO (allgemeine Meinung). Jedoch kann sich die Zulässigkeit der Offenbarung aus den anderen Vorschriften des § 30 Abs. 4 AO, insbesondere aus Nr. 3 und 5 ergeben.

b) Begriff des Gesetzes. **Gesetz** im Sinn der Nr. 2 ist entsprechend § 4 AO jede Rechtsnorm, also nicht nur ein formelles Gesetz, sondern auch eine Rechtsverordnung, die den Anforderungen des Art. 80 GG genügt. Als Beispiel können die §§ 31, 31a, 31b AO angeführt werden. Die gesetzliche Regelung kann jedoch auch in „außersteuerrechtlichen" Vorschriften enthalten sein.[40] 43

Die von Schäfer LK[10] Rdn. 35 angesprochene Frage nach der Bedeutung des § 30 AO für die Vorschriften der Landespressegesetze zum allgemeinen Informationsanspruch der Presse dürfte vom OLG Hamm (NJW **1981** 386) zutreffend behandelt worden sein.[41] Die aus Art. 108 Abs. 5 GG sich ergebende Kompetenz zur Schaffung der Abgabenordnung weist deren Vorschriften als Bundesrecht aus, das von den Ländern zu beachten ist. Da § 4 der Landespressegesetze die Regelung in § 30 Abs. 4 Nr. 2 ersichtlich nicht tangiert, brauchte das Gericht hierzu nicht Stellung nehmen; dies umso weniger, als sich ihm § 30 Abs. 4 Nr. 5 als Entscheidungsgrundlage bot (vgl. hierzu Rdn. 85).[42] 44

Eine Aufzählung von Gesetzesvorschriften, die zur Zeit eine Offenbarung im Sinn des § 30 Absatz 4 Nr. 2 AO ausdrücklich zulassen, findet sich bei *Tipke/Kruse/Drüen* § 30 AO Rdn. 74 ff. 45

3. Zu § 30 Absatz 4 Nr. 3 AO (Offenbarung bei Zustimmung des Betroffenen)

a) Bedeutung der Vorschrift im Allgemeinen. Wie bereits oben Rdn. 3 kurz ausgeführt, bestehen Zweifel über die systematische Bedeutung der Nr. 3. Wäre, wie z.T. angenommen wird,[43] das durch § 355 geschützte Rechtsgut primär das Vertrauen der Allgemeinheit in die Wahrung des Steuergeheimnisses, so könnte dies folgerichtig nicht dazu führen, der einseitigen Zustimmung des Betroffenen schlechthin eine die Offenbarung rechtfertigende (oder sogar den Wegfall der Tatbestandsmäßigkeit bewirkende) Bedeutung beizumessen, wenn es unter dem Gesichtspunkt des öffentlichen Vertrauens in die Wahrung des Steuergeheimnisses Gründe geben sollte, die Offenbarung zu versagen (*Kuhlen* NK Rdn. 32; *Schmitz* MK Rdn. 62). 46

b) Zustimmung. Unter **Zustimmung** ist entsprechend den allgemeinen im Strafrecht geltenden Grundsätzen über die Einwilligung in eine Verletzung (vgl. z.B. BGHSt **17** 359; *Kuhlen* NK Rdn. 32; *Schmitz* MK Rdn. 63) nur eine *vor der Offenbarung* erfolgende Einwilligung zu verstehen; eine nachträgliche Zustimmung könnte der einmal erfolgten Verwirklichung des Straftatbestandes des § 355 nicht ihre strafrechtliche Bedeutung entziehen, wohl aber Veranlassung geben, von einem Strafantrag (§ 355 Abs. 3) abzusehen.[44] Die Zustimmung kann schriftlich oder mündlich erfolgen. *Adressat* ist im Regelfall der *Geheimhaltungspflichtige* oder die Behörde oder eine andere Stelle, bei der oder für die er tätig ist; Betroffener ist der Geheimnisgeschützte.[45] Im Regelfall muss die Zustimmung ausdrücklich (d.h. eindeutig und unmissverständlich) erfolgen. Zu diesem Zweck nehmen Behörden in ihre Antragsformulare häufig Zustimmungserklärungen auf, die der Antragsteller naturgemäß nicht zu unterzeichnen braucht, wenn er auf die beantragte Amtshandlung einen Rechtsanspruch hat (*Tipke/Kruse/Drüen* § 30 AO Rdn. 110). Jedoch genügt auch eine konklu- 47

---

40 *Sch/Schröder/Perron/Hecker* Rdn. 21; *Kuhlen* NK Rdn. 31; *Hoyer* SK Rdn. 16; *Schäfer* LK[10] Rdn. 35; *Schmitz* MK Rdn. 61; enger unter Berufung auf die „restriktive Tendenz" der Nr. 2; *Tipke/Kruse/Drüen* § 30 AO Rdn. 71.

41 S. dazu auch VG Saarlouis NJW **2003** 3431, 3434.

42 Vgl. *Sch/Schröder/Perron/Hecker* Rdn. 21 a.E.; dazu Felix NJW **1978** 2134; *Schomberg* NJW **1979** 526; *H. Schäfer* JA **1996** 885.

43 Vgl. *Sch/Schröder/Perron/Hecker* Rdn. 2; *Goll* NJW **1979** 92.

44 *Sch/Schröder/Perron/Hecker* Rdn. 22; *Kuhlen* NK Rdn. 32.

45 *Fischer* Rdn. 14; *Kuhlen* NK Rdn. 32.

dente Zustimmung (*Kuhlen* NK Rdn. 32) durch eine Maßnahme, die einen deutlichen Rückschluss auf den Verzichtswillen zulässt, z.B. wenn der Betroffene sich in einer steuerlichen Angelegenheit mit einer Petition an die Volksvertretung (Art. 17 GG) oder abhilfesuchend an den Abgeordneten seines Kreises wendet und erwartet, dass daraufhin Nachforschungen angestellt werden, die mit der Einholung von Auskünften der zuständigen Finanzbehörde oder der Bitte um Akteneinsicht verbunden sind.[46] Umfasst das Steuergeheimnis die Verhältnisse mehrerer Personen, so müssen alle von einer Offenbarung Betroffenen zustimmen (*Ehlers* BB **1977** 1364), sofern sie nicht in rechtlichen Beziehungen zueinander stehen, die – wie z.B. bei den durch ein Gesamtschuldverhältnis Verbundenen – es zulassen, dass die Zustimmung eines Betroffenen ausreicht (vgl. dazu oben Rdn. 13).

48 **c) Mutmaßliche Zustimmung.** Nicht genannt ist in § 30 Absatz 4 Nr. 3 AO die Bedeutung einer **mutmaßlichen Zustimmung**, die – unbeschadet des Streits um ihre rechtliche Einordnung[47] – nach allgemeinem Strafrecht die Bedeutung hat, eine Handlung zu rechtfertigen, die im Interesse des Betroffenen vorgenommen wird, sofern nach den Umständen die Annahme erlaubt ist, dass der Betroffene seine Einwilligung dazu erteilt hätte, wenn sie rechtzeitig hätte eingeholt werden können. Solche Situationen können auch im steuerrechtlichen Bereich vorkommen (dazu ausführlich *Goll* NJW **1979** 42). Obwohl § 30 Abs. 4 Nr. 3 AO die Offenbarung nur für zulässig erklärt, wenn sie mit tatsächlich vorangegangener Zustimmung erfolgt, ist doch davon auszugehen, dass auch hier der mutmaßlichen Zustimmung die Bedeutung eines „Ersatzes der tatsächlich erteilten Zustimmung" zukommt.[48] Das lässt sich nicht nur mit der oben (Rdn. 37) vertretenen Auffassung begründen, dass dem Katalog des § 30 Abs. 4 AO eine abschließende Bedeutung nicht zukommt, sondern findet auch eine Stütze in der Entstehungsgeschichte. Denn § 4 Abs. 2 Nr. 7 des Entwurfs der AO 1974 (S. 102) erklärte eine Offenbarung für zulässig, wenn ein Geheimhaltungsinteresse des Betroffenen offensichtlich nicht vorhanden sei (wie z.B. bei Angabe der Eigentümer für ein Umlegungsverfahren durch die Bewertungsstelle), und diese ausdrückliche Berücksichtigung eines Falles entbehrlicher, weil mutmaßlicher Einwilligung ist nur deshalb nicht Gesetz geworden, weil im Laufe der parlamentarischen Verhandlungen eine Notwendigkeit für eine solche Vorschrift verneint wurde (BTDrucks. 7/4292 S. 18).

4. Zu § 30 Absatz 4 Nr. 4 AO (Offenbarung, die der Durchführung von Strafverfahren wegen Nichtsteuerstraftaten dient)[49]

49 **a) In nichtsteuerrechtlichen Verfahren.** Im Grunde schützt das Steuergeheimnis auch die in *Steuerstrafverfahren* anfallenden Erkenntnisse.[50] Jedoch schränkt § 30 Abs. 4 Nr. 4 AO diesen Schutz in erheblichem Umfang ein. Von welchem „Grundgedanken" sich der Gesetzgeber hier hat leiten lassen, ist im Bericht des BT-Finanzausschusses (BTDrucks. 7/4292 S. 17) anschaulich dargelegt. Auf seinen Inhalt, abgedruckt b. Schäfer LK[10] Rdn. 42, wird Bezug genommen. Ausgehend von den im Besteuerungsverfahren geltenden Mitwirkungspflichten des Steuerpflichtigen (und auch Dritter) entfällt aus der Sicht des Gesetzgebers im *Steuerstrafverfahren* diese Grundlage für eine umfassende Wahrung des Steuergeheimnisses. Gefordert sei die vorgeschlagene differenzierende Regelung.

---

46 Eine Zusammenstellung häufig vorkommender Auskunftsersuchen von Behörden und Gerichten, denen nur mit Zustimmung des Betroffenen stattgegeben werden kann, findet sich bei *Tipke/Kruse/Drüen* § 30 AO Rdn. 112.

47 Unterfall des rechtfertigenden Notstandes oder besonderes Institut zwischen Einwilligung und rechtfertigendem Notstand; vgl. *Sch/Schröder/Perron/Hecker* Rdn. 19 ff.; *Fischer* Rdn. 4, je Vor § 32.

48 So auch *Sch/Schröder/Perron/Hecker* Rdn. 19; *Hoyer* SK Rdn. 18; *Goll* NJW **1979** 92; *Schnapp* NJW **1980** 2165, 2168.

49 S. dazu *Küster* PStR **2000** 108.

50 OLG Hamburg NJW **1995** 3399; *Klein/Rüsken* § 30 AO Rdn. 161; s. jedoch auch OLG Celle NJW **1990** 1807.

b) Verfahren wegen Steuerstraftat oder Steuer-OWi. Die Mehrheit des BT-Finanzausschusses (vgl. BTDrucks. 7/4292 S. 5) hat „weitergehende Vorstellungen (der Ausschussminderheit) nicht aufgegriffen, die darauf abzielten, den Schutz des Steuergeheimnisses bei der Verfolgung außersteuerlicher Straftaten nur dann zu gewähren, wenn es sich um Verhältnisse oder Kenntnisse handelt, die der Steuerpflichtige in Erfüllung erzwingbarer steuerlicher Pflichten offenbart hat und sich dadurch selbst einer Steuerstraftat oder Ordnungswidrigkeit bezichtigen oder einen Angehörigen der Gefahr einer Verfolgung wegen einer derartigen Tat aussetzen würde. Nach Auffassung der Ausschussmehrheit ist eine Durchbrechung des Steuergeheimnisses zur Verfolgung nichtsteuerlicher Straftaten jedoch immer dann zuzulassen, wenn die der Strafverfolgungsbehörde mitzuteilenden Tatsachen auf vorsätzlich falschen Angaben des Steuerpflichtigen beruhen. Die Mehrheit hat daher die Vorschrift entsprechend ergänzt; die Ausschussminderheit hat diese zusätzliche Einschränkung des Steuergeheimnisses nicht mit getragen". 50

Die Vorschrift (erster Halbsatz) geht von dem Grundsatz aus, dass Kenntnisse, die in einem 51 Verfahren wegen einer **Steuerstraftat** oder einer **Steuerordnungswidrigkeit** (dazu oben Rdn. 16 ff.) erlangt worden sind, offenbart werden dürfen, soweit sie der Durchführung eines Strafverfahrens wegen einer *nichtsteuerrechtlichen* Tat dienen (vgl. dazu *Müller* DStR **1986** 699). Ermittelt z.B. die Finanzbehörde (§ 386 AO) wegen des Verdachts einer Steuerhinterziehung, begangen durch Vortäuschung von Werbungskosten infolge Pkw-Benutzung, und stellt sich dabei heraus, dass der Beschuldigte Fahrten durchführte, ohne im Besitz einer Fahrerlaubnis zu sein (§ 21 StVG), oder ergibt sich der Verdacht, dass hinterzogene Einnahmen durch Verstoß gegen allgemeine Strafgesetze erlangt waren (vgl. § 40 AO), so wäre nach diesem Grundsatz die Weitergabe der Vorgänge an die Staatsanwaltschaft zur Verfolgung der außersteuerlichen Straftaten zulässig. Dieser Grundsatz ist aber wiederum von **Ausnahmen** durchbrochen.

aa) Unkenntnis der Einleitung. Nach *Nummer 4a Halbsatz 2 erste Alternative* ist die Offenba- 52 rung nicht zulässig bezüglich solcher Tatsachen, die der Steuerpflichtige in **Unkenntnis der Einleitung des Steuerstraf- oder Bußgeldverfahrens** offenbart hat (*Kuhlen* NK Rdn. 33). Damit knüpft das Gesetz an die §§ 393, 397, 410 Abs. 1 Nr. 4, 6 AO an. Nach § 397 Abs. 2, 3 AO in Verbindung mit § 410 AO ist die Einleitung (zu diesem Begriff vgl. § 397 Abs. 1 AO) eines Steuerstraf- oder Bußgeldverfahrens unter Angabe des Zeitpunkts unverzüglich in den Akten zu vermerken und die Einleitung dem Beschuldigten (Betroffenen des Bußgeldverfahrens) spätestens mitzuteilen, wenn er dazu aufgefordert wird, Tatsachen oder Unterlagen vorzulegen, die im Zusammenhang mit der Straftat (Ordnungswidrigkeit) stehen, derer er verdächtigt ist. Durch diese Mitteilung wird es dem Beschuldigten (Betroffenen) ermöglicht, sein prozessuales Verhalten einzurichten und insbesondere Angaben zu vermeiden, durch die er sich nichtsteuerrechtlicher Straftaten bezichtigen würde (vgl. § 385 AO in Verbindung mit § 136 Abs. 1 Satz 2 StPO, § 410 AO in Verbindung mit § 46 OWiG und § 136 Abs. 1 Satz 2 StPO). Unterbleibt aber die Mitteilung, oder erreicht sie den Beschuldigten (Betroffenen) nicht und glaubt er in Unkenntnis der Einleitung des Strafverfahrens sich noch im Besteuerungsverfahren zu befinden und den steuerrechtlichen Mitwirkungspflichten zu unterliegen, so soll ihm dies nicht zum Nachteil gereichen, und es ist – vorbehaltlich des Absatzes 4 Nr. 5 – trotz der Einleitung des Steuerstraf- oder Bußgeldverfahrens der Schutz des Steuergeheimnisses weiter gegeben (s. auch *Schmitz* MK Rdn. 65). § 393 Abs. 2 AO hat die Folgerungen aus dieser Rechtslage in Form eines Beweisverwertungsverbotes für die Strafjustizbehörden gezogen. Eine *Offenbarung* durch den Steuerpflichtigen wird zu seinen Gunsten auch anzunehmen sein, wenn er seine Einkünfte aus „Gewerbebetrieb" richtig deklariert hat, ohne erkennbar zu machen, dass sie aus strafbaren Handlungen (z.B. Betrug) herrühren und das Finanzamt wegen eines anderen Punktes gegen ihn steuerstrafrechtlich ermittelt und dabei Kenntnis von der strafbaren Herkunft der „Einkünfte aus Gewerbebetrieb" erlangt (vgl. *Klein/Rüsken* § 30 AO Rdn. 165).

53 **bb) Bekannt gewordene Tatsachen.** Die gleiche Regelung wie für die in Unkenntnis der Einleitung des Strafverfahrens gilt nach § 30 Abs. 4 *Nr. 4a Halbsatz 2, zweite Alternative* AO für Tatsachen, die vor Einleitung des Straf- oder Bußgeldverfahrens im Besteuerungsverfahren bekannt geworden sind; ob das Finanzamt die Kenntnis durch den Steuerpflichtigen oder einen Dritten erlangte, ist unerheblich.

54 **cc) Begriff des „Steuerpflichtigen".** Dem Grundgedanken der Vorschrift entsprechend ist der Begriff des „Steuerpflichtigen" in einem weiteren Sinn auszulegen, indem er auch die nach §§ 93 ff. AO Auskunfts- und Mitwirkungspflichtigen umfasst, die zwar nach § 33 Abs. 2 AO keine Steuerpflichtigen im technischen Sinn sind, aber sich durch Verletzung ihrer Pflichten einer Steuerstraftat oder Ordnungswidrigkeit schuldig machen können (so auch *Tipke/Kruse/Drüen* § 30 AO Rdn. 114; *Sch/Schröder/Perron/Hecker* Rdn. 25; *Schmitz* MK Rdn. 69).

55 **c) Freiwillige Angaben. Nach Absatz 4 Nr. 4 Buchst. b** ist die Offenbarung zulässig, soweit die Kenntnisse durch **freiwillige Angaben**, nämlich *a)* ohne Bestehen einer steuerlichen Verpflichtung oder *b)* unter Verzicht auf ein Auskunftsverweigerungsrecht erlangt worden sind. Abweichend von Absatz 4 Nr. 4 Buchst. a ist es hier ohne Bedeutung, ob die Kenntnisse in einem Steuerstraf- oder Bußgeldverfahren oder im Besteuerungsverfahren erlangt sind. Im Sinn von Fall *a)* sind Tatsachen ohne Bestehen einer steuerlichen Verpflichtung der Finanzbehörde bekannt geworden, wenn die Auskunftsperson nicht zuvor von der Finanzbehörde zur Erteilung der Auskunft aufgefordert worden war.[51] Es kommen in erster Linie freiwillige Angaben Dritter (z.B. von V-Leuten und Anzeigeerstattern) in Betracht (*Klein/Rüsken* § 30 AO Rdn. 176). An sich gehören auch Kenntnisse von Tatsachen hierher, die der Steuerpflichtige angegeben hat, wenn er objektiv zu deren Angabe für steuerliche Zwecke nicht verpflichtet war; jedoch ist im Zweifelsfall zugunsten des Steuerpflichtigen anzunehmen, dass er glaubte, in Erfüllung einer steuerlichen Verpflichtung zu handeln (*Koch* Rdn. 23; s. auch *Goll* NJW **1979** 93; *Schmitz* MK Rdn. 70). Im Falle *b)* setzt der *Verzicht auf ein Auskunftsverweigerungsrecht* (vgl. §§ 101 ff. AO) voraus, dass der Verweigerungsberechtigte in Kenntnis dieses Rechts wirksam darauf verzichtet hat. Angehörige sind nach § 101 Abs. 1 AO über ihr Verweigerungsrecht zu belehren; die Streitfrage, ob bereits die unterlassene oder unrichtig erteilte Belehrung die Auskunft unverwertbar macht,[52] bedarf hier keiner Vertiefung. Im Übrigen ist mit *Tipke/Kruse/Drüen* § 30 AO Rdn. 115; *Sch/Schröder/Perron/Hecker* Rdn. 26; *Goll* NJW **1979** 93 unter Verzicht auf ein Auskunftsverweigerungsrecht nur der Verzicht des *Betroffenen* auf ein ihm zustehendes Auskunftsverweigerungsrecht zu verstehen, nicht auch der Verzicht einer anderen Person auf ein ihr zustehendes Auskunftsverweigerungsrecht, weil der Betroffene auf deren Verhalten keinen Einfluss hat. Es darf z.B. dem Steuerpflichtigen der Verzicht eines Angehörigen, mit dem er in Streit lebt, „nicht angerechnet" werden (**aA** *Klein/Rüsken* § 30 AO Rdn. 181).

5. Zu § 30 Absatz 4 Nr. 5 AO im Allgemeinen (Zulässigkeit der Offenbarung, soweit für sie ein zwingendes öffentliches Interesse besteht)

56 **a) Entstehungsgeschichte und Grundgedanke.** § 22 a.F. RAbgO enthielt keine dem § 30 Abs. 4 Nr. 5 AO entsprechende Vorschrift. Dagegen sah der sogenannte Popitz-Erlass vom 9.11.1923 (abgedruckt bei *Tipke/Kruse* RAbgO^2 § 22 a.F. Rdn. 20) unter IV vor, dass auch ohne Einwilligung des Steuerpflichtigen Dritten Auskunft zu erteilen sei, „wenn ein zwingendes öffentliches Interesse

---

51 So der Einführungserlass zu § 30, BStBl. **1976** I S. 581; kritisch dazu *Ehlers* BB **1977** 1365.

52 Bejahend BFH BStBl. **1991** 204; *Tipke/Kruse/Drüen* § 30 AO Rdn. 115; differenzierend *Klein/Brockmeyer* Anm. 5, je zu § 101 AO.

besteht; die Auskunft ist dagegen zu versagen, wenn nur ein privatwirtschaftliches oder sonstiges privates Interesse der anfragenden Stelle vorliegt". „Ein öffentliches Interesse wird nur dann als vorliegend anzusehen sein, wenn die Maßnahme, für welche die Auskunft erfordert wird, das allgemeine Wohl des Reichs, eines Landes, einer Gemeinde oder einer anderen öffentlich-rechtlichen Körperschaft berührt". Im Übrigen bot diese Verwaltungsanweisung einen eingehenden „Kommentar", wann ein öffentliches Interesse zu bejahen oder zu verneinen sei. Im Anschluss daran sah die in Rechtsprechung und Schrifttum herrschende Meinung die Befugnis zur Offenbarung auch in einem „zwingenden öffentlichen Interesse", das – als Ergebnis einer längeren Entwicklung – bejaht wurde, wenn im Fall des Unterbleibens der Mitteilung die Gefahr bestünde, dass schwere Nachteile für das allgemeine Wohl eintreten würden (Nachweise bei *Tipke/Kruse* RAbgO² § 22 Rdn. 14).[53] Schließlich erhielt der Begriff des zwingenden öffentlichen Interesses in dem auf dem AOStrafÄndG vom 10.8.1967 beruhenden § 428 Abs. 2 RAbgO i.d.F. des Art. 161 Nr. 17 EGStGB 1974 – dem Vorläufer des heutigen *§ 393 Abs. 2* AO – eine gesetzliche Teildefinition, indem *das Verbot,* in einem Strafverfahren wegen einer Nichtsteuerstraftat *Tatsachen oder Beweismittel* zu *verwerten,* die aus den Steuerakten bekannt waren, *entfiel „bei Straftaten, an deren Verfolgung ein zwingendes öffentliches Interesse besteht.* Ein zwingendes öffentliches Interesse an der Verfolgung ist namentlich gegeben bei Verbrechen und vorsätzlichen Vergehen gegen Leib und Leben sowie bei Verbrechen und schwerwiegenden Vergehen gegen den Staat und seine Einrichtungen". Jedoch bestanden, da das Gesetz nur exemplifizierend („namentlich") Beispiele anführte, Zweifel, bei welchen Verbrechen und Vergehen ein zwingendes öffentliches Interesse an der Verfolgung bestehe (vgl. *Kühn/Kutter*¹¹ [1974] Anm. 6e zu § 22 RAbgO). In § 5 des RegE einer AO 1974 (BTDrucks. Nr. VI/1982), der in der 7. Wahlperiode unverändert wieder eingebracht wurde (BTDrucks. 7/79), sollte das zwingende öffentliche Interesse als Grund für die Zulässigkeit der Offenbarung genannt werden; nach § 5 Abs. 2 Nr. 6 sollte die Offenbarung zulässig sein, soweit „für sie ein zwingendes öffentliches Interesse besteht".

Bei der parlamentarischen Behandlung des Entwurfs sah der BT-Finanzausschuss seine Aufgabe darin, den „unbestimmten Rechtsbegriff" des zwingenden öffentlichen Interesses an einer Offenbarung näher zu umschreiben (Ausschussbericht in BTDrucks. 7/4292 S. 6, 18). Ergebnis ist, dass zunächst in Absatz 4 Nr. 5 erster Halbsatz allgemein die *Offenbarung für zulässig erklärt wurde, soweit für sie ein zwingendes öffentliches Interesse* besteht, und dass in dem zweiten Halbsatz – hier wiederum zur Exemplifizierung („namentlich") drei Gruppen von Fällen angeführt wurden, in denen ein zwingendes öffentliches Offenbarungsinteresse bestehe. Das entspricht in etwa der Technik des Strafgesetzbuchs, wenn dort für „besonders schwere Fälle" einer Straftat eine erhöhte Strafe vorgesehen ist und gewissermaßen als Leitbilder für den Richter Tatumstände bezeichnet werden, bei deren Vorliegen „in der Regel" ein besonders schwerer Fall gegeben ist (womit zugleich die Bedenken gegen diese leider um sich greifende Regelungstechnik bestehen; kritisch zuletzt allgemein *H. J. Hirsch* JZ **2007** 494, 502 m.w.N.). Das Wort „namentlich" lässt also Raum für Fälle, die nicht in die Gruppe a) bis c) einzuordnen sind, in denen aber das Unterbleiben einer Offenbarung eine vergleichsweise ebenso große Gefahr schwerer Nachteile für das allgemeine Wohl zur Folge haben kann wie in den drei umschriebenen Gruppen zulässiger Offenbarung (in diesem Sinne auch OVG Hamburg MDR **1981** 698 und BGH StR AO § 30 Steuergeheimnis 1). Eine **Grenze für die Offenbarung sanktionsbedrohter Gesetzesverstöße** ergibt sich daraus, dass Absatz 4 Nr. 5a und b die Offenbarung nur zur Verfolgung von **Straftaten** vorsehen. Danach ist die Zulässigkeit einer Offenbarung zur Verfolgung nichtsteuerrechtlicher **Ordnungswidrigkeiten** ausgeschlossen.[54] 57

53 S. hierzu OLG Hamm NJW **1981** 3454 ff.; VG Saarlouis NJW **2003** 3434.

54 Zum Bußgeldverfahren vor der Verwaltungsbehörde s. *Göhler/Gürtler/Seitz* Vor § 59 OWiG Rdn. 62; *Lutz* KK-OWiG § 59 Rdn. 45.

b) Zum Begriff des „zwingenden öffentlichen Interesses“

58 **aa) „Zwingendes Interesse“.** Nach der Entstehungsgeschichte fordert das Wort „zwingend“ nicht nur einen sehr hohen Grad (Intensität) des öffentlichen Interesses (das OLG Hamm NJW **1981** 356, spricht von einer „Verdichtung“ des öffentlichen Interesses zu einem zwingenden öffentlichen Interesse). In dem „Popitz-Erlass“ (oben Rdn. 56) ist dazu unter IV ausgeführt: „Das öffentliche Interesse muss zwingend sein, es liegt daher nur in Fällen vor, in denen die ersuchende Behörde oder Stelle sich die Auskunft **nicht auf andere Weise**, insbesondere durch Einholung der Zustimmung des Steuerpflichtigen mit der Offenlegung seiner Steuerverhältnisse oder durch Einsichtnahme in den Steuerbescheid zu verschaffen vermag. Unbequemlichkeiten oder Verzögerungen, die sich aus der Einholung der Einwilligung des Steuerpflichtigen etwa ergeben können, müssen hierbei außer Betracht bleiben“. Mit dieser beschränkten Komponente des Begriffs „zwingend“, die auch dem Grundsatz der Verhältnismäßigkeit Rechnung trägt, wird die Vorschrift mit Recht noch heute im Kontext der Nr. 5 verstanden (vgl. *Koch* Rdn. 24). Das ist berechtigt, denn das Ausmaß des öffentlichen Interesses soll *nicht nur* durch das Wort „zwingend“, sondern gleichermaßen *durch die drei „namentlich“* aufgeführten Exemplifizierungsgruppen gekennzeichnet sein (vgl. *Tipke/Kruse/Drüen* § 30 AO Rdn. 119 ff.; *Kuhlen* NK Rdn. 35).

59 **bb) „Öffentliches Interesse“.** Die Betonung von „öffentlich“ soll lediglich private von den öffentlichen Interessen scheiden. So wurde ein zwingendes öffentliches Interesse im Sinne des § 30 Abs. 4 Nr. 5 AO nur bejaht, wenn im Falle des Unterbleibens der Mitteilung die Gefahr besteht, dass schwere Nachteile für das allgemeine Wohl des Bundes, eines Landes oder einer anderen öffentlich-rechtlichen Körperschaft eintreten würden (BFH BStBl. II **1987** 548). Diese Begrenzung verlor ihre Bedeutung, als schließlich das zwingende öffentliche Interesse generell in der Vermeidung schwerer Nachteile für das allgemeine Wohl gesehen wurde (vgl. BGH **NJW** 1982 1648; BGHStR AO § 30 Steuergeheimnis 1; BVerwG **65** 6; *Sch/Schröder/Perron/Hecker* Rdn. 27; *Tipke/Kruse/Drüen* § 30 AO Rdn. 119 ff.; *Kuhlen* NK Rdn. 35).

60 Fallgestaltungen, in denen gewichtige *private* Interessen auf dem Spiel stehen, begründen keine Offenbarungsbefugnis nach § 30 AO Abs. 4 Nr. 5. In besonders schutzbedürftigen Ausnahmefällen könnte Abhilfe über § 34 in Frage kommen.[55]

6. Offenbarung zur Verfolgung von schweren Straftaten gegen Leib und Leben oder den Staat und seine Einrichtungen (Nummer 5a)

61 Die Fassung der Vorschrift lehnt sich an die in § 428 Abs. 2 RAbgO enthaltene Teildefinition eines zwingenden öffentlichen Interesses an (vgl. oben Rdn. 56). Jedoch hat sie jetzt als § 30 Abs. 4 Nr. 5 AO eine andere Bedeutung als früher in § 428 Abs. 2 RAbgO und jetzt noch in § 393 Abs. 2 Satz 2 AO 1977: Während es sich dort nur um die Entbindung der Strafverfolgungsbehörden von dem Verbot handelte, in Nichtsteuerstrafverfahren Tatsachen oder Beweismittel aus Steuerakten zu verwerten, ist in Nummer 5a den Finanzbehörden das Recht (u.U. sogar die Pflicht) zur Mitwirkung bei der strafrechtlichen Verfolgung der in Nummer 5a bezeichneten Straftaten beigelegt. Gegen diese Regelung wurden im Schrifttum insbesondere auch *verfassungsrechtliche Bedenken* erhoben.[56]

62 **a) Bedenken aus der Mitwirkungspflicht.** Diese knüpfen im Wesentlichen daran an, dass nach §§ 90, 200 AO der Steuerpflichtige im *Besteuerungsverfahren* in sehr weitem Umfang bei der

---

55 *Sch/Schröder/Perron/Hecker* Rdn. 27; *Kuhlen* NK Rdn. 35; dazu auch *Schäfer* LK[10] Rdn. 51.

56 Vgl. *Streck* StV **1981** 362; *Stürner* JZ **1981** 1761; *Reiß* NJW 1977 1436; *Rogall* ZRP **1975** 278.

Feststellung der Sachverhalte, die für die Besteuerung erheblich sein können, **mitzuwirken hat**. Da gemäß § 40 AO auch Einkünfte aus Straftaten der Besteuerung unterliegen, erstreckt sich seine Mitwirkungspflicht auch auf die Offenbarung von Straftaten, soweit deren Feststellung unter steuerrechtlichen Gesichtspunkten bedeutsam ist (vgl. BGHR StR AO § 30 Steuergeheimnis 1). Unter dieser Voraussetzung ist der Steuerpflichtige selbst zur Mitwirkung bei der Feststellung von ihm selbst begangener Straftaten der in Nr. 5a bezeichneten Art verpflichtet, und diese Mitwirkung könnte sogar durch Zwangsmittel (§ 328 AO) erzwungen werden, die nach § 393 Abs. 1 Satz 2 AO nur entfallen, wenn der Steuerpflichtige sich selbst wegen einer von ihm begangenen *Steuer*straftat oder *Steuer*ordnungswidrigkeit belasten müsste. Nach rechtsstaatlichen Grundsätzen sei es aber „undenkbar", dass an die für steuerliche Zwecke bestehende Pflicht, unter Umständen auch Straftaten zu offenbaren, die Befugnis der Behörde geknüpft werde, die auf solche Weise erlangte Kenntnis den Strafverfolgungsbehörden zu offenbaren. Da ohne eine Mitwirkungspflicht gemachte Angaben des Steuerpflichtigen bereits nach § 30 Abs. 4 Nr. 4b AO offenbart werden dürften, wäre es deshalb an sich naheliegend, Nr. 5a verfassungskonform auf solche Fälle zu beschränken, in denen die Finanzbehörde ihre Kenntnisse von einem Dritten, z.B. von einem Angestellten des Steuerpflichtigen, erlangt habe.[57]

Das **Bundesverfassungsgericht** hat sich in mehreren Verfahren zur Frage der steuerrechtlichen Mitwirkungs- und Aussagepflichten geäußert und dabei auch die Regelungen der §§ 30 Abs. 2 und 4 AO angesprochen. In BVerfGE **56** 37 hat der Erste Senat die *uneingeschränkte Aussagepflicht* des Gemeinschuldners im vorkonstitutionellen Konkursverfahrensrecht im Blick auf Art. 2 Abs. 1, Art. 1 Abs. 1 GG zwar als ergänzungsbedürftig angesehen, weil die Anordnung von Zwangsmitteln *im Einzelfall* sich als unverhältnismäßig erweisen kann und deshalb als verfassungswidrig zu beanstanden wäre (BVerfGE a.a.O. S. 50). *Beispielhaft* für die deshalb geforderte richterliche Ergänzung wird in der Entscheidung u.a. auf § 393 AO hingewiesen, der als begrenztes strafrechtliches Verwertungsverbot die Aussagepflicht unberührt lässt und Raum für eine sachgerechte Abwägung bietet (BVerfGE a.a.O. S. 46 ff., 49 f., 51 f.). Im „Volkszählungsurteil" (BVerfGE **65** 1, 43 f.) sieht derselbe Senat in den Vorschriften der §§ 30, 31 AO gesetzliche Maßnahmen zum Schutz des Betroffenen, „die in die verfassungsrechtlich gebotene Richtung weisen" (S. 45 f.). Dass daraus eine verfassungsgerichtliche Bestätigung der Lösung entnommen wurde, die der Gesetzgeber in der AO gefunden hat, liegt mehr als nahe.[58] Der in Anlehnung an diese Entscheidungen ergangene Beschluss eines Vorprüfungsausschusses (Kammer) des Zweiten Senats vom 21. April 1988 – 2 BvR 330/88 (wistra **1988** 302 f.) und der Beschluss dieses Senats vom 27. Juni 1991 (BVerfGE **84** 239) besagen nichts anderes. Danach hat der Gesetzgeber mit den Regelungen der §§ 30, 31 AO, § 355 StGB hinreichende Sicherheitsvorkehrungen gegen eine missbräuchliche Verwendung der *vom Steuerpflichtigen und von anderen zur Auskunft verpflichteten Personen* erteilten Angaben getroffen und damit dem Geheimhaltungsinteresse der Betroffenen durch die Ausschließung *unbefugten Offenbarens* oder *Verwendens* ihrer Angaben genüge getan (BVerfG a.a.O. S. 280 f.). Den Entscheidungen ist auch zu entnehmen, dass die gegen § 393 Abs. 2 Satz 2 AO erhobenen verfassungsrechtlichen Bedenken – jedenfalls generell – dem Gericht als nicht begründet erscheinen.[59] Dies ist zu bedauern; die um (gewiss berechtigter) staatlicher Finanzinteressen willen statuierte rückhaltlose Offenbarungspflicht des Steuerschuldners gerät auf diese Weise objektiv zum Vehikel von außersteuerrechtlichen Strafverfolgungsinteressen. Dass der Gesetzgeber bei seiner im Blick auf Art. 2 Abs. 1 GG vorzunehmenden umfassenden Interessenabwägung zum Ergebnis gelangt ist, die durch das Steuergeheimnis geschützten Geheimhaltungsinteressen des sich selbst belastenden Steuerpflichtigen müssten dann zurücktreten, wenn die unabweisbaren Bedürfnisse einer wirksamen Strafverfolgung und Verbrechensbekämpfung und das öffentliche Interesse an einer möglichst vollständigen Wahrheitsermittlung im Strafprozess, besonders im Zusammenhang mit der Auf- 63

57 So *Sch/Schröder/Perron/Hecker* Rdn. 28; *Goll* NJW **1979** 94; s. dazu aber *Schäfer* LK[10] Rdn. 53a ff., die eine eingehende Zusammenfassung der Problematik, der verschiedenen Meinungen und eine fundierte Stellungnahme zu BVerfGE **56** 37 = NJW **1981** 1431 ff. enthalten; des weiteren *Hoyer* SK Rdn. 24 ff.

58 *Schäfer* LK[10] Rdn. 53b; *Hoyer* a.a.O.; *Benda* DStR **1984** 351, 355.

59 Vgl. dazu *K. Schäfer* FS Dünnebier (1982) 11 ff., 13; *Samson* wistra **1988** 130 ff.; dazu *Weyand* wistra **1988** 9.

klärung schwerer und schwerster Straftaten, dies erfordern (vgl. dazu BVerfGE **106** 28, 48 f.; **84** 289, 280 f.; **80** 367, 373; 77 65, 76), bietet ein weiteres unerfreuliches Beispiel für die inzwischen leider vielfach verfestigte Position, prozessuale Grundrechte unter den Vorbehalt der „funktionstüchtigen Strafrechtspflege" zu stellen. Dass die gefundene Regelung – wohl notwendigerweise – an Bestimmtheit zu wünschen übrig lässt (so bereits *Träger* LK[11] Rdn. 54), lässt Zweifel aufkommen, ob die gesetzliche „Grenzziehung" zwischen den beteiligten Interessenpositionen und dem dabei zu berücksichtigenden Anspruch der Verfassung auf eine rechtsstaatlichen Anforderungen genügende Regelung[60] sich noch im verfassungsmäßigen Rahmen hält.

64 Stellt man diese Bedenken zurück, ist doch, wie von *Träger* LK[11] Rdn. 54 gefordert, zu verlangen, bei entsprechender Fallgestaltung die Möglichkeiten, die das Gesetz bietet, zu nutzen und so zu verfahren, dass der Vorwurf rechtsstaatswidriger Selbstbelastung nicht ernsthaft erhoben werden kann. So hat nach *Klein/Rüsken* § 30 AO Rdn. 193, 201 der Steuerpflichtige zwar selbst dann kein Recht, die *Auskunft* zu verweigern, wenn er sich strafbarer Handlungen bezichtigen müsste; aber das bedeute nur, dass er seine Einnahmen (aus Straftaten) erklären müsse, nähere Angaben über die Art der Einkünfte aber verweigern könne. Auch habe die Verwaltung den Grundsatz der Verhältnismäßigkeit zu berücksichtigen, wobei eine Rolle spielen könne, „in welchem Umfang der Steuerpflichtige an dem Bekanntwerden der Tatsachen in Erfüllung seiner steuerlichen Auskunftspflichten mitgewirkt hat" (*Klein/Rüsken* a.a.O.). Dazu kann – unabhängig von dem ihr ohnedies nach Nr. 5a („schwere Vergehen") und besonders nach Nr. 5b zustehenden Beurteilungsspielraum – der Finanzbehörde im Einzelfall nicht versagt sein, das Strafverfolgungsinteresse gegenüber dem Interesse an der Wahrung des Steuergeheimnisses abzuwägen. Schließlich wird auch zu prüfen sein, ob von einem rechtsstaatswidrigen „Zwang" zur Selbstbezichtigung gesprochen werden kann, wenn Zweifel bestehen, dass die Vorstellung der möglichen Anwendung von Zwang das Aussageverhalten bestimmt hat.[61]

65 **b) Abschließende Bedeutung der Exemplifizierungsgruppe.** Umstritten ist auch, ob die in § 30 Abs. 4 Nr. 5a AO angeführte Gruppe von Straftaten in sich abschließend gedacht ist oder ob die einleitenden Worte „ist namentlich gegeben" es zulassen, weitere Straftaten einzubeziehen, die, ohne von Nr. 5b erfasst zu werden, nach ihrer Schwere und Angriffsrichtung den in Nr. 5a genannten vergleichbar sind. Letzteres ist zu verneinen. Allerdings lautete in § 428 AO a.F. dem Vorgänger des § 393 AO 1977, der Abs. 2 Satz 3, der inhaltlich nach dem jetzigen § 30 Abs. 4 Nr. 5a AO übernommen wurde: „ein zwingendes öffentliches Interesse an der Verfolgung ist namentlich gegeben bei Verbrechen und vorsätzlichen Vergehen gegen Leib und Leben sowie bei Verbrechen und schwerwiegenden Vergehen gegen den Staat und seine Einrichtungen". Hier gestattete das „namentlich" auch eine Erweiterung dieser Gruppe von Straftaten. Mit der Neufassung und Einbeziehung der Gruppe der schweren Wirtschaftsstraftaten (Nr. 5b) wird man aber davon ausgehen müssen, dass der Gesetzgeber die in Nr. 5a und 5b genannten Straftaten in ihrem Zusammenhang gesehen und sie jedenfalls *tendenziell abschließend* umschrieben hat (*Schäfer* LK[10] Rdn. 55; *Kuhlen* NK Rdn. 35; i.E. auch *Schmitz* MK Rdn. 84 ff.). Ein darüber hinausreichendes zwingendes öffentliches Interesse ist allenfalls in Ausnahmefällen vorstellbar.

c) Die unter § 30 Nr. 5a fallenden Straftaten im Einzelnen

66 **aa) Allgemeines.** § 30 Nr. 5a nennt „Verbrechen und vorsätzliche schwere Vergehen gegen ...". Gemeint sind nur Straftaten, die gegen Leib und Leben oder gegen den Staat und seine Einrichtungen gerichtet sind. Angesichts der ohnehin bedenklichen Unschärfe der Gesamtregelung muss für

60 Zu den gesetzgeberischen Bemühungen um eine dem Bestimmtheitsgebot gemäße Regelung s. *Kuhlen* NK Rdn. 35; *Schäfer* LK[10] Rdn. 53c ff.
61 Vgl. dazu *Ehlers* BB 1977 1366; *Klein/Rüsken* Rdn. 166; Schäfer LK[10] Rdn. 54.

die Frage, ob ein Vergehen „schwer" ist, auf die abstrakte Strafdrohung abgestellt werden (anders *Träger* LK[11] Rdn. 56); mit Recht weist *Schmitz* MK Rdn. 76 darauf hin, dass bei Abstellen auf die Schwere der konkreten Tat „letztlich erst nach einer Aburteilung feststände, ob das entsprechende öffentliche Interesse vorlag". Da das „Standardmaß" der abstrakten Strafdrohung im StGB bei einem Höchstmaß von 5 Jahren liegt, ist mit Schmitz a.a.O. auf eine Höchststrafdrohung von mehr als 5 Jahren abzustellen; entgegen *Schmitz* a.a.O. ist jedoch das Vorliegen eines minder schweren Falles zu berücksichtigen.[62] Gegen diese abstrakte Betrachtungsweise spricht auch nicht die Regelung in Nr. 5b, die die konkrete Betrachtungsweise immerhin durch eine Häufung schwerwiegender Kriterien kompensiert und daher als Ausnahmevorschrift nicht verallgemeinerbar ist (**aA** *Träger* LK[11] Rdn. 56).

bb) Einzelnes. Welche Straftaten gegen Leib und Leben und welche gegen den Staat und seine Einrichtungen gerichtet sind, lässt sich nicht allein mit dem Hinweis auf § 138 beantworten.[63] Bei der Anzeigepflicht nach § 138 und der Offenbarungsbefugnis nach § 30 Abs. 4 Nr. 5a AO handelt es sich um verschiedene, nicht vergleichbare Materien. § 138 statuiert bei bestimmten, genau bezeichneten Straftatbeständen, deren Erfüllung erst „geplant" ist, hinsichtlich Straftaten also, die noch nicht ausgeführt sind oder deren Erfolg noch nicht eingetreten ist, eine Anzeigepflicht zwecks Abwendung der Ausführung (des Erfolgseintritts), die vorbehaltlich der in § 139 bezeichneten Ausnahmen jedermann („wer") obliegt, während § 30 Abs. 4 Nr. 5a AO in summarischer Kürze Straftaten nennt, die bereits ausgeführt sind und bei denen die Durchbrechung des Steuergeheimnisses zwecks ihrer Strafverfolgung zugelassen wird. Dass § 138 **Anhaltspunkte** für die Auslegung der Kurzfassung des § 30 Abs. 4 Nr. 5a AO geben kann, ist unbestritten. Eine undifferenzierte Gleichstellung dürfte jedoch nicht die richtige Lösung sein.[64] 67

Gemeinsam ist freilich § 138 StGB und § 355 StGB i.V.m. § 30 Abs. 4 Nr. 5a AO, dass sie Fälle erfassen, in denen im Interesse der staatlichen Strafverfolgung Ausnahmen von grundsätzlichen Regelungen eingreifen. Während aber § 138 StGB um dieses Interesses (und letztlich um der dahinter stehenden Schutzinteressen) willen eine Ausnahme von dem Grundsatz aufstellt, dass der Bürger zur Mitwirkung bei der staatlichen Strafverfolgung nicht verpflichtet ist, also ausnahmsweise eine *Erweiterung der Strafbarkeit* vornimmt, stellt § 30 Abs. 4 Nr. 5a AO diesem Interesse zuliebe einen Rechtfertigungsgrund für den schweigepflichtigen Täter auf, ordnet also eine *Einschränkung der Strafbarkeit* an. Hierfür sind im allgemeinen großzügigere Maßstäbe anzuwenden (wenngleich nicht unberücksichtigt bleiben darf, dass hier dem steuerpflichtigen Bürger an Geheimnisschutz genommen wird, was dem Amtsträger usw. und dem staatlichen Strafverfolgungsinteresse gegeben wird). Aus *dieser* Sicht ist es vertretbar, dort entsprechend dem Bestimmtheitsgrundsatz (Art. 103 Abs. 2 GG) einen Katalog aufzustellen, hier hingegen auf die Fälle abzustellen, in denen das staatliche Interesse an der Strafverfolgung zum Schutz wertvoller Rechtsgüter so schwer ins Gewicht fällt, dass das Interesse an der Wahrung des Steuergeheimnisses zurücktreten muss. Diese globale Grenzziehung bedarf freilich der Konkretisierung durch Auslegung, deren *allgemeiner Ausrichtungsmaßstab das zwingende öffentliche Interesse sein muss* (s. Rdn. 63). 68

So wird man unter **Verbrechen und vorsätzlichen schweren Vergehen gegen Leib und Leben**[65] nicht nur entsprechende Straftaten aus dem Bereich des 16. und 17. Abschnitt des Beson- 69

62 Ebenso *Sch/Schröder/Perron/Hecker* Rdn. 28.

63 *Sch/Schröder/Perron/Hecker* Rdn. 28; *Hoyer* SK Rdn. 32; *Kuhlen* NK Rdn. 35; *Klein/Rüsken* § 30 AO Rdn. 183; **aA** Tipke/Kruse/Drüen § 30 AO Rdn. 123.

64 S. dazu aber *Tipke/Kruse/Drüen* § 30 AO, Rdn. 123; *Klein/Orlopp* AO[4] 1989 Anm. 4e; **aA** *Ehlers* BB **1977** 1366; dagegen *Klein/Rüsken* AO § 30 Rdn. 183; *Sch/Schröder/Perron/Hecker* § 355 Rdn. 28; dazu *Schäfer* LK[10] Rdn. 57 ff., der einen treffenden Überblick über die Gegenläufigkeiten und Probleme einer zu sehr an § 138 ausgerichteten Rechtsanwendung gibt.

65 Die Merkmale „gegen Leib und Leben" und „gegen den Staat und seine Einrichtungen" werden richtigerweise auch auf die Verbrechen bezogen; *Schmitz* MK Rdn. 77.

deren Teils des StGB zu verstehen haben (Straftaten gegen das Leben und Körperverletzung), sondern auch andere Verbrechen oder vorsätzliche schwere Vergehen, die schon tatbestandsmäßig mit einer Gefahr für Leib und Leben oder mit der Bedrohung für Leib und Leben verbunden sind (vgl. z.B. §§ 102, 177, 178, 234a, 241a, 249, 252, 255, 310b, 311, 311a usw.), so dass die in § 138 Abs. 1 Nr. 6 bis 9 bezeichneten Straftaten sich mit dem Verbrechen oder vorsätzlichen schweren Vergehen gegen Leib und Leben i.S. der Nr. 5a jedenfalls weitgehend decken können.

70 Unter **Verbrechen und vorsätzlichen schweren Vergehen gegen den Staat und seine Einrichtungen** sind nur solche Straftaten zu verstehen, die sich speziell gegen staatliche Rechtsgüter richten. Dazu gehören nicht Taten, von denen der Staat lediglich im Einzelfall – wie jedermann – betroffen ist, wie z.B. Betrug gegenüber dem Fiskus, denn Vermögensdelikte gegen den Staat wiegen prinzipiell nicht schwerer als solche gegen den Einzelnen. Deshalb kann auch das Strafverfolgungsinteresse in solchen Fällen nicht grundsätzlich anders bewertet werden (*Sch/Schröder/Perron/Hecker* Rdn. 28; zustimmend *Hoyer* SK Rdn. 24).

71 Speziell gegen staatliche Rechtsgüter gerichtete Straftaten sind neben den eigentlichen Staatsschutzdelikten (§§ 80 ff.) Straftaten gemeingefährlicher Art, gegen öffentliche Versorgungsunternehmen und Anlagen u.a. Dass diese Straftaten zum Teil auch im Katalog des § 138 enthalten sind, versteht sich von selbst (vgl. § 138 Abs. 1 Nr. 1 bis 4). Andererseits sind dort Straftaten nicht einbezogen, die, wie etwa Taten nach §§ 98, 99, in vielen Fällen für die „Staatssicherheit" gefährlicher sein können als die angeführten.

72 Indessen hat die Frage, ob ein „Rückschluss" aus § 138 berechtigt war oder ist, und ob er dazu führen müsste, die Straftaten gegen den Staat und seine Einrichtungen etwa auf die in § 138 unter Abs. 1 Nr. 1 bis 4 und in § 316b bezeichneten Straftaten zu *beschränken* oder weiter (vgl. oben Rdn. 67) *auszudehnen*, Vermögensdelikte gegen den Fiskus aber ohne Rücksicht auf ihre Schwere auszunehmen, ihre praktische Bedeutung verloren, nachdem in § 30 Absatz 4 Nr. 5b AO als zweite Gruppe von Straftaten, bei denen „namentlich" ein zwingendes öffentliches Interesse an der Offenbarung besteht, die Wirtschaftsstraftaten genannt sind. Denn für den Begriff der Wirtschaftsstraftat kann es keine Rolle spielen, ob der Staat (Fiskus) oder eine natürliche oder juristische Person des Privatrechts am Vermögen geschädigt ist, sofern nur Begehungsweise und Ausmaß der Tat von den in Nummer 5b bezeichneten Folgen begleitet sind. Ist dies der Fall, so ergibt sich bei den umstrittenen Fragen, ob „schwere Korruptionsfälle" oder „schwerwiegende Untreue- und Unterschlagungshandlungen zu Lasten des Staats" etwa im Zusammenhang mit der Beschaffung von Waffen, die Offenbarungsbefugnis begründen, die Antwort unmittelbar aus Nummer 5b. Ein Rückgriff auf Nr. 5a erübrigt sich. Zumindest würde sich bei einer Einordnung von Vermögensschädigungen des Fiskus auch unter Nr. 5a aus der Funktion der Nr. 5b, den Schweregrad einer Straftat zu kennzeichnen, bei der der Geheimnisschutz hinter dem staatlichen Verfolgungsinteresse zurücktritt, ergeben, dass nur solche Vermögensschädigungen ausreichen, bei denen Begehungsweise und Schadensumfang von Folgen begleitet sind, die den in Nr. 5b bezeichneten entsprechen (vgl. auch BGH VersR **1981** 572).

73 **d) Verfolgung oder Verfolgungsabsicht.** Die Offenbarung nach § 30 Abs. 4 Nr. 5a AO ist zulässig, wenn die dort genannten Straftaten **verfolgt werden oder verfolgt werden sollen**. Gedacht ist wohl bei „verfolgt werden" an Auskunftsverlangen der Staatsanwaltschaft in bereits anhängigen Ermittlungsverfahren, bei „verfolgt werden sollen" an Mitteilungen aus eigener Initiative, die naturgemäß einen begründeten Verdacht voraussetzen (**aA** *Klein/Rüsken*[8] [2003] § 30 AO Rdn. 184: Der Wortlaut des Gesetzes „verfolgt werden sollen" gehe über die Zielrichtung der Vorschrift hinaus und sei einschränkend dahin auszulegen, dass eine Offenbarung nur insoweit zulässig ist, als sie sich auf Erkenntnisse über die genannten Straftaten bezieht und geeignet ist, die Strafverfolgung zu unterstützen; nicht mehr vertreten in der 16. Aufl. [2022]).

7. Offenbarung zur Verfolgung von schwerwiegenden Wirtschaftsstraftaten (zu § 30 Abs. 4 Nr. 5b AO)

a) Zum Begriff der Wirtschaftsstraftaten. Die AO enthält keine Definition der Wirtschaftsstraftaten. Bei der Beratung des § 30 hat der Rechtsausschuss des Deutschen Bundestages vorgeschlagen, ein zwingendes öffentliches Interesse bei den Taten zu bejahen, die in § 74c GVG aufgelistet sind und landläufig als Wirtschaftsstraftaten bezeichnet werden. Der Finanzausschuss hat dagegen als Lösung die „Ausformulierung" der damaligen Verwaltungsübung vorgeschlagen, die dann auch als einschränkende Merkmale in Abs. 4 Nr. 5b aufgenommen wurde (vgl. BTDrucks. 7/4292; *Schäfer* LK[10] Rdn. 63). 74

Dass die vom Rechtsausschuss vorgeschlagene Anlehnung an § 74c GVG zu einer unvertretbaren Ausweitung der gesetzlichen Offenbarungsbefugnis geführt hätte, trifft sicherlich zu. Dennoch hat die Vorschrift für die Auslegung des § 30 Abs. 4 Nr. 5b AO Bedeutung. Ihre primäre Aufgabe, die Regelung der Zuständigkeit der Wirtschaftsstrafkammer, steht dem nicht entgegen. Dass der vom Gesetzgeber geschaffene und weiter entwickelte Katalog der Straftatbestände, die aus seiner Sicht spezifischen Bezug zur „Wirtschaft" haben und das Wirtschaftsleben schützen sollen, einen maßgeblichen *Anhaltspunkt* bietet, steht außer Frage. Die Aufzählung der einschlägigen Straftatbestände (Strafrecht und Nebenstrafrecht) ist das Ergebnis der Bemühungen, dem schillernden Begriff der Wirtschaftsstraftat unter rechtsstaatlichen Gesichtspunkten Konturen zu verleihen" (*Schäfer* LK[10] Rdn. 64). Die erforderliche Einschränkung der Offenbarungsbefugnis ist durch die hohe Schwelle besonderer Gefährlichkeit der Tat (Eignung, die wirtschaftliche Ordnung erheblich zu stören etc.) sicher gestellt (s. dazu *Schäfer* a.a.O.). 75

Die Auffassung, dass der Katalog des § 74c Abs. 1 GVG zwar nicht die Bedeutung einer abschließenden Aufzählung der nach § 30 Abs. 4 Nr. 5b AO in Betracht kommenden Straftatbestände hat, aber doch eine zu beachtende Auslegungsrichtlinie darstellt, dürfte heute h.M. sein;[66] darüber hinaus bildet er die äußerste Grenze der fraglichen Tatbestände (so auch *Schmitz* MK Rdn. 78). Nach der Gegenmeinung (*Sch/Schröder/Perron/Hecker* Rdn. 29; *Goll* NJW **1979** 94) sind unter Wirtschaftsstraftaten bei Verzicht auf eine Anlehnung an § 74c GVG – und damit in einer schwer fassbaren Weise – alle Delikte zu verstehen, bei denen entweder schon die geschützten Rechtsgüter dem „überindividuellen Wirtschaftsleben" zuzurechnen sind oder aber ihre Verwirklichung über verletzte Einzelinteressen hinaus geeignet ist, die gesamtwirtschaftliche Ordnung zu beeinträchtigen. Gegen den zuletzt genannten Gesichtspunkt spricht das Bedenken, das bereits gegen die konkrete Betrachtungsweise in Nr. 5a angemeldet worden ist (s.o. Rdn. 66). 76

b) Voraussetzungen der Offenbarung. Eine Offenbarungsbefugnis nach § 30 Abs. 4 Nr. 5b ist gegeben, wenn die Wirtschaftsstraftat, nach Begehungsweise oder Umfang des verursachten Schadens, die wirtschaftliche Ordnung erheblich gefährdet. 77

aa) Eignung, die wirtschaftliche Ordnung erheblich zu stören. Eine einheitliche Auslegung der damit vorgegebenen Merkmale ist angesichts ihrer Unbestimmtheit nicht zu erwarten. Nach *Tipke/Kruse/Drüen* Rdn. 127; *Sch/SchröderPerron/Hecker* Rdn. 29 ist unter wirtschaftlicher Ordnung das wirtschaftliche Gesamtgefüge zu verstehen. Danach kann von einer erheblichen Störung dieser Ordnung nur gesprochen werden, wenn der angerichtete Schaden von einer Tiefen- und Breitenwirkung ist, wie sie z.B. bei Bankzusammenbrüchen oder Insolvenzen kriminellen Charakters mit Auswirkungen auf eine massenhafte Zahl von Einlegern und mit einer Vielzahl von Insolvenzen weiterer Firmen, z.B. Zulieferbetrieben, festzustellen ist (s. auch *Schmitz* MK Rdn. 79). Auch Betrügereien um sehr hohe Beträge oder im Zusammenhang mit Anlagegesellschaf- 78

---

66 Vgl. z.B. *Kühn/von Wedelstädt/Blesinger* § 30 AO Anm. 34; *Koch/Scholz* Rdn. 28; *Tipke/Kruse/Drüen* Rdn. 124 f.; auch *Klein/Rüsken* Rdn. 185; *Hoyer* SK § 355 Rdn. 25; *Schäfer* LK[10] Rdn. 65.

ten kommen in Betracht (vgl. BGH NJW **1982** 164); ebenso umfangreiche Subventionserschleichungen, die großen Schaden für ganze Wirtschaftszweige anrichten können und selbst die politischen Kräfte und staatliche Instanzen einbeziehen und beeinträchtigen.

79 **bb) Eignung, das Vertrauen der Allgemeinheit auf die Redlichkeit des geschäftlichen Verkehrs erheblich zu erschüttern.** Die „Konkretisierung" des grundlegenden Merkmals des zwingenden öffentlichen Interesses – Gefahr schwerwiegender Nachteile für das allgemeine Wohl – durch die Anhäufung einschränkender, selbst erläuterungsbedürftiger Merkmale (*Vertrauen* der Allgemeinheit, *Redlichkeit* des geschäftlichen Verkehrs) erschwert die Interpretation der Vorschrift. Sie macht allerdings deutlich, dass es sich um Wirtschaftsstraftaten schwerer Art mit erheblicher Wirkungsbreite und „allgemein" spürbarem Missbrauch wirtschaftlicher Positionen handeln muss, der die im Geschäftsleben erforderliche Akzeptanz und Toleranz weit über den Kreis der unmittelbar Geschädigten hinaus in Frage stellt und in erheblichem Umfang schwinden lassen kann. In Betracht kommen hier auch Serienbetrügereien großen Stils, die unter Ausnutzung der durch raffinierte Werbung erzeugten breiten Gutgläubigkeit insgesamt hohen Schaden anrichten. (vgl. *Klein/Rüsken* § 30 AO Rdn. 185; *Sch/Schröder/Perron/Hecker* Rdn. 29 f.).

80 **cc) Eignung, das Vertrauen der Allgemeinheit auf die ordnungsgemäße Arbeit von Behörden und der öffentlichen Einrichtungen erheblich zu erschüttern.** Anwendungsfälle werden hier allgemein die Bestechlichkeit von Behördenbediensteten, Veruntreuungen und Vorteilsgewährungen sein. Die einschränkenden Merkmale bezwecken, Durchschnittsfälle von vornherein auszuschalten und zu gewährleisten, dass der Geheimnisschutz nur zurücktritt, wenn es sich um weit überdurchschnittliche, die Aufmerksamkeit einer breiteren Öffentlichkeit erregende Fälle handelt („Müllskandal", Subventionsbetrügereien größeren Umfangs u.ä.), um Sachverhalte, die etwa wegen der Verstrickung und Beteiligung von Amtsträgern geeignet sind, erhebliches Misstrauen und Zweifel an der korrekten Erfüllung der öffentlichen Aufgaben zu wecken, und bewirken, dass „erkennbar in großen Teilen der Bevölkerung die Akzeptanz ... der staatlichen Verwaltung zu schwinden beginnt" (*Schmitz* MK Rdn. 79 a.E.).

8. Richtigstellung unwahrer Tatsachen (zu § 30 Absatz 4 Nr. 5c AO)

81 **a) Entstehungsgeschichte.** Aus der **Entstehungsgeschichte** der Vorschrift (BTDrucks. 7/4292 S. 8) ergibt sich, dass sie nur in „Ausnahmefällen" anwendbar sein soll. Deshalb die Änderungen des Entwurfs im Finanzausschuss: Definition als Unterfall des zwingenden öffentlichen Interesses, das gegeben ist, „wenn die unwahren Tatsachen geeignet sind, das Vertrauen in die Verwaltung erheblich zu erschüttern". Die im Entwurf enthaltenen Worte „oder das Ansehen der Verwaltung erheblich herabzusetzen" sind gestrichen worden, weil die Vorschrift nicht dazu dienen soll, die Ehre der Verwaltung zu retten, sondern das Vertrauen der Bürger in die ordnungsgemäße Arbeit der *Finanzbehörden* zu erhalten. Abs. 4 Nr. 5c bildet gleichsam das Gegenstück zu Nr. 5b: Während dort vor allem die (vermutete) tatsächliche Verantwortlichkeit von Amtsträgern das Vertrauen der Allgemeinheit gefährdet, ist es hier die fälschliche Behauptung einer solchen Verantwortlichkeit.

82 **b) Voraussetzungen. Voraussetzung der Offenbarungsbefugnis** ist, dass in der Öffentlichkeit unwahre Tatsachen verbreitet worden sind, die geeignet sind, das Vertrauen [sc: der Allgemeinheit] in die Verwaltung erheblich zu erschüttern.[67] Mit „Verwaltung" sind, wie sich sowohl aus der Entstehungsgeschichte (vgl. Rdn. 81 „Erhaltung des Vertrauens in die ordnungsgemäße Arbeit

67 Vgl. *Felix* BB **1995** 2030.

der Finanzbehörden") wie aus dem Sachzusammenhang (vgl. Halbsatz 2) ergibt, die Behörden der Finanzverwaltung von Bund und Ländern gemeint. Daraus, dass § 30 Abs. 4 Nr. 5c AO die Entbindung von der Pflicht zur Wahrung des Steuergeheimnisses regelt, folgt weiter, dass die unwahren Tatsachen die Behandlung von Steuerrechtsfällen durch die Finanzbehörden betreffen müssen. Wegen des Begriffs „Tatsache" (im Gegensatz zum Werturteil) vgl. *Hilgendorf* LK § 206 Rdn. 16. Unwahr ist eine Tatsache, die objektiv der Wahrheit nicht entspricht. Die unwahren Tatsachen müssen in der Öffentlichkeit verbreitet sein, d.h. sie müssen dort kursieren und – inhaltlich – den Finanzbehörden schwer belastendes, grob fahrlässiges Verhalten vorwerfen (*Schäfer* LK^{10} Rdn. 70; *Klein/Rüsken* § 30 AO Rdn. 190 unter Hinweis auf FG BaWü E 76 **95** 1094). Ob der Verbreiter der unwahren Tatsachen der Steuerpflichtige selbst oder ein Dritter ist, ist ohne Bedeutung; auch auf den guten oder bösen Glauben des Verbreiters kommt es nicht an, so wenn ein Dritter im Glauben an die Wahrheit der ihm vom Steuerpflichtigen gemachten Mitteilungen verbreitet. Ist dieser aber an der Verbreitung nicht beteiligt, wird sorgfältig geprüft werden müssen, ob für ihn die Offenlegung seiner steuerlichen Verhältnisse zur Widerlegung der verleumderischen Angaben zumutbar ist (s. Rdn. 83).[68]

c) Effizienz. Die Offenbarung muss zur **Richtigstellung** der bereits verbreiteten Tatsachen **erforderlich** sein, d.h. sie muss das einzige zur Verfügung stehende geeignete Mittel sein, den der Behörde drohenden erheblichen Verlust an Vertrauen der Allgemeinheit abzuwenden oder das bereits erschütterte Vertrauen wiederherzustellen. Einer Offenbarung bedarf es nicht, wenn die Richtigstellung auf andere Weise erreicht werden kann, z.B. dadurch, dass der *Verbreiter* selbst seine Tatsachenbehauptungen „wirksam" zurücknimmt. Unter diesem Gesichtspunkt wäre es nicht nur zweckmäßig, sondern auch geboten, wenn für die Fälle der Beteiligung Dritter vor der Entscheidung über die Zulässigkeit der Offenbarung, die nicht der etwa angegriffenen lokalen Finanzbehörde, sondern den oberen Instanzen zusteht, sowohl die Anhörung des Steuerpflichtigen als auch die des Urhebers der Verbreitung vorzusehen, der dann durch evtl. Widerruf dem Steuerpflichtigen die Aufdeckung seiner „Verhältnisse" ersparen könnte.[69] 83

d) Auskunftsverlangen des Bundestages (Untersuchungsausschuss). Nach BVerfGE **67** 100, 101 f. Leitsätze 4b und 5c ist „der Ausnahmetatbestand des § 30 Abs. 4 Nr. 5c verfassungskonform so auszulegen, dass er auch den Fall des Aktenvorlageverlangens des parlamentarischen Untersuchungsausschusses erfasst, mit dem der Bundestag in der Öffentlichkeit verbreitete Zweifel an der Vertrauenswürdigkeit der Exekutive nachgeht, die auch die Steuermoral der Bürger nachhaltig erschüttern könnten". Dies setzt voraus, dass der Ausschuss in Ausübung *politischer* Kontrolle zur Aufklärung von Sachverhalten handelt, die in sachlichem Zusammenhang zu den geforderten Auskünften stehen, in sich abgeschlossen sind und deren „Offenbarung" für die Betroffenen nicht unzumutbar ist (BVerfG a.a.O. S. 139 ff., 145 f.; *Klein/Rüsken* § 30 AO Rdn. 99 ff., 190; *Tipke/Kruse/Drüen* § 30 AO Rdn. 140); Entsprechendes wird auf kommunaler Ebene zu gelten haben bei einem Akteneinsichtsbegehren nicht nur der Ratsmehrheit, sondern auch einer Minderheit, die das in der Gemeindeordnung dafür vorgesehene Quorum erreicht (so für NRW das OVG Münster NVwZ **1999** 1254, das sich ausdrücklich auf BVfGE **67** 101 f. beruft). 84

68 S. dazu auch *Sch/Schröder/Perron/Hecker* Rdn. 31; *Hoyer* SK Rdn. 27; *Kuhlen* NK Rdn. 35; *Tipke/Kruse/Drüen* § 30 AO Rdn. 131 ff.

69 *Schäfer* LK^{10} Rdn. 71; dazu *Sch/Schröder/Perron/Hecker* Rdn. 31; *Tipke/Kruse/Drüen* § 30 AO Rdn. 132; *Hoyer* SK Rdn. 28; *Kuhlen* NK Rdn. 34.

9. Zwingendes öffentliches Interesse an der Offenbarung aus anderen als den unter § 30 Abs. 4 Nr. 5a bis c AO namentlich genannten Gründen

85 **a) Möglichkeit und Grenzen.** Andere Fälle zulässiger Offenbarung wegen zwingendem öffentlichen Interesses sind (nur) gegeben, wenn die Offenbarung in ihrer Bedeutung für die Verhütung von Schaden für die Allgemeinheit mit einem der in § 30 Abs. 4 Nr. 5a bis c AO umschriebenen Fälle vergleichbar ist.[70]

86 **aa) Informationsanspruch der Presse.** Als Fall einer durch zwingendes öffentliches Interesse gebotenen Offenlegung dürfte die Erfüllung des *Informationsanspruchs der Öffentlichkeit* durch die Presse zu werten sein, wenn es sich um ein Steuerverfahren von erheblicher Bedeutung handelt, der Tatvorwurf sich gegen einen größeren Kreis von Personen in herausgehobenen Positionen richtet und in seinem Kern ein wichtiges, die Aufmerksamkeit einer breiten Öffentlichkeit mobilisierendes politisches Problemfeld und Fehlverhalten betrifft. Das OLG Hamm (NJW **1981** 356) sah in einem solchen Fall (Parteispendenaffäre) das dringende öffentliche Interesse an der Auskunftserteilung vor allem darin, dass es in einem demokratischen Staatswesen dem Bürger möglich sein müsse, über bedeutsame Vorgänge innerhalb großer Parteien, die die Politik des Landes mitbestimmen, von der Presse informiert zu werden. Voraussetzung dafür aber sei deren Unterrichtung durch die mit der Sache befasste Strafverfolgungsbehörde (*Sch/Schröder/Perron/Hecker* Rdn. 32; *Hoyer* SK Rdn. 29; zweifelnd *Schmitz* MK Rdn. 87).

87 Eine Namensnennung des Beschuldigten hielt das Gericht nicht für zulässig. Ob diese Einschränkung der Offenbarung in solchen Fällen allerdings vor unnötigen Bloßstellungen schützen kann, ist fraglich (Vorveröffentlichungen etc.). Immerhin bringt das Gericht damit zum Ausdruck, dass es sich um besondere Fallgestaltungen handeln muss, die eine sorgfältige Abwägung mit dem Persönlichkeitsrecht des Betroffenen fordern (vgl. hierzu VG Saarlouis NJW **2003** 3434; BGHZ **143** 199; OLG Koblenz wistra **1987** 359).

88 **bb) Schwere Umweltgefährdungen.** Fälle **schwerer Umweltgefährdungen** (§§ 330, 330a), die eine konkrete Gefahr für eine Vielzahl von Menschen, mit sich bringen, begründen ebenfalls eine Befugnis zur Offenbarung des eine Strafverfolgung fördernden Sachverhalts.

89 **b) Mitteilungen im finanziellen und im Überwachungsinteresse.** Nach den vor dem Inkrafttreten der AO 1977 in Rechtsprechung und Verwaltungspraxis entwickelten Grundsätzen konnte ein zwingendes öffentliches Interesse sowohl in einem finanziellen Interesse wie in einem Überwachungsinteresse bestehen und insbesondere gegeben sein, wenn bei Nichtoffenbarung die Gefahr schwerer Nachteile für die Allgemeinheit bestand. Als *finanzielles Interesse* kam z.B. in Betracht die Gefahr, dass öffentliche Mittel zu Unrecht verausgabt oder nicht vereinnahmt wurden. Unter dem Gesichtspunkt des *Überwachungsinteresses* wurden z.B. als zulässig angesehen die Mitteilung steuerlicher Unzuverlässigkeit an Gewerbeaufsichtsbehörden zwecks Gewerbeuntersagung gemäß §§ 35 ff. GewO.[71] Da diese Vorschriften – auch § 15 GastG – ausdrücklich keine Auskunftsermächtigung vorsehen, konnte nunmehr eine Mitteilung der Finanzbehörden über bekannt gewordene Tatsachen (z.B. Steuerrückstände etc.) nur ergehen, wenn hierfür ein zwingendes öffentliches Interesse *nach § 30 Abs. 4 Nr. 5 AO* bejaht wird. Ob die dafür angeführten Gründe mit der ansonsten strengen Auslegung der Vorschrift in Einklang stehen, ist allerdings

---

70 Vgl. Rdn. 57, 65; dazu auch BGH StR AO § 30 Steuergeheimnis 1; VG Saarlouis NJW **2003** 3434; *Sch/Schröder/Perron/Hecker* Rdn. 32; *Hoyer* SK 22 ff.; *Kuhlen* NK Rdn. 3; *Tipke/Kruse/Drüen* § 30 AO Rdn. 139; *Klein/Rüsken* § 30 AO Rdn. 182.
71 So zuletzt noch OVG Münster BB **1976** 771; vgl. auch VG Chemnitz NVwZ-RR **1998** 309; siehe dazu die Übersichten bei *Tipke/Kruse/Drüen* § 30 AO Rdn. 68 ff.; *Koch* Rdn. 24, 25, 31; *Klein/Rüsken* § 30 AO Rdn. 194.

zweifelhaft. Das Argument, ohne die Offenbarung durch die Steuerbehörden wären Gewerbeuntersagungen kaum noch durchzusetzen mit der unabweisbaren Folge einer erheblichen Beeinträchtigung der allgemeinen Steuermoral, empfindlicher Einnahmeausfälle des Staates sowie eines Vertrauensschwundes seitens der ihre steuerliche Pflichten erfüllenden Bürger (vgl. OVG Hamburg MDR **1981** 697), trifft zwar sachlich zu, vermag aber wohl nur bei großzügiger Auslegung die Berufung auf § 30 Abs. 4 Nr. 5 AO zu rechtfertigen. Voraussetzung hierfür muss jedoch sein, dass aufgrund konkreter Anhaltspunkte eine Gewerbeuntersagung in Betracht kommt, dass also die Untersagung geeignetes und erforderliches Mittel ist, die künftige Verletzung steuerlicher Pflichten zu unterbinden und dass vor allem der Verhältnismäßigkeitsgrundsatz gewahrt ist.[72]

Nach wie vor zulässig sind Mitteilungen an das Vollstreckungsgericht über Steuerrückstände 90
für das Zwangsversteigerungsverfahren oder Auskunft gegenüber den Gläubigern des Steuerschuldners bei Drittschuldnererklärung nach § 840 ZPO oder die Verteidigung gegen Schadensersatzklagen wegen Amtspflichtverletzung aus § 839 BGB in Verbindung mit Art. 34 GG. Zur Frage, inwieweit der Verfahrensbeteiligung eines am Ausgang eines Rechtsstreits rechtlich interessierten Dritten das zugunsten einer Prozesspartei zu wahrende Steuergeheimnis entgegensteht, s. BFH BB **1979** 243; dazu *Schäfer* LK[10] Rdn. 73a.

Mitteilungen der nach § 30 AO geschützten Verhältnisse sind nach § 31a AO zulässig, soweit 91
sie der *Bekämpfung illegaler Beschäftigung oder Schwarzarbeit* dienen und der Betroffene schuldhaft seine steuerlichen Pflichten verletzt hat. Gleiches gilt im Blick auf Sachverhalte illegaler Arbeitnehmerüberlassung. Die Finanzbehörden sind in diesen Fällen zur Auskunft verpflichtet (§ 31a Abs. 2 Satz 1 AO). In den Fällen des § 30 Abs. 1 Nr. 1b und Nr. 2 AO erfolgt die Mitteilung auch auf Antrag des Betroffenen. Die Mitteilungspflicht nach den Sätzen 1 und 2 besteht nicht, soweit deren Erfüllung mit einem unverhältnismäßigen Aufwand verbunden wäre (§ 31a Abs. 2 Satz 3 AO).

§ 31b AO lässt die Offenbarung der nach § 30 AO geschützten Verhältnisse des Betroffenen 92
zu, soweit sie der Durchführung eines Strafverfahrens wegen einer Straftat nach § 261 (Geldwäsche) dient. Die Finanzbehörden haben Tatsachen, die auf eine derartige Straftat schließen lassen, den Strafverfolgungsbehörden mitzuteilen.[73]

10. Vorsätzlich falsche Angaben (zu § 30 Absatz 5 AO)

Eine dem Absatz 5 entsprechende Vorschrift war im Entwurf der AO 1974 nicht enthalten; sie ist 93
erst im BT-Finanzausschuss im Zusammenhang mit den Erörterungen zu § 30 Abs. 4 Nr. 4b AO 1977 eingeführt worden (s. Rdn. 49). Vorsätzlich falsche Angaben des Betroffenen sollen danach hinsichtlich der Offenbarungsfähigkeit zur Durchführung eines Strafverfahrens wegen einer Nichtsteuerstraftat in gleicher Weise behandelt werden wie Kenntnisse, die ohne Bestehen einer steuerlichen Verpflichtung oder unter Verzicht auf ein Auskunftsverweigerungsrecht erlangt worden sind (BTDrucks. 7/4292 S. 8). Trotz des weitergehenden Wortlauts bedarf Absatz 5 einer **sinngemäßen Einschränkung**. Als Hauptanwendungsfall der Vorschrift wird die Erschwindelung eines Darlehens bei einem Kreditinstitut unter Verwendung durch vorsätzlich falsche Angaben gegenüber der Steuerbehörde erlangter Möglichkeiten angeführt, etwa: der Steuerpflichtige reicht eine falsche Steuererklärung ein, aus der sich ein Erstattungsanspruch ergibt, und erreicht durch Vorlage der Steuererklärung beim Kreditinstitut ein Darlehen.[74] Der Sinn des Absatzes 5 ist dann, dass die Finanzbehörde nicht soll zusehen müssen, wie die ihr gegenüber in steuerlich-urkundlicher Form vorsätzlich falsch abgegebenen Erklärungen als Mittel zur Begehung von Nichtsteuer-

---

72 Vgl. BFH BStBl. **1987** 545, 548; *Klein/Rüsken* AO § 30 Rdn. 193; ausführlich in *Schäfer* LK[10] Rdn. 73 f.; dazu *Sch/Schröder/Perron/Hecker* Rdn. 32; **aA** *Tipke/Kruse/Drüen* § 30 AO Rdn. 136 f.

73 Näheres s. *Kuhlen* NK Rdn. 37; *Fischer* Rdn. 14; dazu *Tipke/Kruse* § 31b Rdn. 1 ff.; *Klein/Rüsken* § 31a Rdn. 6 und § 31b.

74 Vgl. *Kuhlen* NK Rdn. 36; *Koch* Rdn. 30 betr. falsche Angaben über Umsatzsteuervergütungen.

straftaten benutzt werden und sie gewissermaßen als Garant der (nicht gegebenen) Kreditwürdigkeit erscheint. Vor allem aber enthält § 30 Absatz 5 AO eine Sonderregelung für vorsätzlich falsche Angaben von Steuerdenunzianten, die deren Strafverfolgung nach § 164 ermöglichen soll.[75] Nach *Goll* NJW **1979** 96 (zustimmend *Sch/Schröder/Perron/Hecker* Rdn. 33) würde der Wortlaut des Absatzes 5 eine Mitteilung an die Strafverfolgungsbehörden auch dann ermöglichen, wenn die Finanzbehörde erkennt, dass eine durch Betrug erlangte Geldsumme bewusst als ordnungsgemäße Einnahme versteuert wird oder eine gewerberechtliche Genehmigung durch Urkundenfälschung erschlichen worden ist, und da dies zu weit gehe, müsse „trotz des eindeutigen Wortlauts von Abs. 5" dieser restriktiv dahin ausgelegt werden, dass auch hier die Offenbarung nur bei Vorliegen eines zwingenden öffentlichen Interesses zulässig sei. Daran ist richtig, dass Absatz 5 das, was ausweislich der Entstehungsgeschichte bezweckt war, in sehr unvollkommener Weise zum Ausdruck bringt, und er nicht darauf angelegt ist, die übrigen in Absatz 4 geregelten Offenbarungstatbestände „zu unterlaufen". Die wirkliche Bedeutung des Absatzes 5 ist gering (so auch *Klein/Rüsken* § 30 AO Rdn. 205 und *Ehlers* a.a.O.).

X. Subjektiver Tatbestand

94 Zum **subjektiven Tatbestand** gehört Vorsatz; bedingter Vorsatz genügt. Vgl. *Hilgendorf* LK § 206 Rdn. 90.

XI. Teilnahme

95 Da Täter nach § 355 nicht nur Amtsträger, sondern auch die in § 355 Abs. 2 bezeichneten Personen sein können, stellt sich auch hier – wie bei § 206 (vgl. *Hilgendorf* LK § 206 Rdn. 91) – die Frage der Anwendbarkeit des § 28, die hier im gleichen Sinn zu beantworten ist.[76]

XII. Zusammentreffen

96 Gegenüber §§ 203, 204 ist § 355 lex specialis (*Schmitz* MK Rdn. 108; *Kuhlen* NK Rdn. 40; SSW/*Bosch* Rdn. 12; *Leipold*/AnwK Rdn. 32). Tateinheit ist möglich mit § 353b und § 353d,[77] ferner zwischen § 334 und Anstiftung zu § 355 (vgl. RGSt **71** 74 zu § 333 a.F.).

XIII. Nebenfolgen

97 **Nebenfolgen** neben der Hauptstrafe: § 358.

XIV. Strafantrag

98 Nach früherem Recht (§ 400 RAbgO) war die Verletzung des Steuergeheimnisses nur bei Verwirklichung des Grundtatbestandes Antragsdelikt, bei Begehung aus Eigennutz oder in Schädigungsabsicht jedoch von Amts wegen zu verfolgen. In Angleichung an §§ 205, 353b Abs. 4 – aber im Gegensatz zu § 206 – ist die Tat jetzt in vollem Umfang Antragsdelikt. Grund für die unterschiedli-

75 So *Ehlers* BB **1977** 1362; *Koch* Rdn. 30; *Tipke/Kruse/Drüen* § 30 AO Rdn. 142, wobei letztere darin die einzige Bedeutung des Absatzes 5 zu sehen scheinen.
76 Ebenso *Maiwald* JuS **1977** 362; *Fischer* Rdn. 1, 15; *Lackner/Kühl/Heger* Rdn. 2; **aA** *Sch/Schröder/Perron/Hecker* Rdn. 35.
77 *Kuhlen* NK Rdn. 40; **aA** *Sch/Schröder/Perron/Hecker* Rdn. 36: Rücktritt von § 353d Nr. 2 hinter § 355.

che Behandlung der Vergehen nach § 206 und derjenigen nach § 355, die sich auch in der Höhe der angedrohten Freiheitsstrafe auswirkt, ist nach der Begründung zum Entwurf des EGStGB 1974 (BTDrucks. 7/7550 S. 288) ist, „dass dem Willen der Beteiligten hinsichtlich der Regelung der Rechtsbeziehungen und hinsichtlich der Lösung der Streitfragen im Verhandlungswege in Steuersachen eine weitaus größere Bedeutung zukommt als im Post- und Fernmeldeverkehr, dem namentlich durch die hierfür im Grundgesetz vorgesehene Verfassungsgarantie eine Sonderstellung eingeräumt ist. Zwar ist auch bei der Verletzung des Steuergeheimnisses das Interesse der Allgemeinheit an der Verschwiegenheit der Amtsträger und der ihnen hier gleichgestellten Gruppen anderer Personen von Bedeutung. Jedoch spielen hier auch das Geheimnisinteresse des Steuerpflichtigen und damit sein persönlicher Lebens- und Geheimbereich eine so große Rolle, dass ihr die Antragsregelung Rechnung tragen sollte."

Antragsberechtigter *Verletzter* ist der, dessen „Verhältnisse", oder Betriebs- oder Geschäftsge- 99
heimnisse unbefugt offenbart oder verwertet wurden. Antragsberechtigt ist auch der *Dienstvorgesetzte* des Amtsträgers oder Funktionsträgers, dem der Täter z.Zt. der Tat unterstellt war (§ 77a Abs. 1) „Dienstvorgesetzter" ist, wer für beamtenrechtliche Entscheidungen über die persönlichen Angelegenheiten des Bediensteten zu entscheiden hat (s. *Greger/Weingarten* LK § 77a Rdn. 4 ff.) Maßgeblich ist die Funktion: Antragsbefugt sind auch die „mittelbaren Dienstvorgesetzten" (s. dazu *Kuhlen* NK Rdn. 38; *Sch/Schröder/Perron/Hecker* Rdn. 38; *Schmitz* MK Rdn. 110). Amtlich zugezogene Sachverständige (Absatz 2 Nr. 2) haben in dieser Eigenschaft keinen Dienstvorgesetzten; für sie gilt deshalb die Sonderregelung des Absatz 3 Satz 2.

§ 356 Parteiverrat

(1) Ein Anwalt oder ein anderer Rechtsbeistand, welcher bei den ihm in dieser Eigenschaft anvertrauten Angelegenheiten in derselben Rechtssache beiden Parteien durch Rat oder Beistand pflichtwidrig dient, wird mit Freiheitsstrafe von drei Monaten bis zu fünf Jahren bestraft.

(2) Handelt derselbe im Einverständnis mit der Gegenpartei zum Nachteil seiner Partei, so tritt Freiheitsstrafe von einem Jahr bis zu fünf Jahren ein.

Schrifttum

I. Geschichtliches

Bopp Notar, Notariat, in: Weiske (Hrsg.) Rechtslexikon für Juristen aller teutschen Staaten Bd. 7 (1847) 363; *Buddeus* Amtsverbrechen, in: Weiske (Hrsg.) Rechtslexikon für Juristen aller teutschen Staaten Bd. 1 (1839) 220; *Döhring* Geschichte der deutschen Rechtspflege seit 1500 (1953); *Draheim* Untreue und Unterschlagung, Strafr. Abh. Heft 39 (1901); *Gans* Advokat, in: Weiske (Hrsg.) Rechtslexikon für Juristen aller teutschen Staaten Bd. 1 (1839) 165; *Heinrich* 100 Jahre Rechtsanwaltskammer München (1979); *Manstetten* Entwicklung und Geschichte des Anwaltsstandes, in: Kaspers (Hrsg.) Vom Sachsenspiegel zum Code Napoléon[2] (1965) 236 (ungekürzt und abgewandelt: Die gesellschaftliche Geltung des Anwaltstandes im historischen Abriss, Festschr. Zum 75 jährigen Bestehen des Kölner Anwaltvereins [1962]); *Schmidt-Thomé* Das Notariat, in: Kaspers (Hrsg.) Vom Sachsenspiegel zum Code Napoléon[2] (1965) 171; *Kausch* Die Entwicklung des Falsum von der Carolina bis zur Partikulargesetzgebung der Aufklärung, Diss. Göttingen 1971; *Klefisch* Der Parteiverrat im Amtlichen Entwurf 1925, LZ **1926** 777; *Kneer* Der Rechtsanwalt (1928); *Mannkopf* Allgemeine Gerichtsordnung für die Preußischen Staaten (1837/38); *Mommsen* Römisches Strafrecht (1899); *Ostler* Die deutschen Rechtsanwälte 1871–1971 (1971); *Ostler* 100 Jahre Rechtsanwaltsordnung, NJW **1979** 1959; *Rheinische Notarkammer* Zur Geschichte des Notariats im Rheinland und in Altpreußen (1958); *Seelig* Der Übergang der Hamburgischen Advokaten und Prokuratoren in die Rechtsanwaltschaft am 1.10.1879 (1979); *Stock* Entwicklung und Wesen der Amtsverbrechen (1932); *Schwarze* Prävarication, in: Weiske (Hrsg.) Rechtslexikon für Juristen aller teutschen Staaten Bd. 8 (1854) 250; *Weissler* Geschichte der Rechtsanwaltschaft (1905) (zit.: *Weissler* Geschichte); *ders.* Die Umbildung der Anwaltschaft unter Friedrich dem Großen (1892) (zit. *Weissler* Umbildung).

II. Strafrechtliches/Berufsrechtliches

Aigner Der Tatbestandskomplex „Dieselbe Rechtssache" im Straf- (§ 356 StGB) und standesrechtlichen (§ 45 Nr. 2 BRAO) Parteiverrat – eine Leerformel? (1994); *Baier* Parteiverrat (§ 356 StGB) bei Verknüpfung strafrechtlicher und gesellschaftsrechtlicher Mandate, wistra **2001** 401; *Bauer* Kollisionsgefahr in KFZ-Haftpflichtprozessen, NJW **1970** 313; *Baumann/Pfohl* § 356 StGB, Sicherheit des Mandanten oder Kostentreibung? – BayObLG, NJW **1981** 832, JuS **1983** 24; *Behrendt/Felix* Die Aufgaben, Rechte und Pflichten der Steuerbevollmächtigten als Verteidiger im Steuerstrafverfahren, in: Bundeskammer der Steuerbevollmächtigten, Steuerstrafrecht und Steuerordnungswidrigkeiten (1968); *Bernsmann* Zur Stellung des Strafverteidigers im deutschen Strafverfahren, StraFo **1999** 226; *Beulke* Der Verteidiger im Strafverfahren: Funktionen und Rechtsstellung (1980); *ders.* Die Strafbarkeit des Verteidigers (1989); *ders.* Rezension: Kretschmer, Der strafrechtliche Parteiverrat (§ 365 StGB), GA **2008** 346; *Beulke/Ruhmannseder* Strafverteidigung und Parteiverrat – Ein Plädoyer für die subjektive Bestimmung des Interessengegensatzes, Festschrift ARGE Strafrecht (2009) 259; *Birkenstock* Zur psychologischen Dialektik und zur Zulässigkeit der Strafverteidigung eines Beschuldigten durch seinen ständigen Berater in Wirtschafts- und Steuerstrafverfahren, wistra **2002** 47; *Bohrer* Das Berufsrecht der Notare (1991); *Bosch* Reichweite des Parteiverrats, JA **2008** 903; *Braun* Die Absprache im Strafverfahren, AnwBl. **1998** 567; *Brauns* Anmerkung zu BGH, Urteil vom 21.7.99 – 2 StR 24/99 = BGHSt **45** 148 = JR **2000** 519, in: JR **2000** 521; *Brei* Grenzen zulässigen Verteidigerverhaltens (1991); *v. Briel* Strafbarkeitsrisiko des beratenden Rechtsanwalts, StraFo **1997** 71; *Brüssow/Gatzweiler/Krekeler/Mehle* Strafverteidigung in der Praxis[4] (2007); *Buchholz/Haupt/Kinzel* Strafbarkeitsrisiken des Verteidigers – ein Überblick für Berufseinsteiger, HRRS **2022** 18; *Busch* Über die Abgrenzung von Tatbestands- und Verbotsirrtum, Festschrift Mezger (1954) 165; *Cüppers* Parteiverrat (§ 356 StGB), NJW **1947/48** 4; *Dahns* § 3 BORA und die Sozietätswechsler, NJW-Spezial **2012** 574; *ders.* Aufklärungspflichten bei möglichen Interessenkollisionen, NJW-Spezial **2013** 766; *ders.* Vertretung widerstreitender Interessen, NJW-Spezial **2016** 446; *ders.* Aktuelle höchstrichterliche Entscheidungen zur Interessenkollision, NJW-Spezial **2019** 190; *Dahs* Einführung, in: O. Geppert, Der strafrechtliche Parteiverrat (1961) 13; *ders.* Anmerkung zu OLG Stuttgart, Urt. v. 14.11.1985 – 4 Ss 609/85 = JR **1986** 348, in: JR **1986** 349; *ders.* Zum Parteiverrat und zur Schweige- und Treupflicht des

https://doi.org/10.1515/9783110490329-022

Rechtsanwalts (Anm. zu BGH, Urt. v. 7.10.1986 – 1 StR 519/86 (BGHSt **34** 190) = JR **1987** 475), JR **1987** 476; *ders.* Absprachen im Strafprozess – Chancen und Risiken, NStZ **1988** 153; *ders.* Parteiverrat im Strafprozess, NStZ **1991** 561; *ders.* Angeklagter und „verdächtiger Zeuge" – Parteien im Strafprozess (§ 356), NStZ **1995** 16; *ders.* Anm. zu BGH, Urt. v. 21.7.1999 – 2 StR 24/99 = BGHSt 45, 148 = NStZ **2000** 369, in: NStZ **2000** 371; *Deckenbrock* Strafrechtlicher Parteiverrat und berufsrechtliches Verbot der Vertretung widerstreitender Interessen, Diss. Köln 2008; *ders.* Interessenkollision und gemeinschaftliche Berufsausübung – was gilt? AnwBl. **2009** 170; *ders.* Tätigkeitsverbote des Anwalts: Rechtsfolgen beim Verstoß, AnwBl. **2010** 221; *ders.* Anmerkung zu BGH Beschl. v. 22.11.2018 – 4 StR 15/18, NJW **2019** 316; *Dingfelder/Friedrich* Parteiverrat und Standesrecht (1987); *Dietzel* Interessenkollision bei in Unternehmen tätigen Anwälten, BRAK-Mitt. **2016** 154; *Diller* Große BRAO-Reform: Zuviel des Guten bei der Interessenkollision, AnwBl. Online **2021** 1; *Dreher* Besprechung zum Leipziger Kommentar 9. Aufl., MDR **1972** 643; *Erb* Tendenz zur Entkriminalisierung: Parteiverrat und anwaltliche Beratung bei „einverständlichen" Ehescheidungen, NJW **2003** 730; *ders.* Parteiverrat (2005); *Eylmann* Die Interessenkollision im Strafverfahren, StraFo **1998** 145 = AnwBl. **1998** 359; *Flore/Dörn/Gillmeister* Steuerfahndung und Steuerstrafverfahren 2. Aufl. (1999); *Fries* Doppelvertretung und Kollision (Parteiverrat) des § 356 des Strafgesetzbuchs (1952); *Früh* Die strafbaren Pflichtverletzungen des Rechtsanwalts gegenüber seinem Klienten (1910); *von Galen* Mehr Stillstand als Reform – Bericht der Expertenkommission zur StPO-Reform, ZRP **2016** 42; *dies.* Die Interessenkollision in einer sich wandelnden Rechtsberatungswelt, BRAK-Mitt. **2020** 2; *Ganter* Die Third Party Legal Opinion und das Verbot der Vertretung widerstreitender Interessen eine „Tretmine" in der Anwaltspraxis, NJW **2014** 1771; *Gatzweiler* Anm. zu OLG Stuttgart, Urt. v. 14.11.1985 – 4 Ss 609/85 = NStZ **1986** 412, in: NStZ **1986** 413; *ders.* Möglichkeiten und Risiken einer effizienten Strafverteidigung, StraFo **2001** 187; *K. Geppert* Zum tatbestandlichen Anwendungsbereich des strafbaren Parteiverrats, JK **80** StGB § 356/1; *ders.* Anm. zu OLG Stuttgart, Beschl. v. 25.4.1990 – 2 Ws 2/90 = NStZ **1990** 542, in: NStZ **1990** 542; *ders.* Parteiverrat auch bei einverständlicher Scheidung? Zum tatbestandlichen Anwendungsbereich eines schwierigen Straftatbestandes, JK **03** StGB § 356/6; *O. Geppert* Strafverteidigung und Parteiverrat, NJW **1958** 1959; *ders.* Parteiverrat und Anwaltssozietät, MDR **1959** 133; *ders.* Der strafrechtliche Parteiverrat bei der Vertretung gemeinsamer Interessen, MDR **1959** 161; *ders.* Vorsatz und Irrtum beim strafrechtlichen Parteiverrat, MDR **1960** 623; *ders.* Der Täterkreis beim strafrechtlichen Parteiverrat, NJW **1960** 1043; *ders.* Der strafrechtliche Parteiverrat (1961) (zit.: *O. Geppert* Parteiverrat); *Gillmeister* Anm. zu BGHSt 52, 107, NJW **2008** 2726; *Goltdammer* Die Materialien zum Straf-Gesetzbuche für die Preußischen Staaten, Theil II (1852); *Gottwald* Haftung: Anwaltshaftung in der erbrechtlichen Beratung – die wichtigsten „Stolpersteine" (Teil 1), EE (= Erbrecht effektiv) **2020** 113; *Gropp* Deliktstypen mit Sonderbeteiligung (1992); *Grüner* Rezension: Prinz, Der Parteiverrat des Strafverteidigers (1999), GA **2001** 149; *Günther/Gruppe* Instrumentalisierung des Berufsrechts als prozesstaktisches Mittel, WRP **2020** 166; *Haferland* Die strafrechtliche Verantwortlichkeit des Verteidigers (1929); *Haffke* Legalität von Mediation im deutschen Rechtsraum, in: Duss-von Werdt/Mähler/Mähler (Hrsg.) Mediation: die andere Scheidung (1995) 65; *Haft/Schlieffen* Handbuch Mediation (2002); *Hammerstein* Verteidigung wider besseres Wissen, NStZ **1997** 12; *Hartl* Die Irrtumsproblematik bei § 356 StGB (1962); *Hartmann* Die Problematik des Parteiverrats im Zusammenhang mit überörtlichen Anwaltssozietäten unter besonderer Betrachtung von Strafverfahren, JR **2000** 51; *Hartung* Widerstreitende Interessen in Kindesunterhaltssachen, AnwBl. **2011** 679; *Henssler* Anwaltliches Berufsrecht und Mediation, AnwBl. **1997** 129; *ders.* Das Verbot der Vertretung widerstreitender Interessen, NJW **2001** 1521; *ders.* Interessenkonflikte – der Dauerbrenner des Berufsrechts, AnwBl. **2013** 668; *Henssler/Deckenbrock* Einverständliche Ehescheidung und anwaltlicher Parteiverrat – ein auflösbares Spannungsverhältnis? MDR **2003** 1085; *ders./Deckenbrock* Neue anwaltliche Betägigungsverbote bei Interessenkonflikten, NJW **2008** 1275; *ders./Deckenbrock* Renaissance der objektiven Interessenbestimmung beim Verbot der Vertretung widerstreitender Interessen? NJW **2012** 3265; *Henssler/Prütting* Bundesrechtsanwaltsordnung, Kommentar 5. Aufl. (2019) (zit.: *Henssler/Prütting* BRAO); *Hirschmann* Leidenschaften und Interessen: politische Begründungen des Kapitalismus vor seinem Sieg (1980); *Hirtz* Interessenkollision – ein aktueller Dauerbrenner, NJW **2019** 2265; *Höfle* Die Interessenkollision im Verkehrsrecht und Versicherungsrecht, ZfS **2002** 413; *Holz* Parteiverrat in Strafsachen, Diss. Tübingen 1996; *Huth* Die anwaltliche Vertretung in Gesellschafterstreitigkeiten – Endstation Interessenkonflikt? GmbHR **2013** 1021; *Ignor* Die Ethikdiskussion in der Anwaltschaft, NJW **2011** 1537; *Kähler/Neumann* Widerstreitende Interessen bei der Anwaltstreuhand, NJW **2016** 1121; *Kalaitzis* Haftungsfalle Empfangsbekenntnis, NJW **2016** 1542; *Kalsbach* Standesrechtliche Fragen aus dem Gebiete der Interessencollision, AnwBl. **1954** 187; *ders.* Zum Verbot der Vertretung widerstreitender Interessen, Gedächtnisschrift Cüppers (1955) 246; *ders.* Standesrecht des Rechtsanwalts (1956); *Kämpfer* Der Parteiverrat – Basics für Anwältinnen und Anwälte, AnwBl. Online **2018** 457; *Kilian* Die Globalisierung der Rechtsberatung – Interessenkonflikte und Chinese Wals, WM **2000** 1366; *ders.* Mandatsablehnung wegen drohender Vertretung widerstreitender Interessen, AnwBl. **2012** 495; *Kimmig* Übersendung eines Aktenauszugs an den Versicherer des Gegners, AnwBl. **1971** 127 m. Entgegnung *Stephan/Wolkenhauer* AnwBl. **1971** 200; *Kleine-Cosack* Verteidigung mehrerer Beschuldigter durch Mitglieder einer Sozietät, StraFo **1998** 149 = AnwBl. **1998** 417; *ders.* Verfassungswidrige Interessenwiderstreitregelung, AnwBl. **2003** 539; *ders.* Bundesrechtsanwaltsordnung, Kommentar 9. Aufl. (2022) (zit.: *Kleine-Cosack* BRAO); *ders.* Parteiverrat bei Mehrfachvertretung, AnwBl. **2005** 338; *Knapp* Der Verteidiger – ein Organ der Rechtspflege (1973); *Knebel* Probleme bei der Zusammenarbeit eines Rechtsanwalts mit Unfallhelfern, VersR **1972** 409; *Kniemeyer* Das Verhältnis des Strafverteidigers zu seinem

Mandanten: Vertrauen und Unabhängigkeit (1997); *Knöfel* Gilt das Verbot widerstreitender Interessen auch für Tätigkeiten außerhalb des Anwaltsberufs? NJW **2005** 6; *Kramer* Der Syndikusanwalt im Strafverfahren, AnwBl. **2001** 140; *Krekeler* Parteiverrat, ein typisches Berufsvergehen, Festschrift zum 125-jährigen Bestehen der Rechtsanwaltskammer für den Oberlandesgerichtsbezirk Hamm (2004) 339 (zit.: *Krekeler* FS Hamm); *Kretschmer* Der strafrechtliche Parteiverrat (§ 356 StGB) (2005); *Kuhlen* Die Unterscheidung von vorsatzausschließendem und nichtvorsatzausschließendem Irrtum (1987); *ders.* Umweltstrafrecht – auf der Suche nach einer neuen Dogmatik, ZStW **105** (1993) 697; *Kuhn/Doppler* Zu den Schutzgütern des § 3 BORA in der Praxis, BRAK-Mitt. **2011** 225; *Lampe* Sockelverteidigung (1999); *Lange* Der Strafgesetzgeber und die Schuldlehre, JZ **1956** 73; *Lappe* „Parteiverrat“ durch Rechtspfleger? Rpfleger **1985** 94; *Lingenberg/Hummel/Zuck/Eich* Kommentar zu den Grundsätzen des anwaltlichen Standesrechts 2. Aufl. (1988); *Löwenstein* Das Recht des Anwalts im Entwurf eines allgemeinen deutschen Strafgesetzbuchs, JW **1927** 3035; *Lüderssen* Der Notar im Konflikt mit § 356 dStGB? Festschrift Triffterer (1996) 343; *ders.* Anm. zum Beschluss des BVerfG v. 14.10.1997, StV **1998** 357; *ders.* Anm. zu BGH, Urt. v. 26.11.1998 – 4 StR 207/98 = StV **1999** 153, in: StV **1999** 537; *Mallison* Rechtsauskunft als strafbare Teilnahme (1979); *Mennicke* Überlegungen zum Rechtsgut des § 356 StGB und einer rechtsgutbezogenen Auslegung des „ungeschriebenen“ Tatbestandsmerkmals des Interessengegensatzes zwischen den Parteien, ZStW **112** (2000) 834; *Meyer* Die strafrechtliche Verantwortung von Juristen im Mediationsverfahren, AnwBl. **2000** 80; *Meyers* Die Amtsverbrechen, in: v. Holtzendorff (Hrsg.) Handbuch des deutschen Strafrechts, Bd. 3 (1874); *Molketin* Parteiverrat (§ 356 StGB) bei Beratung beider scheidungswilliger Ehegatten? AnwBl. **1982** 12; *Mühlbauer* Die anwaltliche Vertretung mehrerer Studienplatzbewerber in Hochschulzulassungsverfahren als Wahrnehmung widerstreitender Interessen, JR **2005** 54; *E. Müller* Zum Recht der Strafverteidigung, JR **2003** 51; *Müller-Jacobsen* Anmerkung zu BGH Beschl. v. 21.11.2018 – 4 StR 15/18, BRAK-Mitt. **2019** 82; *Münch* Die Praevarication im Strafgesetzbuch, Diss. Münster 1958 (zit.: *Münch* Praevarication); *Müssig* Tatbeteiligte und Verfahrensbeteiligte als ‚Partei‘ i.S.d. § 356 StGB? – (Neue?) strafrechtliche Grenzziehungen, NStZ **2009** 421; *Neumeyer* Prävarikation (§ 356 RStrGB), VDB Bd. 9 (1906) 503; *Nibbeling* Anm. zu PfälzOLG Zweibrücken, Urt. v. 27.5.1994 – 1 Ss 12/94 = JR **1995** 476, in: JR **1995** 479; *Niederschriften* über die Sitzungen der Großen Strafrechtskommission Bd. 8, Besonderer Teil, 76.–90. Sitzung (1959); *Offermann-Burckart* Interessenlage und Interessenwiderstreit in erbrechtlichen Mandaten, ZEV (= Zeitschrift für Erbrecht und Vermögensnachfolge) **2007** 151; *dies.* Die Interessenkollision – Anwaltschaft im Wandel? AnwBl. **2005** 312; *dies.* Interessenkollision – Jeder Fall ist anders, AnwBl. **2009** 729; *dies.* Interessenkollision, NJW **2010** 2489; *dies.* Interessenkollision – Es bleibt dabei: Jeder Fall ist anders, AnwBl. **2011** 809; *dies.* Interessenkollision und Kanzleiwechsel, NJW **2012** 2553; *dies.* Interessenkollision – russisch Roulette oder beherrschbares Risiko? AnwBl. Online **2018** 200; *dies.* Die Gefahr latenter Interessenkonflikte im Mehrpersonenmandat, AnwBl **2019** 602; *Otto* Straflose Teilnahme? Festschrift Lange (1976) 197; *ders.* Der Begriff der „Rechtssache“ in den §§ 336, 356 StGB, Jura **1986** 221; *ders.* Interessengegensatz beim Parteiverrat, JK **98** StGB § 356/5; *Pfeiffer* Parteiverrat als straf- und standesrechtliches Problem, Festschrift Koch (1989) 127; *Prinz* Der Parteiverrat des Strafverteidigers (1999); *Ranft* Zum Begriff „dieselbe Rechtssache“ beim Parteiverrat, JR **1996** 256; *Quaas* Verbot widerstreitender Interessen und Sternsozietät, NJW **2008** 1697; *de Raet* Das Verbot der Vertretung widerstreitender Interessen bei der Beratung von Aktiengesellschaften und ihren Organmitgliedern durch denselben Rechtsanwalt, AG **2016** 225; *Redeke* Zur gesellschaftsrechtlichen Beratung durch die Konzernrechtsabteilung, AG **2018** 381; *Roesen* Der Parteiverrat in der Rspr. des Reichsgerichts, JW **1938** 649; *Rudolph/Gerson* Ist es ein Parteiverrat nach § 356 Abs. 1 StGB, wenn ein Mandant kein Kronzeuge sein will? Zur Strafbarkeit der gleichzeitigen Verteidigung bei potenziellen Interessenkonflikten, StV **2019** 3; *Rüppell/Fuchs* Die Zustellung von Anwalt zu Anwalt im Parteibetrieb – eine neue Haftungsfalle? AnwBl. **2016** 893; *Sahan/Höft* HK-GS 5. Aufl. (2022) § 356; *Sarres* Mandatsannahme und Interessenkollision, FamRB (= Familien-Rechts-Berater) **2011** 388; *ders.* Interessenkollision beim familienrechtlichen Erst- und Zweitmandat, FamRB **2012** 341; *Schaffstein* Tatbestandsirrtum und Verbotsirrtum, Festschrift Celle I (1961) 175; *Schlosser* Anwaltsrechtliches Verbot der Vertretung widerstreitender Interessen, NJW **2002** 1376; *Schmidt-Leichner* Zur Problematik des Parteiverrats, NJW **1953** 404; *ders.* Strafverteidigung und Parteiverrat, NJW **1959** 133; *ders.* Strafverfahrensrecht 1975 – Fortschritt oder Rückschritt? NJW **1975** 417; *Schulz* Die Strafbarkeit des Scheidungsanwalts nach § 356 StGB, AnwBl. **2009** 743; *Sowada* Die „Notwendige Teilnahme“ als funktionales Privilegierungsmodell im Strafrecht (1992); *Stein* Doppelmandat in Scheidungssachen – Besondere Hinweispflichten, FamFR **2013** 532; *Steiner* Zur Verpflichtung des Anwaltes, an der Zustellung von Anwalt zu Anwalt mitzuwirken, BRAK-Mitt. **2014** 294; *Stephan/Wolkenhauer* Übersendung eines Aktenauszuges an den Versicherer des Gegners, AnwBl. **1971** 200; *Strempel* Anwaltliche Schlichtung – Privatisierung der Justiz, Interessenwahrnehmung oder Parteiverrat, AnwBl. **1993** 434; *Tag* Beihilfe durch neutrales Verhalten, JR **1997** 49; *Thomas* Der Begriff der Identität bei der Prävarikation, Diss. München 1963; *Triepel* Staatsdienst und staatlich gebundener Beruf, Festschrift Karl Binding Bd. 2 (1911) 1; *von Wächter* Deutsches Strafrecht (1981); *Weber* Zu den Begriffen „Absicht“ und „Wissentlichkeit“ des Entwurfs zu einem Allgemeinen Deutschen Strafgesetzbuch, LZ **1926** 297; *Weimar* Der Parteiverrat des Rechtsbeistands (1941); *Welzel* Der Parteiverrat und die Irrtumsprobleme (Tatbestands-, Verbots- und Subsumtionsirrtum), JZ **1954** 276; *ders.* Das deutsche Strafrecht (1969); *Westerwelle* Die Interessenkollision nach der neuen Berufsordnung, NJW **1997** 2781; *Weyland* (Hrsg.) Bundesrechtsanwaltsordnung, Kommentar 10. Aufl. (2020); *Widmaier* Strafverteidigung im strafrechtlichen Risiko, Festgabe BGH 50 (2000) 1043; *K. Wolff* Der Parteiverrat des Sachwalters (1930); *Wolff-Reske* Berufsbedingtes Verhalten als Problem mittelbarer Erfolgsverursachung: Ein Beitrag zu den Grenzen der Beihilfestrafbarkeit (1995); *Wolter* Notwendige Teilnahme und straflose Beteiligung, JuS **1982** 343; *Zimmermann* Mandatsverhältnis: So vermeiden Sie Interessenkollisionen, AK **2022** 25; *Zürbig* Der Parteiverrat (§ 356 StGB) im Ehescheidungsverfahren, Diss. Trier 1990.

Entstehungsgeschichte

Der Parteiverrat geht auf die **praevaricatio**[1] des Anklägers im **Quästionenprozess** des römischen Rechts zurück. Der Praevaricator war der Ankläger im Strafprozess, der den Angeklagten in unredlicher Weise zu einem Freispruch verhalf, um ihn infolge des Strafklageverbrauchs („ne bis in idem") nach Rechtskraft des freisprechenden Urteils vor einer neuen Anklage und einer zu erwartenden Verurteilung zu bewahren. Daraus entwickelte sich die **Advokatenpraevarikation** als „praevaricatio impropria", die pflichtwidrige Vertretung gegensätzlicher Interessen in derselben Rechtssache. Mit der Rezeption des römischen Rechts fand die Prävarikation Eingang in das gemeine Recht und wurde in den deutschen Partikularstaaten kodifiziert.[2] **§ 329 PreußStGB** vom 14.4.1851 ist der Vorläufer der geltenden Strafnorm des § 356. Die preußische Vorschrift war der Parteiverratsnorm im Strafgesetzbuch für das Deutsche Reich sprachlich und inhaltlich sehr nahe. Unterschiedlich waren lediglich die Täterbezeichnung „ein **gerichtlicher** Anwalt oder ein anderer Rechtsbeistand" und die Rechtsfolgen: Gefängnis oder Einschließung bis zu 3 Jahren (Absatz 1) bzw. Zuchthaus oder Einschließung bis zu 5 Jahren (Absatz 2). Mit dem Beitritt der süddeutschen Staaten zum Norddeutschen Bund wurde das StGB des Norddeutschen Bundes **Reichsgesetz**.[3]

Nach dem Inkrafttreten des RStGB[4] sind die **Änderungen der Parteiverratsnorm** geringfügig geblieben: Das **3. StrÄndG** vom 4.8.1953 (BGBl. I 735) hat den Begriff „Advokat" gestrichen, sodass nur noch der „Anwalt" (neben den anderen Rechtsbeiständen) als Täter bezeichnet war. Das **1. StrRG** vom 25.6.1969 (BGBl. I 645) hat die Strafdrohungen geändert, und mit Wirkung vom 1.1.1975 hat das **EGStGB** vom 2.3.1974 (BGBl. I 469) die Formulierung **„vermöge seiner amtlichen Eigenschaft"** durch die Fassung **„in dieser Eigenschaft"** ersetzt sowie dem § 356 die Überschrift **„Parteiverrat"** gegeben. Mit der Beseitigung des Begriffs „amtliche Eigenschaft" ist klargestellt, dass die Anwälte, anders noch als die preußischen Assistenzräte (Rdn. 1), kein Staatsamt mehr bekleiden.[5]

Übersicht

---

1 Praevaricari: „nicht gerade gehen", „in die Quere gehen".
2 S. dazu ausf. *Kalsbach* S. 350 ff.
3 Vgl. zur Entstehungsgeschichte der Norm ausführlich *Hübner* LK[10] vor Rdn. 1 „Entstehungsgeschichte" m.z.N.; *Früh* S. 4; *Knapp* S. 7; *Wolff* S. 9; auch *Kretschmer* S. 17 f.
4 Durch Gesetz vom 15.5.1871 (RGBl. 127).
5 Zu den Gesetzesänderungen und Strafrechtsreformen vgl. ausf. *Hübner* LK[10] vor Rdn. 1 („Entstehungsgeschichte, Strafrechtsreform"); *Kalsbach* S. 357 ff.; zu den historischen Gründen der systematischen Zuordnung des Parteiverrat zum Dreißigsten Abschnitt des StGB unter „Straftaten im Amt" s. *Hübner* LK[10] Rdn. 3.

Alphabetische Übersicht

I. Rechtsgut

1. Amtsdelikt

Die systematische Stellung des Parteiverrats im Dreißigsten Abschnitt „**Straftaten im Amt**" scheint für ein **Amtsdelikt** zu sprechen. Die echten Amtsdelikte sind dadurch gekennzeichnet, dass sie nur von Amtsträgern (§ 11 Abs. 1 Nr. 2) begangen werden können, während sich bei den unechten Amtsdelikten die besondere Tätereigenschaft strafschärfend auswirkt. Die Systematik des Parteiverrats als Amtsdelikt ist geschichtlich zu erklären. Mit der Kabinettsorder vom 14.4.1780 und der Gerichtsordnung vom 24.4.1781 (Corpus iuris Fridericianum) wurde die Advokatur abgeschafft und die Advokaten durch sog. **Assistenzräte** ersetzt. Diese waren nicht Parteivertreter, sondern beamtete Richtergehilfen. Die freie Advokatur wurde erst mit der Rechtsanwaltsordnung vom 1.7.1878 etabliert, die gleichzeitig mit den Reichsjustizgesetzen am 1.10.1879 in Kraft trat. Damit verlor die Zuordnung des Parteiverrats zu den Amtsdelikten ihre Bedeutung. Die „anderen Rechtsbeistände" (Advokatanwälte, Prokuratoren, Rechtskonsulenten) (§ 107 RAO 1878) kamen als Täter nur insoweit in Betracht, als sie ein Amt bekleideten.[6] Seit Einführung der freien Advokatur ist die Zuordnung des Parteiverrats zu den Amtsdelikten verfehlt.[7] 1

2. Standesvergehen

Der Parteiverrat ist kein **Standesvergehen**.[8] Die Beurteilung als Standesdelikt verbietet sich, weil zum Täterkreis nicht nur Rechtsanwälte und andere, durch ein Berufsrecht gebundene Rechtsbeistände (Steuerberater, Steuerbevollmächtigte, Wirtschaftsprüfer, Notare) gehören, sondern auch solche, für die insoweit keine besonderen berufsrechtlichen Vorschriften bestehen (Hochschullehrer, Rechtsreferendare etc.). Der Rechtsbeistand ist nicht wegen seiner spezifischen **berufsrechtlichen Bindungen** Normadressat des § 356, sondern weil er als unabhängiger Sachwalter rechtliche Interessen für seinen Auftraggeber wahrzunehmen hat. Dass ein Parteiverrat i.S.v. § 356 gleichzeitig einen Verstoß gegen Berufsregeln darstellt (z.B. § 43a Abs. 1 BRAO), macht den Parteiverrat nicht zu einem Standesvergehen.[9] Der Parteiverrat dient auch nicht dem Schutz der Anwaltschaft in ihrer **berufständischen Organisation**.[10] 2

6 Vgl. zum historischen Verständnis des Parteiverrats als Amtsvergehen ausf. *Hübner* LK[10] Rdn. 2 ff. m.w.N.
7 Vgl. *Kuhlen* NK Rdn. 3; *Welzel* Das deutsche Strafrecht S. 524; *Sch/Schröder/Heine/Weißer* Rdn. 2; *Pfeiffer* FS Koch 129.
8 *Wolff* S. 129; *Münch* Praevarication S. 39; *Mennicke* ZStW **112** (2000) 834, 843 Fn. 37; *Dingfelder/Friedrich* Parteiverrat S. 2; dazu *Hübner* LK[10] Rdn. 5; *Kretschmer* S. 20 f.
9 AA *O. Geppert* Parteiverrat S. 24 f., der den § 356 *auch* als Standesdelikt begreift.
10 *O. Geppert* Parteiverrat S. 24 f. Davon zu unterscheiden ist die Anwaltschaft als Organ der Rechtspflege, s. Rdn. 7.

3. Berufsvergehen

3 Der Parteiverrat wird allgemein als ein **Berufsvergehen** bezeichnet,[11] weil der Anwalt und die anderen Rechtsbeistände nur „in dieser Eigenschaft“ tatbestandlich handeln können. Der Begriff „Berufsvergehen“ ist zu eng, weil der Parteiverrat nicht nur berufliche Tätigkeiten erfasst. Zur Tatbestandserfüllung kommt es nicht auf die ***Profession*** des Beauftragten, sondern darauf an, dass dieser seine **Beistands*funktion*** wahrnimmt.[12] Die Zugehörigkeit zu einem Berufsstand ist dafür unerheblich. In den meisten Fällen wird der Berufsträger das Mandat in seiner **beruflichen Eigenschaft** führen. Wer dagegen z.B. als **Hochschullehrer** (Rdn. 29) eine Verteidigung gem. § 138 Abs. 1 StPO übernimmt, wird nur als „Gelegenheitsbeistand“ tätig und nicht in seinem Beruf als Rechtslehrer. Wenn umgekehrt ein Rechtsanwalt als Insolvenzverwalter (Rdn. 31) oder als weisungsabhängiger Justitiar (Rdn. 30) berät, scheidet er trotz seiner Berufsqualifikation als Täter aus.

4. Untreuecharakter

4 Der Parteiverrat wurde auch als **Untreuedelikt**[13] verstanden, weil der Vertrauensbruch des Rechtsbeistands gegenüber seinem Mandanten das Wesen des Parteiverrats ausmache. Auch die frühere Rechtsprechung[14] hat den Unrechtsgehalt des Parteiverrats wesentlich im Missbrauch des Vertrauens und in der Treulosigkeit des Anwalts gegenüber seinem Auftraggeber gesehen. Gegen den Untreuecharakter wird schon eingewandt, es sei nicht geklärt, in welchem Sinne die „Untreue“ zu verstehen sei.[15] Verschiedene Meinungen beziehen die individualrechtliche Komponente der Vorschrift mit unterschiedlicher Gewichtung in den **Schutzbereich der Norm** mit ein (s. dazu Rdn. 7). Das Argument, der Parteiverrat sei kein Untreuedelikt, weil das Einverständnis in die Wahrnehmung widerstreitender Interessen weder die Tatbestandsmäßigkeit beseitige noch rechtfertigend wirke, führt zu einem Zirkelschluss. Die Wirksamkeit des Einverständnisses bzw. der Einwilligung ist Konsequenz der Rechtsgutbestimmung und nicht umgekehrt.

5 **a) Vermögensschutz.** Nach heute unbestrittener Meinung ist der Parteiverrat **nicht vermögensrechtlich**[16] ausgestaltet, auch wenn die Vertretung des widerstreitenden Interesses nicht selten zu wirtschaftlichen Schäden der „verratenen Partei“ führt. Nur in der Qualifikation des Absatzes 2 ist das Handeln „zum Nachteil“ einer Partei schadensbezogen. Ein ***Vermögens*schaden** wird aber auch insoweit nicht verlangt. Dabei besteht Einigkeit, dass der Nachteil nicht eingetreten, sondern nur gewollt sein muss (vgl. Rdn. 121). Der Grundtatbestand hat keinen vermögensrechtlichen Bezug und verlangt weder auf der objektiven noch auf der subjektiven Tatbestandsebene eine Schädigung.[17] Auch die **systematische Stellung** des Parteiverrats im Dreißigsten Abschnitt des StGB unter „Straftaten im Amt“ spricht gegen die Annahme eines Untreuevergehens. Dabei

---

11 BGHSt **12** 96 98; **20** 41 f.; **24** 191; **45** 148, 153; BGHZ **60** 255, 260; *Sch/Schröder/Heine/Weißer* Rdn. 2; *Fischer* Rdn. 2; *Hübner* LK[10] Rdn. 4 f.; *Pfeiffer* FS Koch 129.

12 *Maurach/Schroeder/Maiwald* II § 78 Rdn. 4; *Kuhlen* NK Rdn. 10; *Rogall/Noltenius* SK Rdn. 12.

13 Vgl. *Neumeyer* Prävarikation (§ 356 RStrGB), in: VDB Bd. 9 (1906) 503, 504; *von Wächter* S. 480; *Hübner* LK[10] Rdn. 6; *Erb* S. 262 f.

14 Vgl. RGSt **49** 342, 344; BGHSt **4** 80, 87: **5** 301, 306 m. krit. Anm. *Kalsbach* AnwBl. **1954** 187, 192.

15 *Hübner* LK[10] Rdn. 6.

16 *Mennicke* ZStW **112** (2000) 834, 842 ff.; *Hübner* LK[10] Rdn. 7; *Rogall/Noltenius* SK Rdn. 2; *Prinz* S. 8, 14; *Erb* S. 112 f.

17 BGH AnwBl. **1966** 397 f.; RGSt **49** 342, 344; *Erb* S. 112.

ist zutreffend, dass der Parteiverrat nach heutigem Verständnis kein **Amtsdelikt** (mehr) ist.[18] Die Entwürfe und Reformvorschläge zum StGB, die wiederholt eine Zuordnung des Parteiverrats zu den Vermögensdelikten vorsahen, sind vom Gesetzgeber durchgängig verworfen worden.[19] Schließlich spricht auch der **Strafrahmenvergleich** zwischen Parteiverrat und Untreue gegen die Annahme eines Untreuedelikts.[20] Der Parteiverrat ist mit der erhöhten Mindeststrafe von drei Monaten Freiheitsstrafe bedroht und in seiner Qualifikation als Verbrechen ausgestaltet. Dagegen ist die Untreue gem. § 266, bei der als Tatbestandsvoraussetzung der Nachteil *eingetreten* sein muss, mit keiner erhöhten Mindeststrafe versehen. § 356 Abs. 2 würde eine **„versuchte Untreue"** ohne die Möglichkeit einer Strafrahmenreduzierung gem. § 23 Abs. 2 i.V.m. § 49 Abs. 1 sanktionieren.

b) Personenrechtliche Untreue. Das **Rechtsgut** wird auch mit der Umschreibung **personenrechtliche Untreue** nicht ausreichend erfasst.[21] Schon der Begriff ist unscharf. Die Enttäuschung des Mandanten über den Vertrauensbruch und die Illoyalität des von ihm beauftragten Rechtsbeistands wird häufig, aber nicht stets Folge der Wahrnehmung widerstreitender Interessen sein. Eine Vorschrift zum Schutz des Vertrauensverhältnisses in einer privilegierten beruflichen Beziehung wäre nach der Gesetzessystematik des StGB eher dem Fünfzehnten Abschnitt (Verletzung des persönlichen Lebens- und Geheimnisbereichs) zuzuordnen, in dem z.B. die Verletzung des Anwaltsgeheimnisses mit oder ohne Schädigungsabsicht unter Strafe gestellt ist (§ 203 Abs. 1 Ziff. 3, Abs. 5). Das Rechtsgut des Parteiverrats reicht über den Schutz der Individualbeziehung Mandant/Anwalt hinaus. 6

5. Rechtspflegedelikt

Ganz überwiegend wird das **Rechtsgut** des Parteiverrats stärker **rechtspflegeorientiert** als **individualrechtlich** beurteilt. Verschiedene Meinungen beziehen den individualrechtlichen Aspekt der Mandatsuntreue mit unterschiedlichen Gewichtungen in die Rechtsgutbeurteilung mit ein. Die Rechtsgutbeschreibungen sind vielfältig und reichen von einer stärker individuell geprägten „Bewahrung der anwaltlichen Mandatstreue" bis zu der globalen Bestimmung „Schutz der Rechtspflege". Die Rechtsprechung des BGH hat den Schutzzweck des Parteiverrats zunächst auch individualrechtlich verstanden. § 356 habe die Treue des Anwalts gegenüber seinem Auftraggeber zu gewährleisten und diene dem **Ansehen des Anwaltsstandes.**[22] Weitere Entscheidungen stellen das Ansehen der Anwaltschaft in den Vordergrund.[23] In der Entscheidung BGHSt **12** 96, 98 wird das „Ansehen der **Rechtspflege**" neben der **Treupflicht des Anwalts** als Schutzgut bezeichnet. Das OLG Düsseldorf NJW **1959** 1050 f. sieht die Schutzrichtung in der „Reinheit des Anwaltsstandes und damit der Rechtspflege überhaupt", und das BayObLG NJW **1959** 2223 f. meint, das „Ansehen der Rechtspflege" sei vorrangiges Schutzgut. Mit wechselnden Formulierungen bestätigt der BGH 7

---

18 Zum historischen Verständnis des Parteiverrats als Amtsdelikt vgl. *Hübner* LK[10] Rdn. 2 m.w.N. und oben unter Entstehungsgeschichte.

19 S. dazu *Erb* S. 111 und *Hübner* LK[10] Rdn. 7, jeweils m.w.N.

20 *O. Geppert* Parteiverrat S. 24, 29; *Hübner* LK[10] Rdn. 7; *Rogall/Noltenius* SK Rdn. 2; *Mennicke* ZStW **112** (2000) 834, 844, 846; gegen das Argument des Strafrahmenmissverhältnisses vgl. *Erb* S. 111 f.

21 S. *Mennicke* ZStW **112** (2000) 834, 845 f.; *Hübner* LK[10] Rdn. 6; vgl. auch *Baumann/Pfohl* JuS **1983** 24 f.; s. aber a. *Erb* S. 113, 119: „Der Bruch der personenrechtlichen Treuepflicht (stellt) den Kern des Parteiverrats dar".

22 BGHSt **5** 301, 306; **13** 231 f.; s.a. schon RGSt **49** 344; 7 253.

23 BGH GA **1961** 203, 205; BGH AnwBl. **1954** 199 f.: Sicherung der Lauterkeit und des Ansehens des Anwaltsstandes.

seine Rechtsprechung.[24] Das **BVerfG** folgt der Rechtsprechung des BGH mit der Rechtsgutbeschreibung „Zuverlässigkeit und Integrität der Anwalt- und Rechtsbeistandschaft".[25]

8 Die **Literaturmeinungen** sehen das Schutzgut mit unterschiedlichen Gewichtungen in der **Rechtspflege**, im **Ansehen** bzw. der **Funktionsfähigkeit der Rechtsbeistandschaft** und in der **Treuepflicht** gegenüber dem Auftraggeber. Teilweise wird ausschließlich die Rechtspflege als Rechtsgut angesehen.[26] Der Schutz der persönlichen Treueverpflichtung gegenüber dem Auftraggeber wirke nur als Reflex.[27] Nach anderer Ansicht soll das Schutzgut neben der Integrität der Rechtspflege auch die Treuepflicht des Auftraggebers umfassen.[28] Eine einschränkende Meinung begreift als Rechtsgut nicht mehr die Rechtspflege insgesamt, sondern nur die **Anwaltschaft** als Teil der Rechtspflege.[29] Darüber hinaus soll neben der Zuverlässigkeit, Integrität und Funktionsfähigkeit der Anwalt- und Rechtsbeistandschaft auch der Schutz des Mandanten zum Rechtsgut gehören.[30] Nach abweichender Meinung wird die Treuepflicht nur mittelbar geschützt.[31] Zur Gewichtung der Rechtsgutaspekte Rechtspflege bzw. Funktionsfähigkeit der Anwaltschaft meint *Erb*,[32] „der Bruch der anwaltlichen Treue" mache den „Kern des Parteiverrats" aus. Die Rechtspflege spiele dagegen eine untergeordnete Rolle und werde nur „reflexartig" geschützt.

9 Das Rechtsgut ist vom Objekt der strafbaren Handlung zu unterscheiden. Wenn der Parteiverrat die Vertretung widerstreitender Interessen verbietet, so dient die Norm in concreto dem Schutz des Mandanten, der sich einem Rechtsbeistand anvertraut. Das **Rechtsgut** umfasst in abstrakter Form einen größeren Schutzbereich, der der Norm vorgelagert ist. Wer als Rechtsbeistand dem Mandatsgegner dient, verletzt die Pflicht zur **unabhängigen**[33] und **parteilichen Interessenwahrnehmung**. Er enttäuscht das Vertrauen, das ihm sein Mandant entgegenbringen und der Rechtsbeistand beanspruchen muss, um die Mandanteninteressen einseitig und sachgerecht wahrnehmen zu können.[34] Mit dem pflichtwidrigen Dienen verletzt der Rechtsbeistand nicht nur seine Pflichten aus dem konkreten Mandatsverhältnis. Er gefährdet darüber hinaus generell die Bereitschaft, dass Mandanten ihre rechtlichen Interessen einem Rechtsbeistand anvertrauen. Er schwächt damit die Erwartung, dass Rechtsbeistände die Mandanteninteressen im wohlverstandenen Sinne „rücksichtslos", d.h. ohne falsche Rücksichtnahme, vertreten. Dadurch wird das Vertrauen in die Leistungsfähigkeit der Rechtsbeistandschaft, insbesondere der Anwaltschaft als einem wesentlichen Organ der Rechtspflege, beeinträchtigt. **Rechtsgut des Parteiverrats ist das Vertrauen in die zuverlässige und unabhängige Interessenvertretung durch Rechtsbeistände als Voraussetzung einer funktionsfähigen Rechtspflege.** Dagegen ist die „Rechtspflege" als Rechtsgut des Parteiverrats zu umfassend und zu sehr von der im Tatbestand vertypten verbots-

---

24 BGHSt **12** 96, 98: „Treupflicht des Anwalts gegenüber seinem Auftraggeber" und „Ansehen der Rechtspflege"; BGHSt **15** 332, 336: „Vertrauen in die Berufstreue des Rechtsbeistands"; BGHSt **45** 148, 153: „Vertrauen der Allgemeinheit in die Integrität der Anwaltschaft".

25 BVerfG NJW **2001** 3180, 3181.

26 *Welzel* Das deutsche Strafrecht S. 524; *Prinz* S. 21.

27 *Otto* BT § 98 Rdn. 29.

28 *Pfeiffer* FS Koch 28 f.; *Krekeler* FS Hamm 339, 342; *Lackner/Kühl/Heger* Rdn. 1; *Hübner* LK[10] Rdn. 9; *Kalsbach* S. 348; *Sahan/Höft* HK-GS Rdn. 1.

29 *O. Geppert* Parteiverrat S. 29 ff.; *Fischer* Rdn. 2; *Dahs* JR **1986** 349 f.: „institutionelle Seriosität des anwaltlichen Rechtspflegeorgans"; *Schreiner* MK Rdn. 5: „zumal es nahe liegt, die Betroffenheit der Rechtspflege nur als Reflex der Tat zu werten".

30 *Baumann/Pfohl* JuS **1983** 24 f.; *Kuhlen* NK Rdn. 8: „Interesse des Mandanten an gradliniger Vertretung"; *Dahs* Handbuch S. 57: „Funktion des Verteidigers im Rechtssystem" und „Treuepflicht des Anwalts".

31 *Mennicke* ZStW **112** (2000) 834, 851 f.; *Sch/Schröder/Heine/Weißer* Rdn. 1.

32 *Erb* S. 262 f.

33 Zur Wahrung der Unabhängigkeit als Zweck der Regelung in § 43a Abs. 4 BRAO vgl. *Weyland/Träger* BRAO § 43a Rdn. 54.

34 Zutreffend auch *Dahs* JR **1986** 349: „Strafwürdig ist die Verletzung der Unverbrüchlichkeit des Mandats-Vertrauens und des ihm wesenseigenen Ausschließlichkeitsanspruch".

widrigen Handlung abstrahiert, als dass es noch Konturen für eine Norminterpretation geben könnte.

6. Deliktscharakter

Der Parteiverrat ist im Grundtatbestand (Absatz 1) **Vergehen** und in der **Qualifikation** (Absatz 2) wegen der Mindeststrafe von einem Jahr Freiheitsstrafe (§ 12 Abs. 1) **Verbrechen** (s. Rdn. 118 und 123). § 356 ist **echtes Sonderdelikt**,[35] weil der Parteiverrat nur von den im Tatbestand genannten Anwälten und anderen Rechtsbeiständen als Täter, Mittäter oder mittelbare Täter begangen werden kann. Die Täterqualität ist strafbegründendes, besonderes persönliches Merkmal i.S.v. § 28 Abs. 1. Der Parteiverrat ist als **abstraktes Gefährdungsdelikt** ausgestaltet.[36] Für die Tatbestandserfüllung ist kein Erfolg vorausgesetzt, insbesondere kein Schadenseintritt.[37] 10

II. Täterkreis

1. Anwalt

Tauglicher Täter ist „ein **Anwalt** oder ein **anderer Rechtsbeistand**" in Ausübung seines Berufes bzw. seiner übernommenen Beistandstätigkeit. Anwälte i.S.v. § 356 sind alle im **Inland** zugelassenen Rechts- und Patentanwälte[38] (zu den ausländischen Rechtsanwälten vgl. Rdn. 17). 11

Der Rechtsanwalt muss als solcher zugelassen sein. Die **Zulassung** wird wirksam mit Aushändigung der Zulassungsurkunde (§ 12 Abs. 1 BRAO). Zur Rechtsanwaltschaft kann nur zugelassen werden, wer die Befähigung zum Richteramt nach § 5 DRiG hat (§ 4 BRAO; BGH BRAK-Mitt. **1995** 208). Die Zulassung erlischt, wenn durch ein rechtskräftiges Urteil auf Ausschließung aus der Rechtsanwaltschaft erkannt wird (§ 13 BRAO). Wird die sofortige Vollziehbarkeit des **Widerrufs der Zulassung** angeordnet, so darf der Rechtsanwalt seinen Beruf gem. § 14 Abs. 4 i.V.m. § 155 Abs. 2 BRAO nicht mehr ausüben. Sein Status als Rechtsanwalt wird dadurch nicht berührt. Die insoweit verbotswidrig vorgenommenen Rechtshandlungen sind wirksam (§ 14 Abs. 4 i.V.m. § 155 Abs. 5 BRAO).[39] Wird gegen den Rechtsanwalt ein anwaltsgerichtliches **Vertretungsverbot** i.S.v. § 114 Abs. 1 Ziff. 4 BRAO oder ein vorläufiges Vertretungsverbot gem. § 150 Abs. 1 BRAO verhängt, so darf der Rechtsanwalt auf den bestimmten Rechtsgebieten für die Dauer des Verbots nicht tätig werden. Die Rechtshandlungen, mit denen der Rechtsanwalt gegen das Vertretungsverbot verstößt, bleiben aus Gründen der Rechtssicherheit und im Interesse der Mandanten wirksam (§ 155 Abs. 5 BRAO). Der Rechtsanwalt ist daher geeigneter Täter, auch soweit er trotz eines Berufs- oder Vertretungsverbots tätig wird und ohne Legitimation berät oder Beistand leistet. Auf die Kenntnis des Mandanten von den Tätigkeitsbeschränkungen kommt es für die Täterqualität nicht an.[40] 12

Der Rechtsanwalt muss in **Ausübung seines Berufs** handeln. Unerheblich ist, ob der Rechtsanwalt die anwaltliche Tätigkeit regelmäßig oder nur (noch) in Einzelfällen verrichtet. Entschei- 13

---

35 *Fischer* Rdn. 2; *Hübner* LK[10] Rdn. 5; *Kuhlen* NK Rdn. 9; *Sch/Schröder/Heine/Weißer* Rdn. 4; *Rogall/Noltenius* SK Rdn. 10; *Schreiner* MK Rdn. 9; *Sahan/Höft* HK-GS Rdn. 2.

36 RGSt **49** 343 f.; BayObLG JR **1991** 163 f.; *Mennicke* ZStW **112** (2000) 834, 853, 855; *Fischer* Rdn. 2; *Sch/Schröder/ Heine/ Weißer* Rdn. 3; *Schreiner* MK Rdn. 9; *Sahan/Höft* HK-GS Rdn. 1; *Kuhlen* NK Rdn. 6 (Kumulationsdelikt); ebenso *Rogall/ Noltenius* SK Rdn. 5. *Erb* S. 263 unterscheidet: Soweit das anwaltliche Treueverhältnis betroffen sei, liege ein Verletzungsdelikt und in Bezug auf die Rechtspflege ein abstraktes Gefährdungsdelikt vor.

37 Dies gilt auch für die Qualifikation nach Absatz 2, s. Rdn. 121.

38 *Sch/Schröder/Heine/Weißer* Rdn. 5; *Kuhlen* NK Rdn. 11; *Schreiner* MK Rdn. 14, 16 *O. Geppert* Parteiverrat S. 35, 40 f. ordnet den Patentanwalt den „anderen Rechtsbeiständen" zu.

39 Vgl. BGH NJW **1990** 1854; OLG Celle NStZ **1989** 338.

40 Vgl. auch OLG Celle NStZ **1989** 338.

dend ist, dass die Beistandsleistung im Rahmen der Rechtspflege vorgenommen wird.[41] Der Rechtsanwalt muss in seiner anwaltlichen Eigenschaft tätig sein. Eine private **Gefälligkeitsberatung**, die erkennbar außerhalb eines Mandatsverhältnisses erbracht wird, genügt nicht[42] (Rdn. 42, 102).

14 **a) Patentanwalt.** Zu den Anwälten i.S.v. § 356 gehören auch die **Patentanwälte**[43] (§§ 5 ff. PAO).[44] Für den **Patentanwaltsyndikus** (BGHZ **62** 154) gelten die Ausführungen zum Syndikusanwalt entsprechend (Rdn. 16). Für die Tätereignung kommt es darauf an, dass er seinen Auftrag in anwaltlicher Unabhängigkeit erfüllen kann. Soweit er für seinen Dienstherrn weisungsgebunden handelt, scheidet er als Täter des Parteiverrats aus.[45] Unerheblich ist, ob der Patentanwaltsyndikus in öffentlichen oder in privaten Diensten steht.

15 **b) Beigeordneter Anwalt.** Für die Täterqualität als **Rechtsanwalt** ist es unerheblich, ob das Mandatsverhältnis durch privatrechtlichen Geschäftsbesorgungsvertrag begründet oder ob der Rechtsanwalt **beigeordnet** wird. Mandatsübernahmepflichten ergeben sich z.B. aus § 49 Abs. 1 BRAO, § 121 ZPO, § 4a Abs. 2 InsO, § 11a ArbGG, § 166 VwGO, § 73a SGG. Auch soweit der Rechtsanwalt als **Pflichtverteidiger** nach §§ 140 ff. StPO oder nach § 60 OWiG bestellt wird, ist er geeigneter Täter.[46] Der Pflichtverteidiger hat die gleichen Beistandsrechte und -pflichten wie der Wahlverteidiger.[47] Seine Pflichtenstellung ist auch nicht geringer, wenn er gegen den Willen des Beschuldigten beigeordnet wird oder ein Vertrauensverhältnis aus anderen Gründen zum Mandanten nicht besteht. Die Verpflichtung, widerstreitende Interessen nicht zu vertreten, gilt auch für alle beigeordneten Rechtsanwälte.

16 **c) Syndikusanwalt, Justitiar.** Der nach § 46a BRAO als Rechtsanwalt zugelassene **Syndikus** ist Anwalt im Sinne des § 356,[48] sofern er als unabhängiges Organ der Rechtspflege tätig ist und nicht weisungsgebundene Syndikusdienste leistet (vgl. OLG Stuttgart NJW **1968** 1975; *Lackner/Kühl/Heger* Rdn. 2).[49] Soweit der **Syndikusanwalt** weisungsgebunden tätig ist, fehlt ihm die Täterqualität für das Sonderdelikt. Auch die als Rechtsanwälte zugelassenen **Justitiare** sind, ebenso wie Syndikusanwälte, nur insoweit geeignete Täter als sie in anwaltlicher Unabhängigkeit **außerhalb** ihres **Dienstverhältnisses** tätig sind. Entscheidend ist nicht die anwaltliche Zulassung sondern die Aufgabenwahrnehmung im Einzelfall.[50] Nur soweit dem Justitiar oder Syndikus das Vertrauen entgegengebracht werden kann, in anwaltlicher Unabhängigkeit Mandanteninteressen wahrzunehmen,

---

41 Vgl. *Maurach/Schroeder/Maiwald* II § 78 Rdn. 4.

42 BGHSt 7 17, 19; **20** 41 f.; **24** 191; **45** 148, 153; OLG Zweibrücken wistra **1994** 311, 313; *Sch/Schröder/Heine/Weißer* Rdn. 6, *Kuhlen* NK Rdn. 21; *Fischer* Rdn. 3a; s.a. *Prinz* S. 43; **aA** *O. Geppert* Parteiverrat S. 117.

43 Zum historischen Streit, ob der Patentanwalt überhaupt von § 356 erfasst wird, vgl. *Hübner* LK[10] Rdn. 13 f.

44 Siehe OLG München Urt. v. 25.6.2015 – 6 U 4080/14; vgl. schon *Roesen* NJW **1938** 649; *Cüppers* NJW **1947/48** 4, 5; *O. Geppert* NJW **1960** 1044 f.; *Fischer* Rdn. 2a; *Sch/Schröder/Heine/Weißer* Rdn. 5; *Schreiner* MK Rdn. 16; *Sahan/Höft* HK-GS Rdn. 2.

45 *Sch/Schröder/Heine/Weißer* Rdn. 5.

46 Vgl. *Dingfelder/Friedrich* Parteiverrat A II aa; *Prinz* S. 22; *Leipold* AnwK Rdn. 5.

47 BVerfG NJW **1959** 571 f.; BGH NJW **1996** 1975; *Lüderssen/Jahn* LR § 141 Rdn. 3, 9.

48 *Hübner* LK[10] Rdn. 15; *Sch/Schröder/Heine/Weißer* Rdn. 5; *Fischer* Rdn. 2a; *Rogall/Noltenius* SK Rdn. 11; *Schreiner* MK Rdn. 20; *Sahan/Höft* HK-GS Rdn. 2.

49 Vgl. auch BGHSt **45** 148, 153; inwieweit das allgemeine Verbot gem. § 43a IV BRAO, widerstreitende Interessen zu vertreten, für Syndikusanwälte gilt, s. bei *Kleine-Cosack* BRAO § 43a Rdn. 185 ff.

50 *Rogall/Noltenius* SK Rdn. 13; *Kuhlen* NK Rdn. 13; *Fischer* Rdn. 2a; *Schreiner* MK Rdn. 20; vgl. auch EGH **16** 206; siehe auch *Huff* AnwBl. **2018** 155.

kann die Pflichtverletzung strafrechtlich sanktioniert sein. Wird der Justitiar oder der Syndikus lediglich als **angestellter Rechtsberater** tätig, ist er auch nicht Rechtsbeistand i.S.v. § 356.[51]

d) Ausländischer Anwalt. Zum Täterkreis gehören auch die gem. §§ 206 f. BRAO in Deutschland niedergelassenen **ausländischen Rechtsanwälte,**[52] nicht jedoch die nur im Ausland zugelassenen Rechtsanwälte.[53] Für die **europäischen Rechtsanwälte** gilt das EuRAG i.d.F. v. 5.10.2021 (BGBl. I S. 4607).[54] Nach § 42 Abs. 1 EuRAG ist der Straftatbestand des Parteiverrats ausdrücklich auch für europäische Rechtsanwälte anwendbar.[55] Dabei kommt es nicht darauf an, unter welcher Berufsbezeichnung der ausländische Anwalt niedergelassen ist (vgl. BRDrucks. 567/99 S. 85). 17

e) Vertreter in anwaltlicher Tätigkeit. Der Anwaltsnotar (§ 3 Abs. 2 BNotO) ist ohne weiteres geeigneter Täter, soweit er anwaltliche Mandate führt. In seinem **notariellen** Aufgabenbereich handelt der Anwaltsnotar als Rechtsbeistand i.S.v. § 356[56] (vgl. Rdn. 23). Taugliche Täter sind ferner der **Abwickler** einer Rechtsanwaltskanzlei (§ 55 BRAO),[57] der **Anwaltsvertreter**[58] und der **Prozessagent** i.S.v. § 157 ZPO a.F.[59] Der **Rechtsreferendar,** der nach § 142 Abs. 2 StPO zum Verteidiger bestellt ist, handelt in dieser Funktion als Rechtsbeistand i.S.d. § 356,[60] weil auch der ausnahmsweise in die Verteidigerpflicht genommene Referendar bei der Mandatswahrnehmung eine unabhängige Vertrauensstellung einnimmt. Der Mandant muss sich darauf verlassen können, dass der Referendar als Verteidiger widerstreitende Interessen nicht vertritt. Die Gegenansicht[61] verneint die Täterqualität, weil der Referendar die Verteidigung nicht berufsmäßig ausübt. 18

2. Andere Rechtsbeistände

Der Personenkreis, der unter **„andere Rechtsbeistände“** fällt, ist in Rechtsprechung und Literatur noch nicht geklärt.[62] Nach einer weiten Begriffsbestimmung gehören zu den Rechtsbeiständen alle Personen, die in einer staatlich anerkannten Weise Rechtsbeistand leisten oder von einer Behörde aufgrund allgemeiner gesetzlicher Vorschriften oder nach Zulassung im Einzelfall als rechtliche Berater auftreten.[63] Nicht erforderlich ist, dass der Rechtsbeistand eine amtsträgerähnli- 19

51 *Rogall/Noltenius* SK Rdn. 11 f.; *Schreiner* MK Rdn. 20 f.; *Dietzel/Malzahn* BRAK-Mitt. **2016** 154; s.a. *Deckenbrock* S. 72.
52 Vgl. dazu *Henssler/Prütting/Schroeder* BRAO § 206 Rdn. 2 ff.; *Kuhlen* NK Rdn. 9.
53 *O. Geppert* NJW **1960** 1043; *Pfeiffer* FS Koch 130.
54 Zum europäischen Rechtsanwalt s. *Kretschmer* S. 122 f.; *Schreiner* MK Rdn. 17.
55 *Rogall/Noltenius* SK Rdn. 11.
56 Vgl. *Lüderssen* FS Triffterer 343, 346 m. Hinw. auf mögliche Konfliktsituationen; *Hübner* LK[10] Rdn. 15; *Lackner/Kühl/Heger* Rdn. 2; *Pfeiffer* FS Koch 129; *Sch/Schröder/Heine/Weißer* Rdn. 5.
57 OLG Nürnberg NStZ **1999** 408.
58 *Rogall/Noltenius* SK Rdn. 13.
59 *Otto* BT § 98 Rdn. 31; *Sch/Schröder/Heine/Weißer* Rdn. 7; *Sahan/Höft* HK-GS Rdn. 2; *Schreiner* MK Rdn. 26; **aA** OLG Saarbrücken NJW **1960** 306; OLG Bremen MDR **1968** 343; *O. Geppert* Parteiverrat S. 38; zum Prozessagenten ausführlich *Kretschmer* S. 130 ff. § 157 ZPO (Prozessagent) wurde mit dem Inkrafttreten des Rechtsdienstleistungsgesetzes mit Wirkung zum 1. Juli 2008 aufgehoben.
60 *Kretschmer* S. 132, 134 f.; *Otto* BT § 98 Rdn. 31; *Prinz* S. 28 ff.; *Rogall/Noltenius* SK Rdn. 13; *Sch/SchröderHeine/Weißer* Rdn. 7; *Fischer* Rdn. 2b; *Schreiner* MK Rdn. 14.
61 *Hübner* LK[10] Rdn. 29 f.; *Pfeiffer* FS Koch 127, 130.
62 Zur historischen und funktionellen Bestimmung des Merkmals vgl. ausführlich *Kretschmer* S. 128 ff.
63 *Rogall/Noltenius* SK Rdn. 12, *Sch/Schröder/Heine/Weißer* Rdn. 7, *Welzel* Das deutsche Strafrecht S. 525; *Pfeiffer* FS Koch 130; BayObLGSt **1964** 116, 119 ff. zu § 352; *Schreiner* MK Rdn. 2022; *Sahan/Höft* HK-GS Rdn. 2; *Leipold* AnwK Rdn. 7.

che Stellung innehat. Entscheidend ist, dass er die Parteiinteressen als **unabhängiger Sachwalter** wahrnimmt.[64]

20 Demgegenüber will eine Gegenmeinung den Anwendungsbereich des § 356 auf jene Personen beschränken, die **„anwaltähnlich“**[65] tätig werden.[66] Aus dem Merkmal „anderer“ Rechtsbeistand ist das Erfordernis einer anwaltähnlichen Tätigkeit nicht abzuleiten. Der Täterkreis muss vom Rechtsgut aus und nicht nach dem Status des Beistands beurteilt werden. Wer in staatlich anerkannter Weise unabhängig Rechtsbeistand leistet und dazu das Vertrauen seines Auftraggebers beanspruchen darf, muss gehindert sein, zugleich widerstreitende Interessen zu vertreten. Ob der Sachwalter den **Beistand geschäfts- oder berufsmäßig** leistet, ist insoweit unerheblich.[67]

21 Die Beschränkung auf „anwaltähnlich“ tätige Beistände ist konturenlos, weil der Rechtsanwalt, aber auch nur er, Berater und Vertreter in allen Rechtsangelegenheiten ist (§ 3 Abs. 1 BRAO). Die Annahme, ein kriminalpolitisches Bedürfnis, den Parteiverrat zu sanktionieren, bestehe nur bei Rechtsvertretern mit besonderen Rechten und erhöhten Pflichten,[68] greift zu kurz. Das Schutzbedürfnis besteht nicht nur bei Organen der Rechtspflege (so aber *Blei* II § 112 V 1). **Gelegenheitsbeistände** scheiden als Täter nicht generell aus (so aber *Hübner* LK[10] Rdn. 29 ff.), weil es nicht auf die Häufigkeit der Beistandsleistung ankommt. Entscheidend ist, dass der Beauftragte die **Beistandsleistung** in **unabhängiger** Weise ausüben kann. Wer dagegen die Geschäfte nur weisungsabhängig abwickelt, leistet nicht schon deshalb Rechtsbeistand, weil er im Rahmen seines Auftrags Rechtsvorschriften zu beachten hat (zum Anvertrautsein der Angelegenheit siehe Rdn. 97 ff.).

22 Zu den Rechtsbeiständen gehören die nichtanwaltlichen **Anwaltsvertreter**,[69] die nichtanwaltlichen **Prozessvertreter** in Arbeits- und Sozialgerichtsverfahren,[70] die **Abwickler** einer Anwaltskanzlei gem. § 55 BRAO, § 48 PAO,[71] weil sie als unabhängige Sachwalter von Parteiinteressen mit behördlicher Erlaubnis fremde Rechtsangelegenheiten vertreten. Eine Geschäfts- oder regelmäßige Berufstätigkeit wird nicht vorausgesetzt.[72]

23 **a) Notar.** Der **Notar** ist „anderer Rechtsbeistand“ i.S.v. § 356.[73] Nach § 14 Abs. 1 Satz 2 BNotO ist der Notar nicht Vertreter einer Partei, sondern unabhängiger und unparteiischer Betreuer der Beteiligten. Die Vertretung gegensätzlicher Interessen ist dem Notar untersagt (vgl. BGHZ **51** 301, 304 ff.; **54** 275, 281). Rechtsbeistände sind ferner die **Notariatsassessoren** (§ 7 BNotO), **Notariatsvertreter** (§ 39 BNotO) und **Notariatsverwalter** (§§ 56, 57 BNotO).[74]

---

64 *Maurach/Schroeder/Maiwald* II Rdn. 78/4; *Sch/Schröder/Heine/Weißer* Rdn. 7.

65 Vgl. RGSt **51** 220, 221; RGSt **73** 126; OLG Saarbrücken NJW **1960** 306; *O. Geppert* Parteiverrat S. 35 ff.; *ders.* NJW **1960** 1045; *Prinz* S. 29 f.

66 Der Entwurf StGB 1962 wollte den Täterkreis auf Rechtsanwälte und Patentanwälte beschränken, § 458 E; vgl. zur Entstehungsgeschichte des Tatbestandsmerkmals „anderer Rechtsbeistand“ *Hübner* LK[10] Rdn. 16 ff.

67 **AA** *Pfeiffer* FS Koch 130; vgl. aber auch die Entscheidung BGHSt **20** 41 f., die den Parteiverrat als „ausgesprochenes Berufsvergehen“ bezeichnet.

68 So *O. Geppert* Parteiverrat S. 43; *ders.* NJW **1960** 1045.

69 *Rogall/Noltenius* SK Rdn. 13; *O. Geppert* Parteiverrat S. 43; *Hübner* LK[10] Rdn. 24, 27; *Kuhlen* NK Rdn. 11; *Pfeiffer* FS Koch 130.

70 *Sch/Schröder/Heine/Weißer* Rdn. 7; *Rogall/Noltenius* SK Rdn. 13; *Kuhlen* NK Rdn. 11; *Schreiner* MK Rdn. 26; *Sahan/Höft* HK-GS Rdn. 2.

71 OLG Nürnberg NStZ **1999** 408; *Sch/Schröder/Heine/Weißer* Rdn. 7; *Schreiner* MK Rdn. 23; **aA** *O. Geppert* NJW **1960** 1044.

72 *Sch/Schröder/Heine/Weißer* Rdn. 7; *Rogall/Noltenius* SK Rdn. 12; **aA** *Hübner* LK[10] Rdn. 21.

73 *Lüderssen* FS Triffterer 343, 346; *Kuhlen* NK Rdn. 11; *Lackner/Kühl/Heger* Rdn. 2; *Pfeiffer* FS Koch 127, 129; ; *Sahan/Höft* HK-GS Rdn. 2; **aA** *Kretschmer* S. 136, gerade wegen der notariellen Verpflichtung zur Unparteilichkeit; *Schreiner* MK Rdn. 27; *Rogall/Noltenius* SK Rdn. 13.

74 *Hübner* LK[10] Rdn. 15.

b) Beistände nach RBerG und RDG. Geeignete Täter sind die **Rechtsbeistände, die nach dem RBerG** von der jeweils zuständigen Behörde die Erlaubnis erhalten, fremde Rechtsangelegenheiten einschließlich der Rechtsberatung geschäftsmäßig zu besorgen (vgl. § 1 RBerG a.F.).[75] In den Einzelfällen ist jedoch zu prüfen, ob dem Beistand eine Angelegenheit tatsächlich anvertraut ist (vgl. Rdn. 97 ff.). Nachdem das RBerG inzwischen außer Kraft gesetzt worden ist, gilt Entsprechendes für die nach §§ 3, 8, 10 RDG zugelassenen Beistände. Sie sind zugelassene Prozessbevollmächtigte mit der Befugnis zur Besorgung fremder Rechtsangelegenheiten vor Gericht und damit „andere Rechtsbeistände" i.S.v. § 356.[76] 24

c) Kammerrechtsbeistände. Die sog. **Kammerrechtsbeistände** gem. § 209 BRAO sind berechtigt, in allen gerichtlichen Verfahren, in denen kein Anwaltszwang besteht, als Prozessbevollmächtigte aufzutreten. In Anwaltsprozessen dürfen Kammerrechtsbeistände nicht tätig werden. Auch in Prozesskostenhilfeverfahren gem. § 121 Abs. 2 ZPO ist ihre Beiordnung ausgeschlossen. Der Kammerrechtsbeistand ist befugt, in sozialgerichtlichen und verwaltungsgerichtlichen Verfahren die Prozessvertretung zu übernehmen, nicht jedoch in arbeitsgerichtlichen Verfahren.[77] Der Kammerrechtsbeistand ist „anderer Rechtsbeistand" i.S.v. § 356, weil er im Rahmen seiner Zulassung unabhängig Beistand leistet.[78] 25

d) Angehörige steuerberatender Berufe. Die Steuerberatung ist ein Sonderbereich der allgemeinen Rechtsberatung.[79] **Steuerberater** und **Steuerbevollmächtigte** sind unabhängige Organe der Steuerrechtspflege (§ 1 Abs. 2 i.V.m. § 2 BOStB).[80] Damit gehören auch Steuerberater und Steuerbevollmächtigte zum Täterkreis des § 356. Entsprechendes gilt für **Wirtschaftsprüfer** und **vereidigte Buchprüfer** (§§ 1, 2 Abs. 2, 43, 49, 129 Abs. 2 WPO).[81] In Steuerstrafverfahren können Steuerberater, Steuerbevollmächtigte, Wirtschaftsprüfer und vereidigte Buchprüfer gem. § 392 Abs. 1 AO zu **Verteidigern** gewählt werden, soweit die Finanzbehörde das Steuerstrafverfahren selbständig führt.[82] Darüber hinaus können die steuerlichen Berater die Verteidigertätigkeit nur gemeinsam mit einem Rechtsanwalt oder Rechtslehrer ausüben. Soweit die Angehörigen der steuerberatenden Berufe eine Verteidigung führen, nehmen sie anwaltliche Aufgaben wahr, auch wenn sie nicht über eine Anwaltszulassung verfügen. 26

e) Gelegenheitsbeistände. Der **Ehegattenbeistand** sowie der **gesetzliche Vertreter** eines Angeklagten gem. § 149 Abs. 1, 2 StPO scheiden als „andere Rechtsbeistände" i.S.v. § 356 aus.[83] Die Gelegenheitsbeistände haben nur die Stellung eines Vertrauten mit begrenzten Rechten, im We- 27

---

75 *Kuhlen* NK Rdn. 11; *Lackner/Kühl/Heger* Rdn. 2; *Rogall/Noltenius* SK Rdn. 13; *Sch/Schröder/Heine/Weißer* Rdn. 7; *Fischer* Rdn. 2b; *Schreiner* MK Rdn. 26; **aA**, die auf der historisch überholten „Amtstheorie" basierende Rspr. RGSt **51** 220 ff., **73** 126 f.; OLG Saarbrücken NJW **1960** 306; OLG Bremen NJW **1967** 2418.

76 *Sch/Schröder/Heine/Weißer Rdn. 7; Kuhlen* NK Rdn. 11; *Rogall/Noltenius* SK Rdn. 12; *Schreiner* MK Rdn. 26; *Sahan/Höft* HK-GS Rdn. 2; **aA** RGSt **51** 220 ff., **73** 126 f.; OLG Bremen MDR **1968** 343; OLG Saarbrücken NJW **1960** 306 m.d. Hinw., wer als bloßer Gewerbetreibender fremde Rechtsangelegenheiten besorge, genieße nicht das Vertrauen, dessen Missbrauch nach § 356 zu sanktionieren sei; s.a. *O. Geppert* NJW **1960** 1044.

77 BAG AnwBl. **1989** 53.

78 *Hübner* LK[10] Rdn. 24; *Rogall/Noltenius* SK Rdn. 12; *Sch/Schröder/Heine/Weißer* Rdn. 7.

79 BGHZ **64** 214, 218; **65** 238, 240; s.a. BGHZ **53** 103, 105 zum StBerG a.F.

80 *Sch/Schröder/Heine/Weißer* Rdn. 7; *Pfeiffer* FS Koch 130; *Birkenstock* wistra **2002** 49; *Dingfelder/Friedrich* Parteiverrat A II cc (und e); *Prinz* S. 28; **aA** *Behrendt/Felix* S. 98.

81 S.a. BGHZ **64** 214, 218 f.; *Birkenstock* wistra **2002** 47, 49 f.; *Prinz* S. 28, 30 f.; *Deckenbrock* S. 174 f.; *Hübner* LK[10] Rdn. 29.

82 *Schreiner* MK Rdn. 23; *Sahan/Höft* HK-GS Rdn. 2; Zu den Voraussetzungen und Grenzen der Verteidigerbefugnisse von Angehörigen der steuerberatenden Berufe vgl. ausführlich *Flore/Dörn/Gillmeister* S. 5 ff.

83 *Holz* S. 10 f.; *Kretschmer* S. 133.

sentlichen Anhörungsrechte. Prozessuale Rechte des Angeklagten können diese Beistände nicht ausüben. Wegen der schwachen Verfahrensstellung sind sie keine Sachwalter fremder Parteiinteressen. Entsprechendes gilt für den **Beistand im Jugendstrafverfahren gem. § 69 Abs. 1, 2 JGG.**[84] Der **Erziehungsberechtigte**, der gesetzliche Vertreter oder eine andere Vertrauensperson des Jugendlichen aus der Verwandtschaft oder dem Freundeskreis erlangen durch die gerichtliche Bestellung nur eine Betreuungsfunktion. Auch wenn der Beistand gem. § 69 Abs. 3 JGG in der Hauptverhandlung die Befugnisse eines Verteidigers hat, so ist er doch nicht ausreichend unabhängig, um die Rechtsinteressen des ihm anvertrauten Jugendlichen weisungsfrei wahrnehmen zu können. Dieser Beistand hat kein freies Verkehrsrecht mit dem Inhaftierten, kein Zeugnisverweigerungsrecht, nur ein begrenztes Anwesenheitsrecht in der Hauptverhandlung und ein Akteneinsichtsrecht nur nach dem Ermessen des Vorsitzenden.[85] Entsprechendes gilt für den **Beistand nach § 90 ZPO**, der die Prozesspartei beim mündlichen Vortrag in der Verhandlung unterstützt. Auch dieser Beistand ist kein unabhängiger Vertreter der Partei.[86]

28 Der Rechtsanwalt in seiner Funktion als **Zeugenbeistand** ist geeigneter Täter. Der Zeuge kann sich einen Rechtsanwalt als Zeugenbeistand wählen oder sich unter den Voraussetzungen des § 68b StPO einen Zeugenbeistand beiordnen lassen. Wenngleich die Befugnisse des anwaltlichen Zeugenbeistands begrenzt sind, weil der Beistand nicht mehr Rechte haben soll als der Zeuge selbst,[87] so nimmt er doch die Beratungen und anwaltlichen Empfehlungen, z.B. zu Auskunfts- und Zeugnisverweigerungsrechten, in anwaltlicher Unabhängigkeit wahr.

29 **f) Hochschullehrer.** Zu den anderen Rechtsbeiständen gehören **Hochschullehrer**, soweit sie als Verteidiger nach § 138 StPO gewählt sind.[88] Rechtslehrer an Hochschulen sind alle ordentlichen und außerordentlichen, auch emeritierten Professoren, Honorarprofessoren und Privatdozenten, die die Befähigung haben, an einer deutschen Universität oder gleichrangigen wissenschaftlichen Hochschule auf dem Gebiet der Rechtswissenschaft zu lehren.[89] Der Rechtslehrer bedarf für seine Verteidigertätigkeit keiner gerichtlichen Zulassung und ist in seiner Beistandsfunktion einem Rechtsanwalt gleichgestellt. Als Verteidiger nach § 138 Abs. 1 StPO kann auch ein **Fachhochschullehrer** mit Befähigung zum Richteramt gewählt werden.[90] Die Gegenmeinung[91] verneint die Täterqualität des Hochschullehrers, weil der Rechtslehrer die Verteidigung nicht berufsmäßig[92] führt.

30 **g) Vertreter der Gerichtshilfe, Rechtspfleger, Treuhänder.** Die Vertreter der **Gerichtshilfe, Rechtspfleger**[93] und **Treuhänder** sind keine unabhängigen Sachwalter fremder Parteiinteressen und scheiden damit als Täter aus. Gleiches gilt für den **Vormund,**[94] den **Makler**[95] und den **Generalbevollmächtigten.**[96] Auch der **Justitiar** ist nicht Täter, es sei denn, er leistet Rechtsbeistand in unabhängiger anwaltlicher Funktion außerhalb seines Angestelltenverhältnisses (vgl. Rdn. 16).

---

84 AA *Kretschmer* S. 132.
85 Vgl. dazu die Kommentierungen zu § 69 JGG, z.B. *Eisenberg/Kölbel* JGG § 69 Rdn. 7ff.
86 *Zöller/Althammer* § 90 Rdn. 2.
87 BTDrucks. 13/7165 S. 9; OLG Hamburg NJW **2002** 1590; kritisch dazu, insbesondere mit Blick auf das Akteneinsichtsrecht, *Slawik* KK § 68b Rdn. 8; *Habetha* HK-StPO II § 68b Rdn. 2 m.w.N.
88 *Kuhlen* NK Rdn. 11; *Fischer* Rdn. 2b; *Lackner/Kühl/Heger* Rdn. 2; *Rogall/Noltenius* SK Rdn. 13; *Otto* BT § 98 Rdn. 31.
89 Vgl. BVerwG NJW **1970** 2314; *Laufhütte* KK § 138 StPO Rdn. 5.
90 BGHSt **48** 350; *Willnow* KK § 138 StPO Rdn. 5; für den Verwaltungsprozess siehe § 67 Abs. 2 VwGO.
91 *Hübner* LK[10] Rdn. 30; *O. Geppert* Parteiverrat S. 43; *Prinz* S. 29 f.; *Pfeiffer* FS Koch 130.
92 So insb. *Hübner* LK[10] Rdn. 30; s.a. *Prinz* S. 29 f., der das Schutzbedürfnis des Bürgers geringer einstuft, weil der Hochschullehrer als Gelegenheitsbeistand kein Rechtspflegeorgan sei.
93 *Sch/Schröder/Heine/Weißer* Rdn. 7; *Rogall/Noltenius* SK Rdn. 13; *Kuhlen* NK Rdn. 12; **aA** *Lappe* Rpfleger **1985** 94.
94 BGHSt **24** 191; *Schreiner* MK Rdn. 24; *Sahan/Höft* HK-GS Rdn. 2.
95 EGH **14** 101, 103; *Rogall/Noltenius* SK Rdn. 13; *Schreiner* MK Rdn. 25; *Sahan/Höft* HK-GS Rdn. 2.
96 EGH **30** 177, 181; *Hübner* LK[10] Rdn. 31; *Rogall/Noltenius* SK Rdn. 13; *Schreiner* MK Rdn. 24; *Sahan/Höft* HK-GS Rdn. 2.

h) Insolvenzverwalter, Testamentsvollstrecker. Der **Insolvenzverwalter** (§§ 56 ff. InsO) scheidet als Rechtsbeistand aus und ist auch dann nicht geeigneter Täter, wenn er von Beruf Rechtsanwalt ist.[97] Als Insolvenzverwalter nimmt er keine einseitige Beistandsfunktionen wahr (§ 56 Abs. 1 InsO) und unterliegt der Aufsicht des Insolvenzgerichts, das bei Verstößen gegen die Verwalterpflichten Zwangsgelder gegen ihn festsetzen kann (§ 58 Abs. 1, 2, InsO). Gleiches gilt für den **Testamentsvollstrecker** (§§ 2197 ff. BGB),[98] für den anwaltlichen **Vormund** (§§ 1773 ff. BGB)[99] und für den **Nachlassverwalter** (§ 1985 BGB).[100] Auch in diesen Fällen handelt der Rechtsanwalt nicht als unabhängiger Sachwalter von Parteiinteressen, sondern weisungsgebunden und unter Kontrolle des Nachlass- bzw. Vormundschaftsgerichts.[101] 31

i) Geschäftsführer, Gesellschafter. Der Rechtsanwalt ist als **Geschäftsführer einer GmbH** an die Gesellschafterbeschlüsse gebunden und übt daher regelmäßig keine unabhängige anwaltliche Tätigkeit aus.[102] Das soll nach der Auffassung des BGH (BGHSt **45** 148, 153) dann nicht gelten, wenn er sich bei der Geschäftsführung als Anwalt geriert. Maßgeblich muss jedoch sein, dass der Rechtsanwalt in anwaltlicher Unabhängigkeit fremde Mandatsinteressen wahrnimmt, und nicht, welchen Eindruck er Dritten gegenüber vermittelt. Dies entspricht auch dem Schutzzweck der Norm, das Vertrauen in die zuverlässige und unabhängige Interessenvertretung zu gewährleisten (vgl. Rdn. 7). 32

Die **Gesellschafterstellung** des Anwalts und damit das **Eigeninteresse** am Ausgang der Rechtsstreitigkeiten führen nach Ansicht des BGH noch nicht dazu, die Beistandsleistung des Rechtsanwalts für die Gesellschaft als außerberuflich oder nichtanwaltlich anzusehen.[103] Regelmäßig sei davon auszugehen, dass der Rechtsanwalt nicht als Gesellschafter sondern in anwaltlicher Funktion handele. Jedenfalls könne er durch die bloße Erklärung, nicht als Rechtsanwalt tätig sein zu wollen, seine Beistandsleistung nicht als außerberuflich qualifizieren.[104] Ist der Beistand **im eigenen Interesse** gegen einen Mandanten tätig, scheidet der Parteiverrat aus (vgl. dazu Rdn. 46). 33

III. Tathandlung

1. Dienen

a) Finalität der Unterstützung. Dienen ist jede Tätigkeit rechtlicher oder tatsächlicher Art, durch die das Interesse des Auftraggebers gefördert werden soll.[105] Der Rechtsbeistand muss die Tätigkeit im Rahmen seines spezifischen Beistandsmandats „in dieser Eigenschaft" ausüben.[106] **Außerberufliche Dienste** können berufsrechtlich z.B. nach § 113 Abs. 2 BRAO geahndet werden, 34

---

97 Vgl. BGHSt **13** 231, 232; **45** 148, 153; *Hübner* LK[10] Rdn. 31; *Kuhlen* NK Rdn. 13; *Fischer* Rdn. 2b; *Schreiner* MK Rdn. 24; *Sahan/Höft* HK-GS Rdn. 2; *H. Schäfer* wistra **1985** 212; s. ausf. *Kretschmer* S. 123 ff.

98 EGH **14** 93 ff.; *Pfeiffer* FS Koch 130; *Sch/Schröder/Heine/Weißer* Rdn. 6; *Schreiner* MK Rdn. 24; *Sahan/Höft* HK-GS Rdn. 2.

99 BGHSt **24** 191 f.; *Kuhlen* NK Rdn. 12; *Lackner/Kühl/Heger* Rdn. 2; *Fischer* Rdn. 2b; *Schreiner* MK Rdn. 24; *Sahan/Höft* HK-GS Rdn. 2.

100 *Kuhlen* NK Rdn. 12; *Maurach/Schroeder/Maiwald* II § 78 Rdn. 4; *Schreiner* MK Rdn. 24; *Hübner* LK[10] Rdn. 31.

101 BGHSt **13** 231 f.; **24** 191 f.; *Sch/Schröder/Heine/Weißer* Rdn. 6; *Pfeiffer* FS Koch 130; **aA** *O. Geppert* Parteiverrat S. 43 ff.; *ders.* NJW **1960** 1043, 1045; *Kretschmer* S. 123 ff.

102 *Rogall/Noltenius* SK Rdn. 11; *Fischer* Rdn. 2b; *Schreiner* MK Rdn. 24; *Leipold* AnwK Rdn. 9.

103 BGHSt **45** 138, 154; kritisch gegen die formalistische Sicht des Parteibegriffs *Dahs* NStZ **2000** 371.

104 BGHSt **20** 41, 44; **45** 138, 154.

105 BGHSt **7** 17, 19; OLG Karlsruhe NJW **2002** 3561 f.; *Rogall/Noltenius* SK Rdn. 28; *Kuhlen* NK Rdn. 18; *Schreiner* MK Rdn. 40; *Sahan/Höft* HK-GS Rdn. 8.

106 *Hübner* LK[10] Rdn. 43, der den Parteiverrat als Berufsvergehen einstuft; *Schreiner* MK Rdn. 40: „Dienstleistung in Rechtssachen".

wenn der Rechtsanwalt (nichtanwaltlich) als Insolvenzverwalter, Liquidator, Nachlassverwalter oder Testamentsvollstrecker tätig wird.[107] Das Dienen umfasst alle Unterstützungen des Auftraggebers zur Förderung einer Rechtssache, z.B. prozessuale und außerprozessuale Tätigkeiten, Vertragsgestaltungen, Erteilung von Auskünften, Verhandlungen mit der Gegenpartei oder Behörden, die Abgabe von Willenserklärungen, die Erstattung von Strafanzeigen etc.[108] Unerheblich ist, ob der Beistand nur gegenüber dem Mandanten oder auch mit Außenwirkung geleistet wird.[109] Zum Begriff des Dienens gehört eine **Finalität** des Handels oder Unterlassens. Die Voraussetzungen des Dienens liegen nicht vor, wenn dem Gegner lediglich im Reflex durch ungeschickte, nachlässige oder fehlerhafte Beistandleistung Vorteile erwachsen.[110] Handlungen im Vorfeld einer Dienstleistung scheiden aus, weil der Täter „durch **Rat oder Beistand**" dienen muss (s. Rdn. 66 f.). Kein Dienen liegt vor, wenn der Beistand lediglich **„technische" Hilfe** leistet, z.B. die Postversendung übernimmt oder als reine Schreibhilfe ohne inhaltliche Gestaltung Schriftsätze herstellt.[111] Die Ausstellung eines Empfangsbekenntnisses bei Zustellung von Anwalt zu Anwalt ist keine taugliche Tathandlung.[112] Wenn dagegen der Rechtsanwalt auf Anforderung der gegnerischen **Haftpflichtversicherung** dieser einen von ihm **zu beschaffenden Aktenauszug** zur Verfügung stellt, so dient der Rechtsbeistand dem Verfahrensgegner durch Informationsbeschaffung (zum Interessengegensatz s. Rdn. 96). Die Möglichkeit der Versicherungsgesellschaft, sich den **Aktenauszug** auch auf anderem Weg zu beschaffen, ist dafür unerheblich.[113] Der Fall ist vergleichbar der Übersendung einer Urkunde an den Gegner, wenn das Dokument für den Mandanten sowohl günstige als auch ungünstige Inhalte verkörpert.

35 Die Dienstleistung muss **nicht berufstypisch** sein. Es genügt, dass sie die Parteiinteressen fördern soll. Auf den Erfolg des Dienens kommt es nicht an.[114] Unerheblich ist ferner, ob die Raterteilung oder Beistandleistung gegen Entgelt oder **unentgeltlich** geleistet wird.[115] Die Unentgeltlichkeit kann jedoch ein Anzeichen für eine unverbindliche Gefälligkeit sein, sodass dem Beistand die Angelegenheit nicht „anvertraut" wurde[116] (vgl. dazu Rdn. 102).

36 **b) Mediator.** Der **Mediator** übt anwaltliche Tätigkeit aus und unterliegt auch insoweit den Regeln des anwaltlichen Berufsrechts (§ 18 BORA). Damit gilt grundsätzlich auch das Verbot, widerstreitende Interessen zu vertreten gem. § 43a Abs. 4 BRAO. Der Mediator ist **kein Schiedsrichter oder Schlichter**.[117] Er unterstützt die Mediationsparteien, die Lösung ihrer (Rechts-)Probleme

---

107 *Weyland/Reelsen* BRAO § 113 Rdn. 16 m.w.N.; s. entspr. Regelungen in § 95 Abs. 2 PAO, § 89 Abs. 2 StBerG, § 67 Abs. 2 WPO.

108 Vgl. die zahlreichen Bsp. bei *Schreiner* MK Rdn. 40; *Hübner* LK[10] Rdn. 72.

109 *Schreiner* MK Rdn. 40; *Sahan/Höft* HK-GS Rdn. 8.

110 Vgl. OLG Düsseldorf NStE **3** zu § 356 StGB; *Sch/Schröder/Heine/Weißer* Rdn. 14 f.; *O. Geppert* Parteiverrat S. 119 f.; *Meyer* AnwBl. **2000** 80 f.; *Hübner* LK[10] Rdn. 36; *Rogall/Noltenius* SK Rdn. 29; *Prinz* S. 40; *Beulke/Ruhmannseder* FS ARGE Strafrecht 265 f.

111 *Kimmig* AnwBl. **1971** 127 f.; *Stephan/Wolkenhauer* AnwBl. **1971** 200; BGH WM **2018** 817.

112 BGH NJW **2015** 3672 (keine Berufspflicht); *Sch/Schröder/Heine/Weißer* Rdn. 14; s. auch *Rüppell/Fuchs* AnwBl. **2016** 893, 896; *Kalaitzis* NJW **2016** 1542, 1545; *Steiner* BRAK-Mitt. **2014** 294.

113 Der Vorwurf des Parteiverrats wird jedoch regelmäßig daran scheitern, dass die Überlassung eines Aktenauszugs zur Interessenvertretung des *eigenen* Mandanten gehört, z.B. um die Schadensregulierung zu beschleunigen; zutreffend *Dahs* Handbuch S. 60 f. Ausnahmsweise kann die Aktenüberlassung an den Gegner bedenklich sein, wenn dem eigenen Mandanten durch die damit verbundene Verfahrensbeschleunigung Nachteile erwachsen (Gegner kann den Verjährungseintritt noch verhindern). Grundsätzliche Bedenken gegen die Aktenvermittlung an den Gegner hat *Hübner* LK[10] Rdn. 89.

114 BGH NJW **1964** 2430; *Schreiner* MK Rdn. 40; *Sahan/Höft* HK-GS Rdn. 8.

115 Vgl. BGH 1 StR 380/65 v. 1.2.1966, S. 4; *Hübner* LK[10] Rdn. 33, 45.

116 Vgl. BGHSt **20** 41, 44.

117 Vgl. *Rüssel* NJW **2000** 2800 ff.; ausführlich *Haft/Schlieffen/Kracht* S. 384; Empfehlungen der BRAK-Arbeitsgruppe Mediation, BRAK-Mitt. **1999** 25.

selbst zu erarbeiten, mit dem Ziel, eine rechtsverbindliche Einigung herbeizuführen.[118] Im Rahmen der Mediation kann ein Anwalt als Mediator oder als Berater bzw. Vertreter *einer* Partei beteiligt sein. Als Beistand einer Partei gelten für ihn insoweit keine Besonderheiten. Als Mediator hat es der Rechtsanwalt übernommen, zwischen den Parteien mit widerstreitenden Interessen in derselben Rechtssache zu vermitteln. In der Mediation **dient** der Mediator **beiden Parteien** durch Rat oder Beistand mit dem Ziel eines Interessenausgleichs. Insoweit unterscheidet sich die neutrale Stellung des Mediators von dem Beistand einer Partei.[119] Als Mediator dient der Anwalt jedoch **keinen entgegengesetzten Interessen**. Der Interessenwiderstreit ist ungeschriebenes Tatbestandsmerkmal des Parteiverrats[120] (zum Interessengegensatz vgl. Rdn. 69 ff., 77). Wegen der fehlenden Disponibilität des Rechtsguts wäre eine Einwilligung in ein interessengegensätzliches Handeln unerheblich.[121] Im Rahmen der Gestaltung von Parteiinteressen kann jedoch der Gegenstand des Mandats insoweit begrenzt werden, als der Rechtsanwalt nur zur Realisierung übereinstimmender Interessen tätig werden soll. Dies entspricht dem Mediationsmandat. Der Mediator vertritt nicht eine Partei gegen die andere, sondern hilft beiden, ihre jeweiligen Interessen zu erkennen, zu gewichten und diese mit denen der anderen Partei selbst in Ausgleich zu bringen. Der Mediator dient damit nicht interessengegensätzlich.[122] Nach Beendigung der Mediation ist die Vertretung der einen Partei gegen die andere interessengegensätzlich und damit pflichtwidrig.

c) Dienen in beruflicher Gemeinschaft. Neben der tatbestandlichen Prüfung, wer als „Anwalt“ oder „anderer Rechtsbeistand“ i.S.v. § 356 geeigneter Täter ist, muss im konkreten Fall festgestellt werden, welchem von mehreren in einem Büro tätigen Rechtsbeiständen die Angelegenheit tatsächlich anvertraut wurde. In vielen Fällen wird sich der Rechtsuchende an einen Anwalt wenden, der sich mit anderen zu einer **gemeinsamen Berufsausübung** in einer **Bürogemeinschaft** oder einer **Sozietät** zusammengeschlossen hat. Eine Bürogemeinschaft (§ 59q Abs. 1 BRAO) liegt vor, wenn Rechtsanwälte ein gemeinsames Büro betreiben, sich die insoweit anfallenden Kosten teilen, ohne jedoch Mandate gemeinsam anzunehmen und zu bearbeiten. In dieser büroorganisatorischen Gemeinschaft bleiben die Rechtsanwälte beruflich selbstständig und haften untereinander nicht gesamtschuldnerisch. Durch die Mandatserteilung an einen in Bürogemeinschaft tätigen Rechtsanwalt werden die anderen Rechtsanwälte in die Mandatspflichten nicht einbezogen.[123] 37

Wird der Auftrag einem **Soziusanwalt** erteilt, so stellt sich für die Verantwortlichkeit der assoziierten Rechtsanwälte die Frage, ob auch ihnen die Sache **anvertraut** ist und unter welchen Voraussetzungen sie der Partei „dienen“. Nach einer verbreiteten Meinung soll die Rechtsangelegenheit regelmäßig allen Sozien anvertraut sein, unabhängig davon, ob sie mit dem Mandat tatsächlich befasst sind.[124] Dies gilt jedoch nicht für Sozien, die erst nach Auftragserteilung in die Sozietät eintreten und mit der Sache nicht befasst sind.[125] **Sozietätsfähig** sind gem. § 59c Abs. 1 38

---

118 Vgl. Schlussbericht des BRAK-Ausschusses Mediation, BRAK-Mitt. **1996** 186.

119 Zur neutralen Stellung vgl. OLG Hamm MDR **1999** 836; *Haft/Schlieffen/Eisele* S. 811; Schlussbericht des BRAK-Ausschusses Mediation, BRAK-Mitt. **1996** 186.

120 BGHSt **5** 284, 287; **7** 17, 22; **18** 192, 200; BGH NStZ **1982** 485; *O. Geppert* Parteiverrat S. 87; *Dingfelder/Friedrich* Parteiverrat A II cc (und e) S. 66 f.; *Kuhlen* NK Rdn. 39; *Lackner/Kühl/Heger* Rdn. 7.

121 Vgl. BGHSt **17** 305; **18** 192; s. Rdn. 93.

122 *Haft/Schlieffen/Eisele* S. 811 f.; *Meyer* AnwBl. **2000** 80 ff.; *Fischer* Rdn. 7, 9a; ähnlich *Schreiner* MK Rdn. 25, 69, der in dieser Rolle schon eine „Täterqualifikation“ ablehnt.

123 *Prinz* S. 179; *Sch/Schröder/Heine/Weißer* Rdn. 9; *Leipold* AnwK Rdn. 17; *Pfeiffer* FS Koch 134. Gleiches gilt für sonstige „Kooperationen“, vgl *Schreiner* MK Rdn. 38; *Fischer* Rdn. 3c; speziell zu sog. „Sternsozietäten“ i.S. von § 59a BRAO vgl. *Quaas* NJW **2008**, 1697.

124 BGHSt **20** 41; OLG Hamm NJW **1955** 803; *Hübner* LK[10] Rdn. 15; *O. Geppert* Parteiverrat S. 110 f.; *Maurach/Schroeder/Maiwald* II § 78 Rdn. 3; einschränkend OLG Stuttgart NStZ **1986** 412 f.: „möglicherweise … anvertraut“; ebenso *Lackner/Kühl/Heger* Rdn. 3; *Sch/Schröder/Heine/Weißer* Rdn. 9; s.a. *Baumann/Pfohl* JuS **1983** 24, 26.

125 OLG Stuttgart NStZ **1986** 412 f. m. Anm. *Gatzweiler* NStZ **1986** 413 u. Anm. *Dahs* JR **1986** 349, 406.

BRAO nicht nur Rechtsanwälte, sondern auch andere Rechtsbeistände i.S.v. § 356, nämlich Kammerrechtsbeistände, Steuerberater, Steuerbevollmächtigte, Wirtschaftsprüfer und vereidigte Buchprüfer.[126] Entsprechendes gilt für Anwaltsnotare gem. § 9 Abs. 2 und Abs. 3 BNotO (vgl. BT-Drucks. 19/27670, 176). Die grundsätzliche Verpflichtung aller Sozien entspricht den Vorschriften über die bürgerliche Gesellschaft, §§ 705 ff. BGB (BGHZ **56** 355, 357 ff.). Der Mandant entscheidet, wem er die Rechtssache anträgt. Erwartet er erkennbar die Erfüllung seines Auftrags von allen Rechtsanwälten der Sozietät, so sind mit der Mandatsannahme alle Sozien verpflichtet.[127] Soweit den Sozien die Rechtssache anvertraut ist, sind sie **geeignete Täter** des Parteiverrats. Die Täterqualität besteht unabhängig davon, ob der einzelne Sozius mit der Bearbeitung der Rechtssache persönlich befasst ist. Insoweit kann es aber am Tatbestandsmerkmal „dienen" fehlen.

39 Für das **Straf- und Bußgeldverfahren** ist die Besonderheit anerkannt, dass mehrere Rechtsanwälte einer Sozietät gleichzeitig verschiedene Beschuldigte verteidigen dürfen, ohne gegen § 146 StPO zu verstoßen.[128] Die auf den jeweils beauftragten Rechtsanwalt beschränkte Mandatierung leidet nicht darunter, dass auf der Vollmachtsurkunde sämtliche Sozien der Kanzlei aufgeführt sind. Das BVerfG (BVerfGE **43** 79, 93) hat darin kein Hindernis gesehen, weil es zur Begründung der Verteidigerstellung darauf ankommt, welcher Anwalt das Mandat durch ausdrückliche Erklärung oder durch schlüssiges Verteidigerverhalten tatsächlich annimmt.[129]

40 Umstritten ist, ob die für das Straf- und Bußgeldverfahren überwiegend anerkannte Regelung auf andere Rechtsgebiete übertragbar ist. Der BGH (BGHSt **40** 188) gestattet eine ausdrückliche oder schlüssige **Mandatsbeschränkung** auf bestimmte Rechtsanwälte einer Sozietät. Dem ist zuzustimmen. Die Möglichkeit der selektiven Beauftragung von Rechtsanwälten einer Sozietät ist nicht auf Strafverteidigungen beschränkt.[130] Die Vertrauensgrundlage, die in Strafsachen regelmäßig besonderes Gewicht hat, muss in anderen Mandatsverhältnissen nicht geringer sein. Nach der Struktur der Großbüros und überörtlichen Sozietäten ist es lebensfremd, dass der Mandant seine Rechtssache tatsächlich allen Sozien anvertrauen will.[131] Seine Erwartung, dass die tatsächlich mit der Sache befassten Sozien ergänzenden Rat von einem Spezialisten „im Hause" einholen, begründet noch kein Mandatsverhältnis gegenüber allen Rechtsanwälten der Sozietät. Die Rechtssache ist nur den Rechtsanwälten anvertraut, die im Einverständnis mit dem Mandanten tatsächlich Zuarbeiten leisten. Die Möglichkeit der Beschränkung des Auftrags auf einzelne Sozien verlangt Klarheit der Mandatsverhältnisse im Einzelfall. Die beauftragten Vertragspartner müssen feststehen, um die Vertragserfüllung und den Umfang der Treuepflichten auch mit Blick auf das Verbot des Parteiverrats bestimmen zu können. Regelmäßig wird der Mandant nur den Sozien seine Rechtssache anvertrauen, von denen er wegen eines bereits bestehenden Vertrauensverhältnisses oder wegen einschlägiger Spezialkenntnisse eine qualifizierte Bearbeitung seiner Angelegenheit

126 Der Katalog der sozietätsfähigen Berufsträger ist abschließend, AGH Baden-Württemberg BRAK-Mitt. **1995** 169 f. Zur gemeinschaftlichen Berufsausübung mit Ärzten und Apothekern im Rahmen einer Partnerschaftsgesellschaft vgl. BVerfGE **141** 82 ff.

127 Vgl. dazu *Sch/Schröder/Heine/Weißer* Rdn. 9; *O. Geppert* MDR **1959** 352 f.; *Pfeiffer* FS Koch 135; *Hübner* LK[10] Rdn. 15. Zur gemeinschaftlichen Verpflichtung und Haftung einer sog. Außensozietät vgl. BGH NJW **1999** 3040; *Henssler/Prütting/Hartung* BRAO § 59a Rdn. 19.

128 BVerfGE **43** 79; **45** 354; *Sch/Schröder/Heine/Weißer* Rdn. 9; *Pfeiffer* FS Koch 135.

129 *Hübner* LK[10] Rdn. 38; *Dingfelder/Friedrich* Parteiverrat A IV. lehnen die Entscheidung des BVerfG ab.

130 So zutreffend *Dahs* JR **1986** 349; *Sch/Schröder/Heine/Weißer* Rdn. 9; *Rogall/Noltenius* SK Rdn. 16; vgl. *Prinz* S. 180 ff.; *Gatzweiler* NStZ **1986** 411; *Krekeler* FS Hamm 339, 344; *Hartmann* JR **2000** 51, 53 f.; **aA** *O. Geppert* Parteiverrat S. 164 ff.; *Pfeiffer* FS Koch 135 f.; s.a. *Baumann/Pfohl* JuS **1983** 24, 26. In Beiordnungsverfahren nach § 121 ZPO wird nicht die Sozietät, sondern nur der einzelne namentlich zu benennende Anwalt beauftragt (OLG Düsseldorf JurBüro **1967** 979; LAG Nürnberg MDR **2002** 1084). Gleiches gilt für die Bestellung eines Pflichtverteidigers gem. §§ 141 ff. StPO.

131 Dies gilt auch bei Verwendung des üblichen Vollmachtsformulars, das sämtliche Sozien aufführt, *Fischer* Rdn. 3c; *Sahan/Höft* HK-GS Rdn. 3. Dieser Umstand tritt hinter den tatsächlichen Willen der Beteiligten zurück, *Schreiner* MK Rdn. 37.

erwartet.[132] Die Feststellung, welchen Sozien eine Rechtssache **anvertraut** ist, kann im Einzelfall schwierig sein, ist aber unumgänglich, weil das Anvertrautsein nicht fingiert werden darf.[133] Von der Feststellung, welchen Sozien eine Sache anvertraut ist, muss unterschieden werden, welche Rechtsanwälte durch Rat oder Beistand **dienen**. So hat das OLG Stuttgart (NStZ **1986** 412) die Frage nach dem Anvertrauensverhältnis offen gelassen und die Tatbestandsmäßigkeit verneint, weil der mit der Sache nicht befasste Sozius den Parteiinteressen jedenfalls nicht „gedient" hat (vgl. Rdn. 34).

d) Durch Unterlassen. Der Parteiverrat ist ein schlichtes **Tätigkeitsdelikt.**[134] Der Täter kann 41 einer Partei auch **durch Unterlassen dienen**,[135] indem er z.B. eine Frist versäumt oder einen Termin verstreichen lässt, günstige Tatsachen nicht vorträgt, Beweisverwertungsverbote nicht reklamiert etc. Dadurch kann die eigene Partei benachteiligt und die Gegenpartei begünstigt werden. Erforderlich ist, dass der Täter es **zielgerichtet** unterlässt, durch Untätigkeit die Interessen einer Partei zu fördern.[136] Ob die Partei tatsächlich Vorteile erlangt, ist für die Tatbestandsmäßigkeit ohne Bedeutung.[137] Die **Finalität des Handelns oder Unterlassens** ist im Begriff „dienen" enthalten. Daher wird der Tatbestand nicht verwirklicht, wenn die Belange der Gegenpartei nur als bloße Folge unterstützt werden, weil der Beistand dem eigenen Mandanten einen unvollständigen Rat erteilt oder nachlässigen Beistand geleistet hat.[138] Im Einzelfall mag die Zielrichtung des Unterlassens schwer nachweisbar sein. Die gleichen Beweisschwierigkeiten bestehen jedoch, wenn der Rechtsbeistand die Interessen der Gegenpartei durch positives Tun fördert. Auch hier kommt es auf die Zielrichtung der Handlung an. Wird die Gegenpartei lediglich als Folge einer mangelhaften Mandatsführung besser gestellt, liegt kein „dienen" vor. Der Rechtsbeistand hat eine **Garantenstellung** gem. § 13 Abs. 1 kraft Auftragsverhältnisses. Der Auftrag kann durch privatrechtlichen Geschäftsbesorgungsvertrag oder durch amtliche Bestellung bzw. Beiordnung[139] begründet werden. Ob eine Strafrahmenmilderung nach § 13 Abs. 2 in Betracht kommt, hängt nach st.Rspr. von einer „wertenden Gesamtbetrachtung" ab (BGHR § 13 Abs. 2 StGB StRVersch. 1).[140]

e) Unentgeltlich dienen. Der Tatbestand verlangt, dass der Rechtsbeistand einer Partei in einer 42 Rechtssache **dient**, die dem Beistand „in dieser Eigenschaft" anvertraut ist. Das Merkmal „dienen"

---

132 Befürwortend auch mit Blick auf den Strukturwandel der Anwaltschaft *Dahs* JR **1986** 349 f.; *Schreiner.* MK Rdn. 37; *Kuhlen* NK Rdn. 17; *Rogall/Noltenius* SK Rdn. 16; s.a. *Prinz* S. 179 ff.; *Holz* S. 14 ff.; *Kleine-Cosack* AnwBl. **1998** 417 f.; gegen eine entsprechende Anwendung der strafverfahrensrechtlichen Ausnahmeregelung für anderen Verfahren *Pfeiffer* FS Koch 136.

133 Ebenso kritisch *Schreiner* MK Rdn. 37. Auch § 3 Abs. 2 BORA a.F. verlangte die Feststellung, welche Rechtsanwälte tatsächlich beauftragt sind. Danach sollte das Verbot, widerstreitende Interessen innerhalb einer Sozietät zu vertreten (Sozietätserstreckung), nicht gelten, wenn sich der Mandant nach umfassender Information mit der Vertretung der anderen Partei ausdrücklich einverstanden erklärt und Belange der Rechtspflege nicht entgegenstehen. Auch unter den seit dem 1.8.2022 geltenden § 43a Abs. 4 Satz 4 BRAO, § 3 Abs. 4 Satz 1 BORA kommt eine Befreiung von der Sozietätserstreckung nur mit Zustimmung der betroffenen Mandanten in Betracht.

134 *Hübner* LK[10] Rdn. 40.

135 BayOBLG NJW **1959** 2223; *Kuhlen* NK Rdn. 22; *Lackner/Kühl/Heger* Rdn. 6; *Rogall/Noltenius* SK Rdn. 28; *Fischer* Rdn. 10a; **aA** *Kalsbach* GS Cüppers 384; *ders.* Standesrecht S. 384; *Gatzweiler* NStZ **1986** 413 f. (aktive anwaltliche Tätigkeit); vgl. zum Meinungsstreit *Prinz* S. 35 ff.

136 *Schreiner* MK Rdn. 41.

137 BGH NJW **1964** 2430.

138 OLG Düsseldorf NStE **3** zu § 356 StGB; *Hübner* LK[10] Rdn. 36; *Rogall/Noltenius* SK Rdn. 29; *Sch/Schröder/Heine/Weißer* Rdn. 14; *Schreiner* MK Rdn. 42; *O. Geppert* Parteiverrat S. 119 f.; Meyer AnwBl. **2000** 80 f.; *Prinz* S. 40; *Beulke/Ruhmannseder* FS ARGE Strafrecht 266.

139 Vgl. *Hübner* LK[10] Rdn. 40; *Kuhlen* NK Rdn. 22; *Dingfelder/Friedrich* Parteiverrat A IV; *Prinz* S. 37.

140 *Kuhlen* NK Rdn. 22 (Anm. 74) m. Hinw. auf die ähnlich gelagerte Entscheidung BGHSt **36** 227 ff. (zu § 266).

steht in einem engen Zusammenhang mit der anvertrauten Angelegenheit. Die **private Gefälligkeitsunterstützung** einer Partei genügt nicht[141] (zur Abgrenzung einer anvertrauten Angelegenheit von einer unverbindlichen Gefälligkeit siehe Rdn. 102). Dient der Rechtsbeistand im Rahmen einer gesellschaftlichen Gefälligkeit **nichtanwaltlich** oder außerhalb seiner unabhängigen Beistandstätigkeit einer anderen Partei, so mag dies vertrauenserschütternd sein und einen Verstoß gegen Berufspflichten darstellen.[142] Nur soweit der Rechtsbeistand als unabhängiger Funktionsträger innerhalb der Rechtspflege tätig ist, kann er tatbestandlich handeln.[143] Zur Unentgeltlichkeit des Dienens siehe Rdn. 34, 102.

43 **f) Außerberuflich dienen.** Der Anwalt oder „andere Rechtsbeistand" muss in seiner beruflichen Eigenschaft bzw. im Rahmen seiner unabhängigen Beistandstätigkeit dienen (vgl. Rdn. 34 ff.). Bei **Mehrfachberuflern** genügt es für die Tatbestandsmäßigkeit, wenn der Beauftragte zunächst in der einen Beistandstätigkeit und später in einer anderen Beistandsfunktion widerstreitende Interessen in derselben Angelegenheit vertritt. Wer von der einen Partei z.B. als Rechtsanwalt und von einer anderen in derselben Angelegenheit als **Steuerberater** oder **Wirtschaftsprüfer** mandatiert ist, handelt jeweils als „Rechtsbeistand" i.S.v. § 356.[144] Dies folgt schon aus dem Merkmal „anderer Rechtsbeistand", das auch den Anwalt einbezieht. Wer als Anwaltsnotar zunächst in Notarfunktion nach § 24 BNotO eine Partei als ein „anderer Rechtsbeistand" berät und in derselben Rechtssache als Rechtsanwalt einer anderen Partei Beistand leistet, handelt tatbestandsmäßig.[145]

44 § 356 setzt voraus, dass der **Rechtsbeistand** beiden Parteien in dieser Eigenschaft (als Anwalt oder anderer Rechtsbeistand) dient.[146] Die Gegenansicht[147] lässt genügen, dass der Rechtsbeistand nur dem ersten Auftraggeber in unabhängiger Beistandsfunktion dient, während er die andere Partei außerhalb seiner beruflichen oder im Einzelfall bestellten Tätigkeit unterstützt. Dieser Ansicht ist zu begegnen. Schon der Gesetzeswortlaut verlangt, dass der Rechtsbeistand **beiden Parteien in dieser Eigenschaft** pflichtwidrig dient. Wenn also ein Rechtsanwalt nach einer privaten Beratung oder in abhängiger Funktion eine Partei unterstützt und einer anderen Partei in derselben Rechtssache in unabhängiger Funktion anwaltlich dient, so liegt ein Vertrauensbruch, aber kein Parteiverrat vor (siehe Rdn. 95). Das Gleiche gilt, wenn z.B. ein Rechtsanwalt nach beruflicher Beratung in dergleichen Rechtsangelegenheit für eine andere Partei private Gefälligkeitsauskünfte erteilt.[148]

45 Der Anwalt oder andere Rechtsbeistand dient **außerberuflich**, soweit er nicht in unabhängiger Funktion Rat erteilt oder Beistand leistet (zu den tätergeeigneten Rechtsbeiständen vgl. Rdn. 19 ff.). Rechtsbeistände dienen in täteruntauglicher Funktion als **Syndikus** und **Justitiar**, soweit der Beistand für den Dienstherrn tätig ist, ferner als **Vormund, Testamentsvollstrecker,**

---

141 BGHSt **7** 17, 19; **20** 41 f.; **24** 191; **45** 148, 153; OLG Zweibrücken wistra **1994** 311, 313; *Kuhlen* NK Rdn. 21; *Sch/Schröder/Heine/Weißer* Rdn. 15; *Fischer* Rdn. 3a; *Schreiner* MK Rdn. 35; *Sahan/Höft* HK-GS Rdn. 3.

142 Nach § 43 S. 2 BRAO hat sich der Rechtsanwalt innerhalb oder außerhalb seines Berufs der Achtung und des Vertrauens, welche die Stellung des Rechtsanwalts erfordert, würdig zu erweisen. Zum Normumfang des Verbots, gem. § 43a BRAO keine widerstreitenden Interessen zu vertreten, vgl. *Henssler/Prütting/Henssler* BRAO § 43a Rdn. 161 ff.

143 Vgl. *Kretschmer* S. 185; ähnlich *Sahan/Höft* HK-GS Rdn. 3, Wahrnehmung von Interessen in dessen „beruflicher Eigenschaft als unabhängiger Sachwalter".

144 *Hübner* LK[10] Rdn. 46.

145 *Hübner* LK[10] Rdn. 47; bedenklich die Entscheidung EGH Celle XII 124 ff., 128 f. (zu § 43, 45 BRAO a.F.): Danach soll es einem Anwaltsnotar, der in einer bestimmten Angelegenheit als Notar tätig war, nicht generell verboten sein, einem an dem Notariatsgeschäft Beteiligten anwaltlich zu vertreten, wenn zwischen beiden Tätigkeiten ein Zusammenhang besteht.

146 BGHSt **20** 41 ff.; RG JW **1937** 3304; *Hübner* LK[10] Rdn. 51.

147 *O. Geppert* Parteiverrat S. 117; *Prinz* S. 43; *Sch/Schröder/Heine/Weißer* Rdn. 15.

148 Vgl. *Sch/Schröder/Heine/Weißer* Rdn. 15; *Pfeiffer* FS Koch 127, 130 f.; *Kuhlen* NK Rdn. 16; *Rogall/Noltenius* SK Rdn. 32.

Makler, Vermögensverwalter und **Insolvenzverwalter** (vgl. zu den Nachweisen Rdn. 15, 17, 19, 27).

g) Im eigenen Interesse des Anwalts. Der Rechtsbeistand muss **beiden Parteien** – nicht notwendigerweise gleichzeitig – **dienen**. Ist der Beistand im **eigenen Interesse** gegen seinen Mandanten tätig, scheidet ein Parteiverrat aus.[149] Ein Rechtsanwalt, der seinen Mandanten zur Durchsetzung der eigenen Anwaltsvergütung verklagt, handelt nicht tatbestandsmäßig.[150] Eigeninteresse eines Beistands, etwa als Gesellschafter einer GmbH, schließt den Tatbestand nicht aus, wenn er für die GmbH in deren Rechtsstreitigkeiten rechtsbesorgend tätig wird.[151] Der BGH stellt *formal* darauf ab, ob der Anwalt eigene Interessen als Partei gegen einen von ihm vertretenen Auftraggeber (z.B. juristische Person) verfolgt.[152] Auch der wirksam bestellte organschaftliche Vertreter nimmt im Verfahren nur die Rechte der juristischen Person, nicht aber die ihm zustehenden **eigenen** Rechte wahr.[153] 46

2. Partei

Parteien sind die an einer Rechtssache rechtlich beteiligten natürlichen oder juristischen Personen.[154] Partei ist nicht, wer an der Rechtsangelegenheit nur ein **tatsächliches Interesse** hat, wie z.B. der Gutachter, der um die Akzeptanz seiner sachverständigen Ausführungen besorgt ist, oder der Zeuge, der nur wissen will, ob seine Bekundungen zur Überzeugung des Gerichts geführt haben.[155] Ausreichend für die Parteistellung ist, dass die Person ein **rechtliches Anliegen** verfolgt.[156] Der Interessengegensatz ist keine Voraussetzung des Parteibegriffs.[157] 47

a) Im Prozess. Die **Parteien** müssen nicht **Prozessgegner** sein.[158] Sie müssen sich nicht kennen und auch nicht wissen, wer in derselben Rechtsangelegenheit widerstreitende Interessen vertritt.[159] Partei ist bereits, wer sich durch den Beistand nur beraten lässt.[160] Förmliche Verfahrensgegner im Prozess sind auch dann Parteien, wenn sie das Verfahren mit übereinstimmenden Anträgen betreiben (z.B. im Scheidungsverfahren) oder durch Vergleich beenden.[161] 48

149 BGHSt **12** 96, 98 f.; *Kuhlen* NK Rdn. 23; *Lackner/Kühl/Heger* Rdn. 6; *Schreiner* MK Rdn. 49.
150 *Hübner* LK[10] Rdn. 54; *Schreiner* MK Rdn. 49, ebenso bei der Wahrnehmung anderer, eigener Rechtsinteressen aus dem Mandatsverhältnis, etwa innerhalb eines Regressprozesses.
151 Vgl. BGHSt **45** 148 m. krit. Anm. *Dahs* NStZ **2000** 371 und *Brauns* JR **2000** 521.
152 BGHSt **12** 96, 98; **45** 148, 151 f.
153 Der BGH lässt offen, ob eine andere Beurteilung gerechtfertigt ist, wenn der Anwalt als Alleingesellschafter einer Ein-Mann-GmbH handelt. *Dahs*, NStZ **2000** 371 f., kritisiert die sehr formalen Kriterien bei der Bestimmung der Parteistellung und verlangt eine stärkere Berücksichtigung der anwaltlichen Eigeninteressen bei der Auslegung des Parteibegriffs. Wenn der Rechtsanwalt in einer parteiähnlichen Stellung, z.B. als Mitgesellschafter, quasi eine eigene Rechtssache führt, sei dies tatbestandsausschließend und könne auch das Vertrauen der Allgemeinheit in die Integrität der Anwaltschaft nicht beeinträchtigen.
154 BGHSt **52** 307, 309; BGHSt **45** 148, 152; *Baier* wistra **2001** 401, 404; *Kuhlen* NK Rdn. 24; *Fischer* Rdn. 4; *Schreiner* MK Rdn. 44; *Sahan/Höft* HK-GS Rdn. 6; *Deckenbrock* S. 83 ff.
155 Zur möglichen Parteistellung eines Zeugen vgl. auch *Gillmeister* NJW **2008** 2726, 2727.
156 *Baier* wistra **2001** 401, 404; *Hübner* LK[10] Rdn. 53; *Kuhlen* NK Rdn. 24; vgl. ausführlich *Prinz* S. 124 ff.
157 Vgl. *Kuhlen* NK Rdn. 24; *Prinz* S. 124; *Holz* S. 49 ff.; *Kretschmer* S. 149 ff.; *Beulke/Ruhmannseder* FS ARGE Strafrecht 265; **aA** RGSt **71** 114, 115; BGHSt **5** 284, 286; **5** 301, 304; *Rogall/Noltenius* SK Rdn. 23; *O. Geppert* Parteiverrat S. 38; vgl. auch *Hübner* LK[10] Rdn. 54.
158 *Lackner/Kühl/Heger* Rdn. 4; *Rogall/Noltenius* SK Rdn. 23; *Schreiner* MK Rdn. 44; *Sahan/Höft* HK-GS Rdn. 6.
159 RGSt **66** 320; **71** 115; *Sch/Schröder/Heine/Weißer* Rdn. 13.
160 *Pfeiffer* FS Koch 132.
161 *Hübner* LK[10] Rdn. 56.

Gesamtschuldner und **Gesamtgläubiger** sind jeweils Parteien mit übereinstimmenden Interessen, solange sie gemeinsam gegen den Gläubiger bzw. den Schuldner streiten. Sobald es im jeweiligen Innenverhältnis um Ausgleichsforderungen geht (z.B. §§ 421, 426, 428, 430 BGB), bestehen zwischen ihnen widerstreitende Interessen.[162] Für das Rechtsverhältnis unter Beteiligung eines **Bürgen** (§§ 765, 774 BGB) gilt folgendes: Der Anwalt des Gläubigers darf in einem Rückgriffsverfahren weder den in Anspruch genommenen Bürgen gegen den Hauptschuldner noch den Hauptschuldner gegen den Bürgen vertreten. Der Rechtsbeistand, der den Bürgen im Hauptprozess unterstützt, ist gehindert, den Bürgen im Rückgriffsverfahren gegen den Hauptschuldner zu vertreten, weil er zuvor die Begründetheit des Anspruchs gegenüber dem Gläubiger bestritten hat. Dagegen ist es unbedenklich, wenn sich der Hauptschuldner und der Bürge gegen die Inanspruchnahme durch den Gläubiger mit Unterstützung desselben Rechtsbeistands wehren.[163] (siehe auch Rdn. 59).

49 **Parteien** sind auch die zur **Haupt- oder Nebenintervention** Berechtigten, ohne dass es darauf ankommt, ob sie von ihrem Recht nach §§ 64, 66 ZPO Gebrauch machen.[164] Gleiches gilt für den **Streitverkündeten** gem. §§ 72 ff. ZPO und den **Vorkaufsberechtigten** bei der Auflassungsklage des Käufers gegen den Verkäufer.[165] Partei ist ferner der **Verletzte** im Strafverfahren,[166] wobei es nicht darauf ankommt, ob er selbst eine Strafanzeige erstattet oder einen Strafantrag gestellt,[167] ob er die öffentliche Klage nach § 172 StPO erzwungen hat oder ob das Verfahren von Amts wegen eingeleitet wurde.[168] Im Insolvenzverfahren sind die **Insolvenzbeteiligten** Parteien sowohl untereinander als auch gegenüber dem Gemeinschuldner bzw. dem Insolvenzverwalter.[169]

50 **b) In Strafverfahren.** Die **Mitbeschuldigten** einer Straftat sind **Parteien** i.S.v. § 356. Unerheblich ist, ob die Verfahren, die sich auf dieselbe prozessuale Tat (§ 264 StPO) beziehen, verfahrensrechtlich verbunden sind. Auch auf den jeweiligen Verfahrensstand kommt es nicht an. Parteien sind Beteiligte, die von den materiellrechtlichen oder verfahrensrechtlichen Folgen einer Rechtssache betroffen sind. Zum Parteibegriff gehört nicht, dass die Beteiligten in derselben Sache widerstreitende Interessen vertreten.[170] Eine Gegenmeinung verbindet den Parteibegriff mit einem rechtlichen **Interessengegensatz** zwischen den Beteiligten.[171] Zutreffend hat das OLG Stuttgart NStZ **1990** 542 entschieden, dass **Beschuldigte derselben Straftat** im Verhältnis zueinander Parteien sein können und die Frage des Interessengegensatzes davon unabhängig zu beurteilen ist.[172] Der BGH hat seine Rechtsprechung, dass zwischen Personen, die möglicherweise **an derselben Straftat beteiligt** sind, keine rechtlich geschützten Beziehungen bestehen, aufgegeben und die Tatbeteiligten als Parteien i.S.d. § 356 behandelt (BGHSt **52** 307, 310 f.).[173] Die früheren anders lautenden

---

162 Vgl. BGH NJW **2019** 1147; *Hübner* LK[10] Rdn. 61.

163 *Hübner* LK[10] Rdn. 63.

164 *Rogall/Noltenius* SK Rdn. 24.

165 Vgl. BGHSt **22** 157, 160, 162.

166 OLG Hamm NJW **1955** 803; *Schreiner* MK Rdn. 45; *Leipold* AnwK Rdn. 26.

167 BGHSt **5** 284, 286.

168 Vgl. BGHSt **3** 400, 401; **5** 284, 285 f.; *Kuhlen* NK Rdn. 25; *Prinz* S. 55 ff., 129 ff.; *Rogall/Noltenius* SK Rdn. 24; *Sch/Schröder/Heine/Weißer* Rdn. 13.

169 *Hübner* LK[10] Rdn. 55; zum Schuldner im Insolvenzverfahren BGHSt **7** 19.

170 Siehe dazu Rdn. 47.

171 Vgl. RGSt **71** 114, 115; BGHSt **5** 284, 286; **5** 301, 304; OLG Zweibrücken NStZ **1959** 35, 36; siehe dazu BGHSt **52** 309 f.

172 S.a. befürwortend die Anm. dazu von *K. Geppert* NStZ **1990** 542, 543 f.; im Ergebnis ebenso OLG Oldenburg NStZ **1989** 533 (für die Vertretung von Nebentätern einer fahrlässigen Körperverletzung); *Lackner/Kühl/Heger* Rdn. 5 (zur identischen Rechtssache); *O. Geppert* Parteiverrat S. 78 ff.; *Kuhlen* NK Rdn. 25, 26; *Maurach/Schroeder/Maiwald* II § 78 Rdn. 9; s.a. OLG Zweibrücken NStZ **1995** 35 f.; **aA** *Kretschmer* S. 205 ff.

173 Anm. zur Entscheidung *Gillmeister* NJW **2008** 2726 f.; *Bosch* JA **2008** 903 ff. Der Wandel in der Rspr. hatte sich bereits in BGH NStZ **1982**, 465 angedeutet. Hier hatte der 1. Strafsenat die nun aufgegebene Rechtsmeinung zur Begründung nicht mehr herangezogen. Vgl. insgesamt BVerfG BeckRS **2011** 52468.

Judikate beruhten auf der Erwägung, die Mitbeschuldigten hätten keine Parteistellung, weil sie keine *rechtlich* widerstreitenden Interessen verfolgten. Der Beschuldigte trete im Strafverfahren nur dem staatlichen Strafanspruch entgegen. Das bloß tatsächliche Interesse am Ausgang des Strafverfahrens genüge zur Begründung der Parteieigenschaft nicht.[174] Der BGH (a.a.O.) begründet nunmehr, die Frage einer Tatbeteiligung sei zwar „primär" eine solche der Tatsachenfestellung. Hieran seien jedoch unmittelbar *rechtliche* Konsequenzen zu knüpfen.[175] Die faktischen Interessengegensätze von Mitbeschuldigten, die zunächst auf tatsächlicher Ebene etwa in gegenseitigen Beschuldigungen bzw. der Relativierung eigener Tatanteile zu Lasten des anderen Mitbeschuldigten bestehen, sind geeignet, gegenläufige Rechtspositionen zu begründen.[176] Zudem ist eine klare Abgrenzung zwischen rechtlichen und ausschließlich tatsächlichen Interessen nicht durchführbar.[177] Allerdings hält der BGH an der Verbindung des Parteibegriffs mit dem Merkmal „widerstreitende Interessen" fest.[178]

Im **Strafprozess** sind die **Beschuldigten** und die durch die Tat (möglicherweise) **verletzten** 51
Personen Parteien,[179] auch wenn das Tatopfer weder als **Privat-** noch als **Nebenkläger** auftritt.[180]

Umstritten ist die Parteistellung des **Zeugen**. Der Zeuge hat keine Parteirolle im prozessualen 52
Sinne.[181] Der Parteibegriff des § 356 ist jedoch mit dem prozessrechtlichen nicht identisch. Die Befürworter der Parteienstellung des Zeugen[182] verweisen darauf, dass der Zeuge unabhängig von seinem Interesse am Ausgang des Verfahrens den Prozess in tatsächlicher und rechtlicher Hinsicht beeinflussen kann. Neben den Pflichten, vor Gericht zu erscheinen, wahrheitsgemäß auszusagen und seine Aussage zu beeiden, verfügt er über wesentliche prozessuale Einflussmöglichkeiten. Er entscheidet über die Inanspruchnahme seines Zeugnis-, Auskunfts- und Eidesverweigerungsrechts (z.B. angesichts der Gefahr einer Schadensersatzklage) und kann den Verfahrensausgang für den Beschuldigten wesentlich beeinflussen. Die Gegenmeinung[183] verneint für den „gewöhnlichen" Zeugen, der wahrheitsgemäß aussagt und nicht Verletzter ist, die Parteirolle, weil dieser Zeuge allenfalls ein tatsächliches Interesse am Ausgang des Rechtsstreits habe und nur mit seinen staatsbürgerlichen Pflichten am Verfahren beteiligt sei.[184]

Auch der **Anzeigeerstatter** im Strafverfahren ist Partei, soweit er die Anzeige als Zeuge 53
unterbreitet, auch wenn er keinen Strafantrag stellt. Dagegen bewirkt die Strafanzeige ohne jede tatsächliche oder rechtliche Betroffenheit für den Anzeigenden noch keine Parteistellung.[185]

Privatkläger (§ 374 ff. StPO) und **Nebenkläger** (§ 395 ff. StPO) sind ohne weiteres Partei. Das 54
gleiche gilt für Privatkläger im Verhältnis untereinander, weil sie in Ausübung ihrer Rechte voneinander unabhängig sind (§ 375 Abs. 1 StPO). Da widerstreitende Interessen für die Parteistellung nicht vorausgesetzt sind (vgl. Rdn. 47, 50), kommt es nicht darauf an, ob mehrere Privatkläger

---

174 Vgl. BGH 2 StR 198/1951 v. 16.12.1951, zitiert bei *Kalsbach* AnwBl. **1954** 187, 189, zuvor bereits RGSt **66**, 316, 320, 323; vgl. auch OLG Frankfurt NJW **1955** 880, *Rogall/Noltenius* SK Rdn. 24; *Sch/Schröder/Heine/Weißer* Rdn. 13; *Schmidt-Leichner* NJW **1959** 133.

175 BGHSt **52** 307, 311; vgl. bereits *Dahs* NStZ **1991**, 561, 663; *Schreiner.* MK Rdn. 45; zustimmend *Fischer* Rdn. 6.

176 Vgl. *Gillmeister* NJW **2008** 2726.

177 Hierzu *Schreiner* MK Rdn. 45: Die Unterscheidung sei „dogmatisch ohne Substanz".

178 BGHSt **52** 307, 311; zu den str. Rechtsmeinungen oben Rdn. 47.

179 BGHSt **52** 307, 309; BGHSt **3** 400; **5** 284, 285; ebenso bereits RGSt **49** 342, 344; siehe auch *Buchholz/Haupt/Kinzel* HRRS **2022** 18, 26 f.

180 RGSt **49** 342, 344; *Sch/Schröder/Heine/Weißer* Rdn. 13; *v. Briel* StraFo **1997** 71, 73; *Roesen* JW **1938** 649; *Rogall/Noltenius* SK Rdn. 24; *Fischer* Rdn. 6; *Schreiner* MK Rdn. 45; vgl. ausführlich *Prinz* S. 55 ff. m. zahlr. Fallvarianten.

181 Vgl. BVerfGE **38** 105, 114.

182 OLG Zweibrücken NStZ **1995** 35 (zum Alternativtäter-Zeugen) m. Anm. *Nibbeling* JR **1995** 479; vgl. dazu die Anm. *Dahs* NStZ **1995** 16 ff.; *Prinz* S. 136, 138; *Kretschmer* S. 216 f.; *Kuhlen* NK Rdn. 26; *Müssig* NStZ **2009** 421, 423 f., *Fischer* Rdn. 6; zur Parteieigenschaft eines meineidigen Zeugen im Verhältnis zu dem von der Aussage Beschuldigten vgl. BGHSt **5** 284; **5** 301; OLG Hamburg StV **2017** 184 („nicht völlig unbeteiligte Zeugen").

183 *Hübner* LK[10] Rdn. 67; auch *Dahs* NStZ **1995** 16 ff.

184 So *Dahs* NStZ **1991** 561, 562; *Schreiner.* MK Rdn. 45; *Gillmeister* NJW **2008** 2726 f.

185 Vgl. *Kretschmer* S. 224 f.

oder Nebenkläger in derselben Rechtssache unterschiedliche oder übereinstimmende Ziele verfolgen.[186]

55 Streitig wird beurteilt, ob die **Staatsanwaltschaft** Partei i.S.v. § 356 ist. Die Frage ist von praktischer Bedeutung, wenn der Verteidiger zum Nachteil seines Mandanten der Staatsanwaltschaft in die Hände arbeitet. Überwiegend wird die Parteistellung der Staatsanwaltschaft und der **Gerichte**[187] mit der Begründung abgelehnt, sie seien nicht mit entgegengesetzten eigenen Interessen an der Rechtssache beteiligt.[188] Dieser Auffassung begegnen Bedenken.[189] Die Verpflichtung der Staatsanwaltschaft zur Objektivität und zur Erforschung von belastenden und entlastenden Umständen (§ 160 Abs. 2 StPO) ist ein allgemeines rechtsstaatliches Gebot des fairen Verfahrens, das auch für andere Behörden gilt, die ohne weiteres „Partei" sind. Die Staatsanwaltschaft ist beauftragt aufzuklären, ob ein staatlicher Strafanspruch besteht und diesen gegebenenfalls bei Gericht durchzusetzen – regelmäßig gegen den Willen des Beschuldigten.[190] Die Verpflichtung zur Objektivität hindert die Staatsanwaltschaft nicht, kontroverse Sach- und Rechtspositionen zu allen anderen Verfahrensbeteiligten zu beziehen und wesentlich in deren Rechte einzugreifen. Die Strafprozessordnung selbst bezeichnet den Angeklagten und die Staatsanwaltschaft als Verfahrensgegner, vgl. §§ 308 Abs. 1, 311a, 335 Abs. 3, 347 Abs. 1 StPO. Eine fehlerhafte Sachbehandlung durch die Staatsanwaltschaft kann Schadensersatzansprüche nach § 839 BGB i.V.m. Art. 34 GG begründen (BGH StV **2004** 330).

56 Der Parteibegriff i.S.v. § 356 ist **nicht prozessual**, sondern **materiell** zu begreifen. Dazu genügt es, dass eine natürliche oder juristische Person, auch ein durch eine Behörde vertretenes Gemeinwesen (BayObLGSt **1972** 66) ein rechtliches Interesse verfolgt.[191] Daher ist die Staatsanwaltschaft auch in ihrer Funktion als Strafverfolgungsbehörde Partei i.S.v. § 356.[192] Aus der Parteistellung der Staatsanwaltschaft folgt, dass der Verteidiger z.B. anlässlich von **Verständigungen im Strafverfahren**[193] – wie bei zivilrechtlichen Vergleichsabschlüssen – Parteiverrat begehen kann. Zumeist wird es jedoch an der Voraussetzung des Dienens für die Staatsanwaltschaft fehlen. Der Verteidiger „dient" der Staatanwaltschaft nicht schon durch nachlässige oder ungeschickte Absprachen, die für den eigenen Mandanten günstiger hätten ausfallen können. Nur wenn der Anwalt die Belange der Staatsanwaltschaft vertritt, dient der Verteidiger der Strafverfolgungsbehörde.[194] Der Rechtsanwalt, der z.B. seinem Mandanten im Interesse der Staatsanwaltschaft entgegen der Rechtsprechung erklärt, nach einer Verfahrensabsprache sei das Urteil mit einem Rechtsmittel nicht mehr angreifbar, dient dem Verfahrensgegner. Gleiches gilt, wenn der Verteidiger erkannt hat, dass für seinen Mandanten Strafverfolgungsverjährung eingetreten ist und dieses Verfahrenshindernis nicht reklamiert, um die Versäumnisse eines Staatsanwalts nicht aufzudecken.

57 Die in umfangreichen Strafsachen mit mehreren Beschuldigten gelegentlich geführte **Sockelverteidigung** verstößt nicht gegen § 146 StPO[195] und muss auch unter dem Gesichtspunkt des Parteiverrats nicht bedenklich sein. Eine Sockelverteidigung liegt vor, wenn in einem Strafverfahren mit mehreren Beschuldigten Grundpositionen zu den Vorwürfen oder zum Verfahren unter Beachtung des individuellen Verteidigungsauftrags arbeitsteilig oder gemeinsam erarbeitet wer-

---

186 Zur Parteistellung des Privat- und Nebenklägers *Hübner* LK[10] Rdn. 57.

187 S. dazu *Kuhlen* NK Rdn. 27; *Dahs* NStZ **1991** 561 f.

188 *Weimar* S. 29; *Braun* AnwBl. **1998** 567, 575; *Kuhlen* NK Rdn. 27; *Dahs* NStZ **1991** 561 f.; *Schreiner* MK Rdn. 45; *Sch/Schröder/Heine/Weißer* Rdn. 13.

189 *Fischer* Rdn. 6; siehe auch *Matt/Renzikowski/Matt* Rdn. 28; *Prinz* S. 90 ff., 142 ff.

190 Ohne dass es auf den Interessenwiderstreit für den Parteibegriff ankommt, str., s. dazu Rdn. 47, 50.

191 Soweit BGHSt **15** 155, 159 („Die Staatsanwaltschaft ist im Verfahren nicht Partei") und OLG Stuttgart NJW **1974** 1394, 1395 die Parteienqualität der Staatsanwaltschaft verneinen, ist damit die prozessuale Stellung („im Verfahren") gemeint. Das Verfahren nach der StPO ist kein „Parteiprozess".

192 *Kretschmer* S. 243 f.; *Prinz* S. 90 ff., 142 ff.; s.a. *Hübner* LK[10] Rdn. 57.

193 Vgl. dazu allg. *Dahs* Handbuch S. 122 ff., 352 ff.; *Meyer-Goßner* StPO Einl. Rdn. 119 ff.

194 *Prinz* S. 145; *Kretschmer* S. 247; vgl. auch *Beulke* GA **2008** 346, 349; zur Finalität des Dienens vgl. Rdn. 34.

195 OLG Düsseldorf JR **2003** 346 m. Anm. *Beulke*; LG Frankfurt a.M. NStZ-RR **2008**, 205; *Fischer* Rdn. 6a.

den.[196] Diese Basisverteidigung kann sich auf die Sachverhaltsermittlung, die Erstattung oder Analyse von Gutachten, die Ausarbeitung von Schriftsätzen, die Lösung von Rechtsfragen etc. beziehen. Auch Absprachen über prozesstaktisches Verhalten, die Stellung von Beweisanträgen, der Austausch von Einlassungen der Beschuldigten etc. sind rechtlich grundsätzlich nicht bedenklich.[197] In dem Bemühen der Beteiligten, in verfahrensrechtlicher und materiellrechtlicher Hinsicht eine Interessenübereinstimmung zu erreichen, können Gefahren des Parteiverrats entstehen. Das Aufgeben einer für den eigenen Mandanten günstigen Rechtsposition zugunsten des „Sockels" kann einen **Dienst zugunsten einer anderen Partei** darstellen. Die Interessenkollision scheidet aus, wenn die Erarbeitung einer gemeinsamen Verteidigungsstrategie im Interesse des *eigenen* Mandanten liegt, selbst wenn zur Erreichung dieses Ziels auf die Durchsetzung einzelner, eigener Rechtspositionen verzichtet werden muss.[198] Die Grenze zum Parteiverrat wird überschritten, wenn der Rechtsbeistand des Beschuldigten die Interessen seines Mandanten denen der anderen Partei unterordnet und damit gezielt dem Prozessgegner dient. Unbedenklich sind gegenseitige Rücksichtnahmen im „Sockel", solange die Kompromisse im autonomen Interesse der eigenen Partei erreicht werden.[199]

c) In Haftpflichtverfahren. Bei der **Unfallregulierung** sind der **Kraftfahrzeughalter** und der **Kraftfahrzeugführer** Parteien, aber nicht notwendigerweise mit widerstreitenden Interessen. Der Rechtsbeistand ist nicht gehindert, den Kfz-Halter und den Fahrer gemeinsam zur Abwehr des gegen diese gesamtschuldnerisch erhobenen Schadensersatzanspruchs (gem. §§ 823, 831, 840 Abs. 1 BGB, §§ 7, 18 StVG) zu vertreten.[200] Sobald Halter und Fahrer im Innenverhältnis Ausgleichsansprüche verfolgen, entsteht eine Interessenkollision. Widerstreitende Interessen werden regelmäßig auch dann entstehen, wenn bei einem Verkehrsunfall der PKW des Fahrers bzw. Halters beschädigt und ein Beifahrer verletzt werden. Hier wird sich die Vertretung des Fahrers bzw. Halters und des Beifahrers durch denselben Rechtsbeistand verbieten, weil der geschädigte Beifahrer nicht nur Ansprüche gegen den Unfallgegner, sondern möglicherweise auch gegen seinen Fahrer hat.[201] Zur Streitfrage, ob derselbe Rechtsanwalt den Halter und Fahrzeugführer nach einem Verkehrsunfall im Straf- oder Ordnungswidrigkeitenverfahren verteidigen und gleichzeitig den geschädigten Beifahrer gegen die **Haftpflichtversicherung** vertreten kann,[202] siehe Rdn. 81. 58

d) Im Gesamtschuldverhältnis. Auch **Gesamtschuldner** und **Gesamtgläubiger** sind sowohl untereinander als auch gegenüber ihrem Gläubiger bzw. ihrem Schuldner **Parteien** i.S.v. § 356. Dies gilt auch, wenn die Gesamtschuldner oder Gesamtgläubiger gemeinsame Interessen verfolgen.[203] Ein Interessengegensatz entsteht, wenn bei der Vertretung mehrerer Gesamtgläubiger die Vollstreckungsaussichten des Erstmandanten durch die Übernahme **weiterer Gläubigermandate** wegen der begrenzten Leistungsfähigkeit des Schuldners gemindert werden. Entsprechendes gilt, wenn der Rechtsbeistand die Gesamtschuldner im Gesamtschuldnerausgleich gem. § 426 BGB vertritt. Das Merkmal „widerstreitende Interessen" ist jedoch kein Kriterium des Parteibegriffs 59

---

196 Vgl. *Dahs* Handbuch S. 48; *Schreiner.* MK Rdn. 72.

197 Vgl. zur Basis- oder Sockelverteidigung allg. *Pellhofer* Sockelverteidigung und Strafvereitelung (1999); *Richter* II NJW **1993** 2152; *Eckhart Müller* StV **2001** 649; s.a. OLG Düsseldorf JR **2003** 346; OLG Frankfurt NStZ **1981** 144.

198 Vgl. OLG Düsseldorf NJW **2002** 3267 m. Anm. *Beulke* JR **2003** 347; LG Frankfurt a.M. NStZ-RR **2008**, 205.

199 Zur Sockelverteidigung vgl. *Kretschmer* S. 226 f.; *Fischer* Rdn. 6a.

200 *Hübner* LK[10] Rdn. 62.

201 Vgl. dazu BayObLG JR **1996** 254 m. krit. Anm. *Ranft*; s.a. HansOLG Hamburg NJW-RR **2002** 63; ausf. *Höfle* ZfS **2002** 413; *Kretschmer* S. 271 f.; *Kääb* NZV **1961** 169; allg. zu Problemen des Parteiverrats bei Schadensregulierungen s.a. *Knebel* VersR **1972** 409 ff.

202 Vgl. dazu BayObLG NJW **1995** 606, *Müller* NStZ-RR **1998** 65; *Sch/Schröder/Heine/Weißer* Rdn. 12.

203 *Hübner* LK[10] Rdn. 61; *Kalsbach* S. 388.

(Rdn. 47, 50; zum Interessengegensatz bei Mandanten, die auf die Erlangung desselben Gegenstands oder derselben Rechtsposition gerichtet sind, vgl. Rdn. 68).

60 Der Rechtsbeistand, der eine Forderung für einen **Gläubiger** gegenüber mehreren Gesamtschuldnern einklagt, aber nur gegenüber einem Gesamtschuldner beitreibt, darf den Ausgleichsanspruch (§ 426 Abs. 2 BGB) des in Anspruch genommenen Gesamtschuldners nicht gegen die anderen Gesamtschuldner geltend machen. Mit diesem Mandat würde er in derselben Rechtssache die Interessen des früheren Verfahrensgegners wahrnehmen.[204] Der Rechtsbeistand darf aber auch die nicht in Anspruch genommenen Gesamtschuldner gegen den Ausgleichsanspruch des leistenden Gesamtschuldners nicht vertreten, weil es nahe liegt, dass sich der Rechtsbeistand damit in Widerspruch zu seiner Forderungsbegründung zugunsten des Gläubigers setzt.[205] Aus entsprechenden Gründen ist der Rechtsbeistand, der einen Gesamtschuldner gegen den Gläubiger vertreten hat, gehindert, nach Inanspruchnahme seines Mandanten für diesen den Ausgleichsanspruch gegen die anderen Gesamtschuldner durchzusetzen, weil er sich im Ausgangsverfahren gegen die Begründetheit der Forderung gewandt hat. Dieser Interessenwiderstreit gilt unabhängig davon, ob die weiteren Gesamtschuldner im Ausgangsverfahren bereits mitverklagt waren.[206]

61 Ist eine **Leistung** in der Weise **teilbar** (§ 420 BGB), dass sie ohne Wertminderung und ohne Beeinträchtigung des Leistungszwecks zerlegt werden kann, so ist jeder **Anteilsgläubiger** bzw. **Anteilsschuldner** Partei. Der Anwalt eines Anteilgläubigers darf auch nach Durchsetzung des Anspruchs keinen Schuldner vertreten – und entsprechend der Anwalt eines Anteilschuldners keinen Gläubiger –, weil in allen Fällen die gesamte Forderung bzw. Schuld im Streit ist, für oder gegen die der Rechtsbeistand zuvor gestritten hat. Dagegen darf der Rechtsbeistand eines Anteilsgläubigers weitere Anteilsgläubiger vertreten, wenn das anteilige Forderungsrecht des ursprünglichen Mandanten dadurch nicht beeinträchtigt wird.[207]

62 Für die Parteistellung kommt es nicht darauf an, ob der Interesseninhaber durch einen Rechtsbeistand vertreten wird.[208] Die Rechtssache muss dem Rechtsbeistand auch nur von einer Partei anvertraut sein.[209] Der Rechtsbeistand ist nicht Partei.[210] Die Verfolgung ***eigener*** **Interessen** gegenüber dem früheren Auftraggeber ist daher kein Parteiverrat (z.B. Klage auf Vergütung), vgl. Rdn. 46. Dem Rechtsbeistand ist es jedoch untersagt, neben den eigenen Interessen auch fremde zu vertreten, selbst wenn diese auf demselben Rechtsgrund beruhen wie die eigenen.[211]

63 **e) Materielle Parteieigenschaft.** Die Parteieigenschaft ist **inhaltlich** und nicht **mandatsbezogen** zu beurteilen. Entscheidend ist nicht, wer den Rechtsbeistand beauftragt hat, sondern in wessen Interesse er tätig sein soll.[212] Unerheblich ist, wer die Vergütung für die Beistandsleistung bezahlt. Regelmäßig wird der **Auftraggeber** zugleich **Partei** sein. Wenn die Eltern zur Verteidigung ihres Sohnes einen Rechtsanwalt mandatieren, ist grundsätzlich nur der Sohn Partei. Entsprechendes gilt, wenn ein Unternehmen Rechtsanwälte als **Zeugenbeistände** beauftragt und bezahlt, um ihren Firmenmitarbeitern Unterstützung zu gewähren. Auch wer einen Sachwalter zur Wahrnehmung fremder Rechtsinteressen bestellt, wird damit nicht ohne weiteres Partei. Denkbar ist, dass der **Verfahrensgegner** Auftraggeber wird,[213] wenn er z.B. aus Fairness oder bei

204 *Hübner* LK[10] Rdn. 62.
205 *Hübner* LK[10] Rdn. 62.
206 *Hübner* LK[10] Rdn. 62.
207 *Hübner* LK[10] Rdn. 65.
208 *Hübner* LK[10] Rdn. 66.
209 RGSt **71** 114 f.; BGHSt **20** 41; OLG Köln NStZ **1982** 382; OLG Zweibrücken wistra **1994** 311, 313; *Kuhlen* NK Rdn. 15; *Rogall/Noltenius* SK Rdn. 17.
210 BGHSt **45** 151; *Otto* BT § 98 Rdn. 34.
211 BGHSt **12** 96, 98; **45** 151 f.; *Rogall/Noltenius* SK Rdn. 31; *Sch/Schröder/Heine/Weißer* Rdn. 13; *Schreiner* MK Rdn. 49.
212 RGSt **71** 114, 115, 117; RG HRR **1936**, 580; *Hübner* LK[10] Rdn. 66.
213 BGHSt **5** 284 f., RGSt **71** 231, 235; OLG Düsseldorf NJW **1959** 1050; *Hübner* LK[10] Rdn. 66.

wirtschaftlichen Schwierigkeiten seines Kontrahenten an dessen sachkundiger Vertretung interessiert ist. Im Einzelfall wird der Rechtsbeistand sorgfältig prüfen müssen, ob der Auftraggeber nicht doch ein *rechtliches* Interesse an der Mandatsführung hat und damit selbst Partei ist. Ein Beschuldigter im Strafverfahren ist im Verhältnis zu den **Mitbeschuldigten** Partei, ohne dass es darauf ankommt, wer den Verteidiger des Mittäters beauftragt hat oder ihn bezahlt (vgl. dazu Rdn. 50).

Doppelparteistellungen sind möglich, wenn jemand aufgrund einer Bestellung berechtigt ist, ein fremdes Recht zu verfolgen. Dies gilt für die Parteien kraft Amtes wie Testamentsvollstrecker in Nachlassprozessen, Zwangsverwalter, Nachlassverwalter,[214] Insolvenzverwalter in Rechtsstreiten über die Insolvenzmasse[215] und in einigen Fällen der Prozessstandschaft. In diesen Fällen kann dieselbe Person in verschiedenen Rechtsbeziehungen jeweils Partei sein. 64

3. Rat und Beistand

Der Rechtsbeistand muss beiden Parteien durch Rat oder Beistand dienen. **Rat** ist die Empfehlung zu einem bestimmten Verhalten,[216] während **Beistand** die aktive Unterstützung bedeuten soll.[217] Der BGH (BGHSt 7 17, 19) bezieht den Rat auf das Innenverhältnis zwischen Anwalt und Mandant und den Beistand auf die Wahrnehmung der Parteiinteressen im Außenverhältnis. Die Abgrenzung der beiden Begriffe ist für die Tatbestandsmäßigkeit nach § 356 unerheblich.[218] Raterteilen und Beistandleisten sind Formen des **Dienens**, also der gezielten Förderung rechtlicher Interessen[219] (siehe Rdn. 34 ff.). Tatbestandsvoraussetzung ist, dass der Beauftragte mehreren Parteien mit **gegensätzlichen *Interessen***, jedoch nicht unbedingt mit **gegensätzlichen *Diensten*** (BGHSt **34** 190) Beistand leistet. Die Gegensätzlichkeit bezieht sich nicht auf die Art der Dienste sondern auf die Parteiinteressen.[220] So kann z.B. eine inhaltsgleiche Beratung zum Eintritt einer Anspruchsverjährung der einen Partei nützen und die andere Partei benachteiligen. 65

Der Anwalt **dient** noch nicht durch Rat oder Beistand, wenn er dem Auftraggeber die Bereitschaft erklärt, ein **Mandat** zu übernehmen.[221] Auch die **Mandatsannahme** genügt noch nicht.[222] Die **Entgegennahme von Informationen** zur Entscheidung über die Annahme eines Mandats liegt noch im Vorfeld der Beistandsleistung.[223] Die Mitteilung an das Gericht, die Verteidigung eines Beschuldigten übernommen zu haben, soll noch außerhalb des tatbestandlichen Dienens liegen.[224] Die Vorlage einer **Verteidigervollmacht** zu den Verfahrensakten beinhaltete dagegen schon ein Dienen, weil der Verteidiger dadurch gem. § 145a Abs. 1 StPO eine Zustellungsvollmacht erlangt und folglich Rechtswirkungen für seinen Mandanten auslöst. 66

Informationsbeschaffungen und Sachverhaltsaufklärungen im Rahmen eines Mandats erfüllen das Merkmal „dienen". Dabei kommt es nicht darauf an, ob der Rechtsbeistand die Informationen von seinem Mandanten, von Dritten, durch Akteneinsicht,[225] Registerauszüge etc. erhält.[226] 67

---

214 BGHZ **51** 125, 128 f.; EGH **16** 213.
215 BGHZ **51** 125, 128 f.; BGHSt 7 17, 18 f.; s.a. *Hübner* LK[10] Rdn. 66.
216 Vgl. BGH **14** 57; *Hübner* LK[10] Rdn. 36; *Pfeiffer* FS Koch 133.
217 *Kretschmer* S. 181; *Pfeiffer* FS Koch 133; *Hübner* LK[10] Rdn. 36; *Sahan/Höft* HK-GS Rdn. 8.
218 So auch *Schreiner* MK Rdn. 40.
219 *Kretschmer* S. 181.
220 *Hübner* LK[10] Rdn. 73.
221 OLG Köln StraFo **2002** 205 f.; *Sch/Schröder/Heine/Weißer* Rdn. 10; *Kuhlen* NK Rdn. 18.
222 *Kretschmer* S. 180.
223 RGSt **71** 231, 234; *Hübner* LK[10] Rdn. 71.
224 *Kretschmer* S. 180; zu weitgehend BGHSt 7 15, 20, wonach schon die Mitteilung an das Insolvenzgericht, die Gemeinschuldnerin zu vertreten, Dienen im Sinne von § 356 sei.
225 OLG Hamburg StV **2017** 184.
226 Zur Informationsaufnahme in einem Rechtsgespräch vgl. BGH NJW **1954** 482; s.a. EGH **2** 15, 17; *Kretschmer* S. 180; unklar *Münch* Praevarication S. 65, 187, aber auch S. 66.

Wenn der Anwalt den begrenzten Auftrag übernommen hat, lediglich **Akten anzufordern**, diese zu kopieren und dem Auftraggeber auszuhändigen, wird darin noch kein „Dienen“ durch Rat oder Beistand zu sehen sein. Dagegen liegt in der Auswertung der Akten ein Beistandleisten (vgl. Rdn. 34).

68 Der Rechtsanwalt ist gem. § 3 Abs. 1 BRAO „der berufene, unabhängige Berater und Vertreter in allen Rechtsangelegenheiten“ und dient durch **Raterteilung** und **Beistandsleistung**, z.B. durch **Auskünfte** über die Aussichten eines Rechtsstreits (RGSt **62** 289, 291f), durch Wahrnehmung von **Gerichtsterminen** (RGSt **58** 247; BGHSt **9** 341 ff.), durch Unterzeichnung von **Schriftsätzen**, auch wenn diese von einer anderen Person verfasst wurden (BGHSt **5** 301, 305), durch Erwirken und Vollstrecken von **Arrestbefehlen** (RGSt **62** 289, 294), durch Vertretungen in **Privat- und Nebenklageverfahren**, durch **Verteidigungen in Strafsachen** (BGHSt **3** 400, 401; **7** 261),[227] durch Hinweise auf **Strafantragsfristen** und Entwürfe von **Sühneanträgen** (BGH 5 StR 473/53 v. 26.1.1954, S. 5), durch Einsichtnahmen in Handelsregister oder Einziehen von **Erkundigungen** (EGH **15** 126, 127). Der Rechtsbeistand kann auch durch **Unterlassen** dienen[228] (s.a. oben Rdn. 33).

4. Pflichtwidrigkeit, Einverständnis

69 **Pflichtwidrig** handelt der Rechtsbeistand, wenn er mehreren Parteien in derselben Rechtssache mit **gegensätzlichen Interessen** dient.[229] Das Merkmal der Pflichtwidrigkeit ist **normatives Tatbestandsmerkmal**[230] (s. dazu Rdn. 72). Die Pflichtenstellung des Anwalts nach berufsrechtlichen Vorschriften und die tatbestandlichen Voraussetzungen des Parteiverrats sind nicht identisch. Die **berufsrechtlichen Vorschriften** gehen teilweise weiter, indem sie z.B. auch fahrlässige Verfehlungen sanktionieren (§ 113 Abs. 1 BRAO). Soweit § 43a Abs. 4 Satz 2 BRAO, § 3 Abs. 3 Satz 2 BORA[231] das Vertretungsverbot auch auf **Sozien** erstreckt,[232] stellt ein Verstoß gegen diese Vorschriften noch keinen Parteiverrat dar. Dagegen können gesetzliche Regelungen des Berufsrechts den Maßstab der Pflichtwidrigkeit in § 356 beschränken.[233] § 146 StPO ist keine spezielle Norm zum Parteiverrat. Die Möglichkeit einer **sukzessiven Verteidigung** mehrerer derselben Tat Beschuldigter nach § 146 StPO schränkt den Anwendungsbereich von § 356 nicht ein. § 146 StPO verbietet die zeitgleiche Verteidigung mehrerer Beschuldigter, ohne dass es auf einen Interessengegensatz der Mandanten ankommt. Dagegen erlaubt die Vorschrift die *sukzessive* Verteidigung mehrerer derselben Tat Beschuldigter, ohne das generelle Verbot des Parteiverrats zu relativieren.[234]

---

227 Zur Interessenvertretung in Strafsachen vgl. ausf. Rdn. 50 f.

228 S. dazu ausf. *Prinz* S. 35 ff.; *Kretschmer* S. 182 f.; *Schreiner* MK Rdn. 41.

229 Vgl. z.B. BGHSt **5** 301, 306; **15** 332, 334; *Prinz* S. 98 ff.; *Sch/Schröder/Heine/Weißer* Rdn. 16; *Kuhlen* NK Rdn. 39; *Lackner/Kühl/Heger* Rdn. 7; *Hübner* LK[10] Rdn. 79; *Rogall/Noltenius* SK Rdn. 34; *Sahan/Höft* HK-GS Rdn. 9; *Schreiner* MK Rdn. 53.

230 Heute h.M.: BGHSt **7** 261, 263; BGH NStZ **1992** 465, 466; OLG Karlsruhe NStZ-RR **1997** 236; *Mennicke* ZStW **112** (2000) 834, 858; *Kuhlen* NK Rdn. 39; *Rogall/Noltenius* SK Rdn. 34; *Sch/Schröder/Heine/Weißer* Rdn. 16; *K. Geppert* NStZ **1990** 542, 544; *Lackner/Kühl/Heger* Rdn. 7; *Prinz* S. 149; *Kretschmer* S. 186; *Baumann/Pfohl* JuS **1983** 24, 27; *Schreiner* MK Rdn. 53; *Sahan/Höft* HK-GS Rdn. 9 **aA** *O. Geppert* Parteiverrat S. 126; *Holz* S. 82; *Kalsbach* S. 390; *Welzel* Das deutsche Strafrecht S. 525; *ders.* JZ **1954** 277; *ders.* JZ **1955** 456, die den Interessengegensatz als Tatbestandsmerkmal und die Pflichtwidrigkeit als allg. Verbrechensmerkmal verstehen.

231 § 3 Abs. 2 BORA in der ursprünglichen Fassung vom 1.9.1999 ist durch BVerfG NJW **2003** 2520 für nichtig erklärt worden. Es gilt die Gesetzesfassung vom 1.6.2023.

232 Vgl. dazu *Eylmann* StraFo **1998** 145 ff.; *Kleine-Cosack* StraFo **1998** 149 ff.; *Henssler/Deckenbrock* NJW **2008** 1275; *Offermann-Burckart* ZEV **2007** 151, 152 f.; siehe Rdn. 58.

233 Vgl. *Lüderssen* StV **1998** 357: „Was Strafprozessordnung und Berufsrecht erlauben, kann nicht nach § 356 StGB verboten sein.“

234 Vgl. *Kuhlen* NK Rdn. 39 ff.; d.h. die nach § 146 StPO grds. zulässige *sukzessive* Mehrfachverteidigung ist bei Vorliegen eines Interessengegensatzes wegen § 356 StGB untersagt, vgl. *Fischer* Rdn. 6a.

Die **Pflichtwidrigkeit** des Dienens wird nicht dadurch ausgeschlossen, dass die Partei mit der Vertretung der Gegenpartei **einverstanden** ist.[235] Dies gilt auch, wenn das vorausgegangene Mandat beendet ist.[236] Das Schutzgut des § 356 (Rdn. 7) steht nicht zur Disposition der beteiligten Parteien, sodass das **Einverständnis** in die Pflichtwidrigkeit die Tatbestandsvoraussetzung nicht ausschließen kann.[237] Vom Einverständnis mit der Wahrnehmung widerstreitender Interessen zu unterscheiden ist die Beseitigung widerstreitender Interessen durch die beteiligten Parteien. Die Interessenautonomie gestattet den Mandanten, den Mandatsgegenstand so zu bestimmen und einzugrenzen, dass ein **Interessengegensatz ausgeschlossen** ist. So handelt der Rechtsbeistand nicht tatbestandsmäßig, wenn er auf Verlangen beider Parteien beiden einen Rat zur Vermeidung eines Rechtsstreits erteilt.[238] Entsprechendes gilt für die Tätigkeit als Mediator (vgl. dazu Rdn. 36), in der der Anwalt keine entgegengesetzten Interessen vertritt. In der übereinstimmenden Interessenwahrnehmung dient der Rechtsbeistand nicht pflichtwidrig. Dies gilt auch, wenn der Rechtsanwalt sich im Auftrag einer Partei um den Abschluss eines Vergleichs bemüht.[239] 70

5. Vertretung gegensätzlicher Interessen

Der Parteiverrat setzt die Vertretung gegensätzlicher Interessen voraus. **Interesse** i.S. des § 356 ist das Begehren, eine Rechtssache nach rechtlichen Grundsätzen zu beurteilen und ggf. die daraus folgenden Ansprüche durchzusetzen oder abzuwehren. Das Interesse kann **materieller** oder **immaterieller** Art sein.[240] Unerheblich ist, ob das Interesse **rechtlich geschützt** ist.[241] Die Klage eines Diebes gegen den Hehler auf Herausgabe des Diebesguts ist Interessenwahrnehmung i.S.d. Parteiverrats. Das Interesse konkretisiert sich im Mandat (zur Konkretisierung des Parteiinteresses vgl. Rdn. 75). In der Tatbestandsbeschreibung ist der Interessengegensatz nicht ausdrücklich genannt. Über die tatbestandliche Zuordnung des Interessengegensatzes bestehen unterschiedliche Auffassungen. Einer älteren Meinung[242] zufolge ist der Interessengegensatz den Tatbestandsmerkmalen „Rechtssache" und „Partei" immanent. Dieser Auffassung steht entgegen, dass eine Rechtssache dem Beistand auch von mehreren Parteien mit *übereinstimmenden* Interessen anvertraut werden kann (s. dazu Rdn. 77; zur objektiven und subjektiven Interessenbestimmung s. Rdn. 73). Heute besteht Einigkeit, dass der **Interessengegensatz** dem Tatbestandsmerkmal **„pflichtwidrig"** zuzuordnen ist.[243] 71

Umstritten ist, ob das Merkmal „pflichtwidrig" als **normatives Tatbestandsmerkmal** zu verstehen oder als **Blankettbegriff** offen geblieben ist. Nach der Rechtsprechung des Reichsgerichts[244] und den früheren Entscheidungen des Bundesgerichtshofs[245] wurde § 356 als **Blankettnorm** verstanden, in der das Merkmal „pflichtwidrig" durch die berufsrechtlichen Verbote, 72

---

235 RGSt **71** 253 f.; **72** 133, 139; BGHSt **4** 80, 82; **5** 287; **17** 306; **18** 192, 198; OLG Karlsruhe NJW **2002** 3562; *Sch/Schröder/Heine/Weißer* Rdn. 22; *Dahs* Handbuch S. 57; *Baumann/Pfohl* JuS **1983** 24, 27; *Fischer* Rdn. 7, 13; *Lackner/Kühl/Heger* Rdn. 9; *Hartl* S. 41 ff.; *Pfeiffer* FS Koch 132; *Rogall/Noltenius* SK Rdn. 43; *Sahan/Höft* HK-GS Rdn. 12; kritisch und einschränkend *Schreiner* MK Rdn. 55.

236 RGSt **66** 104.

237 Auch die Einwilligung als Rechtfertigungsgrund scheidet aus, s. dazu Rdn. 93.

238 RGSt **14** 364, 379; **71** 253; *Roesen* JW **1938** 650; *Rogall/Noltenius* SK Rdn. 40.

239 BGHSt **15** 332, 336.

240 OLG München NJW **1950** 239; *Hübner* LK[10] Rdn. 73.

241 *O. Geppert* Parteiverrat S. 79; *Hübner* LK[10] Rdn. 74: „Rechtssache (i.S.v. § 356) ist auch eine Unrechtssache". **AA** wohl BGH 2 StR 198/51 v. 16.12.1951, zit. bei *Kalsbach* S. 375: „keine vom Recht geschützten Beziehungen".

242 *Welzel* JZ **1954** 276; s.a. *O. Geppert* Parteiverrat S. 87.

243 BGHSt **5** 301, 306; **5** 284, 287 f.; *Hübner* LK[10] Rdn. 73; *Kuhlen* NK Rdn. 39; *Lackner/Kühl/Heger* Rdn. 7; *Sch/Schröder/Heine/Weißer* Rdn. 16; *Rogall/Noltenius* SK Rdn. 34; *Schreiner* MK Rdn. 53 ff.; *Mennicke* ZStW **112** (2000) 834, 857.

244 RGSt **23** 60, 67; **62** 155, 157; **62** 289, 295 f.; **72** 133, 139.

245 BGHSt **3** 400, 402; **5** 284, 287 f.; **5** 301, 306, 311.

widerstreitende Interessen zu vertreten, auszufüllen sei. Dieser Auffassung ist zu begegnen,[246] weil die Normen des Berufsrechts nur für Rechtsanwälte und einige andere Berufsgruppen gelten und nicht für die übrigen Rechtsbeistände. Demnach wären die Pflichtenmahnungen für Anwälte und die meisten anderen Rechtsbeistände unterschiedlich. Ferner ist nicht jedes nach berufsrechtlichen Maßstäben pflichtwidrige Verhalten tatbestandsmäßig i.S.v. § 356. Schließlich kann das Berufsrecht § 356 schon deshalb nicht einschränken, weil die Berufsnormen in wesentlichen Teilen **Satzungsrecht** sind. Nach der Satzungsregelung des § 3 Abs. 3 Satz 2 BORA gilt eine Sozietätserstreckung auch für individuell erteilte Mandate".[247] Aus einem Verstoß gegen das Verbot gemäß § 43a Abs. 4 Satz 2 BRAO bzw. § 3 Abs. 2 Satz 2 BORA, innerhalb einer Sozietät Parteien in derselben Rechtssache mit entgegengesetzten Interessen zu vertreten, folgt noch nicht zwingend ein Verstoß gegen § 356. Der Straftatbestand des § 356 ist enger gefasst. § 356 verlangt, dass der Rechtsanwalt den Parteien mit gegensätzlichen Interessen tatsächlich „dient".[248] Ferner ist die gleichzeitige Verteidigung mehrerer wegen derselben prozessualen Tat (§ 264 StPO) Beschuldigter durch denselben Verteidiger nach § 146 StPO untersagt, auch wenn eine Interessenkollision nicht besteht. Die sukzessive Verteidigung mehrerer Beschuldigter durch einen gemeinschaftlichen Verteidiger verbietet § 146 StPO nicht. Gleichwohl kann ein strafbarer Parteiverrat vorliegen, wenn der Rechtsanwalt sie nacheinander mit widerstreitenden Interessen verteidigt.[249] Da die berufsrechtlichen Verbote regelmäßig weiterreichen als die Sanktionsnorm des § 356,[250] hat das Merkmal „pflichtwidrig" keinen Blankettcharakter, das durch berufsrechtliche Normen zu konkretisieren wäre. Die Pflichtwidrigkeit ist ein **normatives Tatbestandsmerkmal**, das den Interessengegensatz beinhaltet.[251]

73 **a) Subjektiver oder objektiver Interessengegensatz.** Erst nach Klärung der Parteiinteressen kann beurteilt werden, ob diese im Widerstreit stehen. Umstritten ist, ob das **Parteiinteresse subjektiv**, d.h. nach der individuellen Zielsetzung des Mandanten, oder **objektiv**, also vom Parteiwillen unabhängig beurteilt werden muss.[252] Schon der Begriff „Interesse" spricht für eine subjektive Sicht. Den Vertretern der objektiven Beurteilung[253] ist entgegenzuhalten, dass besonders zu Beginn von beratungsintensiven Mandaten ein Parteiinteresse noch nicht objektivierbar ist. In vielen Fällen **ändert** sich das **Parteiinteresse** im Laufe des Mandats je nach Beurteilung der Erfolgsaussichten und mit der Dauer und den Kosten der Mandatsführung. Eine Partei, die ihren Rechtsbeistand z.B. mit der unbedingten Durchsetzung einer Forderung beauftragt hat und sich erst während des Rechtsstreits vergleichsbereit zeigt, bestimmt und wechselt ihre **Parteiinteres-**

---

246 *O. Geppert* MDR **1959** 161; ausf. *Hübner* LK[10] Rdn. 77 f., auch zum Wandel der Rechtsprechung; *Mennicke* ZStW **112** (2000) 834, 858; **aA** *Baier* wistra **2001** 401, 405.

247 Der ursprüngliche § 3 Abs. 2 BORA in der Fassung vom 1.9.1999 ist durch Entscheidung des BVerfG, NJW **2003** 2520, für nichtig erklärt worden; vgl. auch *Quaas* NJW **2008** 1697 zu widerstreitenden Interessen und Sternsozietät.

248 OLG Stuttgart NJW **1986** 948; *Kleine-Cosack* BRAO § 43a Rdn. 246; *ders.* StraFO **1998** 149 f.; *Henssler* NJW **2001** 1524; BGH NJW **1994** 2302; siehe auch Rdn. 55.

249 Vgl. dazu OLG Stuttgart NStZ **1990** 542 m. Anm. *K. Geppert*; OLG Zweibrücken NStZ **1995**, 36; *Dahs* Handbuch S. 56; siehe auch Rdn. 55.

250 Vgl. a. *Kretschmer* S. 86 f. Dagegen *Hübner* LK[10] Rdn. 78.

251 BGHSt **15** 332, 338; BGH GA **1961** 203; 205; *Sch/Schröder/Heine/Weißer* Rdn. 16; *Rogall/Noltenius* SK Rdn. 34; *Mennicke* ZStW **112** (2000) 834, 858; *Kuhlen* NK Rdn. 59; *Sahan/Höft* HK-GS Rdn. 9; *Leipold* AnwK Rdn. 31; zu den Unklarheiten in der früheren Rspr. des BGH vgl. *Jescheck* GA **1954** 322, 323.

252 Zum Meinungsstreit ausführlich *Schreiner* MüKo Rdn. 57 ff.; *Beulke/Ruhmannseder* FS ARGE Strafrecht 259, 267 ff. m.w.N.; *Henssler/Deckenbrock* NJW **2012** 3265; *Henssler* AnwBl. **2013** 668, 670 f.; vgl. auch LG Itzehohe NStZ-RR **2008** 170, 171 f. Zur subjektiven Bestimmung des Parteiinteresses siehe jetzt deutlich BGH NJW **2019** 316 ff. m.w.N.

253 OLG Zweibrücken NStZ **1995** 35 m. krit. Anm. *Dahs* NStZ **1995** 16 f.; *Nibbeling* JR **1995** 479, 481; *K. Geppert* NStZ **1990** 542: Interessenbeurteilung „aus der Perspektive eines neutralen Beobachters"; *Lackner/Kühl/Heger* Rdn. 7; *O. Geppert* Parteiverrat S. 94; *Gutmann* AnwBl. **1963** 90; differenzierend *Sch/Schröder/Heine/Weißer* Rdn. 17; *Maurach/Schroeder/Maiwald* II § 78 Rdn. 11.

sen autonom. Zu Mandatsbeginn hätte der Rechtsbeistand pflichtwidrig gehandelt, wenn er dem Gegner die Vergleichsbereitschaft angedeutet hätte. Nach Änderung des Verfahrensziels (Vergleich) muss er ihm die Vergleichsbereitschaft mitteilen. Nichts anderes gilt in **Strafsachen**. Der Gegenmeinung[254] ist zuzugeben, dass die Staatsanwaltschaft über die Interessenlage nicht disponieren kann, weil ihr nach dem gesetzlichen Auftrag die Strafverfolgung obliegt. Der Beschuldigte hat jedoch die Möglichkeit, seine Interessenlage zu definieren und das Mandat darauf einzurichten. Er kann sein Verteidigungsziel Freispruch aufgeben, um nach einem Geständnis vielleicht noch eine Verfahrenseinstellung gegen Auflage (§ 153a StPO) oder eine Erledigung im Strafbefehlsverfahren (§§ 407 ff. StPO) zu erreichen. Die subjektive Interessenbestimmung des Mandanten kann auch dem Rat des Beistands zuwiderlaufen, der z.B. weiterhin eine Freispruchschance sieht. Die **subjektive Bestimmung** entspricht der Dispositionsfreiheit über den Mandatsgegenstand. Nur der Auftraggeber entscheidet, welche Interessen er seinem Rechtsbeistand anvertrauen will und mit welchem Ziel seine rechtlichen Belange verfolgt werden sollen. Die Wahrnehmung seiner Interessen kann gegen die einer anderen Partei aber auch von vornherein auf Vermeidung eines Interessengegensatzes gerichtet sein (z.B. Mediation). Seine Interessenautonomie ist nicht zu relativieren. Unerheblich ist, ob die Wahrnehmung vernünftig, „in wohl verstandenem Interesse", realisierbar oder rechtswidrig ist. Der Mandant kann sein Interesse nicht nur **materiell**, sondern auch in **prozessrechtlicher Hinsicht** bestimmen, indem er z.B. verlangt, bestimmte Zeugen nicht zu benennen, ein naheliegendes Gutachten nicht zu beantragen oder (nur) einen bestimmten Rechtsweg zu beschreiten.

Für eine objektivierende Beurteilung der Parteiinteressen spricht auch nicht der **Normzweck** 74
des § 356.[255] Denn wenn (nach BGHSt **15** 336) das Vertrauen der Allgemeinheit in die Berufstreue des Anwalts geschützt werden soll, muss zunächst festgestellt werden, welche individuellen Interessen der Rechtsbeistand wahrzunehmen hat. Ein Interesse, das die Partei nicht verfolgen will, kann der Rechtsbeistand nicht verraten. Das **Parteiinteresse** ist **nicht objektivierbar** und kann nur subjektiv bestimmt werden.[256]

Bei Mandatsbeginn haben viele Auftraggeber noch keine klare Vorstellung vom Ziel ihrer 75
Interessen. Das Parteiinteresse ist nur erst angedeutet, noch nicht definiert, und soll erst nach Sachverhaltsfeststellungen und Beratungen ermittelt werden. Der **Rechtsbeistand konkretisiert** das **Parteiinteresse** gemeinsam mit dem Mandanten oder empfiehlt eine **Interessenänderung** im Laufe des Mandats. Schon diese Einflussnahme auf den eigenen Mandanten kann parteiverräterisch sein, wenn der Beistand dadurch den Interessen des Gegners dient, seine Beratung und Empfehlung also darauf **abzielen**,[257] das Interesse seines Auftraggebers dem der anderen Partei unterzuordnen. Dies kann dadurch geschehen, dass er den eigenen Mandanten unvollständig oder gezielt fehlerhaft berät, ihn über die Verfahrensaussichten täuscht oder den Verfahrensgegenstand im Interesse des Gegners begrenzt (zum Dienen s.o. Rdn. 34 f.). Kein Parteiverrat liegt insoweit vor, wenn der Mandant nach redlicher Beratung eine autonome Entscheidung über seine Interessen und deren Wahrnehmung treffen kann.[258]

---

254 BGHSt **5** 284; OLG Karlsruhe StV **2003** 340 f.; OLG Zweibrücken NStZ **1995** 35; s.a. *Sch/Schröder/Heine/Weißer* Rdn. 18; *Mennicke* ZStW **112** (2000) 834, 860.

255 So aber *K. Geppert* NStZ **1990** 542, 544.

256 BGH NJW **2019** 316 m. Anm. *Deckenbrock*; BGH BeckRS **2010** 4533; BGHSt **5** 301; BGH NStZ **1982** 465 f.; OLG Hamm BeckRS **2015** 5322; LG Itzehoe NStZ-RR **2008**, 170; *Münch* Praevarication S. 115 ff.; *Lampe* S. 86; vgl. auch *Prinz* S. 114 ff., 152 ff.; *Kretschmer* S. 188 ff.; *Beulke/Ruhmannseder* FS ARGE Strafrecht 259, 271; *Hirtz* NJW **2019** 2265; *Deckenbrock* S. 99 f.; *ders.* NJW **2019** 318; *Dahs* NStZ **1991** 561, 564 f.; *Schreiner* MK Rdn. 60, mit dem Parameter der „Anforderungen an die Rollenkonstanz"; *Ranft* JR **1996** 256 f.; *Schlosser* NJW **2002** 1376, 1378; vgl. auch *Sahan/Höft* HK-GS Rdn. 9, wonach der Verstoß gegen die verobjektivierte Interessenlage die Pflichtwidrigkeit indiziert. Relativierend auch LG Itzehohe NStZ-RR **2008** 170, 172, wonach die subjektive Interessenbestimmung dort ihre Grenze finde, wo sich die Rechtsposition für den Mandanten „ausschließlich nachteilig auswirkt".

257 Zur Finalität des Dienens s. Rdn. 34.

258 Vgl. *Dahs* NStZ **1990** 561, 565; *Schreiner* MK Rdn. 63; *Sahan/Höft* HK-GS Rdn. 9; *Kretschmer* S. 192.

76 **b) Bestimmung des Interesses.** Von der objektiven bzw. subjektiven Interessenbestimmung (Rdn. 73, 75) ist die Frage zu unterscheiden, ob der **Interessengegensatz materiell** bestehen muss oder ob die **formelle Prozessgegnerschaft** genügt. Regelmäßig wird bei einer formellen Verfahrensgegnerschaft auch ein inhaltlicher Interessengegensatz vorhanden sein. Dies muss jedoch nicht stets der Fall sein.[259] In **Scheidungsverfahren**, in denen der Antragsgegner dem Scheidungsantrag nicht entgegentritt oder ihm zustimmt (§ 134 Abs. 1 FamFG i.V.m. § 1566 Abs. 1 2. Alt. BGB) besteht trotz selbständiger Parteistellung zwischen den Ehepartnern kein Interessengegensatz.[260] Nach einer einverständlichen Scheidung können die Parteien auch in den Folgesachen gem. § 133 Abs. 1 Nr. 2 FamFG Einigungen erzielen, sodass ein Interessenwiderstreit nicht auftritt[261] (siehe auch Rdn. 79).

77 **c) Interessenausgleich.** Ein Rechtsbeistand, der im Rahmen seines Mandats darum bemüht ist, mit dem Gegner einen Interessenausgleich herbeizuführen, handelt nicht tatbestandsmäßig, solange er nicht widerstreitende Interessen vertritt. Dabei ist unerheblich, ob er dieses Ziel außergerichtlich oder erst im Prozess verfolgt.[262] Davon zu unterscheiden ist der **gemeinschaftliche Auftrag** mehrerer Parteien, derselbe Rechtsbeistand möge zwischen ihnen einen **Interessenausgleich** herbeiführen. In diesem Fall bestehen zunächst widerstreitende Interessen zwischen den Auftraggebern, die der Beistand jedoch *nicht gegeneinander* durchsetzen soll. Der Rechtsbeistand handelt insoweit nicht interessengegensätzlich, weil das Mandat **beschränkt** definiert ist. Der BGH (BGHSt **15** 333, 335 f.) verneint die Pflichtwidrigkeit der Doppelvertretung in den Ausnahmefällen, in denen das **Einverständnis** der Parteien „die Gegensätzlichkeit der beiderseitigen Interessen völlig aufhebt, also die Wirkung hat, dass die für die Gegenpartei entwickelte Tätigkeit in keiner Beziehung mehr gegen die Belange gerichtet ist, deren Wahrnehmung der erste Auftraggeber dem Rechtsanwalt anvertraut hatte“. Unter dieser Voraussetzung fehlt es an der Wahrnehmung widerstreitender Interessen.[263]

78 **aa) In der Mediation.** Als **Vermittler, Schlichter** oder **Mediator** leistet der Rechtsanwalt berufstypische Tätigkeiten und unterliegt insoweit den Regeln des Berufsrechts (§ 18 BORA). Bei der Streitschlichtung ist festzustellen, ob der Rechtsanwalt den Auftrag hat, die Interessen seines Mandanten gegen die einer anderen Partei möglichst weitgehend durchzusetzen oder ob er von allen beteiligten Parteien zu einer gütlichen Ausgleichstätigkeit mandatiert ist, in der der Rechtsbeistand keine Interessengegensätze vertritt. Nur in dieser Sondersituation ist die Wahrnehmung widerstreitender Interessen ausgeschlossen. Ein formalisiertes Verfahren der einverständlichen Streitbeilegung ist die **Mediation.** In der Mediation bleibt die Einigung in den Händen der eigenverantwortlichen Verhandlungspartner. Der Mediator ist kein Vertreter von Parteiinteressen, sondern zur Objektivität, Neutralität und Unvoreingenommenheit verpflichtet. Er hat keine Konfliktentscheidungsbefugnis[264] (vgl. Rdn. 36). Der Mediator dient einer außergerichtlichen konsensualen Konfliktregelung durch Vermittlung. Die Parteien erwarten vom Mediator keine einseitige Interessenwahrung.

---

259 Vgl. z.B. *Hübner* LK[10] Rdn. 92 ff. m.w.N.

260 Zutreffend BayObLG JZ **1981** 318, 319; *Baumann/Pfohl* JuS **1983** 24, 28; *Kuhlen* NK Rdn. 47; s.a. *Molketin* AnwBl. **1982** 12, 14; umfassend *Zürbig* S. 50 ff.; zu den Statussachen gem. §§ 606 ff. ZPO vgl. ausf. *Erb* NJW **2003** 730 ff.

261 Vgl. BGB BGHR § 356 Abs. 1 – Rechtssache 1; BayObLG JZ **1981** 319; OLG Karlsruhe NJW **2002** 3563; *Baier* wistra **2001** 406; ausführlich auch *Schreiner* MK Rdn. 66.

262 *Hübner* LK[10] Rdn. 85; *Kuhlen* NK Rdn. 50; *Lackner/Kühl/Heger* Rdn. 7; *Sch/Schröder/Heine/Weißer* Rdn. 20.

263 S. ferner RGSt **15** 364, 379 f.; OLG Karlsruhe StV **2003** 340 ff.; LG Hamburg AnwBl. **1980** 120, 121; *Baier* wistra **2001** 401, 405 f.; *K. Geppert* JK **80** StGB § 356/1; *Meyer* AnwBl. **2000** 80, 82; *Kuhlen* NK Rdn. 50; *Schreiner* MK Rdn. 77; *Fischer* Rdn. 7; *Henssler* AnwBl. **1997** 129, 130; *Mennicke* ZStW **112** (2000) 834, 862; *Kretschmer* S. 227 f.

264 Vgl. *Eisele* Jura **2003** 656, 660; *Henssler* AnwBl. **1997** 129 f.; s.a. *Haft/Schlieffen/Kracht* S. 79.

bb) In Ehesachen. Nachdem in den **Ehescheidungssachen** das Schuldprinzip durch das Zerrüttungsprinzip ersetzt ist, steht es den Ehegatten weitgehend frei, die Voraussetzungen einer Ehescheidung **einvernehmlich** herbeizuführen. Neben dem übereinstimmenden Scheidungsantrag kann auch eine Einigung über die notwendigen Folgesachen i.S.v. § 133 Abs. 1 Nr. 2 FamFG erzielt werden (vgl. BayObLG NJW **1981** 833 zu § 630 Abs. 1 Nr. 2, 3 ZPO a.F.). Häufig werden die scheidungswilligen Ehepartner bezüglich der Scheidung und der **Folgesachen** nur von *einem* Rechtsanwalt beraten, der anschließend im gerichtlichen Scheidungsverfahren die anwaltliche Vertretung (nur) eines Ehepartners übernimmt, während der andere Partner vor Gericht ohne Anwalt erscheint. Wenn der Rechtsanwalt nur einen Ehepartner berät und vertritt und der andere an den Beratungsgesprächen lediglich teilnimmt, um anschließend zu entscheiden, ob und zu welchen Bedingungen er zustimmen will, bestehen keine Bedenken, weil der Rechtsbeistand dem anderen Ehepartner nicht dient. Streitig ist, ob eine auf Interessenausgleich gerichtete Beratung beider Parteien durch denselben Rechtsanwalt erfolgen darf.[265] Die Meinung, nach der das Allgemeininteresse an der Eheerhaltung auch für die scheidungswilligen Ehepartner einen Interessengegensatz begründe, überzeugt nicht und steht im Widerspruch zu §§ 134 Abs. 1 FamFG, der die einverständliche Scheidung voraussetzt. Ob in den familienrechtlichen Folgesachen ausnahmsweise Interessengegensätze nicht bestehen, sodass derselbe Anwalt für beide Ehepartner eine unparteiische Vereinbarung erzielen kann, hängt vom Einzelfall ab. Nach BayObLG (NJW **1981** 832 f.) kann auch in den Folgesachen der Interessengegensatz zwischen den Ehepartnern ausgeräumt sein.[266] In ***gerichtlichen Terminen*** ist dem allein beauftragten Rechtsanwalt das Auftreten für beide Parteien auch bei übereinstimmender Interessen untersagt.[267] Bei einverständlicher Scheidung ist der zustimmende Ehegatte nach Maßgabe des § 134 Abs. 1 FamFG i.V.m. § 78 Abs. 3 ZPO vom Anwaltszwang befreit. In Ehescheidungsverfahren ist zu bedenken, dass der ursprüngliche **Scheidungskonsens** im Laufe des Prozesses zerstört werden kann. Die Zustimmung zur Scheidung kann bis zum Schluss der mündlichen Verhandlung, auf die das Urteil ergeht, widerrufen werden (§ 134 Abs. 2 Satz 1 FamFG). Auch die übereinstimmenden Vorschläge zur Regelung der elterlichen Sorge und des Umgangsrechts kann jeder Ehegatte widerrufen.[268] Die Gefahr, dass zwischen den scheidungswilligen Parteien besonders in den Folgesachen widerstreitende Interessen deutlich werden, ist evident. Der Rechtsanwalt wird deshalb leicht in die Gefahr kommen, interessengegensätzliche Dienste zu leisten.[269] Nach Beendigung der **Mediation** in einer Ehescheidungssache ist es dem Anwalt im anschließenden Scheidungsverfahren untersagt, einen Ehepartner als Partei zu vertreten.[270] 79

265 Befürwortend BayObLG JZ **1981** 319; *Baumann/Pfohl* JuS **1983** 24 ff.; *Sch/Schröder//Heine/Weißer* Rdn. 19; *Schreiner* MK Rdn. 66; *Fischer* Rdn. 12; **aA** *Hübner* LK[10] Rdn. 83: „Das Allgemeininteresse zwingt den Parteien … den Interessenwiderstreit auf."; vgl. auch *Lackner/Kühl/Heger* Rdn. 7.

266 Zur fallbezogenen Beurteilung bei Zugewinnausgleichsverfahren und Kindesunterhaltsansprüchen vgl. BGH NJW **2012** 3039; siehe auch OLG München StV **2011** 401; zum Interessenwiderstreit bei Vertretung einer Erbengemeinschaft und eines der Erben aus der Gemeinschaft vgl. AGH Hamm Urt. v. 9.10.2009 – 2 AGH 10/09 (juris); zur Beratung des Erblassers bei einer Testamentserrichtung und der Vertretung eines Erben im Streit wegen einer testamentarischen Verfügung vgl. OLG Karlsruhe ZEV **2014** 378.

267 *Aigner* S. 101; *Baumann/Pfohl* JuS **1983** 24, 28; *Hübner* JR **1981** 430 ff.

268 Vgl. OLG Zweibrücken FamRZ **1986** 1038 m.w.N.; OLG Hamm FamRZ **1989** 654, 656.

269 Der latente Interessenwiderstreit im Ehescheidungsprozess war auch Gegenstand der Diskussion in der Großen Strafrechtskommission bei der Erörterung des Parteiverrats, vgl. *Lange* in: Niederschriften über die Sitzungen der Großen Strafrechtskommission, 8. Bd., Besonderer Teil (1959) S. 118, *Bockelmann* S. 130, *Jescheck* S. 132; zu den Gefahren einer Interessenkollision in Scheidungssachen siehe *Schulz* AnwBl. **2009** 743 ff.

270 OLG Karlsruhe NJW **2002** 3561, 3564; OLG Karlsruhe NJW **2001** 3197 f.; s.a. *Mennicke* ZStW **112** (2000) 834, 862; *Schreiner* MK Rdn. 66; **aA** *Kretschmer* S. 238, der die nachträgliche einseitige Interessenvertretung gestattet, weil der Anwalt zuvor nur als unparteiischer Mittler aufgetreten sei.

80 **cc) In Haftpflichtsachen.** In **Haftpflichtsachen** stellen sich Probleme, die in die Gefahr eines Parteiverrats führen können. Erteilt eine **Haftpflichtversicherung** einem Rechtsanwalt den Auftrag, nur ihren beklagten Versicherungsnehmer zu vertreten, so sind die Versicherung und der Versicherte jeweils Partei.[271] Dazu ist nicht erforderlich, dass die Versicherung als Prozessbeteiligte agiert, weil der Parteibegriff sachbezogen und nicht verfahrensbezogen bestimmt wird (vgl. dazu Rdn. 76). Versicherung und Versicherungsnehmer sind an derselben Rechtssache mit teilweise gegensätzlichen Interessen sachlich beteiligt. Erweist sich, dass der Versicherungsnehmer eine Obliegenheit verletzt hat, die die Versicherung von der Leistungspflicht befreit (§§ 6, 62 Abs. 2, 158b VVG ff., § 3 PflVG.), so sind folgende Konstellationen zu beurteilen: Verschweigt der Anwalt seine Kenntnis von der **Obliegenheitsverletzung** gegenüber der Versicherung, um dem Versicherungsnehmer den Versicherungsschutz zu retten, so dient der Rechtsbeistand widerstreitenden Interessen. Teilt dagegen der Rechtsbeistand die vom Kläger behauptete Obliegenheitsverletzung der Versicherung und dem Versicherungsnehmer lediglich mit, so „dient" der Beistand damit noch nicht widerstreitenden Interessen, obwohl das Bekanntwerden der Obliegenheitsverletzung für die Versicherung vorteilhaft und für den Versicherungsnehmer nachteilig ist. **Dienen** i.S.v. § 356 liegt nur vor, wenn der Beistand auf einen Erfolg zielt[272] (s. ausf. Rdn. 41). Bei der bloßen Weitergabe der Klägerinformationen fehlt es im Übrigen an einem **Interessengegensatz**, wenn sich die Versicherung und der Versicherungsnehmer darauf geeinigt haben, alle Informationen aus dem Rechtsstreit auszutauschen.[273]

81 Streitig beurteilt wird der Fall, in dem ein Rechtsanwalt den Halter und Führer eines KfZ gegen den Vorwurf einer fahrlässigen Körperverletzung zum Nachteil seiner Beifahrerin verteidigt und zugleich auf Bitten des KfZ-Führers die Ansprüche der Beifahrerin gegen seine Haftpflichtversicherung geltend macht. Das BayObLG, NJW **1995** 606 f., hat **widerstreitende Interessen** zwischen dem Fahrzeugführer und der Beifahrerin bejaht,[274] unabhängig davon, dass die Ansprüche der Geschädigten nur gegen die **Haftpflichtversicherung** (§ 3 Nr. 1 PflVG a.F., jetzt § 115 Abs. 1 Satz 1 Nr. 1 VVG) und nicht gegen den KfZ-Führer geltend gemacht wurden. Schädiger und Haftpflichtversicherer seien obligatorische Gesamtschuldner gem. § 3 Nr. 2 PflVG a.F., die schon deshalb gemeinsame Interessen *gegen* die Gläubigerin hätten (BayObLG a.a.O., S. 607). Das Urteil ist auf Kritik gestoßen.[275] Die Begründung des Interessengegensatzes zwischen dem KfZ-Führer und der Beifahrerin über die Gesamtschuldnerschaft zwischen Fahrzeugführer und Haftpflichtversicherung trägt nicht. Denn auch in einem **Gesamtschuldverhältnis** sind die Interessen der Parteien subjektiv zu bestimmen. Der Rechtsbeistand ist ohne weiteres berechtigt, mehrere Gesamtschuldner gemeinsam gegen die Inanspruchnahme durch den Gläubiger zu vertreten, obwohl im Innenverhältnis der Gesamtschuldner wegen der Ausgleichsansprüche gem. § 426 Abs. 1 BGB ein Interessenkonflikt entstehen kann. Die übereinstimmende Mandatsbegrenzung aller Gesamtschuldner auf Abwehr der Forderung gegenüber dem Gläubiger vermeidet einen Interessengegensatz. Im **Einzelfall** ist jedoch zu prüfen, ob zwischen den Interessen des KfZ-Führers im Rahmen seiner Verteidigung und dem Anliegen der Beifahrerin, möglichst weitreichende Entschädigung zu erhalten, nicht *unmittelbar* ein Interessengegensatz besteht. Ein solcher Konflikt ist evident, wenn der KfZ-Führer seine Fahrereigenschaft bestreitet oder z.B. aus Gründen der Strafzumessung vorträgt, die Verletzungen der Beifahrerin seien geringer oder wegen einer Obliegenheitspflichtverletzung teilweise von ihr selbst zu vertreten.[276] Die Einwilligung des KfZ-Führers

---

271 *Hübner* LK[10] Rdn. 66, 88; *Kretschmer* S. 267; **aA** *Gerhardt* NJW **1970** 313: nur Versicherung; s.a. *Bauer* NJW **1970** 1030 f.

272 BGHSt 7 17, 19; OLG Karlsruhe NJW **2002** 3561 f.; *Kuhlen* NK Rdn. 18, 19; *Hübner* LK[10] Rdn. 36.

273 Zur Verpflichtung des Versicherungsnehmers, dem vom Versicherer bestellten Anwalt jede verlangte Auskunft zu erteilen, vgl. § 7 Abs. 2 Ziff. 5 AKB.

274 Befürwortend *Kuhlen* NK Rdn. 48; *Baier* wistra **2001** 401, 406; *Krekeler* FS Hamm 339, 349.

275 *Ranft* JR **1996** 254, 256; *Schäfer* AnwBl. **1996** 100 ff.; *Erb* S. 255 ff.; s.a. *Prinz* S. 166 ff.

276 Zu einer differenzierenden Sicht s.a. *Prinz* S. 166 ff.

in die Wahrnehmung der widerstreitenden Interessen ist weder tatbestandsausschließend noch rechtfertigend (vgl. Rdn. 70, 111).

dd) Bei Einverständnis. Der Ausgleich eines **Interessengegensatzes** ist von dem **Einverständnis** in die Wahrnehmung gegnerischen Interessen zu unterscheiden. Durch die weitgehende Autonomie des Auftraggebers, seine Mandatsinteressen zu definieren, kann er den **Mandatsgegenstand so begrenzen**, dass widerstreitende Interessen von der Mandatserledigung nicht betroffen sind. Die Interessengegner können einen Rechtsbeistand auch als **Schlichter** oder **Mediator** beauftragen, sodass der Mandatar nicht widerstreitende, sondern **gleichgerichtete Interessen der Auftraggeber** wahrzunehmen hat. Das **Einverständnis** eines Auftraggebers, sein Rechtsbeistand dürfe auch die *widerstreitenden* Interessen des Gegners vertreten, beseitigt den Interessengegensatz und damit die Pflichtwidrigkeit der Beistandsleistung nicht.[277] Das Einverständnis in die Vertretung widerstreitender Interessen ist unbeachtlich, weil § 356 kein Untreuedelikt ist. Das Vertrauen in die zuverlässige und unabhängige Interessenwahrnehmung durch Rechtsbeistände ist als überindividuelles Rechtsgut für die Parteien nicht disponibel. (Zur Irrtumsproblematik siehe Rdn. 113 ff., zur Einwilligung als Rechtfertigungsgrund siehe Rdn. 111). 82

ee) In Schlichtungsverfahren. In ähnlicher Funktion wie **Mediatoren** sind Rechtsanwälte als Schlichtungspersonen bei **Gütestellen**.[278] Die Gütestellen werden zur obligatorischen **außergerichtlichen Streitschlichtung** z.B. bei vermögensrechtlichen Streitigkeiten über Ansprüche mit geringem Wert, bei Streitigkeiten über Nachbarrechte und Persönlichkeitsbeeinträchtigungen tätig. Nach Beendigung der **Mediation** bzw. **Schlichtung** ist es dem Rechtsbeistand untersagt, eine der Parteien gegen die andere in derselben (Schlichtungs-)Sache zu beraten oder zu vertreten.[279] Die vom Schlichter beabsichtigte konsensuale Konfliktbeseitigung steht im Interessengegensatz zu der im Folgemandat anstehenden Konfliktentscheidung. 83

d) Mandatsunabhängiger Interessengegensatz. Der Parteiverrat verlangt einen **sachlichen Interessenwiderstreit**; eine **förmliche Prozessgegnerschaft** ist nicht erforderlich.[280] Der Interessengegensatz besteht unabhängig davon, ob die Parteien die **Gegensätzlichkeit** ihrer **Interessen erkannt** haben. Ohne Belang ist ferner, ob ein Interessengegner beabsichtigt, seine rechtlichen Interessen durchzusetzen, z.B. ein Streitverkündeter, der dem Rechtsstreit nicht beitritt, §§ 72 ff. ZPO (s.a. Rdn. 76). 84

Die **Interessengegensätze** existieren unabhängig von der Begründung eines Mandatsverhältnisses. Für die Tatbestandsmäßigkeit muss der Interessengegensatz **zur Tatzeit** bestehen.[281] Regelmäßig wird der Gegensatz schon **vor dem Mandatsbeginn** gegeben sein. Er kann sich auch im Laufe des Auftragsverhältnisses einstellen (Rdn. 87) und dieses **überdauern**. Der Interessengegensatz hängt nicht davon ab, dass die Parteien ihn austragen wollen; sie müssen ihn nicht einmal 85

277 Vgl. RGSt **71** 253 f.; **72** 139; BGHSt **4** 82; **5** 287; **17** 307; **18** 198; BGH NStZ **1982** 232; BayObLG JR **1996** 254; OLG Karlsruhe NJW **2002** 3562; *Rogall/Noltenius* SK Rdn. 43; *Lackner/Kühl/Heger* Rdn. 9; *Sch/Schröder/Heine/Weißer* Rdn. 22; *Sahan/Höft* HK-GS Rdn. 9; *Fischer* Rdn. 13; kritisch hierzu mit Blick auf die Rechtsgutsbestimmung *Schreiner* MK Rdn. 7, 55.

278 Vgl. z.B. Art. 5 BaySchlG; § 34c SchStG Sachsen-Anhalt.

279 Vgl. OLG Karlsruhe NJW **2001** 3197, 3198; *Haft/Schlieffen/Eisele* S. 814 f.; *Meyer* AnwBl. **2000** 80, 83; *Kuhlen* NK Rdn. 51; *Lackner/Kühl/Heger* Rdn. 7; *Rogall/Noltenius* SK Rdn. 40.

280 Vgl. BGHSt **5**, 301, 304; *Hübner* LK[10] Rdn. 55; *Fischer* Rdn. 4; *Kuhlen* NK Rdn. 24, 26.

281 OLG Karlsruhe StB **2003** 340, 342: *Rogall/Noltenius* SK Rdn. 44; *Lüderssen* FS Triffterer, 343, 346 f.; *Hübner* LK[10] Rdn. 94.

erkennen.[282] Für den Gegensatz ist es unerheblich, ob der Rechtsbeistand mit den Interessen des Gegners im Rahmen seiner Mandatsführung befasst ist. Die bloße **Möglichkeit**, dass ein Interessengegensatz entsteht, genügt nicht.[283] Unerheblich ist folglich, ob ein Widerstreit vorauszusehen ist[284] (siehe aber zur Gefahr einer Interessen*verletzung* bei einem *bestehenden* Interessengegensatz Rdn. 86).

86 Die **Interessengegensätzlichkeit** ist bestimmten Rechtsbeziehungen inhärent. Nur wenn der Rechtsanwalt in dem Spannungsverhältnis der widerstreitenden Interessen tätig wird, gerät er in die Gefahr des Parteiverrats. Die Parteien können den Gegenstand des Mandats so weit **begrenzen**, dass der Rechtsbeistand nur außerhalb des Interessengegensatzes tätig wird. Der Gegensatz muss **in der Rechtsbeziehung angelegt** sein, im Mandatsverhältnis aber nicht ausgetragen werden. Vor diesem Hintergrund stellt sich die Frage, wie konkret die Gefahr einer Interessenkollision sein muss, um die Interessenlage als „widerstreitend" zu bezeichnen. Nach h.M. genügt die **abstrakte Gefahr** einer Interessen*verletzung*.[285] In Übereinstimmung mit den Fachgerichten hat das BVerfG NJW **2001** 3180 f., entschieden, dass für die Tatbestandsmäßigkeit des § 356 Abs. 1 weder ein **Nachteil** für eine Partei noch eine Gefährdung von Parteiinteressen eingetreten sein muss.

87 Der **Interessenwiderstreit** kann sich auch erst **im Laufe der Mandatsführung** entwickeln. Wenn sich der Auftrag, ohne widerstreitende Interessen zu vertreten, nicht fortsetzen lässt, muss der Rechtsbeistand das Mandat beenden.[286] Der Anwalt, der z.B. eine **Forderung** *für* seinen Mandanten einklagt, *gegen* den er in anderer Sache bereits einen Titel erstritten hat, darf seinen *früheren* Mandanten (Kläger aus dem Erstverfahren und Pfandgläubiger im Zweitverfahren) bei der Durchsetzung der gepfändeten Forderung gegen den Beklagten aus dem Zweitverfahren (Pfändungsschuldner) nicht vertreten. Mit der Einziehung der gepfändeten Forderung zugunsten seines Erstmandanten könnte er die eingeklagte Forderung zugunsten des Zweitmandanten nicht mehr realisieren.[287]

88 **e) Interessenwahrnehmung.** Als Tatbestandsvoraussetzung muss der Rechtsbeistand gerade die **Interessen wahrnehmen**, die im Widerstreit stehen.[288] Nicht ausreichend ist, dass der Rechtsbeistand in einem Mandat mit widerstreitenden Interessen tätig ist, die gegensätzlichen Belange jedoch nicht berührt. Aus dem Charakter des Parteiverrats als **abstraktes Gefährdungsdelikt**[289] folgt, dass der Rechtsbeistand die fremden Interessen tatsächlich nicht gefördert zu haben braucht. Der Gegner muss als Folge der Beistandsleistung keinen Vorteil genießen.[290] Es genügt, dass der Rechtsbeistand den gegnerischen Interessen „dient", also die Belange der Gegenseite zielgerichtet unterstützt. Wenn die Gegenseite lediglich als *Folge* einer mangelhaften Beratung oder nachlässigen Prozessführung Vorteile genießt, fehlt es am **Dienen** und damit an der **tatsächlichen Wahrnehmung** fremder Interessen.[291]

---

282 RGSt **66** 320; **71** 115; *Sch/Schröder/Heine/Weißer* Rdn. 13.
283 OLG Karlsruhe StV **2003** 340, 342; *Hübner* LK[10] Rdn. 94.
284 RGSt **71** 231, 236; BGHSt **34** 190, 192 f.; OLG Karlsruhe StB **2003** 340, 342.
285 RGSt **49** 343 f.; BayObLG JR **1991** 163; *Kuhlen* NK Rdn. 42; **aA** *Ranft* JR **1991** 164 ff.; *Mennicke* ZStW **112** (2000) 834, 856 f., mit der Begründung, das Rechtsgut von § 356 werde nicht beeinträchtigt, wenn die Interessen einer Partei weder verletzt noch konkret gefährdet werden.
286 BGHSt **18** 192 f.; **34** 190, 192 m. Anm. *Dahs* JR **1987** 476; EGH **21** 186 f.; s.a. BayObLG NJW **1959** 2224; *Dahs* Handbuch S. 59; *Kuhlen* NK Rdn. 42; *Sch/Schröder/Heine/Weißer* Rdn. 21; *Fischer* Rdn. 9; *Krekeler* FS Hamm 339, 351.
287 Bsp. Nach *Hübner* LK[10] Rdn. 96.
288 RGSt **14** 364, 379; *O. Geppert* Parteiverrat S. 93; *Hartl* S. 48 f.; *Hübner* LK[10] Rdn. 97.
289 *Rogall/Noltenius* SK Rdn. 5; *Kuhlen* NK Rdn. 6; *Mennicke* ZStW **112** (2000) 834, 847 ff.; *Schreiner* MK Rdn. 9; *Fischer* Rdn. 2; *Sahan/Höft* HK-GS Rdn. 1.
290 BGH NJW **1964** 2430; *Kuhlen* NK Rdn. 19; *Fischer* Rdn. 10; *Rogall/Noltenius* SK Rdn. 28.
291 OLG Düsseldorf NStE **3** zu § 356 StGB; *O. Geppert* Parteiverrat S. 119 f.; *Roesen* JW **1938** 650; *Rogall/Noltenius* SK Rdn. 29; *Sch/Schröder/Heine/Weißer* Rdn. 14; *Meyer* AnwBl. **2000** 80 f.

Da der **Interessengegensatz** in einem Rechtsverhältnis angelegt und von einem Mandat unabhängig ist, erledigen sich die widerstreitenden Interessen nicht ohne weiteres mit der **Beendigung des Mandats.**[292] Der Abschluss des Auftrags führt nicht zum **Erlöschen** der anwaltlichen Treuepflicht. Solange der dem Rechtsbeistand anvertraute Verfahrensstoff rechtliche Bedeutung erlangen kann, ist der Rechtsbeistand gehindert, Interessen wahrzunehmen, die denen seines früheren Auftraggebers widerstreiten. Überwiegend wird die Auffassung vertreten, dass eine Angelegenheit dem Rechtsbeistand solange anvertraut ist, bis sich die **Rechtssache erledigt** hat.[293] Wann dies der Fall ist und damit keine Hinderungen mehr für die Übernahme eines Folgemandats bestehen, ist nicht allein nach den Rechtsbeziehungen zu beurteilen, die im abgeschlossenen Rechtsstreit relevant waren. Umstände, die in einer früheren Rechtsbeziehung nicht kontrovers behandelt wurden oder sachverhaltlich erledigt sind, können in einer neuen Rechtsangelegenheit Bedeutung erlangen. 89

f) Beispiele für widerstreitende Interessen. Die Vertretung eines Geschädigten gegen den Versicherer zur Durchsetzung von **Versicherungsleistungen** hindert den Rechtsbeistand an der anschließenden Vertretung des Haftpflichtigen gegen den Regressanspruch der Versicherungsgesellschaft, nachdem diese die Versicherungsleistungen erbracht hat (EGH **18** 148, 150). 90

Ob ein Rechtsanwalt befugt ist, in zwei aufeinander folgenden **Scheidungsverfahren** den jeweils anderen Ehegatten zu vertreten, hängt vom Einzelfall ab. Soweit Umstände aus dem ersten Scheidungsprozess für den folgenden von Bedeutung sein können, handelt es sich in beiden Verfahren um dieselbe Rechtssache, sodass sich ein Mandantenwechsel verbietet.[294] **Dagegen** hat das OLG Karlsruhe, StV **2003** 340, einen Interessenwiderstreit verneint, nachdem ein Rechtsanwalt, der zunächst beide Eheleute aufgrund gemeinsamen Auftrags zu den Voraussetzungen der übereinstimmend gewollten **einverständlichen Scheidung** sowie über einen **Unterhaltsanspruch** beraten hatte, später einen Ehepartner im Unterhaltsverfahren vertrat. Das OLG ging davon aus, dass auch hinsichtlich der Unterhaltsforderung, die der Anwalt für die Ehefrau gegenüber dem Ehemann geltend machte, kein Interessenwiderstreit bestand. Ein bloßer Wechsel in den **Verfahrensrollen** bewirkt noch keinen Interessengegensatz, weil dieser materiell zu beurteilen ist.[295] Ein Rechtsbeistand, der eine Frau im **Sorgerechtsverfahren** gegen ihren Ehemann mit der Begründung vertreten hat, er habe sich sexuell an dem Kind vergangen, kann anschließend den Ehemann gegen den Vorwurf des Sexualdelikts nicht verteidigen.[296] 91

Interessengegensätze im Strafverfahren: Erstattung einer **Strafanzeige** und die anschließende Verteidigung des angezeigten Beschuldigten;[297] **sukzessive Verteidigung mehrerer Beschuldigter** (zulässig gem. § 146 StPO), wenn sich der Zweitmandant zum Nachteil des Erstmandanten verteidigen könnte;[298] Vertretung eines **Privatklägers** oder **Nebenklägers** nach vorangegangener Verteidigung des Beschuldigten in derselben Sache;[299] Privatklage gegen einen Beschuldigten, für den der Anwalt Beschwerde gegen einen Beschlagnahmebeschluss geführt hat (RGSt **71** 114); Verteidigung eines Beschuldigten und Beistandstätigkeit für einen **Zeugen**, der als Täter in Betracht kommt (OLG Zweibrücken NStZ **1995** 35 f.); Verteidigung eines früheren Zeugen gegen den Vorwurf einer Falschaussage, die 92

---

292 RGSt **66** 103, 104; BGHSt **18** 192, 193 f.; *O. Geppert* Parteiverrat S. 64; *Kalsbach* AnwBl. **1954** 191; *Rogall/Noltenius* SK Rdn. 44; *Welzel* Das deutsche Strafrecht S. 525; eingehend *Prinz* S. 186.

293 *Hübner* LK^{10} Rdn. 95, 98, 119; *Kalsbach* S. 377; *O. Geppert* Parteiverrat S. 111 f.; *Rogall/Noltenius* SK Rdn. 15, 44; *Leipold* AnwK Rdn. 15; s.a. *Sch/Schröder/Heine/Weißer* Rdn. 16.

294 BGHSt **18** 192, 194; zur grundsätzlichen Hinderung, in aufeinanderfolgenden Scheidungsverfahren den jeweils anderen Ehepartner zu vertreten, vgl. BGHSt **4** 80, 83; **9** 341, 345; **17** 305 f.

295 *Kuhlen* NK Rdn. 47; *Baumann/Pfohl* JuS **1983** 24, 28; *Fischer* Rdn. 7.

296 *Dahs* Handbuch S. 58.

297 BGHSt **3** 400, 401; **5** 284 f.; RGSt **49** 343.

298 Vgl. BGHSt **52** 307, 312 f.; OLG Stuttgart NStZ **1990** 542 m. Anm. *K. Geppert*; OLG Zweibrücken NStZ **1995** 36 m.w.N.

299 *Dahs* Handbuch S. 56.

im vorausgegangenen Strafverfahren gegen den von demselben Anwalt verteidigten Angeklagten den Freispruch beeinflusst hat; Verteidigung eines Beschuldigten und Beratung von **Opferzeugen** in derselben Rechtssache; Vertretung eines Verurteilten in einem **Wiederaufnahmeverfahren** und Verteidigung eines Zeugen gegen den Vorwurf einer Falschaussage, die zugleich den Wiederaufnahmegrund darstellt (BGHSt **5** 301, 302 f.); **Zeugenbeistandstätigkeit** für mehrere Zeugen mit Beratung über die Inanspruchnahme von Zeugnis- und Auskunftsverweigerungsrechten (§§ 52, 55 StPO), wenn die Zeugen wegen eigener Schadensersatzansprüche abweichende rechtliche Interessen am Verfahrensausgang haben; Verteidigung eines Straftäters und Durchsetzung von **Schadensersatzansprüchen** gegen denselben in derselben Rechtssache.[300] Die Vertretung mehrerer Nebenkläger in derselben Rechtssache ist grundsätzlich zulässig.[301] § 146 StPO steht nicht entgegen, weil er nur für die Verteidigung gilt. Im Einzelfall können Interessenkollisionen zwischen den Nebenklägern vorliegen und sich deren Interessen im Verfahren ändern (harte Bestrafung oder nur Schuldspruch, Täter-Opfer-Ausgleich etc.). Die Bündelung mehrerer Nebenklagevertretungen durch Beiordnung desselben Rechtsanwalts wird sich allenfalls mit Zustimmung der Nebenkläger realisieren lassen.[302]

93 Der Rechtsbeistand ist grundsätzlich nicht gehindert, einen **früheren Verfahrensgegner** zu beraten oder zu vertreten, solange nicht **dieselbe Rechtssache** im Streit ist. Die Prozessvertretung des Beklagten nach Beratung des Klägers in derselben Angelegenheit oder umgekehrt, ist unzulässig (EGH **24** 28; **26** 102). Wenn der Beistand in einem **Kündigungsstreit** zunächst den Vermieter und in einem weiterem Verfahren – mit Bezug auf dieselbe Wohnung – den Mieter vertritt, so kommt es für die Identität der Rechtssache auf den konkreten Verfahrensgegenstand an (vgl. RGSt **58** 247). Allein die Tatsache, dass es sich in beiden Fällen um dieselbe Wohnung handelt, macht die Verfahrensgegenstände noch nicht zur selben Rechtssache mit **widerstreitenden Interessen**. Ob ein Gesellschaftsinteresse im Widerspruch zum Gesellschafterinteresse steht, ist anhand des konkreten Mandats zu beurteilen.[303]

94 Die Vertretung des **Zedenten** als Kläger und anschließend des Schuldners als Zessionar gegen den Zedenten ist dem Rechtsbeistand untersagt (BayEGH **II** 214, 217). Gleiches gilt, wenn der Rechtsbeistand für den **Zessionar** Klage erhoben hat und anschließend den Zedenten gegen den Zessionar mit der Begründung vertritt, die Zession sei nichtig (EGH **8** 170). Der Berater des **Nachlassschuldners** darf gegen ihn auch im Namen des Testamentsvollstreckers keine Klage erheben (EGH **16** 213).[304]

95 Der **Insolvenzverwalter** ist auch in seiner beruflichen Stellung als Rechtsanwalt nicht geeigneter Täter des § 356 (BGHSt **13** 231 f.; **45** 153; s.a. Rdn. 31). Wenn ein Rechtsanwalt als **Insolvenzverwalter, Testamentsvollstrecker** oder **Nachlassverwalter** für eine Partei tätig war, kann ein anschließender anwaltlicher Dienst für eine andere Partei trotz **widerstreitender Interessen** kein Parteiverrat sein. Auch im umgekehrten Fall, in dem der zunächst als Rechtsanwalt tätige Rechtsbeistand anschließend widerstreitende Interessen als Insolvenzverwalter etc. wahrnimmt, scheidet § 356 aus. Der Tatbestand verlangt, dass die widerstreitenden Interessen jeweils in Rechtsbeistandsfunktion wahrgenommen werden.[305] Berufsrechtlich ist dem Rechtsanwalt untersagt, in Angelegenheiten, mit denen er als Insolvenzverwalter, Testamentsvollstrecker oder Nachlassverwalter befasst war, gegen den Träger des von ihm verwalteten Vermögens vorzugehen, § 45 Abs. 1 Ziff. 2 BRAO. Dagegen kann ein Rechtsanwalt, der z.B. für den Insolvenzverwalter tätig ist, Parteiverrat begehen, indem er auch den Gemeinschuldner berät. Interessengegensätzlich ist ferner die

300 BGH 4 StR 66/54 v. 10.3.1955; EGH **23** 109; **9** 122 f.; *Kalsbach* AnwBl. **1954** 188.

301 OLG Düsseldorf BeckRS **2015** 14047; OLG Hamburg NStZ-RR **2013** 153.

302 Zu den Bedenken gegen die „Zwangsbündelung" durch Beiordnung desselben Nebenklagevertreters vgl. *von Galen* ZRP **2016** 42, 45.

303 Siehe dazu *Huth* GmbHR **2013** 1021, 1022 ff.

304 Zum möglichen Interessenwiderstreit in erbrechtlichen Mandaten vgl. *Offermann-Burckart* ZEV **2007** 151 ff.; s.a. oben Rdn. 79.

305 Vgl. *Kretschmer* S. 128.

Vertretung des Schuldners im Anfechtungsprozess nach Annahme eines Gläubigermandats zur Anfechtung[306] und der umgekehrte Fall.

Nach Beratung eines Schuldners zur Abgabe eines **Schuldanerkenntnisses** darf der Rechtsbeistand für Dritte keine Rechte aus dem Anerkenntnis geltend machen, auch nicht, wenn der Schuldner insoweit einverstanden ist (RGSt **62** 289 f.; **71** 231, 242). Die **Überlassung von Strafakten** an die gegnerische Haftpflichtversicherung kann bedenklich sein, weil die Versicherung auch das Ziel verfolgt, der Akte Tatsachen zu entnehmen, um der Schadensersatzforderung zu begegnen. Zwischen der Versicherung und dem Versicherungsnehmer besteht grundsätzlich ein Interessengegensatz, der aber durch die Interessenbestimmung des Versicherungsnehmers überwunden werden kann. Der Versicherungsnehmer wird regelmäßig ein Interesse an der Weitergabe eines Aktenauszugs haben, um die Schadensabwicklung zu beschleunigen, zumal er weiß, dass die Versicherung die Akte in jedem Falle auch auf anderem legalen Weg erhält und vor der Aktenkenntnis nicht reguliert. Insoweit kann der Mandant den **Interessengegensatz** durch seinen Auftrag vollständig **beseitigen**[307] (vgl. auch Rdn. 34). 96

6. Anvertrauen einer Rechtssache

Der Tatbestand spricht von „anvertrauten Angelegenheiten in derselben Rechtssache". Die Frage, ob die **„Angelegenheiten"** und die **„Rechtssache"** gleichbedeutende[308] Begriffe sind oder die „Rechtssache" eine umfassendere Bedeutung[309] hat, ist unerheblich, weil für § 356 nur *Rechts*angelegenheiten von Belang sind. Rechtssachen sind alle rechtlichen Angelegenheiten, bei denen mehrere Beteiligte mit möglicherweise entgegengesetzten Interessen einander gegenüberstehen[310] (zu Rechtssache siehe Rdn. 105). 97

a) In der Eigenschaft als Rechtsbeistand. Dem Täter muss die **Rechtssache** in seiner Eigenschaft als Rechtsbeistand **anvertraut** sein. Dazu ist nicht erforderlich, dass ihm besondere Geheimnisse oder Tatsachen mitgeteilt werden, die der Beistand auf andere Weise nicht erfahren hätte.[311] Es genügen jegliche Tatsachenmitteilungen, um den Rechtsbeistand in die Lage zu versetzen, die Mandanteninteressen wahrzunehmen.[312] Anvertraut ist eine Angelegenheit dem Beistand auch dann, wenn sie einem **Büromitarbeiter** des Anwalts oder einem **Gutachter** zur Interessenwahrnehmung übergeben werden.[313] Die Rechtsangelegenheit muss dem Beistand **„in dieser Eigenschaft"** anvertraut worden sein.[314] Lehnt der Beistand die Übernahme des Mandats unverzüglich ab, fehlt es an einem **Anvertrauen**,[315] weil ein Vertrauensverhältnis nicht begründet wurde.[316] Eine schriftliche **Bevollmächtigung** des Beistands oder die Erteilung einer Klagebefugnis[317] ist nicht erforderlich. Dem Anwalt muss die Rechtssache zur Interessenwahrnehmung übertragen 98

---

306 EGH **29** 217; vgl. auch EGH **32** 12.
307 *Kretschmer* S. 269 ff.
308 So *Früh* S. 134; *O. Geppert* Parteiverrat S. 108.
309 *Münch* Praevarication S. 61 Fn. 4; *Weimar* S. 37. Dafür sprechen die Grammatik und die Verwendung des Begriffs „Angelegenheiten" im Plural, so *Hübner* LK[10] Rdn. 109.
310 RGSt **66** 316, 320; BGHSt **5** 301, 304; **18**, 192; OLG Düsseldorf NStZ-RR **1996** 298; *Rogall/Noltenius* SK Rdn. 19; *Sch/Schröder/Heine/Weißer* Rdn. 11; *Fischer* Rdn. 5; *Schreiner* MK Rdn. 31.
311 Vgl. RGSt **49** 342 f.; BGHSt **18** 192 f.
312 Vgl. *Sch/Schröder/Heine/Weißer* Rdn. 8; *Rogall/Noltenius* SK Rdn. 15; *Kuhlen* NK Rdn. 15.
313 Vgl. *Rogall/Noltenius* SK Rdn. 15; *Hübner* LK[10] Rdn. 115.
314 Ebenso *Sahan/Höft* HK-GS Rdn. 3.
315 *Rogall/Noltenius* SK Rdn. 15; *Sch/Schröder/Heine/Weißer* Rdn. 8; *Schreiner* MK Rdn. 34.
316 In Betracht kommt jedoch die Verletzung von Privatgeheimnissen nach § 203 Abs. 1 Ziff. 3 StGB, weil sich der Geheimnisschutz auch auf das Mandatsanbahnungsverhältnis bezieht.
317 RGSt **62** 291.

werden.[318] Das Vertrauensverhältnis muss mit dem Auftraggeber begründet werden.[319] Dazu genügt, dass der Mandant sich eines Vertreters oder Boten bedient, um dem Mandatar die Angelegenheit anzutragen. Nicht ausreichend ist, dass ein Dritter den Rechtsbeistand bittet, ein Mandat zu führen, von dem der Mandant keine Kenntnis hat. In diesem Falle kann aber zwischen dem Dritten und dem Beistand ein Mandatsverhältnis entstehen, das (auch) im **Interesse eines Dritten** geführt wird.[320] Eine Angelegenheit ist dem Rechtsbeistand auch in den Fällen anvertraut, in denen das Mandatsverhältnis durch Bestellung oder Beiordnung begründet wird. Das Anvertrauen **beginnt** in dem Zeitpunkt, in dem der Mandant berechtigterweise davon ausgehen kann, dass der Rechtsbeistand den Auftrag annimmt und die Angelegenheit ausschließlich im Mandanteninteresse führt. Um diese Einschätzung zu gewinnen, bedarf es einer ausdrücklichen oder schlüssigen Erklärung des Mandatars, in der Regel einer **Mandatsannahme**[321] (siehe Rdn. 102).

99 **b) Amtliche Bestellung.** Die Begründung eines Mandatsverhältnisses, in dem einem Rechtsbeistand eine Rechtssache anvertraut wird, kann durch rechtsgeschäftlichen **Geschäftsbesorgungsvertrag** oder durch **amtliche Bestellung** erfolgen.[322] In den häufigen Fällen der Bestellung eines **Pflichtverteidigers** (§§ 140 ff., 138c Abs. 3 Satz 4, 231a Abs. 4, und § 60 OWiG) erfolgt die Beauftragung grundsätzlich durch Verfügung des Gerichtsvorsitzenden. Mit dem **Bestellungsakt** ist dem Rechtsbeistand die Sache noch nicht anvertraut. Das Anvertrauensverhältnis muss mit dem Mandanten begründet werden. Dazu genüge nicht, dass dem Rechtsanwalt gleichzeitig mit der Beiordnungsverfügung die Verfahrensakten übersandt werden. Der beigeordnete Rechtsanwalt muss zu erkennen geben, dass er die **Rechtsinteressen wahrnimmt**.[323] Dem steht nicht entgegen, dass der Mandant die Bestellung eines Pflichtverteidigers ablehnt oder zum bestellten Rechtsanwalt ein Vertrauensverhältnis nicht begründen will.[324]

100 **c) Für verschiedene Verfahren.** „**Dieselbe Rechtssache**" liegt nicht nur bei Verfahrensidentität vor, sondern auch, wenn in verschiedenen Verfahren mit individuellen Zielrichtungen derselbe **Lebenssachverhalt** rechtlich von Bedeutung sein kann.[325] Dieselbe Rechtssache kann sich auf verschiedenen Rechtsgebieten auswirken.[326] Für die Identität der Rechtssache ist nicht erforderlich, dass die anvertraute Angelegenheit mit derjenigen des Gegners kongruent ist. Es genügt, wenn sich die Lebenssachverhalte in der Weise überschneiden, dass sie zumindest in Teilbereichen für den Mandanten und den Gegner übereinstimmend von rechtlicher Bedeutung sind.[327] Für die Gleichartigkeit der Rechtssache ist nicht entscheidend, ob es für den Auftraggeber oder den Gegner um denselben **Anspruch** geht (RGSt **30** 300) oder ob dasselbe Verfahren betroffen ist (BGHSt **34** 91; Baier wistra **2001** 403). Die **Identität der Rechtssache** ist unabhängig vom Gegenstand des Mandats. Die Beschränkung des Auftrags berührt das materielle Rechtsverhältnis nicht.

---

318 Vgl. *Baier* wistra **2001** 401, 402.
319 OLG Köln StraFo **2002** 205 f.
320 Zum Begriffspaar Anvertrauen und Mandatsbegründung vgl. ausführlich *Prinz* S. 168 ff.
321 *Prinz* S. 173.
322 S. zu den Mandatsübernahmepflichten für den Rechtsanwalt § 48 f. BRAO.
323 *Hübner* LK^{10} Rdn. 113 verlangt, dass sich der Rechtsbeistand der Sache „tatsächlich widmet".
324 Zur rechtlichen Beurteilung des Bestellungsaktes bei entgegenstehendem Willen des Beschuldigten s. *Jahn* LK § 142 Rdn. 9, der insoweit entsprechend einer Geschäftsführung ohne Auftrag verlangt, dass der verpflichtete Rechtsanwalt mit dem Willen und im Interesse des Beschuldigten handelt.
325 RGSt **60** 298, 300; BGHSt **5** 301, 304; **9**, 341; **18**, 192; vgl. auch BGH wistra **2009**, 113, 114.
326 S. die zahlreichen Beispiele bei *O. Geppert* Parteiverrat S. 61 ff.; *Hübner* LK^{10} Rdn. 122.
327 RGSt **60** 298, 300; BGHSt **15** 338; **18** 192; **34** 190f; HansOLG Hamburg NJW-RR **2002** 61, 63; OLG Hamm BeckRS **2019** 44929; *Sch/Schröder/Heine/Weißer* Rdn. 12; *Hübner* LK^{10} Rdn. 124; *Maurach/Schroeder/Maiwald* II § 78 Rdn. 7 f.; *Kuhlen* NK Rdn. 30; *Baumann/Pfohl* JuS **1983** 24 ff.; *Schreiner* MK Rdn. 47; *Sahan/Höft* HK-GS Rdn. 5.

Durch die Auftragserteilung können nur Inhalt und Grenzen des Parteiinteresses festgelegt werden.[328]

d) Abstrakte Rechtsauskunft. Wer von einem Rechtsbeistand nur eine **abstrakte Rechtsauskunft** verlangt, vertraut ihm noch **keine Rechtssache** an.[329] Zu einer Rechtssache gehört ein Lebenssachverhalt, der nach Rechtsgrundsätzen zu beurteilen ist. So ist mit einer abstrakten Frage nach den Verjährungsfristen im Kaufrecht noch keine Rechtssache unterbreitet. Aber schon die Auskunft, dass ein bestimmter Anspruch verjährt ist, bedeutet die Befassung mit einer Rechtssache. Ist diese Angelegenheit dem Rechtsbeistand anvertraut (und nicht nur eine unverbindliche Gefälligkeitserklärung, dazu Rdn. 102), so ist er an der Übernahme eines Kollisionsmandats gehindert. Die abstrakte Rechtsauskunft wird die Ausnahme sein, weil diese dem Rechtssuchenden regelmäßig nicht hilft. Von praktischer Bedeutung sind **Schulungen** oder **Beratungen von Unternehmensmitarbeitern**. Übernimmt es ein Rechtsanwalt, im Auftrag des Unternehmens Firmenmitarbeiter über Zeugenrechte und -pflichten oder das Verhalten bei Durchsuchungen zu unterrichten, so ist mit einer abstrakten Beratung eine Rechtssache noch nicht anvertraut. Derselbe Rechtsanwalt wäre durch § 356 nicht gehindert, einen Verantwortlichen des Unternehmens zu verteidigen. Aber schon Verhaltensvorschläge im Einzelfall (z.B. Empfehlung bezüglich eines Zeugnis- oder Auskunftsverweigerungsrechts, §§ 52, 55 StPO) machen die Angelegenheit zur Rechtssache, zumal die Interessen der Zeugen untereinander und im Verhältnis zum Beschuldigten gegensätzlich sein können.[330] 101

e) Gefälligkeiten. Eine **anvertraute Angelegenheit** ist von einer unverbindlichen **Gefälligkeit** zu unterscheiden. Die Abgrenzung kann im Einzelfall schwierig sein. Zum Anvertrauen genügt es nicht, dass der Mandant dem Rechtsbeistand die Angelegenheit vorträgt, ihm die Akten übergibt und ihn um die Wahrnehmung seiner Interessen bittet. Anvertraut ist eine Angelegenheit erst mit Begründung eines Vertrauensverhältnisses, regelmäßig mit der **Annahme eines Mandats**.[331] Der Beistand muss dem Auftraggeber zum Ausdruck bringen, dass er seine Sache als Rechtsbeistand in eigener Verantwortung übernehmen und sich in dieser Vertrauensstellung **binden will**. Die förmliche **Bevollmächtigung** und die Vereinbarung oder Geltendmachung einer **Vergütung** bestätigen regelmäßig den Bindungswillen des Rechtsbeistands. Dagegen kann aus dem Fehlen einer schriftlichen Vollmacht oder dem Verzicht auf eine Vergütung (im Ausnahmefall zulässig gem. § 49b Abs. 1 Satz 2 BRAO, § 21 BORA) nicht geschlossen werden, dass die Rechtssache nicht anvertraut sei. Einzelauskünfte im Bekanntenkreis oder telefonische Ratschläge außerhalb der beruflichen Sphäre sind regelmäßig bloße Gefälligkeiten.[332] 102

Dem Rechtsbeistand muss die Sache in seiner **tätertauglichen Eigenschaft anvertraut** worden sein. Wer eine Rechtssache in Ausübung einer täteruntauglichen Tätigkeit, z.B. außerhalb jeder Berufsbezogenheit, als Justitiar eines Unternehmens oder als Insolvenzverwalter, anvertraut erhält, begeht keinen Parteiverrat, wenn er sich mit derselben Rechtssache später als Rechtsanwalt befasst.[333] Auch in dem umgekehrten Fall, in dem der Rechtsbeistand aus seinem tätertauglichen Beruf in eine täteruntaugliche Funktion wechselt, handelt er nicht tatbestandsmäßig.[334] Ein Rechtsanwalt, der aus seiner freiberuflichen Tätigkeit in das Angestelltenverhältnis eines Justitiars 103

328 Zutreffend *Rogall/Noltenius* SK Rdn. 21; vgl. auch RGSt **60** 300; *O. Geppert* Parteiverrat S. 71; *Hübner* LK[10] Rdn. 126.
329 BGH 2 StR 382/53 v. 14.5.1954, S. 5; *Hübner* LK[10] Rdn. 114.
330 *Dahs* Handbuch S. 58 f.
331 Zur Mandatsannahme als Voraussetzung des Anvertrautseins vgl. ausführlich *Kretschmer* S. 175 ff.
332 Vgl. BGHSt **20** 40, 43; *Kuhlen* NK Rdn. 16; *Pfeiffer* FS Koch 127, 230 f.; *Rogall/Noltenius* SK Rdn. 17; *Sch/Schröder/Heine/Weißer* Rdn. 8; zurückhaltender *Prinz* S. 43; s.a. *Baier* wistra **2001** 401, 402.
333 Zum Anvertrauen in der Eigenschaft als Rechtsbeistand vgl. BGHSt **20** 41; BGHR § 356 RA 1.
334 *Kretschmer* S. 128; s.a. Rdn. 77.

wechselt und in seiner neuen beruflichen Funktion widerstreitende Interessen wahrnimmt, dient insoweit nicht als „Rechtsbeistand".[335] Dagegen ist der **Wechsel** von einer **Rechtsbeistandstätigkeit** in eine andere für die Tatbestandlichkeit unbeachtlich.[336] Ist einem Steuerberater eine steuerliche Angelegenheit anvertraut und wird der Berater später mit derselben Rechtssache in anwaltlicher Funktion betraut, darf er widerstreitende Interessen nicht vertreten, weil er in beiden Mandaten als Rechtsbeistand i.S.v. § 356 mandatiert war.

104 **f) Fortgeltung des Anvertrautseins.** Die einem Rechtsbeistand **anvertraute Rechtssache** bleibt ihm auch nach **Beendigung des Mandats** anvertraut, solange sich aus der Angelegenheit noch rechtliche Folgerungen ergeben können (vgl. Rdn. 89). Nur im Ausnahmefall ist die anvertraute Sache mit dem Mandatsverhältnis identisch, sodass sie sich mit der Mandatsbeendigung erledigt.[337] Das Anvertrautsein i.S.v. § 356 **endet** mit der beruflichen Tätigkeit des Mandatars (ggf. mehrere Auftragnehmer in einer Sozietät) und geht nicht auf die Rechtsnachfolger des Rechtsbeistands über.

7. Rechtssache

105 **Rechtssachen** i.S.v. § 356 sind alle Rechtsangelegenheiten, bei denen mehrere Beteiligte mit möglicherweise entgegengesetzten Interessen einander gegenüberstehen. Ob der Betriff „Rechtssache" den möglichen Interessengegensatz beinhaltet (so die h.M.[338]) oder vom Interessengegensatz unabhängig definiert wird,[339] ist praktisch ohne Bedeutung.[340] Die Rechtssachen können **alle Bereiche** des **bürgerlichen** und **öffentlichen Rechts** betreffen,[341] einschließlich der Angelegenheiten des **Strafrechts**, des Ordnungswidrigkeitenrechts und der freiwilligen Gerichtsbarkeit.[342] Nicht erforderlich ist, dass die Angelegenheit nach Rechtsgrundsätzen *entschieden* werden soll.[343] Ausreichend ist, dass die Angelegenheit rechtlich relevant ist,[344] zumal bei Beratungsmandaten eine Entscheidung nicht anstehen muss.

106 **a) Verfahrensunabhängige Rechtssache.** Die Rechtssache kann **außergerichtlich** oder in einem **Prozess** geführt werden.[345] Die Rechtssache verlangt keinen *aktuellen* Interessengegensatz. Das Erarbeiten von Gesellschaftsverträgen, Vergleichsvorschlägen etc. sind ebenso Rechtssachen wie rechtliche Beratungen.[346] **Konflikte rein tatsächlicher Art** ohne rechtlichen Bezug sind keine Rechtssachen. Wenn ein Rechtsbeistand lediglich Tatsachen feststellt und dokumentiert, Presseerklärungen abgibt, soweit diese nicht zu einer rechtlichen Mandatführung gehören, einen persönlichen Streit außerhalb einer Rechtsbeziehung nach den Regeln der Höflichkeit schlichtet etc., ist

---

335 S. dazu *Hübner* LK[10] Rdn. 20.
336 Vgl. *Hübner* LK[10] Rdn. 20.
337 Vgl. *Hübner* LK[10] Rdn. 117, 119.
338 BGHSt **52** 307, 309; BGH NJW-RR **2008** 795; auch schon RGSt **66** 316, 320; BGHSt **5** 301, 304; **18**, 192; OLG Düsseldorf NStZ-RR **1996** 298; *Sch/Schröder/Heine/Weißer* Rdn. 11; *Fischer* Rdn. 5; *Schreiner* MK Rdn. 31.
339 *O. Geppert* Parteiverrat S. 50; *Hübner* LK[10] Rdn. 121; vgl. *Otto* Jura **1986** 221 f.
340 *Kuhlen* NK Rdn. 28.
341 BGHSt **7** 17, 19; **18** 192; *Kuhlen* NK Rdn. 29; *Fischer* Rdn. 5.
342 *Hübner* LK[10] Rdn. 122; BT § 98 Rdn. 30; *Rogall/Noltenius* SK Rdn. 19; *Kuhlen* NK Rdn. 29.
343 So aber BGHSt **18** 192; BGH NJW **1960** 253; OLG Düsseldorf NStZ-RR **1996** 298; OLG Karlsruhe NJW **2002** 3501; *Lackner/Kühl/Heger* Rdn. 5.
344 Zutreffend *Kuhlen* NK Rdn. 29; *Hübner* LK[10] Rdn. 121.
345 *Kuhlen* NK Rdn. 29; *Sch/Schröder/Heine/Weißer* Rdn. 11; *Lackner/Kühl/Heger* Rdn. 5; *Schreiner* MK Rdn. 32.
346 *Pfeiffer* FS Koch 131; *Kretschmer* S. 144.

er nicht in rechtlichen Angelegenheiten tätig. Der Beauftragte wird insoweit auch nicht als *Rechtsbeistand* gebeten.

Beispiele für Rechtssachen: Zivilrechtliche und öffentlich-rechtliche Rechtsangelegenheiten aller Art (BGHSt **7** 17, 19; **12** 96 f.; **17** 306; **18** 192), Strafsachen (BGHSt **52**, 307; **5** 285, RGSt **49** 342, 344), Bußgeldsachen (BGHSt **13** 102, 110), Insolvenzsachen (BGHSt 7 17 f.), Vollstreckungsschutzverfahren (BGHSt **15** 332 ff.), berufsrechtliche Verfahren (BGHZ **44** 65), Verkehrsunfallsachen (BayObLG NJW **1995** 607), Scheidungsverfahren (BGHSt **9** 341, **17** 305); Angelegenheiten der freiwilligen Gerichtsbarkeit (RGSt **23** 60, 64; BGHZ **44** 65), Vertretungen im Gesellschaftsrecht (BGHSt **45** 148), Unfallsachen (BayObLG JR **1996** 254); Zwangsvollstreckungsverfahren (RG HRR **1939** Nr. 272); siehe weitere Beispiele zu „derselben Rechtssachen" Rdn. 110. **107**

b) Diesselbe Rechtssache. Der Rechtsbeistand muss beiden Parteien in **derselben Rechtssache** dienen. Eine Rechtssache erfasst die Angelegenheit **in jeder rechtlichen Beziehung**. Die Sachidentität ist materiell zu beurteilen und hängt nicht davon ab, dass die Angelegenheit rechtlich kontrovers beurteilt wird. Ohne Bedeutung ist ferner die Identität des **Streitgegenstands** im Sinne des Prozessrechts.[347] In welchem **Verfahrensstadium** und in welcher Verfahrensart sich die rechtlichen Belange der Angelegenheit realisieren, ist unerheblich.[348] Die Identität der Rechtssache ist nach den Lebenssachverhalten in ihren rechtlichen Beziehungen zu beurteilen und nicht nach den im konkreten Fall daraus **abgeleiteten Ansprüchen**.[349] Ob es sich um eine identische Rechtssache handelt, ist durch Vergleich der Angelegenheiten festzustellen, die die Parteien dem Rechtsbeistand unterbreitet haben bzw. mit der eine Partei (ohne Mandant zu sein) rechtlich betroffen ist. Für die Annahme „derselben" Rechtssache genügt **Teilidentität**.[350] **108**

Die Parteien können den **Umfang** der **Rechtssache nicht beschränken**. Die rechtlichen Beziehungen eines Lebenssachverhalts bestehen unabhängig vom Parteiwillen.[351] Zur Disposition der Parteien stehen nur das Interesse und der Gegenstand des Mandats. Der Auftraggeber kann entscheiden, welche Interessen er verfolgen und auf welchem Weg er sie durchsetzen will. Das Wesen der Rechtssache wird dadurch nicht berührt.[352] **109**

Beispiele für „dieselbe Rechtsache": Durchsetzung von Schadensersatzsansprüchen eines verletzten Beifahrers gegen den Haftpflichtversicherer des Fahrers/**Unfall**verursachers und Strafverteidigung des Unfallverursachers (BayObLG JR **1996** 254 m. krit. Anm. *Ranft*); Geltendmachung von Ansprüchen gegen den Hauptschuldner und gegen den Ausfall**bürgen** (RG HRR **1935** Nr. 663); Vertretung des Drittschuldners in einem Prozess gegen den **Pfändung**sschuldner und Erwirken eines Pfändungs- und Überweisungsbeschlusses für den Gläubiger gegen den Drittschuldner (BayObLG NJW **1959** 2224; HansOLG Hamburg NJW-RR **2002** 63); Erwirken eines **Pfändungs**- und Überweisungsbeschlusses für den Gläubiger und Vertretung des Drittschuldners gegen die Klage des Gläubigers (BGH AnwBl. **1966** 397); Geltendmachung von Ansprüchen des Käufers gegen den Verkäufer wegen falscher Zusicherung und Anspruchstellung gegen den **Vermittler** (RG JW **1937** 2964); **Verteidigung** eines Verurteilten im Wiederaufnahmeverfahren und Verteidigung eines Zeugen gegen den Vorwurf der Falschaussage, die dieser in dem wieder aufzunehmenden Verfahren gemacht haben soll (BGHSt **5** 304); wechselseitige Vertretung der Ehepartner in zwei aufeinander folgenden **Scheidung**sverfahren, selbst bei einvernehmlichen Scheidungsanträgen (BGHSt **17** 305); **110**

347 *O. Geppert* Parteiverrat S. 60; *Prinz* S. 132 f.; *Kretschmer* S. 162, 166; *Baier* wistra **2001** 401, 403; *Fischer* Rdn. 5.
348 BGHSt **15** 338; **34** 190 f.; HansOLG Hamburg NJW-RR **2002** 61, 63; *Kretschmer* S. 162 ff.; *Sch/Schröder/Heine/Weißer* Rdn. 12; *Lackner/Kühl/Heger* Rdn. 5.
349 RGSt **60** 300; *Maurach/Schroeder/Maiwald* II § 78 Rdn. 7; *Gutmann* AnwBl. **1963** 90; *Kretschmer* S. 165; *Rogall/Noltenius* SK Rdn. 20; *Beulke/Ruhmannseder* FS ARGE Strafrecht 259, 265.
350 *Kretschmer* S. 174; *Prinz* S. 61; *Rogall/Noltenius* SK Rdn. 20; *Beulke* GA **2008** 346, 348.
351 *Aigner* S. 45 ff.; *O. Geppert* Parteiverrat S. 71; *Schmidt-Leichner* NJW **1953** 430; *Kretschmer* S. 168 f.; *Prinz* S. 135.
352 *O. Geppert* Parteiverrat S. 71; *Hübner* LK[10] Rdn. 126; *Rogall/Noltenius* SK Rdn. 21.

Prozessführung für den Beklagten und Vertretung des Klägers im folgenden **Zwangsvollstreckungs**verfahren (RG HRR **1939** Nr. 272).

IV. Rechtswidrigkeit

111 Die **Einwilligung** einer Partei kann das interessengegensätzliche Dienen nicht rechtfertigen, weil der Parteiverrat ein Universalrechtsgut schützt, das für die Parteien **nicht disponibel** ist.[353] Soweit die Parteien im Rahmen ihrer Interessenautonomie die *Aufhebung* des in der Rechtssache angelegten Interessen*gegensatzes* vereinbaren, liegt keine rechtfertigende Einwilligung, sondern ein tatbestandsausschließendes **Einverständnis** vor, sodass der Rechtsbeistand wegen der Interessenidentität nicht pflichtwidrig dient (zum Einverständnis Rdn. 70). Eine Rechtfertigung durch **Nothilfe** (§ 32) ist kaum denkbar. Der Rechtsbeistand kann sich regelmäßig nicht darauf berufen, er habe widerstreitende Interessen zum Nachteil seines früheren Mandanten vertreten müssen, um die redlichen Interessen des Folgemandanten wahrnehmen zu können.[354] Die Rechtfertigung wird schon daran scheitern, dass die Hilfe zugunsten der Partei auch durch einen bisher nicht beauftragten Rechtsbeistand geleistet werden kann. Entsprechendes gilt für den **rechtfertigenden Notstand** (§ 34). Vorausgesetzt wäre, dass das Interesse der schutzbedürftigen Partei dem durch § 356 geschützten Rechtsgut wesentlich überwiegt und die drohende Gefahr in der konkreten Situation nicht anders als durch Parteiverrat abgewendet werden kann.[355]

V. Innere Tatseite

1. Vorsatz

112 Der Täter muss vorsätzlich handeln. **Bedingter Vorsatz** genügt.[356] Die **fahrlässige Tatbegehung** ist nicht strafbar,[357] kommt aber als **Berufsvergehen** in Betracht (§§ 43a Abs. 4, 113 Abs. 1 BRAO).[358] Der Täter muss wissen, dass er **Normadressat** und ihm eine **Rechtssache anvertraut** ist. Der Vorsatz muss sich auf die **Identität der Rechtssache** beziehen. Dazu gehören alle Umstände, die das materielle Rechtsverhältnis ausmachen, einschließlich der rechtlichen Bezüge des Lebenssachverhalts.[359] Der Rechtsbeistand muss die tatsächlichen Voraussetzungen kennen, die das **Interesse einer Partei** begründen, und den **Bedeutungsgehalt** des Parteiinteresses begreifen. Darüber hinaus muss er erkennen, dass die Parteiinteressen im **Widerstreit** stehen.[360] Zu den Vorsatzanforderungen bezüglich des Nachteils (§ 356 Abs. 2) siehe Rdn. 121.

---

353 BGHSt **18** 192, 198; **15** 332, 337; OLG Karlsruhe NJW **2001** 3197 f.; LG Hamburg AnwBl. **1980** 120 f.; *Maurach/Schroeder/Maiwald* II § 78 Rdn. 15; *Lackner/Kühl/Heger* Rdn. 9; *Rogall/Noltenius* SK Rdn., 46; *Dahs* Handbuch S. 75; *K. Geppert* JK **80** StGB § 356/1; *ders.* NStZ **1990** 542, 544; *Kuhlen* NK Rdn. 64; zur möglichen Rechtfertigung, wenn man den Parteiverrat als untreueähnliches Delikt mit individualrechtlichem Rechtsgut auffasst, vgl. *Früh* S. 144; *Wolff* S. 119; *Münch* Praevarication S. 230 ff.; dazu *Hübner* LK[10] Rdn. 131.

354 BGHSt **34** 190, 193 f. m. Anm. *Dahs* JR **1987** 475.

355 BGHSt **34** 190, 194; s.a. *Kuhlen* NK Rdn. 64; *Kretschmer* S. 280.

356 Einhellige Meinung vgl. z.B. BGHSt **3** 400, 403; RGSt **58** 247 f.; *Lackner/Kühl/Heger* Rdn. 8; *Otto* BT § 98 Rdn. 36; *Fischer* Rdn. 14; *Schreiner* MK Rdn. 82.

357 BGHSt **5** 301, 312.

358 Vgl. RGSt **71** 231, 237; *Kalsbach* S. 409; *Henssler/Prütting/Henssler* BRAO § 43a Rdn. 214.

359 BGHSt **18** 192, 195; zu den Anforderungen an den Tatvorwurf und den Irrtum vgl. BayObLG Urt. v. 6.8.2021 – 201 StRR 66/21 (juris); *Kretschmer* S. 295.

360 RGSt **60** 298, 300; BGHSt **3** 400, 402; **5** 287; **7** 22; **7** 261; BGHR § 356 I Pflichtwidrigkeit 2; BGH GA **1961** 203; *Kuhlen* NK Rdn. 58; *Lackner/Kühl/Heger* Rdn. 8; *Rogall/Noltenius* SK Rdn. 46; *Fischer* Rdn. 14; *Welzel* Das deutsche Strafrecht S. 525.

2. Irrtum

a) Über die Täterqualität. Der Rechtsbeistand muss wissen, dass er **tauglicher Täter** i.S.v. § 356 ist. Dazu genügt die Kenntnis, dass er die rechtlichen Belange seines Mandanten als unabhängiger Sachwalter wahrzunehmen hat. Nimmt er dagegen irrig an, geeignete Täter des § 356 seien nur Rechtsanwälte, und er komme deshalb als Täter nicht in Betracht, so begreift er den Geltungsumfang der Norm als zu eng und unterliegt einem **Verbotsirrtum** i.S.v. § 17.[361] Dagegen begeht der Syndikus oder der angestellte Justitiar ein **Wahndelikt**, wenn er dem Gegner seines Unternehmers dient und irrig annimmt, er sei auch bei Ausübung der weisungsabhängigen Dienstleistungen (vgl. Rdn. 16) Rechtsbeistand im Sinne des Parteiverrats.[362] 113

b) Über die Identität der Rechtssache. Nimmt der Täter irrig an, **Rechtssachen** i.S.v. § 356 seien nur Prozesssachen oder Strafsachen seien nicht erfasst, so unterliegt er einem **Subsumtionsirrtum**. Dagegen fehlt es am Vorsatz, wenn der Täter aus tatsächlicher Unkenntnis über die **Identität** der Rechtssache irrt. Wer sich nicht erinnert, dass er in derselben Angelegenheit schon einmal tätig war, handelt im **Tatbestandsirrtum**. Gleiches gilt, wenn dem Täter in Kenntnis des Lebenssachverhalts die rechtlichen Bezüge der Sache nicht bekannt sind und ihm aus diesem Grunde die Rechtssachenidentität verborgen bleibt.[363] Wer dagegen in Kenntnis aller Tatumstände die rechtliche Tragweite der Norm verkennt und irrig annimmt, Rechtssachenidentität könne es nur im selben Mandats- oder Prozessrechtsverhältnis geben, unterliegt einen **Verbotsirrtum**.[364] 114

c) Über den Interessengegensatz. Der Täter muss die **Interessen**, die sich widerstreitend gegenüberstehen, **sachverhaltlich** und in ihrer **Gegensätzlichkeit** erkannt haben (vgl. Rdn. 112). Wer die Interessen der Partei in seinen tatsächlichen Voraussetzungen oder seinem Bedeutungsgehalt nicht begreift, erliegt einem **Tatbestandsirrtum** (§ 16). Gleiches gilt, wenn der Rechtsbeistand die Gegensätzlichkeit der Interessen nicht erkennt, weil er sich z.B. an die Interessenrichtungen des früheren Mandats nicht mehr erinnert.[365] Es genügt nicht, dass dem Rechtsbeistand die Gegensätzlichkeit der Interessen ohne weiteres hätte auffallen müssen; er muss die Widersprüchlichkeit tatsächlich **erkannt** haben.[366] 115

d) Über die Pflichtwidrigkeit. Nach heutigem Verständnis ist die **Pflichtwidrigkeit** ein **normatives Tatbestandsmerkmal**.[367] Ob sich der Irrtum über die Pflichtwidrigkeit als **Tatbestandsirrtum** oder als **Verbotsirrtum** darstellt, hängt von der Fehlvorstellung des Beistands ab. Erkennt der Täter den Interessengegensatz aus tatsächlichen Gründen nicht oder bleibt ihm der Bedeutungsgehalt der Gegensätzlichkeit verborgen (dazu Rdn. 115), so erliegt er einem vorsatzausschließenden Tatbestandsirrtum.[368] Hat der Täter dagegen den Interessengegensatz zumindest nach der Parallelbeurteilung in der Laiensphäre erkannt und meint er gleichwohl, seine Beistandsleistung sei **nicht pflichtwidrig**, so 116

---

361 *Hübner* LK[10] Rdn. 146; *Kretschmer* S. 293; s. dazu Rdn. 99, 103.
362 *Hübner* LK[10] Rdn. 146.
363 BGHSt 7 261, 263; **18** 192, 195; *Kretschmer* S. 294 f.; s.a. *Holz* S. 140; *Dingfelder/Friedrich* Parteiverrat S. 90 f.; *Hartl* S. 77 f.
364 BGHSt **18** 192, 195; *O. Geppert* Parteiverrat S. 139 ff.; *Kuhlen* NK Rdn. 59.
365 Vgl. BGHSt **4** 80, 85; **5** 301, 310 f.; **18** 192, 200; BayObLG NJW **1995** 607; *Hübner* LK[10] Rdn. 139f; *Kuhlen* NK Rdn. 60; *Sch/Schröder/Heine/Weißer* Rdn. 25.
366 So zutreffend *Kuhlen* NK Rdn. 60 gegen BayObLG JR **1996** 254, 256.
367 H.M. vgl. z.B. BGHSt 7 261; siehe auch Rdn. 69 f.
368 BGHR StGB § 356 Abs. 1 Pflichtwidrigkeit 2; BGHSt **4** 80, 84 f.; **15** 332, 338; BGH GA **1961** 203, 206 f.; LG Itzehohe NStZ-RR **2008** 170, 172 f.; *Sch/Schröder/Heine/Weißer* Rdn. 25; *Kretschmer* S. 296; *Kuhlen* NK Rdn. 58; *Sahan/Höft* HK-GS Rdn. 10; *Fischer* Rdn. 14; ausführlich *Schreiner* MK Rdn. 84.

handelt er in einem Verbotsirrtum.[369] Dies gilt auch, wenn er irrig annimmt, die **Einwilligung** des Auftraggebers in die Wahrnehmung widerstreitender Interessen wirke rechtfertigend.[370]

117 **e) Verbotsirrtum.** Der Täter handelt ohne **Schuld**, wenn er den **Verbotsirrtum** nicht vermeiden konnte (§ 17 Satz 1). Bei **Vermeidbarkeit** handelt der Täter schuldhaft mit der Möglichkeit einer Strafmilderung nach § 17 Satz 2 i.V.m. § 49 Abs. 1. An die **Unvermeidbarkeit** des Verbotsirrtums werden insbesondere für den Rechtsanwalt hohe Anforderungen gestellt.[371] Die Unvermeidbarkeit ist unter Berücksichtigung der Fähigkeiten und Kenntnisse des Täters in der konkreten Tatsituation zu beurteilen. Entscheidend ist, inwieweit der Täter bei zumutbarer Anspannung seines Gewissens und seiner Erkenntnismöglichkeiten die Einsicht gewinnen konnte, Unrecht zu tun.[372] Ein unvermeidbarer Verbotsirrtum liegt vor, wenn zum Tatzeitpunkt die Tat „nach der bisherigen gefestigten Rechtsprechung als straflos betrachet wurde und eine Änderung dieser Rechtsprechung nicht absehbar war".[373] Dies wurde verneint für die Rechtsprechungsänderung zum Parteienbegriff bei Täter und Anstifter einer Straftat (vgl. dazu Rdn. 50). Bei Zweifeln ist dem Rechtsanwalt zuzumuten, den Rat der **Rechtsanwaltskammer** oder eines **erfahrenen Kollegen** einzuholen.[374] Gelangt der Rechtsbeistand nach sorgfältiger eigener Prüfung, nach Konsultation eines erfahrenen Kollegen oder nach Einholung eines Rats bei der Rechtsanwaltkammer zu der Überzeugung, er dürfe in der konkreten Rechtsangelegenheit Beistand leisten, so ist der Verbotsirrtum unvermeidbar.[375] In Zweifelsfällen genügt es nicht, dass sich der Rechtsbeistand den ihm günstigsten Standpunkt zueigen macht und sich gegenteiligen Ansichten argumentativ verschließt.[376]

VI. Schwerer Parteiverrat, Absatz 2

1. Verbrechenstatbestand

118 **Absatz 2 qualifiziert**[377] den **Grundtatbestand** des Parteiverrats zu einem **Verbrechen** (§ 12 Abs. 1), sodass auch der Versuch gem. § 23 Abs. 1 strafbar ist und der Rechtsanwalt bei einer Verurteilung von mindestens einem Jahr Freiheitsstrafe gem. § 45 Abs. 1 StGB die Fähigkeit, öffentliche Ämter zu bekleiden, verliert und infolgedessen seine Zulassung zur Rechtsanwaltschaft gem. § 14 Abs. 2 Ziff. 2 BRAO zurückgenommen werden muss.[378] Voraussetzung ist, dass der Rechtsbei-

---

369 BGHSt **5** 301, 310; **45** 148, 155 f.; *Kuhlen* NK Rdn. 58; *Rogall/Noltenius* SK Rdn. 45; *Baier* wistra **2001** 401, 407; *Sch/Schröder/Heine/Weißer* Rdn. 24; *Fischer* Rdn. 14; *Lackner/Kühl/Heger* Rdn. 8; *Maurach/Schroeder/Maiwald* II § 78 Rdn. 16; *Sahan/Höft* HK-GS Rdn. 10; *Schreiner* MK Rdn. 84. Zur Frage, ob der Täter die Strafbarkeit seines Handelns gekannt haben muss oder ob es genügt, dass er die Unzulässigkeit (z.B. wegen § 43a Abs. 4 BRAO) seines Verhaltens erfasst hat (so BGHSt **52** 307, 313; **10** 35, 41) vgl. *Bosch* JA **2008** 903, 905 m.w.N.

370 BGHSt **5** 301, 311; *Lackner/Kühl/Heger* Rdn. 8; *Hübner* LK[10] Rdn. 142 f.

371 OLG Stuttgart NStZ **1990** 542; *Hartl* S. 103; *Hübner* LK[10] Rdn. 147; *Kuhlen* NK Rdn. 65; *Kretschmer* S. 302 ff.; *Dahs* NStZ **1991** 566; *Schreiner* MK Rdn. 85.

372 Vgl. BGHSt **4** 1, 5; **4** 236, 243; BGH NStZ **2000** 307, 309.

373 BVerfG BeckRS **2011** 52468; BGHSt **37** 55, 67 ff.

374 BGHSt **18** 192, 197; **45** 148, 155 f.; BGH AnwBl. **1962** 221f; OLG Stuttgart NStZ **1990** 542; BayObLG JR **1996** 254; 256 m. abl. Anm. *Ranft* JR **1996** 256; *Dahs* JR **1987** 476 f.; *Schreiner* MK Rdn. 85; *Pfeiffer* FS Koch 133; ausf. zur Vermeidbarkeit des Verbotsirrtums für § 356 vgl. *Kretschmer* S. 302 ff.

375 Vgl. BGHSt **18** 192, 197; **15** 332, 341; **5** 301, 207; s.a *Pfeiffer* FS Koch 133; *Dahs* NStZ **1991** 565 f.; *ders.* Handbuch S. 61.

376 OLG Köln NJW **1996** 473.

377 BGHSt **45** 148, 156; BGH StV **1988** 388; *Sch/Schröder/Heine/Weißer* Rdn. 3; *Rogall/Noltenius* SK Rdn. 47; *Kretschmer* S. 313; *O. Geppert* Parteiverrat S. 151; *Hübner* LK[10] Rdn. 148 m. Hinw. zu der früheren Auffassung, nach der § 356 Abs. 2 ein von Absatz 1 unabhängiger Tatbestand sei.

378 AnwGH Brandenburg BeckRS **2011** 27905; zu den berufsrechtlichen Folgen eines Parteiverrats vgl. *Deckenbrock* S. 385 ff.; *ders.* AnwBl. **2010** 221 ff.

stand im Einverständnis mit der Gegenpartei zum **Nachteil** der eigenen Partei handelt. Die Qualifikation ist der **Untreue ähnlich**, weil der Rechtsbeistand im Unterschied zu Absatz 1 zum Nachteil seiner Partei handeln muss. **Ein Schadenseintritt wird nicht vorausgesetzt** (vgl. Rdn. 121).

2. Gemeinsames Schädigungsbewusstsein

Über die Voraussetzungen des § 356 Abs. 1 hinaus verlangt die Qualifikation, dass der Täter im **Einverständnis mit der Gegenpartei** handelt. Dazu müssen der Rechtsbeistand und der Gegner ein gemeinsames Schädigungsbewusstsein haben.[379] Bei der Gegenpartei soll von einem Schädigungsbewusstsein schon auszugehen sein, wenn diese die auf Schädigung gerichtete Beistandshandlung widerspruchslos entgegennimmt.[380] Mit Hinweis auf § 37 GmbHG meint der BGH (BGHSt **45** 148, 157), das Schädigungsbewusstsein sei bei dem (gutgläubigen) Geschäftsführer entbehrlich, wenn es bei den Gesellschaftern vorhanden ist. 119

Angesichts der Qualifikation des § 356 Abs. 2 zum Verbrechen und dem damit drohenden Verlust der Anwaltszulassung (§ 45 StGB i.V.m. § 14 Abs. 2 Nr. 2 BRAO) müssen sich die Qualifikationsvoraussetzungen deutlich vom Grundtatbestand des Absatzes 1 abheben. Hierzu genügt es nicht, wenn der Täter bloß annimmt, die Gegenpartei sei mit der Schädigung der Täterpartei einverstanden. Das erhöhte Unrecht setzt einen Schädigungswillen des Täters in Abstimmung mit dem Gegner voraus, sodass „die Tathandlung als solche vom Einverständnis der Gegenpartei getragen wird" (BGH NJW **2019** 316, 318). Entsprechend den Voraussetzungen des Absatzes 1 muss der Rechtsbeistand auch für den Qualifikationstatbestand beiden Parteien pflichtwidrig dienen.[381] Nach *Sch/Schröder/Heine/Weißer* Rdn. 3 ist es nicht erforderlich, dass der Rechtsbeistand für beide Parteien tätig wird. Danach genügt es, wenn er im Einvernehmen mit der anderen Partei die Interessen seines Mandanten beeinträchtigt.[382] Wer im Einverständnis mit der Gegenpartei zum Nachteil der eigenen Partei handelt, wird dem Gegner jedoch regelmäßig Beistand leisten,[383] zumal das Dienen auch durch ein Unterlassen begangen werden kann (zum Dienen durch Unterlassen vgl. Rdn. 41). 120

3. Nachteil

Über die Wahrnehmung widerstreitender Interessen hinaus muss der Täter für Absatz 2 zum **Nachteil** des Gegners handeln. Ein Nachteil liegt in jeder Verschlechterung der Rechts- oder Prozesslage.[384] Der Nachteil muss nicht **vermögensrechtlicher** Art sein.[385] Für die Vollendung des Tatbestands ist **nicht** erforderlich, dass der Nachteil **eingetreten** ist; es genügt, dass der Rechtsbeistand einen Nachteil zufügen will.[386] Noch ungeklärt ist die Frage nach der **Vorsatzintensität**, mit der der Nachteil gewollt sein muss. Nach einigen Ansichten soll genügen, dass der Rechtsbeistand den Nachteil mit bedingtem Vorsatz herbeiführt.[387] Dagegen verlangt *O. Geppert* Parteiverrat S. 152 eine zielgerichtete Absicht, der Gegenseite zu schaden. Vorzugswürdig ist die Ansicht, die einen **bestimmten Benachtei-** 121

379 BGH NJW **2019** 316 m. Anm. *Deckenbrock*; BGHSt **45** 146 f.; BGH NStZ **1981** 479; *Pfeiffer* FS Koch 134; *Rogall/Noltenius* SK Rdn. 47.
380 BGHSt **45** 148, 157; BGH 4 StR 530756 v. 24.1.1957; *Lackner/Kühl/Heger* Rdn. 11.
381 Vgl. z.B. OLG Stuttgart NJW **1986** 948; *Fischer* Rdn. 4; *Kuhlen* NK Rdn. 20; *Lackner/Kühl/Heger* Rdn. 6.
382 Dagegen *Kretschmer* S. 310 f.
383 Zutreffend *Kuhlen* NK Rdn. 61.
384 Allg. M. BGHSt **45** 148, 156; OLG Köln NStZ **1982** 382; *Fischer* Rdn. 15; *Pfeiffer* FS Koch 134.
385 *Hübner* LK[10] Rdn. 151; *Rogall/Noltenius* SK Rdn. 47; *Schreiner* MK Rdn. 86; *Sahan/Höft* HK-GS Rdn. 11.
386 OLG Düsseldorf wistra **1989** 316; *Rogall/Noltenius* SK Rdn. 47; *Sch/Schröder/Heine/Weißer* Rdn. 28; *Kuhlen* NK Rdn. 62; *Fischer* Rdn. 15; *Pfeiffer* FS Koch 134; *Lackner/Kühl/Heger* Rdn. 11; s.a. *Hübner* LK[10] Rdn. 150 m. Hinw. auf die älteren gegensätzlichen Meinungen.
387 *Lackner/Kühl/Heger* Rdn. 11; *Sch/Schröder/Heine/Weißer* Rdn. 28.

ligungswillen verlangt.[388] Schon die Finalität der Tatbestandsfassung „zum Nachteil" spricht für eine erhöhte Vorsatzintensität. Die Qualifikation zum Verbrechen setzt einen gesteigerten Unrechtsgehalt im Verhältnis zum Grundtatbestand voraus. Da ein Nachteil als Tatbestandsvoraussetzung nicht eingetreten sein muss, genügt es für die Annahme eines Verbrechens nicht, dass der Täter den Eintritt eines möglicherweise geringen Rechtsnachteils nur billigend in Kauf nimmt.[389]

VII. Schuld

122 Die Schuld kann infolge eines **Verbotsirrtums** ausgeschlossen oder vermindert sein. Fehlt dem Täter bei Begehung der Tat die Einsicht, Unrecht zu tun und war dieser Irrtum für ihn unvermeidbar, so handelt er ohne Schuld (§ 17 Satz 1). Bei Vermeidbarkeit des Irrtums bleibt der Schuldvorwurf bestehen. Die Strafe kann jedoch nach § 17 Satz 2 i.V.m. § 49 Abs. 1 gemildert werden. Insbesondere für Rechtsanwälte werden hohe Anforderungen an die **Unvermeidbarkeit** des Irrtums gestellt (siehe dazu Rdn. 117).

VIII. Versuch, Vollendung

123 Die Tat ist mit dem ersten pflichtwidrigen „Dienst", den der Rechtsbeistand dem Gegner in derselben Rechtssache leistet, **vollendet**[390] (zu den Konkurrenzen, wenn das Dienen aus mehreren Einzelakten besteht, vgl. Rdn. 125). Der Versuch des Vergehens nach § 356 Abs. 1 ist nicht unter Strafe gestellt. § 356 Abs. 2 enthält einen **Verbrechenstatbestand** (§ 12 Abs. 1), sodass der **Versuch** (§ 23 Abs. 1)[391] und die **versuchte Anstiftung** (§ 30 Abs. 1 i.V.m. § 356 Abs. 2) strafbar sind. Die Versuchsstrafbarkeit beginnt, sobald der Rechtsbeistand zu einem Dienst **zugunsten** des Interessen**gegners** unmittelbar ansetzt. Wenn die pflichtwidrige Diensthandlung z.B. in der Erstattung einer Strafanzeige gegen den früheren Mandanten besteht, so ist die Herstellung des Entwurfs der Anzeige noch eine straflose Vorbereitungshandlung.[392]

IX. Teilnahme

124 Der **Mandant**, der seinen Rechtsbeistand anstiftet, auch die Interessen des Gegners zu vertreten oder ihn beim pflichtwidrigen Dienen unterstützt, begeht **Anstiftung** (§ 26) bzw. **Beihilfe** (§ 27) nach den allgemeinen Regeln,[393] die auch für die Teilnahme Außenstehender gelten.[394] Der **Gegner**, der die parteiverräterischen Dienste lediglich entgegennimmt, bleibt als **notwendiger Teil-**

---

388 BGH v. 24.1.1957 – 4 StR 530/56; *Hübner* LK^{10} Rdn. 151; *Dingfelder/Friedrich* Parteiverrat S. 112 f.; *Maurach/Schroeder/Maiwald* II § 78 Rdn. 19; *Kuhlen* NK Rdn. 62; *Kretschmer* S. 312.

389 Zur Rechtfertigung des erhöhten Vorsatzerfordernisses s.a. die Darstellung bei *Hübner* LK^{10} Rdn. 148–151 zur Entstehungsgeschichte der Qualifikation. Zur Frage, ob der **Nachteil** des Mandanten **ausgeschlossen** ist, wenn der Gegenpartei ein fälliger und einredefreier Anspruch auf das durch den Parteiverrat Erlangte zusteht, vgl. BGH NStZ **1981** 479, 480 (die so erlangte Schuldentilgung mindert [nur] das Erfolgsunrecht). *Kuhlen* NK Rdn. 62 und *Kretschmer* S. 314 schließen insoweit den Willen aus, einen Nachteil herbeizuführen.

390 *O. Geppert* Parteiverrat S. 157; *Welzel* Das deutsche Strafrecht S. 526; *Hübner* LK^{10} Rdn. 152.

391 BGH StV **1988** 388.

392 BGH 3 StR 73/55 v. 12.5.1955; *Kalsbach* S. 384; **aA** *Münch* Praevarication S. 252.

393 Dagegen meint *Kretschmer* S. 316 f., die verratene Partei könne sich in keinem Falle wegen Teilnahme strafbar machen. Dem steht entgegen, dass der Teilnehmer ein nichtdisponibles Rechtsgut angreift. Zur Unbeachtlichkeit des Einverständnisses in die Wahrnehmung widerstreitender Interessen vgl. Rdn. 70, 111.

394 Zur Teilnahme eines Rechtsanwalt durch den falschen Rechtsrat an einen Anwaltskollegen, dieser könne ein Mandat ohne strafrechtliche Bedenken übernehmen, vgl. BGH NJW **1992** 3047 f.

nehmer straflos.[395] Die nicht notwendigerweise aber doch regelmäßig mitwirkende Gegenseite wird anders als z.B. nach den Sonderregelungen der §§ 331 ff. strafrechtlich nicht erfasst. Die „notwendige" Teilnahme wird nicht überschritten, wenn der begünstigte Gegner den von ihm beauftragten Rechtsanwalt für die Anwaltstätigkeit in angemessenem Umfang bezahlt.[396] Straflos bleibt auch, wenn sich die Gegenseite den parteiverräterischen Dienst lediglich zunutze macht.[397] Dagegen überschreitet der begünstigte Gegner den Rahmen der *notwendigen* Teilnahme, wenn er den Parteiverrat z.B. durch eine Sondervergütung für die Treulosigkeit fördert.[398] § 356 ist ein **echtes Sonderdelikt**,[399] sodass die Strafe für den Teilnehmer ohne Täterqualität gem. § 28 Abs. 1 zu mildern ist.

X. Konkurrenzen

Das Tatbestandsmerkmal „dienen" fasst mehrere Einzelakte, mit denen dasselbe widerstreitende Interesse gefördert wird, zu einer **tatbestandlichen Handlungseinheit** zusammen. Entscheidend ist der „sachlich-rechtliche Inhalt der durch das Mandat anvertrauten Interessen". Unter dieser Voraussetzung werden auch zeitlich gestreckte Einzelakte zur Handlungseinheit zusammengefasst.[400] Innerhalb derselben Rechtssache kann der Parteiverrat durch mehrere selbstständige Handlungen verwirklicht werden, wenn der Rechtsbeistand verschiedenen Verfahrensgegnern mit unterschiedlichen Diensten Beistand leistet (**Realkonkurrenz**).[401] **Idealkonkurrenz** ist möglich mit **§ 203 Abs. 1 Nr. 3**, wenn der pflichtwidrige Dienst durch Geheimnisbruch geleistet wird (vgl. RG JW **1926** 1571); mit **§ 240** und **§ 253**, wenn der Rechtsbeistand seinen früheren Mandanten in derselben Rechtssache mit Drohung veranlasst, zugunsten des nachfolgenden Mandanten auf Rechte zu verzichten oder eine Forderung anzuerkennen (BGH 1 StR 186/59 v. 15.7. 1959); mit **§ 246**, wenn der Rechtsbeistand dem Gegner ein Dokument überlässt, das er von seinem Mandanten zu treuen Händen erhalten hat (*Weimar* S. 59; *Hübner* LK[10] Rdn. 156); mit **§§ 257, 261**, wenn der Beistand dem Gegner zum Nachteil des eigenen Mandanten hilft, die Tatbeute zu sichern oder zu verwerten; mit **§ 258**, wenn der Verteidiger einen in derselben Rechtssache Mitbeschuldigten zur Flucht verhilft;[402] mit **§ 263**, wenn der Dienst zugunsten des Gegners einen Prozessbetrug fördert (BGH v. 14.11.1958 – 2 StR 417/58); mit **§ 266**, wenn die Wahrnehmung gegnerischer Interessen eine Vermögensbetreuungspflicht zum Nachteil des eigenen Mandanten verletzt (RGSt **69** 333, 335). 125

395 Vgl. RGSt **71** 114, 116; *O. Geppert* Parteiverrat S. 159 f.; *Hübner* LK[10] Rdn. 153; *Kuhlen* NK Rdn. 66 f.; *Lackner/Kühl/Heger* Rdn. 10; *Rogall/Noltenius* SK Rdn. 49; *Sch/Schröder/Heine/Weißer* Rdn. 27; *Fischer* Rdn. 16; *Sahan/Höft* HK-GS Rdn. 13; *Welzel* Das deutsche Strafrecht S. 526; s.a. *Kretschmer* S. 316 ff.; ausführlich zur notwendigen Teilnahme *Schünemann/Greco* LK Vor § 26 Rdn. 25 ff.

396 RGSt **71** 114, 116; *Hübner* LK[10] Rdn. 153; *Kuhlen* NK Rdn. 67.

397 *Schünemann/Greco* LK Vorbem. § 26 Rdn. 27.

398 RGSt **71** 114, 116; *Kuhlen* NK Rdn. 67; *Pfeiffer* FS Koch 134; *Fischer* Rdn. 16; *Welzel* Das deutsche Strafrecht S. 526; *Sahan/Höft* HK-GS Rdn. 13.

399 *Kuhlen* NK Rdn. 9; *Lackner/Kühl/Heger* Rdn. 2; *Rogall/Noltenius* SK Rdn. 49; *Sch/Schröder/Heine/Weißer* Rdn. 4; *Fischer* Rdn. 16; s.a. *Kretschmer* S. 317 ff.

400 BGH wistra **2009** 113, 114; *Lackner/Kühl/Heger* Rdn. 12; vgl. auch *Welzel* Das deutsche Strafrecht S. 526: „*ein* Dienen"; *Rogall/Noltenius* SK Rdn. 50; vgl. zu den Voraussetzungen der tatbestandlichen Handlungseinheit *Rissing-van Saan* LK Vor §§ 52 ff. Rdn. 23 ff.; *Schreiner* MK Rdn. 90.

401 Vgl. RG HRR **1938** 1214; *Hübner* LK[10] Rdn. 155.

402 Zur Idealkonkurrenz mit § 258 StGB s.a. RGSt **66** 316, 319.

§ 357 Verleitung eines Untergebenen zu einer Straftat

(1) Ein Vorgesetzter, welcher seine Untergebenen zu einer rechtswidrigen Tat im Amt verleitet oder zu verleiten unternimmt oder eine solche rechtswidrige Tat seiner Untergebenen geschehen läßt, hat die für diese rechtswidrige Tat angedrohte Strafe verwirkt.

(2) Dieselbe Bestimmung findet auf einen Amtsträger Anwendung, welchem eine Aufsicht oder Kontrolle über die Dienstgeschäfte eines anderen Amtsträgers übertragen ist, sofern die von diesem letzteren Amtsträger begangene rechtswidrige Tat die zur Aufsicht oder Kontrolle gehörenden Geschäfte betrifft.

Schrifttum

Andrews Verleitung und Geschehenlassen i.S. des § 357 StGB (1996); *ders.* Die Notwendigkeit der Aufnahme des § 357 StGB in den Katalog des § 48 WStG, NZWehrr **1996** 200; *Berz* Die entsprechende Anwendung von Vorschriften über die tätige Reue am Beispiel der Unternehmensdelikte, Festschrift Stree/Wessels (1993) 331; *Bottke* Täterschaft und Teilnahme im deutschen Wirtschaftskriminalrecht – de lege lata und de lege ferenda, JuS **2002** 320; *Brozat* Überlegungen zur Amtsträgereigenschaft gemäß § 11 Abs. 1 Nr. 2 c StGB in Anstalten des öffentlichen Rechts und einer Anwendung des § 357 StGB am Beispiel der BSR-Entscheidung des BGH, CCZ **2011** 227; *Bülte* Die Beschränkung der strafrechtlichen Geschäftsherrenhaftung auf die Verhinderung betriebsbezogener Straftaten – Zugleich eine Besprechung von BGH, Urteil vom 20.10.2011 – 4 StR 71/11, NZWiSt **2012** 176; *ders.* Vorgesetztenverantwortlichkeit im Strafrecht (2015); *Fahl* Grundprobleme der Geldwäsche (§ 261 StGB), Jura **2004** 160; *Geppert* Amtsdelikte (§§ 331ff. StGB), Jura **1981** 78; *Grunst* Strafrechtlich relevante Pflicht von Amtsträgern außerhalb der Strafverfolgungsorgane zur Anzeige bzw. Verhinderung von Straftaten der Behörde? StV **2005** 453; *Hoyer* Die strafrechtliche Verantwortlichkeit innerhalb von Weisungsverhältnissen (1998); *ders.* Die strafrechtliche Verantwortlichkeit innerhalb von Weisungsverhältnissen: Sonderregelungen für Amts- und Wehrdelikte und ihre Übertragbarkeit auf privatrechtliche Organisationen, in: Amelung (Hrsg.) Individuelle Verantwortung und Beteiligungsverhältnisse bei Straftaten in bürokratischen Organisationen des Staates, der Wirtschaft und der Gesellschaft (2000) 183; *Jerouschek* Strafrechtliche Aspekte des Wissenschaftsbetruges, GA **1999** 416; *Kinzig* Not kennt kein Gebot? ZStW **115** (2003) 791; *Lang* Die Sanktionierung von Aufsichtspflichtverletzungen in der öffentlichen Verwaltung (2016); *Maiwald* Grundlagenprobleme der Unterlassungsdelikte, JuS **1981** 473; *Ohde* Die einheitliche Auslegung des Tatbestandsmerkmals „verleiten" in geltenden deutschen Straftatbeständen (2017); *Quambusch/Schmidt* Der übergesetzliche Prüfungsausschuß, RiA **1996** 275; *Radtke* Gedanken zur Vorgesetztenverantwortlichkeit im nationalen und internationalen Strafrecht, Festschrift Egon Müller (2008) 577; *Rogall* Die verschiedenen Formen des Veranlassens fremder Straftaten, GA **1979** 11; *Roxin* Organisationsherrschaft als eigenständige Form mittelbarer Täterschaft, SchwZStR **125** (2007) 1; *Rudolphi* Anmerkung zum Beschluss des BGH vom 15.7.1986 – 4 StR 301/86, NJW 1987, 199, JR **1987** 336; *ders.* Der Dienstvorgesetzte als Garant für die gesetzmäßige Bestrafung seiner Untergebenen, NStZ **1991** 361; *Sangenstedt* Garantenstellung und Garantenpflicht von Amtsträgern (1989); *Spring* Die strafrechtliche Geschäftsherrenhaftung (2009); *T. Vogel* § 357 StGB – die (fast) vergessene Norm Oder: Zur Restriktion des Merkmals des Geschehenlassens im Sinne von § 357 Abs. 1 Var. 3 StGB, HRRS **2016** 300; *Trentmann* Strafrechtliche und dienstliche Folgen rechtswidriger Weisungen im staatsanwaltschaftlichen Bereich, JR **2016** 229; *Weber* Die Vorverlagerung des Strafrechtsschutzes durch Gefährdungs- und Unternehmensdelikte, Beiheft ZStW **1987** 1; *Will* Die strafrechtliche Verantwortlichkeit für die Verletzung von Aufsichtspflichten (1998); *Wolters* Das Unternehmensdelikt (2001); *Zieschang* Besprechung von Detlef Sternberg-Lieben, Die objektiven Schranken der Einwilligung im Strafrecht, ZStW **115** (2003) 395.

Entstehungsgeschichte

Bereits das RStGB von 1871 kannte die Strafvorschrift der Verleitung eines Untergebenen zu einer Straftat.[1] Die Ursprungsfassung lautete weitgehend vergleichbar mit der heutigen Regelung folgendermaßen:

> „(1) Ein Amtsvorgesetzter, welcher seine Untergebenen zu einer strafbaren Handlung im Amte vorsätzlich verleitet oder zu verleiten unternimmt, oder eine solche strafbare Handlung seiner Untergebenen wissentlich geschehen läßt, hat die auf diese strafbare Handlung angedrohte Strafe verwirkt.

1 Siehe zur Historie auch *Andrews* S. 8, 13; *Bülte* S. 343ff.; *Schmitz* MK Rdn. 6; *Will* S. 44f.

https://doi.org/10.1515/9783110490329-023

(2) Dieselbe Bestimmung findet auf einen Beamten Anwendung, welchem eine Aufsicht oder Kontrole über die Amtsgeschäfte eines anderen Beamten übertragen ist, sofern die von diesem letzteren Beamten begangene strafbare Handlung die zur Aufsicht oder Kontrole gehörenden Geschäfte betrifft."

Ähnliche Regelungen kannten auch schon vorhergehende Strafgesetzbücher. Hinzuweisen ist insbesondere auf den vergleichbar formulierten § 330 prStGB von 1851. Aber auch in anderen Strafgesetzbüchern fanden sich insofern Vorschriften (siehe etwa Art. 353 bayStGB von 1813 sowie Art. 63 bayStGB von 1861).

Die Regelung in § 357 RStGB von 1871 blieb unverändert bis 1975. Mit Wirkung zum 1.1.1975 gab dann das EGStGB vom 2.3.1974[2] der Strafbestimmung des § 357 die gesetzliche Überschrift „Verleitung eines Untergebenen zu einer Straftat". Der Begriff „Amtsvorgesetzter" in § 357 Abs. 1 a.F. wurde in „Vorgesetzter" verkürzt. Statt von „strafbarer Handlung" spricht der Text nun von „rechtswidriger Tat". Die Begriffe „vorsätzlich" und „wissentlich" wurden aus der Vorschrift herausgenommen.

In § 357 Abs. 2 ist seitdem nicht mehr vom „Beamten", sondern vom „Amtsträger" die Rede. Auch hier ersetzte man die Formulierung „strafbare Handlung" durch „rechtswidrige Tat". Schließlich spricht der Gesetzestext nicht mehr von „Amtsgeschäften", sondern von „Dienstgeschäften". Seit 1975 gilt die Bestimmung unverändert.

Während der E 1962 die Vorschrift als entbehrlich erachtete, da kein kriminalpolitisches Bedürfnis anzuerkennen sei,[3] führt die Gesetzesbegründung zum EGStGB aus, die Frage, ob die Vorschrift aufzuheben ist, bleibe einer späteren Überprüfung vorbehalten.[4]

Inhaltlich sollte mit den 1975 erfolgten Modifikationen keine Neuerung verbunden sein. So verlangt insbesondere auch heute noch § 357 trotz der Streichung der Begriffe „vorsätzlich" und „wissentlich" natürlich nach wie vor Vorsatz, was sich aus § 15 ergibt. Immerhin genügt seitdem jedenfalls (auch) für das „Geschehenlassen" dolus eventualis. Die Rechtsprechung hatte aber ohnehin bereits für die frühere Fassung (wissentlich geschehen lässt) Eventualvorsatz ausreichen lassen.[5] Die seit 1975 verwendeten Begriffe „Amtsträger" und „rechtswidrige Tat" finden ihre Legaldefinitionen in § 11. Nach der Gesetzesbegründung erfolgte lediglich eine rein redaktionelle Anpassung an den geänderten Sprachgebrauch; eine materielle Änderung der Vorschrift war ausdrücklich nicht beabsichtigt.[6]

Übersicht

Alphabetische Übersicht

2 BGBl I S. 469.
3 BTDrucks. IV/650 S. 648.
4 BTDrucks. 7/550 S. 288.
5 BGHSt **3** 349, 353; BGH JurionRS **1971** 12374; RG HRR **1937** Nr. 773.
6 BTDrucks. 7/550, S. 288.

I. Allgemeine Bemerkungen

1. Geschütztes Rechtsgut

1 Die Vorschrift will vermeiden, dass vorgesetzte oder aufsichtspflichtige Amtsträger zu Straftaten von Amtsträgern verleiten oder diese geschehen lassen. Damit bezweckt die Regelung letztlich den Schutz des **Vertrauens der Allgemeinheit in die Integrität des Staatsapparats** und noch konkreter das **Vertrauen der Allgemeinheit** darauf, dass vorgesetzte, aufsichts- oder kontrollpflichtige **Amtsträger ihre Pflichten in ihrem Dienstbereich ordnungsgemäß wahrnehmen.**[7] **Gleichzeitig** geschützt wird jeweils das von der durch den Untergebenen **verwirklichten Strafvorschrift** betroffene Rechtsgut.[8]

2. Rechtsnatur

2 Das in der Bestimmung umschriebene Verhalten wird auch als **Konnivenz** bezeichnet.[9] Dieser Begriff stammt von dem lateinischen Verb „conivere“, was „nachsehen“ oder „zwinkern“ bedeutet; der Vorgesetzte sieht also seinem Untergebenen die Straftat nach, er drückt ein Auge zu.[10] Letztlich passt damit diese Bezeichnung nur auf § 357 Abs. 1 Var. 3 (der Vorgesetzte lässt die rechtswidrige Tat seines Untergebenen geschehen)[11] und gibt nicht den vollständigen Gehalt der Regelung wieder.

3 Die Bedeutung der Vorschrift liegt darin, dass der Vorgesetzte härter bestraft wird, als wenn nur die allgemeinen Teilnahmeregelungen anwendbar wären. So kommen dem Vorgesetzten insbesondere die obligatorischen Strafmilderungen bei der Teilnahme nach § 27 Abs. 2 Satz 2 sowie nach § 30 Abs. 1 Satz 2 nicht zugute.[12] Die Eigenschaft als Vorgesetzter, Aufsichts- oder Kontrollpflichtiger führt also zu seinen Lasten zu einer Schärfung der Sanktion.[13]

---

7 *Brozat* CCZ **2011** 227, 228; *SSW/Geneuss* Rdn. 2; *Sch/Schröder/Heine/Weißer* Rdn. 1; *Jescheck* LK[11] Rdn. 1; *Kuhlen* NK Rdn. 3; *Leipold* AnwK Rdn. 2; *Otto* BT § 100 Rdn. 3; *Sahan* HK-GS Rdn. 1; *Spring* S. 17; *Trentmann* JR **2016** 229, 235; *Will* S. 45; **kritisch** *Bülte* S. 334; *Maurach/Schroeder/Maiwald* BT 2 § 97 Rdn. 2.

8 *SSW/Geneuss* Rdn. 2; *Gössel/Dölling* BT 1 § 80 Rdn. 1; *Sch/Schröder/Heine/Weißer* Rdn. 1; *Kindhäuser/Hilgendorf* LPK Rdn. 1; *Kuhlen* NK Rdn. 3; *Leipold* AnwK Rdn. 2; *Rogall* SK Rdn. 4; *Sahan* HK-GS Rdn. 1; *Schmitz* MK Rdn. 2; *Matt/Renzikowski/Sinner* Rdn. 1; *Trentmann* JR **2016** 229, 235 f.

9 Etwa *Fischer* Rdn. 2; *Gössel/Dölling* BT 1 § 80 Rdn. 1; *Sch/Schröder/Heine/Weißer* Rdn. 1; *Kindhäuser/Hilgendorf* LPK Rdn. 1; *Kuhlen* NK Rdn. 1; *Rogall* SK Rdn. 1; *Sahan* HK-GS Rdn. 1.

10 *Andrews* S. 91; *Kinzig* ZStW **115** (2003) 791, 793 mit Fn. 2; *Schmitz* MK Rdn. 1 mit Fn. 1.

11 *Kinzig* ZStW **115** (2003) 791, 793 mit Fn. 2; *Spring* S. 17; *Schmitz* MK Rdn. 1 mit Fn. 1.

12 *Geppert* Jura **1981** 78, 84; *Gössel/Dölling* BT 1 § 80 Rdn. 5; *Sch/Schröder/Heine/Weißer* Rdn. 1; *Joecks/Jäger* Rdn. 1.

13 Vgl. *Bottke* JuS **2002** 320, 322.

Eine Reihe von Autoren meint, § 357 sei **echtes Amtsdelikt.**[14] Treffender erscheint es jedoch zu **differenzieren**: Man kann § 357 als **unechtes Amtsdelikt** bezeichnen, soweit gleichzeitig §§ 26, 27, 30 erfüllt sind. Insoweit existiert dann nämlich ein Grundtatbestand, den jedermann verwirklichen kann. In sonstigen Fällen – etwa in der Konstellation des § 357 Abs. 1 Var. 2, wenn es sich um das nicht gemäß § 30 Abs. 1 strafbare versuchte Verleiten zu einem Vergehen handelt – stellt § 357 ein **echtes Amtsdelikt** dar.[15] Diese Differenzierung hat aber für die Teilnahme keine Bedeutung, denn der Teilnehmer an § 357 wird nach zutreffender Auffassung wegen Teilnahme an der Tat des Untergebenen bestraft.[16] 4

Die bisherigen Ausführungen deuten bereits an, wie § 357 zu verstehen ist, nämlich als eine Norm, die **Teilnahmehandlungen zur Täterschaft heraufstuft**, sodass dem Vorgesetzten oder Aufsichtspflichtigen insbesondere die mit der Teilnahme verbundenen Milderungen (§§ 27 Abs. 2 Satz 2, 30 Abs. 1 Satz 2) nicht mehr zugute kommen. **Anstiftung** und **Beihilfe** nach den §§ 26, 27, 30 werden für einen bestimmten Bereich **eigenständig** geregelt, indem die Strafbarkeit ausgedehnt wird und eine Strafschärfung erfolgt. Es handelt sich also um eine die **Teilnahmevorschriften des Allgemeinen Teils modifizierende Bestimmung.**[17] Der vorgesetzte, aufsichtspflichtige oder kontrollierende Amtsträger, der nicht schon Mittäter oder mittelbarer Täter der von dem Untergebenen begangenen rechtswidrigen Tat ist, wird wegen seiner besonderen Stellung und damit Verantwortung für die Tat des Untergebenen wie ein Täter bestraft.[18] 5

Es kann daher **nicht überzeugen**, wenn **Rechtsprechung**[19] und **überwiegende Auffassung im Schrifttum**[20] davon ausgehen, § 357 umfasse auch Fälle der mittelbaren Täterschaft, in denen der Untergebene **unvorsätzlich** handelt, jedoch die mittelbare Täterschaft des Vorgesetzten scheitert, weil dem Vorgesetzten eine besondere Tätereigenschaft fehlt. Zum einen **widerspricht** eine solche Sicht dem beschriebenen **Zweck** des § 357,[21] zum anderen ist zu beachten, dass es in § 357 um eine „rechtswidrige Tat" des Untergebenen geht. Das ist gemäß § 11 Abs. 1 Nr. 5 nur eine solche, die den **Tatbestand eines Strafgesetzes** verwirklicht. Handelt es sich nun um ein Vorsatzdelikt und agiert der Untergebene unvorsätzlich, verwirklicht aber der Untergebene konkret gar nicht den Tatbestand des Strafgesetzes. Zwar sagt § 11 Abs. 1 Nr. 5 nichts zum Erfordernis von Vorsatz und Fahrlässigkeit, wenn aber nun, um ein Beispiel zu nennen, die Untreue (§ 266) im Fall der Fahrlässigkeit überhaupt nicht unter Strafe steht (vgl. § 15), existiert insoweit auch gar **kein Strafgesetz**, also keine rechtswidrige Tat. § 357 ist folglich nicht anwendbar. Ist Fahrlässigkeit unter Strafe gestellt, gilt es zu beachten, dass zwar unter § 11 Abs. 1 Nr. 5 auch fahrlässige Taten fallen, jedoch ist dann der Vorgesetze **unmittelbarer Täter des Fahrlässigkeitsdelikts.** § 357 ist damit ebenfalls nicht einschlägig. Die Regelung des **§ 357** verlangt folglich eine **Vorsatztat** des Untergebenen.[22] 6

---

14 *Sch/Schröder/Heine/Weißer* Rdn. 2; *Jescheck* LK[11] Rdn. 1; *Lackner/Kühl/Heger* Rdn. 1; *Otto* BT § 100 Rdn. 4; *Matt/Renzikowski/Sinner* Rdn. 1.

15 *Fischer* Rdn. 2; *SSW/Geneuss* Rdn. 1; *Heuchemer* BeckOK Rdn. 1; *Kindhäuser/Hilgendorf* LPK Rdn. 3; *Leipold* AnwK Rdn. 3; *Rogall* SK Rdn. 1; *Schmitz* MK Rdn. 3.

16 Siehe Rdn. 26.

17 Siehe *Schmitz* MK Rdn. 1, 9; zudem *Arzt/Weber* BT 1. Aufl. § 49 Rdn. 109; anders jetzt *Arzt/Weber/Heinrich/Hilgendorf* BT § 49 Rdn. 106.

18 Vgl. OLG Düsseldorf NStZ **1981** 25; *Sch/Schröder/Heine/Weißer* Rdn. 1; *Jescheck* LK[11] Rdn. 2.

19 BGHSt **2** 169, 170 f.

20 Siehe *Arzt/Weber/Heinrich/Hilgendorf* BT § 49 Rdn. 106; *Bülte* S. 366; *Fischer* Rdn. 2; *SSW/Geneuss* Rdn. 4; *Geppert* Jura **1981** 78, 84; *Sch/Schröder/Heine/Weißer* Rdn. 1, 5, 9; *Gössel/Dölling* BT 1 § 80 Rdn. 3; *Jescheck* LK[11] Rdn. 5; *Joecks/Jäger* Rdn. 3; *Kindhäuser/Hilgendorf* LPK Rdn. 2, 4; *Kleszczewski* BT § 22 Rdn. 20; *Kuhlen* NK Rdn. 5 f.; *Lackner/Kühl/Heger* Rdn. 2; *Leipold* AnwK Rdn. 8; *Maurach/Schroeder/Maiwald* BT II § 97 Rdn. 6; *Ohde* S. 41 f.; *Rogall* SK Rdn. 1, 12; *ders.* GA **1979** 11, 24; *Sahan* HK-GS Rdn. 3.

21 Siehe Rdn. 5.

22 So (im Ergebnis) auch *Arzt/Weber* BT 1. Aufl. § 49 Rdn. 106 (anders jetzt *Arzt/Weber/Heinrich/Hilgendorf* BT § 49 Rdn. 106); *Otto* BT § 100 Rdn. 5; *Schmitz* MK Rdn. 13 f.; *Welzel* Strafrecht § 78 5.

3. Bedeutung in der Praxis

7 Die Anzahl der Verurteilungen nach § 357 ist **verschwindend gering** (2009 bis 2013: 0; 2014: 1; 2015: 1; 2016: 6; 2017: 2; 2018: 0; 2019: 0; 2020: 0; 2021: 0).[23] Die Anzahl der erfassten Fälle von Straftaten nach § 357 ist parallel dazu sehr niedrig.[24] Eine gewisse Aufmerksamkeit hat die Vorschrift im Zusammenhang mit dem Fall „Daschner" erlangt, bei dem der damalige Frankfurter Polizeivizepräsident anordnete, durch den ihm untergebenen Kriminalhauptkommissar solle dem festgenommenen Entführer eines elfjährigen Jungen Gewalt angedroht werden, damit er das Versteck des entführten Kindes preisgebe.[25] Insoweit wurde der Polizeivizepräsident nach § 240 in Verbindung mit § 357 verurteilt.[26] Hauptproblem des Falls war jedoch nicht § 357, sondern die Frage, ob Folter in derartigen Ausnahmesituationen gerechtfertigt sein kann.[27]

8 Im Grundsatz bleibt es daher bei der in der Praxis sehr geringen Bedeutung der Vorschrift. Bedenkt man zudem, dass § 357 Teilnahmehandlungen zur Täterschaft heraufstuft, der Anstifter aber ohnehin gleich dem Täter bestraft wird, hat § 357 lediglich insoweit eigenständige Bedeutung, als Milderungen (§§ 27 Abs. 2 Satz 2, 30 Abs. 1 Satz 2) wegfallen, der Strafaufhebungsgrund des § 31 nicht greift und eine gewisse Ausdehnung erfolgt, indem auch die versuchte Anstiftung zu einem Vergehen erfasst wird. Angesichts dieser insgesamt doch eher geringfügigen Bedeutung erscheint es durchaus **erwägenswert**, die Bestimmung ersatzlos zu streichen.[28]

II. Objektiver Tatbestand

1. Der Täterkreis

9 Täter nach **§ 357 Abs. 1** ist der **Amtsvorgesetzte**. Das ist derjenige, welchem die Befugnis zur Erteilung von Weisungen nicht nur für den Einzelfall obliegt.[29] Dieser Begriff ist weiter als der des Dienstvorgesetzten,[30] denn unter die letztere Formulierung fallen nur diejenigen, welche berechtigt sind, Entscheidungen über das Dienstverhältnis des Untergebenen zu treffen.[31]

10 Der Amtsvorgesetzte gemäß **§ 357 Abs. 1** muss selbst zugleich **Amtsträger** im Sinne des **§ 11 Abs. 1 Nr. 2** sein.[32] Der Begriff des Amtsträgers findet sich zwar ausdrücklich nur in § 357 Abs. 2, jedoch macht diese Bestimmung deutlich, dass auch mit dem Vorgesetzen im Sinne des ersten Absatzes nur ein Amtsträger gemeint sein soll, zumal es um die rechtswidrige Tat des Untergebenen **im Amt** geht. Auch das von der Vorschrift geschützte Rechtsgut (Vertrauen in die Integrität

23 Statistisches Bundesamt, Rechtspflege, Strafverfolgung, Fachserie 10 Reihe 3 für die Jahre 2009 bis 2021. Abgeurteilte: 2009 bis 2013: 0; 2014: 2; 2015: 1; 2016: 7; 2017: 2; 2018: 0; 2019: 0; 2020: 0; 2021: 0. *T. Vogel* HRRS **2016** 300 spricht von einer „fast vergessenen Norm".

24 Laut PKS 2009: 5; 2010: 4; 2011: 11; 2012: 4; 2013: 3; 2014: 2; 2015: 14; 2016: 6; 2017: 4; 2018: 2; 2019: 2; 2020: 2; 2021: 2. Die Zahl der Tatverdächtigen ist ebenfalls sehr niedrig: 2009: 5; 2010: 4; 2011: 9; 2012: 3; 2013: 2; 2014: 2; 2015: 10; 2016: 3; 2017: 1; 2018: 9; 2019: 3; 2020: 2; 2021: 2.

25 Siehe zum Fall „Daschner" *Zieschang* LK § 343 Rdn. 7 ff. m.w.N.

26 LG Frankfurt/M. NJW **2005** 692, 693.

27 Siehe dazu *Zieschang* LK § 34 Rdn. 39, 157.

28 In diese Richtung auch *Schmitz* MK Rdn. 8; *Will* S. 254 f.; **anders** *Andrews* S. 199 f. Sogar für eine Ausdehnung auf weisungsberechtigte Vorgesetzte in Wirtschaftsunternehmen *Roxin* SchwZStR **125** (2007) 1, 21; dagegen *Brozat* CCZ **2011** 227, 228 f.

29 *Andrews* S. 9 ff.; *Jerouschek* GA **1999** 416, 433; *Rogall* SK Rdn. 7; *Schmitz* MK Rdn. 26.

30 Darauf stellen ab *Fischer* Rdn. 3; *Gössel/Dölling* BT 1 § 80 Rdn. 2; *Sch/Schröder/Heine/Weißer* Rdn. 2; *Jescheck* LK[11] Rdn. 4; *Sahan* HK-GS Rdn. 2.

31 *Jerouschek* GA **1999** 416, 433.

32 *Bülte* S. 370 f.; *Jerouschek* GA **1999** 416, 432; *Lang* S. 96; *Rogall* SK Rdn. 7; *Trentmann* JR **2016** 229, 235.

des Staatsapparats) spricht für diese Sicht.[33] § 357 ist aber nicht anwendbar auf den Europäischen Amtsträger gemäß § 11 Abs. 1 Nr. 2a.

Setzt das von dem Untergebenen begangene Delikt eine **besondere Tätereigenschaft** voraus, 11 muss diese zwar der Untergebene aufweisen, **nicht** aber der Amtsvorgesetzte.[34]

Auch der Täter des **§ 357 Abs. 2** muss **Amtsträger** gemäß § 11 Abs. 1 Nr. 2 sein, der ebenso 12 wenig wie der Täter des ersten Absatzes eine etwaige besondere Tätereigenschaft des von ihm beaufsichtigten oder kontrollierten Amtsträgers in seiner Person aufzuweisen braucht. Erforderlich ist aber, dass dem Täter des zweiten Absatzes wenigstens vorübergehend die **Aufsicht** oder **Kontrolle** über die Dienstgeschäfte eines anderen Amtsträgers übertragen worden ist.[35] **Aufsicht** führt aus, wer zumindest partiell und zweitweise bestimmte Anweisungen erteilen darf; eine **Kontrollbefugnis** haben die Personen inne, welche die Dienstgeschäfte des anderen Amtsträgers zu überprüfen haben.[36]

Besondere Regelungen finden sich im Wehrstrafgesetz für militärische Vorgesetzte (siehe dort 13 insbesondere §§ 30 Abs. 2, 31 Abs. 2, 32, 33, 34, 36, 41 WStG).[37] § 48 WStG listet § 357 nicht auf. Für den Bereich des Völkerstrafgesetzbuchs ist auf §§ 4, 14 VStGB hinzuweisen.

2. Die rechtswidrige Tat

Sowohl § 357 Abs. 1 als auch § 357 Abs. 2 beziehen sich auf eine **rechtswidrige Tat** des Untergebe- 14 nen, zu Beaufsichtigenden oder zu Kontrollierenden. Da § 357 wie erläutert nach zutreffender Sicht eine **eigenständige Regelung der Teilnahme** darstellt,[38] kommt die Vorschrift entgegen der überwiegenden Ansicht nicht in Betracht, wenn der Untergebene unvorsätzlich handelt und der Vorgesetzte mangels eigener Täterqualifikation nicht mittelbarer Täter sein kann.[39] Der Ausschluss von unvorsätzlichen, fahrlässigen Taten gilt sowohl für das (versuchte) Verleiten als auch in Bezug auf das Geschehenlassen der rechtswidrigen Tat.

Besitzt der Vorgesetzte, der aufsichtsführende oder kontrollierende Amtsträger selbst die Tä- 15 terqualität, ist bei unvorsätzlichem Handeln des Untergebenen oder zu beaufsichtigenden Amtsträgers mittelbare Täterschaft des Hintermanns gemäß § 25 Abs. 1 Alt. 2 oder unmittelbare Strafbarkeit wegen einer Fahrlässigkeitstat zu prüfen. § 357 scheidet dann bereits tatbestandlich aus, denn er setzt eine Vorsatztat des Untergebenen voraus.

Die **rechtswidrige Tat** muss **kein Amtsdelikt** sein.[40] Es reicht, wenn die Tat **in Ausübung** 16 **des Dienstes** begangen wird oder begangen werden sollte.[41] Dagegen ist § 357 nicht einschlägig, wenn der Untergebene die Tat lediglich bei Gelegenheit der Amtsausübung verwirklicht.[42]

Täter der rechtswidrigen Tat muss nach dem ausdrücklichen Wortlaut des **§ 357 Abs. 2** ein 17 **Amtsträger** im Sinne des § 11 Abs. 1 Nr. 2 sein. Richtigerweise wird man dies **auch** für die rechts-

---

33 *Schmitz* MK Rdn. 24.

34 *Gössel/Dölling* BT 1 § 80 Rdn. 2; *Sch/Schröder/Heine/Weißer* Rdn. 2; *Jescheck* LK[11] Rdn. 4; *Kindhäuser/Hilgendorf* LPK Rdn. 6; *Kuhlen* NK Rdn. 4; *Rogall* SK Rdn. 9; vgl. auch OGHSt **2** 23, 26 ff.

35 Vgl. RGSt **68** 90, 92.

36 Vgl. *Andrews* S. 13 ff.; *Jerouschek* GA **1999** 416, 434 f.; *Leipold* AnwK Rdn. 6; *Rogall* SK Rdn. 8; *Schmitz* MK Rdn. 28 f.

37 Dazu *Andrews* NZWehrr **1996** 200, 201 ff.

38 Rdn. 5.

39 Siehe Rdn. 6.

40 BGHSt **3** 349, 351 f.; BGH NJW **1959** 584, 585; *Arzt/Weber/Heinrich/Hilgendorf* BT § 49 Rdn. 106; *Fischer* Rdn. 2; *SSW/Geneuss* Rdn. 4; *Geppert* Jura **1981** 78, 84; *Gössel/Dölling* BT 1 § 80 Rdn. 3; *Sch/Schröder/Heine/Weißer* Rdn. 8; *Heinrich* Hb StrafR Bd 5 § 51 Rdn. 107; *Heuchemer* BeckOK Rdn. 1; *Jescheck* LK[11] Rdn. 5; *Joecks/Jäger* Rdn. 3; *Kindhäuser/Hilgendorf* LPK Rdn. 4; *Lackner/Kühl/Heger* Rdn. 2; *Leipold* AnwK Rdn. 7; *Quambusch/Schmidt* RiA **1996** 275, 283; *Rogall* SK Rdn. 11; *Schmitz* MK Rdn. 10; **anders** *Bülte* NZWiSt **2012** 176, 181; *ders.* S. 324 ff., 328 ff., 332.

41 BGHSt **3** 349, 352; BGHSt **57** 42, 48; *Sch/Schröder/Heine/Weißer* Rdn. 8; *Kindhäuser/Hilgendorf* LPK Rdn. 4.

42 BGHSt **57** 42, 48; *SSW/Geneuss* Rdn. 4; *Sch/Schröder/Heine/Weißer* Rdn. 8; *Kuhlen* NK Rdn. 5; *Rogall* SK Rdn. 11; *Schmitz* MK Rdn. 12; *Matt/Renzikowski/Sinner* Rdn. 3.

widrige Tat im Sinne des **ersten Absatzes** zu fordern haben.[43] Dafür spricht, dass die beiden Absätze zusammenzulesen sind und im Grunde einen einheitlichen Sachverhalt regeln wollen, nämlich die Verantwortlichkeit vorgesetzter, aufsichtspflichtiger oder kontrollierender Amtsträger in Bezug auf rechtswidrige Taten von untergebenen Amtsträgern. Eine solche Sicht entspricht auch dem von § 357 geschützten Rechtsgut im Sinne des Vertrauens der Allgemeinheit in die Integrität des Staatsapparats. Zudem verwendet § 357 Abs. 1 die Formulierung „rechtswidrige Tat im Amt“, was ebenfalls dafür streitet, dass der Untergebene im Sinne von § 357 Abs. 1 Amtsträger sein muss.

3. Die Tathandlung

18 § 357 nennt drei Tathandlungen, nämlich das Verleiten, das Unternehmen der Verleitung sowie das Geschehenlassen.

19 **a) Das Verleiten.** Hierunter ist angesichts des Umstands, dass es sich bei § 357 um ein verselbständigtes Teilnahmedelikt handelt,[44] ein **Bestimmen** im Sinne der Anstiftung zu verstehen.[45] Es geht nicht um bloße „Urheberschaft“,[46] sondern um das „Hervorrufen des Tatentschlusses“. Insofern wird man nach zutreffender Auffassung wie bei der Anstiftung ein Einwirken im Wege des geistigen Kontakts zu verlangen haben.[47] In Abgrenzung zu § 357 Abs. 1 Var. 2 muss das Verleiten insofern erfolgreich sein, als der Untergebene, zu Beaufsichtigende oder zu Kontrollierende die rechtswidrige Tat begeht oder diese Tat zumindest in das Versuchsstadium gelangt.

20 **b) Das Unternehmen der Verleitung.** Hierbei geht es nicht um das „Unternehmen“ im Sinne von § 11 Abs. 1 Nr. 6, denn das vollendete Verleiten ist bereits ausdrücklich in § 357 Abs. 1 Var. 1 als eigenständige Handlungsform aufgeführt.[48] Vielmehr kommt dem Begriff „unternimmt“ in § 357 keine über den Ausdruck **„versucht“** hinausgehende Bedeutung zu.[49] Es geht also um die versuchte Anstiftung, die im Unterschied zu § 30 Abs. 1 auch bei Vergehen unter Strafe gestellt ist.[50] Gerät hingegen die rechtswidrige Tat zumindest in das Versuchsstadium, ist § 357 Abs. 1 Var. 1 einschlägig, sofern der Untergebene nicht omnimodo facturus ist.

21 Ebenfalls in **§ 357 Abs. 2** ist wie im ersten Absatz auch eine **erst zu begehende Tat umfasst**, denn auch hier soll das erfolglose Verleiten mit Strafe bedroht sein.[51] Das ergibt sich auch aus dem **Wortlaut** des § 357 Abs. 2, wenn dort davon gesprochen wird, dass „dieselbe Bestimmung“ Anwendung findet. Dies überlagert den Gesichtspunkt, dass § 357 Abs. 2 von der „begangenen rechtswidrigen Tat“ spricht.[52]

---

43 Ebenso OGH NJW **1950** 435, 436; *SSW/Geneuss* Rdn. 4; *Klesczewski* BT § 22 Rdn. 19; *Lackner/Kühl/Heger* Rdn. 1; *Lang* S. 133 f.; *Otto* BT § 100 Rdn. 4; *Rogall* SK Rdn. 11; *Sahan* HK-GS Rdn. 3; *Schmitz* MK Rdn. 11; *Spring* S. 17 f.; *Matt/Renzikowski/Sinner* Rdn. 1; **anders** *Sch/Schröder/Heine/Weißer* Rdn. 3; *Kindhäuser/Hilgendorf* LPK Rdn. 5; *Kuhlen* NK Rdn. 5.

44 Rdn. 5.

45 **Anders** etwa *Kindhäuser/Hilgendorf* LPK Rdn. 8; *Kuhlen* NK Rdn. 6.

46 **Anders** etwa *Sch/Schröder/Heine/Weißer* Rdn. 1; *Kuhlen* NK Rdn. 6.

47 *Zieschang* AT Rdn. 731.

48 Vgl. *Wolters* S. 37 ff.; siehe auch *Fahl* Jura **2004** 160, 166; anders *Schmitz* MK Rdn. 4.

49 *Wolters* S. 38 f.; siehe auch *Gössel/Dölling* BT 1 § 80 Rdn. 3.

50 Siehe auch OGHSt **2** 23, 28; *Geppert* Jura **1981** 78, 84.

51 Ebenso *Bülte* S. 309 f.; *Fischer* Rdn. 4; *Sch/Schröder/Heine/Weißer* Rdn. 6; *Jescheck* LK[11] Rdn. 7; *Kindhäuser/Hilgendorf* LPK Rdn. 8; *Kuhlen* NK Rdn. 7; *Lackner/Kühl/Heger* Rdn. 2; *Otto* BT § 100 Rdn. 6; *Rogall* SK Rdn. 15; *Sahan* HK-GS Rdn. 4; **anders** *Joecks/Jäger* Rdn. 4; *Schmitz* MK Rdn. 16, 21; *Matt/Renzikowski/Sinner* Rdn. 3.

52 Vgl. auch *Bülte* S. 309 f.: bloße Verkürzung für begangene und angesonnene Tat.

c) Das Geschehenlassen. Bei dieser Tatvariante handelt es sich inhaltlich um nichts anderes als um eine **Beihilfe durch Unterlassen** an der Tat des Untergebenen, die von § 357 Abs. 1 zur Täterschaft heraufgestuft wird.[53] In der Konsequenz ist § 27 Abs. 2 Satz 2 nicht anwendbar. Es geht hierbei um eine Überwachungsgarantenstellung, der Vorgesetzte ist in dieser Eigenschaft also für eine bestimmte Gefahrenquelle verantwortlich.[54] Eine weitergehende Garantenstellung ist nicht erforderlich.[55] Da es um eine Unterlassungsstrafbarkeit geht, sind aber im Übrigen auch die diesbezüglichen Voraussetzungen zu prüfen. So muss insbesondere der Vorgesetzte, Aufsichtspflichtige oder Kontrollierende **in der Lage** gewesen sein, die Tat zu verhindern.[56] Vor dem Hintergrund, dass § 357 eine Sonderregelung der Teilnahme darstellt, nicht aber des Unterlassungsdelikts, ist die Milderungsmöglichkeit nach **§ 13 Abs. 2 anwendbar.**[57] Der bloße Versuch des Geschehenlassens ist nicht strafbar.[58] Rechtsprechung und Schrifttum argumentieren, wenn nach § 357 Abs. 1 Var. 3 schon Beihilfe durch Unterlassen strafbar ist, müsse erst recht von § 357 Beihilfe durch positives Tun erfasst sein.[59] Dem ist vor dem Hintergrund beizupflichten, dass auch der aktiv Teilnehmende gleichzeitig zur Verhinderung der Straftat verpflichtet ist.[60] 22

III. Subjektiver Tatbestand

§ 357 ist ein **Vorsatzdelikt**. Der Täter muss wissen, dass er Vorgesetzter, Aufsichts- oder Kontrollpflichtiger ist. Im Fall des § 357 Abs. 1 Var. 1, 2 will er bei dem Untergebenen den Entschluss zu der Tat hervorrufen. Dabei muss der Vorsatz auch die Vollendung der rechtswidrigen Tat umfassen. In der Konstellation des § 357 Abs. 1 Var. 3 muss er wissen und wollen, dass der Untergebene eine Tat begeht, die er verhindern könnte. 23

Es genügt, wenn sich der Vorgesetzte die zu begehende Tat in ihren wesentlichen Merkmalen vorgestellt hat.[61] Verlangt eine Vorschrift neben dem Vorsatz besondere subjektive Merkmale,[62] muss der Vorgesetzte wissen, dass der Untergebene diese besonderen Absichten hat; der Vorgesetzte selbst braucht sie aber in seiner Person nicht aufzuweisen. Für alle Varianten des § 357 ist **Eventualvorsatz ausreichend.**[63] 24

---

53 BGH NJW **2016** 419, 422; *Sch/Schröder/Heine/Weißer* Rdn. 7; *Jescheck* LK^{11} Rdn. 8; *T. Vogel* HRRS **2016** 300, 301.

54 Vgl. *Grunst* StV **2005** 453, 457; *Maiwald* JuS **1981** 473, 482; *Rogall* SK Rdn. 3; *Rudolphi* JR **1987** 336, 338; *ders.* NStZ **1991** 361, 365 f.; *Zieschang* AT Rdn. 610.

55 *Sch/Schröder/Heine/Weißer* Rdn. 7; *Kindhäuser/Hilgendorf* LPK Rdn. 9; *Kuhlen* NK Rdn. 9; *Sahan* HK-GS Rdn. 4; *Schmitz* MK Rdn. 22.

56 BVerwGE **53** 251, 252 f.; BayObLGSt **1951** 174, 199; *Fischer* Rdn. 2a; *Sch/Schröder/Heine/Weißer* Rdn. 7; *Heuchemer* BeckOK Rdn. 4; *Jescheck* LK^{11} Rdn. 8; *Joecks/Jäger* Rdn. 2; *Maurach/Schroeder/Maiwald* BT 2 § 97 Rdn. 8; *Schmitz* MK Rdn. 22.

57 Ebenso *Kuhlen* NK Rdn. 12; *Leipold* AnwK Rdn. 11; *Sangenstedt* S. 476 mit Fn. 35; **anders** etwa *Arzt/Weber/Heinrich/Hilgendorf* BT § 49 Rdn. 107; *Heinrich* Hb StrafR Bd 5 § 51 Rdn. 106; *Klesczewski* BT § 22 Rdn. 17; *Radtke* FS Egon Müller 577, 590; *Rogall* SK Rdn. 1, 16; *Schmitz* MK Rdn. 1, 43; *Matt/Renzikowski/Sinner* Rdn. 2.

58 *Sch/Schröder/Heine/Weißer* Rdn. 11; *Kuhlen* NK Rdn. 11; *Schmitz* MK Rdn. 35; *Matt/Renzikowski/Sinner* Rdn. 8.

59 Siehe BGHSt **3** 349, 352; *Arzt/Weber/Heinrich/Hilgendorf* BT § 49 Rdn. 107; *Fischer* Rdn. 5; *SSW/Geneuss* Rdn. 5; *Gössel/Dölling* BT 1 § 80 Rdn. 3; *Sch/Schröder/Heine/Weißer* Rdn. 7; *Joecks/Jäger* Rdn. 2; *Kindhäuser/Hilgendorf* LPK Rdn. 9; *Kuhlen* NK Rdn. 8; *Lackner/Kühl/Heger* Rdn. 3; *Leipold* AnwK Rdn. 12; *Maurach/Schroeder/Maiwald* BT 2 § 97 Rdn. 8; *Otto* BT § 100 Rdn. 7; *Matt/Renzikowski/Sinner* Rdn. 4; **anders** *Sahan* HK-GS Rdn. 4.

60 *Rogall* SK Rdn. 17; *Schmitz* MK Rdn. 23.

61 OGHSt **2** 23, 32; *Fischer* Rdn. 6; *Sch/Schröder/Heine/Weißer* Rdn. 6; *Kindhäuser/Hilgendorf* LPK Rdn. 10; *Schmitz* MK Rdn. 30.

62 So zum Beispiel bei § 164 die Absicht, ein behördliches Verfahren herbeizuführen.

63 BGHSt **3** 349, 353; BGH JurionRS **1971** 12374; RG HRR **1937** Nr. 773; OGHSt **2** 23, 37; *Bülte* S. 383; *Fischer* Rdn. 6; *Gössel/Dölling* BT 1 § 80 Rdn. 4; *Sch/Schröder/Heine/Weißer* Rdn. 7; *Heuchemer* BeckOK Rdn. 5; *Jerouschek* GA **1999** 416, 438; *Kindhäuser/Hilgendorf* LPK Rdn. 10; *Kuhlen* NK Rdn. 9; *Rogall* SK Rdn. 18; *Sahan* HK-GS Rdn. 5; *Schmitz* MK Rdn. 30.

IV. Rücktritt

25 Obwohl § 357 eine Strafschärfung bezweckt, wird man zugunsten des Vorgesetzten, solange die rechtswidrige Tat des Untergebenen noch nicht vollendet ist, die Rücktrittsvorschrift des **§ 24 Abs. 2** (entsprechend) anzuwenden haben.[64] § 31 kommt hingegen ebenso wenig wie § 30 Abs. 1 Satz 2 zur Anwendung, da § 357 insofern eine Sonderregelung im Bereich der Teilnahme enthält.[65] Eine analoge Heranziehung von Vorschriften über die Tätige Reue[66] erübrigt sich nach dem Gesagten schon deswegen, weil § 24 Abs. 2 Anwendung findet. Zudem hat der Gesetzgeber bisher keine Veranlassung gesehen, eine entsprechende Vorschrift – vergleichbar mit § 34 Abs. 2 WStG – einzuführen.[67]

V. Teilnahme

26 Nach überwiegender Auffassung ist Teilnahme an § 357 nach den allgemeinen Regeln möglich, wobei sich die Strafe des Teilnehmers dann nach § 28 Abs. 1 richten soll, da § 357 echtes Sonderdelikt sei.[68] Zutreffender erscheint es demgegenüber, die Teilnahme des Außenstehenden an der Tat des Vorgesetzten als **Teilnahme an der Tat des Untergebenen** zu erachten.[69] So ist auch sonst nach allgemeinen Regeln etwa die Kettenanstiftung als Anstiftung zur Haupttat anzusehen.[70]

VI. Rechtsfolgen

27 Nach § 357 Abs. 1 wird der Vorgesetzte aus dem Strafrahmen bestraft, den das von dem Untergebenen begangene oder zu begehende Delikt vorsieht. Das gilt auch für die Konstellation des § 357 Abs. 2. Maßgeblich ist insofern die abstrakt im Gesetz für das vollendete Delikt angedrohte Strafe.[71] Man wird jedoch, sofern die Tat des Untergebenen nicht vollendet worden ist, **§ 23 Abs. 2** (entsprechend) anzuwenden haben,[72] denn § 357 stellt eine Sonderregelung der Teilnahme dar, nicht jedoch im Hinblick auf andere Vorschriften; daher sind wie erläutert auch § 24 Abs. 2 sowie gegebenenfalls § 13 Abs. 2 anwendbar.[73]

28 Nicht überzeugend meint der BGH jedoch, dass die bloße Strafbarkeit des Untergebenen wegen Beihilfe ebenfalls eine Strafmilderung für den Vorgesetzten bewirke, der die rechtswidrige Tat des Untergebenen geschehen lässt.[74] Die bei der Teilnahme vorgesehenen Milderungen sollen ja gerade nicht dem Täter des § 357 zugute kommen.

29 Neben einer Freiheitsstrafe von mindestens sechs Monaten kann das Gericht gemäß § 358 die Fähigkeit aberkennen, öffentliche Ämter zu bekleiden.

---

64 *Leipold* AnwK Rdn. 14; *Schmitz* MK Rdn. 36; vgl. auch *Wolters* S. 317 ff.; dazu *Zieschang* ZStW **115** (2003) 395, 401; **ablehnend** *Sch/Schröder/Heine/Weißer* Rdn. 11; *Kuhlen* NK Rdn. 11.

65 *Leipold* AnwK Rdn. 15; *Maurach/Schroeder/Maiwald* BT 2 § 97 Rdn. 9.

66 So *Berz* FS Stree/Wessels 331, 335; *Sch/Schröder/Heine/Weißer* Rdn. 11; *Kuhlen* NK Rdn. 11; *Lackner/Kühl/Heger* Rdn. 3; **ablehnend** hingegen *Andrews* S. 181 ff.; *Leipold* AnwK Rdn. 15; *Maurach/Schroeder/Maiwald* BT 2 § 97 Rdn. 9; *Rogall* SK Rdn. 20; *Weber* Beiheft ZStW **1987** 1, 12.

67 Ebenso *Rogall* SK Rdn. 20; *Matt/Renzikowski/Sinner* Rdn. 4.

68 So etwa *Gössel/Dölling* BT 1 § 80 Rdn. 5; *Sch/Schröder/Heine/Weißer* Rdn. 10; *Jescheck* LK[11] Rdn. 11.

69 So auch *Arzt/Weber* BT 1. Aufl., § 49 Rdn. 109; *Arzt/Weber/Heinrich/Hilgendorf* BT § 49 Rdn. 109. Siehe bereits Rdn. 4.

70 BGHSt **6** 359, 360 f.; *Roxin* AT II § 26 Rdn. 176; *Wessels/Beulke/Satzger* Rdn. 923.

71 *Arzt/Weber/Heinrich/Hilgendorf* BT § 49 Rdn. 106; *Kuhlen* NK Rdn. 12.

72 **Anders** *Arzt/Weber/Heinrich/Hilgendorf* BT § 49 Rdn. 106; *SSW/Geneuss* Rdn. 9; *Klesczewski* BT § 22 Rdn. 22; *Kuhlen* NK Rdn. 12; *Rogall* SK Rdn. 22; *Schmitz* MK Rdn. 42; *Wolters* S. 320.

73 Siehe Rdn. 22 und 25.

74 BGH NJW **2016** 419, 422; *Lackner/Kühl/Heger* Rdn. 4.

VII. Konkurrenzen

Erhält der Vorgesetzte Teile der Beute aus der Tat des Untergebenen, macht er sich nicht nur nach § 357, sondern auch nach § 259 strafbar.[75] § 340 (Begehenlassen)[76] sowie § 344 (Hinwirken) verdrängen § 357. 30

§ 357 schließt die Anwendung der allgemeinen Vorschriften zur Strafbarkeit der Teilnahme gemäß §§ 26, 27, 30 Abs. 1 aus. Entsprechend greifen die dort vorgesehenen Strafmilderungen nicht.[77] Auch schließt § 357 die Heranziehung des § 28 aus.[78] 31

§ 357 ist **tatbestandlich nicht erfüllt**, wenn der Vorgesetzte, Aufsichtsführende oder Kontrollpflichtige **selbst Täter** (Mittäter, mittelbarer Täter) der rechtswidrigen Tat des Untergebenen ist.[79] Das ergibt sich schon daraus, dass § 357 nach zutreffendem Verständnis von vornherein lediglich Teilnahmehandlungen, die verselbständigt werden, erfasst.[80] Wahlfeststellung zwischen § 357 und dem als Täter selbst begangenem Delikt im Amt ist möglich.[81] 32

---

75 BGHSt 7 134 (zur Anstiftung und Hehlerei); *Fischer* Rdn. 7; *Heuchemer* BeckOK Rdn. 6; *Rogall* SK Rdn. 23; anders noch BGHSt **5** 155, 165 f.

76 *Kuhlen* NK Rdn. 15; *Rogall* SK Rdn. 23; *Schmitz* MK Rdn. 39.

77 Siehe BGHSt **5** 155, 166; *Sch/Schröder/Heine/Weißer* Rdn. 1; *Jerouschek* GA **1999** 416, 432 mit Fn. 101; *Kindhäuser/Hilgendorf* LPK Rdn. 2; *Quambusch/Schmidt* RiA **1996** 275, 283.

78 Siehe bereits Rdn. 4 und 26.

79 Vgl. RGSt **67** 175, 177; OGH NJW **1950** 435, 436; *Fischer* Rdn. 2a; *Gössel/Dölling* BT 1 § 80 Rdn. 1; *Sch/Schröder/Heine/Weißer* Rdn. 1; *Kindhäuser/Hilgendorf* LPK Rdn. 2; *Schmitz* MK Rdn. 1, 9, 38; **anders** *Hoyer* (1998) 19 ff.; *ders.* (2000) 183, 191 f.: Tateinheit zur mittelbaren Täterschaft; dagegen *Kuhlen* NK Rdn. 14.

80 Siehe Rdn. 5.

81 BGH JurionRS **1971** 12374; *Fischer* Rdn. 7; *Klesczewski* BT § 22 Rdn. 27; *Leipold* AnwK Rdn. 18; *Rogall* SK Rdn. 22; *Sahan* HK-GS Rdn. 8; *Matt/Renzikowski/Sinner* Rdn. 8.

§ 358 Nebenfolgen

Neben einer Freiheitsstrafe von mindestens sechs Monaten wegen einer Straftat nach den §§ 332, 335, 339, 340, 343, 344, 345 Abs. 1 und 3, §§ 348, 352 bis 353b Abs. 1, §§ 355 und 357 kann das Gericht die Fähigkeit, öffentliche Ämter zu bekleiden (§ 45 Abs. 2) aberkennen.

Schrifttum

Baumann Resozialisierungsgedanke und Rechtsgüterschutz im 1. und 2. Strafrechtsreformgesetz, DRiZ **1970** 2; *Cortes Rosa* Teilnahme am unechten Sonderverbrechen, ZStW **90** (1978) 413; *Corves* Die ab 1. April 1970 geltenden Änderungen des Besonderen Teils des Strafgesetzbuches, JZ **1970** 156; *Heinitz* Die gesetzlichen, verwaltungsrechtlichen und sozialen Folgen der strafgerichtlichen Verurteilung, Sonderheft Athen ZStW **1957** 151; *Jekewitz* Der Verlust des Abgeordnetenmandats auf Grund strafrichterlicher Entscheidung nach dem Ersten und Zweiten Gesetz zur Reform des Strafrechts, DÖV **1969** 781; *Nelles* Statusfolgen als „Nebenfolgen" einer Straftat (§ 45 StGB), JZ **1991** 17; *Schwarz* Die strafgerichtliche Aberkennung der Amtsfähigkeit und des Wahlrechts (1991); *Wagner* Amtsverbrechen (1975); *Zieschang* Das Sanktionensystem in der Reform des französischen Strafrechts im Vergleich mit dem deutschen Strafrecht (1992).

Entstehungsgeschichte

Bereits das RStGB von 1871 kannte eine Regelung zu Nebenfolgen im Bereich der Amtsdelikte. § 358 a.F. RStGB lautete:

> „Neben der nach Vorschrift der §§ 331, 339 bis 341, 352 bis 355 und 357 erkannten Gefängnißstrafe kann auf Verlust der Fähigkeit zur Bekleidung öffentlicher Ämter auf die Dauer von einem bis zu fünf Jahren erkannt werden."

Erfasst waren damit ursprünglich die Vorteilsannahme (§ 331 a.F.), der Amtsmissbrauch (§ 339 a.F.), die Körperverletzung im Amt (§ 340 a.F.), die Freiheitsberaubung im Amt (§ 341), die Gebühren- (§ 352 a.F.) und Abgabenüberhöhung (§ 353 a.F.), die Verletzung des Post- und Fernmeldegeheimnisses (§§ 354, 355 a.F.) sowie die Verleitung eines Untergebenen zu einer Straftat (§ 357 a.F.).

Da in § 358 von „§§ 352 bis 355" die Rede war, fielen die später eingeführten §§ 353a a.F. (Vertrauensbruch im auswärtigen Dienst), 353b a.F. (Verletzung des Dienstgeheimnisses) § 353c a.F. (Unbefugte Weitergabe geheimer Gegenstände oder Nachrichten), 353d a.F. (Verletzung der Vertraulichkeit des Wortes im Amt) automatisch mit ihrem Inkrafttreten unter § 358 a.F., ohne dass es der Veränderung des § 358 a.F. bedurfte.

Nach der Streichung des Amtsmissbrauchs (§ 339 a.F.) wurde er später auch aus der Auflistung des § 358 entfernt.

Das 1. StrRG vom 25.6.1969[1] gestaltete die Vorschrift in mehrfacher Hinsicht um. Zum einen regelte man, dass der Verlust der Fähigkeit, öffentliche Ämter zu bekleiden, erst bei einer erkannten Freiheitsstrafe von mindestens sechs Monaten möglich ist. § 331 a.F. sowie § 353c a.F. wurden dem Katalog entnommen, dagegen ergänzte man die Vorschrift um die Bestechlichkeit, die Bestechung, die Rechtsbeugung, die Aussageerpressung, die Verfolgung Unschuldiger, die Vollstreckung gegen Unschuldige nach § 345 Abs. 1 a.F., die Strafvereitelung im Amt, die Gefangenenbefreiung im Amt, die Falschbeurkundung im Amt sowie um die Unterschlagung im Amt und verwandte Taten.

Der Sonderausschuss für die Strafrechtsreform führte insofern aus, die Möglichkeit, auf den Verlust der Amtsfähigkeit zu erkennen, solle auf Fälle eingeschränkt werden, in denen auf eine Freiheitsstrafe von mindestens sechs Monaten erkannt wird.[2] Da die bisherige Regelung unausgewogen sei, ergänzte man die Vorschrift um weitere Tatbestände. „Deshalb" sollten auch § 331 a.F. sowie § 353c, „bei denen es sich nicht um Amtsdelikte handelt", gestrichen werden.[3] Insofern ist jedoch einzuwenden, dass § 331 a.F., also die Vorteilsannahme, ein Amtsdelikt ist.[4] Eher sprach

---

1 BGBl I S. 645.
2 BTDrucks. V/4094 S. 39.
3 BTDrucks. V/4094 S. 39.
4 Siehe auch *Schäfer* LK[9] Rdn. 7, LK[10] Rdn. 6.

https://doi.org/10.1515/9783110490329-024

die in § 331 a.F. damals vorgesehene Höchststrafe von sechs Monaten gegen die Aufnahme in den Katalog,[5] was freilich heute kein Grund mehr wäre, da § 331 Abs. 1 aktuell eine Höchststrafe von drei Jahren aufweist.

Weitere Veränderungen der Vorschrift brachte dann das EGStGB vom 2.3.1974.[6] Die Vorschrift erhielt die Überschrift „Nebenfolgen" und den Verweis auf § 45 Abs. 2. Die Bestechung wurde aus dem Katalog entfernt, ebenso die Freiheitsberaubung, Strafvereitelung, Gefangenenbefreiung und Unterschlagung im Amt, schließlich auch die Vorschrift über die Verletzung der Vertraulichkeit des Wortes im Amt.[7] Hinzu kam dagegen § 345 Abs. 3.

Mit Wirkung vom 1.1.1980 erhielt § 353b a.F. einen neuen zweiten Absatz,[8] die Auflistung in § 358 änderte man nunmehr in § 353b Abs. 1 um.

Das Gesetz zur Bekämpfung der Korruption vom 13.8.1997[9] nahm in § 358 die Bestimmung des § 335 auf (Besonders schwere Fälle der Bestechlichkeit und Bestechung). Die Rechtsbeugung ist seitdem nicht mehr in § 336 geregelt, sondern in § 339, § 358 wurde entsprechend angepasst. Mit dem Entfallen des § 354 a.F. (Verletzung des Post- und Fernmeldegeheimnisses)[10] wurde diese Bestimmung 1997 auch aus § 358 entfernt.[11] Seitdem gilt die Vorschrift unverändert.

Übersicht

Alphabetische Übersicht

5 Siehe auch BT Sonderausschuss für die Strafrechtsreform, Prot. V/2608 f.; *Schäfer* LK[9] Rdn. 7, LK[10] Rdn. 6; ferner *Corves* JZ **1970** 156, 159.
6 BGBl I S. 469.
7 Siehe BTDrucks. 7/550 S. 288.
8 Bis dato stand im zweiten Absatz die Strafbarkeit des Versuchs, die dann in den dritten Absatz verschoben wurde.
9 BGBl I S. 2038.
10 Siehe dazu heute § 206.
11 Begleitgesetz zum Telekommunikationsgesetz vom 17.12.1997, BGBl I S. 3108.

I. Allgemeine Bemerkungen

1 § 358 ist im Zusammenhang mit § 45 zu sehen.[12] In dieser durchaus als nicht mehr zeitgemäß zu erachtenden Vorschrift[13] wird im ersten Absatz bestimmt, dass derjenige (automatisch) für die Dauer von fünf Jahren die Fähigkeit verliert, öffentliche Ämter zu bekleiden und Rechte aus öffentlichen Wahlen zu erlangen, wer wegen eines Verbrechens zu einer Freiheitsstrafe von mindestens einem Jahr verurteilt wird. Sind die Voraussetzungen des § 45 Abs. 1 im Einzelfall nicht erfüllt, kann das Gericht nach § 45 Abs. 2 dem Verurteilten für die Dauer von zwei bis fünf Jahren die im ersten Absatz bezeichneten Fähigkeiten aberkennen, soweit das Gesetz es besonders vorsieht. Eine solche Vorschrift ist § 358, der sich ausdrücklich auf § 45 Abs. 2 bezieht.

2 Mit den in § 45 aufgelisteten, noch im Strafgesetzbuch verbliebenen „**Ehrenstrafen**" ist eine **überflüssige Stigmatisierung** des Betroffenen verbunden, die dessen Wiedereingliederung in die Gesellschaft erschwert.[14] Zwar wird zum Teil der Verlust der Fähigkeit, öffentliche Ämter zu bekleiden,[15] als im überwiegenden Interesse der Gemeinschaft liegend für notwendig erachtet.[16] Insofern ist jedoch zu bedenken:[17] Handelt es sich um einen Nichtamtsträger, kann bei der Prüfung, ob er als Bewerber für ein öffentliches Amt die mit dem Amt verbundenen Eignungsvoraussetzungen erfüllt, bereits im ausreichenden Maße Berücksichtigung finden, ob seine vorherige strafrechtliche Verurteilung seiner Eignung für das Amt entgegensteht, ohne dass es insofern einer Regelung im Strafrecht bedarf. Geht es um einen Amtsinhaber, reicht es aus, den Umstand der Straffälligkeit hinreichend im Disziplinarverfahren zu beachten. Einer strafrechtlichen Regelung bedarf es insofern ebenfalls nicht.

3 Angesichts dieser gegenüber § 45 zu erhebenden Kritikpunkte ist es zu begrüßen, dass § 358 i.V.m. § 45 Abs. 2 anscheinend von geringer praktischer Relevanz ist.[18]

II. Voraussetzungen der Norm

4 § 358 stellt **zwei Voraussetzungen** auf. Zum einen muss der Betroffene wegen zumindest einer der in der Norm **aufgelisteten Taten** verurteilt worden sein. Zum anderen ist erforderlich, dass er wegen dieser Taten zu einer **Freiheitsstrafe von mindestens sechs Monaten** verurteilt wird.

1. Die aufgelisteten Strafvorschriften

5 Überwiegend sind in § 358 **Amtsdelikte** aufgezählt. Das ist jedoch nicht der Fall in Bezug auf die Gebührenüberhebung gemäß § 352, soweit es sich nicht um Amtsträger, sondern um Anwälte und sonstige Rechtsbeistände handelt. Zudem ist auf § 355 Abs. 2 hinzuweisen, der den Anwendungsbereich der Verletzung des Steuergeheimnisses auf bestimmte Personen erweitert und diese den Amtsträgern gleichstellt.

6 Soweit in § 358 seit dem Korruptionsbekämpfungsgesetz vom 13.8.1997 die Vorschrift des § 335 aufgelistet ist, erheben sich Bedenken. So handelt es sich bei dieser Bestimmung um eine

---

12 Vgl. auch *Voßen-MacCormaic* MK Rdn. 1.

13 Zur Kritik siehe Rdn. 2 sowie *Zieschang* S. 394 ff., 397 f.

14 *Zieschang* S. 395; kritisch u.a. auch *Baumann* DRiZ **1970** 2, 8 f.; *Jekewitz* DÖV **1969** 781, 783; *Nelles* JZ **1991** 17, 21; *Schwarz* S. 60 ff., 81 ff.

15 Nur um diese Nebenstrafe geht es in § 358 i.V.m. § 45 Abs. 2; siehe Rdn. 16.

16 *Heinitz* Sonderheft Athen ZStW **1957** 151, 166.

17 Siehe insoweit bereits *Zieschang* S. 397.

18 So *Kuhlen* NK Rdn. 1; *Schwarz* S. 19. Dagegen wird von *Leipold* AnwK Rdn. 1 ausgeführt, § 358 habe in der Praxis deshalb eine erhebliche Bedeutung, da der Verlust der Amtsfähigkeit für den Täter die größere Strafe sei. Nach *Voßen-MacCormaic* MK Rdn. 2 kommt der Vorschrift „erhebliche präventive Bedeutung" zu; so auch *Leipold* AnwK Rdn. 1.

bloße Strafzumessungsvorschrift, nicht jedoch um einen eigenständigen Tatbestand. Vor diesem Hintergrund und angesichts der Nichtauflistung des § 334 wird man daher die Vorschrift des § 358 im Fall des § 335 Abs. 1 Nr. 1b nicht anwenden dürfen. Anderenfalls würde eine bloße Strafzumessungsvorschrift contra legem zum Tatbestand umfunktioniert. Damit aber erweist sich die Aufnahme des § 335 in § 358 als verfehlt und überflüssig, zumal § 332 ohnehin in § 358 erwähnt ist.

Aus dem 30. Abschnitt nicht aufgenommen sind §§ 331, 333, 334, 345 Abs. 2, 353b Abs. 2, 353d, 7
356. Grund für die Nichtaufnahme der §§ 333, 334, 353b Abs. 2, 353d, 356 ist vor allem, dass es sich bei ihnen **nicht um Amtsdelikte** handelt.[19]

In Bezug auf den nicht aufgelisteten § 345 Abs. 2 ist zu bemerken, dass dort leichtfertiges 8
Handeln unter Strafe gestellt wird und somit **kein Vorsatzdelikt**, sondern ein Fahrlässigkeitsdelikt vorliegt.

Wie bereits in Zusammenhang mit der Entstehungsgeschichte erläutert, wurde **§ 331** als ech- 9
tes Amtsdelikt angesichts seines niedrigen Strafrahmens nicht in § 358 aufgenommen.

Das Jedermanndelikt der Bestechung gemäß **§ 334** ist nicht (mehr) im Katalog enthalten. Der- 10
jenige, welcher einem Amtsträger usw. einen Vorteil dafür verspricht, gewährt usw., dass dieser eine Diensthandlung vorgenommen hat oder vornehmen wird und dadurch Dienstpflichten verletzt, soll also nicht die Folgen des § 358 auferlegt bekommen. Diese gesetzgeberische Wertung darf nun nicht dadurch umgangen werden, dass er wegen Teilnahme an § 332 die Folgen des § 358 zu spüren bekommt. Daher führt die mit einer Bestechung verbundene Teilnahme an der Bestechlichkeit nicht zu § 358.[20]

Es spielt für § 358 keine Rolle, ob die Tat **vollendet** ist oder lediglich **versucht**,[21] sofern 11
auch der Versuch strafbar ist. Auch ist unerheblich, ob es sich um ein Begehungs- oder Unterlassungsdelikt handelt. Weiterhin ist ohne Bedeutung, ob der Betroffene **Täter** oder **Teilnehmer** ist. Selbst im Fall der versuchten Anstiftung zu einem Verbrechen (§ 30 Abs. 1 Alt. 1) ist § 358 anwendbar.[22]

Der von der Nebenfolge Betroffene muss **kein Amtsträger** sein.[23] Maßgeblich ist nur, dass 12
die gegen ihn verhängte Strafe wegen der in § 358 aufgelisteten Delikte mindestens sechs Monate Freiheitsstrafe beträgt. Stiftet also ein **Extraneus** etwa zu dem **echten Amtsdelikt** des § 344 Abs. 1 an, muss die zwingend nach § 28 Abs. 1 i.V.m. § 49 Abs. 1 zu mildernde Strafe noch mindestens sechs Monate Freiheitsstrafe betragen. Da er gemäß §§ 344 Abs. 1, 26 verurteilt wird, verwirklicht er eine in § 358 aufgezählte Tat, sodass das Gericht ihm die Fähigkeit, öffentliche Ämter zu bekleiden, aberkennen kann. Geht es hingegen um ein **unechtes Amtsdelikt** wie zum Beispiel bei der Körperverletzung im Amt gemäß § 340, bei der es für den **Extraneus** über § 28 Abs. 2 nach zutreffender Sicht zu einer **Tatbestandsverschiebung** zu den §§ 223 ff. kommt, ist hingegen § 358 auf ihn **nicht anwendbar**, da er nicht wegen einer der in § 358 aufgelisteten Taten verurteilt wird.[24] Bei ihm kommt dann nur im Fall des § 45 Abs. 1 der Verlust der Fähigkeit in Betracht, etwa, wenn er gemäß §§ 226 Abs. 1, 26 zu einer Freiheitsstrafe von mindestens einem Jahr verurteilt wird.

---

19 Siehe BT Sonderausschuss für die Strafrechtsreform, Prot. V/2608 f.; *Schäfer* LK[10] Rdn. 6.

20 *Jescheck* LK[11] Rdn. 8; *Kuhlen* NK Rdn. 2.

21 *Fischer*; *Kuhlen* NK Rdn. 2; *Leipold* AnwK Rdn. 5; *Rogall* SK Rdn. 3; *Sahan* HK-GS Rdn. 1; *Voßen-MacCormaic* MK Rdn. 7.

22 *Fischer*; *Sch/Schröder/Heine/Weißer* Rdn. 2; *Heuchemer* BeckOK Rdn. 1; *Matt/Renzikowski/Sinner* Rdn. 2; *Voßen-MacCormaic* MK Rdn. 7.

23 *Fischer*; *Sch/Schröder/Heine/Weißer* Rdn. 3; *Heuchemer* BeckOK Rdn. 4; *Rogall* SK Rdn. 1; *Sahan* HK-GS Rdn. 1.

24 *Fischer*; *SSW/Geneuss* Rdn. 2; *Kuhlen* NK Rdn. 2; *Leipold* AnwK Rdn. 4; *Matt/Renzikowski/Sinner* Rdn. 2; *Voßen-MacCormaic* MK Rdn. 8; nach *Rogall* SK Rdn. 3 ist wegen des Gesetzeswortlauts „diese nicht unproblematische Konsequenz" hinzunehmen. Dagegen nehmen bei § 28 Abs. 2 lediglich eine Strafrahmenverschiebung an etwa *Cortes Rosa* ZStW **90** (1978) 413, 439; *Wagner* S. 396 ff.

2. Freiheitsstrafe von mindestens sechs Monaten

13 Voraussetzung für die Möglichkeit, die Fähigkeit, öffentliche Ämter zu bekleiden, abzuerkennen, ist, dass der Betroffene wegen einer der in § 358 aufgelisteten Taten zu einer Freiheitsstrafe von mindestens sechs Monaten verurteilt wird. Insofern ist allein die **Verurteilung** entscheidend, nicht hingegen, ob der Betroffene die Freiheitsstrafe tatsächlich verbüßt oder eine Anrechnung gemäß § 51 erfolgt.[25] § 358 ist daher etwa auch dann einschlägig, wenn die Vollstreckung der Strafe zur Bewährung ausgesetzt wird.

14 Unproblematisch ist § 358 anwendbar, wenn der Betroffene diese Strafe nur wegen **einer** der dort aufgelisteten Taten erhält. Genauerer Prüfung bedarf es jedoch, falls es sich um eine Verurteilung zu einer **Gesamtfreiheitsstrafe** wegen mehrerer selbständiger Straftaten handelt. Wird diese Strafe ausschließlich wegen Taten im Sinne des § 358 ausgesprochen, kann selbst die höchste Einzelstrafe, also die Einsatzstrafe, unter sechs Monaten liegen, wenn nur die **Gesamtfreiheitsstrafe mindestens sechs Monate** beträgt.[26] Das gilt auch für nicht gleichartige Amtsdelikte, die in § 358 ausgelistet sind. Nach dem Gesetzeszweck kommt es nicht darauf an, ob der Täter lediglich eine Tat nach § 358 begangen hat, die mit der erforderlichen Mindeststrafe geahndet wird, oder ob er seine Ungeeignetheit zur Amtsführung dadurch zeigt, dass er mehrere in § 358 aufgezählte Delikte verwirklicht hat, deren Gesamtstrafe auf das geforderte Mindestmaß kommt.[27]

15 Erst recht greift § 358, wenn bei Tatmehrheit für Taten des § 358 eine **Einzelstrafe** bereits mindestens sechs Monate beträgt.[28] In diesem letzteren Fall ist § 358 auch anwendbar, wenn eine Straftat nach § 358 mit anderen Straftaten zusammentrifft, die nicht aufgelistet sind. Falls mehrere Taten im Sinne des § 358 und auch andere Taten begangen wurden und die Einzelstrafen für die von § 358 in Bezug genommenen Taten jeweils unter sechs Monaten liegen, ist **fiktiv** zu prüfen, wie hoch die Gesamtstrafe ausgefallen wäre, wenn der Betroffene nur wegen der Taten des § 358 verurteilt worden wäre.[29]

III. Rechtsfolge

16 Obwohl § 45 Abs. 2 davon spricht, dass „die in Absatz 1 bezeichneten Fähigkeiten“ aberkannt werden können, womit die Fähigkeit, öffentliche Ämter zu bekleiden, gemeint ist sowie die Fähigkeit, Rechte aus öffentlichen Wahlen zu erlangen, bezieht sich § 358 richtigerweise **nur** auf die **Fähigkeit, öffentliche Ämter zu bekleiden**, dagegen nicht auf das passive Wahlrecht[30] und auch nicht auf das aktive.[31] Dafür spricht bereits der Wortlaut des § 358, der nur die Fähigkeit nennt, öffentliche Ämter zu bekleiden. Auch in systematischer Hinsicht überzeugt diese Sicht, denn anders als in § 358 werden in § 92a noch weitere Nebenfolgen genannt. Schließlich streitet für diese Auffassung, dass der als nicht mehr zeitgemäß zu erachtende § 45, der de lege ferenda aus dem StGB gestrichen werden sollte,[32] möglichst restriktiv zu handhaben ist.

---

25 *Jescheck* LK[11] Rdn. 4; *Kuhlen* NK Rdn. 2; *Voßen-MacCormaic* MK Rdn. 5.

26 BGH NJW **2008** 929 (jedenfalls bei mehreren „gleichartigen“ in § 358 bezeichneten Delikten); *SSW/Geneuss* Rdn. 2; *Kuhlen* NK Rdn. 2; *Lackner/Kühl/Heger* Rdn. 1; *Leipold* AnwK Rdn. 6; *Rogall* SK Rdn. 2; *Matt/Renzikowski/Sinner* Rdn. 3; *Voßen-MacCormaic* MK Rdn. 6.

27 So BGH NJW **2008** 929; *Jescheck* LK[11] Rdn. 5; *Rogall* SK Rdn. 2; *Voßen-MacCormaic* MK Rdn. 6.

28 *Sch/Schröder/Heine/Weißer* Rdn. 1; *Heuchemer* BeckOK Rdn. 2; *Kuhlen* NK Rdn. 2; *Voßen-MacCormaic* MK Rdn. 6.

29 *SSW/Geneuss* Rdn. 2; *Sch/Schröder/Heine/Weißer* Rdn. 1; *Heuchemer* BeckOK Rdn. 2; *Kuhlen* NK Rdn. 2; *Sahan* HK-GS Rdn. 1; *Voßen-MacCormaic* MK Rdn. 6.

30 BGH NStZ-RR **2019** 317, 318.

31 *Sch/Schröder/Heine/Weißer* Rdn. 3; *Heuchemer* BeckOK Rdn. 3; *Lackner/Kühl/Heger* Rdn. 1; *Leipold* AnwK Rdn. 8; *Rogall* SK Rdn. 1; *Sahan* HK-GS Rdn. 2; *Matt/Renzikowski/Sinner* Rdn. 1; *Voßen-MacCormaic* MK Rdn. 10.

32 Rdn. 2 sowie *Zieschang* S. 394 ff., 397 f.

Die Verhängung der Nebenfolge ist **fakultativ**, steht also im pflichtgemäßen **Ermessen** des Gerichts.[33] Hierbei sollte Berücksichtigung finden, dass diese Nebenstrafe erhebliche negative Auswirkungen auf die Resozialisierung des Täters haben kann. Das spricht dafür, von ihr zurückhaltend Gebrauch zu machen. Angesichts des Umstands, dass § 358 ganz überwiegend Amtsdelikte betrifft, sollte die Verhängung dieser Nebenstrafe gegenüber Nichtamtsträgern zumindest besonders begründet werden.[34] 17

Da es sich bei § 45 um eine **Nebenstrafe** handelt, hat eine Anrechnung auf die Freiheitsstrafe zu erfolgen, die damit niedriger ausfällt,[35] dadurch aber natürlich nicht unter sechs Monate Freiheitsstrafe fallen darf. Freilich muss man sich im Klaren darüber sein, dass das Maß der Anrechnung (anders als etwa bei dem Verhältnis von Geld- und Freiheitsstrafe, § 43 Satz 2) offen ist. 18

Wird die Nebenstrafe ausgesprochen, gelten gleichzeitig die §§ 45 Abs. 3, 45a, 45b.[36] 19

---

33 *SSW/Geneuss* Rdn. 2; *Sch/Schröder/Heine/Weißer* Rdn. 4; *Kuhlen* NK Rdn. 3; *Leipold* AnwK Rdn. 7; *Rogall* SK Rdn. 1, 4; *Matt/Renzikowski/Sinner* Rdn. 2; *Voßen-MacCormaic* MK Rdn. 4, 11.

34 Vgl. *Rogall* SK Rdn. 4; *Kuhlen* NK Rdn. 3.

35 BGH NJW **2008** 929, 930; *Rogall* SK Rdn. 4; *Voßen-MacCormaic* MK Rdn. 11.

36 *Jescheck* LK^{11} Rdn. 10; *Kuhlen* NK Rdn. 3; *Voßen-MacCormaic* MK Rdn. 10.

Sachregister

https://doi.org/10.1515/9783110490329-025